Seemannschaft

Seemannschaft

Ein Handbuch für den Yachtsport

Herausgegeben vom Deutschen
Hochseesportverband »Hansa« e.V.

17. Auflage

Verlag Delius, Klasing + Co Bielefeld

Redaktion der 17. Auflage: Ramon Gliewe
Mitarbeit: Wolfhart Klasing, Gottfried Luchmann, Ulrich Mohr
Zeichnungen: G. Holler, H. Peters

ISBN 3-7688-0081-4

Graphische Gestaltung: Siegfried Berning

Gesamtherstellung Druckerei Ludwig Auer, Donauwörth

Vorwort zur 17. Auflage

Vor rund 50 Jahren ist die 1. Auflage dieses vom Deutschen Hochseesportverband »Hansa« e. V. herausgegebenen Handbuchs für den Yachtsport erschienen. Wenn es heute in die 17. Auflage geht, so wird auch daraus klar, daß die »Seemannschaft« inzwischen zu einem unverzichtbaren Standardwerk für Generationen heranwachsender Segler geworden ist. In diesem halben Jahrhundert seit Erscheinen ihrer 1. Auflage – damals noch ein ziemlich schmalbrüstiger Band – hat der Yachtsport eine Ausweitung und Popularität erfahren, von der sich niemand etwas hätte träumen lassen. Neue Materialien revolutionierten inzwischen den Bootsbau und machten seglerische Leistungen möglich, die vordem undenkbar waren. Elektronik und Mikroprozessoren hielten ihren Einzug in die Navigation. Verwurzelt in bester seemännischer Tradition, war es stets das Anliegen dieses Handbuchs, mit der weltweiten technischen Entwicklung auf dem Gebiet des Segelsports Schritt zu halten und somit dem neuesten Wissensstand zu entsprechen. Damit leistet die »Seemannschaft«, die in den letzten Jahren zunehmend als *das* Ausbildungsbuch bezeichnet wird und deswegen als verläßliches Nachschlagewerk aus vielen Bordbibliotheken nicht mehr fortzudenken ist, einen wichtigen Beitrag zur Sicherheit von Schiff und Besatzung.

Diese 17. Auflage berücksichtigt die umfangreichen Änderungen, die sich in den europäischen Gewässern aus der Umstellung auf das neue internationale Betonnungssystem »A« ergeben und zwar einschließlich der neuen Kennungen von Feuern.

Bewährte und bekannte Praktiker des Yachtsports haben mit ihren vielfachen lebenslangen Erfahrungen an der »Seemannschaft« mitgearbeitet. Ihnen allen und dem Verlag Delius, Klasing + Co, der das Werk von Anfang an betreut hat, gebührt der herzliche Dank des Herausgebers.

Auch der 17. Auflage der »Seemannschaft« wünsche ich, daß sie allen Seglern ein zuverlässiger Helfer und Ratgeber während der Ausbildung und ein treuer Begleiter in ihrer Segelpraxis sein möge.

Bernhard Rogge

Vorsitzender des Verwaltungsrates und Commodore
des Deutschen Hochseesportverbandes »Hansa« e.V.

Inhaltsverzeichnis

V. Theorie des Segelns

VI. Praxis des Segelns

VII. Havarien und Notfälle

I. Der Yachtsport

a) Organisation

In Irland wurde 1720 der *Cork Water Club* als erster Yachtclub der Welt gegründet. Ihm folgte 1775 der erste englische Club, die *Cumberland Fleet.* 1844 schlossen sich amerikanische Marineoffiziere und Kaufleute im *New York Yacht Club* zusammen. Um diese Zeit gab es bereits annähernd 30 Yachtclubs in England, während die ersten deutschen Clubgründungen in der Mitte des 19. Jahrhunderts stattfanden, und zwar im Binnenland, in Berlin. Alle diese ersten Zusammenschlüsse hatten mehr gesellschaftlichen Charakter, ihre Mitglieder übten nur selten selbst aktiv den Segelsport aus. Ihre »Yachten« waren meistens kleinere Handelssegler, und sie leisteten sich lediglich den Luxus, diese statt zum Gelderwerb zu ihrem Vergnügen segeln zu lassen – von Berufsseeleuten.

Mitte des 19. Jahrhunderts tauchen die ersten Boote auf, die speziell für das Sportsegeln konstruiert und gebaut worden waren, sogenannte Lustfahrzeuge, und damit tritt auch in immer stärkerem Maße das sportliche Moment, der Wettkampfgedanke, in Erscheinung. Von Beginn an war der Yachtsport um Internationalität bemüht. So bildeten sich denn sehr bald aus den ursprünglich gesellschaftlichen Clubs nationale Interessenvertretungen, die sich der Pflege der internationalen Beziehungen annahmen – in Deutschland allerdings erst verhältnismäßig spät. 1888 gründeten die bestehenden zwölf deutschen Seglervereine den *Deutschen Segler-Verband* (DSV). In ihm als Dachverband sind heute bis auf wenige Ausnahmen alle deutschen Seglervereine – meistens Club genannt – zusammengefaßt.

Die nationalen Dachverbände sind Mitglieder der *International Yacht Racing Union* (IYRU), die ihren Sitz in London hat und die Belange der von ihr anerkannten internationalen Bootsklassen wahrnimmt, Vorschriftenänderungen beschließt, Welt- und Europameisterschaften veranstaltet und den Modus der Austragung olympischer Segelwettkämpfe festlegt.

Die Aufgabe des Deutschen Segler-Verbandes, der seinen Sitz in Hamburg hat, ist unter anderem die Vertretung des deutschen Segelsports und seiner Interessen im In- und Ausland und in allen Angelegenheiten der Olympischen Spiele, ferner der Erlaß und die Überwachung einheitlicher Wettsegel-, Klassen- und Vermessungsbestimmungen und die Förderung und Pflege des Segelns jeder Art. Sieben Arbeitskreise stehen ihm für diese Aufgaben zur Seite:

1. Arbeitskreis für Präsidialaufgaben,
   Ausschuß für internationale
   Zusammenarbeit.
2. Arbeitskreis für Freizeit-
   und Breitensport,
   Ausschuß Kreuzer-Abteilung,
   Ausschuß für Ausbildung
   und Segelschulen,
   Führerscheinausschuß,
   Ausschuß für Modellsegeln.
3. Arbeitskreis für Leistungs-
   und Wettsegeln,
   Wettsegelausschuß,

Ausschuß Klassenvereinigungen,
Ausschuß für Vermessungen,
Bauvorschriften und Formeln,
Ausschuß für Leistungsförderung,
Sportmedizin und olympische
Angelegenheiten,
Ausschuß für Eis-, Land- und
Sandsegeln.

4. Arbeitskreis Finanzen,
Finanzausschuß.
5. Arbeitskreis Jugend,
Jugendsegelausschuß.
6. Arbeitskreis Recht,
Rechtsausschuß,
Ausschuß für Wettfahrtregeln
und Berufungen,
Schlichtungsausschuß.
7. Arbeitskreis Öffentlichkeitsarbeit,
Ausschuß für Öffentlichkeitsarbeit.

Die Kreuzer-Abteilung nimmt sich der speziellen Belange der Küsten- und Seesegler an. Sie unterhält annähernd 120 eigene Stützpunkte an der deutschen Nord- und Ostseeküste, gibt Hafenhandbücher heraus und schreibt alljährlich einen Fahrtenwettbewerb aus. Aufgrund der eingereichten Logbücher werden die besten Leistungen mit goldenen, silbernen und bronzenen Medaillen prämiiert. Bei der Beurteilung werden jedoch nicht nur die zurückgelegten Seemeilen gewertet, sondern die entscheidende Rolle spielt die seemännisch einwandfreie und verantwortungsbewußte Durchführung der Fahrt.

Nach ähnlichen Gesichtspunkten werden auch in dem jährlichen Fahrtenwettbewerb »Binnen« für besondere Leistungen goldene, silberne und bronzene Medaillen vergeben.

Eine gewisse Sonderstellung nimmt der 1925 gegründete, als gemeinnützig und förderungswürdig anerkannte *Deutsche Hochseesportverband »Hansa« e. V.* (DHH) ein. Zwar ist er als Verein ebenfalls dem Deutschen Segler-Verband angeschlossen, aber wegen seiner hohen Mitgliederzahl nur bedingt stimmberechtigt, und zwar mit so viel Stimmen wie der größte DSV-Verein. Ziel des Hochseesportverbandes ist die Heranbildung und gründliche Ausbildung des seglerischen Nachwuchses in Binnengewässern und an der Küste wie im sportgerechten Hochseesegeln. Dafür unterhält der DHH sechs Yachtschulen, darunter die größte in Europa, die Hanseatische Yachtschule in Glücksburg an der Flensburger Förde, und eine Schulflotte von rund 230 Jollen und seegehenden Yachten.

Dem in Münster/Westfalen ansässigen *Verband Deutscher Segelschulen* sind 70 vorwiegend im Binnenland beheimatete Segelschulen angeschlossen. Auf allen Schulen besteht die Möglichkeit, zumindest einen der Segelführerscheine des Deutschen Segler-Verbandes zu erwerben. Die Schulen arbeiten in freiem Wettbewerb. Lediglich die Prüfungsbedingungen sind einheitlich vom Verband festgelegt.

Wie die Segelvereine sind auch die Motorbootvereine in einem Dachverband zusammengeschlossen, dem ebenfalls in Hamburg ansässigen Deutschen Motoryachtverband (DMYV), der 1907 in Berlin gegründet wurde. Er ist Mitglied der in Genf residierenden Union Internationale Motonautique (UIM). Seine Funktionen sind praktisch die gleichen

Anschriften: Deutscher Hochseesportverband
»Hansa« e. V.,
Colonnaden 5, 2 Hamburg 36

Deutscher Segler-Verband,
Adolfstraße 56, 2 Hamburg 17

Deutscher Motoryachtverband,
Stormsweg 3, 2 Hamburg 76

Verband deutscher Segelschulen,
Graelstraße 45, 4400 Münster

wie die des DSV. Dem Präsidium steht ein Technischer Ausschuß zur Seite, unterteilt in die Referate:

1. Technik (Motorboote)
2. Motorboot-Rennsport
3. Binnenfahrtensport
4. Motoryachtsport (See, Küste, Technik)
5. Ausbildung

Zusammen mit dem DSV ist der DMYV als Exekutive des Bundesverkehrsministeriums mit der Durchführung der Prüfung und der Ausgabe des amtlichen Sportbootführerscheins und des ebenfalls amtlichen Binnenführerscheins beauftragt.

b) Sportliche Veranstaltungen

Wie in allen sportlichen Disziplinen ist auch im Segelsport das entscheidende Ereignis die Durchführung der Olympischen Spiele. Daneben gibt es eine Reihe von Meisterschaften* wie Europa-, Deutsche, Klassen- und Jugendmeisterschaften, die auf verschiedenen Segelrevieren ausgetragen werden.

Eines der bedeutendsten internationalen Regattaereignisse ist die alljährlich auf der Kieler Förde Ende Juni stattfindende *»Kieler Woche«*.

Mehr nationalen Charakter, trotz häufig starker ausländischer Beteiligung, hat die im August durchgeführte *»Travemünder Woche«*.

Die traditionelle Regatta der deutschen Seesegler ist die zu Pfingsten veranstaltete *»Nordsee-Woche«*. Außerdem gibt es noch Segel-Wochen auf dem Rhein, dem Baldeneysee, dem Steinhuder Meer, dem Ratzeburger See, der Schlei, der Flensburger Förde, auf dem Wannsee und Bodensee.

Zu den bekanntesten ausländischen Regattaveranstaltungen zählen die *Cowes Week* (England), das *Fastnet Race* (England) und verschiedene Kanalrennen wie *Harwich – Hoek van Holland, Plymouth – La Rochelle* und *Cowes – Dinard.*

Drei Regattaveranstaltungen nehmen einen besonderen Platz ein: die um den *Eintonner-Pokal,* den *America's Cup* und den *Admiral's Cup.*

Der Eintonnerpokal hat nichts mit Booten von einer Tonne Wasserverdrängung zu tun. Vielmehr handelt es sich um einen Silberpokal, der 1898 vom *Cercle de la Voile de Paris* zum ersten Male ausgeschrieben wurde. Im Laufe der Jahrzehnte wurde er in verschiedenen Klassen ausgesegelt, die inzwischen alle ausgestorben sind. 1965 wurde deshalb der Eintonner-Pokal von dem französischen Segelclub neu gestiftet, und zwar als Wanderpreis für eine *Konstruktionsklasse* mit einem IOR (International Offshore Rule)-Rennwert von 27,5 Fuß* für eine kombinierte Hochsee-Küsten-Regatta über eine Distanz von etwa 400 Seemeilen. Diese Rennen bezeichnet man als Eintonner-Regatten, die daran teilnehmenden Yachten kurz als Eintonner. Teilnahmeberechtigt sind drei Yachten aus einem Land. Ausgesegelt wird der Pokal jeweils in den Gewässern des Landes, das ihn im voraufgegangenen Jahr gewonnen hat. Innerhalb kurzer Zeit ist er zu der begehrtesten Trophäe im internationalen Yachtsport geworden. Den speziell für dieses Rennen konstruierten Booten verdankt der Yachtbau zahlreiche neue Impulse.

Ähnliche Impulse gingen einst von den

* Vgl. X »Wettsegeln«

Rennen um den America's Cup aus, das segelsportlich zwar nicht mehr so interessante, auf jeden Fall spektakulärste Regattaereignis, an dem die gesamte Weltöffentlichkeit teilnimmt.
Der 4 kg schwere und 68 cm hohe Pokal aus Sterlingsilber – eine im doppelten Sinne bodenlose Kanne, denn sie verschlang im Laufe ihrer über hundertjährigen Geschichte über 200 Millionen Dollar – wurde 1851 von einer Gruppe britischer Segler als *Queen's Cup* gestiftet und im gleichen Jahr von dem amerikanischen Schoner »America« in einem Rennen um die Insel Wight gewonnen und in die Vereinigten Staaten entführt. 1857 wurde er als America's Cup dem New Yorker Yacht Club zusammen mit einer Ausschreibung übergeben, nach der der Pokal für Wettkämpfe zwischen Yachten aller Nationen freigestellt wurde. Im Lauf der Geschichte hat sich jedoch herausgestellt, daß – von wenigen Ausnahmen (Australier und Kanadier) abgesehen – ihn stets nur Segler einer Nation herausgefordert haben: Engländer. Doch niemals konnte er zurückgeholt werden. Allerdings waren die Herausforderer bis zum Ersten Weltkrieg auch durch die Ausschreibung benachteiligt. Die Yachten mußten auf eigenem Kiel nach Amerika gesegelt und dementsprechend schwer und seetüchtig gebaut werden. Technische Daten und Abmessungen der Boote waren den Amerikanern ein halbes Jahr vor Regattabeginn mitzuteilen, so daß sie genügend Zeit hatten, sich auf ihre Gegner einzustellen, während sich die Engländer unbekannten Booten gegenübersahen.
Der Schoner »America« entsprach den damals für Yachten üblichen Abmessungen. Er hatte eine Länge von 31 m, eine Breite von 6,70 m, einen Tiefgang von 3,35 m und eine Verdrängung von 170 t.
In den folgenden Jahren wurden die Entwürfe für die Pokalyachten von dem genialen amerikanischen Konstrukteur *Nathaniel G. Herreshoff* bestimmt. Der größte aller Pokalverteidiger stammte von seinem Reißbrett, die »Reliance«. Sie besaß eine Länge von 43,80 m, eine Breite von 7,85 m und eine Segelfläche von 1500 m², die größte Segelfläche, die jemals von einer Yacht an einem Mast getragen wurde. Die »Reliance« des Jahres 1903 war die erste sogenannte Rennmaschine des Segelsports. Sie war ausschließlich auf Geschwindigkeit konstruiert, unter Verzicht auf allen Komfort. Doch abgesehen von diesen speziellen Zwecken leiteten die Herreshoffschen Konstruktionen den modernen Yachtbau ein. Sie waren fast drei Jahrzehnte lang bestimmend.
Die seit 1883 angewandte *Vermessungsformel** ermöglichte zwar den Bau extrem schneller Yachten, doch gelangte man bald zu der Überzeugung, daß ein vielseitig verwendbarer und weniger kostspieliger Bootstyp wünschenswert wäre. So wählte man die nach den Bestimmungen der im Jahr 1903 eingeführten *Universal-Formel* gebaute *J-Klasse* für die Rennen zwischen den beiden Weltkriegen. Diese Konstruktionsklasse hatte eine Segelfläche von 702 m², jedoch konnte die Länge in der Wasserlinie zwischen 22,90 und 26,60 m variieren. Siegerin des Jahres 1937 wurde die amerikanische Yacht »Ranger«. Sie gilt als das schnellste J-Boot, das jemals in der Welt gebaut wurde, konstruiert von *Starling Burgess* und *Olin Stephens*. Wie einst Herreshoff wurde auch Stephens zu einem der erfolgreichsten Yachtkonstrukteure, der den neueren Yachtbau entscheidend beeinflußte.

* Vgl. X g »Ausgleichsformeln«

Angesichts der gewaltigen Kosten für eine bis ins letzte Detail verfeinerte Rennmaschine, die nach Abschluß der Regatten kaum noch zu einem anderen Zweck zu verwenden war, wurde nach dem letzten Krieg wiederum eine kleinere Klasse zur Austragung der Pokalwettkämpfe bestimmt: die 12 m-R-Klasse, ebenfalls eine Konstruktionsklasse mit einer Länge von ungefähr 13,75 m in der Wasserlinie, einer Breite von 3,65 m und einer Segelfläche von 180 m². Allerdings ist auch sie schon wieder so kostspielig geworden, daß nur noch Syndikate über die finanziellen Mittel verfügen, ein solches Boot bauen zu lassen. Die Konstruktionen, die heute mit Computern berechnet und im Schlepptank erprobt werden, sind ebenfalls im Laufe der letzten Jahre so »überzüchtet« worden, daß der allgemeine Segelsport kaum noch etwas davon profitieren kann.

Der Admiral's Cup wird alle zwei Jahre im Rahmen der Cowes Week im Solent ausgetragen. Die Wettfahrten bestehen aus vier Einzelrennen: dem Channel-Race, zwei der sieben Regatten der Cowes Week im Solent und dem Fastnet-Race. Jede teilnehmende Nation darf drei Yachten stellen; gewertet wird die Leistung der Mannschaft. Die teilnehmenden Yachten müssen eine Wasserlinienlänge von mindestens 30 Fuß haben; die Zeiten werden nach IOR-Formel berechnet.

c) Flaggenführung

Jede seegehende Yacht ist ein Seeschiff im Sinne des Flaggengesetzes und *muß* die Bundesflagge führen, sofern der Eigner Deutscher ist und seinen Wohnsitz im Geltungsbereich des Grundgesetzes hat. Es bedarf eines besonderen Ausweises, wenn die Yacht mehr als 50 cbm Rauminhalt aufweist.

Die Bundesflagge *darf* geführt werden, wenn der Eigner im Ausland wohnt, die Yacht aber, auch wenn sie kleiner als 50 cbm ist, im Schiffsregister (siehe Seite 570) eingetragen ist.

Die Bundesflagge (schwarz-rot-gold) soll das Seitenverhältnis 6 :10 haben.

Die Flaggenführung kleinerer und nicht seegehender Yachten und Boote ist durch Gesetz nicht geregelt. Dafür hat die Yachttradition im Laufe der Jahre Gebräuche entwickelt, die nicht anders als im Ausland auch bei uns geachtet werden sollten.

Jede in Dienst gestellte Yacht führt danach die Bundesflagge.

Im Hafen, vor Anker und in Fahrt wird die Flagge am Flaggenstock in der Mitte des Hecks gesetzt. Ist dies aus baulichen Gründen nicht möglich, kann der Flaggenstock nach Steuerbord versetzt werden. Der Flaggenstock soll etwa 40 Grad nach achtern geneigt sein, damit die Flagge auch bei Windstille klar fällt und erkennbar ist. Unter Segel kann die Flagge auch an der Großsegelgaffel oder bei Hochtakelung am Großsegel-Achterliek im oberen Drittel gefahren werden. Auf einer Yawl oder Ketsch wird die Flagge im Topp des Besanmastes gefahren.

Auf See oder bei schlechtem Wetter kann die Flagge niedergeholt werden. Sie ist jedoch zu setzen bei Begegnungen mit Kriegsschiffen, beim Anlaufen und Verlassen von Häfen und beim Vorbeifahren an Befestigungs- und Signalanlagen innerhalb der Hoheitsgrenzen.

Auf Wettfahrt befindliche Yachten führen die Flagge nicht. Nur bei Begegnungen mit Kriegsschiffen oder Behördenfahrzeugen darf sie vorübergehend gesetzt werden. Dauerndes Führen der Flagge im Bereich der Wettfahrtbahn gilt als Zeichen dafür, daß die betreffende Yacht die Wettfahrt aufgegeben hat.

Auf See soll grundsätzlich höchstens e i n e Flagge unter einer *Saling* wehen, um nicht das Notsignal NC vorzutäuschen. Die Erkennungsflagge der Kreuzer-Abteilung des Deutschen Segler-Verbandes wird im Hafen, vor Anker und beim Anlaufen eines Hafens unter der *Steuerbordsaling* gesetzt, im Ausland dagegen unter der *Backbordsaling;* ein entsprechender Flaggenschein muß vorhanden sein.

Im Ausland setzen Yachten nur im Hafen oder vor Anker a l l e i n die Flagge des Gastlandes unter der Steuerbordsaling. Die Flaggen zuvor besuchter Länder werden dabei nicht gezeigt.

Von einer Auslandsfahrt heimkehrende Yachten können im deutschen Hoheitsgebiet die Flaggen der besuchten Länder nach der deutschen Buchstabenfolge möglichst in gleicher Größe untereinander unter der Steuerbordsaling zeigen. Auch in diesem Fall wird die Flagge der Kreuzer-Abteilung unter der Backbordsaling gesetzt. Dies gilt auch für das jährliche Absegeln.

Nach einer Wettfahrt setzt die Yacht, die einen Preis gewonnen hat, ihre *Rennflagge* im Want oder unter der Saling.

Preisflaggen dürfen gesetzt werden:

a) nach Abschluß einer Wettfahrtreihe für die in der betreffenden Wettfahrtreihe gewonnenen Preise,

b) nach der Rückkehr in den Heimathafen,

c) am Tage der letzten Wettfahrt oder des Absegelns.

Jede in Dienst gestellte Yacht muß den Stander eines der Vereine führen, bei dem sie eingetragen ist, auch wenn sie keine ständige Besatzung hat. Der Stander wird im *Großtopp* gefahren, er weht Tag und Nacht. Eine Yacht, die bei mehreren Vereinen eingetragen ist, führt im Heimathafen den heimischen Stander, im fremden Hafen den Stander des ältesten ortsansässigen Vereins, dem der Eigner angehört.

Die Signalflaggen des internationalen Signalbuches dürfen nur nach dessen Vorschriften verwendet werden und sind sofort wieder einzuholen, wenn der Signalaustausch beendet ist. Einzige Ausnahme ist die Flaggengala. Signalflaggen, die auf bestimmten See- und Binnenrevieren gesetzlich zugelassen oder vorgeschrieben sind, dürfen nur nach den für diese Gewässer geltenden Vorschriften verwendet werden. Eine Mindestgröße der Signalflaggen (z. B. 30 x 40 cm) muß ihre Erkennbarkeit auf entsprechende Entfernung gewährleisten.

Yachten begrüßten sich früher durch »Dippen« der Flagge. Heute ist es üblich, daß sich die Rudergänger durch Handzeichen grüßen, wenn sich die Yachten annähernd auf gleicher Höhe befinden. Stets aber grüßt zuerst:

ein Schiff in Fahrt – das stilliegende Schiff,

ein einlaufendes Schiff – die im Hafen liegenden Schiffe und Personen an Land,

ein auslaufendes Schiff – die im Hafen liegenden Schiffe und Personen an Land,

ein auslaufendes Schiff – ein einlaufendes Schiff,

ein überholendes Schiff – ein überholtes Schiff.

Ein Kriegsschiff wird auf See oder im

Hafen durch Dippen der Flagge und immer zuerst gegrüßt. Beim Begegnen eines Geschwaders von Kriegsschiffen oder Yachten grüßt man nur das durch den Führungsstander gekennzeichnete Schiff. Hierbei holt man die Flagge halb nieder und heißt sie erst dann wieder vor, wenn drüben der Gruß erwidert wurde und die Flagge wieder vorgeheißt ist.
Flaggen an Land, außer denen auf Befestigungsanlagen, werden nicht gegrüßt.

Als Zeichen der Trauer wird die Flagge halbstocks, der Stander in Höhe der Saling gesetzt. Auf Yachten mit kurzem Flaggenstock ist an Stelle des nicht möglichen Halbstocksetzens auch Trauerflor über der gesetzten Flagge üblich. Im allgemeinen wird nur im Hafen oder vor Anker Trauer gezeigt, in Fahrt nur, wenn sich ein Toter an Bord befindet. Die Trauer dauert bis zur Beendigung der Beisetzung.
Einer allgemeinen Landes- oder Hafentrauer folgen alle Yachten, auch wenn sie nicht unmittelbar von dem Trauerfall betroffen sind. An Flaggenmasten der Vereine an Land werden bei Trauer alle Flaggen halbmast gesetzt.
Auf die Einhaltung des Zeremoniells der Flaggenparade wird besonders in allen nordeuropäischen Gewässern großer Wert gelegt. Alle Flaggen sollen vom 1. Mai bis zum 30. September von 8 Uhr morgens, in den übrigen Monaten von 9 Uhr morgens bis Sonnenuntergang wehen. Die Zeit des Vorheißens und Niederholens – Flaggenparade – geben die im Hafen oder auf Reede liegenden Kriegsschiffe an. Sind keine anwesend, richten sich alle Yachten nach dem Flaggenmast des rangältesten ansässigen Vereins.
Eine Yacht, die im fremden Hafen voraussichtlich zur Zeit der abendlichen Flaggenparade kein Mitglied der Besatzung an Bord hat, holt vorher alle Flaggen ein. Versäumnisse bei der Flaggenparade gelten als Mißachtung der am Platz wehenden Nationalflagge.
Wird in einem Yachthafen oder an Land der Flaggenmast eines Vereins beflaggt, erfolgt das Vorheißen und Niederholen aller Flaggen möglichst gleichzeitig. Anderenfalls soll die Bundesflagge als erste vorgeheißt werden; es folgen gegebenenfalls die Landesflagge und sonstige Flaggen. Niedergeholt werden die sonstigen Flaggen zuerst, dann folgen die Landesflaggen und als letzte die Bundesflagge.
Bei festlichen Anlässen flaggen die Yachten im Hafen und vor Anker über die Toppen. Zum Ausflaggen werden ausschließlich die Signalflaggen in der Weise verwendet, daß abwechselnd zwei Flaggen und ein Wimpel in gleichen Abständen vom Vorsteven bzw. von der Nock des Klüverbaums über den oder die Masttoppen bis zur Nock des Großbaums ausgeholt werden. Die Bundesflagge kommt als Toppflagge neben den stehenden Vereinsstander; auf einer Yawl oder Ketsch bleibt sie im Besantopp. Unter dem Vorsteven bzw. dem Klüverbaum wird allein die Renn- oder die Unterscheidungsflagge gesetzt.

Soll die Flagge eines Staates geehrt werden, so wird sie unter Flaggengala gegebenenfalls anstelle der Bundesflagge neben dem Vereinsstander gesetzt. Segelyachten können in Fahrt vom Großtopp über die Nocken der Salings und Wanten ausflaggen. Motoryachten haben in Fahrt dieselbe Flaggengala wie vor Anker.

II. Segel-, Motor- und Beiboote

a) Bootstypen

Entsprechend ihrer Antriebsart unterscheidet man Ruder-, Segel- und Motorboote oder allgemeiner: Maschinenschiffe. Doch bereits in der Frühgeschichte der Schiffahrt begnügte man sich nicht mit der groben Klassifizierung in Ruder- und Segelboote, sondern unterteilte sie in spezielle Typen. Die Bezeichnung richtete sich etwa danach, ob sie offen oder eingedeckt waren, nach der Anzahl der übereinanderliegenden Ruderdecks oder auch nach bestimmten Bauweisen. So führten z. B. die hochgezogenen, oft kunstvoll geschnitzten Steven der normannischen Langschiffe zu der Bezeichnung *Drachenboot,* oder gab die *Karweelbeplankung* der Karweel ihren Namen. Karweel ist eine Verballhornung aus dem spanischen Caravella.

Bereits zur Zeit der portugiesischen und spanischen Entdeckungsreisen setzte es sich mehr und mehr durch, Segelschiffstypen nach ihrer Takelungsart zu klassifizieren, das heißt, nach der Anzahl ihrer Masten und dem Schnitt ihrer Segel. Diese Klassifizierung hat sich bis zum Ende der Berufssegelschiffahrt erhalten und wurde auch von der Sportsegelschiffahrt übernommen. Entsprechend den beiden Hauptarten von Segeln unterscheidet man *Rah-* und *Schratsegel*takelage. Rahsegel sind mit ihrem Oberliek, der oberen Begrenzungskante, an den quer zu den Masten angebrachten Rahen angeschlagen. Schratsegel oder Stagsegel sind drei- oder viereckige Segel, deren Vorliek in der Mittschiffsebene verläuft. Rahsegel gibt es heute nur noch auf größeren Schulschiffen und auch dort meistens in Verbindung mit Schratsegeln. Yachten haben fast aus-

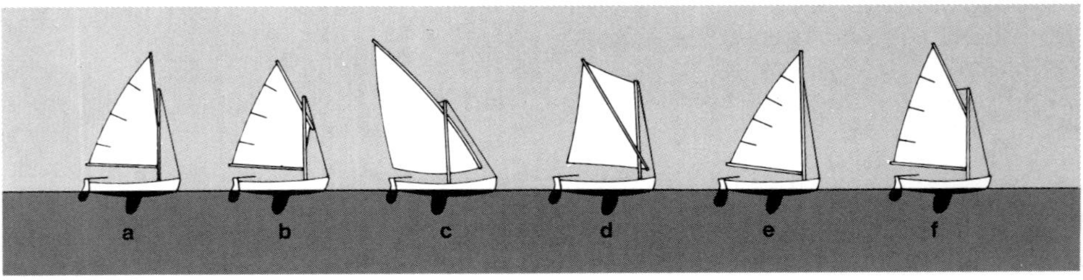

Abb. 1 Verschiedene Arten von Segeln
a) Steilgaffel- oder Huarisegel; b) Luggersegel; c) Lateinersegel; d) Sprietsegel; e) Hoch- oder Bermudasegel; f) Gaffelsegel

schließlich Schratsegel. Für ihre Typenbezeichnung ist es gleichgültig, ob es sich dabei um *Gaffel-, Hoch-* oder *Stagsegel* handelt (Abbildung 3). Selten findet man Yachten mit Dschunkensegeln, obwohl sich dieser Typ durchaus bewährt hat. Dschunkensegel sind mit durchgehenden Latten ausgesteifte Luggersegel, die an einem unverstagten Mast gefahren werden und besonders leicht gerefft werden können.

Fast alle größeren Segelyachten haben einen eingebauten Motor; auch die meisten kleineren sind für die Anbringung eines Außenbordmotors eingerichtet. Da dieser Motor jedoch im wesentlichen nur dafür gedacht ist, schwierige Manöver beim An- und Ablegen oder in engen Fahrwassern zu unterstützen, bezeichnet man ihn als Hilfsmotor, denn die Rumpfform einer Segelyacht ist nicht für Langfahrten unter Motor geeignet. Außerdem besitzt sie keine entsprechend große Bunkerkapazität für Treibstoff. Bei Regatten ist die Benutzung eines Motors sogar verboten.

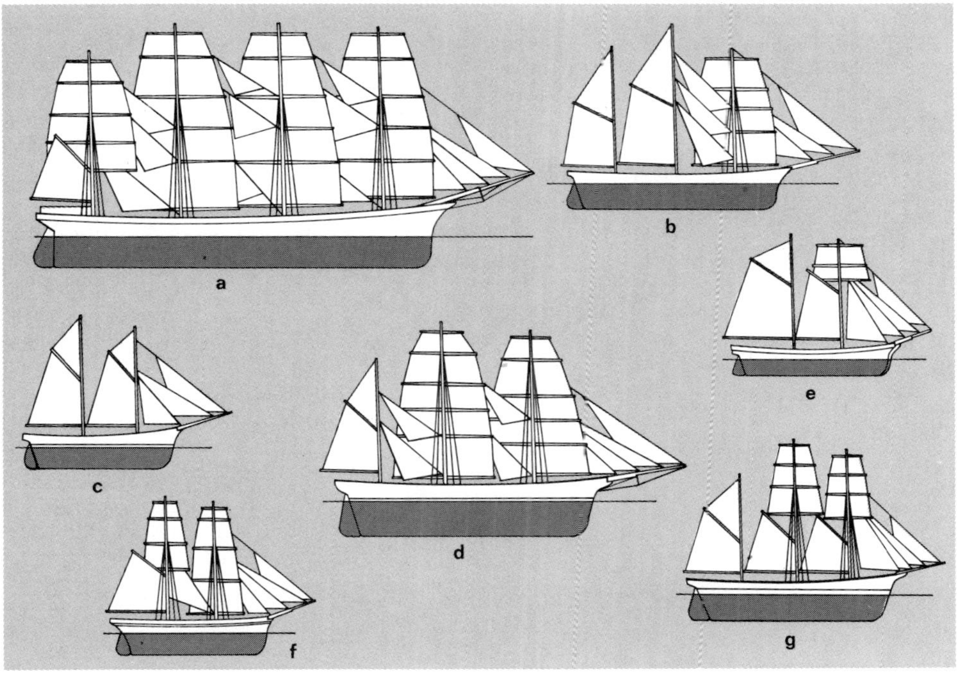

Abb. 2 Alte Segelschiffstypen
a) Viermastvollschiff (alle vier Masten fahren Rahsegel); b) Schonerbark — auch Barkentine genannt (Rahsegel am Vormast, Schratsegel am Groß- und Besanmast); c) Zweimastgaffelschoner (ein kürzerer Vormast und ein längerer Großmast); d) Bark (Rahsegel am Vor- und Großmast, Schratsegel am Besanmast); e) Mars- oder Toppsegelschoner (Schratsegel und nur im Topp — entweder des Vormastes oder auch des Großmastes — Rahsegel); f) Brigg (unten am Großmast ein kleines Schratsegel); g) Dreimastmars- oder -toppsegelschoner

Der *Motorsegler* ist ein Kompromiß zwischen einer Segel- und einer Motoryacht. Häufig findet man dafür die englische Bezeichnung Fifty-Fifty. Sie ist jedoch unzutreffend. Ein 50 : 50-Kompromiß ist eine Motoryacht mit stark reduzierter Motorenleistung und einer für die Maschinenfahrt ungünstig ausgelegten Rumpfform oder eine untertakelte Segelyacht mit einer für Fahrt unter Segeln schlecht ausgelegten Rumpfform. Ein seetüchtiger Motorsegler hat mindestens 75 : 75-Eigenschaften. Das bedeutet, zu Dreivierteln die Eigenschaften einer reinen Segelyacht und zu Dreivierteln die Geschwindigkeit und den Wohnkomfort einer Motoryacht. Er ist so getakelt, daß er ohne Maschinenhilfe unter normalen Wetterverhältnissen einwandfrei überstaggehen, das heißt, mit

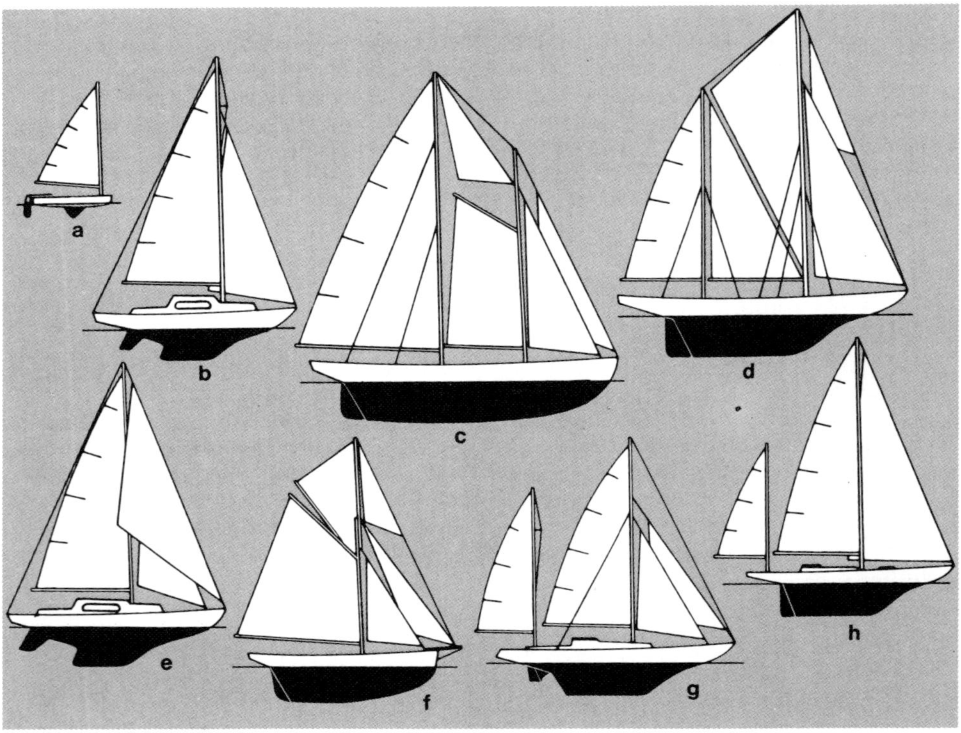

Abb. 3 Yachttypen
a) Kat (nur ein Großsegel – Hoch- oder Gaffelsegel – und kein Vorsegel); b) Slup (Großsegel – Hoch- oder Gaffelsegel – und ein Vorsegel; c) Hochsegelschoner (Vormast und längerer Großmast, die Bezeichnung, ob Gaffel- oder Hochsegelschoner, richtet sich nach der Takelung des Großmastes); d) Stagsegelketsch (der kürzere Besanmast steht innerhalb der Konstruktionswasserlinie); e) Moderner Kutter (Großsegel und zwei Vorsegel); f) Klassischer Kutter (Großsegel, Toppsegel und drei Vorsegel); g) Ketsch; h) Yawl (der kurze Besanmast steht außerhalb der Konstruktionswasserlinie, in der Zeichnung die waagerechte Linie)

dem *Bug* durch den Wind gehen kann. Andererseits ist der Rumpf so ausgelegt und die Maschine stark genug, daß er ohne Segel eine angenehme Fahrweise garantiert und auf offener See und auch in starkem Strom alle Manöver allein unter Motor ausführen kann.

Bei den Motorbooten richtet sich die Typenordnung mehr nach Nutzungsart und Einsatzmöglichkeit.

Motorkutter sind größere, uneingedeckte Boote, meistens mit einem Diesel-Einbaumotor. Sie haben Auftriebskammern, die ein Sinken des vollgeschlagenen Bootes verhindern. Die Einrichtung beschränkt sich auf Sitzbänke, *Duchten* genannt, und wasserdichte Stauräume. Die Rettungsboote der Frachter sind beispielsweise solche Motorkutter.

Als *Sportboot* oder *Runabout* bezeichnet man einen Typ mit eingedecktem Vorschiff, der entweder mit einem Einbaumotor (im Motorkasten) oder einem Außenbordmotor gefahren werden kann. Sportboote haben meistens recht komfortable Sitzgelegenheiten, kleine Stauräume an den Seiten und einen Hauptstauraum unter dem Vordeck.

Das *Kajütboot* hat eine offene *Plicht* und ein versenktes *Deckshaus,* eben die Kajüte, die Schutz vor Wind und Wetter, aber nur beschränkten Komfort bietet – meistens keine Stehhöhe, nur ein oder zwei Bänke, die auch als Schlafplätze

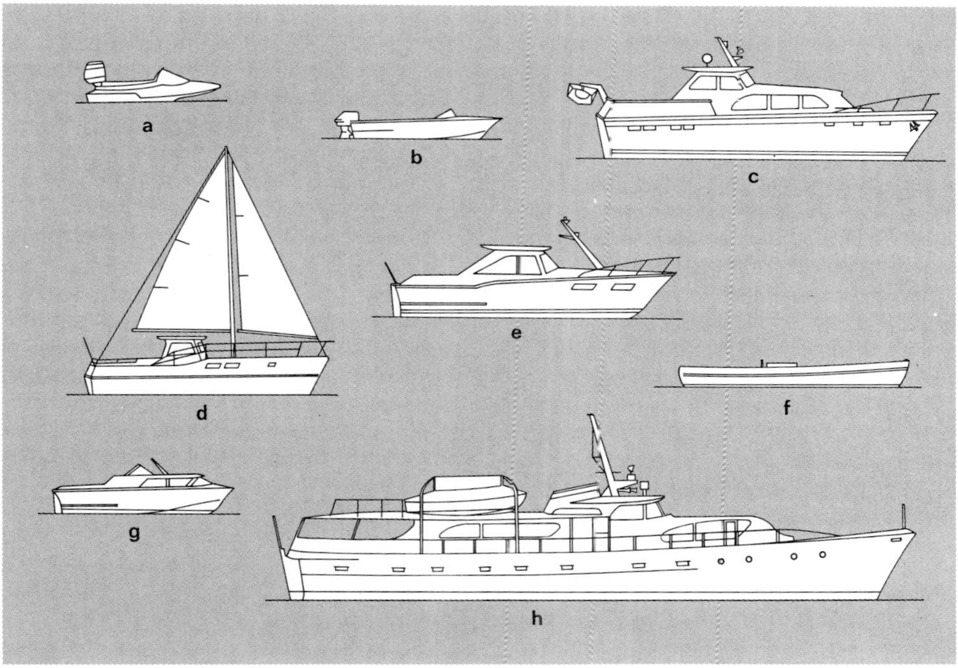

Abb. 4 Motorboottypen
a) Rennboot; b) Sportboot oder Runabout; c) Motorkreuzer; d) Motorsegler; e) Backdecker; f) Motorjolle; g) Kajütboot; h) Motoryacht

dienen können, selten einen Tisch, allenfalls noch ein unter einer Sitzbank untergebrachtes WC. Je nachdem wo die Kajüte im Boot untergebracht ist, unterscheidet man Vorder-, Mittel- und Achterkajütboote. In der Sportschiffahrt sind Kajütboote selten länger als 7 m.

Backdecker haben keine Back, sehen aber äußerlich so aus. Eine Back ist ein vorne auf das *Hauptdeck* gesetzter Aufbau und nur auf sehr viel größeren Schiffen von mehr als etwa 30 m Länge ausführbar. Was man Backdecker nennt, hat im Vorschiff einen sehr hohen *Freibord, so daß sich unter dem Vordeck ein Kajütraum* unterbringen läßt, der auch Backslogis genannt wird – von den Engländern entsprechend *fore castle,* sprich focksl. Genaugenommen ist das Backslogis oder das Focksl aber der Wohnraum unter dem Vorderkastelldeck über dem *Haupt-* oder *Wetterdeck,* in dem früher das einfache Schiffsvolk wohnte.

Es fehlt nicht an Versuchen, für das Kajütboot mit seinem beschränkten Wohn- und Reisekomfort andere Bezeichnungen zu finden. Im englischen Sprachraum hat man den Begriff des *Daycruiser* (Tageskreuzer) geprägt und ihn besonders für den kleinen, mit seinem hohen Vorschiff aber sehr seetüchtigen Backdecker genommen. Amerikanische Werften wählten dafür *Overnighter* (Übernachter).

Ein Backdecker kann also ein Kajütboot mit beschränktem Komfort und Übernachtungsmöglichkeiten für einen Wochenendtörn, aber auch ein regelrechtes Tourenboot sein.

Kreuzer. Das ist ein Schiff, mit dem man lange Reisen (Törns) unternehmen kann. Es hat genügend Schlafplätze (Kojen) für die Besatzung, ein vom Wohnraum abgetrenntes WC und eine voll funktionsfähige Küche, *Kombüse* oder *Pantry* genannt, ferner ausreichenden Stauraum für den Proviant und entsprechend große Trinkwasser- und Treibstofftanks. Es gibt große und kleine Kreuzer. Kleine Kreuzer, auf denen nur zwei, höchstens drei Personen den hinlänglichen Komfort finden, werden auch als *Kajütkreuzer* bezeichnet. Doch alle Kreuzer haben eine Kajüte. Genaugenommen sind auch noch 20 Meter lange Motorboote mit einem glatten Deck von vorn bis achtern, also ohne Plicht und mit mehreren Kammern unter dem Deck, Kreuzer; denn ihnen fehlt eines zum Charakteristikum der *Motoryacht:*

Sie muß mehr als ein Deck haben. Das braucht allerdings kein vollständiges zweites Deck zu sein. Es kann sich auch um ein Halbdeck (Orlop) im Rumpf oder um ein durch eine Reling gesichertes Hausdeck (Sonnendeck) handeln.

Über solche strengen Klassifizierungen hinaus aber ist das Wort »Yacht« zum Sammelbegriff für alle Arten von Sportbooten geworden, ausgenommen Ruder- und Beiboote. Die *Internationalen Wettsegelbestimmungen* bezeichnen die Einmann-Jolle ebenso als Yacht wie den Ozeankreuzer. Und im sprachhistorischen Sinn ist ein von einem 3 PS-Außenbordmotor angetriebenes Angeldingi ebenso eine Motoryacht wie der turbinengetriebene Luxuskreuzer.

b) Konstruktion

Grundlage für den Bau eines Bootes ist der *Riß,* auch Konstruktionszeichnung genannt. Im allgemeinen zeichnet man ein Boot mit dem Bug nach rechts, so daß die Darstellung die Steuerbordseite zeigt. *Meistens* besteht der Riß aus drei getrennten Zeichnungen: dem *Längsriß,*

dem *Wasserlinienriß* und dem *Spantriß.* Gelegentlich wird der Spantriß auch in den Längsriß hineingezeichnet.
Der wichtigste Längsschnitt im Linienriß zeigt als Mittschiffsebene die Kontur der Stevenverläufe, des Kielverlaufs und der Oberkante des Decks. Der Teil dieser Mittschiffsebene, der sich unterhalb der *Konstruktionswasserlinie* (CWL) befindet, ist der *Lateralplan.* Parallel zur Mittschiffsebene liegen in gleichen Abständen weitere Längsschnitte, die dort, wo sie die Außenhaut schneiden, mit Schnitt 1, 2, 3 usw. bezeichnet werden und die *Aufkimmung* der Spanten veranschaulichen. Unter *Kimm* versteht der Bootsbauer den Teil des Schiffsquerschnittes, der die stärkste Krümmung besitzt. Der Wasserlinienriß zeigt den Schnitt in der Konstruktionswasserlinie. Weitere horizontale Schnittebenen in gleichmäßigen Abständen parallel zu und über der Konstruktionswasserlinie bilden die *Überwasserlinien* der Außenhaut, entsprechende horizontale Schnittebenen unterhalb der Konstruktionswasserlinie die *Unterwasserlinien.* Sie liegen meistens enger als im Überwasserschiff und zeigen etwa den Strömungsverlauf an der Außenhaut einer in Fahrt befindlichen Yacht. Die untere Hälfte des Wasserlinienrisses bezeichnet man als *Sentenplan.* Senten sind Längsschnitte durch die Yacht in einem gleichbleiben-

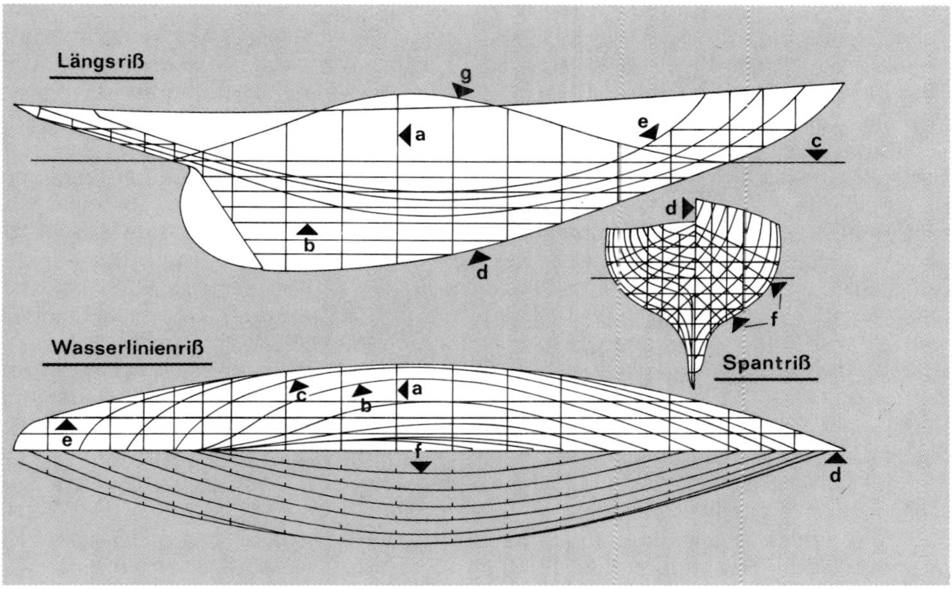

Abb. 5 Längs-, Spant- und Wasserlinienriß – a) Spanten (senkrechte Schnittebenen querschiffs); b) Wasserlinien (waagerechte Schnittebenen); c) Konstruktionswasserlinie (waagerechte Schnittebene, bis zu der die ausgebaute und ausgerüstete Yacht ins Wasser taucht); d) Mittschiffsebene (senkrechter Längsschnitt auf Mitte Schiff); e) Längsschnitte (sie verlaufen parallel zur Mittschiffsebene); f) Senten (Längsschnitte in einem gleichbleibenden Winkel zur Mittschiffsebene); g) Spantflächen- oder Verdrängungskurve

den Winkel zur Mittschiffsebene. Sie schneiden die Außenhaut meistens in einem Winkel von 90° und sind zeichnerische Hilfen zur Fixierung einer genauen Linienführung. Die Lage der Senten und der Winkel, den jede mit der Mittschiffsebene bildet, sind aus dem Spantriß ersichtlich.

Im Spantriß ergeben senkrechte Schnittebenen querschiffs auf der Außenhaut die Spantkonturen. Je enger diese Spantschnitte liegen, um so mehr Schnittpunkte werden mit Längsschnitten und Wasserlinien gebildet, und um so genauer wird die Darstellung der Rumpfform. Die Länge in der Konstruktionswasserlinie wird meistens in eine gerade Anzahl von Spantabständen unterteilt, beispielsweise 6, 8, 10 usw. Dasjenige Spant, das die größte ins Wasser eingetauchte Fläche hat, heißt *Hauptspant.* Es liegt bei Segelyachten im allgemeinen hinter der halben Länge der Konstruktionswasserlinie. Da die rechte und linke Schiffshälfte symmetrisch sind, wird nur eine Hälfte dargestellt, rechts im Spantriß die vordere und links die hintere Schiffshälfte. Im Längs- und Wasserlinienriß sowie im Sentenplan erscheinen die Spantrisse als gerade Linien. Ebenso bilden im Spantriß Längsschnitte, Wasserlinien und Senten gerade Linien.

Für größere Yachten wird auch noch ein *Decksplan* gezeichnet, der die Lage der Decksbeschläge wie Klampen, Schotwinschen, Ankerwinde usw. angibt.

Nähere Angaben über die Bauausführung enthält der *Bauplan,* in dem Form, Abmessungen und Material jedes einzelnen Teiles genau vorgeschrieben werden.

Der Einrichtungsplan zeigt einmal eine längs aufgeschnittene Yacht mit der Anordnung der Einrichtung auf der Backbordseite und außerdem eine Draufsicht, bei der Deck und Aufbauten aufgenommen worden sind (Abb. 6).

Der *Segelriß* schließlich veranschaulicht die Variationsmöglichkeiten mit verschiedenen Vor- und Beisegeln und bestimmt ihre Größe. Neben dem Segelriß wird die Verstagung des Mastes in einem *Takelplan* dargestellt.

Das fertig ausgebaute Boot *schwimmt* auf seiner *Wasserlinie* (WL), auch Schwimmwasserlinie genannt. Sie zeigt meistens geringfügige Abweichungen von der vom Konstrukteur errechneten und festgelegten Konstruktionswasserlinie (CWL), weil sie von der Belastung des Bootes mit Ausrüstungsgegenständen und dem Gewicht der Mannschaft abhängig ist. Die Wasserlinie kann durch Gewichtsverlagerungen geändert werden. Man nennt das *trimmen.* Die Trimmlage einer Yacht hat einen großen Einfluß auf ihre See- und Segeleigenschaften.

Der unterhalb der Wasserlinie liegende Teil des Rumpfes heißt *Unterwasserschiff,* der darüber liegende *Überwasserschiff,* der vordere Teil *Bug,* der achtere *Heck.* Bug- und Heckform sind wichtig für die Bewegungen des Schiffes im Seegang. Die Bugform soll bewirken, daß beim Eintauchen im Seegang sofort viel Schiffsraum, *Reservedeplacement* genannt, ins Wasser kommt, um die Stampfbewegungen aufzufangen. Die Heckform soll einer von achtern auflaufenden See ermöglichen, das Heck hochzuheben, damit das Schiff nicht von achtern durch die See überrollt wird.

Die Höhe des Rumpfes von der Wasserlinie bis zum Deck bezeichnet man als *Freibord.* Dieser ist bei den meisten Yachten vorne und achtern höher als in der Mitte. Das Deck bildet also in der Längsrichtung eine Kurve, den *Sprung.*

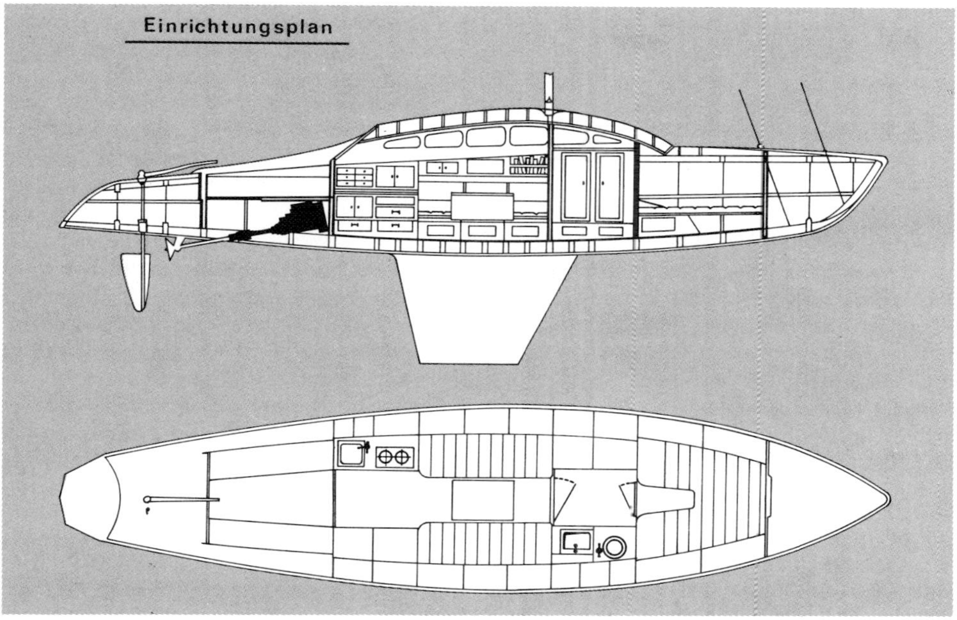

Abb. 6 Einrichtungsplan

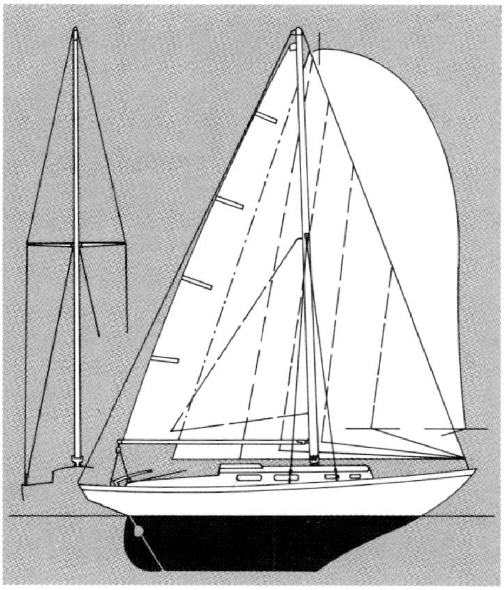

Abb. 7 Segelriß

Man spricht in diesem Falle von einem positiven Sprung. Moderne kleine Kreuzeryachten haben jedoch häufig einen negativen Sprung. Bei diesem ist der Freibord mittschiffs höher und fällt zu den Schiffsenden hin ab. Die Kurve der Deckwölbung in der Querrichtung heißt *Decksbalkenbucht.* Bei einem stark gewölbten Deck, dessen Wölbung in die Bordwände übergeht, spricht man von einem *Waldeck.* Ein von Bord zu Bord flach durchlaufendes Deck ohne überragende Aufbauten nennt man *Glatt-, Flush-,* oder *Backdeck.*

Die Schiffsenden bezeichnet man als *Vor-* und *Achtersteven,* einen platten Abschluß des Achterstevens als *Spiegel.* Die Rumpfteile, die über Wasser vorne und achtern hinausragen, sind die *Überhänge.* Die Länge eines Bootes von Steven zu Steven ist die *Länge über alles*

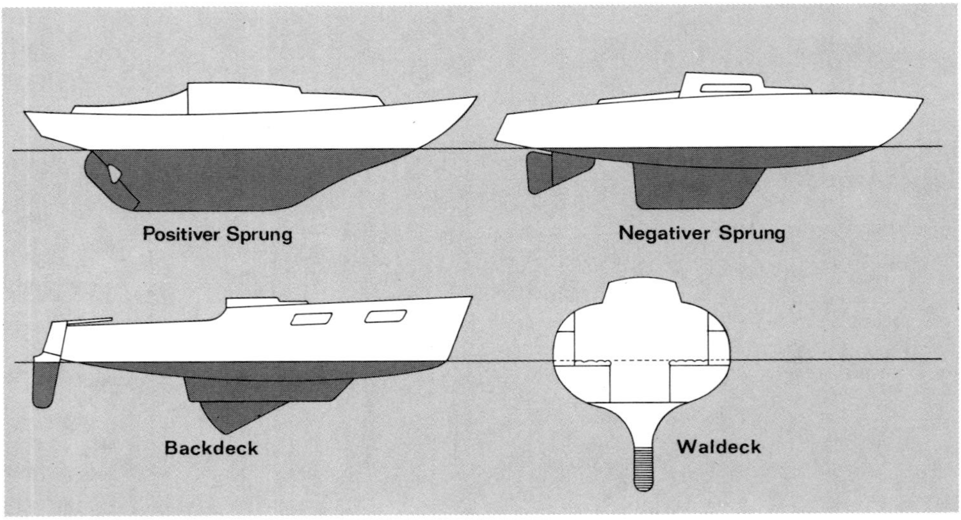

Abb. 8 Decksformen

(*Lüa*), im Gegensatz zu der Länge in der Wasserlinie (LWL). Zum Steuern eines Bootes dient das *Ruder,* eine am Spiegel oder Heck, am Ende des Kiels oder freistehend unter dem Achterschiff als *Balance-* oder als *Spatenruder* um eine

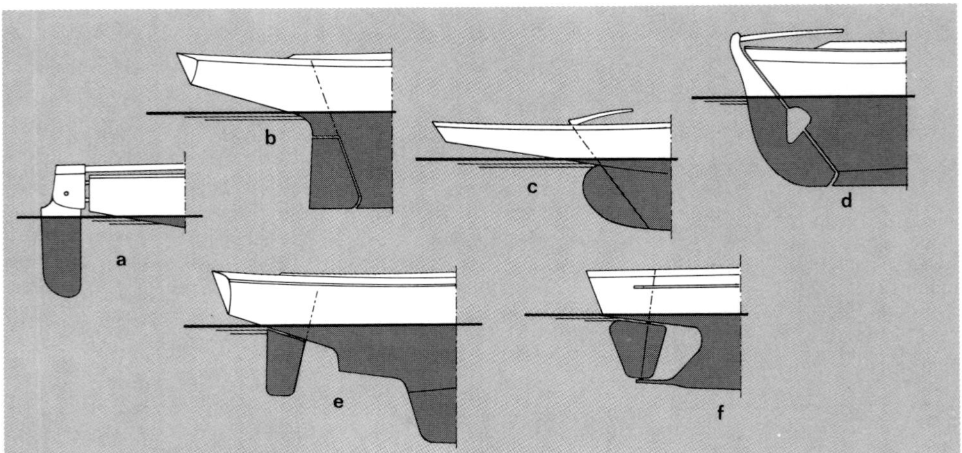

Abb. 9 Ruderformen – a) Senkruder (Jollen); b) Festes Ruder am Kiel mit durchgeführtem Schaft (moderne Form); c) Festes Ruder am Kiel mit durchgeführtem Schaft (konventionelle Halbeiform); d) Festes Ruder am Heck (konventionelle Form); e) Freistehendes modernes Spatenruder; f) Balanceruder (1/3 bis 1/4 des Ruderblattes vor der Achse) mit Hacke (Motorboot)

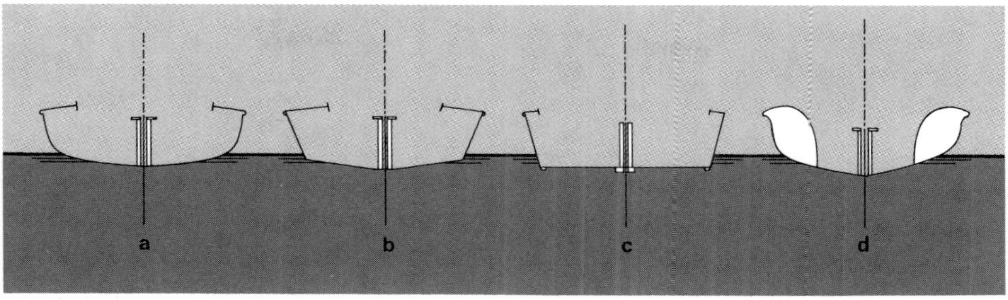

Abb. 10 Rumpf- und Spantformen von Jollen
a) Rundspant-Jolle mit schwachem V-Spant (H-Jolle); b) Knickspant-Jolle mit Spitzboden (Pirat); c) Knickspant-Jolle mit Plattboden (Puschenboot); d) Moderne Rundspant-Jolle mit ausfallendem Seitendeck (505er)

Achse drehbare Fläche. Das Ruder besteht aus Ruder*blatt*, Ruder*schaft*, Ruder*kopf* und Ruder*pinne*. Statt der Pinne hat man auf größeren Yachten ein Rad, das über eine Spindel mit Schnecke oder einen Quadranten das Ruder bewegt.

Die Besatzung hält sich an Deck in dem *Cockpit* oder der *Plicht* auf, einer kastenartigen, hinter dem Kajütaufbau eingelassenen Vertiefung. Auf seegehenden Yachten muß sie wasserdicht und selbstlenzend, also gegen den Niedergang zur Kajüte durch ein *Brückendeck* abgeschlossen sein und Abflußrohre nach außenbords haben. Bei Jollen

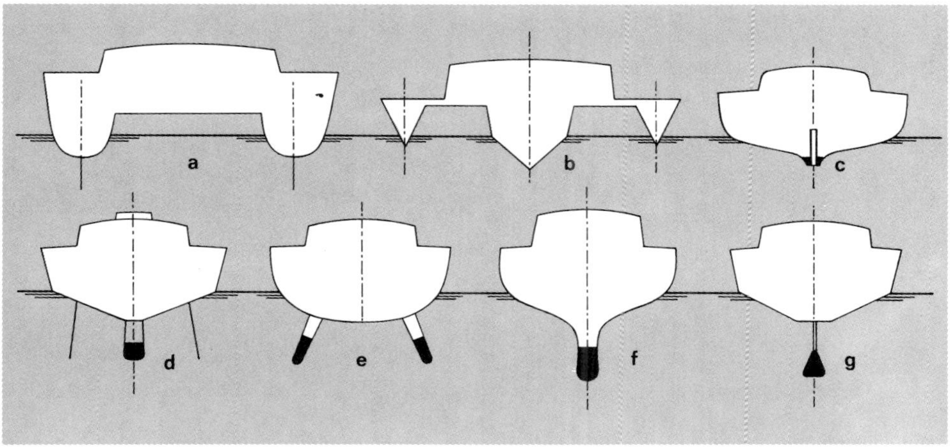

Abb. 11 Rumpf- und Spantformen von Mehrrumpf-, Kiel- und Kielschwertbooten
a) Katamaran mit Rundspant-Rümpfen; b) Trimaran mit V-Spant-Rümpfen; c) Rundspant-Kielschwerter; d) Knickspant-Kimmkieler; e) Rundspant-Doppelkieler mit stumpf angesetzten Flossenkielen; f) Rundspant-Kielboot mit S-Schlag und gebautem Kiel; g) Doppelknickspanter mit angesetztem Wulst- oder Bulbkiel

bezeichnet man den gesamten uneingedeckten Raum als Cockpit.

Grundsätzlich können Segelboote in zwei Grundtypen eingeteilt werden: die *Kielyacht,* die ihre Stabilität vorwiegend durch einen Ballastkiel erhält, und die ballastlose *Jolle,* deren Stabilität durch die ausladende Breite des Rumpfes erreicht wird. Man spricht folglich auch von *Gewichts-* oder von *Formstabilität.* Unter Stabilität versteht man die Fähigkeit eines Bootes, sich aus einer seitlich geneigten Lage, der *Krängung,* wieder aufzurichten. Gewichtsstabile Boote können normalerweise nicht umschlagen, *kentern,* formstabile dagegen ohne weiteres.

Jollen haben ein senkrecht in einem *Schwertkasten* durch den Bootsboden geführtes aufholbares *Schwert,* das der Abtrift entgegenwirkt. Doch auch Kielyachten mit nur geringem Tiefgang können zusätzlich mit einem Schwert ausgerüstet werden. Man bezeichnet sie dann als *Kielschwerter.* Kajütboote ohne Ballastkiel, sondern nur mit einem Schwert, heißen *Jollenkreuzer.*

Abwandlungen der Kielyacht sind die *Kimm-* und *Doppelkieler.* Kimmkieler sind meistens flachgehende Boote mit einem kurzen Ballastkiel in der Mitte und Holzflossen oder Stahlplatten in der Höhe der Kimmrundung auf beiden Seiten. Diese seitlichen Flossen ermöglichen ein Trockenfallenlassen des Bootes. Bei der Doppelkielyacht dagegen ist der tiefgehende Mittelkiel durch flachergehende Seitenkiele ersetzt, die jeweils die Hälfte des Gesamtballastes tragen.

Bei *Katamaranen* sind zwei schmale, flachgehende und mit Schwertern versehene Rümpfe durch eine frei über dem Wasser liegende Brückenkonstruktion miteinander verbunden. Selten haben sie ein Mittelschwert unter der Brücke. Katamarane können jedoch auch kentern. *Trimarane* sind Dreirumpfboote, bei denen der tiefergehende Mittelrumpf durch zwei auslegeartige kürzere Schwimmer zu beiden Seiten

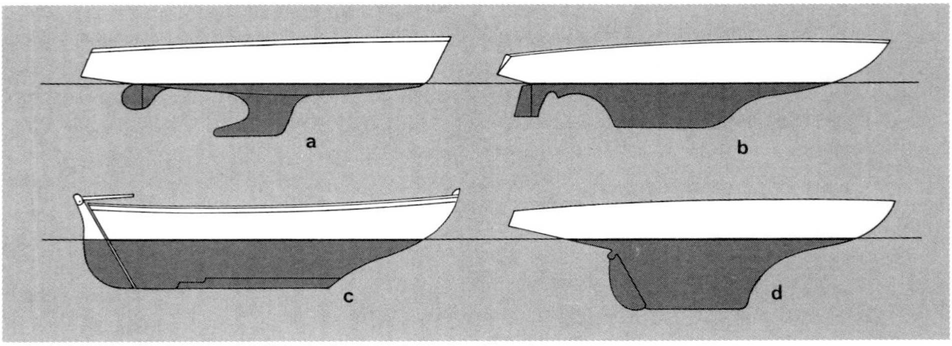

Abb. 12 Lateralpläne
a) Extrem beschnittener Lateralplan (Reduzierung des Reibungswiderstandes im Wasser auf das Unerläßlichste, schnelle Boote, sehr wendig, aber wenig kursstabil); b) Flacher Lateralplan (kursstabileres, aber nicht so schnelles Boot); c) Langgestreckter Lateralplan (seetüchtige, aber auch etwas schwerfällige und langsame Fahrtenboote, sehr kursstabil); d) Tiefgezogener, aber konzentrierter Lateralplan (gutes, hochseetüchtiges Unterwasserschiff schneller Schiffe)

abgestützt wird; sie erhalten ihre Stabilität durch die große Breite der Gesamtkonstruktion und sind praktisch unkenterbar.

Alle diese verschiedenen Bootstypen können eine runde Querschnittform haben oder eine mehr oder minder, einmal oder mehrfach geknickte Querschnittsform (*Knickspant*). Seegehende Kielyachten sind allerdings überwiegend Rundspanter.

Eine Kielyacht mit einer schlanken Spantform ist *rank.* Sie hat eine geringe Anfangsstabilität und legt sich bereits bei leichtem Winddruck stark über. Dagegen ist eine vollspantige Yacht *steif.* Sie kann dem Winddruck besser widerstehen. Man spricht dann von einer hohen Anfangsstabilität. Wird aber ein Schiff zu steif gemacht, so werden die Bewegungen in der See zu hart, beanspruchen die Takelage übermäßig und können zu Bruch führen.

Ebensoviel Einfluß auf die See- und Segeleigenschaften wie die Spantform hat der *Lateralplan.* Darunter versteht man die unterhalb der Wasserlinie befindliche Fläche des Längsschnittes einer Yacht. Ein langgestreckter Lateralplan bewirkt eine gute Kursstabilität und verbessert die Möglichkeit, bei Sturm beizudrehen oder beizuliegen. Gleichzeitig erzeugt er aber auch einen höheren Reibungswiderstand im Wasser. Je kürzer oder konzentrierter der Lateralplan wird, um so lebendiger reagiert eine Yacht aufs Ruder. Aber auch die Gefahr wird größer, daß sie aus dem Ruder läuft. Ein Beidrehen im Sturm wird kaum möglich sein.

Mäßige Überhänge an Bug und Heck bedeuten nicht nur eine zusätzliche Auftriebsreserve, sondern verlängern auch bei Krängung die Wasserlinie. Und je mehr Wasserlinienlänge ein Boot im Verhältnis zu seiner Gesamtlänge aufzubieten hat, um so verhältnismäßig schneller läuft es. Bei einem geraden, steilen Vorsteven fehlt der zusätzliche Auftrieb. Der Steven setzt tief in die Wellen ein. Eine solche Yacht kann niemals schnell sein. Der scharfe *Löffelbug* mit einem U-förmigen Querschnitt und einem meistens langen Überhang dagegen schlägt hart auf die Wellen auf. Boote mit dieser Bugform segeln sehr naß.

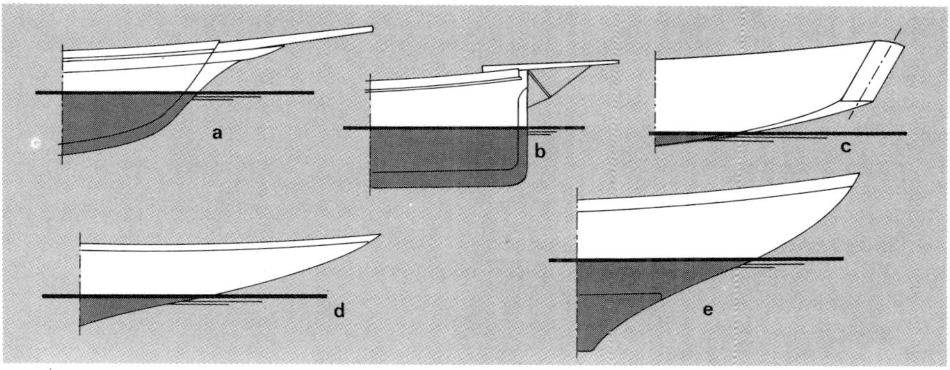

Abb. 13 Vorstevenformen
a) Klippersteven; b) Gerader Steven; c) Prahmsteven; d) Konventioneller Yachtsteven (Löffelbug); e) Moderner Yachtsteven (Löffelbug)

Es gibt vier Heckformen: das *Plattgatt-* oder *Spiegelheck,* das *Spitzgatt,-* das *Yacht-* und das *Kanuheck.* Fast alle Jollen und Jollenkreuzer haben ein gerades Spiegelheck, während bei Kielyachten das U- oder V-förmige Plattgattheck meistens leicht ausfällt. Für schnelle Yachten eignet es sich weniger, weil sich bei Krängung dahinter hemmende Wirbel bilden.

Wenn das runde Spitzgattheck nicht sehr völlig gebaut wird, fehlt es ihm an genügender Auftriebsreserve, so daß die Yacht achtern tief eintaucht und sich festsaugt.

Beim Yachtheck überragen die Planken den Achtersteven oberhalb der Wasserlinie weit und enden bei einem flachen gekrümmten Heckstück, so daß das Deck achtern eine beträchtliche Breite erhält. Ein Yachtheck ergibt längere und günstigere Überwasserlinien, doch soll es nicht extrem lang und flach sein, weil es sonst genauso wie ein Löffelbug wirkt. Deshalb wird heute vor allem das abgeschnittene Yachtheck gebaut, das in einem kleinen ein- oder ausfallenden Spiegel endet. Beim Kanuheck laufen die Planken in einem schmalen, abgerundeten Spiegelholz zusammen, so daß das Heck in einer Spitze endet.

Bei Platt- und Spitzgattern wird das Ruder fast immer über Heck gefahren. Es kann für Reparaturen leicht entfernt werden, während es beim Yacht- und Kanuheck in einem Koker, schwerer zugänglich, durch das Achterheck oder den Cockpitboden läuft.

Jede seegehende Yacht sollte kentersicher und unsinkbar sein. Die Forderung nach Kentersicherheit wird mit einiger Verläßlichkeit nur erfüllt, wenn der Kielballast mindestens 25% des Gesamtgewichtes (*Verdrängung, Deplacement*) der Yacht beträgt. Der Kielballast verhindert aber nicht ein so weites Krängen der

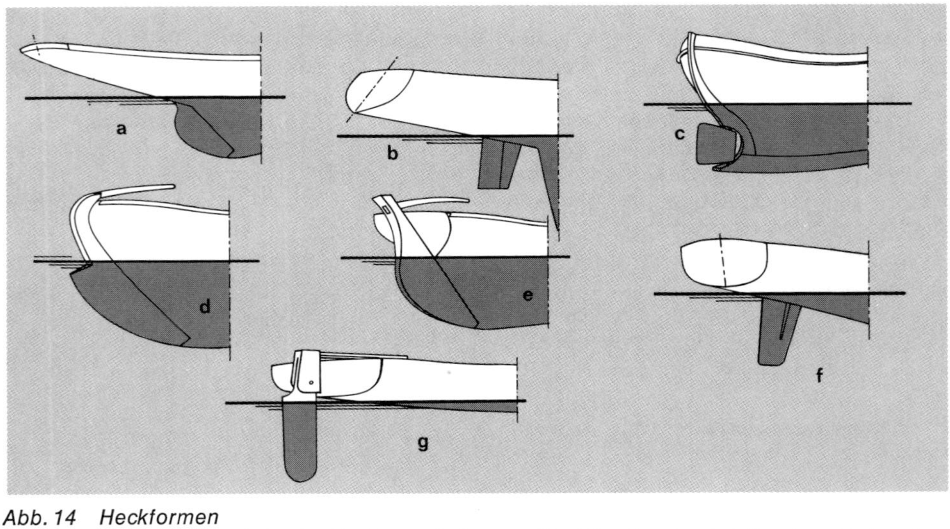

Abb. 14 Heckformen
a) Konventionelles Yachtheck; b) Abgeschnittenes Yachtheck mit einfallendem Spiegel; c) Kanuheck; d) Spitzgattheck; e, f, g) Verschiedene Formen des Plattgatt- oder Spiegelhecks

Yacht, daß sie nicht vollaufen und sinken kann. Deshalb müssen alle an Deck liegenden Öffnungen wasserdicht verschließbar sein. Der Einbau von *wasserdichten Schotten* und *Lufttanks* ist eine weitere Sicherheitsmaßnahme. Absolut unsinkbar ist ein Schiff jedoch nur, wenn es selbst dann noch, wenn sämtliche Innenräume vollgeschlagen sind, leichter als das verdrängte Wasser bleibt. Dieser Idealfall läßt sich nur bei sogenannten *Leichtdeplacementbauten* aus Sperrholz oder Aluminium in Verbindung mit Lufttanks und Schaumstoff-Füllungen erreichen. Jollen sind ohne weiteres unsinkbar zu machen.

Ob beim Motorsegler die Rumpfform mehr zum Motorboot oder mehr zur Segelyacht hin ausgelegt wird, hängt weitgehend von der erwünschten Geschwindigkeit unter Maschine ab. Den Segelschiffslinien sind in dieser Hinsicht Grenzen gezogen. Sie liegen bei einer Geschwindigkeit von etwa 9 Knoten (Seemeilen pro Stunde). Nach einer groben Faustregel setzt man 3,7 bis 4 PS Maschinenleistung pro Tonne Wasserverdrängung an. Damit erreicht man mit Booten zwischen 9 und 15 Metern eine maximale Geschwindigkeit zwischen $6^1/_2$ und $8^1/_2$ Knoten. Die größere Länge läuft bei gleicher Antriebsleistung schneller. Eine Verdoppelung der Maschinenleistung erbringt nur eine entsprechende Geschwindigkeit von $7^1/_2$ bis $9^1/_2$ Knoten, eine Verdreifachung sogar nur noch eine Zunahme um etwa $^1/_4$ bis $^1/_2$ Knoten. Sie steht in keinem Verhältnis mehr zum Maschinenaufwand und -gewicht.

Bis zu 9 Knoten Geschwindigkeit ist die erforderliche Maschinenleistung für einen Rumpf mit Segelyachtlinien etwa um ein Viertel bis zu einem Drittel geringer als für eine Yacht mit motorbootähnlichen Linien. Über 9 Knoten hinaus arbeitet die Maschine wirtschaftlicher bei einem motorbootähnlichen Rumpf mit besonders im Heck flachen Linien. Daß bei solchen schnellen Motorseglern mit geringem Tiefgang die Abtrift größer ist, die Segeleigenschaften somit schlechter sind, ist eine unausbleibliche Folge.

Wegen des zweckmäßigerweise geringeren Ballastanteils gegenüber der reinen Segelyacht, aber auch damit die Takelage bei Maschinenfahrt keinen zu hohen Widerstand bietet, sind Motorsegler etwas untertakelt. Auch dafür gibt es eine grobe Faustformel, die einen Annäherungswert liefert:

$$\frac{\sqrt{\text{Segelfläche}}}{\sqrt[3]{\text{Wasserverdrängung}}} = 3{,}5 \text{ bis } 3{,}6$$

Motorboote teilt man in zwei Konstruktionsklassen ein: Die *Verdränger* und die *Gleiter*. Verdränger zerteilen das Wasser. Die Gleiter rutschen über die Wasseroberfläche, wozu sie gegen die Wasserfläche einen Anstell- oder Aufgleitwinkel annehmen müssen, mit der ihr gerader Schiffsboden dauernd auf eine »schiefe Ebene« aus Wasser aufgeschoben wird (Abb. 15).

Ein brettflacher Schiffsboden gleitet am leichtesten. Aber schon kleine Wellen trommeln laut und kräftig gegen den Boden. Deswegen, aber auch um dem Schiff mehr *Kursstabilität* zu geben, *kimmt* man die Gleitböden mehr oder minder auf und gibt ihnen ein V-förmiges Spant, im Vorschiff mehr, im Achterschiff *meistens* weniger, weil solche Boote bei hoher Fahrt nur auf einem Teil ihres Bodens hinter dem Mittelspant gleiten.

Die Gleitboote mit stark aufgekimmten Böden von 20 bis 25° von vorn bis zum

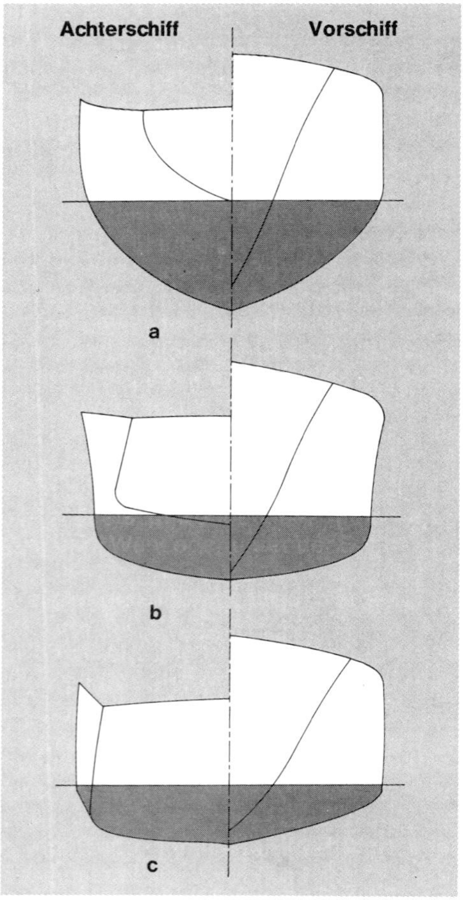

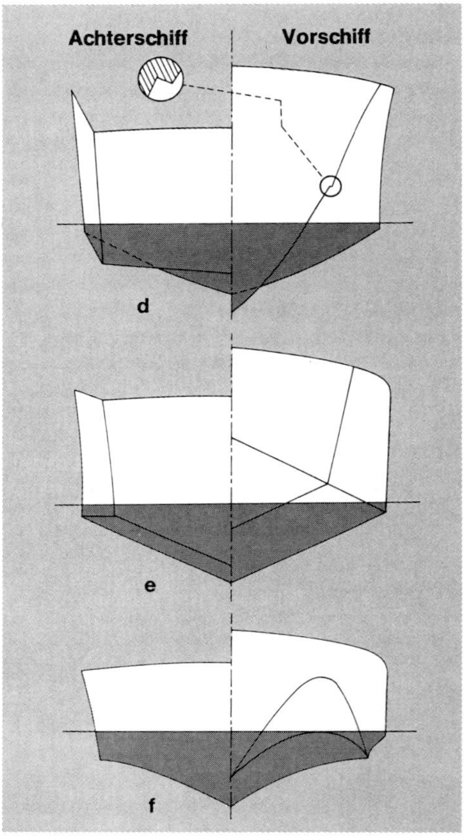

Abb. 15 Vereinfachte Spantrisse der wichtigsten Rumpfformen von Motorbooten

a) Schwerer Verdränger – Langsames, seetüchtiges Schiff, das mit verhältnismäßig kleiner Antriebsleistung auskommt. Der Schwerpunkt muß sehr tief liegen, damit das stark, aber weich rollende Schiff ausreichende Stabilität hat. Verhältnismäßig lange Rollperiode, wenn ein Teil des Ballasts zu den Seiten verteilt wird (Tanks). Bilgekiele und reichlich Totholz zur Dämpfung des Rollens erforderlich. Positive Stabilität bis ca. 65° Krängung.
b) Leichter Verdränger – Mittelschnelles Schiff, das verhältnismäßig starke Motoren haben muß, um seetüchtig zu sein. Bei zu starken Motoren sinkt jedoch das Heck noch sehr stark ein, was zu Stabilitätsverlust und gefährlichem Steuerverhalten führt. Hohe Formstabilität, aber härteres ruckartiges Rollen mit schneller Rollperiode. Bei solchen Booten sind zwei Motoren in Parallelanordnung zur Verlängerung der Rollperiode besser als einer.
c) Halbgleiter (Sea Skiff) – auch Rundspantgleiter genannt. Boote mit geringem Tiefgang und geradem Boden mit wenig Aufkimmung

im Achterschiff. Das Spant im Hinterschiff ist manchmal flach elliptisch. Sehr hohe Formstabilität mit zusätzlicher dynamischer Stabilität bei hoher Fahrt. Rollbewegungen hektisch, aber gut gedämpft. Bei starker Motorisierung (44 ... 52 kW/t) sehr seetüchtige Boote, die in rauhem Wasser recht lange hohe Fahrt laufen können. In ruhigem Wasser sind sie Knickspantgleitern leicht unterlegen.

d) Moderner Gleiter (ab 1958) – Form nach englischer Schule (Vosper). Die Kimm ist im Vorschiff sehr hoch gezogen, und das Spant ist im Vorschiffboden bis meist zum Hauptspant konvex, was den Eintrittsstoß im Seegang mildert. Der Boden im Achterschiff hat nur mäßige bis gar keine Aufkimmung, um mit relativ kleiner Maschinenleistung hohe Fahrt zu erreichen. Damit die Boote trocken laufen und das Spritzwasser nach unten zur Seite wegschleudert, wird die Kimm als eine schräg nach unten weisende Kehle (siehe Nebenzeichnung im Kreis) ausgebildet; sie ist Kennzeichen aller modernen Gleitbootrisse. Bei kräftiger Motorisierung sehr seetüchtig, wenn der Steven nicht mehr als 20° ausfällt; bei modischem weiteren Ausfall droht bei der hohen Fahrt, die diese Boote in grober See noch laufen können, Anstechen der See und Unterschneiden mit unabsehbaren Folgen. Vor achterlicher See immer noch starke Neigung zum Querlaufen.

e) Halbgleiter konstanter Aufkimmung – Nach einer Theorie von Dr. Lindsay Lord erstmalig von Raymond Hunt ausgeführte Konstruktion für See-Rennmotorboote; die Originalkonstruktion hat über die ganze Bodenlänge von vorn bis achtern aufgesetzte Stringer mit waagerechter Unterkante, die im Vorschiffsboden durch Reduzierung des Spritzfußes eine Minderung des Reibungswiderstandes bei hoher Fahrt um etwa 3% bewirken. Im Achterschiffsboden verursachen sie jedoch unerwünschten Widerstand. Für die Laufeigenschaften des »Tiefen V« sind sie ohne Bedeutung. Hunts Konstruktion ist gekennzeichnet durch eine starke, von vorn bis achtern konstante Bodenaufkimmung von 25°, deren besondere Vorteile sind: eine sehr hohe Festigkeit des Bodens und relativ weiche Wasserung, nachdem das Boot bei hoher Fahrt von einer See in die Luft geschleudert worden ist; ein dem schweren Verdränger ähnlich kursstabiles Verhalten vor achterlicher See. Die Nachteile dieser Konstruktion sind: ein gegenüber der Form e um 35 bis 40% größerer Bedarf an Antriebsleistung.

f) Sonderbauarten – Im Decksriß sieht dieses Boot aus wie ein Ponton, und entsprechend groß ist seine Formstabilität bei kleiner Fahrt oder in Ruhelage. Viel Platz an Bord und hohe Kentersicherheit durch extrem hohe Formstabilität bei nicht zu unangenehm großer Anfangsstabilität. Im Achterschiffsboden verlaufen die beidseitigen Stützschwimmer in einen stark aufgekimmten Gleitboden über die ganze Breite des »Pontons«. Wird das Boot auf hohe Gleitfahrt gebracht, dann kommen die seitlichen Stützkiele des Vorschiffs aus dem Wasser, und das Boot läuft als normaler Gleiter der modernen Form im Deltaspant auf seinem achteren Gleitboden.

Spiegel sind eigentlich Halbgleiter oder Verdränger, die man durch eine geschickte Bauweise weit über ihre kritische Geschwindigkeit hinaustreiben kann. Solche Boote sind wohl schnell, aber auch sehr unwirtschaftlich. Im Vergleich zu Booten mit wenig aufgekimmten Gleitböden (etwa 10° zwischen Mittelspant und Spiegel) brauchen sie 35 bis 50% stärkere Motoren, um gleiche Fahrt auf glattem Wasser machen zu können. Die meisten Verdränger sind ebenfalls für überkritische Geschwindigkeiten gebaut. Diese Bauweise ist gekennzeichnet durch ein breites, bei ruhigliegendem Schiff eintauchendes Spiegelheck. Bei voller Fahrt reißt das Wasser an der Spiegelunterkante glatt ab, wobei das Schiff aber an den Seiten eingetaucht bleibt. Die dadurch im Heckwasser entstehende Mulde stellt praktisch das dar, was ein normaler Verdränger mit rund oder spitz auslaufendem Heck an zusätzlicher Länge noch haben müßte, um eine solche Fahrt machen zu können. Verdränger mit verjüngt zulaufendem Heck (Spitzgatt- oder Kanuheck) dürfen nicht zu stark motorisiert werden, denn sie werden rank, wenn man sie über ihre kritische Geschwindigkeit hinaus antreibt. Sie sakken dabei stark mit dem Heck ein und gehorchen dem Ruder nur noch unwillig oder gar nicht. Weitaus die meisten Sportboote bis zu 8 m Länge über alles werden heute als Gleitboot konstruiert, für deren Maschinenleistung es theoretisch keine obere Grenze gibt. Praktisch werden Grenzen durch das Motorgewicht und die Festigkeit des Rumpfes gesetzt. Als Gleitboote konstruierte Schiffe, die mehr als 50 kg/PS wiegen, kommen nicht einmal andeutungsweise zum Gleiten, und gut ein Drittel der Motorleistung dient nur dazu, eine riesige Hecksee aufzuwerfen.

c) Bau

Das klassische Bootsbaumaterial war *Vollholz.* Es vereinigt Festigkeit mit langer Lebensdauer und guten Verarbeitungsmöglichkeiten. Außerdem ist es von Natur aus schwimmfähig, weil sein spezifisches Gewicht geringer ist als das des Wassers. Eine sorgfältig gebaute Vollholzyacht, normal gepflegt, hat eine Lebensdauer von etwa 40 Jahren. Holz besitzt ein gefälliges Aussehen und gute Isoliereigenschaften, hat aber auch Nachteile. Es arbeitet unter der Einwirkung von Trockenheit und Feuchtigkeit, was zu einem undichten Schiff führen kann. Außerdem ist es gegen Fäulnis anfällig.
Neben Vollholz wurde vor einigen Jahren vielfach wasser- und kochfest verleimtes *Sperrholz* verwendet. Unter Sperrholz versteht man Holzplatten, die aus einer ungeraden Anzahl von Furnieren verleimt werden. Diese Platten können kaum noch schrumpfen, schwellen oder sich verziehen. Eine sorgfältig gebaute Sperrholzbootshaut bleibt immer dicht. Wegen ihres geringen Gewichtes zählen Sperrholzboote zu den sogenannten *Leichtdeplacementyachten.*
Ebenfalls zum konventionellen Bootsbau gehört die Verarbeitung von *Stahl.* Stahl ist etwa zehnmal so schwer wie Teak oder Eiche. Da seine Festigkeit aber wesentlich größer ist, kann die Außenhaut viel dünner sein als bei einem Holzboot; doch sind dem natürlich Grenzen gesetzt, so daß kleinere Yachten aus Stahl verhältnismäßig schwer werden. Ein Stahlschiff ist unbedingt dicht; doch isoliert Stahl wenig und neigt zu Kondenswasserbildung im Inneren des Bootes als Folge von Temperaturunterschieden und ist rostanfällig.
Aluminium verbindet mit den Vorteilen der Stahlbauweise große Leichtigkeit. Auch Aluminiumyachten zählen zu den sogenannten Leichtdeplacementbooten. Doch neigt das Material bei unsachgemäßer Bauweise und/oder Behandlung zu galvanischer Korrosion.
Als jüngstes Bootsbaumaterial hat sich inzwischen *glasfaserverstärktes Kunstharz* durchgesetzt. Die verwendeten Harze (Polyester und Epoxyd) allein besitzen nur eine geringe Festigkeit. Erst die Verbindung mit der Glasfaser zu einem *Laminat* ergibt ein Material, das für den Schiffbau geeignet ist. Die gebräuchlichste Art der Glasfaserverstärkung – man spricht von Armierung – ist die durch Glasseidenmatten, die aus einzelnen Fasersträngen, den *Rovings,* bestehen. Das armierte Kunstharz läßt

sich besser formen als Holz oder Stahl. Es ist temperaturunempfindlich, bohrwurmsicher, seewasserbeständig, rostet nicht und korrodiert kaum. Kunststoffrümpfe sind immer dicht, erfordern allerdings eine besonders sorgfältige Herstellung.

Unter *Kompositbauweise* verstand man früher die Verbindung von Holz mit Stahl, neuerdings aber auch die von Kunststoff mit Holz.

Zweck und Benennung der Bauelemente sind bei allen Bauweisen annähernd gleich. Als Beispiel sei hier der Bau einer konventionellen Kielyacht aus Vollholz gewählt. Zunächst wird vom Schiffskörper das Gerippe gebaut, dessen Form dem Linienriß entspricht. Das Rückgrat bildet der Kiel mit dem Vor- und Achtersteven, die miteinander verzapft, verlascht und verbolzt werden. Vor- und Achtersteven haben auf jeder Seite eingeschnittene Nuten, die *Sponung,* in die die Plankenenden genau hineinpassen. Der Kiel ist eben-

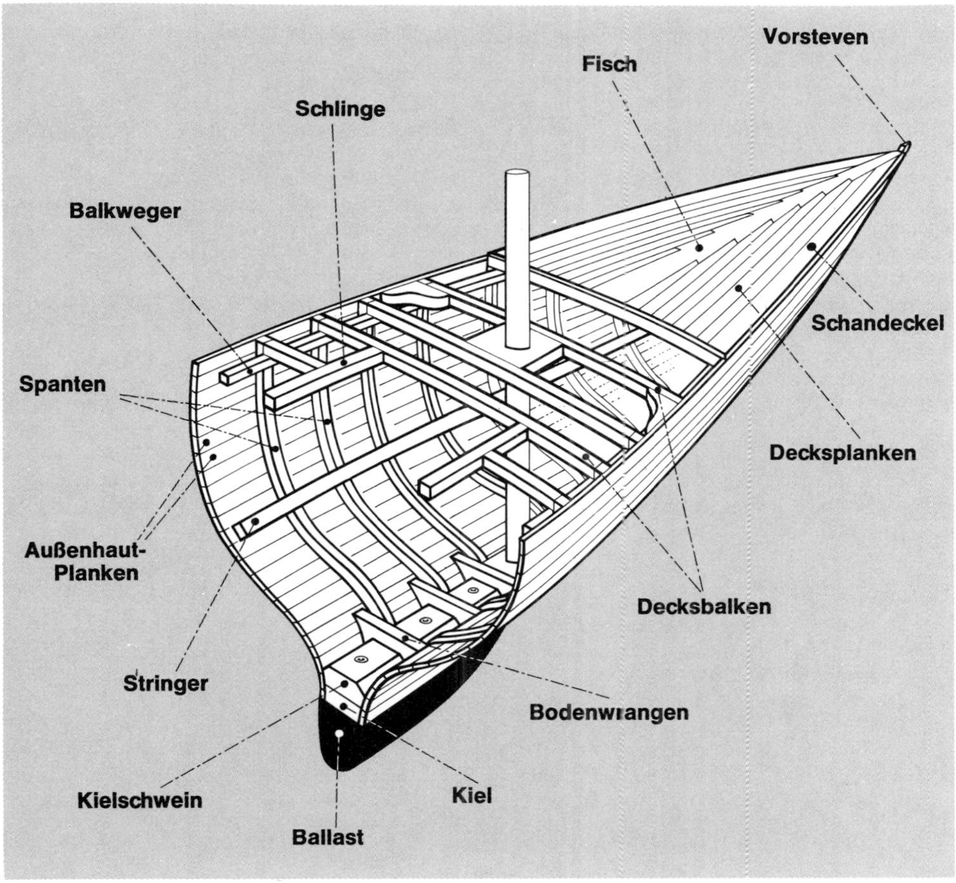

Abb. 16 Blick ins Vorschiff eines konventionellen Holzbaus

falls mit einer Sponung versehen, um die Längskanten der Kielplanken aufnehmen zu können. Auf dem Kiel werden die Querspanten aufgestellt, sofern es sich um gewachsene Spanten handelt, das heißt um solche, die in ihrer endgültigen Form aus einem großen Stück Holz herausgesägt werden. Meistens verwendet man heute jedoch dampfgeformte, auch eingebogene Spanten genannt. In diesem Fall stellt man zunächst die *Mallen* auf. Mallen sind Spantmodelle oder -schablonen aus billigem Holz, bei Einheitsklassen auch aus Stahl, um die absolute Einheitlichkeit des Bootskörpers zu gewährleisten. Außen auf den Mallen werden Senten befestigt, lange, biegsame Holzlatten. Sie legen die Form der Außenhaut fest. Die vorher in Dampf geschmeidig gemachten Spanten werden nun innerhalb der Sentenlatten an den Mallen in ihre Form gebogen. Für Sperrholzboote verwendet man lamellierte Spanten. Sie bestehen aus mehreren miteinander verleimten Holzschichten.

Bodenwrangen dienen der Aussteifung des Schiffsbodens. Sie verbinden Spant und Gegenspant miteinander und mit dem Kiel. Die notwendige Versteifung in der Längsrichtung ergeben die *Stringer,* Längsverbindungen, die vom Vorsteven bis zum Heck durchlaufen und von innen mit jedem Spant verbunden werden. Die oberen Spantenden in der Längsrichtung auf jeder Seite verbindet der *Balkweger.* Er dient zugleich als Auflage für die Decksbalken, die die Querverbindung der Spantenden bilden. Die Decksbalken verhindern, daß sich die Spantenden oder -köpfe unter dem Druck der Außenhaut nach innen zusammenpressen. Sie werden allerdings von den Kajütaufbauten und dem Cockpit unterbrochen und müssen deshalb an diesen Stellen von *Schlingen,* längsverlaufenden Bauteilen, abgefangen werden.

Auf dem so entstandenen Gerippe wird nun die Außenhaut und das Deck angebracht. Es gibt zwei Hauptarten der Beplankung: *Karweel* und *Klinker.* Die Kanten karweeler Planken stoßen so gegeneinander, daß die Außenhaut eine glatte Fläche ergibt. Geklinkerte Planken überlappen dachziegelartig. Die Planken werden mit Kupfernieten oder neuderdings durch kupferne Schraubnägel mit den Spanten verbunden. Bei Sperrholzbooten besteht die Außenhaut aus größeren Platten, die man außerdem unter Preßdruck mit den Spanten verleimt.

Die Decksplanken mittschiffs bezeichnet man als *Fisch* oder *Fischung,* die beiden äußeren Planken, die den *Schergang* bedecken, als *Schandeck* oder *Schandeckel.* Das Deck muß arbeiten können, also elastisch sein.

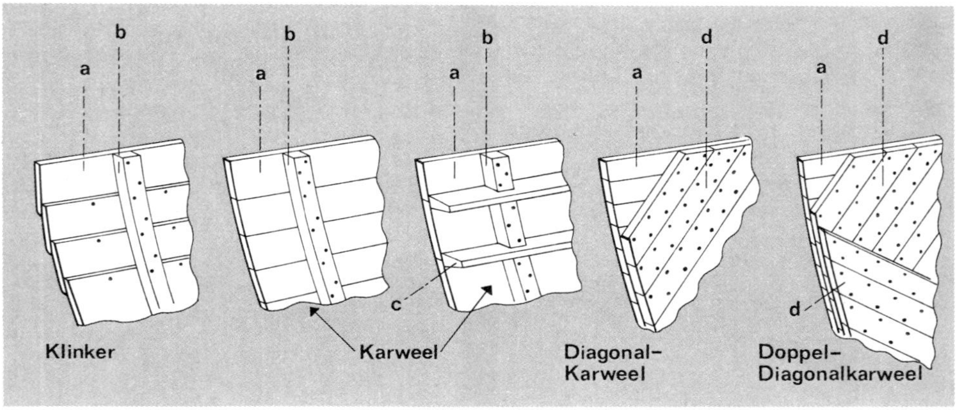

Abb. 17 Beplankungsarten von Vollholzbooten
a) Außenhautplanken; b) Querspanten; c) Längs- oder Nahtspanten; d) Innere Plankenanlage

Deshalb dürfen die Decksplanken nicht fest zusammengestoßen werden. Damit sie trotzdem dicht sind, kalfatert man die Nähte mit elastisch bleibender synthetischer Dichtungsmasse.

Um die Sinksicherheit einer Yacht zu erhöhen, zieht man gelegentlich einen zweiten Boden und Doppelwände ein. Der Innenausbau erfolgt entsprechend dem Einrichtungsplan. Die *Bilge,* der unten spitz zulaufende Teil des Rumpfes, wird durch einen Fußboden abgedeckt. Oft dient die Bilge zur Aufnahme des Frischwasser- oder des Treibstofftanks. Die Seitenwände werden auf größeren Yachten mit einer luftdurchlässigen Plankenlage, der *Wegerung,* verkleidet. Abgeschlossene Stauräume im Vor- und Achterschiff bezeichnet man entsprechend als *Vor-* und *Achterpiek.*

Eine abweichende Bauweise erfordern *formverleimte* Sperrholzrümpfe. Wohl ist die Außenhaut im Grunde eine Diagonal-Beplankung. Doch besteht die einzelne Schicht nicht mehr aus gesägten Brettern, sondern aus schmalen, dünnen, geschälten oder gemesserten Furnieren, die man nicht mehr mit einem Spantskelett vernieten kann, sondern miteinander verleimen muß. Je dünner diese Furniere sind, um so mehr Schichten und Leimfugen sind notwendig, und um so fester und steifer wird die Bootsform. Spanten sind kaum noch erforderlich, um genügend Querfestigkeit zu erreichen. Einige wenige Rahmenspanten und tragende Querschotten reichen aus.

Um den Furnieren die gewünschte Form geben zu können, ist ein festes *Blockmodell,* auch Baukern genannt, erforderlich. Um den notwendigen Anpreß- oder Leimdruck zu erzeugen, gibt es verschiedene Verfahren. Zunächst das Nageln. Dabei wird die untere (innere) Furnierschicht mit Kupferkrampen auf den Block genagelt. Sobald der Leim ausgehärtet ist, zieht man die Krampen heraus, und die nächste Furnierschicht kann auf der unteren vernagelt werden und so fort. Man erreicht den Druck durch aufgelegte Sandsäcke oder Kissenpolster, die durch Streben und Keile angepreßt werden. Ein anderes Verfahren arbeitet mit Gummi- oder Stahlbändern. Hierfür ist jedoch eine *Negativschale* erforderlich, die über die Furniere auf den Block gestülpt wird und den gleichmäßigen Druck erzeugt. Bei dem *Drucksackverfahren* schließlich wird Luft-, Dampf- oder Wasserdruck angewandt. Das den Druck erzeugende Medium wirkt hinter einer Gummiwand in einer halbzylindrischen Druckkammer aus Stahlblech. Es gibt aber auch vollkommen geschlossene zylindrische Druckformen. In sie wird der Block mit den von einer enganschließenden Gummimatte angepreßten Furnieren auf einem Wagen hineingefahren.

Beim Kunststoffbau ist die Arbeitsvorbereitung noch aufwendiger, so daß er sich nur bei größeren Serien rentiert. Die meisten Einheitsjollen werden heute aus glasfaserverstärktem Kunststoff gebaut. Kunststoffboote werden vorwiegend in einer *Hohlform* oder *Matritze* und nur selten über einen *Kern,* die *Patritze* gebaut. Für die Herstellung dieser Arbeitsform ist zunächst ein Modell erforderlich, das aus Holz, seltener aus Gips oder Kunststoff gefertigt ist. Wenn ein in Holzbauweise bereits bestehender Bootstyp aus

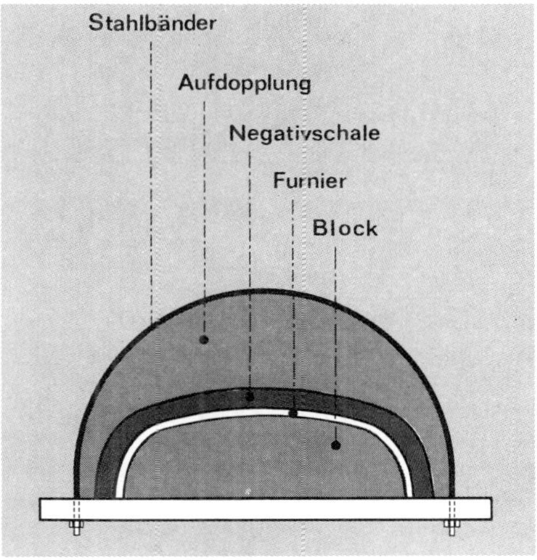

Abb. 18 Schematische Darstellung des formverleimten Schalenbaus

Kunststoff gebaut werden soll, kann auch ein vorhandenes Boot als Modell dienen. Von diesem Modell wird dann die Arbeitsform aus Kunststoff abgenommen.

Bei kleineren Booten arbeitet man mit einer einteiligen Rumpfform, bei größeren oft mit zweiteiligen. In jeder Form entsteht eine Bootshälfte, die beide später in der Mittschiffsebene zur Schale verbunden werden. Deck und Aufbauten bilden fast stets eine gesonderte Form. Manchmal werden in einer zusätzlichen Form auch noch die Einbauten wie Fußboden, Kojen, Schränke und WC-Raum in einem Stück hergestellt und später mit der Rumpfschale verklebt.

Jollenrümpfe und Ausbauschalen entstehen häufig in *Verbund-* oder *Sandwich*-Bauweise. Sie ergibt bei großer Steifheit des Bootskörpers bzw. Decks ein nur geringes Gewicht und gute Isolation. Zwischen zwei Deckschichten wird ein leichter Kern aus PVC-Hartschaumstoff oder auch Balsa- oder Bootsbausperrholz eingeschlossen.

Die Kunststoff-Schalen werden meistens im Handauflegeverfahren, auch *Kontaktmethode* genannt, oder im *Faser-Harz-Spritzverfahren* hergestellt. Beide Verfahren eignen sich für jede Formgröße. Zunächst wird die Hohlform mit einem Trennmittel präpariert, um später das Entformen zu ermöglichen. Dann trägt man mit Pinsel, Lammfellwalze oder Spritzpistole die äußere Deckschicht aus Harz auf. Ist sie ausgehärtet, kommt darauf eine Harzschicht, in die die erste der zuvor zugeschnittenen Glasseideneinlagen eingebettet wird. So wird eine Lage nach der anderen eingebracht und mit Harz durchtränkt.

Beim Faser-Harz-Spritzverfahren ist die Harzspritzanlage mit einem Schneidwerk kombiniert, das die von Spulen zugeführten Rovingstränge zu Glasseidenstapeln verschiedener Längen schneidet. Sie werden dann gleichzeitig mit dem Harz unter hohem Druck in die Form gespritzt. Ähnlich wie beim Bau formverleimter Sperrholzschalen kommt man auch beim Kunststoffbau mit wenigen Versteifungen des Bootskörpers aus, die nachträglich einlaminiert werden.

d) Beiboote

Beiboote, auch Dingis genannt, dienen dem Verkehr mit dem Land, zum Ausfahren von Ankern und Leinen, gelegentlich auch zum Schleppen, jedoch weniger als Rettungsboote, weil sie dafür kaum groß und seetüchtig genug sind.

Ein Dingi ist zum *Pullen,* das heißt zum Rudern mit mindestens einem Riemenpaar, oder zum *Wriggen* eingerichtet. Segeldingis müssen ein Schwert und ein Ruder haben. Da der Mast leicht im Boot selbst oder auf der Yacht zu stauen sein muß, sind sie meistens entweder luggergetakelt oder haben einen zweiteiligen Steckmast. Eingebaute Lufttanks oder Auftriebskörper aus Schaumstoff machen das Dingi auch in vollgeschlagenem Zustand unsinkbar.

Jedes Beiboot ist zwangsläufig ein Kompromiß. Soll es von einer Yacht geschleppt werden, muß es eine Form haben, die den geringsten Widerstand im Wasser bietet und möglichst das Gleiten fördert. Es muß also ein flaches Unterwasserschiff mit ausfallendem Steven haben. Wird das Boot an Bord genommen, so soll es leicht genug sein, um ohne Schwierigkeit zu Wasser gebracht werden zu können, und möglichst wenig Raum einnehmen. Es muß also extrem leicht gebaut werden. Für das Übersetzen der Yachtbesatzung und ihrer Ausrüstung ist viel Platz und eine große Tragfähigkeit erwünscht, also ein völliges Überwasserschiff mit hoher Formstabilität.

Man unterscheidet drei charakteristische Dingitypen: Boote mit spitzem oder gerundetem Vorsteven und Heckspiegel; prahmförmige, die vorn und achtern in einem Spiegel enden, und schließlich Flachboote, deren Enden so oder so geformt sein können, die aber durch ihren völlig flachen Boden und ein scharfes Knickspant gekennzeichnet sind. Unter diesen Typen ist das Dingi mit abgerundetem Vorsteven das bessere Seeboot und am leichtesten zu pullen. Der Prahm verträgt im Verhältnis zu seiner Länge viel Belastung, eignet sich jedoch weniger zum Schleppen und wirft bei bewegtem Wasser mit seinem breiten Vorspiegel viel Spritzwasser auf. Am häufigsten findet man das Flachboot wegen seiner großen Stabilität. Allerdings treibt es im Wasser stark und ist ohne *Totholz,* eine flossenartige Aufklotzung unter dem Boden, schwer geradeaus zu pullen. Zum Schutz der Planken beim Auflaufen auf den Strand hat man besonders an Sperrholzbooten flache Kimmkiele, die meist aus schmalen Holzleisten bestehen.

Um beim häufigen Längsseitkommen und Längsseitliegen eine Beschädigung der Bordwand der Yacht zu vermeiden, wird rings um das Beiboot eine *Wieling* gelegt. Sie besteht meistens aus einem Hartschaumstoff- oder Gummiprofil. Über den Vorsteven wird zusätzlich noch ein Schamfilkissen, Maus genannt, gezogen. Die notwendige Ausrüstung wie Riemen, Dollen – das sind gabelartige Auflager für die Riemen –, Fangleinen und so weiter sollte sich immer gut gezurrt im Beiboot befinden.

Neuerdings werden vielfach Schlauchboote als Beiboote benutzt. Sie nehmen in zusammengelegtem Zustand nur wenig Raum ein und sind mit einem Blasebalg oder mit Preßluft schnell aufzublasen; sie sind leicht und lassen sich bequem von Bord zu Wasser bringen. Schlauchboote haben eine hohe Tragfähigkeit und sind seetüchtig genug, auch als Rettungsboote dienen zu können. Wegen ihres flachen Bodens lassen sie sich jedoch bei Wind schwer pullen.

e) Seemännische Ausrüstung

1. Tauwerk

Ein Tau nennt man *Ende* oder *Leine.* Anfang und Ende heißen *Tampen,* aber auch kurze Stücke Tauwerk werden als Tampen bezeichnet. Schwere Leinen sind Trossen. Man unterscheidet Tauwerk nach seinem Material und der Art der Herstellung:

1. *Naturfasern:* Hanf, Sisal, Manila, Baumwolle, Kokos.
2. *Kunstfasern:* Polyamide (Perlon, Nylon), Polyester (Diolen, Trevira, Terylene, Dacron), Polyäthylen und Polypropylen (Tecolen, Ulstron, Polythene, Courlene).
3. *Stahldraht:* Eisen verzinkt und unverzinkt, Eisenlegierungen (V2A, Nirosta).

Zur Herstellung von Tauwerk werden Fasern zu *Kabelgarnen* gesponnen, die Garne zu *Kardeelen* gedreht (verdrillt) und die Kardeele zu Enden geschlagen oder geflochten. Geschlagenes Tauwerk ist meistens dreischäftig, das heißt, es besteht aus drei Kardeelen. Es ist außerdem vorwiegend rechtsherum geschlagen, das heißt, die einzelnen Kardeele sind rechtsherum geschlagen, die Garne zum Kardeel links gedreht und die Fasern zum Garn wieder rechts gesponnen (Z-Schlag, bei linksgeschlagenem spricht man vom S-Schlag). Vierschäftiges Tauwerk wird um einen in der Mitte liegenden Faden, Strang oder ein Kardeel, die Seele, geschlagen. Der dreischäftige Schlag heißt *Trossenschlag,* der vierschäftige *Wantschlag.* Eine dritte Art ist der *Kabelschlag* aus drei vollständigen Trossen. Drahttauwerk ist meistens um eine Hanfseele rechtsgeschlagen und vier- bis siebenschäftig.

Tauwerk aus Sisal- und Manilahanf, gebleicht oder ungebleicht, ist geschmeidig, hat eine hohe Bruchfestigkeit und schwimmt, solange es nicht vollgesogen ist, in Wasser auf.
Baumwolltauwerk wurde früher gern für Schoten und Flaggleinen verwendet, weil es glatt und trotzdem griffig und geschmeidig ist. In nassem Zustand wird es jedoch hart und stockt leicht. Es ist daher wie alles Naturfasertauwerk fast völlig von Kunstfasertauwerk verdrängt. Kunstfasertauwerk besitzt bei gleicher Stärke eine größere Bruchfestigkeit. Es fault nicht, nimmt fast kein Wasser auf, verquillt und versteift daher nicht und ist elastischer. In nassem Zustand verliert nur Perlon etwas an Bruchfestigkeit. Es kann naß verstaut werden.
Kunstfasertauwerk wird sowohl geschlagen wie geflochten hergestellt. Als Nachteil ist zu werten, daß Kunstfasertauwerk gegen Abrieb empfindlicher ist als Naturfasertauwerk.
Tauwerk aus *Polyamidfasern* besitzt die

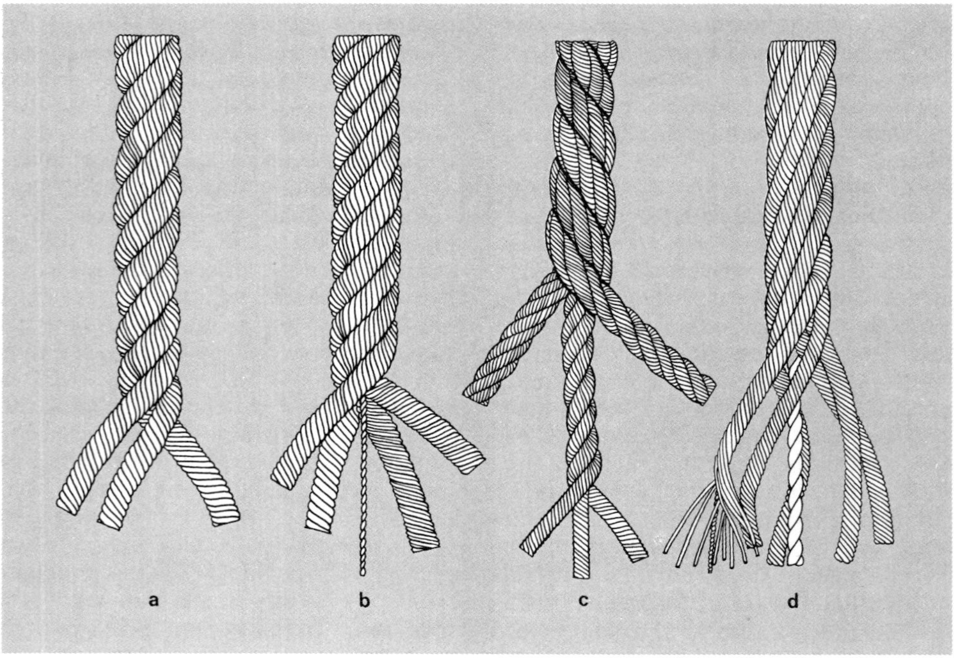

Abb. 19 Tauwerk
a) Trossenschlag – Dreikardeeliges rechtsgeschlagenes Tauwerk (ZSZ-Schlag). b) Wantschlag – Vierkardeeliges Tauwerk. Das Garn, das die vier Kardeele umschließen, heißt Seele. c) Kabelschlag – Drei dreikardeelige rechtsgeschlagene Enden werden zu einer einzigen linksgeschlagenen Trosse (ZSZS-Schlag) vereinigt, so daß man ein neunkardeeliges Tauwerk erhält. d) Rechtsgeschlagenes kreuzgeschlagenes Drahtseil. Das linksgeschlagene Stahlkardeel umschließt eine dünne Hanfseele, die fünf durch Rechtsschlagen zu einer Drahttrosse vereinigten Kardeele eine stärkere Hanf- oder Juteseele.

höchste relative Bruchfestigkeit von allen Tauwerkarten. Außerdem weist es eine hohe Elastizität (Reck) auf, die bis zur Bruchgrenze 40% erreichen kann. Es ist daher besonders geeignet für Ankertrossen, Festmacher und Schleppleinen. Polyestertauwerk besitzt geringere Bruchfestigkeit und Elastizität. Es wird vorwiegend für Schoten verwandt. Polyäthylen- und Polypropylentauwerk ist schwimmfähig; die Fasern sind meist eingefärbt, um das Tauwerk vor der zerstörenden Wirkung starker Sonneneinstrahlung zu schützen. Es hat eine sehr glatte, harte Oberfläche und eignet sich daher nicht für Schoten, wohl aber für Festmacher, weil es große Bruchfestigkeit besitzt.

Für die Beurteilung der Verwendungsmöglichkeiten von Tauwerk ist es notwendig, das Verhalten bis zum Bruch genau zu kennen. Jedes Tau wird bei Belastung länger. Es dehnt sich. Diese Dehnung nimmt zu, bis es bricht. Der Wert des Längenzuwachses bis zum Bruch heißt *Bruchdehnung*. Wird ein Tau kurzfristig geringer belastet, wird es zwar auch länger, federt jedoch wieder in seine ursprüngliche Länge zurück. Man nennt diese Längenzunahme die *elastische Dehnung* oder den *Reck*. Bei noch stärkerer Belastung entsteht eine Dehnung, von der ein Teil nicht wieder zurückgeht, die *plastische Dehnung*, ein anderer Teil erst langsam nach der Entspannung. Man darf Tauwerk nur so weit belasten, daß die elastische Dehnung bei Perlon etwa 20%, bei Manila 10% erreicht. Perlon bewährt sich als Schlepp- und Ankertrosse deshalb so gut, weil es durch seine Elastizität kurzfristig auftretende Belastungen gut aufnimmt und schwerer in den Bereich der Bruchbelastung gelangt.

Für Fallen und Schoten verwendet man vorgerecktes Tauwerk, das eine nur geringe Elastizität aufweist.

Neben dem Tauwerk gibt es noch das *Bändselgut*, das für die verschiedensten seemännischen Arbeiten an Bord Verwendung findet.

Früher wurde Tauwerk überwiegend nach dem *Umfang* in Zoll bezeichnet. Der *Durchmesser* wird in den USA in Zoll und in Europa in Millimetern angegeben.

Das Drahttauwerk wird für das stehende Gut (Wanten und Stagen) sehr fest geschlagen und als hart bezeichnet, für laufendes Gut (Fallen, Festmacher) dagegen lose – weiches Drahttauwerk –, damit es biegsamer bleibt. Drahttauwerk ist bei gleichem Umfang bruchfester als Fasertauwerk, hat eine wesentlich geringere Elastizität und ist gegen Abrieb unempfindlich. Es wird heute überwiegend aus rostfreiem Stahl hergestellt. Für die Festigkeit und Biegsamkeit ist der Aufbau entscheidend. Bei hartem Drahttauwerk sind die Drahtgarne, aus denen die einzelnen Kardeele geschlagen werden, dicker und tragen eine dickere Zinkschicht, sofern es sich um verzinktes Gut handelt. Meistens werden sechs Kardeele um eine Seele aus ölgetränktem Hanf oder Jute geschlagen, und zwar rechtsherum. Die einzelnen Kardeele haben häufig einige Seelen. Die Seele kann übrigens auch aus Kunststoffaser bestehen.

Bei weichem Drahttauwerk für laufendes Gut ist die Anzahl der Garne und Kardeele größer, und die Seele besteht stets aus Faser. Man bezeichnet Drahttauwerk durch zwei Zahlen, beispielsweise 7 x 7 oder 6 x 24. Die erste Zahl gibt die Anzahl der Kardeele an, die zweite die Anzahl der Drahtgarne, aus der jedes Kardeel besteht.

Laufendes Gut, das häufiger noch aus verzinktem Draht besteht, muß aufmerksam auf durchgerostete Drähte hin kontrolliert werden, die an den herausragenden sogenannten Fleischhaken zu erkennen sind.

Für Spezialzwecke, etwa als Seereling, gibt es Drahttauwerk, das mit einer Kunststoffummantelung umpreßt ist.

Aufschießen von Tauwerk nennt man das Zusammenlegen in Buchten. Rechtsgeschlagenes Tauwerk erkennt man daran, daß beim Blick in Richtung der Trosse die Keepen, das sind die Zwischenräume zwischen den Kardeelen, vom Betrachter aus im Uhrzeigersinn fortlaufen. Es wird von der festen Part aus rechtsherum aufgeschossen, linksgeschlagenes entsprechend linksherum. Törns, im Tauwerk sich bildende Schleifen, werden nach dem Tampen zu ausgedreht.

2. Blockwerk und Beschläge

Ein *Block* ist eine Rolle, über die eine Leine läuft, um die Zugrichtung zu ändern und/oder eine Kraftersparnis zu erzielen. Er besteht aus einem Gehäuse, den Backen, einer oder mehreren ge-

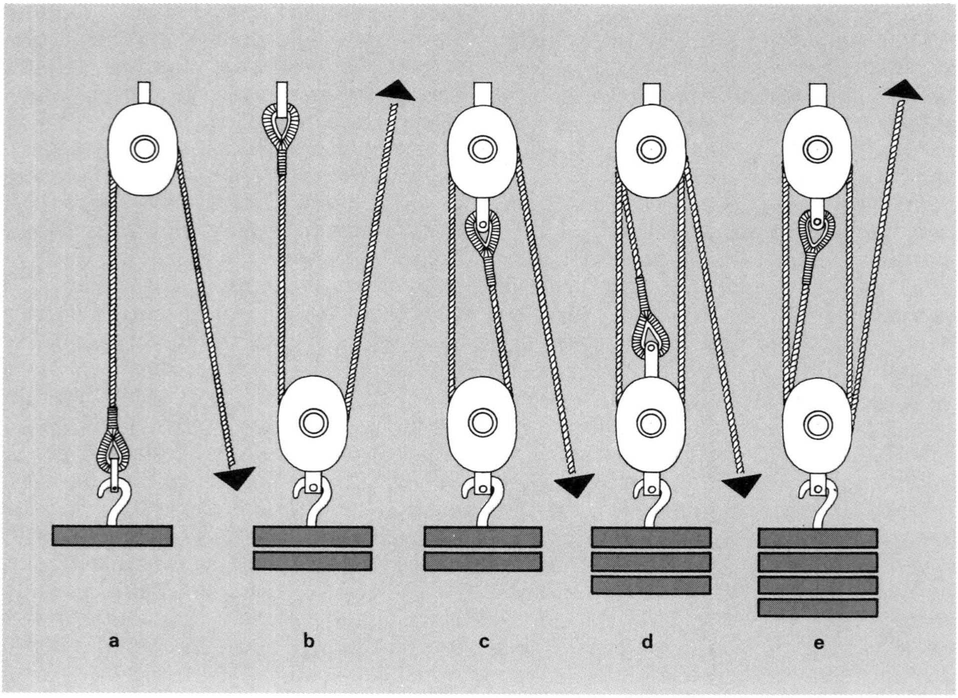

Abb. 20 Taljen
a) Jolltau (Umlenkrolle zur Veränderung der Zugrichtung – keine Kraftersparnis); b) Klappläufer (die gleiche Kraft holt die doppelte Last); c) Einfache Talje (die gleiche Kraft holt die doppelte Last); d) Arbeitstalje – auch dritte Hand genannt (die gleiche Kraft holt die dreifache Last); e) Dreischeibige Talje (die gleiche Kraft holt die vierfache Last)

kehlten Scheiben, die sich auf einem Bolzen, manchmal auch auf einem Kugellager drehen. Bei Patentblöcken kann die Backe geöffnet werden, um das Ende direkt auf die Scheibe zu legen. Entsprechend der Art ihrer Verwendung haben Blöcke am Kopf oder Fuß die unterschiedlichsten Beschläge. An Stelle der Beschläge kann auch eine Vertiefung, ein *Keep,* in die Backen eingeschnitten sein, so daß sich der Block einbinden oder einspleißen läßt. Heute werden die auf Yachten verwendeten Blöcke meistens aus Kunststoff (Tufnol) hergestellt, die Beschläge aus rostfreiem Stahl. Die Scheiben können aus Holz, Messing, Bronze, Leichtmetall, Eisen oder Kunststoff sein. *Violinblöcke* besitzen zwei Scheiben, die nicht nebeneinander, sondern übereinander angeordnet sind (Abb. 21).

Bei der Dimensionierung der Blöcke ist daran zu denken, daß das Tauwerk auch dann noch glatt durchlaufen muß, wenn es gequollen ist. Scheiben für Stahldraht müssen den zehnfachen Durchmesser des Drahttauwerks haben, Scheiben für Fasertauwerk mindestens den dreifachen.

Um nicht nur die Zugrichtung zu ändern, sondern auch Kraft zu sparen, braucht man eine Kombination von Blöcken in Verbindung mit Tauwerk, die *Talje* genannt wird. Das durch den Block geschorene Ende bezeichnet man als *Läufer,* den Teil des Läufers, an dem gezogen (»geholt«) wird, als die *holende Part.* Das andere Ende, das an einem fe-

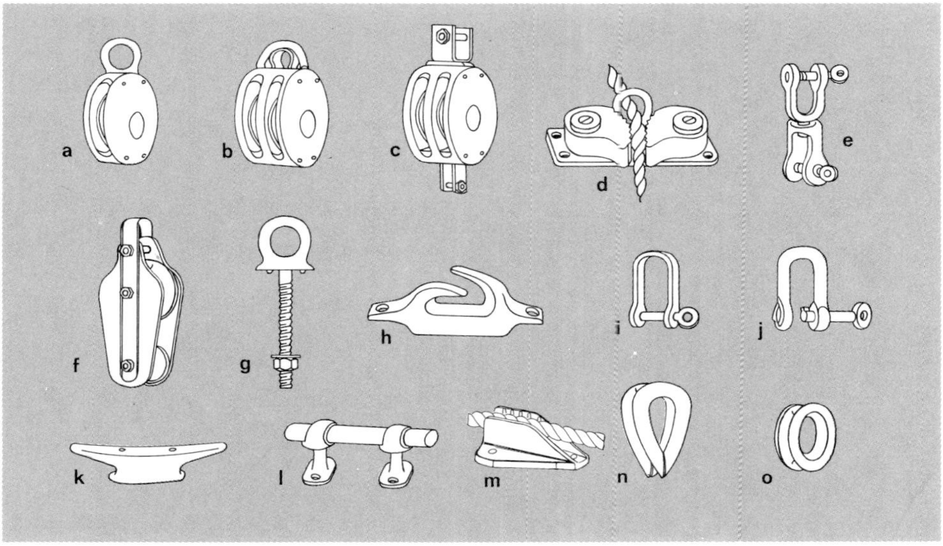

Abb. 21 Beschläge I
a) Einscheibiger Block mit Auge; b) Zweischeibiger Block mit Auge; c) Zweischeibiger Block mit Wirbel und Hundsfott; d) Curryklemme mit Leitöse; e) Wirbelschäkel; f) Violinblock; g) Augbolzen; h) Klüse mit versetzten Lippen; i) Einfacher Schraubschäkel; j) Patentschäkel; k) Belegklampe; l) Stegklampe; m) Clamcleat; n) Herzkausch; o) Ring- oder Rundkausch

sten Punkt oder an der Last angreift, nennt man *stehende* oder *feste Part.* Die zum Bewegen einer Last erforderliche Kraft findet man, indem man das Gewicht der Last durch die Anzahl der angreifenden Parten dividiert. Allerdings muß man noch einen Kraftverlust von etwa 15% durch *Seilsteifigkeit* und *Reibung* mit einkalkulieren.
Taljen werden heute auf Yachten und Jollen fast nur noch zum Führen der Großschot verwendet, außerdem an Halsstreckern und Großsegelfallen. Zum Durchsetzen der Schoten selbst, besonders der Fock- oder Genuaschoten, dienen *Winschen.* Winschen sind Trommeln, die mit Kurbeln von Hand, hydraulisch oder auch elektrisch gedreht werden. Man nimmt die zu holende Part mit zwei oder mehr Törns um die Winschtrommel herum und holt die Lose beim Drehen unter Zug ein. Eingebaute Sperrklinken verhindern das Zurückdrehen der Trommel. Auch Fallen werden häufig mit Winschen bedient. Besonders große Ausführungen der Schotwinsch bezeichnet man als *Kaffeemühlen.* Sie haben zwei Hebel und mehrere Übersetzungen, so daß sich verschiedene Geschwindigkeiten einkuppeln lassen.
Beschläge sind Einrichtungen aus Holz, Metall oder Kunststoff, mit deren Hilfe Tauwerk geführt oder festgehalten wird, oder an denen Spieren, Wanten, Stagen und ähnliches befestigt werden können. Zur Grundausrüstung zählen folgende: *Klampen.* Sie dienen zum Belegen von Enden. Auf Jollen finden sogenannte Patentklampen Verwendung, die das Ende bekneifen, sobald Kraft darauf kommt.

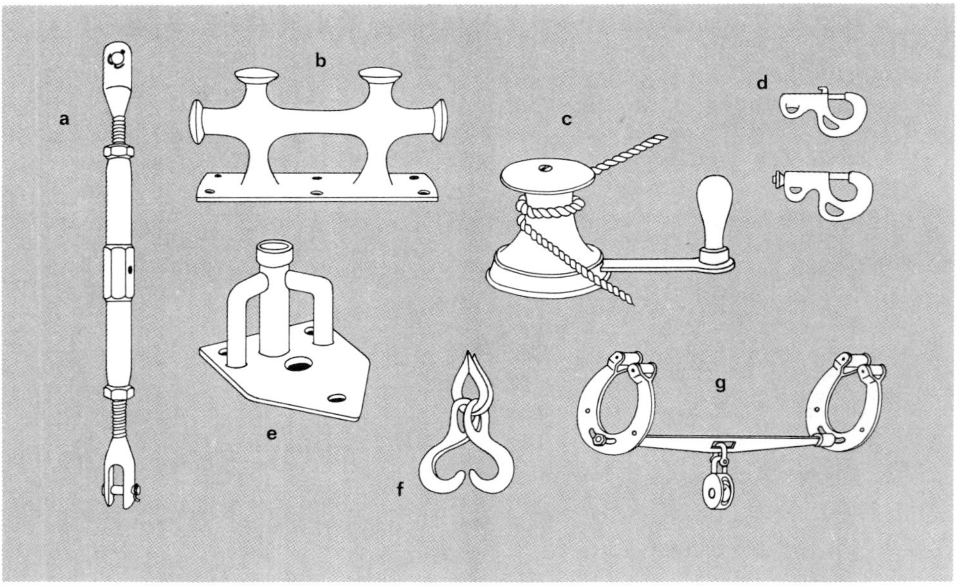

Abb. 22 Beschläge II
a) Spannschraube oder Wantenspanner; b) Doppelkreuzpoller; c) Schotwinsch; d) Stagreiter; e) Fußstück für Relingstütze; f) Teufelsklaue; g) Doppelschotring (Schotwagen)

Schot- oder *Curryklemmen,* mit oder ohne Leitöse, aus Leichtmetall oder Kunststoff, verwendet man vor allem auf Regattabooten zum Bekneifen der Enden.
Poller dienen zum Belegen von schweren Leinen, auf die große Kraft kommt. Sie müssen besonders fest mit dem Schiff verbunden sein.
Klüsen oder *Lippen* sind Durchführungen in der Bordwand oder Einschnitte in der Relingsleiste oder darauf befestigte Beschläge, durch die Ankerketten, Leinen oder Trossen geführt werden.
Schäkel verwendet man, um alle Arten von Teilen, die schnell von einander lösbar sein sollen, miteinander zu verbinden. Es gibt gedrehte, Herz-, Patent- und Wirbelschäkel. *Wirbelschäkel* verwendet man beispielsweise am Kopf des Spinnakers, zwischen Anker und Ankertrosse oder am Fußblock der Großschot; sie bewirken das selbsttätige Ausdrehen von Törns.
Die Vorsegel werden meistens mit *Stagreitern* festgemacht, die in gleichmäßigen Abständen am Vorliek des Segels angenäht sind und auf dem Stag auf- und niedergleiten.
Spannschrauben dienen zum Steifsetzen des stehenden Gutes. *Rüsteisen* oder *Püttings* verbinden die Wanten und Stagen mit ihren Spannschrauben fest mit der Außenhaut. Zwischen Spannschrauben und Rüsteisen werden häufig Gelenkstücke, *Toggles* genannt, eingesetzt, um ein Über-Eck- und damit Auf-Bruch-Stehen zu verhindern.
Gleitblöcke laufen auf Schlitten in oder auf einer Schiene und erlauben, den Holepunkt der Vorsegel zu verstellen.

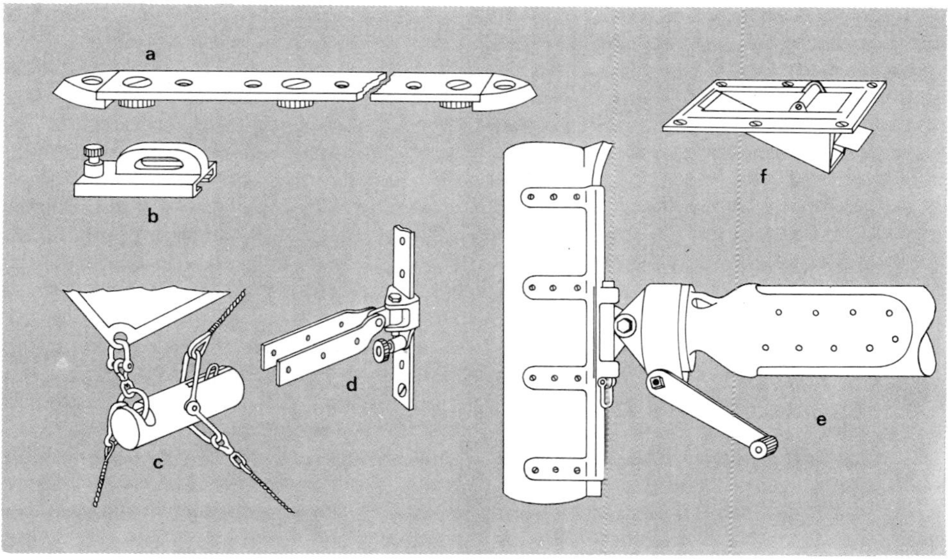

Abb. 23 Beschläge III
a) Leitschiene; b) Arretierbarer Leitschienenschlitten; c) Spinnakerbaum-Nockbeschlag; d) Spinnakerbaum-Mastbeschlag; e) Großbaumbeschlag mit Schneckenreffer; f) Lenzventilklappe (der Bügel ist nicht eingezeichnet)

Augen sind Ösen zum Führen von Tauwerk.

Teufelsklauen sind zwei übereinandergreifende Haken, die an ihrem Hals gebändselt, *gemust,* werden. Sie können, wenn sie ständig unter Zug stehen, wie Schäkel verwendet werden.

Rund- und *Spitzkauschen,* gekehlte Metallbügel, werden ins Tauwerk eingespleißt oder eingebunden, um ein Durchscheuern zu verhindern.

Außerordentlich umfangreich ist das Angebot an Groß- und Spinnakerbaumbeschlägen, die dazu dienen, diese beweglichen Spieren mit dem Mast zu verbinden.

Leit- oder *Leuwagen* sind starke Bügel aus Stahl oder Stahlschienen, auf denen der Fußblock der Schot selbständig von Luv nach Lee rutschen kann. *Fockbäume* werden meistens auf Leitwagen gefahren, die beim *Kreuzen* das Bedienen der Vorsegel ersparen. Auch die Großschot läuft auf vielen Yachten über einen solchen Beschlag. Der *Traveller* auf Jollen besteht dagegen häufig aus einem Rohr mit einer darauf gleitenden Hülse, auf der der Fußblock der Großschot sitzt.

Lenzventile im Bootsboden ermöglichen, vollgeschlagene oder nach einer Kenterung wieder aufgerichtete Jollen leerzusegeln, zu *lenzen.*

3. Lüfter

Lüfter gehören nicht unmittelbar zu den Beschlägen, sind aber unerläßlich für die seemännische Ausrüstung der Yacht; denn der gefährlichste Feind eines Holzbootes beziehungsweise der Holzteile in einer Yacht ist der *Rott,* auch Trockenfäule genannt. Ihm kann nur durch ständige und ausreichende Belüftung einigermaßen wirkungsvoll begegnet werden. Darüber hinaus kommt der Belüftung auf Stahl- und Kunststoffbooten, die zur Schwitzwasserbildung neigen, eine besondere Bedeutung zu. Außerdem müssen Lasten, Waschräume und insbesondere Maschinenräume und die Bilge gut durchlüftet werden, um Gerüche und Dämpfe etwa ausgeflossenen Brennstoffs sofort zu entfernen. Die meisten Lüfter sind einfache, dem Wind zugewandte Trichter. Auf größeren Yachten hat man jedoch auch Lüftungsanlagen, die nach komplizierten strömungsphysikalischen Gesetzen arbeiten.

Als einfacher *Drucklüfter* wirkt der drehbar angebrachte und gegen den Wind gestellte Lüfterkopf (Abb. 24b), als Sauglüfter die *Venturidüse* (Abb. 24a). Bei diesem Lüftertyp nimmt der das an beiden Seiten offene Venturirohr durchfließende Luftstrom die vom Saugstutzen rechtwinklig herangeführte Abluft mit. Zur Entlüftung eines Maschinenraumes ist ein Druck-Sauglüfter-Paar zweckmäßig. Grundsätzlich falsch ist jedoch die häufig auf Yachten anzutreffende Anordnung, beide Entlüftungsschächte auf gleicher Höhe münden zu lassen. Der Schacht des Sauglüfters muß bis zum tiefsten Punkt der Bilge führen. Nur dann kann er Benzin- und Propandämpfe wirksam absaugen, da diese Gase schwerer als Luft sind und sich im tiefsten Punkt der Bilge sammeln. In den USA ist eine derartige Anordnung verbindlich vorgeschrieben.

Um zu vermeiden, daß Spritzwasser oder überkommende Seen durch den Lüfter ins Schiffsinnere dringen, sitzt der Lüfterkopf meistens auf einem Kasten mit einem dreiviertel hohen Schott oder einem auf Dreiviertelhöhe hineinragenden Rohrstutzen (Abb. 24b). Die Luft strömt über das Trennschott hinweg, eingedrungenes Wasser fließt aus der abgeschotteten Hälfte des Kastens über Lenzöffnungen ab. Man nennt dieses System *Dorade-Lüftung.*

Pilzlüfter fördern nur geringe Luftmengen, sie nehmen jedoch wenig Platz an Deck in Anspruch und lassen sich durch Eindrehen des Pilzkopfes einfach schließen. Sie dienen hauptsächlich zur Entlüftung von WC-Räumen, Segellasten und Kettenkästen.

Schwanenhalslüfter sind um 180° gebogene Rohre, deren Öffnung wenige Zentimeter über Deck liegt. Sie sind nur als Luftaustrittsöffnungen brauchbar. *Ventair* heißen in den USA entwickelte Lüfter von extrem flacher Form, die nach einem verbesserten Venturi-Prinzip arbeiten und in geschlossenem Zustand wasserdicht sind. Sie werden aus Metall oder transparentem Kunststoff hergestellt, so daß sie gleichzeitig auch als Oberlichter zu verwenden sind.

Eingebaute elektrische Ventilatoren erhöhen die Wirkung aller Lüfter beträchtlich. Motoren von Ventilatoren, die in den Luftschächten zum Maschinenraum sitzen, müssen explosionssicher sein, um die Entzündung von Knallgas aus den Batterien oder von Propan- oder Benzindämpfen zu vermeiden. Vielfach sind solche Ventilatoren vorgeschrieben.

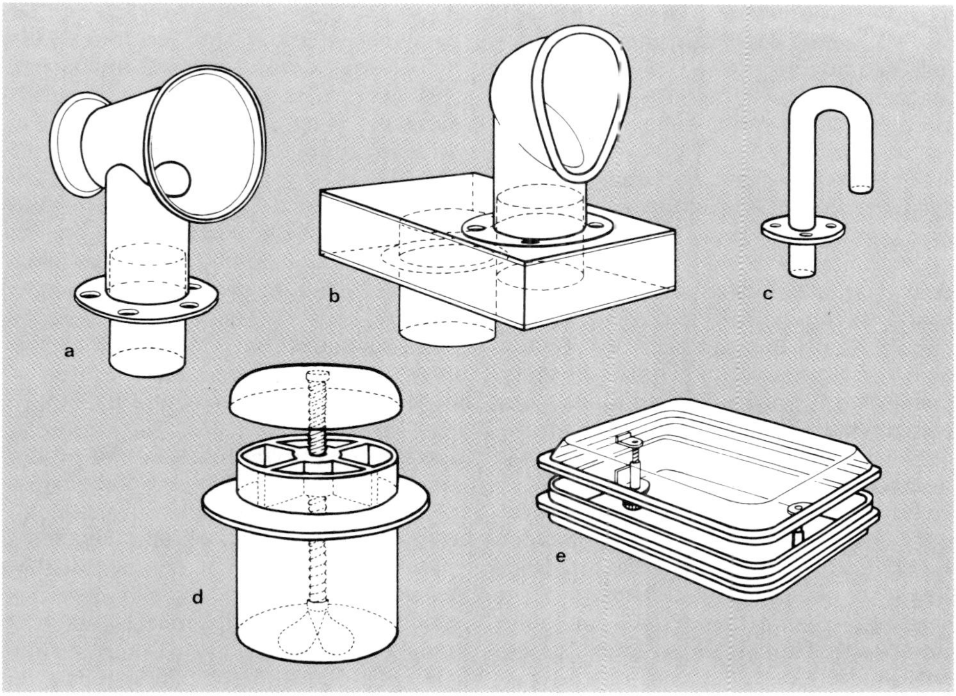

Abb. 24 Lüfter
a) Sauglüfter (Venturidüse); b) Drucklüfter (Windhutze) System Dorade; c) Schwanenhalslüfter; d) Pilzlüfter; e) Oberlicht als Entlüftungshaube

4. Laufendes Gut

Das laufende Gut umfaßt die *Fallen* zum Heißen der Segel und die *Schoten,* mit denen ihre Stellung zum Wind reguliert wird, ferner *Halstaljen, Niederholer, Achterholer, Dirken, Bullenstander, Strecker,* Flagg- und Standerleinen und außerdem alles übrige Tauwerk, das beweglich ist und über Scheiben oder Blöcke läuft.
Fallen dürfen nicht elastisch sein, weil sonst ein Segel nicht steif durchgesetzt werden kann oder zumindestens häufig nachgestreckt werden muß. Deshalb wird meistens Drahttauwerk für Fallen verwendet. Läuft ein Drahtfall nicht in einer geschlossenen Fallwinsch, muß ein Vorläufer aus Fasertauwerk angespleißt sein, weil es sich sonst nicht belegen läßt. Nur kleine Segel lassen sich mit einpartigen Fallen setzen. Fehlt eine Fallwinsch, ist eine Talje erforderlich. Häufig hat man eine Doppeltalje, bei der zunächst die eine Hälfte des Falls so weit durchgesetzt wird, bis sich sein Ende an einem Beschlag am unteren Teil des Mastes einhaken läßt. Die andere Hälfte wird dann über eine Talje durchgeholt. Zum Durchsetzen des Segels wird die Kraft zweckmäßiger von unten anstatt von oben angesetzt, weil man sonst gegen das Eigengewicht des Segels anarbeiten muß. Der Baum sollte deshalb auf einer Schiene in der Vertikalen verschiebbar sein. Er läßt sich dann leicht durch einen sogenannten Halsstrecker nach unten holen und das Segel auf diese Weise strecken.
Niederholer sind Leinen, die am obersten Stagreiter eines Vor- oder Stagsegels angreifen und an Deck durch einen Block geschoren sind. Sie erleichtern das Niederholen des Segels.
Baumniederholer (Baumniederhalter) sind meistens durch einen Gummistropp elastisch gehaltene Taljen, die auf etwa einem Drittel der Länge des Baumes angreifen und von dort zu einem Fußblock am Mast führen. Sie verhindern das Steigen des Baumes auf Vormwind-Kursen. Der Bullenstander dagegen führt von der Baumnock zu einem Befestigungspunkt auf dem Vorschiff und wirkt auf Vormwind-Kursen einem unbeabsichtigten Übergehen des Baumes auf die andere Seite entgegen. Der Achterholer führt von der Nock des Spinnakerbaums nach achtern und erfüllt die gleiche Funktion wie der Bullenstander. Dirken laufen von der Baumnock nach oben zum Mast und von dort zurück an Deck. Sie dienen zum *Andirken* des Segels und verhindern, daß der Baum beim Segelbergen an Deck schlägt. Eine Dirk soll so stark sein, daß sich mindestens ein Mann an die Nock des ausgeschwungenen Baumes hängen kann, um das Boot zu krängen, wenn es auf Grund geraten ist (s. S. 209). Unter Streckern versteht man die verschiedensten Einrichtungen, meistens Taljen, mit denen das Liek eines Segels gestreckt werden kann.

5. Mast und stehendes Gut

Die Masten mit ihren festen und beweglichen Spieren – *Salings, Bäumen, Gaffeln* – und das stehende Gut bilden zusammen die *Takelage.* Neuerdings setzt sich dafür immer mehr der Begriff *Rigg* durch.
Wenn überhaupt Holzmasten, werden auf Yachten heute nur noch Hohlmasten gefahren. Sie sind aus mindestens zwei, überwiegend jedoch aus mehr Holzteilen zusammengeleimt. Doch sind sie bereits fast vollständig von *Aluminiummasten*

verdrängt worden, die bei geringerem Gewicht gegenüber Holzmasten eine größere Bruchfestigkeit aufweisen.
Ein runder Mast stört die auf das Segel gerichtete Windströmung am wenigsten. Ein ovaler Mast hat dagegen in der Längsrichtung eine größere Steifheit. Einen Kompromiß bildet der tropfenförmige Mast, der das runde Vorderprofil mit der erhöhten Steifheit nach achtern verbindet.
Der Mast kann an Deck beziehungsweise auf dem Kajütdach oder in einer *Mastspur* stehen, die auf dem Kiel oder den Bodenwrangen sitzt. Die Befestigung auf den Bodenwrangen ist vorzuziehen, weil der Mast auf die Spur erhebliche Kräfte ausübt, die zu Leckagen an den Kielplanken führen können, wenn die Spur unmittelbar auf dem Kiel steht. Der an Deck gestellte Mast läßt sich leichter legen. Er nimmt ferner in der Kajüte keinen Platz weg und erübrigt die Mastkeile an der Decksdurchführung, die leicht Leckstellen verursachen. Unerläßlich für einen an Deck stehenden Mast ist eine solide Verstärkung des Decks in den ensprechenden Querspanten durch den Einzug von Winkeleisen und durch zusätzliche Stützen. Vornehmlich auf modernen Rennjollen besteht die Mastspur häufig aus einer Schiene, in oder auf der sich der Mast für Trimmzwecke mehrere Zentimeter nach vorn oder achtern verstellen läßt.
Den Neigungswinkel des Mastes gegenüber der Senkrechten bezeichnet man als *Fall.* Häufig zeigt der Mast einen leichten Fall nach achtern. Nicht zu verwechseln damit ist der in sich nach achtern gekrümmte *Peitschenmast* einiger älterer Rennklassen. Und dieser ist wiederum nicht identisch mit dem *flexiblen* Mast moderner Rennklassen. Bei diesem handelt es sich um einen äußerst elastisch gehaltenen geraden Mast, der so getrimmt werden kann, daß er auf den verschiedenen Kursen zum Wind die für das Segel vorteilhafteste Biegung einnimmt. Solche Masten sind jedoch nicht sehr widerstandsfähig und eignen sich deshalb wenig für Seeschiffe.
Zur Abstützung des Mastes dient das *stehende Gut.* Die Abstützungen in der Längsschiffsrichtung bezeichnet man allgemein als *Stagen,* die in der Querschiffsrichtung als *Wanten. Pardunen* ist der Sammelbegriff für alle Verstagungen, die achterlich von den Wanten stehen. Zu ihnen zählen die Achter- und

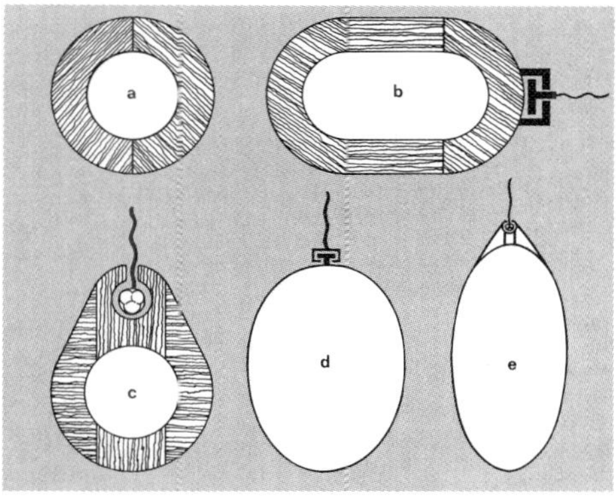

Abb. 25 Mastquerschnitte
a) Runder hölzerner Hohlmast, aus zwei Teilen verleimt, ohne Segelnut. Das Segel muß angereiht werden. b) Ovaler hölzerner Hohlmast, aus vier Teilen verleimt. Der Rutscher des Segels läuft in einer aufgesetzten Schiene. c) Birnen- oder tropfenförmiger hölzerner Hohlmast, aus vier Teilen verleimt. Das Vorliek des Großsegels läuft in einer eingelassenen Hohlkehle. d) Ovales Profil eines Aluminiummastes mit aufgesetzter Schiene, auf der der Großsegelrutscher läuft. e) Extrem schmales Profil eines Aluminiummastes mit angeschweißter Hohlkehle für das Großsegelvorliek.

Backstagen oder Preventer. Preventer sind Pardunen zum Loswerfen und kommen auf modern geriggten Yachten nur noch selten vor. Das Verbindungsstag zwischen den Toppen zweier Masten bezeichnet man als *Genickstag.*

Eine Abstagung erfolgt überall dort, wo der Mast unter dem Schub oder Zug der Segel dazu neigt, sich unerwünscht durchzubiegen. Sie ist um so wirksamer, je größer der Winkel ist, den sie mit dem Mast bildet. Er muß mindestens 10° betragen, weil sonst die Verstagung nicht mehr eine seitliche Absteifung bewirkt, sondern einen Stauch auf die Mastspur. Nun ist jedoch der seitliche Winkel durch die Breite des Decks begrenzt. Er wird um so spitzer, je länger der Mast ist. Deshalb müssen die Wanten durch Salings abgespreizt werden, rechtwinkelig zum Mast stehende Spieren aus Holz oder Metall, über deren

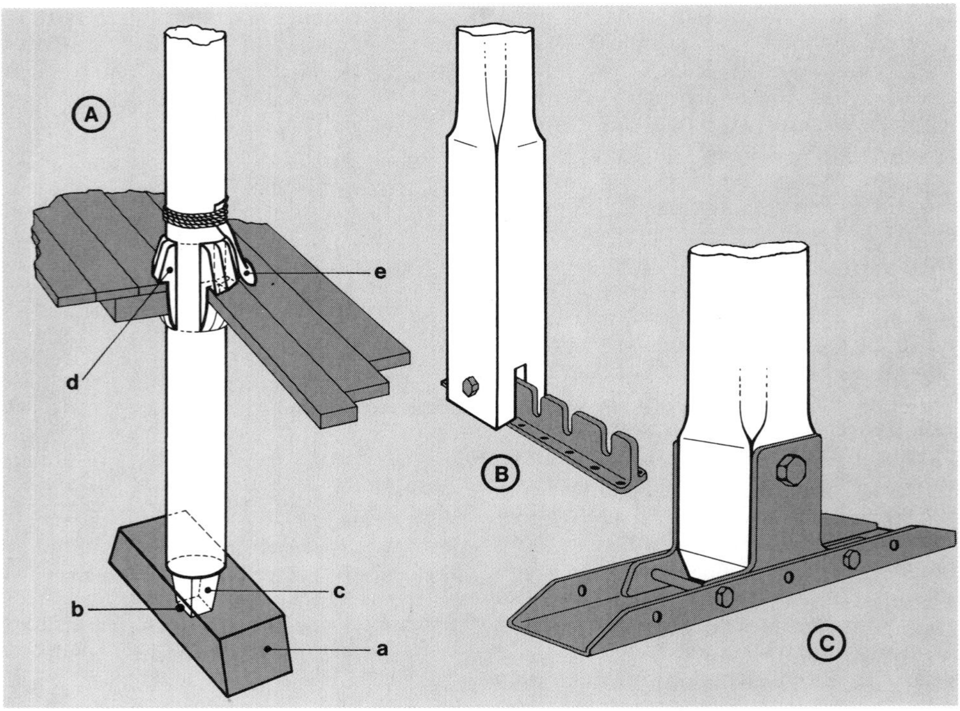

Abb. 26 Mastaufstellungen
A. Aufstellung unter Deck; a) Kielschwein; b) Mastspur; c) Mastfuß; d) Mastkeile an der Decksdurchführung; e) Mastkragen. B. Aufstellung an Deck auf einer Kerbschiene. Zu Trimmzwecken läßt sich der Mast mehrere Zentimeter nach vorn oder achtern verstellen (Jollenmast). C. Klappmast auf einem Seekreuzer. Der Mastfuß wird von zwei Mastbacken umschlossen und ist in der Längsrichtung um einen Mastbolzen drehbar. Die Mastbacken sind Bestandteil der Mastspur, die als Schlitten ausgebildet ist, der sich zu Trimmzwecken in einer Schiene in der Längsrichtung verschieben läßt.

Nocken das stehende Gut führt. Abb. 28 zeigt verschiedene Arten der Verstagung.

Für die Befestigung des stehenden Gutes am Mast gibt es verschiedene Möglichkeiten. Es kann mit einem eingespleißten Auge über den Masttopp gestreift werden und ruht dann dort auf *Mastbacken* oder *Kälbern.* Es wird durch Schäkel oder Bolzen mit Mastbändern — auch *Wanthänger* genannt — verbunden oder mit Mastbeschlägen, die aus einer Doppelplatte mit zwei auseinandergespreizten Stahlstreifen bestehen, zwischen die die Wanten mit ihren Augen eingeschoben werden. Vor- und Achterstag greifen auf modernen Yachten meistens an einer über den Masttopp gestülpten Stahlkappe an. Sie ermöglicht bei den neuzeitlichen Topptakelungen überhaupt erst, Vor- und Großsegel tatsächlich in den Topp vorzuheißen. Den Mastbeschlägen ist große Aufmerksamkeit zu widmen, weil rostfreier Stahl schlecht zu schweißen ist und die Schweißnähte bei ungünstiger Belastung brechen oder reißen können. Mastbeschläge an Aluminiummasten müssen isoliert angebracht werden.

Das stehende Gut ist aus Stahldraht. Die Stärke hängt von Größe und Bootstyp ab. Je steifer von der Konstruktion her eine Yacht ist und je geringer die Anzahl der Wanten, um so stärker müssen sie natürlich sein. Man rechnet, daß die Gesamtbruchbelastung aller Wanten einer Seite um etwa ein Drittel größer sein soll als die Wasserverdrängung der Yacht.

Mit Spannschrauben wird das stehende Gut steif durchgesetzt, jedoch nicht gleichmäßig steif, weil die längeren Oberwanten mehr Reck aufweisen als die kürzeren und stärkeren Unterwanten. Die Leewanten sollen beim Segeln am Wind nicht erkennbar locker kommen, sich jedoch lose anfühlen. Wer nicht selbst hinlängliche Erfahrung besitzt, sollte das Spannen einem erfahrenen Takler überlassen, weil davon weitgehend die Sicherheit eines Bootes abhängen kann.

Die Spanner neigen dazu, sich im Seegang loszuarbeiten. Spanner mit Hülse sichert man durch zwei Gegenmuttern, offene Spanner durch Drahtbändsel, die durch die Bohrungen in den Spannschrauben gesteckt werden. Als ausreichend dimensioniert betrachtet man Spannschrauben, deren Gewindedurchmesser mindestens dem halben Umfang des Drahttauwerks entspricht. Alle Teile — Rüsteisen (Püttings), Spannschrauben und Endbeschläge der Wanten oder Stagen — müssen aus dem gleichen Material bestehen, weil sonst elektrolytische Korrosion eintritt.

Früher wurde Drahttauwerk um Kauschen gespleißt, z. B. an den Enden von Wanten und Stagen. Heute werden fast ausschließlich sogenannte *Terminals* verwandt, bei denen das Drahttauwerk

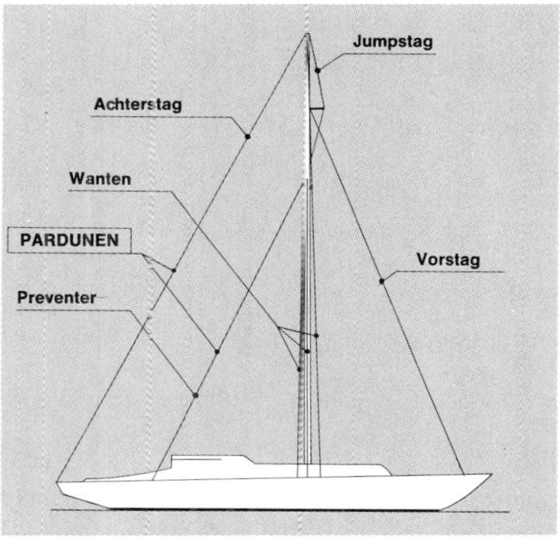

Abb. 27 Das stehende Gut eines Einmasters

in einer Hülse mit Metall vergossen wird oder die konische Kerne enthalten, so daß beim Verschrauben eine sehr dauerhafte und haltbare Klemmverbindung entsteht. Vielfach werden auch Terminals unter sehr hohen Drücken in Spezialpressen um das Drahttauwerk gepreßt.

6. Segel

Bis in die 50er Jahre war Baumwolle (Mako) das Material, aus dem die meisten Yachtsegel gewebt wurden. Heute werden fast nur noch Kunststoffsegel gefahren. Es hat sich erwiesen, daß Kunststoffsegel einen um 7 bis 10% grö-

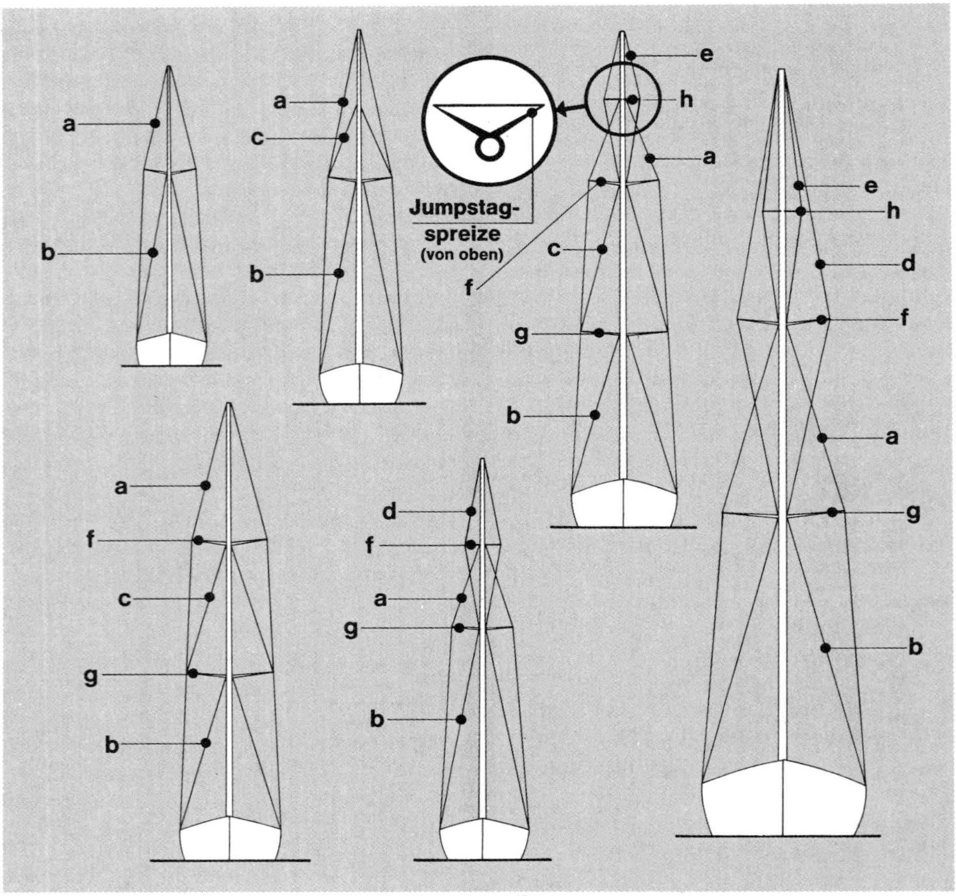

Abb. 28 Verschiedene Arten der Verstagung auf kleineren und größeren Yachten a) Oberwanten; b) Unterwanten; c) Mittelwanten; d) Toppwanten (sogenanntes Diamantrigg); e) Jumpstag; f) Ober- oder Toppsaling; g) Untersaling; h) Jumpstagspreize (von oben)

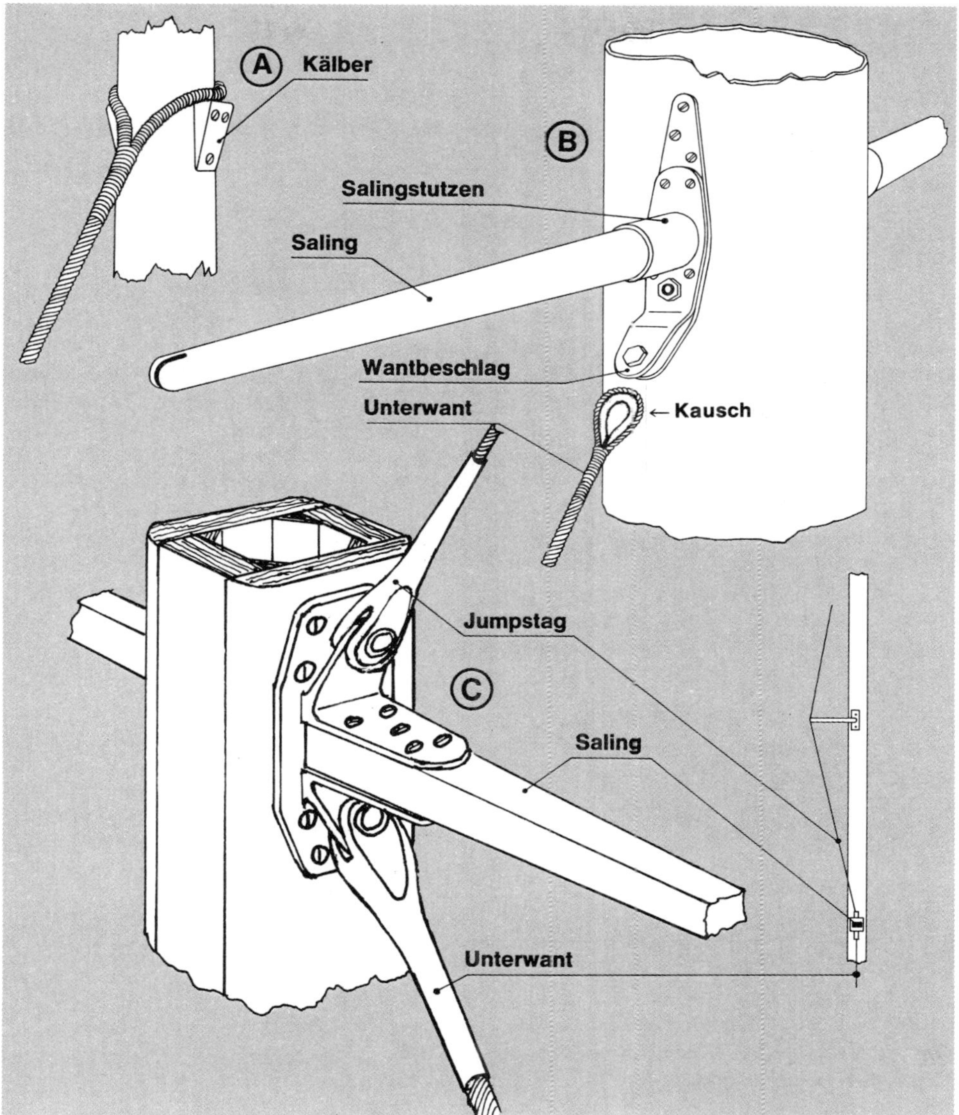

Abb. 29 Wantbeschläge
A. Veraltete Methode an einem Holzmast: Das Want wird mit einem Auge über den Masttopp gestreift. B. Salingbeschlag an einem Aluminiummast: An der Salingnock eine Einkerbung zur Aufnahme des Oberwants. C. Salingbeschlag an einem Holzmast

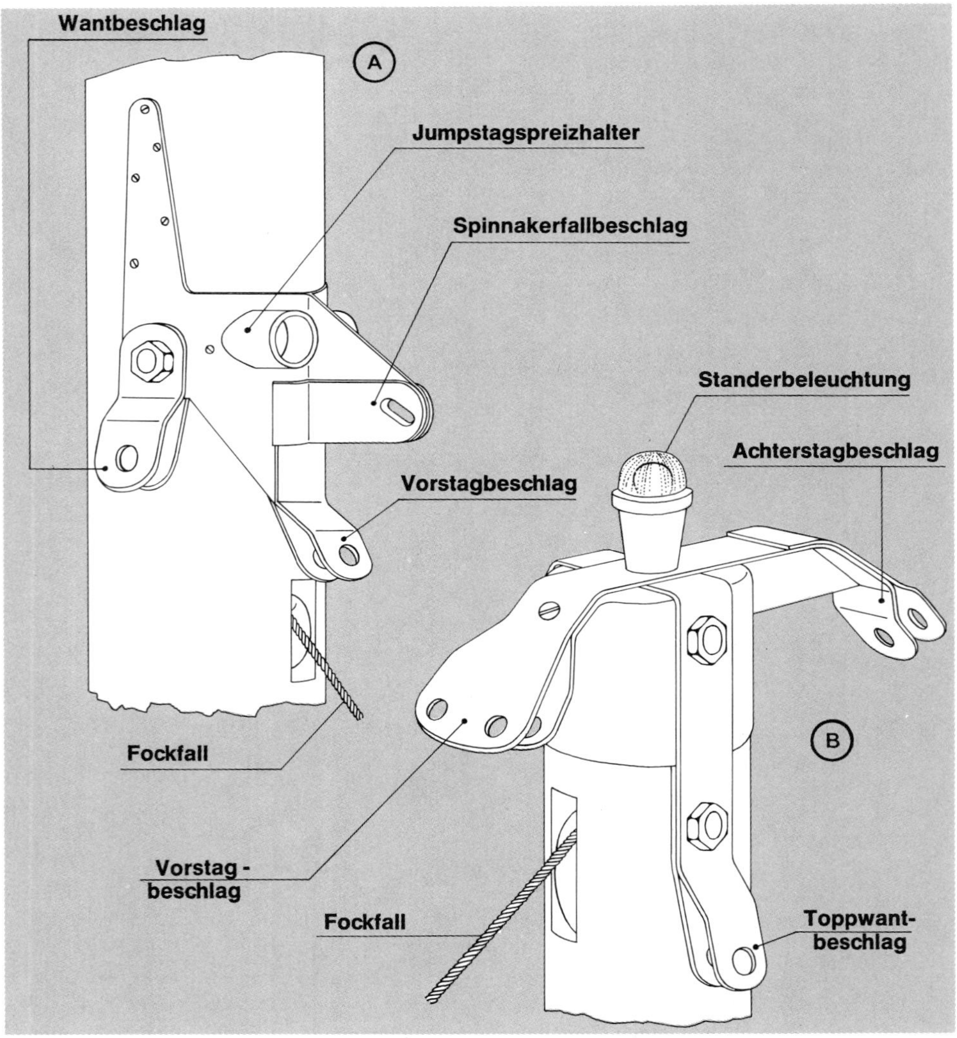

Abb. 30 Mastbeschläge – A. Hauptwanthänger an einem Aluminiummast: Oberhalb des Vorstagbeschlages befindet sich ein Beschlag für den Spinnakerblock. Das Auge ist verstärkt, um den Seitendruck des Spinnakers gut auffangen zu können. B. Toppbeschlag eines Aluminiummastes: Das Fockfall läuft – wie bei Alumasten häufig – durch den hohlen Mast hindurch. Das Topplicht ist praktisch, um nachts den Verklicker zu erkennen.

ßeren Vortrieb erzeugen. Das bedeutet, daß Yachten mit Kunststoffsegeln schneller sind als solche mit Makosegeln. Verwirrung stiften manchmal die

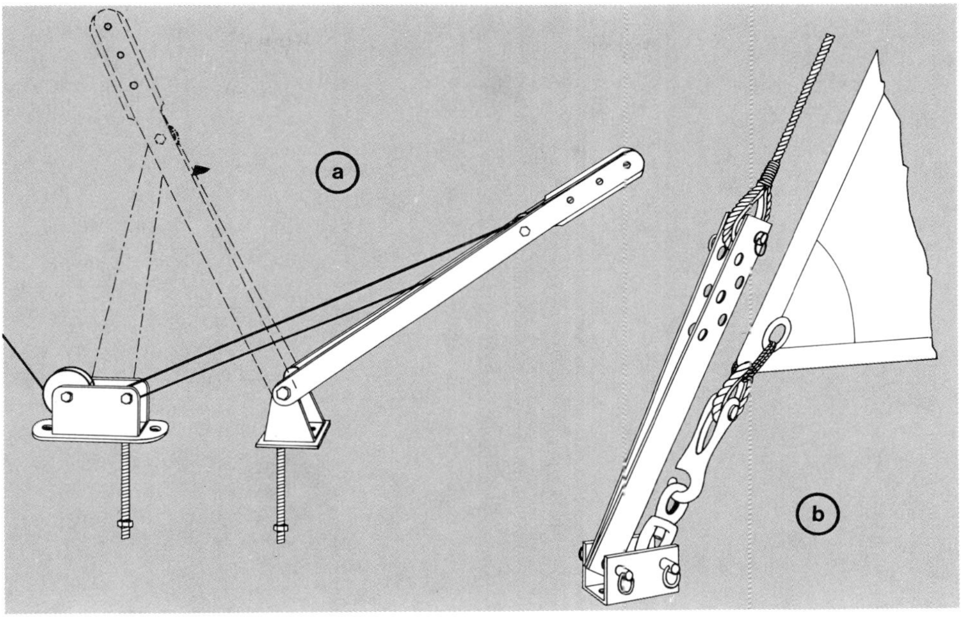

Abb. 31 Decksbeschläge — a) Backstagklapphebel zum Loswerfen bzw. Festsetzen der Backstagen (Preventer); b) Lochbandbeschlag zum Trimmen des Vorstags auf Jollen

verschiedenen Bezeichnungen, unter denen Kunststoffsegel angeboten werden. Die hohe Zerreißfestigkeit der nach dem Zweiten Weltkrieg entwickelten Nylon- bzw. Perlonfaser gab Anlaß zu den kühnsten Hoffnungen auf ein wahres Wundersegel. Es stellte sich jedoch heraus, daß sich diese Fasern stark dehnen und deshalb für eine Am-Wind-Besegelung wenig geeignet sind. Außerdem leiden sie unter der ultravioletten Sonnenbestrahlung. Heute werden Nylon und Perlon nur noch für Spinnaker verarbeitet; denn die leichte Faser erlaubt, sehr leichte und zugleich glatte Segel herzustellen.

Etwas später als die zuvor genannten Fasern stellte man in den USA die aus Polyester weiter entwickelte Kunstfaser Dacron her. Der Name wurde in den USA geschützt. Deshalb erhielten die Kunstfasern der gleichen Struktur in den verschiedenen Ländern ihrer Herstellung unterschiedliche Bezeichnungen: Diolen in Deutschland, Terylene in Großbritannien, Tergal in Frankreich und Terital in Italien. Die Zerreißfestigkeit von Dacrontuchen beträgt etwa das Dreifache der von Baumwolltuch. Eine synthetische Appretur verbindet die Fäden zu einer kompakten Masse, wodurch ein Recken des Tuches ausgeschlossen wird.

Ein Dacronsegel braucht nicht mehr wie ein Baumwollsegel mühselig stundenlang eingetrimmt zu werden. Jedoch ist es ratsam, auch Dacronsegel in den ersten Stunden nicht gleich übermäßig zu beanspruchen, damit sich erst die Fä-

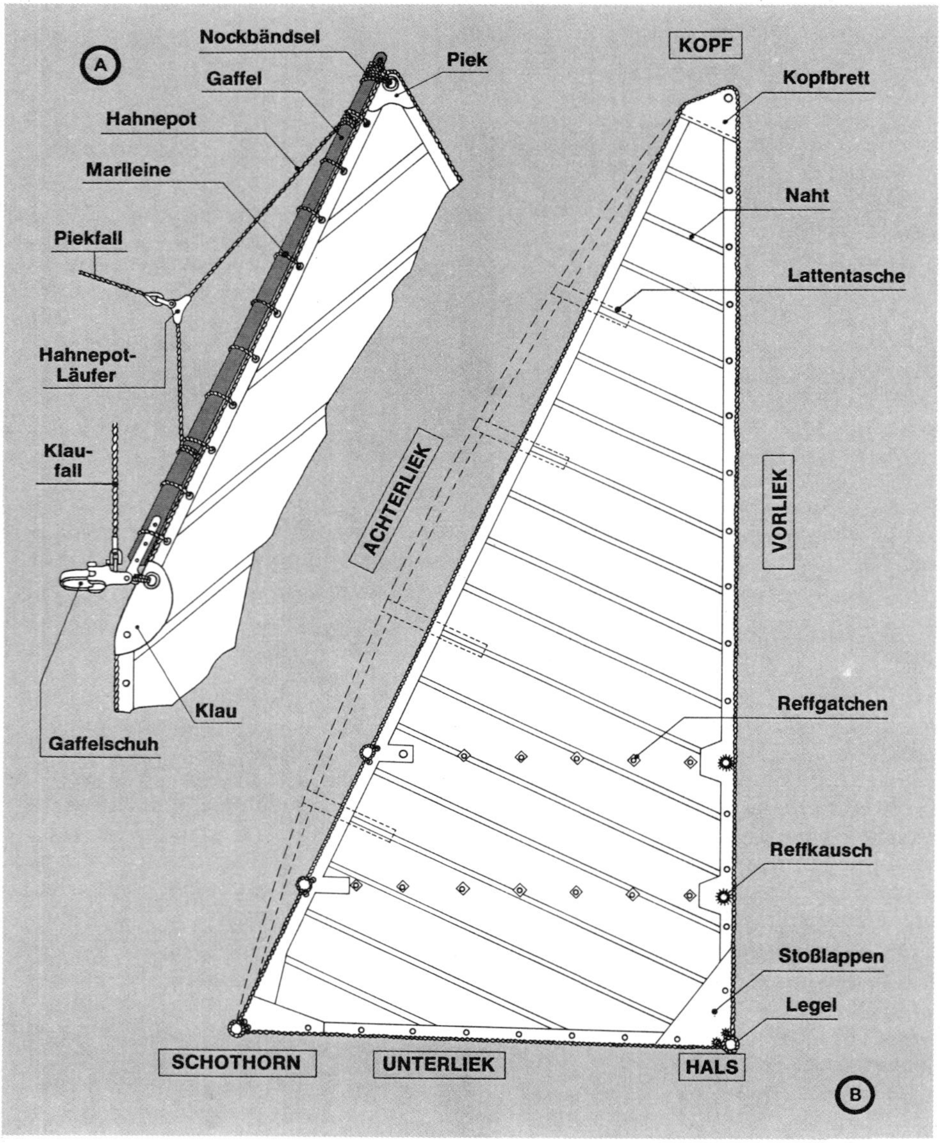

Abb. 32 Segelarten – A. Die charakteristischen Besonderheiten eines Gaffelsegels. B. Hochsegel als Besansegel geschnitten (gestrichelt als Großsegel)

den in den Nähten restlos anpassen können. Nicht zutreffend ist jedoch, daß sich Dacronsegel im Laufe der Zeit überhaupt nicht vertrimmen und ihre einmal gegebene Form ständig behalten; es treten Korrosionserscheinungen auf, die dazu führen, daß Kunststoffsegel innerhalb von zwei bis drei Jahren flacher werden.

Durch Zugabe von Silikonen zur Appretur gewinnt Kunststofftuch die Eigenschaft, in starkem Maße wasserabweisend zu werden. Baumwollsegel können etwa 50% ihres Eigengewichts an Feuchtigkeit aufnehmen, Dacronsegel dagegen nur etwa 2%. Ein Baumwollsegel darf auf keinen Fall in feuchtem Zustand in den Segelsack gesteckt werden, weil es sonst stocken und sich außerdem in der Form verändern würde. Für ein feucht weggestautes Dacronsegel bestehen diese Gefahren nicht.

Lieken aus verzinktem Stahldraht verursachen leicht Rostflecke und müssen etwa alle drei Jahre ausgewechselt werden. Rostfreier Stahldraht hält im allgemeinen so lange wie das Segel. *Legel* sind Augen aus starkem Tau, die an jeder Ecke des Segels angebracht und mit einer Kausch versehen sind. Überall, wo ein Legel sitzt, sollte das Segel durch aufgesetzte Lappen verstärkt sein. Bei sehr kleinen Segeln genügt auch ein *Grummetstropp.* Ein Grummetstropp entsteht, indem man ein Loch ins Segel schneidet und einen Metallring einnäht. Wo Grummets bestimmt sind, Schoten oder Fallen aufzunehmen, muß das Liektau dahinter durch Leder gegen Schamfilen geschützt werden. *Kopfbretter* gibt es aus Holz, Aluminium oder Kunststoff. Holz-Kopfbretter neigen zum Faulen oder können ausbrechen. Alu-Kopfbretter beanspruchen Tuch und Nähte stärker.

Die Tuchbahnen eines Großsegels können quer oder längs verlaufen. Wenn bei einem längsgeschnittenen Segel eine ganze Bahn von oben nach unten reißt, kann man mit dem verbleibenden Rest der Bahnen unter Umständen noch

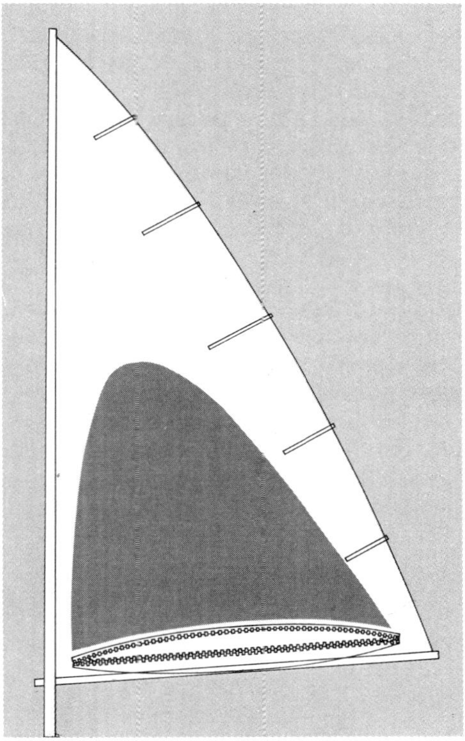

Abb. 33 Hochsegel mit Reißverschluß
Vorwiegend für kleinere Jollensegel geeignet, gelegentlich aber auch auf größeren Rennyachten zu finden. Der geöffnete Reißverschluß ergibt für leichteren oder achterlichen Wind ein bauchigeres und damit wirksameres Segel. Bei starkem Wind oder Am-Wind-Kursen wird dagegen ein möglichst brettartig flaches Segel benötigt, der Reißverschluß zugezogen und der Bauch auf diese Weise aus dem Segel wieder herausgebracht. Er liegt dann in einer taschenartigen Falte am Baum.

weitersegeln. Ein Riß im quergeschnittenen Segel dagegen setzt das ganze Segel außer Funktion. Andererseits ist ein quergeschnittenes Segel vor allem am Wind wirksamer. Geringfügige Falten, die sich aus der Unregelmäßigkeit der einzelnen Bahnen ergeben, liegen bei einem so geschnittenen Segel nicht quer zur Windbahn, wo sie störende Luftwirbel erzeugen könnten.

Das Vorsegel (Fock, Genua, Klüver) sollte diagonal geschnitten sein und eine Gehrungs- oder Diagonalnaht haben, die den Winkel am Schothorn in der Mitte halbiert. Die Bahnen über der Diagonalnaht verlaufen dann im Winkel von 90° zum *Achterliek,* die Bahnen unterhalb im Winkel von 90° zum Unterliek. Auf diese Weise wird der starke Zug auf das Schothorn gleichmäßiger auf die einzelnen Tuchbahnen verteilt als bei einem längsgeschnittenen Vorsegel.

Der *Spinnaker* ist ein halbballonartiges Vorsegel, das lose an einer eigenen Spiere, dem Spinnakerbaum, gefahren und vor dem Mast gegenüber dem Großsegel ausgebaumt wird. Er hat sich seit einiger Zeit als wichtigstes Beisegel für Kurse mit achterlichem Wind entwickelt. In den meisten Klassenvorschriften ist die Größe nur durch ein Maß beschränkt: die Höhe, also der Angriffspunkt des Spinnakerfalls, darf den höchsten Punkt des sogenannten *Vorsegeldreiecks* nicht überschreiten. Ferner ist die Länge des Spinnakerbaums vorgeschrieben. Er darf die Fußlänge des Vorsegeldreiecks nicht überschreiten. Die Länge des Unterlieks jedoch hängt allein davon ab, wohin die Spinnakerschot an Bord geführt werden kann, um noch ein einwandfreies Öffnen dieses gewaltigen Vorsegels zu erzielen. Die tatsächliche Segelfläche des Spinnakers kann durch einen halbkugelförmigen Schnitt und eine große Schulterbreite mehr als

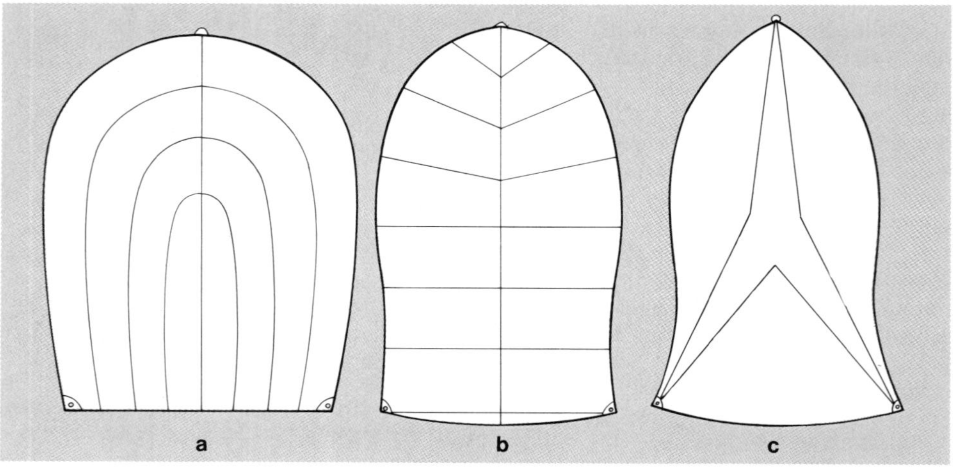

Abb. 34 Spinnaker-Schnitte – a) Herbulot- oder Kugelspinnaker mit breiter Brust und diagonal verlaufenden Bahnen – ein reiner Vorm-Wind-Spinnaker. b) Schnitt eines modernen etwa viertelkugelförmigen Spinnakers mit mittelschmalen Schultern und leicht S-förmigen Lieken. Nicht optimal wirksam auf Vorm-Wind-Kursen, dafür aber ein Universal-Spinnaker, der noch bei halbem Wind gefahren werden kann. c) Starcut-Spinnaker

die gesamte übrige Besegelung der Yacht betragen.
Solche halbkugelförmigen Spinnaker lassen sich jedoch nur direkt vor dem Wind fahren. Fällt der Wind seitlicher ein, muß der Spinnaker flacher geschnitten sein. Es gibt mittlerweile rund 50 unterschiedliche Spinnakerschnitte für die verschiedenen Windstärken und Kurse zum Wind. Als Kompromiß hat sich ein etwas flacherer, etwa viertelkugelförmiger Spinnaker mit schmaleren Schultern und leicht S-förmigen Lieken durchgesetzt. Er steht auch noch bei halbem Wind. Während die älteren Spinnaker eine Mittelnaht und diagonal verlaufende Bahnen hatten, sind sie bei modernen meistens horizontal vernäht, damit die Luft bei ihrer Querströmung ungestörter an den Nähten entlangstreichen kann.
Die einzelnen Segeltuchbahnen sollten bei jedem Segel stets mit einem Zick-Zack-Stich vernäht sein. Nur er garantiert die notwendige Elastizität und Reißfestigkeit.

7. Takelungsarten

Man unterscheidet *Haupt-* oder *Arbeitssegel* und *Beisegel.* Nach der Takelung mit Hauptsegeln erhält das Boot seine Typenbezeichnung wie *Slup, Yawl, Ketsch* oder *Schoner.* Dabei spielt die Anzahl und Aufstellung der Masten die entscheidende Rolle. Unabhängig hiervon gibt es nach der Art der verwendeten Hauptsegel eine Typenbezeichnung für die Takelage allein, und zwar *Lugger-, Gaffel-, Hoch-* und *Stagsegeltakelage.* Beisegel sind alle zusätzlichen Leicht- oder Schwerwettersegel, die für unterschiedliche Takelagen durchaus gleich sein können.

Lugger- und Gaffeltakelung sind die älteren Arten der Besegelung. Es gibt sie heute kaum noch. Alle neuzeitlichen Takelungen haben Hochsegel, bei Zweimastern gelegentlich auch Stagsegel. Bei der *Luggertakelung* wird ein viereckiges Schratsegel an einer längsschiffs, einer Gaffel ähnlichen und ziemlich steil gestellten Rah, mit einem Fall gesetzt. Bei der Gaffeltakelung ist das Oberliek des Großsegels an einer Gaffel (Gabel) befestigt, die von zwei Fallen (Klau- und Piekfall) gehalten wird.
Stagsegel(schoner)takelage ist eine Takelage, bei der nicht nur vor dem Fockmast, sondern auch zwischen den Masten Stagsegel anstelle des Schonersegels gefahren werden.
Die *Kattakelung* hat nur ein Großsegel

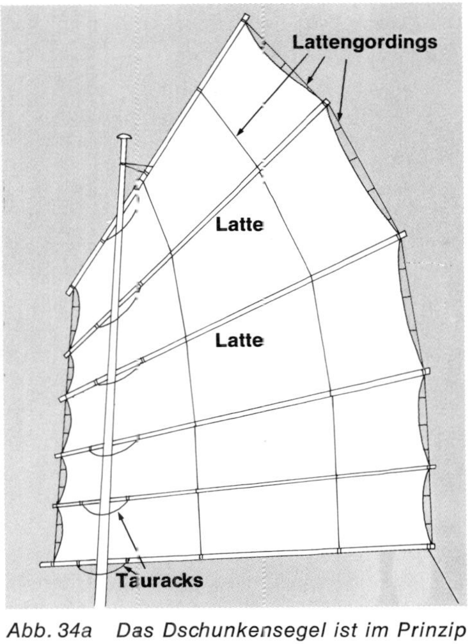

Abb. 34a Das Dschunkensegel ist im Prinzip auch ein Luggersegel, doch es hat ein Stützgerüst aus Latten und Lattengordings

an einem weit vorne stehenden Mast. Sie besitzt in aerodynamischer Hinsicht eine annehmbare Vortriebswirkung und ist am einfachsten zu bedienen. Fast alle Einmannjollen haben Kattakelung.
Kommt zur Kattakelung ein Vorsegel hinzu, entsteht eine *Sluptakelung.* Sie ist am stärksten verbreitet und eignet sich für kleinere Yachten am besten. Von allen Takelungsarten ist sie die wirksamste. Zu den Hauptsegeln kommen als Beisegel Genua, Spinnaker, Sturm-

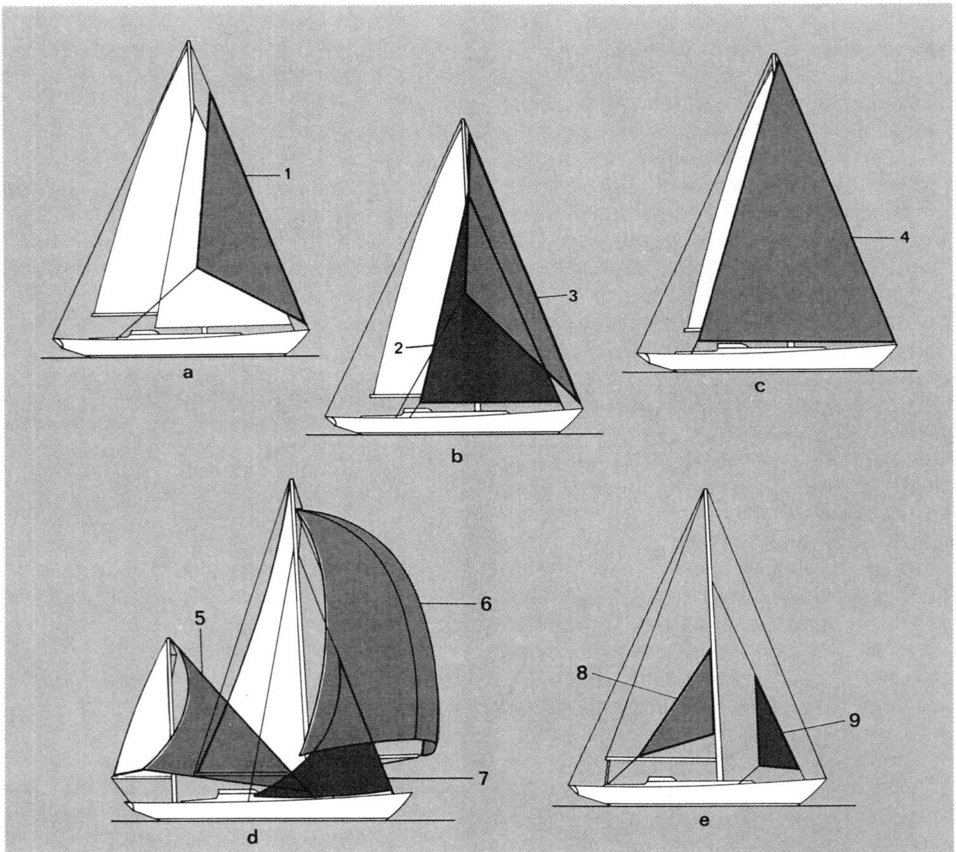

Abb. 35 Verschiedene Beisegel
a–c) Variationsmöglichkeiten der Beisegel eines modernen Kutters: 1. Klüver, 2. Kleine Genua, 3. Flieger, 4. Große Genua. Außerdem kann natürlich bei achterlichem Wind ein Spinnaker gefahren werden. d) Beisegel einer Ketsch (oder Yawl) bei achterlichen Winden: 5. Besanstagsegel, 6. Spinnaker. Die Fläche der Beisegel kann auf diesem Kurs über das Doppelte der Fläche der Hauptsegel betragen, 7. Spinnakersegel (auch »Betrüger« genannt). e) Sturmbesegelung: 8. Sturm-Großsegel (Trysegel), 9. Sturmfock

Großsegel und Sturmfock. Damit kann eine Slup allen Windverhältnissen entsprechend besegelt werden. Für die Teilnahme an Regatten reichen diese Segel allerdings noch nicht aus. Es kommen noch verschiedene größere und leichtere Vorsegel hinzu, da die meisten Klassenvorschriften die Vorsegel stark begünstigen, indem nicht etwa die Fläche des gesamten Vorsegels vermessen wird, sondern nur das sogenannte *Vorsegeldreieck,* gebildet aus Vorstag, Mast und Deck. So gibt es denn extrem große Vorsegel für Leichtwetter, die manchmal fast das ganze Großsegel überlappen.

Der *Kutter* ist, wie die Slup, ein Einmaster, fährt aber als Hauptsegel außer dem Großsegel zwei Vorsegel: *Fock* und *Klüver.* Der »klassische« Kutter mit Gaffelsegel, Toppsegel und drei Vorsegeln ist heute kaum noch zu finden. Als das Hochsegel aufkam, fiel das keineswegs leicht zu setzende Toppsegel als erstes der Modernisierung zum Opfer. Auch der den Vorsteven weit überragende Klüverbaum, der bei Manövern in engen Häfen sehr störend sein kann, wurde immer kürzer und entfiel schließlich gänzlich, zumal man erkannte, daß die breit und niedrig geschnittenen Vorsegel des alten Kutters keine große Vortriebskraft erzielten, sondern man diese durch kleinere und höhergeschnittene Vorsegel wesentlich verbessern konnte. Gegenüber der Slup hat der Kutter den Vorteil, daß zwei kleinere Vorsegel leichter zu handhaben sind als ein großes und sich bei zunehmendem Wind die Vorsegelfläche schnell verkleinern läßt, indem man entweder den Klüver oder die Fock birgt. Es kommt noch etwas anderes hinzu. Um für die beiden Vorsegel ein entsprechend großes Vorsegeldreieck zu erreichen, muß der Mast ziemlich weit zur Mitte hin stehen. Als bester Standpunkt gelten ²/₅ der Konstruktionswasserlinie von vorne gerechnet. Sie werden bei Kuttern fast immer

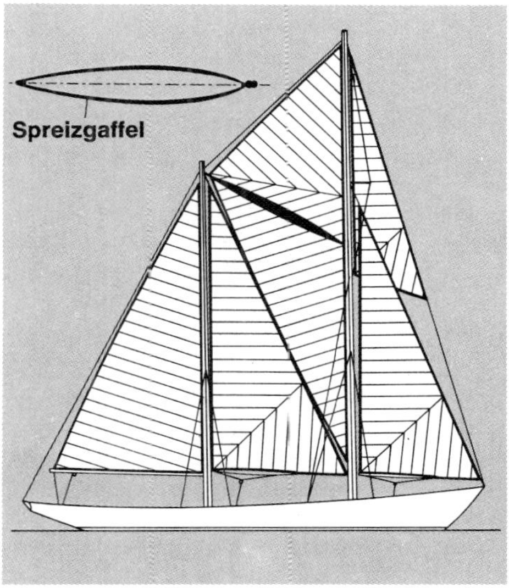

Abb. 36 Wishbone- oder Spreizgaffel-Ketsch
Die Spreizgaffeltakelung tauchte zuerst 1933 auf der Yacht »Vamarie« auf. Sie ergibt für einen Zweimaster eine sehr wirksame Besegelung, ist aber bis heute ziemlich vereinzelt geblieben, weil die Bedienung etwas kompliziert ist. Das Großsegel hat das Aussehen einer umgekehrt gesetzten Fock. Die Schot sitzt an der Nock der Spreizgaffel und läuft über den Topp des Besanmastes. Mit einem Ausholer kann dem Segel innerhalb der Spreize die gewünschte Wölbung gegeben werden, die dann unverändert bleibt, wenn die Schot gefiert oder dichtgeholt wird. Es gibt zwei verschiedene Konstruktionen: Entweder wird die Spreizgaffel beim Segelbergen mit weggefiert, oder aber sie bleibt ständig oben. Der dreieckige Raum zwischen Großsegel und Besanmast wird durch ein entsprechend dreieckiges Stagsegel ausgefüllt.

erreicht. So entlastet das Mastgewicht weitgehend das Vorschiff, wo es sonst die Stampfbewegungen der Yacht bei gegenanlaufender See verstärkt.
Die *Yawl* hat einen Groß- und einen Besanmast. Man zählt sie zu den Eineinhalbmastern. Die Yawltakelage bietet zahlreiche Möglichkeiten, die Segelfläche je nach Windstärke zu unterteilen oder durch zusätzliche Segel erheblich zu vergrößern. Man wird sie auf größeren Yachten mit kleiner Mannschaft wählen, wenn etwa das Großsegel einer Slup zu groß und unhandlich für die vorhandenen Kräfte wird. Am Wind sind die Segeleigenschaften nicht so gut wie die einer Slup. Bei Regatten bietet dieser Typ jedoch einen wesentlichen Vorteil: Zwischen den beiden Masten kann ein großes Stagsegel gesetzt werden, das nicht vermessen wird. Eine Yawl kann ebenfalls einen Klüver fahren, gilt dann aber nicht als Kutter.
Auch die *Ketsch* hat eine zweimastige Takelage mit einem oder zwei Vorsegeln. Sie unterscheidet sich im wesentlichen von der Yawl durch eine größere Segelfläche des Besans. Je nach der Höhe des Besanmastes bezeichnet man sie noch als Eineinhalbmaster oder schon als Zweimaster. Da sich die Segel in mehrere, fast gleichwertige Flächen aufteilen, gilt die Ketschtakelage als am besten geeignet für größere unterbemannte Seeschiffe. Der Wirkungsgrad einer Ketschbesegelung ist jedoch noch geringer als der einer Yawl. Sie erhält aber bei Regatten auch eine wesentlich höhere Vergütung, so daß dieser Nachteil wieder annähernd ausgeglichen wird. Im übrigen führt sie die gleichen Beisegel wie eine Yawl und bietet dadurch ebenfalls zahlreiche Variationsmöglichkeiten. Ein Sondertyp ist die *Wishbone-* oder *Spreizgaffel-Ketsch. Schoner* sind echte Zweimaster, bei denen ein kürzerer Fockmast vor dem Großmast steht. Sie haben auf fast allen Kursen zum Wind von allen Typen die schlechtesten Segeleigenschaften und im Yachtsport heute nur noch Liebhaberwert.

8. Ankergeschirr

Zum Ankergeschirr gehören *Anker, Ankerkette* beziehungsweise *-leine* oder *-trosse,* Anker*spill,* Anker*klüsen* und *Kettenstopper.* Das Ankergeschirr zählt zu den wichtigsten Ausrüstungsgegenständen jedes Bootes; denn von ihm kann die Sicherheit der Yacht und der Besatzung abhängen.
Der Anker soll durch das Eingraben seiner Pflugen in den Grund dem Boot einen sicheren Halt verschaffen. Der Anker des Altertums und Mittelalters ist als *Stock-* oder *Admiralitätsanker* noch heute gebräuchlich. Die sogenannten *Patentanker* haben keinen rechtwinkelig stehenden Stock. Die *Arme* (Pflugen) sind am unteren Schaftende innerhalb

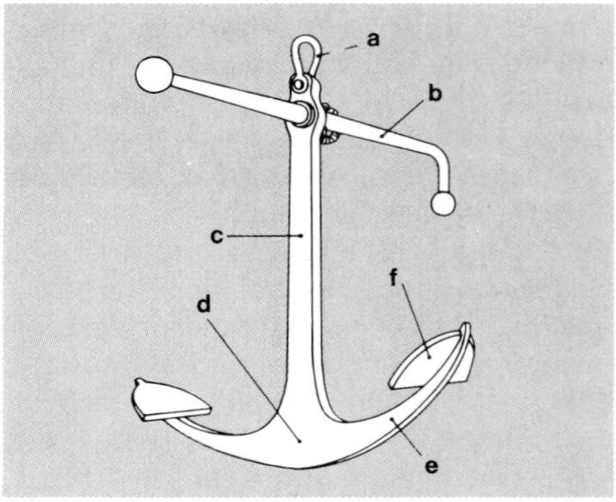

Abb. 37 Der Admiralitätsanker a) Roring; b) Stock durch Splint gesichert; c) Schaft; d) Kreuz; e) Arme, Pflugen oder Flunken; f) Hände

fester Begrenzungen drehbar angebracht. Der Ausschlag beträgt etwa 35 Grad nach jeder Seite. Bei einem Patentanker kann die Kette nicht an einem Stock oder an dem aus dem Grund herausragenden Arm unklar kommen und den Anker bei Zug wieder herausreißen. Außerdem haben Patentanker bei gleichem Gewicht eine größere Haltekraft. Sie sind auf Yachten allgemein gebräuchlich, obwohl die Bestimmungen des *Germanischen Lloyd* noch immer die Ausrüstung mit einem Stockanker vorschreiben.

Der amerikanische *Danforth*-Anker besitzt eine drei bis 300fach größere Haltekraft als ein Stockanker gleichen Gewichts. Die beiden großflächigen, drehbaren Arme liegen dicht am Schaft. Ihre scharfen Spitzen lassen sie schnell in den Grund eindringen. Danforth-Anker sind auf grobem Kies, Fels und sehr dichtem Grasgrund unbrauchbar, auf Sand, Tonmergel und in Schlick sind sie pro Ankergewicht dagegen allen anderen Ankern weit überlegen. Eine deutsche Entwicklung ist der *Baas-Plattenanker.* Er hat an beiden Stockenden Leitrollen aus PVC (Polyvinylchlorid). Sie verhindern, daß der Anker hochkant über Grund schleift und schützen Außenhaut und Deck vor Beschädigungen durch die Stockenden.

Der englische *CQR*- oder *Pflugscharanker* besitzt nur einen Arm, der um einen Bolzen innerhalb des Schaftes seitlich in einem Winkel von 90 Grad drehbar ist. Bei horizontalem Zug beginnt der pflug-

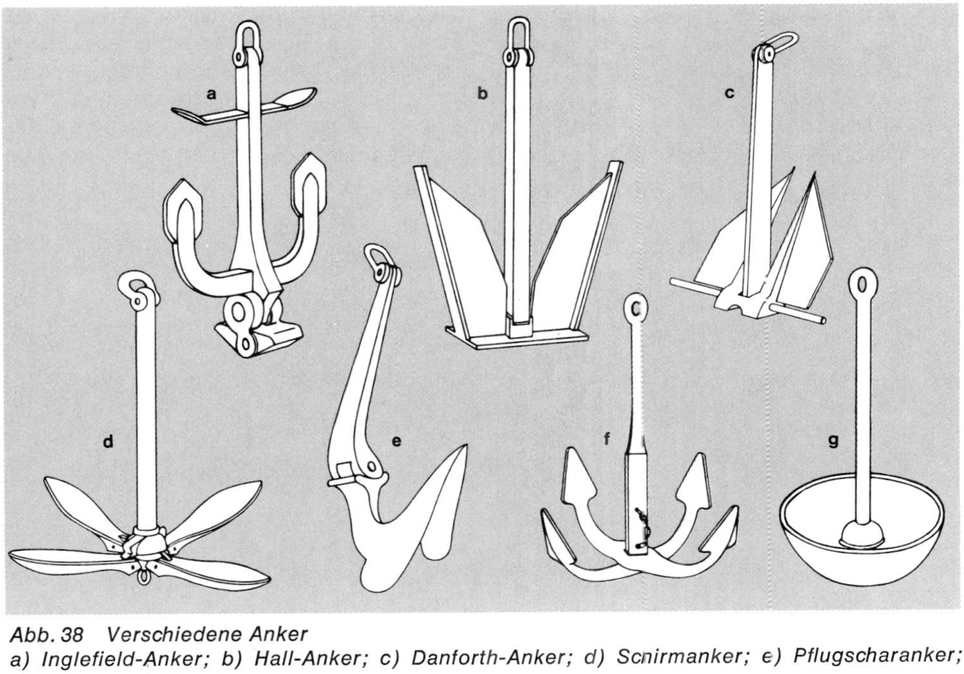

Abb. 38 Verschiedene Anker
a) Inglefield-Anker; b) Hall-Anker; c) Danforth-Anker; d) Schirmanker; e) Pflugscharanker; f) Draggen; g) Pilzanker

scharartige Arm, sich sofort einzugraben. Dieser Anker besitzt auf manchen Böden eine außerordentliche Haltekraft. Allerdings besteht bei stark verkrautetem Grund die Gefahr, daß die Pflugschar nicht eindringt. Es gibt zahlreiche Nachahmungen dieser Ankertypen, unter denen sich jedoch auch mehrere ausgesprochene Fehlkonstruktionen befinden.

Falt- oder *Schirmanker* besitzen vier Arme. Sie sind auf einem Gelenk am Fuß des runden Schaftes drehbar angeordnet, so daß sie sich wie ein Schirm nach innen an den Schaft zusammenlegen lassen. Faltanker eignen sich vorzüglich für kleinere Boote.

Beim *Trigrip-Patentanker* ersetzt den Schaft ein Stahlbügel, in dem sich ein dritter Arm befindet. Der *Inglefield-Anker besitzt ein drehbares Kreuz mit um 90* Grad kippbaren Flunken. Abwandlungen der beschriebenen Typen sind der *Hall-Anker,* der *Multisoc-, Bison-, ACM-* und *Dial-Anker.*

Der *Draggen* ist ein kleiner stockloser Anker mit vier festen oder aber auf einem Vierkantteil des Schaftes um 90 Grad versetzbaren und zusammenlegbaren Armen. Er wird häufig auf Ruderbooten und kleinen Jollen gefahren. Draggen ohne Hände dienen zum Absuchen des Meeresgrundes nach verlorenen Ketten, Leinen usw.

Der *Heuss-Anker* ist eine Kombination zwischen einem Anker mit großflächigen Flunken und einem Klappanker, ähnlich dem Hall-Anker. Die geschlossene Bodenplatte bewirkt durch ihr Gewicht ein schnelles Eingraben. Die Haltekraft ist in Kiesgrund besonders gut. Dieser Anker wird wegen seiner Form am besten als Buganker in einer Klüse gefahren.

Pilzanker verwendet man hauptsächlich zur dauernden Verankerung von Feuerschiffen und Seezeichen.

Die Verbindung zwischen Anker und Schiff bildet die Ankerkette. Auf kleineren Yachten werden zunehmend Ankerleinen aus Kunstfaser gefahren, die wegen ihres geringen Gewichtes leichter zu handhaben sind, das Ausfahren des

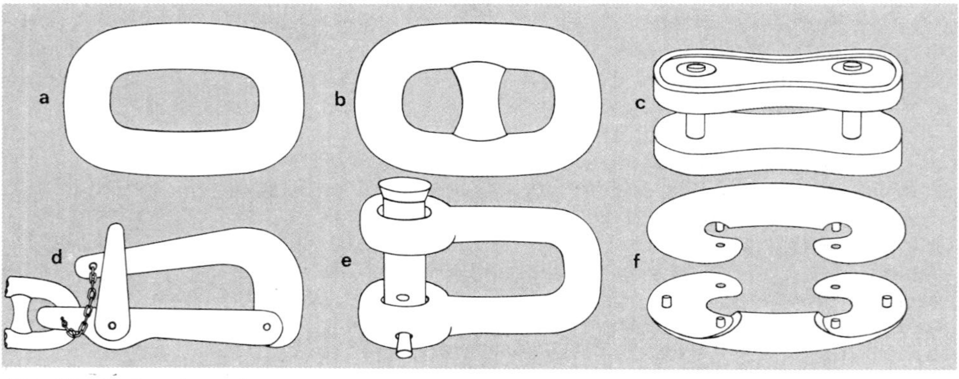

Abb. 39 Kettenelemente
a) Einfaches Kettenglied (Schake); b) Kettenglied mit Steg; c) Schraubglied als Ersatz für ein gebrochenes Kettenglied; d) Schlipschäkel eines Kettenstoppers; e) Verbindungs- oder Ankerschäkel; f) Kenterschäkel zur Verbindung der Kettenlängen

Ankers mit einem Beiboot vereinfachen, weniger losen Ballast an eine ungünstige Stelle der Yacht bringen und außerdem durch ihre große Bruchfestigkeit und Elastizität einer Kette überlegen sein können.

Ankerketten werden nach der Stärke der Kettenglieder in Millimeter oder Zoll angegeben. Ketten unter 13 mm erhält man in beliebigen Längen; schwerere Ketten werden in sogenannten *Kettenlängen* (ca. 27 m) geliefert. Die Kette wird gemarkt, damit man weiß, wieviel Kette ausgesteckt ist. Das geschieht durch das Anbringen von Drahtringen um die Kettenglieder, durch farbigen Anstrich oder kurze Leinenstücke, in die eine entsprechende Anzahl von Knoten gemacht wird. In der Praxis hat sich eine Markierung in Abständen von jeweils 5 Faden (9 Metern) als zweckmäßig durchgesetzt.

Die Verbindung der einzelnen Kettenlängen erfolgt durch *Kenterschäkel* (Nietkettenglieder) oder Ankerschäkel. Diese Schäkel sind durch Ausschlagen der Bolzen schnell zu öffnen, laufen aber nicht über die *Kettennuß* des Ankerspills, sondern müssen von Hand darüber geführt werden. Bei schwereren Ketten hat jedes Kettenglied, auch *Schake* genannt, noch einen Steg, so daß sich die Glieder auch bei starker Zugbelastung nicht verformen können. Bei *kalibrierten* Ketten sind alle Glieder genau genormt, so daß sie, ohne zu haken, über die Kettennuß des Spills laufen können.

Mit dem *Ankerroring* ist die Kette entweder durch einen einfachen oder einen Wirbelschäkel verbunden. Sie wird an Bord in einem *Kettenkasten* gefahren, der sich möglichst tief unterhalb der Wasserlinie befindet. Über eine *Kettenschütte,* neuerdings häufig auch durch ein Plastikrohr wird die Kette in den Kasten geführt, dessen Boden Lenzöffnungen hat, damit das mit der Kette eingebrachte Wasser in die Bilge abfließen kann. Ein weitverbreiteter Fehler ist es, die Kette im Kettenkasten anzuschäkeln. Dieser Schäkel rostet ein und läßt sich nicht lösen, wenn in einer Gefahrensituation die Kette gekappt werden muß, um den Anker zu schlippen. Das Kettenende wird durch einen starken Stropp aus Tauwerk gesichert, der lang genug ist, um an Deck geholt und dort gekappt werden zu können. Die Mindestlänge einer Ankerkette für eine Yacht mittlerer Größe beträgt 60 Meter.

Auf kleineren Booten wird die Kette von

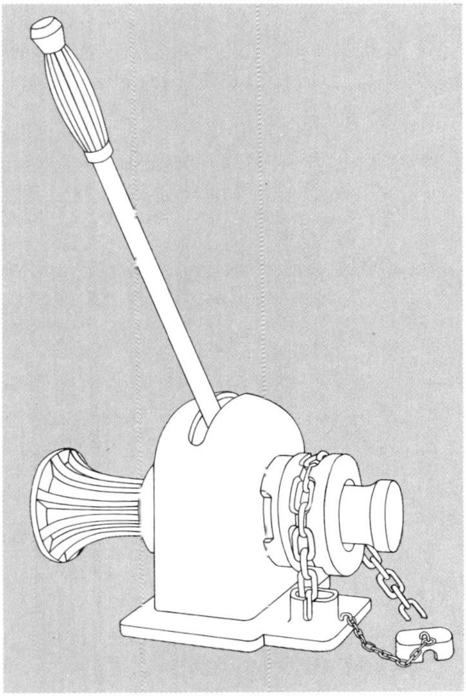

Abb. 40 Handspill

Hand gehievt, auf größeren mit einem Ankerspill. Handspills werden für Zugkräfte bis zu etwa 1 Tonne gebaut. Darüber hinaus gibt es hydraulische und elektrische, die mit Öldruck arbeiten oder von der Batterie der Maschine gespeist werden. Man unterscheidet Spills mit senkrechter oder waagerechter Achse. Auf dieser befindet sich eine Trommel und ein Kettenkranz zur Führung der Kette. Trommel oder Kettenkranz sind meistens lose auf die Achse des Spills gesetzt und werden durch eine Kupplung mit der Antriebsvorrichtung verbunden oder von ihr getrennt. Eine dazwischengeschaltete Übersetzung ermöglicht die Einstellung von zwei oder mehr Geschwindigkeiten, zum Hieven bis in die *Kurzstag-Lage* und zum Ausbrechen des Ankers. Wichtiger Teil des Ankergeschirrs sind *Pallklinken,* die die Kette Glied für Glied festhalten, während sie eingehievt wird. Beim Stecken der Kette wird die Klinke zurückgeklappt. Bremsvorrichtungen des Spills regulieren die Geschwindigkeit des Auslaufens der Kette beim Stecken. Zur Entlastung des Spills beim Ankerliegen dienen *Kettenstopper,* kurze, an Deck befestigte Stroppen mit einem Schlippschäkel am Ende, der in die Kette eingelegt wird. Die Kette wird nach dem Einlegen des Stoppers in diesen eingefiert, bis das Spill vollständig entlastet ist. Es muß jedoch durch Einlegen der Sperrklinken gesichert werden für den Fall, daß der Stopper brechen sollte.

Läßt sich der Anker nur bis vor die Klüse hieven, wird er mit einem Ankerdavit eingeschwungen und an Deck in seine Halterungen, auch *Schweinsrücken* genannt, eingebracht.

Als Material für Ankerleinen kommt nur Nylon/Perlon in Frage. Dieser Kunststoff verbindet sehr hohe Bruchfestigkeit mit großer Elastizität.

f) Ankergewichte, Kettenlängen und Haltekräfte

Länge über alles	Stockanker	Patentanker Gewicht in kg		Haltekraft in t bei		Kette		Trosse	
		Arbeitsanker	Sturmanker	Schlick	Sand	Mindestlänge in m	Stärke in mm	Mindestlänge in m	Stärke in mm
in m	kg								
6– 9	25	7	10	0,4	1,5	36	6–8	25	12
9–11	25	10	18	0,5	2,5	54	8	40	14
11–13	30	13,5	28	0,6	3	54	9	60	14
13–15	50	15	40	0,75	3,5	63	9	--	--
15–20	60	25	60	1	4,5	72	9–11	--	--

III. Technik an Bord

a) Der Bootsmotor

Obwohl Yachtsegler im allgemeinen jedem maschinellen Antrieb mit gewissem Vorbehalt gegenüberzustehen pflegen, sind die Vorteile eines Hilfsmotors nicht zu leugnen. Man kann bei Flaute an seinen Liegeplatz zurückkehren, Batterien aufladen und dadurch die Annehmlichkeiten elektrischen Stroms an Bord genießen, und gelegentlich kann der rechtzeitige Einsatz des Hilfsmotors eine Yacht vor einer Kollision oder gar Verlust durch Strandung bewahren.
Bei Segelbooten unter 7 Meter Länge reicht ein *Außenbordmotor* als Hilfsantrieb aus. Er wird bei einem Plattgatter in einer besonderen Haltevorrichtung am Spiegel gefahren, bei anderen Bootstypen in einem Schacht, was aber mehr Nachteile als Vorteile hat. Auf größeren Yachten empfiehlt sich jedoch ein fester Einbaumotor. Das nun Folgende gilt in gleicher Weise auch für Maschinen an Bord von Motorbooten.

Dieselmotoren sind ganz allgemein als Schiffsmotoren zu bevorzugen, weil sie weniger störanfällig im Betrieb sind. In neuerer Zeit verringern sich auch zusehends ihre Nachteile gegenüber Benzinmotoren: das sehr hohe Leistungsgewicht (kp/kW) und die pro Kilowatt viel unförmigere Baugröße.
Das Argument der Explosionssicherheit einer Dieselmaschine ist nicht so entscheidend. Als richtige Marinemotoren ausgerüstete Benzinmotoren mit explosionsgeschützter Elektroanlage (Lichtmaschine, Anlasser, Zündanlage sowie Regler und Relais) sind nur wenig gefährlicher. Die meisten Unfälle mit Benzinbootsmotoren entstehen bei unsachgemäß umgebauten Automotoren und falsch installierten Tankanlagen.
Der große Vorteil der Dieselmotoren als Schiffsantrieb liegt darin, daß sie keine für Feuchtigkeit und Nässe empfindliche Elektrozündung haben und daß sie wesentlich günstigere Brennstoffverbrauchswerte aufweisen, die bei gegebenem Brennstoffgewicht größere Reichweiten ergeben. Ein Diesel braucht pro Kilowatt und Stunde überschläglich 30% weniger Brennstoff. Da Dieselöl aber spezifisch schwerer ist als Benzin – pro Liter etwa 10 g –, kommt dieser Vorteil des Dieselmotors bei leichten, wenig tragfähigen, kleinen und besonders auch bei auf Schnelligkeit konstruierten Booten, die zudem noch wenig gefahren werden, nicht zur Geltung. Höheres Gewicht und höherer Preis des Dieselmotors kosten dann Fahrt und amortisieren sich nicht.
Ein Automotor, Diesel oder Otto, ist im allgemeinen erst nach erheblichen Umbauten als Schiffsmotor brauchbar. Wichtig ist bei beiden Motorarten die explosionssichere Ausführung der elektri-

schen Ausrüstung. Der Schiffsmotor braucht gewöhnlich keinen so aufwendigen Ansaugluftfilter wie ein Automotor, weil er in fast staubfreier Umgebung arbeitet. Eine sichere Flammensperre am Lufttrichter ist dagegen unerläßlich, damit bei hängenbleibenden Einlaßventilen keine Flammen in den Maschinenraum zurückschlagen können. Eine Dämpfung des recht lauten Ansauggeräusches durch eine solche Flammensperre ist überdies für das Wohlbefinden an Bord willkommen.

Der *Auspuff* eines Bootsmotors muß gekühlt werden, damit sich der Maschinenraum nicht gefährlich aufheizt. Zumeist ist schon eine Wassermantelkühlung des Auspuffsammelrohrs (Krümmer) gleich an den Zylindern nötig. Dabei wird das aus dem Motor kommende Kühlwasser durch den Krümmermantel geschickt und aus diesem dann direkt in die Auspuffleitung an einer Stelle entlassen, von wo aus es im Auspuffrohr nicht mehr zu den Ventilen des Motors zurückfließen kann (Abb. 1). Das durch den Auspuff abfließende Kühlwasser ist gleichzeitig eine gute Dämpfung des Auspuffschalls.

Die *Kurbelgehäuseentlüftung* von Bootsmotoren aller Art muß entweder dicht in die Ansaugleitung des Motors oder außenbords in die freie Luft führen, sonst droht Vergiftungsgefahr durch Kohlenmonoxyd unter Deck. Kein Kolben schließt dicht, sondern es gelangen immer Brenngase an ihm vorbei in das Kurbelgehäuse. Motorisch sind die Mengen unbedeutend, aber toxisch sind sie selbst bei neuen, gerade richtig eingefahrenen Motoren beträchtlich. Solcher Vergiftungsgefahr wegen muß der Dichtigkeit der Auspuffanlage bei Schiffsmotoren auch eine viel pedantischere Aufmerksamkeit gewidmet werden, als sie der Autofahrer gewöhnt ist.

Motoren von mehr als 2 kW Leistung sollten eine Kupplung haben, damit man die Schraube bei laufendem Motor stillsetzen kann. Motoren von 3,5 kW und mehr müssen eine Kupplung besitzen, auch wenn sie Verstellpropeller haben.

1. Die Tankanlage

Kupfertanks sind für Dieselöl absolut ungeeignet. Als Benzintanks verursachen sie oft eine gummiartige Ausscheidung, Gum genannt, die zu Betriebsstörungen führt. Für Dieselöl ungeeignet sind alle Tanks aus Kupferlegierungen

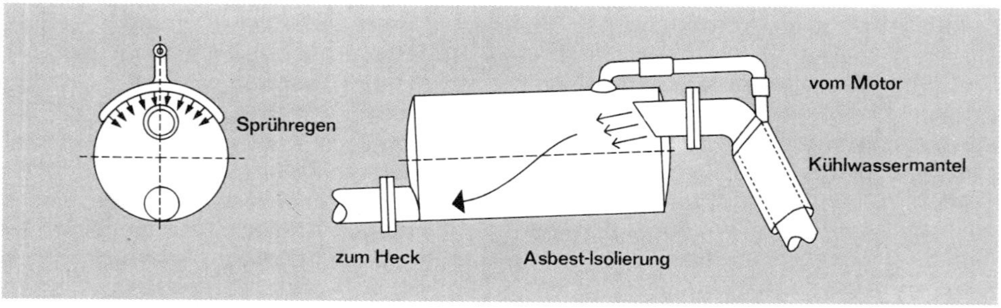

Abb. 1 Schematische Darstellung der richtig installierten Auspuffkühlung eines Bootsmotors

(z. B. Monel) und innen verzinktem Stahl. Geeignet sind einfache Baustähle, auch innen verbleit, und Glasharztanks aus selbstlöschenden Harzen.

Benzintanks können aus einfachen, auch verzinkten Stahlblechen gefertigt sein. Besser sind Monel-Tanks oder solche aus einem rostfreien Stahl X 5 CrNiMo 1713; nicht alle rostfreien Stähle sind geeignet. Glasharztanks sind nur für benzolfreies Benzin zu verwenden.

Größere Tanks von 25 l und mehr Inhalt sollen innen durch Schlagbleche unterteilt sein, zwischen denen die Räume etwa 0,1 m³ groß sind, damit die Stabilität des Schiffs nicht durch das Schwappen des Brennstoffs im Tank beeinträchtigt wird.

Für alle Tankanlagen gilt folgendes: Das *Fülloch* muß auf dem Deck liegen, und zwar an einer Stelle, von der weder überlaufender Brennstoff noch die beim Tanken herausgedrängten Dämpfe (schwerer als Luft) zu tieferen Stellen des Bootes (Plicht, Kajüte) abfließen können. Das Befüllungsloch darf auf keinen Fall im Boden der Plicht oder gar unter einer Luke liegen (Abb. 2).

Das Befüllungsrohr muß gasdicht in den Tank und bis knapp über den Tankboden geführt sein. Das verhindert, daß eine durch statische Elektrizität beim Tanken am Fülloch entstehende Flamme in den Tank schlagen kann. Am Fülloch muß das Rohr einen dichtschließenden, großen Kragen haben, der auf Deck liegt und verhindert, daß Brennstoff oder Dämpfe zwischen Decksdurchbohrung und Rohraußenseite in den Rumpf hinabfließen können.

Der *Tankatmer,* gleichzeitig Überlauf, muß gasdicht durch eine Bordwand außenbords geführt sein, so daß austretende Dämpfe und überlaufender Brennstoff nur auf die Wasserfläche abfließen können. Der Atmer darf nicht verschließbar sein.

Alle *Brennstoffleitungen* müssen *oben* aus dem Tank herausgeführt sein und gleich am Tank mit einem Absperrventil versehen werden, das möglichst von Deck aus zu erreichen ist. Liegt die Brennstoffleitung tiefer als unter dem höchsten Tankpegel, muß zusätzlich noch ein selbsttätiges Rohrbruchventil vorgesehen sein, um ein Auslaufen des Tanks durch Heberwirkung zu verhindern.

Während des Betankens sind folgende *Vorsichtsmaßregeln* zu treffen:

1. Alle offenen Feuer aus; Gaskühlschrank nicht vergessen!
2. Keine elektrischen Schalter betätigen!
3. Alle Luken und Fenster während des Tankens zu; nach dem Tanken weit offen. Dieser Punkt ist bei ganz leichten Winden wichtig, damit nicht aus dem Tank verdrängte Dämpfe wieder ins Boot hineingeweht werden können.

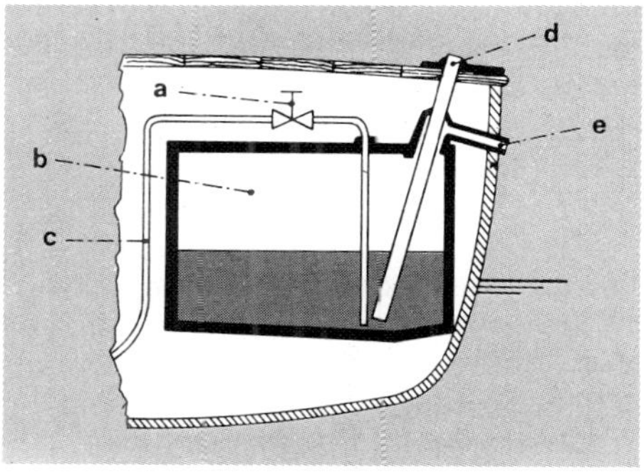

Abb. 2 Schematische Darstellung einer ordnungsgemäßen Tankinstallation
a) Absperrventil; b) Tank; c) Leitung zum Motor; d) Füllrohr mit Stutzen; e) Tankatmer, zugleich Überlauf

4. Metallischen Kontakt zwischen Tankschlauch und Fülloch herstellen, bevor man den Treibstoff laufen läßt – besser noch: Drahtverbindung zwischen Bunkerdock oder -schiff und eigenem Boot herstellen. Jeden Fußgängerverkehr zwischen Bord und Land oder Bunkerboot untersagen. Grund für alle diese Maßnahmen: Zwischen Boot und Land bestehen oft elektrische Potentialunterschiede, die zu Funkenbildung führen können.

Gleich hinter dem Absperr- und Rohrbruchventil der Brennstoffleitung am Tank sollen große Brennstoffilter mit auswechselbaren Patronen und Wasserabscheider eingeschaltet sein. Am besten sind zwei parallel pro Leitung geschaltete Filter, die man mit einem Wechselventil abwechselnd einschalten kann. Geht der eingeschaltete Filter zu (der Motor beginnt zu stottern), weil im Seegang der Schmutz im Tank aufgewühlt worden ist, dann kann man auf den anderen Filter umschalten. Das geht schneller als das Wechseln einer Filterpatrone im Seegang. Filter in Tanknähe sind besser als Filter in Motornähe, weil aufgewühlter Tankschmutz dann nicht die ganze Länge der Brennstoffleitung verstopfen kann.

2. Propeller- und Wellenanlagen

Eine Schiffsschraube mit festen Schraubenflügeln wird unter Segeln fast immer einen größeren Widerstand erzeugen als eine Schraube mit verstellbaren oder faltbaren Flügeln. Es gibt Propeller, deren Flügelblätter sich automatisch zurückfalten, und andere, deren Flügel in eine Vorwärtsstellung, eine neutrale Stellung, eine Rückwärts- und eine Segelstellung gebracht werden können. Doch sind Falt- und Verstellpropeller störanfälliger als Schrauben mit festen Flügeln. Außerdem sind Wendegetriebe beim Manövrieren handiger und schneller.

Besonders kompliziert sind naturgemäß die Z-Triebe mit ihrer vertikalen und horizontalen Schwenkbarkeit. Man muß sie im Seegang mehr schonen als das Boot. Ihre Haltbarkeit bei harter Beanspruchung ist begrenzt.

Außenbordmotoren sind nicht so anfällig, weil sie als ganze Einheit in horizontaler und vertikaler Ebene diese Bewegungen machen und keine Gelenke zwischen Motor und Propelleranlage brauchen. Sie belasten dafür aber sehr stark ihr Fundament, den Spiegel und die Anklemmung.

Die sichersten, weil unkompliziertesten Wellenanlagen, sind immer noch die mit gerade herausgeführter Propellerwelle und einem Drucklager zur Aufnahme des Propellerschubs oder hydrostatische Antriebe (für Segelyachten). Gleich zuverlässig sind Anordnungen mit V-Getriebe (Abb. 3).

Eine kleine Schraube verursacht bei einer Yacht unter Segeln einen geringeren Wasserwiderstand als eine große. Deshalb wählt man vielfach lieber eine kleine Schraube mit hoher Drehgeschwindigkeit als eine große, sich langsamer drehende Schraube, obwohl diese in Verbindung mit einem Untersetzungsgetriebe mehr Vortrieb leistet.

Zweiflügelige Propeller haben einen schlechten Wirkungsgrad und verursachen, wie alle Propeller mit gerader Flügelzahl, Vibrationen, wenn sie hinter Totholz arbeiten müssen. Trotzdem fährt man auf Segelyachten fast immer zweiflügelige Propeller, weil sie weitgehend hinter dem Achtersteven im Propellerausschnitt verschwinden und so während des Segelns fast vollkommen im Totwasserbereich liegen, wo der erzeugte Widerstand kaum noch ins Gewicht fällt. Auf Motorbooten dagegen werden wegen des besseren Wirkungsgrades fast ausschließlich dreiflügelige Propeller gefahren. Hat man einen Dreiflügler auf einer Segelyacht, so läßt man ihn beim Segeln frei (ausgekuppelt) in der Strömung drehen, wodurch sich sein Widerstand im Wasser erheblich reduziert, sofern er mehr als 100 Umdrehungen pro Minute laufen kann; andernfalls stellt man ihn besser fest.

3. Strahlantriebpumpen

Diese oft auch als Jet bezeichneten Antriebe sind ein- oder mehrstufige Axialkreiselpumpen (Propellerpumpen) oder auch solche mit einem schnelläufigen Kanalrad. Sie wirken im Prinzip genauso wie ein Propeller, der als gehäuselose Kreiselpumpe angesehen werden kann. Was die Leistungsumsetzung (den Wirkungsgrad) betrifft, so sind mit den Strahlpumpen auf keinen Fall die mit einem guten und gut angepaßten Pro-

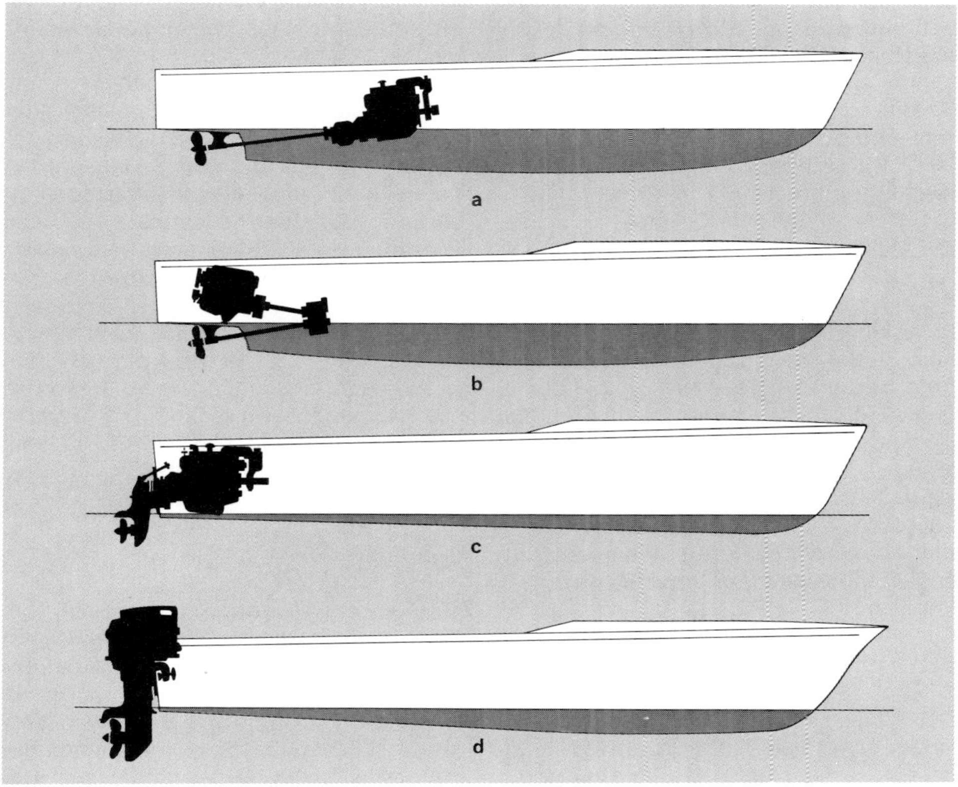

Abb. 3 Motor- und Wellenanlagen
a) Konventionelle Wellenanlage; b) V-Trieb; c) Z-Trieb (Aquamatic); d) Außenborder

peller erreichbaren Werte zu erzielen. Für Verdränger eignen sich diese Pumpen überhaupt nicht, sondern nur für schnelle Gleitboote.
Strahlpumpen haben einige Vorzüge. Der wichtigste ist, daß keinerlei Teile unter dem Bootsboden hervorstehen. Gesteuert wird durch Ablenkung des Strahls nach der Seite, und zur Rückwärtsfahrt wird der Strahl durch eine Umlenkschaufel nach vorne gerichtet; man braucht also kein Wendegetriebe. Durch Kombination von Seitenablenkung und Schubumkehr zwischen halber und voller Umkehr kann man Boote mit Jet auf der Stelle manövrieren, wozu freilich einige Übung nötig ist. In langsamer Fahrt ist die Kurshaltung der Boote mit solchem Antrieb meist schlecht. Die Schubumkehr kann in voller Fahrt eingesetzt werden, was mit Wendegetrieben nicht möglich ist.

Der Strahltrieb ist als ein Spezialantrieb für schwierige Gewässer – Flüsse mit Stromschnellen, unerforschte Wasserläufe, unreine Gewässer usw. – anzusehen. Außer dem schlechten Wirkungsgrad hat er den Nachteil großen Platzbedarfs für die Pumpe, die entweder im Cockpit viel Raum wegnimmt oder weit hinterm Spiegelheck heraussteht. Mit dem Jet (Strahltriebwerk) eines Flugzeugs oder einer Rakete hat die Strahlantriebpumpe überhaupt keine technische Ähnlichkeit oder Verwandtschaft.

4. Ein oder zwei Motoren?

Der Wunschtraum zumindest der Motorskipper sind zwei Motoren, und das gängige Argument dafür ist, zwei Motoren seien eben sicherer als nur einer – wenn mal einer ausfällt ... Außerdem läßt sich mit zwei Motoren viel leichter und eleganter manövrieren.
Es ist jedoch im Sinne wirtschaftlicher Leistungsumsetzung besser, die zu einer verlangten Fahrt nötige Maschinenleistung über nur einen Propeller in Schub zu verwandeln – wenn man kann! Bei hohen Geschwindigkeiten kann man das nicht, weil man den für die große Leistung nötigen Propeller nicht unterm Heck unterbringen könnte. In solchen Fällen muß sich der Konstrukteur entschließen, die Antriebsleistung auf mehrere Maschinen und Propeller zu verteilen – bei den schnellen Ozeandampfern und großen Kriegsschiffen waren es bis zu vier.
Wer auf beste Brennstoffausnützung und größte Reichweite Wert legt, der wird also keine zu hohe Geschwindigkeit wählen und die ganze Leistung mit einem Motor und einem Propeller entwickeln. Bei der Zuverlässigkeit von Dieselmotoren ist dies auch kein besonderes Risiko. Vorbild in dieser Beziehung ist das Frachtschiff. Die Geschwindigkeit in Knoten wird man nicht größer wählen als 2,4 $\sqrt{l}$, worin l die Länge in der Wasserlinie in Metern ist. Dies wäre die Höchstgeschwindigkeit. Die Marschfahrt nimmt man zu 85 ... 90% davon, bei Benzinmotoren nur zu 80%.

5. Motorleistung

Nach einer Faustformel rechnet man bei leichten Verdrängern mit ca. 1,8 kW pro Tonne Verdrängung, bei schwer gebauten Verdrängern mit 2–3 kW pro Tonne. Daneben gibt es noch ein anderes Verfahren für Segelyachten, in dem man die Motorleistung in ein Verhältnis zur Am-Wind-Segelfläche bringt. Es läßt sich nahezu auf jeden Typ von Segelyacht übertragen. Um unter Motor die gleiche Geschwindigkeit zu erreichen wie unter Segeln, setzt man 1 kW je 3,5 m² Segelfläche an; um dreiviertel der normalen Segelgeschwindigkeit zu erzielen, 1 kW je 7 m², und um die Hälfte der normalen gesegelten Geschwindigkeit zu erreichen, 1 kW je 14 m² Segelfläche.

6. Aufteilung der Leistung

Am wirtschaftlichsten ist es, die nötige Antriebsleistung aus nur einem Motor zu holen. Das führt im allgemeinen auch zur leichtesten und unkompliziertesten Maschinenanlage. Dennoch findet man bei vielen Motorbooten und bei größeren Motoryachten in den Maschinenräumen eher zwei Motoren stehen als nur einen. Der Konstrukteur muß bei sehr schnellen Kreuzern schon wegen Platzmangels im Schiff und unter dem Bootsboden die nötige Antriebsleistung auf zwei Maschinen mit zwei kleinen Propellern aufteilen. Dabei nimmt er gewöhnlich eine Einbuße an Reichweite von 7 bis 10% in Kauf. Aber auch aus Sicherheitsgründen bevorzugen viele zwei Motoren, weil es nur selten vorkommt, daß zwei Motoren zur gleichen Zeit versagen. Doch fallen tatsächlich oft beide Motoren kurz hintereinander aus, weil nämlich nicht rechtzeitig auf einen anderen Tank umgeschaltet wurde, oder weil wegen eines verstopften Filters beide Motoren gemeinsam über die Ausgleichleitung aus einem Tank gespeist wurden. Indessen ist die wirkliche und wahre Annehmlichkeit einer Zweimotorenanlage die beträchtliche Verbesserung der Manövrierfähigkeit des Bootes auf engem Raum — vorausgesetzt, daß die Propeller nicht den gleichen Drehsinn haben. Da 2 x 40 kW teurer in Anschaffung und Betrieb sind als 1 x 80 kW, sollte man dann auch gegenläufige Propeller wählen.

Eine Verdopplung der installierten Leistung, wie sie ja bei Außenbordmotoren durch Zukauf eines Motors gleicher Leistung recht einfach ist, bringt allerdings auf gar keinen Fall eine Verdopplung der Geschwindigkeit. Verdoppelt man die Antriebsleistung, dann kann man allenfalls mit einer Fahrtsteigerung von 26 bis höchstens 30% rechnen. Führt die Verdopplung der Leistung bei Verdrängern dazu noch in einen ungünstigen Widerstandsbereich, kann der Fahrtgewinn sehr viel kleiner oder sogar gleich Null sein.

7. Reichweite

Meist wird fälschlich von »Aktionsradius« gesprochen; doch der ist nur die Hälfte der Reichweite, der Radius nämlich des Operationskreises, innerhalb dessen das Schiff von einem Punkte aus hin und zurück operieren kann.
Es ist wichtig, sich bald Klarheit darüber zu verschaffen, wie weit man mit einer Tankfüllung kommt. Dazu muß man nicht nur wissen, was der Motor an Brennstoff pro Stunde verbraucht, sondern auch, welche Fahrt das Schiff in sm/h (kn) oder km/h bei diesem Verbrauch läuft; denn erst Stunden im Tank x Fahrt ergeben die Reichweite in Seemeilen beziehungweise Kilometern.
Propeller belasten den Motor bei allen Drehzahlen unter der Höchstdrehzahl nicht voll, sondern nur ähnlich wie den Motor eines Autos, das mit etwas Gas bergab läuft. Drosselt man den Motor so, daß er nur mit 80% seiner Nenndrehzahl läuft, dann wird er durch den Pro-

peller nur noch zu 50% seiner Nennleistung belastet. Ein Ottomotor hat bei diesem Fahrzustand meist auch seinen günstigsten Brennstoffverbrauch pro PS. Beim Diesel entsprechen 85% Nenndrehzahl 62% Nennleistung. Es ist damit aber nicht gesagt, daß auch das Schiff bei solcher Drehzahl beziehungsweise Teilbelastung des Motors eine günstige Fahrt macht. Der Brennstovfferbrauch pro PS mag bei etwas niedrigerer Drehzahl wieder etwas günstiger werden, das Schiff dabei aber nur so wenig an Fahrt verlieren, daß es dennoch mit einer Tankfüllung weiter kommt.
Es ist wichtig, diese Zusammenhänge zu kennen. Bei Vollgas wird die Reichweite kürzer, weil Verbrauch und Schiffswiderstand hoch sind. Bei zu langsamer Fahrt wird die Reichweite auch wieder kürzer, weil die Fahrt klein, der Verbrauch des Motors pro kW aber unwirtschaftlich groß wird. Die ökonomische Fahrt mit größter Reichweite liegt zwischen den Extremen, jedoch nicht etwa bei halber Nenndrehzahl. Vorausberechnen läßt sich diese ökonomische Fahrt nicht. Man kann sie nur im Versuch ermitteln.
Hat man die Reichweite für ein Boot gefunden, was bei ruhigem Wasser geschehen sein muß, so ziehe man 10% als Sicherheitsreserve davon ab. Überdies bedenke man, daß Seegang, bei dem man die ökonomische Fahrt noch halten kann, die Reichweite bis um 30% verkürzen kann. Ebenso verkürzen Gegenwind, Gegenstrom und Bodenwuchs die Reichweite, was man bei seinen navigatorischen Entschlüssen berücksichtigen muß.

Faustformel: Die Fahrt ist ungefähr proportional der Motordrehzahl; der stündliche Verbrauch etwa proportional der dritten Potenz der Drehzahl.

8. Meilenfahrten

Man durchfährt eine vermessene Strekke (es muß nicht unbedingt eine Seemeile sein) mit konstanter Drehzahl einmal hin und einmal zurück, um Einflüsse von Strom und Wind auszuschalten. Die Durchlaufzeit für die Strecke wird gestoppt und daraus die gelaufene Fahrt *getrennt* für Hin- und Rückfahrt errechnet. Aus den beiden so berechneten Geschwindigkeiten nimmt man das Mittel und trägt es neben der gefahrenen Drehzahl ein. (Mitteln der Zeiten führt zu falsch, zu niedrig berechneter Fahrt.)
Dies wiederholt man, beginnend bei 1000 U/min mit Drehzahlen, die um jeweils 500 höher liegen – genauer wird es mit Drehzahlstufen von 200, dauert aber auch entsprechend länger.
Man macht die Meilenfahrten mit etwa halbvollen Tanks, denn dies liegt in der Mitte zwischen langsamem Schiff wegen voller und schnellem Schiff wegen fast leergefahrener Tanks. Zudem erleichtert es die Verbrauchsmessung mit dem Peilstab bei runden Tanks, die man dann genau genug als Pegeldifferenz x Tanklänge x Tankdurchmesser ausrechnen kann – alle Größen in Dezimetern gemessen, damit Liter herauskommen. Meilenfahrten ohne wenigstens grobe Verbrauchsmessungen haben nur sehr beschränkten Wert. Es genügt, den Tank nach einer beendeten Hin- und Rückfahrt zu peilen.
Mit den so gewonnenen Werten kann man dann weiterrechnen: Verbrauch durch die gestoppte Zeit dividiert und auf Stunden umgerechnet ergibt den Stundenverbrauch. Tankinhalt durch den Stundenverbrauch dividiert ergibt die Reichweite nach Stunden, und diese mit der gemessenen Fahrt multipliziert ergibt die Reichweite in Seemeilen oder

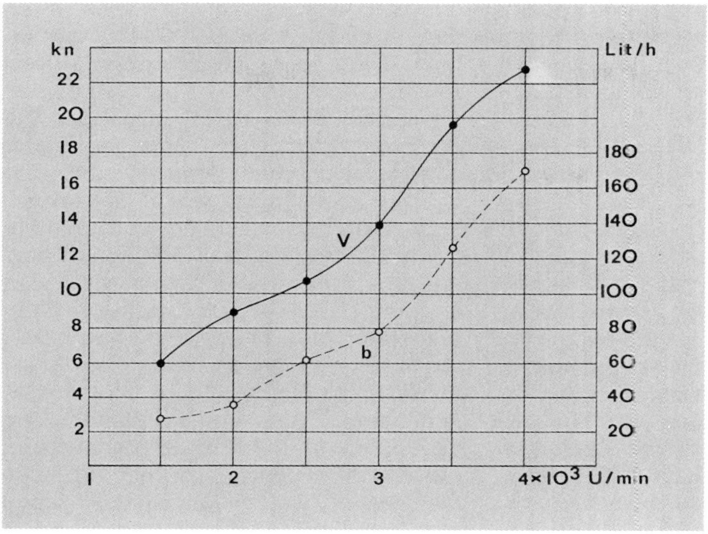

Abb. 4 Diagramm einer Fahrtkurve (V) und Verbrauchskurve (b) zur Ermittlung der ökonomischen Fahrtstufe

Kilometern. Man findet so nicht nur die ökonomische Fahrt – oder grenzt sie wenigstens von oben und unten herantastend eng ein –, sondern man hat zu jeder Drehzahl eine Reichweite.
Noch anschaulicher ist es, wenn man die Fahrt in einem Diagramm als Kurve über der Drehzahl aufträgt (Abb. 4). Wo die Fahrtkurve V Buckel nach oben macht und zu machen beginnt, liegen ungünstige Fahrtstufen, denn die Geschwindigkeit wächst langsamer mit zunehmender Drehzahl. Dort, wo die V-Kurve am steilsten steigt, gewinnt man am meisten durch Gasgeben.
Zeichnet man dazu noch den Stundenverbrauch (b) über der Drehzahl auf, gewinnt man noch weitere Erkenntnisse. Solange diese Kurve nach unten buckelt, steigt der Verbrauch mit zunehmender Drehzahl immer schneller an. Buckelt diese Kurve nach oben, nimmt der Verbrauch langsamer zu als die Drehzahl. Eine ökonomische Fahrtstufe ist da zu suchen, wo die Fahrtenkurve V eine Tendenz zeigt, nach oben zu schwingen, und die Verbrauchskurve b linear oder leicht nach unten tendierend steigt. Das zum Diagramm gehörende Boot (und nur das) zeigt zwei solcher Stellen: bei 3000 U/min und bei 2000 U/min; bei der zweiten Drehzahl ist die Reichweite größer.
Bei langsamen Verdrängern (bis 3 kW/t) kann man sich solche Wissenschaft sparen. Es genügt die Faustformel am Schluß von Abschnitt 7.
Mit nicht übermotorisierten Verdrängern kann man sich alles etwas einfacher machen, wenn ihre höchste Fahrt in Knoten den Wert von 2,43 $\sqrt{L}$ nicht übersteigt. Es genügt dann, die Fahrt bei nur einer Drehzahl, am besten Marschdrehzahl, zu messen. Die Geschwindigkeiten bei anderen Drehzahlen sind diesen dann proportional, d. h. $n_1 : n_2 = V_1 : V_2$, wo n die Drehzahl und V die Geschwindigkeit ist. Da zwischen Drehzahl und Leistung ein

kubisches Verhältnis besteht, besteht dies folglich auch zwischen Fahrt und Leistung. Andererseits sind Leistung und Brennstoffverbrauch wenigstens ungefähr proportional, so daß für den Brennstoffverbrauch angenähert die Faustformel gilt $B_1 : B_2 = (V_1 : V_2)^3$, wo B der Brennstoffverbrauch ist. Als Ausgangspunkt nimmt man hierbei am besten den Verbrauch des Motors bei Vollgasdrehzahl nach Angabe des Motorherstellers; daß dieser Verbrauch im Teillastbereich zum Teil relativ günstiger wird, bleibt unberücksichtigt, womit automatisch eine kleine Sicherheitsmarke einkalkuliert wird. Die Reichweiten verhalten sich selbstverständlich umgekehrt proportional zu den Verbräuchen.

9. Motorstörungen

Zu jedem Motor gibt es ein *Betriebshandbuch,* in dem die Lokalisierung und Beseitigung der üblichen, meist harmlosen Motorstörungen ausreichend beschrieben ist. Wo das Handbuch fehlt, sollte man es sich von der Motorenfabrik unter Angabe von Baujahr und Nummer des Motors neu kommen lassen.

Läuft ein Motor, bevor er stehenbleibt, unregelmäßig und spuckend, dann stimmt etwas mit seiner Brennstoffversorgung nicht (Tank lenz oder fast lenz, Benzinhahn zu, Filter verstopft – kann auch durch Wasser verstopft sein). Ernstere Fehler sind selten, doch kontrolliere man immer dann, ob die Brennstoffleitung leckt. Was sonst sein könnte, steht im Handbuch.

Bleibt ein Motor wie abgestellt stehen, dann hat sich meist etwas in der Zündanlage gelockert. Dieselmotoren bleiben nur aus dem Leerlauf so stehen, wenn der Regler falsch eingestellt ist. Auch für diese Fälle geben die Handbücher ausreichend Auskunft.

Besser als diese Handbücher sind die *Werkstatthandbücher.* Man versuche, eins zu bekommen, denn es gibt keine bessere Anleitung, wenn man etwa einen Zylinder kaltstellen muß, weil ein Ventil ausgefallen ist. Dies Unglück meldet sich meist durch Schießen in den Auspuff oder Vergaser (Ventil hängt) lange genug vorher an. Es ist bei unseren wassergekühlten Auspuffen leiser als beim Auto. Man nimmt bei langsam laufendem Motor die Ventilabdeckung ab und kontrolliert, ob ein Ventil hängt oder seine Feder gebrochen ist. Wie man einen Zylinder kaltstellt, soll man sich von einem Mechaniker erklären lassen, denn mit einem kaltgestellten Zylinder kann man noch nach Hause fahren, wenn andere Zylinder noch heil sind.

Bleibt der Motor nach Klunkern und Krachen stehen, dann ist mit Bordmitteln nichts mehr auszurichten. Im übrigen gilt: nicht lange flicken, sondern mit Ersatzteil austauschen (siehe 10.).

Kühlung

Bei einem Boot merkt man meist zu spät, wenn der Kühler kocht. Deshalb muß man sich für das Thermometer öfters interessieren als beim Auto. Vor Abfahrt muß man sich überzeugen, ob bei laufendem Motor auch Kühlwasser aus dem Auspuff oder dem besonderen Austritt in der Bordwand herauskommt. Oft wird vergessen, den Seehahn am Kühlwassereintritt zu öffnen. Unterwegs können aber auch Schlamm und Plastikfolien die Leitung verstopfen. Deshalb empfiehlt sich etwa alle zehn Minuten ein Blick aufs Thermometer.

Dieser Blick aufs Thermometer hätte manche Motoryacht vor dem Ende durch Feuer bewahren können. Bei nassen Auspuffleitungen ist deren hinteres Ende häufig aus Gummischlauch. Läuft kein Kühlwasser mehr durch die Leitung ab, dann fängt der Schlauch an zu brennen.

Öl

Vor Antritt und am Ende der Fahrt besehe man sich das Öl am Meßstab. Zu hoher Stand am Ende der Fahrt, verbunden mit dünner Schmierfähigkeit, wenn man es zwischen den Fingern reibt, zeigt an, daß Brennstoff ins Öl gelangt (Membrane der Brennstoffpumpe leck oder ein Zylinder kalt). Seifig-schmieriges Öl mit gelblich-bräunlichen Schlieren, das zwischen den Fingern klebt, zeigt an: Kühlwasser im Öl (Zylinderkopfdichtung kaputt oder ein Riß im Block).

10. Ersatzteile

Um sich auf See bei den häufigsten Motorstörungen sofort helfen zu können, soll man folgende Ersatzteile an Bord haben:
für einen Ottomotor: 2 Satz Unterbrecherkontakte, 2 Unterbrecherkondensatoren, 1 Satz Zündkerzen, 1 Kerzenkabel von der größten nötigen Länge, je einen Verteilerdeckel, Verteilerrotor. (Bei stark verschmorten Unterbrecherkontakten wechsele man diese *und* den Kondensator aus, denn die Verschmorung kommt von einem Kondensatordefekt.) Prüflampe.
Für alle Motoren: Flügelräder und Stopfbuchsenpackungen für Wasserpumpe(n), komplette Brennstoffpumpe (schneller auszuwechseln als Membrane), Ventilledern mit Montagezange und Keilen, Thermostat, einen Ersatz für jeden Keilriemen und jedes Ende Kühlschlauch, mehrere Schlauchschellen der nötigen Größen, Ende Neoprenschlauch zum Flicken von Brennstoffleitungen, Stück Kernseife zum provisorischen Dichten von Tankrissen, Sortiment Schrauben, Muttern, Unterlegscheiben, Plastikisolierband (2 Rollen), Patronen für Öl- und Brennstoffilter, Motorenölvorrat (komplette Füllung für jeden Motor), Getriebeöl für jedes Getriebe, Hydraulikflüssigkeit für jede hydraulische Kupplung, Wasserpumpen-, Schmier- und Elektrofett, Ölkanne mit Schmieröl, etwa 5 m isoliertes Litzenkabel, einadrig 1,5 mm².
Einen reichhaltigen Satz nicht rostendes Werkzeug, Schraubenzieher mit isoliertem Griff, betriebsbereite, wasserdichte Batterie-Handlampe, wasserabstoßendes Kriechöl und Drahtbürste zur Reinigung der Batterieanschlüsse.

11. Maschinenraumbelüftung

Ein Motor braucht Luft — ein Viertakter mindestens das Dreifache seines Hubvolumens, ein Zweitakter das Sechsfache. Gegen diese Regel wird am häufigsten bei den Motorräumen auf Segelbooten verstoßen. Ein Motor, der in seinem Schiffsraum nicht genug Luft bekommt, säuft zuviel, bekommt Schmierölverdünnung, rußige Kerzen und wird bald schlecht anspringen.
Der Motor mag durch die ihm vom Bootsbauer gegönnte Luftleitung alle zur Verbrennung des Treibstoffs nötige Luft ansaugen können — aber das reicht nicht, wenn er zu eng eingebaut ist, wie es bei nahezu allen Segelbooten mit Hilfsmotor der Fall ist. Es fehlt dann die-

ses Zweidrittel Überschußluft, das man braucht, um die Lufttemperatur im Motorraum niedrig zu halten. Bei zu hoher Temperatur bekommen die Zylinder zu dünne Luft, so daß nicht genug Brennstoff verbrennen kann, was die Motorleistung mindert. Außerdem werden Lichtmaschine, Keilriemen und Strahlungswärme nicht ausreichend gekühlt. Auch Brennstoffpumpen lieben Kühlung durch frische Luft.

Schließlich dient bei einem Benzinmotor reichliche Belüftung des Maschinenraums der Sicherheit vor Bränden und Explosionen. Hier soll möglichst ein ständiger Durchzug herrschen, wann immer sich außenbords ein leichter Wind rührt. Die Lüfterhutzen an Deck müssen für Zu- und Abluft in unterschiedliche Richtungen weisen. Boote mit Benzinmotoren müssen überdies ein saugendes Lüftergebläse mit einem funkensicheren Elektromotor haben, das man *vor jedem Anlassen des Motors mindestens 5 Minuten lang laufen läßt.* Die *Saug*leitung dieses Gebläses muß bis ganz tief in die Bilge des Motorraums führen, damit die Benzindämpfe, die schwerer als Luft sind und sich dort sammeln, vollständig abgesaugt werden. Druck-Lüftergebläse verbieten sich, weil sie durch Einblasen von Luft aus eventuell in der Bilge lagernden Benzindämpfen, die wegen Luftmangels nicht zündfähig sind, erst ein explosibles Gemisch bereiten würden.

b) Elektrizität

1. Die Batterie

Elektrizität und Elektronik sind heute für die seemännische Ausrüstung ebenso wichtig wie für den Wohnkomfort. Den modernen Sicherheitsforderungen an seegehende Yachten ist nur durch zahlreiche elektrische Hilfsmittel zu entsprechen.

Nahezu jede größere Yacht verfügt über einen Hilfsmotor, der über eine Lichtmaschine Strom liefert. Gleichstromgeneratoren weichen mehr und mehr den Drehstromlichtmaschinen (Alternatoren). Sie bieten gegenüber den Gleichstrommaschinen den wesentlichen Vorteil, schon im Leerlauf Leistung abzugeben, während Gleichstrommaschinen eine ziemlich hoch liegende Mindestdrehzahl erfordern. Der von den Lichtmaschinen gelieferte Strom wird im Akkumulator gespeichert und von diesem an die Stromverbraucher abgegeben.

Am verbreitetsten sind Bleiakkumulatoren. Batterien mit Laugefüllung (Nickel-Eisen, Nickel-Cadmium) sind leichter, nehmen aber wesentlich mehr Platz in Anspruch. Allerdings haben sie auch eine höhere Lebensdauer. Lebensdauer und einwandfreies Arbeiten aller Batterien hängen von ihrer Pflege ab. Um in kritischen Situationen den Motor jederzeit starten zu können, muß man die Batterie stets ausreichend aufgeladen haben. Ihre sorgfältige Beobachtung und Pflege ist daher ein entscheidender Sicherheitsfaktor.

Bleiakkumulatoren müssen immer einen gewissen Mindestladezustand aufweisen. Die volle Spannung von 2 Volt pro Zelle darf niemals unter 1,75 Volt absinken; denn bei weiterer Entladung führen chemische Prozesse an den Platten zu deren Zerstörung. Die Batterie entlädt sich nicht nur, wenn Stromverbraucher angeschlossen sind, sondern auch durch Selbstentladung. Ein Bleiakkumulator verliert auf diese Weise pro Tag etwa 1% seiner Ladung. Bei höheren Lufttemperaturen, etwa im Sommer in südlichen Revieren, steigt die Selbstent-

ladung auf ein Mehrfaches dieses Wertes. Der Ladezustand läßt sich einwandfrei messen, weil mit der Entladung das spezifische Gewicht der Batteriesäure abnimmt. Eine voll aufgeladene Batterie zeigt bei der Prüfung mit dem Säureprüfer ein spezifisches Gewicht von 1.28, bei halber Ladung von 1.2, bei völliger Entladung von 1.15, jeweils bei 16° C.
Die Spannung der Batterie und ihre Kapazität richten sich nach den an sie zu stellenden Anforderungen. Bei Yachten muß die Spannung mindestens 12 Volt betragen, bei großen Yachten besser 24 Volt, weil die Leitungsverluste bei höheren Spannungen geringer werden und der Wirkungsgrad von Elektromotoren unterhalb von 24 Volt schlecht ist.
Die Kapazität ist ein Maß für die Strommenge, die sich in der Batterie speichern läßt. Sie muß ausreichend sein für die Stromaufnahme des Startermotors (Anlassers) und den Verbrauch aller Lampen, Motoren und Geräte an Bord wie elektrische Logs, Windmesser, Gasspürgeräte, elektrisch betriebene Ankerspills und Winschen, Pumpen, Ventilatoren, Scheibenwischer, Kühlschränke und navigatorische Hilfsmittel. Falsch ist die Üerlegung, daß die Batterie durch den Anlasser nur äußerst kurz belastet wird und deshalb die rechnerisch ermittelte Strommenge von der Batterie leicht abgegeben werden kann. Tatsächlich fließen beim Starten oft Ströme von 100 Ampere, die nicht nur die Leitungen erhitzen, sondern auch die Platten der Batterie stark beanspruchen, so daß diese von hinlänglicher Größe, das heißt Kapazität sein müssen, um derartige Belastungen auffangen zu können.
Alle Batterien entwickeln beim Nachladen explosive Gase, die jedoch leichter als Luft sind. Eine ausreichende Entlüftung des Batterieraumes ist unerläßlich. Batterien an Bord müssen so installiert sein, daß sie beim Schlingern nicht umfallen können; denn die auslaufende Säure würde nicht nur metallische Gegenstände zerfressen, sondern bei dem dadurch verursachten Kurzschluß könnten auch gefährliche Lichtbögen entstehen, die leicht zu Bränden führen.
Zum Nachladen verwendet man meistens bordeigene Ladegeräte. Es gibt solche Aggregate sowohl stationär als auch transportabel. Die Nachladung darf nicht zu lange dauern und nicht mit zu hoher Stromstärke erfolgen, weil sich die Batterie dann überhitzt. Überhitzte Batterien sind die Ursache zahlreicher Schiffsbrände. Größere Yachten pflegen häufig Strom von Land zu entnehmen und die Bordbatterie über ein Ladegerät nachzuladen. Manche Geräte lassen sich so schalten, daß nur der jeweilige Verbrauch nachgeladen wird. Sie arbeiten im sogenannten Pufferbetrieb. Der Transformator des Ladegerätes muß eine Schutzwicklung besitzen. Bei manchen Transformatoren ist das Land- und Bordnetz nicht vollkommen galvanisch getrennt. Es besteht bei ihnen die Gefahr, einen tödlichen Schlag zu erhalten, und darüber hinaus kann sich ein Stromkreis zwischen Schiff und Seewasser bilden, der in kurzer Zeit schwere Korrosionserscheinungen hervorruft.

2. Stromverbraucher

Bei den unter Umständen zahlreichen Stromverbrauchern an Bord ist zu berücksichtigen, daß manche davon nur sehr kurzfristig eingeschaltet werden, andere jedoch, so die Positions- und Ankerlaternen, eine hohe Dauerbeanspruchung haben. Die nachstehende Tabelle gibt Aufschluß über die durchschnittlichen Leistungsaufnahmen der hauptsächlich an Bord verwendeten Stromverbraucher:

Seitenlaternen je	20–25 Watt
Hecklaterne	10 Watt
Ankerlaterne	10 Watt
Innenbeleuchtung je	15 Watt
Instrumente je	10 Watt
Echolot	25 Watt
Radio	25–50 Watt
Lenzpumpe	180 Watt
Scheibenwischer	25 Watt
UHF-Telefon	60 Watt
Radar	500 Watt
Loran	50–100 Watt
Kühlschrank	300 Watt

Bekanntlich verläuft der Spannungsabfall in einer Leitung proportional zu ihrem Widerstand. Dementsprechend spielt der elektrische Widerstand der Zuleitungen (Kabel, Litzen) eine um so größere Rolle, je geringer die Spannung der Stromquelle ist. Eine Minderung der Spannung um 25% würde bei einer Glühlampe in einer Seitenlaterne bedeuten, daß sie nicht einmal mehr mit halber Lichtintensität brennt. Die Sicherheit des Bootes wird dadurch entscheidend herabgesetzt. Eine Unterspannung von 5% mindert die Lichtstärke bereits um 17%, eine Unterspannung von 10% um 33%. Bei Positionslampen dürfen nicht mehr als 2% Spannungsabfall durch die Leitung verursacht werden. Das bedeutet beispielsweise, daß der Leitungsquerschnitt bei 30 m Gesamtlänge (je 15 m Hin- und Rückleitung) mindestens 2,5 mm^2, besser jedoch 4 mm^2 betragen soll. Ein unsachgemäß verlegtes Bordnetz birgt zahlreiche Gefahrenquellen in sich.

Alle Stromkreise, die stets hinter einer Hauptsicherung liegen müssen, sind einzeln abzusichern. Als zweckmäßig hat sich in der Praxis folgende Unterteilung durchgesetzt: je ein Kreis für die Seitenlaternen, das Hecklicht, die Beleuchtung am Mast (Topplaterne, Dampferlicht, Salingsleuchten), für die Innenbeleuchtung – unterteilt nach Backbord und Steuerbord –, für die Steckdosen und für Pumpen und Ventilatoren. Durch einen Hauptschalter muß die Batterie jederzeit vom Bordnetz getrennt werden können. Leitungen sind nach dem Zweileitersystem zu verlegen, das heißt, die Rückleitung darf nicht über eine gemeinsame Masse erfolgen, weil sonst elektrolytische Korrosion auftreten kann. Vielmehr werden der Minuspol der Batterie und alle Rückleitungen in einem gemeinsamen Punkt »geerdet«, meist dem Fundament des Hilfsmotors.

Kompaßbeleuchtungen sollten sich durch einen Widerstand abdunkeln lassen.

Moderne Rundfunkempfänger an Bord sind ebenso wie Peilsonden transistorisiert und in ihrem Stromverbrauch äußerst sparsam.

Sämtliche Elektromotoren ebenso wie Lichtmaschine und Regler müssen entstört sein. Zum Betrieb elektrischer Rasierapparate oder von Fernsehgeräten gibt es Inverter ohne mechanische Teile, die 12 Volt Gleichstrom in Wechselstrom von 220 Volt und 50 Perioden verwandeln. Der Stromersparnis dienen elektrische Ankerlaternen mit sogenannten Dämmerungsschaltern, die mit Fotozellen arbeiten.

Bei der Verwendung von Elektrizität an Bord ist stets zu prüfen, ob und wieweit der Kompaß dadurch beeinflußt wird. Keine Beeinflussung ist zu erwarten, wenn elektrische Leitungen in mindestens 2 m Abstand am Kompaß vorbeigeführt werden. Die Zuleitung zur Kompaßbeleuchtung ist sehr sorgfältig zu

verdrillen, damit sich kein ablenkendes Magnetfeld bilden kann. Rundfunkgeräte sollten sich mindestens etwa 2 m außerhalb des Kompaßbereiches befinden. Batterien für Peilkompasse müssen amagnetisch sein.
Viele elektrische Geräte lassen sich auch mit Trockenbatterien betreiben. Vorwiegend hat man sie in Suchscheinwerfern, Stableuchten, Rettungsleuchten an Rettungsringen, aber auch in Rundfunkgeräten. Besonders in Suchscheinwerfern und Nachtrettungsleuchten ist ihre Spannung ständig zu überprüfen, weil sie durch Selbstentladung oder unter dem Einfluß von Feuchtigkeit unbrauchbar werden können.
Ein weiteres Gebiet der Anwendung von Elektrizität an Bord ist die kathodische Schutzpolung gegen elektrolytische Korrosion von Stahl- und Aluminiumyachten. Sie ist jedoch nur auf großen Schiffen, die über eine ständig ausreichende Stromversorgung verfügen, anwendbar. Tatsächlich bietet dieses Verfahren einen wesentlich besseren Korrosionsschutz, als er sich durch die üblicherweise verwendeten sogenannten Verlustelektroden (»Zinkmäuse«) erreichen läßt.

c) Pumpen

Die *Lenzpumpe* ist ein unerläßlicher Bestandteil der Ausrüstung jedes seegehenden Schiffes. Sie soll eine Yacht lenz halten, das heißt, das durch überkommende Seen, Regen, kleine Undichtigkeiten und durch die Stopfbuchse der Propellerwelle eingedrungene Wasser aus der Bilge entfernen. Sie soll aber auch so wirksam sein, daß die Yacht bei Leckschlagen oder nach einer provisorischen Leckabdichtung weiterhin schwimm- und manövrierfähig bleibt. Sie muß daher eine bestimmte Mindestförderleistung haben und darf durch Schmutz aus der Bilge nicht außer Funktion gesetzt werden. Von den zahlreichen Arten von Pumpen erfüllen nur *Saug-* und *Membranpumpen* diese Forderung.
Saugpumpen bestehen aus einem vertikalen Zylinder, in dem ein Kolben auf und nieder gleitet. Sie sind vielfach in oder neben dem Cockpit angebracht. Das geförderte Wasser läuft nach oben weg, also über Deck außenbords. Der Kolben, der entweder eine Manschette trägt oder ein eingebautes Druckventil hat, läßt sich leicht herausziehen und reinigen. Saugpumpen arbeiten im Prinzip wie eine Dorfpumpe mit Schwengel.
Membranpumpen findet man heute auf den meisten modernen Yachten. Es gibt einfach und doppelt wirkende Ausführungen; das bedeutet, entweder wird nur bei einer Bewegungsrichtung des Hebels Wasser gefördert oder aber beim Hin- und Rückschlag. Ihre Förderleistung beträgt 70 bis 90 Liter pro Minute. Das Gehäuse läßt sich einfach auf beiden Seiten der Membrane öffnen, um Schmutz zu entfernen. Die Bedienung erfolgt durch einen in vertikaler oder horizontaler Ebene arbeitenden Hebel, so daß die Pumpe nahezu an jeder Stelle des Schiffes eingebaut werden kann. Der sicherste und beste Einbau ist der unter Deck. Häufig jedoch findet man Pumpen in *Backskisten*. Das kann auf Seeschiffen zu gefährlichen Situationen führen. Einmal wird durch den geöffneten Backskistendeckel die Mannschaft in ihrer Aktionsfähigkeit eingeschränkt, und außerdem kann die Yacht über die geöffnete Backskiste vollschlagen.
Flügelpumpen müssen angegossen wer-

den, bevor sie arbeiten. Bei ihnen fördern zwei in einem flachen runden Gehäuse hin und her schwingende Flügel, die je ein Druckventil haben, das Wasser. Das Fördergut darf jedoch keine festen Bestandteile enthalten. Flügelpumpen dienen vorwiegend zum Auffüllen von Vorratstanks im Frischwassersystem und zum Lenzen von Schmutzwassertanks. Sie lassen sich ebenfalls leicht an jeder beliebigen Stelle an Bord anbringen, verstopfen aber schnell und sind daher als Lenzpumpen nicht geeignet.

Kreiselpumpen arbeiten nach dem Prinzip einer Zentrifuge. Sie haben keine Ventile, müssen jedoch sehr schnell rotieren. Sie haben zwar eine relativ größere Kapazität als Membranpumpen, müssen jedoch an der tiefsten Stelle der Bilge eingebaut werden, da sie nicht von selbst ansaugen.

Axialpumpen mit biegsamen Impellern aus Neopren werden vielfach als Kühlwasserpumpen am Motor gefahren. Sie dürfen nicht trockenlaufen und müssen daher, wenn sie als Lenzpumpen verwendet werden sollen, ständig aus einem unter Druck stehenden Kreislauf mit einer geringen Wassermenge gespeist werden.

Zahnradpumpen — Verdrängerpumpen, die das Fördergut durch ihre Zahnflanken pressen — werden neben Membranpumpen zur Kraftstoff-Förderung verwendet. Außerdem gibt es noch *Kapselpumpen* mit Kolbenschieberventilen und selbstansaugende Pumpen, die fest am Motor angeflanscht sind.

Jede Yacht sollte außer der motorabhängigen Lenzpumpe eine Handpumpe ausreichender Förderkapazität haben; denn Lenzpumpen, die von der Antriebswelle des Motors oder von einem Elektromotor angetrieben werden, ersparen zwar die tägliche Pumparbeit, doch im Ernstfall kann man sich nicht auf sie verlassen. Oft fällt der Motor nach einem Wassereinbruch aus, und die Batterien geben nicht genügend Strom für einen Dauerbetrieb her.

Das Saugrohr jeder Bilgepumpe muß an seinem unteren Ende mit einem Saugkorb versehen sein, der verhindert, daß Fremdkörper angesaugt werden und die Pumpe außer Betrieb setzen.

d) Yacht-WC

Die Installation der nach außenbords lenzenden WCs verlangt im Interesse der Sicherheit eine sorgfältige fachmännische Ausführung. Es gibt mehrere Fälle, in denen Yachten über unsachgemäß installierte WCs vollgelaufen und sogar gesunken sind.

Jedes WC hat eine Pumpe, mit der die Fäkalien nach außenbords befördert werden; außerdem dient sie dazu, mit frischem Seewasser nachzuspülen. Kleinere Yachten sind überwiegend mit Membranpumpen ausgerüstet, die größeren mit den kostspieligeren Kolbenpumpen. Die Membrane der Membranpumpen sind aus Gummi oder Kunststoff. Sie haben den Nachteil, zu ermüden und durch Seewasser spröde zu werden. Der kurze Hub der Membranpumpen bedingt zudem eine sehr viel größere Anzahl von Pumpschlägen, die den schnellen Verschleiß fördern. Ferner sind Membranpumpen leicht störanfällig gegen weiches Toilettenpapier, Kleenex-Tücher, Watte und andere stark saugfähige Abfälle, die ohnehin nicht ins WC-Becken gehören. Membranpumpen sollten nur dann eingebaut werden, wenn nur wenige Personen an Bord sind und die Benutzung des WC sich auf kur-

ze Zeiträume beschränkt. Kolbenpumpen hingegen sind sehr viel robuster, sofern der Durchmesser des Kolbens und die Ventile ausreichend dimensioniert sind (Abb. 5).
Jedes WC ist mit dem umgebenden Wasser außenbords durch zwei Leitungen verbunden: die Ableitung und die Spülleitung. Der Durchmesser der Ableitung soll möglichst groß sein. Er wird in den Einbauvorschriften festgelegt und darf innerhalb der Seeventile nicht unterschritten werden. Meistens liegt er zwischen 25 und 50 mm, für die Spülleitung zwischen 13 und 20 mm. Der Seewassereintritt für die Spülleitung soll möglichst etwa einen Meter unter oder vorlich von dem Austritt der Ableitung liegen. Die Ableitung wird im allgemeinen als Schwanenhals verlegt, der eine zusätzliche Sicherung dagegen ist, daß die Yacht über die Ableitung volläuft. Der Scheitel des Schwanenhalses muß oberhalb der Wasserlinie möglichst hoch unter dem Deck liegen. Auch ist diese Einrichtung nur dann wirksam, wenn der Durchmesser der Ableitung so groß ist, daß vom Becken her Luft eindringen kann, so daß eine Luftblase entsteht und die Wassersäule abreißt. Andernfalls kann der Schwanenhals wie ein Heber wirken.
Da heute in vielen Ländern jegliche Verunreinigung des Wassers verboten ist, gibt es auch transportable WCs, bei denen die Fäkalien in einem Vorratstank chemisch behandelt werden.

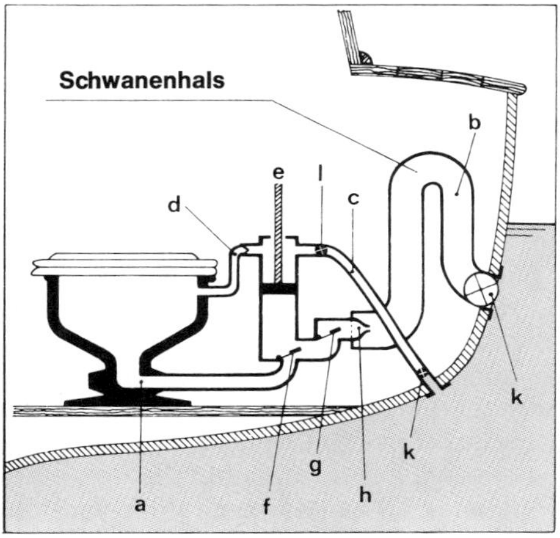

Abb. 5 WC mit Kolbenpumpe
Beim Hochziehen des Kolbens e werden die Fäkalien durch das mit Blei beschwerte Klappventil f aus dem Becken angesaugt. Beim Niederdrücken des Kolbens schließt sich das Ventil f, und der Inhalt des Pumpenzylinders wird durch das Klappventil g und das Lippenventil h in die außenbords führende Leitung b gedrückt. Beim erneuten Hochziehen verhindern die zwei Ventile in der Leitung b das Zurückfließen des Inhalts. Sobald der Beckeninhalt abgesaugt ist, wird das Ventil l geöffnet. Beim Pumpen saugt der Kolben nun Seewasser in den oberen Raum und drückt es zum Spülen durch die Leitung d in das Becken, das Spülwasser wird dann durch a gleichzeitig wieder abgesaugt; k = Seeventile

e) Kombüsen- und Kocheinrichtungen

Kombüse nennt man die Küche auf einem Schiff. Sie besteht auf größeren Yachten über etwa 15 m meistens aus einem teilweise oder ganz abgeschotteten Raum im Vorschiffsbereich, auf kleineren Booten dagegen nur aus einer Kochecke, gewöhnlich an Backbord neben dem Niedergang, die als *Pantry* bezeichnet wird. Sie ist ein wesentlicher Bestandteil der Inneneinrichtung; denn für die Leistungsfähigkeit der Besatzung sind im Rahmen des Möglichen regelmäßige, ausreichende und warme Mahlzeiten unerläßlich. Die Energie zum Kochen kann durch Kohle, Petroleum, Ben-

zin, Alkohol, Propangas, Spiritus, Dieselöl oder Elektrizität erzeugt werden.
Kohleherde haben sich auf größeren Schiffen hervorragend bewährt. Sie halten, mit Anthrazitkohle befeuert, den ganzen Tag über ihre Glut und sorgen dafür, daß das Innere des Schiffes stets trocken bleibt. Etwas problematisch ist die Abführung des Rauches. Der Rauchzug muß wasserdicht und genügend isoliert durch das Deck geführt werden. Außerdem sind alle Vorkehrungen zu treffen, die verhindern, daß bei Krängung Glut aus dem Herd fallen kann.
Am verbreitetsten sind Petroleumkocher, insbesondere die sogenannten Primuskocher. Es gibt heute sehr raumsparende, flache zweiflammige Herde mit geräuschlosen und selbstreinigenden Brennern. Die Herde können kardanisch aufgehängt werden. Oft genügt ein um den Herd laufender Metallrahmen, der das Abrutschen der Töpfe beim Schlingern verhindert. Petroleum ist ein energiereicher Brennstoff, der keine Explosionsgefahr bildet. Benzinkocher sollen an Bord keinesfalls verwendet werden. Alkohol in Form von Trockenspiritus eignet sich nur zum Heißmachen von Kleinigkeiten, weil der Heizwert und damit auch die Wirtschaftlichkeit recht gering ist.
Propan und Butan sind Gase, die bei der Destillation von Erdöl anfallen und in druckfesten Stahlflaschen vertrieben werden. Sie sind fast in jedem Hafen erhältlich. Der Annehmlichkeit in der Verwendung stehen jedoch nicht zu unterschätzende Nachteile gegenüber. Flaschengas ist schwerer als Luft und in geringer Konzentration geruchlos. Dennoch genügt eine geringe Konzentration, um ein hochexplosives Gas-Luft-Gemisch zu erzeugen. Zahlreiche Yachten sind durch unbemerkt »ausgelaufene« Gasflaschen verloren gegangen. Gasflaschen müssen entweder frei an Deck stehen oder in einem vollkommen luftdicht abgeschotteten Kasten, der einen Ausfluß nach außenbords hat. Wird nicht gebrannt, muß die Gaszufuhr an der Flasche, an der sich das Reduzierventil befindet, abgestellt werden. Sämtliche Leitungen müssen aus Kupfer und die daran angeschlossenen Brennstellen mit sogenannten Sicherheitsbrennern versehen sein, Einrichtungen, die beim Verlöschen der Flamme die Gaszufuhr automatisch abriegeln.
Dieselöl und elektrischer Strom werden nur auf größeren Hochseeschiffen und Motoryachten zum Kochen verwandt.
Zu den Kombüseneinrichtungen größerer Yachten gehören auch Kühlschränke. Absorber-Kühlschränke werden entweder mit Petroleum oder Propan beheizt; sie sind an Bord von Segelyachten nicht zu gebrauchen. Auf kleineren Booten findet man häufig Eisboxen. Doch bereitet die Beschaffung von Stangeneis oft Schwierigkeiten. Spülbecken aus rostfreiem Stahl oder Kunststoff bilden eine angenehme Arbeitserleichterung für den Koch, Smut oder Smutje genannt. Gewisse Schwierigkeiten bereitet jedoch die Abführung des Schmutzwassers. Liegt das Becken so hoch im Schiff, daß sich zwischen dem Abfluß und der Wasserlinie ein Gefälle ergibt, so kann es direkt nach außenbords abgeleitet werden. Selbst wenn nicht unmittelbar die Gefahr besteht, daß beim Überliegen Wasser von außen in das Becken drückt, muß am Austrittsstutzen ein Absperrhahn vorhanden sein. Meistens reicht das Gefälle jedoch nicht aus. Das Schmutzwasser wird dann in einen Schmutzwassertank geleitet und von dort nach außenbords gepumpt. Zwischen Spülbecken und Tank muß ein Si-

phon angebracht sein, um zu verhindern, daß bei der Zersetzung entstehende Faulgase ins Boot eindringen können. Außerdem muß der Schmutzwassertank eine Entlüftung zum Deck hin haben. Man kann den Abfluß des Spülbeckens aber auch über eine kurze Rohrleitung unmittelbar an eine Membranpumpe anschließen und damit das Becken über Bord leeren. Für diesen Zweck läßt sich gut eine Reservelenzpumpe verwenden; denn im Bedarfsfall kann sie schnell wieder auf die Saugleitung zur Bilge geschaltet werden. Wassertanks werden aus Stabilitätsgründen meistens in der Bilge oder im Kiel eingebaut. Das Wasser muß also zu den Zapfstellen hochgepumpt werden. Dazu dienen Pumphähne, die durch Ziehen eines Griffs (einseitige Wirkung) oder Hin- und Herschlagen eines Hebels (ein- oder doppelseitige Wirkung) Wasser fördern. Auf größeren Yachten hat man Falltanks von etwa 10 bis 20 l Inhalt unter dem Dach der Aufbauten. Sie können mit einer Druck-Wasser-Anlage verbunden sein. Entnimmt man Wasser aus dem Hahn, fällt der Druck und betätigt dadurch einen Membranschalter, der eine elektrische Pumpe in Betrieb setzt.

Als Mindestmenge an Trinkwasserverbrauch pro Kopf und Tag rechnet man mit 2½ l. Sie decken aber nicht den Bedarf für Waschzwecke. Etwa 6 l pro Kopf sollte man für längere Fahrten ansetzen. Bei großzügigem Wasserverbrauch sind ungefähr 10 l einzukalkulieren.

Durch den Einbau eines Seewasseranschlusses zum Spülbecken läßt sich der Frischwasserverbrauch in der Kombüse erheblich senken, denn für viele Zwecke ist Süßwasser nicht erforderlich.

IV. Seemännische Arbeiten

a) Knoten und Spleißen

Seemännische Knoten dienen zum Sichern eines Endes, zum Verbinden zweier Enden oder zum Festmachen einer Leine oder Trosse an einem festen Gegenstand. Sie müssen unbedingt halten, sich zugleich aber auch wieder, speziell in nassem Tauwerk, leicht lösen lassen. (In den Abbildungen sind sie lose dargestellt; damit sie in der Praxis halten, müssen sie dichtgeholt werden.)

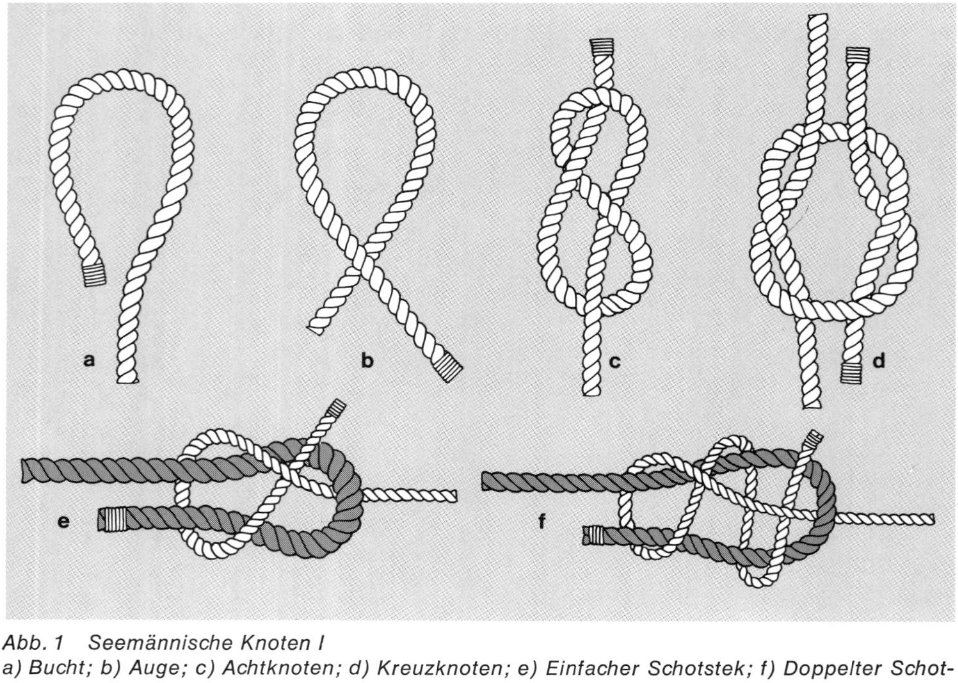

Abb. 1 Seemännische Knoten I
a) Bucht; b) Auge; c) Achtknoten; d) Kreuzknoten; e) Einfacher Schotstek; f) Doppelter Schotstek

Einige der nachstehend aufgeführten Knoten und Steks halten nur bei Verwendung von Naturfasertauwerk und bestimmten Kunstfaserarten mit rauher Oberfläche, bei glattem Kunstfasertauwerk dagegen nicht. In diesem Fall müssen die Knoten besonders gesichert werden. Dies geschieht durch einfaches Durchstecken des Tampens unter einem Kardeel, das sich bei Kunstfasertauwerk meist leicht abheben läßt, oder durch Aufsetzen von Bändseln. Ganz besonders trifft dies zu auf den Kreuzknoten, den Schotstek, die halben Schläge und den Roringstek.

Der Achtknoten im Tampen eines Endes verhindert das Ausrauschen oder Ausscheren aus Augbolzen, Leitösen oder Blöcken. Mit ihm werden alle Schoten, Taljen und ähnliches gesichert.

Der *Kreuzknoten* dient zum Zusammenstecken zweier gleich starker Enden. Er besteht aus zwei Überhandschlägen und ist nur dann zu verwenden, wenn die Enden später nicht wieder aufgeknotet werden sollen; denn bei starker Belastung und Feuchtigkeit zieht er sich so fest zusammen, daß er sich kaum wieder lösen läßt.

Den *einfachen Schotstek* verwendet man zum Zuammenstecken zweier ungleich starker Enden. Bei starker Belastung ist der *doppelte Schotstek* zu empfehlen, weil er sich später leichter lösen läßt (Abb. 1 f).

Der *Palstek* wird auf ein Ende gesteckt, um ein Auge zu erhalten, das sich nicht zusammenziehen kann. Er ist der gebräuchlichste Knoten, um eine Leine an einem Pfahl festzumachen. Den *doppel-*

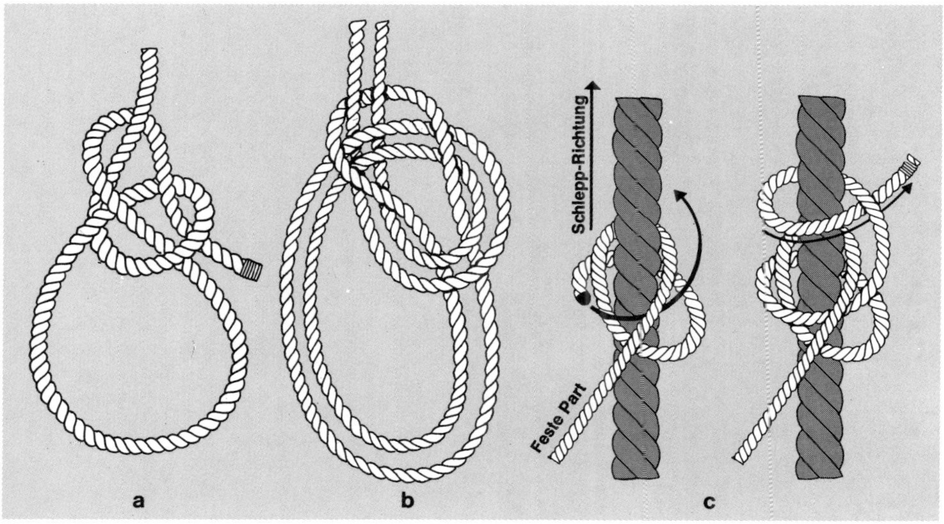

Abb. 2 Seemännische Knoten II
a) Palstek; b) Doppelter Palstek; c) Stopperstek

ten Palstek steckt man in ein doppelt gelegtes Ende. Er besitzt die gleichen Eigenschaften wie der einfache Palstek und wird auch als Ersatz für einen Bootsmannsstuhl benutzt.
Der *Stopperstek* dient zum Abstoppen, das heißt, zum Abfangen eines angeschlagenen Endes und zum Aufhängen einer Last. Er hält jedoch nur, so lange Kraft auf der festen Part steht.
Ein *halber Schlag* ist der Anfang von zwei halben Schlägen. Sie dienen zum Festmachen für Zeit, weil sie sich bei längerer und stärkerer Belastung sehr fest zusammenziehen können.
Den *Rundtörn mit zwei halben Schlägen* benutzt man zum Festmachen mit schweren Leinen. Der Rundtörn verhindert, daß sich der Knoten zu hart zusammenholt. Soll mit diesem Knoten für eine längere Zeitdauer festgemacht werden, so bändselt man den Tampen zur Sicherheit bei.
Der *Webeleinstek* ist einer der am häufigsten verwendeten Knoten um Rundhölzer, Poller und Pfähle (Abb. 4a). Vielfach macht man darauf noch einen halben Schlag.
Der *Roringstek* dient zum Festmachen an Ringen, speziell von Ankertrossen oder -leinen am Ankerroring (Abb. 4b). Hier ist der Tampen aus Sicherheitsgründen unbedingt beizubändseln.
Steckt man nach einem halben Schlag die Bucht durch, so erhält man den *Slipstek*. Durch Reißen am Tampen kann er augenblicklich wieder gelöst werden.
Der *Marlschlag* ist ein Überhandknoten

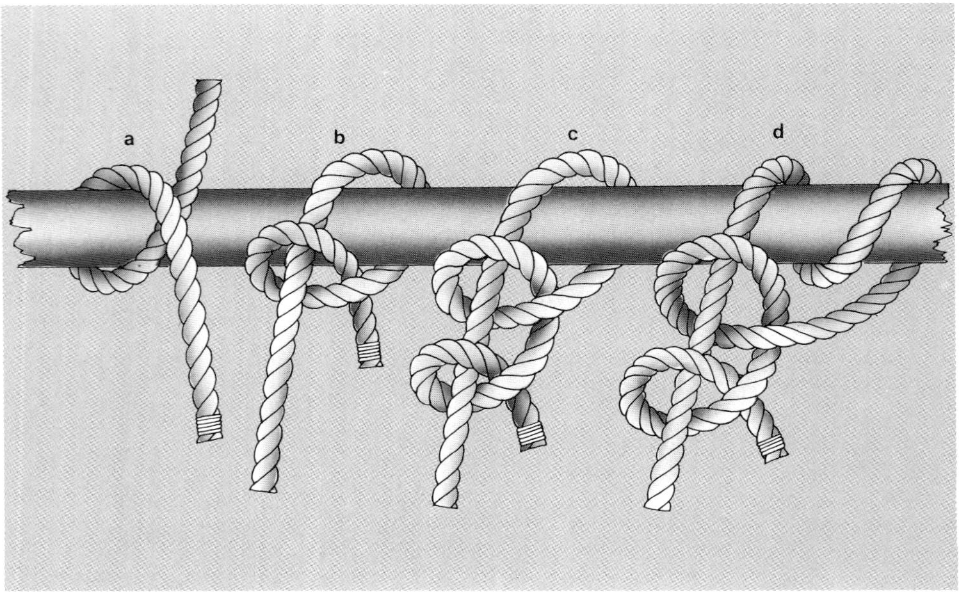

Abb. 3 Seemännische Knoten III
a) Rundtörn; b) Halber Schlag; c) Zwei halbe Schläge; d) Eineinhalb Rundtörn und zwei halbe Schläge

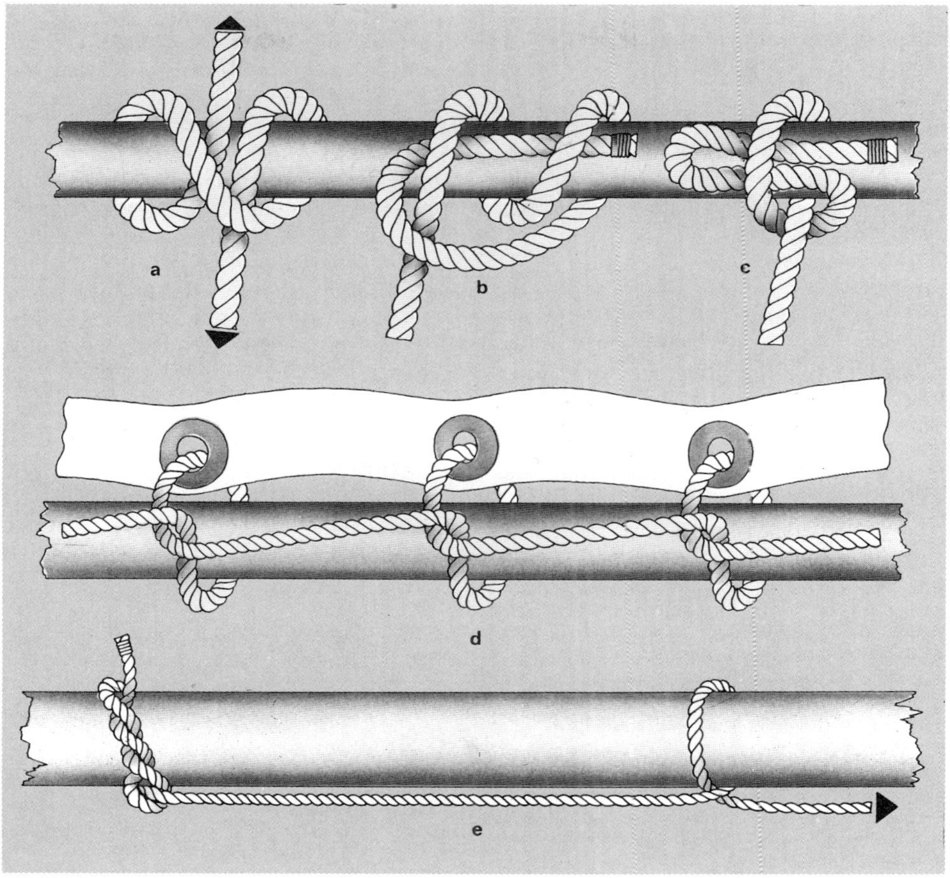

Abb. 4 Seemännische Knoten IV (hier an einer geraden Spiere gezeigt)
a) Webeleinstek; b) Roringstek; c) Slipstek; d) Marlschlag; e) Zimmermannsstek (für senkrechten Transport eines Rundholzes)

und dient zum Anreihen des Segels an den Baum.

Der *Zimmermannsstek* ist ein einfacher Knoten zum Transport von Rundhölzern. Soll das Rundholz in senkrechter Lage transportiert werden, wird oben ein Kopfschlag herumgenommen.

Den *Trossenstek* verwendet man zur Verbindung schwerer Leinen, besonders auch von Tau- und Drahtenden. Die Tampen der Enden werden beigebändselt (Abb. 5c). Ein *Bändsel aufsetzen, beibändseln* oder *beizeisen* bedeutet: zwei Enden, die parallel zueinander laufen, aber in entgegengesetzter Richtung beansprucht werden, durch Umwickeln miteinander verbinden. Ein Bändsel muß in der Richtung des Endes aufgesetzt werden, in der es beansprucht wird. Bändseln und Zeisen hat jedoch auch die Bedeutung von An- und Festbinden. Der Pollerstek eignet sich besonders zum Belegen einer Kette, weil er leicht zu lösen ist. Ein Webeleinstek kann sich unlösbar festziehen.

Das Festmachen eines Endes an einer Klampe, einem Poller, Belegnagel oder Ring heißt *belegen* (Abb. 6). Die Parten laufen dabei, mit Ausnahme beim Ring, kreuzweise. Das Ende, auf dem Zug steht, darf sich nicht an einer Klampe *bekneifen,* weil man es dann weder fieren noch losnehmen kann. Man kommt also erst von hinten mit dem Ende um die Klampe herum. Am Ring wird mit einem Rundtörn und zwei halben Schlägen belegt. Hat man am Tampen ein Auge, steckt man das Auge durch den Ring und schiebt als Sicherung eine Spake oder ähnliches durch das durchgesteckte Auge. Naturfasertauwerk verkürzt sich, wenn es naß wird, und Knoten aus solchem Tauwerk ziehen sich leicht fest. Daher war es früher streng verpönt, beim Belegen einer Schot einen Kopfschlag auf eine Klampe zu setzen. Als Kopfschlag bezeichnet man ein Auge, das einmal um sich selbst verdreht wird,

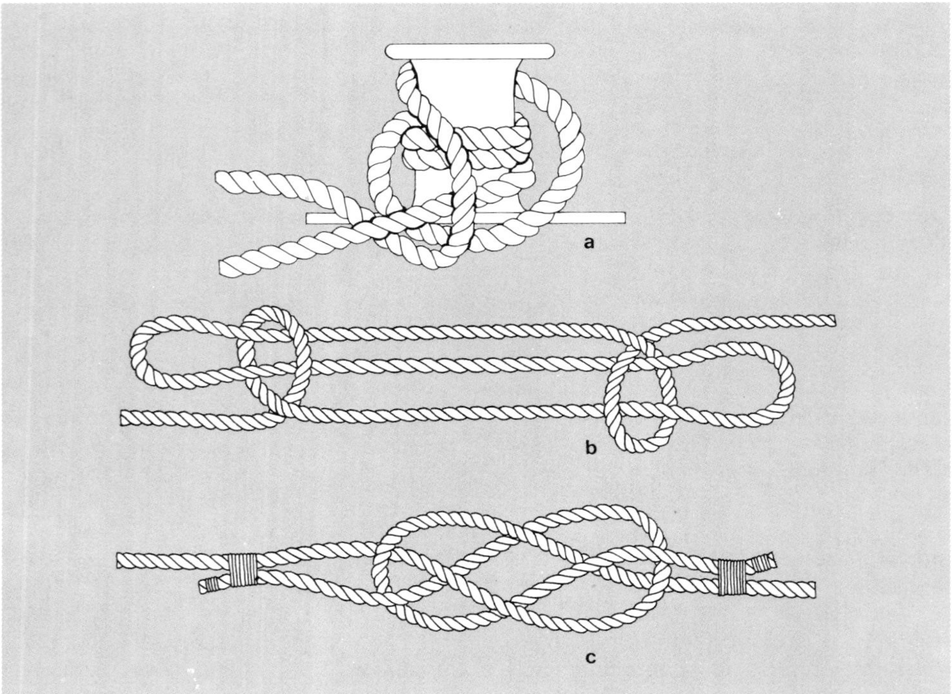

Abb. 5 Seemännische Knoten II
a) Pollerstek; b) Lange Trompete; c) Trossenstek

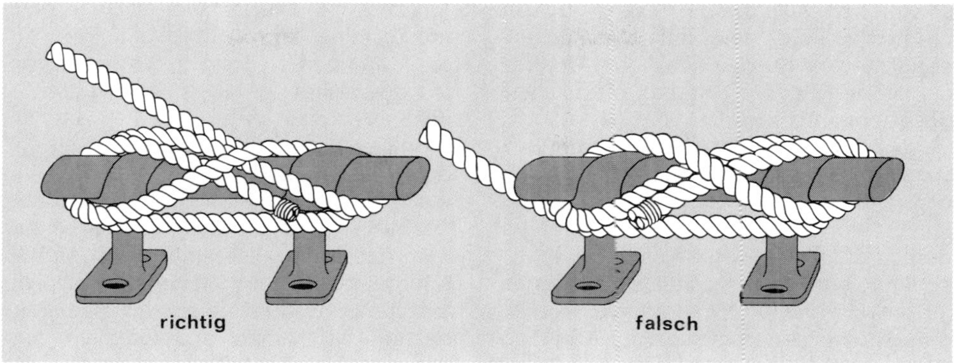

Abb. 6 Belegen einer Klampe

bevor es über die Klampe gestreift wird. Bei Kunstfasertauwerk zieht sich ein Kopfschlag nicht so leicht fest.
Spleißen ist das Verbinden geschlagener Tau- oder Drahtenden durch Verflechten. Es gibt den Kurzspleiß, den *Langspleiß* und den *Augspleiß.* Der Kurzspleiß (Abb. 7) ergibt eine starke Verdickung an der Verbindungsstelle, so daß solche Enden nicht mehr durch Blöcke oder über Scheiben laufen. Um das zu erreichen, müßten sie langgespleißt werden. Doch die Bestimmungen der Seeberufsgenossenschaft verbieten den Langspleiß ausdrücklich wegen seiner geringen Haltbarkeit. Auch Sportschiffer sollten aus diesem Grunde darauf verzichten. Daraus folgert, daß man stets Ersatztauwerk in ausreichender Menge an Bord haben muß.
Ist ein Tau- oder Drahtende gebrochen, wird zunächst die Bruchstelle um das ausgefranste Stück verkürzt; danach törnt man die Kardeele auf, und zwar

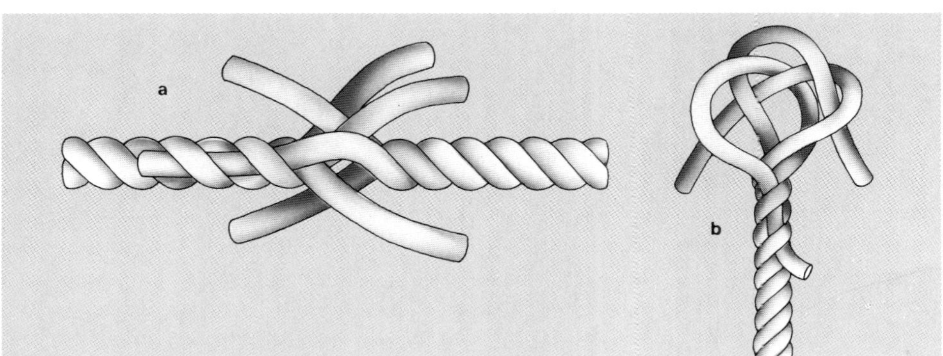

Abb. 7 Spleißen
a) Kurzspleiß; b) Rückspleiß oder Spanische Takling

so weit, daß sich die einzelnen Kardeele um so viele Male verspleißen lassen, wie das Tauwerk Kardeele hat: bei dreikardeeligem Tauwerk dreimal, bei vierkardeeligem entsprechend viermal.
Beim Augspleiß unterscheidet man zwischen dem normalen und dem Segelmacherspleiß (Abb. 8). Beim normalen Augspleiß werden die Kardeele entgegen dem Verlauf der Kardeele im Ende verspleißt, also bei rechtsgeschlagenem Tauwerk linksherum, bei linksgeschlagenem rechtsherum. Beim Segelmacherspleiß dagegen verläuft der Spleiß in Richtung des Schlages; dadurch passen sich die einzelnen Kardeele besser dem Drehsinn des Tauwerks an. Der Spleiß wird dünner, ist aber auch nicht so haltbar. Um ein Schamfilen – darunter versteht man eine Beschädigung durch Scheuern oder Reiben – des Auges zu vermeiden, wird meistens eine Kausch eingespleißt. Spleiße in Kunststofftauwerk sind wegen des glatten Materials nicht zuverlässig – nur solche in Polyäthylentauwerk sind bei viermaligem Durchstecken haltbar.
Jeder Tampen an Bord muß betakelt (ungebräuchlicher: getakelt) sein, damit er nicht ausfranst. Man umwickelt das Ende mit geeignetem Bändselgut. Die einfache *Takling* soll nicht breiter sein, als das Ende dick ist. Man sollte jedoch kein feuchtes Tauwerk betakeln, weil es sich beim Trocknen zusammenzieht und die Takling gelöst und abgestreift würde. Auf starke Enden, beispielsweise Festmacher, setzt man grundsätzlich zwei Taklings. Der Abstand zwischen beiden soll die doppelte Breite einer Takling betragen. Das äußere Ende der äußeren Takling soll um ihre eigene Breite vom Tampen entfernt sein. Damit die Takling sich nicht löst, wird sie benäht. Hat man es einmal sehr eilig, kann man auch die *spanische Takling* verwenden (Abb. 7b); doch wird der Tampen dadurch so dick, daß er sich vielfach nicht mehr durch Blöcke oder Augbolzen scheren läßt.

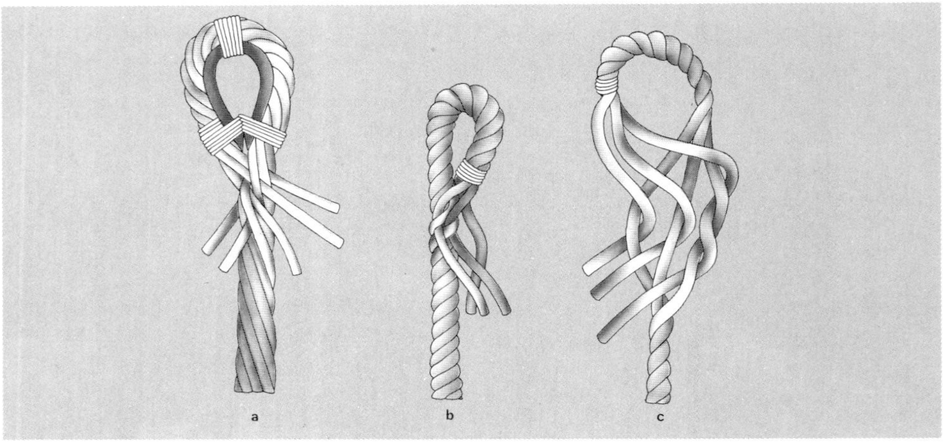

Abb. 8 Augspleiß
a) Anfang eines Drahtspleißes – einmal untergesteckt; b) Normaler Augspleiß; c) Segelmacherspleiß

Das Betakeln von Kunststofftauwerk ist besonders einfach, wenn man dafür ein Stückchen passenden Schrumpfschlauches aus einem besonderen Kunststoff verwendet. Dieser zieht sich beim Erwärmen zusammen. Die Schnittfläche des Tampens muß in jedem Fall über einer Flamme verschweißt werden. Dabei ist sorgfältig darauf zu achten, daß abtropfende Kunststoffmasse nicht mit Haut in Berührung kommt. Sie klebt sofort fest und erzeugt schwere Brandwunden.
Ein unerläßliches Universalwerkzeug ist der Marlspieker: zum Spleißen, Aufbrechen festgezogener Knoten und Öffnen von Schäkeln. Sehr gebräuchlich ist das

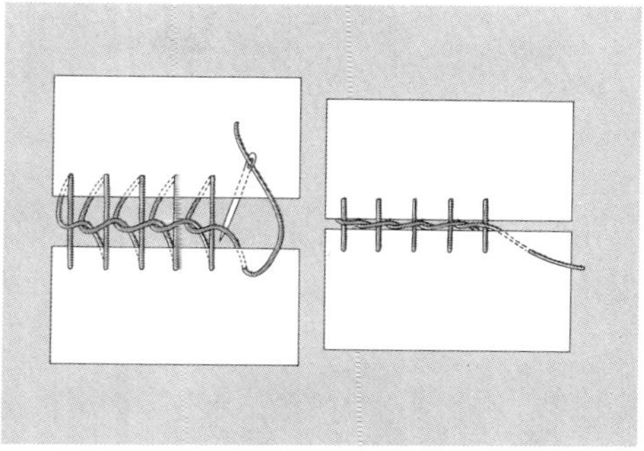

Abb. 10 Bootsmannsnaht
Sie dient zur provisorischen Reparatur von glatten Segelrissen unter Vermeidung eines Überlappens der Rißränder

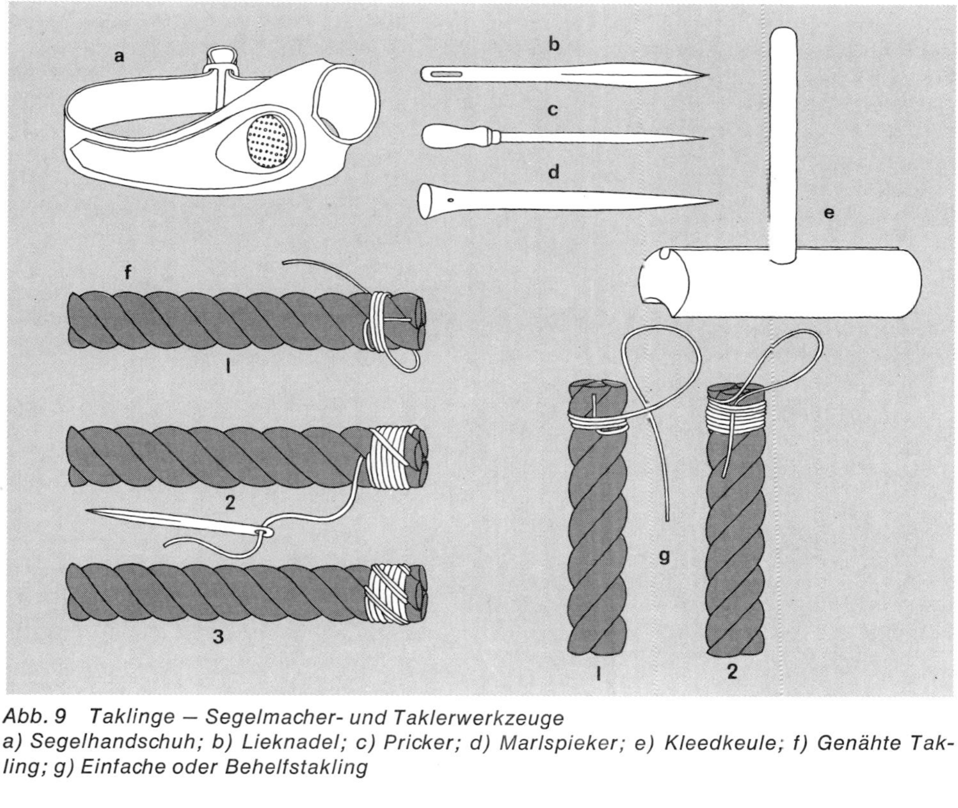

Abb. 9 Taklinge – Segelmacher- und Taklerwerkzeuge
a) Segelhandschuh; b) Lieknadel; c) Pricker; d) Marlspieker; e) Kleedkeule; f) Genähte Takling; g) Einfache oder Behelfstakling

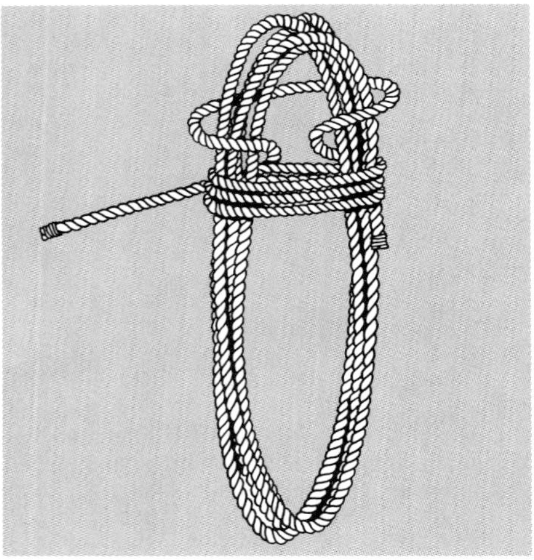

Abb. 11 Aufschießen einer Leine, die nicht klar zum Auslaufen zu sein braucht

Takelmesser, eine Kombination von einem robusten Klappmesser mit einem Marlspieker.

b) Arbeiten mit Leinen, Festmachen

Enden werden geholt und gefiert. *Holen* heißt, an einem Ende ziehen, *fieren,* mit dem Ende einer auf der Leine stehenden Kraft nachgeben. Es ist also das Gegenteil von holen. Das Hochziehen von Gegenständen (Boot, Segel) nennt man *heißen.*

Will man eine Leine fieren, muß man vorher das Ende *aufschießen,* das heißt, in Buchten so übereinanderlegen, daß die einzelnen Buchten klar auslaufen können: die oberste Bucht muß direkt zur Belegstelle führen. Unbedingt ist auch darauf zu achten, daß man klar von den auslaufenden Buchten steht und nicht etwa mit den Füßen hineingerät.

Festmachen an einem Pfahl oder einer Boje ist einfach. Man belegt das Ende an Poller oder Klampe an Deck, nimmt die Leine durch die Bug- beziehungsweise Hecklippe und macht das andere Ende am Roring der Boje oder am Pfahl fest. Nicht zu empfehlen ist, das Ende durch den Roring hindurch oder um den Poller oder Pfahl herum wieder zurück an Deck zu nehmen, weil dabei die Leine in der Bucht viel Spiel hat, dadurch stark schamfilt und leicht durchscheuern kann. Die Leinen dürfen nicht zu lang gesteckt werden, damit das Boot nicht weit ausscheren kann. Ferner sollte man sie so sichern, daß sie nicht aus den Lippen springen können. Um die Leinen zu schonen, ummantelt man sie an den Durchführungen mit Segeltuch, Gummi oder Kunststoff.

An einer Brücke oder einem Kai sollte man möglichst nur dann längsseit festmachen, wenn man in *Lee,* das heißt im Windschatten, liegen kann. Zusätzlich zu

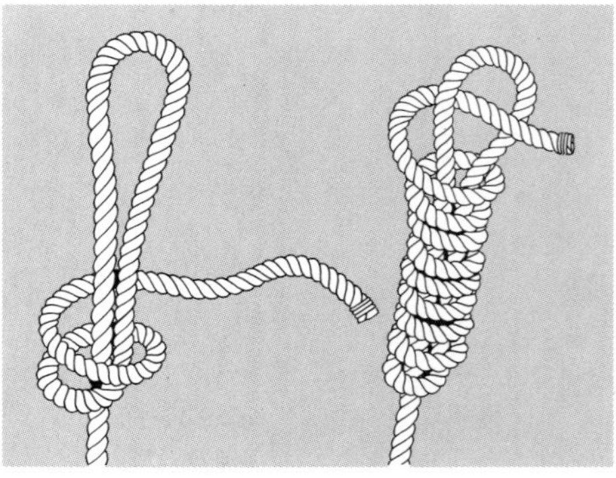

Abb. 12 Wurfleinenknoten
Es ist mitunter nicht so einfach oder gar unmöglich, eine verhältnismäßig leichte Leine gegen den Wind zu werfen. Dieser Knoten läßt sich auf simple Weise in Sekundenschnelle herstellen. Am Schluß wird das Auge dicht zusammengezogen. So beschwert, läßt sich mit der Leine viel zielsicherer werfen.

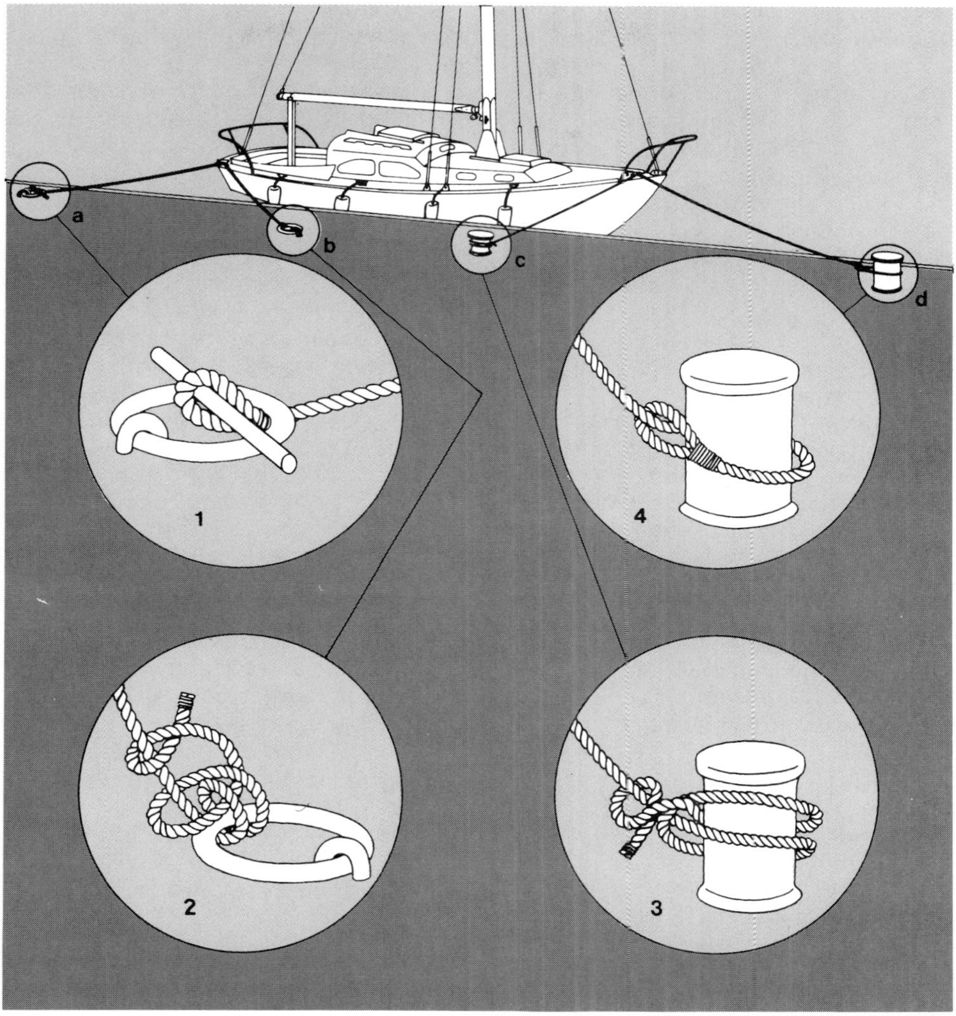

Abb. 13 Festmachen längsseit einer Pier
a) Achterleine; b) Achtere Spring; c) Vordere Spring; d) Vorleine; 1. Festmachen an einem Ring. Durch das Auge in der Leine wird ein Querholz gesteckt; 2. Festmachen an einem Ring, wenn die Leine kein Auge hat: mit dem Roringstek, vor den noch ein halber Schlag gesetzt werden kann; 3. Festmachen an einem Poller mit Webeleinstek, vor den ein halber Schlag gesetzt wird. Man kann hier aber auch mit einem Palstek festmachen; 4. Festmachen an einem Poller, wenn die Leine ein zu kleines Auge hat.

der Vor- und Achterleine bringt man eine *Vor-* und *Achterspring* aus, damit das Boot so gut wie keine Vor- und Achterausbewegungen machen kann. Zum Schutz des Bootskörpers bringt man *Fender* aus, Polster oder Kissen, die es aus den verschiedensten Materialien und in den unterschiedlichsten Formen gibt. Sie sollen jedoch niemals so tief hängen, daß sie ins Wasser tauchen. Beim Ablegen sind sie sofort einzuholen. Es gilt in der Sportschiffahrt als in höchstem Grad unseemännisch, mit außenbords hängenden Fendern zu fahren.
Ist man gezwungen, in *Luv*, an der Windseite, an einer Brücke oder einem Kai längsseit zu gehen, kommt den Fendern erhöhte Bedeutung zu. Sind Wind oder Seegang so stark, daß die Fender nicht mehr genügend schützen, muß das Boot von der Anlegestelle freigehalten werden. Gibt es in Luv keine Bojen oder Dalben, zu denen man Leinen ausbringen kann, muß man den Bug- und Heckanker nach Luv ausfahren und das Boot mit den Ankern freihalten. In diesem Fall sollte man bereits sein Anlegemanöver so einrichten, daß man zunächst die beiden Anker fallen und sich dann durch langsames Kettestecken auf die Anlegestelle zutreiben läßt.*
Sind Bojen oder Pfähle vorhanden, macht man daran am besten mit dem Bug fest und gibt der Vorleine so viel Lose, daß das Heck etwa einen halben Meter von der Pier entfernt bleibt. Die Achterleine muß so weit aufgefiert werden, daß das Schiff nicht steif in den Leinen liegt und sich darin bei fallendem Wasser aufhängt.
In Gewässern, in denen die Gezeiten einen ständigen Wechsel des Wasserstandes mit sich bringen, sollte man möglichst an Schwimmpontons festmachen; doch leider sind sie nicht immer vorhanden. Dann bleibt nichts weiter übrig, als die Festmacher laufend zu kontrollieren und entsprechend dichterzuholen oder zu fieren. Läuft der Gezeitenstrom ungefähr parallel zur Anlegestelle, kann man durch entsprechende Ruderlage und Festsetzen der Pinne beziehungsweise des Ruderrads bewirken, daß das Boot abschert und sich frei hält. Die Festmacher dürfen dann nicht am äußersten Schiffsende angreifen, sondern müssen mehr nach mittschiffs verlegt werden, um das Abscheren zu unterstützen. Am besten setzt man an dieser Stelle eine Querleine. Lohnt sich bei einem Manöver das Setzen der Segel oder Anlassen des Motors nicht oder ist kein Motor an Bord, *verholt* man beispielsweise an einen anderen Liegeplatz. Längs einer Brücke oder Kaianlage geschieht das durch Treideln. Man gibt eine oder mehrere Leinen an Land und läßt das Boot durch Besatzungsmitglieder von Land aus schleppen. Dabei muß das Ruder besetzt sein, um das Boot durch Abscheren vom Land freizuhalten. Deshalb darf die Schleppleine auch nicht ganz vorne angreifen; man belegt sie am besten am Mast.
Will man über eine Wasserfläche hinweg zu Bojen, Pfählen oder ähnlichem verholen, fährt man die Leinen mit dem Beiboot aus, belegt sie dort und holt dann von Bord aus, gleichmäßig und langsam.

c) Beibootbedienung

Beiboote, die man während der Liegezeit nicht an Deck fährt, müssen so festgemacht werden, daß sie nicht an die

* Vergl. »Ab- und Anlegen« Seite 138

Bordwand schlagen oder unter die Überhänge vorn oder achtern geraten können. Deshalb macht man sie mit einer Vor- und Achterleine fest, bei einer vor Anker oder Boje liegenden Yacht am besten am Heck, damit sie in strömenden Gewässern frei achteraus treiben können. In stehenden Gewässern, in denen das Beiboot durch Schwojen leicht längsseit treiben kann, bringt man am Heck eine Spiere aus, an deren Nock die Leine belegt wird. Sie muß so kurz gehalten werden, daß das Beiboot nicht mit dem Vorsteven ans Heck der Yacht kommen kann. Am besten wird ein Beiboot an Bord einer Yacht kieloben mittschiffs gestaut. Es beeinträchtigt dort die Trimmlage am wenigsten. Erlaubt ein hohes Deckshaus die Unterbringung mittschiffs nicht, kann es bei genügend Platz auch auf dem Vorschiff gestaut werden, wo es sich allerdings als recht hinderlich bei der Vorsegel- und Ankerbedienung erweist. Auf größeren Yachten fährt man das Dingi auch in festen *Davits* über dem Heck.

Schleppt man das Beiboot, muß es mit einer Persenning zum Schutz gegen Vollschlagen sorgfältig abgedeckt werden. Die Schleppleine greift am Vorsteven an einem Augbolzen direkt über der Wasserlinie an, damit das Boot nicht unterschneiden kann. Der Schleppwiderstand verringert sich etwas, wenn man die Länge der Schleppleine so bemißt, daß das Dingi auf der Vorderseite einer der Heckwellen reitet. Im übrigen muß das Beiboot immer der gleichen Wellenbewegung wie die schleppende Yacht ausgesetzt sein, also zur gleichen Zeit im Wellental oder auf dem Wellenberg sein. Bei schweren nachlaufenden Seen sind mindestens 25 Meter Schleppleine zu stecken; sonst kann das Dingi leicht die See überlaufen und gegen das Heck der Yacht stoßen. Um dieser Gefahr zu begegnen, kann man vom Dingi außerdem noch Tauwerk nachschleppen lassen, das eine starke Bremswirkung ausübt. Bei Seegang schert man eine zweite Schleppleine zur Sicherheit. Die Leinen werden dann an Steuerbord und Backbord der Yacht belegt.

d) Pullen, Paddeln, Wriggen

Pullen ist der seemännisch korrekte Ausdruck für Rudern. Es wird nicht mit dem »Ruder« gepullt, sondern mit einem

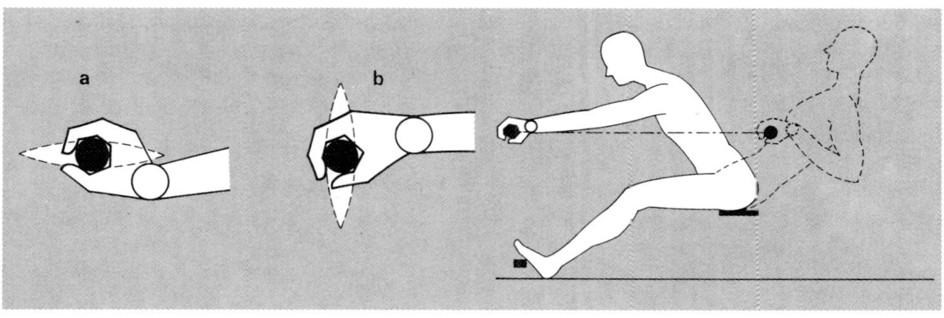

Abb. 14 Pullen
a) Grundstellung mit horizontal zum Wasser gehaltenem Riemenblatt; b) Um 90° gedrehtes Riemenblatt vor dem Eintauchen ins Wasser

Riemen. Die Riemen lagern in *Dollen* – Drehgabeln – oder *Rundseln,* Ausschnitten im Rundselbord. Man sitzt mit dem Rücken nach vorn auf der *Ducht* (Ruderbank). In der Grundstellung wird der Riemen mit angewinkelten Armen querab, das Blatt horizontal zum Wasser, gehalten (Abb. 14a). Es wird erst kurz vor dem Eintauchen um 90° gedreht (Abb. 14b). Beim Herausreißen des Riemens aus dem Wasser wird das Blatt wieder in die Horizontale gebracht. Die Drehung erfolgt nur aus dem Handgelenk. Der Griff bleibt fest in der Hand. Beim Ausholen des Riemens sind die Arme nicht ganz ausgestreckt, der Oberkörper wird leicht vorgebeugt. Beide Riemen werden gleichzeitig bis zu etwa zwei Dritteln des Blattes eingetaucht und durch ruckartiges Beugen der Arme und kurzes Zurückreißen des Oberkörpers aus dem Kreuz heraus durchs Wasser geholt.

Beim *Anrudern* werden die Riemenblätter von vorn nach achtern durchs Wasser geholt: Das Boot macht Fahrt voraus. Beim *Streichen* werden die Riemenblätter unter Zurückbeugen des Oberkörpers und Herunterdrücken der Handgelenke mit ihrer Vorkante eingetaucht und von achtern nach vorn durchs Wasser gedrückt: Das Boot macht Fahrt achteraus. Beim *Wasserhalten* wird durch Eintauchen der senkrecht stehenden Riemenblätter die Fahrt des Bootes gestoppt.

Durch einseitiges Anrudern mit nur einem Riemen dreht das Boot nach der Seite, auf der nicht gepullt wird. Durch gleichzeitiges Wasserhalten mit dem anderen Riemen wird die Drehbewegung beschleunigt. Durch Anrudern auf einer Seite und gleichzeitiges Streichen auf der anderen dreht das Boot auf der Stelle. Durch Wasserhalten oder Streichen auf einer Seite dreht es zu dieser Seite hin.

Beim *Paddeln* mit einer *Pageie* sitzt man in Fahrtrichtung im letzten Drittel der Bootslänge auf der äußersten Bordkante. Je nachdem, ob man an Steuerbord oder Backbord paddelt, umfaßt die rechte oder linke Hand den Schaft und die andere den Aufgriff des Paddels. Das Blatt wird fast senkrecht ins Wasser gestoßen, zu zwei Dritteln eingetaucht und

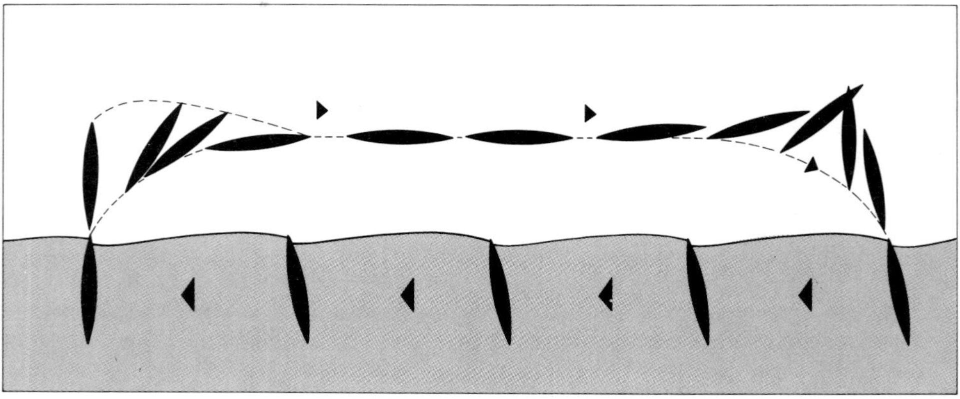

Abb. 15 Schematische Darstellung der einzelnen Bewegungsphasen des Riemenblattes beim Pullen

nach achtern gerissen. Die Hand auf dem Aufgriff des Paddels übt dabei einen leichten Gegendruck aus. Der Oberkörper folgt der Bewegung mit einer kleinen ruckartigen Beugung nach vorn. Wird nur auf einer Seite gepaddelt, dreht das Boot zur anderen und muß durch Gegenruder auf Kurs gehalten werden.

Gewriggt wird nur mit einem Riemen über das Heck des Bootes. Der Riemen liegt in einer Dolle, einer Rundsel oder einem speziellen Wriggloch zunächst so, daß er einen Winkel von etwa 30 bis 40° zur Mittschiffsebene bildet und die innere Riemenblattkante in einem Winkel von ungefähr 45° ins Wasser zeigt. Nun wird er, ohne seinen Anstellwinkel zu ändern, quer zur Fahrtrichtung auf die andere Seite gedrückt oder gezogen. Bei dieser Bewegung versucht das Blatt, nach unten auszuweichen. Dem wirkt man entgegen, indem man den Griff des Riemens mit der äußeren Hand leicht hinunter drückt. Die Schrägstellung des Blattes drückt das Boot nach vorne. Bei der Endstellung auf der anderen Seite wird das Riemenblatt um 90° gedreht. Dabei darf weder am Griff nachgegriffen noch das Blatt aus dem Wasser gezogen werden. Das Blatt hat nun wieder einen Anstellwinkel von ungefähr 45° und wird wieder quer zur Fahrtrichtung auf die andere Seite gedrückt. Der Vorgang wiederholt sich jedesmal. Die Drehbewegung, die das Boot ebenfalls bei jeder Querbewegung des Riemens erhält, muß durch die schnelle Folge der einzelnen Wriggbewegungen ausgeglichen werden. Eine Änderung der Fahrtrichtung erreicht man beim Wriggen durch mehr oder weniger starken Druck und entsprechende Veränderung des Anstellwinkels.

e) Bootspflege

1. In- und Außerdienststellung

Die beste Vorbereitungszeit zur Indienststellung des Bootes im Frühjahr ist der Herbst, wenn es aus dem Wasser genommen wird – besser noch ein paar Wochen vorher, ehe es auf den Slip kommt. Dann kann man schon überlegen, was gemacht werden muß. Aber man verlasse sich nicht zu sehr auf sein Gedächtnis, sondern notiere lieber jede Einzelheit bereits während der Segelsaison. Man braucht eine Liste – ganz gleich, ob man die Arbeiten selber macht oder eine Werft beauftragt.
Mit Vorausschau hat man viel zu gewinnen und nichts zu verlieren. Wenn zum Beispiel der Motor überholt und dazu aus dem Boot genommen werden muß, ist das einfacher, solange das Boot noch im Wasser liegt. Wer Werftkosten sparen will, bringt seine Yacht nicht mit den Worten »hier ist sie, legt sie auf« zur Werft. Das könnte teuer werden. Die bessere Methode ist, die Yacht selber für die Außerdienststellung vorzubereiten: Bei einem Segelboot den Mastkragen abnehmen, Schoten herausnehmen, Spannschraubenkleedings entfernen, die Schrauben mit Kriechöl gängig machen, Mastlichter abschließen und alle weiteren Vorbereitungen treffen, die man selber machen kann, damit die Takler nur die nötigste Zeit zum Herausnehmen des Mastes auf die Rechnung schreiben. Der Eigner eines Motorboots wird die Relingskleider, Sonnensegel, Ziermast, Flaggstöcke, Beiboot, Signalhorn und ähnliches Decksgerät abnehmen. Man wird sich wundern, wieviel Arbeitszeit dazu gehört und wie das die Werftkosten senken kann. Wird das Boot nicht mit dem Slipwagen aus dem Was-

ser geholt, sondern mit dem Hebezeug, dann montiert man besser auch die Reling ab, soweit sie nur aus Stützen und Durchzügen besteht; die Stützensockel bleiben dabei fest auf dem Deck.
Die meisten Werften waschen – ob man das nun verlangt oder nicht – sofort den Schiffsboden, wenn das Boot aus dem Wasser kommt. Es ist eine schmutzige, aber nötige Arbeit, die man wohl lieber die Werft machen läßt. Wer den Schiffsbewuchs antrocknen läßt, bezahlt es später mit mehr Arbeit und Farbe. Nach dem Bodenwaschen ist eine Inspektion des Unterwasserschiffs fällig. Gesucht wird . . .
. . . bei Holzbooten nach faulen Planken und überholungsbedürftigen Kalfaterungen. Faules Holz entdeckt man durch Abstechen mit dem Messer; es setzt dem Eindringen der Klinge keinen Widerstand entgegen. Mit dem Daumennagel kann man auf der Klinge abgreifen, wie tief die Fäulnis eingedrungen ist, wie tief sie also im Holz sitzt. Besonders faulanfällig ist die Luft-Wasser-Zone, und hier wieder sind es besonders die Zonen um den Vor- und Achtersteven, am Totholz und Ruderkoker. Holz, in das das Messer einige Millimeter tief eindringt, läßt man besser auswechseln (Werftarbeit) und das benachbarte Holz durch ein Konservierungsmittel sanieren, damit die Pilzsporen der faulen Planke abgetötet werden. Spröde Dichtungsmassen müssen herausgekratzt

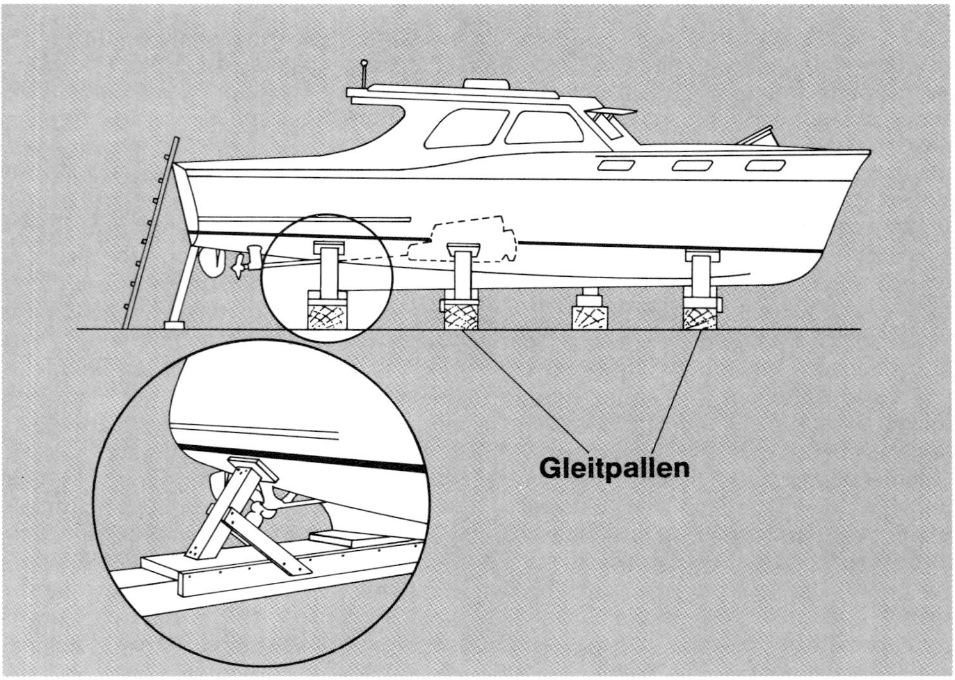

Abb. 16 So ist ein Motorboot für die Winterlagerung richtig unterpallt

werden. Man läßt dann am besten von der Werft mit der Druckpistole einen Kalfatkitt auf Polysulfidbasis in die Plankennähte eindrücken. Dies sind Elastoplaste, die nie eintrocknen und die Nähte klebend gummiartig dichthalten. Kalfateisen und Baumwollschnur sollten endgültig der Vergangenheit angehören.

... bei Metallbooten nach Korrosions- und Elektrolyseschäden. Löcherige Anfressungen sind meist ein Zeichen von Elektrolyse. Man beauftrage eine Fachfirma, die es in jedem bedeutenderen Hafen gibt, die Ursache zu finden. Dicke Rostkrusten bei Stahlschiffen muß man mit dem Rostpickhammer abschlagen. Sodann wird der Stahl mit einer Drahtbürste blank gemacht, eventuell mit der Carborundscheibe beschliffen und sofort mit einem Zinkprimer (sprich »preimer«) auf Epoxydbasis abgedeckt. Bei sehr schlechtem Zustand des Unterwasserschiffs ist es besser, den Rumpf sandstrahlen zu lassen und einen modernen Schutzanstrich auf Epoxydbasis (siehe Lackieren und Malen) aufzubauen. Weiße Ausblühungen an Aluminiumrümpfen sind immer ein Zeichen von Elektrolyse, deren Ursache man suchen muß. Es genügt, den Schorf mit einer Drahtbürste abzuputzen und mit einem Topfreiniger blankzureiben. Aluminiumrümpfe sollten unter Wasser mit einem Schutzanstrich versehen werden.

Ein Eigner mit Neigung und Zeit, alles selber zu machen, wird, nachdem der Mast gezogen ist, die Salingspreizen, Fallen und das stehende Gut abmontieren – Kennzeichnung mit Name und Art des Guts nicht vergessen! Bevor Mast und Spieren eingelagert werden, soll man sie waschen und einmal mit Lack streichen. Das konserviert sie für die Winterzeit und verkürzt die Indienststellung. Die Spieren brauchen dann im Frühling nur noch zwei zusätzliche Lackanstriche.

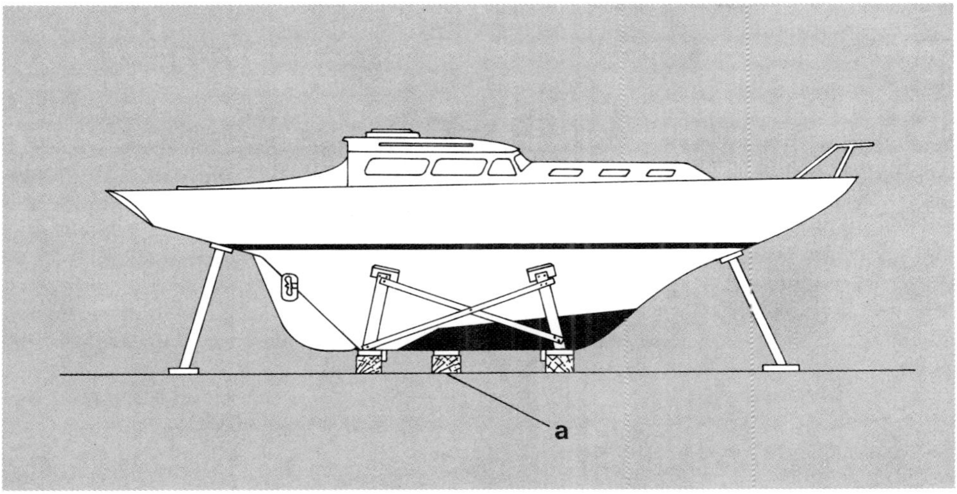

Abb. 17 Richtig unterpallte Segelyacht
a: zusätzliches Pallholz am achteren Ende des Ballastes

Man überzeuge sich, daß der Mast ordentlich, ausreichend unterstützt und gerade gelagert wird. Unzulängliche Lagerung über Winter kann eine Spiere für immer ruinieren. Es werden kaum noch Masten lang hängend aufbewahrt. Das hat auch keine besonderen Vorteile gegenüber einer ordentlichen Regallagerung.

Ob das Boot nun im Freien oder in einem Schuppen aufgelegt wird: Wichtig ist, daß es gut unterpallt wird und daß der Untergrund fest genug ist, dem Gewicht nicht nachzugeben, beziehungsweise daß bei weicherem Untergrund die untersten Pallhölzer große Auflageflächen haben. Der Kiel eines Motorbootes muß alle 2,50 bis 3,00 m unterpallt werden. Eine Extraabstützung braucht der Kiel unter dem Motor. Bei Segelbooten (Kiel- und Kielschwertyachten) unterpallt man auf jeden Fall auch immer das achtere Ende des Ballastes. Die Überhänge vorn und achtern werden gegen den Boden abgestrebt. Jollen lagern am besten kieloben. Wenn das Boot nicht richtig unterpallt wird, kann man im Frühjahr gebrochene Spanten, bei Motorbooten auch überreckte Kiele oder aufsperrende Kielschäftungen, Verwindungen und ähnliche Schäden entdecken. Wichtig ist auch, daß das Boot auf ebenem Kiel aufgepallt wird – Wasserlinie horizontal –, damit Wasser von den Decks durch die Speigatten abfließen kann. Man kippe ein paar Pützen Wasser aufs Deck, um zu sehen, ob es funktioniert, ebenso in die Plicht, wenn sie selbstlenzend ist. Diese Sorgfalt ist vor allem nötig, wenn das Boot im Freien unter einer Persenning aufgelegt wird. Auch dann kann Wasser auf die Decks kommen; wenn es dort in Pfützen stehenbleibt, gibt es häßliche Flecken, auf Holzdecks und Leinendecks auch Fäule. Fällt der Pützentest nicht zur Zufriedenheit aus, verlange man von der Werft, die vorderen und hinteren Pallen entsprechend zu richten.

Die vordringlichste Arbeit unter Deck, mit der man schon vor dem Aufslippen des Bootes beginnen kann, ist die Entfernung aller beweglichen Einrichtung wie Polster, Matratzen, Vorhänge, Yachtwäsche, Teppiche, Segel und Ölzeug. Was davon gereinigt werden muß, lasse man schon im Herbst chemisch reinigen – es wird dann nicht so leicht von Motten oder Schimmel befallen. Alles wird mit Mottenpulver versehen und in Papier verpackt, ehe es ins Werftspind kommt. Oben auf diese Spindladung legt man besser noch eine wasserfeste Plastikfolie; denn die Werftdächer sind nicht immer wasserdicht. Die Segel sollte man zu seinem Segelmacher schicken, damit er sie inspiziert, wäscht und repariert. Im Herbst hat er dazu mehr Zeit als im Frühjahr, wenn allen Seglern einfällt, daß sie neue Segel brauchen oder alte repariert haben müssen.

Man vergesse auch nicht, alle Nahrungsmittelreste und Flaschen von Bord zu entfernen. Flaschen platzen im Frost; Speisereste locken Ratten und Mäuse an, die schon in manchem Boot Wrangen und Spanten angenagt haben. Man wäscht den Eisschrank oder Kühlschrank und die Abwassertanks mit Seifenlauge aus und läßt beide über Winter offen, lenzt auch den Trinkwassertank, aber verschließt ihn wieder.

Die Bilge hat meist einen Ablaufstopfen, den man herausnimmt. Sodann spült man die Bilge mit Süßwasser gründlich durch und trocknet Wasserreste mit Lappen oder Feudel auf. Auch ist es ratsam, alles Holzwerk unter Deck mit ei-

nem feuchten Lappen abzuwischen, um das Salz, das mit dem Gischt unter Deck gekommen ist, wegzuwischen. Wie jeder weiß, zieht Salz Wasser an; außerdem schadet es dem Lack.
Ob man den Innenballast herausnehmen soll oder nicht, wenn das Boot aufgelegt ist, hängt von der Menge und der Art des Ballastes ab. Wenn es Eisenballast ist, sollte man ihn möglichst durch Bleibarren ersetzen. Es ist unmöglich, eine Bilge sauber zu halten, in der Eisenballast liegt. Auf Segelyachten wird Innenballast meist nur zu Trimmzwecken gefahren. Wenn es so wenig ist, daß er auf dem Kiel Platz hat, kann man den Ballast im Boot lassen. Drückt er aber die Kielgänge, dann sollte man ihn herausnehmen.
Es ist keine leichte Arbeit, in der tiefen Bilge von Kielyachten alles Wasser aufzumoppen. Aber es muß gemacht werden; sonst könnte es bei Frost in der Kielsponung sitzen und als Eis den Kielgang herausdrücken. An den Frost muß man natürlich auch bei aller wasserführenden Maschinerie und Installation denken, wie Kühlmantel des Motors, Wasserleitungen, Warmwasserbereiter und Ansaugventil der WC-Pumpe (darüber steht Wasser bis in den Pumpenzylinder). Auch das Öffnen aller Seehähne darf nicht vergessen werden.
Bodenbretter, Schubladen und Schapps läßt man über Winter offenstehen, damit überall Luft zirkulieren kann. Das gilt ganz besonders für Holzboote, die von verschiedenen holzschädigenden Pilzen befallen werden können; indes haben auch andere Boote meist Holzeinbauten. Yachten, die im Freien lagern, schützt man mit einer Persenning, die über das ganze Schiff bis knapp über den Boden reicht. Die Persenning sollte nicht auf Decks und Kajütdach aufliegen; denn überall, wo das Leinen aufliegt, ist es nicht wasserdicht. Außerdem hängt es dann an anderen Stellen durch, etwa über der Plicht, und es bilden sich dort nach jedem Regen Wassertümpel. Empfehlenswert ist, sich aus Holzlatten und Flügelschrauben eine zerlegbare Firstkonstruktion zu zimmern oder zimmern zu lassen, die man auf dem Deck des Bootes errichten kann. Die auf dem Deck aufstehenden Stempel beschlägt man mit Schaumgummi, damit sie den Lack nicht zerkratzen. Man kann solch ein Firstgestell immer wieder verwenden. Ist das Gestell auf dem Deck errichtet, sichert man es mit einigen zum Deck geführten Stropps, damit der Wind es nicht umblasen kann. Die Persenning breitet man am Boden aus, rollt sie von beiden Seiten her bis zur Firstnaht auf und zeist die Rolle mit einigen Bändseln (Reffknoten). So kann man die gerollte Persenning leicht auf den längs über das ganze Schiff laufenden Firstbalken legen und zieht dann die Zeisinge auf, worauf der »Vorhang« beiderseits hinabrollt. Die Persenning darf aber nur lose niedergehalten werden, damit immer etwas Luft unter sie wehen kann.

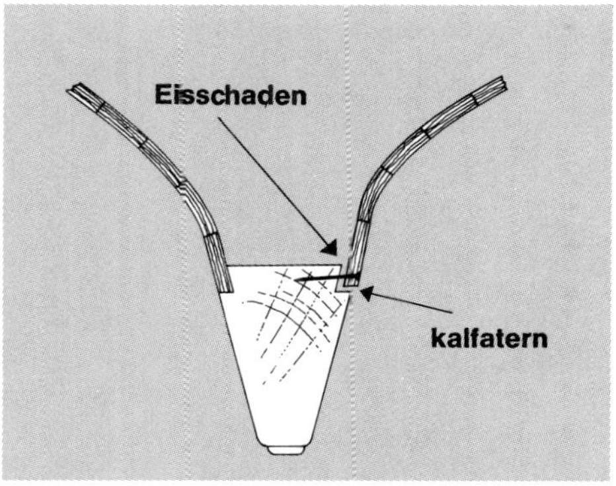

Abb. 18 Schaden an der Kielsponung einer hölzernen Kielyacht

Noch vor Beginn des Winters muß man sich um den Schiffsboden kümmern, außer bei Glasharzbooten. Bei Holzbooten wird es Zeit, den Boden mit einer Grundierung oder einem Farbanstrich zu konservieren. Sieht der Bodenanstrich nicht mehr gesund aus, mache man sich sogleich mit Farbentferner — aber niemals mit der Lötlampe — über ihn her und grundiere neu. Der letzte Lackanstrich hat Zeit bis zum Frühjahr. Die Grundierung verhindert, daß das Holz zu sehr schrumpft. Mit der Lötlampe soll man deshalb nie an ein Holzboot gehen, weil die Hitze nicht nur die Farbe ablöst, sondern auch natürliche und konservierende Öle aus dem Holz treibt. Man macht mit der Lötlampe ein Holzboot nur anfälliger für Trockenfäule.
Hat das Boot einen Eisenballast, so säubert man ihn mit einer Drahtbürste und streicht ihn mit Mennige oder einem der modernen Primer auf Epoxydbasis. Ebenso verfährt man mit Schadstellen an Stahlrümpfen; der Rost muß unbedingt herunter. Nun überzeugt man sich noch, ob auch alle Bulleyes offenstehen oder zwei gegenüberliegende Kajütfenster, damit stets Luft durch das Boot zieht. Dann kann die kalte Jahreszeit kommen, in der es wenig Zweck hat, am Boot zu arbeiten.

2. *Einwintern des Motors*

Das Lenzen des Kühlwassers ist bei vielen Bootsmotoren nicht so einfach wie bei einem Automotor, bei dem man nur einen Hahn unten am Kühler zu öffnen braucht. Man vergesse nicht, daß der Auspuffkrümmer gekühlt ist; er hat einen eigenen Ablaßstopfen. Man denke daran, daß das Kühlwasser vielfach durch die Auspuffleitung abläuft, so daß auch sie gelenzt werden muß. Hat der Motor einen geschlossenen Kühlwasserkreislauf im Kielkühler, dann ist auch der Kielkühler nebst Zu- und Ableitung zu lenzen. Die meisten Lenzstopfen hat man bei Motoren mit Zweikreiskühlung herauszuschrauben: am Auspuffkrümmer, am Schwanenhals des Auspuffs, am Auspuffschalldämpfer, am Motorblock und am Wärmetauscher, meistens auch noch an der Wasserpumpe für den Seewasserteil. Bei seewassergekühlten Motoren muß das Kühlsystem gründlich mit Süßwasser durchgespült werden, um alle Salzablagerungen herauszulösen — eine halbe Stunde spülen ist nicht zuviel. Bei Zweikreiskühlung muß der Wärmetauscher mit einem scharfen Wasserstrahl durchgespült werden, damit auch der dort abgesetzte Feinschlamm herauskommt. Manche Wärmetauscher können auseinandergenommen werden. Die Ablaßstopfen fette man am Gewinde leicht mit einem graphit- oder molybdänhaltigen Fett ein und sammle sie in einem Plastikbeutel, den man an der Maschine sichtbar aufhängt. Es ist kaum empfehlenswert, den Kühlmantel mit Dieselöl zu füllen, denn es verschmutzt nur in der nächsten Saison das Kühlwasser und verschlechtert dann den Wärmeübergang, also die Kühlung. Das Gußeisen eines Motorblocks ist recht korrosionsbeständig, es rostet kaum, und Motoren mit nassen Zylinderbüchsen haben an den Kontaktstellen zwischen Block und Zylinder oben und unten Gummidichtungen, von denen man nicht weiß, ob sie Dieselöl standhalten. Prinzipiell wechselt man das Öl am Ende der Saison und füllt neues ein, kurz bevor das Boot aus dem Wasser kommt. Der Motor soll mit frischem Öl noch etwa fünf Minuten laufen.
Die Brennstofftanks werden entleert,

auch wenn randvolle Benzintanks nicht so gefährlich sind wie leere, die explodieren können, während volle höchstens brennen. Aber hier geht es darum, das Boot so weitgehend wie möglich zu erleichtern. Die Explosionsgefahr leerer Benzintanks läßt sich vermeiden, wenn man die Tanks gründlich mit Druckluft ausbläst oder mit CO_2 (»Kohlensäure«) auffüllt. Dazu kann man den CO_2-Feuerlöscher nehmen, der ohnehin im Winter inspiziert und nachgefüllt werden soll. Nicht zu verwenden sind Pulver- oder Schaumlöscher.

Bei Ottomotoren schraubt man die Zündkerzen heraus und füllt durch jedes Kerzenloch Motoren- oder Rostschutzöl ein. Bei Dieselmotoren müssen statt der Kerzen die Einspritzdüsen entfernt werden. Das macht jedoch besser der Mechaniker. Auch in die Zylinder des Dieselmotors wird Öl gespritzt. Sodann wird der Motor bei offenen Zünd- beziehungsweise Düsenlöchern einige Male mit dem Anlasser oder von Hand am Schwungrad durchgedreht, damit die Kolben das Öl entlang der Zylinderwände gleichmäßig verteilen. Beim Ottomotor schraubt man die Kerzen – am besten neue – wieder ein. Beim Diesel verschließt man die Düsenlöcher mit einem breiten Stück Klebeband. Vom Zündverteiler eines Ottomotors nimmt man den Deckel ab und sprüht eins der modernen Kriechöle, die auch Wasser unterkriechen und elektrisch unschädlich sind, hinein. Danach kommt der Deckel wieder drauf.

Wer einen Jockel, einen Hilfsgenerator, an Bord hat, sollte nicht vergessen, auch ihn fachgerecht einzuwintern.

Nun sind noch die Brennstoffilter zu entleeren. Den Abschluß bildet eine gründliche Inspektion des ganzen Maschinenraumes mit Taschenlampe und Taschenspiegel, um auch in den dunklen und direkt nicht einzusehenden Ecken etwas erkennen zu können. Dann wird der Batterieschalter (Hauptschalter) ausgeschaltet.

Segler mit einem Außenborder als Hilfsmotor haben es einfacher. Man wintert Außenborder ein, indem man sie ohne Schutzhaube am festgemachten Boot im Wasser laufen läßt und bei etwa Halbgas so lange Rostschutzöl ins Luftfilter des Vergasers spritzt, bis der Motor von selbst stehen bleibt. Damit ist er innerhalb vollkommen konserviert. Man nimmt ihn ab, hält ihn senkrecht, damit das Wasser herausläuft, nimmt die Zündkabel von den Kerzen, damit er nicht anspringt, wenn man ihn jetzt noch zwei-, dreimal mit der Hand durchpullt, damit auch die Wasserpumpe leer wird. Nun schmiert man ihn nach Betriebsanleitung ab, wechselt das Getriebeöl unten am Propellerteil, nimmt den Propeller ab und fettet die Welle ein. Den Propeller schickt man bereits im Herbst zur Reparatur ein, wenn er es nötig hat. Nun putzt man den Motor äußerlich mit ein wenig Autowachs ab – innerlich braucht er nichts – und stellt ihn an einen trokkenen, luftigen Ort. Zum Frühjahr erhält er neue Zündkerzen.

3. Einwintern der Elektrik

Man kann die Batterie an Bord lassen, wenn die Werft in der Lage ist, sie dort ständig nachzuladen und zu kontrollieren. Besser jedoch ist es, sie einem ordentlichen Batteriedienst in fachgerechte Pflege zu geben. Ohne Wartung darf die Batterie jedenfalls während des Winters nicht bleiben. Sie ist sonst im Frühjahr nicht nur leer, sondern auch sulfatiert und damit kaputt.

Ob man die Elektronik abmontieren und mit nach Hause nehmen soll, ist eine Frage, die von Fall zu Fall zu entscheiden ist. Wenn Gelegenheit für Diebe gering ist, lasse man alles am Bordnetz angeschlossen, was angeschlossen ist: Radar, Loran oder Decca, fest eingebaute Funkgeräte, Echolote, Radiokompasse und Steuerautomaten. Denn grundsätzlich gilt, daß zuviel Demontieren und Anmontieren nur schadet.
Bei einem Ausbau muß die Polung eindeutig gekennzeichnet werden. Elektronische Geräte vertragen keine auch kurzfristige Verwechslung von Plus und Minus.
Doch gilt auch hier, den Drähten an Bord nachzugehen und jene weißen Beläge und Krusten an Kontakten, Schaltkästen und Verteilern zu entfernen. Sie führen sonst im nächsten Jahr bestimmt zu Störungen. Entweder putzt man sie selbst blank und besprüht sie mit einem wasserunterkriechenden Korrosionsschutzöl, oder man beauftragt damit den Mechaniker.

4. Einwintern des Riggs

An einem Herbsttag besichtigt man mit dem Glas das stehende Gut, besonders die Patent-Terminals. Gebrochene Drähte, Haarrisse in den Terminals und nicht mehr ganz feste Verankerungen entdeckt man bei solcher Inspektion besser als in all dem Trubel, der mit dem Auflegen der Yacht verbunden ist.
Dann setzt man sich mit dem Werftleiter zusammen und spricht die Reparaturliste durch. Je früher man das im Herbst tut, um so besser wird man von der Werft bedient; im Frühjahr kommen alle. Und die Überstunden bezahlt der Kunde ebenso wie die Nachlässigkeiten durch Arbeitsüberlastung.

5. Lackieren und Malen

Man habe es nicht so eilig, die Winterpersenning abzuwerfen, denn die Märzsonne ist oft recht trügerisch. Die Arbeiten unter Deck und das Abziehen alter Malings lassen sich gut unter der Persenning erledigen. Erst wenn das Boot auf Deck seinen ersten oder einen zweiten Anstrich hat, wird die Persenning weggenommen.
Ist der Klarlack völlig weggeschliffen worden, um die Lackierung vom rohen Holz her wieder aufzubauen, lasse man es nicht bei zwei Anstrichen bewenden, sondern erst bei vier – auch wenn die Lackfabrik behauptet, zwei genügten. Die Tests der Fabriken berücksichtigen nicht die mechanischen Beanspruchungen durch sandige Schuhe, scheuernde Leinen, Fender und dergleichen. Der beste Lack nützt nichts, wenn die geschliffenen Flächen nicht einwandfrei staubfrei sind. Man fegt deshalb erst mit einem feinen Haarbesen, wischt dann mit süßwasserfeuchtem Lappen nach und, wenn die Feuchtigkeit verdunstet ist, nochmals mit einem staubbindenden Staubtuch.
Meistens ist man bei dieser Tätigkeit nicht allein auf der Werft, und die Boote stehen auch ziemlich dicht beieinander. So ist es kein Vergnügen, wenn der Nachbar mit der Schleifmaschine beginnt, während man selber »pönt« (malt). Deshalb verständigt man sich vorher mit seinen Nachbarn und wartet gegebenenfalls mit dem Schleifen, bis des anderen Lack trocken ist. Inzwischen kann man sich um den Motor kümmern, die Batterie anschließen, die Zinkanoden erneuern usw. Man wird sich zum Lackieren auch weder einen windigen Tag aussuchen noch warme, stechende Sonne. Alle Lackiererei muß

so geplant werden, daß damit drei Stunden vor Sonnenuntergang aufgehört werden kann; denn wenn der Abendtau auf den noch feuchten Lack fällt, kann man die Arbeit noch mal von vorn beginnen.

Bei der Vielfalt der Bootsbaustoffe — Holz, Sperrholz, Glasharz, Aluminium, spritzverzinkter und nicht verzinkter Stahl — und bei den raschen Fortschritten der Farben- und Lackhersteller im Zeitalter der Kunststoffe lassen sich hier keine verbindlichen Anleitungen geben. Die Farbenfabriken haben ausführliche Broschüren über den richtigen Umgang, die richtige Anwendung und den richtigen Aufbau des Anstrichs mit ihren Produkten herausgebracht. Überdies haben diese Firmen einen ausgezeichneten Beratungsdienst für Sonderfälle.

Hier noch einige allgemeingültige Hinweise:

Immer nur mit sauberem Pinsel arbeiten.

Großflächige Bordwände lieber matt malen, weil Emaillelacke alle Unebenheiten optisch vergrößern.

Nie unbesehen irgendeine Farbe auf eine alte Farbe malen, denn die beiden könnten sich nicht vertragen.

Stahl- und Aluminiumboote nie mit kupferhaltigen Antibewuchsfarben streichen, da sie im Wasser Löcher in den Rumpf fressen. Die Farbenfabriken haben für solche Boote besondere Giftfarben, ebenso für Glasharzboote.

Zweikomponentenlacke und -farben lasse man nach dem Ansetzen nie unbeaufsichtigt an Bord, in der Nähe des Bootes oder irgendwelcher brennbaren Gegenstände herumstehen. Das gleiche gilt für angesetztes Kunstharz. Beide binden auch im Topf ab und entwickeln dabei Hitze, die sich infolge der Ballung des Materials nicht abkühlen kann; die Töpfe werden dann heiß wie Brandbomben! Es sind schon einige Werften aus solchem Grunde abgebrannt. Man setze immer nur soviel an, wie man in einem Zuge auch verarbeiten kann.

Stahlschiffe waren früher ein Alpdruck, weil sich jede kleine Nachlässigkeit in Form häßlicher Rosttränen zeigte. Hier ist der Industrie jedoch mit der Entwicklung der Epoxydharze seit etwa 1960 ein bedeutender Fortschritt gelungen. Stahlyachten werden heute kaum mehr spritzverzinkt, sondern bekommen auf das sandgestrahlte Metall eine Grundierung aus epoxydgebundenem Zinkstaub (Farbton grau bis graubraun). Diese anodische Schutzhaut ist wegen ihrer zähen Elastizität viel weniger verletzlich als elektrisch aufgespritztes, metallisches Zink und führt auch nicht zu dem gefürchteten Lochfraß im Eisen, der bei Verletzung der metallischen Zinkschicht auftritt. Man kann diesen Epoxydprimer auch auf verzinkte Boote auftragen. Dazu bedarf es aber besonderer Verfahren und Anmischungen, über die man sich Auskunft bei den Herstellern holen muß. Als Außenanstrich für Stahlschiffe setzen sich immer mehr die Epoxyd-Farben durch, weil sie zäh sind und lange glatt bleiben. Fast alle Schiffsfarbenhersteller können heute Epoxyd-Farben liefern. Das Zeitalter der Mennige ist jedenfalls für Stahlyachten vorbei. Dennoch muß man bei diesen Booten immer mit Pinsel und Farbe hinterhersein, sobald sich ein kleiner Schaden an der Maling zeigt; denn Rosttränen auf der Maling sind nur sehr schwer mit viel Schrubben und Scheuerpulver zu entfernen.

Abschließend noch einige Hinweise für das Schleifen, Spachteln und Malen:

Holz nie quer zur Faser schleifen. Auch

die Abziehklinge und den Dreikantschaber zum Entfernen der Lack- und Farbschichten nur in Faserrichtung bewegen. Zum Schleifen nur Sandpapier oder Wasser-Schleifpapier verwenden (kein Schmirgelleinen). Erst mit grobem Papier vorschleifen, mit feiner Körnung glattschleifen. Keine Tellerschleifmaschinen (Bohrmaschinen), sondern Band- oder Vibrationsschleifer gebrauchen. Beim Handschleifen Schleifblock verwenden. Zum Schleifen von Rundungen ist eine 30 cm lange, 4 bis 5 mm dikke Sperrholzplatte mit zwei Handgriffen, an jedem Ende einer, mit Haltevorrichtung für das Schleifpapier vorteilhaft. Die Platte schmiegt sich federnd an die Rundung.

Spachtelmasse und Kitt braucht man zum Auffüllen und Ausgleichen von Löchern, Schrammen und Unebenheiten. Kitt ist heutzutage ein vieldeutiger Begriff. Früher war das eine Masse auf Leinölbasis, die nur sehr langsam trocknete; heutige Kitte können auf verschiedenen Kunststoffbasen aufgebaut sein. Man verwendet sie vor allem bei Hölzern, die naturlackiert werden sollen; es gibt sie farbgerecht im Fachhandel für die gebräuchlichsten Holzsorten. Spachtelmasse ist heute eine Zweikomponentenanmischung mit Füllstoff, die auf reinem Metall ebenso hält wie auf Holz und sehr schnell abbindet. Nachdem man die Masse sorgfältig aufgespachtelt hat, läßt man sie nach Vorschrift auf der Packung einige Zeit trocknen und schleift sie dann glatt. Spachtelmasse wird unter der Maling verwendet. Die modernen Dichtungskitte lassen sich übermalen und überlackieren, aber nicht beschleifen. Überstände von Kittraupen werden mit einem scharfen Spachtel oder Messer bündig an der Oberfläche abgeschnitten. Bei manchen Dichtungskitten muß das Messer naß sein. Das letzte Wort hat auch hier die Gebrauchsanweisung auf der Packung.

Sperrholzboote und formverleimte Sperrholzboote werden wie Holzboote behandelt, doch müssen die Schnittkanten wie Hirnholz zwei besondere Anstriche bekommen. Kuntstoff- und Aluminiumboote brauchen über Wasser keinen Außenanstrich. Man malt sie nur zur Schönheit. Die matte, metallgraue Schicht, die blankes Aluminium schon nach kurzer Zeit annimmt, ist ein Selbstschutz. Man putze ihn nicht weg.

6. Frühjahrsinspektion

Die Sternbuchse der Propellerwelle muß neu gepackt werden. Verstellpropeller müssen auseinandergenommen und mit weichem Fett versorgt, gepackt und wieder zusammengebaut werden. Beim Wiederinstallieren von Elektrik und Elektronik darauf achten, daß Negativ an Masse und Erde kommt; sonst gibt es Elektrolyse.

Ehe man anfängt, unter Deck zu putzen, macht man erst die gesamte Technik mit Wasserleitungen, Pumpen usw. klar. Die Wassertanks müssen durchgespült und dann etwas gefüllt werden, damit man ausprobieren kann, ob die Pumpen am Spülbecken noch arbeiten. Die Lenzpumpen lasse man zur Prüfung aus einer Konservenbüchse voll Wasser unten aus der Bilge saugen. Gerade in den ersten Tagen nach der Indienststellung von Holzbooten wird sie gebraucht, bis die Planken gequollen sind und das Boot wieder dicht ist.

Der Motor muß klargemacht werden: alle Lenzstopfen wieder einschrauben, bei Motoren mit Zweikreis- oder Kielkühlung Kühlwasser auffüllen. Nach der er-

sten Stunde Lauf im Wasser noch einmal nachfüllen. Ölstand prüfen; es soll nicht weniger als vor dem Winter sein. Andernfalls nachsehen lassen, wo es wegläuft.
An Mast und Beiboot denken viele Leute erst zwei Tage vor dem Ansegeln, doch beide kann man schon in den ersten Märztagen einsatzklar machen. Die Spieren erhalten ihre letzten beiden Lackanstriche und ihre Beschläge, die alle gut fest am Holz sitzen müssen, damit sich dahinter kein Wasser fängt und den Mast faulen läßt. Die Segelschiene prüfen; sie wird beim Mastziehen oft verbogen. Man fahre einige Male einen Mastrutscher mit Zug und seitlichem Druck hindurch. Sind die Isolierungen der Leitungen zu Topplicht und Salingsleuchten noch heil und schmiegsam? Geht Strom hindurch? Laufen die Fallscheiben im Mast? Es ist kein Vergnügen, solche Dinge vom Bootsmannstuhl aus klarieren zu müssen, wenn der Mast erst gesetzt ist.
Es spart beim Mastsetzen erhebliche Kosten, wenn man den Taklern alles vorbereitet, wenn alle Bolzen, Splinte und Schäkel bereitliegen und die Spannschlösser sich drehen lassen. Das Steifsetzen der Abstagung kann man in guten Werften den Taklern überlassen. Für den, der sich mit seinem Rigg gut auskennt, ist es aber besser, das selbst zu machen; denn er hat es im Gefühl, was an Spannung seiner Takelage zugemutet werden kann oder was sie braucht. Die Mastkeile treibe man nicht hart in die Fischung; ein paar leichte Hammerschläge genügen. Wenn der Mastkragen vom vielen Malen steif ist, läßt man sich besser einen neuen machen, denn man bekommt ihn nie mehr dicht. Auf keinen Fall darf man ihn annageln, weil man nur Fäule ins Holz zieht.

Die Decks malt oder schrubbt man erst, wenn man sicher sein kann, daß kein Mechaniker oder Takler mehr an Bord kommt. Decks sollte man aus Sicherheitsgründen nicht lacken, sondern mit einer rutschfesten Decksfarbe streichen, die es fertig in der Büchse gibt.

7. Instandhaltung

Natürlich verlangt jedes Schiff auch während seiner Fahrtenzeit Pflege und Aufmerksamkeit. Von ihnen hängen die Sicherheit und letzten Endes auch die Lebensdauer einer Yacht ab. Hauptfeind an Bord ist der Schmutz. Deshalb sollte täglich einmal kurz und mindestens wöchentlich einmal gründlich Reinschiff gemacht werden. Hierfür gilt die goldene Grundregel: an Deck und außenbords soviel Wasser wie möglich – unter Deck so wenig wie möglich; denn es bringt nur Feuchtigkeit ins Schiff. Beim Deckwaschen bilden sich an der Außenhaut Schmutzstreifen, die sofort mit einem feuchten Tuch entfernt werden müssen. Später lassen sie sich nur mit scharfen Scheuermitteln beseitigen, die den Anstrich angreifen.
Fußböden unter Deck sind sauberzuhalten. Geschieht das nicht, sammeln sich schnell Staub, Faser,- Papier- und Speisereste in der Bilge, verstopfen die Durchflüsse, eventuell auch den Ansaugstutzen der Bilgepumpe, machen das Trockenhalten der Bilge unmöglich und beschleunigen den Fäulnisprozeß. Auch ist für eine gute Durchlüftung zu sorgen, gerade von schwer zugänglichen Winkeln wie der Bilge, dem Raum hinter der Wegerung und sonstigen Verschalungen, Kettenkasten, Segellast, Spinden und unter den Kojen. Alle Sachen, die unter Deck Feuchtigkeit anzie-

hen können, bringt man so oft wie möglich bei trockenem Wetter zum Lüften an Deck. Dazu zählt auch Naturfasertauwerk.

Die Außenhaut des Bootes ist im Rahmen des Möglichen vor Beschädigungen zu schützen. Sicheres und vorsichtiges Manövrieren ist eine Grundvoraussetzung, um Schrammen zu vermeiden. Fender, Wielings und Schamfilmatten dienen zum unmittelbaren Schutz der Außenhaut. Wanten und Stagen, an denen Segel oder anderes Gut scheuern können, sind mit Kunststoff oder Gummi zu ummanteln, ebenfalls Leinen dort, wo sie übers Schanzkleid laufen; nicht nur, um die Leinen zu schonen, sondern weil sie bei ständiger Reibung wie Sägen wirken. Ständige Beobachtung gilt auch dem Rigg. Der Bruch eines Wants oder eines Stags kann zu schwerer Havarie führen.

Nicht ganz so gefährlich sind Schäden am laufenden Gut, doch versteht es sich von selbst, auch dieses ständig zu kontrollieren. Schadhaftes Tauwerk ist sofort auszuwechseln. Nasses Naturfasertauwerk muß in losen Buchten zum Trocknen aufgehängt werden, weil es sonst genauso wie Holz fault. Blöcke des laufenden Gutes sind gelegentlich durch leichtes Einfetten gängig zu halten, beschädigte Blöcke umgehend auszuwechseln.

Man möge sich ständig ins Bewußtsein rufen, daß die geringfügigsten Nachlässigkeiten in kritischen Situationen, wie sie auf See schnell entstehen können, die größten Gefahren heraufbeschwören können.

V. Theorie des Segelns

a) Wahrer und scheinbarer Wind

Boote segeln an der Grenze zweier Medien, nämlich Luft und Wasser. Aus der Luft erhalten sie *Antrieb;* das Wasser trägt sie nicht nur, sondern es leistet auch einen Widerstand, der vom Antrieb überwunden werden muß.
Trifft der Wind auf eine feststehende Wand, so übt er auf diese einen Druck aus, und zwar als Folge der *Ablenkung der bewegten Luftmasse.* Ein angenehmer Segelwind von 5 m/sek drückt auf jeden Quadratmeter Fläche mit einer Kraft von 1,9 kp. Bei doppelter Geschwindigkeit, 10 m/sek, bei der man gerade noch ungerefft segeln kann, steht dieselbe Fläche nicht etwa unter dem doppelten, sondern unter dem vierfachen Druck, 7,6 kp/m². Wächst die Windgeschwindigkeit auf 20 m/sek = Windstärke 8 bis 9, was bereits ein gelinder Sturm ist, so wird auf jeden quer im Winde stehenden Quadratmeter Fläche ein Druck von über 30 kp ausgeübt, bei vierfachem Winde der sechzehnfache Druck!
Manche Segelmacher besitzen einen an Land aufgebauten Takelmast, an dem sie probeweise Segel setzen, um deren Stand beobachten zu können. Je nach dem Winkel, unter dem die Segel zum Winde stehen, bilden sich geringere oder größere Kräfte aus, die sogar quer zur Windrichtung wirken können. Alle diese Erscheinungen werden vom *wahren Winde* hervorgerufen.
Sobald aber die Besegelung auf einem Boot steht und dieses Fahrt aufnimmt, tritt eine für den Segler wichtige Änderung ein: Der wahre Wind wandelt sich unter dem Einfluß der Fortbewegung in den *scheinbaren Wind,* gelegentlich auch relativer Wind genannt. Segelt man platt vor dem Winde bei einer wahren Windgeschwindigkeit von 10 m/sek und erzielt dabei eine Fahrt von 5 m/sek, so ist offensichtlich, daß das Segel nur noch die Differenz spürt, das heißt, daß es von einem scheinbaren Winde von 5 m/sek angetrieben wird (Abb. 1). Fällt derselbe wahre Wind quer zur Fahrtrichtung ein und erzielt man dabei ebenfalls eine Fahrt von 5 m/sek, so wirkt auf das Segel ein scheinbarer Wind, der vorlicher einkommt als der wahre. Diese Erscheinung ist eine Folge der *Fahrt,* genauer gesagt des durch sie hervorgerufenen Fahrtwindes des *Bootes* (Abb. 2).
Solange ein Boot seine Fahrt aufrechterhält, ist es nur sehr schwer möglich, von Bord aus Stärke und Richtung des wahren Windes festzustellen. *Nur der scheinbare Wind existiert für das Boot und das Segel.* Nur der scheinbare Wind wird vom Stander angezeigt. Daß man heute sehr hoch am Winde segeln kann,

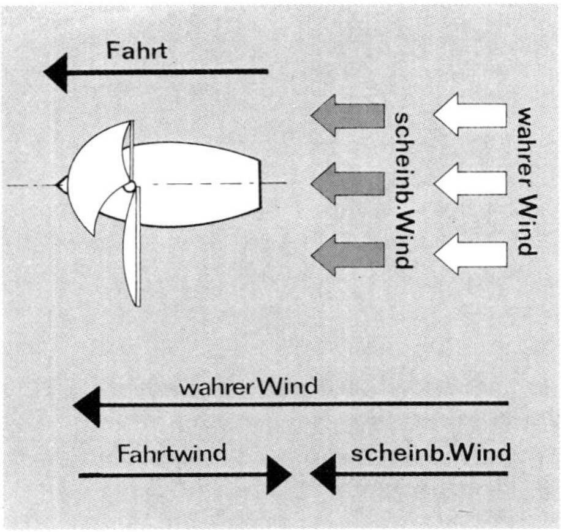

Abb. 1 Bei der Fahrt vor dem Winde ergibt sich ein um so geringerer »scheinbarer Wind«, je schneller das Boot segelt. Es läuft gewissermaßen dem Winde davon, kann aber niemals Windgeschwindigkeit erreichen, da dann kein Antrieb mehr vorhanden wäre.

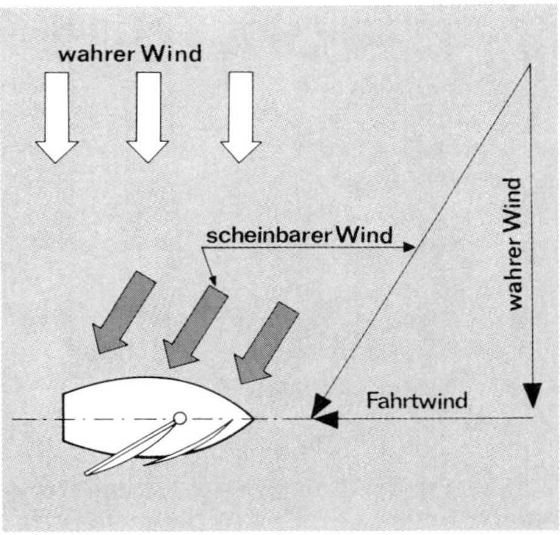

Abb. 2 Quer zum wahren Winde ist nicht halber Wind! Als Folge der Fahrt des Bootes fällt der scheinbare Wind vorlicher ein. Wie man an den Windpfeilen rechts erkennt, ist der scheinbare Wind hier stärker als der wahre.

gilt jedem Segler als selbstverständlich. Man sollte es aber eher als ein Wunder bezeichnen, daß man dem Winde eine Vortriebskraft entlockt, mit der man fast gegen ihn ansegeln kann. Es ist der *moderne Segelschnitt,* der dem Winde diese Kräfte entnimmt, und es ist die *moderne Unterwasserform* der Boote, die das Quer-Abtreiben verhindert und das Boot in diese geradezu unwahrscheinliche Richtung nach Luv zwingt. Allerdings trifft der scheinbare Wind hierbei um so ungünstiger auf die Segel, je schneller das Boot segelt. Abb. 3 gibt einen Aufschluß über die Vorgänge und läßt erkennen, daß beim Hart-am-Winde-Segeln die Geschwindigkeit des scheinbaren Windes bedeutend größer ist als die des wahren, ferner, daß der scheinbare Wind leider auch vorlicher einfällt. Man segelt also »scheinbar« höher am Winde als »wirklich«.

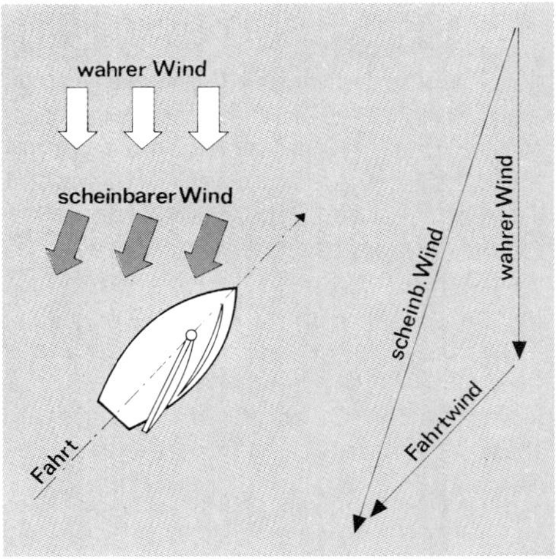

Abb. 3 Auch beim Segeln hoch am Winde fällt der scheinbare Wind vorlicher ein als der wahre. Dazu ist er vergleichsweise noch stärker als bei Fahrt quer zum wahren Winde, wie an den Pfeilen rechts erkennbar ist.

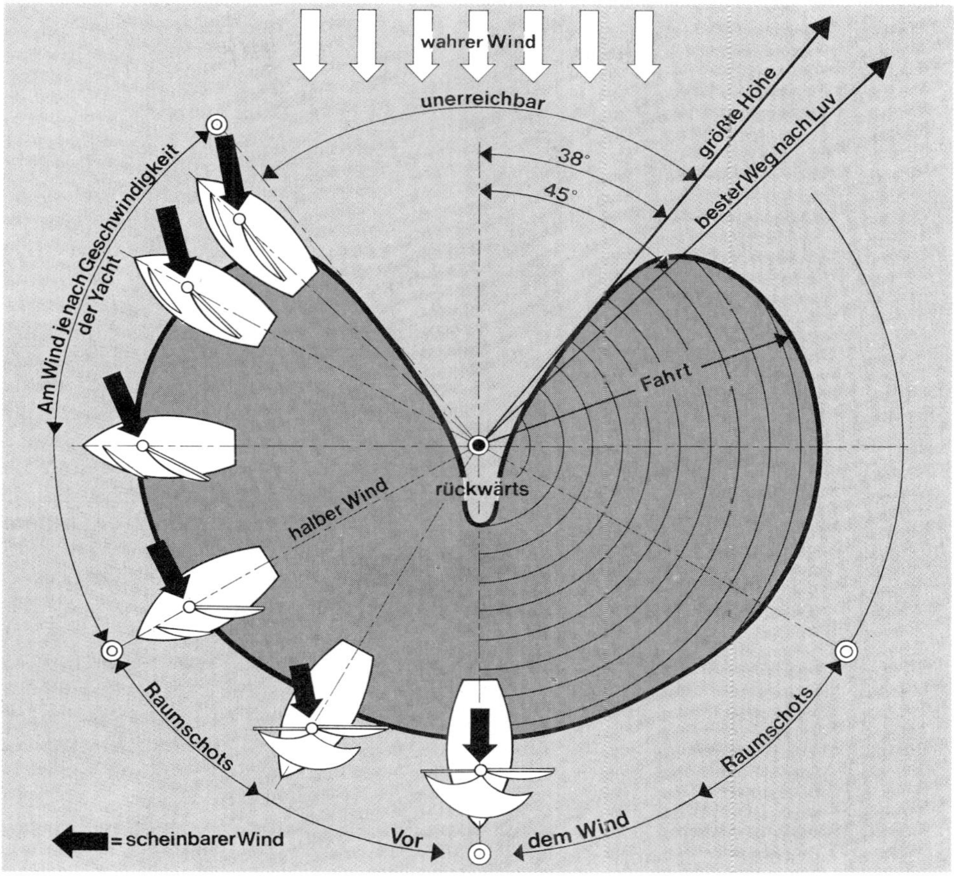

Abb. 4 Eine Gesamtdarstellung der Bedingungen von Kurs und Wind
Auf der linken Seite wurden die Boote samt der Stellung ihrer Segel für alle wichtigen Kurse eingetragen. Richtung und Stärke des entstehenden scheinbaren Windes sind an den eingezeichneten Pfeilen zu erkennen.
Was man Segeln mit halbem Winde nennt, ist quer zum scheinbaren Winde, aber ganz und gar nicht zum wahren. Verallgemeinernd nennt man die Kurse zwischen »am Wind« und »vor dem Wind« auch »raum«. Die Wettsegelbestimmungen sprechen von allen Winden (außer dem Wind, bei dem das Boot so hoch als möglich anliegen kann) als »raumem Wind«.
Auf der rechten Seite findet man die Kurve der wahrscheinlichen Geschwindigkeiten des Bootes relativ zum wahren Winde. Bei etwa 45° gewinnt man den besten Weg nach Luv. Zwar kann man das Boot noch höher an den Wind zwingen, doch erreicht man bei der größten Höhe in unserem Beispiel von 38° zu wenig Fahrt, um vorteilhaft zu segeln. Versucht man gar, in das »unerreichbare Gebiet« nach Luv einzudringen, so treibt das Boot zunächst langsam querab und nimmt schließlich sogar Fahrt rückwärts auf. Man nennt das »in den Wind gehen« oder »im Winde liegen«.

Je schneller ein Boot segelt, um so größer wird der Unterschied zwischen wahrem und scheinbarem Wind. Ein schnellsegelnder Katamaran kann daher nicht so hoch an den wahren Wind gehen wie eine normale Yacht. Da Eis- und Strandyachten noch viel schneller segeln, können diese noch weniger hoch anliegen, es sei denn, daß sie absichtlich langsam gesegelt werden.

Will man ein Ziel ansegeln, das genau entgegengesetzt der Windrichtung liegt, das man also *ankreuzen* muß, so kommt es nicht darauf an, so hoch wie möglich an den Wind zu gehen. Übertreibt man nämlich den Drang nach Luv, so erzielt man keine gute Fahrt mehr. Das Zusammenwirken aus Höhe und Fahrt ergibt den gewonnenen *Weg nach Luv.* Die Qualität der Segel sowie die Unterwasserform des Rumpfes ergeben für jedes Boot eine ganz bestimmte herauszusegelnde Höhe, bei der man den besten Weg nach Luv gewinnt (Abb. 4).

Für den scheinbaren Wind gelten folgende Regeln:

Solange noch Fahrt im Boot ist, können scheinbarer und wahrer Wind niemals gleich sein. Nur vor Anker liegend oder festgemacht erkennt man an Bord den wahren Wind in Richtung und Stärke.

Nur mit dem scheinbaren Winde kann man segeln.

Der scheinbare Wind ist um so vorlicher, je höher die Fahrt ist.

Der scheinbare Wind fällt stets vorlicher ein als der wahre. Bei Fahrt genau vor dem Winde behält er dieselbe Richtung bei, wird jedoch schwächer.

Das Segeln mit scheinbarem Winde benachteiligt die Fahrt hoch am Winde sowie auch vor dem Winde.

Der scheinbare Wind begünstigt daher die Fahrt mit halbem Winde und raumschots.

b) Abtrift

Anfänger im Regattasegeln erleben immer wieder mit Verwunderung, daß sie eine günstig am Winde liegende Boje zunächst gut anliegen können. Doch je näher sie der Boje kommen, um so schwieriger wird das Anliegen, bis sie schließlich erkennen, daß sie noch einen Schlag einlegen müssen, um überhaupt zur Wendemarke zu gelangen. Warum? Sie wurden von der *Abtrift* irregeführt. Ein Boot segelt nämlich nur in den seltensten Fällen dorthin, wohin sein Bug zeigt. Als Folge des Winddruckes auf die Segel weicht es stets etwas in Querrichtung aus (Abb. 5). Deshalb muß man auf allen Am-Wind-Kursen höher halten, als der direkte Kurs zum Ziel erfordern würde.

Der Winkel zwischen dem gesteuerten und dem gesegelten Kurs ist die Abtrift. Auf Kursen hoch am Winde ist sie vor allem von Tiefe und Form des Schwertes oder des Kiels abhängig. Je größer der Tiefgang, um so geringer die Abtrift. Ein langgestrecktes Unterwasserprofil mit geringem Tiefgang dagegen bringt eine erhebliche Abtrift. Man spricht dann auch von einem ungünstigen *Lateralplan.* Die Abtrift hängt aber noch von anderen Faktoren ab, wie vor allem dem Schnitt der Segel und der Krängung des Bootes. Mit den meisten heutigen Yachten wird man 4° bis 5° höher steuern, als das gewählte Ziel erfordert, bei starken Winden 6° bis 7°.

Abtrift gibt es auf allen Kursen, auch platt vor dem Winde. Auf allen Kursen von Am-Wind bis einschließlich raumschots handelt es sich um eine echte Abtrift als Folge des quergerichteten Winddruckes. Auf dem Kurs Vor-dem-Wind dagegen entsteht eine unechte oder falsche Abtrift, deren Effekt zwar derselbe

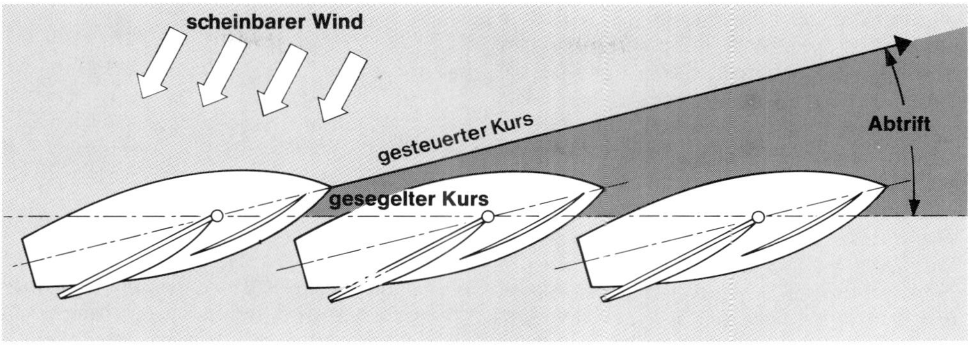

Abb. 5 Da der Wind nicht nur Vortrieb erzeugt, sondern auch eine starke Querkraft auf das Boot ausübt, entsteht Abtrift. Man sieht in etwas übertriebener Darstellung, wie der tatsächlich gesegelte Kurs weniger hoch an den Wind führt als der gesteuerte Kurs.

ist, deren Ursache jedoch in ungleicher Verteilung der Vortriebskräfte beiderseits des Mastes liegt. Segelt man vor dem Winde mit einer Jolle und holt das Schwert vollkommen auf, so erkennt man sofort diese unechte Abtrift. Deshalb soll man auch platt vor dem Winde segelnd einen Teil der Schwertfläche unter dem Boden herausragen lassen.

c) Vortrieb

Wind kann Kräfte zum Antrieb eines Bootes nur hergeben, wenn er aus seiner Richtung abgelenkt oder wenn er abgebremst wird. Jahrtausendelang wurde nicht anders als in Windrichtung gesegelt; denn es schien nur möglich zu sein, vom Winde mitgenommen zu werden, nicht aber quer zum Winde oder gar gegenan zu segeln. Segelt man nach Art der ältesten Nilschiffe ebenso wie mit einer modernen Yacht vor dem Winde, so wird dadurch Vortrieb gewonnen, daß die Segel dem Winde einen Widerstand bieten. Je größer die Segel, je stärker der Wind, desto mehr Widerstand wird zum Antrieb des Bootes erzielt. Es kommt nur darauf an, eine möglichst große Luftmasse »abzubremsen«, um einen großen Vortrieb zu erzielen (Abb. 6).

Welches ist nun aber die günstigste Form, um einen möglichst großen Wind-

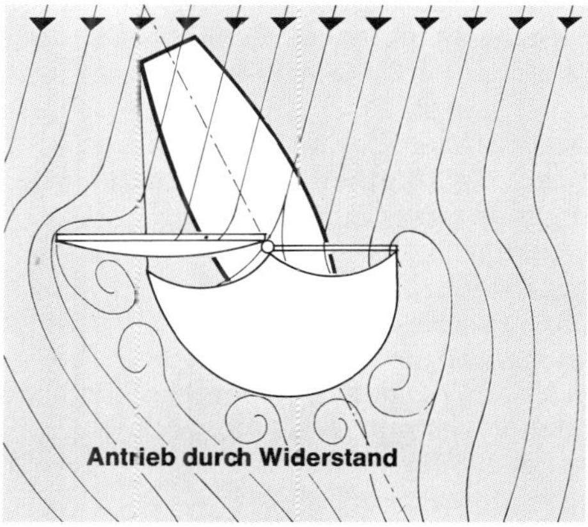

Abb. 6 Beim Vor-dem-Winde-Segeln wird Antrieb durch den Widerstand erzeugt, den die Segel dem Winde bieten. Je mehr Luftmasse abgebremst wird, desto mehr Widerstand = Vortrieb wird gewonnen. Am besten eignen sich dafür bauchig geschnittene Segel.

widerstand zu bekommen? Eine hohle Halbkugel, wie sie beispielsweise der geöffnete Fallschirm bildet, erzielt 25 Prozent mehr Luftwiderstand als eine gleichgroße ebene Platte. Aus diesem Grunde gibt man Spinnakern eine halbkugelförmige Gestalt.

Auf Kursen vor dem Winde wirkt jeder Widerstand als Vortrieb, also auch der Mast, die Verstagung und sogar die im Wind stehende Mannschaft. Widerstand und Antrieb sind beim Vor-dem-Winde-Segeln gleich groß. Deshalb sollen für diesen Kurs alle Segel so bauchig wie möglich geschnitten werden. Es wäre sogar vorteilhaft, ein extra bauchig geschnittenes Großsegel zu fahren; doch wird in den Wettsegelbestimmungen das Auswechseln des Großsegels während der Regatta zugunsten guten Sportes verboten.

Auf ganz andere Art entsteht *Vortrieb beim Segeln am Winde.* Nicht mehr ein bauchiges Segel erzeugt Widerstand, sondern ein flach als aerodynamisches Profil geschnittenes Segel sorgt für störungsfreie allmähliche Umlenkung des Windes (Abb. 7).

Aus der Aerodynamik stammt auch der Ausdruck »Auftrieb«, der nicht gleichbedeutend ist mit dem Vortrieb.

Um die Luftströmung möglichst ungestört abzulenken, wobei sie zugleich in Luv verzögert und in Lee beschleunigt wird, muß die Wölbung der Segel ziemlich flach ausgeführt werden. Man strebt danach, einem aerodynamischen Profil nahezukommen, mit der *stärksten Wölbung im vorderen Drittel.*

Das Segeln hoch am Winde erfordert ein ganz besonderes Zusammenwirken von Segel und Boot. Es gibt keine noch so hervorragend geschnittenen Segel, die für sich allein Vortrieb zur Fahrt hoch am Winde schaffen könnten. Man

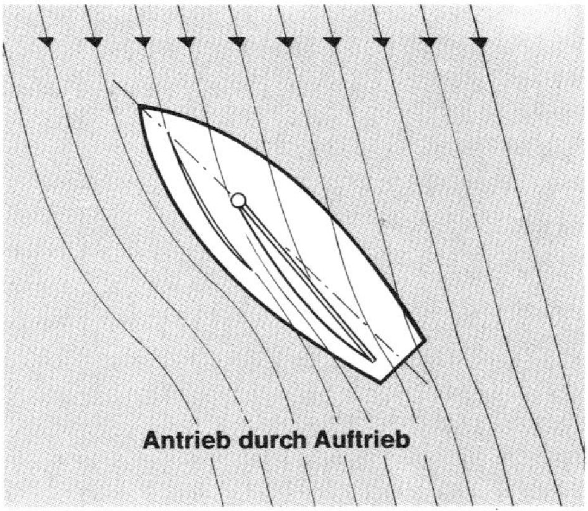

Abb. 7 Von hart am Winde bis raumschots wird Antrieb durch Ablenkung, nicht Abbremsen des Windes erzeugt. Dadurch wird in aerodynamischem Sinne Auftrieb geschaffen, der vom Boot in Vortrieb umgewandelt wird. Hierfür eignen sich flachgeschnittene Segel am besten, weil sie die Luftströmung allmählich und mit geringer Störung umlenken.

braucht nur das Schwert einer am Winde segelnden Jolle aufzuholen, und diese wird sofort quer abtreiben. Der Wind liefert nämlich überhaupt keinen nach vorn gerichteten Vortrieb, sondern nur einen quer zur Windrichtung orientierten Auftrieb. Erst das Boot selbst, sein Schwert, sein Kiel, sein Lateralwiderstand verwandeln die quergerichtete Kraft des Auftriebs in nutzbaren Vortrieb.

Unter Anwendung der Abb. 8 lassen sich diese Vorgänge leicht erklären. Im linken Teil wurden die vom Winde am Segel erzeugten Kräfte durch Pfeile dargestellt, die Größe und Richtung dieser Kräfte erklären. Kein Pfeil zeigt voraus. Man erkennt, daß der *Unterdruck in Lee erheblich größer* ist als der Überdruck in Luv, daß aber beide gemeinsam in der

gleichen Richtung »ziehen«, nämlich fast senkrecht zur Richtung des einfallenden Windes! Wichtig ist dabei aber die Stellung des Segels; die gezeigte Stellung liefert die größten Kräfte, wie in zahlreichen Untersuchungen nachgewiesen werden konnte. Da diese Kräfte den Vortrieb ausmachen, achtet jeder gute Segler auf die in der Abbildung gezeigte Segelstellung: das Vorliek zeigt in die Richtung des einfallenden Windes!
Die Gesamtwirkung des Windes auf das Segel ist durch einen Pfeil dargestellt, der in seiner Länge die Größe der Gesamtkraft und in seiner Richtung die Richtung dieser Kraft angibt. Die Gesamtkraft wird in den Widerstand (in Richtung des Windes) und den Auftrieb quer zum Winde zerlegt (Abb. 8 Mitte). Man erkennt die Wirksamkeit des gut profilierten Segels daran, daß es ungefähr fünfmal soviel Auftrieb wie Widerstand erzielt. Aus diesen beiden gemessenen Kräften kann man graphisch leicht die *Gesamtkraft* ermitteln. Sie ist geometrisch gesprochen die Resultierende aus Auftrieb und Widerstand. Doch darf man sich nicht irreführen lassen; denn die Gesamtkraft ist die einzige vom Winde auf das Segel ausgeübte Kraft, aus welcher Auftrieb und Widerstand resultieren.
Die in A sich ergebende Zusammenfassung aller Windkräfte findet man im rechten Teil der Abbildung unter B wieder, wo die Wirkung der Gesamtkraft auf

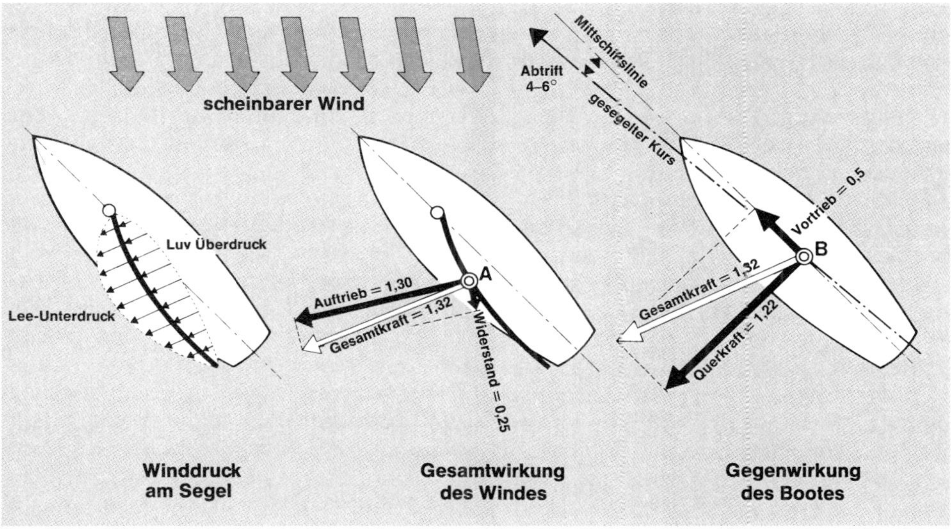

Abb. 8 Windkräfte beim Am-Winde-Segeln. Im linken Teil wird gezeigt, wie sich in Luv des Segels Überdruck und in Lee Unterdruck entwickeln, die gemeinsam in derselben Richtung wirken. In der Mitte wurde die Summe dieser Kräfte durch den hellen Pfeil »Gesamtkraft« dargestellt, aus dem sich großer Auftrieb und geringer Widerstand ableiten lassen. Im rechten Teil erkennt man, wie der seitliche Widerstand des Bootes gegen Abtrift aus der Gesamtkraft des Windes sowohl Vortrieb als auch Querkraft ableitet. Wäre kein seitlicher Widerstand vorhanden, so würde das Boot in Richtung der Gesamtkraft quer abtreiben.

den Bootskörper gezeigt wird. Da der Lateralplan großen seitlichen Widerstand leistet, treibt das Boot nicht einfach in Richtung der Gesamtkraft ab, sondern widersetzt sich so gut wie möglich der Querkomponente der Gesamtkraft, um dafür um so besser die voraus gerichtete Komponente auszunutzen. Die mit der Ziffer 1,22 versehene Querkraft wirkt auf Krängung und Abtrift des Bootes, wogegen der mit Ziffer 0,5 gekennzeichnete Vortrieb das Boot vorwärtstreibt. Es wird aus den Windkräften also tatsächlich *eine fast gegen den Wind gerichtete Vortriebskraft* gewonnen, was allerdings nur dank des großen Lateralwiderstandes des Bootskörpers möglich ist.

Die eingetragenen Ziffern stellen Beiwerte dar, mit denen man die tatsächlich auftretenden Kräfte errechnen kann. Man muß nur die Beiwerte multiplizieren mit

der Segelfläche in m²,

dem Quadrat der Geschwindigkeit des scheinbaren Windes in m/sek,

der halben Dichte der Luft = 0,063.

Würde ein Boot mit 20 m² Segelfläche bei einem scheinbaren Winde von 5 m/sek segeln, so ergäbe sich eine Gesamtkraft von $P = 1{,}32 \cdot 20 \cdot 25 \cdot 0{,}063 = 41{,}6$ kp. Wendet man auf den Vortrieb den Beiwert 0,5 an, so erhält man einen Vortrieb von fast 16 kp. In der Tat segeln Jollen und Yachten erstaunlich gut mit geringen Vortriebskräften.

d) Widerstand und Geschwindigkeit

In Fahrt schiebt der Bootskörper bei Zurücklegung einer Strecke seiner Wasserlinienlänge jeweils eine Wassermenge beiseite, deren Gewicht gleich dem Bootsgewicht ist. Das »Loch im Wasser« schließt sich wieder hinter dem Boot, doch geht ein Teil der Antriebsenergie verloren, wie man an der davonrollenden Bug- und Heckwelle erkennen kann. Man spricht hier vom *Formwiderstand.*

Zugleich entsteht aber auch eine erhebliche Reibung des Wassers an der benetzten Fläche des Bootes, und zwar ist dieser *Reibungswiderstand* fast immer größer als der Formwiderstand. Schließlich entsteht auf allen Am-Wind-Kursen ein recht erheblicher *Luftwiderstand.* Nur auf Spinnakerkurs entsteht kein schädlicher Luftwiderstand, weil ja hierbei der Luftwiderstand als Antrieb wirkt. Der Wind wirkt entweder fahrthindernd oder antreibend auf sämtliche Teile, die aus dem Wasser herausragen, nämlich Überwasserschiff, Mast, Spieren, gesamte Takelage und sogar Mannschaft. Faßt man die auf allen Kursen und bei allen Windstärken gesegelte Fahrt in einer durchschnittlichen Geschwindigkeit zusammen, so erhält man nachstehende Tabelle:

Mittlere gesegelte Geschwindigkeit einiger Klassenboote

Leichter Renn-Katamaran	5,4 kn
Starboot	4,4 kn
Flying Dutchman und 505er	4,3 kn
30 m²-Schärenkreuzer	4,2 kn
Drachenboot	4,0 kn
Finn-Dinghy	3,9 kn
Nordisches Volksboot	3,8 kn

Bei starkem Winde gelangt jedes Boot an eine *Grenzgeschwindigkeit,* bei welcher der Formwiderstand besonders groß wird. Sie ist dann erreicht, wenn die *Heckwelle* sich kurz hinter dem Heck ausbildet (Abb. 9). Ein Kielboot in konventioneller Bauweise kann diese Grenzgeschwindigkeit nicht überschrei-

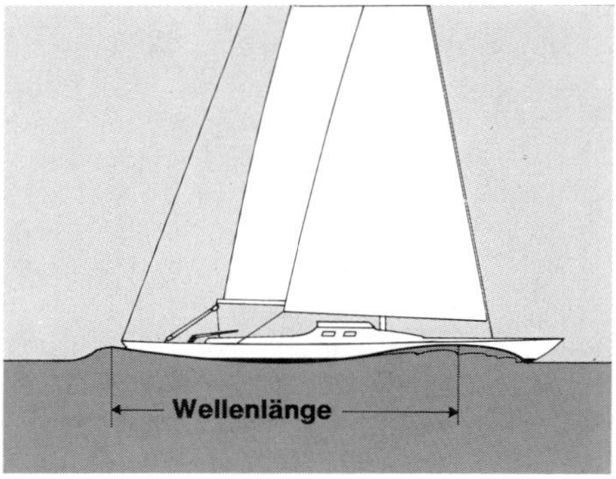

Abb. 9 Der größte Fahrtwiderstand eines Bootes entsteht, wenn sich die Heckwelle kurz hinter dem Heck ausbildet. Ein konventionelles Kielboot kann deshalb eine Geschwindigkeit v (km/h) = 4,5 · $\sqrt{LWL}$ nicht überschreiten.

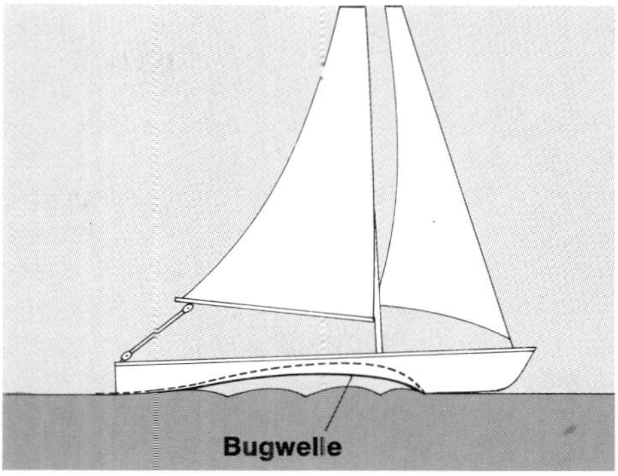

Abb. 10 Eine leichte Jolle mit flachem Boden kann die kritische Geschwindigkeit überschreiten und gelangt dann in den Zustand des Gleitens. Sie »reitet« dabei auf ihrer eigenen Bugwelle und läßt die Heckwelle weit hinter sich.

ten, auch nicht, wenn sehr große Vortriebskräfte das Boot antreiben. Sie wird als Geschwindigkeitsgrad 4,5 gekennzeichnet. Diese Zahl bedeutet, daß die Geschwindigkeit in km/h nicht größer sein kann als 4,5 · $\sqrt{\text{Wasserlinienlänge}}$. Hat z. B. ein Kielboot eine WL-Länge von 9 m, Quadratwurzel = 3, so liegt seine höchste erreichbare Grenzgeschwindigkeit bei 4,5 · 3 = 13,5 km/h = 7,3 Knoten. Möchte man die Fahrt gleich in kn ermitteln, so rechnet man 2.43 $\sqrt{LWL}$.

Auch die leichte Rennjolle erleidet eine Verstärkung des Widerstandes bei derselben kritischen Geschwindigkeit. Hat sie jedoch eine *passend abgeflachte Bodenform,* so kann sie diesen kritischen Punkt überwinden und erreicht dann den *Zustand des Gleitens.* Das bedeutet, daß sich das Vorschiff heraushebt und das Boot gleichzeitig auf der eigenen Bugwelle reitend davonläuft, die Heckwelle weit hinter sich lassend (Abb. 10). Es entsteht ein *teilweiser dynamischer Auftrieb,* der mithilft, das Boot zu tragen. Es verdrängt beim Gleiten also weniger Wasser, als seinem Gewicht entspricht, wodurch sich einerseits der Formwiderstand vermindert, andererseits aber auch weniger Reibung erzeugt wird, weil sich die benetzte Oberfläche verkleinerte.

Auf raumen Kursen kann ein leichtes Boot so schnell gleiten, daß es die Geschwindigkeit des wahren Windes erreicht (vgl. Va).

Neuerdings werden auch Kielboote immer leichter gebaut, so daß selbst diese ins Gleiten kommen. Ein beginnendes Gleiten kann heute jeder Segler in leichten Jollen erleben. Auf raumen Kursen kann eine trainierte Mannschaft unter günstigen Umständen große Gleitgeschwindigkeiten erreichen. So kam ein Flying Dutchman auf nahezu 18 kn = 33 km/h.

e) Stabilität

Der Druck des Windes wirkt stets über Wasser, der Widerstand des Bootes dagegen unter Wasser. Folglich versuchen die Windkräfte, das Segelboot umzuwerfen, zum Kentern zu bringen. Diesem Bestreben muß eine aufrichtende Kraft entgegenwirken; sie wird *Stabilität* genannt. Ohne Stabilität wäre ein Segeln unmöglich.

Beim *Kielboot* wird die erforderliche Stabilität durch »toten« *Ballast* erzielt, ein Blei- oder Eisengewicht tief unter Wasser am Boden befestigt (Abb. 11). Als Folge der Krängung gelangt in Lee ein größerer Teil des Bootskörpers unter Wasser, wodurch ein Auftrieb außerhalb der Mittellinie im Formschwerpunkt F entsteht. Der Gewichtsschwerpunkt des Bootskörpers einschließlich Takelage, jedoch ohne Ballast, würde in Gs liegen. Der tiefliegende Ballast sorgt dafür, daß der Gesamtschwerpunkt auf den Punkt Gg fällt, an welcher Stelle das Gesamtgewicht des Bootes nach unten drückt. Aus beiden Kräften, *Auftrieb und Gewicht,* bildet sich ein *aufrichtendes Moment,* dessen Hebelarm ebenfalls eingetragen ist. *Je größer der Hebelarm, desto größer die Stabilität,* ausgedrückt durch das Moment aus Kraft (= Gewicht) mal Weg (= Hebelarm).

Genau ebenso groß ist das vom Winde erzeugte *krängende Moment,* das sich aus Winddruck und einem anderen Hebelarm ergibt, nämlich dem senkrechten Abstand zwischen Windpfeil und Wasserdruckpfeil. *Je größer die Stabilität, desto größer das Segeltragevermögen.* Werden bei starken Winden die krängenden Kräfte zu groß, so muß die Segelfläche durch Reffen verkleinert werden, andernfalls würde das Boot zu stark überliegen. Glücklicherweise

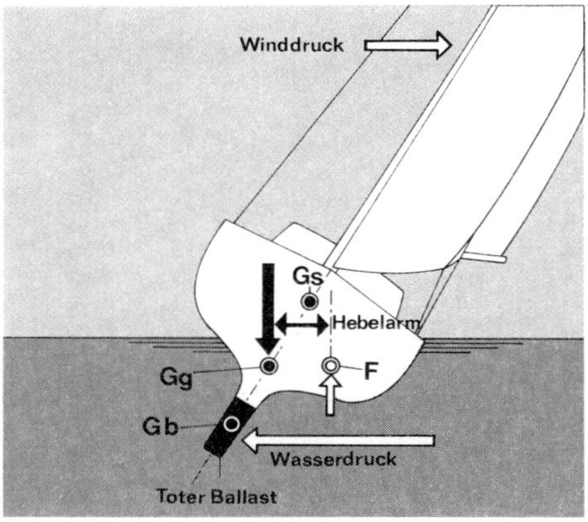

Abb. 11 Während der Winddruck ein »krängendes Moment« erzeugt, arbeitet ihm die Stabilität mit einem »aufrichtenden Moment« entgegen. Das Gesamtgewicht des Bootes zieht in Gg nach unten, während der Auftrieb in F nach oben wirkt. Gb = Schwerpunkt des Ballastes, Gs = Bootsschwerpunkt ohne Ballast. Im Schiffbau kennt man außerdem ein Metazentrum als Schnittpunkt der Wirkungsrichtung des Auftriebs mit der Mittelachse.

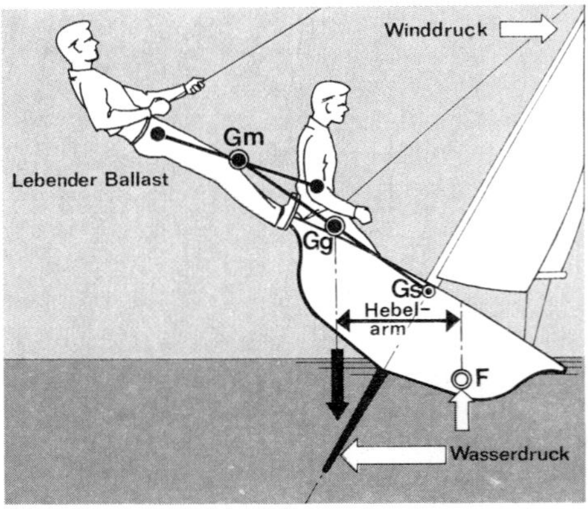

Abb. 12 Bei einer Jolle wird statt des toten Ballastes des Kielbootes der lebende Ballast der Mannschaft eingesetzt. Auch hier wirkt das Gesamtgewicht Gg, das die Mannschaft einschließt, an einem Hebelarm und ergibt ein großes aufrichtendes Moment.

braucht man hierbei aber keine Momente zu berechnen, weil sich nämlich eine Art *automatischer Regulierung* einschaltet. Je stärker sich ein Boot überlegt, desto mehr verringert sich die dem Winde gebotene Segelfläche. Zugleich wird beim Kielboot das aufrichtende Moment größer. Bei plötzlich einfallender heftiger Bö kann eine Besegelung sogar platt aufs Wasser gedrückt werden, ohne daß dem Kielboot dabei etwas passiert. Ausgenommen allerdings sind jene mit offener Plicht, die bei starker Krängung vollaufen.

Ganz andere Umstände bewirken die *Stabilität einer Jolle.* Da sie keinen toten Ballast besitzt, muß »lebender« Ballast eingesetzt werden (Abb. 12). Dadurch wird der Gewichtsschwerpunkt Gs nach Luv verlegt und gelangt nach Gg oder sogar Gm. Er wirkt an einem sehr langen Hebelarm, so lange die Mannschaft sich genügend weit hinauslegen kann. Bei sehr starker Krängung, etwa ab 50°, wird allerdings die physische Schwierigkeit für die Mannschaft so groß, daß unmittelbare Kentergefahr auftritt.

Eine Eigenart der Stabilisierung durch lebenden Ballast verdient hervorgehoben zu werden: man kann damit *vollkommen aufrecht segeln.* Nur die moderne Jolle unter Anwendung eines *Trapezes* kann hohe Geschwindigkeiten in absolut aufrechter Lage ersegeln. Allein deshalb kommt sie leichter ins Gleiten.

f) Luv- und Leegierigkeit

Um das Entstehen von Luv- oder Leegierigkeit zu erklären, sei der Segelriß eines Kielbootes betrachtet (Abb. 13). Man erkennt die Flächenschwerpunkte von Groß- und Vorsegel sowie den mit S bezeichneten *Gesamtdruck- oder -schwerpunkt der Besegelung.* In diesem kann man den Angriffspunkt aller Windkräfte annehmen. Der schraffiert gezeichnete Lateralplan besitzt ebenfalls einen *Flächendruckpunkt* L, in dem man sich den Widerstand gegen Abtrift vorstellen kann. Wie man sieht, befindet sich der Gesamt-Segeldruckpunkt vor dem Lateralschwerpunkt, und zwar in diesem Beispiel um 10% der Wasserlinienlänge.

Nicht unähnlich liegen die Verhältnisse bei der Jolle (Abb. 14). Hier liegt der Segelschwerpunkt jedoch nur 5% der WL-Länge vor dem Lateraldruckpunkt.

Weshalb liegen nun beide Druckpunkte nicht einfach senkrecht übereinander? Würden sich dann nicht Winddruck und Lateralwiderstand wunderbar ausgleichen? Nein, richtig im Gegenteil, sie würden eine starke Luvgierigkeit erzeugen; denn beim Segeln am Winde ist die Querkraft erheblich größer als der Vortrieb (Abb. 8 und 15), nämlich meistens 2½ bis 3mal so groß.

Aber auch der Vortrieb wirkt auf Luvgierigkeit, da er weit außerhalb der Bootsmittellinie angreift (Abb. 16): Der obere Pfeil zeigt den Vortrieb im Segel an, der untere den Widerstand unter Wasser, und zwischen beiden besteht ein seitlicher Abstand, der Hebelarm a. Dadurch wirkt der Wind, als ob ein Schlepper das Boot an einer Leine schleppt, die außen am Want des Bootes befestigt ist. Ein weißer Pfeil am Bug gibt an, in welche Richtung das Boot gedrückt würde, wenn man nur den Vortrieb berücksichtigte.

Nun wirkt die Querkraft, die ja wie der Vortrieb im Segeldruckpunkt angreift, dieser durch den Vortrieb hervorgerufenen »Luvgierigkeit« des Bootes entge-

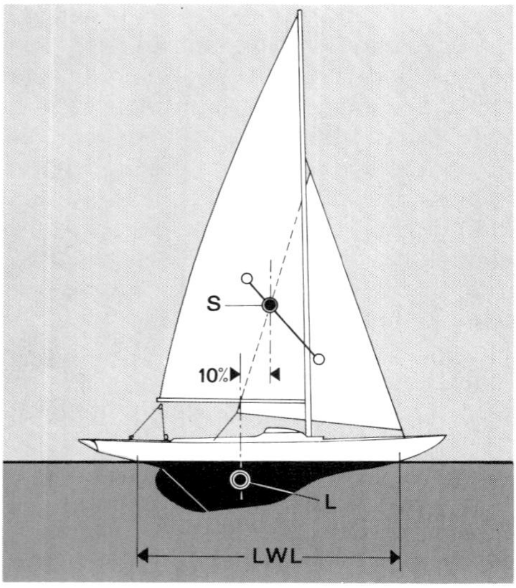

Abb. 13 Aus der gesamten Segelfläche ergibt sich der geometrische Druckpunkt S. Schraffiert erkennt man unten den abtrifthindernden Lateralplan mit seinem Druckpunkt L. Bei dem hier gezeichneten Kielboot liegt der Segeldruckpunkt 10% der WL-Länge vor dem Lateraldruckpunkt L.

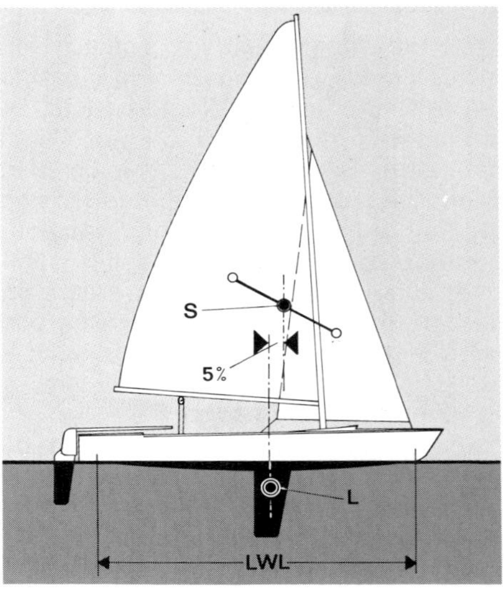

Abb. 14 Bei dieser Jolle, die mittels Trapez möglichst aufrecht gesegelt wird, liegt der Segeldruckpunkt S nur um 5% der WL-Länge vor dem Lateraldruckpunkt L.

gen. Würden jetzt beide Schwerpunkte senkrecht übereinander stehen, so hätte die Querkraft keine Wirkung; das Schiff wäre also luvgierig.

Da eine Jolle möglichst aufrecht gesegelt wird, wird bei ihr auch die Luvgierigkeit nicht so groß wie bei einem Kielboot; daher darf der Hebelarm, an dem die Querkraft angreift, bei der Jolle nicht so groß sein wie bei dem Kielboot (vgl. Abb. 13 u. 14). Nun wird aber die Einfachheit der Beziehungen ständig durcheinandergeworfen. Segelt das Boot mit weniger Krängung, so wird a kleiner, ohne daß b sich verändert, d. h. der Drang nach Luv verringert sich. Es gehört zweifellos viel Erfahrung dazu, ein Boot zum ausbalancierten Segeln am Wind zu bringen, und damit erscheint der Ausdruck des *Trimmens.*

Es gibt keine einzig und für immer richtige Lage der Schwerpunkte. Selbst die persönliche Art des Steuerns beeinflußt sie; denn der eine Steuermann versucht, größte Höhe herauszusegeln, der andere hält mehr auf gute Fahrt, aber weniger Höhe. Hat man Gelegenheit, bei bedeutenden Rennen den Trimm der einzelnen Boote zu vergleichen, so findet man selbst unter den Spitzenbooten erstaunliche Unterschiede.

Das Eintrimmen eines Bootes geschieht unter Ausnutzung aller veränderlichen Möglichkeiten: Mast vorausneigen oder vorversetzen verringert die Luvgierigkeit ebenso wie Schwert zurückverset-

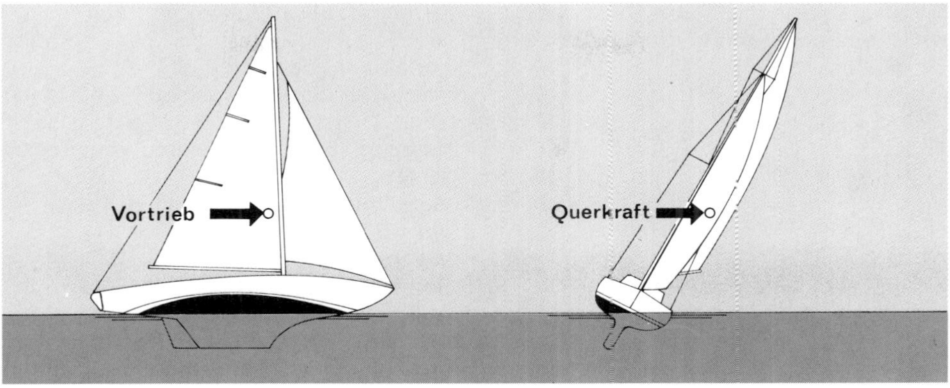

Abb. 15 Der Pfeil links zeigt den Vortrieb, der rechts die (stärkere) Querkraft

zen oder etwas aufholen. Das Versetzen der Holepunkte von Groß- und Vorschot ergibt weitere Möglichkeiten. Zu dicht geholte Vorsegel wirken leegierig, zu offen stehende dagegen luvgierig.

Selbst das Großsegel bietet beachtliche Trimmöglichkeiten. In zunehmendem Maße werden flexible (biegsame) Masten und sogar Großbäume verwandt. Der Grad der Biegung läßt sich während des Segelns je nach Windstärke und Kurs regulieren. Je stärker der Wind und je höher die Yacht am Wind segelt, um so flacher soll das Großsegel stehen. Wird der Mast peitschenartig nach achtern durchgebogen, flacht sich das

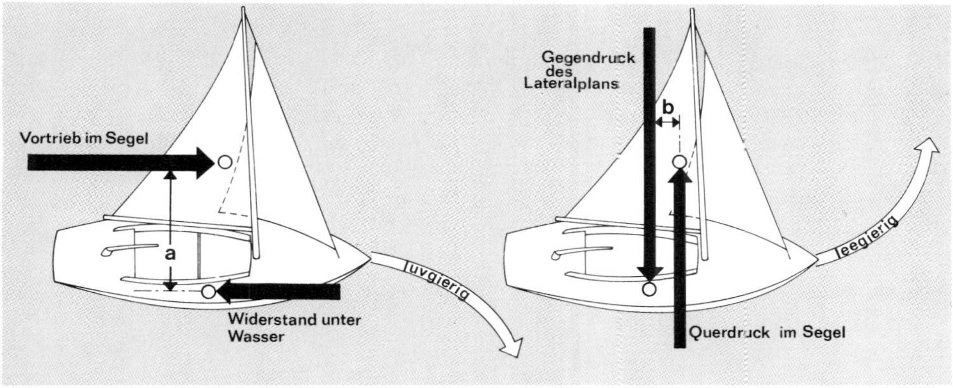

Abb. 16 Wegen der Krängung des Bootes wirkt der Vortrieb im Segel nicht in der Mittschiffslinie, sondern erheblich außerhalb in Lee. Dadurch entsteht mit dem Hebelarm a eine stark luvgierige Tendenz. Die Querkraft dagegen greift mit dem Hebelarm b an, wodurch eine etwa gleichgroße Tendenz zur Leegierigkeit gewonnen wird. Nur durch gutes Auswägen beider Kräfte und Hebelarme entsteht ein ausgeglichenes Segeln.

Großsegel erheblich ab. Ähnliches bewirkt ein nach unten durchgebogener Großbaum.

Allgemein gilt:

Leegierigkeit wird erreicht durch

Vergrößern der Vorsegel,
Versetzen der Vorsegel weiter nach vorn,
Neigung (Fall) des Mastes weiter nach vorn,
Versetzen des Mastes nach vorn,
Verkleinern des Großsegels,
Belasten des Achterschiffes mit Ballast,
Aufholen des Schwertes und des Ruderblattes (bei Schwertbooten),
Auffieren der Großschot.

Luvgierigkeit wird erreicht durch

Verkleinern der Vorsegel,
Versetzen der Vorsegel weiter nach achtern,
Neigung (Fall) des Mastes weiter nach achtern,
Versetzen des Mastes nach achtern,
Vergrößern des Großsegels,
Verbreitern des Großsegels,
Belasten des Vorschiffs mit Ballast,
Auffieren der Vorschot(en).

Das Trimmen mit Ballast vorn oder achtern ist aber nur bedingt anzuwenden. Moderne Yachtkonstruktionen sind häufig, speziell im Achterschiff, so ausbalanciert, daß sie keinen zusätzlichen Ballast vertragen, sondern sich dann in der Welle festsaugen und erheblich an Fahrt einbüßen.

VI. Praxis des Segelns

a) Segelsetzen und Segelbergen

Um dem Wind beim Setzen der Segel keine Angriffsfläche zu bieten, muß das Boot im Wind liegen und, sofern es am Steg oder an einer Boje festgemacht ist, frei schwojen können. Ist diese Voraussetzung am Liegeplatz nicht gegeben, muß es an einen entsprechenden Platz verholt werden. Die erforderlichen Arbeiten richten sich nach der Art des Segels und sollen deshalb für jeden Segeltyp gesondert behandelt werden.

1. Setzen und Bergen eines Hochsegels

Dem Segelsetzen geht das *Segelklarmachen* voraus. Dazu gehört das Abnehmen der Persenning vom Großsegel, die so zusammengelegt wird, daß die Innenseite nicht beschmutzen kann, ferner: Fall anschäkeln — Großschot losgeben — Großbaum andirken — Baumschere oder -stütze wegnehmen und verstauen — Großschot wieder belegen — Zeisinge bis auf eine oder zwei losnehmen — eventuell vorhandene Backstagen loswerfen. Großfall durchholen. Auf Jollen haben die Bäume keine Dirk, so daß sie beim Setzen des Segels so lange in der Stütze liegen bleiben, bis das Segel beinahe vorgeheißt ist. Das Vorliek des Hochsegels fährt an der Achterkante des Mastes entweder in einer Nut (Hohlkehle) oder mit Rutschern (Schlitten) auf einer Schiene (vgl. Abb. S. 51). Da auch das Unterliek am Baum in einer Nut liegt, aus der es leicht herausgeholt werden kann, macht man Hochsegel oft nicht fest, sondern schlägt sie vollständig ab und verstaut sie im Segelsack. Ist der Baum mit einem *Drehreff* versehen, wird die Nut nach unten gedreht, damit kein Regenwasser hineinläuft.

Häufig ist der Großbaumbeschlag — auch Lümmelbeschlag genannt — als Schlitten ausgebildet, der in oder auf einer Schiene am Mast auf- und niederfährt. In diesem Fall greift an der Unterkante des Schlittens eine Halstalje oder ein Strecker an, mit dem man nach dem Vorheißen des Großsegels den Baum nach unten durchsetzen kann. Die meistens gefahrenen Segellatten sind vor dem Setzen in die entsprechenden Taschen zu stecken und vor dem Abschlagen wieder herauszuziehen. Aus diesem Grunde sollten die Segellatten fortlaufend numeriert sein.

Segel festmachen: Die Baumschere oder -stütze wird aufgestellt, der Baum in die Schere eingefiert, die Großschot steifgesetzt: die provisorischen Zeisinge werden wieder abgenommen. Danach tucht man das Segel auf, indem man es von oben anfangend am Achterliek nach achtern ausholt und nun, ebenfalls von oben beginnend, einige Buchten aus dem Segeltuch parallel zum Baum bildet. In sie wird das übrige Segeltuch hineingeschüttelt. Die letzte Bucht am Großbaum, in der sich alles Segeltuch gleichmäßig verteilt befindet, rollt man dann zusammen und legt sie auf den Baum. Danach werden die Zeisinge um Baum und Segel herumgenommen und die Persenning aufgebracht. Lange, schwere Bäume werden mit *Brooken,* starken Gurten, die im Fall hängen, abgefangen, damit sich die Bäume nicht durchhängen können.

2. Setzen und Bergen eines Gaffelsegels

Gaffelsegel sind nur noch auf wenigen Yachten – Oldtimern – zu finden. Die Vorbereitungen zum Segelsetzen sind die gleichen wie beim Hochsegel, nur werden Klau- und Piekfall angeschäkelt.

Segel setzen: Die verbliebenen Zeisinge und die Großschot werden losgenommen und Piek- und Klaufall so durchgeholt, daß die Gaffel in einem Winkel von ungefähr 30° nach oben kommt. Dabei ist darauf zu achten, daß die Buchten der Reihleine am Mast nicht haken, die Gaffel an die richtige Seite der Dirk kommt und nicht etwa hinter Wanten oder Backstagen gerät. Zunächst wird nun das Klaufall steif gesetzt und belegt, danach das Piekfall so weit durchgeholt, daß im Segel an der Klau von der Gaffel zum Mast verlaufende Falten erscheinen, die beim Dichtholen der Schot wieder verschwinden müssen. Andernfalls ist das Piekfall zu stark durchgesetzt. Dann erhält die Dirk so viel Lose, daß der Baum auf allen Kursen in seiner freien Bewegung nicht behindert wird und die Dirk nicht im vollen Segel steht. Auf größeren Yachten wird häufig eine zweite Dirk gefahren. Man holt dort jeweils die Luvdirk so weit durch, daß sie den Baum gerade noch nicht anhebt, jedoch sofort zum Tragen kommt, falls etwa das Piekfall brechen sollte und der Baum dadurch keinen Halt mehr von oben bekommt.

Nun wird die Reihleine so weit wie möglich durchgeholt, um das Vorliek dicht an den Mast zu bringen. Auf größeren Yachten kann man die Fallen beim Belegen mit einem Kopfschlag über die Klampe oder den Belegnagel sichern. Besser jedoch ist es, wenn man die untergeschlagene Part als Slipstek durchsteckt. Auf Jollen ist unbedingt von einem Kopfschlag abzusehen, weil er sich nach einer Kenterung nicht schnell genug lösen läßt. Das Ende der Fallen wird aufgeschossen und entweder über die Klampe gehängt oder zwischen stehender Part und Mast festgeklemmt.

Bergen des Gaffelsegels: Die Reihleine wird losgenommen, die Dirk durchgesetzt und die Großschot dichtgeholt. Danach wirft man Piek- und Klaufall los und fiert sie schnell und gleichmäßig Hand über Hand, so daß die Gaffel im gleichen Winkel wie beim Setzen herunterkommt. Das Niederholen unterstützt und beschleunigt man durch Holen am Vorliek. Das herunterkommende Segeltuch wird wahrgenommen, damit es nicht außenbords weht, und provisorisch mit einigen Zeisingen um Baum und Gaffel festgemacht.

Das *Festmachen* erfolgt wie beim Hochsegel, nur hält man die Gaffel mit Piek- und Klaufall einige Handbreit über dem Baum und tucht das Segel so auf, daß es zwischen Baum und Gaffel zu liegen kommt.

3. Setzen und Bergen der Vorsegel

Klarmachen zum Setzen: Das Vorsegel, Fock oder Genua, wird aufs Vordeck gebracht. Um ein vorzeitiges Entfalten zu verhindern, kniet oder setzt man sich auf das Segel, während man Halsstropp, Fall und Schot einpickt. Die Schot schert man an beiden Seiten durch die Führung und gibt sie nach achtern, wo sie durch einen Achtknoten vor dem Ausrauschen aus der Führung gesichert wird. Nach Einpicken der Stagreiter, sofern vorhanden, am Stag wird das Segel auf dem Vordeck zusammengeschoben und eventuell mit einer Zeising zusammengehalten.
Klüver und Außenklüver auf größeren, älteren Yachten werden beim Klarmachen bereits aufgetucht, *gegarnt,* gesetzt, so daß sie nachher nur ausgerissen zu werden brauchen. Zum Auftuchen legt man das Segel ausgeholt an Deck und schlägt es einmal so ein, daß Vor- und Achterliek aufeinander zu liegen kommen. Dann rollt man das doppelt liegende Segeltuch nach den Lieken hin zu einem dünnen Wulst zusammen und bindet es mit Segelgarn um Vor- und Achterliek derart zusammen, daß das Schothorn an der Außenkante etwas heraushängt und die Schot eingepickt werden kann. Man kann auf diese Weise die aufgetuchten Vorsegel bereits setzen, bevor durch das gesetzte Großsegel auf den Mast Zug nach achtern ausgeübt wird und die Fallen sich dadurch schlechter durchsetzen lassen. Eventuell vorhandene Backstagen sind vorher loszunehmen.

Vorsegel setzen: Das Segel wird mit dem Fall vorgeheißt und so weit durchgesetzt, daß das Vorstag gerade anfängt, lose zu kommen, bei Topptakelung bis zum Anschlag im Masttopp. Ein Vorsegel soll so stehen, daß die hart angeholte Schot Achter- und Unterliek gleichmäßig steifholt. Fährt die Schot zu weit nach vorne, bleibt das Unterliek lose, fährt sie zu weit nach achtern, bleibt das Achterliek lose. Der Holepunkt für die Fockschot läßt sich vielfach auf einer Schiene verstellen. Seine richtige Fixierung ist für jedes Vorsegel neu zu ermitteln.

Vorsegel bergen: Fall und Schot werden losgeworfen. Während man das Fall fiert, muß man gleichzeitig das herunterkommende Segel vor dem Außenbordsgehen wahrnehmen. Danach sofort Fall, Hals und Schot auspicken und das Segel verstauen. Werden auf größeren Yachten die Vorsegel an einem Baum gefahren und nicht abgeschlagen, tucht man sie gleich nach dem Niederholen auf und beschlägt sie mit Zeisingen.
Wird bei starkem Wind der Klüver geborgen, so empfiehlt es sich, auf raumen Kurs oder vor den Wind zu gehen, damit der Klüver durch Großsegel und Fock abgedeckt wird und nicht schlagen kann.

b) Trimmen der Segel

Jedes Segel erzeugt um so mehr Vortrieb, je mehr seine Wölbung dem Wind angepaßt ist. Je höher am Wind man segelt, um so flacher soll das Segel stehen. Für raume Kurse sind bauchigere Segel vorteilhafter. Die Wölbung (und Verwindung) eines Segels läßt sich durch die Spannung der Lieken verändern (trimmen).
Bei jedem guten Segel ist das Liek nicht als Gerade geschnitten, sondern als gekrümmte Linie, die manchmal einem fla-

chen S gleicht. Mast und Baum, die starr sind, bzw. das Vorstag ziehen das Segel in die angestrebte Wölbung.
Die Spannung des Vorlieks und des Achterlieks beim Großsegel und des Vorlieks bei der Fock sind veränderbar und damit die Wölbung des Segels.
Die Vorliekspannung beim Großsegel und der Fock wird zunächst einmal mit dem Fall reguliert, beim Großsegel auch mit dem *Halsstrecker* und *Baumniederholer.* Bei schwachem Wind wird weniger gestreckt, damit das Segel die größte eingearbeitete Wölbung behält und dieser Bereich nicht weiter als notwendig nach vorn geholt wird.
Bei viel Wind verschiebt sich der Bereich größter Wölbung mehr nach achtern. Das ist unvorteilhaft, weil die Richtung der wirksamen Kraft des Segels dann mehr auf Krängung als auf Vortrieb arbeitet. Um dem entgegenzuwirken, wird das Fall stark durchgesetzt und das Vorliek nach unten gestreckt.
Eine weitere Trimmöglichkeit bietet die sogenannte *Cunningham-Kausch* im Vorliek, 15–30 cm über dem Hals von Großsegel und Fock. Mit Hilfe einer durch die Kausch geschorenen Ausholerleine oder Talje kann bei Kursen am Wind als Vorliek noch weiter gestreckt werden. Der Tampen dieser Talje kann ins Cockpit geführt werden, um ein Regulieren durch den Vorschotmann zu ermöglichen.

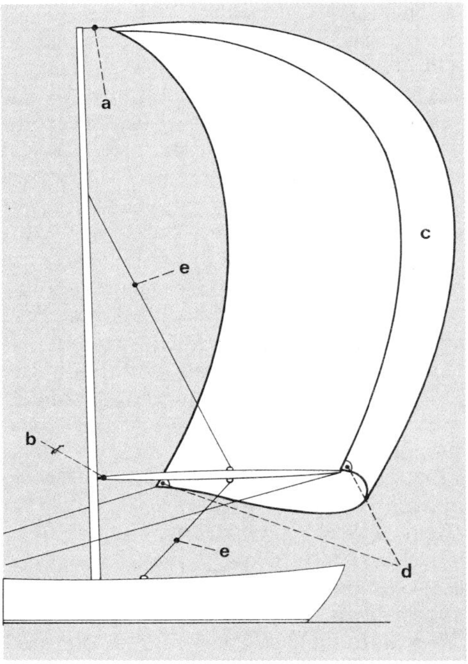

Abb. 1 Der richtig gesetzte Spinnaker
a) Das Spinnakerfall ist etwa 30–50 cm aus dem Block gefiert; b) Der Spinnakerbaum steht horizontal (in einem Winkel von 90° zum Mast); c) Das Luvliek fällt gerade noch nicht ein; d) Hals und Schothorn »schweben« auf gleicher Höhe; e) Toppnant (oben) und Niederholer (unten) dürfen nicht zu steif durchgesetzt werden, damit der Spinnakerbaum etwas Spielraum behält und sich den Bewegungen des Bootes anpassen kann.

c) Der Spinnaker

Der Spinnaker gilt heute auf Fahrten- und Regattabooten als wichtigstes Vorsegel für Kurse mit raumem Wind. Die Klassenvorschriften verbieten ihn lediglich für einige kleinere Jollen, damit diese Boote nicht zu kostspielig werden.

1. Spinnakersetzen

Die Methode des Setzens ist auf kleinen und großen Booten etwas unterschiedlich. Auf einer Jolle bringt man Spinnaker und Baum auf das Vorschiff, den Baum mit der Nock nach vorn, pickt den Spinnakerhals an der Baumnock, den

Achterholer am Hals, die Schot am Schothorn und das Fall am Kopf ein und gibt Schot und Achterholer außerhalb der Wanten nach achtern; allerdings darf man nicht vergessen, die Schot vorher noch von Luv nach Lee vorne um das Vorstag herumzuführen! Währenddem muß der Spinnaker gut an Deck niedergehalten werden, damit er keinen Wind fängt. Nun heißt man den Spinnaker am Fall vor, bringt den Baum so weit voraus, daß man ihn am Mast einhaken kann, und schwingt den Baum durch Holen des Achterholers aus. Auf einem reinen Vorm-Wind-Kurs ist der Spinnakerbaum so hoch wie möglich zu setzen. Im Gegensatz zu den anderen Fallen wird das Spinnakerfall nicht steif durchgesetzt, sondern so, daß es etwa 30 bis 50 cm aus dem Kopfblock gefiert bleibt, damit sich der Spinnaker in einer Art Schwebezustand den Bewegungen des Bootes im Seegang anpassen kann. Eine *Toppnant* und ein Niederholer halten den Spinnakerbaum nach oben und unten in seiner horizontalen Lage, 90° zum Mast. Sie sind ebenfalls nicht zu steif zu setzen, so daß der Baum nach oben und unten einen gewissen Bewegungsspielraum behält. Der Stand des Spinnakers wird nun mit Schot und Achterholer reguliert, und zwar so, daß der Spinnakerbaum in einem rechten Winkel zum scheinbaren Wind steht. Hals und Schothorn müssen sich auf gleicher Höhe befinden, und die Schot muß so getrimmt werden, daß das Luvliek des Spinnakers gerade noch nicht einfällt (Abb. 1). Häufig wird der Spinnaker aus einem auf dem Vordeck oder am Bugkorb befestigten Sack oder Korb heraus vorgeheißt. Das Prinzip bleibt sich aber gleich.

Auf größeren Yachten steht der Spinnakerbaum oft senkrecht an der Vorderseite des Mastes in einer Spur gezurrt. Man löst die Zurring, fiert die Toppnant, die in solchem Fall an der Baumnock angreift, setzt den Baum in seinen Beschlag am Mast ein und bringt ihn mit zusätzlichen Vor- und Achterholern in die richtige Lage querab. Erst nachdem der Spinnaker in Lee des Großsegels vorgeheißt worden ist, wird der Hals mit einem besonderen Ausholer zur Baumnock ausgeholt, dort eingepickt und nun die Schot durchgeholt.

Etwas abweichend ist die Methode mit der auf manchen Rennjollen gefahrenen sogenannten endlosen Spinnakerschot. Achterholer und Schot sind miteinander verbunden. Der im Cockpit gestaute Spinnaker bleibt am Fall angeschlagen.

2. *Spinnakerbergen*

Es ist fast unmöglich, einen Spinnaker zu bergen, solange er noch voll steht. Deshalb muß zunächst der Wind aus dem Segel gebracht werden. Dies geschieht, indem man den Spinnakerhals an der Baumnock auspickt und den Achterholer fliegen läßt, so daß der Spinnaker wie eine Flagge ausweht. Gleichzeitig wird die Schot entsprechend gefiert. Man birgt also den Spinnaker grundsätzlich in Lee, und zwar in Lee des Großsegels beziehungsweise auch eines bereits gesetzten Vorsegels. Beim Leewant oder sogar etwas achterlicher wird der Spinnaker am Unterliek binnenbords geholt und nun das Fall gefiert. Der Spinnakerbaum wird anschließend abgeschlagen und an Deck gestaut oder mit der Toppnant aufgetoppt und am Mast in seiner Spur gezurrt.

Sofern der Spinnaker bei der endlosen Schot nicht am Fall angeschlagen bleibt und mit dem Achterholer einfach unter der Fock hindurch ins Cockpit gezogen wird, ist er sofort in seinem Sack zu stauen. Man legt die Lieken ziehharmonikaartig zusammen und steckt den Spinnaker so in den Sack, daß Kopf, Hals und Schothorn obendrauf und klarliegen, um den Spinnaker sofort aus dem Sack heraus erneut vorheißen zu können.

d) Reffen

Als Reffen bezeichnet man das Verkleinern der Segelfläche. Man unterscheidet das *Dreh-, Roll* oder *Patentreff* und das *Binde-* oder *Bändselreff.* Beim Drehreff wird das Segel von unten auf den Baum gerollt. Dazu dient entweder ein Hebel mit Zahnkranz und Sperrklinke oder ein Schneckengetriebe mit aufzusetzender Kurbel.
Man setzt zunächst die Dirk so weit steif, daß sie gerade das Gewicht des Baumes abfängt. Hebt sie den Baum an, rollt sich das Achterliek mit Falten ein. Außerdem muß während des gesamten Reffvorganges genügend Wind in dem Segel stehen, damit es sich faltenlos aufrollen läßt. Gelegentlich wird es dennoch erforderlich sein, das Achterliek von Hand nach achtern auszuholen. Während der Baum gedreht wird, muß man mit dem Fall langsam dem Zug des Reffs nachkommen. Bekommt das Vorliek zu viel Lose, rollt es sich ungleichmäßig auf. Es soll sich ferner beim Aufdrehen nicht aufeinander, sondern hintereinander legen, weil es sonst einen dicken Wulst bildet, der das Segel verzieht. Kommt das Vorliek zu weit vom Mast ab, muß man bei den letzten Umdrehungen das Liek wieder nach vorne holen. Entsprechend wie das Segel herunterkommt, wird die Reihleine ausgeschoren, beziehungsweise sind die Rutscher von der Schiene und eventuell vorhandene Segellatten herauszunehmen. Ist der Großbaum unterschiedlich dick, sind an den dünneren Stellen Lappen oder Latten miteinzudrehen, damit sich das Segel gleichmäßig aufrollt. Gleitet der Baumbeschlag auf einer Schiene, wird das Fall gefiert, bis der Baumbeschlag unten aufsetzt, und dann der Baum so lange gedreht, bis der Beschlag den höchsten Punkt erreicht hat. Dieser Vorgang wiederholt sich so oft, bis eine genügend große Segelfläche eingerollt ist.
Kleinere Jollen haben häufig keine Reffeinrichtung. Auf ihnen wird der Großbaum vom Mast gelöst und von Hand um seine Längsachse gedreht, oder man birgt das Vorsegel. Das Bindereff besteht aus einer Kombination von Bändseln und Gatchen – kleinen Kauschen im Segel –, die in mehreren Reihen, je nachdem wie viele Reffs das Segel hat, parallel zum Baum verlaufen. Beim Bindereff muß der Baum mitschiffs geholt werden, um daran arbeiten zu können. Das wird bei vollstehendem Segel nicht immer möglich sein. Man muß ankern oder versuchen, so hoch wie möglich an den Wind zu gehen. Wie das Boot sich am besten in dieser Position zum Wind hält, ob mit hart angeholtem oder back geholtem Vorsegel, hängt von der Konstruktion ab. Kleinere Boote pflegen gut liegenzubleiben, wenn man mit hart angeholter Fockschot und losgeworfener Großschot zuerst die Fahrt aus dem Boot bringt und dann hart Luvruder legt.
Der Großbaum wird so in die Dirk gehängt oder in einen vorhandenen Galgen gelegt, daß man von Deck aus gut am Baum arbeiten kann, und die Großschot durchgesetzt. Nun wird die Mastliekkausch auf den Baum heruntergeholt

und am Lümmelbeschlag gelascht. Danach wird das Smeerreep – eine Art Achterausholer – durch die Reffkausch am Achterliek geschoren und dieses auf den Baum und zugleich nach achtern ausgeholt. Entweder setzt man das Smeerreep mit einer Winsch am Baum oder einer Refftalje steif durch. Das jetzt freigewordene, durchhängende Tuch wird nach einer Seite geholt, sauber aufgerollt oder in gleichmäßig glatten Bahnen auf den Baum gelegt und mit den Reffbändseln fest zusammengebunden. Jedes Reffbändsel erhält einen Reffknoten, das ist ein Kreuzknoten mit Schleife, bei dem eine Schlaufe in die andere gesteckt wird. Zum Schluß wird die Reffkausch am Achterliek durch eine zusätzliche Lasching um den Baum herum gesichert, damit die gesamte Spannung nicht allein auf dem Smeerreep sitzt. Man kann aber auch eine Reihleine durch die Reffgatchen scheren und das Reff als neues Unterliek am Baum anreihen. Danach wird das Fall wieder durchgesetzt.

Statt das Smeerreep erst beim Reffen zu scheren, wird oft ein solches Reep fest gefahren und über eine Umlenkrolle so weit nach vorn am Baum entlanggeführt, daß jederzeit die Reffkausch auf den Baum heruntergeholt werden kann. Statt der Reffbändsel lassen sich Reihleinen verwenden, die fest im Segel gefahren werden und beim Reffen um Reffhaken am Baum gelegt werden.

Das Ausreffen, *Ausschütten des Reffs,* geschieht in umgekehrter Reihenfolge, indem man zunächst das Segel vom Baum abrollt, beziehungsweise Reffbändsel, Reffleine und die Zurrings der Reffkauschen an Achter- und Vorliek löst und dann das Fall durchsetzt.

An einem Baum gefahrene Vorsegel haben im allgemeinen ein Bändselreff und werden genauso wie das Großsegel gerefft. Sonst refft man Vorsegel nicht, sondern wechselt sie gegen kleinere aus.

Da man während des Reffens nur beschränkt manövrierfähig ist, sollte stets rechtzeitig und eher zu viel als zu wenig gerefft werden. Außerdem wird das Reffen um so schwieriger, je mehr Wind und Seegang zunehmen. Abgesehen davon, daß eine zu große Segelfläche zu Bruch in der Takelage führen kann, krängt das Boot darunter stark und büßt dadurch immer erheblich an Geschwindigkeit ein.

Modern geriggte Yachten segeln bei starkem Wind auf allen Kursen ausgezeichnet allein unter Vorsegeln. Auf ihnen kann man das Großsegel bergen und statt dessen eine tiefgeschnittene Genua setzen.

e) Wind und Kurs – Schot- und Ruderführung

Konventionelle Yachten können kaum höher als bis zu einem Winkel von 45° an den Wind herangehen, einige moderne Rennyachten bis zu etwa 38° (Abb. S. 115). Diesen Grenzkurs, mit dem das Boot noch hinreichend Fahrt voraus macht, nennt man »am (beim) Wind segeln«. Für jede Yacht gibt es also einen Sektor von ungefähr 76 bis 90°, den sie nicht befahren kann. Alle anderen Kurse zum Wind verleihen dem Boot Fahrt voraus.

Beim Segeln kommt der Wind entweder von Steuerbord oder von Backbord (Abb. 2). Dementsprechend fährt man die Segel an Backbord bzw. Steuerbord – der jeweils der Windseite (Luv) gegenüberliegenden Seite –; man segelt über *Backbordbug,* wenn die Segel an

Backbord stehen, und umgekehrt. Alle Kurse über einen Bug kann man also ändern, ohne mit den Segeln mehr zu tun, als sie, je nach dem Einfallswinkel des Windes zur Kielrichtung des Bootes, anzuholen oder aufzufieren. Diese Kursänderungen, bei denen die Windseite die gleiche bleibt, nennt man *anluven* oder *abfallen.* Ein Boot luvt so lange an, wie es seinen Kurs mehr in den Wind hinein ändert, bis es völlig im Wind liegt. Es fällt so lange ab, wie es seinen Kurs mehr vom Wind fort ändert, bis es vor dem Wind segelt.

Es besteht ein grundlegender Unterschied für das Verhalten von Rudergänger und Schotleuten, ob man am Wind beziehungsweise vorm Wind oder nicht am Wind, sondern raumer segelt. Am Wind werden die Schoten dichtgeholt, und es ist Aufgabe des Rudergängers, das Boot möglichst hoch am Wind so zu steuern, daß die Segel richtig vollstehen. Auf raumen Kursen dagegen hält der Rudergänger Kurs und läßt die Segelstellung von den Schotleuten korrigieren. Vorm Wind hat wiederum ausschließlich der Rudergänger durch entsprechende Kurskorrekturen darauf zu achten, daß die Segel voll stehen.

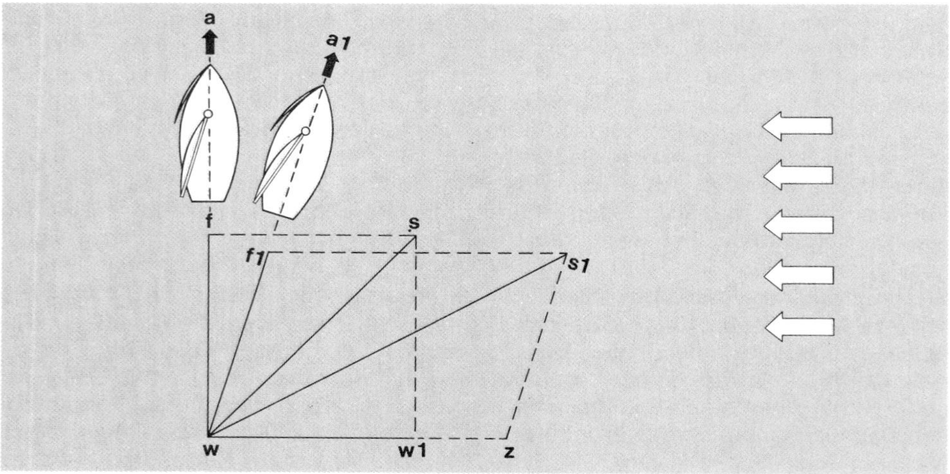

Abb. 2 Anluven in einer Bö
Ein Segelfahrzeug liegt auf dem Kurs a. Der wahre Wind fällt genau von Steuerbord querab ein (w_1–w). Die Fahrt ist w–f groß. Aus dem Kräfteparallelogramm ergibt sich der scheinbare Wind s–w.
Das Fahrzeug liegt mit 45° am scheinbaren Wind. Es soll angenommen werden, daß das die höchste Höhe am scheinbaren Wind ist.
Wenn der wahre Wind um w_1–z stärker wird (z. B. in einer Böe), die Fahrt des Fahrzeuges aber noch nicht zunimmt, (w–f = w–f1), dann ergibt sich aus dem neuen Kräfteparallelogramm der scheinbare Wind s_1–w, der achterlicher als der bisherige einfällt. Soll die höchste Höhe ausgenutzt werden, dann kann das Fahrzeug auf einen neuen Kurs gehen, der etwa a1 entspricht. Es kann anluven.
Wenn sich dann die Fahrt des Fahrzeuges erhöht, wird der scheinbare Wind wieder vorlicher einfallen. Um die höchste Höhe segeln zu können, muß das Fahrzeug wieder abfallen.

Das Segeln am Wind erfordert viel Erfahrung. Man muß sein Boot genau kennen, um zu wissen, wieweit man die Segel anholen darf, um die vorwärtstreibende Kraft noch genügend ausnutzen zu können. Ein gut getrimmtes, das heißt genau ausbalanciertes Boot wird meistens auf eine falsche Segelstellung durch zunehmende Luv- oder Leegierigkeit reagieren. Um den richtigen Kurs am Wind zu ermitteln, geht man so hoch an den Wind heran, bis das Vorliek der Genua oder Fock gerade zu *killen* anfängt. Dann fällt man gerade so viel ab, bis diese Erscheinung wieder verschwindet. Da der Wind in seiner Richtung veränderlich ist, muß das »Heranfühlen« an den Wind ständig wiederholt werden. Es handelt sich dabei um minimale Korrekturen, die durch kaum merkbares Ruderlegen sehr langsam vorzunehmen sind. Luvt man zu schnell an und geht zu hoch an den Wind, führt das nur zu Fahrtverlust, aber keinem Gewinn an Höhe. Ist man jedoch zu hoch gelaufen, legt man beim Abfallen kräftiger Ruder, um möglichst schnell wieder vollen Wind in den Segeln zu haben. Das gilt besonders bei böigem Wetter, wenn der Wind stark *raumt* oder *schralt*. Zu voll segeln heißt, mit zu dicht geholten Schoten einen zu raumen Kurs steuern.

Auf raumem Kurs wird das Boot luvgieriger. Man fiert dann die Großschot so weit auf, daß das Vorliek gerade noch nicht killt, und die Vorschot so weit, daß die Fock noch voll steht. Auf Schwertbooten holt man das Schwert um so mehr auf, je achterlicher der Wind einkommt, da die Abtrift, der es entgegenwirken soll, abnimmt, bis sie vor dem Wind praktisch verschwindet. Dabei verringert sich bei aufgeholtem Schwert die benetzte Oberfläche – das Boot wird schneller – und der Lateraldruckpunkt verlagert sich weiter nach achtern – das Boot verliert an Luvgierigkeit. Allerdings muß auch vor dem Wind das Schwert etwas gefiert bleiben (vgl. VI b S. 117).

Bereits bei halbem Wind ist es möglich, den Spinnaker zu setzen. Er muß dann allerdings so flach wie irgend möglich gefahren werden, so daß er mehr oder weniger wie eine zusätzliche große Genua wirkt. Früher fuhr man auf solchen Kursen einen sogenannten Raumballon, der nichts weiter war als eine besonders bauchig geschnittene Genua. Um den Spinnaker flach zu trimmen, muß der Baum so tief wie irgend möglich heruntergeholt werden. Man darf ihn jedoch nie gegen das Vorstag drücken lassen. Auch darf die Schot nicht zu dicht geholt werden, weil sonst der Wind zwischen Spinnaker und Großsegel nicht mehr hindurchstreichen kann, sondern als Abwind in Lee ins Großsegel fällt.

Es gibt auf diesem Kurs einen Grenzbereich von etwa 10°, in dem es zweifelhaft sein kann, ob der Spinnaker noch wirksam ist, also mehr Vortrieb erzeugt als Fock oder Genua allein. Man kann sich leicht täuschen lassen, indem man einen vollstehenden Spinnaker noch für wirksam hält, während das gar nicht mehr der Fall ist. Sobald nämlich der reine Vorm-Wind-Kurs verlassen wird, ist das Vollstehen nicht mehr ein Beweis für wirksamen Vortrieb, sondern lediglich für den erzeugten Widerstand zum Wind. Schon auf Raumschots-Kurs bildet sich eine Luftströmung, die vom Luvliek zum Leeliek verläuft. Für eine solche Luftströmung aber ist die Austrittskante, also das Leeliek eines bauchig geschnittenen Spinnakers, viel zu stark gewölbt, als daß sie ungestört abfließen könnte; vielmehr erzeugt die Luftströmung eine starke Bremswirkung, die die

Wirksamkeit des Spinnakers völlig aufheben kann.
Je stärker und achterlicher der Wind und je höher die Wellen, um so mehr wird das Boot *gieren,* das heißt, von Wind und Seen aus dem Kurs geworfen werden. Wenn der Rudergänger die Absicht des Bootes zu gieren rechtzeitig bemerkt, kann er dem noch mit wenig Ruderlegen entgegenwirken. Ist das Boot aber schon aus dem Kurs geschoren, kann er es nur durch viel Ruder zurückbringen. Läßt man dann das Ruder nur Sekunden zu lange liegen, schert das Boot gleich weit nach der anderen Seite aus, weil häufig auch die See gerade in diesem Augenblick ein Gieren nach dieser Seite bewirkt. Ein wenig erfahrener Rudergänger kann nur versuchen, mit häufigem Hart-Ruder-Gegenan einigermaßen auf Kurs zu bleiben, oder man läßt das Boot innerhalb eines gewissen Spielraums gieren. Man stoppt dadurch allerdings erheblich Fahrt ab beziehungsweise macht einen längeren Weg.
Die meisten Boote mit freistehendem Balanceruder neigen dazu, bei viel Wind und rauhem Wasser einem unaufmerksamen Steuermann aus dem Ruder zu laufen. Solche Boote sind für Anfänger nicht gerade empfehlenswert. Man muß in dem Augenblick, da man spürt, daß die Yacht aus dem Ruder laufen will, kurz und ruckartig Gegenruder legen. Falls danach die spürbare Tendenz zum Aus-dem-Ruder-Laufen noch nicht aufgehoben sein sollte, ist das Manöver noch ein-, zweimal zu wiederholen. Den richtigen Zeitpunkt zu erfassen, ist Gefühlssache; ein Rezept dafür gibt es nicht. Beginnt das Boot bereits, aus dem Ruder zu laufen, kann es vielfach durch Hartruderlage nicht mehr auf Kurs gebracht werden. Es wird in den Wind schießen oder sogar durch den Wind gehen und kurzzeitig auf den anderen Bug abfallen. Selbst ein Querschlagen ist möglich.
Beim Segeln vor dem Wind ist es, von der Ausweichpflicht einmal abgesehen, gleichgültig, ob man den Großbaum an Steuerbord oder Backbord fährt. Die Großschot wird so weit aufgefiert, wie es die Takelage erlaubt. Der Großbaum darf keinesfalls gegen stehendes Gut liegen. Dieser Kurs verlangt vom Rudergänger äußerste Konzentration, damit der Großbaum nicht unversehens auf die andere Seite hinüberschlägt. Man nennt das *unfreiwilliges Halsen.* Der Baum erhält dabei solche Schwungkraft, daß schwere Schäden in der Takelage verursacht werden können und selbst der Mast über Bord gehen kann, von der sogar tödlichen Gefahr für Besatzungsmitglieder gänzlich zu schweigen. Man darf deshalb das Boot niemals zu weit nach Lee ausscheren lassen. Ein *Bullenstander* – eine Leine, die von der Nock des Baumes möglichst weit nach vorn gefahren und auf dem Vorschiff belegt wird – bietet gegen ein solches unfreiwilliges Halsen allerdings weitgehende Sicherheit.
Hat man keinen Spinnaker, so baumt man die Fock, die vor dem Wind vom Großsegel abgedeckt wird, an einem Bootshaken nach der dem Großbaum gegenüberliegenden Seite aus, wodurch auch der Luvgierigkeit des Bootes auf diesem Kurs begegnet wird. Beim Setzen eines Spinnakers wird die dann wirkungslos gewordene Fock geborgen. Giert das Boot stark, ist die Spinnakerschot besonders aufmerksam zu beobachten und sofort zu fieren, wenn etwa eine stärkere Bö einfällt. Auch wenn das Boot Neigung zeigt, aus dem Ruder zu laufen, muß sofort die Spinnakerschot

soviel wie möglich gefiert werden. Nicht immer wird das ausreichend sein; es kann dann notwendig werden, den Spinnaker augenblicklich loszuwerfen. Zu diesem Zweck empfiehlt es sich, zwischen Spinnakerhals und Achterholer einen mit einer Reißleine versehenen Schnappschäkel zu schäkeln (Abb. 3). Ein Zug an der Reißleine: Der Spinnaker fliegt nach Lee weg und läßt sich leicht mit der Schot wieder einholen. Doch sollte man es möglichst nicht erst so weit kommen lassen, sondern wenn das Boot so stark giert, daß Gefahr besteht, es könnte aus dem Ruder laufen, rechtzeitig das Großsegel reffen und den Spinnaker gegen die Fock austauschen.

Hat man keinen erfahrenen Rudergänger an Bord, sollte man bei steifem Wind und grober See lieber vor dem Wind kreuzen, das heißt so segeln, daß der Wind nicht platt von achtern kommt, sondern 10° bis 15° von jeder Seite. Man kann auch das Großsegel bergen und allein unter Vorsegel weiterlaufen. Auch ein enges Fahrwasser passiert man vor dem Wind, wenn es heftig weht, am besten unter Vorsegel, weil man dann sein Schiff viel besser in der Gewalt behält, ohne in ständiger Gefahr unfreiwilligen Halsens zu sein.

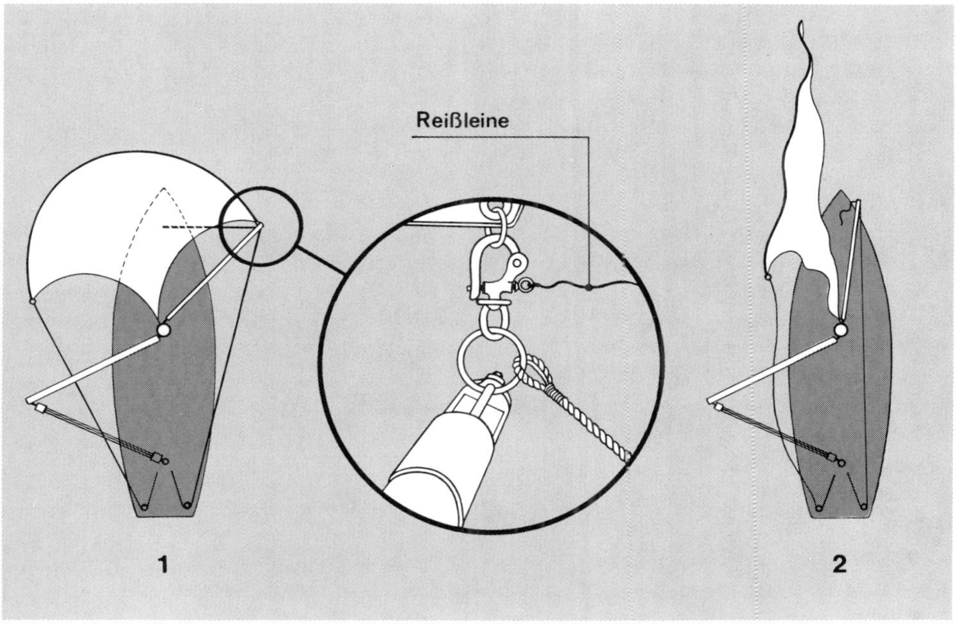

Abb. 3 Spinnakerbergen vor dem Wind
Sollte das Boot in einer Bö Neigung zeigen, aus dem Ruder zu laufen, muß gegebenenfalls blitzartig der Spinnaker geborgen werden können. Für diesen Zweck befindet sich zwischen Baum und Spinnakerhals ein Schnappschäkel mit Reißleine (1). Auf Zug an der Reißleine springt der Schäkel auf, und der Spinnaker weht in Lee aus (2). Mit der Schot wird er dann eingeholt, wobei darauf zu achten ist, daß er nicht etwa unter den Rumpf kommt.

f) Ab- und Anlegen – An-die-Boje-Gehen – Längsseitgehen

Für die Durchführung der Manöver Ab- und Anlegen sind die herrschende Windrichtung und der verfügbare Raum maßgebend. Harte Berührungen mit festen Gegenständen oder mit anderen Booten müssen vermieden werden. Manche Manöver, die bei leichtem Wind keine Schwierigkeiten bereiten, können bei stärkerem Wind grober Leichtsinn sein. Das höhere Fahrtmoment größerer Boote ist sorgfältig zu beachten. Fender sind vorausschauend klarzuhalten und so zu bedienen, daß sie wirklich an den ersten Berührungspunkten und den gefährdeten Stellen schützen und nicht gleich abgleiten. Je weniger Fahrt, um so geringer ist die Ruderwirkung, so daß das Boot um so mehr durch Segelgebrauch und Leinen gedreht werden muß. Am einfachsten pflegen die Verhältnisse an einer freiliegenden Boje zu sein.

Zum *Ablegen* von einem Liegeplatz an einer Brücke muß nötigenfalls das Boot so verholt werden, daß es im Wind liegt und nach dem Loswerfen achteraus und nach der Seite des beabsichtigten Abfallens freien Raum zum Treiben hat, bis es durch Aufnahme von Fahrt voll manövrierfähig geworden ist. Vorteilhaft ist es, wenn man das Boot zum Segelsetzen

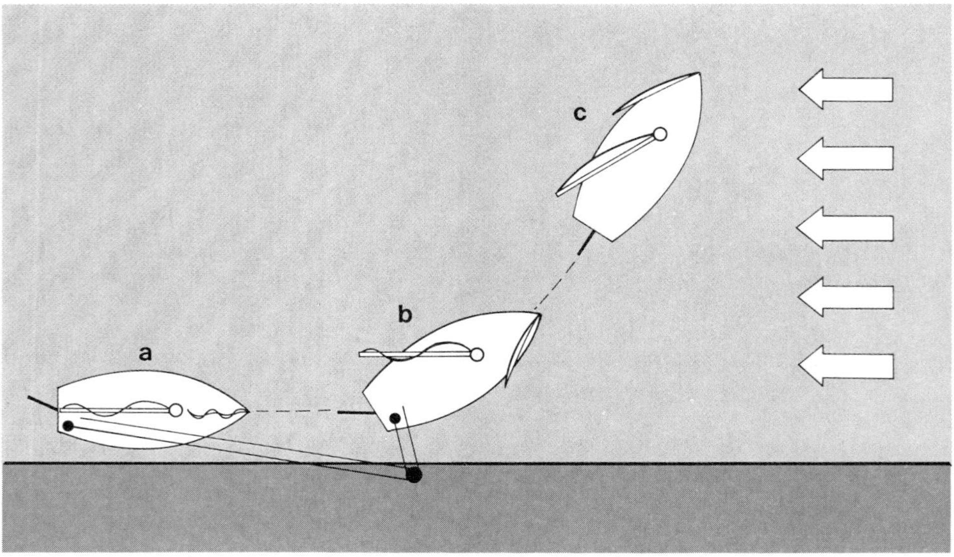

Abb. 4 Ablegen einer größeren Yacht mit Wind von vorn

a) Die Segel sind gesetzt, Schoten lose. Die Vorleine ist nach achtern gegeben klar zum Vorausholen des Bootes. Vorn los und absetzen. Ruder Backbord.

b) Durch Holen der Vorleine nimmt das Boot Fahrt voraus auf, durch Ruderlage, Backholen der Fock und Auffieren der Großschot schert es ab.

c) Sobald das Boot auf Kurs am Wind abgefallen ist, werden die Fock übergenommen und die Großschot angeholt.

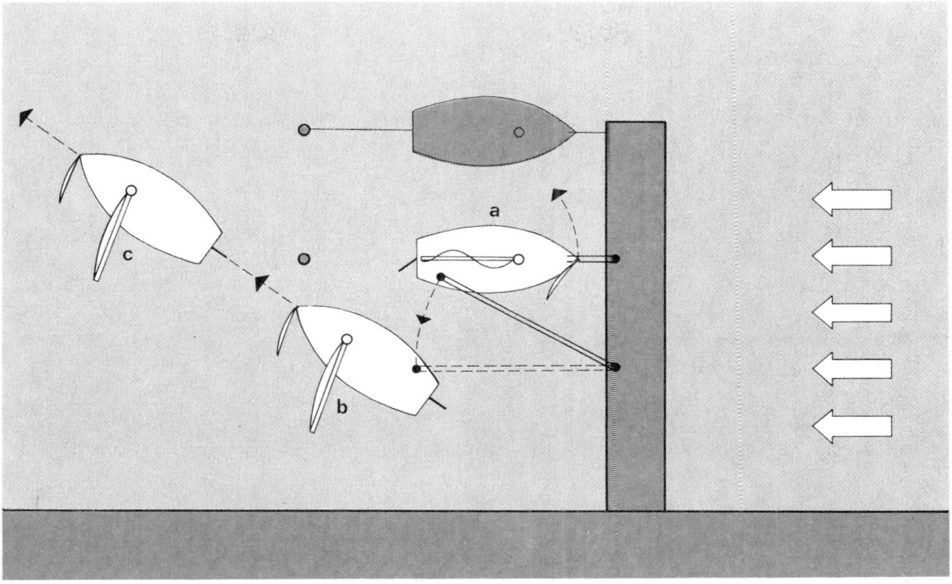

Abb. 5 Ablegen einer größeren Yacht bei ablandigem Wind auf beschränktem Raum
a) Das Boot liegt im Wind, die Segel sind gesetzt. An der Seite, die Luv werden soll, ist von achtern die Bucht einer Leine schräg nach vorn (auf Slip!) ausgebracht. Die Fock wird back gehalten, die Vorleine losgeworfen und der Bug nach der beabsichtigten Leeseite abgesetzt. Großschot ganz lose!
b) Das Boot schlägt an der ausgebrachten Leine herum. Sobald es frei von allen Hindernissen ist, Fock übernehmen, Großschot anholen und gleichzeitig Leine slippen.
c) Das Boot hat Fahrt auf dem beabsichtigten Kurs aufgenommen.

an einen Pfahl oder Dalben verholen und von dort ablegen kann.

Hat man an einem festen Liegeplatz bei Wind von vorn voraus genügend Raum, so setzt man den Bug kräftig ab und gibt dem Boot dabei soviel Fahrt voraus wie irgend möglich, dreht mit dem Ruder weiter ab, holt zuerst die Vorschot, danach die Großschot an und geht dann auf Kurs. Fahrtgeben und Abfallen kann man auf größeren Yachten dadurch unterstützen, daß man die Vorleine an der beabsichtigten Luvseite achteraus gibt und von achtern durchholt, bevor man sie loswirft (Abb. 4). Hatte man mit einer eigenen Leine von Bord festgemacht und fehlt jemand auf der Brücke zum Loswerfen, so schert man die Leine »in der Bucht« (»auf Slip belegt«), das heißt, die Leine läuft von Bord um den Pfahl oder Poller zurück an Bord, so daß man im gegebenen Augenblick den einen Tampen an Bord selbst loswerfen und ihn an der anderen Part einholen kann.

Hat man voraus nicht genügend Raum, so muß das Boot zunächst auf der Stelle auf einen passenden Kurs gedreht werden, bevor es Fahrt aufnimmt. Man hält das Heck mit einer Leine fest, während man das Boot bei loser Großschot

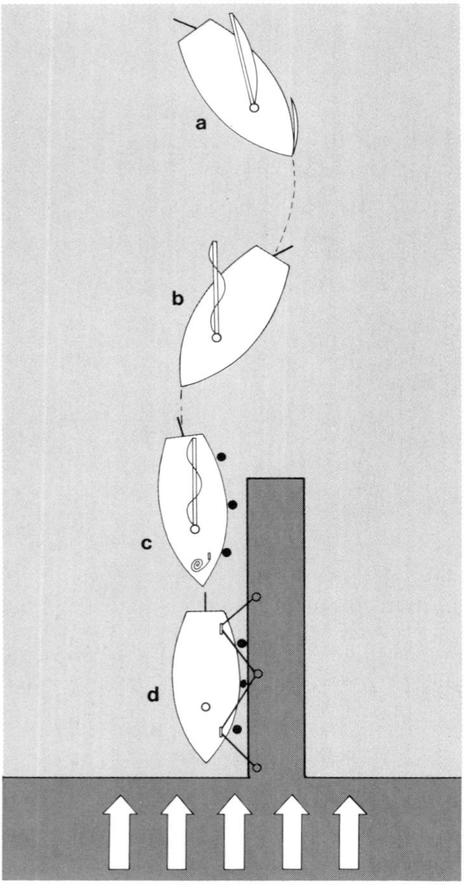

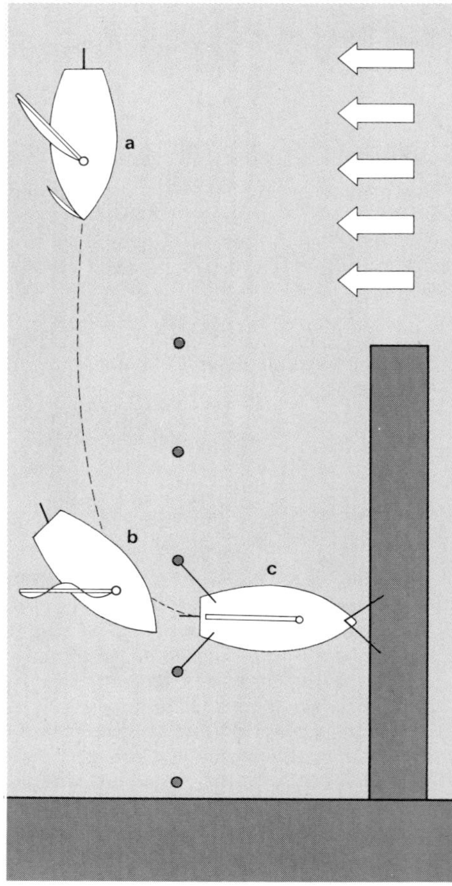

Abb. 6 Längsseitgehen gegen den Wind

a) Man läuft hoch am Wind auf die Nock des Steges zu, birgt die Fock und dreht mit der Restfahrt in den Wind und parallel zum Steg.

b) Fender sind an der Anlegeseite ausgebracht. Die Vorleine ist klar zum Werfen. Bei viel Fahrt ist auch die Achterleine zum Abstoppen wichtig.

c) Das Boot wird – nötigenfalls durch Verholen – genau auf den beabsichtigten Liegeplatz gebracht und dann festgemacht.

durch Absetzen des Bugs und Backhalten der Fock dreht (Abb. 5), bis man auf dem beabsichtigten Kurs die Fock übernehmen und die Großschot anholen kann.

Führt der erste Kurs vor achterlichem Wind, kann man auch vor der Fock allein ablegen und soweit segeln, bis man Raum hat, um in den Wind zu gehen und das Großsegel zu setzen. Größere Yach-

◀ *Abb. 7 Anlegen gegen den Wind*
a) Das Boot läuft am oder mit raumem Wind etwa parallel zum Steg an, die Fahrt durch Anholen oder Auffieren der Schoten regelnd.
b) Kurz vor dem Aufdrehen wird die Fock geborgen, dann in Höhe des Liegeplatzes aufgeschossen, Fahrt und Drehung mit dem Großsegel unterstützend.
c) Durch Bedienen der Achterleinen an den Dalben läßt sich der Auslauf des Bootes bremsen und begrenzen. Wichtig ist, vorn sofort eine Leine am Steg festzubekommen, weil sonst das Boot durch Achteraus- oder Quertreiben schnell in eine schwierige Lage geraten kann.

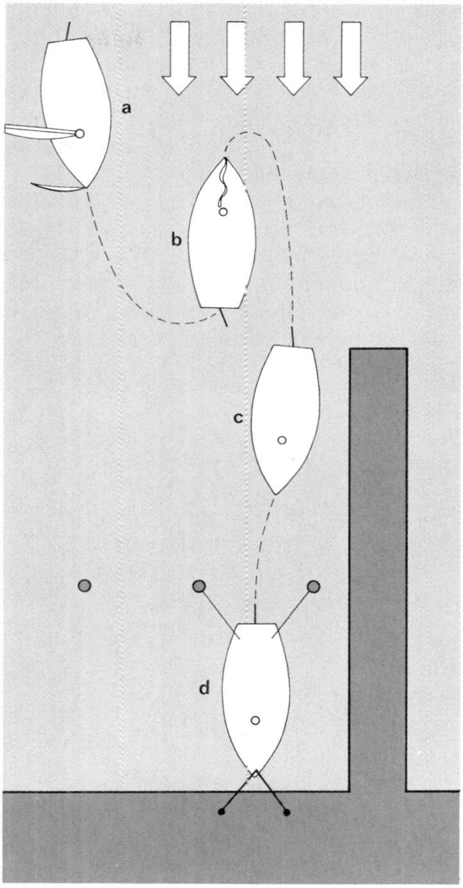

Abb. 8 Anlegen vor dem Wind ▶
a) Das Boot nähert sich dem Steg vor dem Wind.
b) Aufschießer unter Dichtholen der Großschot und Loswerfen der Fock. Bergen des Großsegels. Zurückdrehen unter Anholen der Fock.
c) Bergen der Fock. Auslaufenlassen des Bootes. Je größer und schwerer das Boot und je stärker der Wind, um so länger ist der Auslauf, um so früher muß die Fock geborgen werden.
d) Bei viel Restfahrt ist das sichere Bedienen der Achterleinen zum Abstoppen wichtig. Vorn Fender klar. Vorsicht bei einem Abstoppen mit Bootshaken!

ten haben meistens kurz nach dem Ablegen noch nicht genügend Fahrt, um aufs Ruder zu reagieren; sie gehorchen dann nur der Segelstellung, so daß man durch Loswerfen der Schoten oder Backholen der Segel die erforderlichen Steuerhilfen geben muß.

Auf Strom am Liegeplatz ist sorgfältig zu achten; er kann das Manöver sehr beeinflussen. Läuft er parallel zum Liegeplatz, so läßt er sich gut zum Abscheren ausnutzen: Von vorn kommender Strom bringt durch Auffieren oder Loswerfen der Leinen vorn, durch Anholen oder Festhalten der Leinen achtern – zumal einer achteren Spring – das Boot zum Abscheren; umgekehrt bei Strom von achtern. Schwierig ist das Ablegen bei Strom, der das Boot mehr oder weniger auf den Liegeplatz drückt. Hier

wird oft, wenn der Wind nicht besonders günstig ist, nur das Ausfahren einer Leine zu einem festen Punkt in Stromluv oder des Ankers helfen, um von allen Hindernissen klarzukommen – sofern man sich nicht durch ein Motorboot freischleppen lassen kann.
Um beim *Anlegen* ein Boot an einem bestimmten Punkt zum Stehen zu bringen, dreht man es entweder mit stehenden Segeln genau in Richtung gegen den Wind – man nennt das *Aufschießen* – oder man läßt es mit geborgenen Segeln vor dem Wind auslaufen.

Den Aufschießer macht man überall dort, wo in Lee genügend Raum vorhanden ist. In Lee der Anlegestelle wird ein gedachter Punkt angesteuert, dort die Fock geborgen, das Boot in den Wind gedreht und mit loser Großschot auslaufen gelassen (Abb. 6 und 7). Der Abstand des Drehpunktes von der Anlegestelle muß so bemessen sein, daß das Fahrtmoment des Bootes gerade ausreicht, um es mit *killendem* (flatterndem) Segel gegen den Wind bis zur Anlegestelle zu bringen. Das richtige Bemessen des Auslaufs bleibt letzthin eine

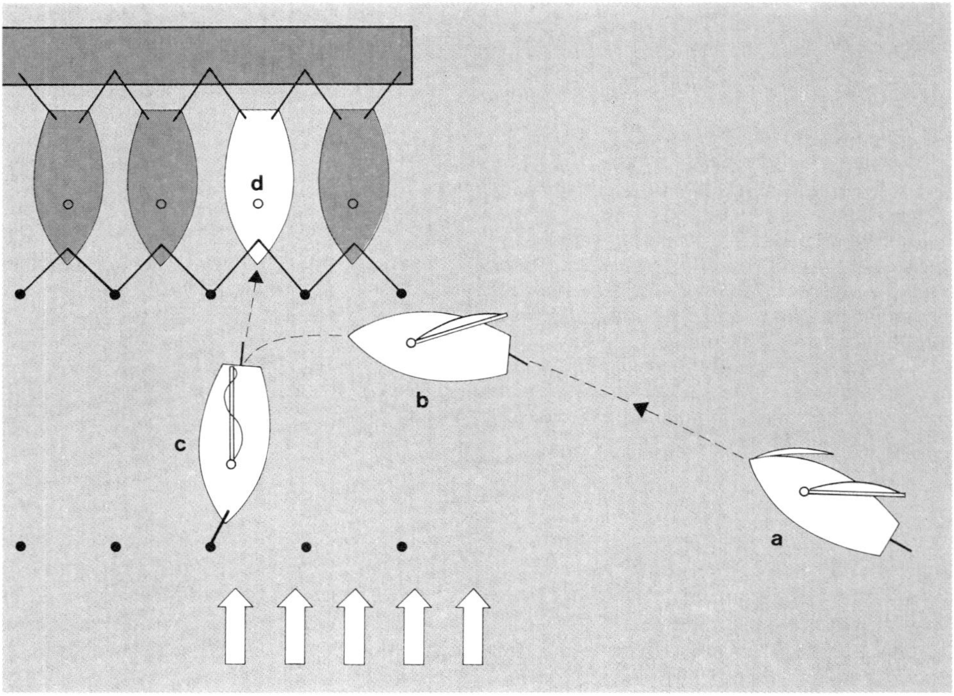

Abb. 9 Vor dem Wind in die enge Box
Während des Anlaufens mit halbem oder raumem Wind die Fock bergen (b), in Luv der Box aufschießen und am gegenüberliegenden Pfahl festmachen (c). Großsegel bergen. Vorleine auf Slip setzen und durch Auffieren langsam achteraus in die Box sacken lassen (d).

Frage der Erfahrung, die man sich für jeden Bootstyp neu erwerben muß. Doch gibt es einige allgemeine Grundregeln: Je größer und schwerer das Boot ist, um so länger ist der Auslauf.
Je härter Wind und See sind, um so kürzer ist der Auslauf und entsprechend länger bei schwachem Wind und ruhigem Wasser.
Je stärker die Drehung beim Aufschießen, um so kürzer der Auslauf. Je härter die Ruderlage beim Drehen, besonders bei Jollen, um so größer der Fahrtverlust und um so kürzer der Auslauf.

Stellt man fest, daß die Auslaufstrecke zu kurz bemessen wurde, man mit zuviel Fahrt auf die Anlegestelle zuläuft, aber noch genügend Raum in Lee hat, so fällt man ab und beginnt ein neues Manöver. Andernfalls ist sofort ein Schleppwiderstand (Pütz, Treibanker) achtern auszuwerfen und der Aufprall durch Fender und Besatzungsmitglieder so gut wie möglich abzufangen. Bei Yachten mit Spatenruder stoppt kurze Hartruderlage die Fahrt erheblich ab.
Die Fock ist vorher zu bergen, weil durch Schlagen und Haken der Fock-

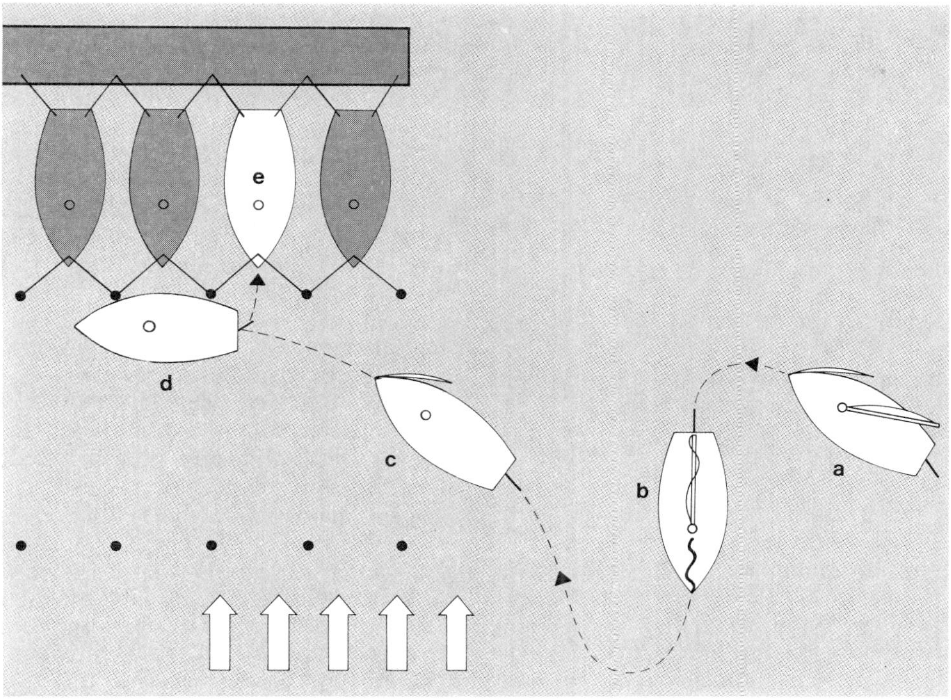

Abb. 10 Eine andere Möglichkeit
Anlauf (a), Aufschießer, Großsegel bergen (b), unter Fock wieder auf Kurs gehen (c), die Fock bergen und an der Pfahlreihe längsseit gehen (d). Nun das Boot an den Pfählen von Hand achteraus in die Box verholen (e).

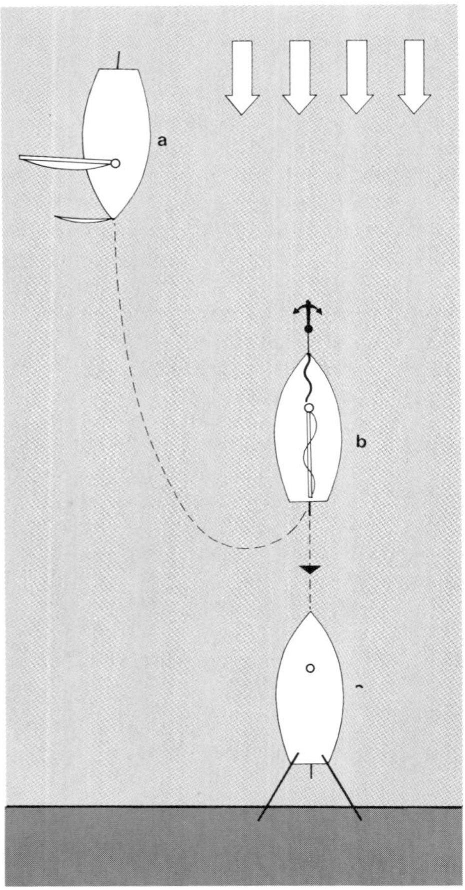

Abb. 11 Anlegen vor dem Wind mit Anker
a) Je nach Wetterverhältnissen und vorhandenem Raum wird mit allen Segeln oder nur vor der Fock angelaufen.
b) Zum Ankern wird ein Aufschießer gemacht, die Segel geborgen und der Anker fallen gelassen.
c) Unter Stecken der Kette (Leine) läßt man das Boot mit dem Heck an den Liegeplatz treiben.

schoten das Vorsegel leicht back kommen und dadurch das Boot zum Abfallen bringen kann.
Steht der Wind direkt auf die Anlegestelle zu und ist in Lee nicht genügend Raum für einen Aufschießer, geht man vorher in den Wind und birgt das Großsegel (Abb. 8). Dann dreht man wieder und läuft vor dem Wind unter der Fock auf die Anlegestelle zu. Hat das Boot genügend Fahrt, um mit dem Auslauf die Anlegestelle zu erreichen, wird auch die Fock geborgen. Bei viel Wind wird es nicht immer möglich sein, das Boot völlig zum Stillstand zu bringen, weil es auch ohne Segel noch voraus treibt. Deshalb muß in jedem Fall auf dem Vorschiff jemand bereit stehen, um mit Bootshaken, Fendern oder von Hand den möglichen leichten Anprall aufzufangen. Passiert man beim Auslaufenlassen Pfähle, so ist es zweckmäßig, achtern eine Leine mit Palstek klar zu halten, der zum Abstoppen des Bootes über den Pfahl geworfen wird; man kann auch die Bucht einer Leine darüber werfen.
Geht man vor dem Wind an Bojen oder Pfähle, so werden diese nicht direkt angesteuert, sondern man hält in Lee davon, um beim Herankommen darauf zuzudrehen und so die Fahrt aus dem Boot zu bringen (Abb. 9 und 10).
Gibt es keine Bojen oder Pfähle, zwischen denen und der Brücke die Yacht festmachen kann, und kann sie auch nicht längsseit der Brücke liegen, muß ein Anker ausgebracht werden. Vor dem Wind läuft man den Liegeplatz (gegebenenfalls nur unter der Fock) an, geht in den Wind und läßt den Anker fallen (Abb. 11). Durch Fieren der Ankerleine läßt man das Boot mit dem Heck an die Brücke herantreiben. Der Punkt, an dem

der Anker in den Grund kommt, ist so zu wählen, daß die Yacht nicht mit anderen Ankerliegern beim Schwojen kollidieren kann. Aus diesem Grunde muß die Ankerleine auch ziemlich steif durchgesetzt werden, sobald das Boot achtern fest ist. Ist das Gewässer so eng, daß man zum Ankern nicht mehr aufdrehen kann und deshalb mit dem Bug an die Brücke gehen muß, ist der Anker während des Auslaufs vom Heck aus fallenzulassen.
Vor jedem Anlegemanöver sind rechtzeitig alle Vorkehrungen zu treffen, falls das Manöver mißlingen sollte. Alle Segel müssen klar zum Bergen sein, das heißt, die Fallen klar zum Laufen; die Dirk muß so durchgeholt sein, daß sie sofort trägt. Der Anker muß klar zum Fallen, Vor- und Achterleine klar zum Werfen sein. Man nimmt die an Deck verbleibende Part vorsorglich um eine Klampe, um ein Ausrauschen zu verhindern, führt die Leine unter dem Bug- oder Heckkorb hindurch, holt sie oben wieder darüber hinweg und schießt sie klar zum Werfen an Deck an einer Stelle auf, von der aus man unbehindert einen gezielten Wurf ausführen kann.
Für das reibungslose Zusammenspiel aller Besatzungsmitglieder ist es erforderlich, daß der Schiffsführer vorher seine Mannschaft genau über das von ihm geplante Manöver unterrichtet.

g) Segelmanöver

1. Wenden

Wenden ist der Wechsel der Windseite gegen den Wind, also eine Drehung des Bootes mit dem Bug durch den Wind, so daß der Wind nach dem Manöver von der anderen Seite einkommt (Abb. 12). Bei Jollen ist vor dem Wenden von einem raumen Kurs aus unter allen Umständen zunächst das Boot an den Wind zu bringen, um den Fahrtverlust bei der größeren Drehung und das damit meist verbundene stärkere Krängen zu vermeiden, bei dem der Baum leicht ins Wasser schlägt.
Auf das Kommando »Klar zum Wenden!« wird die Lee-Fockschot bis auf den letzten Törn von der Klampe genommen, bleibt aber dichtgeholt. Bei dem Ausführungskommando »Rhe!« legt der Rudergänger Ruder, luvt an, geht durch den Wind und fällt wieder auf den Am-Wind-Kurs auf den neuen Bug ab. Gleichzeitig wirft der Vorschotmann die Leeschot los und holt, sobald der Wind von der anderen Seite einkommt, die andere Fockschot dicht – nicht zu früh, weil sonst die Fock back kommt, jedoch bevor der Wind voll im Segel steht, weil es dann, zumindest ohne Winsch, kaum noch möglich ist, die Schot hart anzuholen. Die Großschot bleibt auf größeren Booten belegt und geht selbständig über. Auf Jollen jedoch fährt man sie aus der Hand und kann durch Mittschiffsholen des Großbaums das Manöver unterstützen.
Auf einigen älteren Yachten werden häufig noch bewegliche Backstagen (Preventer) gefahren. Beim Ausführungskommando »Rhe!« wird der Luvpreventer losgeworfen und, sobald das Boot durch den Wind ist, der neue Luvpreventer steifgesetzt.
Wichtig ist, daß das Boot während des Wendens Fahrt behält und nicht etwa auf den alten Bug zurückfällt. Deshalb legt man das Ruder nicht schnell und mit einem Ruck in die Hartlage, sondern zügig langsam und weich. Sonst liegt das Ruderblatt schon hart, bevor das Boot andrehen konnte, und stoppt gleich zu Anfang die Fahrt erheblich ab. Die Ru-

derlage muß sich der Drehgeschwindigkeit des Bootes anpassen und darf ihr nicht vorauseilen. Nach dem Durch-den-Wind-Drehen muß man rechtzeitig mit dem Ruder *aufkommen,* um nicht zuviel Gegenruder gebrauchen zu müssen.

Geht ein Boot schwer durch den Wind, läßt man die Vorschot belegt. Die Fock kommt dann nach einiger Zeit über den neuen Bug back und unterstützt dadurch die weitere Drehung. Sie wird dann erst auf das Kommando »Über vorn!« losgeworfen und übergenommen. Auf sehr schlecht wendenden Yachten kann man das Manöver auch dadurch noch unterstützen, daß man die Besatzung aufs Vorschiff schickt und das Boot durch diesen Trimm luvgieriger macht.

Ist nun das Boot im Wind doch zum Stehen gekommen, hat das Ruder keine Wirkung mehr. Es muß langsam auf Rückwärtsgang gelegt werden, weil das Boot allmählich Fahrt achteraus aufnimmt. Die Fock ist backzuholen, jedoch nicht zu weit hinauszuhalten; denn dann wirkt sie weniger auf Drehung, als daß sie die Achterausfahrt unterstützt. Das auf Achterausfahrt gelegte Ruder wird nun in Verbindung mit der backstehenden Fock das Wenden doch noch bewirken. Sobald der Wind gut von der neuen Seite einkommt, sind die Schoten überzunehmen und das Ruder entsprechend für Fahrt voraus zu bedienen. Sollte das Boot doch auf den alten Bug abfallen, so ist nach Aufnahme ausreichender Fahrt das Manöver unter sorgfältiger Ausnutzung niedriger Wellen zu wiederholen.

Besonders ist darauf zu achten, daß das Großsegel gut Lose hat, bis das Boot auf dem richtigen Bug liegt.

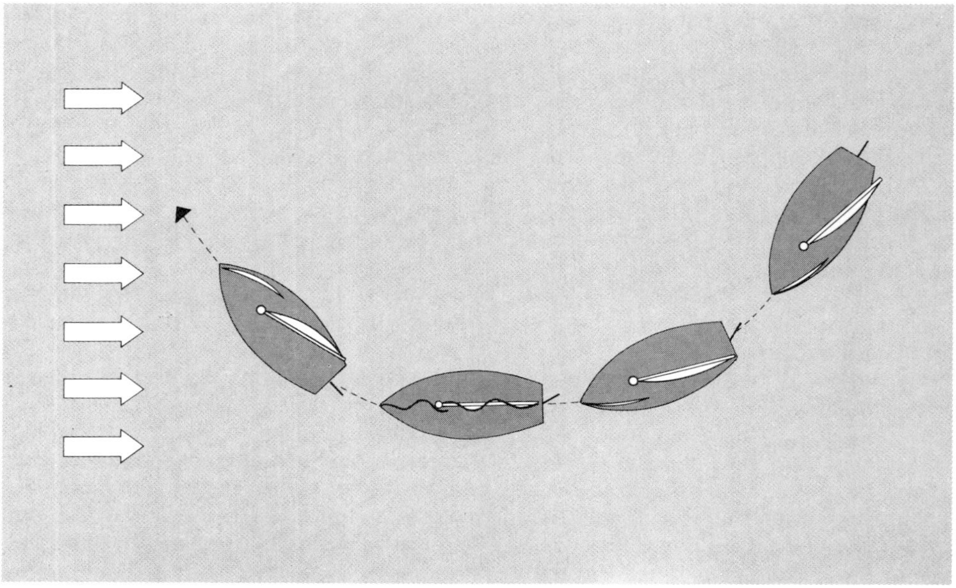

Abb. 12 Das Wenden – Mit dem Bug durch den Wind gehen

2. Halsen

Halsen ist der Wechsel der Windseite vor dem Wind, also das Mit-dem-Heck-durch-den-Wind-drehen (Abb. 13). Auf das Kommando »Klar zum Halsen!« wird zunächst mit Lee-Ruder und dem Kommando »Fier auf die Schoten!« vor den Wind gegangen. Erst auf das Kommando »Hol dicht die Großschot!« wird sie schnell, aber möglichst gleichmäßig und steif durchgeholt, bis der Baum mittschiffs steht. Wird die Großschot zu langsam dichtgeholt, entsteht Gefahr für Boot und Besatzung. Denn wenn der Wind das Großsegel bereits von der anderen Seite erfaßt, bevor die Großschot ganz dichtgeholt wurde, schlägt er das Großsegel mit gewaltigem Schwung auf die andere Seite. Dabei kann leicht etwas in der Takelage zu Bruch gehen. Auch könnte jemand vom Großbaum getroffen oder sogar außenbords geschleudert werden.

Auf das Kommando »Rund achtern!« wird das Ruder langsam und vorsichtig so weit nach Lee gelegt, bis der Großbaum von selbst überkommt. Bei leichtem Wind kann man das Überkommen durch Nachdrücken mit der Hand am Großbaum unterstützen. Beim Beginn des Übergehens ist sofort Stützruder zu legen. Dann wird die Großschot blitzschnell Hand über Hand gefiert. Auf jeden Fall muß das Auffieren der Großschot so rechtzeitig begonnen werden, daß es gar nicht erst zu einem »Einrucksen« des Baumes in die noch dichte Schot kommt. Sie muß sofort nachgeben, wenn Kraft darauf kommt. Auf kleinen Booten mit leichten Bäumen läßt man in der Praxis oft die Großschot ein-

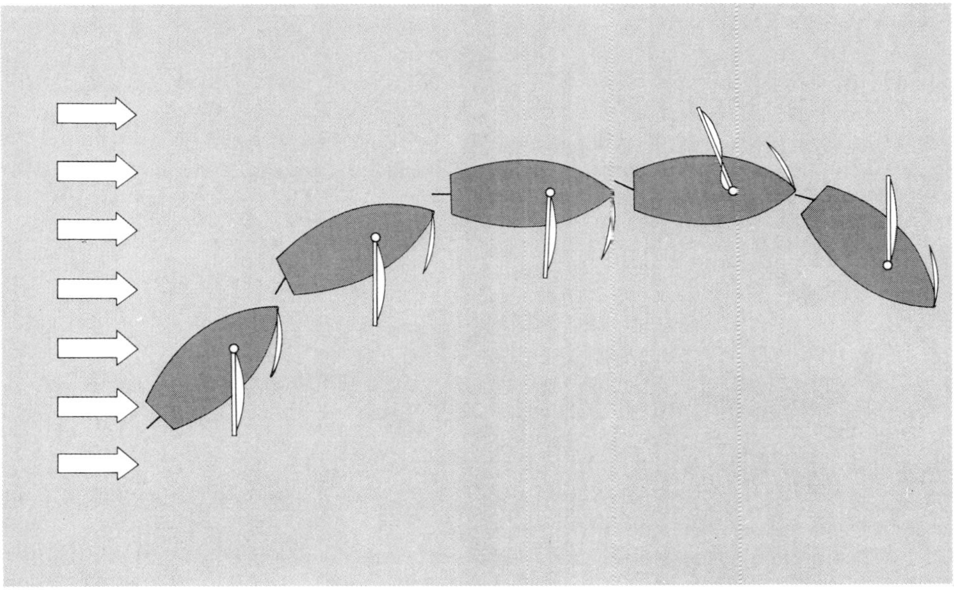

Abb. 13 Das Halsen – Mit dem Heck durch den Wind gehen

fach gefiert, greift um die Talje und holt den Baum von Hand an der Talje über. Das ist aber nur etwas für erfahrene Segler.

Das Boot muß unbedingt so lange vor dem Wind gehalten werden, bis die Großschot auf dem neuen Bug bis in die Vorm-Wind-Stellung aufgefiert ist. Erst danach kann nach der neuen Luvseite gedreht werden, um unter Anholen der Schot auf den gewünschten Kurs zu gehen. Die Vorsegel waren bei »Rund achtern!« bereits auf die andere Seite genommen worden. Auch sie sollen ein schnelles Anluven verhindern.

Der Rudergänger muß bei »Rund ach-

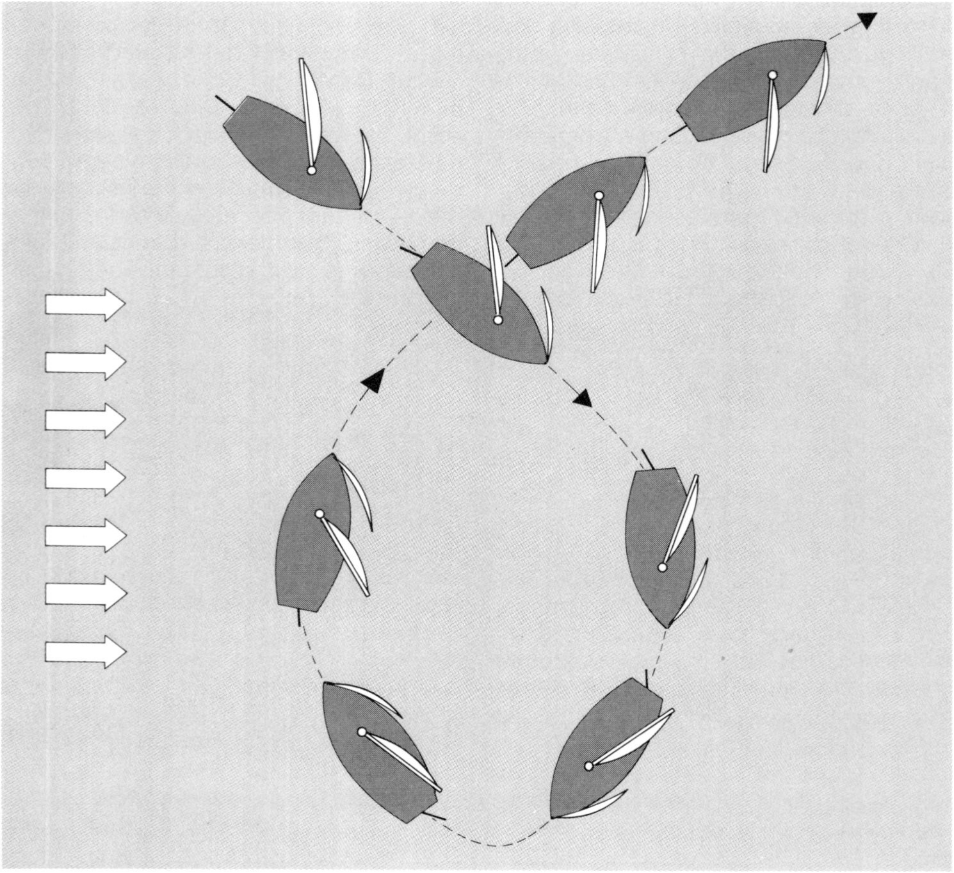

Abb. 14 Die Kuhwende (Q-Wende)
Man wird sie fahren, wenn einem ein Halsen zu gewagt erscheint. Statt mit dem Heck durch den Wind zu gehen, wird vom Raumschots-Kurs aus angeluvt bis hoch an den Wind, dann regulär gewendet und wieder abgefallen.

tern!« darauf gefaßt sein, daß das Boot durch das übergehende Großsegel schlagartig eine scharfe Drehtendenz nach der neuen Luvseite hin erhält. Wenn er in diesem Augenblick nicht Gegenruder gibt, sondern das Boot anluven läßt, gerät es gleich darauf mit der noch hart angeholten Großschot quer zum Wind. Die nach außen wirkende Zentrifugalkraft kommt hinzu, und das Boot kann kentern. Das Loswerfen der Großschot nützt dann kaum noch etwas, weil das Boot schon so stark gekrängt ist, daß der Großbaum gleich ins Wasser kommt und dadurch wieder nach achtern gedrückt wird. Die meisten Kenterungen werden durch diesen Fehler beim Halsen verursacht.
Bei grobem Wetter und mit einer uneingespielten Besatzung sollte man das Halsen möglichst vermeiden und sich mit der sogenannten *Kuhwende* behelfen (Abb. 14).

3. Schiften

Unter *Schiften* versteht man das Übernehmen der Segel vor dem Wind von einer Seite auf die andere, beispielsweise beim Halsen. Man schiftet aber auch das Großsegel, den Besan oder Spinnaker unter Einhaltung des Kurses Vor-dem-Wind, etwa bei geringfügigen Änderungen der Windrichtung, aus Gründen des Trimms – denn nicht jedes Boot liegt auf jedem Bug gleich gut auf dem Ruder – oder um eine Fahrwassertonne oder Bahnmarke auf der richtigen Seite runden zu können, bei kleineren Kursänderungen also. Das Schiften des Großsegels und entsprechend des Besansegels erfolgt, wie beim Halsen beschrieben.
Das Schiften des Spinnakers ist etwas komplizierter. Auf kleineren Booten hakt man den Spinnakerbaum vom Mast los und pickt das Schothorn an der freigewordenen Baumnock ein (Abb. 15). Der Spinnaker wird also vorübergehend mit beiden Schotecken am Baum gefahren. Dann pickt man den Hals aus, der nun zum Schothorn wird, hakt den Baum mit der freigewordenen Nock am Mast ein und bringt durch Holen und Fieren von Schot und Achterholer den Spinnaker wieder in die richtige Position. Der Baum braucht also nur in der Horizontalen bewegt zu werden.
Auf größeren Yachten mit unhandlicheren Bäumen wird der Spinnakerhals mit einer Reißleine von der Baumnock losgeklinkt, also vorübergehend ohne Baum gefahren, der durch Fieren der Toppnant gesenkt und unter dem Vorstag hindurch auf die andere Seite geholt wird. Gleichzeitig holt man das Schothorn des Spinnakers bei – das jetzt zum Hals wird – und pickt es an der Baumnock ein. Danach wird der Baum wieder angetoppt, und Schot und Achterholer werden durchgesetzt.

4. Kreuzen

Kreuzen heißt, mit einzelnen Schlägen abwechselnd über Backbord- und Steuerbordbug segelnd, auf Zickzackkurs zu einem Ziel zu gelangen, das man nicht direkt anliegen kann, weil der Wind aus Richtung des Zieles weht (Abb. 16). Einen Kurs, auf dem aufgekreuzt werden muß, bezeichnet man als die *Kreuz.* Liegt das Ziel nicht direkt in Richtung des Windes, wohl aber in dem Sektor, den man nicht mehr anliegen kann, so ergeben sich in der Kreuz ein Am-Wind-Kurs, auf dem man sich dem Ziel zwar kaum nähert, aber Höhe gewinnt, *Holebug,* und ein anderer – längerer –, auf dem man sich dem Ziel nähert, ohne wesentlich an Höhe zu gewinnen, *Streckbug.* Wie man beim Kreuzen die einzelnen Schläge macht, hängt weitgehend von den örtlichen und Windverhältnissen ab, aber auch von den Segeleigenschaften des Bootes. Nach Möglichkeit sollte man besonders bei schwachem Wind nicht zu viele kurze Schläge machen, weil jedes Wendemanöver Zeitverlust bedeutet. Wenn der Wind jedoch häufig dreht oder umspringt, können lange Schläge nachteilig sein, weil man sich vielleicht unnötig weit von seinem Ziel entfernt. Das letzte Wendemanöver auf das Ziel zu mache man dann, wenn es etwas achterlicher als querab liegt, weil man es sonst unter Umständen noch nicht anliegen kann.

Im allgemeinen gilt für das Kreuzen, daß man möglichst hoch am Wind segeln soll. Dabei ist jedes Raumen des Windes auszunützen, um durch Anluven Höhe zu gewinnen. Entscheidend ist jedoch, daß man sich in kürzester Zeit seinem Ziel nähert. Wenn man genügend Platz hat, kommt man auf einem etwas raumeren Kurs aufgrund der geringeren Abtrift und höheren Geschwindigkeit oft schneller an das im Wind liegende Ziel, obwohl das Boot einen längeren Weg macht. Es läuft dann seine optimale Höhe. Sie ungefähr herauszufinden, ist Sache der Erfahrung des Rudergängers. Auf wieviel Grad zur Windrichtung die optimale Höhe einer Yacht genau liegt, läßt sich nur durch exakte Geschwindigkeitsmessungen ermitteln; denn jeder Bootstyp hat eine andere, auch von der Windstärke abhängende optimale Höhe, deren Kenntnis für den Regattasegler in jedem Falle von entscheidender Bedeutung ist.

5. Beidrehen

Unter *Beidrehen* versteht man, ein Boot

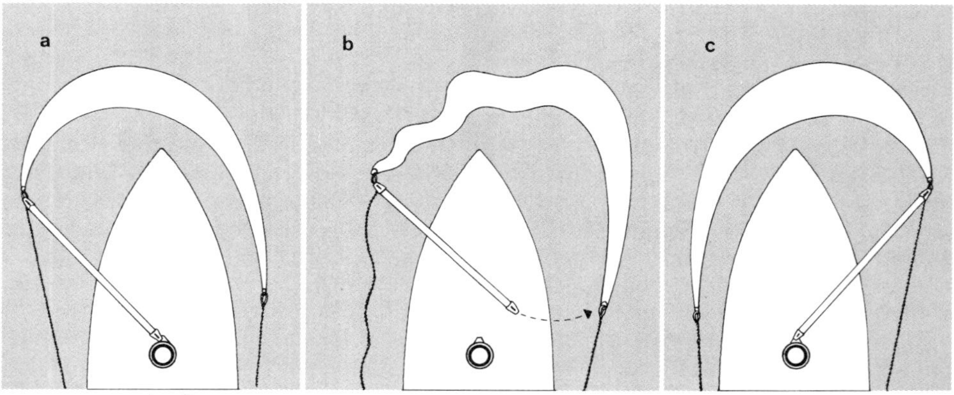

Abb. 15 Schiften des Spinnakerbaumes auf einer Jolle
a) Raumschots mit Spinnakerbaum an Backbord. b) Der Achterholer wird weggefiert, der Spinnakerbaum am Mast ausgehakt und im bisherigen Schothorn eingepickt. Nun wird das andere Ende des Baumes am Spinnakerhals ausgepickt und am Mast eingehakt. c) Der Achterholer an Backbord ist zur neuen Schot geworden, die alte Schot an Steuerbord zum neuen Achterholer. Beide werden getrimmt; das Schiften ist beendet.

unter Segeln nahezu auf der Stelle zu halten. Man dreht beispielsweise bei, um zu reffen, das Längsseitkommen anderer Boote zu erwarten oder um einen Überbordgefallenen aufzufischen. Jollen lassen sich kaum beidrehen, auch Kielboote mit einem stark konzentrierten Lateralplan nur schwer. Man geht hart an den Wind, holt die Fock back, fiert die Großschot leicht und legt Luvruder. Manchmal liegt ein Boot auch mit dichtgeholter Großschot und Mittschiffsruder besser beigedreht. Das muß von Fall zu Fall ausprobiert werden. Ein Boot kann beigedreht immer noch geringe Fahrt voraus machen. Meistens wird es jedoch leicht nach Lee treiben; das hängt von der Unterwasserschiffsform, dem Schnitt der Segel, aber auch von den Wetter- und Seeverhältnissen ab. Wichtig ist, daß man genügend Raum in Lee hat (siehe hierzu S. 195).

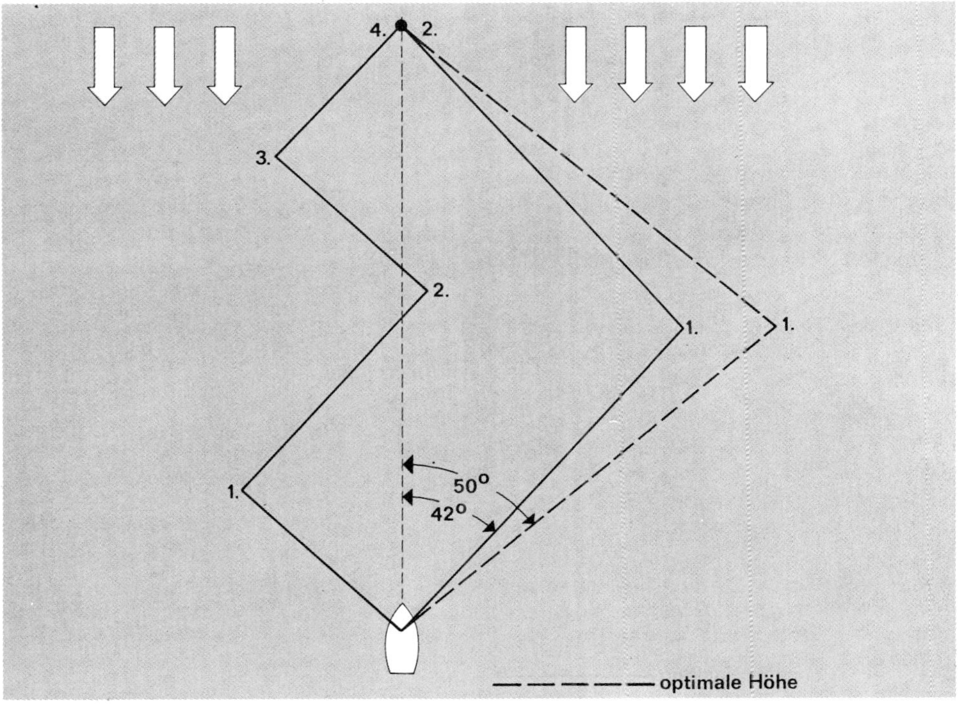

Abb. 16 Das Kreuzen
1–4 bezeichnet die Anzahl der Schläge. Im linken Teil der Zeichnung wurde gegen das Ziel mit vier kürzeren Schlägen aufgekreuzt, im rechten Teil mit zwei längeren. Außerdem zeigt die gestrichelte Linie rechts in einem Beispiel aus der Praxis, was unter optimaler Höhe zu verstehen ist. Die größte Höhe am Wind der betreffenden Yacht lag bei 42°. Bei einem raumeren Kurs von 50° am Wind war die Geschwindigkeitszunahme so groß, daß die Yacht trotz des längeren Weges schneller am Ziel war (optimale Höhe).

h) Gleiten und Surfen

Auch konventionelle Jollen wie Pirat, O- und H-Jolle können gelegentlich ins Gleiten kommen, aber nur bei viel Wind und idealen Seeverhältnissen. Moderne Leichtbaujollen dagegen gleiten bereits bei 3 Windstärken. Eine der wichtigsten Voraussetzungen ist, daß das Boot aufrecht gesegelt wird. Das *Trapez* ermöglicht das sogar auf Am-Wind-Kursen. Doch am leichtesten beginnen Jollen auf

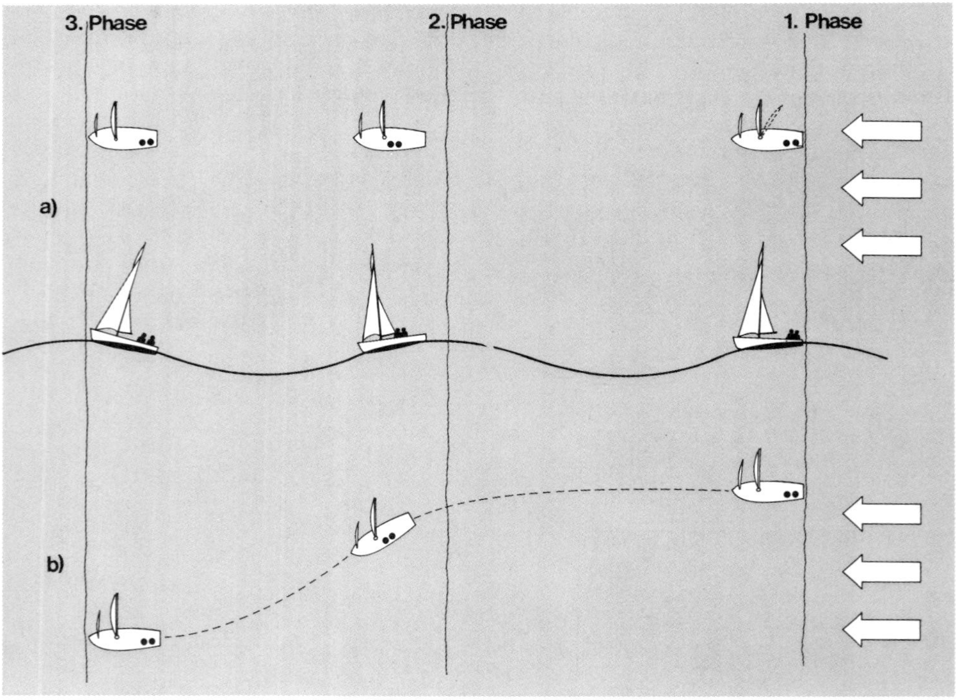

Abb. 17 Surfen

1. Phase: Die von achtern aufkommende Welle hebt das Heck und beginnt, das Boot zu schieben. Die Besatzung ist bereits nach achtern gerutscht, um das Heck stärker zu belasten und dadurch der Welle eine bessere Angriffsfläche zu bieten. Um das Boot auf Wellengeschwindigkeit zu bringen, muß eventuell die Großschot kurz dichtgeholt werden.

2. Phase: a) Das Boot liegt vollständig auf dem Wellenkamm und fährt den Wellenvorderhang mit Wellengeschwindigkeit hinunter; es surft. Die Besatzung ist nach vorn gerutscht, um das Heck zu entlasten. b) Bei kurzen Wellen kann leicht angeluvt werden, um die Welle schräg hinunterzusegeln. Dadurch wird sie künstlich verlängert. Das Boot kann eine längere Strecke auf dem Wellenvorderhang absegeln.

3. Phase: a) und b) Die Welle ist unter dem Rumpf durchgelaufen, die Fahrt des Bootes wird gebremst. Die Besatzung rutscht wieder nach achtern, der Steuermann sucht sich eine neue Welle, auf der er hinuntersegeln kann.

den Kursen zu gleiten, auf denen sie ohnehin höchste Geschwindigkeiten laufen: auf Raumschots- und Halbwind-Kursen. Hier wird vielfach auch noch ein Spinnaker gefahren, der die Geschwindigkeit weiter erhöht.
Die Technik ist verhältnismäßig einfach. Das Schwert muß so weit wie möglich – ungefähr zur Hälfte, das muß man ausprobieren – aufgeholt sein. Wann das Boot zum Gleiten ansetzen will, spürt man daran, daß der Ruderdruck nachläßt. Die Besatzung rutscht nun weiter nach achtern, als sie normalerweise sitzt, um das Vorschiff zu entlasten. Oft genügt dann ein kurzes, aber nicht zu ruckweises Holen der Großschot, um das Boot in Gleitfahrt übergehen zu lassen. Der Ruderdruck ist jetzt vollständig aufgehoben.
Bei zunehmendem Wind muß der Baumniederholer dichter gefahren werden, damit der Baum nicht steigt und das Segel seine günstige Form behält. Ein zu starkes Steigen des Baumes kann die Gleitfahrt sofort unterbrechen. Auch der Großschotschlitten muß ganz außen gefahren werden. Bei Seegang muß der Steuermann sehr aufmerksam die Wellen aussegeln. Er darf das Boot nicht mit dem Vorsteven in eine Welle rennen lassen. Es wird dadurch so stark abgebremst, daß es in Verdrängerfahrt zurückfällt.
Sind die Wellen lang genug, kann der Steuermann versuchen, das Boot nicht nur gleiten, sondern auch *surfen* (wellenreiten) zu lassen (Abb. 17). Normalerweise ist die Fortpflanzungsgeschwindigkeit der Wellen größer als die Geschwindigkeit des Bootes, so daß es sich lohnt, sich von einer Welle mittragen zu lassen. Läuft eine entsprechend große Welle von achtern auf, muß der Steuermann so weit abfallen, daß die Jolle sich mit dem Heck auf den Kamm der Welle setzen kann. Die Besatzung rutscht jetzt ganz nach achtern, damit das Achterschiff belastet wird. In diesem Augenblick werden Fock- und Großschot kurz dichtgeholt, wodurch das Boot etwas beschleunigt wird, so daß es möglichst nahe an die Wellengeschwindigkeit herankommt. Das Heck wird nun von der Welle emporgehoben, und das Boot rutscht den Wellenvorderhang hinunter. Jetzt luvt der Steuermann leicht an, so daß die Jolle den Wellenvorderhang schrägwinklig hinuntersegelt. Befindet sie sich im vollen Surfen, muß die Besatzung ihr Gewicht weiter nach vorn verlagern. Denn sobald die Welle durchgelaufen ist, muß das Heck entlastet sein, damit es sich besser auf die nächste Welle setzen kann. Und schon beginnt das Spiel von vorne.
Bei starkem Wind kann eine leichte Jolle durchaus schneller gleiten, als die Welle sich fortpflanzt. Das Boot überholt also die Welle. In solchem Fall muß der Steuermann ein Surfen, weil er dabei langsamer würde, verhindern, indem er die Wellen aussteuert, gewissermaßen um sie herumsegelt.
Größere Kielyachten kommen nur in den seltensten Fällen bei starkem Wind ins Gleiten, sofern es sich um extrem leichte Konstruktionen – etwa aus Sperrholz oder Aluminium – handelt, die außerdem noch eine günstige Rumpfform haben müssen. Surfen jedoch können viele moderne Kielyachtkonstruktionen, sofern Wellenlänge, -höhe und -geschwindigkeit entsprechend sind.

i) Trapezsegeln und Trapeztechnik

Das *Trapez* ist zum wichtigsten Hilfsmittel geworden, um leichte Jollen mit einer verhältnismäßig großen Besegelung auch bei viel Wind ungerefft und aufrecht segeln zu können. Neben dem Trapez gibt es auch noch den auf Rollen laufenden *Gleitsitz,* der jedoch, außer auf dem Internationalen Segelkanu, vorwiegend nur auf englischen Jollen gefahren wird, die bei uns nicht verbreitet sind. Die Trapezeinrichtung besteht aus je einem dünnen Stahldraht an Steuerbord und Backbord, der mit dem oberen Ende am Wanthänger des Mastes eingeschäkelt ist. Ein an der Pütting über oder unter Deck befestigter Gummistropp hält das untere Ende des Drahtes unter Spannung, so daß er nicht frei ausschwingen kann. In eine Kausch am Ende des Trapezdrahtes wird der *Trapezgurt* eingehakt. Wichtig ist, daß der Haken am Gurt offen ist, damit sich der Trapezmann beim Kentern schnell vom Draht befreien kann. Die Länge des Drahtes läßt sich durch Doppelkauschen, kurze zwischengesetzte Taljen, verstellbares Elastikband usw. regulieren, damit er den verschiedenen Trapezgurten und unterschiedlichen Größen der Trapezleute angepaßt werden kann. Segler mit sehr langen Beinen legen den Trapezgürtel am besten in Gesäßhöhe um die Hüften. Kleinere Trapezleute dagegen nehmen ihn besser höher ins Kreuz, etwa unterhalb der Schulterblätter, da die obere Hälfte des Körpers schwerer ist und sie sonst das Gleichgewicht verlieren könnten. Um die richtige Länge einzustellen, setzt sich der Trapezmann in seiner normalen Ausreitstellung aufs Seitendeck (Abb. 18). Der Draht darf nicht so kurz sein, daß der Körper vom Seitendeck abgehoben wird, weil der Vorschotmann sonst nachher im Trapez zu aufrecht stehen muß und kein Auflager findet, wenn er ins Boot zurückkommen will. In gestreckter Trapezhaltung sollen Körper und Mast ungefähr einen Winkel von 85° bilden.

Die Trapeztechnik ist einfacher, als sie

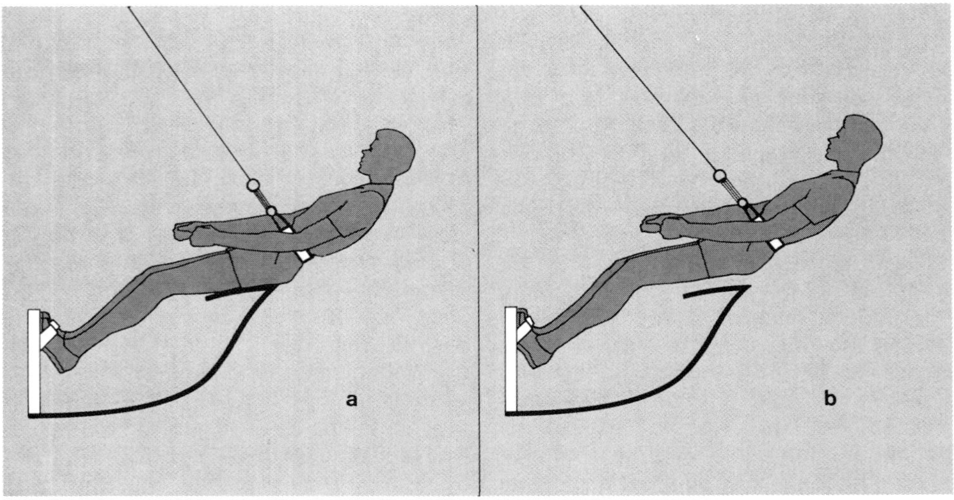

Abb. 18 Einstellen des Trapezdrahtes
a) Richtig; b) Falsch – Der Trapezdraht ist zu kurz

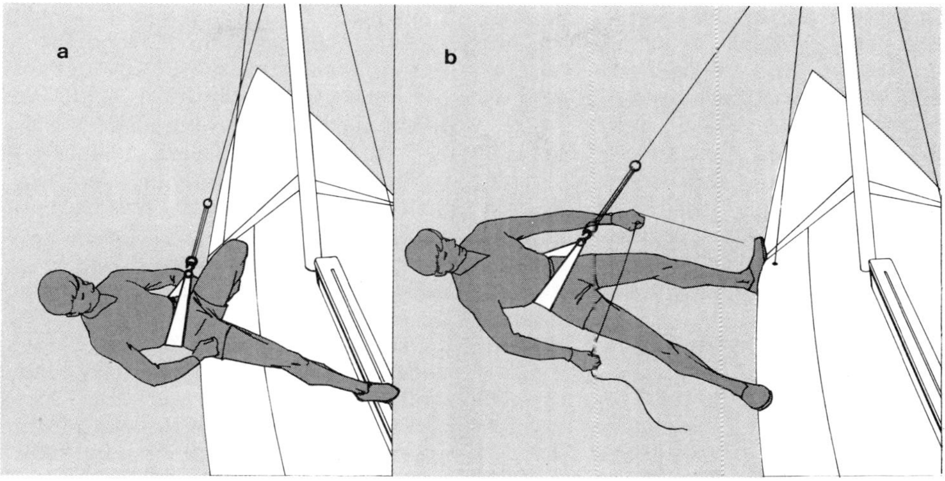

Abb. 19 Der Vorschotmann geht ins Trapez
a) Stellung zum Ausschwingen, bei dem um den vorderen Fuß eine Art halbkreisbogenförmige Bewegung ausgeführt wird. b) Endstellung mit gerade ausgestrecktem Körper, bei der eventuell noch ein Arm nach hinten ausgeschwungen werden kann.

zunächst erscheint. Sie verlangt lediglich ein gutes Zusammenspiel von Steuermann und Trapezmann. Alle beabsichtigten Manöver müssen vom Steuermann rechtzeitig angekündigt werden, damit der Trapezmann vorher ins Boot kommen und seinen Gurt aushaken kann. Nach Möglichkeit soll ein Kurs gesegelt werden, bei dem das Boot stets annähernd die gleiche Lage hat. Nur dann kann der Vorschotmann sicher und wirkungsvoll im Trapez hängen.

Der Vorschotmann steigt dann ins Trapez, wenn das Boot durch herkömmliches Ausreiten nicht mehr länger aufrecht zu segeln ist. Er zieht das vordere (in Richtung zum Bug befindliche) Bein an und stemmt den Fuß gegen das Want, während er gleichzeitig den Oberkörper zurücklehnt, damit der Trapezdraht auf Zug steht (Abb. 19). Nun drückt er sich mit dem hinteren Bein vom Schwertkasten und mit der hinteren Hand von der Scheuerleiste ab, während die vordere Hand die Vorschot hält, und geht in die volle Auslage, indem er den hinteren Fuß ebenfalls auf die Scheuerleiste stellt und die leicht gegrätschten Beine streckt. Der Trapezmann beschreibt also beim Hinausgehen eine Art Kreisbogen um den vorderen Fuß, der wegen des nach vorn ziehenden Drahtes einen Teil des Körpergewichts abfangen muß. Man bezeichnet deshalb auch das vordere Bein als Stemmbein, das hintere als Schwungbein. Wichtig ist, daß der Trapezdraht von Anfang an unter Spannung bleibt. Auf keinen Fall darf sich der Trapezmann ängstlich mit der freien Hand am Draht hochziehen oder festhalten. Er steht mit den Zehen fest auf der Scheuerleiste und fängt kleinere Bewegungen des Bootes im Fußgelenk ab. Schlägt die

Jolle hart auf eine Welle auf, muß er leicht in den Knien mitwippen. Um mit den Füßen einen sicheren Halt zu haben, muß die Scheuerleiste aufgerauht oder eingekerbt sein.
Beim Einsteigen ins Boot schwingt der Trapezmann um das leicht gebeugte Stemmbein nach achtern zurück, löst das Schwungbein gänzlich von der Scheuerleiste, sucht damit Halt unter dem Reitbalken oder Schwertkastendekkel und stützt sich mit der hinteren Hand gegen die Scheuerleiste. Dabei luvt der Steuermann leicht an, damit das Boot nicht stark überholt. Die Vorschot muß beim Einsteigen selbstverständlich dichtgeholt bleiben.
Hat der Trapezmann sich zunächst einmal mit dieser Technik hinlänglich vertraut gemacht, kann er mit einer anderen Methode auch noch schneller ins Boot zurückkommen. Aus der gestreckten Trapezhaltung geht er in die tiefe Hocke, winkelt also die Beine stark an und hockt nun mit strammem Trapezdraht auf der Scheuerleiste. Dann zieht er die Füße hoch, wobei er sich gleichzeitig mit einer oder beiden Händen an der Scheuerleiste abstützen muß, und schwingt am Draht ins Boot zurück. Durch diese Technik wird er nicht nur erheblich schneller, sondern es wird auch nicht das Gewicht nach achtern verlagert wie bei der zuvor beschriebenen Methode. Auch wenn der Wind für einen Augenblick nachläßt, genügt es in der Regel, wenn der Trapezmann nur in die tiefe Hockstellung geht, um sich

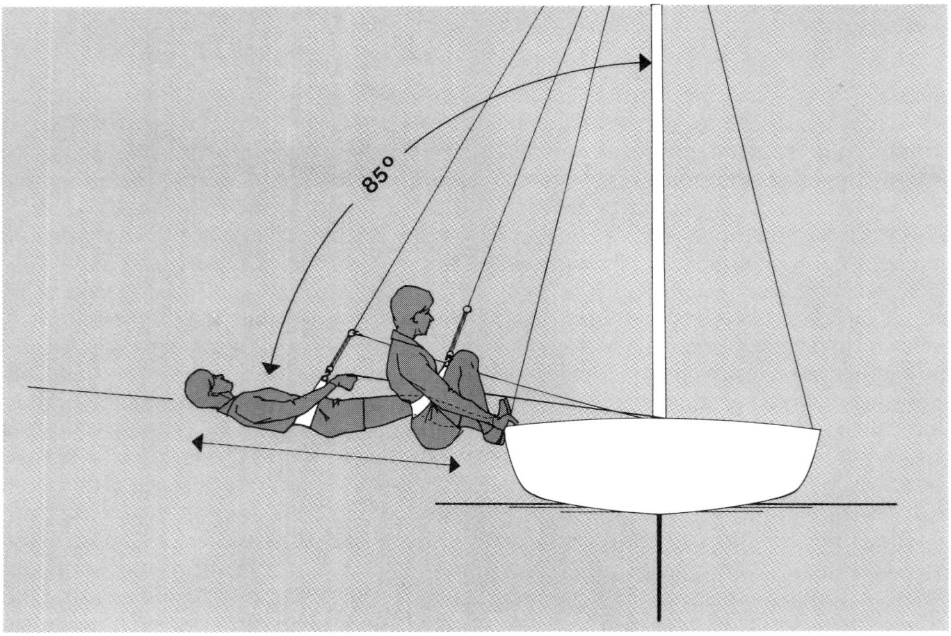

Abb. 20 Der gerade ausgestreckte Körper bildet zum Mast einen Winkel von 85°. Zurückgehen in die tiefe Hocke bei kurzfristigem Nachlassen des Windes.

sofort wieder hinausdrücken zu können, wenn eine Bö einfällt (Abb. 20).
Mit einer gut eingespielten Besatzung dauert ein Wendemanöver, bei dem der Trapezmann ins Boot zurückkommen, die Fock übernehmen und sich auf dem neuen Bug wieder hinaushängen muß, nicht länger als vier bis fünf Sekunden.

k) Kentern und Aufrichten

Drei Ursachen sind es, auf die sich die meisten Kenterungen von Jollen nach Lee im allgemeinen zurückführen lassen:
1. Ungeschicktes Halsen. Während des gesamten Manövers darf die Großschot keinesfalls lose kommen. Nach dem Halsen darf erst angeluvt werden, wenn vor dem Wind die Großschot völlig aufgefiert worden ist.
2. Zu starkes Anluven in einer Bö auf einem Kurs hoch am Wind. Das Boot verliert dabei zu viel Fahrt und dadurch auch Stabilität, da diese sich bei Fahrtverminderung verringert.
3. Zu schnelles, hartes Anluven in Böen beim Segeln mit raumem Wind aus dem

Abb. 21 Kentern nach Luv
a) Durch eine schräg von achtern unter dem Heck durchlaufende See krängt das Boot nach Luv und läuft dabei nach Lee aus dem Ruder. b) Die draußenhängende Besatzung wird durchs Wasser geschleift, die Stabilisierung durch die Segel ist in diesem Augenblick minimal, und das Boot kentert.

gleichen Grund (Fahrtverlust und wirksam werdende Zentrifugalkraft).
Ein Kentern nach Luv geschieht seltener, kann aber auch auf Revieren ohne ausgeprägten Seegang vorkommen.
Wenn bei starkem und böigem Wind und weit in Luv sitzender Besatzung bei Einfallen einer Bö die Großschot zu plötzlich und zu weit aufgefiert wird, so daß der Winddruck verschwindet, wird das Gewicht in Luv zu groß und verursacht ein Kentern nach dieser Seite. Auch auf Raumschots-Kurs kann ein Kentern nach Luv eintreten: Wenn eine See schräg von achtern unter dem Boot durchläuft, wird nämlich der Bug angehoben, während gleichzeitig das Heck in das nachfolgende Wellental absackt. Auf der schrägen Rückseite der Welle krängt nun das Boot nach Luv. Gleichzeitig dreht die Strömung innerhalb der Welle – auf dem Wellenkamm mit, im Wellental gegen den Wind laufend – das Boot nach Lee, wodurch die einsetzende Zentrifugalkraft die Krängung nach Luv verstärkt. Die noch nach Luv heraushängende Besatzung wird nun möglicherweise durchs Wasser ge-

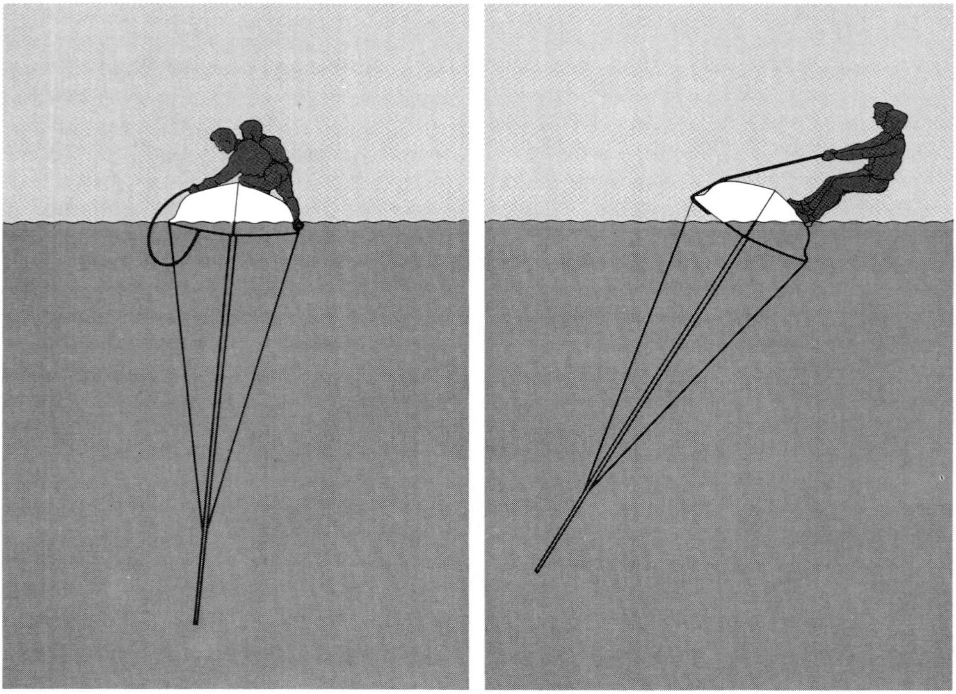

Abb. 22 Aufrichten einer durchgekenterten Jolle in die Waagerechte
Die Besatzung versucht, ein treibendes Ende zu finden – meist wird es ein Schotende sein –, holt es über Scheuerleiste und Bootsboden, stemmt sich auf der gegenüberliegenden Seite unter die Scheuerleiste und holt im Gleichtakt. In dem Maße, wie sich die Jolle aufrichtet, steigt die Besatzung höher auf den Bootsboden hinauf.

schleift; ihr verspätetes Bemühen, sich ins Boot zu ziehen, kann den Ausschlag für ein Kentern nach Luv geben. Der Steuermann kann in solcher Situation nur noch im Augenblick des unfreiwilligen Abfallens durch hartes Ruderlegen versuchen, das Boot wieder auf Kurs zu bringen, wobei aber möglicherweise die Ruderwirkung durch die Strömungen in der Welle stark vermindert ist. Vor dem Eintreten einer solchen kritischen Lage müßte die Besatzung bereits blitzschnell in das Boot gesprungen sein (Abb. 21).
Außergewöhnlich ist der Fall, daß eine Jolle unterschneidet und über den Vorsteven kentert.
Konventionelle Vollholzjollen und Jollenkreuzer haben durch ihre schwere Bauweise eine größere Trägheit als moderne Leichtbaujollen und kentern deshalb nicht so leicht. Sind sie aber einmal gekentert, ist es kaum möglich, sie mit eigenen Kräften wieder aufzurichten.
Die Mannschaft setzt sich rittlings auf die aufschwimmende Bootsseite. Besteht die Gefahr, hinuntergespült zu werden, bindet man sich mit Leinen und leichtlösbaren Knoten fest. Vor allem erschöpfte Besatzungsmitglieder, die sich nicht mehr festhalten können, müssen auf diese Weise gesichert werden.
Alle Schwertboote besitzen genügend Auftriebskörper, um das Boot mit Besatzung schwimmfähig zu halten. Diese Schwimmkörper bestehen entweder aus aufblasbaren Luftschläuchen oder fest eingebauten Lufttanks, die zusätzlich noch mit Styropor oder ähnlichen Schaumstoffen ausgeschäumt sein können. Natürlich ist unbedingt darauf zu achten, daß die Lufttanks wirklich wasserdicht verschlossen sind und die Luftschläuche sich nicht lösen können.
Grundsätzlich gilt, daß niemand das Boot nach dem Kentern verläßt, auch nicht um Hilfe herbeizuholen. Erfah-

Abb. 23 Das Boot wird in Windrichtung gebracht
Es ist unerläßlich für das vollständige Aufrichten, daß die Jolle zunächst mit dem Bug im Wind liegt. Ein Besatzungsmitglied schwimmt zum Vorsteven, hält sich dort fest und versucht, in Windrichtung zu schwimmen. Das Heck wird dann durch den Wind herumgedrückt.

rungsgemäß werden die Entfernungen bis zum Ufer, besonders nachts, erheblich unterschätzt und die eigenen Körperkräfte, speziell bei Seegang und niedriger Wassertemperatur, überschätzt; denn im Ölzeug lassen sich selbst kurze Strecken nur unter erheblichem Kraftaufwand bewältigen, auch mit einer Schwimmweste. Außerdem ist ein treibendes Boot viel leichter auszumachen als ein Schwimmer. Aufschwimmende Gegenstände wie Ruder, Paddel, Bodenbretter oder ähnliches birgt man nur dann, wenn sie greifbar in unmittelbarer Nähe des Bootes schwimmen. Sie treiben wesentlich schneller als das gekenterte Boot. Nicht selten sind die Fälle, in denen Segler bei dem Versuch, solchen

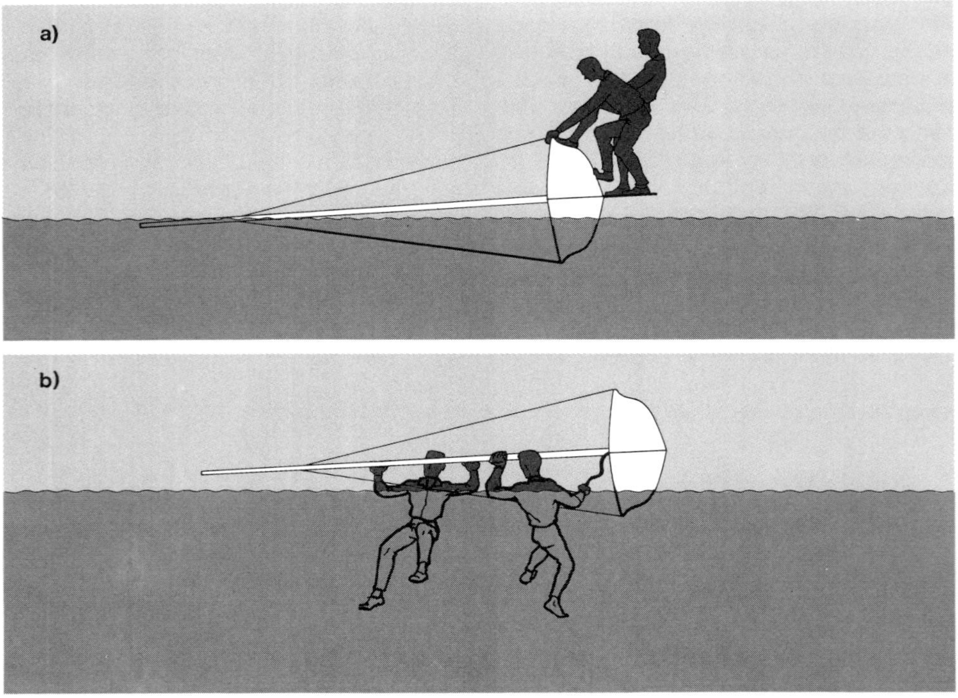

Abb. 24 Das Aufrichten
a) Beide Mann stellen sich auf das Schwert und drücken – eventuell durch Wippen – das Boot hoch. Der Nachteil dieser Methode: die Jolle taucht durch das Gewicht der Besatzung tief ein und hat nach dem Aufrichten viel Wasser an Bord – es sei denn, sie hat sehr breite und große Auftriebskörper wie beispielsweise der 420er.
b) Die Besatzung schwimmt zum Mast und drückt ihn hoch. Ein Mann muß dabei das Schotende fest in der Hand behalten, damit das Boot nicht wegtreiben kann, wenn es sich aufgerichtet hat. Das Boot muß immer im Wind bleiben. Sowie der Mast etwas hoch kommt, greift der Wind unter das Großsegel und unterstützt das Aufrichten des Bootes. Bei dieser Methode verbleibt wenig Wasser im Boot, weil es nicht durch das Gewicht der Besatzung belastet wurde. Die Jolle läßt sich also leichter wieder lenzsegeln.

Dingen nachzuschwimmen, ertrunken sind. Moderne Leichtbaujollen können in der Regel von einer erfahrenen Mannschaft innerhalb kurzer Zeit ohne fremde Hilfe wieder aufgerichtet werden (Abb. 22 u. 23).
Zunächst überzeugt sich nach der Kenterung jeder, ob der Mitsegler sich nicht irgendwo am Boot oder am laufenden Gut verfangen hat oder unter das Segel geraten ist. Ihm gilt die erste Hilfsmaßnahme. Gerät jemand unter das Segel, kann er sich davon nur befreien, indem er unter dem Segel hinwegtaucht, und zwar immer zum Achterliek hin, um nicht in die Wanten zu geraten. Das Segel mit Kopf und Armen hochzudrücken, um zunächst darunter Luft zu schöpfen, ist zwecklos. Das nasse synthetische Tuch schließt völlig luftdicht ab. Ist die Besatzung mit sich selbst so weit klar, muß das Durchkentern des Bootes verhindert werden, indem man sich auf das Schwert stemmt – sofern es nicht in den Schwertkasten zurückgerutscht ist – oder zum Masttopp schwimmt und ihn hochhält.
Normalerweise kann das Boot aufgerichtet werden, ohne daß die Segel geborgen zu werden brauchen (Abb. 23 und 24). Läßt sich das Boot jedoch nicht unter Segeln aufrichten, muß ein Besatzungsmitglied während des Segelbergens das Boot vor dem Durchkentern sichern, indem es sich auf das Schwert stellt oder aber den Masttopp schwimmend hochhält. Das wird jedoch nur dann möglich sein, wenn es eine gut tragende Schwimmweste angelegt hat. Überhaupt sollte es für jeden Jollensegler Pflicht sein, bei starker Brise oder unsicherer Wetterlage eine Schwimmweste zu tragen. Ist man jedoch unter Spinnaker gekentert, muß der Spinnaker unbedingt vor dem Aufrichten geborgen werden. Vom Wind erfaßt, würde er das Boot sofort wieder zum Kentern bringen.
Das Einsteigen in das aufgerichtete Boot ist nicht einfach; vor allem muß man vermeiden, daß es dabei erneut kentert. Häufig ist es recht schwierig, mit der voll Wasser gesogenen Kleidung ins Boot zu gelangen, besonders, wenn es einen hohen Freibord hat. Gegebenenfalls müssen die Segler das Boot nach der Einsteigseite krängen. Meistens wird man jedoch einen Fußgurt oder Reitbalken greifen und sich dann, von

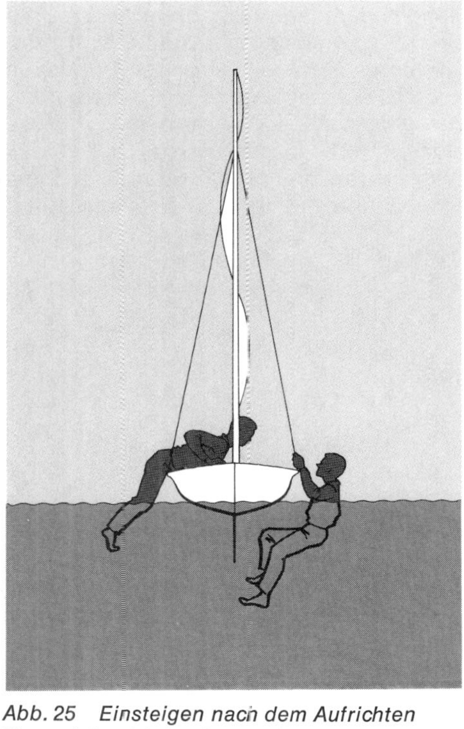

Abb. 25 Einsteigen nach dem Aufrichten
Einer zieht sich ins Boot, während der andere an der gegenüberliegenden Seite die Jolle möglichst am Want oder kurz davor stabilisiert, damit sie nicht wegdreht und abfällt.

einer kräftigen Beinschere unterstützt, ins Boot halb ziehen und halb wälzen können. Am besten verteilen sich die Segler auf beide Bootsseiten und verabreden genau ihr Vorgehen (Abb. 25).
Wieder an Bord, sind sofort die Schoten zu klarieren und aufzufieren, damit die Segel frei auswehen können. Als nächstes klart man die herumschwimmenden Tampen auf und beginnt dann mit dem Lenzen. Hat die Jolle beim Aufrichten viel Wasser gemacht – es gibt einige Typen, die aufgrund ihrer besonderen Konstruktion fast überhaupt kein Wasser übernehmen –, muß zunächst von Hand geöst werden, damit das Boot beim Lenzsegeln nicht unterschneidet und möglicherweise über den Vorsteven kentert. Sind genügend große Selbstlenzer eingebaut, kann man jedoch meistens gleich lossegeln und dabei das Wasser lenzen, möglichst mit halbem oder raumem Wind, also auf einem Kurs, auf dem die größte Geschwindigkeit erzielt wird.
Ein Ösfaß, gut beigebändselt, gehört zur Ausrüstung jeder Jolle, ebenso ein gut gezurrtes Paddel. Das Ruder muß eine Sicherung gegen das Herausfallen bei einer Kenterung haben. Es ist leider oft nicht der Fall. Ist jedoch eine Besatzung auf sich gestellt – in einer Regatta darf sie keine fremde Hilfe annehmen, wenn sie das Rennen fortsetzen will –, kann der Erfolg des Aufrichtemanövers durch ein abtreibendes oder abgesunkenes Ruder vereitelt werden.
Ist die Besatzung nicht imstande, die Jolle mit eigenen Kräften aufzurichten, ist sie auf die Hilfe eines Motorbootes angewiesen. Zunächst sollte sich die Motorbootsbesatzung darum bemühen, treibendes Gut aufzufischen. Dann gibt man eine Leine über, die am Steven der Jolle festgemacht wird, um sie so lange im Wind zu halten, bis die Besatzung die

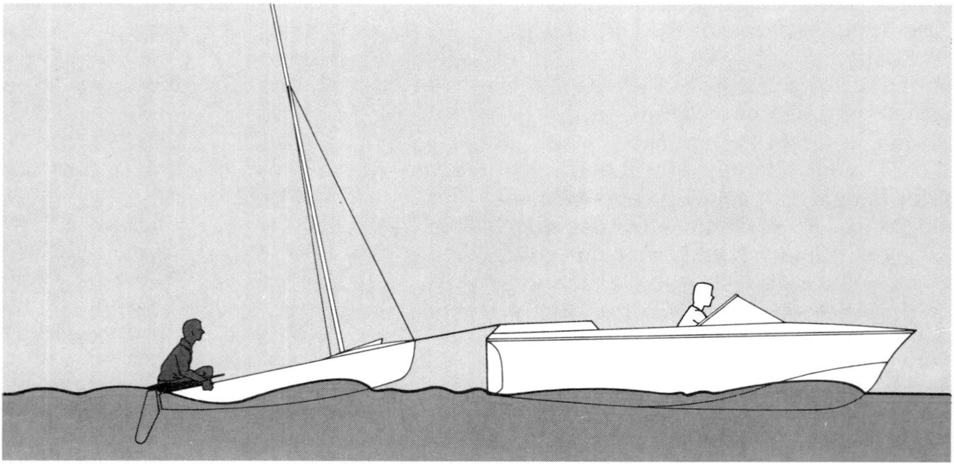

Abb. 26 Abschleppen einer vollgelaufenen Jolle
Die Schleppleine möglichst kurz, damit der Vorsteven der Jolle leicht angehoben wird und das Wasser über Achterdeck beziehungsweise Spiegel ablaufen kann. Das Schwert muß vollständig aufgeholt sein, der Steuermann die Jolle gut ausbalancieren.

Segel geborgen hat, sofern das nicht bereits vorher geschehen ist. Zu möglichen weiteren Hilfeleistungen manövriert das Motorboot vorsichtig in Lee der Jolle. Zuvor sollten die Segler umherschwimmendes Tauwerk eingeholt haben, damit es nicht in die Schraube gerät. Meist ist es dann nicht schwer, die Jolle vom Motorboot aus an den Wanten oder am Mast zu fassen zu bekommen und aufzurichten.

Zum Abschleppen muß das Schwert vollständig aufgeholt werden, damit die Jolle nicht querschießen kann. Ist viel Wasser im Boot, läßt es sich meistens besser schleppen, wenn ein Mann auf dem Heck die Balance hält (Abb. 26). Die Schleppverbindung muß kurz geschoren werden – je nach Höhe des Motorboothecks –, etwa eine knappe Bootslänge der zu schleppenden Jolle, damit beim Anschleppen der Vorsteven aus dem Wasser gehoben wird. Bei zunehmender Fahrt lenzt auf diese Weise genügend Wasser übers Heck aus dem Cockpit der Jolle, so daß sie ausreichend schwimmfähig wird.

l) Katamaransegeln

Die Segeltechnik des offenen Rennkatamarans unterscheidet sich in einigen Punkten wesentlich von der einer Jolle. Grundsätzlich gilt für alle Katamarane – im allgemeinen kurz Kats genannt –, daß sie möglichst aufrecht gesegelt werden müssen. Ein Kat ist dann am schnellsten – seine benetzte Oberfläche am geringsten –, wennn der Luvschwimmer eben ab und zu ins Wasser dippt, das heißt, bei einer Krängung von etwa 5° (Abb. 27).

Es kommt auch noch etwas anderes hinzu: Die große Anfangsstabilität, bedingt durch die breite Doppelrumpfkonstruktion, wirkt trügerisch. Bei einem Kielboot nimmt die Stabilität um so mehr zu, je stärker es krängt. Die Jolle erreicht ihre größte Stabilität bei einer Krängung von etwa 30°. Der Kat jedoch erreicht sein Stabilitätsmaximum bereits bei nur 12° bis 15° Krängung. Sowie sich ein Schwimmer vollständig aus dem Wasser hebt, nimmt die Stabilität rapide ab.

1. Am Wind

Ein Katamaran segelt hoch am Wind nicht so schnell wie eine Jolle, und bei Windstärke 3 sollte der Vorschotmann ins Trapez steigen. Ein Kat ist äußerst trimmempfindlich. Die richtige Gewichtsverteilung der Mannschaft spielt auf ihm eine weit größere Rolle als auf einer Jolle. Befindet sich der Vorschotmann nur zehn oder zwanzig Zentimeter zu weit vorne oder achtern, kann der Kat luv- beziehungsweise leegierig werden. Am Ruderdruck kann der Steuermann sofort bemerken, ob der Gewichtstrimm verändert werden muß. Dies gilt natürlich auch für die anderen Kurse zum Wind.

Beim Einfallen einer Bö muß der Jollensegler grundlegend umdenken. Luvt der Steuermann instinktiv an – wie er es von der Jolle her gewohnt ist –, wird er mit Überraschung feststellen, daß das Großsegel einfach nicht killen will. Der Grund ist einfach. Kats erreichen eine weit höhere Geschwindigkeit als Jollen, infolgedessen fällt der wahre Wind wesentlich raumer ein, trifft also das Großsegel trotz des Anluvens immer noch voll, bringt den Luvschwimmer zum Steigen und möglicherweise den Kat zum Kentern. Fürs Katamaransegeln gilt deshalb: Abfallen in einer Bö oder die Großschot fieren.

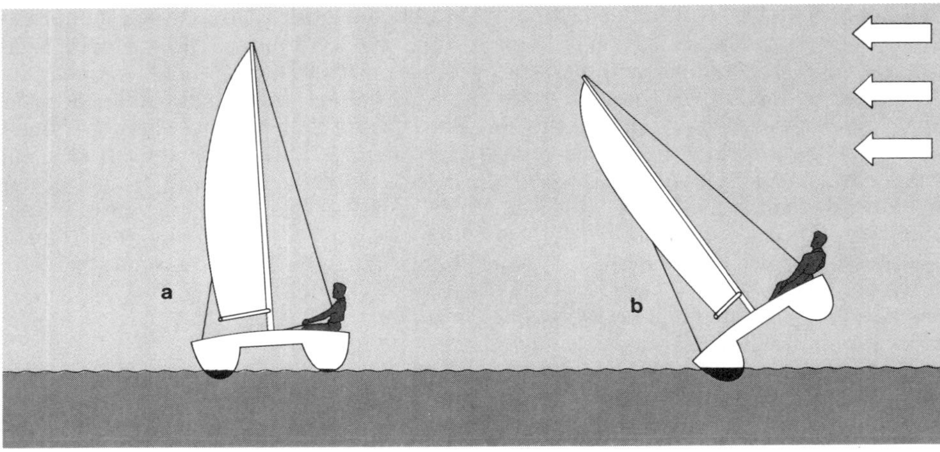

Abb. 27 Katamaransegeln am Wind
a) Normale Lage bei gut vollstehendem Segel. Der Kat ist am schnellsten, wenn der Luvschwimmer gerade aufs Wasser dippt. b) Hochdrehen in einer Bö. Der Luvschwimmer steigt und nähert sich dem Punkt, an dem es kein Zurück mehr gibt. Die Stabilität ist bei diesem Krängungswinkel von etwa 45° bereits gleich Null. Also abfallen in einer Bö, nicht anluven!

2. Raumschots

Die auf raumem Kurs erreichbaren Geschwindigkeiten haben den Kat berühmt gemacht: 20 bis 25 Knoten sind bei Windstärke 5 und mehr keine Seltenheit! Sobald der raume Kurs anliegt, muß der Vorschotmann im Trapez weiter nach achtern gehen, hinter den Steuermann – bei etwa Windstärke 5 eventuell sogar auf den achterlichsten Punkt des Luvschwimmers, damit der leicht zum Unterschneiden neigende Leeschwimmer angehoben wird. Der Kat macht auf diesem Kurs sehr viel Spritzwasser, wie es ein Jollensegler kaum kennt. Allerdings nimmt das Spritzwasser noch erheblich zu, wenn der Kat nicht genügend hecklastig getrimmt ist. Dann schneiden die Vorsteven tief in die Seen und werfen gewaltige Wassermassen über die Besatzung, so daß die Sicht zeitweilig völlig ausfällt. Schließlich kommt der Augenblick, in dem ein oder beide Steven unterschneiden. Die Fahrt wird dadurch so heftig gebremst, daß die Mannschaft nach vorn geschleudert werden kann. Auf diese Situation müssen Steuer- und Vorschotmann ständig vorbereitet sein und sich stets einen sicheren Halt suchen. Besonders gefährdet ist der Trapezmann, entweder gegen den Mast oder sogar um das Vorstag herum in Lee geschleudert zu werden. Verletzungen sind dabei nicht ausgeschlossen. Er sollte sich deshalb möglichst am Steuermann festhalten. Dann hat er einen zwar anstrengenden, aber verhältnismäßig sicheren Stand.
Wenn es beim Unterschneiden keinen Bruch gegeben hat, hält man einfach die Schoten fest und segelt »unterdurch«. Die im Kat noch verbleibende Fahrt und die durch die noch stehenden Segel erzeugte Vortriebskraft bewirken, daß das Wasser schnell nach achtern abfließt.

Der Steuermann muß sich jedoch mit dem Gedanken vertraut machen, dabei bis zum Hals im Wasser zu sitzen. Selbstverständlich taucht der durch seine wasserdichten Rümpfe in unbeschädigtem Zustand unsinkbare Katamaran auch mit gefierten Schoten – wenn sie der Mannschaft aus den Händen gerissen wurden – wieder auf.
Schneidet nur der Leeschwimmer unter und der Luvschwimmer beginnt zu steigen – das Ruder ist in solcher Situation kaum noch wirksam, weil es nahezu horizontal liegt –, müssen sofort die Schoten gefiert werden, weil sonst die Gefahr des Kenterns besteht.

3. Vor dem Wind

Kats werden im allgemeinen ohne Spinnaker gesegelt; denn dort, wo andere Boote ihren Auftrieb vorm Mast her beziehen, nämlich vom Vorschiff, gähnt beim Kat ein großes Loch, seitlich lediglich durch zwei scharfe, schmale Schwimmersteven begrenzt. Der Spinnaker vergrößert den Segeldruck oberhalb des Schwerpunktes und steigert dadurch das vertikale Drehmoment; das bedeutet, die Schwimmerhecks werden angehoben und die Vorsteven in die See gedrückt. Es kann dabei unter extremen Wetterbedingungen ohne weiteres zu einem Kentern über den Bug kommen, was unweigerlich zu Bruch in der Takelage führt.
Auch vorm Wind ist der richtige Trimm des Kats sehr entscheidend. Bei leichtem Wind wird die Fahrt durch eine zu weit achtern sitzende Mannschaft erheblich verlangsamt. Sie sollte so weit vorne sitzen, daß sich die Schwimmerhecks eben aus dem Wasser heben und das Wasser wirbellos abläuft. Bei stärkerem Wind dagegen muß sich die Mannschaft so weit wie möglich nach achtern begeben. Obwohl ein Kat bei achterlichem Wind nicht so stark dazu neigt, zu gieren oder gar aus dem Ruder zu schießen wie eine Leichtbaujolle, besteht doch ständig die Gefahr des Unterschneidens. Schon ab etwa Windstärke 4 wird der Vorm-Wind-Kurs mit einem Kat recht problematisch, und man wird reffen müssen; denn nur mit einem verkleinerten Großsegel läßt sich die Fahrt so weit verringern, daß man ein Unterschneiden vermeiden kann. Oder man kreuzt vor dem Wind. Man wird den Kurs auf jeden Fall sicherer mit raumschots liegenden Schlägen ablaufen und trotz des längeren Weges ebenso schnell am Ziel sein.

4. Das Wenden

Der Kat als extreme Leichtbaukonstruktion hat nur ein geringes Schwungmoment. Er bleibt sofort stehen, wenn er keinen Vortrieb mehr hat, das heißt, wenn kein Wind mehr im Segel steht. Beim Wenden gilt also zunächst, das Schwungmoment durch möglichst hohe Fahrt zu vergrößern. Man wird deshalb leicht abfallen, um zusätzliche Fahrt aufzunehmen. Dann ist langsam und nicht zu hart Ruder zu legen. Man bedenke, daß der Weg der breiten Doppelrumpfkonstruktion durch den Wind ein längerer ist als der eines schmalen Jollenrumpfes. Wichtig beim Kat ist auch, daß die Fock nach dem Wenden schneller wieder steht als das Großsegel, sonst wird er sofort luvgierig und dreht in den Wind. Der Vorschotmann ist beim Wenden entscheidender als der Mann an der Pinne.
Auf das Kommando »Rhe!« wird die

Fock sofort losgeworfen, damit das Großsegel das Anluven unterstützen kann (Abb 28). Sowie die Steven im Wind liegen, muß die Fock backgehalten werden und in dem Augenblick in Lee wieder stehen, wo der Kat auf dem neuen Bug liegt. Das Großsegel wird überhaupt nicht bedient.

Wird das Manöver nicht schnell genug ausgeführt, bleibt der Kat im Wind liegen, beginnt achteraus zu treiben, und es kann dann schwierig werden, selbst wieder auf den alten Bug abzufallen. Außerdem muß die Mannschaft so lange auf dem alten Luvschwimmer sitzen bleiben, bis der Kat auf dem neuen Bug Fahrt aufnimmt. Erst dann steigt sie um, weil der Leeschwimmer beim Wenden die Außenkurve fährt, also den längeren Weg durchs Wasser zurückzulegen hat und deshalb unbelastet bleiben soll, während das Gewicht der Mannschaft unmittelbar über dem Drehpunkt die Drehbewegungen am geringsten hemmt.

Ist das Wenden beendet, braucht mit dem Kat, um so schneller wieder Fahrt aufzunehmen, nicht erst abgefallen zu werden; da er praktisch kein Trägheitsmoment zu überwinden hat, springt er unmittelbar an.

Wie bei einer Jolle ist es unmöglich, aus einem raumschots liegenden Kurs her-

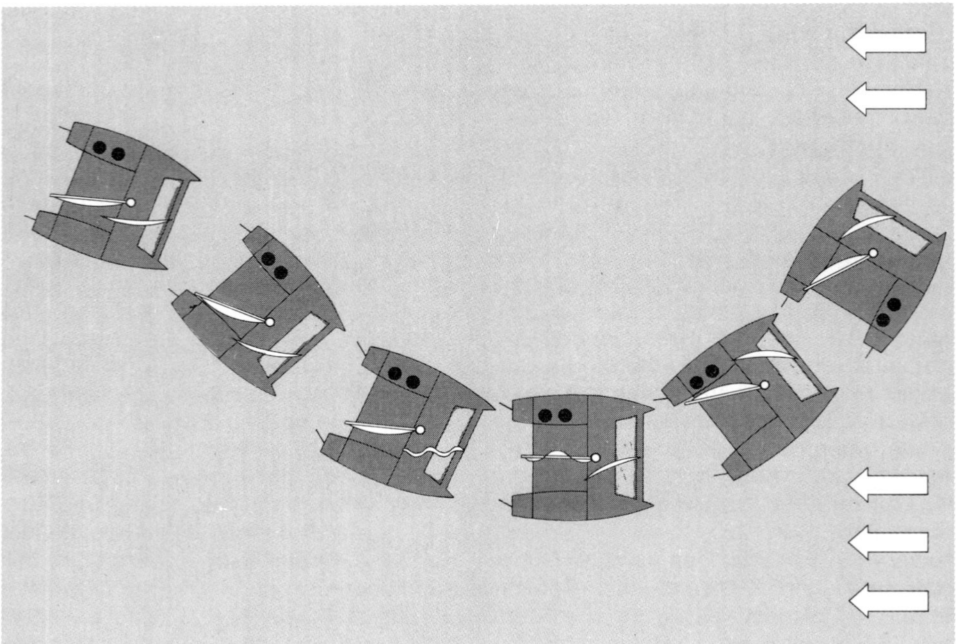

Abb. 28 Wenden
Durch leichtes Abfallen erhöhte Geschwindigkeit aufnehmen. Mit höchstens 30° Ruder durch den Wind drehen und die Fock kurz backstehen lassen. Die Mannschaft wechselt erst nach dem Wenden auf den neuen Luvschwimmer.

aus ein Wendemanöver zu fahren, indem man hart Ruder legt. Bei der hohen Geschwindigkeit, die der Kat auf diesem Kurs läuft, täuscht der scheinbare Wind eine völlig falsche Windrichtung vor, und es scheint, daß beim Ruderlegen nicht nur das Boot, sondern auch der Wind mit herumschwenkt; denn durch das Andrehen wird die Geschwindigkeit gebremst und der scheinbare Wind fällt mehr und mehr auf die Richtung des wahren Windes zurück, während gleichzeitig der Vortrieb erheblich geringer wird. Bis die Steven endlich im Wind liegen, hat der Kat seine gesamte Fahrt verloren. Er bleibt im Wind liegen und wird anfangen, achteraus zu treiben auf das Hindernis zu, dem man möglicherweise ausweichen wollte. Man muß also zunächst unbedingt hoch an den Wind gehen und kann erst dann wenden, wenn dieser Kurs anliegt.

5. Das Halsen

Grundsätzlich ist das Halsen mit einem Katamaran nicht anders als mit einem Einrumpfboot. Herrscht jedoch eine frische Brise und wird etwas zuviel Ruder gelegt und nicht gleich Stützruder gegeben oder das Großsegel nicht schnell genug gefiert, kann es geschehen, daß der Kat bereits mit hoher Geschwindigkeit Halbwind-Kurs läuft, während sich die Mannschaft noch auf dem Leeschwimmer oder bestenfalls mittschiffs befindet. Der Luvschwimmer steigt nun sofort, und nur mit Mühe wird sich durch Abfallen ein Kentern noch vermeiden lassen. Es kann sogar geschehen, daß die Mannschaft in hohem Bogen aus dem Boot geschleudert wird.
Zweifellos erfordert das Segeln mit Katamaranen ein erhebliches Umdenken.

6. Kentern und Aufrichten

Es wurde bereits erwähnt, daß Katamarane beim Unterschneiden kentern können. Doch selbst mit losgeworfenen Schoten und killenden Segeln können sie kentern; dann nämlich, wenn sich der Luvschwimmer so hoch in der Luft befindet, daß der Wind unter das Boot fassen kann. Wahrscheinlich wird es mit den Segeln einige Sekunden lang auf dem Wasser liegen bleiben und dann langsam durchkentern. Das Durchkentern versucht man dadurch zu verhindern, daß man am Masttopp Auftriebskörper anbringt oder die oberste Bahn des Großsegels doppelwandig macht und mit Styropor ausfüllt. Es sind dieses zwar wirksame Mittel gegen das Durchkentern, doch sehen sie nicht besonders schön aus so daß die Segler häufig auf solche Auftriebskörper verzichten.
Wenn bei normalem Kentern die Mannschaft nicht über Bord geschleudert worden ist, steigt sie sofort auf das Schwert oder hängt sich an den auf-

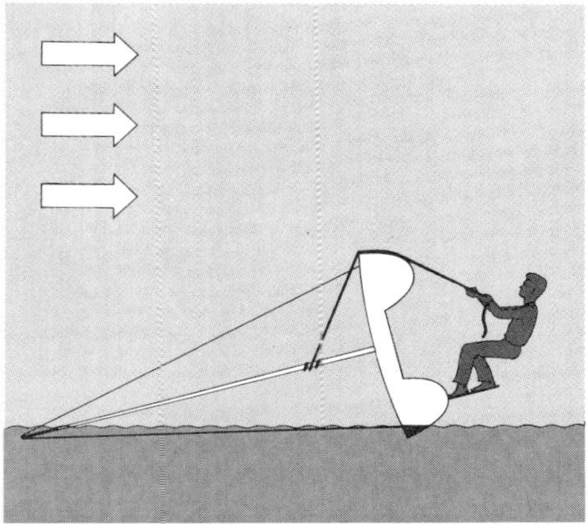

Abb. 29 Aufrichten eines Katamarans, bei dem der Masttopp auf der Wasseroberfläche liegt.

ragenden Luvschwimmer und versucht auf diese Weise, den Kat wieder aufzurichten, so lange das Segel noch auf dem Wasser liegt (Abb. 29). Sollte das Aufrichten so jedoch nicht gleich gelingen, kann man zumindest das Durchkentern verhindern. Dann schwimmt ein Mann zu dem Masttopp und hält ihn über Wasser. Gelingt es nun, den Kat um etwa 180° zu drehen, so daß der Wind unters Segel fassen kann, bereitet das Aufrichten überhaupt keine Schwierigkeit mehr. Nur müssen jetzt unbedingt die Schoten lose sein, da das Boot sonst sofort wieder anspringt und lossegelt, ehe es der Mannschaft gelingt, an Bord zu kommen. Im Gegensatz zum gekenterten Jollensegler darf sich ein

Abb. 31 Aufrichten eines Katamarans, dessen Masttopp sich in den Grund gebohrt hat: a) Ein Taucher steckt am Masttopp eine Leine an. b) Die Leine wird vom Motorboot aus geholt, bis der Topp an die Wasseroberfläche kommt; dabei muß das Motorboot in Luv liegen. c) Unter Umständen wird es nun möglich sein, den Kat von Hand aufzurichten. Andernfalls muß am Topp ein Schwimmkörper befestigt werden, um ein erneutes Durchkentern zu verhindern, und der Kat so aufgerichtet werden, wie Abb. 30 zeigt. ▶

im Wasser schwimmender Katsegler niemals an der Großschot festhalten.

Ist der Kat aber durchgekentert, ist es kaum noch möglich, ihn mit eigener Kraft wieder aufzurichten. Nur selten

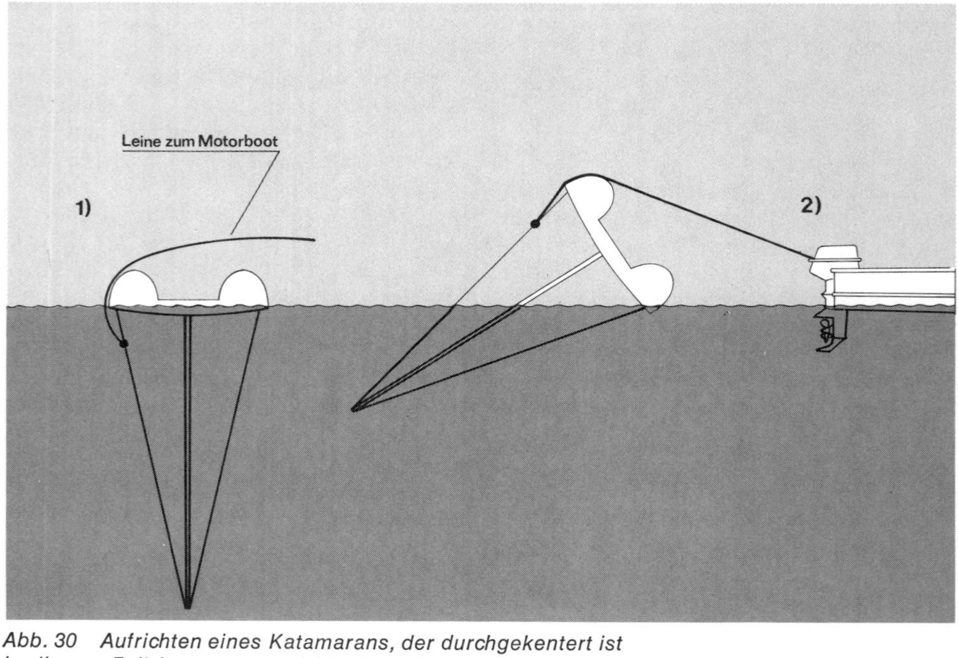

Abb. 30 Aufrichten eines Katamarans, der durchgekentert ist
In diesem Fall kommt man nicht ohne die Hilfe eines Motorbootes aus. Bei einem schweren Katamaran wird man unter Umständen sogar den Mast kappen müssen.

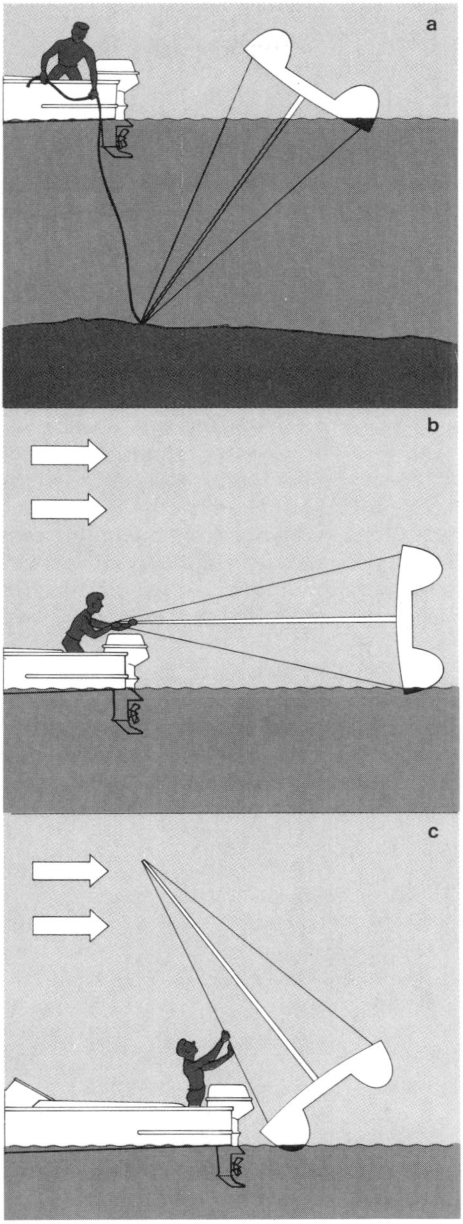

wird es einem geübten Schwimmer gelingen, an dem senkrecht nach unten ragenden Masttopp wirksame Auftriebskörper anzubringen. Man ist auf die Hilfe eines Motorbootes angewiesen (Abb. 30 und 31). Von ihm wird eine Leine ausgebracht, an dem entgegengesetzten Want oder am Mastfuß angesteckt und dann angeschleppt, vorsichtig und ohne harten Ruck, bei dem sonst die Pütting beziehungsweise das Want brechen oder der Mast aus dem Schuh gerissen werden könnte. Sofern das Wasser tief genug ist und der Mast keine Grundberührung bekommen hat, wird das Aufrichten ohne Bruch vonstatten gehen; andernfalls wird man meistens das Rigg opfern müssen.

m) Ankermanöver

1. Ankern

Um einem Schiff vor Anker einen sicheren Halt zu geben, muß sich der Anker mit seinen Pflugen dauerhaft eingraben können. Alle Anker arbeiten nach dem Pflugschar-Prinzip. Mit einer mehr oder weniger schräggestellten Metallfläche, die eben oder gekrümmt sein kann, graben sie sich im Boden ein – allerdings erst, nachdem sie in liegender Stellung ein Stück über den Boden geschleift worden sind. Entscheidend für einen sicheren Halt ist der Ankergrund. Sand ist guter Ankergrund, weil sich die Pflugen leicht eingraben und beim Ausbrechen auch wieder leicht loskommen. In Ton und Lehm faßt der Anker langsamer und kommt beim Ausbrechen auch schwerer los. Schlecht sind steinige, schlammige und verkrautete Böden. Zumal kleinere Patentanker sind manchmal nicht schwer genug, um das Kraut zu durchdringen und im Boden zu fassen. Besonders günstige Ankerplätze sind auf den Karten durch einen eingezeichneten Anker gekennzeichnet. Gelegentlich findet man auch halbe Anker dargestellt. Sie besagen, daß der Ankergrund nur stellenweise gut ist.

Der Ankerplatz soll gegen Wind und See geschützt sein, und zwar nicht nur bei der zur Zeit des Ankerns herrschenden Wetterlage. Ankern dicht am Ufer sollte man möglichst vermeiden und auf jeden Fall von einem möglichen *Legerwall* – einem Platz in Luv vom Land – so weit entfernt bleiben, daß man sich vom Ankerplatz aus nach beiden Seiten jederzeit freikreuzen kann. Beim Ankern im Strom ist die Stromrichtung entscheidend. Der Ankerplatz muß unbedingt außerhalb des Fahrwassers der Berufsschiffahrt liegen und weit genug von anderen Booten entfernt sein, damit alle Boote einen vollen Kreis um ihren Anker schwojen können, ohne zu kollidieren.

Der Ankerplatz ist vorher sorgfältig auszuloten und danach die Länge der Kette zu bestimmen. Beim Stockanker beträgt die Kettenlänge mindestens das Dreifache, bei leichteren Patentankern das Fünf- bis Sechsfache der Wassertiefe. Je länger die Kette, um so besser hält der Anker. Denn die Kette hat unter anderem die Aufgabe, durch ihr Eigengewicht den Schaft des Ankers parallel zum Grund zu halten. Sie muß lang und schwer genug sein, um trotz des Zuges nach oben mit einem Stück auf dem Boden liegenzubleiben. Durch ihre Reibung auf dem Grund unterstützt sie die Wirkung des Ankers. Liegt die Kette nicht auf dem Boden, hebt sie den Schaft des Ankers an und bricht ihn aus. Benutzt man keine Kette, sondern eine Leine, muß zwischen Anker und Leine

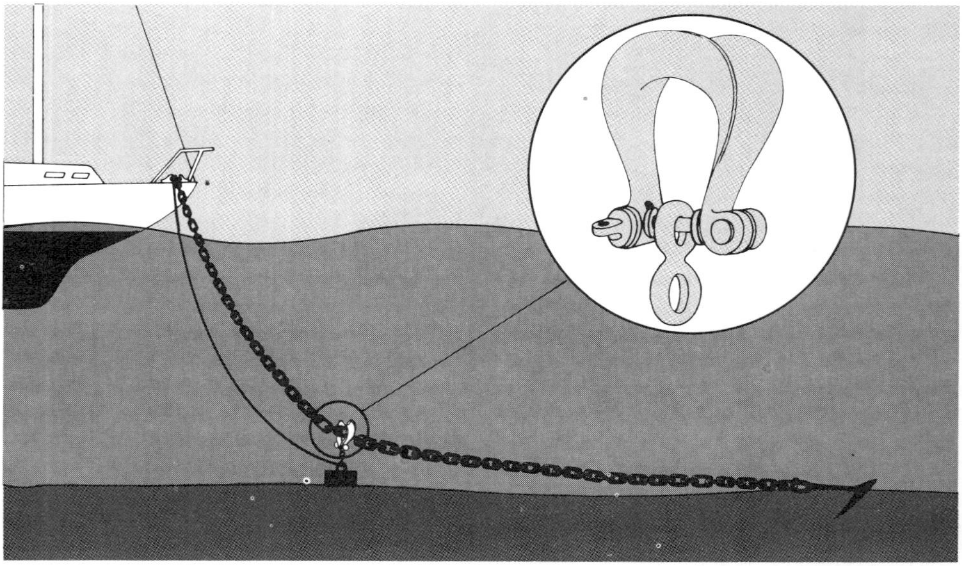

Abb. 32 Durch Reitgewicht beschwerte Ankerkette
Das Reitgewicht ist mit einem Gleitschäkel (Kreis) auf der Kette hinabgelassen worden

ein Kettenvorlauf von etwa 5 bis 10 m geschäkelt werden, um den Anker zum Eingraben in den Grund zu bringen. Hat man nicht genügend Kette an Bord, befestigt man ein schweres Gewicht auf etwa 1/3 Länge der Leine hinter dem Anker. Dieses sogenannte *Reitgewicht* kann auch nachträglich angebracht werden. Man läßt es an einem Ende mit einem *Gleitschäkel* auf der Leine entlang hinabgleiten. Es hält den letzten Teil der Kette o. Leine auf dem Grund (Abb. 32).
Liegt der Ankerplatz fest, birgt man die Fock und klariert auf dem Vorschiff den Anker. Man überzeugt sich, daß der Ketten- oder Leinentampen auch tatsächlich im Kettenkasten oder an einem Poller belegt und der Splint bei Stockankern gesichert ist. Dann läuft man am Wind mit langsamer Fahrt den Ankerplatz an, dreht dort in den Wind oder bei Strom gegen den Strom und läßt das Boot auslaufen. Nicht der Mann auf dem Vorschiff ordnet an, wann der Anker fallen soll, sondern der verantwortliche Rudergänger. Nur er kann beurteilen, wann der richtige Zeitpunkt gekommen ist. Das Kommando »Fallen Anker!« darf erst dann gegeben werden, wenn die Fahrt aus dem Schiff ist und es beginnt, Fahrt achteraus zu machen. Steckt man schon Kette, während das Boot noch über dem Anker steht, kann sie leicht an Stock oder Pflugen unklarkommen. Auf keinen Fall darf die Kette oder Leine lose geworfen oder ausrauschen gelassen werden. Dabei können sich ebenfalls leicht Törns bilden, die sich am Grund um die Pflugen oder den Ankerstock schlingen. Die Kette soll aber zunächst auch nicht steifkommen, sondern erst kurz vor der vorgesehenen Kettenlänge, damit der Anker nun faßt. Dann steckt man langsam den Rest, damit das weiter achteraus treibende Boot allmählich zum Stehen kommt. Ob der Anker wirklich gefaßt hat, erkennt man daran, daß das Boot vor der steifen Kette *auftörnt,* das heißt, in den Wind dreht.
Manchma allerdings ist es nicht erforderlich, den Anker bei Fahrt achteraus fallenzulassen; er kann dann auch bei Fahrt voraus fallen. In strömenden Gewässern ist das manchmal unvermeidlich. Wichtig ist nur, daß das Boot überhaupt Fahrt macht, damit Kette oder Leine nicht auf den Anker fallen. Bei Fahrt voraus muß das Boot durch entsprechend harte Ruderlage zum Abscheren gebracht werden, so daß es einen Bogen um den Anker beschreibt. Manche Plattenanker wie der Danforth mit seinen großen Flächen fangen allerdings schon bei 3 kn Fahrt an, wie ein Scherbrett (Paravane) zu gleiten.
Sobald der Anker gefaßt hat, werden der Ankerball oder bei Dunkelheit das Ankerlicht gesetzt und alle anderen Lichter gelöscht. Dann nimmt man eine Ankerpeilung, am besten eine Kreuzpeilung. Über den Kompaß werden Dwars- und Längsmarken an Land gepeilt und notiert. Mit dem Lot an einer Leine von etwa doppelter Wassertiefe kontrolliert man, ob das Boot treibt. Solange die Lotleine auf und nieder, also senkrecht steht, trägt der Anker. Man kann auch sehr einfach feststellen, ob der Anker schliert, indem man einige Zeit den Fuß auf die Ankerkette setzt. Spürt man ein leichtes Rucken der Kette, hat der Anker nicht richtig gefaßt. Erst wenn eindeutig festgestellt wurde, daß der Anker hält, wird das Großsegel geborgen. Während des Ankerliegens kontrolliert die Ankerwache Lot und Ankerpeilung und beobachtet die Wetterentwicklung, besonders, wenn der Wind dreht oder auffrischt. Gerät das Schiff ins Treiben und ist man gut manövrierfähig, läßt man

sich am besten auf gar keine Experimente ein, sondern holt den Anker auf und fährt ein neues Ankermanöver. Sonst versucht man durch Nachstecken der Kette, den Anker wieder zum Halten zu bringen.

Will man einen Anker mit einem Dingi ausfahren, so hängt man ihn über das Heck des Dingis und sichert ihn mit einem kurzen Ende an einer Ducht, und zwar so, daß dieses Ende durch Zug auf einen Slipstek schnell losgeworfen werden kann. Ob man nun die in Achterbuchten aufgeschossene Ankerleine – deren Ende auf der Yacht belegt ist – aus dem Dingi heraus abspulen läßt oder sie entsprechend von der Yacht aus fiert, hängt von ihrem Gewicht, der Tragfähigkeit des Dingis und den Wetterverhältnissen ab.

Es ist ausgesprochen gefährlich, einen Anker im Dingi stehend über Bord zu hieven. Schon so mancher tödliche Unfall ist darauf zurückzuführen, daß der Betreffende mit seinem Fuß in eine Bucht der Ankerleine geriet und von ihr unter Wasser gezogen wurde. Es versteht sich von selbst, daß sich nur eine Anker*leine* mit einem Dingi ausfahren läßt; bei einer Kette ist das unmöglich.

Muß ein zweiter Anker ausgebracht werden, ist im allgemeinen schlechtes Wetter zu erwarten, und man sollte die gesamte Länge der verfügbaren Leine zwischen Boot und Anker haben. Beim Ausfahren mit dem Dingi nützt man die an Bord befindliche Leine nicht aus, denn das Dingi treibt zurück, sobald man aufhört zu pullen; der Anker muß erst fallen und sich eingraben, auch das kostet Leinenlänge. Es ist daher empfehlenswert, zunächst 15 m einer leichteren Leine an den Tampen der Ankerleine anzustecken. Wenn dieses Ende eingeholt ist, kommt die eigentliche Trosse zum Tragen.

2. *Ankerlichten*

Zum Ankerlichten wird die Kette *kurzstag* gehievt, das heißt, bis auf etwa eineinhalbfache Wassertiefe eingeholt, so daß sie ungefähr in einem Winkel von 45° zum Anker zeigt. Von diesem Augenblick an muß man damit rechnen, daß der Anker nicht mehr sicher hält. Wenn die Kette auf und nieder – senkrecht – steht, wird der Anker ausgebrochen, indem der Schaft hochgezogen wird, bis auch er senkrecht steht. Zeigt die Kette über den Bug nach der anderen Seite – das kommt bei Strom häufig vor –, ist so zu manövrieren, daß sie an der richtigen Seite klarläuft, um Ankergeschirr und Schanzkleid zu schonen. Dann wird der Anker gehievt, ausgewaschen und an Bord genommen. Bei schwereren Stockankern ist es nicht ganz einfach, sie an Deck zu bringen, ohne die Bordwand zu zerkratzen. Da hilft ein am Kreuz befestigtes Ende von etwa 2 m Länge. Man faßt es mit dem Bootshaken, holt es ein, während gleichzeitig die Kette wieder etwas gefiert wird, und kann nun den Anker mit dem Kreuz voraus an Bord holen.

Nicht immer läßt sich der Anker leicht aus dem Grund herausbrechen. Auf kleineren Booten, auf denen man kein Spill hat, geht die Besatzung möglichst weit aufs Vorschiff, damit der Bug tiefer eintaucht, holt die Kette so steif wie möglich und läuft dann nach achtern. Der Auftrieb des heraustauchenden Bugs erzeugt eine erhebliche Kraft, die meistens stark genug ist, um den Anker herauszubrechen.

Unter ungünstigen Verhältnissen kann das Ankerlichten auf einer Yacht zu einem recht schwierigen Manöver werden: Man liegt mit den gesetzten Segeln genau im Wind, kann also nicht sofort in der gewünschten Richtung Fahrt aufnehmen, sondern die Yacht macht nach dem Herausbrechen des Ankers zunächst Fahrt achteraus. Sie muß sogleich durch entsprechende Ruderlage ausgenutzt werden, um auf den günstigen Bug abfallen zu können. Das Abfallen wird durch die backgeholte Fock unterstützt. Man kann das Abfallen auf den richtigen Bug auch noch dadurch unterstützen, daß man zunächst den Anker nur kurzstag hievt, ohne ihn dabei auszubrechen. Alle Schoten sind lose, damit das Boot nicht eventuell anfängt, Fahrt voraus zu machen. Es wird nun vor der kurzen Kette gieren und abwechselnd nach Backbord und Steuerbord abfallen. Man paßt jetzt den Augenblick ab, in dem das Boot am weitesten nach der Seite abgefallen ist, nach der man nicht wegsegeln will, und hievt die Kette so schnell wie möglich. Der Bug wird dadurch in die richtige Richtung herumgeholt. Sobald das Boot durch den Wind geht, holt man das Vorsegel back; der Anker wird nun wahrscheinlich ausbrechen und das Boot so weit abfallen, daß man möglicherweise direkt Fahrt voraus aufnehmen kann. Wahrscheinlich wird es aber auch zunächst Fahrt über den Achtersteven machen oder seitlich wegtreiben; das hängt von der Konstruktion der Yacht und der Schnelligkeit der Durchführung des Manövers ab. Es muß also stets genügend Leeraum vorhanden sein und mindestens nach einer Seite querab so viel Platz, um Fahrt voraus aufnehmen und wenden zu können. Kann der Anker nicht gleich an Deck genommen werden, sollte die Yacht so gesegelt werden, daß er an der Leeseite bleibt, um die Bordwand nicht zu beschädigen. Vor dem Gleiten eines großen Danforth-Ankers muß man sich aus dem gleichen Grund hüten.

3. Ankerklarieren

Ein Anker, der sich in anderen Ankerketten, Wrackteilen oder ähnlichem so verhakt hat, daß er mit einem normalen Manöver nicht gelichtet werden kann, ist unklar. Das Klarieren ist oft mit den zur Verfügung stehenden Mitteln nicht möglich, so daß der Anker entweder aufgegeben oder durch einen Taucher klariert werden muß. In manchen Fällen kann man sich jedoch selbst helfen. Zwei solcher Möglichkeiten sollen hier erwähnt werden.

Der Anker hat sich unter der Kette eines fremden Fahrzeuges verhakt:

Gelingt es, den Anker mitsamt der fremden Kette bis dicht an die Wasseroberfläche zu holen, bringt man eine Leine aus, nimmt sie unter der Fremdkette hindurch und belegt beide Tampen an Bord, so daß die Fremdkette jetzt in der Bucht hängt. Nun wird es entweder möglich sein, den Anker von Hand zu

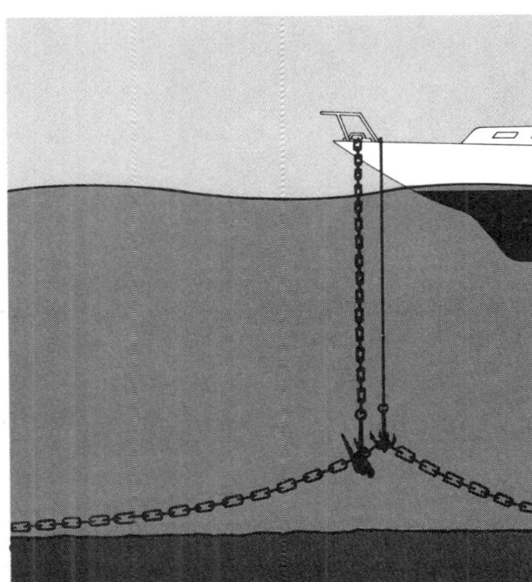

Abb. 33 Fischen einer Fremdkette mit einem Draggen

klarieren, oder man braucht nur die Ankerleine zu fieren, bis der Anker frei von der fremden Kette schwingt.
Kommt die fremde Kette nicht mit hoch, versucht man, sie von einem Dingi aus mit einem Draggen zu fischen. Hat man sie gefaßt, wird die Draggenleine zur Yacht verfahren und von dort aus versucht, die fremde Kette mit dem Draggen so weit wie möglich aufzuholen (Abb. 33).

4. Ankermanöver bei Strom und Seegang

Bei starkem Seegang ist es schwierig, ein Reitgewicht, das zur Erhöhung der Ankerhaltekraft an die Leine gesteckt werden soll, in Form von Ballasteisen aus der Bilge zu holen und nach vorn zu schaffen. Seesegler fahren daher häufig ein entsprechendes Eisen von 10 bis 15 kg fest im Bug, bereits mit einem damit verspleißten Stropp, in dessen Auge der Gleitschäkel nur eingeschäkelt zu werden braucht.
Es gibt aber noch ein weiteres Verfahren, die Haltekraft von Ankern zu erhöhen: das Verkatten.
Verkatten ist das Anbringen eines zweiten Ankers auf derselben Kette oder Leine. Man verkattet zum Beispiel, wenn man vor einer Leeküste ankern muß und ein Treiben zur Strandung führen würde. Ein verkatteter Anker kann zwar auch brechen, bis dahin aber wird er sicher

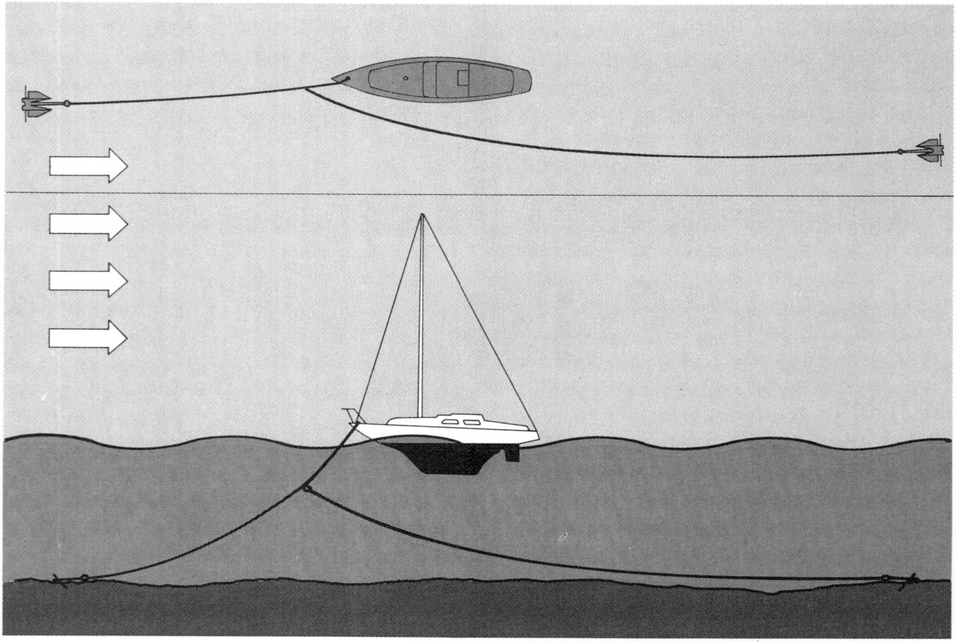

Abb. 34 Vermuren mit einer unterhalb des Kiels angesteckten Leeleine

halten. Man steckt an das Kreuzteil des Bugankers einen kleineren Anker an, den man zuerst fallen läßt und der den Buganker im Grund festhält. Der Abstand beider soll etwas größer sein als die Wassertiefe, damit man beim Ankerlichten den Buganker sicher an Deck hat, bevor das Lichten des Kattankers beginnt. Manche Yachten fahren einen Backbord- und einen Steuerbordanker. Auf ihnen sollte zunächst der Backbordanker fallen, denn in unseren nördlichen Breiten schießt der Wind nach einer starken Bö meistens aus, das heißt, er dreht rechts. Muß man nun aus Sicherheitsgründen einen zweiten Anker ausbringen, so kann die Kette des Steuerbordankers in dem Maße gesteckt werden, wie der Wind ausschießt und das Boot herumschwojt. Die beiden Ketten werden sich dann nicht kreuzen und unklar kommen.

In strömenden Gewässern und auf stark belebten Reeden muß das Boot zwischen zwei Anker gelegt werden – man nennt das *vermuren* –, die man stromauf und stromab ausbringt. Bei schwachem Strom kann man zwischen Bug- und Heckanker liegen.

Beim Ankern vor Bug- und Heckanker bringt man zunächst den Buganker aus, steckt jedoch etwa das Doppelte der erforderlichen Ketten- oder Leinenlänge, läßt sie steif kommen und dann den Heckanker fallen. Nun holt man langsam und gleichmäßig die Hälfte der Bugankerleine wieder ein und steckt entsprechend Leine am Heckanker nach. Hat man eine Maschine an Bord, empfiehlt es sich, das Manöver unter Maschine zu fahren, um nicht so viel Zug auf die Bugleine zu bringen, weil sich der Buganker dadurch unter Umständen so fest eingraben kann, daß man später beim Ausbrechen Schwierigkeiten bekommt. Ein Einhieven des Ankers ist meist einfacher vom Bug aus als vom Heck. Will man vor Bug- und Heckanker liegen, kann man zwar Kette und Heckankerleine vom Bug aus stecken, aber die Leine des Heckankers dann am Heck belegen. Bei starkem Seitenwind kann man dann

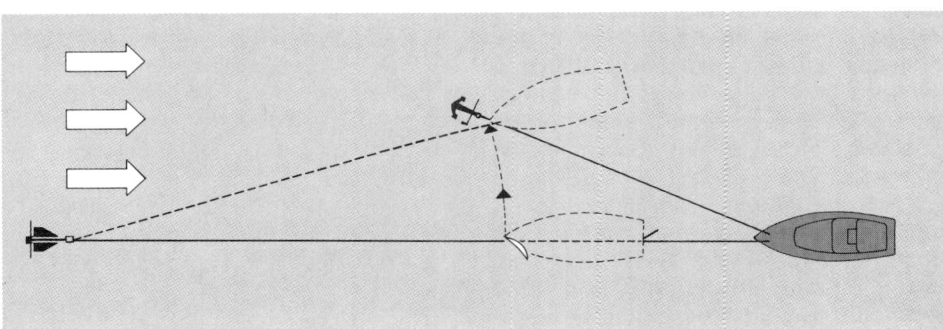

Abb. 35 Ausbringen eines zweiten Ankers, wenn der erste nicht hält
Der zweite Anker wird ausgebracht, wenn das Boot beim Schwojen den größten seitlichen Abstand erreicht hat. Das Schwojen wird durch die backgeholte Fock unterstützt. Ruder nach Lee. Beide Ketten gleichmäßig stecken, bis die Kette des zweiten Ankers mindestens die dreifache Länge der Wassertiefe hat (beim Stockanker; beim Patentanker entsprechend etwa das Fünffache).

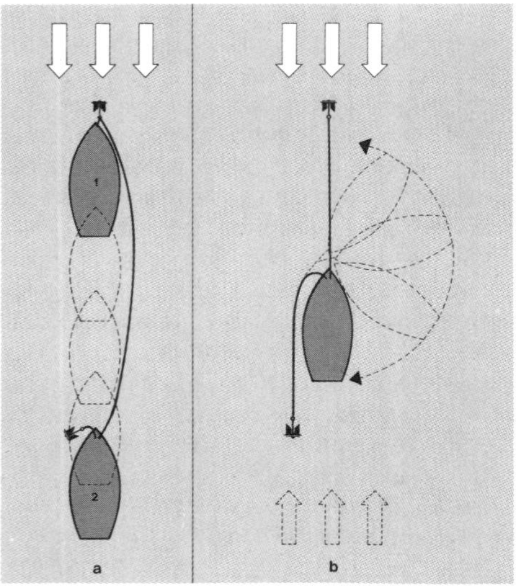

Abb. 36 Vermuren
a) Fallenlassen des Luvankers bei Fahrt achteraus; b) Fallenlassen des Leeankers und Einhieven der Luvkette

jederzeit die Leine am Heck loswerfen und liegt dann vor zwei Ankern mit 180° zwischen sich.

Besser ist das Vermuren, bei dem die Ketten oder Leinen beider Anker am Vorsteven zusammengesteckt werden. Die Yacht kann frei um ihren Bug schwojen, bleibt aber innerhalb eines Drehkreises von nicht viel mehr Durchmesser als ihrer eigenen Länge. Wichtig dabei ist, daß in beiden Ankerleinen genügend Lose bleibt. Werden sie zu steif geholt, können sie sich beim Schwojen um den Kiel legen, die natürlichen Bewegungen des Schiffes behindern und sogar Beschädigungen am Unterwasserschiff verursachen. Man kann das auch verhindern, wenn die eine der beiden Leinen in etwa zwei Meter Tiefe an die andere angeschäkelt wird, vorausgesetzt, daß die Yacht keinen größeren Tiefgang hat. Die nicht auf Zug stehende Leine bleibt auf diese Weise immer klar vom Kiel (Abb. 34).

Das Ausbringen des zweiten Bugankers erfolgt unter Segeln oder Maschine in gleicher Weise wie das Ausbringen des Heckankers. Es kann jedoch auch notwendig werden, ihn mit einem Dingi auszufahren. Wichtig ist, daß beide Anker vor der gleichen Kettenlänge liegen. Die beiden Ketten werden mit einem Vertäu- oder einem sogenannten Muringschäkel verbunden.

Abb. 37 zeigt eine Situation, in der dieses Manöver zweifelhaft wird. Eine Yacht ist in einer Bucht auf Legerwall geraten. Sie hat an Backbord und ach-

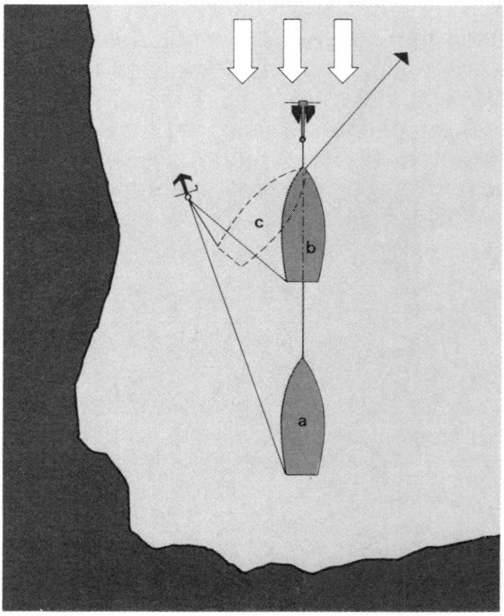

Abb. 37 Eine Yacht ist auf Legerwall geraten
a) Ausbringen eines zweiten Ankers vom Heck nach Backbord; b) Einhieven beider Ketten/Leinen; c) Ausbrechen des Bugankers, gleichzeitig wird das Boot durch Einhieven der Heckankerleine nach Luv geholt.

teraus Land. Gelingt es ihr nicht, rechtzeitig nach Steuerbord abzufallen und Fahrt aufzunehmen, wird sie unweigerlich stranden. Um sicherzugehen und das Abfallen nach Steuerbord zu beschleunigen, bringt man einen zweiten Anker mit dem hoffentlich vorhandenen Dingi nach Backbord aus, und zwar mindestens etwas vorlicher als querab. Je weniger Raum man nach achtern hat und je länger die Bugankerkette ist, um so weiter muß der Anker nach vorne gebracht werden. An ihm holt man das Heck nach Luv, sobald der Buganker ausbricht oder die Yacht ins Treiben gerät. Wahrscheinlich wird man diesen zweiten Anker schlippen müssen. Doch lieber einen Anker verlieren, als das Schiff aufs Spiel setzen. Es ist deshalb ratsam, gleich an den Anker eine Ankerboje zu stecken, um ihn eventuell später wieder herausfischen zu können.

Grundsätzlich empfiehlt es sich, überall dort, wo der Ankergrund fragwürdig ist, und auf allen überfüllten Ankerplätzen den Anker vor dem Fallen mit einer Boje zu versehen. Durch diese Vorsichtsmaßnahme markiert man zugleich die Lage seines Ankers, so daß sich später ankernde Yachten freihalten können. Auf Grund miteinander unklar kommende Anker und Ketten sind eine der Hauptverdrießlichkeiten an überfüllten Liegeplätzen. Die Länge des *Bojereeps* soll etwa der eineinhalbfachen Wassertiefe entsprechen. Um zu verhindern, daß die durchhängende Bucht des Bojereeps mit dem Ankerstock unklar kommt, be-

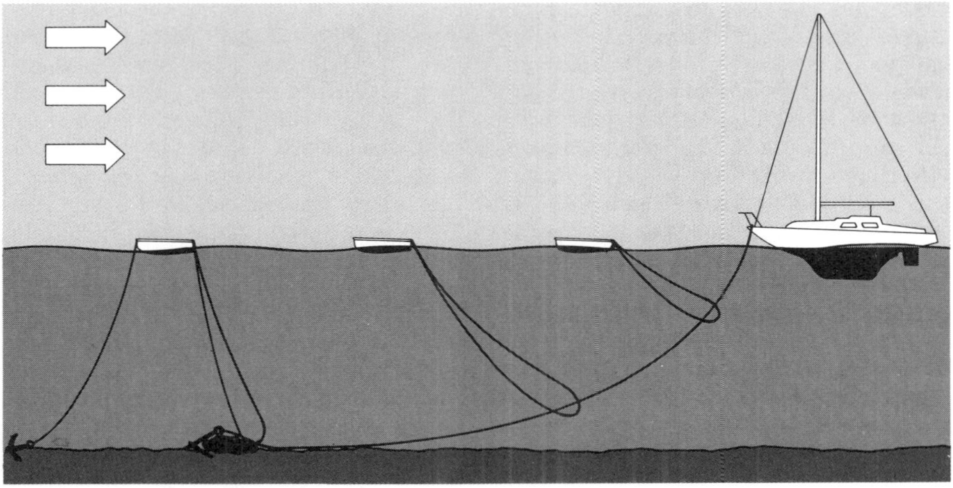

Abb. 38 Klarieren der Ankerkette mit Hilfe des Dingis
Man nimmt eine Leine von mindestens drei- bis vierfacher Länge der Ankerkette mit einer Bucht unter dieser hindurch und pullt mit dem Dingi unter ständigem Stecken von Leine in Richtung des ausliegenden Ankers und darüber hinaus. Dann wirft man den Dingi-Anker. Nun holt man die Bucht der Leine durch. Sie gleitet an der Kette entlang bis zum Anker. Hat man Glück, und sie faßt das Kreuz des Ankers, holt sie ihn unter Umständen rückwärts vom Hindernis frei. Natürlich kann das Dingi für dieses Manöver auch an einem Dalben, anderen Ankerliegern oder an Land festgemacht werden.

festigt man einen oder mehrere Schwimmkörper am Reep. Sie dürfen jedoch nicht an die Oberfläche aufschwimmen, weil sonst das Ende zwischen Schwimmkörper und Boje leicht in irgendeine Schraube geraten könnte. Das Bojereep darf nicht zu dünn sein, sonst kann man daran einen unklaren Anker nicht freischleppen.

n) Mann über Bord – (Boje über Bord)

1. Manöver unter Segeln

Der Ruf »Mann über Bord!« bedeutet, daß sich ein Mensch in unmittelbarer Lebensgefahr befindet. Ist man sich darüber mit allen Folgen klar, verbietet es sich von selbst, den Ruf »Mann über Bord« leichtfertig und gedankenlos zu verwenden, wie man es gelegentlich bei »Badefahrten« hört. Selbst beim schulmäßigen Manöver darf es nicht angewandt werden, um jede Verwechslung mit dem Ernstfall auszuschließen; es wird dort als *Boje-über-Bord-Manöver* bezeichnet. In allen in der seglerischen Praxis vorkommenden Fällen wird, so weit identifizierbar, der über Bord gefallene Gegenstand ausgerufen, beispielsweise »Fender«, »Bootshaken« oder auch die vom Kopf gewehte »Mütze« des Rudergängers »über Bord«.
Alle Vorkehrungen müssen daraufhin ausgerichtet sein, das Überbordfallen eines Menschen zu verhindern.* Obwohl es eigentlich selbstverständlich sein sollte, daß niemand etwas an Bord einer Yacht zu suchen hat, der nicht ein guter Schwimmer ist, beweisen Unfälle zur Genüge, daß das gar nicht so selbstverständlich ist. Gefährlich ist besonders das Arbeiten auf dem Vorschiff beim Wechsel der Vorsegel oder beim Reffen, wenn man Augen und Hände zwangsläufig bei der Arbeit braucht. Ein unerwartetes Schlingern oder Stampfen des Bootes kann zum Überbordgehen führen. Der aufmerksame Rudergänger sollte möglichst seine Vorschiffsleute durch Rufe wie »Wahrschau Schwell, Bö!« oder dergleichen auf solche unerwarteten Situationen vorbereiten. Aber auch im Cockpit ist man keineswegs sicher. Bricht eine querlaufende See unter dem Schiff, kann man leicht über Bord katapultiert werden.
Ist nun trotz aller Sicherheitsmaßnahmen jemand über Bord gefallen, gilt es, ihn in kürzester Zeit wieder aus dem Wasser zu fischen. Nach dem Ruf »Mann über Bord!« wird ein Besatzungsmitglied bestimmt – sonst verläßt sich einer auf den andern –, das nichts weiter zu tun hat, als den über Bord Gefallenen im Auge zu behalten, einerlei, was inzwischen an Bord geschieht. Denn die Fahrt des Schiffes, Kursänderung und Seegang bewirken, daß man den im Wasser Treibenden erschreckend schnell aus den Augen verliert und große Mühe hat, ihn wiederzufinden.
Das erste Ziel des Manövers zur Rettung des Überbordgefallenen muß sein, ihm eine Schwimmhilfe in Form einer Rettungsboje zukommen zu lassen. Ist das nicht gelungen, weil der Rettungsring nicht in Sekundenschnelle nachgeworfen werden konnte, empfiehlt es sich, *sofort* ein Manöver einzuleiten, das erlaubt, zu diesem Zwecke nahe genug heranzukommen, also etwa zu wenden mit unmittelbar folgendem Beidrehen. Erst jetzt wird der schulmäßige Anlauf gefahren, bei dem das Boot bei dem Mann zum Stehen kommt.

* Über die Vorkehrungen gegen das Überbordgehen eines Besatzungsmitgliedes wird im Abschnitt i) unter Havarien und Notfälle gesprochen.

Weitere Maßnahmen nach dem Überwinden der Schrecksekunde: Schwimmflagge über Bord werfen, um das Auffinden des Mannes zu erleichtern (siehe: Kapitel Havarien: Ausrüstung für Notfälle) und Kompaßkurs ablesen.
Für den über Bord Gefallenen gilt als oberstes Gesetz: Ruhe bewahren. Nicht in Panik geraten, weil die Yacht sich eventuell schnell entfernt; sie braucht Raum für das Rettungsmanöver. Sich so wenig wie möglich bewegen, um Kräfte zu sparen. Seestiefel oder Schuhe von den Füßen streifen, schwere Gegenstände aus den Taschen entfernen. Doch keinesfalls die Kleidung ablegen; sie bietet zunächst zusätzlichen Auftrieb durch die darin eingeschlossene Luft. Ist sie voll Wasser gesogen, verhindert sie den schnellen Wärmeverlust. Die weitverbreitete Ansicht, die vollgesogene Kleidung ziehe unter Wasser, ist falsch; Wasser wiegt nichts im Wasser. Erst dann durch Winken auf sich aufmerksam machen, wenn die Wahrscheinlichkeit besteht, daß das Winken auch gesehen wird. Man verliert dabei sofort Auftrieb, der durch zusätzliche Körperanstrengungen wieder ausgeglichen werden muß. Unbedingt versuchen, sich in Nähe der nachgeworfenen Rettungsgeräte zu halten. Auf keinen Fall versuchen, von diesen fort der Yacht hinterher- oder entgegenzuschwimmen.
Ebenso wie für den über Bord Gefallenen gilt es für den an Bord verbliebenen Rest der Crew, einen klaren Kopf zu behalten, um ruhig und besonnen ein Manöver zu fahren, mit welchem das Boot einerseits schnell, andererseits sicher und beim ersten Anlauf zur Unfallstelle zurückgebracht wird. Da nicht jeder Mann-über-Bord-Fall dem anderen gleicht, insbesondere die Zeit, die vom unglückseligen Sturz in den Bach bis zum Bemerken desselben und bis zur entsprechenden Reaktion des Rudergängers verstreicht, so unterschiedlich sein kann, müßte man allzu vermessen sein, wollte man ein einzig wahres Ma-

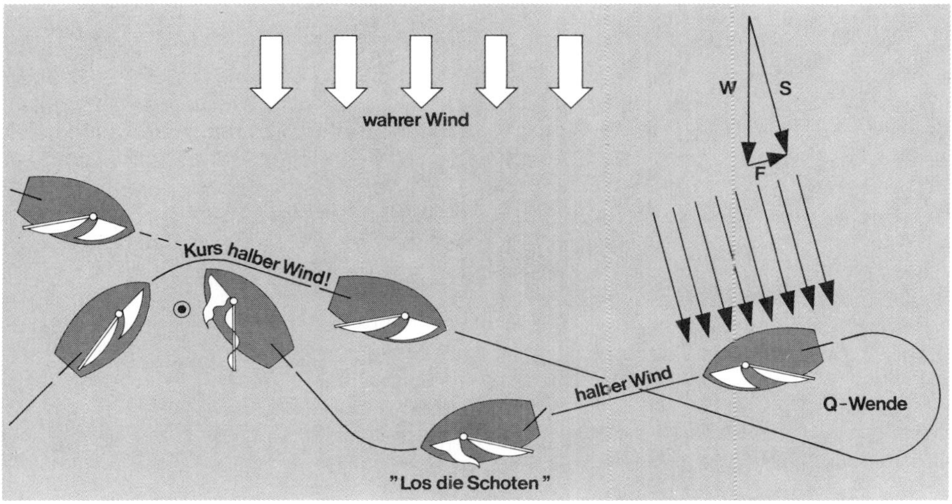

Abb. 39 Mann-über-Bord-Manöver – Vom Ausgangskurs Am Wind und Halber Wind

növer zum Wiederauffischen des über Bord Gegangenen anbieten, was in jeder Situation stur nach Schema »F« gefahren werden kann.
Eine derartige Pauschallösung ist alleine schon deshalb nicht möglich, weil darin die immer wieder unterschiedlichen Wetter- und Seegangsverhältnisse unberücksichtigt bleiben müssen – ganz zu schweigen von den individuell verschiedenen Segeleigenschaften eines jeden Bootstyps!
Ob man das im folgenden beschriebene und in den Abb. 39 bis 41 dargestellte Manöver, was sich in der Praxis als Allround-Schulmanöver für alle Boote und alle Wettersituationen bewährt hat, weil es neben anderen Vorzügen dem Anfänger ebenso wie dem geschockten Rudergänger genügend Zeit für Handgriffe, Kommandos und Überlegungen läßt, auch im Ernstfall so oder in etwas abgewandelter Form fährt, muß man also aufgrund der jeweiligen Situation entscheiden – eingedenk der ein solches Manöver beeinflussenden Kriterien: Kurs zum Wind und Segelführung beim Überbordgehen des Mannes, Überwinden der Schrecksekunde, beziehungsweise verzögerte Ausführung der Kommandos durch eine verminderte und nun unter psychischem Druck stehende Crew, Wendekreisradius in Abhängigkeit von Lateralplan und LWL sowie Länge des Auslaufweges beim Aufschießen als Funktion von Seegangshöhe, Windstärke und Verdrängung der Yacht, um nur einige zu nennen.
Liegt die Yacht mit Normalbesegelung auf einem Amwindkurs, während ein Crewmitglied außenbords geht, fällt man schnellstens ab auf Kurs Halber Wind (Verklicker unter 90 Grad zur Schiffslängsachse!)*, um alsbald eine Q-Wende

* vergleiche S. 115.

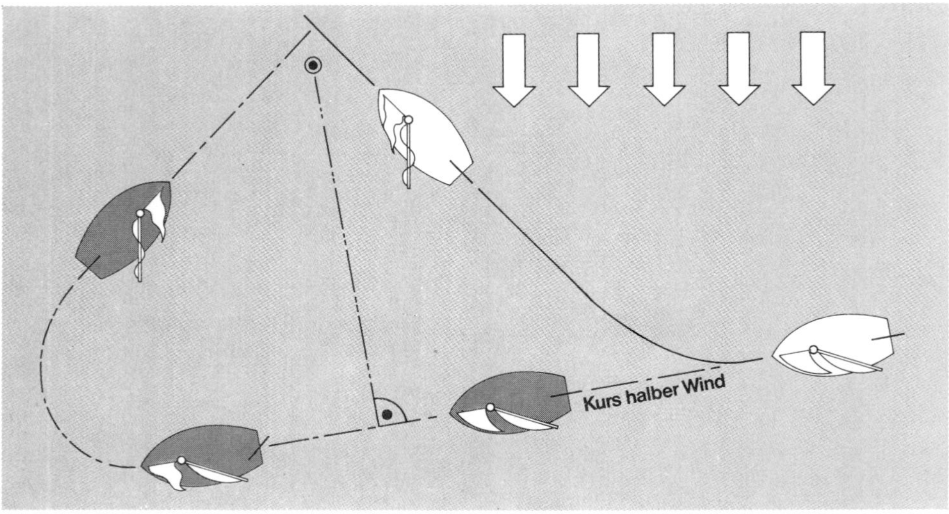

Abb. 40 Der Aufschießer nahezu in den Wind; rechts: schnelle Methode für leichte Boote, links: für schwere Boote mit langem Auslauf und/oder bei zu geringer Leedistanz

zu fahren; hierbei empfiehlt es sich besonders bei Seegang, die Fock back zu halten. Nun läuft man – wiederum auf Halbwindkurs – zurück, den Mann ständig luvwärts voraus in einem Querabstand zur Kurslinie beobachtend, den man glaubt, zum Stoppen mit einem direkten Nahezuaufschießer zu benötigen. Der Aufschießer nahezu in den Wind, dessen unbestreitbarer Vorzug darin besteht, durch Holen der Großschot nochmals wieder Fahrt voraus aufnehmen zu können, falls die Yacht vor dem über Bord Gefallenen zu verhungern droht, sollte in einem Winkel von mindestens 45 Grad zum wahren Wind angelegt werden, damit das notfalls erforderlich werdende Dichtholen der Schoten auch Erfolg hat; er gleicht also einem Auslaufen auf Amwindkurs mit losen Schoten. Im Idealfall kommt die Yacht zum Stehen, wenn der Mann leewärts in Höhe Vorderkante Cockpit liegt; von diesem relativ sicheren Standpunkt aus wird es einem nicht so schwer fallen, ihn, wenn schon nicht gleich an Bord zu hieven, so doch wenigstens mit einer Leine zu sichern. Keinesfalls laufe man beim Aufschießen mit der Yacht direkt auf den Mann zu noch versuche man, ihn vom Vorschiff aus aufzupicken, denn die Verletzungsgefahr durch den Vorsteven eines stampfenden Bootes ist erheblich!

Bei der Anlage des gesamten Manövers ist es wichtig, nur so weit nach Lee zu versegeln, wie für den Aufschießer erforderlich ist; darum sollte lediglich mit Yachten mit großem Wendekreis und

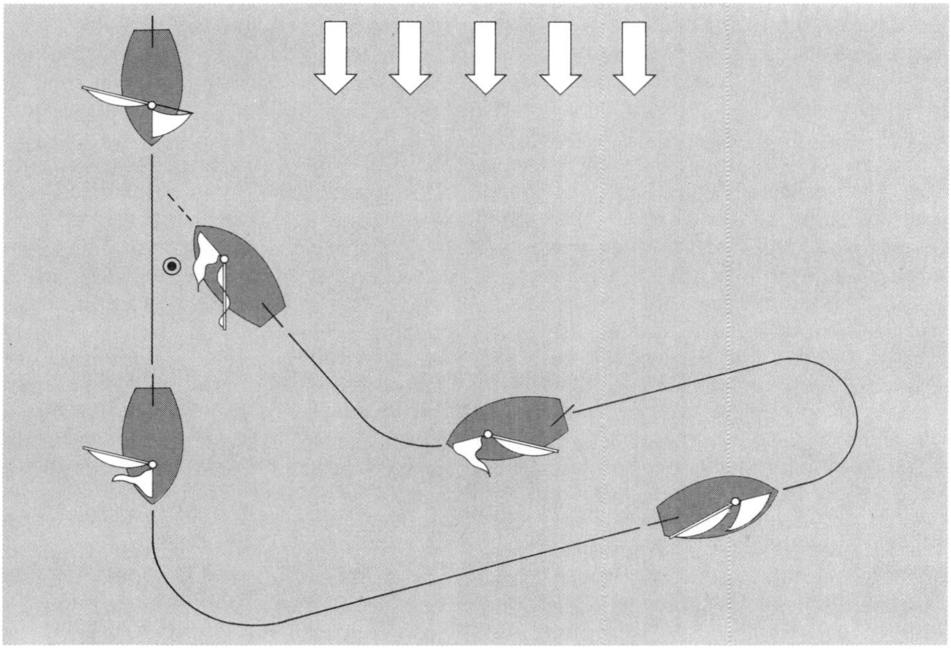

Abb. 41 Auch beim Mann-über-Bord-Manöver vom Ausgangskurs vor dem Wind (am schnellsten und sichersten mit Wende) ist der beste Anlaufkurs ein Halbwindkurs.

langem Auslauf das Manöver vielleicht nicht so flach gefahren werden, wie in Abb. 39, also unter Umständen bereits vor, besser jedoch erst nach der Q-Wende etwas weiter als auf einen Halbwindkurs abgefallen werden. Allerdings muß man sich des Risikos bewußt sein, welches ein zu weites Ablaufen nach Lee mit sich bringen kann. Hier empfiehlt es sich eher, in den Nahezuaufschießer eine Wende mit einzubauen, d. h. die Mann-querab-Peilung um etliche Bootslängen zu durchsegeln, um dann erst zum Mann im Wasser aufzudrehen.

Segelt man bei Mann-über-Bord unter Normalbesegelung auf Raumschots- oder Vorwindkursen, ist es zweckmäßig, schnell auf voll und bei anzuluven – nur so kann nach der Wende der Anlaufkurs für den Nahezuaufschießer mit halbem Wind gesegelt werden. Die Folgen der Schrecksekunde sind auf Kursen vor dem Wind am größten, so daß man Gefahr läuft, zu weit nach Lee zu versegeln, und unter Umständen zur Unfallposition in Luv aufkreuzen muß! Dies wird ohnehin der Fall sein, wenn erst noch der Spinnaker geborgen werden muß; spätestens dann, wenn der Mann neben der hoffentlich noch rechtzeitig nachgeworfenen Schwimmflagge im hohen Seegang achteraus nicht mehr auszumachen ist, wird einem klar, wie wichtig ein derartiges Hilfsmittel ist!

Es bedarf keiner Diskussion, daß auch die meisten anderen Manöver, die mit einem Nahezuaufschießer enden, zum Erfolg führen können. Nur bedenke man, daß beispielsweise ein Manöver mit Halse, das bei leichten Winden zu den schnellsten zählt, die Yacht bei schwerem Wetter, welches dem Rudergänger ein hohes Maß an Konzentration und Können abverlangt, sehr schnell zu weit nach Lee bringt, wenn es nicht ganz abrupt und mit der damit verbundenen Gefährdung von Boot und übriger Besatzung enden soll. Wie die Praxis zeigt, ist von Manövern, bei denen die Yacht von Luv auf den über Bord Gefallenen zudriftet, abzuraten, da man insbesondere bei Yachten mit großem Vorsegeldreieck und konzentriertem Lateralplan wenig Einfluß auf deren Driftweg hat.

Ist die Yacht bei dem über Bord Gefallenen angelangt, folgt das Problem, ihn an Bord zu bringen. Es gibt keine Patentlösung dafür, wie man es am besten macht. Im allgemeinen wird es seitlich und in Lee geschehen. Voraussetzung für ein sicheres An-Bord-Nehmen ist zunächst überhaupt einmal, daß die Yacht wirklich keine Fahrt mehr macht. Wohl kann man dem zu Rettenden von dem noch in Fahrt befindlichen Boot aus eine Leine zuwerfen, die er vielleicht auch fassen kann. Er wird sich aber, selbst bei geringer Fahrt, nur sehr kurze Zeit gegen den Fahrtstrom halten können. Und durch eine Wiederholung des Manövers geht kostbare Zeit verloren. Auch sollte man von vornherein mit dem ungünstigsten Fall rechnen und eine aktive Mithilfe des zu Rettenden nicht einkalkulieren. Auf jeden Fall aber sind sofort mehrere Leinen zum Festhalten auszubringen.

Ob er schließlich ans Heck oder nach Luv geholt wird, um ihn an Bord zu nehmen, hängt nicht zuletzt von der Bootsgröße ab: auf Kielyachten durchschnittlicher Größe, bei denen ein Anbordholen in Lee aus Stabilitätsgründen möglich, und wegen des niedrigeren Freibords zu empfehlen wäre, hat sich allerdings als bestes Rettungsmittel für diesen Zweck die sogenannte Sicherheitsleiter herausgestellt; es ist dies eine genügend tiefreichende, abklappbare, starre Badeleiter, vorzugsweise am Heck installiert.

Alle anderen Hilfsmittel in Form von Tauschlingen und Strickleitern haben ihre Tücken und sind nur als Provisorium anzusehen.
Je leichter das Boot, je schwieriger wird die Aufnahme in Lee; gerade auf kleinen Jollen sollte eine Bergung nur in Luv oder über das Heck erfolgen. Ein Anbordnehmen über den Bug ist hier aus den gleichen Gründen unmöglich. Bei Kielyachten sollte man dies allerdings auch vermeiden; der lange Überhang vorne kann für den über Bord Gefallenen zum tödlichen Verhängnis werden, wenn er von dem stampfenden Steven erschlagen oder bewußtlos unter Wasser gedrückt wird. Das gleiche gilt sinngemäß für lange Überhänge achtern. Auch auf Yachten mit stark einfallendem Spiegel ist es nahezu ausgeschlossen, jemanden übers Heck an Bord zu holen. Völlig unmöglich ist es, ihn bei Bug- oder Heckkörben mit zu eng stehenden Streben oben über die Körbe hinweg zu holen. Auf solchen Yachten kann der Mann nur an der Seite an Bord genommen werden.
Auch auf leichten Jollen, die meistens nur eine zweiköpfige Besatzung haben, ist das An-Bord-Nehmen über den Bug kaum möglich. Das an Bord verbliebene Besatzungsmitglied müßte dazu nach vorne gehen, Ruder und Schoten verlassen und hätte keinen Einfluß mehr auf die weiteren Bewegungen des Bootes. Seitlich wird es ebenfalls kaum möglich sein, weil leichte Jollen dabei kentern würden. Auf ihnen ist der Mann eigentlich nur übers Heck an Bord zu holen. Mann kann ihm dann Großschot oder Achterleine zum Festhalten zuwerfen.
Je größer eine Yacht, das heißt, je höher ihr Freibord ist, um so schwieriger wird es bereits, jemanden, der noch bei vollen Kräften ist, an Bord zu holen. Vollends problematisch aber wird die Bergung, wenn er stark erschöpft oder bewußtlos ist. Sobald man ihn mit dem Bootshaken zu fassen bekommt, wird er zunächst längsseit geholt. Dann nimmt man unterhalb der Arme die Bucht eines dicken Endes herum und sichert es mit einem Palstek, damit sich das Auge nicht zusammenziehen kann. Notfalls muß ein Besatzungsmitglied, angeleint und mit Schwimmweste versehen, zur Unterstützung der Bergung ins Wasser springen oder steigen. Als Behelfsleiter dient ein Ende mit Augen. Vielfach wird es möglich sein, den Tampen der um den Körper geschlungenen Leine über die Schotwinsch zu holen und ihn auf diese Weise an Deck zu hieven.
Eine andere Möglichkeit: Großsegel bergen, Großbaum mit der Nock bis zum Schanzkleid ausbringen und in dieser Position mit an der Nock angeschlagenen Enden festsetzen. Fußblock der Großschot losnehmen und an der um den Oberkörper geschlungenen Leine anbringen. Danach Großschot durchholen, den Mann auf Deckshöhe hieven, Schot belegen und jetzt den Mann von Hand ins Cockpit ziehen. Der Großbaum wirkt in diesem Fall ähnlich wie ein Ladebaum. Diese Methode empfiehlt sich dann, wenn der Körper sehr schwer und vielleicht nur noch ein Mann an Bord ist, der nicht genug Kraft besitzt, ohne Hilfsmittel den Körper aus dem Wasser zu holen.
Eine weitere Möglichkeit besteht darin, ein Vorsegel mit Schot und Hals an der Bordwand zu zurren, den Segelkopf unter dem Körper im Wasser hindurchzuziehen, mit einem Ende wieder an Bord zu holen, am Fock- oder Spinnakerfall einzupicken und dann mit dem Fall zu hieven. Auf größeren Yachten empfiehlt es sich, ständig eine Talje an einem

Want zu fahren. Näheres hierüber siehe unter Havarien.

2. Mann-über-Bord-Manöver unter Benutzung des Motors

Da heute nahezu jede Yacht, die an der Küste segelt, über einen Hilfsmotor verfügt, wird ein Manöver zum Aufnehmen eines über Bord gegangenen Mannes zweckmäßigerweise mit Maschinenkraft ausgeführt werden; allerdings sollte man sich darüber klar sein, daß das Bergen der Segel unnötig viel Zeit kostet und ein Manöver unter Segeln in vielen Fällen schneller und sicherer ist – vorausgesetzt, man beherrscht es. Zum Maschinenmanöver wird sofort in den Wind geschossen und die Maschine in Gang gesetzt, es sei denn, die Yacht läuft unter Spinnaker, denn dann ist dieser zu bergen. Sonst aber wird im Wind das Vorsegel geborgen und der Mann unmittelbar angesteuert, wobei das Großsegel mit losen Schoten stehen bleiben kann.

Auch hier vermeidet man es, den Mann mit dem Bug unmittelbar anzusteuern, sondern hält ganz wenig nach Luv vor und stoppt den Propeller, wenn das Vorschiff auf Höhe des im Wasser Treibenden ist. Am sichersten ist, jetzt den Motor abzustellen, weil auch dann, wenn das Getriebe im Leerlauf steht, ungewollt die Schraube anfangen kann zu schlagen; die Gefahr einer Verletzung durch die Schraube muß unter allen Umständen vermieden werden. Ist man über den Mann hinausgeschossen, darf man unter keinen Umständen rückwärtsgehend auf ihn zu manövrieren, sondern muß einen neuen Anlauf fahren.

o) Segeln im Strom

Als Stromstärke wird in der Regel die Stromgeschwindigkeit in einer Stunde angegeben. Aus der Beobachtung von schwimmenden Seezeichen oder auch Ankerliegern lassen sich Rückschlüsse auf die Richtung und Stärke des Stromes ziehen. Allerdings erfordert das

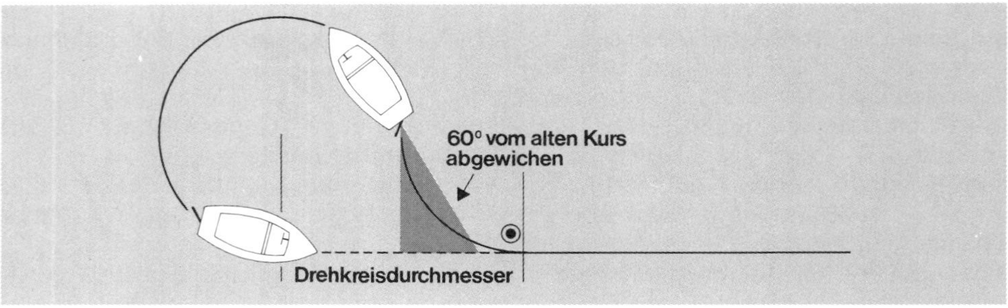

Abb. 42 Williamson-Turn
Dieses Manöver, auf Motorfahrzeugen aller Größen erprobt, ermöglicht ein schnelles Auffinden des Überbordgefallenen auch bei Dunkelheit.
Das Fahrzeug dreht mit harter Ruderlage nach der vermeintlichen Unfallseite, bis es 60° vom alten Kurs abgewichen ist. Dann wird, wieder mit harter Ruderlage und gleicher Fahrtstufe, zur entgegengesetzten Seite gedreht, bis der Gegenkurs zum ursprünglichen anliegt.
Das Boot hat jetzt sein altes Kielwasser voraus. Der Überbordgefallene befindet sich vor dem Bug in einem Abstand, der etwa gleich dem Drehkreisdurchmesser ist.

richtige Einschätzen der Stromstärke große Erfahrung. Man sollte keine Fahrwassertonnen passieren, ohne sie auf etwaige Stromwirkungen hin zu beobachten.
Grundsätzlich ist zu bedenken, daß zu der Fahrt des Bootes durchs Wasser bei mitlaufendem Strom noch die Stromgeschwindigkeit hinzukommt. Läuft der Strom gegenan, ist die Stromgeschwindigkeit entsprechend abzuziehen. Bilden Stromrichtung und Kurs des Bootes einen Winkel, bleibt zwar der Kurs des Bootes der gleiche, aber der *Weg über den Grund* wird durch Stromrichtung und -stärke unter Umständen erheblich beeinflußt. Man spricht dann von *Stromversetzung.* Bei schwachem Wind wirkt sich der Strom am unangenehmsten aus, wenn man Wind und Strom gegenan hat. Mitunter wird es dann nicht mehr möglich sein, den Strom auszukreuzen. Hat das Boot keinen starken Hilfsmotor, empfiehlt es sich, rechtzeitig an einem geeigneten Platz zu ankern, um nicht bei weiterem Nachlassen des Windes auf ein Seezeichen, einen Ankerlieger oder aufs Ufer getrieben zu werden.
Bei Ausweichmanövern von Booten, die dem gleichen Strom ausgesetzt sind, spielt der Strom keine Rolle, so daß er unberücksichtigt bleiben kann. Berücksichtigt werden muß er beim Ausweichen vor Ankerliegern, Seezeichen und

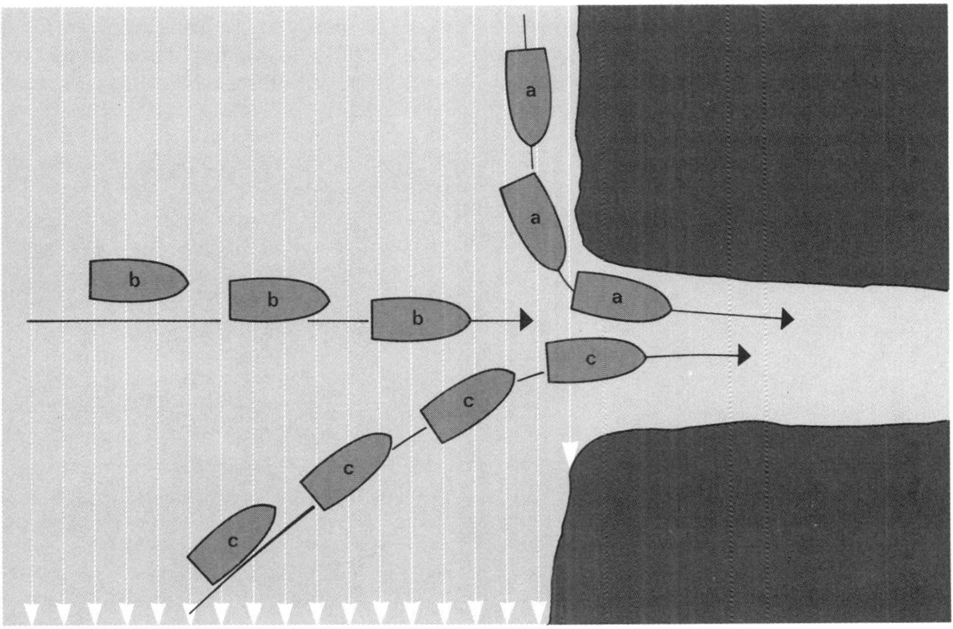

Abb. 43 Einlaufen bei Strom in eine enge Einfahrt
a) Mit dem Strom; b) quer zum Strom; c) gegen den Strom. Die Stromversetzung bei einem Kurs quer zum Strom ist am größten, entsprechend ist am weitesten nach Stromluv vorzuhalten.

anderen Hindernissen sowie beim An- und Ablegen.
Will man in einen Hafen einlaufen, in den Strom hineinsetzt, werden die gleichen Manöver gefahren, als wenn kein Strom vorhanden wäre. Es ist lediglich zu berücksichtigen, daß das Boot mehr Fahrt über Grund macht, der Auslauf also auch entsprechend länger ist. Deshalb sollten Bug- und Heckanker klar sein, um damit gegebenenfalls die Fahrt zu mindern oder abstoppen zu können. Beim Auslaufen mit Strom braucht der Strom nicht berücksichtigt zu werden.
Häufig aber setzt der Strom quer zu Einfahrten (Abb. 43). In diesem Falle darf man nicht die Einfahrt ansteuern, sondern muß entsprechend der Stromstärke mehr oder weniger weit nach Stromluv vorhalten. Erst unmittelbar vor der Einfahrt dreht man darauf zu. Man muß damit rechnen, daß bei querlaufendem Strom auch mehr oder weniger Strom in die Einfahrt hinein- oder aus ihr heraussetzt. Auch bildet der vorbeilaufende Strom in engen Einfahrten oft starke Wirbel (Kreisstrom), die beim Kurshalten erhebliche Schwierigkeiten bereiten können. Mehr Erfahrung verlangt das Einlaufen in enge Einfahrten mit dem Strom (Abb. 43). Man nähert sich im Fall a, bedingt durch den mitlaufenden Strom, mit verhältnismäßig viel Fahrt dem Luvmolenkopf. Der Augenblick des Eindrehens muß genau abgepaßt werden, wenn das Manöver gelingen soll. Außerdem gewinnt man erst im letzten Augenblick Einsicht in die Einfahrt, falls sich darin irgendwelche Hindernisse befinden sollten.
Beim Auslaufen ist so weit wie möglich nach Stromluv zu halten (Abb. 44). Das Boot könnte sonst leicht von einer bereits in der Einfahrt laufenden Querströ-

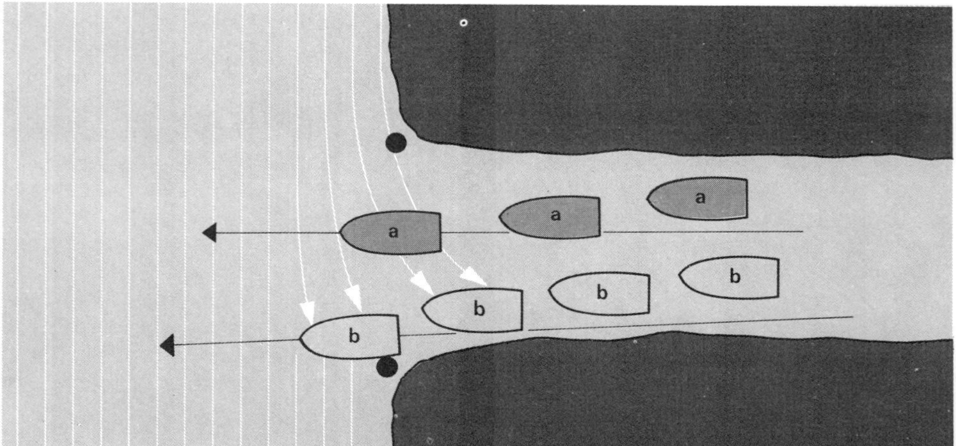

Abb. 44 Auslaufen aus einer engen Einfahrt bei Strom
a) Richtig; b) falsch. Abgesehen von der manövermäßigen Notwendigkeit schreiben auch die gesetzlichen Bestimmungen vor, daß sich ein Boot an der Steuerbordseite des Fahrwassers halten muß.

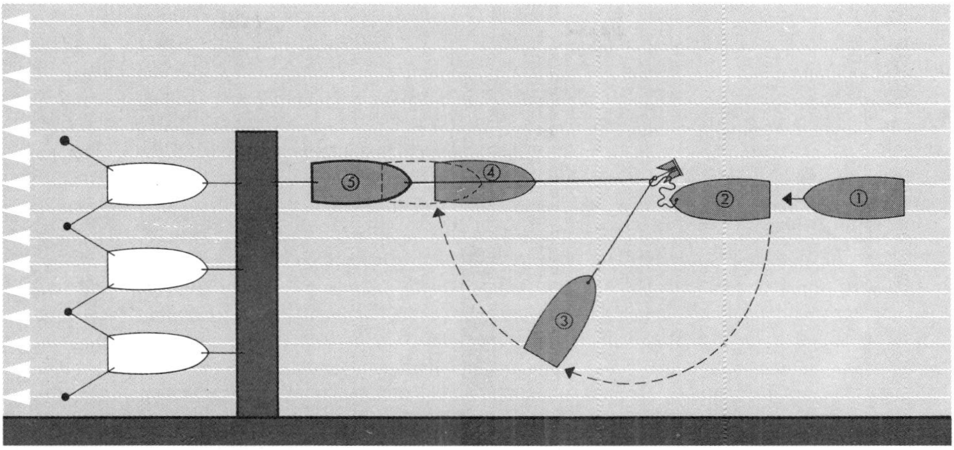

Abb. 45 Anlegen mit dem Strom
1) Mit wenig Fahrt an die Anlegestelle heran. 2) Fallenlassen des Bugankers, um die Fahrt abzustoppen. 3–4) Das Boot törnt gegen den Strom auf. 5) Durch Stecken der Ankerleine läßt man es an den Liegeplatz herantreiben.

mung erfaßt und auf die Leemole oder andere dort befindliche Hindernisse gesetzt werden.
Ein *Anlegen* sollte man möglichst *gegen* den Strom versuchen; es ist das einfachste. Man gibt eine Vorleine an Land, um das Boot gegen den Strom zu halten, legt dann das Ruder stromwärts, und der Strom drückt das Heck gegen die Pier, so daß sich nun mühelos die Achterleine ausbringen läßt.
Schwieriger ist das *Anlegen mit dem Strom*. Dabei muß so vorsichtig wie möglich und mit so wenig Fahrt manövriert werden, daß gerade noch Ruder im Schiff ist. Beim Längsseitgehen an einer Pier oder Brücke wird zuerst die Achterleine an Land gegeben, um zu verhindern, daß das Heck stromwärts herumgedrückt wird. Setzt der Strom direkt auf den Anlegeplatz zu, läßt man Heck- oder Buganker fallen, um die Fahrt abzustoppen. Dann steckt man soviel Leine, daß die Yacht mit dem Bug (bei ausgebrachtem Heckanker) an den Liegeplatz herantreibt. Besser ist, den Buganker auszubringen: das Boot kann gegen den Strom *auftörnen* und liegt nachher gleich mit dem Bug gegen den Strom, so daß es beim Auslaufen keine neuen manövermäßigen Schwierigkeiten gibt (Abb. 45).

p) Schleppen und Geschlepptwerden

Jeder Segler kann durch eine Havarie, durch Segel- oder Ruderschaden in eine Lage kommen, aus der er nur durch Abschleppen befreit werden kann. Ebenso kann von ihm eine entsprechende Hilfeleistung erwartet oder verlangt werden. Er muß daher mit den Manövern Schleppen und Geschlepptwerden vertraut sein.
Auf dem zu schleppenden Boot sind zu-

nächst die Segel zu bergen. Ist der Schlepper eine Segelyacht, so läuft sie am Wind von Lee vor den Bug des zu schleppenden Bootes mit so geringer Fahrt, daß sie eben noch steuerfähig ist, und übergibt oder übernimmt – dies ist vorher zu verabreden – (nötigenfalls unter Verwendung einer Wurfleine) die Schleppleine (Abb. 45). Geringste Fahrt ist deshalb besonders wichtig, weil die Schleppleine vor einem Steifkommen erst zweckmäßig belegt sein muß; nötigenfalls ist die Belastung auf mehrere feste Punkte zu verteilen. Auf keinen Fall darf der Schlepper in den Wind schießen, weil dann die Gefahr besteht, daß er bei eventuellem Backkommen der Fock über den falschen Bug abfällt und mit dem zu schleppenden Boot kollidiert. Der Schlepper muß zunächst auf dem gleichen Bug weitersegeln, auf dem der Anlauf gefahren wurde.

Ein helfendes Motorboot läuft bei schwachem Wind von achtern, bei starkem Wind oder Seegang von Lee an, passiert hinter dem Heck des zu schleppenden Bootes, kommt kurz vor dessen Bug zum Stehen und nimmt die Schleppleine über (Abb. 47). Während des Herstellens der Schleppverbindung ist sorgfältig darauf zu achten, daß nicht etwa durchhängende Buchten der Schleppleine in die Schraube des Schleppers geraten.

Beim Anfahren des Schleppers wird die Schleppleine auf dem geschleppten Boot gefiert – zunächst schnell, dann langsamer, so daß sie nur allmählich den vollen Zug aufnimmt. Sie darf nicht hart einrucksen, weil die plötzliche harte

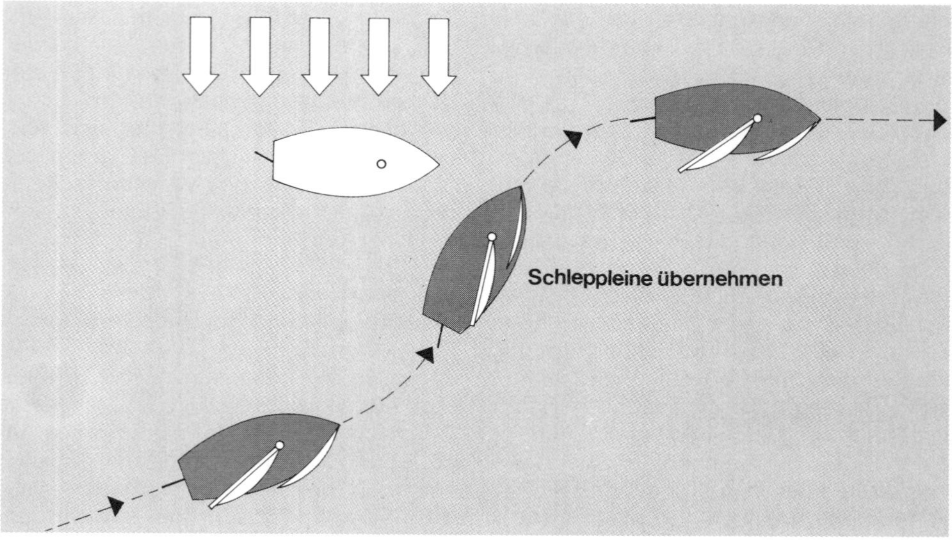

Abb. 46 Abschleppen durch eine Segelyacht
Anlauf am Wind in Lee des zu schleppenden Bootes. Beim Passieren des Bugs Übernahme der Schleppleine, danach abfallen und zunächst auf dem gleichen Bug weitersegeln, auf dem der Anlauf gefahren wurde.

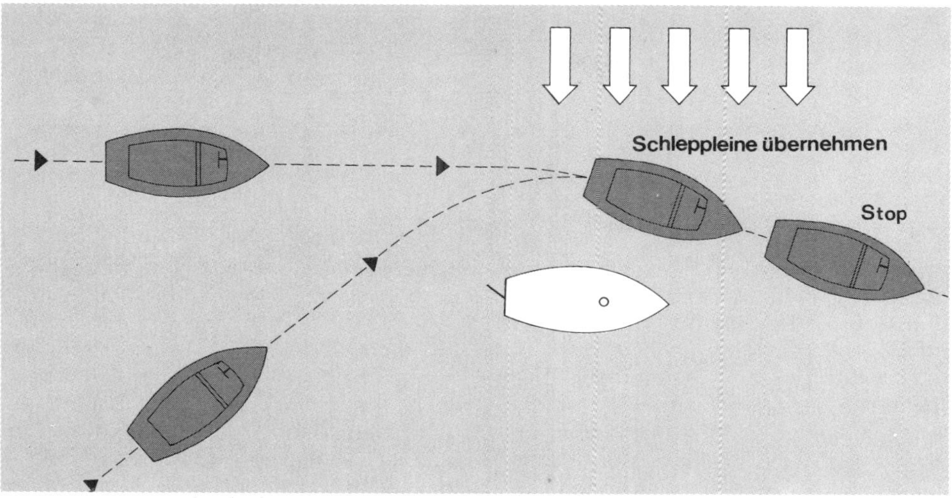

Abb. 47 Abschleppen durch ein Motorboot
Anlauf bei schwachem Wind von achtern, bei starkem Wind oder Seegang von Lee, Passieren in Luv, dabei eventuell Übernahme der Schleppleine oder Stoppen vor dem Bug des zu schleppenden Bootes und Übernahme der Leine.

Beanspruchung leicht zu Bruch führen kann. Es soll möglichst soviel Leine gesteckt werden, daß sie in der Mitte in einer Bucht durchhängt. Diese Bucht nimmt die Zugkräfte elastisch auf. Da die Vorschiffsbeschläge auf kleineren Yachten oft nicht ausreichend dimensioniert und verankert sind, um einer längeren Schleppbelastung standzuhalten, belegt man die Leine am besten gleich am Mast. Der Schlepper sollte die Leine möglichst nicht am Heck belegen; sie hält das Heck fest und beeinträchtigt die Manövrierfähigkeit. Am günstigsten ist es, die Leine im Drehpunkt festzumachen; das wird sich aber nur in den wenigsten Fällen verwirklichen lassen. Sonst hilft man sich mit einer *Hahnepot* oder mit zwei getrennten Schleppleinen. Man kann dann bei einer Kursänderung wenigstens den Angriffspunkt der Schleppleine am Heck verlagern. Diese Schleppart nennt sich das *Achterausschleppen.*

Das geschleppte Boot muß so gesteuert werden, daß es sich im Kielwasser des Schleppers hält und möglichst wenig giert; bei einem Querschießen droht Leinenbruch. Das Schlepptempo ist so einzurichten, daß die Bucht der Leine möglichst nicht aus dem Wasser kommt. Kursänderungen müssen vom Schlepper in weitem Bogen ausgeführt werden; sonst droht ihm Kenterung oder Bruch der Schleppleine. Da unter unglücklichen Umständen ein scharfes Gieren des Geschleppten zur falschen (entgegengesetzten) Seite und eine Kursänderung zusammenfallen können, soll auf beiden Schiffen eine Axt bereitliegen, um notfalls die Leine mit einem Hieb kappen zu können.

Beim *Längsseitschleppen* müssen beide Boote durch Vor- und Achterleinen, Vor-

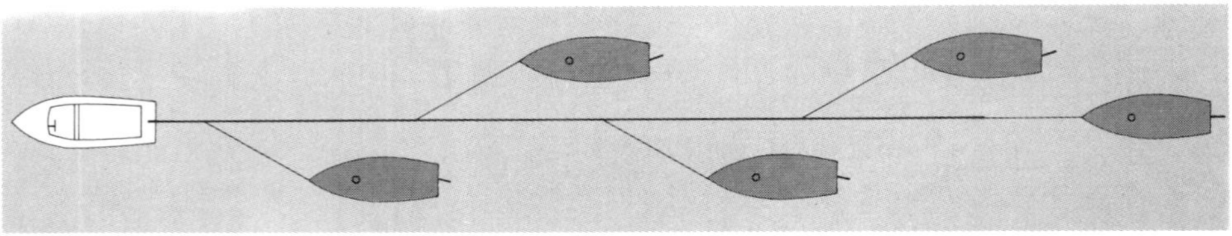

Abb. 48 Das Schleppen mehrerer Boote
An einer langen Leine wird auf Lücke mit Stopperstek festgemacht. Ruder auf Abscheren

und Achterspring so starr miteinander verbunden werden, daß sie praktisch eine feste Einheit bilden. Das ist jedoch nur bei ruhigem Wasser möglich. Diese Schleppart wird gelegentlich beim Schleusen angewandt, um mit dem ganzen Schleppzug stets voll manövrierfähig zu sein. Zwischen beiden Booten sind reichlich Fender auszubringen.

Sollen mehrere Boote geschleppt werden, kann nicht mehr jedes Boot mit seiner Schleppleine am Vordermann festmachen, weil dann die Zugkraft des gesamten Schleppzuges auf die dafür zu

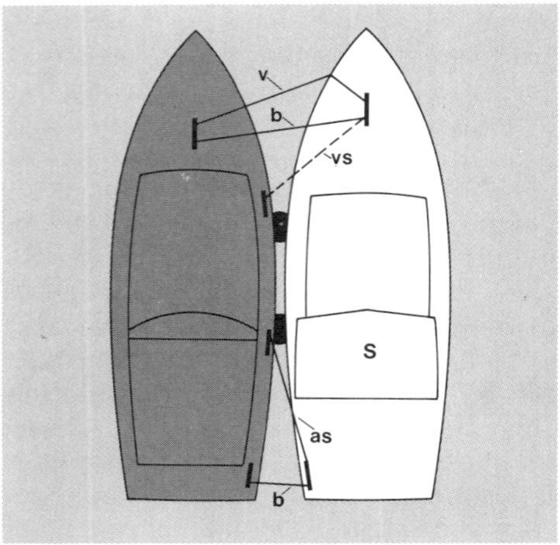

Abb. 48a Längsseitschleppen
Die Achterspring as trägt die Wucht des geschleppten Bootes, wenn die Schleppfahrt absinkt. b: Brustleine, vs: Vorspring, v: Vorleine

schwachen Leinen, Klampen oder Poller der vorderen Boote kommen würde (Abb. 48). In diesem Fall gibt der Schlepper eine lange starke Leine achteraus, deren Tampen aufgebojt ist. An ihr machen die einzelnen Boote beiderseits abwechselnd und auf Lücke mit ihren eigenen Leinen mit einem Stopperstek fest. Das Ruder auf den geschleppten Booten wird auf Abscheren gelegt. Die Boote dürfen nicht nebeneinander an der Schleppleine liegen, weil sich dann zwischen ihnen ein Sog bildet, der sie gegeneinandertreibt.

Schleppleinen sind nur bei gestoppter Maschine vom Schlepper loszuwerfen, weil sie sonst allzu leicht von der Schraube erfaßt werden können. Wird eine Schleppleine auf dem geschleppten Boot losgeworfen, ist der Schlepper rechtzeitig davon zu verständigen, damit er mit seiner Maschine auf die plötzliche Entlastung vorbereitet ist und die Leine klar von seiner Schraube halten kann.

q) Schleusen

In vielen Schleusen ist das Einlaufen unter Segeln verboten.

Vorm Schleusen überprüft man zunächst, ob nichts außenbords hängt. Vor- und Achterleine mit angesteckter Wurfleine werden klargelegt und die Fender bereitgelegt. Sie können beim Schleusen nicht groß genug sein. Dann versucht man, mit geringer Fahrt in die

Mitte der Schleusenkammer einzulaufen, muß aber unbedingt Ruder im Schiff behalten.
Setzt vor der Schleuse Strom, hält man nach Stromluv vor, muß bei langen Yachten jedoch einkalkulieren, daß das Heck noch der Stromwirkung ausgesetzt ist, während sich der Bug bereits im stillen Wasser befindet und deshalb vom Strom herumgedrückt werden kann. Beim Einlaufen in die Schleusenkammer werden die bereitgehaltenen Fender bedient, Vor- und Achterleine an Land gegeben und das (oder die) noch stehenden Segel geborgen. Während des Liegens in der Schleusenkammer müssen die Leinen besetzt bleiben und beim Fluten und Absenken bedient werden. Auch die richtige Lage der Fender ist ständig zu kontrollieren, besonders beim Absenken, will man sich vor einer verschrammten Außenhaut bewahren.
In kleinen Schleusenkammern, die jeweils nur ein Boot aufnehmen können, bringt man je eine Vor- und Achterleine zu beiden Seiten aus und kann so sein Boot in der Mitte der Schleuse halten. Andernfalls sollte man von vornherein an der Luvseite der Schleusenkammer festmachen, um dort vorm Auslaufen Segel setzen zu können. Ist das nicht möglich, versucht man, durch kräftiges Absetzen dem Boot möglichst viel Fahrt voraus zu geben und damit noch so hoch wie möglich an den Wind zu kommen, um nach dem Segelsetzen mit der noch vorhandenen Fahrt aus der Schleuse zu laufen.
Eine Patentlösung für Schleusenmanöver gibt es nicht; denn die Größe des Bootes und der Schleuse, Windrichtung, technische Einrichtungen der Schleuse und der Schleusenverkehr schaffen immer wieder andere Situationen, denen die Manöver anzupassen sind.

r) Starker Wind und Sturm

1. Wetterentwicklung und allgemeine Verhaltensweise

Das meiste, was zu diesem Thema zu sagen ist, muß theoretische Überlegung bleiben. Das Verhalten einer Yacht im Sturm ist von so zahlreichen Imponderabilien abhängig, daß es sich kaum auch nur annähernd voraussagen läßt. Demzufolge lassen sich auch keine allgemein verbindlichen Empfehlungen für die Maßnahmen zum Abwettern eines Sturmes aufstellen. Windgeschwindigkeit, Dauer des Sturmes, Höhe und Länge der Wellen spielen dabei eine ebenso große Rolle wie Takelung, Größe, Verdrängung und Konstruktion der Yacht. Viele Segler sind während ihres Fahrtenlebens niemals in Situationen geraten, das Verhalten ihres Schiffes unter derart extremen Wetterbedingungen erproben zu müssen. Die Erfahrungen zahlreicher erfahrener Hochseesegler stehen sich oft konträr gegenüber. War für den einen der *Treib-* oder *Seeanker* die letzte Rettung, bewährte er sich auf einer anderen Yacht überhaupt nicht. Wurde in einem Falle eine sich vollkommen selbst überlassene Yacht am besten mit dem Sturm fertig, führte das mit einem anderen Schiff zu katastrophalen Folgen. Es können hier deshalb nur die verschiedenen Möglichkeiten aufgezeigt werden, die zur Verfügung stehen. Jedem kann nur der eindringliche Rat gegeben werden, mit seinem Schiff auch dann hinauszugehen, wenn es windig und rauh ist, damit er ein Gefühl dafür bekommt, wie sich sein Schiff auf verschiedenen Kursen zum Seegang benimmt. Er wird dabei sein Reaktionsvermögen als Steuermann schärfen. Es ist nun einmal so, daß es oft nur am Steuer-

mann liegt, ob eine Yacht zum Gieren oder Querschlagen kommt oder nicht.
Eine aufmerksame Wetterbeobachtung* ist die erste Vorsichtsmaßnahme. Die Wetterdienste können keine sicheren, absolut zuverlässigen Voraussagen und Warnungen geben. Dazu ist ihr Stationsnetz zu dünn und weitmaschig. Das erste Anzeichen eines heranziehenden Sturmes kann eine aufkommende Dünung sein. Die Dünungswellen eines typischen Sommersturmes in nördlichen Breiten haben eine Fortpflanzungsgeschwindigkeit von etwa 20 Knoten und eine Periode – die Zeit zwischen zwei Wellenbergen – von 6,6 Sekunden. Solche Sturmdünung erscheint lange vor der sichtbaren Wolkenwarnung.
Eine Welle pflanzt sich fort, indem jedes Wasserteilchen seine Bewegung auf das nächst benachbarte Teilchen überträgt und dieses die gleiche Bewegung etwas später beginnt als das erste. Die äußere Form dieser Wellenbewegung ist die von gleichmäßig gewölbten Hügeln und Tälern: die Dünung.
Wird nun die Wellenbewegung durch den Wind direkt erzeugt, so ist der Wellenberg und besonders der Wellenkamm der schiebenden Wirkung des Windes ausgesetzt. Der Wellenberg bekommt eine hohe steile Form, seine Vorkante wird hohl. Der Mitstrom auf dem Wellenkamm und der Gegenstrom im Wellental werden stärker. Man nennt diese Form der Wellenbewegung Windsee, die einzelne Welle See. Nimmt der Wind stärker zu, wird sein Schub so groß, daß die normale Bewegung der Wasserteilchen unterbrochen wird, indem der Wellenkamm zu steil und hohl wird und sich überschlägt. Es entsteht der typische Brecher mit weißer Schaumkrone. Ändert sich die Windrichtung oder treffen Dünung und Windsee aus verschiedener Richtung aufeinander, so entsteht Kabbel- oder Kreuzsee.
Seegang von bestimmter Höhe braucht auch Wasser von bestimmter Mindesttiefe, damit die Wasserteilchen ihre kreisförmigen Bahnen unbehindert durchlaufen können. Kommt er auf flacheres Wasser, so werden diese Bahnen zu immer flacheren Ellipsen, und die Erscheinungen der hohlen, steilen See werden besonders markant. Es entsteht die gefährliche Grundsee. Auf ganz flachem Wasser schließlich endet jede Wellenbewegung in der Brandung.
Bei den ersten echten Anzeichen eines Sturmes versucht man, einen Schutzhafen anzulaufen. Das ist jedoch nur sinnvoll, wenn er in etwa zwei bis vier Stunden zu erreichen ist. Wohl kann eine über der Kimm aufziehende Sturmfront noch acht Stunden weit weg sein; sie kann aber auch schon in drei Stunden eintreffen.
Ist kein Hafen in entsprechender Nähe, versucht man mit allen Mitteln, freien Seeraum und tiefes Wasser zu gewinnen, um den Sturm draußen abzureiten. Bei allen Arten, einen Sturm abzureiten, ist Voraussetzung, daß die Yacht genügend Seeraum nach Lee zum Treiben hat. Selbst wenn nicht die Gefahr besteht, vor einer Küste auf Legerwall zu geraten, kann auch eine Luvküste unter einen parallelen Sturmstrich kommen, wenn das Tief über sie hinwegzieht, und es gilt, auch die steile brechende Grundsee zu meiden, die weit vor der Küste stehen kann. Die See beginnt dort steil zu werden, wo die Wassertiefe – der Seekarte zu entnehmen – gleich der Wellenlänge des Seegangs – von Kamm zu Kamm – wird. Man findet diese Wellenlängen in Tabellen.

* Vgl. XI »Wetterkunde«

2. Dem Sturm ausweichen

Betrachtet man einen Sturmwirbel in seiner Zugrichtung, dann ist auf der nördlichen Halbkugel die rechte Hälfte des Zyklons gefährlicher als die linke, südlich des Äquators ist es umgekehrt.
Dreht der Wind immer mehr nach rechts, dann befindet man sich auf der gefährlichen rechten Seite der Zugbahn des Sturmtiefs, das auf einen zukommt. Dreht der Wind mehr nach links – man nennt das Krimpen –, dann liegt man auf der harmloseren Seite der Zugbahn. Hält der Wind seine Richtung und nimmt seine Stärke laufend zu, während das Barometer ständig fällt, dann liegt man genau in Zugrichtung des Sturms.
Liegt man genau in der Zugbahn, bringt man den Wind auf 160° Seitenpeilung an Steuerbord und läuft beste Fahrt. So gelangt man am schnellsten auf die sichere Seite und am weitesten vom Sturmzentrum weg.
Liegt man bereits auf der harmloseren Seite der Zugbahn, hält man den Wind etwa 130° an Steuerbord und läuft beste Fahrt.
Befindet man sich auf der gefährlicheren Seite der Zugbahn (der Wind dreht immer mehr rechts), halte man dabei den Wind etwa 45° an Steuerbord und laufe so viel Fahrt wie möglich, um allen nur erreichbaren Abstand vom Sturmzentrum zu gewinnen. Selbstverständlich muß man die Nähe von Land und Untiefen berücksichtigen.
Zu den Vorbereitungen auf einen Sturm zählt das Aufklaren des Decks. Anker und übrige Deckslasten von Deck und zur Erhöhung der Stabilität möglichst tief im Schiff sicher stauen. Alles, was nicht von Deck gebracht werden kann, mit zusätzlichen und verläßlichen Zurrings versehen. Wenn das nicht in jedem Fall möglich ist, lieber rechtzeitig Decksgut über Bord werfen. Das eventuell vorhandene Dingi muß kieloben gezurrt sein, damit es nicht vollschlagen kann, was sofort die Stabilität der Yacht mindern könnte. Luken und Fenster mit passenden Verschalstücken und schwerem Persenningtuch verschalken. Ein guter Schutz gegen das Einschlagen großer Fenster sind kräftige Holzrahmen mit einem Bronzesieb, die sich in etwa zwei Zentimeter Abstand vor die Fenster setzen und verschrauben lassen. Auch das Bekleben der Fenster von beiden Seiten mit Isolierband bietet einen gewissen Schutz. Maschinenraum aufklaren. Batterie, Werkzeugkästen und sonstiges schweres Gut extra zurren, damit es sich nicht losreißen kann. Bilge lenzen. Es darf kein freies Wasser im Schiff sein, weil das die Stabilität gefährdet, wenn nicht gar aufhebt. Rettungsmittel, Notsignale und Sicherungsmittel klarmachen und an einem oder mehreren Orten bereitlegen, wo sie im Notfall von der Crew schnell und ohne Tumult und Panik zu erreichen sind.
Luken müssen nicht nur den Druck des überkommenden Wassers aushalten, sondern werden durch den Sog auch auf Zug beansprucht.
Ein besonderes Problem besteht bei wirklich schwerem Wetter darin, daß die Sicht bei Windstärken von 9 aufwärts durch den in die Luft gefegten Gischt so schlecht wird, daß optische Methoden der Schiffsortbestimmung praktisch unmöglich werden. Aber auch technische Ortungsmethoden fallen bei heftigen Bewegungen kleinerer Schiffe im Seegang aus oder werden unzuverlässig. Radar, Funkpeilempfänger und Echolot geben, wenn überhaupt noch, keine verläßlichen Ergebnisse mehr.

3. Das Abwettern mit einer Segelyacht

Segelt eine Yacht hoch am Wind, kommt es selten vor, daß ihr Schiffsführer länger mit Vollzeug durchhält, als es zu verantworten wäre, weil die Yacht zu hart in ihren Bewegungen und so stark gekrängt wird, daß sie kaum noch Fahrt voraus macht. Außerdem werden moderne Yachten dann meistens auch stark luvgierig. Man wird zunächst wahrscheinlich das Großsegel reffen und noch volles Vorsegel fahren.

Auch bei halbem Wind erhält man im allgemeinen rechtzeitig ein Gefühl dafür, wann der Zeitpunkt kommt, die Segelfläche zu verkleinern. Die Wellenkämme brechen gegen die Luvbordwand, durch heftiges Rollen und Krängen verliert das Boot ebenfalls erheblich an Fahrt.

Beim Segeln vor einem an Stärke zunehmenden Wind und mitlaufender See jedoch ist der Zeitpunkt zum rechtzeitigen Reffen schwer abzuschätzen. Viele Yachten geraten in die ersten Schwierigkeiten, weil sie den Spinnaker zu lange stehen lassen. Als untrügliches Alarmzeichen ist zu werten, wenn das Boot jeweils länger oben auf einer Welle reitet und gleichzeitig schwer auf dem Ruder zu halten ist. Das Heck, auf oder fast auf dem Wellenkamm reitend, wird mit starker Beschleunigung vorwärtsgerissen, während der Bug unten im Wellental tief einsetzt und dadurch abgebremst und

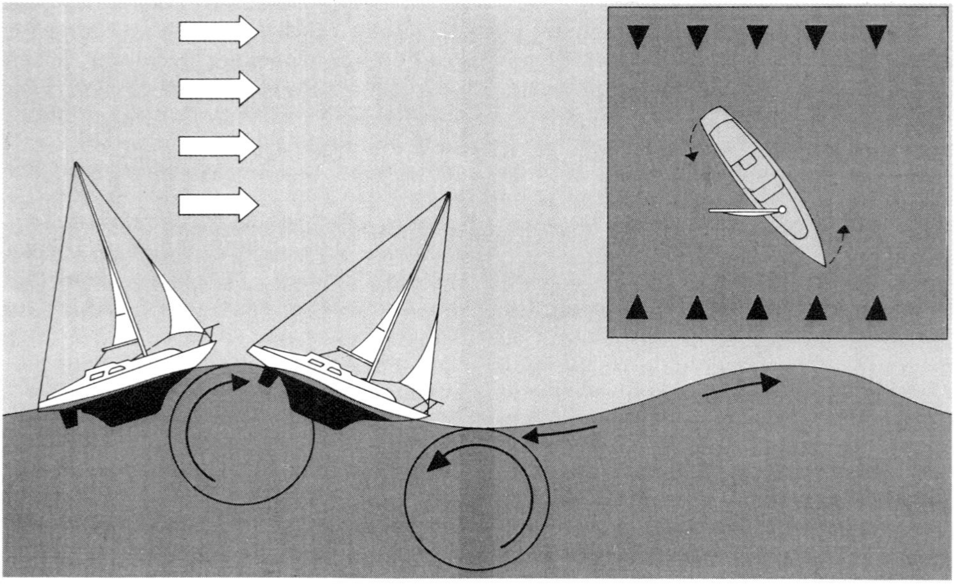

Abb. 49 Yacht vor Wind und See
Die Wasserteilchen auf dem Wellenkamm und im Wellental führen gegenläufige, kreisartige Bewegungen, die sogenannte Orbitalbewegung, aus. Das Heck auf der Welle wird beschleunigt, während gleichzeitig der Bug im Wellental vom Gegenstrom festgehalten wird, so daß ein starkes Drehmoment entsteht, das zum Querschlagen des Bootes führen kann.

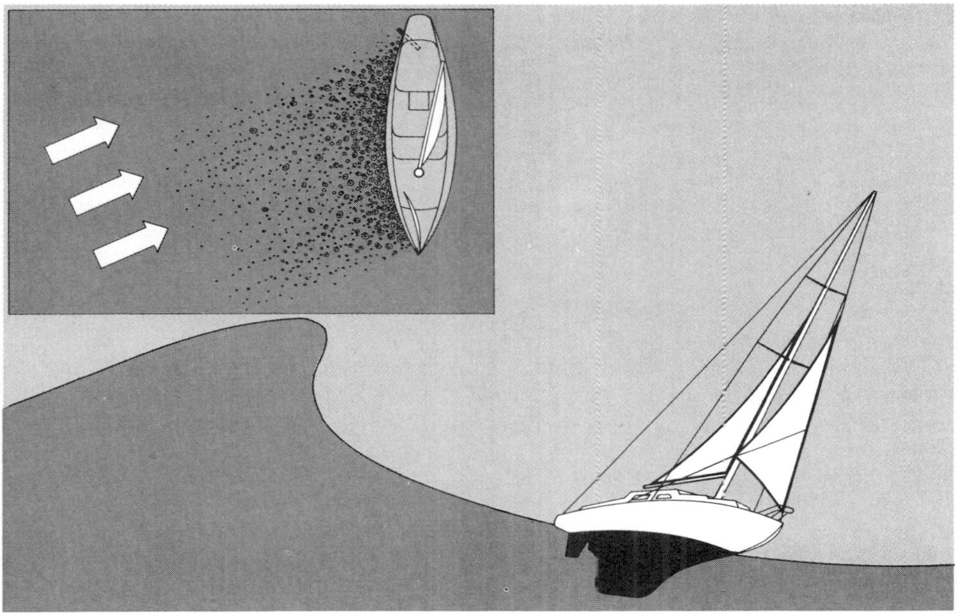

Abb. 50 Beiliegen
Das Vorsegel wird backgesetzt, die Yacht macht kaum mehr Fahrt voraus, sondern liegt mehr oder minder quer zur See. Durch die dabei in Luv gebildete Wirbelzone wird die See etwas gedämpft. Das Ruder ist hart nach Luv gelegt.

festgehalten wird. Gelingt es dem Rudergänger in dieser Situation nicht mehr, die Yacht genau in Richtung der Wellenbewegung zu halten, tritt ein starkes Drehmoment ein, durch das die Yacht quergeschlagen werden und kentern kann, unter Umständen sogar über den Bug.

Nimmt die Stärke des Windes weiter zu und können die Segel nicht mehr verkürzt werden, hat das Boot aber immer noch zu viel Fahrt, gibt es vier Möglichkeiten:

Beidrehen unter Segeln
Lenzen vor Topp und Takel
Liegen vor Treibanker
Boot mit geborgenen Segeln sich selbst überlassen.

4. Das Beiliegen

Fast jede Yacht mit einem einigermaßen ausreichenden Lateralplan kann zum Beiliegen gebracht werden. Das Großsegel wird so weit wie möglich gerefft oder an seine Stelle ein Trysegel gesetzt, das Vorsegel backgeholt, Luvruder gelegt und die Pinne festgesetzt (Abb. 50). Bei einer Yawl oder Ketsch wird das Großsegel geborgen und am Besan ein Sturmsegel gesetzt. In gut ausbalanciertem Zustand wird die Yacht keine Fahrt voraus mehr machen und annähernd quer zum Seegang liegen, so daß der Wind etwas vorlicher als querab einfällt. Das Boot treibt langsam nach Lee. Die Abtrift liegt, je nach Konstruktion des

Schiffes und der Windstärke, etwa zwischen eineinhalb und vier Knoten. Zwar rollt die See jetzt quer zur Yacht an. Die Abtrift bewirkt aber eine Wirbelzone in Luv. In dieser laufen sich die anrollenden Brecher teilweise aus, so daß sie das Boot nicht mehr mit unverminderter Stärke treffen. Es wird jetzt nicht mehr in die Seen hineingedrückt, sondern von ihnen angehoben, und die einzelne See läuft verhältnismäßig weich unter dem Boot hindurch. Die Besegelung wirkt darüber hinaus stabilisierend, so daß die Yacht nicht mehr allzu stark rollt.

Yachten mit sehr schlanken Rumpfformen neigen allerdings dazu, auch beigedreht immer wieder zu viel Fahrt voraus aufzunehmen. Auch Yachten mit stark konzentriertem Lateralplan werden im allgemeinen nur schlecht beigedreht liegen, indem sie stark gieren, bald quer zum Wind liegen und bald mit killenden Segeln in den Wind schießen. Abgesehen davon, daß diese Bewegungen für die Besatzung recht zermürbend sind, werden die Segel dem auch nicht lange standhalten.

5. Lenzen vor Topp und Takel

Herrscht eine so schwere See, daß ein Liegen quer zur See nicht mehr ratsam oder möglich ist, läßt man die Yacht *vor Topp und Takel lenzen,* das heißt, man läuft mit vollständig geborgenen Segeln,

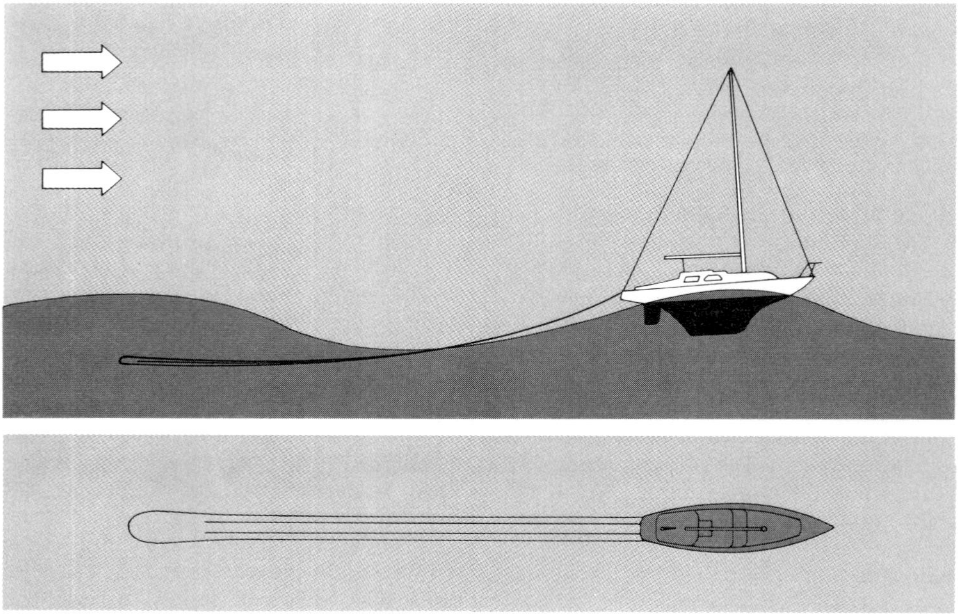

Abb. 51 Lenzen vor Topp und Takel
Zur Verminderung der Fahrt und Stabilisierung des Kurses empfiehlt es sich, mehrere lange Leinen nachzuschleppen.

nur von der Kraft des Windes auf das nackte Rigg angetrieben, vor Wind und Wellen ab. Dieses Lenzen vor dem Sturm setzt natürlich genügend freien Seeraum nach Lee voraus. Es erfordert einen äußerst aufmerksamen und konzentrierten Rudergänger, die Yacht dabei genau senkrecht vor jeder überholenden Welle zu halten. Sie würde sonst sofort aus dem Ruder laufen, querschlagen und sogar kentern können.

Macht das Boot noch zuviel Fahrt oder aber, um die für den Rudergänger kritische Beschleunigung vor dem Wellenberg etwas zu verringern, bringt man über Heck schwere Leinen aus, sofern man solche an Bord hat; ihre Tampen werden auf beiden Seiten des Achterschiffs belegt, so daß die Leinen in Buchten nachschleppen, an die man gegebenenfalls noch Rettungsringe, zusammengebändselte Fender oder ähnliches stecken kann, um den Schleppwiderstand zu erhöhen. Diese Bremsen dürfen das Heck jedoch nicht so festhalten, daß keine Kurskorrekturen mehr möglich wären, etwa um einem überbrechenden Kamm auszuweichen.

6. Treibanker

Der Treib- oder Seeanker – ein tütenartiger Schleppwiderstand – ergibt theoretisch die geringste Abtrift und wäre sinnvoll überall dort zu verwenden, wo nicht genügend Seeraum nach Lee vorhanden ist. Doch ist er für Segelyachten – wie Versuche und die Erfahrungen von Hochseeseglern gezeigt haben – kaum geeignet. Ein Treibanker kann nur dann wirkungsvoll sein, wenn er einen größeren Wasserwiderstand ergibt als das Boot, das er im Wind halten soll, Luftwiderstand hat. Schon bei einer Yacht um die 10 m muß er so groß sein, daß er kaum an Bord zu stauen und im Sturm nicht mehr zu handhaben ist. Die handelsüblichen Yachttreibanker mit einer Wassereintrittsöffnung von 60 cm sind lediglich für Jollen geeignet.

Neuerdings werden auf dem Markt Fallschirmtreibanker mit einem Durchmesser bis zu 3 m angeboten. Sie reichen aus für Boote mit niedrigen, wenig Windwiderstand bietenden Aufbauten bis zu etwa 9 m Länge. Sie sind in ihrer gegenwärtigen Konstruktion jedoch noch unzuverlässig. Wird der in einem handlichen Beutel verpackte Fallschirm bereits an Bord geöffnet, weht er aus und taucht nicht ab. Er treibt also über das Wasser und bildet gar keinen Schleppwiderstand. Wird er im geschlossenen Beutel über Bord gegeben, neigt der Beutel dazu, aufzuschwimmen und sich nicht zu öffnen, weil auf die Reißleine nicht genügend Zug kommt.

7. Das Boot sich selbst überlassen

Mehrfach wurde erfolgreich ein starker Sturm abgeritten, indem man die Yacht sich selbst überließ. Ohne Winddruck auf irgendwelche Segel, ohne Bremswirkung von Treibanker oder nachgeschleppten Trossen sucht sich das Boot selbst die Lage der geringsten Beanspruchung des Rumpfes, da es sich frei zwischen Wind und Wellen einpendeln kann. Allerdings sind die Bewegungen dabei unregelmäßig und unberechenbar und deshalb für die Besatzung äußerst zermürbend. Bruch in der Takelage bleibt nicht ausgeschlossen. In der Regel wird sich das Boot annähernd quer zur See legen oder schräg vor der See treiben, sehr wenig Fahrt voraus machen und eine starke Abtrift entwickeln, die ebenfalls in Luv jene geglättete Wirbelzone schafft, in der die Seen nicht mehr brechen. Eine Yacht mit geringerem Tiefgang treibt dabei schneller nach Lee und vergrößert dadurch diese verhältnismäßig ruhige Zone*.

8. Öl

Da Öl die natürliche Oberflächenspannung des Wassers verändert, bewirkt es eine starke Dämpfung des Seegangs. Die anrollende See kann nicht mehr im ursprünglichen Rhythmus weiterschwingen und wird am Rande der Ölfläche zum Brechen gebracht. Schon eine geringe Menge ausgebrachten Öls hat solche Wirkung auf Wellen im freien Seeraum, jedoch kaum irgendeinen Einfluß auf Grundseen und Brandungswellen, das heißt, wenn die Auflösung der Wellenform bereits eingesetzt hat.
Am besten eignen sich tierische Tranöle, aber auch Schmieröle. Weniger wirkungsvoll sind Dieselöle, Petroleum ist ungeeignet. Um das Öl nach und nach über die Wasserfläche zu verteilen, verwendet man sogenannte Ölbeutel. Das sind kleine Leinensäcke mit einem Fassungsvermögen von ungefähr zwei Litern. Gewöhnlich werden sie mit Werg gefüllt und beim Ausbringen an mehreren Stellen angestochen. Auf kleinen Booten, auf denen alle Hantierungen an Deck besonders schwierig und gefährlich sind, pumpt man das Öl am besten durch das Spülbecken oder WC außenbords aufs Wasser. Durch die Abtrift des Bootes breitet sich das Öl automatisch nach Luv zu übers Wasser aus.
Es gibt jedoch auch sturmerfahrene Hochseesegler, die die Verwendung von Öl ablehnen, weil das von der Gischt an Bord zurückgespritzte Öl Deck und Deckausrüstung schlüpfrig macht und dadurch eine neue Gefahr heraufbeschwört.

* Vgl. Fahrkunde unter Motor, Verhalten im Sturm, Seite 498

VII. Havarien und Notfälle

a) Sicherheitsmaßnahmen für Langfahrten

Voraussicht und Vorbeugen sind die Grundlagen für Sicherheit. Dies gilt im besonderen für Langfahrten, bei denen man Tage und Wochen fern von Land und fremder Hilfe sein kann. Der DSV hat dafür Richtlinien über Ausrüstung und Sicherheit niederlegen lassen. Die wichtigsten Forderungen daraus sind nachstehend wiedergegeben. Bei internationalen Regatten werden teilweise noch weit darüber hinausgehende Vorschriften erlassen.

Verantwortlich für die Sicherheit der Yacht und ihrer Besatzung ist allein der Skipper; er muß nicht nur die notwendige Befähigung haben, sondern sie auch nachweisen können, also im Besitz der für das Seegebiet geforderten Führerscheine sein.

Die Stärke der Besatzung muß der Größe der Yacht und der beabsichtigten Reise entsprechen. Jeder Mann an Bord muß Freischwimmer sein. Der Skipper muß wissen, wie es um das Sehvermögen und die Farbensicherheit jedes Mannes der Besatzung steht.

Jedes Besatzungsmitglied muß wissen, wo die Notsignale und Rettungsmittel verstaut sind; es muß auch wissen, wie man einen Überbordgefallenen aus dem Wasser an Bord holt. Mindestens ein Mann außer dem Schiffsführer muß das Manöver »Mann über Bord« sicher ausführen können.

Vor jeder Reise muß die Yacht in jeder Beziehung auf seefesten Zustand überprüft werden. Dazu überzeugt man sich nicht nur, daß der Rumpf dicht ist, daß Bullaugen, Oberlichter und Fenster dicht schließen, sondern auch, daß alle Verriegelungen an Fenstern und Luken so kräftig sind, daß sie der Wirkung überkommender Brecher gewachsen sind. Für große Deckshausfenster müssen Blenden aus starkem Sperrholz an Bord sein, aber auch für kleine Fenster, wenn diese, wie häufig zu sehen, nur in Gummiprofilen stecken, aus denen sie nur zu leicht nach innen gedrückt werden können.

Zur Dichtigkeit des Rumpfes gehört auch, daß alle Unterwasseröffnungen mit Seeventilen gesichert sind (und daß diese auch gängig sind!). Eine Ausnahme bilden nur die Abflüsse vom Deck und Cockpit, die dicht unter oder oberhalb der Wasserlinie liegen. Die Durchmesser der Cockpitabflüsse müssen unter allen Umständen groß genug sein, damit das Cockpit zwischen zwei überkommenden Seen sich leeren kann; fast immer sind die Abflüsse zu eng.

Es müssen zwei unabhängig voneinander arbeitende Lenzpumpen an Bord sein (siehe Abschnitt »Pumpen« unter Technik an Bord).

Das stehende Gut muß besonders sorgfältig überprüft werden. Fleischhaken an Wanten und Stagen zeigen an, daß ein Draht gebrochen ist. Man achte darauf, daß die Spannschrauben zuverlässig gegen Losdrehen gesichert sind. Im Fall eines Mastbruches muß unter Umständen das stehende Gut gekappt werden, um die Gefahr des gegen die Bordwand schlagenden Mastes zu beseitigen; deshalb muß ein kräftiger Bolzenschneider an Bord sein, aber auch ausreichend schweres Werkzeug: Brecheisen, Beil, schwerer Hammer, Metallsäge.

Der Reserveausrüstung ist viel Überlegung zu widmen. Dazu gehört Ersatztauwerk und Blockwerk, Spannschrauben, Ersatzkurbeln für Winschen und die Reffeinrichtung, Klemmschrauben, Glühbirnen für die Positionslaternen, Pützen, Wellenöl zur Beruhigung der See.

Es hat sich auch als zweckmäßig herausgestellt, Holz- oder Metallblenden für Bullaugen und größere Fensterscheiben an Bord mitzuführen. Da sie sich unter den Matratzen der Kojen stauen lassen, ist ihre Unterbringung kein Problem. Im Notfalle lassen sich solche Blenden mit starken Nägeln über zerschlagene Scheiben nageln, um das Eindringen großer und gefährlicher Wassermengen zu verhindern. Natürlich gehören dann auch Nägel und Hammer zur Ausrüstung des Bootes.

Jeder Mann der Besatzung muß eine eigene Schwimmweste haben, die aufblasbar ist oder eingebauten Auftrieb enthält. Sie muß ohnmachtsicher sein, was bei einem Teil der auf dem Markt angebotenen Schwimmwesten nicht der Fall ist. Mehr darüber im Abschnitt über Schwimmwesten in diesem Kapitel.

Ebenso müssen alle Besatzungsmitglieder Sicherheitsgurte haben (Seite 217). Schwimmwesten und Sicherheitsgurte müssen auch getragen werden, wenn das Wetter das als angezeigt erscheinen läßt, also nicht nur bei Schwerwetter, sondern vor allem auch bei Nebel.

Die größte Gefahr in See ist das Überbordgehen. Es ist möglich durch Ausrutschen auf einem nassen Deck oder Segel, durch ein schlagendes Segel, durch einen übergehenden Baum, durch Bruch einer Schot. Es muß nicht immer eine überkommende See sein. Eine besonders heftige Bewegung kann dazu führen, daß ein ruhig im Cockpit sitzender Mann über Bord katapultiert wird. Im Abschnitt »Mann über Bord« werden die vorbeugenden Maßnahmen ausführlich dargestellt.

Ein wichtiger Punkt der sicheren Ausrüstung betrifft die Anker. Jede Yacht muß für eine größere Fahrt mindestens zwei Anker an Bord haben. Die auf Seite 68 aufgeführten Ankergewichte sind als Minimalforderung zu verstehen. E i n Anker sollte jedenfalls schwerer sein. Ein Anker sollte an einer Kette gefahren werden. Allerdings ist jetzt bei Seeregatten erlaubt, einen Teil der Kette durch Perlonleine entsprechender Festigkeit und dafür größerer Länge zu ersetzen (statt 80 m Kette z. B. 40 m Kette und 50 m Perlon(Nylon)leine). Der zweite Anker muß einen Kettenvorlauf von 5 m haben. Nur kleine Yachten (Rating [Rennwert] unter 21 Fuß) dürfen mit nur einem Anker an Regatten teilnehmen. Für Langfahrten sollten aber auch kleine Yachten zwei Anker an Bord haben.

Nicht unwichtig ist die Form der Anker. Meist wird empfohlen, zwei verschiedene Anker zu fahren, einen Patentanker neben einem Stockanker. Zur Erinnerung: Patentanker dringen vielfach in krautigem Boden nicht ein.

Die Schleppleine (Perlon/Nylon) muß fünffache Bootslänge haben.

Eine der großen Gefahren bei Nebel ist die Kollision. Da heute bei Nebel ohne Fahrtminderung nur noch nach Radar gefahren wird (nicht nur die Großschifffahrt, auch die Küstenfahrer), muß ein Radarreflektor an Bord sein, am besten im Topp, weit weniger gut in der Saling, wo ein nasses Segel ihn unwirksam machen kann. Das an Bord eines Schiffs beobachtete Echo hängt von der Höhe des Reflektors über dem Wasser, von seiner Größe und von seiner Ausrichtung ab. Ideal ist ein Reflektor von 40 cm Kantenlänge. Ist er nur halb so groß, ist das Echo nicht etwa halb so stark, sondern wesentlich weniger. Entscheidend ist, daß die rechten Winkel wirklich ganz präzise 90° betragen; daher sind Behelfe abzulehnen.

Zur Sicherheitsausrüstung gehören weiterhin Laternen nach Vorschrift mit Attest, Nebelhorn und Glocke, wasserfeste Stablampen, Notsignale, komplette Navigationsausrüstung einschl. berichtigter Seekarten, Handbücher, Leuchtfeuerverzeichnisse, Gezeitentafeln, zwei Kompasse, davon einer fest montiert und mit Deviationstabelle ausgerüstet, Uhr, Doppelglas, Barometer bzw. Barograph (besser!), Lot, Log, Thermometer, Funkempfänger mit Grenzwellenbereich. Schließlich noch eine Bordapotheke und ein medizinischer Ratgeber.

Die Ausrüstung an Proviant und Trinkwasser hängt ab von der Besatzungsstärke und der geplanten Reisedauer. Hier sei nur gesagt, daß mindestens 1,5 Liter Wasser pro Kopf und Tag vorhanden sein müssen und ein Notproviant, der wasserfest ist und etwa für die Hälfte der normalen Reisedauer berechnet ist.

Es ist nie auszuschließen, daß die Besatzung aussteigen muß, weil die Yacht nach einer Kollision mit Treibgut, nach einer Begegnung mit einem Wal, nach einer Explosion an Bord, nach Wassereinbrüchen u. ä. sinkt. Es sollen daher vorhanden sein: eine Rettungsinsel oder mehrere, ausreichend für die ganze Besatzung, ausgerüstet mit Signalmitteln, Lampe, Wasser, Notproviant, Treibanker, Reparaturmaterial usw. –, sowie ein Dingi oder Schlauchboot.

Zum Ausfahren von Leinen und Ankern ist ein starres Dingi besser geeignet, da sich ein Schlauchboot gegen Wind nur sehr schwer rudern läßt. Ein starres Dingi muß fest eingebauten Auftrieb enthalten. Bei beiden müssen Riemen und Dollen im Boot angebunden sein.

b) Rettungsinseln

Rettungsinseln sind Flöße aus meist zwei ringförmigen Hohlschläuchen, die durch Reißleine beim Überbordwerfen automatisch mit Kohlensäure aufgeblasen werden. Unten sind sie durch einen weichen Boden geschlossen, auf der Oberseite hält ein ebenfalls aufgeblasener Schlauch ein Dach aus orangefarbenem Stoff. Dieses Dach schützt die Insassen vor Spritzwasser und Sonneneinstrahlung und soll vorbeifahrende Schiffe aufmerken lassen.

Rettungsinseln haben sich bei zahlreichen Havarien ausgezeichnet bewährt und den Schiffbrüchigen teilweise wochenlanges Überleben ermöglicht. Sie sind daher als Rettungsmittel bei Seeregatten zwingend vorgeschrieben, haben sich aber auch beim Fahrtensegeln weitgehend durchgesetzt.

Yachten führen überwiegend kleine Ausführungen von Rettungsinseln für vier Personen mit. Die Seeberufsgenossenschaft, nach deren Vorschriften Schiffe ausgerüstet sein müssen, wenn bezahltes Personal an Bord ist, lassen aber erst Rettungsinseln ab 6 Personen Aufnahmefähigkeit zu. Bei diesen für Yachten meist zu großen Ausführungen ist

der Boden aufpumpbar, was für eine notwendige Wärmeisolation sorgt.
Im allgemeinen sind Rettungsinseln in flachen oder faßförmigen Kunststoffschalen verpackt, die unbedingt an Deck, nicht unter Deck gehaltert werden müssen. Eine mit dem Schiff fest verbundene Reißleine sorgt für das Aufblasen und hält die Insel während des Übersteigens in Schiffsnähe. Dieses Einsteigen ist nicht ganz einfach und sollte nach Möglichkeit geübt werden. Zwar kann man vom Deck aus auf die Insel springen; tun dies aber mehr als drei Personen, ist der Einstieg in das kleine Luk im Dach außerordentlich schwierig. Aus dem Wasser ist das Hineinkriechen nur für kräftige Personen kein Problem, denn man muß sich nach Art eines See-Elefanten hineinziehen. Dies wird erleichtert durch eine Leiter aus Gewebe und Sprossen am Boden.
Der Auftrieb einer solchen Insel beträgt etwa 320 bis 400 kg. Ein Kenterschutzbeutel soll das Kentern bei einseitiger Belastung zwar vermeiden, z. B. beim Einstieg, ist aber nur begrenzt wirksam. Zur Ausrüstung jeder Rettungsinsel gehört im allgemeinen ein Blasebalg, ein Kappmesser, ein Treibanker, ein Reparaturbeutel mit Flicken für die Schläuche, ein Wurfring mit Leine zum Heranziehen von im Wasser treibenden Personen, oft Beutel zum Auffangen von Regenwasser. Nur als zusätzliche Ausrüstung finden sich Paddel, Rotfeuer und Fallschirmsignale, Taschenlampe, Trillerpfeife, Signalisierspiegel, Ösfaß, Schwamm, Signaltafel und Anleitungsbuch, Lampen, die von Seewasser aktiviert werden, Dosenöffner, Trinkwasser in Dosen, Notverpflegung, Erste-Hilfe-Ausrüstung mit Tabletten gegen Seekrankheit (wichtig!). Trinkbecher sollten in einem kräftigen Beutel an der Rettungsinsel gebändselt sein. Wichtig ist vor dem Verlassen des Bootes die Mitnahme warmer und wasserdichter Kleidung, auch in tropischen Gewässern, wo die Nächte empfindlich kalt sein können. Rettungsinseln müssen jährlich vom Hersteller einer Inspektion unterzogen werden.

c) Beseitigen kleiner Schäden

Bei der außerordentlichen Verschiedenheit der Yachten in Bauart, Takelung und Ausrüstung können hier keine Anweisungen für alle denkbaren Fälle gegeben werden, sondern nur der allgemeine Rat, die kleinen Schäden sofort und so gut wie möglich zu beseitigen, ehe sie sich zu größeren auswachsen. Eine gute Methode, sich gegen unliebsame Überraschungen zu wappnen, ist die wiederholte eingehende Betrachtung aller Teile eines Schiffs, gekoppelt mit der Überlegung »Was würde und könnte ich tun, wenn das hier oder dieses dort versagte? Würde mein Bordwerkzeug ausreichen, oder fehlt etwas?«
Beseitigen kleiner Schäden bedeutet im allgemeinen nicht eine perfekte und dauerhafte Reparatur, sondern vielmehr die Kunst des Improvisierens, um mit »Notverband« in einen Hafen oder in Sicherheit zu gelangen. Beil, Fuchsschwanz, Drahtschere und bei Metallmasten und -bäumen auch die Metallsäge zählen zur Grundausrüstung des Werkzeugkastens an Bord jeder Yacht. Das Nähen von Segeln zeigt Abb. 10, S. 95.

d) Leckbekämpfung

Der Rumpf eines Schiffs kann durch Grundberührung oder Kollision beschädigt werden oder durch heftiges Arbeiten im Seegang leckspringen, indem Nähte undicht werden oder sich Plankenverbindungen lösen. Bei Kunststoffbooten oder formverleimten Rümpfen ist das allerdings kaum möglich. Beobachtet man, daß solche Schiffe Wasser machen, wird fast immer eine Beschädigung der Außenhaut die Ursache sein. Nicht selten tritt Wasser auch durch undicht gewordene Stevenrohre ein. Das erste Alarmzeichen ist, wenn sich mehr Wasser als gewöhnlich in der Bilge sammelt. Da diese in der Regel nicht ohne weiteres eingesehen werden kann, wird das Wasser häufig erst bemerkt, wenn es bereits über den Fußboden tritt. Es empfiehlt sich daher, die Bilge, besonders bei schwerem Wetter, häufiger zu kontrollieren.

Zum Dichten kleinerer Lecks diente früher das sogenannte *Lecksegel,* das von außen mit Leinen über das Leck gebracht und vom Wasserdruck dagegengepreßt wurde. Abgesehen davon, daß es bei manchen Rumpfkonstruktionen moderner Yachten recht schwierig würde, das Lecksegel gut zum Anliegen zu bringen, gibt es heute bessere Bordmittel: die Schaumstoffpolster und -kissen, mit oder ohne Plastiküberzug, die sich beinahe in jedes für ein Dichten noch in Frage kommende Leck schmiegsam hineinrammen lassen. Die auf manchen Yachten zu Schmuckzwecken dienenden Decksbespannungen aus Polyvinylchlorid (als Teakimitation) eignen sich recht gut zum provisorischen Dichten von Überwasserlecks wie eingeschlagenen Fenstern. Eine durch CO_2-Patronen aufblasbare Schwimmweste, in ein handtellergroßes Leck gestopft und abgezogen, bläst sich in dem Leck auf und hält im allgemeinen so lange, bis die Yacht in Sicherheit ist. Allerdings kann man nicht erwarten, ein Leck unterhalb der Wasserlinie oder eben darüber vollkommen dicht zu bekommen. Man wird sich damit begnügen müssen, den Wassereinbruch so weit einzudämmen, daß die Lenzpumpe ihn halten oder bewältigen kann. Jede Leckdichtung ist so zu sichern, daß sie vom Wasserdruck nicht wieder binnenbords gedrückt wird. Das dafür notwendige Kleinholz müssen Bodenbretter und gegebenenfalls Einrichtungsgegenstände hergeben. Auch ein im allgemeinen von außen aufgebrachtes Lecksegel mag dabei dienlich sein, indem es den Wasserdruck auf das Leck etwas verteilt. Man vertraue auch keineswegs leichtgläubig auf die von der Werft versprochene Unsinkbarkeit moderner Leichtdeplacementyachten. Luftkammern können beschädigt oder die Gewichte der Ausrüstung schwerer oder anders verteilt sein als vom Konstrukteur berechnet. Es gibt neuerdings Epoxydharze, die unter Wasser auf Leckstellen aufgebracht werden, dort hineingepreßt werden und sich verfestigen.

e) Bruch in der Takelage

In früheren Zeiten zählte es zu den häufigsten Havarien, daß der Mast von oben kam. Durch die modernen Materialien und Metallmasten ist diese Gefahr geringer geworden; man sollte sie jedoch niemals gänzlich außer Betracht lassen. Bruch des stehenden Gutes, verursacht durch Lösen der Wantenspanner, unbeabsichtigtes Halsen, oder falscher Trimm des Mastes liegen schon eher im Bereich des Möglichen. In diesem Falle gilt: die Yacht so zum Wind legen, daß dieser das gebrochene Teil entlasten würde, wenn es noch heil wäre; beispielsweise:

Ist ein Vorstag gebrochen, vor den Wind gehen und das Vorsegel, sofern es an einem gesonderten Stag gefahren wird, stehenlassen.
Bricht ein Achterstag, in den Wind gehen und Vorsegel bergen.
Bei Bruch eines Luvwants auf den anderen Bug gehen.
Wird das entsprechende Manöver ohne Verzögerung ausgeführt, kann ein Bruch des Mastes meistens vermieden werden. Bricht ein Achterstag jedoch auf einem Vorm-Wind-Kurs bei kräftiger Brise, und wird zudem noch der Spinnaker gefahren, pflegt auch der Mast von oben zu kommen.
Spleißen von gebrochenem stehendem Gut wird ebensowenig möglich sein, wie das gebrochene Ende durch ein neues zu ersetzen. Man schlägt an dem von oben herabhängenden Ende eine Talje an, die am Rüsteisen, Vorsteven- oder Heckbeschlag mit einem kräftigen Schäkel festgeschäkelt wird, und

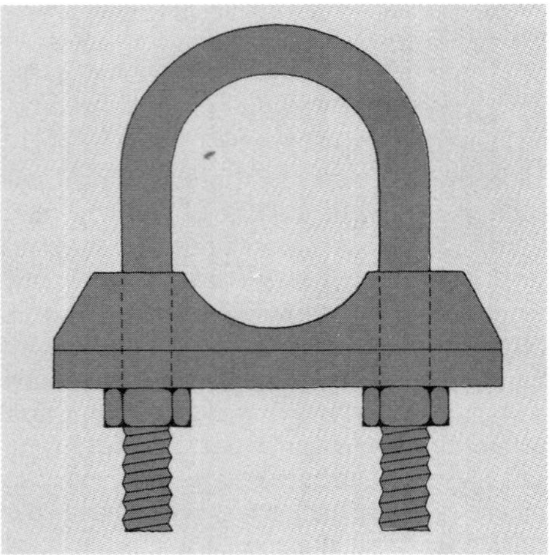

Abb. 1 Klemmschraube, auch Bulldog Grip genannt. Der Bügel muß dem Umfang des stärksten stehenden Gutes angepaßt sein.

setzt das gebrochene Gut wieder steif durch. Ein einfacher Stopperstek hält auf Drahttauwerk nicht. Deshalb muß man unter den Stopperstek mindestens eine *Klemmschraube* setzen. Man kann auch durch Aufsetzen von Klemmschrauben (Abb. 1) an beiden Enden provisorische Augen bilden (Abb. 2). Durch diese Augen wird ein Ende aus Fasertauwerk mehrfach geschoren und jedesmal fest durchgesetzt. Das ergibt eine recht dauerhafte Verbindung.
Bei Drahttauwerk stärkeren Durchmessers lassen sich auch gut sogenannte *Schlingketten* verwenden. Das sind spezielle, etwa eineinhalb Meter lange Kettenenden, deren Endglieder so groß sind, daß die Kette hindurchgesteckt werden kann. Mit dieser Kette setzt man auf den gebrochenen Draht einen Stopperstek.
Bricht ein Mast im oberen Drittel – die häufigste Havarie –, wird er wahrscheinlich im stehenden Gut hängenbleiben. Die herunterhängenden Teile sind sofort an Deck zu holen oder zumindest provisorisch so festzuzurren, daß sie nicht hin- und herschlagen und weiteren Schaden verursachen können. Dann trennt man den gebrochenen Teil von der übrigen Takelage. Stehendes Gut, Mastschienen usw. werden abgenommen oder gekappt, laufendes Gut ausgeschoren. Außenbords gegangene Teile des Riggs müssen sofort eingefangen und an Deck geholt werden, bevor sie die Außenhaut des Bootes beschädigen; notfalls sind sie zu kappen.
An dem stehengebliebenen Maststummel läßt sich eventuell der abgebrochene Teil als Notmast aufrichten und festlaschen, möglicherweise auch eine andere starke Spiere wie etwa der Spinnakerbaum, an dem dann Sturmfock und Trysegel als Notsegel gesetzt werden

Abb. 2 Behelfsauge in Drahttauwerk
Da der U-förmige Bügel der Klemmschrauben den Draht möglicherweise zerquetschen kann, dürfen die Klemmen mit dem Bügel nur das kurze Ende und niemals die stehende Part umfassen. (Nach neuen Richtlinien müssen mindestens drei, besser fünf Klemmbügel verwendet werden.)

können, unter Umständen auch eine normale Fock, die um 90° gedreht ist, so daß die Stagreiter zum Baum zeigen. Selbstverständlich ist es erforderlich, auch diesen Notmast provisorisch abzustagen. Man wird wahrscheinlich das noch vorhandene stehende Gut entsprechend verkürzen, mit Klemmschrauben ein Auge bilden und dieses Auge über den Topp des Notmastes streifen müssen. Eventuell ist es auch einfacher und sinnvoller, den Notmast mit Fasertauwerk abzustagen.

Gebrochene Großbäume wird man nur in den seltensten Fällen mit Bordmitteln laschen können. Man schlägt das Großsegel vom Baum ab, macht die Großschot am Schothorn fest und muß das Segel ohne Baum weiterfahren. Bei einem Bändselreff ist es unter Umständen möglich, das Großsegel am Spinnakerbaum zu fahren, indem man es so weit einrefft, daß die Unterlieklänge der des Spinnakerbaums entspricht. Dann wird das Segel mit einer durch die Reffgatchen geschorenen Leine mit einem Marlschlag angereiht.

Häufig ist Bruch von Fallen oder Ausrauschen oder Bruch der Scheibe im Topp. In allen diesen Fällen muß ein Mann in den Mast. Dazu wird ein Bootsmannsstuhl an ein Fall geschäkelt. Ein Bootsmannsstuhl gehört daher zur Ausrüstung jeder größeren Yacht.

Im einfachsten Fall ist dies ein Brett mit je einer Hahnepot an den Enden. Aus einem solchen Sitz kann man herausrutschen; daher muß man seinen Sicherheitsgurt anlegen, bevor man nach oben geht.

Das Werkzeug wird meist in einer Pütz mitgeführt. Aber auch dies birgt Gefahren. Die Pütz kann an einer Saling hängen bleiben und das Werkzeug auf die Köpfe der Leute an den Winschen fallen. Besser sind Bootsmannsstühle, bei denen der Holzsitz fest in Dacron eingenäht ist und mit einem Seitenteil und Gurten aus dem gleichen Material verbunden ist; für das Werkzeug befinden sich Taschen im Stoff.

Sehr zweckmäßig ist ein Ring am Boden des Bootsmannsstuhles, an dem eine Leine als Niederholer, der das Herumschwingen im Topp verhindert, angeschlagen wird.

f) Notruder

Eine gebrochene Pinne wird entweder gelascht oder durch eine geeignete Holz- oder Metallspake ersetzt. Auf radgesteuerten Booten besteht bei Bruch des Rads meistens die Möglichkeit, eine Reservepinne auf den Ruderkopf zu setzen. Doch auch Ruderblätter und Ruderschäfte können brechen und verlorengehen. Gut getrimmte Segelyachten lassen sich bis zu halbem Wind mit den Segeln steuern, indem man durch Auffieren der Großschot abfällt und durch Anholen der Großschot und Auffieren der Fockschot anluvt. Bei mäßigen achterlichen Winden läßt sich eventuell auch mit Großsegel und Spinnaker oder ausgebaumter Genua steuern. Eine Yawl oder Ketsch läßt sich im allgemeinen durch verschiedene Segelkombinationen, die von Fall zu Fall ausprobiert werden müssen, sogar ziemlich gut auf allen Kursen zum Wind steuern. Auch Zweischraubenschiffe lassen sich nach Ausfall des Ruders durch Drehzahländerung einer Maschine recht gut steuern*. Sind solche Voraussetzungen nicht gegeben, muß man ein Notruder fertigen.

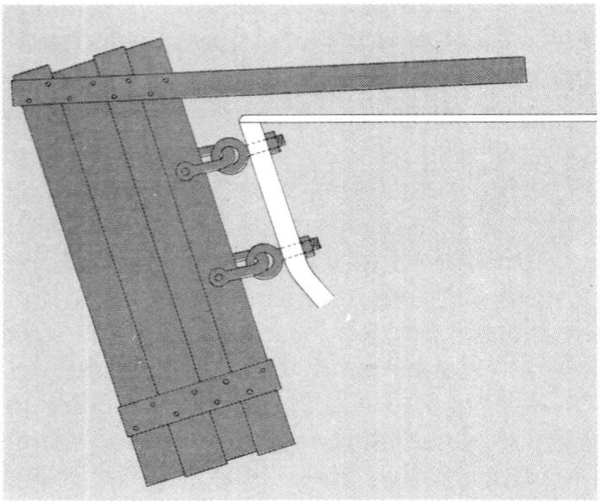

Abb. 3 Notruder auf Platt- oder Spitzgattern: In den Spiegel werden zwei Augbolzen eingezogen, und das aus Einrichtungsgegenständen gezimmerte Notruder wird mit Schäkeln eingehängt. Dies ist die wirksamste Notruderanlage, die jedoch bei einem überhängenden Yachtheck nicht möglich ist.

Die einfachste Form eines Notruders – für Yachten bis etwa 10 m Länge über alles geeignet – ist ein über Heck aufgebrachter Riemen, der im Drehpunkt festgelascht wird. Die Wirkung des schmalen Riemenblattes läßt sich durch ein aufgenageltes oder aufgeschraubtes Brett erhöhen.

Auf Platt- und Spitzgattern bietet sich bei Bruch und Verlust des Ruders noch eine andere Möglichkeit. Man fertigt sich aus Einrichtungsgegenständen ein provisorisches Ruder, schraubt – falls die Ruderzapfen gebrochen sind – Augbolzen in den Spiegel und befestigt das Notruder mit Schäkeln daran.

Eine andere Art des Notruders ist jene Einrichtung, die bereits die Wikinger auf ihren Schiffen als normale Ruderanlage fuhren. Sie wird seitlich am Achterschiff befestigt. Man kann sie ebenfalls verhältnismäßig einfach aus ein paar Bodenbrettern und einer Spiere zusammenschrauben oder -nageln. Befestigt wird sie mit Tampen oder Stropps an einem an Deck in Querabrichtung festgezurrten Kranbalken. Allerdings darf die Yacht dann nicht mehr stark gekrängt gesegelt werden. Das Ruder würde sonst in Luv aus dem Wasser kommen beziehungsweise in Lee zu tief eintauchen. Motoryachten können ein solches Seitenruder auf jeden Fall verwenden. Es hat noch den Vorteil, daß diese Behelfskonstruktion nicht zusätzlich vom Propellerstrom beansprucht wird.

* Siehe auch III a 4, S. 74

g) Kollision und Hilfeleistung

Kollision ist die seemännische Benennung eines Zusammenstoßes. Nach einer Kollision haben beide beteiligten Schiffsführer bestimmte, international gesetzlich geregelte Pflichten.
Jeder Schiffsführer hat, soweit dies ohne Gefährdung des eigenen Schiffes und seiner Mannschaft möglich ist, dem anderen Schiff und dessen Mannschaft jede erdenkliche Hilfe zu leisten und dem anderen Schiff so lange beizustehen, bis er sich versichert hat, daß es keiner weiteren Hilfe bedarf. Er muß mit dem Schiffer des anderen Schiffes Namen und Heimathafen, eventuell Club sowie den Namen des zuletzt angelaufenen Hafens und den des nächsten Zielhafens austauschen.
Die Schiffer der in eine Kollision verwikkelten Schiffe sind gehalten, sofort eine schriftliche Darstellung des Vorgangs abzufassen. Sind Personen getötet oder verletzt worden, ist darüber bei der ersten Gelegenheit eine schriftliche Meldung abzugeben. Das gilt sowohl für den Verursacher als auch für den durch den Unfall Betroffenen. Eine Yacht mit Funkausrüstung wird die Meldung als dringlichen Funkspruch an die nächste Küstenfunkstelle absetzen.
Auch wenn an einem Notfall nicht unmittelbar beteiligt, ist jeder Schiffsführer einem internationalen Übereinkommen gemäß verpflichtet, Personen, die in Lebensgefahr geraten sind, Beistand zu leisten. Andernfalls muß er mit harter Bestrafung rechnen. Es ist wichtig zu wissen, daß hier nur von Personen die Rede ist, nicht auch von Schiffen. Das heißt: Die Rettung von Personen aus Gefahr ist kostenlos, aber für die Rettung eines Schiffes wird Bergelohn verlangt — auch von den meisten Seenotrettungsdiensten. Es ist aber unter Yachtschiffern Brauch, für die Bergung einer anderen, in Not geratenen Yacht keinen Bergelohn zu verlangen. Doch kann man sich auf die Einhaltung dieses Brauchs nicht verlassen, weil sie nach internationalem Seerecht nicht zwingend ist.
Man muß unterscheiden zwischen *Schlepplohn* und *Bergelohn.* Der Schlepplohn unterliegt praktisch immer freier Vereinbarung. Der Bergelohn kann aber nachträglich verlangt und eingeklagt werden und richtet sich nach dem Wert des abgeborgenen Schiffes und nach der Schwierigkeit und Gefährlichkeit der Bergung. Die Gerichte sprechen bis zum halben Wert des geborgenen Schiffes an Bergelöhnen zu, wenn sie überzeugt sind, daß die Bergung schwierig war. Der Bergelohn kann auch noch höher werden, wenn das bergende Schiff bei der Operation selber Schaden genommen hat. In einem solchen Falle wird man auch einem Yachtschiffer nicht verübeln können, wenn er einen Bergelohn zur Behebung seines Schadens verlangt.
Allerdings gilt für das ganze Bergegeschäft der Grundsatz: »Kein Erfolg, kein Geld!« Hier nun einige Ratschläge, die vor kostspieligen Überraschungen aus Unkenntnis des Bergerechts schützen:
Wenn die Havarie nur klein ist und sonst günstige Umstände vorliegen, sollte man nie um Bergung bitten, sondern um Schlepphilfe zu einem mündlich vereinbarten Platz oder Hafen. Den Schlepplohn handele man möglichst im voraus aus.
Man lasse keinen Mann des bergenden Bootes an Bord, so lange man noch selbst die Schleppleine belegen und sein Boot steuern kann. Andernfalls kann das als Preisgabe des Schiffes ausgelegt werden und teuer kommen.

Man sollte auch nicht die Trosse des Schleppers annehmen, sondern seine eigene hinübergeben; denn das könnte nachher leicht den Unterschied zwischen Schlepphilfe und Bergung ausmachen.
Man zeige auch kein Notsignal, wenn man sich nicht tatsächlich in Seenot befindet. Es könnte sonst ebenfalls leicht eine Bergung aus dem Schleppen werden. Man bittet mit Flaggensignal, Morselampe, Hupe oder Pfeife um Hilfe, und zwar durch das Signal V (. . . –).
Wenn eine Bergung notwendig ist, versuche man vorher, eine Vereinbarung über die Bedingungen zu erreichen, möglichst schriftlich oder unter Zeugen vom eigenen Schiff. Ist keine Einigung zu erzielen, verlange man eine Bergung nach den Sätzen von Lloyd's Salvage Contract. Ist eine vorherige Vereinbarung nicht möglich, hüte man sich, etwas über den Wert und die Versicherungshöhe des Schiffes verlauten zu lassen.
Für alle Fälle, in denen nachträglich Ansprüche aus einer Bergung geltend gemacht werden könnten, sind eine Seekarte mit der eingezeichneten Position des havarierten Schiffes und das Logbuch ein wertvolles Beweismittel. Die Eintragung in Karte und Logbuch lasse man möglichst von einem Crewmitglied (nicht verwandt oder verschwägert) gegenzeichnen. Außerdem besorge man sich sofort nach der Bergung eine Kopie des offiziellen Wetterberichts für den betreffenden Tag und das Revier.
Wer bei fallendem Wasser im Watt festgekommen ist, nehme nie das freundliche Angebot eines Fremden an, sich eben mal flottschleppen zu lassen, ohne ihm vorher mit Nachdruck zu erklären, daß man sich nicht in Seenot befindet und keine Schlepphilfe benötige. Die vermeintliche Freundlichkeit könnte sich zu einem Anspruch auf Bergelohn wandeln. Auch bei dem Angebot eines schwereren Ankers mit Trosse vereinbare man eine Leihgebühr und zahle sofort gegen Quittung, um jeden Anspruch auf Bergelohn auszuschließen.

h) Grundberührung und Freikommen

1. Maßnahmen beim Festkommen

Bei Festkommen auf Grund am Wind genügt es auf Kielyachten manchmal bereits, die Schoten so dicht wie möglich zu holen. Durch die dadurch verursachte stärkere Krängung hebt das Boot von der Untiefe wieder ab. Bei halbem oder raumem Wind sind sofort die Schoten zu fieren, bei stärkerem Wind auch die Segel zu bergen, damit das Boot durch den Winddruck nicht höher auf die Untiefe gesetzt wird. Hat man nur leichtere Grundberührung, läßt man die Mannschaft sich außenbords an die Seereling oder Wanten hängen, um genügend Krängung zu bewirken, damit das Boot freikommt. Bei Yachten mit kurzem Kiel und Motor geht man mit der Schraube rückwärts und bringt das Boot gleichzeitig durch die Mannschaft zum Schlingern.
Nützt das nichts, muß man die Yacht stärker krängen, indem sich ein oder zwei Mann an den angedirkten und querabgeschwenkten Großbaum hängen. Eventuell kann man auch das Beiboot anhängen. Nützt auch das noch nichts, sitzt man also hoch und trocken, versucht man zunächst, die günstigste Abholrichtung festzustellen, indem man rings um die Yacht herum – am besten vom Beiboot aus – lotet und die Wassertiefen in einer Skizze einträgt. Sofern man vorne festsitzt, bringt man sämtli-

ches Staugut nach achtern, um das Vorschiff zu leichtern. Auch die Besatzung begibt sich nach achtern. Sodann mag neuerliches Krängen Erfolg haben. Bei langkieligen Schiffen, insbesondere Motoryachten mit ihren vollen Unterwasserlinien, nützt Krängen allein allerdings selten etwas.

Wer keinen Motor an Bord hat oder ihn vorerst nicht benutzen kann, weil der Propeller auch auf Grund sitzt, muß einen Warpanker in die günstigste Abschlepprichtung möglichst weit mit dem Beiboot ausfahren, damit sich ein flacher Zugwinkel ergibt und der Anker nicht gleich wieder aus dem Grund bricht. Ist kein Beiboot an Bord, bleibt nichts anderes übrig, als den Anker mit Schwung zu werfen. Sodann verholt man sich an der Ankerleine, die bei einer Abschlepprichtung querab am besten über eine Schotwinsch geholt wird.

Zur Erleichterung des Abbringens empfiehlt es sich unter Umständen, etwa 10 m vom Boot entfernt einen Pahlstek in die Leine des ausgefahrenen Ankers zu machen und vier Genuaschoten anzustecken. Es kann dann mit vier Schotwinschen gleichzeitig geholt werden.

Einen, besser zwei Warpanker, wird man immer sofort nach dem Festkommen ausbringen, wenn Seegang das Schiff höher auf Grund zu schieben droht oder herumdrückt, so daß es breitseits auf die Untiefe gesetzt wird. Danach wäre ein Freikommen ohne fremde Hilfe kaum mehr möglich.

Ohne fremde Hilfe wird man auch dann kaum freikommen, wenn man mit hoher Fahrt so aufgelaufen ist, daß sich das Vorschiff deutlich bei der Grundberührung gehoben hat. Man kontrolliere dann unverzüglich die Bilge, ob das Schiff Wasser macht. Gegebenenfalls ist sofort das Leck zu suchen und zu dich-

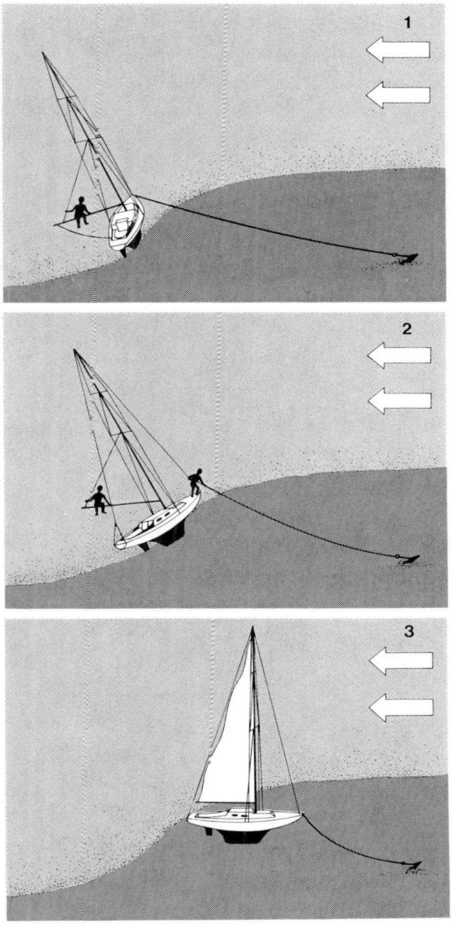

Abb. 4 Grundberührung bei halbem Wind Schoten sofort los und Segel bergen. Buganker zu Luv ausbringen, Boot krängen (1), indem sich ein oder zwei Mann auf den angedirkten, querschiffs ausgebrachten Großbaum setzen. Eventuell auch das Beiboot mit einem Mann drin an den Baum hängen. Bei Krängung das Boot am Anker verholen (2), bis es genügend frei schwimmt (3). Das Boot liegt nun im Wind, die Segel können wieder gesetzt werden.

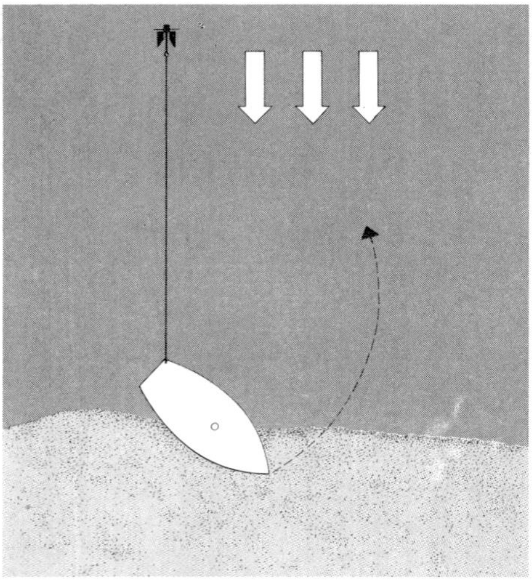

Abb. 5 Hoch und trocken bei achterlichem Wind
Zunächst muß der Heckanker in Windrichtung ausgebracht werden, damit das Boot nicht noch höher auf die Untiefe gesetzt wird. Die Yacht muß mit fremder Hilfe unter gleichzeitiger Krängung seitlich abgeholt werden. Um einen entsprechenden Krängungswinkel zu erreichen, wird die Schleppleine etwa in Höhe der Saling angeschlagen. (Ein Mann muß mit dem Bootsmannsstuhl in den Mast.) Ist ein Spinnakerfall vorhanden, kann die Schleppleine auch daran angeschäkelt werden, nicht jedoch am Groß- oder Fockfall. Diese sind nicht auf seitliche Beanspruchung eingerichtet, die Beschläge könnten brechen.

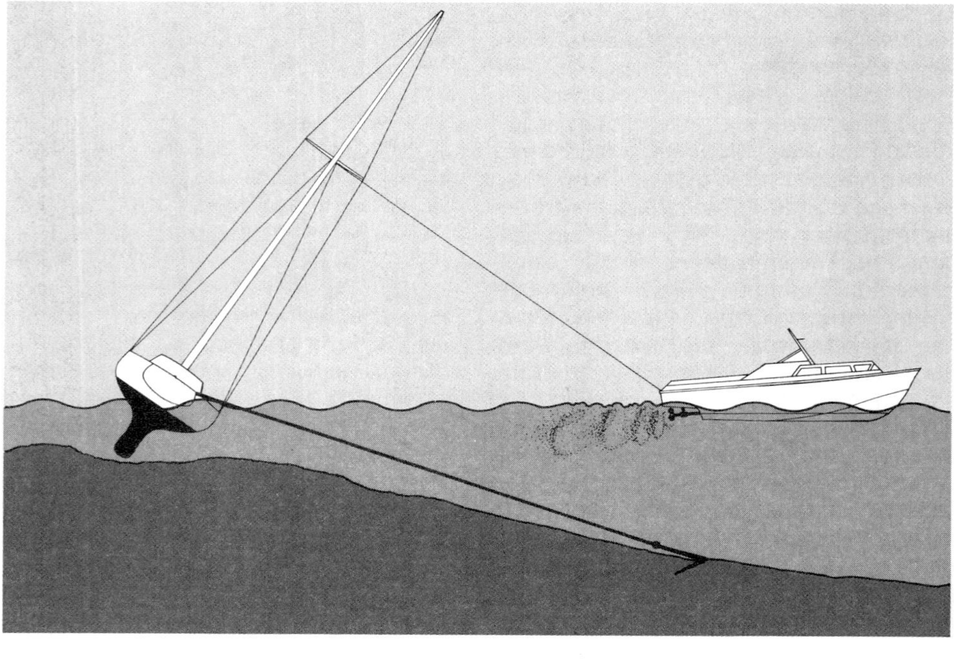

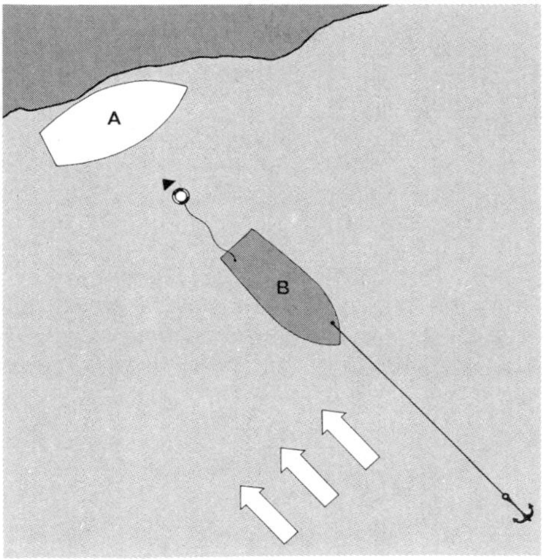

Abb. 6 Freischleppen von Legerwall
Der Schlepper B geht in Strom- und Windluv des Havaristen A vor Anker und läßt sich durch Strecken von Leine so nahe, wie es seine eigene Sicherheit erlaubt, an den Havaristen herantreiben. An einer leichten Boje wird eine dünne Holeleine zum Havaristen hinübertreiben gelassen.

ten; denn ein überflutetes Leck ist kaum noch zu finden. Zwischen solchem Festkommen und Strandung ist kein großer Unterschied mehr. Man zögere nicht zu lange mit einem Hilferuf, eventuell dem Seenotruf, denn durch Wetterverschlechterung könnte die Lage völlig aussichtslos werden. Immerhin mag man sich noch überlegen, ob man durch Leichtern – Überbordwerfen aller entbehrlichen Gegenstände – sein Schiff flottbekommen könnte. Solche Entscheidung kann leichter werden, wenn ein guter Schwimmer an einer langen Sorgleine sich mit Taucherbrille ein Bild von der Situation unter Wasser gemacht hat. Andernfalls beginne man sofort mit den Vorbereitungen zum Freischleppen.

2. *Schlepperhilfe*

Ein Schlepper, der einen Havaristen von einer Bank oder von Legerwall freiholen soll, wird vorsichtig in Strom- oder Windluv in die Nähe des Havaristen manövrieren und vor Anker gehen. Er läßt sich dann an der Ankerleine noch weiter herantreiben und an einer Boje eine leichte Holeleine zum Havaristen hinübertreiben, an die dann seine Schleppleine angesteckt wird. Das ist eine klare Bergung. Das Risiko ist dabei für das hilfeleistende Schiff ziemlich groß. Es riskiert, wenn sein Anker nicht hält, selbst auf Legerwall zu geraten. In einer solchen Lage halte man auf dem Schlepper möglichst zwei Kappbeile bereit, um schnell die Schleppleine und die eigene Ankerleine zu kappen und sich von der Leeküste freidampfen zu können. Sofern aber der Anker gut hält, ist er eine wertvolle zusätzliche Kraft, wenn er beim Anschleppen eingehievt wird. Sollte der Anker in diesem Fall beim Ausbrechen Schwierigkeiten bereiten, dann schlippe man ihn unverzüglich – der Havarist muß ihn mit allem dranhängenden Geschirr bezahlen.

Gilt es, einen in offenem Wasser treibenden Havaristen abzuschleppen, so wird die Anlage des Manövers im wesentlichen durch das Wetter bestimmt. Bei wenig Wind und ruhiger See kann das Manöver beliebig angelegt werden, vielleicht sogar der Schlepper beim Havaristen längsseitgehen. Bei schlechterem Wetter sind dagegen eingehende Vorüberlegungen und große Vorsicht notwendig. Zunächst muß der Schlepper sorgfältig das Verhalten des treibenden Havaristen beobachten: seine Lage zum Wind und die Geschwindigkeit des Treibens. Liegt der Havarist vor einem Treibanker, so wird am besten dieser von dem Schlepper gefischt und mit der Treibankerleine die Schleppleine übernommen. Sonst treiben Schiffe meistens etwa quer zum Wind. Der Schlepper passiert dann, von achtern kommend, mit geringer Fahrt auf parallelem Kurs den Havaristen in Luv, wirft eine Wurfleine und bringt das Schiff mit dem Heck etwa in Höhe des Bugs des Havaristen zum Stehen. Schlingern und gieren die Schiffe im Seegang stark, so nähert sich der Schlepper am besten, vor der See laufend, von Luv dem Bug des Havaristen. Sein Heck wird beim Zurückgehen der Schraube im Wind gehalten; notfalls hat er die Möglichkeit, am Bug des Havaristen vorbeizulaufen. Er wirft mit dem Wind eine Wurfleine zum Havaristen hinüber oder fischt eine an einer Rettungsboje ausgesteckte Leine des Havaristen, ohne daß die Leine seine Schraube gefährdet (Abb. 7). Wird Öl zum Glätten der See verwendet, so wirkt es nur in Luv, da es gegenüber den Fahrzeugen nicht treibt. Die an die Wurfleine anzusteckende Schleppleine wird vom Havaristen geliefert, da sich sonst die Bedingungen des Schleppvertrages erschweren könnten. Vielleicht passiert es dem Havaristen sogar, daß der Schlepper ihn auffordert: »Springen Sie ins Wasser, wir fischen Sie heraus.« Das aber bedeutet Preisgabe des Schiffes.

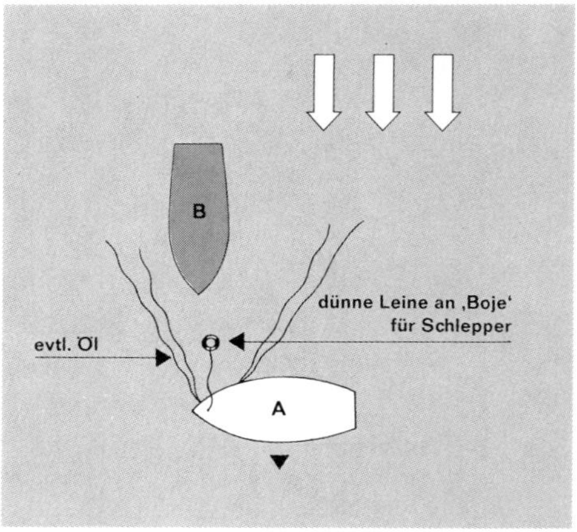

Abb. 7 Übernahme der Schleppleine von einem im offenen Wasser treibenden Havaristen (A) bei schlechtem Wetter

3. Festmachen der Schleppleine

Das Freischleppen beansprucht Havaristen und Schlepper weitaus stärker als ein gewöhnliches Schleppen. Die meisten modernen Yachten sind für diesen Zweck mit zu schwachen Pollern oder Klampen ausgerüstet, die – wie die Erfahrungen gezeigt haben – beim ersten Anschleppen herausreißen. Die Befestigung der Schleppleine am Mast ist auch nicht immer sinnvoll; denn häufig stehen die Masten heute an Deck in einem Mastschuh, der einer größeren Belastung, vor allem seitlichem Zug, nicht standhält. Bei solcher Mastaufstellung ist es auch nicht ratsam, die Schleppleine am Mast in Höhe der unteren Saling anzubringen. Wohl erreicht man dadurch beim Abschleppen in Querrichtung eine größere Krängung und dadurch geringeren Tiefgang des Havaristen; wahrscheinlich wird aber der Mast ausreißen.

In der Regel wird es notwendig sein, die Schleppleine an mehreren Punkten – Mast, Pollern, Klampen, Winschen, Aufbauten – so zu sichern, daß sich die Zugkraft möglichst auf den ganzen Rumpf verteilt; dabei wird die Leine mit Stopperstropps an den Beschlägen befestigt. Bricht der Hauptbelegepunkt, halten die nächsten gemeinsam, jedenfalls so lange, bis das Anschleppen gestoppt werden kann.

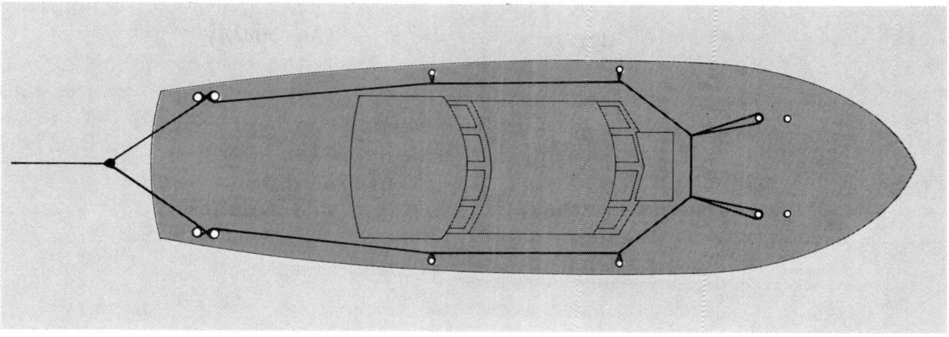

Abb. 8 Sichern der Schleppleine auf einem Motorboot
Man sollte die Schleppleine mit einer Hahnepot befestigen und die Zugkraft möglichst auf den gesamten Rumpf verteilen.

Hat die Yacht ein entsprechendes Holegeschirr und eine Ankerkette, befestigt man die Leine daran mit einem kräftigen Schäkel. Man gibt dann 3 bis 5 m Kette als Ruckdämpfungsgewicht aus, besonders wenn die Leine ein Drahtseil ist. Hat der Havarist keine Ankerkette, um dem Drahtseil genügend Durchhang zu geben, dann muß, um die Verbindung elastischer zu machen, etwa die Hälfte der Schleppverbindung aus Manilatauwerk oder ein Drittel aus Nylontauwerk bestehen. Eine übers Vordeck laufende Schleppleine muß stets am Steven beigelascht und gut bewikkelt werden. Sie darf niemals nur in die Lippe gelegt werden, ohne sie am Steven beizufangen. Sie würde beim geringsten Ausscheren die Verschanzung wegreißen. Ferner ist das Deck durch passende Bretter und Schamfilmatten gegen Einkerbungen durch die Leine zu schützen.

4. Das Freischleppen

Während des Überbringens und Festmachens ist nur so viel Schleppleine auszugeben, wie für den Zweck und die Entfernung erforderlich ist. Die restliche Länge muß an Deck des Schleppers aufgeschossen und beim Anfahren gleichmäßig gesteckt werden. Auf keinen Fall darf die Leine auf einmal ausrauschen, weil sie in die Schraube geraten könnte; Manöver und Risiken wären vergeblich gewesen. Das Anfahren bis zu dem Augenblick, in dem Last auf die Leine kommt, hat vorsichtig, unter Umständen mit mehrmaligem Stoppen oder gar Rückwärtsgehen des Propellers zu geschehen; denn ein ruckartiges Steifkommen der Leine könnte zu Bruch und katastrophalen Folgen führen.
Auf beiden Schiffen haben sich die Besatzungen in Deckung zu halten, sobald und solange die Leine beim Freischleppen unter höchster Spannung steht. Eine bei Bruch zurückschnellende Leine kann tödlich sein. Besonders gefährlich sind Kunstfaserleinen, weil sie ohne Vorwarnung durch Knirschen oder Ächzen brechen und infolge ihrer Elastizität ruckartig zusammenschnellen.
Vor dem Anschleppen ist noch einmal zu untersuchen, ob der Havarist beim Freikommen auch nicht durch entstandene

Undichtigkeiten sinken kann. Sollte er aber dennoch nach dem Freischleppen zu sinken beginnen, bleibt dem Schlepper nichts weiter übrig, als sofort die Leine zu kappen. Kann der Havarist nicht rechtzeitig wieder auf Grund gesetzt werden, so gelten jetzt alle Bemühungen der Rettung der Schiffbrüchigen.

Die wichtigsten Verständigungssignale zwischen Schlepper und Havarist, die mit Signalflagge, Morselampe, Pfeife oder Winkspruch gegeben werden können, sind:

Signal	Bedeutung vom Schlepper gegeben	Bedeutung vom Havaristen gegeben
A · —	Ist die Schleppleine fest?	Schleppleine ist fest
R · — ·	Ich will langsamer fahren	Fahren Sie langsamer

i) Feuer an Bord

1. Vorbeugende Maßnahmen

Um der Gefahr eines Feuerausbruchs an Bord vorzubeugen, sollte man stets die folgenden elf Ratschläge beherzigen:

① Halte Bilge und alle Tropfwannen unter Motoren und Brennern trocken und sauber.

② Halte alle Schiffsräume bei normalem Wetter gut durchlüftet. Stelle nie die Tank-, Batterie- und Maschinenraumbelüftung auf »zu«.

③ Überwache sorgfältig die Gas-, Petroleum- und Tankanlage sowie alle dazugehörigen Behälter, Armaturen und Leitungen.

④ Halte die elektrischen Leitungen und Geräte in Ordnung. Prüfe häufiger die Anschlußklemmen und ziehe locker gewordene fest. Sichere losegekommene Kabel und repariere Isolationsschäden sofort. Erneuere Kabel mit brüchig gewordener Isolierung und defekte Schalter.

⑤ Verbiete das Rauchen in der Koje und im Maschinenraum, selbstverständlich auch während des Tankens und während des An- und Umschließens von Gasflaschen.

⑥ Beobachte Petroleumlampen und -öfen für einige Zeit nach dem Anzünden, denn sie neigen zum Aufflammen, wenn sie warm werden. Heize nicht mit Petrolöfen, die umfallen können. Bei diesen wie auch bei Katalytöfen droht überdies Erstickungsgefahr, wenn sie in geschlossenen Räumen brennen.

⑦ Benutze niemals Gas-Heizsonnen an Bord. Sie können mit ihrer Strahlungshitze Lack und Textilien entzünden.

⑧ Staue keine öligen Putzlappen oder solche mit Möbelpolitur, Farbverdünner, Leinöl, Petroleum, Benzol oder Benzin in Holzkisten oder Pappschachteln. Sie können sich selbst entzünden. Man darf sie allenfalls in luftdicht schließenden Blechbehältern aufbewahren.

⑨ Lasse keinen Topf mit angesetzten Kunststoffen oder Zweikomponentenfarben und -lacken aus dem Auge. Arbeite die angesetzte Menge auf, bevor du Pause machst. Sie kann sich sonst bis zur Entzündung erwärmen.

⑩ Stelle einen schießenden Motor sofort ab, besonders wenn es im Vergaser patscht (Vergaserbrand). Suche die Ursache – vertauschte Zündkabel, hängendes Einlaßventil.

⑪ Halte die Feuerlöscher in Ordnung.

2. *Feuerbekämpfung*

① Alarmiere sofort alle an Bord. Wer nicht mit der Brandbekämpfung unmittelbar beschäftigt ist, mache das Schiff klar zum Verlassen:

a) Schwimmwesten klarmachen.
b) Beiboot klar zum Abfieren und lange Vorleine an ihm anschlagen.
c) Kapsel mit Rettungsinsel eventuell aus dem feuerbedrohten Bereich bergen.

② Drehe das Boot so zum Wind, daß die Flammen die Löschmannschaft nicht stören, beziehungsweise so, daß der Wind die Flammen nicht über das Schiff treibt.

③ Bei leichtem Wind nimm die Fahrt aus dem Schiff, damit der Fahrtwind aufhört. Bei starkem Wind laß das Boot vor dem Winde laufen, so daß möglichst wenig Luftzug das Feuer anfacht.

④ Halte alle Luken, Fenster und Türen geschlossen, die zur Feuerbekämpfung nicht unbedingt offen sein müssen, denn Durchzug und Luftzutritt fachen das Feuer an und erschweren das Löschen.

⑤ Bei Bränden in einem Schiffsraum öffne man das Schott nur in tiefgeduckter Haltung und langsam. Die Flammen schlagen oben heraus, ebenso der Rauch. Am Boden sind die Luft und die Sicht besser.

⑥ Ziele den Löschstrahl auf die Basis des Feuers – auf das, was brennt – und nicht in die Flammen und den Rauch. Mache vorher deine Kleider triefnaß.

⑦ Vorsicht beim Öffnen von Deckslukken. Stelle dich nicht dahin, wo der Deckel aufklappt, sondern auf die Scharnierseite. Dann blase den Löscher möglichst nahe über dem Luk mit einer kreisenden Bewegung hinein. Ziele genauer, sobald die Sicht sich gebessert hat.

⑧ Wenn die Feuerlöscher nicht reichen, bekämpfe mit Wasser weiter, aber vergiß nicht, die Lenzpumpe zu betätigen; denn das Löschwasser muß wieder aus dem Schiff.

Ölbrände sind, sofern sie gleich mit modernen Feuerlöschern bekämpft werden, nicht die schwierigsten; dies sind vielmehr Schwelbrände, besonders von Schaumstoffpolstern, die wie alle Gummibrände praktisch unlöschbar sind. Die sicherste Methode ist, ein brennendes Polster oberflächlich abzulöschen und dann über Bord zu werfen.

Brennendes Glasharz kann man mit den üblichen Feuerlöschern nur ablöschen, solange eine kleine Fläche brennt. Sodann muß man schnell mit einer großen Wassermenge abkühlen, damit das weichgewordene Harz wieder fest wird. Weiches Harz fängt sehr leicht wieder Feuer.

3. Feuerlöscher

Einen »besten Allzweckfeuerlöscher« für den Bordgebrauch kann man seit der Entdeckung des stabilisierten Freons (Dichlorfluormethan) als Feuerlöschmittel nicht mehr nennen. Dieses Mittel, kurz DCF genannt oder auch als »Halon« bezeichnet, dient zwar in der Luftfahrt als Löschmittel für alles, hat aber dennoch gegen Glutbrände (Polster, Schaumgummi, Holz, Papier) keine gute Wirkung; dafür sind immer noch die Trockenpulverlöscher (ABCE-Pulver) die besseren.

Ein Mangel dieser Pulverlöscher als Allzweckmittel war jedoch, daß sie bei Bränden im Maschinenraum meist die ganze Maschinerie mit dem Staub und der im Feuer entstehenden glasigen Kruste außer Betrieb setzten – auch einen nicht vom Feuer befallenen Motor. Auf größeren Motoryachten wurden deshalb schon immer CO_2-Löscher fest eingebaut oder mit Schneerohr als (sehr schwere) Handlöscher gefahren, die rückstandfrei durch Ersticken und auch etwas durch Wärmeentzug des expandierenden flüssigen Kohledioxids löschten.

Diesen Vorteil des CO_2 hat DCF aber in weit höherem Maße, zumal noch eine katalytische Wirkung hinzukommt. DCF wirkt in bedeutend geringerer Menge und kann in leichteren Behältern aufbewahrt werden, weil zu seiner Verflüssigung kein solch hoher Druck nötig ist wie für CO_2. DCF löscht alle Öl-, Gas- und Elektrobrände und auch Feststoffbrände im Anfangsstadium; man kann den Löschstrahl auch kurz auf Menschen richten, um etwa Kleider, die Feuer gefangen haben, schnell abzulöschen. DCF-Löschanlagen sind inzwischen im skandinavischen Bootsbau für die Brandsicherung der Motorräume vorgeschrieben.

Ölbrände, dazu gehören auch Benzin- und Petroleumbrände, kann man nicht mit Wasser löschen, aber man kann mit Wasser kühlen, was nicht erst durch einen Ölbrand Feuer fangen soll. Spiritusbrände kann man theoretisch mit Wasser löschen, doch praktisch gelingt das oft nicht, weil der Sprit (Alkohol) so heiß ist, daß er gleich verdampft oder unter so hohem Druck aus einer Düse spritzt, daß er dabei ganz oder zum Teil zerstäubt wird. In solchem Falle ist ein großer, triefnasser Lappen an der Verdampfungs- und Versprühungsquelle sicherer. Auch aus Asbest gefertigte Feuerlöschdecken seien für den Bordgebrauch vor allem bei Entstehungsbränden zu deren schnellen Löschen durch Ersticken der Flammen empfohlen. Der nasse Lappen und die Feuerlöschdecke sind auch ein geeignetes Mittel zum Löschen von Vergaserbränden, die heute zwar selten geworden sind, aber doch noch vorkommen, weil gelegentlich vergessen wird, die Flammensperre (ein Sieb oder ein Luftfilter) wieder auf den Lufttrichter des Vergasers zu setzen.

4. Ablöschen brennender Menschen

Niemals den Feuerlöscher draufhalten! Sofort über Bord springen, Rettungsring mit Leine hinterher. Ist das aus irgendwelchen Gründen nicht möglich, legt man den Brennenden lang hin, stellt sich mit einer wassergetränkten Decke hinter seinen Kopf – mit den Füßen auf dem unteren Deckenende – und wirft sich dann mit vorgehaltener Decke über ihn. Dadurch werden die Flammen vom Retter und vom Gesicht des Brennenden weggedrängt. Nun erstickt man die Flammen unter der Decke, indem man sie fest an den Brennenden preßt, ohne dabei Luft unter die Decke zu wedeln.

k) Mann über Bord

1. Vorbeugende Maßnahmen

Alle Überlegungen müssen daraufhin ausgerichtet sein, das Überbordfallen eines Menschen zu verhindern. Eine sichere Seereling von mindestens 60 Zentimeter Höhe mit zwei Durchzügen, ein Bug- und eventuell Heckkorb schränken das Risiko bereits beträchtlich ein. An eine Drahtreling mit Relingstützen sind außerordentlich hohe Anforderungen zu stellen. Die Durchzüge müssen sehr fest gespannt sein, da federnde Durchzüge eine Person, die dagegen fällt, u. U. zurückkatapultieren. Sie müssen auch stark genug sein, der obere mindestens 8 mm ⌀, der untere mindestens 6 mm ⌀. Zum Hereinholen eines Mannes oder zum Aussetzen eines Bootes muß ein Durchlaß vorhanden sein, der mit Hilfe eines Sliphebels (Pelikanhaken) geöffnet werden kann oder der durch eine Zurring aus Bändselgut zugehalten wird und durch Kappen der Bändsel geöffnet werden kann. Die Relingstützen müssen mit durch das Deck gehenden Schraubenbolzen befestigt sein und nicht nur mit Holzschrauben. Bei schwerem Wetter müssen alle an Deck, besonders nachts, Schwimmwesten tragen und Sorgleinen, möglichst mit je einem Karabinerhaken an jedem Ende, einen zum Einpicken an Deck, einen zum Einpicken am Gurt oder Schultergerüst oder noch besser mit einem dritten Haken in der Mitte zum vorübergehenden Festhaken, während man den Befestigungspunkt wechselt. Die Sorgleine muß eine gewisse Stärke haben, damit man sich an ihr entlangziehen kann, wenn man im Wasser nachgeschleppt wird, also 13 bis 14 mm Durchmesser haben. Damit hat sie dann mehr als die erforderlichen 1500 kp Bruchfestigkeit. Auf kleineren Booten bewegt man sich bei grober See nur kriechend an Deck. Vorschriftsmäßige Sicherheitsgurte bestehen aus einem breiten Brustgurt aus Perlongewebe und schmaleren Schultergurten aus dem gleichen Material, die dafür sorgen, daß der Brustgurt höher sitzt als ein normaler Leibriemen. Die Brustgurte müssen in einem Punkt auf dem Rücken zusammenlaufen, damit sie nicht von den Schultern rutschen können; auf einen Schrittgurt ist allenfalls zu verzichten. Die Leine muß etwa 2 m lang sein und mit schweren Karabinerhaken, die sich nicht nach außen öffnen können, versehen sein, also keinen Schwedenhaken. Besser sind gesicherte Karabinerhaken, die sich von selbst überhaupt nicht öffnen können. Es muß ein Sicherheitsgurt für jedes Besatzungsmitglied vorhanden sein.

Ein Sicherheitsgurt kann seinen Zweck nur erfüllen, wenn die Perlonleine an einem Punkt befestigt werden kann, der alle in Frage kommenden Zugbelastungen aushält. Am geeignetsten sind Augbolzen an geeigneten Stellen, die ausschließlich für diesen Zweck vorhanden sind. Je ein Augbolzen sollte an der

Achterkante des Cockpits angebracht werden, damit der Rudergänger sich mit jedem kurzen Ende festmachen kann, weil für ihn immer die Gefahr besteht, daß er von einer achtern überkommenden See emporgehoben wird.

Zur Sicherheit der Vorschiffsgäste dienen Augbolzen, zwischen denen sich ein Jackstag spannen läßt. Diese Augbolzen sitzen demnach an den Seiten der Aufbauten vorn und achtern. Die Augbolzen müssen mit durchgehenden Gewindeschrauben befestigt werden, deren Muttern mit Unterlegscheiben versehen sind, um ein Ausreißen zu verhindern.

Sicherheitsgurte müssen grundsätzlich bereits unter Deck angelegt werden. Es sind mehrere Fälle bekannt, in denen ein ablösendes Besatzungsmitglied in dem Augenblick über Bord geschleudert

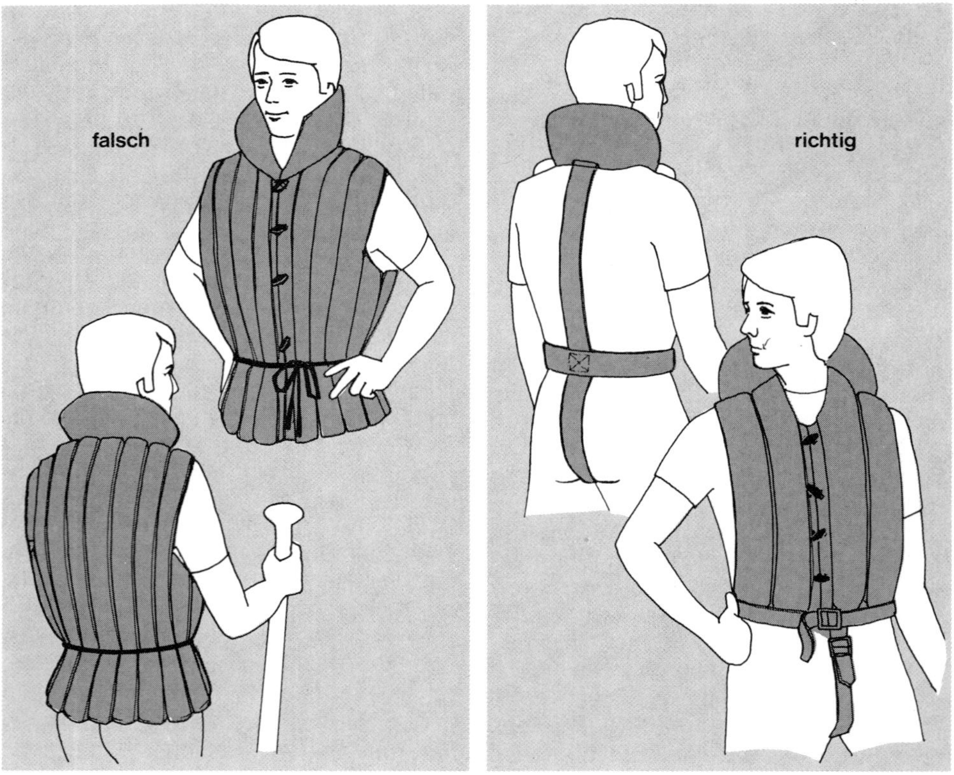

Abb. 10 Falsch und richtig konstruierte Schwimmwesten
Links eine Schwimmweste mit rundherum angeordneten Auftriebskörpern. Sie dreht bei Ohnmacht in die tödliche Bauchlage. Rechts eine ohnmachtssichere Schwimmweste mit Brust- und Kragenauftrieb. Bei dieser Art ist ein Schrittgurt unerläßlich. Die Weste kann jedoch auch mit Rückenfutter und Schulterauftrieb gearbeitet sein; wichtig ist lediglich, daß sie keine Auftriebskörper im Rücken hat.

wurde, in dem es von unten den Niedergang hochkam. Beim Anlegen ist außerdem die Aufmerksamkeit abgelenkt, und häufig ist keine Hand zum Festhalten frei.
Zum Einpicken der Sicherheitsleine braucht man viele feste Punkte an Bord. Brauchbar sind die Wanten und Stagen sowie gespannte Strecktaue.
Beim Arbeiten auf dem Vorschiff wird stets in Luv eingepickt. Beim Wechsel der Position darf man nie die Leine losmachen, um sie an einer anderen Stelle wieder einzupicken, sondern man muß in jedem Augenblick fest sein und daher mit beiden Karabinern an der Leine arbeiten.
Sehr brauchbar sind Kombinationen aus einem Sicherheitsgurt und einer aufblasbaren Schwimmweste (es gibt auch solche, die sich automatisch aufblasen, sobald sie mit Seewasser in Berührung kommen).

2. Schwimmwesten

Es sollte selbstverständlich sein, daß Kinder an Bord immer eine Schwimmweste tragen, ebenso daß bei unsicherer Wetterlage nachts von der gesamten Crew an Deck eine Schwimmweste getragen wird und tags spätestens, wenn es mit mehr als 7 Beaufort weht – auf Jollen entsprechend früher. Wichtig – vor allem für den Seesegler – ist eine *ohnmachtssichere Schwimmweste.* Darunter ist eine Schwimmweste zu verstehen, die den ohnmächtig in ihr Treibenden in eine stabile Rückenlage dreht und seinen Kopf über Wasser hält. Die Forderung nach der ohnmachtssicheren Schwimmweste geht nicht von dem höchst seltenen Fall aus, daß jemand besinnungslos über Bord geht, etwa weil er den Großbaum gegen den Kopf bekommen hat; vielmehr droht Ohnmacht jedem durch Unterkühlung, auch im Hochsommer, und zwar erschreckend schnell.
Weit über die Hälfte der auf dem Markt angebotenen Schwimmwesten ist nicht ohnmachtssicher. Sie haben Auftriebskörper im Rücken, die bei Ohnmacht in die Bauchlage drehen und den in der Weste Treibenden ertränken. Charakteristisches Merkmal einer ohnmachtssicheren Weste ist, daß sie keinen Rükkenauftrieb besitzt, sondern die gesamten Auftriebskörper als Brust- und Nakkenauftrieb untergebracht sind. Als Füllmaterial gibt es qualitativ unterschiedliche Schaumstoffe oder aber luftgefüllte Westen, die entweder von Mund oder durch CO_2-Patronen aufgeblasen werden. Von Mund aufblasbare Westen müssen in Gefahrensituationen bereits halbgefüllt getragen werden; denn im Wasser reicht wahrscheinlich die Lungenkraft nicht mehr, sie vollständig aufzublasen. Neben strapazierfähigem Trägermaterial sind reißfeste Verschlüsse und Gurtbänder (Schrittgurte) unerläßlich. Sie müssen der Belastung standhalten, die auftritt, wenn man einen Geretteten an der Schwimmweste aus dem Wasser an Bord zieht (Abb. 10).

3. Rettungsringe

Über eins muß man sich im klaren sein: ein Rettungsring konventioneller Art bewahrt niemanden vorm Ertrinken. Er dient nur so lange als Rettungshilfe, wie jemand bei Kräften ist. Der Erschöpfte rutscht heraus oder kippt mit dem Ring um. Die Wirkung eines Rettungsringes ist mehr eine psychologische. Ein sofort nachgeworfener Ring gibt dem über

Bord Gefallenen die Illusion, nicht restlos verlassen im Bach zu schwimmen. Und dann dient der Rettungsring der besseren Markierung der ungefähren Position des Schwimmers, zumal wenn der Ring noch mit einem beigebändselten Farbbeutel versehen ist.

Neben verschiedenen Größen, Gewichten und Innendurchmessern gibt es zwei Arten von Rettungsringen: runde und hufeisenförmige. Die hufeisenförmigen sind am ungeeignetsten. Sie bieten keinen Halt, und man kippt sehr leicht mit ihnen um. In runden Ringen mit ei-

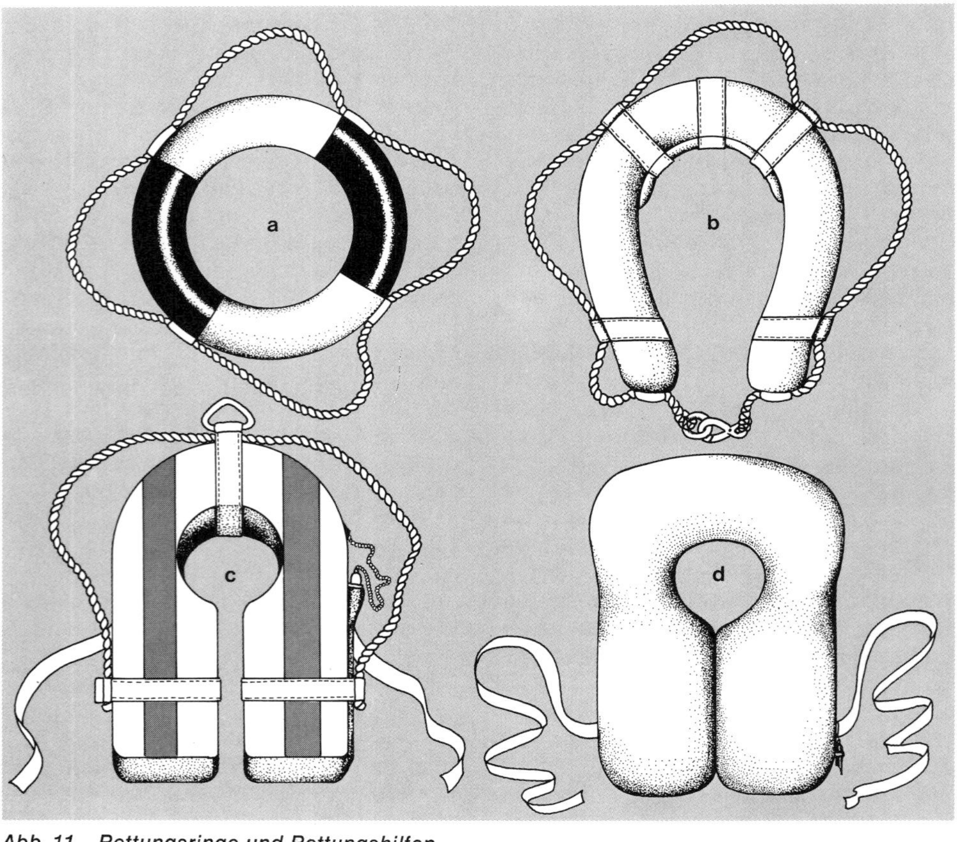

Abb. 11 Rettungsringe und Rettungshilfen
a) Konventioneller Rundring, heute fast immer aus Hart-PVC, mit oder ohne eingegossene Stahlarmierung. Die Armierung erhöht weder die Wurfgenauigkeit, noch hat sie einen Einfluß auf die Driftgeschwindigkeit des Ringes; b) hufeisenförmiger Ring. Er ist als Schwimmhilfe am ungeeignetsten und eigentlich nur ein Übergang zu den elastischen, mit einem Gurt anzulegenden ohnmachtssicheren Rettungshilfen Olympia (c) und Secumar 17 (d), beide mit einer ständig beigebändselten Signalpfeife ausgerüstet.

nem Innendurchmesser von etwa 36 cm kann man sich einigermaßen halten. Ringe mit kleinerem Innendurchmesser sind schlecht oder gar nicht anzulegen, solche mit größerem bieten nicht genügend Halt; entweder man rutscht nach unten heraus oder kippt bei einseitiger Belastung ebenfalls mit ihnen um. Das Einsteigen ist relativ einfach: Man schwimmt dicht an den Ring heran, drückt ihn mit einer Hand unter Wasser und läßt ihn sich über Kopf und Schulter kippen. Die einzig wirkungsvollen Rettungsringe sind die ohnmachtssicheren Rettungshilfen vom Typ Olympia und Secumar 17 (Abb. 11). Sie können wie ein Rettungsring gehaltert und nachgeworfen werden und bewahren einen über Bord Gefallenen auch dann vorm Ertrinken, wenn ihn seine Kräfte verlassen. Mit Brustgurten, im Wasser angelegt, drehen sie augenblicklich in die sichere Rückenlage und halten den Kopf über Wasser. Schwimmwesten ersetzen sie allerdings kaum, weil sie zu sperrig sind, um an Bord getragen werden zu können.

Der Rettungsring muß am Heckkorb, Achterstag oder an der Reling so in Reichweite des Rudergängers auf Slip beigebändselt sein, daß er ihn – ohne das Ruder zu verlassen – sofort nachwerfen kann. Nur innerhalb von höchstens 5 Sekunden besteht die Sicherheit, daß der Schwimmer den Rettungsring überhaupt erreicht. Ein einigermaßen zielsicherer Wurf ist – unabhängig von Größe, Form und Gewicht des Ringes – nur innerhalb eines Bereiches von etwa 8 m möglich. Ein Ring driftet – je nach Windverhältnissen – zwischen 80 und 120 m in 7 Minuten. Ein untrainierter Schwimmer jedoch, in schwerer Kleidung, in kaltem Wasser schnell erschöpft, braucht etwa 4 Minuten für 100 m. Ist das Boot bereits mehr als 100 m abgelaufen und treibt der nachgeworfene Ring statt auf den Schwimmer zu von ihm weg, hat er keine Chance mehr, den Ring zu erreichen. Auch eine am Ring als Schleppwiderstand befestigte Leine reduziert die Drift nicht wesentlich. Es gibt nur eine Chance, den Rettungsring einigermaßen zuverlässig in die Nähe des über Bord Gefallenen zu bringen: *Beim Mann-über-Bord unmittelbar mit dem Boot in den Wind zu schießen.* Dann fliegt auch der Ring mit dem Wind.

Für den Nachteinsatz sollte der Rettungsring unbedingt mit einem von Batterien oder seewasseraktivierten Zellen gespeisten *Nachtrettungslicht* versehen sein. Noch besser sind automatisch blitzende Elektronenblitzleuchten, die durch ihre große Helligkeit noch auf mehrere Seemeilen durch die Reflektion an den Wolken auszumachen sind. Weiße Rettungsringe sind bei brechender See am Tage bereits nach wenigen Metern kaum noch auszumachen. Gelb und Rot haben am Tage etwa die gleiche Auffälligkeit; nachts hingegen wirkt ein roter Ring schwarz. Den geringsten Auffälligkeitsgrad hat am Tage Gelborange, den höchsten Rotorange (RAL 2005). Speziell in der Dämmerung ist es allen anderen Farben weit überlegen. Nachts reflektiert es gleichstark wie Weiß (bei brecherloser See).

Dieses gilt genauso für die Farben von Schwimmwesten und Ölzeug. Unbedingt abzulehnen ist »tarnfarbenes« Ölzeug in Dunkelgrün und Blaugrau, das schon bei leicht bewegtem Wasser nach einigen Metern nicht mehr auszumachen ist. Am besten kann man die Aufmerksamkeit dadurch auf sich lenken, daß man eine Trillerpfeife, bei Sonnenschein einen Metallspiegel und nachts einen Signalstift benutzt. Sie sollten jeder

Schwimmweste beigebändselt werden. Am Tag kann ein Farbbeutel, der die Oberfläche stark gelb färbt, dazu dienen, die Position des über Bord Gefallenen zu markieren. Besser noch ist, eine kleine Boje aus nicht zu leichtem Material mit langem Stock und Toppwimpel nachzuwerfen. Ferner gibt es Rauchbüchsen, die nach dem Reißen eines Sicherungsstiftes die Unfallstelle durch dichten, sich allerdings bald verflüchtigenden Orangerauch markieren.

4. Hilfsmittel zur Rettung

Die Manöver für den Fall »Mann über Bord« sind im Kapitel VI n (S. 178) beschrieben.

Eine sachgerechte Ausrüstung sowohl an Bord wie an den Rettungsmitteln kann für den Erfolg der Rettungsmaßnahmen entscheidende Bedeutung haben.

Alle praktischen Versuche haben bewiesen, daß das Anbordholen eines über Bord gefallenen und entkräfteten Besatzungsmitgliedes ohne Hilfsmittel nicht möglich ist.

Unter diesen Hilfsmitteln sind besonders zu nennen die schon erwähnte Talje und eine Rettungsleiter. Allen Notbehelfen wie Schoten, Segeln, um eine Winsch gelegten Leinen usw. ist als Hilfsmittel zur Lebensrettung vorzuziehen ein ständig am Mast in Höhe der unteren Saling befestigter Drahtstander, an den eine Talje angeschlagen ist. Die Talje soll etwa in Kopfhöhe am Stander befestigt sein. Sie muß aus mindestens einem Doppelblock mit Steert auf der einen Seite und einem Doppelblock auf der anderen Seite bestehen. Die Kraft wirkt theoretisch im Verhältnis 4:1, vermindert um die Reibung, so daß die

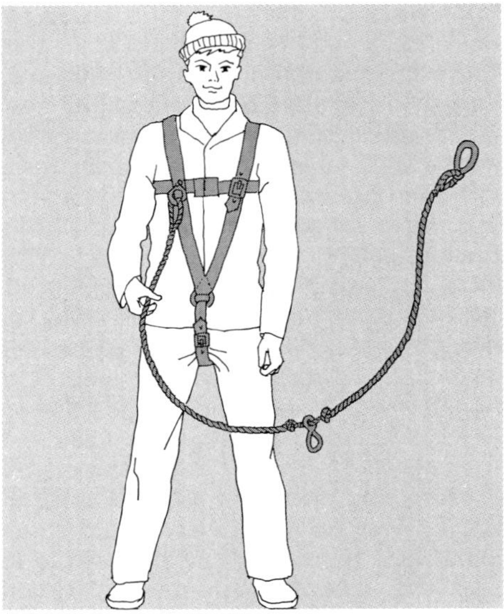

Abb. 12 Sicherheitsgurt mit Schultergurt und Schrittgurt. Karabinerhaken ermöglichen ein Einhängen in verschiedener Entfernung. Der Brustgurt sollte sogar noch etwas höher sitzen, als in der Zeichnung dargestellt. Der Schrittgurt ist dagegen nicht erforderlich.

Scheiben möglichst groß sein sollten. Der Durchmesser der holenden Part darf nicht zu gering sein, damit man sie gut greifen kann. Scheibendurchmesser von 7–8 cm sind richtig. Ein nasser Schwimmer von 100 kp erfordert unter Berücksichtigung der Reibung einen Zug von etwa 40 kp – für eine Frau schon eine ganze Menge.

Als Leiter ist ein Auge in einer Leine oder eine Bucht an der Bordwand die schlechteste Lösung. Tauwerkleitern werden beim Besteigen unter das Boot gedrückt. Weitaus besser ist eine starre »Bade«leiter, noch besser eine starre Sicherheitsleiter, die ständig in der Plicht gefahren werden kann, oder eine fest gefahrene Heckleiter.

l) Seenotsignale

Wenn die üblichen Seenotsignale auch nicht alle für Yachten verwendbar sind, wie beispielsweise die brennende Pechtonne an Deck, so muß man sie doch kennen; denn auch Yachten sind zur Hilfeleistung auf See verpflichtet.

Akustische:
Kanonenschüsse oder Böllerschüsse im Abstand von etwa 1 Minute.
Dauerton von Nebelhorn oder Pfeife.

Optische (Tag):
Flaggensignal NC.
Ankerball (oder ähnlicher Körper) über oder unter rechteckiger Flagge (Fernsignal).
Flammensignal auf dem Schiff (brennende Öl- oder Pechtonnen u. ä.).
Orange-Rauch.
Langsames Heben und Senken beider seitlich ausgestreckten Arme.

Optische (Tag und Nacht):
Raketen und Leuchtkugeln mit rotem Stern am Fallschirm.
Handfackeln mit Rotfeuer.
Blinkspruch SOS (· · · - - - - · · ·) mit Scheinwerfer oder (tags) Sonnenspiegel (Heliograph, auch Sextant ist geeignet).
Seenotsignale sind Bestandteil der Seestraßenordnung und auf Seite 520 detailliert aufgeführt. Dazu die folgenden Erläuterungen:
Ein Dauerton, der mit einem Nebelhorn oder einer Pfeife gegeben wird, kann mißdeutet werden und ist daher nicht verläßlich.
Für das Fernsignal »ballähnlicher Körper« eignet sich der Ankerball, aber auch ein Korb oder ein zusammengebundenes Kissen.

Sonstige Seenotsignale
Die nachfolgend genannten Signale zählen nicht zu den international anerkannten, sind aber regional durchaus noch üblich und können von fremdländischen Schiffen in unseren Gewässern gebraucht werden.

In England ist eine Nationalflagge mit einem Knoten darin als Notsignal gebräuchlich. In den USA und Kanada wird sie zu diesem Zweck kopfunter (verkehrt) geheißt.

Kreisendes Schwenken einer Flagge – das ist ein Notzeichen aus der Binnenschiffahrt. Um tags außerdem die Aufmerksamkeit auf sich zu lenken, empfiehlt die Deutsche Gesellschaft zur Rettung Schiffbrüchiger das in kurzem Wechsel wiederholte Setzen und Bergen der Segel. Falls die Wetterlage dies nicht erlauben sollte, können auch Betttücher, Hemden oder andere gut sichtbare Kleidungstücke in halber Masthöhe gezeigt werden.

Will ein Flugzeug ein Fahrzeug zur Hilfeleistung veranlassen, umkreist es das Fahrzeug und fliegt dann in Richtung auf das in Not befindliche Schiff.

Antwortsignale:

Diese werden von der Küste und von Feuerschiffen gezeigt und bedeuten, daß der Notruf des Schiffes erkannt worden ist.
Am Tage: weißes Rauchsignal.
In der Nacht: eine Rakete mit weißem Stern, fünfmal im Abstand von einer Minute.

Besondere Hinweise:
Geeignete Notsignalausrüstungen sind als wasserdichte Kästen im Handel. Als zweckmäßige Ausrüstung wird angesehen:

Binnen- und küstennahe Fahrt
3 Handrotfeuer
2 Bootssignale
1 Rauchtopf

Küstenfahrt
6 Handrotfeuer
2 Fallschirmsignalraketen
2 Rauchtöpfe

Seefahrt
6 Handrotfeuer
4 Fallschirmsignalraketen
2 Rauchtöpfe
1 Signalpistole Kaliber 4
je 10 Signalpatronen rot und weiß
6 Rauchstrichpatronen

Mehrere Isolationsrettungsdecken oder -säcke (aluminiumbedampfte Folie)

Seenotsignalmittel erhält nur, wer eine entsprechende Prüfung über die Handhabung von Notsignalen abgelegt hat. Dies muß im Führerschein vermerkt sein. Bei dem A- und BR-Schein ist sie freiwillig, beim BK-, C- und Sportbootführerschein obligatorisch.

Eine in Not befindliche Yacht sollte stets zwei rote Raketen kurz nacheinander abschießen und nach einer Pause von einigen Minuten das Notsignal wiederholen. Da beim Beobachten von Einzelsternen leicht Täuschungen eintreten, ist dieser Vorschlag dringend zu empfehlen.

Der Seenot-Böllerschuß ist tags und nachts meist auch optisch erkennbar. Am Tage sieht man auf dem Schiff die kleine weißliche Rauchwolke des Abschusses (der Knall selbst ist erst später hörbar); wenn der Signalkörper etwa im Scheitel seiner Flugbahn detoniert, bildet sich eine dickere, weißliche Wolke; der zugehörige, erst später hörbare Knall ist wesentlich schärfer als der des Abschusses. In der Nacht sieht man erst ein kleines gelbweißes Abschußfeuer, dann in der Höhe den kräftigen gelbweißen Detonationsblitz.

Rotfeuer und rote Sterne sind auf See allein den Seenotsignalen vorbehalten. Sie dürfen nicht zur Vorführung von Feuerwerk verwendet werden, wie überhaupt für andere Zwecke keine Signale verwendet werden dürfen, die mit Notsignalen verwechselt werden können.

Signalpistolen mit entsprechender Munition sind weniger brandgefährlich als die Raketen und Handfackeln, aber man braucht für sie einen Waffenschein. Die sogenannten Signalstifte sind mit Vorsicht zu gebrauchen, weil die Munitionskartusche nicht in einem Lauf steckt. Kartuschenkrepierer sind schon vorgekommen. Die Sichtbarkeit der Pistolenmunition ist am Tage bei wolkenlosem Himmel kaum weiter als 1,5 sm. Raketenmunition ist bei guter Sicht am Tage bis zu 4 sm weit sichtbar. In klarer Nacht sind Signale mit der Pistole bis zu 6 sm, Raketen bis zu 8 sm zu erkennen. Man verschwende also keine Signalmunition, wenn ihre Auffälligkeit oder Sichtbarkeit bezweifelt werden muß. Besser blinkt man mit einer starken Handmorselampe oder dem Scheinwerfer »SOS« gezielt auf Leuchttürme, Hafengebäude, Ortschaften an der Küste oder auf Schiffe. Bei sonnigem Wetter ist gezieltes Blinken mit einem Planspiegel (andere sind nicht geeignet) oft wirkungsvoller als Blinken mit dem Scheinwerfer.

Die Raketenmunition muß unbedingt in ihrer wasserdichten Verpackung belassen werden, bis sie gebraucht wird. Man achte auf das aufgedruckte Verfalldatum. Ist es überschritten, dann ist die Munition nicht mehr zuverlässig und sogar gefährlich. Man sollte Signalmunition auch nicht zu viel herumwerfen oder sie in der Nähe des Motors oder der Propellerwelle stauen, weil die Vibrationen sie unbrauchbar machen können. Man selbst darf übrigens auch dann Notsignale geben, wenn man einen anderen in Not gesichtet hat, der nicht in der Lage ist, eigene Notsignale zu geben, und man ihm nicht oder nicht ausreichend Hilfe leisten kann. Man muß sich dann aber mit seiner Yacht bereithalten, die herbeigerufene Hilfe einzuweisen.

Seenotruf über Funk:
Ein solcher Ruf wird über die beiden Seenotfrequenzen ausgestrahlt: Funktelegrafie 500 kHz, Funktelefonie 2182 kHz. Es können aber auch Notrufe über andere gerade weniger besetzte Verkehrsfrequenzen, z. B. die Anruffrequenz von Küstenfunkstellen, abgesetzt werden. Auf den beiden Seenotfrequenzen wird zumeist auch gewöhnlicher Funkverkehr abgewickelt, ausgenommen zu gewissen Funkstillezeiten, die eingerichtet worden sind, damit auch schwache Notrufe durchdringen können. Funkstille auf den Seenotfrequenzen hat zu herrschen:
im Telegrafieverkehr 500 kHz von 15 bis 18 Minuten und von 45 bis 48 Minuten jeder Stunde,
im Telefonieverkehr 2182 kHz von 00 bis 03 Minuten und von 30 bis 33 Minuten jeder Stunde.
Kanal 16 (156.8 MHz) auf UKW.
Dieser ist seit einigen Jahren die wichtigste Frequenz. Sie wird von Küstenfunkstellen in der ganzen Welt, vielen Flugzeugen und allen Seeschiffen ständig abgehört. Die UKW-Anlagen sind preisgünstig, nehmen kaum Platz ein, brauchen wenig Strom. Solche Anlagen sind in manchen Ländern für seegehende Yachten verbindlich vorgeschrieben. 2182 ist in weiten Gebieten völlig unzureichend überwacht; auf vielen Schiffen, die diese Frequenz zwar vorschriftsmäßig geschaltet haben, wird sie so leise eingestellt, daß nur sehr starke Notrufe durchkommen.

Der Notruf in Telegrafie beginnt mit zwölf »Strichen« in genau einer Minute: Jeder Strich dauert vier Sekunden, jede Pause dazwischen eine Sekunde, von einer automatischen Taste gesendet. Dieses Signal löst den Alarmautomaten in den Funkerstationen der Großschiffe aus. Dann folgt das Signal »SOS«, auf das ebenfalls Alarmautomaten ansprechen.
Das Alarmsignal im Telefonieverkehr besteht aus einem 30 bis 60 Sekunden-Zweitonsignal: »Lilülilü . . .« (in sehr dringenden Fällen kann diese Ankündigung auch weggelassen werden.) Es folgt der Notruf »Mayday« – sprich mädä(i) –, das dreimal hintereinander ausgerufen wird, gefolgt von »this is . . .« oder »dies ist . . .« und dem Namen und dem Unterscheidungszeichen des Schiffes (vier Buchstaben – bei Flugzeugen fünf Buchstaben), ebenfalls dreimal wiederholt. Die Buchstaben werden nach der internationalen Buchstabiertafel mit den – möglichst englisch ausgesprochenen – Kennworten ausgesprochen (siehe Buchstabiertafel S. 590). Es folgen Positionsangabe und kurze Schilderung des Notstandes. Das Ende des Notspruches wird meist durch das Wort »over« – klingt wie »ohwe« – angezeigt. Es bedeutet, daß der Sender des Notrufs nun auf Empfang schaltet und horcht, ob sein Notruf beantwortet wird.
Bei Empfang eines Notrufs oder eines Dringlichkeitsrufs ist, auf welcher Frequenz er auch kommen mag, sofort aller übriger Funkverkehr abzubrechen.
Wer außerhalb seiner heimischen Gewässer per Funk einen Notruf absetzen will, sollte es in Englisch als der internationalen Seenot- und Navigationssprache tun. Um ein Sprechfunkgerät an Bord betreiben zu dürfen, ist eine amtli-

che Prüfung erforderlich. Grundlage der notwendigen Kenntnisse ist der vom Deutschen Hydrographischen Institut (DHI) herausgegebene »Jachtfunkdienst«. Der Seefunkhörer, der als Empfänger nur einseitig teilnehmen kann, sollte aber trotzdem in der Lage sein, einen Notruf über Funk zu erkennen und zu entziffern, um eventuell Hilfe leisten zu können.
Man kann auch einen dringenden Funkspruch absetzen, der als Hilferuf ohne akute Not oder Lebensgefahr zu verstehen ist; er wird mit dem dreimaligen Ausruf »Pan Pan« eingeleitet. Verbindlich sind die Angaben im Internationalen Signalbuch, das Yachten mit Funkausrüstung an Bord fahren sollten.

m) Überfällig

Folgender oder ähnlicher Fall ist in der Praxis leider nicht selten: Eine Yacht gerät in schlechtes Wetter und setzt einen Notruf ab, weil der Schiffer die Orientierung verloren und es in der schweren See mit der Angst bekommen hat. Wenig später sichtet er die Molenfeuer eines Hafens, läuft ein und begibt sich erschöpft zur Ruhe. Inzwischen aber läuft eine aufwendige Suchaktion an, deren Kosten durchaus in die Hunderttausende gehen können.
Sobald eine Notlage aufgehoben oder mit eigenen Mitteln behoben werden konnte, muß das unter allen Umständen so schnell wie möglich bekanntgegeben werden, entweder über Seenotfunk oder in dem nächsterreichbaren Hafen. Das gleiche gilt auch, wenn die eigene Notlage von anderen Schiffen beobachtet und möglicherweise weitergemeldet wurde.
Häufig werden Suchaktionen von Verwandten oder Freunden ausgelöst, wenn sie längere Zeit von der Mannschaft der Yacht nichts hörten oder wenn sie erfuhren, daß über den fraglichen Seeraum ein Sturmtief hinweggezogen ist. In solchen Fällen sollte es selbstverständlich sein, daß man sich vom nächsten Hafen, den man erreicht, telefonisch oder telegrafisch zu Hause meldet. Das hat nichts mit übertriebener Ängstlichkeit zu tun, sondern ist ein Gebot korrekter Seemannschaft.
Darüber hinaus ist es eine gute Selbstversicherung, Verwandten oder Freunden seinen genauen Reiseplan bekanntzugeben, mit allen Häfen, die man anlaufen will, und auch den voraussichtlichen Ankunfts- und Abreisezeiten. Man könnte immerhin wirklich einmal überfällig werden, manövrierunfähig irgendwo auf hoher See und ohne die Möglichkeit zur Kontaktaufnahme mit anderen Schiffen. Je kleiner die Yacht ist, um so größer ist die Gefahr, weil sie und ihre Notsignale schwerer ausgemacht werden können. Die Suchaktion wird dann erheblich aufwendiger und sehr viel zeitraubender und schwieriger, wenn niemand zu Hause die Reiseroute kannte.

VIII. Medizinischer Ratgeber

Eine Hilfeleistung an Bord bei Unfällen oder Erkrankungen kann sehr verschiedene Anforderungen stellen, je nachdem, ob man sich in Binnen- oder Küstengewässern aufhält oder ob man auf Hochseefahrten Tage oder Wochen von Land entfernt bleibt. Im ersten Fall kann man sich mit den Maßnahmen der *Ersten Hilfe* begnügen, bei der man weitgehend mit Behelfsmitteln auskommt, da ärztliche Hilfe innerhalb weniger Stunden erreichbar sein dürfte. Zu einer erweiterten Hilfeleistung, einer *Zweiten Hilfe,* wie sie auf hoher See in Frage kommen kann, gehören nicht nur vermehrte Kenntnisse, sondern auch eine Anzahl von Instrumenten und Arzneien, um die längere Zeit bis zum Erreichen eines Arztes mit Hoffnung auf Erfolg überbrücken zu können.

a) Erste Hilfe

1. Wunden

Hinlegen, um Ohnmacht vorzubeugen. Wunde nicht berühren, nicht auswaschen. Schmutz und Fremdkörper nur entfernen, wenn sie oberflächlich und lose außerhalb des Wundrandes sitzen. Bei starker Blutung rasch handeln! Wunde sofort mit keimfreiem, trockenem Verbandstoff, Verbandpäckchen (Gebrauchsanweisung!), notfalls auch mit der Innenseite eines frisch geplätteten (da ziemlich keimfrei) Taschentuches bedecken. Blutkruste nicht entfernen. Keine Salben oder Puder verwenden, Jodtinktur nur in der Umgebung der Wunde. Blutdurchtränkte Auflagen nicht entfernen, sondern neuen Verband darüber. Nur bei oberflächlichen Wunden ist ein Pflasterverband ausreichend, an den Fingern Lederfingerling darüber.
Verletztes Glied beim Anlegen des Verbandes hochlegen. Bei größeren oder tieferen Wunden und bei allen Wunden in der Nähe der Gelenke, besonders an den Fingern und nahe dem Kniegelenk, immer zum Arzt, am besten zum Chirurgen. Dies gilt für jede, auch die kleinste Wunde, wenn in ihr *Stechen* oder *Klopfen* auftritt.

Blutung aus Blutadern (Venen)
Dunkelrotes Blut, gleichmäßig fließend. Betroffenes Glied hochhalten oder hochlagern, Blutstillung durch fest angewickeltes Verbandpäckchen, auch die Innenseite von frisch gewaschenen und geplätteten Taschentüchern ist geeignet. Ruhigstellen des blutenden Gliedes, Blutstauungen durch beengende Kleidungsstücke vermeiden.

Blutung aus Schlagadern (Arterien)
Erkennbar an dem mit dem Pulsschlag herausspritzenden hellroten Blut. Verblutungsgefahr!
Zunächst mit beiden parallel liegenden Daumen Schlagadern an der Wunde nach dem Herzen hin zudrücken – dort, wo Schlagader oberflächlich (Pulsschlag

fühlbar) und dicht an einem Knochen liegt, gegen den sie gedrückt werden kann (Abb. 1) –, am Arm nur Innenseite des Oberarmes, wo die innere Rocknaht liegt, am Bein nur in der Mitte der Leiste, wo die vordere Bügelfalte der Hose endet. Finger ermüden aber bald, daher entweder das oberhalb der Wunde gelegene Gelenk (Hüft-, Knie- oder Ellenbogengelenk) bis zum äußersten beugen und in dieser Lage durch Binde oder Tuch feststellen oder, wenn das nicht genügt, Anlegen eines Druckverbandes: festgewickeltes Verbandpäckchen,

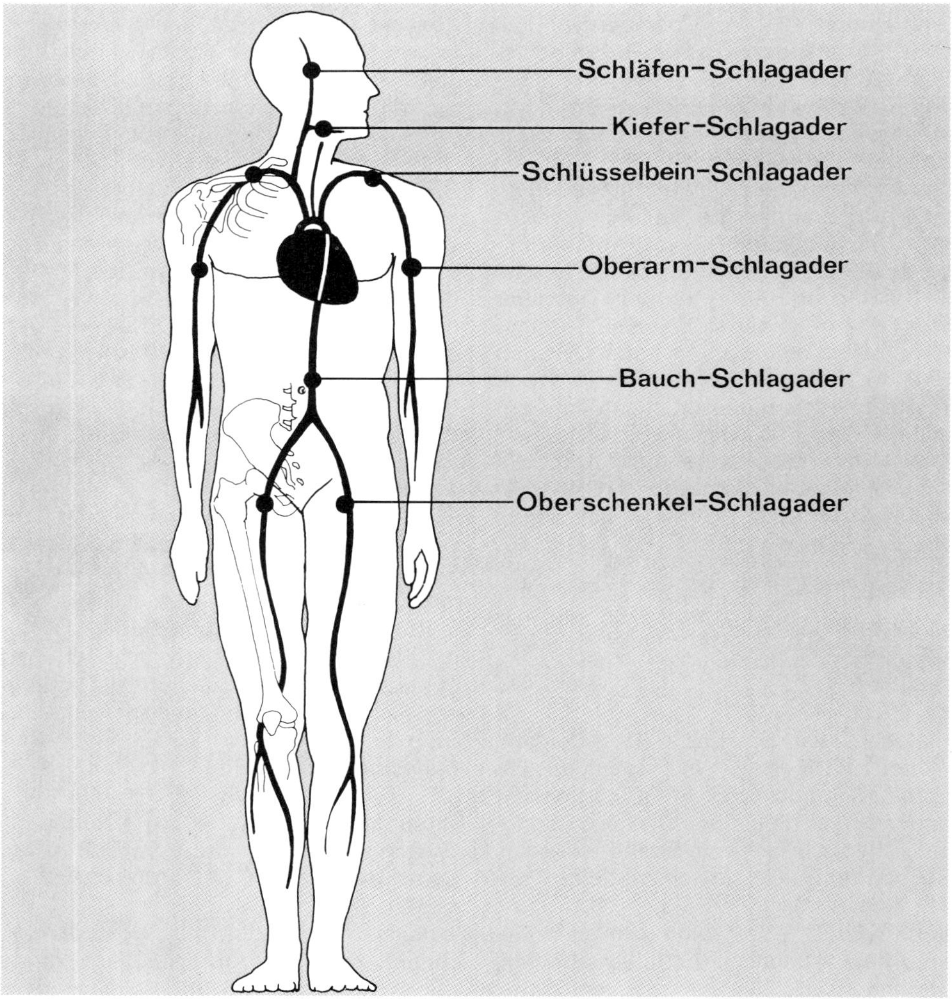

Abb. 1 Die sechs wichtigen Punkte zum Abdrücken der betreffenden Schlagadern

durch Gummibinde, Gummischlauch, Hosenträger o. ä. (aber nicht mit Band oder Tauwerk!) angepreßt. Abschnürung nicht länger als eine Stunde, dann Abbindung vorübergehend für eine Minute lockern; währenddessen Druck auf den Verband auf der Wunde. Wenn sich das Blut durch keine dieser Maßnahmen stillen läßt, versuchen, durch Aufdrücken von Tüchern, Zeug oder Kleidern die Blutung zu stillen. Wegen Lähmungsgefahr darf am Ellenbogen- und am Kniegelenk und im oberen Drittel des Unterschenkels nicht abgebunden werden. Ruhigstellen des Gelenkes durch Schienen.

Nasenbluten
Hinsetzen und Kopf zurückbiegen, Nasenloch 5 Minuten lang zudrücken. Hört die Blutung nicht auf, ein auf Bleistiftstärke zusammengerolltes Stück Papier unter die Oberlippe schieben und diese mit leichtem Zug nach unten fest dagegendrücken. Hilft auch das nicht, Betroffenen hinlegen, Kopf erhöht, kalten Umschlag auf Stirn und Nacken. Bei anhaltendem Nasenbluten zum Arzt!

Insektenstiche
Bei einem Stich von Biene, Wespe oder Hornisse möglichst Stachel entfernen, ohne die Haut zu verletzen. Kaltes Wasser oder Eis auf die Stichstelle lindert den Schmerz und entgiftet. Abtupfen mit alkalischen Lösungen, z. B. Salmiakgeist; im Notfall Seife, Zigarettenasche oder Zwiebel auflegen. Bei schweren Stichen durch Insektenschwarm kaltes Wasserbad. Höchst gefährlich sind Stiche im Rachen und in der Mundhöhle; wegen drohender Erstickung sofort zum Arzt.

2. Knochenbrüche

Das gebrochene Glied ruhigstellen und schienen. Die Schienen so anlegen, daß die der Bruchstelle benachbarten Gelenke mit ruhiggestellt werden (Abb. 2). Schienen gut befestigen durch Binden, Tücher, Strohseil u. ä., am Arm eine Schiene, am Bein bis zu drei Schienen. Falls keine Schienen vorhanden, bei Armbruch behelfsmäßig Anwinkeln des gebeugten Armes an den Brustkorb, An-

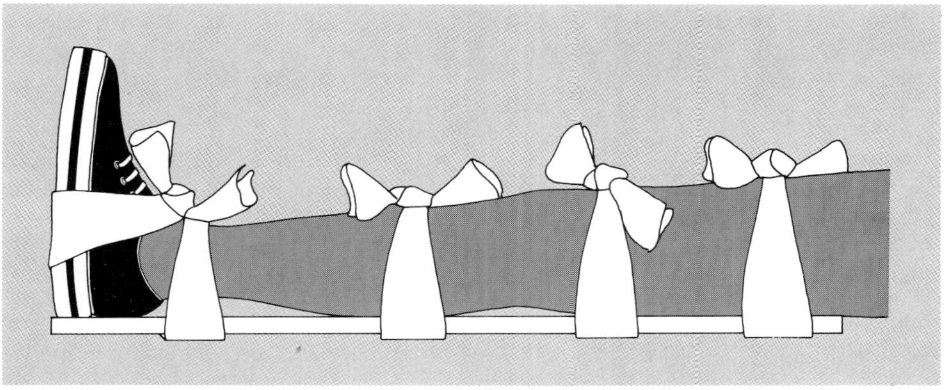

Abb. 2 Die behelfsmäßige Schienung eines Unterschenkelbruchs

legen einer Binde (dreieckiges Tuch) oder eines Armtragegurtes mit Doppelschlinge, mindestens aber Festheften des Rock- oder Hemdärmels an der Kleidung; bei Beinbruch Bretter, Stiele usw. als Schienen benutzen, notfalls das gebrochene Bein an dem gesunden festbinden.
So ist auch zu verfahren, wenn nur der Verdacht eines Bruches oder eine Verrenkung besteht. Keinesfalls an dem verletzten Glied ziehen oder versuchen, es geradezurichten oder einzurenken!
Bei *Kopfverletzungen* muß man mit Schädelbruch rechnen oder mit Gehirnerschütterung. Anzeichen sind Benommenheit, Schwindelgefühl, Bewußtlosigkeit, Übelkeit und Erbrechen; Puls beschleunigt, aber schwach. Wenn der Verletzte aus Mund, Nase oder Ohren blutet und bewußtlos ist, seitliche Lagerung, um Ersticken zu verhüten. Der Verletzte darf sich nicht aufrichten und nicht bewegen und darf nicht unbeaufsichtigt bleiben. Keinen Alkohol und keine Reizmittel. Sofort Transport ins Krankenhaus.
Bei *Rückenverletzungen* besteht die besondere Gefahr einer Rückenmarkschädigung: Der Verletzte ist vorsichtig auf eine feste Unterlage (Brett oder ähnliches) zu schieben.

3. Innere Verletzungen

Bei inneren Verletzungen durch stumpfe Gewaltanwendung (Tritt, Schlag, Stoß) auf Bauch oder Schädel sind schnelle Einlieferung ins Krankenhaus und Behandlung durch einen Chirurgen nötig. Mit Auftreten von Übelkeit, Brechreiz und Erbrechen muß gerechnet werden. Nichts zu essen und zu trinken geben, auf der Seite liegend und besonders schonend befördern.

4. Verbrennungen

Brennende Personen zu Boden werfen und Brand durch Umhüllen mit Decken, Kleidungsstücken, Tüchern usw. oder Herumwälzen des Brennenden auf dem Boden ersticken. Festklebende Kleider nicht entfernen.

Verbrennung 1. Grades
Rötung mit Schwellung, brennender Schmerz. Sofortiges Auftragen von Rasiercremeschaum kann Blasenbildung verhindern. Auflegen von Läppchen mit Borsalbe oder Vaseline.

Verbrennung 2. und 3. Grades
Blasenbildung. Blasen nicht öffnen, Hautfetzen nicht abschneiden. Kaltes sauberes Wasser 15 Minuten auf verbrannte Stelle einwirken lassen, dann Brandbinde. Keinen Puder, kein Öl, keine Salbe. Kein Verbandwechsel.
Bei – auch leichteren – Verbrennungen über größere Körperflächen besteht höchste Gefahr. Schnelle Arzthilfe nötig.

5. Sonneneinwirkung

Hitzschlag
Anzeichen sind gerötetes Gesicht, Schwäche, Gereiztheit, Schwindel, Übelkeit; Schweißabsonderung hört auf, Haut wird heiß und trocken. Es kann Ohnmacht eintreten. Der Betroffene muß mit erhöhtem Oberkörper im Schatten gelagert werden. Kleider öffnen, kalte Abwaschungen, Zufächeln frischer Luft. Kopf mit kaltnassen Tüchern umwickeln. Wenn bei Bewußtsein, kühle

Getränke, aber keinen Alkohol und keine Reizmittel.
Bei starker Sonneneinstrahlung auf den unbedeckten Kopf kann es durch Blutfülle und Schwellung des Gehirns zum *Sonnenstich* kommen – auch nachwirkend. Kennzeichen sind hochroter, heißer Kopf, schneller Puls und schnelle Atmung, kalter Schweiß am ganzen Körper, Erbrechen, Bewußtlosigkeit. Der Erkrankte ist kühl und luftig zu lagern, kalte Umschläge auf Kopf und Nacken, kaltes Salzwasser trinken lassen.

Sonnenbrand
Sonnenbrand macht sich meist erst nach Stunden bemerkbar: rote anschwellende Haut, berührungsempfindlich. Behandlung mit nichtparfümiertem Puder. Bei Entstehen von Blasen keine Salben, sondern Brandwundenverbandtuch auflegen. Durch Einfetten der Haut mit Hautschutzsalben kann dem Sonnenbrand vorgebeugt werden.

6. Ohnmacht

Bei Herannahen einer Ohnmacht hinlegen. Bei *rotem Gesicht* und *starkem Puls* Kopf leicht hochlegen und kalte Kopfumschläge. Kleidung lockern und zudecken. Nichts eingeben. Keine künstliche Atmung. Bei *blassem Gesicht* und *schwachem Puls* Beine anheben. Kleidung lockern, warm zudecken. Keine Reizmittel. Bei blauen Lippen auf Atmung achten; bei Atemstillstand künstliche Atmung. Bei Erbrechen Kopf tief lagern und zur Seite drehen, um Ersticken zu verhüten.

7. Ertrinken

Zunächst versuchen, dem ins Wasser Gefallenen von Bord oder Land aus durch Zuwerfen eines Rettungsringes, einer Schwimmweste, einer Leine o. ä. zu Hilfe zu kommen.

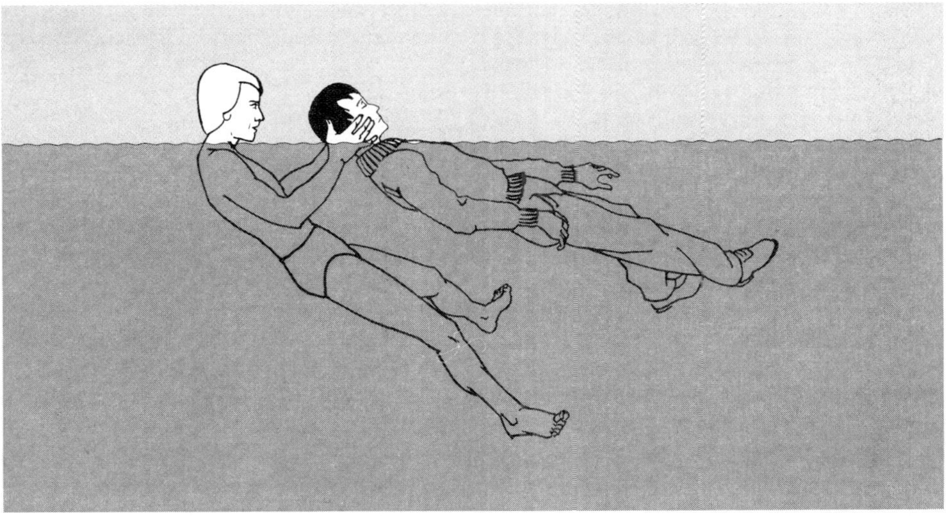

Abb. 3 Rettung eines Ertrinkenden

Unmittelbare Hilfe im Wasser kann nur durch einen guten Schwimmer geleistet werden. Dieser sollte vorher beengende Oberbekleidung, mindestens Stiefel, ausziehen und möglichst eine Schwimmweste anlegen. Bei Annäherung an den Ertrinkenden rufe man ihm laut zu, daß Hilfe gebracht wird. Einen Ertrinkenden, der um sich schlägt, zu ergreifen, ist gefährlich. Sicherheitshalber schwimme man von hinten an, fasse ihn bei den Haaren oder an den Armen dicht bei den Schultern oder unter dem Kinn, gebe ihm mit dem Knie einen Stoß ins Kreuz, um den Körper hochzudrücken. Hat der Ertrinkende einen umklammert, so stemme man die Hand gegen sein Kinn und ein Knie gegen seinen Leib; im Notfall drücke man ihm mit zwei Fingern die Nase zu. Wenn er ruhig geworden ist oder das Bewußtsein verloren hat, drehe man ihn auf den Rücken und halte ihn mit beiden Händen über der eigenen Brust entweder an den Haaren, an den Kinnbacken oder unter den Achseln, so daß man ihn durch Rückenschwimmen transportieren kann (Abb. 3). Das Gesicht des Verunglückten muß über Wasser bleiben. Man kann in dieser Weise sich auch auf der Stelle halten, wenn weitere Hilfe unterwegs ist.

Sind mehrere ins Wasser Gefallene in Gefahr des Ertrinkens, so bemühe man sich jeweils nur um einen einzelnen, um nicht von mehreren behindert zu werden. Gehört man selbst mit zu den Verunglückten, so sollte man deshalb zunächst versuchen, durch Tauchen nach außen zu kommen.

Ist der zu Rettende schwimmkundig und nur vorübergehend ermattet, so legt er die Hände auf die Schultern des Helfers, und dieser macht »Transportschwimmen« in der Brustlage.

Ist der Verunglückte auf den Grund gesunken, so ist die Stelle bei ruhigem Wasser möglicherweise an den zur Oberfläche steigenden Blasen kenntlich. Indem man unter Berücksichtigung etwaigen Stroms in der durch die Blasen bezeichneten Richtung niedertaucht, kann man oft den Ertrunkenen wiedererlangen, ehe es zu seiner Wiederbelebung zu spät ist. Man ergreife ihn dann nur mit einer Hand und gebrauche die andere und die Füße, um an die Oberfläche zu kommen.

Ist der Geborgene stark erschöpft, bringe man ihn ohne Verzug unter Deck oder in einen geschützten Raum, um weitere Auskühlung zu verhindern. Nasse Kleider sind durch trockene Decken zu ersetzen. Hat der Verunglückte viel Wasser geschluckt, so hebt man ihn aus der Bauchlage an den Hüften an und schlägt mit der flachen Hand zwischen seine Schulterblätter. Befindet sich der Geborgene bei vollem Bewußtsein, so sollte er zur Belebung seines Kreislaufs einen doppelten Kognak nehmen. Eine Bürstenmassage – immer zum Herzen hin – beschleunigt die Durchblutung.

8. Wiederbelebung

Bei Bewußtlosigkeit und Atemstillstand entscheiden wenige Minuten zwischen Leben und Tod! Die Überlebensaussichten sind nach einer Minute noch 97%, nach zwei Minuten 92%, dann sinken sie schnell ab und betragen nach fünf Minuten nur noch 24%. Es muß also schnellstens gehandelt werden. Der Mund des Ertrunkenen ist von Sand und Schlamm zu reinigen – hierbei mit dem Daumen die Wangenhaut zwischen den Zahnreihen eindrücken, wodurch sich der Mund öffnet und die Finger der anderen Hand, die den Mund reinigen, vor

Bissen geschützt sind – und ein künstliches Gebiß zu entfernen. Dann ist der Verunglückte auf den Bauch zu legen. Man stellt sich quer über seine Körpermitte, umfaßt beiderseits das Becken und hebt es unter leichtem Schütteln an, so daß Oberkörper und Kopf nach unten hängen und das Wasser auslaufen kann. Ohne viel Verzögerung geht man zur *künstlichen Atmung* über.

Atemspende

Die wirksamste Methode der künstlichen Atmung ist das Einblasen der eigenen Atemluft durch die Nase (oder den Mund) des Verunglückten. Man muß seine Scheu überwinden und sofort beginnen, u. U. Taschentuch zwischenlegen. *Die ersten Beatmungsstöße sind entscheidend.*

Der Helfer legt den Verunglückten platt auf den Rücken und kniet seitlich neben dessen Kopf. Mit seiner einen Hand drückt er das Kinn des Verunglückten nach oben, schiebt es nach vorn und verschließt mit dem Daumen den Mund; mit der anderen Hand drückt er den Kopf an der Stirn nach hinten und hält ihn in dieser zurückgeneigten Stellung fest (Abb. 4). Dann atmet der Helfer normal ein, stülpt seinen geöffneten Mund über die Nase des Verunglückten und bläst ihm die Luft ein; der Brustkorb muß sich sichtbar heben. Nach dem Einblasen richtet der Spender sich auf, um neu Luft zu holen und dabei die Ausatmung des Verunglückten zu beobachten, die von selbst geschieht. In gleicher Weise erfolgt die nächste Beatmung. Bei Beginn der Wiederbelebung gibt man sofort 5 bis 6 schnelle Atemspenden, dann beatmet man weiter ruhig und ohne Hast wie bei der normalen Atmung (12- bis 15mal in der Minute).

Gelingt es nicht, dem Verunglückten Luft einzublasen, so muß der Mundraum freigemacht, der Kopf weiter in den Nakken gedrückt und der Unterkiefer kräf-

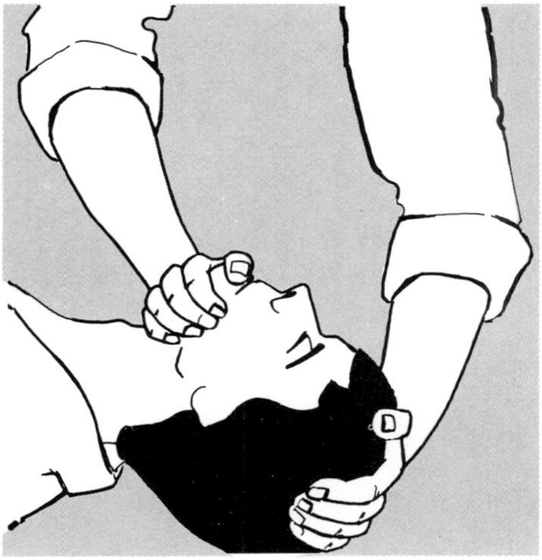

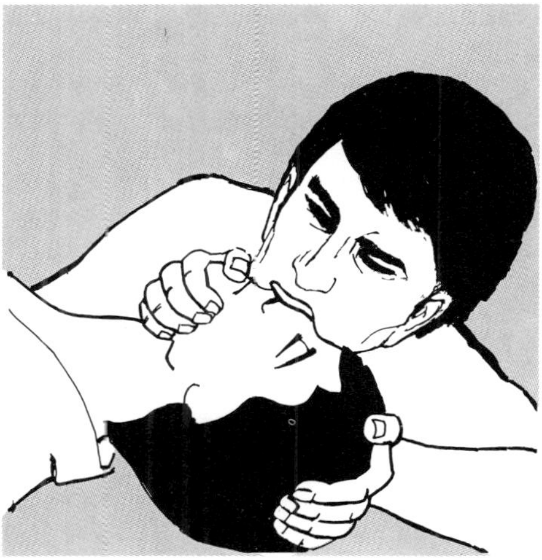

Abb. 4 Atemspende
Kopf weit zurückbiegen; Daumen quer über der Unterlippe verschließt den Mund.
Mund über die Nase stülpen und Atemluft in die Nase einblasen.

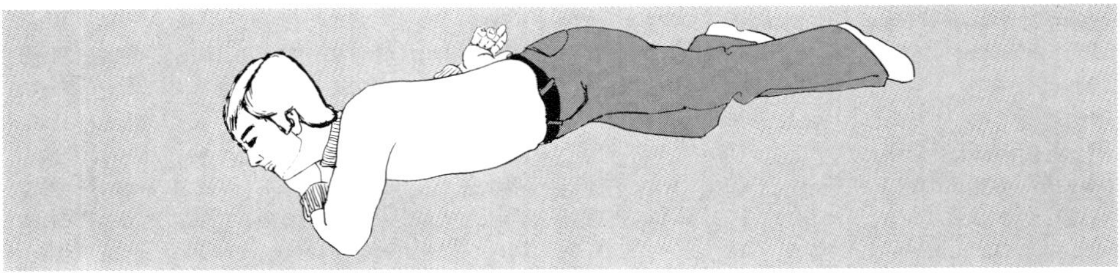

Abb. 5 Stabile Seitenlage. Sie hält die Luftwege frei und verhindert Ersticken bei Erbrechen

tig nach vorn gezogen werden, wodurch sich die Atemwege öffnen. Nötigenfalls ist von Mund zu Mund zu beatmen. Bei zu schneller oder zu kräftiger Atemspende tritt Schwindel auf; der Spender muß dann eine Erholungspause von 15 bis 20 Sekunden einlegen.

Jede Wiederbelebung muß solange fortgesetzt werden, bis eine regelmäßige Atmung wieder eingetreten ist oder der Arzt den Tod feststellt; noch nach stundenlangen Wiederbelebungsversuchen kann der Erfolg kommen. Hat die Atmung wieder eingesetzt, so bringt man den Patienten in die stabile Seitenlage (Abb. 5).

Die frühzeitige künstliche Beatmung ist für eine Wiederbelebung derart wichtig, daß der Retter des Ertrunkenen gegebenenfalls schon im Wasser mit der Atemspende beginnen sollte; er wird dies allerdings nur bewerkstelligen können, wenn er durch eine Schwimmweste oder ähnliches selbst einen ausreichenden Auftriebsüberschuß hat.

Herzmassage

Ist Herzstillstand eingetreten – oberhalb des Kehlkopfes beiderseits kein Puls mehr spürbar, Pupillen bei Öffnen der Augenlider weit und starr – ist rasch eine Herzmassage zu versuchen (sie darf an Lebenden nicht geübt werden!). Der Verunglückte liegt mit dem Rücken flach auf einer harten Unterlage; ein Handballen wird auf das untere Drittel der rechten Kante des Brustbeins gesetzt, die andere Hand zur Unterstützung darauf gelegt. Nun drückt man mit beiden Händen das Brustbein mehrere Male im Sekundentakt etwa 3 cm in Richtung auf die Wirbelsäule nach unten. Ist man allein, so beginnt man mit 5 kräftigen Atemstößen und gibt dann weiter fortlaufend 15 Herzstöße, anschließend 2 Atemstöße. Stehen zwei Helfer zur Verfügung, so werden Herzmassage und Atemspende gleichzeitig gegeben, und zwar jeweils 5 Herzstöße auf eine Atemspende (Abb. 6).

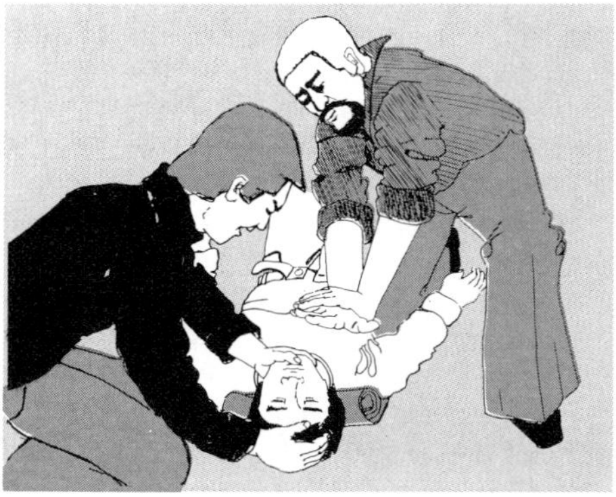

Abb. 6 Äußere Herzmassage und Atemspende, von zwei Helfern durchgeführt

b) Erweiterte Hilfeleistung

Bei längeren Seetörns ohne einen Arzt bedarf es einiger erweiterter Kenntnisse und besonderer Mittel, um über die Erste Hilfe hinaus bei Unfällen oder Erkrankungen bis zum Erreichen eines Arztes helfen zu können. Zunächst ist die Entscheidung wichtig, ob die Fahrt fortgesetzt werden kann – oder ob sie abzubrechen ist, weil möglichst bald die fachliche ärztliche Hilfe eines anderen Schiffes oder solche an Land benötigt wird. Hierbei spielt die Frage eine Rolle, wie weit der Laie es verantworten kann, einen Arzt zu vertreten, ohne Pfuscher zu werden, oder ob er unter Beschränkung auf die notwendigste Hilfeleistung alles daransetzen muß, schnellstens eine fachlich geschulte Behandlung zu ermöglichen. *Jeder ist zur Hilfeleistung gesetzlich verpflichtet, und der Schiffsführer ist für Schiff und Besatzung verantwortlich.* Deshalb muß er sich vor der Reise mit einer *medizinischen Ausrüstung* entsprechend der Länge der Reise und der Anzahl der eingeschifften Personen und deren Gesundheitszustand versehen. Er muß selbst sich genügend *Kenntnisse über die Erste und Zweite Hilfe* aneignen oder einen anderen Mitreisenden dazu veranlassen. Wesentliche medizinische Hilfeleistungen an Bord sind wegen möglicher Rechtsfolgen *im Logbuch zu vermerken,* vor allem genau die notwendig gewordene Ausgabe von Rauschmitteln mit Datum und Uhrzeit. Diese Medikamente hat der Schiffsführer so unter Verschluß zu halten, daß ein Mißbrauch ausgeschlossen ist. Auf entsprechend eingerichteten Booten sollte bei ernsteren Fällen eine *funkärztliche Beratung* angestrebt werden. Einzelheiten können dem Nautischen Funkdienst (NF) entnommen werden.

1. Vorbeugende Maßnahmen

Sauberkeit und Ordnung an Bord sind wesentliche Mittel, um Gesundheit und Wohlbefinden der Besatzung zu erhalten. Nächstdem müssen die *Lebensmittel* sorgfältig ausgewählt und frisch und genießbar erhalten werden. Dem *Trinkwasser* ist besondere Aufmerksamkeit zu widmen. Der Tank sollte mindestens einmal im Jahr regelrecht desinfiziert und anschließend zweimal mit Trinkwasser durchgespült werden. In warmer Gegend verdirbt trotzdem Trinkwasser ziemlich schnell; schwache Zusätze eines Chlorpräparats sind zur Verhinderung von Infektionen nicht zu entbehren. In wärmeren Gegenden ist ein Kühlschrank notwendig. Auch Lebensmittelkonserven sind gefährdet. Aufgewölbte Dosen sind verdächtig; entweicht beim Öffnen übelriechende Luft oder ist der Inhalt verfärbt, kann man die Dose nur noch vernichten. In warmem Klima ist besondere Vorsicht geboten.

Jeder der Besatzung sollte sich vor Antritt der Reise ein ehrliches Selbstzeugnis über seinen Gesundheitszustand ausgestellt haben und bei geringster Unsicherheit sich einer ärztlichen Untersuchung unterziehen. Für Zähne gilt dies besonders. An *Impfungen* – aber mindestens 14 Tage vor Beginn der Reise – sind zu empfehlen Tetanus und für die Mittelmeerländer Typhus sowie – von manchen Ländern sogar verlangt – Pocken.

2. Verabreichen von Spritzen und Schockbehandlung

In Notlagen kann das Verabreichen von *Spritzen* in Frage kommen, wenn man

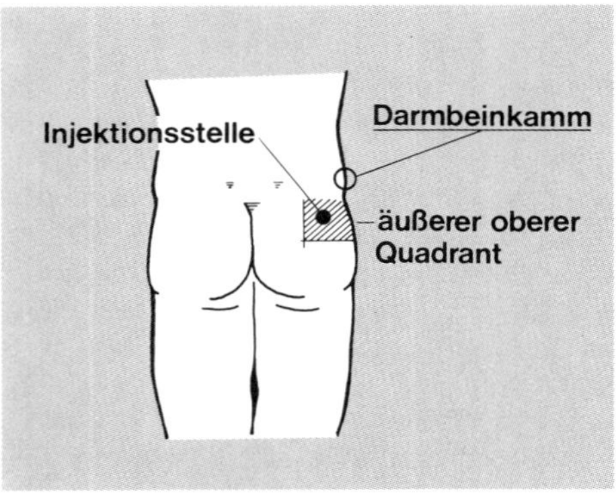

Abb. 7 Punkt zum Einstich der Nadel bei intramuskulären Spritzen

es zunächst auch grundsätzlich mit Tabletten oder Zäpfchen versuchen sollte. Kann der Kranke aber infolge Brechens, Durchfalls oder Bewußtlosigkeit keine Medikamente aufnehmen, bleibt nichts anderes übrig. Laien dürfen Spritzen aber nur in die Gesäßmuskulatur geben (Abb. 7). Es sind aus der Bordapotheke bereitzulegen: die Ampulle mit Ampullenfeile, die sterile Spritze mit steriler Nadel und ein Alkoholtupfer. Die Spritze wird der sterilen Packung entnommen und griffbereit gelegt, die Ampulle mit der Feile mehrfach angeritzt und der Kopf abgebrochen. Dann nimmt man die

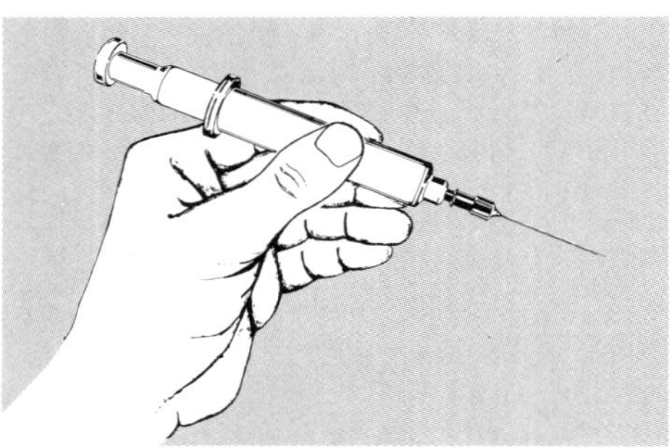

Abb. 8 Haltung der Hand zum Einstich

Nadel aus der sterilen Packung und setzt sie auf die Spritze auf, taucht die Nadelspitze in die offene Ampulle und saugt deren Inhalt durch Hochziehen des Stempels heraus. Nun wird die Spritze senkrecht nach oben gehalten und deren Stempel soweit eingedrückt, daß die Luft entfernt ist und die Flüssigkeit an der Nadelspitze erscheint. Nach Säubern der Haut an der Einstichstelle vermittels des Alkoholtupfers wird die Spritze wie ein Bleistift in die Hand genommen (Abb. 8) und mit schnellem Stoß in die Muskulatur tief eingestochen. Dann drückt man den Stempel völlig in die Spritze hinein. Schließlich wird die Spritze mit Nadel mit einem Ruck wieder herausgezogen.

Auch eine *Schockbehandlung* mag notwendig werden. Bei schwerer Erkrankung oder Unfall zeigen Unruhe, schneller, oberflächlicher Pulsschlag und kalter Schweiß auf Stirn und Händen einen Schockzustand an, der bei längerem Anhalten sogar Lebensgefahr bedeuten kann. Man sorge zunächst dafür, daß der Betroffene bequem gelagert wird und keine vermeidbaren Schmerzen erleidet. Hierbei ist bei den beschränkten Bordverhältnissen jeder Griff vorher gut zu überlegen. Schwerverletzte sollen immer liegen. Bei enger Kleidung sind notfalls die Nähte aufzutrennen. Ein Bewußtloser muß so liegen, daß Erbrochenes nicht in die Lunge kommen kann (Abb. 5).

Bei Seegang ist der Kranke festzubinden. Gegen Schmerzen gebe man eine Tablette Dolviran, bei sehr heftigen Schmerzen spritze man eine Ampulle Valoron. Weiter versuche man mit Tabletten auszukommen, sonst von Valoron höchstens drei Ampullen in 24 Stunden. Zur Erleichterung des Kreislaufs lagere man die Beine über Herzhöhe; nur wenn die Blutgefäße am Hals hervortreten und sich Halsschmerzen einstellen, dürfen die Beine nicht hochgelagert werden. Keinen Alkohol geben – nur warmen Tee, sofern keine Bauchverletzung oder -erkrankung und kein Brechreiz! Die Temperatur ist durch Decken und Wärmflaschen zu halten, bei Hitzeschock nötigenfalls durch Umwickeln der Waden mit feucht-kalten Tüchern zu senken.

3. *Maßnahmen der ›Zweiten Hilfe‹*

In den Fällen, bei denen unter »Erste Hilfe« auf das schnelle Hinzuziehen eines Arztes verwiesen wird, müssen weiterführende vorsorgliche Maßnahmen getroffen werden, um die Zeit bis zum Erreichen eines Arztes zweckmäßig zu überbrücken.

Kommt bei Wunden die *Blutung* nicht zum Stillstand, so ist über die steril verbundene Wunde ein zweites, notfalls ein drittes nicht geöffnetes Verbandpäckchen aufzulegen und mit festem Druck anzuwickeln. Kommt auch jetzt die Blutung nicht zum Stehen, so ist die Wunde oberhalb und breit mit einer Gummibinde unter festem Zug so *abzubinden,* daß unterhalb der Puls nicht mehr zu fühlen ist. Diese Abbindung muß aber mindestens jede Stunde für 3–4 Minuten gelockert werden, um eine Schädigung des Gliedes unterhalb der Wunde infolge fehlender Durchblutung zu vermeiden. Währenddessen ist die Wunde selbst durch Aufdruck eines Verbandpäckchens geschlossen zu halten. Das Glied ist durch Anlegen eines Dreiecktuches ruhigzustellen. Bei einem Unterarmverband muß die Hand bis in Herzhöhe angehoben werden.

Für eine *Wundbehandlung* stehen einem aus der Bordapotheke zur Verfügung: sterile Handschuhe, Pinzette, Sagrotan (verdünnen nach Gebrauchsanweisung), Material für Schienen. Glatte Schnittwunden sollten nur steril verbunden werden. Große und verschmutzte Wunden sind, wenn in wenigen Stunden kein Arzt erreichbar ist, sorgfältig zu behandeln, unbedingt steril zu halten, um eine Entzündung zu vermeiden. Also nie mit bloßen Fingern berühren oder betasten, auch nicht über die Wunde gebeugt sprechen! Zum Reinigen der verschmutzten Wunde einen sterilen Gazetupfer mit steriler Pinzette in Sagrotanlösung tauchen, zunächst die Wunde selbst, dann die Wundumgebung von grobem Schmutz reinigen, geöffnetes Verbandpäckchen – bei größeren Wunden mehrere – auf die Wunde legen und befestigen. Betroffenen Körperteil ruhigstellen, nötigenfalls schienen.

Vielfach wird man auf einer Yacht auf behelfsmäßige *Schienen* angewiesen sein. Das Schienen ist aber bei Brüchen und Wunden wichtig, um die Schmerzen zu vermindern und ein Heilen nicht zu erschweren. Die Schienen müssen daher gut gepolstert sein – keine Störung der Blutzirkulation, kein Druck auf Nerven! – und beiderseits die Gelenke festlegen. Breite Tücher oder Binden verwenden! Geschiente Gliedmaßen müssen kontrolliert werden, damit man den Verband bei Kalt-, Blau- oder Gefühlloswerden von Gliedmaßen lockern oder neu wickeln kann.

Bei Verdacht auf eine *Wirbelverletzung* – Kennzeichen: starke Schmerzen im Bereich der Wirbelsäule – muß auch mit einer Rückenmarksverletzung und der Gefahr einer Lähmung gerechnet werden. Der Verletzte darf dann nur flach und fest auf untergeschobenen Brettern gelagert werden; der Kopf ist, ohne Kissen darunter, vor einem Herunterrollen zu schützen. Bei *Rippenbrüchen* ist, sofern der Verletzte kein Blut hustet, zur Vermeidung besonderer Schmerzen in Ausatemstellung um den Brustkorb ein Verband mit einem Handtuch, das mit Sicherheitsnadeln zusammengehalten wird, anzulegen.

Bei nicht stillbarem *Nasenbluten* ist die blutende Seite fest mit dem Daumen an die Nasenscheidewand zu drücken und aus der Bordapotheke dreimal 2 Tabletten Cyklokapron zu verabreichen. Auch kann ein festes Ausstopfen des Nasenraums mit Gaze für 24 Stunden in Frage kommen. Auch beim Aushusten hellroten Blutes sind dreimal 2 Tabletten Cyklokapron zu geben.

Bei *Insektenstichen* in den Schlund – sehr gefährlich! – und beginnender Atemnot sind 40 mg Urbason zu spritzen.

Augenbehandlung

Befindet sich ein Fremdkörper im unteren Augenlid, läßt er sich meist ohne Mühe nach Abziehen des Lides mit der Ecke eines sauberen Tuches oder mit einem feuchten Tupfer herauswischen. Einen Fremdkörper im oberen Lid entfernt man entweder dadurch, daß man das obere Lid über das untere zieht und mit dem unteren Wimpernrand auswischt, oder man schlägt das Oberlid über ein eingelegtes Streichholz nach oben um und wischt es mit einem Wattebausch oder dem angefeuchteten Zipfel eines Taschentuches aus. Sitzt der Fremdkörper auf der Hornhaut selbst, so daß er Sehstörungen hervorruft, so streiche man Leucomycin-Augensalbe ein und binde eine Augenklappe darüber. Ärztliche Behandlung innerhalb von 36 Stunden ist aber angebracht.

Häufig kann es durch Seewasser oder starke Sonnenwirkung zu einer *Bindehautentzündung* kommen. Die Bindehaut ist gerötet, brennt und verursacht Tränenfluß. Es ist alle 3 Stunden ein Tropfen Otriven einzutropfen und eine Sonnenbrille zu tragen. Genügt dies nicht, so muß das Auge durch eine Augenklappe ganz verdunkelt werden. Kein Urbason geben!

Bei Bindehautentzündung und starker Sonneneinstrahlung kann *Sonnenblindheit* eintreten, bei der nur völlige Verdunkelung – Augenklappen oder dunkler Raum für mindestens 12 Stunden – hilft; dann immer Sonnenbrille.

Bei einer richtigen *Augenverletzung* ist stets die Sehkraft gefährdet und schnellste ärztliche Hilfe notwendig. Bis dahin ist der Schmerz durch eine Dolviran-Tablette für jeweils 4 Stunden oder durch eine Valoron-Spritze zu bekämpfen. Beide Augen sind steril zu verbinden.

Nesselsucht

Treten nach Genuß von Obst, Fisch, auch anderen Nahrungsmitteln, oder nach Medikamenten infolge Überempfindlichkeit des Körpers juckende rötliche Hautquaddeln auf, so ist dreimal täglich eine Calcium-Brausetablette zu geben. Bleibt eine Besserung aus, gehe man auf dreimal täglich eine Tablette Urbason retard (8 mg) über. Beim Verabreichen von Urbason darf allerdings nicht gleichzeitig irgendeine Entzündung, auch keine Bindehautentzündung vorliegen; auch eine frühere Magenerkrankung schließt die Anwendung von Urbason aus.

Leibschmerzen

Es können verschiedene Ursachen vor-

liegen. Eine Befragung nach früheren Krankheiten kann wichtige Anhalte geben.
Schmerzen in der Mitte des Oberbauches unterhalb des Brustbeins, oft krampfartig, dabei belegte Zunge, läßt auf *Magenschleimhautentzündung* oder *Magengeschwür* schließen. Meist bestehen Vorgänge. Es ist nur leichte Kost ohne jeden Alkohol zu geben. Gegen den Schmerz Buscopan comp. viermal täglich eine Tablette, bei Sodbrennen Gelusil-lac dreimal täglich eine Tablette.
Kolikartige oder Dauerschmerzen rechts oben unter dem rechten Rippenbogen, verbunden mit Müdigkeit, Übelkeit, Erbrechen, deuten auf *Leber-* und *Gallenerkrankung. Koliken* sind stärkste krampfartige, meist in Perioden auftretende Schmerzen. Bei einer Kolik ist eine Ampulle Buscopan comp. zu spritzen, sonst oder anschließend an die Kolik alle 4 Stunden ein bis zwei Tabletten Buscopan comp. Dragee zu geben, bei Fieber dreimal zwei Tabletten Binotal.
Bei *Nieren-* und *Harnleiterkolik* in der rechten oder linken Flanke, die sich auch langsam zu einem Dauerschmerz steigern kann, mit brennendem Harndrang und möglicherweise blutigem Harn ist das gleiche zu spritzen bzw. zu geben. Außerdem soll der Erkrankte zum Durchspülen der Harnwege täglich mindestens zwei Liter Flüssigkeit trinken und feucht-warme Umschläge (nasses Handtuch mit Wärmflaschen darauf) bekommen. Bei Fieber ebenfalls wie oben.
Blinddarmentzündung meldet sich durch Schmerzen im rechten Unterbauch mit Erbrechen. Rechter Unterbauch zwischen Nabel und Beckenkamm beim Eindrücken gespannt und schmerzhaft. Auf schnellstem Wege ärztliche Hilfe anstreben! Bis dahin kalte feuchte Umschläge auf den Bauch, dreimal täglich zwei Tabletten Binotal.
Bei stärksten Schmerzen in der gesamten Bauchgegend – beim Betasten brettartig gespannt – ist auf sehr gefährliche Komplikation zu schließen. Schnellste ärztliche Versorgung notwendig! Kein Essen und Trinken! Feuchtwarme Umschläge. Eine Ampulle Buscopan comp. spritzen, sofern Arzt nicht in weniger als 4 Stunden erreichbar.

Durchfall kann eine recht gefährliche Erkrankung darstellen, weil der Körper durch den hohen Flüssigkeitsverlust erheblich geschwächt wird. Ursachen können sein eine Ernährungsumstellung mit zu reichlichem oder zu fettem Essen oder eine Infektion des Magendarmkanals durch vergiftete Lebensmittel. In dem wässrigen Stuhlgang findet sich unverdaute Nahrung. Fieber und Erbrechen können hinzutreten. Hängt die Erkrankung mit der Ernährung zusammen, so zeigt sie sich möglicherweise auch bei anderen Besatzungsangehörigen. Dem Kräfteverfall ist durch reichliche Flüssigkeitszufuhr, Obstsäfte – auch salzhaltig, soweit kein Erbrechen eintritt –, zu begegnen. Jedes Essen ist für 24 Stunden zu unterlassen; statt dessen zweimal drei Eßlöffel Tierkohle, ferner Sulfaguanidin, und zwar am ersten Tag 10 Tabletten, am zweiten und dritten Tag 8 Tabletten, am vierten und fünften 6 Tabletten. Außerdem sicherheitshalber für den Fall von Typhus dreimal 2 Tabletten Binotal. Hält der starke Durchfall länger als einen Tag an, einmal 15 Tropfen Tinctura opii (Rauschmittel!).
Bei *Verstopfung* gebe man einen Neda-Würfel oder ein Glyzerinzäpfchen und warte auf die Wirkung 12 Stunden; man muß vermeiden, daß durch zu viele Abführmittel Durchfall entsteht.

Ohrenschmerzen

Bei Ohrenschmerzen ist zu unterscheiden zwischen einem mehr äußeren Schmerz, wie er durch eine Entzündung an der *Ohrmuschel* oder im *Gehörgang* mit Schwellung und Rötung bei einem Furunkel entstehen kann – Behandlung mit 3–4 Combison-Ohrentropfen alle 4 Stunden und viermal 1 Tablette Binotal, dazu feucht-warme Umschläge auf das Ohr; Sprechen und Kauen vermeiden; zur Schmerzlinderung höchstens in 4 Stunden eine Tablette Dolviran – oder einem tieferliegenden, mit *Schwerhörigkeit* verbundenen stechenden oder klopfenden Schmerz, dem möglicherweise später ein eitriger Außfluß folgt; hier kann es sich um eine *Mittelohrentzündung* handeln, bei der keine Ohrentropfen gegeben werden dürfen. Statt dessen Otriven-Nasentropfen alle 4–5 Stunden bis 4 Tropfen in die Nase, dreimal 2 Tabletten Binotal und bei starken Schmerzen 1 Tablette Dolviran höchstens alle 4 Stunden. Das Ohr muß warm verpackt werden; Ohrenwatte ist dagegen unzweckmäßig.

Zahnschmerzen

Bei Verlust einer Plombe ist in das Loch Kreosotspiritus einzutropfen und das Loch mit Kaugummi zu schließen. Bei Schmerzen höchstens alle 4 Stunden 1–2 Tabletten Dolviran. Wärme, keine Zugluft. Gegen Schwellung, gegebenenfalls mit Fieber, gibt man dreimal 2 Tabletten Binotal.

Unterkühlung

Für einen über Bord Gefallenen ist Unterkühlung die größte Gefahr; sie wird meistens unterschätzt (Abb. 9). Daher ist im Wasser das Anbehalten der Kleidung wichtig. Auch dann wird bei 15° Wassertemperatur nach spätestens 2 Stunden infolge des Verlustes an Körperwärme Ohnmacht eintreten. Trägt der Überbordgefallene eine ohnmachtsichere Schwimmweste, die ihn in stabiler Rükkenlage mit dem Gesicht nach oben hält, so werden etwa noch 4 Stunden vergehen, bevor die Unterkühlung zum Tode führt. Es bestehen also in unseren Seegebieten mit ihrem dichten Seenotrettungsdienst bei nicht zu niederen Temperaturen meist noch gute Aussichten auf Rettung.

Aber auch nach der Bergung aus dem Wasser muß weiterer Wärmeverlust bei dem Geretteten verhindert werden. Eine gefährliche Abnahme der Körpertemperatur zeigt sich durch Gänsehaut, Zittern, Müdigkeit, Gähnen, bläuliche Gesichtsfarbe und unsicheren Gang (Gliederschwere) an. Die Teilnahmslosigkeit geht bei langsamer werdender Herz- und Atemtätigkeit allmählich in Bewußtlosigkeit über.

Bei einem Bewußtlosen, der nur unterkühlt und nicht ertrunken ist (ohnmachtsichere Schwimmweste), versuche man nicht, Pulslosigkeit durch Herzmassage zu beheben. Das Herz nimmt seine Tätigkeit nach Erwärmung wieder fühlbar auf. Beim stark Unterkühlten ist die Körpertemperatur in zwei Zonen geschieden, den Körperkern und die Schale. Die Temperatur des Kerns, der lebenswichtige Organe, in erster Linie das hier entscheidende Herz, umfaßt, versucht der Körper auf Kosten der Schale, das heißt der Gliedmaßen, der Rumpfmuskulatur und der Haut, so lange wie möglich zu halten. Es kommt nun darauf an, die Kerntemperatur zu erhöhen, ohne daß die Schale zunächst am Blutkreislauf beteiligt werden darf. Denn sonst würde das von dort zurückströmende kalte Blut die Temperatur im Kern weiter herabsetzen, mit möglicherweise tödlicher Folge. Aus diesem Grund ist auch eigene aktive Bewegung – so widersinnig das scheinen mag – zu vermeiden. Die Wiedererwärmung mit Bordmitteln erfolgt am besten durch nasse heiße Kompressen auf Brust und Oberbauch, die laufend erneuert werden müssen. Das ist wirksamer, als den in seiner nassen Kleidung Steckenden mit heißem Wasser zu übergießen, und spart das an Bord kostbare heiße Wasser. Steht dieses nicht zur Verfügung, so versuche man, den Unterkühlten durch engen Körperkontakt mit anderen zu erwärmen. Auf keinen Fall aber darf er massiert oder frottiert werden. Ist er bei Bewußtsein, gibt man ihm heiße süße, *aber alkoholfreie* Getränke. Schnelle Erwärmung durch ein warmes Bad ist nicht ungefährlich und sollte nur unter ärztlichem Beistand erfolgen. Unbedingt sind hierbei Arme und Beine des zu Erwärmenden aus dem Wasser zu halten und erst nach einiger Zeit nacheinander langsam in das Bad zu lassen. Ist fachliche Hilfe fern, so sollte man die Behandlung auf das Maß der Unterkühlung abstellen. Die Körpertemperatur ist mit einem Frühgeburtenthermometer (Bordapotheke) festzustellen: Bei 34° bis 37° zeigen sich Schüttelfrost, Erregungszustände und starke Schmerzen im ganzen Körper. Bei 34°–24° nimmt die Muskelstarre zu; es treten Muskelkrämpfe ein; die Atmung wird langsamer; der Puls hat nur etwa noch 30–40

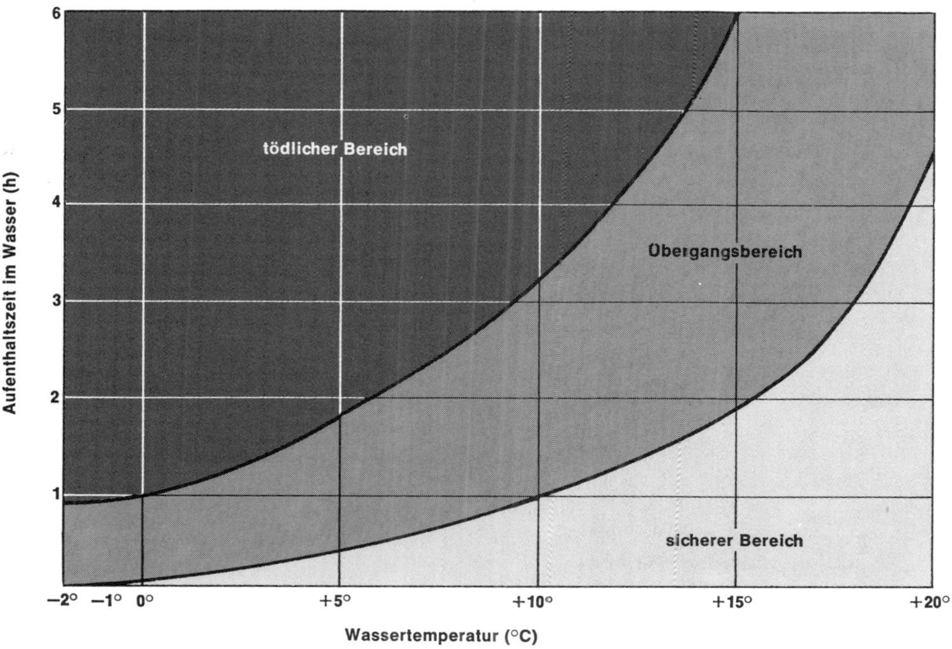

Abb. 9 Die Überlebenschancen eines über Bord Gefallenen

Schläge; trotz noch vollen Bewußtseins kann es zu Wahnvorstellungen kommen. Unter 24° sind Atmung und Puls kaum noch wahrzunehmen; es tritt tiefe Bewußtlosigkeit ein und Reflexe erlöschen (»Scheintod«).

c) Bordapotheke

Die nachstehende Liste kann nur ein Anhalt für eine zweckmäßige Ausrüstung sein. Viele der angegebenen Medikamente sind rezeptpflichtig, andere dürfen nur nach Anweisung eines Arztes verabfolgt werden, da u. U. Kontraindikationen zu beachten sind. Für kleinere Fahrten ohne Arzt an Bord kommen im wesentlichen die Medikamente der Gruppe I. (mit Einschränkungen) bis V. in Frage.

I. Allgemein
Fieberthermometer
Gerade Schere
Splitterpinzette
Arterienabbinder
Tubus für Mund-zu-Mund-Beatmung
100 ccm Isopropylalkohol 70%
Alkoholtupfer
10 Handschuhe zum einmaligen Gebrauch
Sicherheitsnadeln
Augenklappen
Einmal-Katheder Thiemann 16 Charr. mit Gleitmittel
Einmalspritzen 5x5 und 5x2 ccm
1 Rekordspritze 5 ccm
Kanülen Nr. 1
Mehrere Isolationsrettungsdecken oder -säcke (aluminiumbedampfte Folie)

II. Verbrennungen, Verletzungen, Verrenkungen
Dreieckstücher
Elastische Binden je 5 10 cm x 5 m und 6 cm x 5 m
Verbandklammern
Verbandpäckchen 3 x groß, 3 x klein
Verbandmull
Clauden Watte
Brandwunden-Verbandpäckchen
Porofix Klammerpflaster 2½ x 15 cm
Poroplast 4 cm x 1 m, 6 cm x 1 m und 8 cm x 1 m
Hansaplast wasserfest
Fingerlinge, Leder, ungefärbt
Jodtinktur
Aristamid Gel
Sagrotan-Spray (Sagromed)
Borwasser (nur Augen, giftig)
Bepanthen Salbe
Lebertran-Salbe
Nebacetin Puder
Lohmann Metalline Kompressen 1x60x80, 1x40x60
Lasonilsalbe (Verstauchungen)

III. Seekrankheit
Torecan/Rodavan/Reisetabletten

IV. Schmerzen, Schlafen
Thomapyrin, Spalt (leichtes Mittel)
Dolviran (starkes Mittel)
Arantil, Tispol (Zahnschmerzen)
Adalin, Betadorm (leichtes Schlafmittel)
Diudorm (starkes Schlafmittel)
Valium 5 mg (Beruhigungsmittel)

V. Magen, Darm
Mexaform S
Gelusil Lac. Tabl.
Tirgon Tabl.
Nedawürfel
Kohle Kompretten

VI. Kreislauf
Cardiazol Traubenzucker Tabl. X
Urbason Tabl. Nr. X
Sympathol

Diacard Tropfen 50.0
Novadral

VII. Entzündungen, Furunkel, Lungenentzündung, Nierenbeckenentzündung
Binotal 500 Dos XII oder XXX
Binotal Amp. Dos. V
Baycillin
Durenat

VIII. Hals, Nase
Siogeno, Tyrosolvetten
Otriven-Nasentropfen 20,0

IX. Augen, Ohren
Combisonum Ohrentropfen
Leukomycin Augentropfen
Otalgan
Ophtol

X. Erkältungen, Husten
Paracodin Tabl. oder -Saft, Dorex Tropfen
Chinosol Tabl.
Fiobrol
Thomapyrin
Iversal
Chinaspin
Refagan
Gelonida
Aspirin
Ticarda (starkes Mittel)
Novalgin-Chinin (fiebrige Erkältung)
Dorithricin, Tyrosirinal (Halsschmerzen)

XI. Krämpfe, Koliken
Buscopan

XII. Insektenstiche, Sonnenbrand
Calcistin Gel, Psilo Balsam
Calcistin Drag. oder Systral C Drag.

Die Mittel unter VI., VII. und IX. sind teilweise ohne Arzt an Bord nicht unbedenklich.

IX. Auto und Boot

a) Der Dachtransport

Die einfachste und billigste Art, ein Boot zu befördern, ist die auf dem Autodach. Die zulässige Dachlast schränkt jedoch Größe und Gewicht des Bootes stark ein. Sie liegt im Schnitt bei 60 kp. Was der jeweilige Wagentyp auf dem Dach zu tragen vermag, steht leider nicht in den Kraftfahrzeugpapieren, und oft wird es auch der Händler nicht angeben können. Da hilft nur eine Rückfrage beim Herstellerwerk.

Bei der Ermittlung des Bootsgewichts kann man sich leider nicht immer auf die Prospektangaben verlassen. Die Praxis zeigt oft beträchtliche Abweichungen. Gerade bei der Kunststoffbauweise läßt sich das gleiche Gewicht nie aufs Gramm genau einhalten; hinzu kommen häufig Ausrüstungsdetails, die bei der Gewichtsangabe gerne unterschlagen werden. So wird einem oft nichts weiteres übrig bleiben, als das Boot auf einer öffentlichen Waage wiegen zu lassen. Das Bootsgewicht zuzüglich Gewicht des Gepäckträgers ergibt dann die Dachlast.

Im übrigen gibt es für den Dachtransport erfreulich wenige gesetzliche Vorschriften. Eine Geschwindigkeitsbeschränkung besteht nicht. Das Boot darf nach vorne nicht über den Wagen hinausragen (auch nicht etwa mit dem gelegten Mast) und nach hinten nur bei einer Beförderung innerhalb von 100 km. In diesem Fall muß das mehr als 1 m über die Rückstrahler des Fahrzeugs hinausragende Ende mit einer hellroten 300 x 300 mm großen ausgesteiften Fahne oder einem gleichgroßen hellroten Schild oder einem senkrecht gestellten Körper gleicher Farbe und Höhe mit einem Mindestdurchmesser von 350 mm (Fender) gekennzeichnet sein, bei Dunkelheit mit einem roten Licht und zusätzlich einem roten Rückstrahler. Diese Zeichen und Leuchten dürfen nicht höher als 1550 mm über der Fahrbahn angebracht werden, der Rückstrahler nicht höher als 900 mm. Die Breite des Bootes ist auf 2,50 m beschränkt (Abb. 1). Wenn es mehr als 0,40 m über den Außenrand der Scheinwerfer oder Positionslichter des Wagens hinausragt, muß es mit eigenen Begrenzungsleuchten — nach vorne weiß, nach hinten rot — versehen werden (Abb. 2).

Bei den Dachträgern für den Bootstransport ist zwischen zwei Konstruktionsprinzipien zu unterscheiden: Die einen haben einen Winkelgreifer aus Gummiprofil, die anderen schwenkbare, gepolsterte Auflageleisten (Abb. 3). Wird das Boot kielunten transportiert, sind die schwenkbaren Auflageleisten am geeignetsten. Die Winkelgreifer empfehlen sich nur dann, wenn ihre Form annähernd mit der Spantform des Bootes übereinstimmt, was ein seltener Zufall

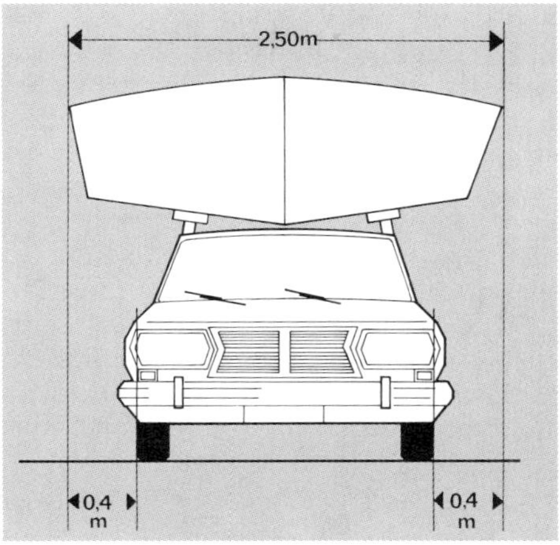

Abb. 1 Breitenbegrenzung für den Dachtransport
Das Boot darf grundsätzlich nicht breiter als 2,50 m sein. Es braucht nachts nicht beleuchtet zu werden, wenn es nicht mehr als 0,40 m über den seitlichen Rand der Lichtaustrittsfläche der Begrenzungsleuchten des Wagens hinausragt.

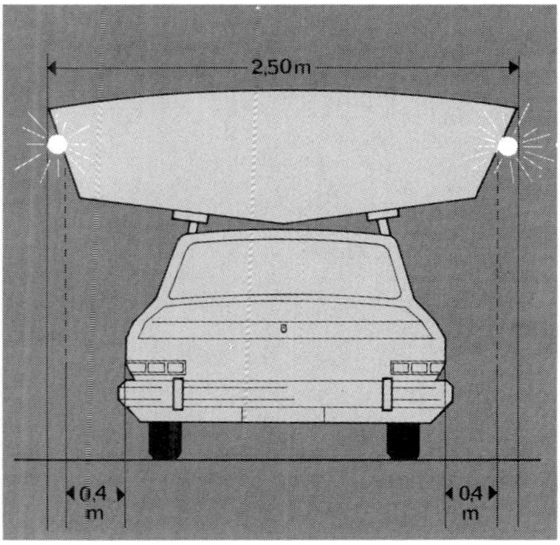

Abb. 2 Dachtransport bei Dunkelheit
Das Boot muß beleuchtet werden, wenn es seitlich mehr als 0,40 m über die Begrenzungsleuchten des Wagens hinausragt, und zwar mit je einem weißen Licht nach vorne und je einem roten nach hinten. Die Leuchten dürfen wiederum nicht mehr als 0,40 m von der breitesten Stelle des Umrisses des Bootes und nicht mehr als 1,55 m von der Fahrbahn entfernt sein.

sein dürfte. Ideal sind sie jedoch, wenn das Boot kieloben transportiert werden soll. In diesem Fall werden die Winkelgreifer umgekehrt montiert. Sie greifen dann mit ihren aufrechten Enden in die Plicht und fixieren das Boot seitlich, während es mit dem Seitendeck relativ sicher auf dem waagerechten Teil des Gummiprofils aufliegt.

Damit ist das Boot aber längst noch nicht ausreichend gesichert. Für die weitere Querbefestigung eignen sich am besten Packriemen aus grobem Gewebe mit Schnallen, die sich stufenlos verstellen lassen. Gummistropps oder Leinen sind nicht empfehlenswert, weil sie zuviel Reck aufweisen. Sie nimmt man nur, um das Boot am Bug und Heck abzufangen und auf diese Weise den Brems- und Beschleunigungskräften entgegenzuwirken. Diese können ziemlich groß werden, so daß das Boot auch in Fahrtrichtung gut gesichert werden muß. Auf längeren Fahrten sollte man nicht nur diese Verschnürung, sondern auch sämtliche Schrauben und Muttern des Gepäckträgers mindestens einmal täglich – auf schlechten Straßen häufiger – kontrollieren (Abb. 4).

Das Fahren mit solcher Bürde auf dem Dach ist kein ungetrübtes Vergnügen. Der Luftwiderstand wird mit Dachlast erheblich höher. Selbst die verbliebene Spitze auszunutzen, kann ein riskantes Unterfangen sein, weil das Boot auf dem Dach meist einen spürbaren Auftrieb er-

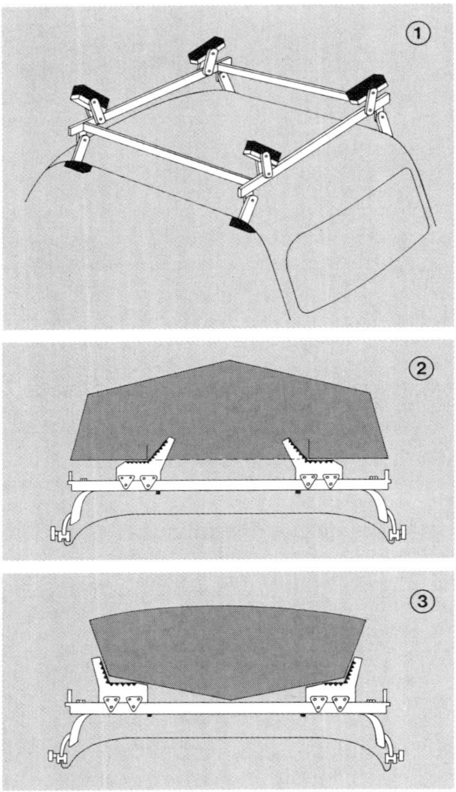

Abb. 3 Dachträger
(1) Schwenkbare, gepolsterte Auflagepratzen. Nur für den Bootstransport kielunten geeignet, der sich jedoch auf die Straßenlage des Wagens ungünstig auswirkt. – (2) Auf einer Schiene verstellbare Gummiprofile (Hakennasen). Ideal für den Kieloben-Transport, wenn man sie umgekehrt auf die Schiene setzt, so daß sie unter den Süllbord greifen und das Boot von innen festhalten. – (3) Die Gummiprofile »richtig« aufgesetzt für den Kielunten-Transport. Dieses Dachträgersystem erlaubt beide Transportarten. Sein Nachteil: Das Boot muß über die hohen Winkel hinweggehoben werden. Alle übrigen Dachträger sind mehr oder minder Varianten dieser beiden Systeme.

zeugt. Am stärksten macht er sich bei dem Transport kielunten bemerkbar. Kieloben ist das Fahrverhalten besser, aber niemals so gut wie ohne Boot. Seitenwind ist besonders gefährlich; er erfordert langsameres Fahren und sofortiges Gegensteuern bei Böen.
Noch einiges andere wird schlechter. So läßt die Beschleunigung im oberen Geschwindigkeitsbereich ganz erheblich nach, was man sich vor dem Überholen klarmachen sollte. Der Benzinverbrauch steigt um etwa 2 l auf 100 km. Auch Kur-

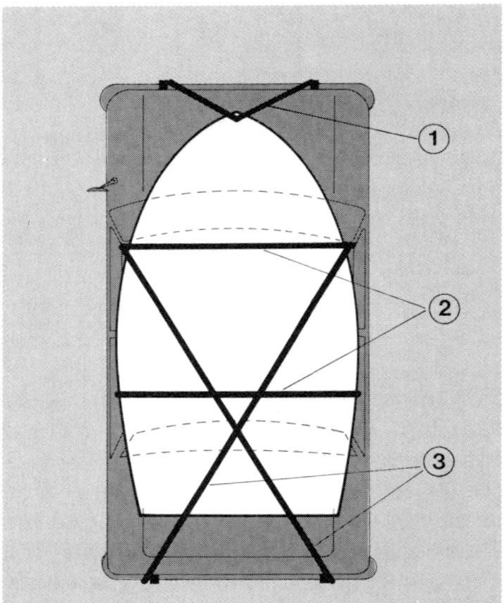

Abb. 4 So ist das Boot auf dem Autodach richtig verzurrt
(1) Leine vom Schleppauge am Bug zu beiden Seiten der vorderen Stoßstange. – (2) Gurte in Querrichtung, die jeweils vor und hinter der größten Breite des Bootes sitzen müssen. – (3) Diagonalleinen bzw. -gurte von links vorn nach rechts hinten und rechts vorn nach links hinten. Darunter: zwei Leinen vom Bootsheck zur hinteren Stoßstange.

ven ist mit größter Vorsicht zu begegnen. Der Schwerpunkt gerät durch das Boot bedenklich nach oben und beeinträchtigt die Straßenlage auch des besten Wagens erheblich. Kritisch kann es werden, wenn man plötzlich ausweichen — also hin- und herlenken — muß. Dabei kann sich der topplastige Wagen aufschaukeln und gefährlich, ja unkontrollierbar werden. Man muß also weiter vorausschauend fahren und darf sich noch weniger als sonst auf kritische Situationen einlassen.

b) Der Trailertransport

Die durch das Auto gewonnene Beweglichkeit hat dazu geführt, daß sich während der Wassersportsaison täglich eine beträchtliche Anzahl von Booten auf Achse befindet. Für diese speziellen Bootsanhänger hat sich allgemein das Wort »Trailer« eingebürgert. Die starke Nachfrage erweckte eine eigene Industrie, die zur serienmäßigen Fertigung einiger variabler Standardtypen von Bootsanhängern übergegangen ist, daneben aber auch Spezialanfertigungen übernimmt.
Trailer sind zulassungs- und steuerfrei, solange sie ausschließlich zum Bootstransport benutzt werden. Sie erhalten das gleiche polizeiliche Kennzeichen wie der Zugwagen. Das Kennzeichen muß so angebracht werden, daß es die vorhandene Bodenfreiheit des Trailers nicht verringert. Der obere Rand darf nicht höher als 2,5 m, der untere nicht weniger als 0,30 m über der Fahrbahn liegen. Erforderlich ist eine »Allgemeine Betriebserlaubnis«. Sie wird im allgemeinen für Serientypen durch den Hersteller vom Technischen Überwachungsverein (TÜV) eingeholt. Für Einzelanfertigungen benötigt man eine »Spezielle Betriebserlaubnis«. Man muß dafür den Trailer selbst beim zuständigen TÜV vorführen und sie sich einholen.
Vorschrift sind Brems- und Schlußleuchten, Rückstrahler, Blinkleuchten zum Anzeigen der Fahrtrichtungsänderung und Nummernschildbeleuchtung. Ferner muß der Trailer am vorderen Teil der rechten Seite ein Schild tragen, auf dem Hersteller, Baujahr, Nummer des Fahrgestells und der Kupplung, zulässiges Gesamtgewicht und zulässige Achslast ersichtlich sind.
Ärger gibt es gelegentlich mit ausländischen Fabrikaten. Grundlage für die reibungslose Abnahme durch den TÜV ist nämlich die vom Kraftfahrt-Bundesamt in Flensburg einmal erteilte »Bauartgenehmigung«. Liegt sie bisher nicht vor, so müssen die Trailer der Technischen Prüfstelle des TÜV in Essen (zuständig für Nord- und Westdeutschland) oder der Forschungsstelle des TÜV München (zuständig für Süddeutschland) vorgeführt werden. Häufig entsprechen Bremsen oder Kupplungsmaterial nicht den deutschen Vorschriften. Es ist deshalb be ausländischen Fabrikaten empfehlenswert, vorher bei der Werft, die den Trailer mitliefert, oder aber in Essen oder München anzufragen, ob für den entsprechenden Typ bereits in Deutschland eine Bauartgenehmigung vorliegt.
Beim Transport auf dem Trailer treten beträchtliche Punktbelastungen des Bootsrumpfes an zwei oder auch drei Stellen auf. Hinzu kommt das gleichzeitige Ein- und Zusammenwirken von Zentrifugalkräften und Schwingungen, die durch das Fahrgestell übertragen werden, und unterschiedliche Eigenschwingungen der nicht unterstützten Rumpfteile. Das Fahrgestell sollte deshalb ge-

gen horizontale und vertikale Schwingungen weitgehend abgesichert sein. Eine Deichsel, direkt mit der Radachse verbunden, erfüllt diese Forderung kaum. Besser ist bereits ein V-förmiger, in die Deichsel auslaufender Rahmen. Am besten erfüllt alle Forderungen ein Doppelrahmen, der der Deichsel aufgesetzt wird, während die Radachse von einem Unterzug der Deichsel getragen wird. Holme, Pratzen usw. sollen niemals auf oder unmittelbar über der Radachse sitzen, sondern dahinter und (oder) davor und am Rahmengestell befestigt sein. Einige Trailer haben nur Querauflagen für die Bootsenden. Sie sind speziell für Kunststoffboote wenig geeignet, besonders, wenn diese noch mit Ausrüstungsgegenständen befrachtet werden. Es sollten möglichst drei Auflagen vorhanden sein.

Um die Eigenschwingungen des überhängenden Achterschiffes weitgehend zu mildern, sollen die Querauflagen möglichst weit zum Heck hin sitzen und nicht mehr als 1 bis 1,5 m Abstand vom Spiegel von Segelbooten haben, bei Motorbooten sogar nur 0,5 bis 1 m. Die Stützpunkte sollen im übrigen dort liegen, wo Spanten oder Stringer zur Versteifung des Bootskörpers beitragen. Rundspanter transportiert man am besten auf Querauflagen, Knickspanter auf Längsauflagen. Schwingungen und Erschütterungen werden auf diese Weise am konstruktionsgerechtesten aufgenommen und übertragen. Ein Buganschlag ist empfehlenswert, weil er am besten gegen ein Verrutschen in der Längsrichtung sichert. Gummipolster auf den Auflagen neigen dazu, bei sommerlicher Wärme am Rumpf festzukleben und häßliche Flecken zu hinterlassen. Besser sind kunstlederüberzogene Gummi- oder Filzeinlagen.

Je niedriger das Fahrzeug, desto besser die Straßenlage. Das gilt natürlich auch für das Boot auf Rädern. Kleine Räder, 350 x 8, höchstens 440 x 10, empfehlen sich für alle leichteren Trailerkonstruktionen, aber auch für schwerere, wenn sie zweiachsig sind. Die kleineren Reifen leiden zwar etwas stärker unter Abnutzung, erleichtern aber auch das Auf- und Abslippen, sofern der Trailer keine Abkippvorrichtung hat. Ein Reserverad sollte stets dabei sein. Eine Reifenpanne am Trailer kostet ohne Reserverad viel Zeit und Geld.

Schließlich muß der Trailer auch ins Wasser. Es gibt kaum eine hundertprozentig wasserdichte Radnabe. Wenn Wasser in die Buchsen kommt, hilft nur gründliches Abschmieren. Meistens wird vom Achsenhersteller eine entsprechende Wartungsanleitung gleich mitgeliefert. Auch die Bremsleitung von gebremsten Trailern zeigt sich gelegentlich gegen Salzwasser anfällig und neigt dann zum Blockieren. In diesem Falle hilft oft ein kurzes Rückwärtsfahren, um die Blockierung zu lösen. (Vorher Auflaufbremse sperren!) Da die Blockierung beim nächsten Bremsen wieder erfolgen kann, ist sofort eine Werkstatt aufzusuchen.

Auch absolut wasserdichte Beleuchtung gibt es nicht. Deshalb nie vergessen, die gesamte elektrische Anlage vorm Wassern abzunehmen! Sie ist in der Regel vom Hersteller dafür vorgesehen und auch genehmigt. Wenn nicht, empfiehlt sich eine Umrüstung vor dem ersten Wassern. Allerdings ist dann eine Sondergenehmigung von dem für den Wohnsitz zuständigen Straßenverkehrsamt erforderlich; denn prinzipiell soll die Beleuchtung fest angebracht sein.

Lebenserhaltende Bedeutung kommt auch dem Schutzanstrich und der Lakkierung zu, besonders in salzhaltigem Wasser. Farbbeschädigungen sollte man sogleich, zumindest provisorisch, zunächst mit Rostschutzfarbe, ausbessern. Schmutzfänger an den hinteren Kotflügeln des ziehenden Wagens vermindern den zerstörerischen Steinschlag erheblich.

Die gesetzlichen Auflagen für das Trailergespann sind verständlicherweise umfangreicher als für den Dachtransport. Trailer und Boot dürfen nicht breiter als 2,50 m, nicht höher als 4 m und nicht länger als 12 m sein (Abb. 5). Das gesamte Gespann darf eine Länge von 20 m nicht überschreiten. Für begründete Fälle kann beim zuständigen Straßenverkehrsamt eine Ausnahmegenehmigung beantragt werden, die nur für einen einmaligen Transport gilt. Das Boot darf hinten nicht mehr als allenfalls 3 cm über die Schlußleuchten hinausragen, außer beim Transport innerhalb von 100 km. Dort gilt dann die gleiche Kennzeichnung wie beim Dachtransport (Abb. 6).

Einachsige Trailer brauchen keine eigene Bremsvorrichtung zu haben, wenn der Zugwagen eine Allradbremse besitzt (Abb. 7 und 9). Als Einachser gelten auch Doppelachser, wenn der Achsenabstand weniger als 1 m beträgt. Sie müssen jedoch eine in der Höhe einstellbare Stützvorrichtung haben, wenn die Deichsellast am Kupplungspunkt bei gleichmäßiger Lastverteilung mehr als 50 kg beträgt. Das Gesamtgewicht von ungebremsten Trailern darf auf keinen Fall 750 kg überschreiten. Im übrigen gilt: Anhänger und Boot zusammen dürfen nicht mehr wiegen als die Hälfte des Pkw-Leergewichts + 75 kg. Die Kraftfahrzeughersteller sind im allgemeinen zurückhaltender, als es der Gesetzgeber fordert. Sie gehen im Schnitt mit ihrer Zulassung nicht über 500 kg Gesamtgewicht.

Zweiachsige Trailer (mit 1 m Achsabstand und mehr) müssen grundsätzlich eine eigene Bremsvorrichtung haben (Abb. 10). Ihr Gesamtgewicht darf das zulässige Gesamtgewicht des Zugwa-

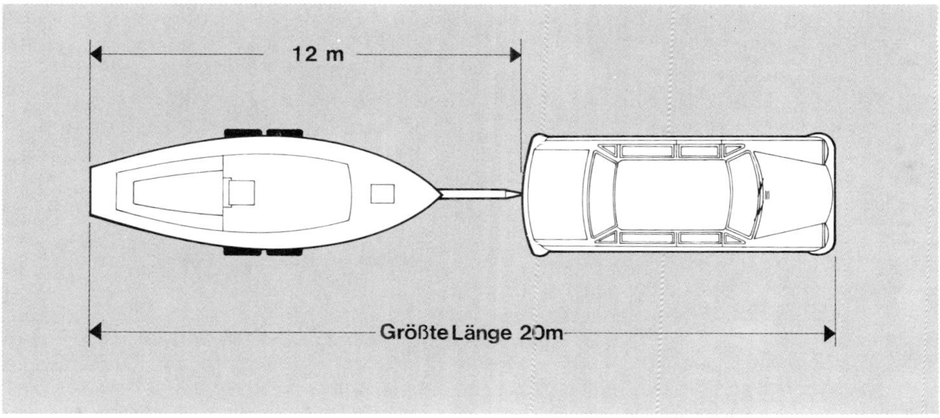

Abb. 5 Längenbegrenzung für den Trailertransport
Die Gesamtlänge des Gespanns darf 20 m nicht überschreiten. Trailer und Boot dürfen nicht länger als 12 m sein.

gens – wird von der Autoindustrie angegeben – nicht überschreiten. Auch in diesem Fall sind die Kfz-Hersteller recht vorsichtig. Sie gehen kaum über 800 kg hinaus. Die höchstzulässigen Zuglasten hat Mercedes mit 1500 kg. Leider stehen auch die zulässigen Zuglasten in den seltensten Fällen in den Prospekten der Autoindustrie, und auch Händler sind häufig nicht mit ihnen vertraut. Da hilft ebenfalls nur die Anfrage beim Werk. Was das Bootsgewicht anbelangt, gilt hier das gleiche, was zuvor beim Dachtransport gesagt wurde: Die Zuglast setzt sich wiederum zusammen aus Bootsgewicht + Eigengewicht des Trailers. Bei der Berechnung der Nutzlast ist nicht nur an das tatsächliche Bootsgewicht zu denken, sondern auch an die Ausrüstung wie Rigg, Segelsäcke, Paddel, Fender, Außenborder usw. Im Boot auf dem Trailer darf alles transportiert werden, was zur Ausrüstung gehört – aber auch nur das –, beispielsweise also kein Campingbedarf oder Reisegepäck.

Die Kraftfahrzeug-Versicherung schließt alle Schäden ein, die durch den Trailer verursacht werden, so lange er mit dem Zugwagen verbunden ist oder sich während der Fahrt löst und sich noch in Bewegung befindet. Bei Auslandsreisen wird auch für den Trailer eine eigene grüne Versicherungskarte erforderlich;

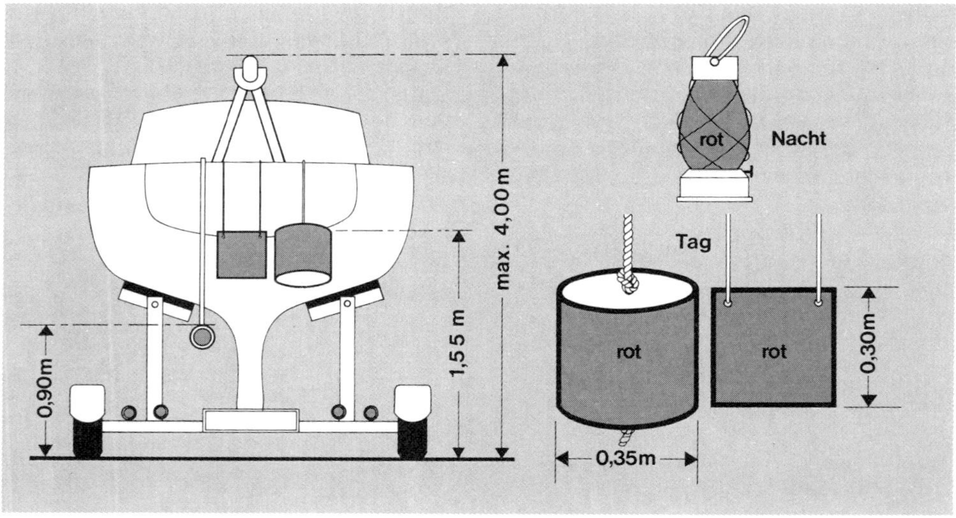

Abb. 6 Hintere Begrenzung für den Trailertransport
Ragt das Boot beim Transport innerhalb von 100 km nach hinten über die Schlußleuchten hinaus, muß es am Tage durch ein hellrotes Schild oder einen zylindrischen Körper in Hellrot gekennzeichnet sein, bei Dunkelheit durch eine rote Laterne und einen roten Rückstrahler. Er darf nicht höher als 0,90 m über der Fahrbahn angebracht sein. Schild, zylindrischer Körper oder Laterne dürfen nicht höher als 1,55 m über der Fahrbahn hängen. Abmessungen des Schildes oder einer entsprechend ausgespreizten Fahne: 0,30 x 0,30 m. Höhe des zylindrischen Körpers: 0,30 m; Mindestdurchmesser: 0,35 m. Die Gesamthöhe des Gespanns darf 4 m nicht überschreiten.

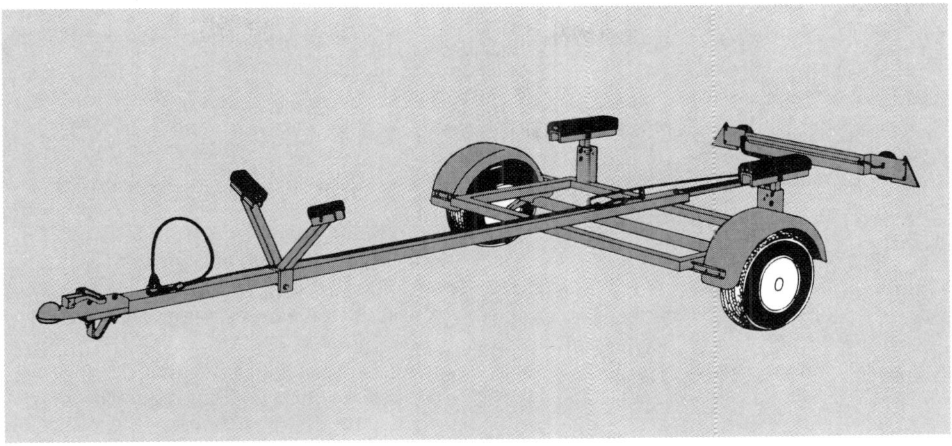

Abb. 7 Ungebremster Trailer für Segel- und Motorboote
Die Längsauflagen sind verstellbar, um sich unterschiedlichen Rumpfformen anpassen zu lassen. Für Knickspanter sollten sie sich auch quer zur Fahrtrichtung montieren lassen. Die Bugauflage mit beweglichen Pratzen ist auf dem Deichselrohr verschiebbar, die Beleuchtungsanlage nach hinten ausziehbar.

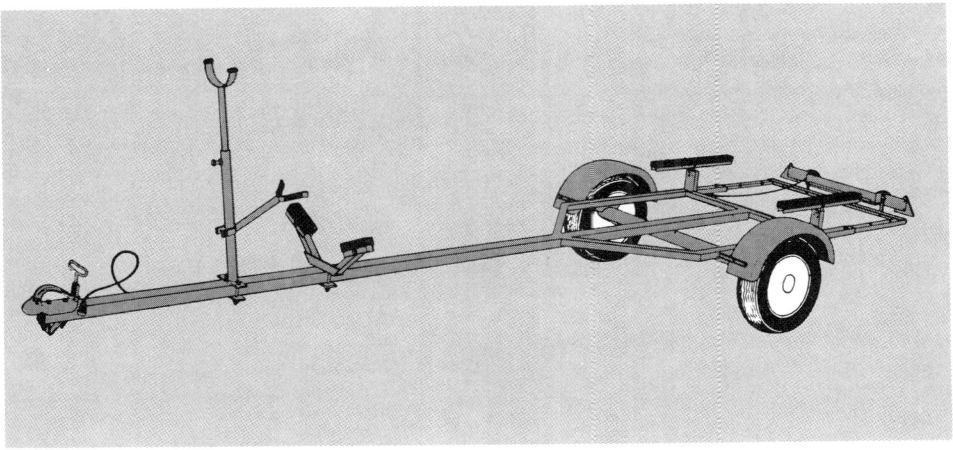

Abb. 8 Ungebremster Segelbootstrailer
Hier kommt noch ein Buganschlag hinzu, der das Boot gegen ein Verrutschen in der Längsrichtung sichert. Der Buganschlag sitzt verschiebbar auf dem Führungsrohr der Maststütze, mit der zusammen er sich auf der Deichsel in der Längsrichtung verstellen läßt.

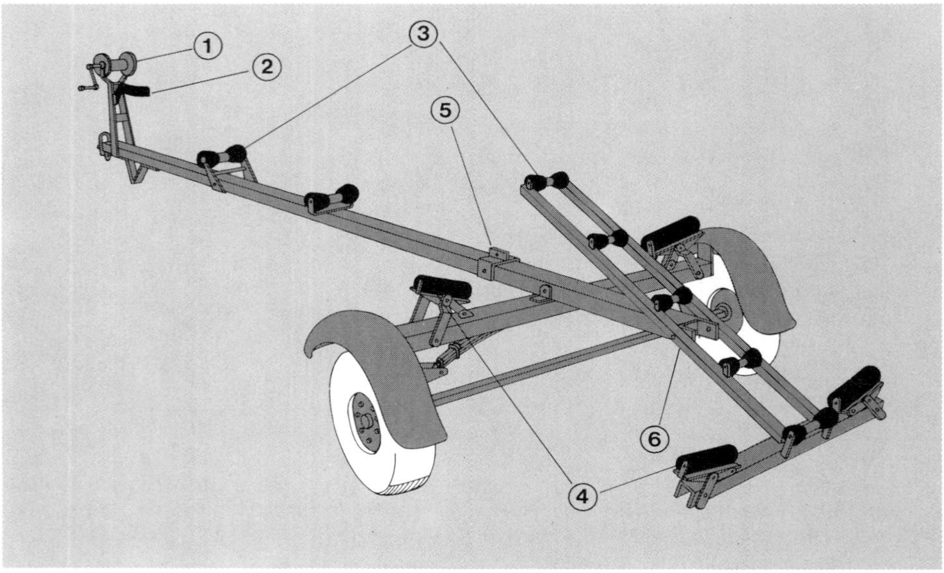

Abb. 9 Ungebremster Trailer mit Abkippvorrichtung
Empfehlenswert für Boote ab etwa 400 kg. (1) Seilwinde zum Ab- und Aufslippen — (2) Buganschlag. — (3) Ablaufrollen, sie erleichtern das Slippen erheblich. — (4) In der Querrichtung und im Anstellwinkel verstellbare Pratzen, ebenfalls als Ablaufrollen ausgebildet. — (5) Arretierung für die Kippvorrichtung. — (6) Schwenkachse.

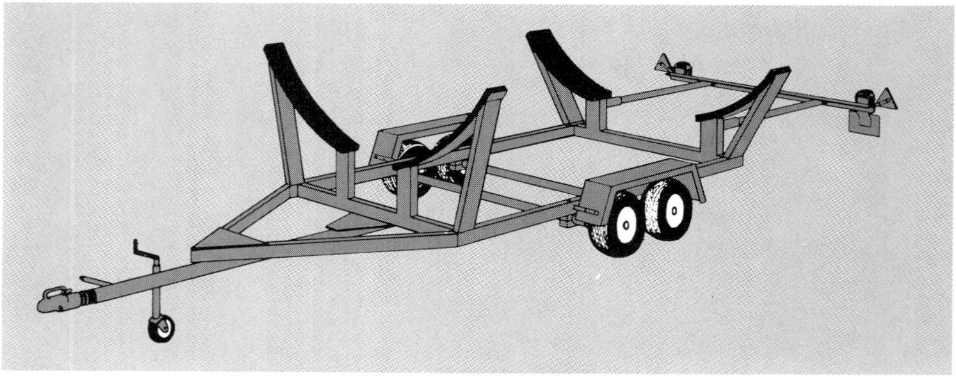

Abb. 10 Gebremster Doppelachser für Rundspanter bis zu 1500 kg
Hier können Seilwinde und Ablaufrollen entfallen, weil tiefgehende Boote dieser Größenordnung kaum noch zu slippen sind, sondern mit dem Kran abgehoben werden müssen. Dafür gibt es ein in der Höhe verstellbares Bugrad. Es ist Vorschrift, wenn die Deichsellast am Kupplungspunkt bei gleichmäßiger Lastverteilung mehr als 50 kg beträgt.

die Versicherungskarte des Zugwagens schließt bei Grenzüberschreitung den Trailer nicht ein. Verliert man ein sachgemäß gezurrtes Boot während der Fahrt, während der Zugwagen mit dem Hänger weiterrollt, werden auch die durch das Boot verursachten Schäden durch die Haftpflichtversicherung des Kraftwagens gedeckt – nicht jedoch, wenn der Trailer abgekuppelt ist, beispielsweise, wenn man beim Auf- und Abslippen von Hand die Gewalt über den Anhänger verliert.
Was zuvor über die Fahrweise mit einer Dachlast gesagt wurde, gilt in verstärktem Maße für das Trailergespann. Die Höchstgeschwindigkeit ist vom Gesetzgeber auf 80 km/h beschränkt. Mit relativ leichten Wagen und ungebremsten Trailern kann es nichts schaden, wenn man sich selbst eine Beschränkung auf 70 km/h auferlegt.
Besondere Aufmerksamkeit gilt dem richtigen Trimm der Trailerlast. Das Boot sollte so auf dem Trailer liegen, daß nur etwa 10% seines Gewichtes auf die Hängerkupplung drücken. Die Gewichtsverteilung ist beispielsweise auch vom Hecküberhang des Zugwagens – Abstand der Hängerkupplung von der Hinterachse – abhängig, weil sich dadurch ein unterschiedlich langer Hebelarm ergibt. Übergewicht auf der Hängerkupplung macht sich bei einem Wagen mit kurzem Heck kaum bemerkbar. Bei langem Überhang jedoch kann die annähernd gleiche Lastverteilung auf dem Trailer dazu führen, daß das Heck des Zugwagens so stark nach unten gedrückt wird, daß die Vorderräder keine ausreichende Bodenhaftung mehr haben. Der Fahrtwind faßt unter den Bug des Wagens, der gefährlich zu schwimmen beginnt und in unkontrollierbares Schleudern geraten kann.

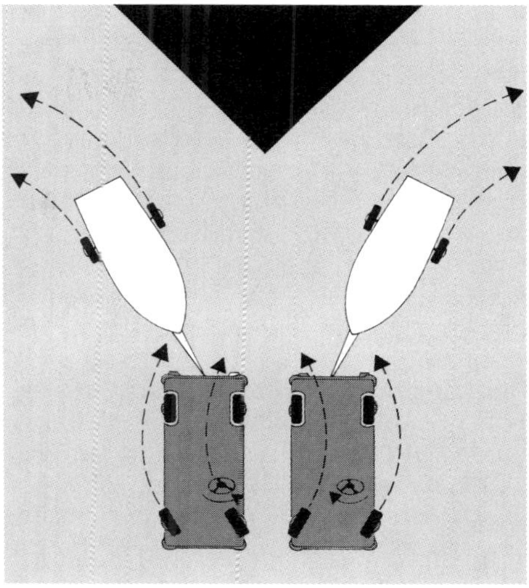

Abb. 11 Manöver mit dem Trailer
Links: Zurücksetzen des Trailers nach links. – Rechts: Zurücksetzen nach rechts. Das Lenkrad muß jeweils in die entgegengesetzte Richtung eingeschlagen werden.

Bei einem zu hecklastig getrimmten Trailer werden die hinteren (meist) Antriebsräder des Zugwagens nicht mehr genügend belastet, während gleichzeitig die Steuerung durch den starken Hebeldruck auf die Vorderräder erheblich erschwert wird.
Eine Überladung des Trailers über die zulässige Nutzlast hinaus oder ein Überschreiten der zulässigen Zuglast führt neben unsicherem Fahrverhalten bei einer der während der Saison häufigen Polizeikontrollen unweigerlich zu einer Strafanzeige. Möglicherweise angeordnete Wiegekontrollen gehen zu Lasten des Wagenbesitzers. Ein zu kleines (leichtes) Boot auf einem zu großen Trailer verursacht eine gefährliche Vibration des Trailers, die sich auf den Zugwagen überträgt. Ausrüstung sollte

man möglichst nicht in den Bootsenden stauen, sondern konzentriert über oder zumindest nahe der Trailerachse.
Bremsungen sind frühzeitig und weich einzuleiten. Der Bremsweg mit Gespann kann bis zum Doppelten des normalen Bremsweges des unbelasteten Wagens betragen. Bei hartem Bremsen mit einem ungebremsten Trailer kann es geschehen, daß sich der Trailer querstellt und den Wagen mit dem Heck zur Seite reißt.
Umdenken erfordern auch Rückwärtsmanöver. Anfänger sollten es an einem ruhigen Ort üben, ehe sie sich in den Verkehr stürzen. Hat der Trailer eine Auflaufbremse, muß sie natürlich zuvor gesperrt werden. Im übrigen erfolgt das Rückwärtsfahren wie das Achteraussegeln mit einem Boot: man muß die »Pinne« in die entgegengesetzte Richtung legen (Abb. 11). Will man den Trailer nach links bugsieren, muß man das Steuerrad nach rechts drehen, also die Vorderräder nach rechts einschlagen. Das Heck des Wagens dreht nach rechts, der Trailer schwingt nach links, oder umgekehrt.
Im Stand, besonders auf etwas abschüssiger Straße, sollte das Gespann nicht nur mit der Handbremse gesichert werden. Besser ist es, vor oder hinter die Trailerräder Bremskeile oder auch Steine zu legen.

c) Ab- und Aufslippen

Seilwinden und (versenkbare) Ablaufrollen sind bei kleineren flachbodigen Booten Annehmlichkeiten, aber auch eine Preisfrage. Überschreiten die Boote erst die Vierteltonne, werden sie zu ziemlich unumgänglichen Notwendigkeiten. Nur bei Kielyachten kann man darauf verzichten. Sie müssen ohnehin – sofern man den für sie richtigen Spezialtrailer hat – entweder mit dem Kran abgehoben werden, oder aber der Trailer muß so tief ins Wasser gefahren werden, daß sie über ihm auf- und freischwimmen.
Die günstigste Neigung für eine Sliprampe liegt bei etwa 6°. Das Gefälle beträgt dann auf 10 m ungefähr 1 m, ausreichend, um jedes trailerbare flachbodige Boot freischwimmen zu lassen. Bei dieser Steigung können Boote ohne Schwierigkeit von Hand herausgezogen werden, und auch ein Pkw vermag unter Last aus dem Stand gut anzufahren. Diese 6°-Neigung erfordert jedoch eine Mindestlänge der Sliprampe von 30 m. Häufig fehlt es an Raum dafür, so daß Neigungswinkel von 12°, 15° durchaus üblich sind. Das Anfahren unter Last beim Aufslippen, zumal wenn die Rampe glitschig ist, wird dann schwierig oder gänzlich unmöglich. Auch ist es nicht immer möglich, den Trailer mit dem Wagen dicht genug ans beziehungsweise bis ins Wasser zu fahren. Es muß also von Hand abgeslippt werden. Schwere Boote jedoch sind auf solchen abschüssigen Rampen von Hand nicht zu halten. So hilft man sich mit einer Talje, die an der Trailerdeichsel und am Kupplungszapfen des Wagens angeschlagen wird (Abb. 12). Je nachdem, wie oft sie geschoren ist, läßt sich mit ihr jedes Boot selbst von einem Einzelnen abfieren. Mit dieser Talje werden Boot und Trailer auch wieder aus dem Wasser gezogen. Zur Sicherung des Wagens sollte zusätzlich zur Handbremse unbedingt ein Gang eingelegt werden.
Während das Einschwimmen etwa einer Jolle in den Trailer, mit Leinen oder direkt, kaum Schwierigkeiten bereitet, wird es mit einem Kielboot schon komplizierter. Der Trailer muß tief ins Wasser gefahren werden und ist bei den

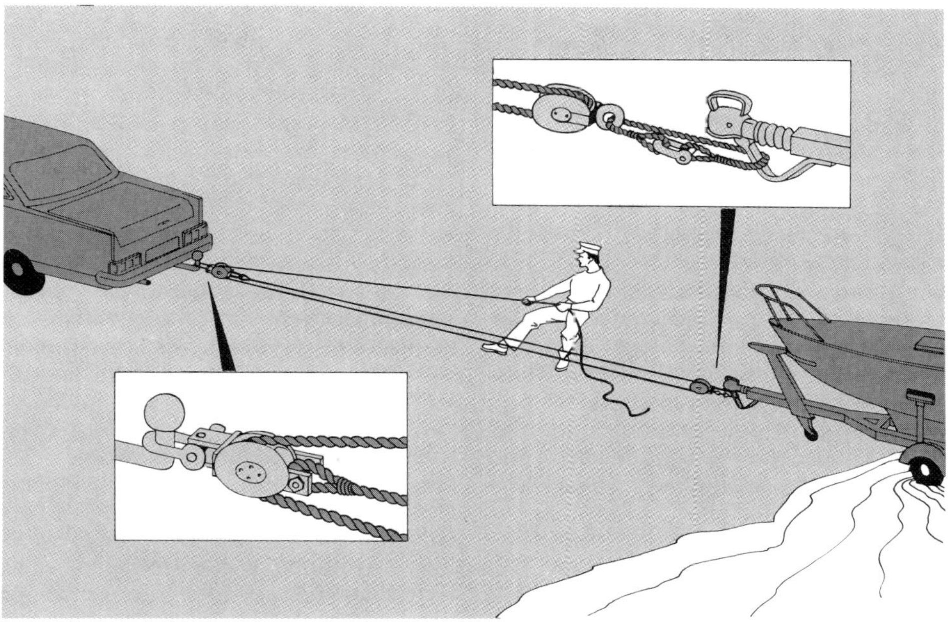

Abb. 12 Abslippen
Als Ablaufstopper empfiehlt sich eine Talje, wenn die Slipbahn sehr steil oder das Ufer weich oder unsicher ist, so daß man mit dem Wagen nicht nahe genug ans Wasser heranfahren kann.

meist verschmutzten Ufergewässern nicht mehr genau zu beobachten. Der Kiel aber muß in das schmale Kielauflager bugsiert werden. Liegt ein schweres Boot erst einmal falsch auf dem Trailer, läßt es sich später auf dem Trockenen nur noch mit großer Mühe oder gar nicht mehr richtig lagern. Patentrezepte für das richtige Einschwimmen eines solchen Bootes gibt es nicht. Hier führer nur Ausdauer und etwas Glück zum erwünschten Erfolg. In ganz schwierigen Fällen helfen Markierungsstangen, eine am Steven und mindestens eine möglichst weit achtern an einer Seite. An diesen Stangen wird das Boot festgehalten oder lose festgemacht, bis es aufsitzt. Die Stangen, meistens aus dünnwandigem Stahlrohr, werden abnehmbar am Trailer befestigt.

X. Wettsegeln

a) Klassen

Sportliche Wettfahren mit Segelbooten sind nur dann durchführbar, wenn jeder Teilnehmer über das gleiche »Sportgerät« verfügt. Diese Notwendigkeit führte zur Schaffung weitgehend genormter Bootstypen für das Regattasegeln, der sogenannten Klassen (Abb. 1 bis 4). Die Klassifizierung erfolgt nach unterschiedlichen Gesichtspunkten.

Internationale Klassen müssen in mehreren Ländern verbreitet und von der International Yacht Racing Union (IYRU) in London anerkannt sein. Aus ihnen werden jeweils die olympischen Klassen ausgewählt. Zu den internationalen Klassen zählen u. a. Drachen, Starboot, Flying Dutchman, Finn-Dinghy, Soling und Tempest.

Nationale Klassen sind von den Segelsportverbänden der einzelnen Länder – in Deutschland durch den Deutschen Segler-Verband (DSV) – anerkannte oder eingeführte Klassen. Zu den deutschen nationalen Klassen gehören u. a. die Korsaren, Piraten, H-Jollen, 15-m²-, 16-m²-, 20-m²- und 30-m²-Jollenkreuzer.

Revierklassen wurden für die besonderen Bedingungen eines bestimmten Reviers entwickelt. Sie sind meistens nur auf diesem Revier verbreitet und als offizielle Klassen nicht anerkannt, wie beispielsweise die Schratzboote auf dem Chiemsee.

Altersklassen sind ehemalige nationale Klassen, die keine Zukunft mehr haben, weil sie technisch oder konstruktiv überholt sind. In ihnen werden zwar noch Regatten gesegelt, der DSV stellt jedoch für Neubauten keine Meßbriefe mehr aus. Beispiele: 10-m²-Rennjolle und 22-m²-Nationale Jolle

Eine weitere Klassifizierung geschieht nach den Bauvorschriften. *Einheitsklassen* werden nach demselben Bauplan und sehr enggefaßten Vorschriften gebaut, die Größe, Form, Gewicht, Besegelung, Baumaterial und jedes einzelne Detail genau festlegen. So entstehen theoretisch völlig übereinstimmende Boote. Zu den kompromißlosesten Einheitsklassen gehören die Olympia- und die 4,20-m-Jolle.

Beschränkte Klassen haben etwas gelockerte Vorschriften. Im allgemeinen werden nur Abmessungen, Rumpfform, Mindestgewicht, Segelmaße und bestimmte Sicherheitseinrichtungen festgelegt. Dagegen sind andere Einzelheiten freigestellt, so etwa Baumaterial, Schwert- und Schotführung, Lenzeinrichtungen und Verstagung oder die Größe und Anordnung der Plicht. Neben dem Flying Dutchman gehören die meisten modernen Gleitjollen in diese Gruppe.

Konstruktionsklassen werden nicht durch Festmaße begrenzt. Boote dieser Klasse können beträchtliche Abweichungen in Länge, Breite, Gewicht und sogar Segelfläche aufweisen. Die zulässigen Abweichungen in den Abmessungen werden durch eine Meßformel gegenein-

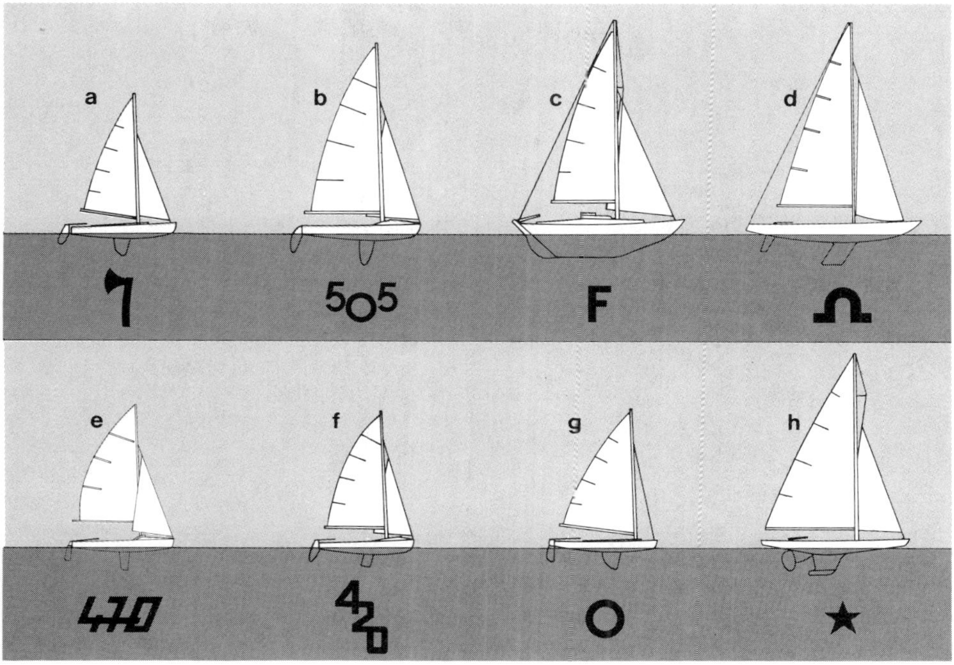

Abb. 1

a) Pirat: Segelzeichen Enterbeil, Länge über alles 5,00 m, Breite 1,61 m; Tiefgang ohne/mit Schwert 0,198 m/ 1,045 m; Gewicht 170 kg; Segelfläche 10,00 m²; Baumaterial Vollholz oder Kunststoff; Rennbesatzung 2 Mann

b) 505er: Segelzeichen 505; Olympische Auswahlklasse; Länge über alles 5,05 m; Länge Wasserlinie 4,65 m; Breite 1,88 m; Tiefgang ohne/mit Schwert 0,15 m/1,18 m; Gewicht 130 kg; Segelfläche 14,00 m²; Baumaterial Kunststoff oder Sperrholz; Rennbesatzung 2 Mann

c) Volksboot: Segelzeichen F; Länge über alles 7,64 m; Länge Wasserlinie 6,00 m; Breite 2,20 m; Tiefgang 1,20 m; Gewicht 2,15 t; Segelfläche 24,00 m²; Baumaterial Vollholz, nicht für das Orig. F-Boot, geklinkert; Rennbesatzung 3 Mann

d) Soling: Segelzeichen stilisiertes Omega; Olympische Klasse; Länge über alles 8,15 m; Länge Wasserlinie 6,10 m; Breite 1,90 m; Tiefgang 1,30 m; Verdrängung 1 t; Segelfläche 21,70 m²; Baumaterial Kunststoff; Rennbesatzung 3 Mann

e) 470er-Jolle: Segelzeichen 470; Olympische Klasse; Länge über alles 4,70 m; Länge Wasserlinie 4,44 m; Breite 1,68 m; Tiefgang ohne/mit Schwert 0,15/1,05 m; Gewicht 115 kg; Segelfläche 13,28 m²; Baumaterial Kunststoff; Rennbesatzung 2 Mann

f) 420er-Jolle: Segelzeichen 420; Länge über alles 4,20 m; Länge Wasserlinie 4,00 m; Breite 1,63 m; Tiefgang mit/ohne Schwert 0,175 m/0,975 m; Gewicht 80 kg; Segelfläche 10,25 m²; Baumaterial Kunststoff; Rennbesatzung 2 Mann

g) Olympia-Jolle: Segelzeichen O; Länge über alles 5,00 m; Wasserlinie 4,40 m; Breite 1,66 m; Tiefgang ohne/ mit Schwert 0,13 m/1,08 m; Gewicht 150 kg; Segelfläche 10,00 m²; Baumaterial Vollholz oder Kunststoff; Rennbesatzung 1 Mann

h) Starboot: Segelzeichen Stern; Olympische Klasse; Länge über alles 6,92 m; Länge Wasserlinie 4,72 m; Breite 1,73 m; Tiefgang 1,01 m; Gewicht 750 kg; Segelfläche 26,13 m²; Baumaterial Vollholz oder Kunststoff; Rennbesatzung 2 Mann

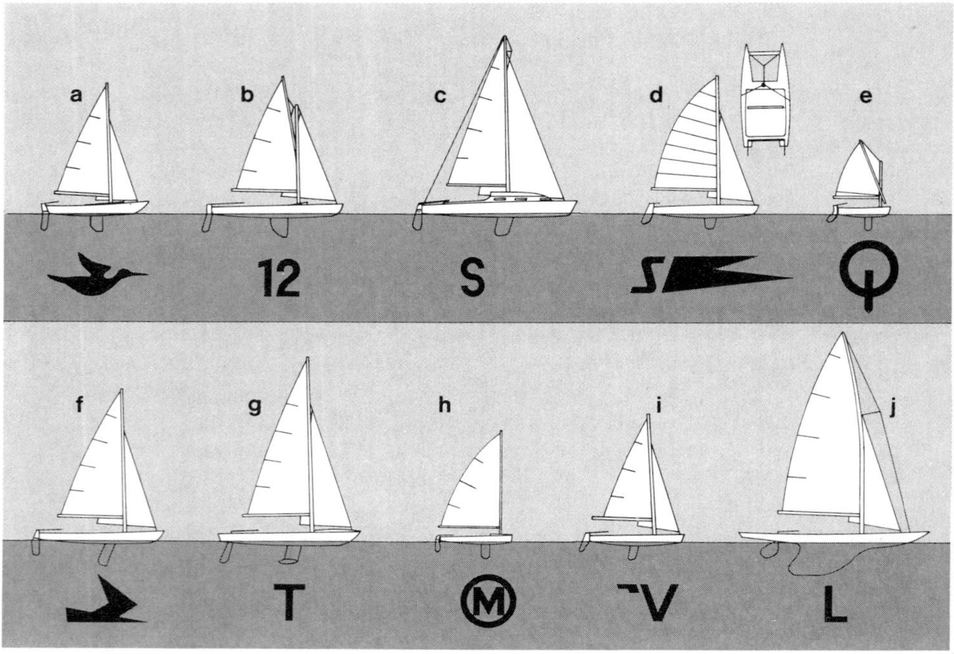

Abb. 2

a) Snipe: Segelzeichen Schnepfe; Länge über alles 4,72 m; Länge Wasserlinie 4,06 m; Breite 1,52 m; Tiefgang ohne/mit Schwert 0,17 m/0,96 m; Gewicht 212 kg; Segelfläche 10,78 m²; Baumaterial Vollholz, Sperrholz, Kunststoff; Rennbesatzung 2 Mann

b) 12-m²-Einheitsscharpie: Segelzeichen 12; Länge über alles 5,99 m; Länge Wasserlinie 5,40 m; Breite 1,43 m; Tiefgang ohne/mit Schwert 0,16 m/0,96 m; Gewicht 280 kg; Segelfläche 16,20 m²; Baumaterial Vollholz; Rennbesatzung 2 Mann

c) 16-m²-Jollenkreuzer: Segelzeichen S; Länge über alles 7,00 m; Länge Wasserlinie 6,25 m; Breite 2,30 m; Tiefgang ohne/mit Schwert 0,12 m/1,50 m; Gewicht 550 kg; Segelfläche 16,00 m²; Baumaterial Sperrholz; Rennbesatzung 2 Mann

d) Shearwater III: Segelzeichen S mit Schwinge; Länge über alles 5,03 m; Länge Wasserlinie 4,83 m; Breite 2,28 m; Tiefgang ohne/mit Schwert 0,18 m/0,78 m; Gewicht 163 kg; Segelfläche 14,86 m²; Baumaterial Kunststoff mit Sperrholz; Rennbesatzung 2 Mann

e) Optimist: Kein offizielles Segelzeichen, international verbreitet Kreis mit Balken; Länge über alles 2,31 m; Breite 1,13 m; Tiefgang ohne/mit Schwert 0,08 m/0,77 m; Gewicht 55 kg; Segelfläche 3,30 m²; Baumaterial Sperrholz oder Kunststoff; Besatzung 1 Kind

f) Zugvogel, gibt es als Schwert- und Kielboot (in Klammern Kielboot): Segelzeichen Vogel (mit Punkt); Länge über alles 5,80 m; Breite 1,88 m; Tiefgang ohne/mit Schwert 0,16 m/1,10 m (0,87 m); Gewicht 280 kg (380 kg); Segelfläche 15,00 m² (18,00 m²); Baumaterial Sperrholz oder Kunststoff; Rennbesatzung 2 Mann

g) Tempest: Segelzeichen T; Länge über alles 6,70 m; Länge Wasserlinie 5,87 m; Breite 1,92 m; Tiefgang 1,10 m; Gewicht 580 kg; Segelfläche 23,00 m²; Baumaterial Kunststoff; Rennbesatzung 2 Mann

h) Moth: Segelzeichen M im Kreis; Länge über alles 3,35 m; Breite 1,35 m; Tiefgang ohne/mit Schwert 0,10 m/0,88 m; Gewicht 54 kg; Segelfläche 7,00 m²; Baumaterial Kunststoff oder Sperrholz; Rennbesatzung 1 Mann

i) Vaurien: Segelzeichen V mit Schwinge; Länge über alles 4,08 m; Länge Wasserlinie 4,03 m; Breite 1,47 m; Tiefgang ohne/mit Schwert 0,13 m/0,97 m; Gewicht 95 kg; Segelfläche 8,10 m²; Baumaterial Sperrholz oder Kunststoff; Rennbesatzung 2 Mann

j) 30-m²-Binnenkielklasse: Segelzeichen L; Länge über alles etwa 9 m; Mindestbreite 1,75 m; Tiefgang etwa 1,10 m; Gewicht mindestens 1 t; Segelfläche 30,00 m²; Baumaterial Vollholz; Rennbesatzung 3 Mann

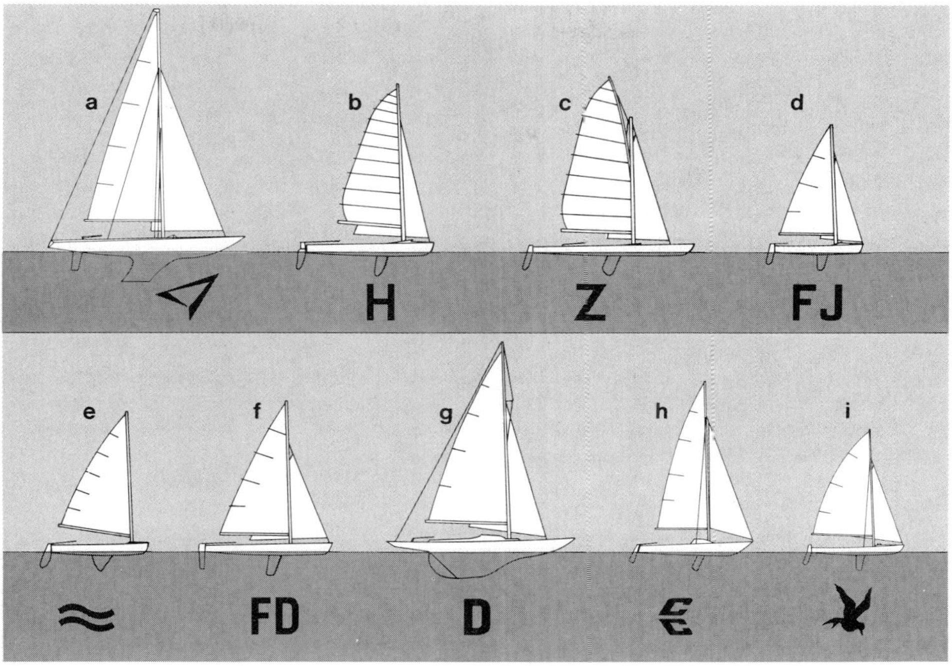

Abb. 3

a) Trias: Segelzeichen stilisiertes Dreieck; Länge über alles 9,20 m; Länge Wasserlinie 6,30 m; Breite 2,12 m; Tiefgang 1,35 m; Gewicht 1,3 t; Segelfläche 28,70 m^2; Baumaterial Kunststoff; Rennbesatzung 3 Mann

b) H-Jolle: Segelzeichen H; Länge über alles 6,20 m; Länge Wasserlinie 5,20 m; Breite 1,86 m; Tiefgang ohne/mit Schwert 0,09 m/1,14 m; Gewicht 280 kg; Segelfläche 15,00 m^2; Baumaterial Vollholz mit Sperrholz; Rennbesatzung 2 Mann

c) 20-m^2-Rennjolle: Segelzeichen Z; Länge über alles etwa 7,70 m; Länge Wasserlinie 6,60 m; Breite 1,80 m; Tiefgang ohne/mit Schwert 0,12 m/0,96 m; Gewicht 380–420 kg; tatsächliche Segelfläche 30,00 m^2; Baumaterial Vollholz; Rennbesatzung 3 Mann

d) Flying Junior: Segelzeichen FJ; Länge über alles 4,03 m; Breite 1,55 m; Tiefgang ohne/mit Schwert 0,15 m/0,85 m; Gewicht 90 kg; Segelfläche 9,30 m^2; Baumaterial Sperrholz oder Kunststoff; Rennbesatzung 2 Mann

e) Finn-Dinghy: Segelzeichen Doppelwelle; Olympische Klasse; Länge über alles 4,50 m; Länge Wasserlinie 4,05 m; Breite 1,51 m; Tiefgang mit/ohne Schwert 0,18 m/0,85 m; Gewicht 105 kg; Segelfläche 10,00 m^2; Baumaterial Sperrholz oder Kunststoff; Rennbesatzung 1 Mann

f) Flying Dutchman: Segelzeichen FD; Olympische Klasse; Länge über alles 6,05 m; Länge Wasserlinie 5,50 m; Breite 1,80 m; Tiefgang ohne/mit Schwert 0,15 m/1,10 m; Gewicht 125 kg; Segelfläche 15,00 m^2; Baumaterial Sperrholz oder Kunststoff; Rennbesatzung 2 Mann

g) Drachen: Segelzeichen D; Länge über alles 8,90 m; Länge Wasserlinie 5,70 m; Breite 1,90 m; Tiefgang 1,20 m; Gewicht 2 t; Segelfläche 26,60 m^2; Baumaterial Vollholz oder Kunststoff; Rennbesatzung 3 Mann

h) Conger: Segelzeichen spiegelbildliches Doppel-C; Länge über alles 5,30 m; Länge Wasserlinie 4,98 m; Breite 1,80 m; Tiefgang ohne/mit Schwert 0,20 m/1,10 m; Gewicht 230 kg; Segelfläche 12,00 m^2; Baumaterial Kunststoff; Rennbesatzung 2 Mann

i) Sternjolle: Segelzeichen Seeschwalbe; Länge über alles 4,25 m; Breite 1,55 m; Tiefgang ohne/mit Schwert 0,15 m/0,90 m; Gewicht 120 kg; Segelfläche 11,10 m^2; Baumaterial Sperrholz oder Kunststoff; Rennbesatzung 2 Mann

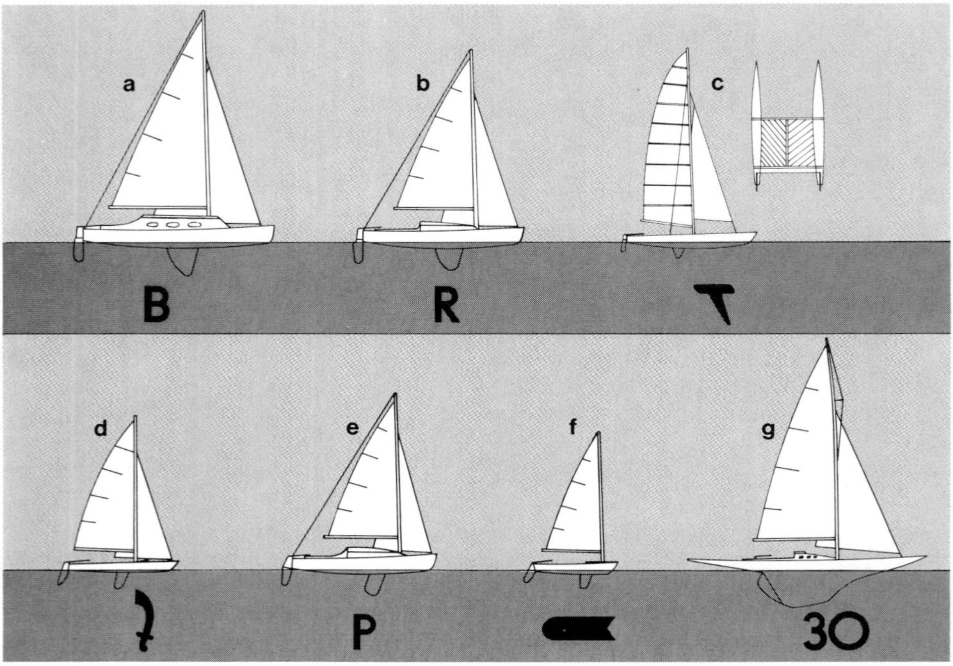

Abb. 4

a) 30-m²-Jollenkreuzer: Segelzeichen B; Länge über alles etwa 9 m; Breite 2,86 m; Tiefgang ohne/mit Schwert 0,30 m/1,60 m; Mindesthöhe in der Kajüte 1,20 m; tatsächliche Segelfläche 40,00 m²; Baumaterial Vollholz oder Stahl; Rennbesatzung 4 Mann

b) 20-m²-Jollenkreuzer: Segelzeichen R; Länge über alles 7,75 m; Länge Wasserlinie 6,90 m; Breite 2,39 m; Tiefgang ohne/mit Schwert 0,23 m/1,35 m; Gewicht 800 kg (Holz), 1100 kg (Stahl); Segelfläche 19,989 m²; Baumaterial Vollholz oder Stahl; Rennbesatzung 3 Mann

c) Tornado: Segelzeichen T; Olympische Klasse 1976; Länge über alles 6,10 m; Länge Wasserlinie 5,85 m; Breite 3,05 m; Tiefgang ohne/mit Schwert 0,17 m/0,76 m; Gewicht 135 kg; Segelfläche 21,80 m²; Baumaterial Kunststoff; Rennbesatzung 2 Mann

d) Korsar: Segelzeichen Korsarenschwert; Länge über alles 5,00 m; Breite 1,70 m; Tiefgang ohne/mit Schwert 0,10 m/1,00 m; Gewicht 90 kg; Segelfläche 11,50 m²; Baumaterial Sperrholz oder Kunststoff; Rennbesatzung 2 Mann

e) 15-m²-Jollenkreuzer: Segelzeichen P; Länge über alles 6,50 m; Länge Wasserlinie 5,70 m; Breite 2,15 m; Tiefgang ohne/mit Schwert 0,17 m/1,10 m; Gewicht 680 kg; Segelfläche 14,98 m²; Baumaterial Vollholz oder Kunststoff; Rennbesatzung 2 Mann

f) OK-Jolle: Segelzeichen breiter, pfeilartiger Balken; Länge über alles 4,00 m; Länge Wasserlinie 3,41 m; Breite 1,42 m; Tiefgang ohne/mit Schwert 0,155 m/0,855 m; Gewicht 85 kg; Segelfläche 7,28 m²; Baumaterial Sperrholz oder Kunststoff; Rennbesatzung 1 Mann

g) 30-m²-Schärenkreuzer: Segelzeichen 30; Länge über alles etwa 11,35 m; Länge Wasserlinie etwa 7,65 m; Breite etwa 2,00 m; Tiefgang etwa 1,35 m; Mindestgewicht 2 t; Segelfläche 30 m²; Baumaterial Vollholz oder Kunststoff; Rennbesatzung 2 Mann ander ausgeglichen, beispielsweise eine größere Länge durch eine kleinere Segelfläche oder größere Verdrängung. Zu dieser Gruppe gehören u. a. die 5,5-m-Yachten und die 12-m-Yachten, in denen der berühmte *America's* Cup ausgesegelt wird.

Im weiteren Sinne sind auch die *Grenzmaßklassen* der DSV Konstruktionsklassen. Bei ihnen werden bestimmte Höchst- oder Mindestmaße für die Abmessungen festgelegt. Auch ist die Segelfläche gewöhnlich vorgeschrieben. Beispiele dafür sind die H-Jollen und die 16-m²-Jollenkreuzer.

Katamaran-Klassen: Rennkatamarane werden international in die Divisionen A — Einmannboote —, B und C — Zweimannboote — und D — Dreimannboote — eingeteilt. Innerhalb der einzelnen Divisionen ist ein Höchstmaß für die Segelfläche oder die Länge und Breite der Doppelrumpf-Konstruktion festgesetzt, so daß es sich eigentlich um Grenzmaßklassen handelt. Der am stärksten verbreitete Division-B-Katamaran ist der Shearwater, der gleichzeitig eine Einheitsklasse bildet.

Werftklassen sind Bootstypen, die von einer Werft nach eigenen Bauvorschriften einheitlich gebaut werden, ohne zunächst offiziell von einer Organisation als Klasse anerkannt zu sein. Der moderne Formenbau erlaubt dabei eine so weitgehende Einheitlichkeit, wie sie früher, selbst durch strenge Bauvorschriften, kaum zu erreichen war. Zahlreiche nationale Klassen in England, Frankreich und Holland sind aus Werftklassen hervorgegangen.

Eintyp-Klassen: Vom Deutschen Segler-Verband anerkannte Werftklassen. Voraussetzung ist, daß mindestens 100 Jollen oder 80 Kajütboote unter den Standern anerkannter Clubs segeln.

b) Organisation von Wettfahrten

Man unterscheidet Regatten und Wettfahrten. Eine Regatta umfaßt eine oder mehrere Wettfahrten an einem oder mehreren Tagen, eine Wettfahrt nur den Zeitraum zwischen dem Vorbereitungssignal und dem Zieldurchgang einer einzelnen Klasse. Es gibt ferner Verbands-, Sonder-, Vereins- und Jugendregatten.

Verbandsregatten dürfen nur für vom Deutschen Segler-Verband anerkannte, reviergeeignete Klassen ausgeschrieben werden, und zwar von einem oder auch mehreren Verbandsvereinen. Zu einer *Sonderregatta* sind nur bestimmte Klassen zugelassen, die vom Veranstalter in der Ausschreibung einzeln genannt werden. Zu einer *Vereinsregatta* sind nur Yachten zugelassen, deren Steuermann dem veranstaltenden Verein angehört. Teilnehmer an *Jugendregatten* müssen Jugendliche im Sinne der Vorschrift des Deutschen Segler-Verbandes sein und außerdem einem Verbandsverein angehören. Ausschreibung und Veranstaltung aller Regatten sind vom Deutschen Segler-Verband zu genehmigen. Gesegelt wird nach den *Wettsegelbestimmungen* (WB) der International Yacht Racing Union (IYRU), Deutsche Ausgabe. An allen Verbandsregatten können Segler teilnehmen, die einem dem Deutschen Segler-Verband angeschlossenen Verein angehören und einen Verbandsführerschein besitzen, ferner Segler aus Vereinen einer anderen Landesvertretung der IYRU oder aus einem vom Deutschen Segler-Verband besonders anerkannten deutschen oder ausländischen Verein. Außer bei Vereinsregatten müssen alle Boote einen gültigen Meßbrief oder einen gültigen Klassenschein und einen Standerschein

ihres Vereins besitzen. Die Wettfahrtleitung legt die Bahn sowie die Start- und Ziellinie fest. Sie entscheidet, ob eine Wettfahrt gesegelt, aufgehoben, verkürzt oder abgebrochen wird. In Zweifelsfällen entscheidet der Wettfahrtleiter.
Der Zielrichter hat von allen teilnehmenden Yachten die Zeit zu nehmen und darauf zu achten, ob eine Yacht beim Zieldurchgang eine Protestflagge zeigt. Segelt eine Yacht wiederholt über die Ziellinie, kann sie von ihm ausgeschlossen werden, wenn ein solcher Ausschluß in den Segelanweisungen vorgesehen ist.
Das Schiedsgericht tritt unter dem Vorsitz eines Obmannes zusammen. Ihm gehören mindestens drei Schiedsrichter an. Sie haben alle anfallenden Proteste zu entscheiden.
Der Deutsche Segler-Verband unterscheidet Tages-, Punkt-, Wander-, Herausforderungs- und Sonderpreise. Tagespreise sollen möglichst bei jeder Verbandsregatta für jede startende Klasse gegeben werden. Sie werden vom Eigentümer der Yacht endgültig gewonnen. Darüber hinaus können Punktpreise nach dem Punktsystem des Deutschen Segler-Verbandes oder einem anderen Punktsystem vergeben werden. Punktpreise, die für mehrere Regatten ausgesetzt worden sind, müssen innerhalb eines Jahres endgültig gewonnen werden. Ein Wanderpreis geht spätestens nach dreimaligem Gewinn in den endgültigen Besitz des Gewinners über. Ein Herausforderungspreis ist ein Wanderpreis, für den der endgültige Gewinner zur Verteidigung herausgefordert werden muß. Erscheint er nicht zu den Wettfahrten, verliert er den Preis. Sonderpreise können für besondere seglerische Leistungen oder aus speziellen Anlässen gestiftet werden.
Die Sieger und Preisträger werden nach einem Punktsystem errechnet. Danach ist Sieger die Yacht mit der niedrigsten Punktzahl. Für Nichtstarten, Aufgabe der Wettfahrt und Disqualifikation werden unterschiedliche Punkte erteilt.
Außer den bisher beschriebenen Regatten veranstaltet der Deutsche Segler-Verband alljährlich Deutsche Meisterschaften. Meldungen zu Deutschen Meisterschaftsregatten können nur von Verbandsvereinen oder ausländischen Clubs abgegeben werden, deren Landesverbände Mitglied der IYRU sind. Abweichend von den Wettsegelbestimmungen gibt es bei Meisterschaftsregatten bei Protesten gegen die Entscheidung der Schiedsrichter keine Berufung an den Deutschen Segler-Verband. Die Protestentscheidung muß aber von fünf erfahrenen Schiedsrichtern mit Mehrheit gefällt worden sein.

c) Wettsegelbestimmungen

Wenn das Segeln als vergleichender sportlicher Wettkampf ausgeübt werden soll, so bedarf es dafür – wie bei anderen Sportarten – fester Spielregeln. Diese Regeln wurden von der International Yacht Racing Union (IYRU) erarbeitet und herausgegeben. Es sind die Wettsegelbestimmungen (WB). Für den Bereich des Deutschen Segler-Verbandes gilt die Deutsche Fassung 1977; sie umfaßt 78 Regeln. Diese Regeln werden von dem Wettfahrtausschuß in der Regatta-Ausschreibung und im Programm durch Segelanweisungen ergänzt. Solche Segelanweisungen haben den Rang von WB-Regeln und können eventuell einzelne Regeln der Wettsegelbestimmungen ändern oder ersetzen.
Hier sollen nur die wichtigsten Grundbe-

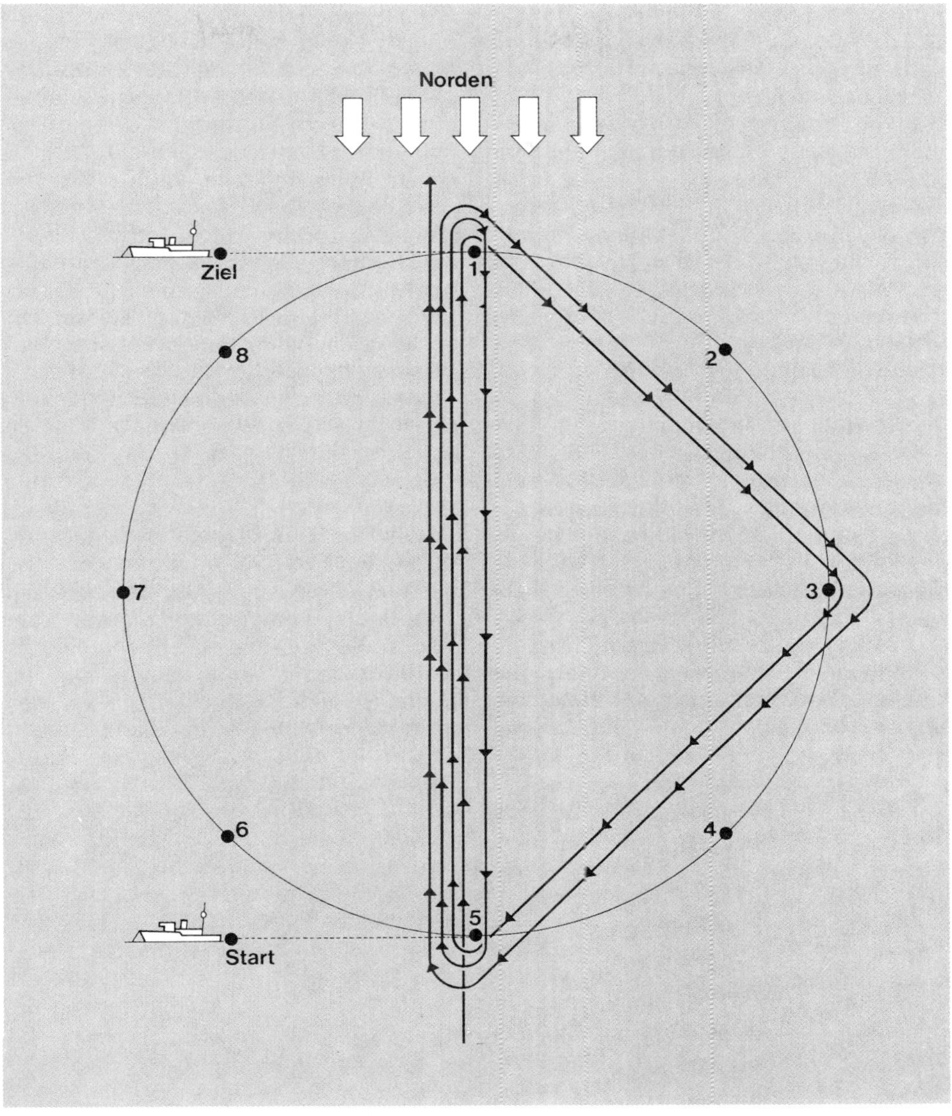

Abb. 5 Regattabahn
In der Abbildung kommt der Wind aus Nord, so daß in diesem Falle die Boote bei Tonne 5 starten. Zuerst wird ein Dreieckskurs 1—3—5 gesegelt, dann ein Kreuzkurs und ein Vorm-Wind-Kurs 1—5 und noch einmal der Dreieckskurs 1—3—5 und schließlich noch einmal ein Kreuzkurs zum Ziel bei Tonne 1. — Bei den olympischen Regatten entfällt der zweite Dreieckskurs.

griffe und Regeln angeführt werden, die ein Segler auch dann kennen sollte, wenn er nicht an einer Wettfahrt teilzunehmen beabsichtigt.
Der Teil I der Wettsegelbestimmungen enthält die Begriffsbestimmungen, der Teil II Vorschriften für die Veranstaltung von Wettfahrten. Mit den Verpflichtungen des Eigners für die Zulassung seiner Yacht befaßt sich der Teil III, während die Teile IV und V Segelvorschriften enthalten und der Teil VI sich schließlich dem Komplex Proteste, Ausschluß und Berufungen widmet.

Der *Start* ist ein sogenannter fliegender Start. Zehn Minuten vor dem Start wird als Ankündigungssignal die Klassenflagge vorgeheißt, ein akustisches Signal gegeben und die Start- und Bahnanzeige gesetzt. Die Klassenflagge jeder Klasse ist aus dem Teilnehmerverzeichnis ersichtlich. Fünf Minuten vor dem ersten Start werden die Flagge P des internationalen Flaggenalphabets und die Klassenflagge des folgenden Starts vorgeheißt und wieder ein akustisches Signal gegeben. Beim Start wird die Klassenflagge des ersten Starts niedergeholt und die des dritten Starts vorgeheißt, während die Flagge P stehenbleibt. Gleichzeitig ertönt zum dritten Male ein akustisches Signal. Die optischen Signale haben jedoch Vorrang; die Zeiten werden nach ihnen genommen. Das zu wissen ist wichtig, falls die akustischen Signale einmal versagen oder sich verzögern. Deshalb muß auch beim Start einer einzigen Klasse, beispielsweise bei Meisterschaftsregatten, bei der Ankündigung stets ein optisches Signal gezeigt werden. Erfolgen die Starts in Abständen von zehn Minuten, so gilt das Startsignal für die erste Klasse gleichzeitig als Ankündigungssignal für die folgende.
Es gibt auch noch Regatta-Reviere, auf denen ein Startball an einem Mast benutzt wird. Er ist in drei schwarze und zwei weiße Felder unterteilt. Ein roter Ball steigt während der Vorbereitungszeit nach jeder vollen Minute ein Feld höher, so daß er eine Minute vor dem Start seinen höchsten Stand erreicht

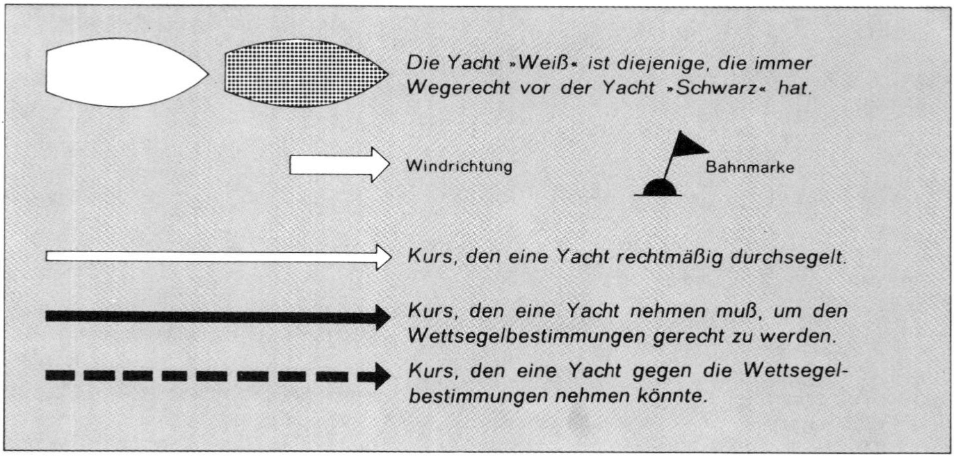

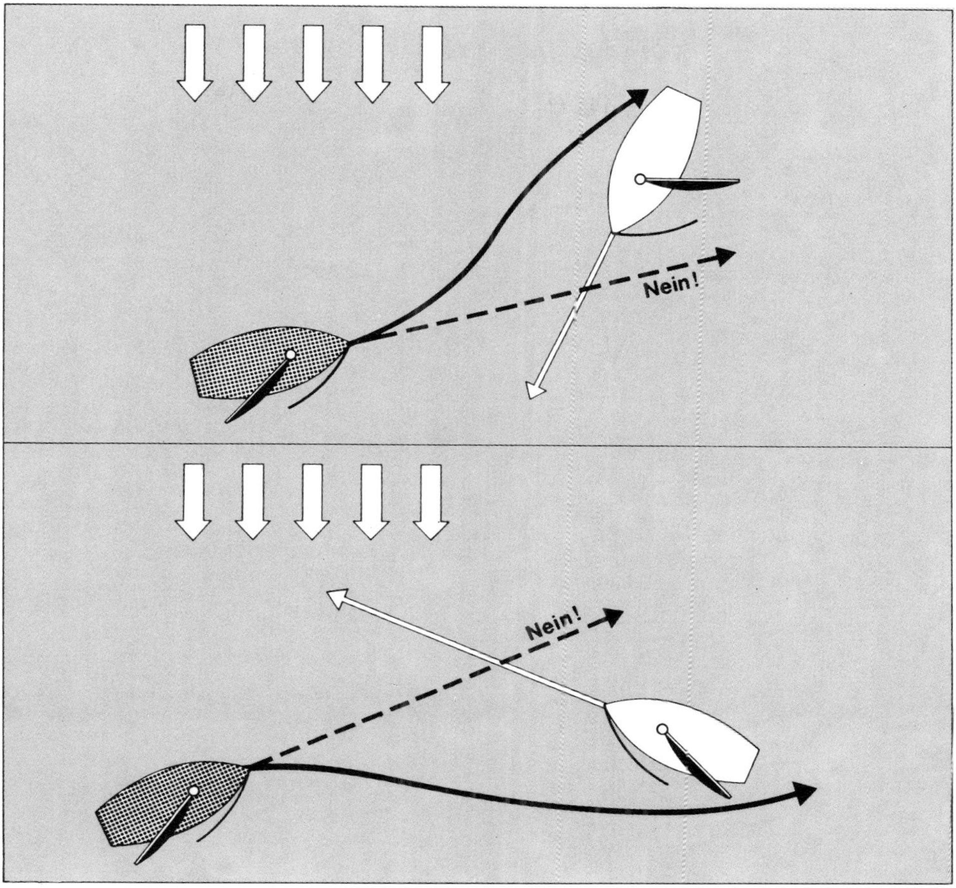

Abb. 6 Segeln auf verschiedenem Bug
Eine auf Steuerbordbug segelnde Yacht muß sich von einer auf Backbordbug segelnden freihalten.

hat. Nach Ablauf der letzten Minute fällt er wieder in seine unterste Stellung, während gleichzeitig das akustische Startsignal gegeben wird.
Zu früh über die Startlinie gehende Boote müssen auf ein Rückrufsignal hin umkehren und die Startlinie noch einmal passieren. Dabei müssen sie allen anderen Booten ausweichen. Sind die Frühstarter zu zahlreich, gibt die Wettfahrtleitung ein allgemeines Rückrufsignal (erster Hilfsstander und zwei kurz aufeinanderfolgende akustische Signale). Der Wiederholungsstart schließt sich an den letzten Start an.
Es ist üblich geworden, dabei die soge-

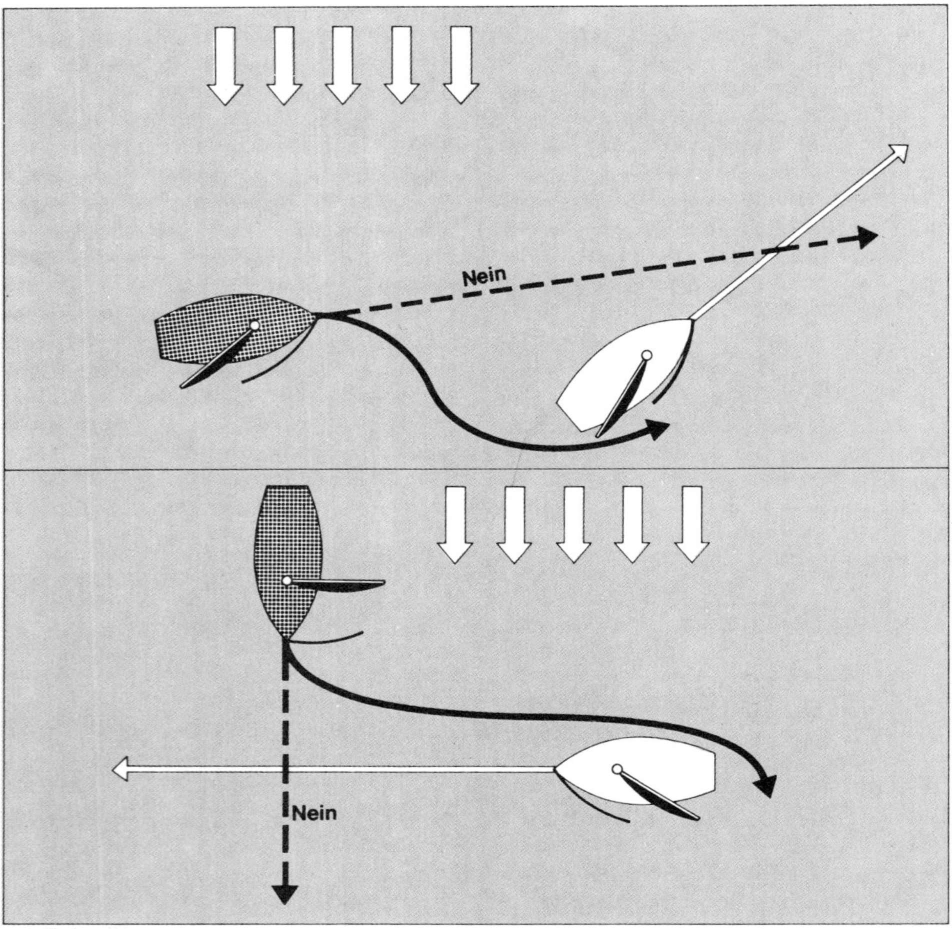

Abb. 7 Segeln auf gleichem Bug
Eine Luv-Yacht muß sich von einer Lee-Yacht freihalten.

nannte *Ein-Minuten-Regel* anzuwenden. Sie bedeutet, daß jede Yacht ausgeschlossen wird, die sich in der letzten Minute vor ihrem Wiederholungsstart innerhalb eines Dreiecks befindet, das von der Startlinie und den Verbindungslinien von deren Begrenzung zur ersten Kreuztonne gebildet wird. Es wird auch jede Yacht ausgeschlossen, die eine dieser imaginären Linien berührt, schneidet oder überquert. Eine besondere Warnung erfolgt nicht. Der Beginn dieser Sperrzeit wird durch ein Flaggensignal und ein langes akustisches Signal angezeigt. Eine Yacht kann ihren Ausschluß jedoch vermeiden, wenn sie ent-

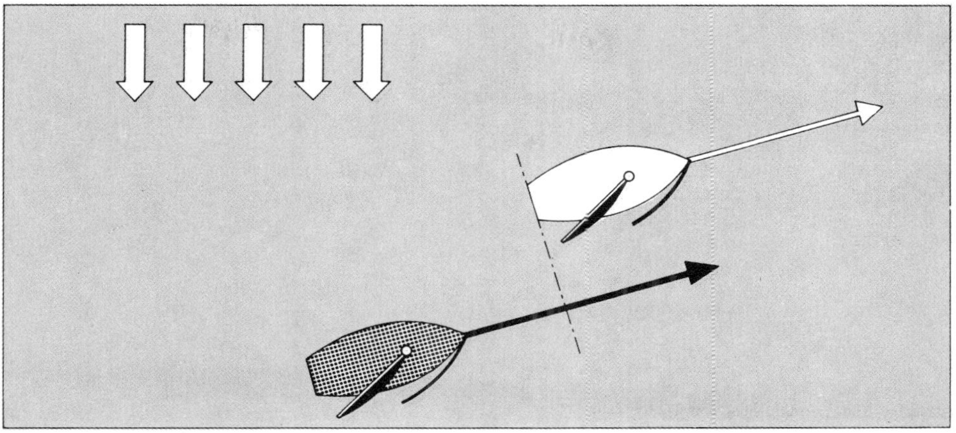

Abb. 8 Klar achteraus
Eine klar achteraus liegende Yacht hat sich von einer klar voraus liegenden freizuhalten. »Schwarz« ist zwar Lee-Yacht, könnte aber keinen Raum verlangen, weil die beiden Yachten nicht überlappen.

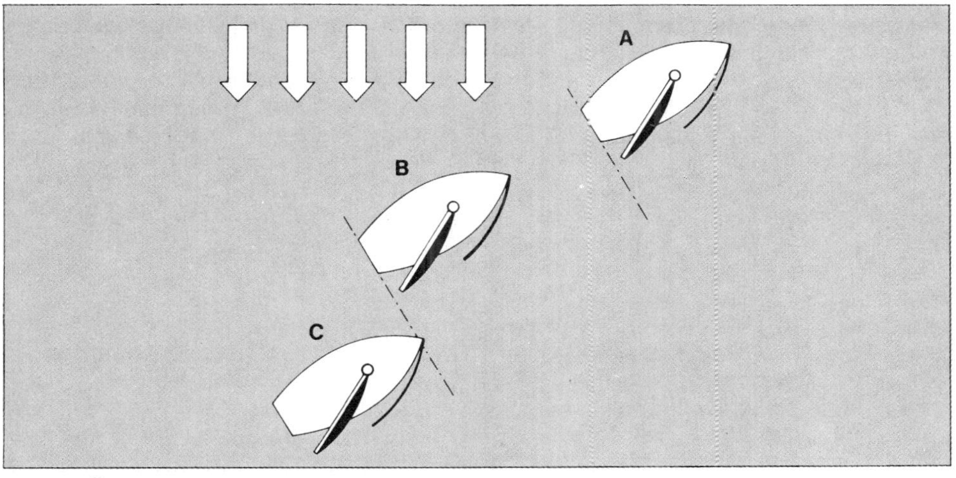

Abb. 9 Überlappen und klar achteraus bzw. voraus
Eine Yacht liegt dann klar achteraus, wenn sie sich mit Rumpf und Ausrüstung hinter einer gedachten Linie befindet, die querab zum achterlichsten Punkt des voraussegelnden Bootes verläuft. Andernfalls überlappt sie. A ist klar voraus von B. C überlappt dagegen mit B.

weder das Startschiff oder die Begrenzungstonne der Startlinie umsegelt und erneut von der richtigen Stelle aus startet. Sie muß nur allen anderen Booten

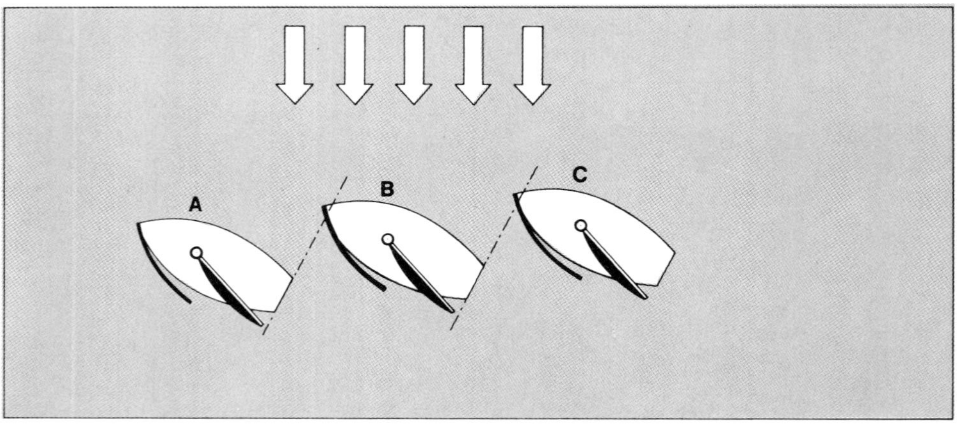

Abb. 10 Überlappung infolge Zwischenschieben eines dritten Bootes
C überlappt mit A, weil B dazukommt und sich zwischen beide Boote schiebt, so daß B mit A und C überlappt. Sonst würde C natürlich nicht mit A überlappen.

ausweichen. Die Bahn führt vom Start um Bahnmarken herum zum Ziel (Abb. 5). Meistens liegen als Bahnmarken acht Tonnen auf einem Kreis. Beginnend bei Nord tragen sie rechtsherum die Nummern 1 bis 8 für die Hauptwindrichtungen. Oft haben sie auch farbige Toppzeichen oder -flaggen oder sind selbst verschiedenfarbig. Die auf dem Startschiff ausgehängte Bahnanzeige besteht aus zwei Nummern. Die erste bezeichnet die zuerst zu rundende, die zweite Nummer die danach zu rundende Tonne. Die dritte zu rundende Tonne liegt auf dem

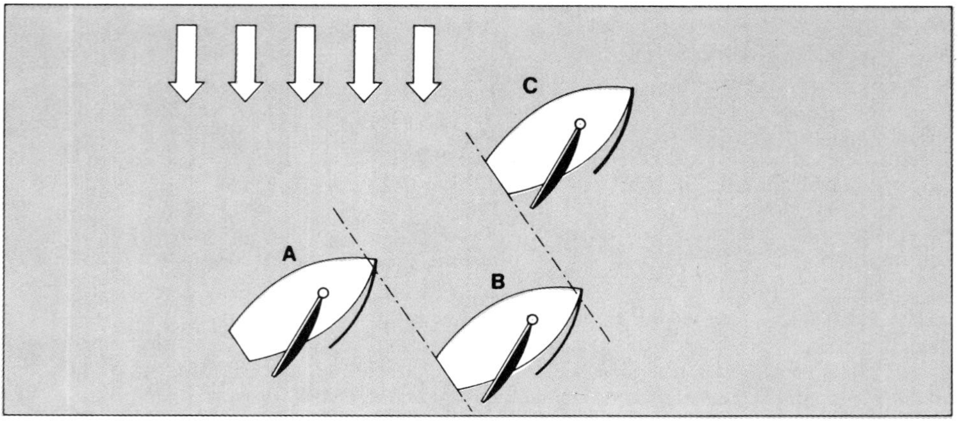

Abb. 11 Keine Überlappung
In diesem Fall ist die Situation anders. B ist nicht eine zwischen A und C dazukommende Yacht, weil beide auf derselben Seite von B segeln. Deshalb ist A klar achteraus von C.

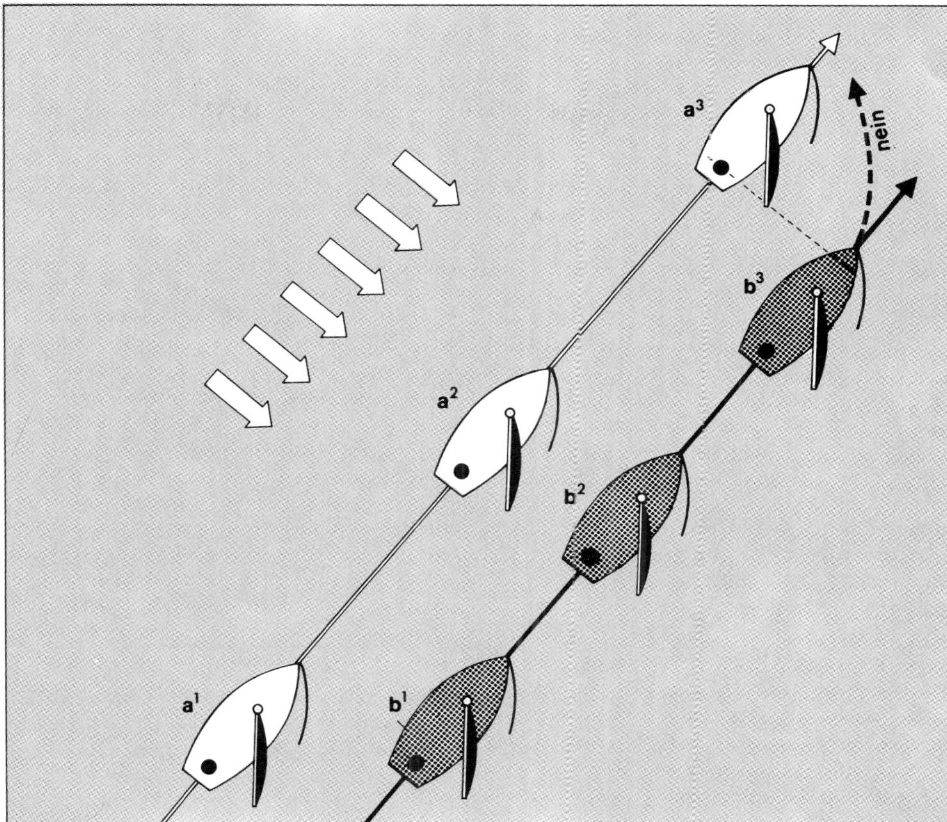

Abb. 12 Überholen in Luv
Wenn zwei Yachten überlappen und der Steuermann der Luv-Yacht sich querab oder voraus vom Großmast der Lee-Yacht befindet, darf die Lee-Yacht für die Dauer des Überlappens nicht über ihren richtigen Kurs hinaus höher an den Wind gehen: a^1 hat eine Überlappung in Luv von b^1 hergestellt. Anfänglich hat sich »Schwarz« nicht durch Luven verteidigt. Später darf »Schwarz« nicht mehr luven, weil sich der Steuermann (a^3) vor dem Großmast (b^3) befindet.

Kreis der ersten gegenüber. Nur diese drei Tonnen sind von den acht ausgelegten zu beachten. Wird rechtsherum gesegelt, sind die Tonnen an Steuerbord zu lassen, wird linksherum gesegelt, bleiben sie an Backbord. Nach der dritten Tonne ist wieder die erste, dann noch einmal die dritte, wieder die erste, darauf die zweite und ein letztes Mal die dritte Tonne zu runden. Beispiel: Bahnanzeige 1 3. Vom Start zu 1, zu 3, zu 5, dann wieder 1 – 5 – 1 – 3 – 5 – Ziel. Die Bahn kann durch in den Segelanweisungen festgelegte Signale geändert oder abgekürzt werden.
Die Startlinie wird durch eine Peilung

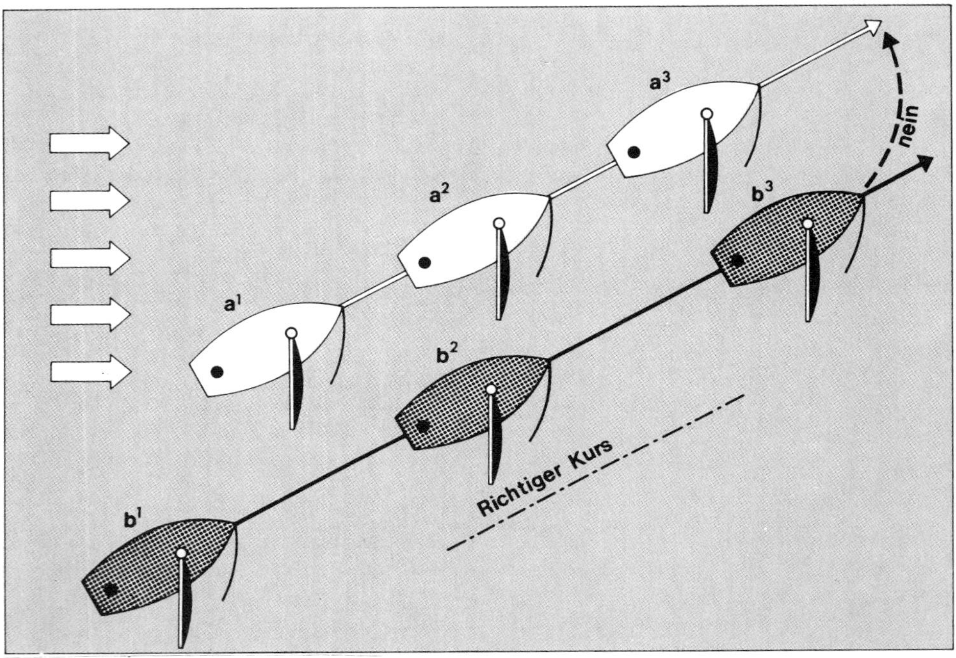

Abb. 13 Überholen in Lee
Die Lee-Yacht »Schwarz« hat eine Überlappung aus der Position klar achteraus hergestellt. Sie kann aber nicht über den richtigen Kurs hinaus höher am Wind segeln, wenn es ihr nicht gelingt, sich klar voraus von der Luv-Yacht zu manövrieren und so die Überlappung zu beenden.

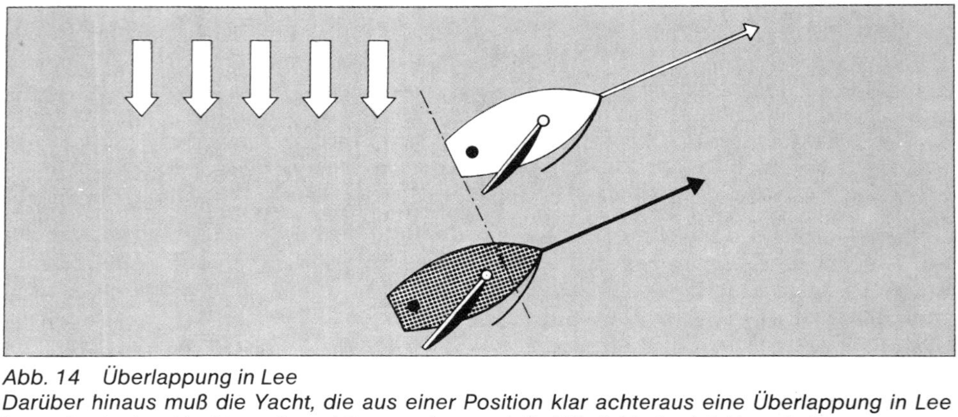

Abb. 14 Überlappung in Lee
Darüber hinaus muß die Yacht, die aus einer Position klar achteraus eine Überlappung in Lee herstellt, der Luv-Yacht genügend Raum geben und die Möglichkeit, sich klarzuhalten.

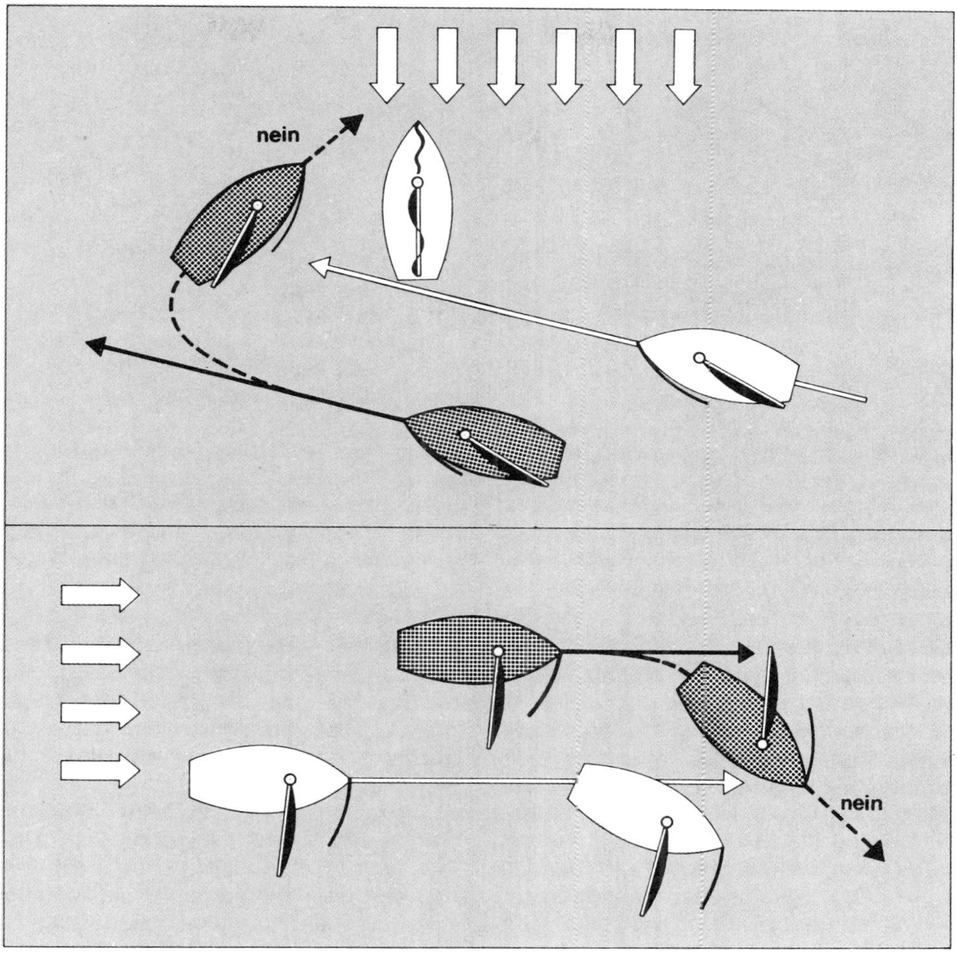

Abb. 15 Unerlaubtes Wenden oder Halsen
Eine Yacht, die wendet oder halst, muß sich von einer Yacht, die auf Steuerbord- oder Backbordbug segelt, freihalten.

auf dem Startschiff und eine Begrenzungstonne – meistens mit gelber Flagge – gebildet, ebenso die Ziellinie. Das Startschiff liegt bei diesem Bahnsystem meistens in Lee an der Peripherie des Kreises. Zum Ziel verlegt es dann nach Luv. So ergeben sich stets ein Am-Wind-Start mit langer erster Kreuz und eine lange Zielkreuz.

Bei der Olympia-Bahn ist der Kreisdurchmesser größer; er beträgt zwei Seemeilen. Es wird ein Dreieck gesegelt und zweimal der Durchmesser. Das Ziel liegt wieder zu Luv. Darüber hinaus gibt

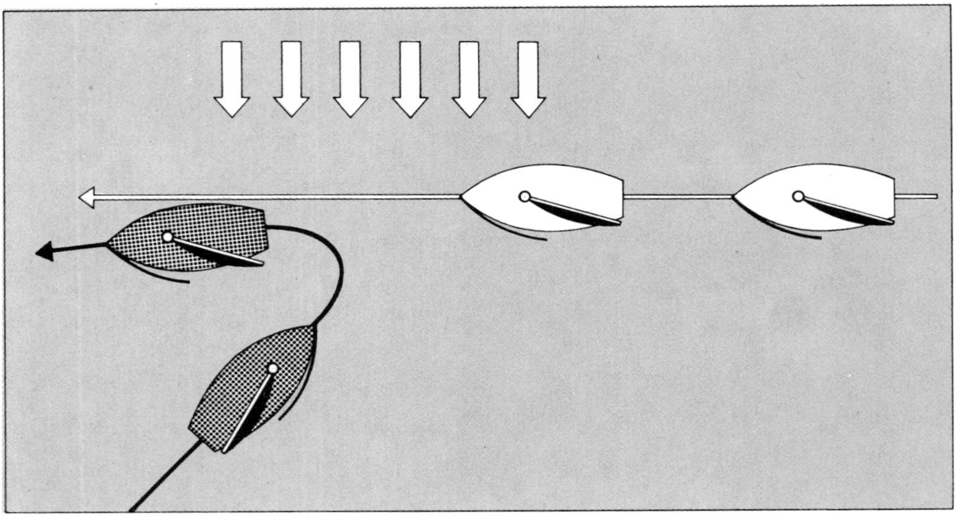

Abb. 16 Zulässige Wendung
»Schwarz« hat im richtigen Augenblick in einer Entfernung gewendet, die so groß war, daß »Weiß« den Kurs nicht zu ändern brauchte.

es Weltmeisterschaftsbahnen. Es sind meist Abwandlungen der Olympia-Bahn. Im folgenden seien nun noch kurz die »Segelvorschriften« des Teiles IV der Wettsegelbestimmungen gestreift. Er ist in fünf Abschnitte unterteilt. Der Abschnitt A – Ständige Regeln – erläutert, wann eine Yacht disqualifiziert werden darf, etwa, wenn sie gegen die Segelanweisungen verstößt oder als Wegerecht-Yacht bei einer Kollision größeren Schaden verursacht, ohne versucht zu haben, die Kollision zu vermeiden. Eine weitere Regel besagt, daß eine Yacht, die eine Wettfahrt-Regel oder Segelanweisung verletzt hat, sofort aufgeben sollte. Tut sie das jedoch nicht, hat sie weiterhin alle Rechte einer im Rennen liegenden Yacht. Andere Regeln befassen sich mit dem Täuschen und Behindern eines Gegners und dem Zuruf an Bahnmarken oder Hindernissen.

Abschnitt B – Segeln mit verschiedenen Schoten – enthält nur eine Regel. Sie besagt, daß eine auf Steuerbordbug segelnde Yacht sich von einer auf Backbordbug segelnden Yacht freihalten muß (Abb. 6).

In Abschnitt C – Segeln auf gleichem Bug – wird gesagt, daß sich eine Luv-Yacht von einer Lee-Yacht (Abb. 7) und eine klar achteraus segelnde Yacht von einer klar voraus liegenden Yacht freihalten muß (Abb. 8). Eine Yacht, die von klar achteraus eine Überlappung (siehe Abb. 9–11) in Lee herstellt, muß der Luv-Yacht Raum und Zeit lassen, um sich klar halten zu können. Während der Dauer dieser Überlappung darf die Lee-Yacht nicht über ihren richtigen Kurs hinaus anluven (Abb. 9 bis 14).

In Abschnitt D werden die Kursänderungen Wenden und Halsen behandelt (Abb. 15 und 16).

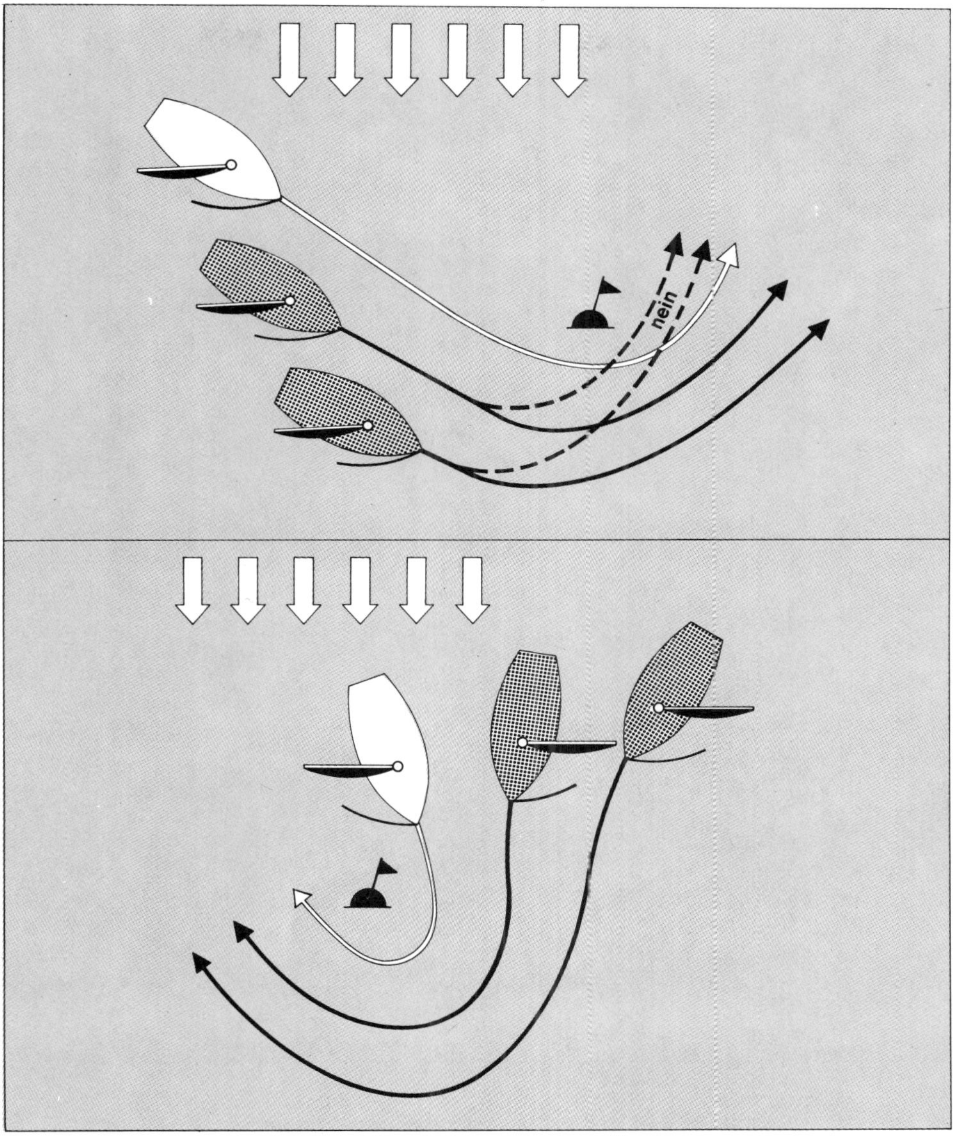

Abb. 17 Passieren von Bahnmarken oder Hindernissen bei Überlappung
Wenn Yachten, gleich auf welchem Bug, eine Bahnmarke oder ein Hindernis auf derselben vorgeschriebenen Seite runden oder passieren, muß die äußere Yacht allen innenliegenden, mit denen sie überlappt, Raum geben.

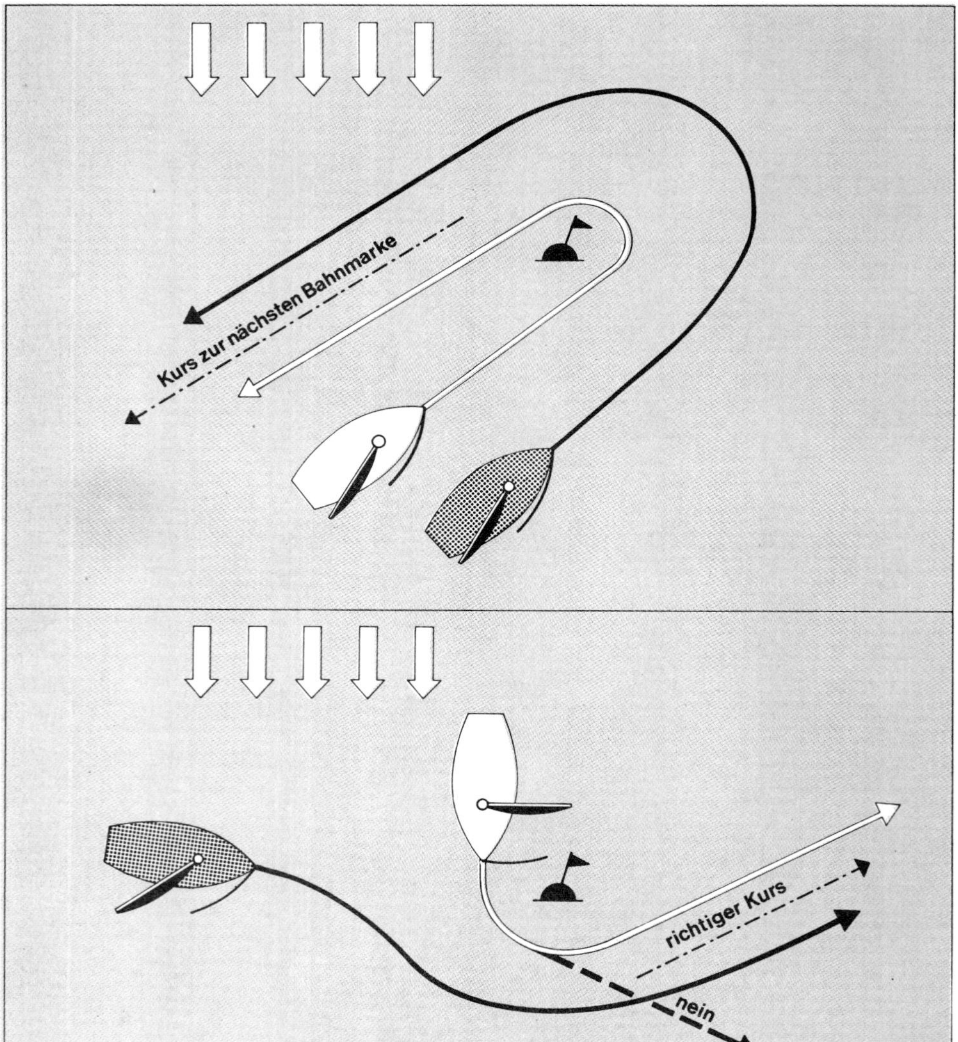

Abb. 18 Raumgeben an einer Bahnmarke
Der Begriff »Raum« umfaßt auch den Raum zum Wenden oder Halsen beim Passieren oder Runden der Bahnmarke. Oben: Weiß hat Anspruch auf Raum zum Wenden an der Bahnmarke. Unten: Wenn eine innenliegende Yacht auf entgegengesetztem Bug beim Runden einer Bahnmarke halsen muß, um möglichst direkt den richtigen Kurs auf dem nächsten Bahnschenkel einzunehmen, muß sie nach dem Halsen auch sofort auf den richtigen Kurs gehen.

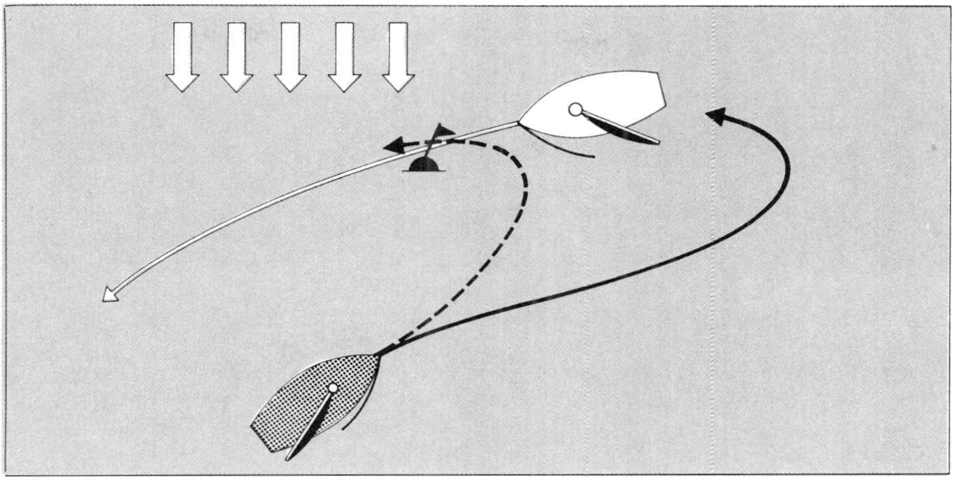

Abb. 19 Ausweichpflicht an einer Bahnmarke
Wenn zwei Yachten auf entgegengesetztem Bug entweder auf einem Kreuzkurs liegen oder eine von ihnen wenden muß, um die Bahnmarke zu runden, gilt die Regel, daß Backbordbug gegenüber Steuerbordbug Wegerecht hat. »Schwarz« segelt auf Steuerbordbug und ist dementsprechend ausweichpflichtig.

Im Abschnitt E sind Ausnahme- und Sonder-Regeln zusammengefaßt. Sehr eingehend wird das Runden und Passieren von Bahnmarken oder Hindernissen besprochen. Wie sich eine Yacht bei einer Überlappung an einer Bahnmarke

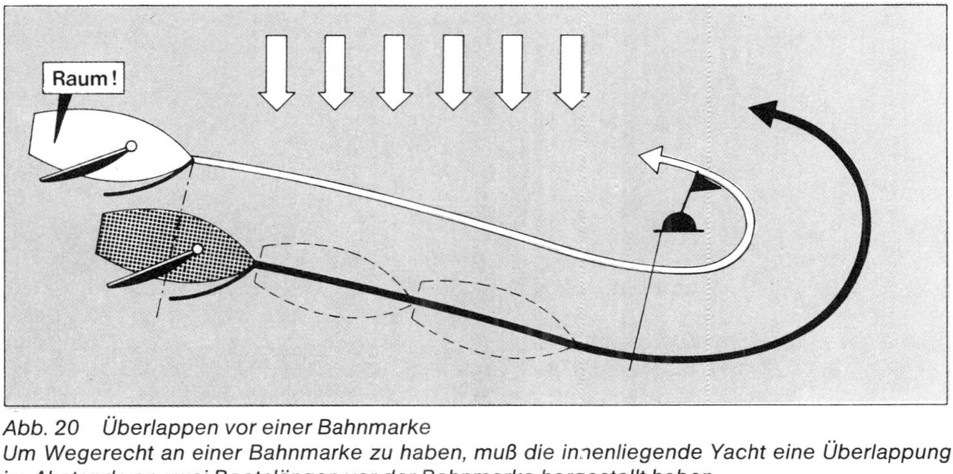

Abb. 20 Überlappen vor einer Bahnmarke
Um Wegerecht an einer Bahnmarke zu haben, muß die innenliegende Yacht eine Überlappung im Abstand von zwei Bootslängen vor der Bahnmarke hergestellt haben.

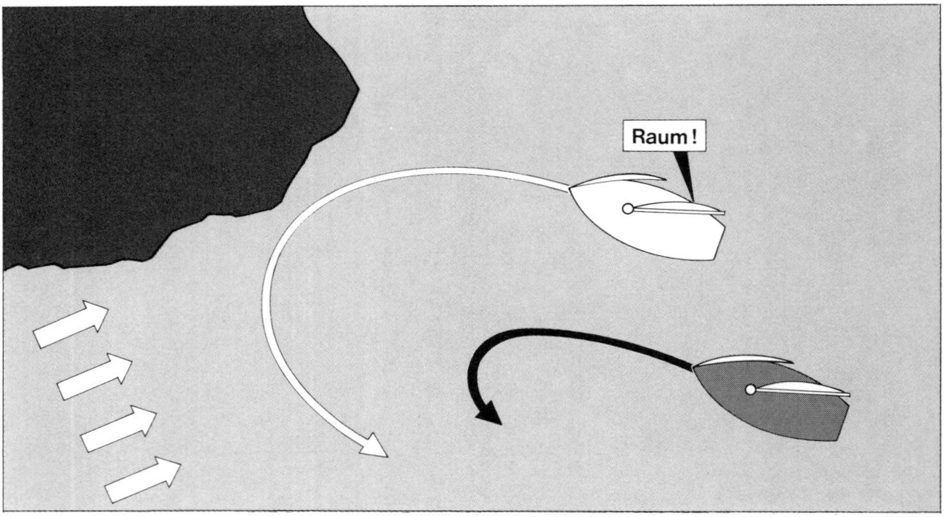

Abb. 21 Zuruf auf Raum zum Wenden an Hindernissen
Wenn die sichere Schiffsführung es verlangt, daß eine von zwei auf gleichem Bug am Wind segelnden Yachten eine wesentliche Kursänderung vornimmt, um von einem Hindernis freizukommen, und wenn sie beabsichtigt zu wenden, jedoch nicht wenden kann, ohne mit der anderen Yacht zu kollidieren, so hat sie durch Zuruf um Raum zum Wenden zu ersuchen.

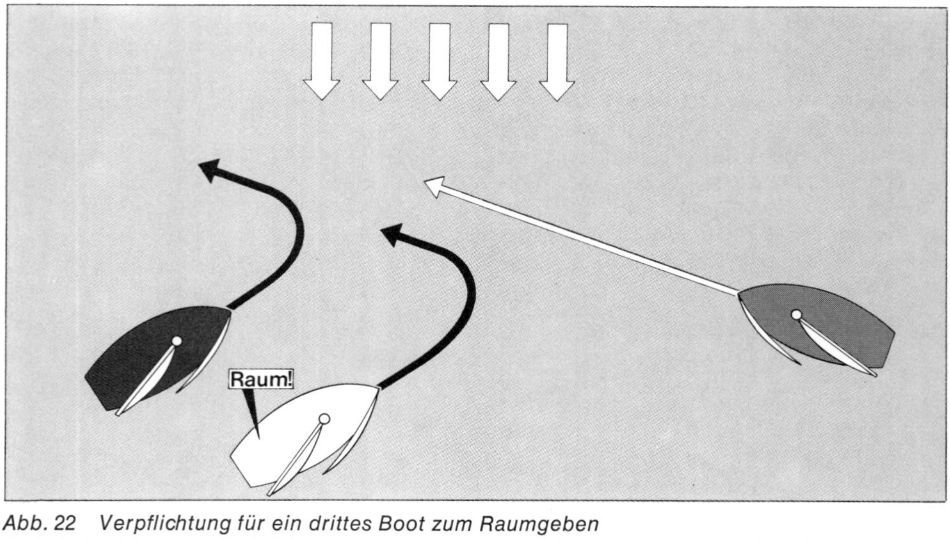

Abb. 22 Verpflichtung für ein drittes Boot zum Raumgeben
»Weiß« muß »Grau« ausweichen und verlangt von »Schwarz« Raum zum Wenden. »Schwarz« muß so schnell wie möglich wenden und »Weiß« unverzüglich mit dem Wendemanöver folgen.

zu verhalten hat, ist in fünf Unter-Regeln festgelegt (Abb. 17 und 20).
Der Teil V – Weitere Segelvorschriften – definiert die Pflichten von Steuermann und Besatzung in der Handhabung ihrer Yacht. Die Regel »Faires Segeln« besagt beispielsweise: Eine Yacht darf eine Wettfahrt nur durch einwandfreies, faires Segeln, überlegene Schnelligkeit, seglerisches Können und eigenes Bemühen zu gewinnen trachten. Der Passus des eigenen Bemühens entfällt bei Team-Wettfahrten.
Darüber hinaus regelt der Teil V der Wettsegelbestimmungen unter anderem das Absegeln der Bahn, das Berühren einer Bahnmarke, Nebelsignale und Lichterführung, Segelsetzen und Schotführung, Ankern und Festmachen und Situationen wie Mann über Bord, Hilfeleistung und Auflaufen oder Festkommen an einem Hindernis.
Ist nun ein Segler der Ansicht, daß er auf Grund irgendeiner dieser zahlreichen Regeln benachteiligt wurde, so kann er protestieren. Durch Setzen einer beliebigen Buchstabenflagge aus dem internationalen Flaggenalphabet und durch Zuruf muß er seinen Protestgegner davon unterrichten, ebenfalls die Wettfahrtleitung durch Zeigen der Protestflagge beim Zieldurchgang. Das Schiedsgericht entscheidet nach Anhören beider Parteien und ihrer Zeugen den Protest. Keine Yacht darf ohne eine ordentlich durchgeführte Protestverhandlung ausgeschlossen werden, es sei denn, daß sie nicht gestartet oder ordnungsgemäß durchs Ziel gegangen ist. Kann ihr Steuermann dem Wettfahrtausschuß jedoch glaubhaft machen, daß seinerseits ein Irrtum vorlag, so kann seine Yacht auch nur durch eine ordentliche Protestverhandlung ausgeschlossen werden.
Außer bei Olympischen Spielen und den deutschen Meisterschaften kann gegen jede Entscheidung eines Schiedsgerichts beim jeweiligen Landesverband Berufung eingelegt werden.

d) Vorbereitungen für eine Regatta

Die seglerische Vorbereitung beginnt mit dem Eintrimmen des Bootes. Dieses *Trimmen* ist die einzige Möglichkeit, die sich im Rahmen des Erlaubten bietet, um die Segeleigenschaften zu verbessern. Besonders wird es sich auf Mast und Segel konzentrieren. Für den richtigen Trimm gibt es keine Patentlösung. Die Erfordernisse sind von Boot zu Boot, von Klasse zu Klasse unterschiedlich, und nur die praktische Erfahrung kann weiterhelfen. Grundsätzlich sollte das Großsegel bei leichteren Winden stärker gewölbt sein und um so flacher getrimmt werden, je mehr es weht. Aber auch auf Raumschots- und Vorm-Wind-Kursen muß mehr Bauch hineingebracht werden als auf Am-Wind-Kursen.
Eine bewährte Methode, ein Boot in guten Regattatrimm zu bringen, besteht im Vergleichssegeln zwischen zwei Booten derselben Klasse. Beide werden bei möglichst unterschiedlichen Wetterlagen auf allen Kursen nebeneinander gesegelt. Doch während man auf dem einen mit unverändertem Segel- und Mannschaftstrimm Kurs hält, nimmt man auf dem einzutrimmenden Boot alle möglichen Änderungen vor. So wird man bald die günstigste Schotführung, den günstigsten Mastfall und die beste Mannschaftsverteilung herausfinden und feststellen, wie und ob sich beispielsweise eine Krängung vor- oder nachteilig auswirkt.
Ein sauberes, glattes Unterwasserschiff

spielt weiterhin eine entscheidende Rolle. Es muß nicht nur vollständig frei von Bewuchs sein, sondern sollte auch keine Blasen, Rostnarben oder auch nur rauhe Stellen aufweisen.
Befindet man sich auf einem fremden Revier, segelt man am besten die ganze Bahn mindestens einmal ab, macht sich mit eventuell vorhandenen Strömungen vertraut, orientiert sich über die Lage der einzelnen Tonnen, über markante Landmarken oder andere Peilhilfen. Nur wenn man frühzeitig an der Startlinie ist, hat man genügend Zeit, um sich mit Windstärke und Windrichtung und der Lage der Startlinie zum Wind vertraut zu machen. Beim Ankündigungssignal wird die Stoppuhr gedrückt, beim Vorbereitungsschuß die Zeit kontrolliert. Hervorragendes Segeln ist angeboren, gutes Starten aber Übungssache. Das besagt, daß man das Starten üben soll, wann immer sich Gelegenheit dazu bietet, daß man sich einen genauen Plan macht, in dem alle möglichen unvorhergesehenen Situationen bereits einkalkuliert sind.

e) Regattatechnik und -taktik

Die Technik des Regattasegelns besteht darin, die Bahn mit größter Geschwindigkeit abzusegeln. Mit der Regattataktik dagegen bemüht man sich, mit allen erlaubten Mitteln zu verhindern, daß der Gegner das gleiche tut. Die technischen Überlegungen beginnen bereits vor dem Start, die taktischen ergeben sich aus der jeweiligen Situation während des Rennens.
Wie man am besten startet, richtet sich nach dem Bootstyp. Die Jolle läßt man an die Startlinie flattern, das heißt, spätestens zwei Minuten vor dem Start liegt man Kurs Startlinie. Man nähert sich der Linie mit killenden Segeln und hat nur sehr wenig Fahrt im Boot. In der letzten Sekunde werden die Schoten dichtgeholt, und das anspringende Boot geht durch die Peilung.
Mit einem schweren Kielboot muß man anders verfahren: Die erste Minute nach dem Vorbereitungssignal bleibt man auf der Linie und läuft dann eineinhalb Minuten mit voller Fahrt auf einer erdachten Bahn vom Start fort. Eine halbe Minute setzt man für die Drehung an. Nun hat man noch zwei Minuten bis zum Startschuß, normalerweise aber nur einen Weg von eineinhalb Minuten zurückzulegen. Bei gleichmäßigem Wind läßt man die Segel leicht killen, um dadurch die Fahrt entsprechend zu verlangsamen, ohne sie jedoch vollständig aus dem Boot zu bringen. Bei unregelmäßigem Wind behält man eine Minute Reservezeit.
Aber auch die Windstärke spielt eine Rolle. Bei leichten Winden und Flaute kann man nicht nahe genug an der Linie bleiben. Je stärker der Wind weht, um so länger sind die Auslaufdistanzen zu wählen. Auf jeden Fall sollte man in den letzten zwei Minuten stets Kurs auf die Startlinie haben und keine Drehung mehr riskieren, in deren Dauer man sich leicht verrechnen kann. Den besten Start macht nicht das Boot mit der Nase zuerst über der Linie, sondern jenes, das wenige Sekunden nach dem Startschuß vorne liegt.
Befindet sich die Startlinie genau rechtwinkelig zum Wind, ist es völlig gleichgültig, an welcher Seite der Startlinie man startet. Es gibt dann nur zwei bevorzugte Positionen: die des jeweils äußersten Luv- und Lee-Bootes. Um den Einfallswinkel des Windes zur Startlinie festzustellen, legt man sein Boot vor dem Start auf der Linie genau in den

Wind. Bei jeder Abweichung der Startlinie vom rechten Winkel zum Wind ist die Luv-Position bevorzugt. Dort werden sich aber auch die meisten Boote zusammendrängen. Dann sollte man lieber am anderen Ende der Linie, frei von der Masse der startenden Boote, im ungestörten Wind starten.

Nach dem Start muß man versuchen, sich so schnell wie möglich von den Konkurrenten freizusegeln. Da der Wind erfahrungsgemäß nicht stetig aus einer Richtung kommt, sondern meistens mehr oder weniger hin- und herpendelt, sollte man möglichst bald versuchen herauszufinden, auf welchem Bug man die Luvmarke am höchsten anliegen kann. Liegt man weiter hinten, und die führenden Boote laufen offensichtlich den richtigen Schlag, lasse man sich nicht zu irgendwelchen Kursänderungs-Experimenten verführen, sondern folge ihnen in der Hoffnung, daß ihnen irgendwann ein Fehler unterläuft. Man verliere nie den großen Überblick und vergeude nie Zeit, indem man sich auf einen Zweikampf mit einem einzigen anderen Konkurrenten einläßt. Es nützt gar nichts, einen Platz zu gewinnen, wenn man dadurch zusammen mit dem anderen mehrere Plätze verliert.

Schon während der Kreuz bereitet man sich auf das Manöver an der ersten Bahnmarke vor. Ist diese an Steuerbord zu lassen, kann man ruhig auf der linken Seite der Bahn aufkreuzen. Kalkuliert man dabei etwas Reservehöhe ein, wird man die Marke ohne weiteres runden können. Es ist gut, etwas höher als die Marke zu liegen, um nicht in den Pulk der die Tonne auf Backbordbug anlaufenden Boote zu geraten und ihnen ausweichen zu müssen. Ist die erste Bahnmarke an Backbord zu lassen, sollte man sich lieber auf der rechten Seite halten, um auf Backbordbug die Tonne anzuliegen. Segelt man auf Steuerbordbug, findet man meistens nur schwer einen Platz im Pulk der auf Backbordbug ankommenden Boote. Wer die Technik des Rundens von Bahnmarken einwandfrei beherrscht, kann dadurch dem Konkurrenten gegenüber oft einen erheblichen Vorsprung gewinnen. Häufig wird die Tonne zu scharf gerundet und dadurch dem Boot jegliche Fahrt genommen.

Der Raumschots-Kurs ist vom technischen Gesichtspunkt her nicht so interessant wie die Kreuz. Besonders bei leichten Winden kann man sehr wenig zur Verbesserung seiner Position unternehmen, außer durch ausgefeilten Trimm zu versuchen, sein Boot schneller zu machen. Auch auf diesem Kurs sollte man einen Luvkampf mit einem Konkurrenten möglichst vermeiden; denn man muß dann später, wenn man sich der Bahnmarke nähert, wieder stark abfallen. Dadurch verringert sich die Geschwindigkeit, und die übrigen Konkurrenten können währenddessen aufkommen und möglicherweise passieren. Liegt man hinter einem Boot und kommt ins Gleiten, kann man nur in Luv passieren, weil das Gleiten sofort wieder aufhört, wenn man in Lee in die Abdeckung gerät. Ist es unsicher, ob der Spinnaker wirkungsvoll gefahren werden kann, sollte das führende Boot ihn nicht eher setzen, als bis das folgende Boot damit beginnt. Es besteht sonst nämlich die Gefahr, in Luv überholt zu werden, während man damit beschäftigt ist, den Spinnaker zum Tragen zu bringen.

Auf Vorm-Wind-Kursen sind die Möglichkeiten zur Verbesserung seiner Position ebenfalls ziemlich beschränkt. Mitunter kann jedoch ein Kreuzen vor dem

Wind einen erheblichen Gewinn erbringen, dann nämlich, wenn es gelingt, eine leichte Jolle auf dem raumen Kurs ins Gleiten zu bringen. Im übrigen gilt es wieder, sich auf solchem Kurs der Bahnmarke zu nähern, daß man Wegerecht besitzt und die anderen herannahenden Boote zum Halsen zwingt. Ferner sollte man versuchen, die Bahnmarke an der Innenseite der sie rundenden Boote zu erreichen, weil dann die Außenliegenden alle Raum geben müssen.
Um sämtliche regattataktischen Fragen zu beherrschen, bedarf es einer gründlichen theoretischen Vorbereitung und einer umfangreichen Praxis.

f) Hochseeregatten

Ein Meilenstein in der Geschichte und Entwicklung der Hochseerennen ist die berühmte Transatlantik-Regatta aus dem Jahre 1905, die von dem bekannten amerikanischen Schoner »Atlantic« gegen fünf andere Yachten in der Rekordzeit von 12 Tagen, 4 Stunden, 1 Minute und 19 Sekunden von Sandy Hook nach Lizard (England) gewonnen wurde, ein Rekord, der bis heute noch nicht unterboten wurde. Alle diese Boote waren jedoch mit Berufsseeleuten bemannt, die Eigner nahmen selten an den Regatten teil.
Als erste moderne Hochseeregatta kann man das *Bermuda-Rennen* bezeichnen, das zum ersten Male 1906 ausgetragen wurde. Der Kurs führte von New York zu den Bermudas über eine Distanz von 660 Seemeilen. Nach einer Unterbrechung durch den Ersten Weltkrieg wurde dieses Rennen 1923 wiederaufgenommen. Diese Zeit brachte eine entscheidende Wende und die eigentliche Geburtsstunde unserer heutigen Hochseesegelei. Nicht nur, daß jetzt in Europa, Amerika und sogar Australien eine ganze Reihe weiterer, kürzerer oder längerer Hochseeregatten entstanden; entscheidender war, daß es sich bei den Teilnehmern an allen diesen Rennen um reine Amateurbesatzungen mit verhältnismäßig kleinen Yachten handelte. Von den Mannschaften und Skippern dieser Yachten wird ein hohes Maß sportlicher Einsatzbereitschaft und Zähigkeit, verbunden mit erstklassiger Seemannschaft, Navigationskunst und Kenntnis der Meteorologie, verlangt.

1. Vergütung

Das schwierigste technische Problem in der wettkampfmäßigen Hochseesegelei ist stets ein möglichst gerechtes Vorgabe- und Ausgleichssystem. Die Atlantik-Regatta von 1905 wurde ohne jede Vorgabe gesegelt. Diese Methode gibt jedoch kleineren Yachten keine Chance. So bemühte man sich in den zwanziger Jahren, besonders in England und Amerika, um eine Ausgleichsformel* für Hochseeyachten.
Man suchte nach einem Vermessungssystem, von dem sich eine Geschwindigkeitszahl – die sogenannte Rating – ableiten läßt, die leidlich genau die Geschwindigkeitsmöglichkeiten des Rumpfes einer Yacht angibt und mit deren Hilfe man die zeitliche Vorgabe zwischen Yachten verschiedener Größen möglichst schnell und direkt ermitteln kann.
Alle Vermessungsformeln sind kompliziert und zum Teil schwer verständlich, selbst für einen technisch Geschulten. Es hat daher auch in den vergangenen

* Vergl. »Ausgleichsformeln« Seite 285

Jahrzehnten nicht an Versuchen gefehlt, das ganze Vorgabesystem auszuschalten und Einheitsklassen zu schaffen, aber diese Bestrebungen haben sich bislang nicht durchsetzen können.
1965 hat man mit dem sogenannten Eintonner** einen Versuch gemacht, einen anderen Weg zu gehen und Klassen mit gleicher Rating zu schaffen, die also zwar verschiedenen Typs und sehr unterschiedlicher Konstruktion sein können, aber unter einer bestimmten gleichen Rating laufen und daher ohne Vergütung gegeneinander segeln. Den Eintonnern folgten 1967 die Halbtonner mit einer Rating von maximal 21,7 Fuß und 1968 die Vierteltonner mit einer Rating von 18 Fuß. Diese Vierteltonner sind gegenwärtig als die kleinste Seekreuzer-Klasse anzusprechen. Sie haben schnell eine starke Verbreitung gefunden.

2. Teilnahmebedingungen

Hochseeregatten werden entweder von einzelnen Segelclubs der betreffenden Nationen oder, wenn Start und Ziel in verschiedenen Ländern liegen, von mehreren Clubs gemeinsam veranstaltet und ausgeschrieben. Diese Ausschreibungen müssen, genau wie bei den Dreiecksregatten, nach den Wettsegelbestimmungen der IYRU (International Yacht Racing Union) durchgeführt werden. Je nach Art der Hochseeregatta und dem Seegebiet können Sonder- oder Zusatzregeln erforderlich werden, die dann aber auch in der Ausschreibung enthalten sein müssen.
Zunächst einmal legt die Ausschreibung fest, welche Yachten der Größe nach für das jeweilige Rennen zugelassen sind. Es wird eine Mindest- und eine Maximalgröße entweder in Rating oder in Länge (Lüa oder LWL) vorgeschrieben. Es folgen Bestimmungen, die alle Punkte für eine klare und einheitliche Durchführung der Regatta festlegen und vor allem ganz bestimmte *Forderungen an die Sicherheit von Boot und Besatzung* stellen. Es ist fast überall üblich, daß die Erfüllung und Einhaltung der Vorschriften von freiwilligen Komitees vor dem Start überprüft werden und die endgültige Zulassung davon abhängt. Der DSV hat seine Sicherheitsvorschriften für See-Regatten und Langfahrten in dem von der Kreuzer-Abteilung herausgegebenen Heft »Richtlinien für die Ausrüstung und Sicherheit seegehender Segelyachten« zusammengestellt (vgl. S. 199).
Die Yachten, die heute als hochseetüchtig gelten, sind in den vergangenen Jahrzehnten durch stetige Verbesserungen der Rumpfkonstruktionen, des Riggs und der Ausrüstung, vor allem aber auch durch die von Einhandseglern gewonnenen Erfahrungen erheblich kleiner geworden. Viele Jahre lang war die unterste zugelassene Größe, beispielsweise beim *Fastnet-Race,* etwa 10,50 m LWL, während heute bereits Boote mit 7,50 m Wasserlinienlänge für Seeregatten zugelassen werden.
Besonders hervorzuheben sind unter anderem noch folgende Bestimmungen:
Von Sonnenunter- bis Sonnenaufgang müssen Navigationslichter gemäß der Seestraßenordnung geführt werden.
Welche und wie viele Segel, gegebenen-

** Die Eintonner-Regatten werden für eine Konstruktionsklasse mit einer Rating (siehe seemännisches Lexikon) von maximal 27,5 Fuß nach der IOR-Formel ausgeschrieben. Vergl. auch »Sportliche Veranstaltungen« Seite 15

falls wo sie gefahren und wie sie geschotet werden dürfen.
Folgende elektrische Geräte dürfen nicht benutzt werden:
a) Radar
b) Hyperbel-Navigationshilfen
c) Telefoniesender – ausgenommen für private Geschäfte oder Notzwecke.
Im voraus arrangierte Sendungen für individuelle Teilnehmer sind verboten.
Die Benutzung automatischer, mechanischer oder durch eine Windfahne gelenkter Selbststeueranlagen ist nicht gestattet.
Ferner ist vorgeschrieben, unter welchen Bedingungen der Motor laufengelassen werden darf, beispielsweise zum Laden der Batterien oder im Fall von »Mann über Bord«.

3. Vorbereitungen von Hochseeregatten

Um mit einiger Aussicht auf Erfolg an einer Hochseeregatta teilnehmen zu können, muß, als eine Voraussetzung, das Boot selbstverständlich von entsprechend guter Konstruktion sein. Jedoch bedeutet ein gelungener Riß noch lange keinen Sieg, vielmehr sind weitere entscheidende Erfolgsfaktoren:
die Crew, der Zustand des Bootes, die Ausrüstung und der Trimm. Alle Vorbereitungen für ein Hochseerennen müssen rechtzeitig in Angriff genommen werden, und eine der ersten Maßnahmen ist die Zusammenstellung einer geeigneten Crew.
Die Auswahl der Crew für eine Hochseeregatta ist sehr viel schwieriger und bedeutsamer als für eine Hochseelangfahrt. Auf Langfahrt kann meistens eine kleine Besatzung alle Anforderungen erfüllen, da die Sicherheit vor der Geschwindigkeit rangiert. Segelkürzungen können so rechtzeitig eingeleitet werden, daß weniger Hände für die Arbeit gebraucht werden. In einem Hochseerennen liegen die Dinge anders. Die Yacht muß vom Start bis zum Ziel, oft über Tausende von Seemeilen, Tag und Nacht so hart wie möglich vorwärtsgetrieben werden. Die Erfahrung hat gezeigt, daß eine gute Besatzung, natürlich einschließlich des Skippers, von größerem Ausschlag für das Endergebnis sein kann als kleine Geschwindigkeitsunterschiede zwischen den beteiligten Booten. Die zahlenmäßige Stärke der Crew hängt von der Größe der Yacht ab. Es ist aus Sicherheitsgründen eher ratsam, einen Mann mehr als einen zuwenig zu haben. Allgemein gesprochen, sollte eine Crew aus furchtlosen, aber nicht leichtsinnigen Männern bestehen mit ausgeglichenem Wesen, frei von Komplexen. Man wird Seekrankheit nicht ausschalten können, aber man sollte möglichst eine Mannschaft zusammenbekommen, die weiter aktionsfähig ist, wenn Seekrankheit auftritt. Zwei guten, erfahrenen Wachführern, dem Navigator und dem Koch fallen wichtige und entscheidende Funktionen an Bord zu. Unter den restlichen Besatzungsmitgliedern, die Hochsee-Erfahrung haben und mit dem Schiff vertraut sein müssen, sollten noch wenigstens zwei gute, zuverlässige Rudergänger sein. Wenn die Besatzung in zwei Wachen eingeteilt ist, sollten diese möglichst gleichwertig und in der Lage sein, die meisten Manöver alleine auszuführen, damit ein zu häufiges Wecken der Freiwache vermieden wird, weil man dadurch nur die allgemeine Leistungsfähigkeit stark mindert. Wichtig ist, daß die Crew vor dem Rennen in gutem physischen Zustand und so eingetrimmt ist, daß ihr alle eventuell vorkommenden Manöver und

Tätigkeiten vollkommen vertraut sind.
Das Boot und seine Ausrüstung sind vor dem Rennen sorgfältig zu untersuchen und im Hinblick auf die zu erwartenden Beanspruchungen zu prüfen. Es liegt in der Natur eines Hochseerennens, daß oft bis an die Grenze der Belastungsfähigkeit, manchmal auch darüber hinaus gegangen wird. Falsche Gewichtseinsparungen oder ungenügende Festigkeit haben schon oft zu kritischen Situationen oder Fehlschlägen geführt. Reparatur- und Reservematerial muß je nach Länge der Regatta an Bord sein.
Das richtige Eintrimmen des Bootes erfordert viel Erfahrung und Gefühl, und man sollte jede Möglichkeit eines Geschwindigkeitsvergleichs mit anderen, gleich schnellen Yachten ausnutzen, um sein Boot richtig kennenzulernen, unter welcher Besegelung, mit welcher Schotstellung es bei den verschiedenen Bedingungen am schnellsten läuft.

4. Durchführung einer Hochseeregatta

Hat das Rennen begonnen, dann darf es für die ganze Crew zu jeder Tages- und Nachtzeit nur einen Gedanken geben: wie können wir unter den gegebenen Verhältnissen das Höchste an Geschwindigkeit aus unserem Boot herausholen? Geschwindigkeit ist der dominierende Faktor, dem sich alle anderen Probleme unterzuordnen oder anzugleichen haben. Man muß sich stets und ständig vor Augen halten, daß man eine Regatta segelt und keine Langfahrt, daß verlorene Sekunden sich schnell zu Minuten und Minuten sich schnell zu Stunden summieren. Yachten in Hochseerennen müssen ihr Hauptaugenmerk auf die Ausnutzung günstiger Winde und Strömungen richten und darauf, ungünstige Bedingungen auf das unerläßlichste Mindestmaß zu reduzieren. Aufgabe von Strategie und Taktik in Hochseerennen ist es, die Yacht in die Position zu bringen, wo die am besten erreicht wird.
Eine genaue Navigation ist in Hochseeregatten von ganz besonderer Bedeutung. Sie soll nicht nur die Yacht sicher ins Ziel bringen, sondern Hauptaufgabe der Navigation ist es, die Yacht in der kürzesten Zeit ins Ziel gelangen zu lassen. Durch ungenaue Navigation kann eine Yacht leicht viel zusätzlichen Weg über Grund machen müssen und dadurch kostbare Zeit verlieren. In einem Hochseerennen muß der Navigator jeden Augenblick genau wissen, wo die Yacht steht. Nur dann kann eine überlegte Taktik richtig und erfolgversprechend angewandt werden. Es ist unbedingt erforderlich, daß der Navigator sämtliche Navigationsmethoden und Hilfsmittel beherrscht, denn alle haben ihren besonderen Wert, aber auch Grenzen. Die wesentlichen Mittel der Navigation auf Yachten in Hochseerennen sind: astronomische Navigation, Koppelnavigation, Funk- und Küstennavigation und Stromnavigation. Strom versetzt eine Yacht nicht nur, sondern ändert auch die Richtung des scheinbaren Windes.
Fehler macht jeder. Eine Hochseeregatta gewinnt im allgemeinen aber die Yacht, die am wenigsten Fehler macht. Es ist in diesem Zusammenhang stets interessant, einen Rückblick zu halten und in Zeit- und Entfernungswerten abzuschätzen, wieviel man im Verlauf des Rennens verschenkt hat. Ob man gewonnen hat – oder nicht, was wahrscheinlich häufiger der Fall sein wird –, es wird wohl kein Rennen geben, das man nicht hätte besser segeln können.

BERÜHMTE HOCHSEERENNEN

Gebiet	Bezeichnung	Regatta-Art Länge in sm.	Anmerkungen
Englischer Kanal und Irische See	Admiral's Cup	Serie von verschieden langen Regatten, längste das Fastnet-Race 615 sm.	Alle 2 Jahre, ungerade Zahlen. Jeweils 3 Yachten einer Nation bilden ein Team und werden gemeinsam gewertet. Heute die international populärste Hochsee-Veranstaltung. Gilt inoffiziell als Weltmeisterschaft im Hochsee-Regatta-Sport. Starker Einfluß auf Entwicklung im Hochseesegelsport.
Nordatlantik	Transatlantik-Rennen	3500 sm.	Ohne Regelmäßigkeit, meistens von Nordamerika (Bermuda oder Newport Ri.) nach England, Skandinavien oder Spanien.
Südatlantik	Kapstadt – Punta del Este	Transatlantik-Regatta 3600 sm.	Alle 3 Jahre. Erfreut sich wachsender Beliebtheit unter Hochseeseglern, starke Beteiligungszunahme, zumal da dieses Race die zweite Seite eines den Nord- und Südatlantik umfassenden Dreiecks bildet 1. Schenkel: Zubringer-Regatta St. Malo – Kapstadt 2. Schenkel: Rückregatta Rio de Janeiro – Portsmouth.
Südatlantik	Buenos Aires – Rio de Janeiro	1200 sm.	Alle drei Jahre. Bedeutendstes Ereignis des südamerikanischen Hochseesegelsports.
Amerikanische Südostküste	Southern Ocean Racing Circuit S.O.R.C.	Serie von verschieden langen See-Regatten, längste um 400 sm.	Jedes Jahr im Febr./März im Raum Florida. Sehr hoch qualifizierte Regatten.
Pazifik	Kalifornien – Honolulu	2225 sm.	Alle 2 Jahre, gradzahlig. Schnelles Hochseerennen mit großen Etmalen.
Australien – Pazifik	Southern Cross	Serie von 4 verschieden langen See-Regatten, mit dem 660 sm. Sydney-Hobart-Race	Jedes Jahr. Bedeutendste Hochseeveranstaltung im Australischen und Pazifischen Raum.
Nordatlantik-USA	Bermuda-Rennen	635 sm.	Alle 2 Jahre, in gerader Zahl endend.

g) Ausgleichsformeln

Jede Ausgleichsformel beziehungsweise Vermessungsformel soll bei Regatten Schiffe verschiedener Größe und Form durch ihren Zahlenwert nach Möglichkeit so ausgleichen, daß sie bei gleicher seglerischer Leistung zu gleichen Zielergebnissen kommen. Bei der Vielzahl der Variationsmöglichkeiten einer Schiffsform wird jedem verständlich, wie schwierig ein solcher Ausgleich durch eine Vergütung* sein muß. In den verschiedenen Formeln bemüht man sich, alle die Werte, welche die Geschwindigkeit fördern, also Länge und Segelfläche, positiv, das heißt erhöhend, und alle verzögernden Werte – wie Breite und Verdrängung – negativ oder vermindernd zu bewerten.

Doch neben den Abmessungen des Bootskörpers und der Besegelung spielen für das Endergebnis natürlich noch andere Faktoren eine Rolle, beispielsweise die durchschnittlich gesegelte Geschwindigkeit. Sie hängt ab von der Windstärke, Strömung und Windrichtung.

Die bedeutendsten internationalen Rennformeln waren die vom britischen Royal Ocean Racing Club entwickelte sogenannte RORC-Formel und die vom Cruising Club of America ausgearbeitete sogenannte CCA-Formel. Daneben gab es noch nationale Formeln, wie die deutsche KR-Formel (Kreuzer-Renn-Formel) und in Skandinavien die schwedische Seekreuzer-Regel SHR (Svenska Havskryssar Regeln). Auch heute noch werden Regatten nach diesen Formeln gesegelt.

Als im Zuge engerer internationaler Kontakte Yachten unterschiedlicher Vermessungsherkunft aufeinandertrafen, gab es erhebliche Schwierigkeiten. Die jeweils in eine der Formeln hineinkonstruierten Yachten schnitten unweigerlich schlecht ab, wenn nach einer anderen Formel gesegelt wurde. Deshalb lag es im Interesse aller Nationen, eine einheitliche internationale Lösung zu finden. So entstand die vom international besetzten Offshore Rule Coordinating Committee (ORCC) erarbeitete International Offshore Rule, kurz IOR-Formel genannt. Sie ist mehr oder minder ein Kompromiß zwischen der RORC- und CCA-Formel und wurde bereits nach ihrer Einführung im Jahre 1969 mehrfach modifiziert. In ihrer jetzigen Fassung ist sie ihrem Zweck doch recht nahe gekommen, nämlich dem, die am besten gesegelte Yacht die Regatta gewinnen zu lassen, unabhängig von ihrer Größe und ihrer daraus resultierenden potentiellen Geschwindigkeit.

* Siehe auch S. 280

XI. Wetterkunde

Der Yachtsport ist in sehr großem Maße vom Wetter abhängig. Eine zutreffende Beurteilung der mannigfaltigen Wetterlagen bedeutet erhöhte Sicherheit, unterstützt die Planung und kann, zumal für Wettfahrten, von ausschlaggebendem Wert sein. Der Yachtsportler sollte daher nicht nur Wetterberichte, Wettervorhersagen und Wetterkarten lesen können, sondern auch aus Wettermeldungen und eigenen Beobachtungen auf die vermutliche Wetterentwicklung schließen können. Eine gewisse Kenntnis der physikalischen Zusammenhänge im Wettergeschehen ist dazu unentbehrlich. Ein zeitweiliger Bezug der »Wetterkarte des Seewetteramtes« – nur Postbezug unter C 7315 B (fünfmal wöchentlich) – kann zur Einarbeitung in die Praxis empfohlen werden.

A. WETTERELEMENTE

a) Luftdruck

Unsere Erde ist von einer Lufthülle umgeben, der Atmosphäre. Sie wird nur bis zu etwa 10 km Höhe von den Wärmeverhältnissen auf der Erdoberfläche beeinflußt, und nur in dieser Schicht, der Troposphäre, bildet sich unser Wetter.

Die Luft würde mit ihrer Masse von 1,293 kg/m³ ruhig und gleichmäßig auf der Erdoberfläche lagern und ungestört die Erddrehung mitmachen, wenn die *Luftdichte* sich nicht durch die Ausdehnung bei Erwärmung oder durch das Zusammenziehen bei Abkühlung änderte. Die Luft übt in Meereshöhe bei 0° C normalerweise einen Druck von 1013 mb (Millibar, Maßeinheit des Luftdrucks) aus. Mit der Höhe nimmt der Druck zunächst je etwa 8 m um 1 mb ab; in 5500 m beträgt er noch die Hälfte.

Die Erwärmung der Luft beruht indirekt auf der Sonneneinstrahlung. Die Strahlung heizt die Erdoberfläche auf; je senkrechter sie einfällt, um so stärker ist die Aufheizung. An der Erdoberfläche erwärmt sich die Luft; durch Strahlung wird sie fast gar nicht erwärmt. So ist bei Sonnenschein die Lufttemperatur normalerweise in Bodennähe am höchsten. Die erwärmte, leichter gewordene Luft steigt also vom Erdboden auf, und es entsteht ein Gebiet geringen Luftdrucks, in das von den Seiten aus Gebieten höheren Luftdrucks kühlere Luft einströmt (Abb. 1). Diese erwärmt sich alsbald und steigt nun ebenfalls, während weiter kühlere Luft folgt. Es entsteht also eine aufwärts gerichtete (vertikale) Luftbewegung, die in einem Kreislauf in größeren Höhen dem Gebiet hohen Luftdrucks zuströmt, hier abgekühlt als schwere Luft absinkt und die abgesogene Luft auf der Erdoberfläche ergänzt.

Auf der Erde werden nun die Äquator-

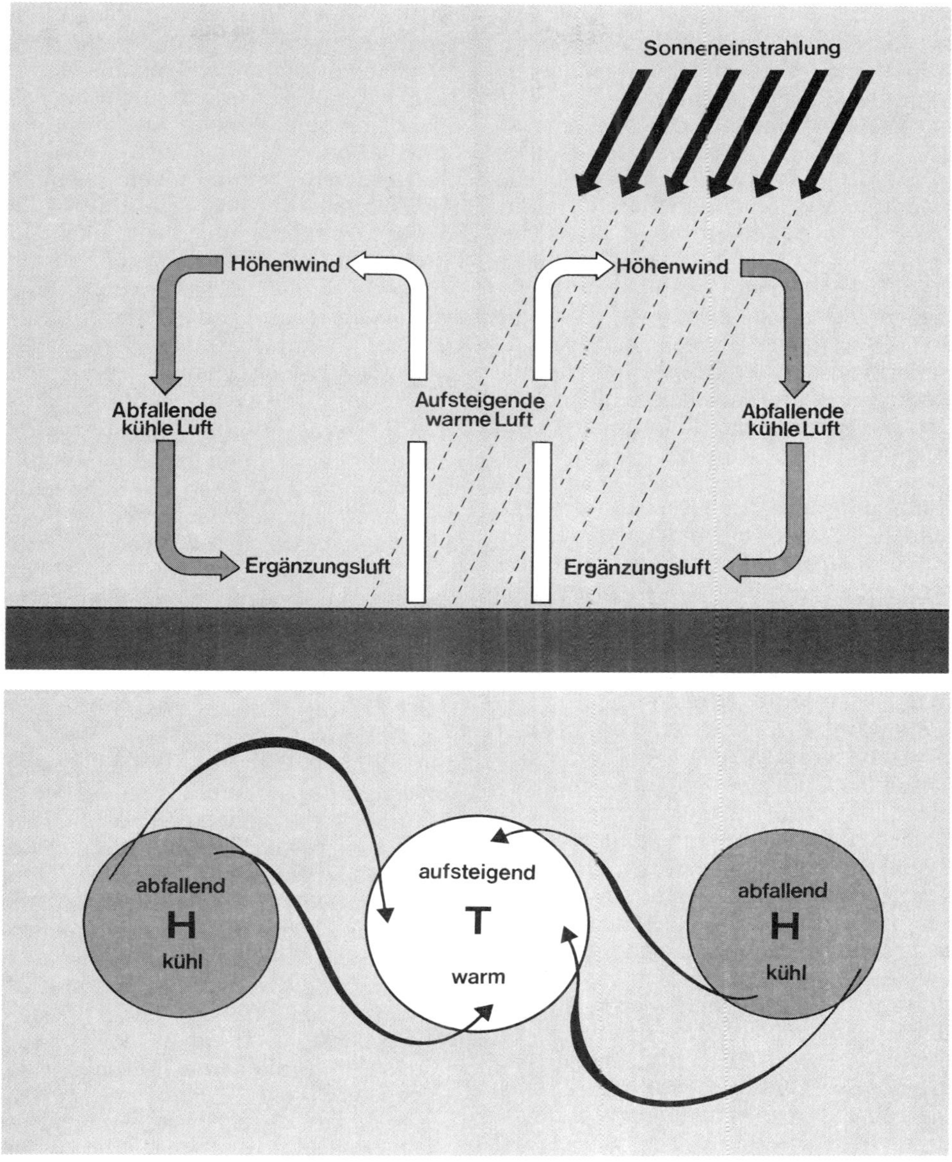

Abb. 1 Erwärmung der Luft infolge Sonneneinstrahlung und Ausgleich der Druckunterschiede mit Ablenkung des Windes durch die Erddrehung (nördliche Halbkugel). Oben: Sicht in der Horizontalen. Unten: Aufsicht.

gebiete durch den steilen bis senkrechten Einfall der Sonnenstrahlen stark erwärmt, während die Polargegenden infolge des flachen Einfalls der Strahlen und der etwa halbjährigen sonnenlosen Zeit kalt sind. Wir haben also ständige Hochdruckgebiete über den Polen und ständig niedrigen Druck in den Tropen. Diese Druckdifferenzen zwischen schwerer und leichter Luft würden sich schnell ausgleichen, wenn nicht die Erddrehung diese Luftbewegung durch die Corioliskraft beeinflußte, und zwar auf der nördlichen Halbkugel durch eine Rechts-, auf der südlichen durch eine Linksablenkung. Hierdurch entsteht auf der Erde im großen eine Druckverteilung mit einer Tiefdruckzone um den Äquator herum – den *Kalmen* oder *Mallungen* –, den Hochdruckgebieten um 30° Breite – den *Roßbreiten* – und zwischen diesen und den Polargebieten wieder je einer durchgehenden Tiefdruckzone. Gewisse Abweichungen sind auf die Jahreszeiten und auf kontinentale Einflüsse zurückzuführen.
Die *tägliche Druckverteilung* ergibt allerdings ein wesentlich verwickelteres Bild. Das Nebeneinander von kalter und warmer Luft und die Wirkung unterschiedlicher Sonneneinstrahlung führen in Verbindung mit den besonders in der nördlichen, gemäßigten Zone stark wechselnden Einflüssen von Land und Meer zu ständigen Vermischungen und Wirbelbildungen. So entstehen die Tiefdruckgebiete, die das Wetter unserer Breiten bestimmen, vorwiegend an der Grenze polarer und subtropischer Luftmassen, wo Einbrüche von kalter in warme Luft auf der Nordhalbkugel zu linksdrehenden Tiefdruckwirbeln führen.
Im Kern eines *Tiefs,* einer *Zyklone** – dort wo die Luft aufsteigt oder hochgewirbelt wird –, ist der Druck am geringsten; nach außen hin nimmt er zu. Umgekehrt herrscht in der Mitte eines *Hochs,* einer *Antizyklone,* wo die schwere Luft von oben niederfällt, der höchste Druck, der beim Auseinanderfließen der Luft am Boden nach außen abnimmt. Um die Druckverteilung zu einem bestimmten Zeitpunkt auf der Karte deutlich zu machen, verbindet man alle Punkte gleichen Luftdrucks (meist von fünf zu fünf Millibar), so daß in sich geschlossene Kurven, die *Isobaren,* entstehen.

b) Werdegang eines Tiefs

Warmluft gelangt mehr oder weniger instabil aus den Tropen und aus den Subtropen in unsere Breiten, die Kaltluft aus der Polarzone oder dem großen Kaltluftreservoir zwischen 60° und 70° Breite.
In einem an der Grenze zwischen Warm- und Kaltluftmassen neu entstandenen Tiefdruckwirbel sind die Sektoren warmer und kalter Luft noch getrennt (Abb. 2). Die leichtere Warmluft gleitet allmählich auf die schwere kalte Luft auf, hier die *Warmfront* bildend, während von der anderen, der westlichen Seite her nachfolgend, schnellere Kaltluft mit einer *Kaltfront* den Warmsektor unterwandert, bis die gesamte Warmluft vom Boden abgehoben ist und Warm- und Kaltfront zu einer gemeinsamen Front, der Okklusion, zusammenklappen *(okkludieren).* Das Tief ist gealtert und stirbt ab: »Es füllt sich auf«. Während dieses Vorgangs bewegt sich in unseren Breiten das gesamte Tiefdruckgebiet mit abnehmender Geschwindigkeit in meist etwa östlicher Richtung.

* Nicht zu verwechseln mit einem Zyklon, einem Wirbelsturm.

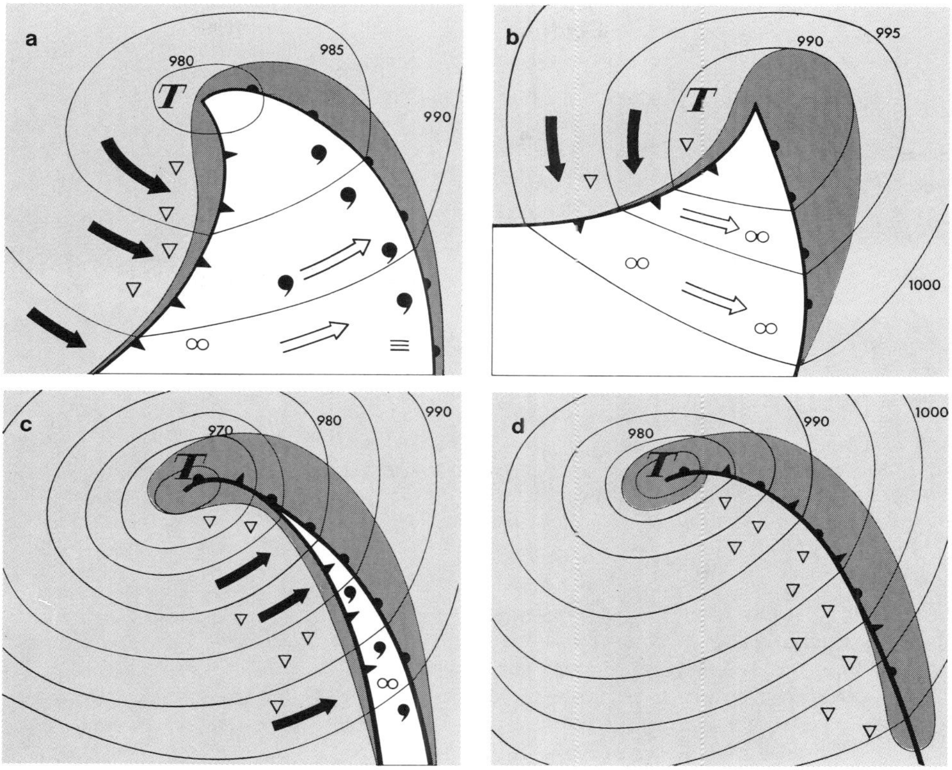

Abb. 2 Lebenslauf einer Zyklone
(a) Warmluftmasse ist in die Kaltluftmasse eingedrungen. Vor ihrer Aufgleitfront (rechts) ist ein ausgedehntes Regengebiet. Die Frontlinie mit den runden Zacken ist die Rußlinie der Warmfront an der Erdoberfläche. (b) Die schnellere Kaltfront (Spitzzacken) unterläuft den Warmlufteinbruch, engt ihn ein und drängt ihn in die Höhe; hinter ihr ein schmales Regenfeld, gefolgt von Schauertätigkeit. (c) Durch das Aufsteigen der Warmluft hat sich der Kerndruck weiter vermindert, in Kernnähe hat die Kaltfront die Warmfront eingeholt (Beginn der Okklusion). (d) Okklusion der Fronten; die leichte Warmluft des Einbruchs ist ganz vom Boden abgehoben, kühlt sich in der Höhe ab und wird dichter; das Tief füllt sich auf.

c) Der Wind

Die Luftdruckunterschiede bewirken eine oft kräftige Ausgleichströmung, den *Wind*. Wichtig für den Seemann ist der an der Erdoberfläche wehende Wind, während den Meteorologen auch die Höhenwinde interessieren. Auch zwischen den einzelnen Tief- und Hochdruckgebieten wird ein schneller Ausgleich der Druckunterschiede durch die Erddrehung verhindert. Zwischen Hoch und Tief weht der Wind fast senkrecht zur Verbindungslinie beider Kerne und

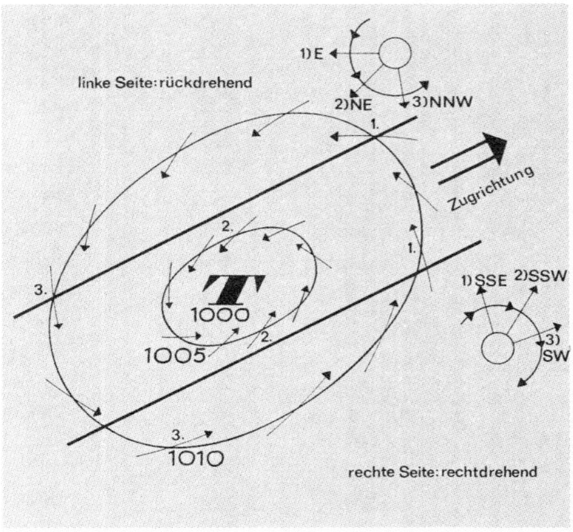

Abb. 3 Winde um ein Tief auf der nördlichen Halbkugel
Auf der linken Seite eines Hochs ist der Wind links- oder rückdrehend, auf der rechten Seite rechtsdrehend.

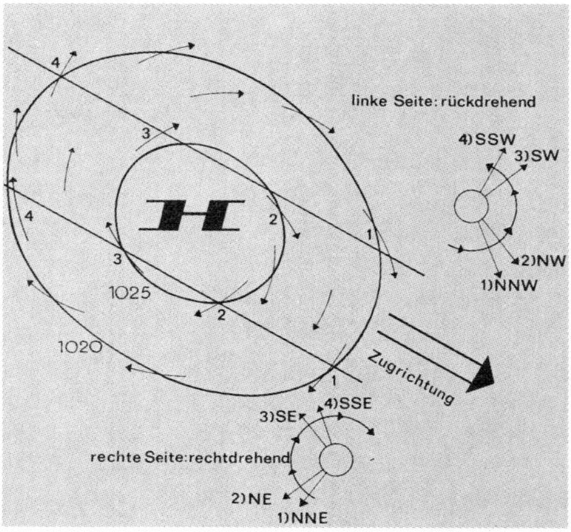

Abb. 4 Winde um ein Hoch auf der nördlichen Halbkugel
Auf der linken Seite eines Tiefs ist der Wind rückdrehend, auf der rechten Seite rechtsdrehend.

weicht gegen die Isobaren nur wenig zum Tiefdruckkern hin ab.
So gibt einem die Windrichtung am Ort gleich einen Anhalt für den Isobarenverlauf. Es zeigt sich dabei das *grundlegende Windgesetz,* wie es sowohl für das Tief (Abb. 3) wie für das Hoch (Abb. 4) gilt – allerdings nur auf der nördlichen Halbkugel, während auf der südlichen die Drehrichtungen umgekehrt sind.
In einem Tief der nördlichen Halbkugel hat also ein vor dem Wind laufendes Boot den Kern des Tiefs etwas vorlicher als Backbord querab, in einem Hoch dessen Kern etwas achterlicher als Steuerbord querab. Zieht also ein Tief auf seinem üblichen östlichen Kurs nördlich von einem vorbei, so dreht der zunächst südliche Wind auf W und NW, zieht es südlich vorbei, auf O und NO:
Auf der *rechten* Seite der Zugrichtung dreht der Wind *rechts.*

Auf der *linken* Seite der Zugrichtung dreht der Wind *links.*

Statt rechtsdrehend spricht der Seemann auch von *ausschießend*; statt linksdrehend auch von *rückdrehend* oder *krimpend.*
Zieht ein Tief mit seinem Kern unmittelbar über einen hinweg, so springt der Wind nach einer kurzen Windstille in die entgegengesetzte Richtung um. Die Stille im Zentrum darf einen nicht zu der Annahme verleiten, alle Gefahr sei vorüber. Gleichzeitig geht der vorher ständige Druckfall deutlich in einen Druckanstieg über, der wieder kräftigen Wind bedeutet.
In einem Hoch sind die Verhältnisse entsprechend, jedoch meist nicht so scharf ausgeprägt. Zwar ist das Wetter nicht überall »gut« (Abb. 5); das ist es meist nur im Westteil des Hochs, im Bereich östlicher Winde. Das sommerliche

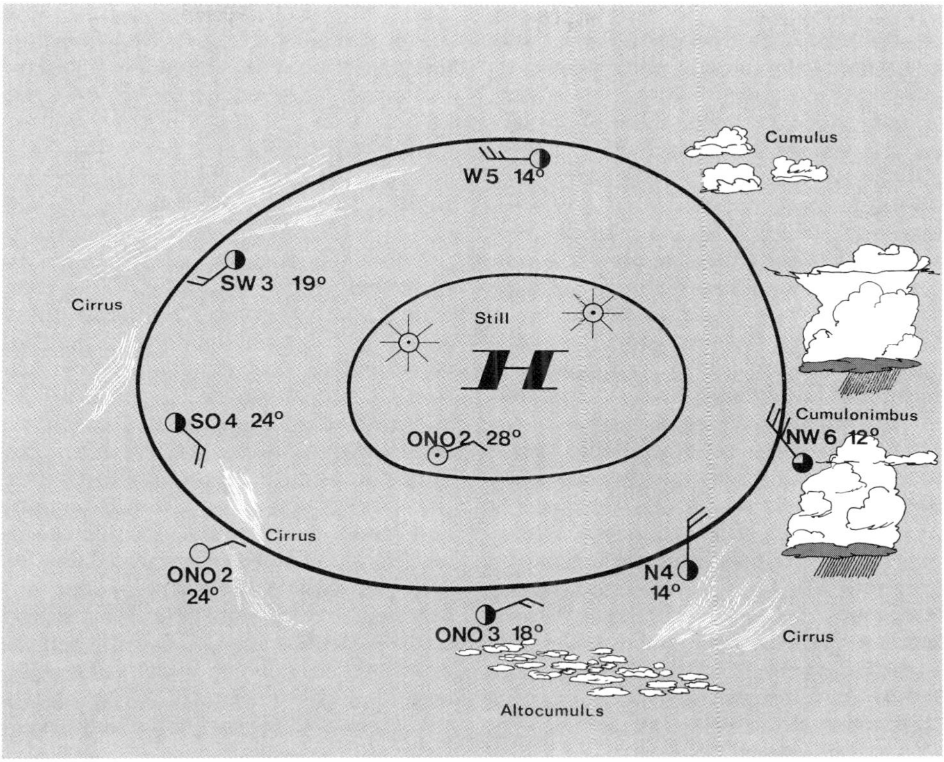

Abb. 5 Das Hoch hat seine guten und schlechten Seiten. Nur im Kern und im Bereich der Ostwinde ist gutes Wetter zu erwarten. Im NW-Windbereich bleibt es meistens schlecht.

Schönwetter unserer Gewässer wird meist von der Lage und Ausdehnung des *Azorenhochs* bestimmt, dessen nach Europa abzweigende Teilhochs uns trockene, warme und oft länger anhaltende Schönwetterperioden bringen.
Die *Stärke des Windes* hängt von den Druckunterschieden zwischen Hoch und Tief und dem Abstand ihrer Kerne ab. In mittleren Breiten ist bei einem Abstand der 5-mb-Isobaren von 300 sm mit Windstärke 3 zu rechnen, von 200 sm mit Windstärke 5 und von 100 sm mit Windstärke 7. . .8. Die Druckänderung in Millibar auf 60 sm nennt man den Gradienten. Für die vorstehenden Druckgefälle sind die Gradienten 1; 1,5 und 3.

d) Die Luftfeuchtigkeit

Luft enthält eine wechselnde Menge Feuchtigkeit. Das an der Erd- oder Wasseroberfläche verdunstende Wasser wird von der Luft als Wasserdampf auf-

genommen, dessen Höchstmenge, die *Sättigungsfeuchte,* von der Lufttemperatur abhängig ist. Je wärmer die Luft ist, um so mehr Feuchtigkeit kann sie aufnehmen. Da zum Verdunsten von Wasser – zu seiner Verwandlung in Wasserdampf von gleicher Temperatur – viel Wärme verbraucht wird (rund 600 Kilokalorien für 1 kg Wasser), die nicht verloren geht, sondern beim Kondensieren wieder frei wird, können durch den Wind erhebliche Wärmemengen über weite Strecken transportiert werden.
Umgekehrt kann nun auch durch Temperaturabnahme, z. B. durch Aufsteigen der Luft in größere Höhen oder durch den Hinzutritt kälterer Luft, die Sättigungsgrenze überschritten werden; die Luft wird dann merklich naß. Ein Teil der in der Luft enthaltenen Feuchtigkeit kondensiert zu feinen Tröpfchen (Nebel) oder fällt als Tau aus; die zugehörige Temperatur heißt daher *Taupunkt.* Voraussetzung ist allerdings, daß kleinste feste Teilchen (Luftverschmutzungen, Staub, Ruß, Meersalz) als Kondensationskerne in der Atmosphäre schweben, an denen sich die Feuchtigkeit niederschlagen kann.

Absolute Sättigungsfeuchten	
Lufttemperatur [° C]	Max. Dampfgewicht im Luftvolumen [g/m³]
30	30,4
25	23,1
20	17,3
15	12,0
10	9,4
5	6,8
0	4,8
– 5	3,4
–10	2,4

Die relative Luftfeuchtigkeit wird in Prozenten der absolut möglichen Feuchtigkeitssättigung bei der herrschenden Lufttemperatur angegeben. Beispiel: Enthält Luft von 20° C 12 g Wasserdampf pro Kubikmeter, so ist ihre relative Feuchte gegen die bei dieser Temperatur mögliche Sättigungsfeuchte von 17,3 g/m³ gleich 12/17,3 = 0,69 oder, prozentual ausgedrückt, 69%. Sinkt die Temperatur dieser Luft auf 10° C, dann ändert sich die relative Luftfeuchtigkeit auf einen Wert 12/9,4 = 1,2766; mit anderen Worten, die Luft wird damit um 27,66% übersättigt – 2,6 g Wasser erscheinen aus jedem Kubikmeter Luft als Dunst, Nebel oder Niederschlag. Der *Taupunkt* ist erreicht und überschritten.
Die Annäherung an den Taupunkt in der Luft macht sich durch Verschlechterung der Sicht und Aufkommen von Dunst erkennbar. Sobald die Kondensation einsetzt, bilden sich Nebel und Wolken, und wenn die Kondensationströpfchen zu groß werden, um sich in der Luft schwebend halten zu können, fallen sie als Niederschlag (Nieselregen, Sprühregen, Regen, Schnee usw.).
Verringert sich die Sichtweite auf weniger als 1000 m, dann spricht man von Nebel.

Nebelbildung kann verschiedene Ursachen haben:

1. Warme Luft weht über kälteres Wasser und kühlt sich dabei ab; bei Erreichen des Taupunktes kondensiert ein Teil der Luftfeuchtigkeit. Das Ufer kann dann ganz im Nebel liegen, während es über dem am Morgen wärmeren Wasser klar ist.
2. Kalte Luft weht über wärmeres Wasser. Die über dem Wasser lagernde warme Luft wird durch die kalte Luft unter den Taupunkt abgekühlt.

3. Kalte Luft mischt sich mit feuchtwarmer Luft. Dieser für die Wolkenbildung ursächliche Vorgang reicht bis zur Erdoberfläche hinunter. Auf dem Boden aufliegende Wolken sind Nebel.

Nebel findet sich daher häufig
1. über küstennahem kaltem Auftriebswasser, wo ablandiger Wind das warme Oberflächenwasser wegtreibt und kühleres Wasser aus der Tiefe emporquillt;
2. über Randmeeren im Frühjahr; z. B. in der Nord- und Ostsee, wenn wärmere Luft über kaltes Wasser weht;
3. über kalten Meeresströmungen, z. B. am Ostrand der Neufundland-Bank, wo vor allem von Mai bis Juli warme Golfstromluft mit Südwind über das kalte Wasser des Labrador-Stroms weht;
4. als Küstennebel infolge unterschiedlich schneller Erwärmung von Land und See bei Sonneneinstrahlung;
5. als Landnebel, wenn in klaren, ruhigen Nächten das Land abkühlt und die Feuchtigkeit der darüber liegenden Luft kondensiert, wobei der Nebel in Flußmündungen und unter der Küste liegt und möglicherweise Leuchtfeuer einhüllt;
6. an Steilküsten oder höheren Inseln, wenn auflandiger Wind weht, wobei die aufsteigende Luft abgekühlt wird; die Küsten können dann in Nebel und Wolken verschwinden.

Naturgemäß ist Meeresluft feuchter als Festlandsluft, so daß im ganzen gesehen die Bewölkung geringer wird, je weiter man ins Binnenland kommt. Dabei spielt auch eine Rolle, ob die Luft vom Meere stammt – vorwiegend westliche Winde – oder vom Festland – vorwiegend östliche Winde.

Im Gegensatz zu der aufsteigenden Luft im Tief ist die absteigende Luft im Hoch trocken; sie kann bei ihrer Erwärmung in Nähe der Erdoberfläche immer mehr Feuchtigkeit aufnehmen, so daß sie die Wolken »auftrocknet« und gute Sicht schafft.
Auch wenn der Wind durch Gebirgszüge in größere Höhe gedrückt wird, kommt es durch die damit verbundene Temperaturabnahme meist zu Wolkenbildungen und Niederschlägen. Umgekehrt ist der vom Gebirge her wehende Wind durch solchen Entzug von Feuchtigkeit am Luvhang und das spätere Absinken trocken.

B. DIE BEOBACHTUNG DES WETTERS

a) Instrumente

Der Luftdruck wird mit dem Barometer gemessen. Das heute übliche *Aneroidbarometer* überträgt die elastische Verformung einer oder mehrerer luftleerer Druckdosen auf ein Zeigerwerk. Moderne Instrumente sind von der Temperatur nahezu unabhängig. Eine Stellschraube auf der Rückseite ermöglicht eine Standberichtigung. Kontrollen des Instruments nehmen in den größeren Häfen auch die Außenstellen des Wetteramtes vor.
An Bord ist das Barometer so aufzuhängen, daß es vor Erschütterungen bewahrt bleibt. Beim Ablesen ist ein leichtes Klopfen gegen das Glas angebracht, da dann die Tendenz des Luftdrucks – steigt oder fällt – erkennbar wird. Wichtiger als der absolute Barometerstand ist die Luftdruckänderung.
Die Anschaffung eines *Barographen* (Abb. 6) ist mindestens für längere Seetörns dringend zu empfehlen, da er

Wind

Stärke nach Beaufort	Windgeschwindigkeit kn	m/s	km/h	Bezeichnung	Beschreibung	Zeichen in der Wetterkarte
0	0...1	0–0,2	0– 1	Windstille	Keine Luftbewegung.	
1	1...3	0,3–1,5	1– 5	Leiser Zug	Windrichtung nur an ziehendem Rauch erkennbar.	
2	4...6	1,6–3,3	6–11	Leichte Brise	Wind im Gesicht fühlbar.	
3	7...10	3,4–5,4	12–19	Schwache Brise	Blätter werden bewegt, leichte Wimpel gestreckt.	
4	11...15	5,5–7,9	20...28	Mäßige Brise	Kleine Zweige werden bewegt, schwere Wimpel gestreckt.	
5	16...21	8,0–10,7	29–38	Frische Brise	Größere Zweige werden bewegt; Wind im Gesicht schon unangenehm.	
6	22...27	10,8–13,8	39–49	Starker Wind	Große Zweige werden bewegt; Wind singt in der Takelage.	 Windwarnung
7	28...33	13,9–17,1	50–61	Steifer Wind	Schwächere Bäume werden bewegt; fühlbare Hemmung beim Gehen gegen den Wind.	
8	34...40	17,2–20,7	62–74	Stürmischer Wind	Große Bäume werden bewegt, Zweige abgebrochen; bei Gehen erhebliche Behinderung.	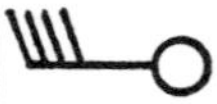
9	41...47	20,8–24,4	75–88	Sturm	Leichtere Gegenstände werden aus ihrer Lage gebracht; Schäden an Dächern.	 Sturmwarnung
10	48...55	24,5–28,4	89–102	Schwerer Sturm	Bäume werden entwurzelt, Häuser beschädigt.	
11	56...63	28,5–32,6	103–117	Orkanartiger Sturm	Schwere Sturmschäden.	
12	>64	>32,7	≧118	Orkan	Verwüstungen.	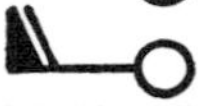

Seegang

Stärke	Wellen- höhe (m) bis	Wellen- länge (m) bis	Bezeichnung	Beschreibung
0	0,0	0	Glatte See	
1	0,1	1	Ruhige See	Schuppenförmige Kräuselwellen
2	0,6	7	Schwachbewegte See	Kurze, ausgeprägte Wellen, deren Kämme glasig aussehen und nicht brechen
3	1,0	15	Leichtbewegte See	Wellen noch klein, werden aber länger; häufig weiße Schaumköpfe
4	2	28	Mäßigbewegte See	Mäßige Wellen, die ausgeprägter und länger werden; überall weiße Schaumköpfe; die brechende See verursacht stärkeres Geräusch
5	3	49	Grobe See	Bildung großer Wellen, deren weiße Schaumkämme größere Schaumflächen bilden
6	4	76	Sehr grobe See	See türmt sich und bricht; Bildung von Schaumstreifen in Windrichtung; stärkeres Geräusch der brechenden See
7	7	165	Hohe See	Wellenberge mit langen Kämmen. Von den Kämmen wird Gischt abgeweht; dichte Schaumstreifen in Windrichtung; die See »rollt«
8	9	240	Sehr hohe See	Sehr hohe Wellenberge mit langen überbrechenden Kämmen. See weiß von Schaum. Schweres stoßartiges »Rollen« der See. Sichtbehinderung durch Gischt
9	>9 11,5 14	>240	Außergewöhnlich schwere See	Gewaltige Wellenberge. Mittlere Schiffe verschwinden in Wellentälern. Luft mit Schaum und Gischt angefüllt, keine Fernsicht mehr. See vollständig weiß

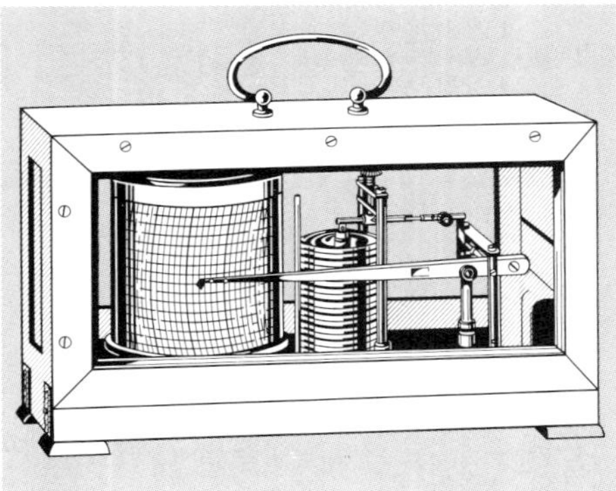

Abb. 6 Barograph

einen wesentlich besseren Überblick über die Luftdruck-Entwicklung gibt als ein Barometer. Durch die laufende Aufzeichnung des Luftdrucks entgehen dem Beobachter keinerlei Druckänderungen, wie es bei einem Barometer leicht vorkommen kann. Der Druckverlauf während einer Woche läßt sich auf dem um eine Trommel zu legenden Kurvenblatt leicht ablesen (Abb. 7). Jede Woche beim Wechseln des Kurvenblatts ist das Uhrwerk der Trommel aufzuziehen. Ein Barograph ist empfindlich gegen Neigungen und Erschütterungen; um ein Verschmieren der aufgezeichneten Kurve zu verhindern, ist es zweckmäßig, den Barographen elastisch gefedert aufzuhängen.

Nützlich ist ein *Thermometer* zum Beobachten der Lufttemperatur. Es soll in freier Luft an einem trockenen Platz angebracht sein, ohne daß es von direkten oder reflektierten Sonnenstrahlen getroffen wird oder sich zu nahe an erwärmten Schiffsteilen befindet.

Anemometer zur Windmessung und *Hygrometer* zur relativen Feuchtigkeitsbestimmung wird man meist nicht an Bord haben. Ohnehin gibt bei fahrendem Schiff das Anemometer nur die Geschwindigkeit des scheinbaren Windes an. Bei einiger Erfahrung kann man die wahre Windstärke und -richtung recht zuverlässig an der Wasseroberfläche feststellen (vgl. Tabelle auf S. 294 und 295). In Wetterberichten wird die Windgeschwindigkeit heute international in Knoten angegeben.

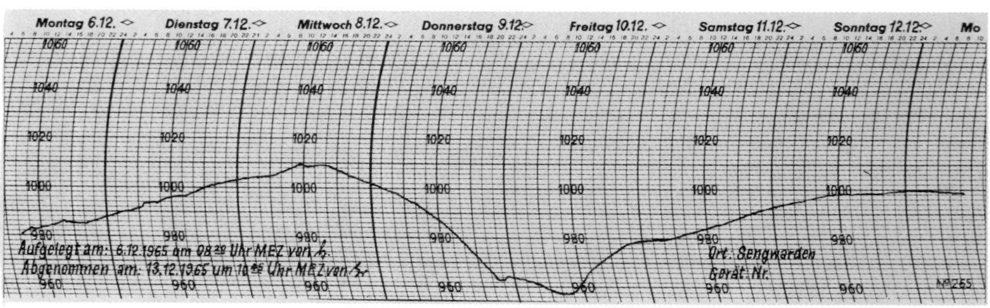

Abb. 7 Luftdruckkurve eines Barographen
Dem Hoch vom 8.12. folgt bei schnellem Fallen des Luftdrucks (Wind!) ein kräftiges Tief. Nach dessen Durchzug (Winddrehung) und bei dem ziemlich schnellen Steigen am Nachmittag des 10.12. weht es zunächst stärker; bei abflauendem Wind tritt ab 12.12. ruhiges Hochdruckwetter ein.

b) Wettererscheinungen

1. Die Wolken

Zur Beurteilung der Wetterlage sind neben den Instrumenten die eigenen Beobachtungen des Wetters und die Kenntnis der einzelnen Wettererscheinungen unentbehrlich. Die Bedeckung des Himmels, deren Grad heute in Achteln angegeben wird, und die Formen der Wolken geben wichtige Aufschlüsse. Sie zeigen die horizontalen und vertikalen Luftbewegungen, geben einen Anhalt für die Art und die Temperaturen der Luftmassen und lassen die Fronten erkennen. Die horizontnahe Bewölkung sollte man wegen der Kulissenwirkung nur bedingt berücksichtigen.

Die Bewölkung ist nach Höhe und Form sehr verschieden. Man unterscheidet

niedrige Wolken bis 2000 m,
mittelhohe Wolken zwischen 2000 und 6000 m,
hohe Wolken über 6000 m,
niedrige Wolken, die in höhere Schichten hineinragen,

außerdem

Haufenwolken (Cumulus-Wolken), die scharfe Begrenzungen haben und sich vertikal aufbauen,
Schichtwolken (Stratus-Wolken), die sich ohne auffallende Gliederung horizontal lagern.

Mittelhohe Wolken bezeichnet man mit dem Zusatz »Alto-«, hohe mit »Cirro-«. Daraus ergibt sich im großen folgende in der Wetterkunde gebrauchte Einteilung der Wolken:

	Niedrige		Mittelhohe		Hohe
Cu	Cumulus			Ci	Cirrus
St	Stratus				
Sc	Strato-Cumulus	Ac	Alto-Cumulus	Cc	Cirro-Cumulus
Ns	Nimbo-Stratus	As	Alto-Stratus	Cs	Cirro-Stratus
Cb	Cumulo-Nimbus				

Diese Wolkenformen haben folgende Bedeutung:
Cu Haufenwolke, in kleinen Formen Schönwetterwolke (Abb. 8), in großer Form oft Vorläufer von Schauern und Gewittern. Sie sind meist das Kennzeichen unregelmäßiger Erwärmung. Für den Segler sind sie besonders interessant, weil sie Wind bringen. Ist dieser böig, so kann man meist auch ein Schwanken der Richtung beobachten: beim Auffrischen dreht der Wind um 10° bis 20° nach rechts; Wolken im Oberwind sieht man oft noch stärker nach rechts abgelenkt. Die sich auftürmende Haufenwolke erreicht bald Höhen, in denen die Temperatur unter Null sinkt (Abb. 9). Dabei verwandelt sich das Wasser meist in Eisnadeln oder Schnee, wie man an der faserigen, glatteren Struktur der hohen Wolkenschichten erkennt. Bei weiterem Aufsteigen entsteht eine Gewitterwolke, Cb (Abb. 10). Treffen aufquellende Cu auf eine »Inversionsschicht« – eine warme Luftschicht, durch die die normale Temperaturabnahme mit der Höhe unterbrochen wird –, so breiten sie sich horizontal aus und bekommen Pilz- oder Amboßform.

Abb. 8 Die flache Haufenwolke (Cumulus), oft in Reihen in der Windrichtung angeordnet, bringt wohl schwache rechtsdrehende Böen, hat aber für die Wetterentwicklung keine Bedeutung.

Abb. 9 Die geballte Haufenwolke (Cumuluscongestus) wächst in kurzer Zeit zu großer Mächtigkeit an und erreicht die »Vereisungszone«, in der sich Schleier bilden können.

St Tiefe Schichtwolke, darunter Wolkenfetzen; Himmel grau in grau.
Sc Niedrige, flache, graue Wolken mit Struktur; Wolken der Ruhe, die das Fehlen vertikaler Luftströmungen anzeigen (Abb. 11); der Wind ist stetig und nicht böig. Flache Wolkenbänke bei Sonnenuntergang sind Zeichen ruhigen Hochdruckwetters.
Ns Dunkle, zerrissene Regenwolken großer Mächtigkeit, aus As entstanden.
Cb Böen-, Schauer- und Gewitterwolke, auch Böenwalze (Abb. 10). Kräftige, in große Höhen aufsteigende Cu, die

Abb. 10 Ausgereifte Gewitter- oder Schauerwolke (Cumulonimbus) mit vereisten oberen Türmen. Die Wolke erzeugt ein eigenes Windsystem.

Abb. 11 Schichtartige Wolkenteppiche (Stratocumulus) deuten auf ruhiges Wetter. Als geschlossene Wolkendecke im Herbst und Winter typisch für ruhiges Hochdruckwetter.

Abb. 12 Schäfchenwolken (Altocumulus), wenn schnell ziehend, zeigen Schlechtwetter an.

Abb. 13 Cirruswolken zeigen bei fallendem Barometer ein heranziehendes Tief an.

starke Niederschläge mit sich bringen.

Ac Schäfchenwolken, mittelhohe Wolken in Form von einzelnen Ballen (Abb. 12); in ruhiger Schicht Schönwetterwolken, in schnell ziehenden Bänken Schlechtwetterzeichen.

As Dünne Schichtwolke, die den Himmel wie mit Milchglas überzieht. Das langsame Aufziehen, Dichterwerden und Absinken kündigt Flaute und Regen an; bei großen Feuchtigkeitsmengen entstehen Ns, die länger anhaltenden Regen bringen.

Abb. 14 Der Cirrostratus-Schirm, mit oder ohne Sonnenring, zeigt eine hohe geschlossene Eisnadelbewölkung an. Anzeichen für schlechtes Wetter.

Ci Feine, hohe, faserige weiße Wolken, eisblumen- und fadenartig, bestehen aus Schnee oder Eisnadeln (Abb. 13). Bei Druckfall sind sie Vorboten schlechten Wetters.

Cc Feine, hohe Schäfchenwolken, oft in linsenartigen Bänken, erscheinen bei sich auffüllenden Tiefs, sind aber auch nicht selten Vorläufer neu sich bildender kräftiger Tiefdruckgebiete.

Cs Feiner Schleier hoher Wolken aus Schnee und Eisnadeln, durch die die Sonne hindurchscheint (Abb. 14). Bevor noch die ersten dünnen Cs erkennbar sind, zeigt sich schon das Vorhandensein von Feuchtigkeit und feinen Eiskristallen in hohen Luftschichten durch Höfe und Ringe um Sonne und Mond. Sie entstehen durch Beugung des Lichts an Wassertröpfchen oder Eiskristallen in der Atmosphäre. Die weißlichen oder gelblichen Höfe haben einen Halbmesserwinkel von 2°; die Ringe entweder 22° oder 46°, gelegentlich mit heller leuchtenden Stellen, den »Nebensonnen«. Diese »Halo«-Erscheinungen künden das Herannahen einer Warmfront mit regnerischem Wetter an. Es folgen dann bei langsamem Druckfall As, Cb und Ns.

Wenn Wolken auch vorwiegend Kennzeichen von Tiefdruckgebieten sind, so sind Hochs doch keinesfalls immer wolkenlos; vor allem auf ihrer Ostseite befindet sich oft stärkere Bewölkung (Abb. 5).

2. *Niederschläge*

Wolken sind kondensierte Luftfeuchtigkeit. Doch fällt nicht aus jeder Wolke Niederschlag, sondern erst dann, wenn die schwebenden Nebeltröpfchen infolge Zusammenwachsens nicht mehr von der Luftbewegung getragen werden und auch nicht in tieferen Schichten gleich wieder verdunsten. Es fallen dann bei Wolkentemperaturen über 0° C aus niedrigen Wolken sehr kleine Tröpfchen als Sprühregen (Niesel) oder – meist aus großer Höhe – schwerere Tropfen als Regen. Bei Wolkentemperaturen unter dem Gefrierpunkt fallen Schnee, Graupeln (Eiskörner aus unterkühlten Tropfen) oder Hagel (Eisstückchen wachsender Größe). Aus Schichtwolken regnet es langsam und anhaltend; aus Cb-Wolken heftig in Schauern.
Infolge starker Sonneneinstrahlung kräftig in große Höhen aufsteigende feuchtwarme Luft führt zu örtlich begrenzten *Wärmegewittern.* Plötzlicher Einbruch kalter Luft in warme innerhalb eines Tiefs – Vorstoß einer kräftigen Kaltfront – führt dagegen zu ausgedehnten *Frontgewittern,* die viel Wind, erhebliche Abkühlung und eine allgemeine Wetterumstellung mit sich zu bringen pflegen. Die starke Bewegung der Luftmassen verursacht elektrische Spannungen, die sich in Blitzen von Wolke zu Wolke oder von Wolke zur Erde entladen; die hierdurch plötzlich entstehende Hitze bewirkt den Donner. Aus dem Zeitunterschied zwischen Blitz und Donner läßt sich die Entfernung des Gewitters errechnen (Anzahl der Sekunden geteilt durch drei gibt die Entfernung in Kilometern). Entfernte Blitze, nach denen kein Donner zu hören ist, heißen *Wetterleuchten.* Als ruhiges Glimmen auftretende – ungefährliche – elektrische Entladungen an Mastspitzen nennt man *Elmsfeuer.*
Wärmegewitter über Land, wie man sie im Sommer in dänischen und schwedischen Gewässern oft beobachten kann, kommen nur zögernd und abgeschwächt auf See heraus. Eine Schätzung, wie stark die aus einem Gewitter oder einer Schauerfront kommende Bö sein wird, ist schwierig; man muß sorgfältig die Wasseroberfläche in Luv beobachten.
Die Böen ziehen allerdings nur schmale Schneisen, so daß die Verhältnisse sich auf geringe Entfernungen stark ändern können. Allgemein sind die Böen im Binnenland kräftiger als auf See. In den Tropen sind Wärmegewitter typisch für die »Regenzeiten«; auf offener See trifft man sie aber nur selten.
Die dem Boot durch *Blitzschlag* drohende Gefahr ist wesentlich geringer als die an Land auf freiem Felde. Zur Sicherheit kann man die Wanten mit einem dicken Draht ins Wasser erden. Auf einer Stahl- oder Aluminiumyacht besteht überhaupt keine Gefahr.

Scheint während eines Regenschauers die Sonne, so kann ein *Regenbogen* entstehen. Er hat einen Halbmesser von 41° – ein gelegentlich zusätzlich schwächerer Nebenbogen mit umgekehrter Farbfolge 52° – und seinen Mittelpunkt im Gegenpunkt der Sonne. Der Bogen erscheint also um so tiefer, je höher die Sonne steht; er wird verursacht durch Brechung und Spiegelung der Sonnenstrahlen in den Regentropfen. Ein jeder sieht seinen ganz individuellen Regenbogen.

c) Logbucheintragungen

In See sollten im Logbuch regelmäßig mindestens alle 2 Stunden Angaben über das Wetter aufgenommen werden. Als Wetterbeschreibung empfehlen sich die von Beaufort eingeführten Abkürzungen:

b (blue)	wolkenlos
c (clouds)	bewölkt mit Ziffern 1–7; 0 wäre »wolkenlos«, 8 »ganz bedeckt«)
d (drizzling)	Sprühregen
f (fog)	Nebel
g (gloomy)	trübe
h (hail)	Hagel
l (lightning)	Wetterleuchten
m (misty)	diesig
o (overcast)	ganz bedeckt
p (passing showers)	Schauer
q (squally)	böig
r (rain)	Regen
s (snow)	Schnee
t (thunder)	Gewitter
u (ugly)	drohend
v (visible)	sehr sichtig
w (wet)	feucht
z (hazy)	dunstig

Durch einfaches oder doppeltes Unterstreichen wird die Stärke der Wettererscheinung angegeben, z. B. r »starker Regen«, r »sehr starker Regen«.

d) Schlüsse aus den eigenen Wetterbeobachtungen

Stehen einem keine Wettermeldungen zur Verfügung, so muß man versuchen, aus den eigenen Beobachtungen Schlüsse auf die Wetterentwicklung zu ziehen. Für unsere Seegebiete können folgende *Wetterregeln* gelten:

1. Luftdruck
Gleichbleibender Luftdruck bedeutet gleichbleibendes Wetter. Langsam steigender Luftdruck bringt eine Schönwetterperiode. Stetiges Fallen des Luftdrucks kündigt Schlechtwetter – schnelles Fallen mit viel Wind – an. Fällt der Druck stärker als 1 mb in der Stunde, ist Sturm zu erwarten. (Eine Barographenkurve zeigt die Entwicklung sehr deutlich.)

2. Lufttemperatur
Bei Sonnenaufgang die niedrigste Lufttemperatur mit Anstieg bis kurz nach Mittag, dann langsames Sinken kennzeichnen beständiges, gutes Wetter.
Im Sommer bedeutet stark steigende Temperatur gutes, stark sinkende schlechtes Wetter. Im Winter ist es umgekehrt.

3. Wind
Dreht der Wind, nachdem er tagelang aus gleicher Richtung geweht hat, so ist Wetterverschlechterung zu erwarten.
Windzunahme von Morgen bis Mittag, dann langsames Abflauen bedeuten gutes Wetter; Windzunahme am Abend läßt Sturm und Regen vermuten.

Unter der Küste ist der normale Wechsel von See- und Landwind ein Zeichen beständigen Wetters.

4. Wolken
Im normalen täglichen Gang hat der Nachmittag die stärkste Bewölkung. Wolkenaufzug am Abend oder abnehmende Haufenbewölkung am Tage lassen Wetterverschlechterung vermuten.
Allgemein zeigt Abnahme der Bewölkung Hochdruckeinfluß, Zunahme der Bewölkung Annäherung eines Tiefs an.
Wolken in mehreren Schichten und Höhen bedeuten Wetterverschlechterung oder Fortdauer des veränderlichen Wetters. As-Wolken, die gegen den Bodenwind aufziehen und sich allmählich verdichten, zeigen das Nahen einer Warmfront an; es ist Regen zu erwarten. Bei einzelnen lockeren Ac-Wolken bleibt das Wetter beständig. Hohe Wolken, die schnell vom Westen her zunehmen, bringen schlechtes Wetter (»Windwolken«); bei fallendem Druck wird die Bewölkung immer tiefer und dichter, bis Regen einsetzt.
Heller Sonnenaufgang mit rötlichem Schimmer und klarer Kimm, dann aufkommende stärkere Bewölkung lassen Regen und Wind erwarten.
Sonnenuntergang bei klarer Kimm oder hinter Haufenwolken mit leuchtenden Rändern bedeutet Schönwetter, Sonnenuntergang hinter dunklen Wolken Regen.
Schwefelgelbe bis grünliche Sonnenuntergänge, Ringe um Sonne und Mond, starkes Morgenrot und in der Luft sichtbare Sonnenstrahlen (»Wasserziehen der Sonne«) künden Schlechtwetter an.
Starkes Abendrot und ein silbern strahlender klarer Mond sind Zeichen beständigen Wetters.

5. Sichtigkeit
Schlechter werdende Sicht und Dunst sind meist Zeichen von Wetterverschlechterung.
Morgennebel, der durch die Sonne aufgelöst wird, bedeutet gutes Wetter. Will der Nebel aber nicht weichen, so ist mit Regen zu rechnen.

6. Tau
Nach warmen Tagen starker Tau bedeutet beständiges Wetter, fehlender Tau, Regen.

C. DIE WETTERKARTE

a) Wetterfunksprüche

Die Wetterdienststellen legen die Wetterlage auf Grund von Wettermeldungen, die von den Wetterstationen nach dem *Wetterschlüssel* gemäß »Nautischer Funkdienst III« aufgestellt werden, mehrfach im Laufe eines Tages in Wetterkarten nieder; doch wird man sich in See auf einer Yacht im allgemeinen mit dem Abhören der offenen Funkwetterberichte, einer Auswertung der Wetterkarten, begnügen und danach seine *Bordwetterkarte* zeichnen. Für den Ungeübten ist das Erstellen einer Wetterkarte nach einem verschlüsselten Wetterfunkspruch mit seinen zahlreichen Einzelangaben sehr langwierig.
Frequenzen und Sendezeiten für die offenen Wetterfunksprüche findet man ebenfalls im »Nautischen Funkdienst III«. Man muß diese Wetterberichte in See *regelmäßig* abhören und auswerten, weil man nur so die Wetter*entwicklung* erkennen und verstehen kann. Da die abschließenden Vorhersagen nur für eine bestimmte Zeit und für einen größeren Raum einigermaßen verläßlich ge-

geben werden können, muß man sie durch eine laufende *eigene Wetterbeobachtung* ergänzen. Nur so wird man die einen selbst betreffende Wetterentwicklung erkennen und sich in die Zusammenhänge hineinfinden. Man muß ständig »mit dem Wetter leben«.
Die allgemein gehaltenen Wetterberichte des Rundfunks sind nicht auf die Bedürfnisse des Yachtsportlers zugeschnitten und haben für ihn wenig Wert. Man braucht den *Seewetterbericht.* Er wird u. a. über den Deutschlandfunk, 1268 kHz, um 0005 und 1140 MGZ gegeben; sonst ist man auf den Schiffsfunk auf Grenzwelle von Norddeich, Kiel oder Rügen Radio angewiesen. Der Bordempfänger sollte daher einen Grenzwellenbereich haben.
Die Seewetterberichte beginnen mit einer Wind- oder Sturmwarnung für die betroffenen Gebiete, falls eine solche vorliegt. Aus der Vorbemerkung, daß eine Wind- oder Sturmwarnung nicht vorläge, darf keinesfalls der Schluß gezogen werden, daß das Wetter auch überall sicher ist. Erstens kann sich das Wetter schnell ändern, zweitens können örtliche Starkwindgebiete und einzelne Gewitterstürme gar nicht alle erfaßt werden.
Der Hauptteil des Seewetterberichts enthält die allgemeine Wetterlage und ihre Entwicklung. Die Lage, Zugrichtung und Geschwindigkeit der wichtigsten Hoch- und Tiefdruckgebiete und der Wetterfronten werden angegeben, dazu auch besondere Wettererscheinungen wie Starkwind- und Nebelgebiete. Dazu kommen Meldungen über das Wetter auf bestimmten ortsfesten Stationen und gegebenenfalls Wettermeldungen von in See befindlichen Schiffen. Man berücksichtige, daß diese Beobachtungen einige Stunden alt sind.

b) Zugbahnen der Tiefs

Langjährige Wetterbeobachtungen zeigen, daß die Tiefs bevorzugte Wege einschlagen, auf denen sie durch Landmassen und stabilere Hochdruckgebiete gesteuert werden. Für Europa kann man vier natürliche Zugbahnen erkennen (Abb. 15):

Zugbahn A folgt im großen und ganzen den Ausläufern des Golfstroms; auf ihr wandern größere atlantische Zyklonen.
Die *Zugbahn B* folgt im wesentlichen der Grenze des eigentlichen Kontinents; sie führt vom Ostatlantik durch den Ärmelkanal entlang der deutschen Küste in den Ostseeraum. Auf dieser Bahn wandern besonders im Hochsommer manchmal kleine, aber kräftige und schnell ziehende Wirbel, teilweise als Randtiefs eines umfangreichen Tiefs im hohen Norden. Über dem südlichen Mitteleuropa findet sich dabei ein festliegender Keil des Azorenhochs oder eine Hochdruckbrücke, die das Azorenhoch mit einem über Rußland ebenfalls festliegenden Hoch verbindet. Dort herrscht dann warmes, trockenes »Hundstagewetter«, während unsere Gewässer – Nordsee und Ostsee – unbeständiges, zum Teil regnerisches und stürmisches Wetter haben.
Die Tiefs der Bahn B zweigen oft auf die *Bahn* B_1 ab: Vom Atlantik kommend können sie nämlich im Sommer unter den Einfluß kontinentaler warmer Süd- oder Südost-Winde gelangen und gehen dann von der Deutschen Bucht nach Norden. Die Ostsee wird dabei von den Kernen der Tiefs nicht mehr erreicht und behält schönes und beständiges Sommerwetter; die Nordsee dagegen hat starke Winde und Regen mit kühler atlantischer Luft.

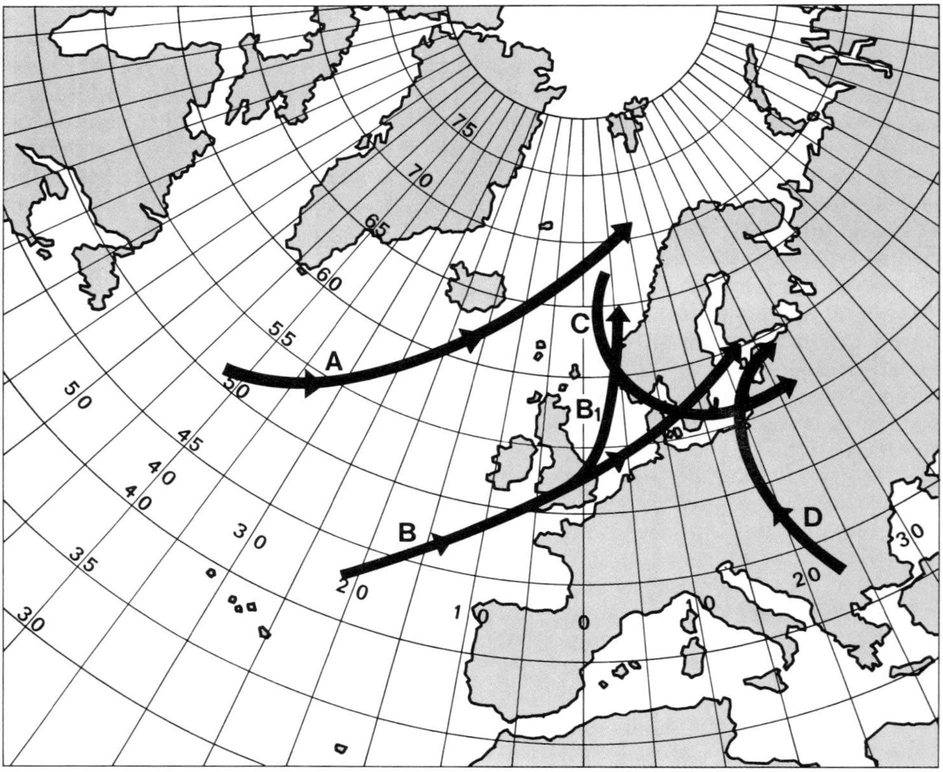

Abb. 15 Zugbahnen der Tiefs im Sommer

Die *Zugbahn C* führt vom Nordmeer am Rande Skandinaviens entlang über Dänemark in den Ostseeraum. Dies ist eine ungünstige, ja gefährliche Wetterlage, die plötzlich aufkommende Nordwest-Stürme bringen kann.

Die *Zugbahn D,* auch V_b genannt, führt am russischen Hoch entlang zunächst nach NW, um dann nach NE einzudrehen. Der Ostseesegler, der in die Bornholmer Gewässer oder nach Gotland kommt, kann mit diesen Tiefs Bekanntschaft machen und ungewohnte Wetterentwicklungen erleben. Ein aus Osten kommender Wolkenaufzug muß als Warnung dienen. Da schwer abzuschätzen ist, wie weit die Wetterverschlechterung gehen wird, sei bei einer D-Wetterlage zu besonderer Vorsicht geraten. Sie kann bei Nordost-Winden erhebliche Regenfälle bringen.

Gelegentlich halten diese Tiefs auch ihren NW-Kurs durch und führen dann im Bereich der dänischen Inseln zu einer außergewöhnlichen Wetterentwicklung: Beim Zusammentreffen warmer kontinentaler Luft mit hochreichender atlantischer Kaltluft über Frankreich entstehen oft über Nacht kräftige Zyklonen; besonders im Hochsommer, wenn das Ostseewasser durch eine vorhergegangene Schönwetterperiode warm geworden ist. Ein solches Tief, das vom Seeraum Rügen-Bornholm nach NNW zieht, erreicht hier seine größte Energie, und das Wetter schlägt im weiteren Verlauf in eine Westwindlage um. Solange das Ostseewasser kalt ist, können sich über ihm keine kräftigen Tiefs bilden; über warmem Ostseewasser muß dagegen mit stärkeren Stürmen gerechnet werden.

Seewetterbericht vom 20. August 1205 MEZ

Wetterlage von 0700 Uhr: Hoch 1022 Finnenbusen Ost verlagernd. Hoch 1024 Azoren mit Keil 1012 südlich Island. Tief 993 mittlere Nordsee mit Ausläufer 997 Skagerrak Nordost ziehend. Tief 997 Lofoten auffüllend.

Stationsmeldungen von 1000 MEZ:

Lister E 7 bedeckt 14° 997 mb mittlere Sicht
Aberdeen N 8 halbbedeckt Schauer 12° 1002 mb gute Sicht
Tynemouth NNW 7 wolkig Schauer 13° 1002 mb gute Sicht
Yarmouth NNW 8 bedeckt Schauer 14° 1003 mb mittlere Sicht
F. S. Terschelling W 8 Regen 14° 999 mb mäßige Sicht
F. S. Borkum Riff WSW 7 Regen 16° 1001 mb mäßige Sicht
Helgoland SW 6 bedeckt 18° 1000 mb schlechte Sicht
F. S. Elbe 1 SW 5 bedeckt 18° 1001 mb diesig
List SW 6 Regen 17° 999 mb diesig
Skagen S 6 bedeckt 15° 999 mb mäßige Sicht
Fornaes S 5 bedeckt 16° 1001 mb diesig
Kopenhagen S 5 bedeckt 16° 1003 mb diesig
Kiel Lcht. S 4 Regen 16° 1002 mb schlechte Sicht
F. S. Fehmarn Belt S 4 bedeckt 16° 1003 mb mäßige Sicht
Warnemünde S 3 wolkig 17° 1004 mb mittlere Sicht
Arkona S 4 wolkig 16° 1004 mb mittlere Sicht
Bornholm SSE 3 wolkig 16° 1007 mb mittlere Sicht

c) Anfertigung einer Bordwetterkarte

Für die Bordwetterkarte verwende man passende Vordrucke, wie sie bei der Kreuzer-Abteilung des DSV, bei den Seekarten-Berichtigungsinstituten oder beim Seewetteramt selbst zu erhalten sind.
Nach dem Ausfüllen von Ort, Datum und Uhrzeit trägt man zunächst die im Seewetterbericht angegebenen Hoch- und Tiefdruckgebiete in die Wetterkarte ein (Abb. 16 und 17), und zwar zweckmäßigerweise mit Bleistift, wie alle andere Schreibarbeit an Bord auch. Tinte, selbst die des Kugelschreibers, läuft bei Nässe aus und wird unleserlich. Es folgen die Meldungen der Stationen: Jede Station wird durch einen Kreis dargestellt, dessen Fläche in Vierteln die Bedeckung anzeigt und der gleichzeitig die Spitze eines Windpfeiles ist; die Windstärke nach Beaufort gibt man durch halbe und ganze Federchen (nach der Seite des niedrigeren Druckes) an (Abb. 18 und 19).

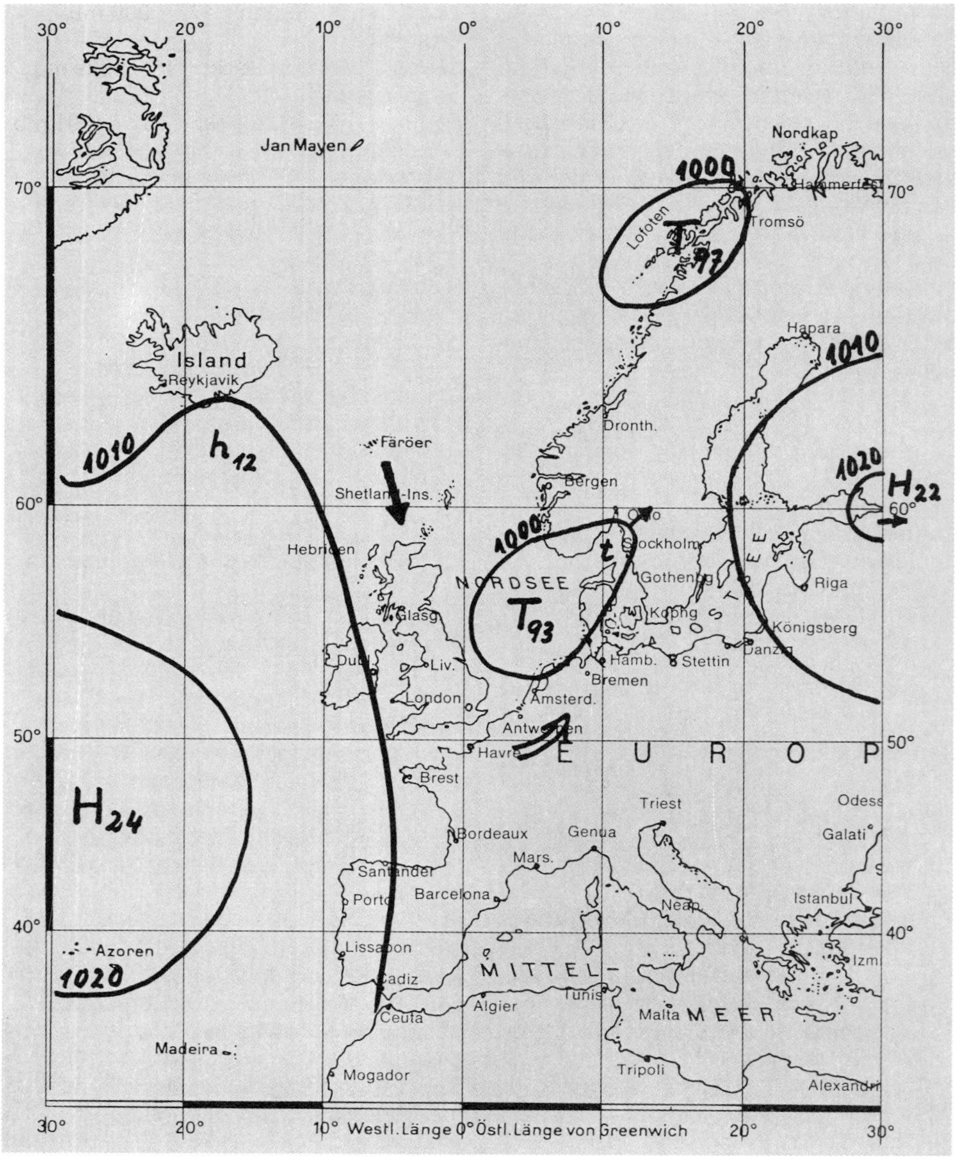

Abb. 16 Übersicht über die Wetterlage am 20. August vormittags.
Der Übersichtlichkeit halber sind nur die 10-mb-Isobaren eingezeichnet.

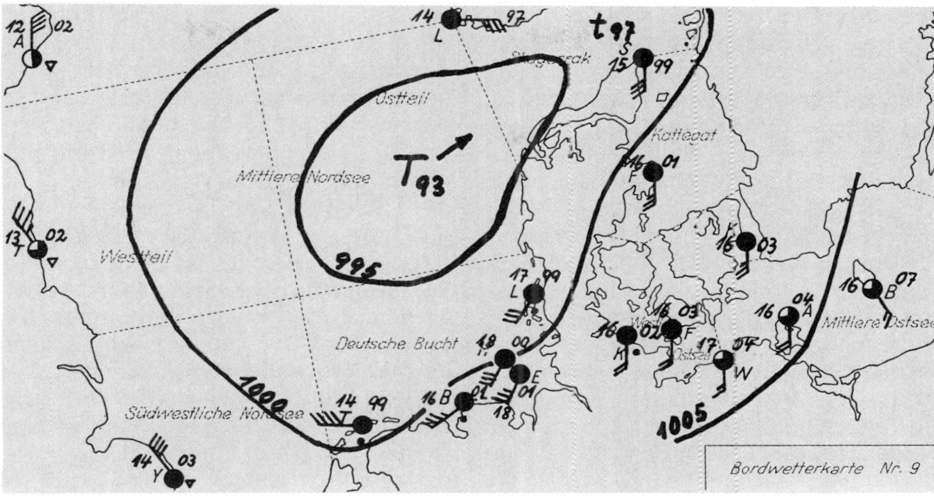

Abb. 17 Wetterlage Nordsee und westliche Ostsee vom 20. August vormittags mit Stationsmeldungen von 1000 MEZ.
Der zum Tief 993 gehörige Warmsektor ist bei den in ihm liegenden Stationen Borkum Riff bis List zu erkennen. In der Deutschen Bucht werden mit Durchgang der Kaltfront, die jetzt von Terschelling aus nach NNO verläuft, die Winde rechts drehen und auffrischen, der Regen in Schauer übergehen, die Temperaturen absinken, der Himmel allmählich aufklaren und Sichtbesserung eintreten. In der westlichen Ostsee wird es bei abflauenden südlichen Winden, Sichtbesserung und zunächst wenig geänderten Temperaturen aufklaren.

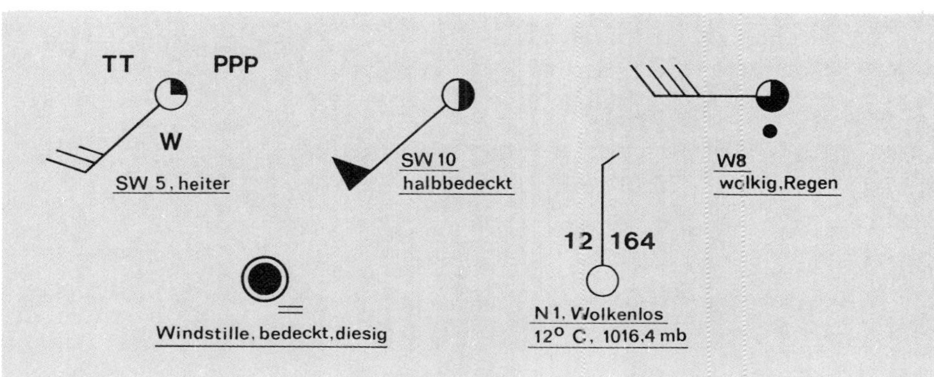

Abb. 18 Symbole zur Darstellung von Stationsmeldungen in einer Wetterkarte nach Windrichtung, Windstärke, Wolkenbedeckung, Sicht, Temperatur (TT), Luftdruck (PPP) und Niederschlag (W).

Nach den Angaben des Luftdrucks werden die 5-mb-Isobaren eingetragen. Man wählt zunächst Stationen aus, die etwa auf einer solchen Isobare liegen, und zieht ein Teilstück dieser Isobare so, daß sie einen spitzen Winkel (etwa zwischen 15° und 30°) – je stärker der Wind, um so spitzer der Winkel – mit dem Windpfeil bildet und dieser etwas in Richtung des zugehörigen Tiefs zeigt; dabei läuft die Isobare meist etwa senkrecht zur Verbindungslinie von H und T. Diese Isobarenrichtung ist indessen zunächst nur ein Anhalt und muß bei fortschreitender Arbeit an der Wetterkarte mit den übrigen Stationen abgeglichen werden. (Auch deshalb Bleistift und Radiergummi!). Isobaren sind, sofern sie nicht am Kartenrand enden, in sich geschlossene Kurven, die sich nicht berühren, schneiden oder gabeln und die lediglich an den Fronten zum H hinweisende Knicke haben. Je dichter die Isobaren liegen, um so höher sind die Windstärken; nahe dem Kern des T pflegen daher die Isobarenabstände geringer zu werden. Der Übersichtlichkeit wegen darf man keine der 5-mb-Isobaren auslassen. Wichtig ist, beim Zeichnen der Wetterkarte jeweils die Karte des vorhergegangenen Wetterberichts heranzuziehen, um die Weiterentwicklung des Wetters erkennen zu können. Verschiebt man das gewonnene Wetterkartenbild in der festgestellten Verlagerungsrichtung der T und H (ein T auf dem Atlantik zieht mit etwa 15 . . . 20 kn), so ist unter Beobachtung des Barome-

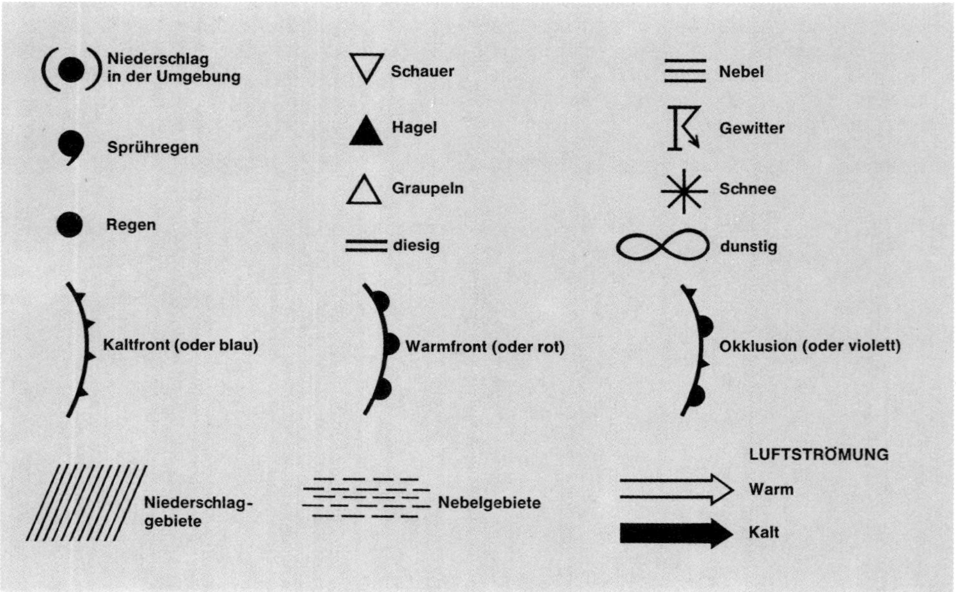

Abb. 19 Diese Wetterkartensymbole stehen zum Teil neben den Stationsmeldungen. Frontenarten, Niederschlags- und Nebelgebiete sowie die Pfeile für Wirkrichtung der warmen und kalten Luftmassen sind Bestandteile der Wetterkarten (der Großwetterlage).

ters und einer etwaigen Winddrehung bereits eine allgemeine Wettervorhersage möglich. Hierbei muß nötigenfalls die eigene Ortsveränderung berücksichtigt werden. *Man beachte:* Auf der nördlichen Halbkugel dreht bei nördlich vorbeiziehendem T der Wind rechts, bei südlich vorbeiziehendem links.

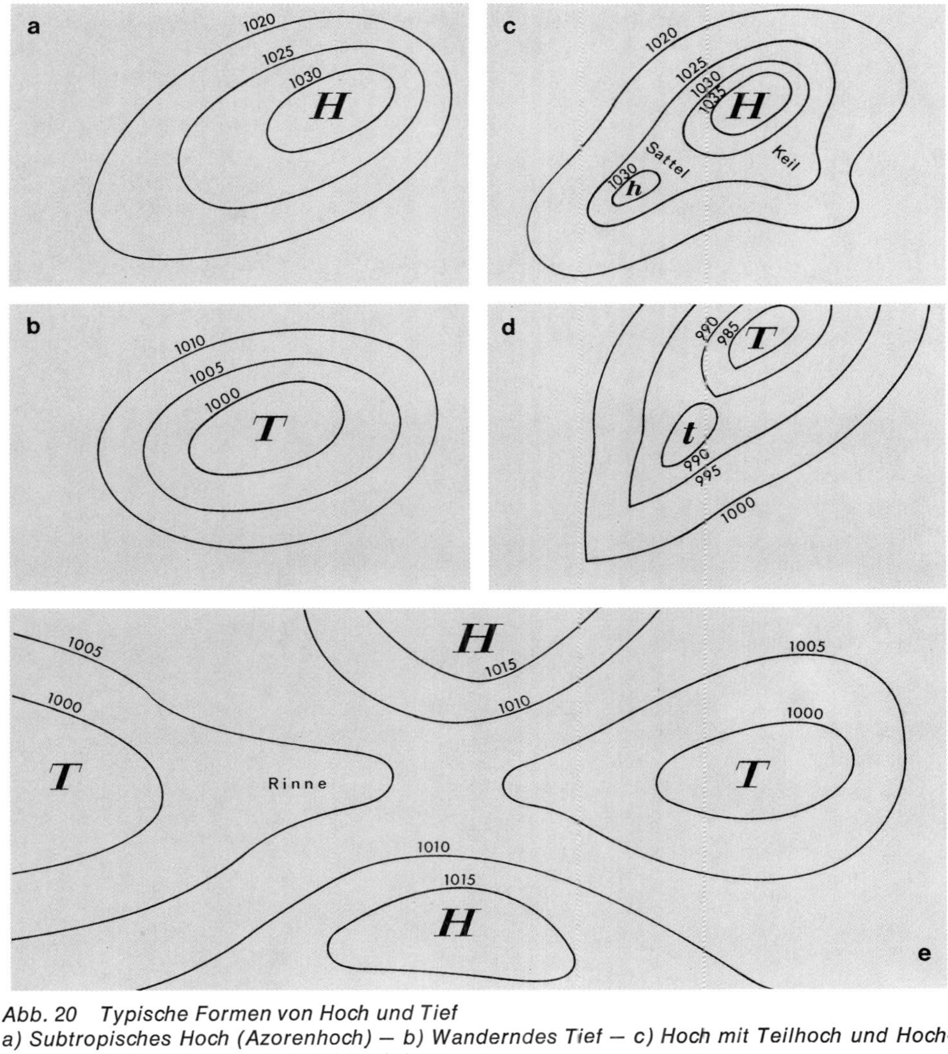

Abb. 20 Typische Formen von Hoch und Tief
a) Subtropisches Hoch (Azorenhoch) – b) Wanderndes Tief – c) Hoch mit Teilhoch und Hochkeil – d) Tief mit Teiltief – e) Tiefdruckrinne

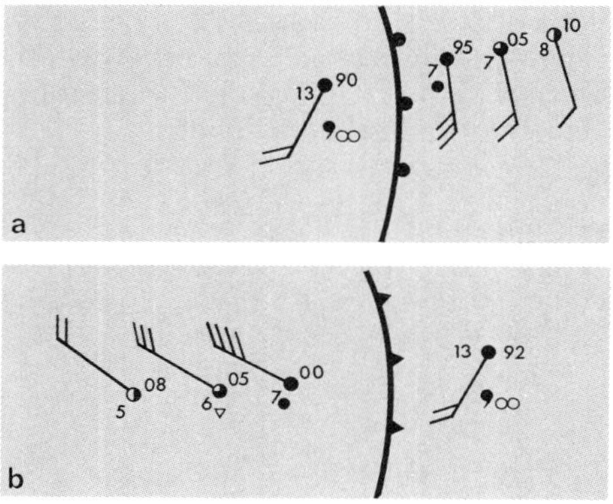

Abb. 21 Abschätzung der Frontenlage nach Wind-, Wolken- und Temperaturmeldungen der Stationen: a) Vor der Warmfront Wind- und Bewölkungszunahme, Druck- und Temperaturabfall. Hinter der Front Temperaturanstieg und leichtes Rechtsdrehen des Windes. b) Hinter der Kaltfront rechtsdrehendes Umspringen und Auffrischen des Windes, Druckanstieg und baldiges Aufklaren, verbunden mit allmählicher Windabnahme.

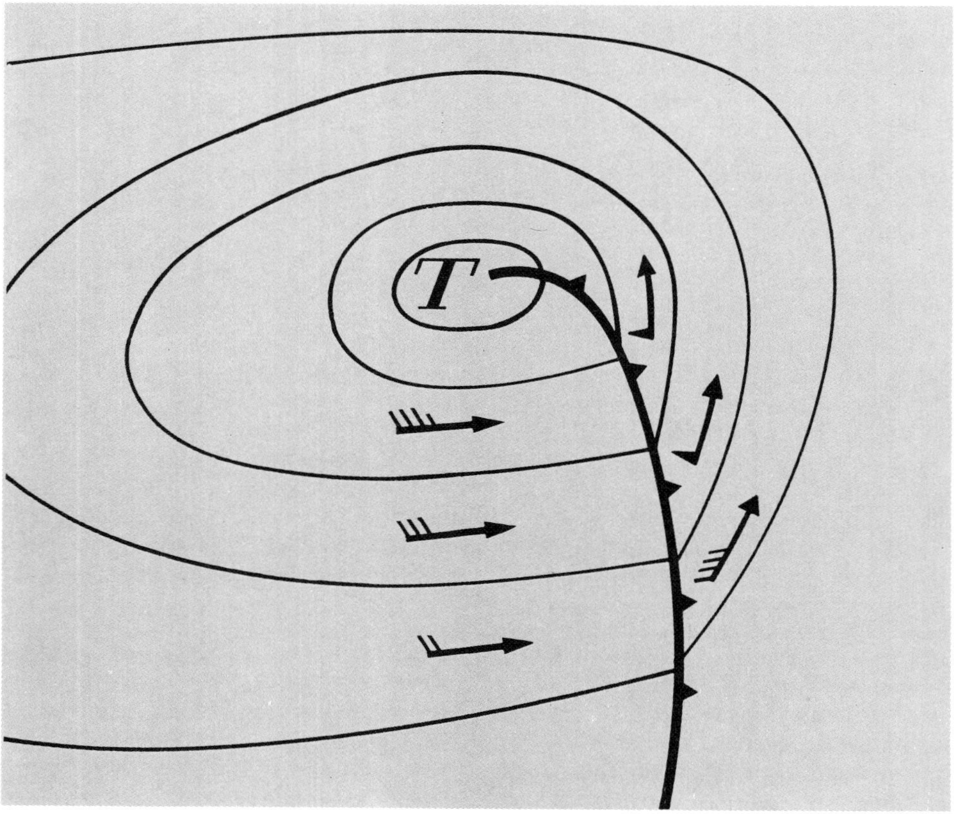

Abb. 22 Auffächern der Isobaren und Abflauen des Windes hinter einer Kaltfront.

Je größer der Warmsektor eines T ist und je größer der Temperaturunterschied zwischen Warm- und Kaltsektor, um so mehr wird sich die Zyklone vertiefen, und um so eher kann ein Randtief entstehen oder ein neues Tief sich abspalten.

Beim Zeichnen von Isobaren aus wenigen Meldungen kann man leicht in den Fehler verfallen, zu schematisch vorzugehen. Man sollte sich daher die hauptsächlich vorkommenden Formen der Luftdruckgebilde als Anhalte nehmen (Abb. 20).

Die Fronten können zunächst nur angedeutet werden, sofern der Wetterbericht sie nicht genau angibt. Auf die Fronten weisen die Windrichtungs- und Temperatursprünge sowie die Niederschläge hin (Abb. 21). Vor der Warmfront fällt meist »Landregen«; mit der Kaltfront kommen Schauer, Böen, wechselhaftes Wetter mit allmählichem Aufklaren und guter Sicht (»Rückseitenwetter«). Die Fronten sind im allgemeinen im Sinne des Tiefdruckwirbels gekrümmt und reichen meist bis in dessen Kern. Dort, wo die Fronten bereits okkludiert sind, fällt im allgemeinen starker Regen, da beide Fronten daran beteiligt sind. Nach dem Durchgang der Kaltfront oder einer Okklusion fächern

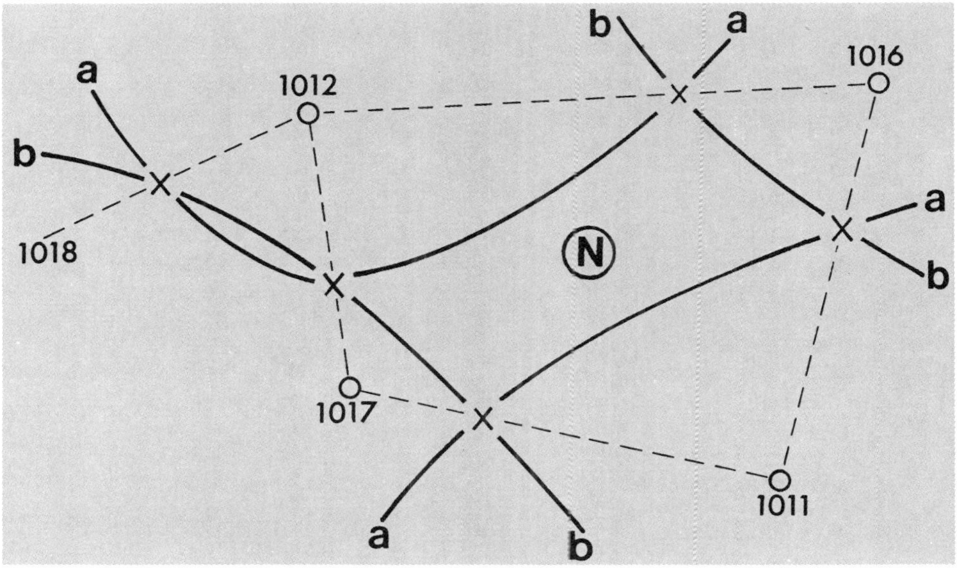

Abb. 23a Zeichnen von Isobaren nach Wettermeldungen: x x x kennzeichnen interpolierte Punkte der 1015-mb-Isobare; N einen neutralen Punkt oder Sattel. Um die 1015-mb-Isobare (oder eine andere) zu finden, müssen notfalls deren Punkte auf den Verbindungsgeraden der meldenden Stationen interpoliert werden. Wir finden einen neutralen Punkt auf einem Sattel, der hier einen Druck von mehr als 1015 mb haben kann oder von weniger. Wie die Isobaren tatsächlich verlaufen, kann sich erst nach Meldungen über die Lage der Hochs und Tiefs und die Windrichtungen bei den Stationen ergeben.

sich anschließend die Isobaren stark auf, so daß der Wind verhältnismäßig schnell abflaut (Abb. 22).

Bei Satteln und Rinnen in der Druckverteilung ist besondere Aufmerksamkeit beim Ziehen der Isobaren geboten (Abb. 23b). Sonst aber sei man bei deren Anlage großzügig, da der Luftdruck sich ohnehin meist schnell ändert, benutze aber die letzten aufgestellten Wetterkarten, da die Entwicklung ja nach bestimmten meteorologischen Gesetzen abläuft. Die bisherige Wetterentwicklung wird einem gute Anhalte für eine Vorhersage geben.

Man beachte, daß einem T durchaus kein H zu folgen braucht. Vielleicht ist ein »Hochkeil« angedeutet, und es folgen gleich ein oder mehrere Tiefs schnell hintereinander (»Zyklonenfamilie«).

Vor allem wichtig für die Beurteilung der Wetterentwicklung ist die Herkunft der die Tiefs beeinflussenden *Luftmassen.* In unseren Breiten hat man zu unterscheiden zwischen *Arktikluft* (A) aus dem Polargebiet, *Polarluft* (P) aus dem Gebiet der Subpolarluft um den Polarkreis und *Tropikluft* (T) aus den Roßbreiten oder den Azoren:

A sehr trocken, kalt und rein, gute Sicht, wolkenarm, schwer. Strömt diese Luft lange über See, wandelt sie sich durch Feuchtigkeitsaufnahme in *maritim-arktische* (mA) von gemäßigter Temperatur und bringt Schauerneigung.

T warm, feucht; bei Erreichen kühlerer

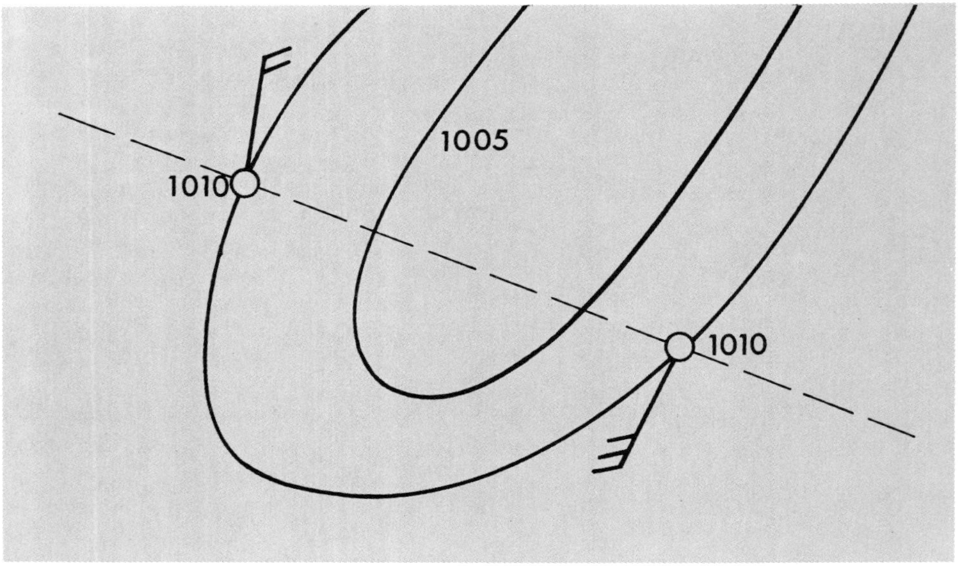

Abb. 23b Linien gleichen Drucks sind nur selten Geraden. Hier haben zwei Stationen gleichen Druck von 1010 mb gemeldet, aber eine »isobarische« Verbindung wie gestrichelt hätte den Wind von zwei Seiten, und das kommt in der Natur nicht vor. Die Isobare muß in einem spitzen Winkel zur Windrichtung verlaufen. Der tiefe Druck liegt also zwischen den Stationen, und bei der größeren Windstärke ist der Druckabfall ebenfalls größer = kleinerer Isobarenabstand.

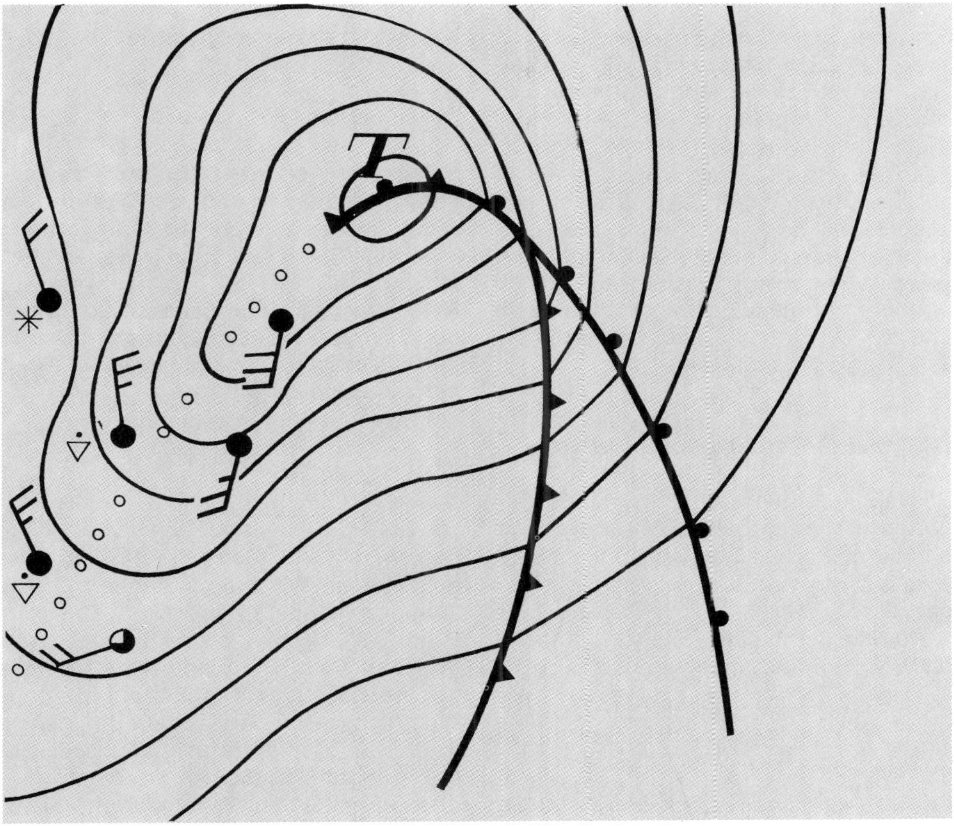

Abb. 24 Trog hinter einer Kaltfront – die Isobaren fächern sich nach Durchgang der Kaltfront nicht auf.

Gebiete neigt sie zu Nebeln, Sprühregen und Diesigkeit. Vom Azorenhoch weite Strecken über See kommend ist sie besonders feucht, *maritim-tropisch* (mT). Kommt sie über den Balkan, dann ist sie warm und trokken, *kontinental-tropisch* (cT).

A, die sich über dem Meer erwärmt und Feuchtigkeit aufnimmt (mA), bildet Haufenwolken (Cu, Cb), die als leichtere Luft nach oben streben und eine Umschichtung bewirken. T, die sich abkühlt, bleibt am Boden, bildet Schichtwolken (St) und kann Nebel und Sprühregen bewirken.

Während zu einem Tief im allgemeinen nur eine Warmfront gehört, können in dem gleichen Tief zwei oder sogar drei Kaltfronten aufeinander folgen; es ist also durchaus nicht sicher, daß sich das Wetter nach Passieren der Kaltfront alsbald bessert. Besonders unangenehm ist ein *Trog:* Meist liegt der tiefste Druck im Zentrum des Tiefs unmittelbar hinter der Kaltfront; doch kann auch die Kaltfront bei schnellem Fortschreiten den Kern des Tiefs hinter sich gelassen haben, der dann eine langgestreckte Furche, einen Trog, bildet (Abb. 24). In solchem Falle wird zwar der Wind nach Passieren der Kaltfront zunächst etwas abflauen, doch das kräftige Steigen des Drucks und das Umspringen des Windes bleiben aus – oder der Wind dreht schnell wieder rück. Dann steht noch ein kräftiger Sturm bevor; er flaut erst ab und der Druck steigt steil an, wenn der Trog durchgegangen ist.

d) Typische Wetterlagen für Europa

Bei längerer Beschäftigung mit Wetterkarten wird man feststellen, daß es für den europäischen Bereich bestimmte typische Druckverteilungen gibt, die häufiger wiederkehren und sich ähnelnde Wetterlagen schaffen, was gute Anhalte für Wettervoraussagen liefert.

1. Die Nordlage

Ein festliegendes H über dem Ostatlantik und England, ein T über dem Baltikum und der Ostsee führen arktische Kaltluft mit Schauerwetter (»Aprilwetter«) in unseren Raum und bringen in wolkenlosen Nächten Frostgefahr. Diese Lage verursacht die Kälterückfälle im Frühjahr (»die Eisheiligen«).

2. Die Ostlage

Ein festliegendes H über Skandinavien, ein T über dem Mittelmeer bringen Zufuhr kontinentaler Luft aus Ost nach Mitteleuropa. Das bedeutet im Sommer Hitze und Trockenheit, im Winter lang anhaltende, trockene Kälteperioden.

3. Die Südlage

Mitteleuropa befindet sich am Rand eines russischen H, dem ein T über dem Ostatlantik gegenüberliegt. Die vorherrschenden Südwinde bringen kontinentale Warmluft zur Nord- und Ostsee. Am Nordrand der Alpen herrscht Föhn, der die Charakteristik, trockene Wärme und geringe Bewölkung, verstärkt. Im Herbst besteht Nebelneigung.

4. Die Westlage

Bei dieser in unseren Gebieten am häufigsten und zu allen Jahreszeiten vorkommenden Wetterlage stehen sich ein H über den Azoren und ein T zwischen Island, Skandinavien und Finnland gegenüber. Vom H strömt warme Meeresluft nordwärts und stößt auf die am Westrand des T nach Süden strömende Kaltluft. Diese konträren Luftmassen bilden fortlaufende Reihen von W nach E über unser Gebiet ziehender Zyklonen, deren Breitenlagen von der jeweiligen Mächtigkeit und Ausbreitung der generell stationären H und T abhängen. Somit herrscht oft lange Zeit wechselhaftes Wetter, in dem sich bei lebhaften Winden starke Bewölkung und Aufklaren, Niederschläge und heiteres Wetter ständig ablösen.

5. Die Monsunlage

Ähnlich den Monsunlagen des Indischen Ozeans kann ein H westlich von Irland und ein T über Skandinavien und Finnland Deutschland in den Sommermonaten aus NW feuchte Meeresluft bringen. Demgegenüber liefern im Winter ein H über Rußland und ein atlantisches T mit SE-Wind trockene Kälte.

D. BESONDERE WINDSYSTEME

Der sprichwörtlichen Unregelmäßigkeit des Wetters stehen bestimmte vorhersehbare systematische Entwicklungen gegenüber, sowohl in Raum und Zeit begrenzt wie über weite Gebiete und Jahreszeiten sich erstreckend. Die geographisch gebundenen großen Hoch- und Tiefdruckgebiete sind von der Segelschiffahrt von alters her benutzt worden.

a) Land- und Seewind

Ein örtlich und zeitlich begrenztes System bildet der tägliche Wechsel von Land- und Seewind, der für die Schiffahrt in Küstennähe eine besondere Rolle spielt. Die tägliche Erwärmung des Landes bei Sonneneinstrahlung bewirkt eine aufsteigende Luftbewegung, während über dem kühlen Wasser die Luft absinkt (vgl. Abb. 25): Es ergibt sich ein Kreislauf, bei dem Wind von See nach Land — »Seewind« — weht, wie er auch auf größeren Binnenseen bei Sonne regelmäßig um Mittag zu entstehen pflegt. Umgekehrt fällt über dem nachts schnell abkühlenden Land Luft herab, während über dem die Wärme länger haltenden Wasser die Luft aufsteigt: es findet ein Luftaustausch von Land nach See statt — »Landwind«.

Diese tägliche, räumlich begrenzte Periode — Voraussetzung: Sonneneinstrahlung! — kann in den amtlichen Windvorhersagen nicht berücksichtigt werden. Meist ist gut zu beobachten, wie sich am Abend der Streifen glatten Wassers von der Küste aus nach See hin laufend erweitert.

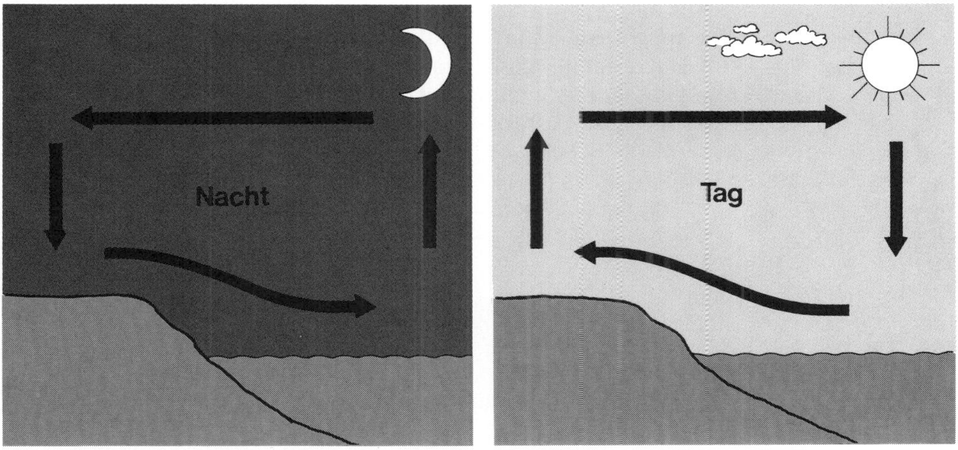

Abb. 25 Bei Landwind fließt abgekühlte Luft in den unteren Schichten seewärts. Seewind dringt von See in das erhitzte Land und steigt darüber auf.

In Förden wird es zunächst im innersten Bereich still, weil hier die Luft schneller abkühlt, während man weiter draußen noch guten Segelwind hat. Das letzte Stück der abendlichen Rückfahrt kann sich dann lange hinziehen. Wind auf Grund großräumiger Luftdruckunterschiede wird natürlich die Erscheinung von Land- und Seewind unterdrücken, dämpfen oder überlagern.

b) Fallwinde

Eine besondere Art von Landwinden sind die durch Gebirge und Steilküsten bedingten Fallwinde. Meist werden sie durch ein herannahendes Tief ausgelöst. Im Mittelmeer treten in Erscheinung:

a) die *Bora,* ein trockener, schneidend kalter, böiger Starkwind, der in der Adria aus NNE bis E von den kahlen Karsthängen Dalmatiens und Albaniens herabwehen kann – länger anhaltend allerdings nur im Winter. Er kündigt sich durch Wolkenkämme an den Küstengebirgen an.

b) der *Mistral,* der als trockener, kalter Wind heftig aus dem Rhônetal in den warmen Golfe de Lion weht und sich als kräftiger bis stürmischer NW bis zu den Ost-Balearen und der Südwestecke Sardiniens durchsetzen kann.

c) der *Schirokko,* der im westlichen Mittelmeer auf der Vorderseite eines Tiefs als heißer, trockener S bis SE weht und oft heftige Böen, Staubfall, Luftspiegelungen und Wasserhosen mit sich führt. Der »Schirokko« des mittleren und östlichen Mittelmeers ist kein Fallwind; er hat zwar gleiche Richtung und steht mit einem von Westen herannahenden Tief in Verbindung, ist aber feucht und schwül.

c) Monsune

Monsune sind großräumige Land- und Seewinde, durch jahreszeitlich verschiedene Erwärmung oder Abkühlung bedingt; ein stetiger Luftaustausch zwischen weiten Kontinental- und Ozeangebieten. Das Charakteristische an ihnen ist das »Umsetzen«, das ist das Umkehren ihrer Richtung im Frühling und Herbst. In den etwa 2 bis 4 Wochen des Umsetzens ist der Wind unstetig; Windstillen wechseln mit böigem Wetter.
Das markanteste Monsungebiet ist der Nordindische Ozean. Die Druckunterschiede sind hier bei der Masse des asiatischen Kontinents erheblich, so daß im Nordsommer ein sehr kräftiger SW (Rechtsablenkung!) – am stärksten im Arabischen Meer mit Stärke 6 bis 8 – mit Cu-, Sc- und Cb-Bewölkung weht, dem im Winter ein etwas schwächerer, trockener und wolkenarmer NE mit einer mittleren Stärke 4 gegenübersteht. Im Südchinesischen Meer erreicht dieser Monsun nur etwa Windstärke 4 bis 5.
Nördlich von Australien, um den Nordwestteil von Afrika und an der Westküste von Mittel- und Nordamerika treten ebenfalls Monsune auf.

d) Passate

Den Luftausgleich zwischen den rund um die Erde liegenden gleichbleibenden (planetarischen) Zonen hohen und niedrigen Luftdrucks, den Roßbreiten und den Kalmen, schaffen die Passate, die das beständigste Wetter zeigen und in erster Linie die Routen für die Segelschiffe festgelegt haben. Am ausgeprägtesten sind sie im Atlantik mit einer ziemlich gleichmäßigen Stärke 4. Nördlich der Kalmenzone weht der NE-, süd-

lich der SE-Passat. Doch infolge der ungleichen Verteilung von Land und Wasser auf den Halbkugeln liegen die Kalmen etwas nördlich des Äquators, und zwar im Nordsommer nördlicher als im Nordwinter.
Im nördlichen Indischen Ozean werden die Verhältnisse durch die Monsune bestimmt. Die allgemein im Passatgebiet sehr stetige Druckverteilung läßt hier die täglichen Druckschwankungen von 3 . . . 4 mb, die in anderen Gebieten wegen des meist ziemlich schnell wechselnden Luftdrucks kaum erkennbar sind, sehr deutlich werden. Sollten sich auf dem Barographen auch nur kleine Abweichungen der Ebenmäßigkeit des Druckverlaufs mit den Maxima um 1000 und 2200 Ortszeit und den Minima um 0400 und 1600 OZ zeigen, dann sind atmosphärische Störungen zu erwarten – tropische Wirbelstürme pflegen an den Grenzen von Passat und Kalmen zu entstehen –; allerdings nicht in Äquatornähe, sondern zwischen etwa 10° und 20° Breite.

e) Wirbelstürme

Tropische Wirbelstürme sind Tiefdruckgebiete ganz besonderer Art. Im Vergleich zu normalen Tiefs ist ihre Ausdehnung gering; ihre Drehrichtung entspricht normalen Tiefs und ist auf der nördlichen Halbkugel links, auf der südlichen rechts. Sie entstehen bei Wassertemperaturen von über 27° C. Da sie in den in Frage kommenden Seegebieten nur in bestimmten Monaten auftreten, kann der Segler sie vermeiden. Für kleinere Fahrzeuge besteht ohnehin keine Hoffnung, sie durchzustehen. Der Südatlantik ist wirbelsturmfrei. Besonders gefürchtet sind die Wirbelstürme in der Karibik.

f) Die »Brüllenden Westwinde«

Die Erddrehung bewirkt auf beiden Erdhälften eine Ablenkung des aus den Roßbreiten polwärts strömenden Windes in östliche Richtung. Besonders ausgeprägt ist dieser Westwindgürtel in den weiten Seegebieten der südlichen Halbkugel zwischen 40° und 60° Breite, dem Bereich der »brüllenden Westwinde« (»roaring forties«), mit vorherrschend großer Windstärken. Doch sind Windrichtung und -stärke nicht entfernt so stetig wie in den Passaten.

E. EINFLUSS DER KÜSTE AUF DEN WIND

Im großen wie im kleinen wird der Wind durch die Küstengestaltung und durch Inseln beeinflußt.

a) Stau

Über der freien See erfährt der Wind an der Wasserfläche nur eine geringe Reibung, die sich in einer gewissen Abschwächung des Unterwindes bemerkbar macht. Stößt der Wind aber auf eine Küste, so kann hier ein erheblicher Stau eintreten, bei dem der Wind zum Aufsteigen gezwungen wird und Abkühlung und Kondensieren der Feuchtigkeit folgen können. Es bildet sich eine Wolkenbank, die den Küstenverlauf oft deutlich markiert. Es können Niederschläge fallen; die Windgeschwindigkeit nimmt ab. Ähnlich können die Erscheinungen sein, wenn der Wind parallel zu einer Gebirgsküste zur Rechten (auf der nördlichen Halbkugel) weht, z. B. südlicher Wind an der norwegischen Westküste. Die Erddrehung verursacht eine Ablen-

kung nach rechts, und es treten Stau und möglicherweise Niederschläge an der Küste ein. Wenn das Aufsteigen des Windes durch die Höhe der Berge oder eine wärmende Luftschicht (Inversion) behindert ist, fließt der Wind unter Auffrischen horizontal ab.
Ebenso kann es in den Fjorden und vor der Küste zu einem Auffrischen ablandigen Windes infolge von Sog kommen.

b) Eckeneffekt

Ein Verstärken der Windgeschwindigkeit, verbunden mit Windrichtungsänderungen, tritt ein, wenn der Wind eine Huk, ein Kap oder eine Insel umweht. Dies zeigt sich auf kleinen Revieren ebenso wie in großen, z. B. an der Südspitze von Grönland, am Kap der Guten Hoffnung, am Kap Hoorn. Auf solche Eckeneffekte muß man vorbereitet sein, um sie je nach Lage zu nutzen oder zu meiden. In Lee kann völlige Flaute herrschen, die um die Ecke stehende Dünung aber um so heftigeres Schlingern verursachen.

c) Düsenwirkung

Auch in einer Durchfahrt oder zwischen zwei Inseln, wo die Eckeneffekte zweier Seiten zusammentreffen, kann sich die Windgeschwindigkeit erheblich erhöhen. Besonders bekannt für eine solche Düsenwirkung ist die Straße von Gibraltar, von der sich bei entsprechender Druckverteilung schon luvwärts der *Levante* Ostwind beträchtlich verstärken kann und gegen die in das Mittelmeer setzende Strömung kräftigen, kurzen Seegang aufwirft, während sich in Lee der Straße der Wind fächerförmig verteilt und an Stärke abnimmt.

F. STURMWARNUNGEN

Erkennt der Wetterdienst, daß der Wind längere Zeit hindurch Windstärke 6 und mehr erreichen wird, so werden Wind- oder Sturmwarnungen ausgegeben. Eine *Windwarnung* gilt für Windstärke 6 bis 7, eine *Sturmwarnung* für 8 und darüber. Diese Warnungen gehen sobald wie möglich über alle Sender, die normalerweise Wetterberichte für die Schiffahrt geben. Außerdem werden Sturmwarnungstelegramme an bestimmten Sturmwarnungsstellen ausgehängt und die entsprechenden Signale an Signalmasten gesetzt (Abb. 26). Rechnen die Meteorologen mit einem Abflauen unter 6 innerhalb der nächsten 6 Stunden, so werden die Signale eingezogen und das Telegramm »Gefahr vorüber« ausge-

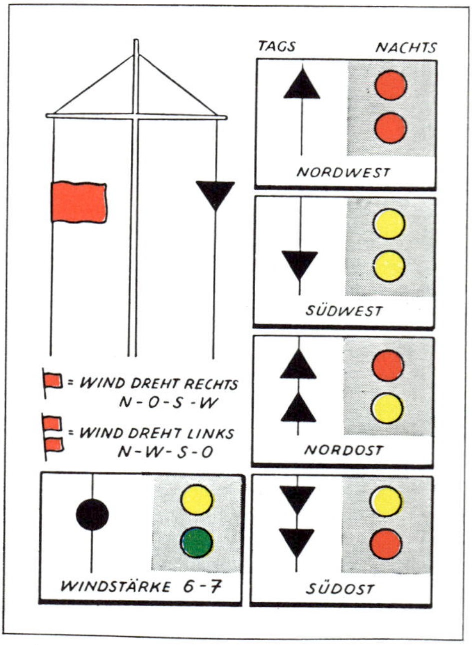

Abb. 26 Sturmwarnsignale

hängt. Kurzfristig und örtlich kann sehr wohl, auch ohne daß gewarnt wurde, starker Wind wehen.

In ihrer Bedeutung werden die Sturmwarnungssignale, die in erster Linie für die Berufsschiffahrt bestimmt sind, vom Segler oft nicht richtig eingeschätzt. Weder kann man damit rechnen, daß alle starken Winde von diesen Signalen auch erfaßt werden, noch daß nach »Gefahr vorüber« das Wetter zuverlässig genug für eine größere Reise geworden ist. Nicht selten bleibt bei unsicherer Wetterlage das Signal nur wenige Stunden unten, um dann erneut gesetzt zu werden. Gewitterstürme werden von diesen Signalen überhaupt nur erfaßt, wenn sie in Verbindung mit der Kaltfront eines bereits kräftig entwickelten Tiefs auftreten.

G. SEEGANG

a) Das Entstehen des Seegangs

Der Wind wirft auf der Wasseroberfläche nicht ein einheitliches System von Wellen gleicher Länge und gleicher Höhe auf, sondern ein ganzes Spektrum der verschiedensten Wellen. Je stärker der Wind, desto höher laufen die Wellen auf. Hat der Wind genügend lange geweht, so stellt sich ein Gleichgewichtszustand ein, über den die Wellen nicht weiter anwachsen, da die in ihnen aufgespeicherte Energie durch das Brechen der Wellen wieder vernichtet wird. Für die Ostsee kann man als größere Wellenhöhe, gemessen von Berg zu Tal, etwa 4 m annehmen. Die Wellenlänge beträgt dabei etwa 40 m. In der Nordsee erreichen die Wellen etwa 6 m; sie sind länger als in der Ostsee. Es muß stets damit gerechnet werden, daß vereinzelte Wellen durch Überlagerung von Wellenzügen sehr viel höher auflaufen; in der Nordsee bis zu 18 m!

Auf die Entwicklung des Seegangs wirken folgende Faktoren ein:

- Windstärke und Böigkeit des Windes,
- Dauer des Windes aus derselben Richtung
- Laufstrecke des Windes über das Wasser (engl.: fetch)
- Wassertiefe und Bodengestaltung
- Strom

Eine eben einfallende Bö ruft einen anderen Seegang hervor als ein schon stundenlang wehender Wind. Bei Böenwetter, wenn eine Bö der andern folgt, kann man beobachten, wie unter jeder Bö der Seegang in Minuten beträchtlich zunimmt – es sei denn, die See wurde durch einen schweren Regenschauer geglättet. Auf freier See steht eine genügend lange Laufstrecke für den Wind zur Verfügung, um den Seegang voll ausreifen zu lassen. Der Hochseesegler weiß diese lange, ausgerollte See, die die Fahrt nur wenig beeinträchtigt, im Gegensatz zur knüppeligen See begrenzter Reviere zu schätzen. Auf Bodden, Haffs oder dem Ijsselmeer steht eine für einen Segler viel unangenehmere See. Der Seegang auf der Nordsee im Gebiet der Doggerbank ist gerade wegen der geringen Wassertiefe berüchtigt. Hier bildet sich die *Grundsee,* die eine durch die geringe Wassertiefe steil auflaufende – vielleicht sogar brandende – gefährliche See ist.

Steht der Wind gegen den Strom, so addieren sich die beiden Geschwindigkeiten von Wind und Strom, und es entsteht, ähnlich wie auf flachem Wasser, eine steile kurze See, die besonders an der Nordseeküste im Bereiche der Flußmündungen berüchtigt ist und für eine Yacht gefährlich werden kann.

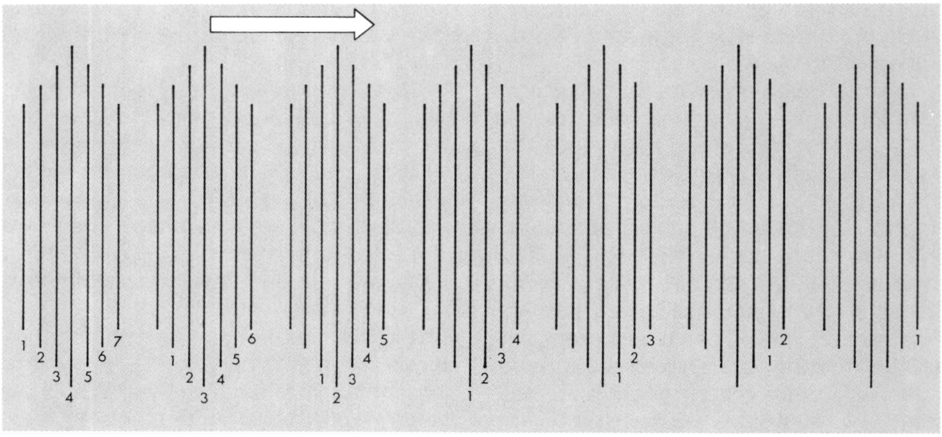

Abb. 27 Die Einzelwellen einer Gruppe durchlaufen die Wellengruppe von links nach rechts. Die Gruppe wandert halb so schnell wie die Einzelwelle.

b) Das Gesetz der Brecher

Der Seegang besteht nicht aus einzelnen Wellen, sondern aus Gruppen von mehreren Wellen, »Wellenpaketen«. Solche Wellengruppen bestehen aus fünf bis sieben merklich höheren Wellen.

Die inneren drei sind meistens die höchsten, die unangenehm werden können, wenn sie zum Brechen kommen.

Die einzelnen Wellen einer Gruppe sind nicht beständig, so daß sie nicht über große Seeräume hinweglaufen, sondern sie sind vergängliche Gebilde. Jede einzelne Welle durchläuft die Gruppe in Windrichtung so, daß die Gruppe nur mit der halben Geschwindigkeit einer Einzelwelle fortschreiten kann. Das erscheint auf den ersten Blick kompliziert, aber man braucht nur zu beobachten, wie langsam eine brechende See voranrollt. Während die Gruppe wandert, verschwindet die vorderste Welle haupt-

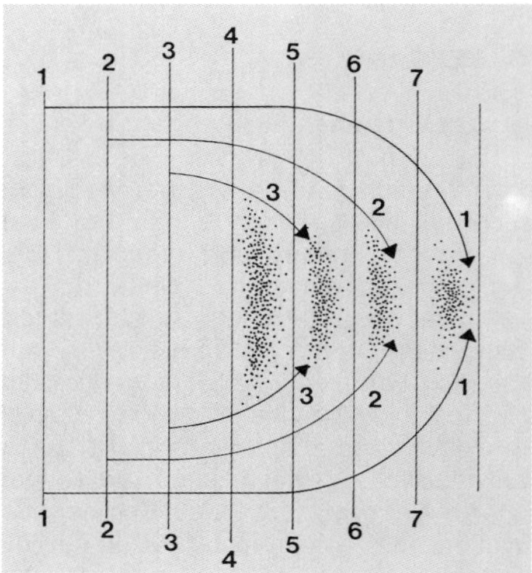

Abb. 28 Schema einer brechenden Wellengruppe. – Ist beispielsweise Welle 4 übergebrochen, pflanzt sich dieser Vorgang fort, indem Welle 3, 2 und 1 der Reihe nach in Lee der durch das Brechen zerstörten Welle 4 überbrechen und so einen langen breiten Schaumstreifen ziehen.

sächlich deshalb, weil sich ihre Energie dadurch erschöpft, daß sie das vor ihr liegende Wasser in Bewegung setzt. Die nächste Welle der Gruppe geht dann in Führung, und nacheinander übernimmt immer die folgende die Energie von der vorhergehenden. Darum ist die Geschwindigkeit der gesamten Wellengruppe nur halb so groß wie die der Einzelwellen (Abb. 27). Bricht beispielsweise 4, so überläuft danach 3 die übergebrochene 4 und setzt sich in Windrichtung, also in Lee, hinter 4, um dort ebenfalls überzubrechen. Das Spiel wiederholt sich, bis die letzte der Gruppe, also 1, vorne angelangt ist. Dabei bildet sich ein längerer Streifen übergebrochenen Wassers, in dem es für einige Zeit ruhiger sein wird. Dies ist der geeignete Augenblick zum Wenden beim Aufkreuzen (Abb. 28).

Erfahrungen von Ozeanseglern zeigen, daß bei schwerem Wetter eine Yacht etwa alle halbe Stunde von einer brechenden See eingedeckt wird. Sollte das Boot dabei viel Wasser machen, hat man unmittelbar danach immer die Möglichkeit zu lenzen; denn es wird etwa eine halbe Stunde vergehen, ehe die neue brechende See einsteigt.

Gefährlich sind besonders quer zur allgemeinen Windrichtung laufende hohe Seen, da hier Resonanzerscheinungen mit besonders hohen Wellen und tiefen Tälern verbunden mit gewaltigen Brechern auftreten können. Aber nicht nur in diesem Fall, denn die Tiefs liegen ja meist nicht still.

Nach dem Abflauen des Windes schwingt die See noch eine Weile als Dünung nach. Es vergeht auch in der mittleren Ostsee nach stürmischem Ost-

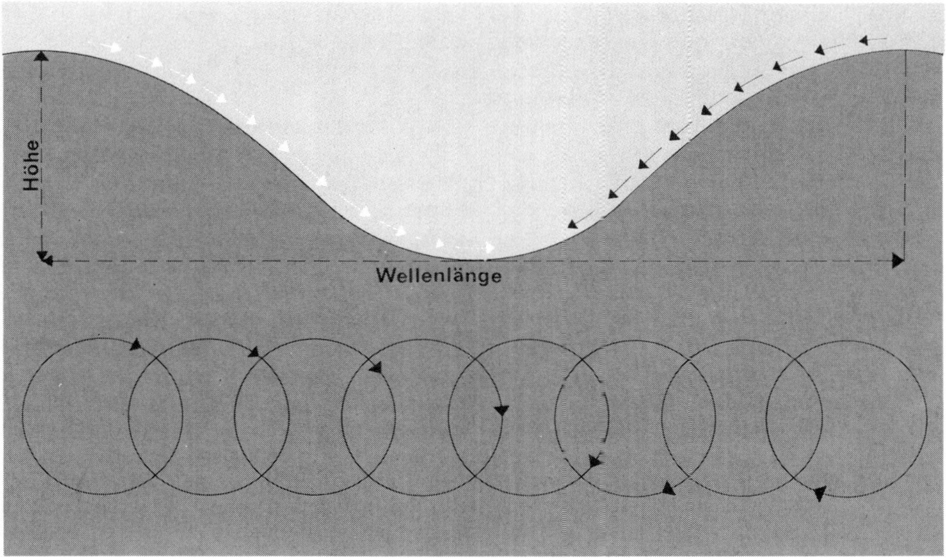

Abb. 29 Kreisende oder Orbitalbewegung der Wasserteilchen und Oberflächenströmung bei einer von rechts nach links wandernden Wasserwelle. (Stark vereinfachte schematische Darstellung. Physikalisch würde eine Trochoide richtiger sein).

wind ein Tag, bis diese Dünung verschwindet. In der Nordsee kann man noch hohe Dünung antreffen, wenn der Wind schon seit ein bis zwei Tagen abgeflaut ist. Auch die Dünung läuft nicht wie ein Wellblech über die See, sondern in ganz markanten Gruppen, wie jeder Badegast an der Nordsee oder am Kattegatt beobachten kann.
Über den Wassertransport durch den Seegang bestehen oft falsche Vorstellungen. Nicht das Wasser bewegt sich in Wellenrichtung, sondern eine Bewegungsform pflanzt sich über das Wasser hinweg fort, wobei die einzelnen Wasserteilchen kreisartige Bewegungen, die sogenannten Orbitalbewegungen, ausführen (Abb. 29).

H. METEOROLOGISCHE NAVIGATION

Letztes Ziel der Beschäftigung mit der Wetterkunde ist für den Seefahrer das Ausnutzen der Wetterlage für eine sichere und schnelle Reise. Dies war schon das Streben der Segelschiffskapitäne seit der Entdeckung Amerikas. Früher konnten sie aber nur auf oft schwer errungenen und vielfach absichtlich nicht veröffentlichten Erfahrungen fußen. Erst heute geben uns die wissenschaftlichen Erkenntnisse und die durch Funk ermöglichte weltweite Erfassung des augenblicklichen Wetters die Mittel an die Hand, lang-, mittel- und kurzfristig meteorologische Verhältnisse bei der Planung und Durchführung einer Reise in Rechnung zu stellen.

a) Klimanavigation

Für eine längere Reise sind zunächst die klimatisch und jahreszeitlich bedingten meteorologischen Verhältnisse zu klären: Hauptwetterlagen, vorherrschende Winde, Sturmgefahren und Meeresströmungen. Als Unterlagen stehen uns zur Verfügung:
das *Seehandbuch* des betreffenden Seegebiets mit seinen meteorologischen Angaben,
die *Monatskarten,* in denen für jeden Monat in einer Windrose die auf langjährigen Beobachtungen beruhenden Windverhältnisse innerhalb jeweils eines Fünfgradfeldes eingetragen sind. Beim Studium beispielsweise der Monatskarte des Nordatlantischen Ozeans für Juli fänden wir, dank Azorenhoch, für eine Langfahrt geradezu überdurchschnittlich verlockende Windverhältnisse: Ein Reiseplan vom Westausgang des Kanals über Madeira zu den Azoren und in nach Norden ausholendem Bogen zurück hat gute Aussicht, mit vorwiegend achterlichen Winden durchgeführt werden zu können.

b) Witterungsnavigation

Nach der Berücksichtigung der langjährigen Erfahrungen sind die gegenwärtigen Witterungsverhältnisse an Hand der laufend ausgegebenen Wetterkarten zu studieren und die hier niedergelegten Feststellungen des Seewetteramts für das in Frage kommende Seegebiet auszuwerten. Diese Arbeit kann man durch das Einholen einer besonderen Wetterberatung durch das Seewetteramt ergänzen.

c) Wetternavigation

Während der Reise selbst wird man die Wetterentwicklung laufend verfolgen und sich durch Aufnahme der Seewetterberichte, mindestens zweimal am Tage, einen genauen Überblick durch Zeichnen der Bordwetterkarte verschaffen. Daneben beobachtet und notiert man im Logbuch sorgfältig Luftdruck, Wind, Wolken, Luft- und möglichst auch Wassertemperatur, Seegang und Dünung sowie den allgemeinen Charakter und die Besonderheiten des Wetters. Auf Grund dieser örtlichen Feststellungen und der vermutlichen Weiterentwicklung des Wetters wird man sich häufig veranlaßt sehen, den ursprünglich festgelegten Kurs im Interesse eines guten und sicheren Fortkommens der erkannten Wetterlage anzupassen. Dies ist Wetternavigation.

I. FRAGEN DER WETTERBEURTEILUNG

1. Wann beginnt es zu regnen?
   Wir beobachten den Aufzug einer Warmfront, zweifellos wird es regnen, aber wann? Bevor es zu regnen beginnt, müssen sich alle unteren Wolken auflösen. Dann fällt der Regen aus noch ziemlich hoher Bewölkung. Nach einiger Regenzeit bilden sich tiefe Regenwolken (Nimbostratus).

2. Wann hört es auf zu regnen?
   Diese Frage ist schwerer zu beantworten. Im allgemeinen nimmt vor Ende des Regens dessen Gleichmäßigkeit ab. Die Regentropfen werden gleichzeitig größer.

3. Wann fällt die Gewitterbö ein?
   Wenn die wurstartigen, häufig korkenzieherähnlichen dunklen Wolken unterhalb der eigentlichen Gewitterwolke über den Beobachter ziehen, ist mit Einsetzen der Bö zu rechnen.

4. Wann hört die Bö auf?
   Wenn man unter der Böenwolke hindurchblicken kann, die Landschaft wieder ihre natürliche Farbe annimmt und der Westhimmel aufklart, ist die Bö bald vorbei.

5. Wann ist nach einem Wetterumschlag mit weiterer Wetterverschlechterung zu rechnen?
   Wenn nach kurzem Aufklaren der Wind rückdreht und der Druckanstieg erneut in Druckfall übergeht, steht das schlechteste Wetter noch bevor (Troglage).

6. Wann ist mit einer länger dauernden Schönwetterlage zu rechnen?
   Wenn der Druckanstieg sich langsam über Tage fortsetzt und der Wind gleichzeitig über Nord auf Ost dreht, der Westhimmel aufklart.

7. Zu welcher Tageszeit kann man bei ungünstiger Wetterlage noch am besten segeln?
   Nachmittags ab 18.00 Uhr und morgens bis 10.00 Uhr ist das Wetter oft wesentlich handiger als in den Tagesstunden. Die Schauertätigkeit klingt während der Nacht im allgemeinen ab.

8. Wann kommt der Seewind?
   Kurze Zeit, nachdem sich über Land die ersten Haufenwolken bilden, kann man mit dem Einsetzen einer Seebrise rechnen.
   Der Seewind bleibt dagegen aus, wenn der Himmel mit stärkeren Wolkenfeldern bedeckt ist, und häufig vor Gewittern.

9. Wie kündigt sich in Süddeutschland eine Sturmwetterlage an?

Sturmwetterlagen zeigen ganz bestimmte Isobarenformen, und sie kommen in Süddeutschland im Frühjahr wesentlich häufiger vor als im Sommer und Herbst. Man verfolgt also, um sicher zu gehen, am besten die Wetterkarten. Oft dringt kalte Luft im Frühjahr nach Süddeutschland und ins Mittelmeer vor. Staut sich die kalte Luft an den Alpen, so erzeugt sie durch ihr hohes Gewicht in Bayern oft noch relativ hohen Luftdruck, während er in Italien niedrig bleibt. Die Isobaren folgen dabei fast genau dem Verlauf der Alpen nach Osten, greifen um die Alpen herum und schwingen auf der Südseite der Alpen wieder nach Westen ein. Sie umschließen den Golf von Genua, und es bildet sich dort das berüchtigte Genuatief (Abb. 30).

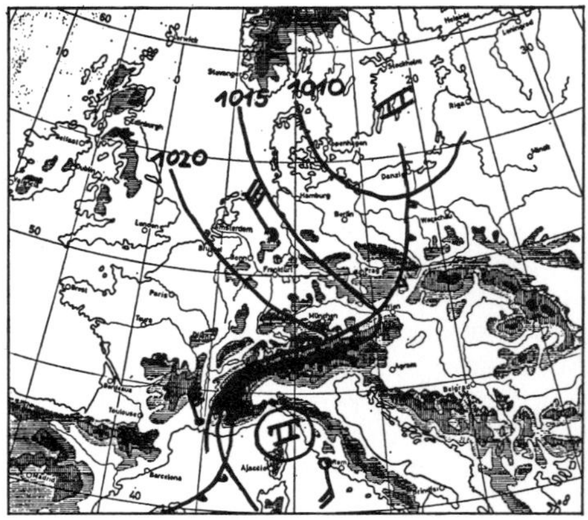

Abb. 30 Dauerregen in Süddeutschland durch Stau von Kaltluft an den Alpen. Mistral-Sturm im westlichen Mittelmeer auf der Rückseite eines Genua-Tiefs.

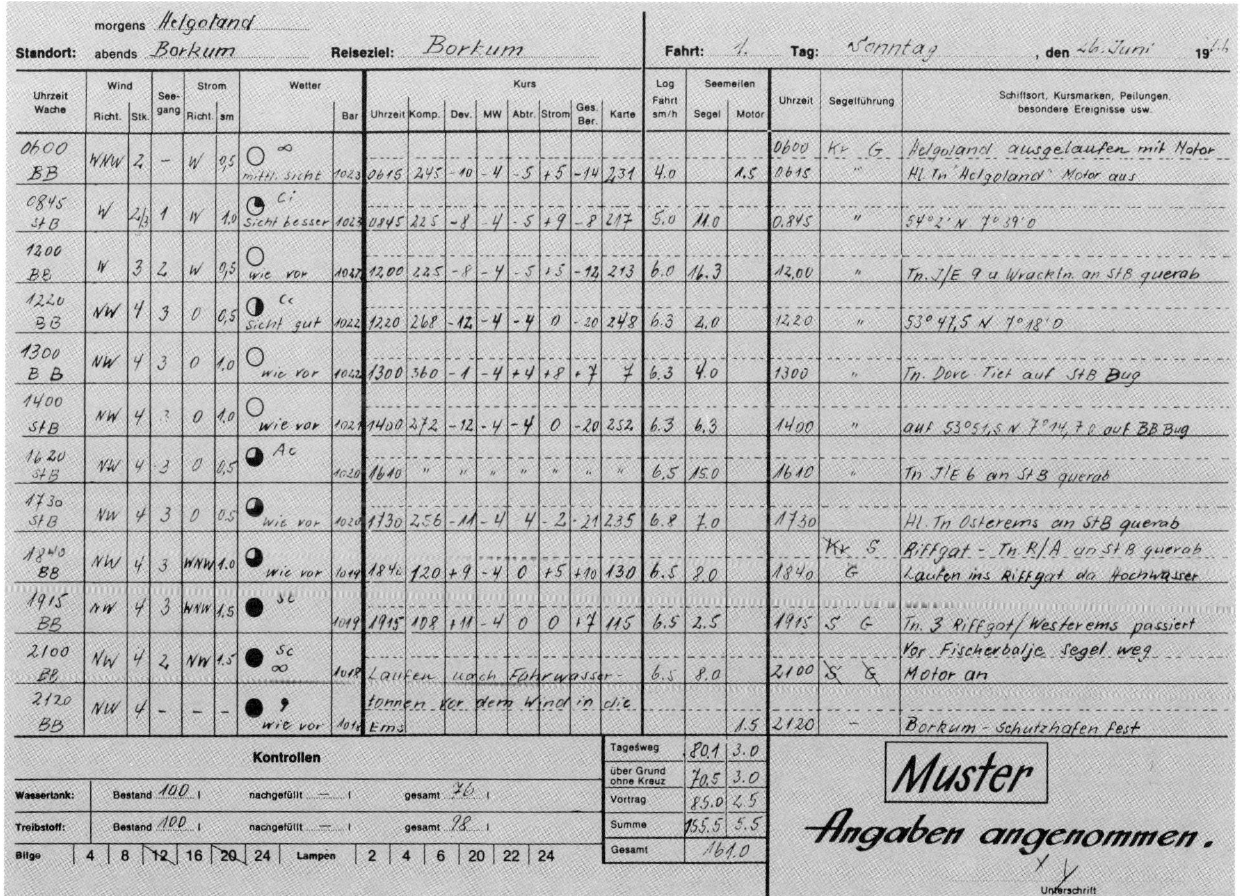

Standort: morgens Helgoland, abends Borkum — Reiseziel: Borkum — Fahrt: 1 — Tag: Sonntag, den 26. Juni 19..

Uhrzeit Wache	Wind Richt.	Wind Stk.	Seegang	Strom Richt.	Strom sm	Wetter	Bar	Kurs Uhrzeit	Komp.	Dev.	MW	Abtr.	Strom	Ges. Ber.	Karte	Log Fahrt sm/h	Seemeilen Segel	Seemeilen Motor	Uhrzeit	Segelführung	Schiffsort, Kursmarken, Peilungen, besondere Ereignisse usw.
0600 BB	WNW	2	–	W	0,5	○ ∞ mittl. Sicht	1023	0615	245	-10	-4	-5	+5	-14	231	4.0		1.5	0600 0615	Kr G "	Helgoland ausgelaufen mit Motor Hl. Tn 'Helgoland' Motor aus
0845 StB	W	2/3	1	W	1,0	◔ Ci Sicht besser	1023	0845	225	-8	-4	-5	+9	-8	217	5.0	11.0		0845	"	54°2' N 7°39' O
1200 BB	W	3	2	W	0,5	○ wie vor	1027	12.00	225	-8	-4	-5	+5	-12	213	6.0	16.3		12.00	"	Tn. J/E 9 u. Wrackltn. an StB querab
1220 BB	NW	4	3	0	0,5	◑ Cc Sicht gut	1022	1220	268	-12	-4	-4	0	-20	248	6.3	2.0		1220	"	53°47,5 N 7°18' O
1300 B B	NW	4	3	0	1,0	○ wie vor	1022	1300	360	-1	-4	+4	+8	+7	7	6.3	4.0		1300	"	Tn. Dove-Tief auf StB Bug
1400 StB	NW	4	3	0	1,0	○ wie vor	1021	1400	272	-12	-4	-4	0	-20	252	6.3	6.3		1400	"	auf 53°51,5 N 7°14,7 O auf BB Bug
1620 StB	NW	4	3	0	0,5	◕ Ac	1020	1610	"	"	"	"	"	"	"	6.5	15.0		1610	"	Tn J/E 6 an StB querab
1730 StB	NW	4	3	0	0,5	◕ wie vor	1020	1730	256	-11	-4	4	-2	-21	235	6.8	7.0		1730		Hl. Tn Osterems an StB querab
1840 BB	NW	4	3	WNW	1,0	◕ wie vor	1019	1840	120	+9	-4	0	+5	+10	130	6.5	8.0		1840	~~Kr~~ S G	Riffgat - Tn. R/A an StB querab Laufen ins Riffgat da Hochwasser
1915 BB	NW	4	3	WNW	1,5	● Sc	1019	1915	108	+11	-4	0	0	+7	115	6.5	2.5		1915	S G	Tn. 3 Riffgat/Westerems passiert
2100 BB	NW	4	2	NW	1,5	● Sc ∞	1018	Laufen nach Fahrwasser-								6.5	8.0		2100	~~S G~~	Vor Fischerbalje Segel weg Motor an
2120 BB	NW	4	–	–	–	● , wie vor	1018	tonnen vor dem Wind in die Ems										1.5	2120	–	Borkum - Schutzhafen fest

Kontrollen

Wassertank:	Bestand 100 l	nachgefüllt — l	gesamt 76 l
Treibstoff:	Bestand 100 l	nachgefüllt — l	gesamt 98 l

Bilge: 4 | 8 | ~~12~~ | 16 | ~~20~~ | 24 — Lampen: 2 | 4 | 6 | 20 | 22 | 24

	Segel	Motor
Tagesweg	80.1	3.0
über Grund ohne Kreuz	70.5	3.0
Vortrag	85.0	2.5
Summe	155.5	5.5
Gesamt	161.0	

Muster

Angaben angenommen.

X Y
Unterschrift

Beispiel einer Logbuchführung unter Zuhilfenahme des Logbuchvordrucks der Kreuzer-Abteilung im DSV für eine Fahrt Helgoland-Borkum.

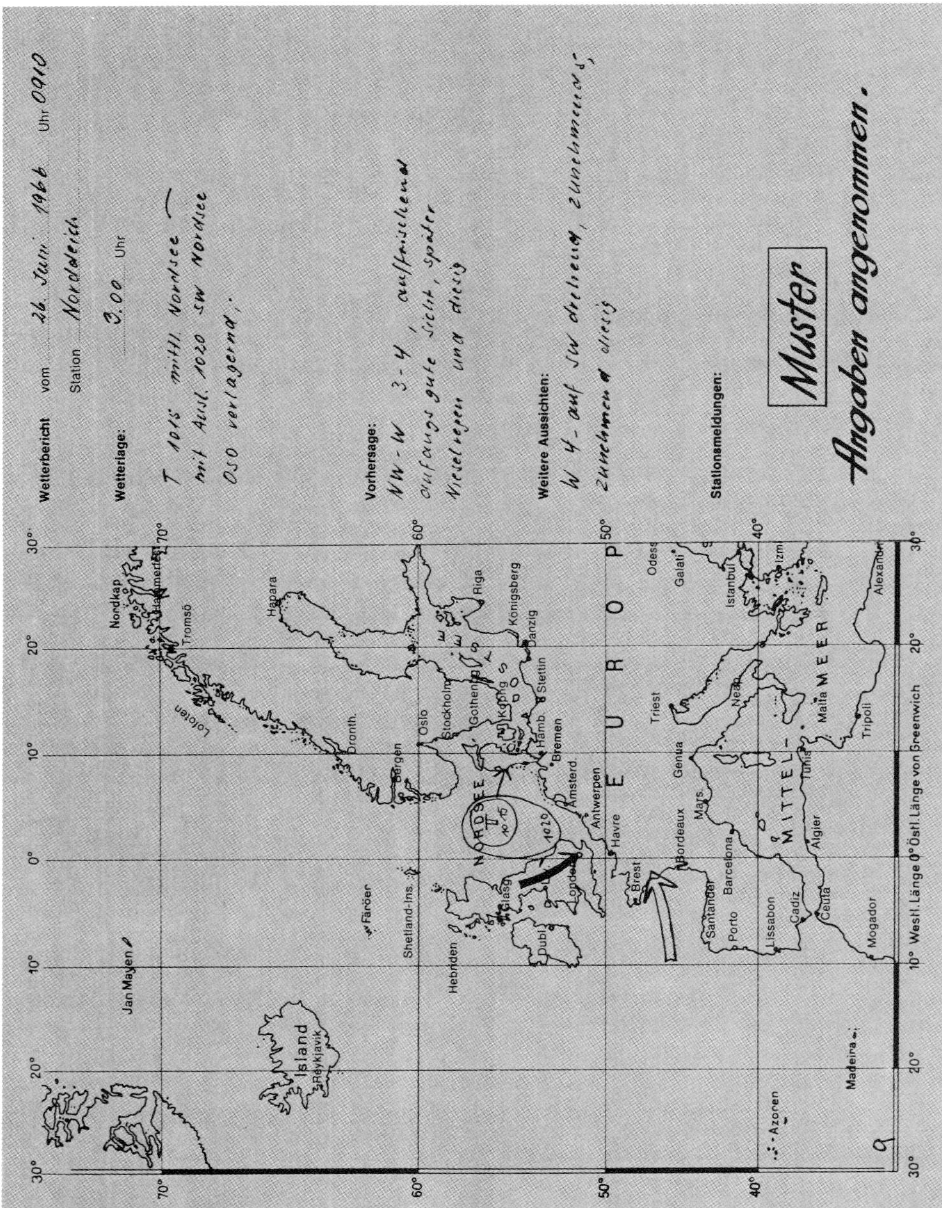
Wetterbericht vom 26. Juni 1966 Uhr 0910
Station Norddeich
Wetterlage: 3.00 Uhr
T 1015 mittl. Nordsee – mit Ausl. 1020 SW Nordsee OSO verlagernd.
Vorhersage:
NW-W 3-4, auffrischend anfangs gute Sicht, später Nieselregen und diesig
Weitere Aussichten:
W 4- auf SW drehend, zunehmend, zunehmend diesig
Stationsmeldungen:
Muster
Angaben angenommen.
Island
Reykjavik
Jan Mayen
Färöer
Shetland-Ins.
Hebriden
Nordkap
Tromsö
Lofoten
Haparanda
Dronth.
Bergen
Oslo
Stockholm
Gothenb.
Riga
Königsberg
Danzig
Stettin
Hamb.
Bremen
Amsterd.
Antwerpen
Havre
Brest
Bordeaux
Mars.
Genua
Triest
Neap.
Santander
Porto
Barcelona
Lissabon
Cadiz
Ceuta
Algier
Tunis
Malta
Tripoli
Mogador
Madeira
Azoren
Istanbul
Galati
Odess.
Izmir
Alexandr.
NORDSEE
OSTSEE
E U R O P A
MITTEL-MEER
10° West.Länge 0° Östl.Länge von Greenwich

Anweisung für YACHTLOGBUCH

Fahrt Nummer jeder Seereise (Wochenende, Urlaub) davorsetzen, dahinter Bezeichnung der Gesamtreise.

Fahrttag Nummer jedes einzelnen Fahrttages der betreffenden Seereise davorsetzen, nicht durchzählen als Jahresleistung. Wochentag und Datum.

Standorte Morgens und abends bzw. Tagesabgangs- und Zielhafen oder vor Anker oder in Fahrt.

Uhrzeit, Wache Möglichst alle 2 Stunden Wetterbeobachtungen, gegebenenfalls Bezeichnung der Wache.

Wind Nach Richtung und Stärke (1-12).

Barometer Millibar oder Millimeter. Gegebenenfalls Barographenblatt einheften.

Wetter Nach Bezeichnungstafel Bewölkung und Niederschläge, dazu Sicht und Temperatur. Wolkenbezeichnungen nach Art.

Seegang, Strom Seegang (1-9), Strom nach Richtung und Geschwindigkeit, oder Ebbe und Flut.

Uhrzeit Zeit von Kursänderungen, Veränderungen in der Segelführung oder Motorbenutzung, geloggter oder geschätzter Fahrt, zurückgelegter Seemeilen, besonderer Ereignisse.

Kartenkurs Rechtweisender Kartenkurs.

Kompaßkurs Am Kompaß gesteuerter Kurs nach Anbringung von Ortsmißweisung (Seekarte), Deviation, Strom und Abtrift. In betonnten Fahrwassern genügt Bezeichnung und Richtung.

Segelführung G = Großsegel, F I, II, III = Fock I, II, III, K = Klüver, Kr = Kreuzballon, Bl = Raumballon, S = Spinnaker, StF = Sturmfock, Tr = Trysegel, Bs = Besan, Bss = Besanstagsegel. Striche unter den Buchstaben bedeuten entsprechend Reffs oder Reffertörns, Ausreffen wird durch Weglassen entsprechender Striche bezeichnet. Durchstreichen der Buchstaben heißt Segel geborgen. Bei Segelmanövern Uhrzeit eintragen.
z. B. G = Großsegel mit einem Reff, Bl = Raumballon geborgen.

sm Fahrt Geschätzte oder geloggte Fahrt (Seemeilen in einer Stunde) durchs Wasser.

sm Log Stand des Patentlogs oder auf jedem Kurs zurückgelegte Seemeilen nach Schätzung oder Rechnung (Fahrt mal Zeit).

Schiffsort usw. Peilungen (umgerechnet in rechtweisend), Ablegen, Festmachen, Ankern, Ankeraufgehen, Beidrehen, Treibanker, Positionslichter, Dampferlicht, Ankerlaterne, im Schlepp, Schleppen, sonstige besondere Ereignisse, alles mit Uhrzeit.

Seegang

0	ruhige, spiegelglatte See
1	ruhige, gekräuselte See
2	schwach bewegte See
3	leicht bewegte See
4	mäßig bewegte See
5	grobe See
6	sehr grobe See
7	hohe See
8	sehr hohe See
9	außergewöhnlich schwere See

Wetterbezeichnungen

○ = klarer Himmel	, = Niesel
◔ = ¼ bewölkt	• = Regen
◑ = ½ bewölkt	•▽ = Regenschauer
◕ = ¾ bewölkt	= Gewitter
● = bewölkt	= Wetterleuchten
∞ = Dunst	⌒ = Regenbogen
≡ = Nebel	⊕ = Sonnenring
✳ = Schnee	= Mondring
▲ = Hagel	= Nordlicht

XII. Navigation

A. HILFSMITTEL DER NAVIGATION

Navigation ist die Lehre von den Verfahren zur Kurs- und Standortbestimmung des Schiffes. Werden Landmarken und Seezeichen der Küste ausgenutzt, spricht man von terrestrischer Navigation. Werden die Gestirne zur Bestimmung des Schiffsorts beobachtet, wird astronomisch navigiert. Alle Verfahren, die elektromagnetische Wellen benutzen, werden unter dem Begriff Funknavigation zusammengefaßt.
Für terrestrische Navigation braucht der Schiffsführer an Instrumenten Kompaß, Log, Lot, Sextant und Uhr, ferner Seekarten, nautische Bücher und Zeichenmaterial. Als Hilfsmittel findet er die Landmarken und Seezeichen vor, die ihm außer bei Nebel und schlechter Sicht bei Tag und Nacht den Weg weisen.

a) Der Kompaß

1. Das Magnetfeld der Erde

Untersucht man die Oberfläche der Erde mit einer frei beweglichen Magnetnadel, so findet man, daß die Erde wie ein großer Magnet wirkt, dessen Feld sich über die ganze Erde erstreckt. Die Pole des Erdmagneten liegen dort, wo die frei bewegliche Nadel sich senkrecht einstellt (Abb. 1). Diese Pole fallen nicht mit den geographischen Erdpolen zusammen. Der auf unserer nördlichen Halbkugel gelegene Pol liegt bei etwa 70° N 98° W, der Gegenpol auf 72° S 155° E.*
Die Pole wandern im Laufe der Zeit; das Magnetfeld der Erde ist also nicht konstant. Im Laufe der Erdgeschichte erfuhr das Magnetfeld der Erde sogar verschiedene Polwechsel.
Eine Magnetnadel, die auf einer Spitze balancierend in der Horizontalen frei beweglich ist, bleibt nicht in jeder Lage, die wir ihr geben, stehen, sondern dreht sich in die Richtung Nord-Süd. Wir nennen den nach Nord weisenden Pol den Nordpol, den nach Süd weisenden den Südpol der Nadel. In der Praxis wird das Nordende rot, das Südende blau markiert. Die von der Magnetnadel angezeigte Nord-Süd-Richtung fällt meist nicht mit der Richtung des Erdmeridians zusammen, sondern bildet einen Winkel mit diesem, die *Mißweisung* (Abb. 2). Die Richtung des Erdmeridians ist die *rechtweisende* Nord-Süd-Richtung; die Richtung, in der sich die Magnetnadel

* Die Schreibweise E statt O für Ost setzt sich heute immer mehr durch. Dies liegt daran, daß in den für die internationale Fliegerei entwickelten Tafeln E für East gebräuchlich ist, außerdem kann E nicht mit Null verwechselt werden, oder, wie in französischen Karten mit »ouest«, was West heißt.

einstellte, die *mißweisende* oder magnetische Nord-Süd-Richtung. Die Mißweisung (Mw) ist der Winkel zwischen rechtweisend und mißweisend Nord.
Die Mißweisung ist Ost oder (+), wenn das Nordende der Magnetnadel nach Osten vom Meridian weist; sie ist West oder (−), wenn es vom Meridian aus nach Westen zeigt. Die Mißweisung ist von Ort zu Ort verschieden. Sie wird in den Seekarten angegeben.
Die Angaben gelten nur für ein bestimmtes, in der Karte angegebenes Jahr; denn das Magnetfeld der Erde ändert sich mit der Zeit. Die jährliche Änderung der Mißweisung ist in der Karte angegeben. In einigen Gebieten, z. B. auch in der Ostsee, gibt es Gebiete unsiche-

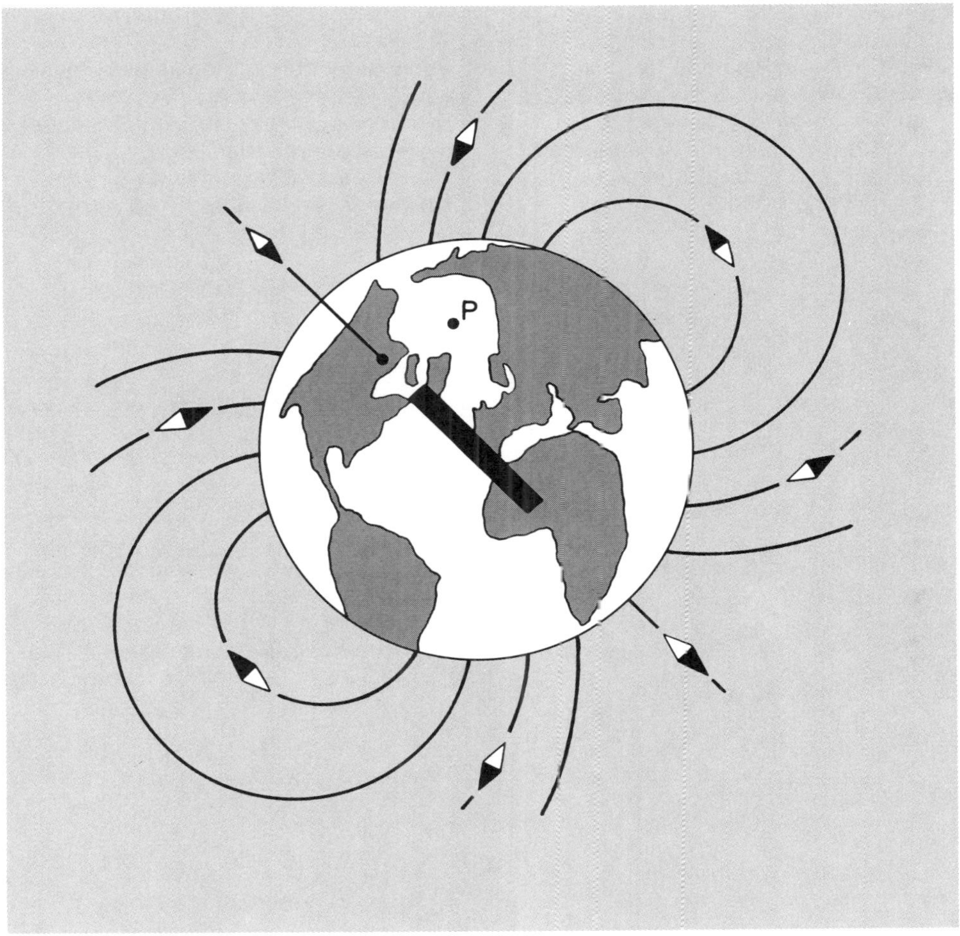

Abb. 1 Das Magnetfeld der Erde

rer Mißweisung, in denen die Mißweisung auf kleinem Raum unregelmäßige Werte hat.
Die Mißweisung kann man nur auf einem völlig eisenfreien Schiff unmittelbar bestimmen. Alle unter Verwendung von Eisen und Stahl gebauten und ausgerüsteten Schiffe haben feste Magnetpole, welche die Magnetnadel aus ihrer mißweisenden Richtung ablenken: Die Nadel zeigt ein Magnetkompaß-Nord (Abb. 3). Der Winkel zwischen mißweisend Nord und Kompaß-Nord heißt *Ablenkung* oder *Deviation,* abgekürzt: Abl. Liegt Kompaß-Nord östlich von mißweisend Nord, erhält die Ablenkung das Vorzeichen (+), im entgegengesetzten Fall das Vorzeichen (–).

Die algebraische Summe von Mißweisung und Ablenkung heißt die *Magnetkompaß-Fehlweisung* (MgFw) der Magnetnadel.

2. Wirkung des Schiffsmagnetismus

Sie soll an einem festen Längsschiffsfeld untersucht werden. Ein fester magnetischer Südpol liegt vor, ein fester magnetischer Nordpol hinter dem Kompaß (s. Abb. 4).
Wenn das Fahrzeug auf einem mißweisenden Kurs = 360° liegt, wird die Kompaßnadel von der Horizontalfeldstärke des erdmagnetischen Feldes (H) in die mißweisende Nordrichtung (in diesem Beispiel ist das die Kielrichtung) getrie-

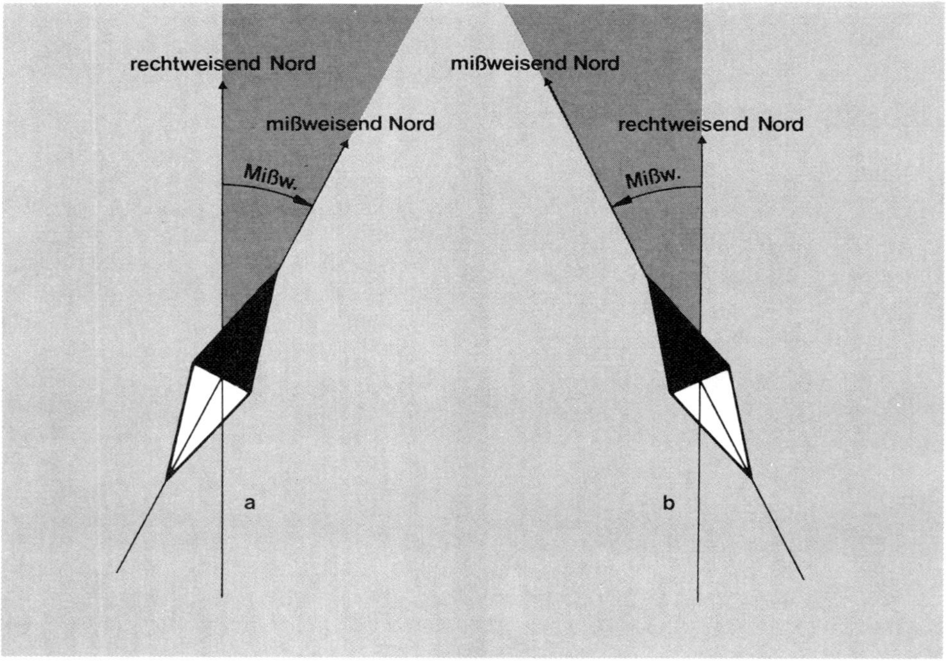

Abb. 2 Mißweisung a) östliche, b) westliche

ben. Die Horizontalfeldstärke des schiffsmagnetischen Längsschiffsfeldes stellt die Kompaßnadel auch in die Kielrichtung ein. Zwischen der mißweisenden und der Kompaß-Nordrichtung ist keine Ablenkung vorhanden. Anders ausgedrückt: die Ablenkung ist auf diesem Kurs 0°.

Die weitere Wirkung der beiden Horizontalfeldstärken läßt sich an Vektorenzeichnungen erklären:

H = Richtung und Stärke der Horizontalfeldstärke des erdmagnetischen Feldes,

S = Richtung und Stärke der Horizontalfeldstärke des festen Längsschiffsfeldes.

Die Kompaßnadel stellt sich in die Richtung der Resultierenden (R) ein. Diese Richtung ist Magnetkompaßnord.

Aus der Abb. 4 kann abgeleitet werden: Auf den mißweisenden Kursen 360° und 180° ist die Ablenkung 0°. Sie hat ihre größten Werte auf den mißweisenden Kursen 090° und 270°. Ihre Zu- bzw. Abnahme macht die Kurve der Abb. 4 deutlich.

In diesem Beispiel ist die Ablenkung auf den Kursen zwischen 000° und 180° positiv (+), auf den Kursen zwischen 180° und 360° negativ (−).

Da in der Kompaßlehre zwischen festem, halbfestem und flüchtigem Schiffsmagnetismus und zwischen Längsschiffs-, Querschiffsfeld und Magnetismus im vertikalen Eisen unterschieden wird, ist

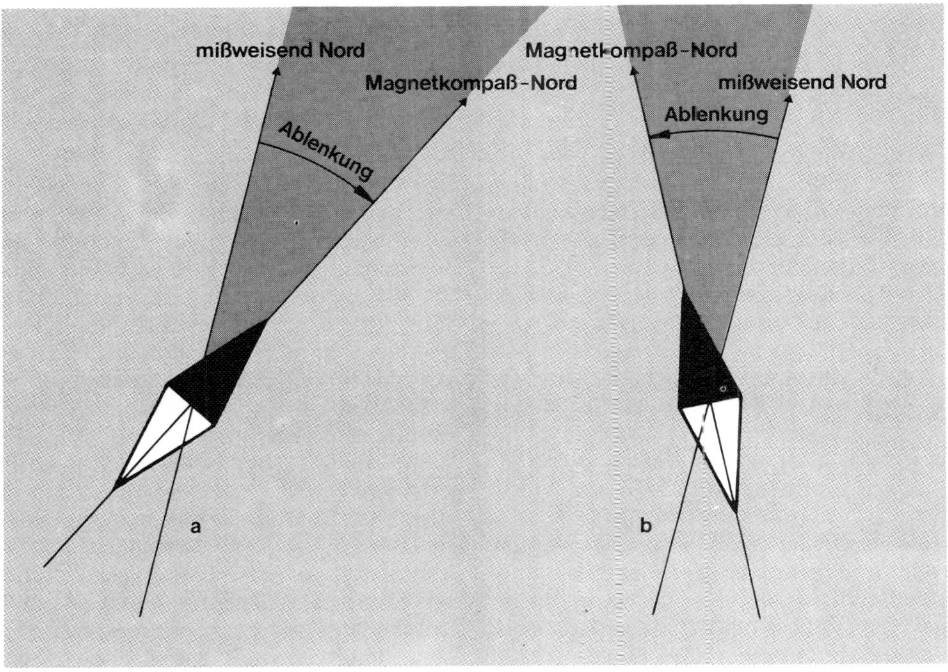

Abb. 3 Ablenkung (Deviation) a) Ost, b) West

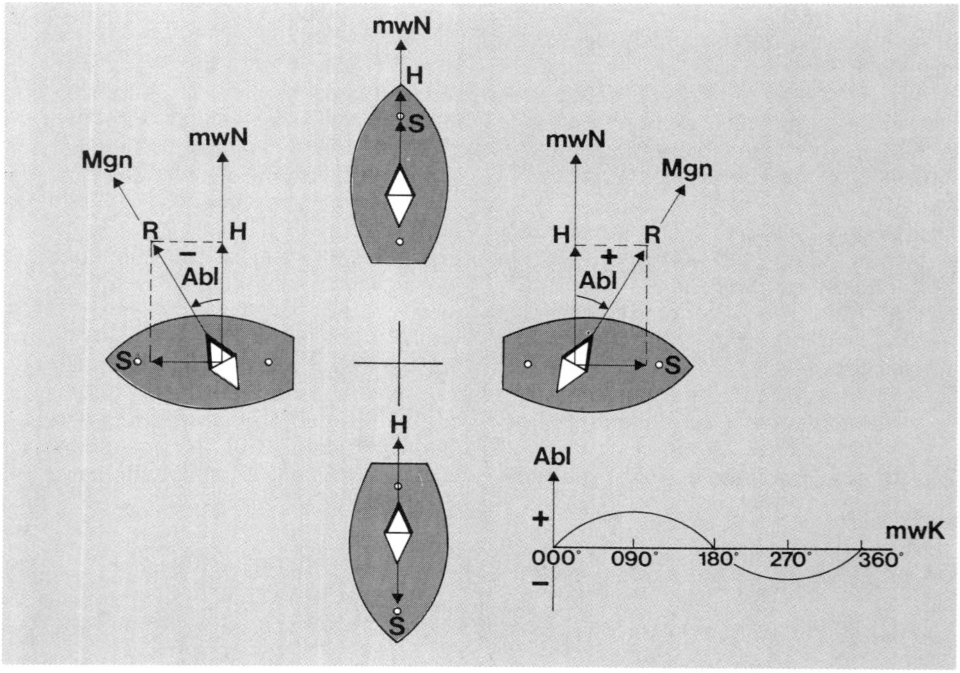

Abb. 4 Wirkung eines festen Pols auf den Kompaß

die Einwirkung des Schiffsmagnetismus auf die Kompaßnadel komplizierter als hier dargestellt werden kann.
Doch eine Erkenntnis sollte gewonnen sein:
Die Ablenkung ist vom Kurs, vom Aufstellungsort des Kompasses und von der magnetischen Breite (Ort) abhängig.

3. Der Magnetkompaß

Eine in der Horizontalen frei beweglich angeordnete Magnetnadel ist der Hauptbestandteil unseres Kompasses an Bord. Der Kompaß ist immer noch das wichtigste Hilfsmittel der Schiffahrt, denn er ermöglicht uns, ein Schiff in einer bestimmten Richtung zu halten, zu *steuern,* und außerdem die Richtung festzustellen, in der bestimmte Objekte, z. B. Landmarken, vom Schiff aus liegen, zu *peilen.*
Ein aus magnetfreiem Metall hergestellter und mit einem Glasdeckel abgeschlossener Kessel enthält die *Kompaßrose,* die drehbar mit einem Hütchen auf der in der Mitte des Kesselbodens angebrachten *Pinne* ruht. Die Spitze der Pinne ist aus Platin oder Iridium hergestellt, um die Reibung zu vermindern. An der Unterseite der Rose sind parallel zu deren Nord-Süd-Richtung zwei Stabmagneten angebracht. Viele moderne Rosen tragen einen Ringmagneten mit je zwei Doppelpolen (Abb. 9). Die Pinne ist

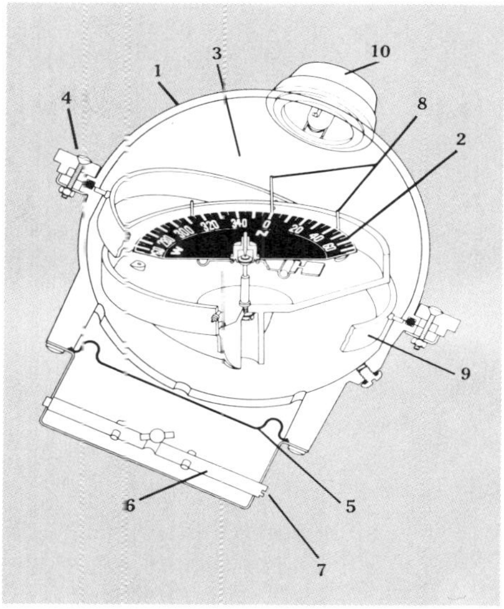

Abb. 5 Kugelkompaß
(1) Acrylglaskuppel, (2) Rose, (3) Füllung mit Kompaßöl (hochreines Petroleum), (4) Verschlußflansch zwischen Glashalbkugel und Gehäusehalbkugel, (5) Ausdehnungsmembrane gibt nach, wenn sich das Kompaßöl in der Wärme ausdehnt, (6) Stellbolzen für Dwarskompensiermagneten, (7) Einsteckschlitz zum Kompensieren, (8) Fahrstriche voraus und 45° Stb fest montiert auf dem inneren Kardanchassis für die Rose, (9) Äußerer Kardanring (Dwarsachse), (10) Rotlichtbeleuchtung.

gefedert angeordnet, um das System gegen Stöße und Vibrationen unempfindlich zu machen.
Der Kompaßkessel oder das Rosensystem sind kardanisch aufgehängt und am Boden mit Blei beschwert, um eine möglichst ruhige Lage sicherzustellen. Im Innern des Kessels sind in der Mittschiffslinie Steuerstriche angebracht, die das Kurshalten erleichtern.
Heute werden an Bord nur noch Schwimmkompasse (Fluidkompasse) verwendet, bei denen die Rose, mit einem Schwimmkörper versehen, in einer Flüssigkeit schwimmt. Neuerdings ist dies meist hochreines »Kompaßöl«, eine

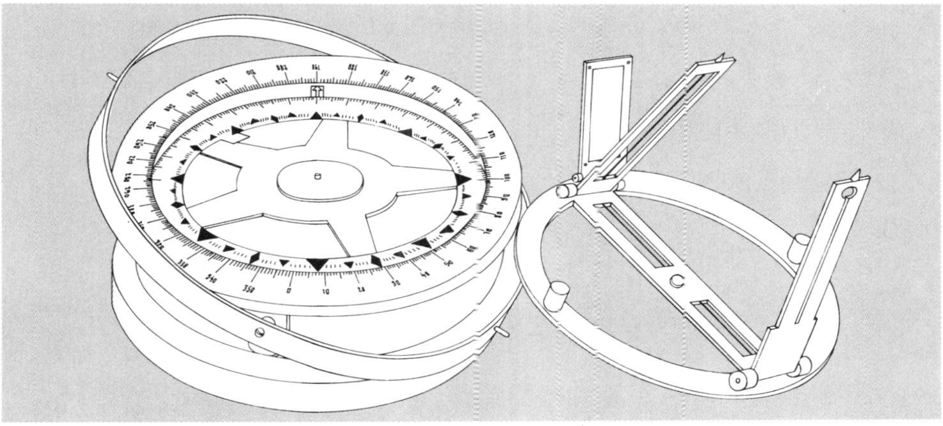

Abb. 6 Schwimmkompaß mit abgenommenem Diopter

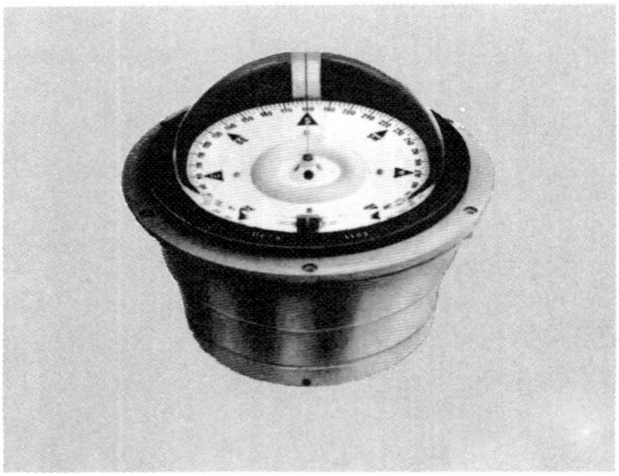

Abb. 7 *Moderner Yacht-Kugelkompaß*

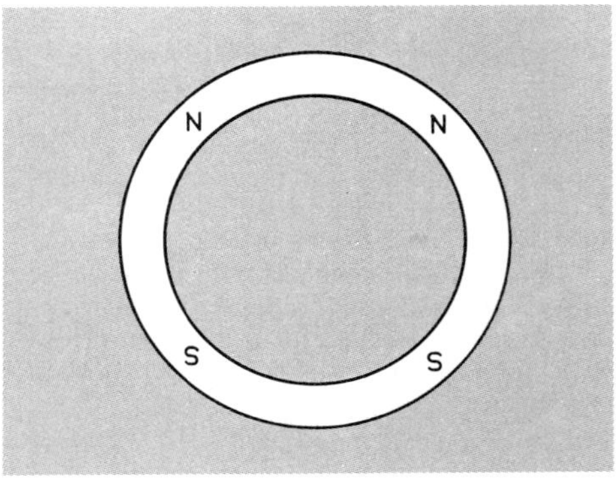

Abb. 9 *Ringmagnet (Plath)*

Art hochraffinierten Petroleums. Zum Teil ist das Fluid noch das früher allgemein übliche destillierte Wasser mit Alkoholzusatz als Gefrierschutz. Die Flüssigkeit dämpft übermäßiges Schwingen der Rose.

Auf Yachten und kleinen Schiffen werden heute vorzugsweise Kugelkompasse mit innerer kardanischer Aufhängung gefahren, bei der das Fluid auch die kardanischen Pendelbewegungen dämpft. Bei ihnen ist die Rose auch bei Krängungen bis zu 80° noch frei beweglich. Wenn der Kompaß nicht gebraucht wird, schützt man ihn vor Sonnenbestrahlung. Dies verhütet übermäßige Beanspruchung der Ausgleichmembrane und das vorzeitige Vergilben des Kompaßöls.

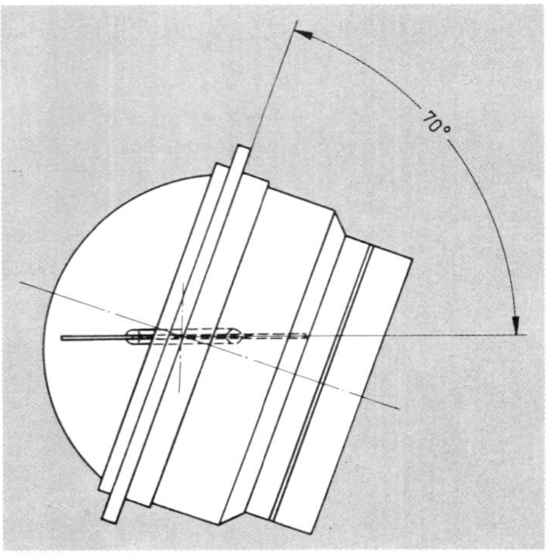

Abb. 8 Der Yachtkompaß T 50 von Plath kann bis zu 70° geneigt werden und wird ohne Kardanringe fest eingebaut.

Kompasse im Plichtboden machen viele Rudergänger unnötig seekrank.

Die Rose trägt an ihrer Außenkante eine Gradteilung von 0° bis 360°. Es ist

0° bzw. 360° = Nord
90° = Ost
180° = Süd
270° = West

der alten Strichteilung, die oft und störend außerdem noch innen aufgetragen ist. Früher wurde die Kompaßrose in 32 Striche eingeteilt. Auf jeden der vier Quadranten der Rose entfallen 8 Striche; also ist 1 Strich = $11^1/_4$°. Da für die Schiffahrt die Einteilung in ganze Striche nicht genügte, wurde jeder Strich wieder in halbe, viertel und achtel Striche eingeteilt. Da sowohl das Steuern als auch die Kursumrechnung nach der Gradrose erheblich einfacher ist und nicht so leicht zu Irrtümern führen kann wie nach der alten Strichrose, benutzt man heute nur noch die Gradrose, und zwar in der Vollkreisteilung von 0° bis 360°, und sollte den alten Strichzierat endlich über Bord werfen. Besser als Teilungen von Grad zu Grad sind auf kleinen Booten solche von 5 Grad.

Vielfach ist der Kompaß an Bord in einem *Kompaßhaus* aufgehängt, das gleichzeitig die Kompensationsmagnete und die Nachtbeleuchtung aufnimmt. Die Nachtbeleuchtung ist meist gelb, sollte aber rot sein, denn Rotlicht verschlechtert die Akkommodation des Auges für das Sehen bei Dunkelheit nicht (ebensolches Licht benutzt der Navigator am Kartentisch).

In jüngster Zeit sind Handpeilkompasse entwickelt worden, mit denen man von jedem Punkt an Deck direkt peilen kann. Abb. 12 zeigt eine zwar brauchbare, inzwischen aber von handigeren Bauweisen schon überholte Ausführung. Man halte sich an die jeweilige Gebrauchsanweisung.

Die in der Großschiffahrt benutzten Kreiselkompasse, die von magnetischen Einflüssen unabhängig sind, kommen wegen ihrer Größe, ihres Gewichts und der notwendigen umfangreichen Stromversorgungsanlagen nur für große Yachten in Frage.

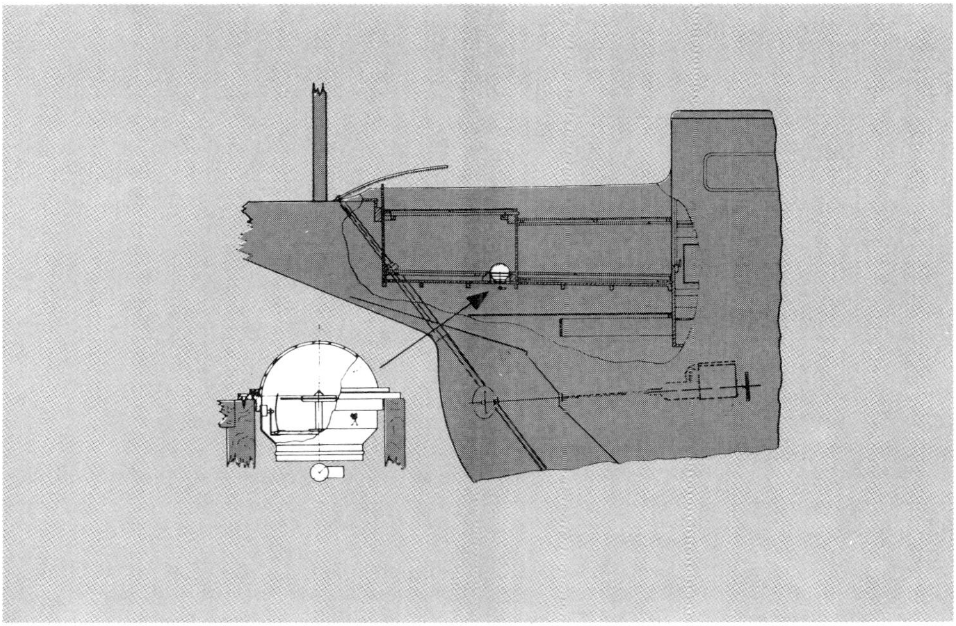

Abb. 10 Plath-Yachtkompaß T 50 eingebaut mit Schnitt durch den Kompaß. Die Rose wird von unten beleuchtet

4. Peilvorrichtungen

Zum Peilen ist der Kompaß mit einem Peilaufsatz, auch Peildiopter genannt, versehen (Abb. 6). Der auf dem Glasdeckel des Kompasses um dessen Mittelpunkt drehbare Peilaufsatz ist eine Visiereinrichtung, die auf dem Peillineal angebracht ist; sie besteht aus dem Okular- und dem Objektivdiopter. Das Okulardiopter hat einen senkrechten Schlitz, unter dem sich meistens ein

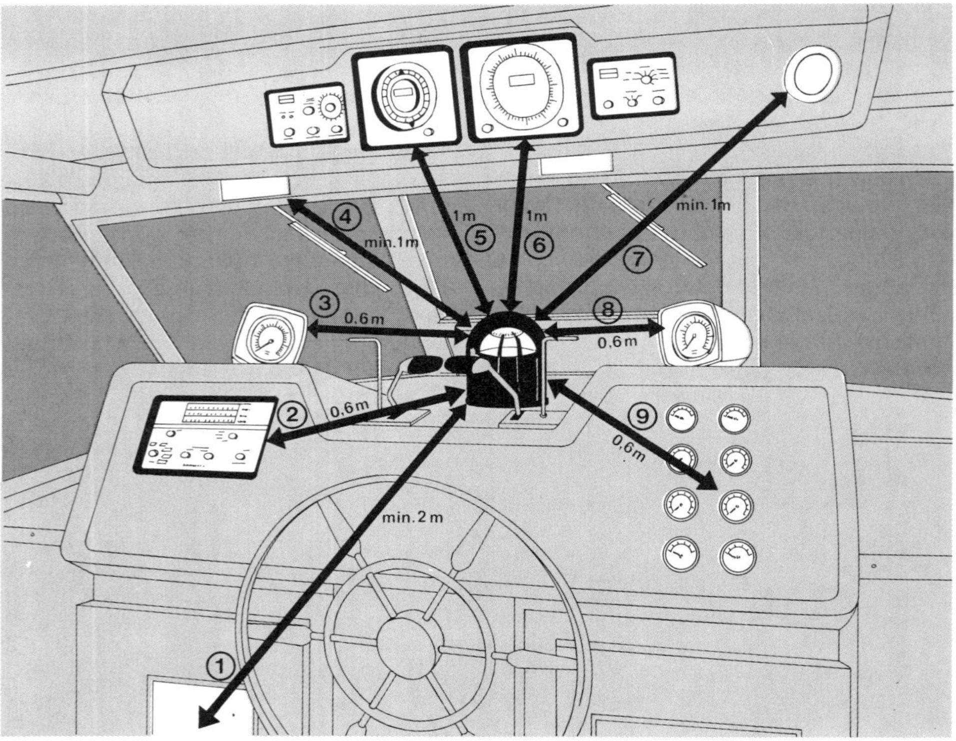

Abb. 11 Kompaßinstallation auf einer Motoryacht
Von dem kräftigen Motor und den Schaltrelais des Steuerautomaten (1) sollte der Kompaß mindestens 2 m entfernt sein. Vom Funkgerät (2) sind 60 cm Abstand einzuhalten, was auch für den Abstand von allen Drehspuleninstrumenten zur Motorüberwachung gilt, wie Drehzahlmesser (3 und 8) und die Fernanzeigen für Wasser- und Öltemperatur, Druck- und Ladestromanzeigen (9). Von den kleineren Elektromotoren für Scheibenwischer (4), Radiokompaß (5) und Echolot des Flimmertyps (6) und auch von dem kräftigen Magneten eines dynamischen Lautsprechers (7) muß der Abstand mindestens 1 m betragen, damit der Kompaß in seiner Empfindlichkeit für das erdmagnetische Feld nicht zu sehr gestört wird.
Übrigens können einige Zentimeter Änderung des Aufstellungsortes eines Kompasses bereits einen Unterschied zwischen einem großen Ablenkungsfehler und keinem Ablenkungsfehler machen, denn der Störeinfluß ändert sich mit der dritten Potenz der Entfernung des Störers.

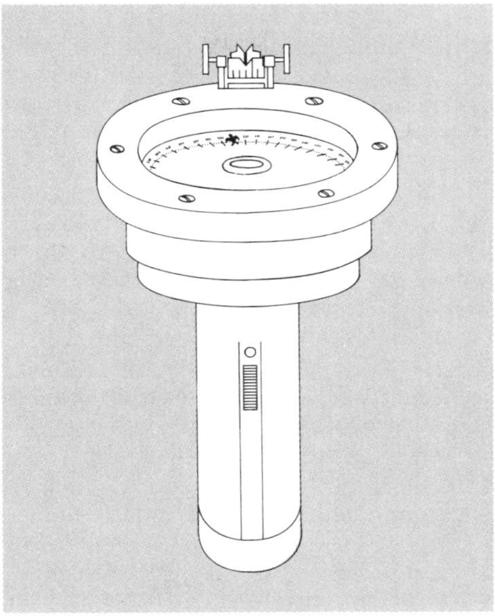

Abb. 12 Handpeilkompaß

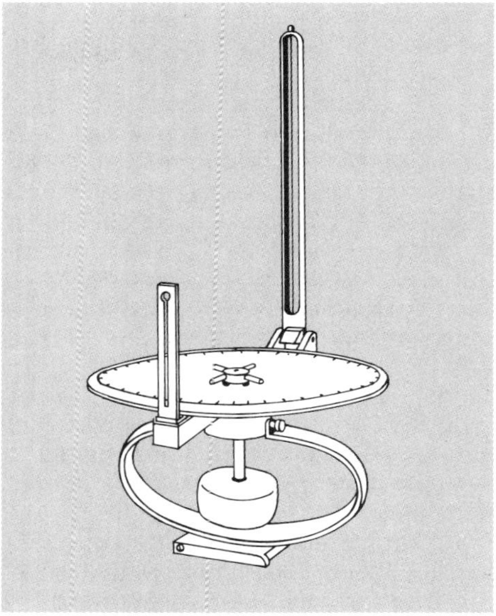

Abb. 13 Peilscheibe

Glasprisma zur Ablesung der Roseneinteilung beim Peilen befindet. Vor dem Diopter stehen farbige Vorschlaggläser für Sonnenpeilungen. Das Objektivdiopter ist bedeutend höher und hat einen breiteren Ausschnitt als das Okulardiopter. In der Mitte seines Ausschnittes ist ein Faden oder Draht senkrecht eingespannt, über den das Objekt anvisiert wird. Ein vor dem Diopter drehbar angebrachter Spiegel wird zum Peilen von Gestirnen benutzt.
Steht der Kompaß für ein Peilen ungünstig und hat man keinen Handpeilkompaß, so verwendet man eine *Peilscheibe* (Abb. 13). Diese ist halbkardanisch aufgehängt und besteht in ihren Hauptteilen aus einer Rose, auf der sich wiederum eine mit Zeigern versehene Peilvorrichtung befindet. Auf der Rose wird der z. Z. anliegende Kurs an einem Steuerstrich eingestellt und in dieser Lage durch eine Feststellmutter gehalten. Während des Peilens ist darauf zu achten, daß der Kurs genau anliegt.
Auf Yachten heutiger Größen sind solche Geräte, die in der Großschiffahrt verwendet werden, wegen der schnellen Bewegungen meist nicht zu gebrauchen.

5. Aufstellung und Behandlung des Kompasses an Bord

Der Kompaß muß möglichst frei vom Einfluß der Eisenmassen des Schiffes stehen; denn Eisendecks und -wände in Kompaßnähe wirken immer ablenkend und richtkraftschwächend. Er soll mittschiffs aufgestellt sein, um eine symmetrische Verteilung der Eisenmassen um ihn herum zu erreichen. Stromführende

Kabel dürfen in seiner Nachbarschaft nur mit Hin- und Rückleitung umeinander verdrillt verlegt sein; elektrische Kompaßbeleuchtung, Maschinen und Funkgeräte, die ein magnetisches Feld erzeugen, sind von größeren Eisenteilen abzuschirmen und frei vom Kompaß aufzustellen. Große bewegliche Eisenteile wie Ketten, Stahltrossen, Ballast, Baumstützen u. ä. dürfen nicht in der Nähe des Kompasses liegen. Der Kompaß selbst soll möglichst unbeeinflußt von Erschütterungen stehen, für den Rudergänger gut erkennbar sein und einen umfassenden Rundblick zum Peilen gewähren: sein Steuerstrich muß genau in der Mittschiffslinie justiert sein, mindestens parallel zu ihr.
Für die Aufstellung des Bootskompasses auf kleinen Yachten gelten dieselben Regeln, wenn kein fester Platz an Bord für ihn vorgesehen ist. Nach Möglichkeit muß dann aber wenigstens eine feste Spur eingebaut sein, in die man den Kompaß bei Gebrauch einsetzen kann.
Auch während der Hafenliegezeit muß der Kompaß frei von Erschütterungen (Decksarbeiten) gehalten werden. Man vermeide Liegeplätze unter dem unmittelbaren Einfluß großer elektrisch betriebener Anlagen im Hafen, die die magnetischen Eigenschaften des am Kompaßort wirksamen Schiffseisens verändern bzw. verderben. Es nützt nichts, den Kompaß herauszunehmen und an Land zu verwahren. Auch ein solcher Kompaß wird nach dem Wiedereinsetzen solange eine zusätzliche Ablenkung erleiden, bis sich die schädlichen Nachwirkungen im Schiffseisen (halbfester Magnetismus) wieder verflüchtigt haben. Auch ist darauf zu achten, daß nicht kleinere Störungsquellen wie Bordmesser, Schlüsselbund, Marlspieker oder die sehr störenden fotografischen Belichlichtungsmesser in Kompaßnähe verwahrt oder liegengelassen werden. Ein geringer Abstand der störenden Eisenteile vom Kompaß fällt durchweg viel stärker ins Gewicht als ihre Masse. Vor intensiver Sonnenbestrahlung, wechselnden Temperaturen und Witterungseinflüssen schützt man den Kompaß durch Aufsetzen der Kompaßkuppeln und im Hafen durch Schutzbezüge.
Von Zeit zu Zeit prüfe man am Kompaß, ob die Flüssigkeit noch klar und voll aufgefüllt ist (keine Blasen!), ob die Rose gleichmäßig schwimmt, daß also keine Fehler an Pinne und Hütchen vorhanden sind, und ob die Kardangelenke leichtgängig und gut geölt sind.

6. Das Kompensieren

Außer der Wahl eines geeigneten Platzes für den Kompaß und seiner sorgfältigen Aufstellung muß der Kompaß noch kompensiert werden. Unter Kompensieren versteht man die Maßnahmen, welche die durch den Schiffsmagnetismus aus ihrer mißweisenden Nord-Süd-Richtung abgelenkte Kompaßrose durch entsprechende Gegenpole in möglichst weitem Maße in die mißweisende Richtung zurückführen und gleichzeitig die Richtkräfte auf den verschiedenen Kursen ausgleichen.
Zum Kompensieren sind auf Yachten hauptsächlich längs- und querschiffs anzubringende Magnetstäbe erforderlich, deren Platz gewöhnlich im Kompaßhaus unterhalb der Rose in einem bestimmten Abstand von ihr vorgesehen ist. Da das Kompensieren viel Erfahrung und Kenntnisse vorausetzt, sollte es nur durch Fachleute ausgeführt werden. In größeren deutschen Häfen führen die

Dienststellen des Deutschen Hydrographischen Instituts solche Kompensierungen zu erschwinglichen Kosten durch.
Das Schiff muß zum Kompensieren in seeklarem Zustand sein; Ankereinrichtung, Beiboote, Trimmgewichte müssen an ihren Plätzen liegen, elektrische Geräte eingeschaltet sein bzw. während des Kompensierens sowohl ein- als auch ausgeschaltet berücksichtigt werden.
Die nach der Kompensierung noch verbliebene Restablenkung wird, da sie bei der Navigation laufend berücksichtigt werden muß, auf Kursen von 10° zu 10° erfaßt, in einer Ablenkungstafel niedergelegt und dem Schiffsführer übergeben.

7. Ablenkungskontrolle

Die Ablenkung des Kompasses muß von Zeit zu Zeit, besonders bei Stahlschiffen und nach längeren Liegezeiten (Winterlager!) oder schiffbaulichen Veränderungen, überprüft werden.
Man kann die Ablenkung selbst bestimmen durch den Vergleich einer bekannten mißweisenden Peilung mit der an Bord beobachteten Kompaßpeilung eines Objektes. Das kann geschehen:

1. durch Ausnutzung einer Deckpeilung oder
2. durch Peilen einer Landmarke von einem bekannten Schiffsort aus oder
3. astronomisch durch den Vergleich der Kompaßpeilung eines Gestirns mit dem aus Tafeln entnommenen Azimut.

Zu 1.: Es kann jede Richtlinie zweier in der Seekarte verzeichneter Objekte benutzt werden, wenn sie günstige Verhältnisse bietet (ruhiges, ungestörtes und geschütztes Fahrwasser, genügend Raum und einwandfreie Richtungsbestimmung). Richtlinien findet man in den Leuchtfeuerverzeichnissen und in den Seekarten angegeben. In einigen räumlich begrenzten Hafengebieten, z. B. in Kiel, hat man für die Ablenkungsbestimmungen eigens ein Bakensystem geschaffen, bei dem verschiedene Baken, mit einer Zentralbake in Deckung gebracht, mehrere mißweisende Peilungen festlegen, so daß ein kompensierendes Schiff auf seinem Drehkreis immer wieder in neue Deckpeilungen hineinläuft und so nicht gezwungen ist, in einer Deckpeilung zu manövrieren.

Beispiel:
Für eine auf Kompaßkurs 340° liegende Yacht kommt ein in der Seekarte eingezeichneter Schornstein A mit einem ebenfalls eingezeichneten Kirchturm in Deckpeilung (Abb. 14). Aus der Karte entnimmt man die rechtweisende Peilung mit 066°, die Mißweisung mit −3°. Es ergibt sich daraus für die Deckpeilung eine mißweisende Peilung von 069°. Im Augenblick des Passierens dieser Linie werden am Kompaß 071° gepeilt. Wie groß ist die Ablenkung und welches Vorzeichen bekommt sie?

Mißweisende Peilung	= 069°
− Kompaßpeilung	= 071°
Ablenkung	= −2°

Auf Kompaßkurs 340° ist also die Ablenkung −2° (westlich). Das Vorzeichen ergibt sich durch arithmetische Subtraktion. Es geht aber auch aus der Überlegung hervor, daß die Ablenkung der Nadel nach links (also −) zeigt. Oder mit anderen Worten: Um von der Kompaßpeilung auf die im Vergleich zu ihr »richtigere« mißweisende Peilung zu kommen, müssen von der Kompaßpei-

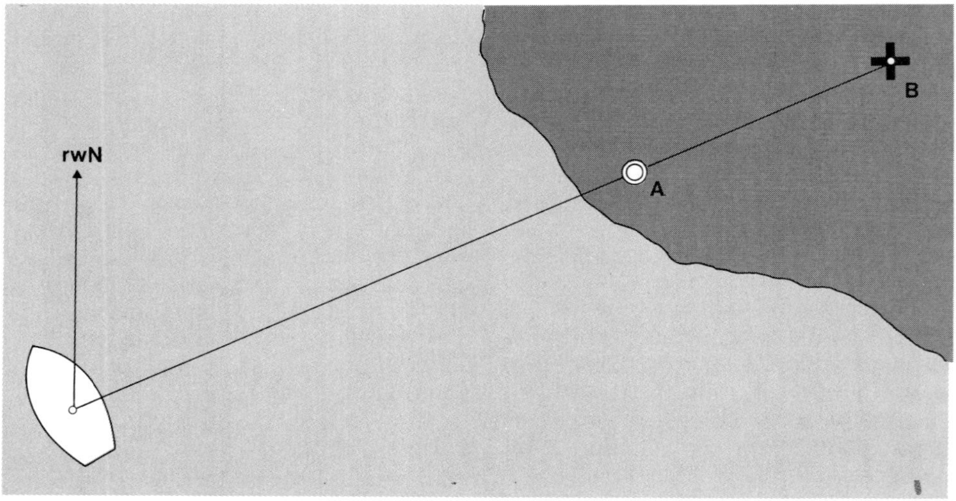

Abb. 14 Kompaßkontrolle nach einer Deckpeilung

lung 2° abgezogen werden. Die Ablenkung hat also auch hiernach den Wert von 2° und erhält das Vorzeichen –.
Zu 2: Eine Motoryacht hat an einem im Hafenplan verzeichneten Dalben festgemacht und liegt auf Kurs 170°. In genügendem Abstand vom Dalben befindet sich ein Molenfeuer in der mißweisenden Peilung 091,5°. Die Kompaßpeilung ist 089°. Wie groß ist die Ablenkung, und welches Vorzeichen bekommt sie?

Mißweisende Peilung	=	091,5°
– Kompaßpeilung	=	089,0°
Ablenkung	=	+2,5°

8. Aufstellung einer Ablenkungstafel

Will man eine vollständige Ablenkungstafel aufstellen und dabei mit dem eigenen Motor arbeiten, so ist folgendes zu beachten: Die Ablenkungsbestimmungen sollen nur bei ruhigen Wetterlagen und Windverhältnissen erfolgen, damit die Ergebnisse nicht gestört werden. Bei starker Krängung des Bootes treten infolge der Krängung Fehler in der Peilung auf. Mangelnde Stetigkeit und zu große Unruhe in den Bewegungen des Bootes gefährden die Ausschaltung eines Schleppfehlers. Die Peilungen müssen in aller Ruhe erfolgen.
Die Entfernung des Schiffsortes, von dem aus gepeilt werden soll, zum Peilobjekt hin muß so groß sein, daß durch den Drehkreis keine nennenswerte Änderung der Peilung nach der Seite hin eintritt. Deshalb soll sie wenigstens das Hundertfache des Drehkreisdurchmessers betragen; die Peilung bleibt dann auf 0,5° genau.
Um eine seitliche Verschiebung des Peilortes im Seegebiet zu vermeiden, ist es zweckmäßig, ihn durch eine behelfsmäßig ausgelegte Boje zu bezeichnen oder sich an ein ausliegendes Seezei-

chen zu halten. Man stelle die Position dieser Marke genau fest (Doppelwinkelmessung). In manchen Fällen gibt es Deviationsbojen, an denen man festmacht, und die dadurch günstige Bedingungen für eine Ablenkungsbestimmung bieten.
Bei einer Drehung des Schiffes besteht die Gefahr, daß die Kompaßrose infolge der Reibung an der sie umgebenden Flüssigkeit mitgeschleppt wird, also in der Drehrichtung vorauseilt: es entsteht ein *Schleppfehler* in Richtung der Drehung, um den die Peilung falsch wird. Da dieser Fehler vom Drehsinn des Schiffes abhängt, kann er dadurch ausgeschaltet werden, daß man je einen Drehkreis nach Bb und Stb fährt und die gefundenen Peilungen mittelt.
Vor Beginn des Drehens und des Peilens muß sichergestellt werden, daß das Boot wie beim Kompensieren *magnetisch seeklar* ist. Auch dürfen die beteiligten Besatzungsmitglieder während der Ablenkungsbestimmung keine Bordmesser, Schlüsselbunde, Marlspieker u. ä. mit sich führen, damit unbeabsichtigte Beeinflussungen des Kompasses vermieden werden. Ferner muß sichergestellt sein, daß Belichtungsmesser, die Magnete enthalten, und Fotoapparate, in denen derartige Belichtungsmesser eingebaut sind, Radios, Lautsprecher, Kopfhörer u. ä. weit vom Kompaß entfernt bleiben.

Ablenkungsbestimmung nach einer bekannten mißweisenden Peilung

Nach Erledigung der Vorbereitungen dreht die Yacht so langsam wie möglich einen Vollkreis nach Stb, ohne sich dabei vom Peilort über den vorbestimmten Drehkreisradius hinaus zu entfernen. Der Rudergänger kündigt rechtzeitig die durchgehenden Kurse von 10° zu 10° an und ruft im Augenblick des Durchgehens am Steuerstrich laut »Null«.
Beispiel: »130° ... Achtung ... Null«. Bei der Ankündigung schreibt ein Aufschreiber den Kurs auf, der Peiler visiert das Peilobjekt an; auf »Null« wird gepeilt, die Peilung laut ausgerufen und vom Aufschreiber notiert. Ist der volle Drehkreis beendet, erfolgt dasselbe auf einem Drehkreis nach Bb.

Ablenkungskontrolle nach einer Deckpeilung

Bei diesem Verfahren braucht der Peilort nicht markiert zu werden, weil die Peillinie bereits festliegt und eine Verschiebung des Peilortes aus der mißweisenden Peilung heraus jederzeit feststellbar ist. Man dreht also das Boot in der Deckpeilung gleichmäßig in beiden Drehrichtungen und wertet in der gleichen Weise aus. Man achte darauf, daß die beiden Objekte einwandfrei in Linie gehalten werden, und wähle den Abstand zu den Objekten nicht zu klein. Ist es auf größeren Yachten nicht möglich, die Deckpeilung beim Drehen hinreichend genau einzuhalten, so muß auf einen genügenden Abstand vom Peilobjekt geachtet werden.

Ablenkungsbestimmung nach einem in seiner Peilung nicht genau festgelegten Objekt

Geht man von der Annahme aus, daß die Ablenkungswerte nach der positiven und der negativen Seite hin verhältnismäßig gleichmäßig verteilt sind, weil die Eisenmassen symmetrisch zum Kompaß liegen, kann man annäherungsweise so verfahren: Man peilt auf zwei Drehkreisen um eine ausgelegte Markierungsboje ein genügend weit entferntes Objekt, z. B. einen Kirchturm, auf Kursen

von 20° zu 20° und trägt diese Peilungen in die vorbereitete Liste ein. Das Mittel dieser Peilung wird als mißweisende Peilung angenommen und diese mit den einzelnen Kompaßpeilungen auf den einzelnen Kursen verglichen.
Das beste Instrument zur Messung von Seitenpeilungen ist eine Peilscheibe, möglichst eine solche auf einem Dreibeinstativ, das man mittschiffs aufstellen kann. Man kann aber an ihrer Stelle einen Sextanten benützen. Man markiert dazu die Kiellinie mit auffällig gefärbtem Klebeband und spiegelt die Landmarke in Deckung mit der markierten Bezugslinie. Da ein Sextant nur bis zu 110° bis 120° messen kann, nimmt man Stb- und Bb-Seitenpeilungen und transformiert diese in vollkreisige Seitenpeilungen. Das Ergebnis sieht dann etwa so aus:

Kompaß-Kurs	Kompaß-Peilung	Mißweisende Peilung	Abl	Bemerkungen
°	°	°	°	
2	294	290	−4	
14	293	290	−3	
25	292	290	−2	
39	291	290	−1	
50	290	290	0	
61	291	290	−1	
79	292	290	−2	
90	293	290	−3	
110	295	290	−5	
122	296	290	−6	
135	297	290	−7	
146	286	290	+4	offenbar falsche Peilung
155	294	290	−4	
170	290	290	0	
181	288	290	+2	
190	286	290	+4	
202	285	290	+5	
212	284	290	+6	
225	---	290	−	Peilung ausgefallen
240	280	290	+10	
262	283	290	+7	
271	285	290	+5	
280	287	290	+3	
291	288	290	+2	
300	289	290	+1	
311	291	290	−1	
322	292	290	−2	
331	293	290	−3	
342	294	290	−4	
351	294	290	−4	

Man trägt nun diese Werte als Kurve auf Millimeterpapier auf und erhält eine Deviationskurve, aus der sich die mittleren Werte für alle Kompaßkurse jeweils von 10° zu 10° entnehmen lassen. Fehler fallen durch Mitteln heraus. Man erhält die Ablenkungstafel.

Ablenkungstafel:

Kompaßkurs	Abl	Kompaßkurs	Abl
°	°	°	°
0	−4	180	+2
10	−3,5	190	+3,5
20	−3	200	+5
30	−1,5	210	+6,5
40	−0,5	220	+8
50	0	230	+9
60	−0,5	240	+10
70	−1	250	+9
80	−2	260	+7,5
90	−3	270	+5,5
100	−4	280	+3,5
110	−5	290	+2
120	−6	300	+1
130	−7	310	0
140	−7	320	−1
150	−5	330	−2
160	−3	340	−3
170	0	350	−3,5
180	+2	360	−4

b) Das Log

1. Seemeile, Knoten

Die Entfernung zweier Orte auf See, die *Distanz,* mißt der Seemann in *Seemeilen* (sm), die Geschwindigkeit des Schiffes, die *Fahrt,* in *Knoten* (kn). Eine Seemeile ist die Länge einer Meridianminute. Der Umfang der Erde, ein »Größter Kreis«, beträgt 40 000 km. Drückt man diese Länge in Bogenminuten aus, also $360° \cdot 60 = 21\,600$ Bogenminuten, so ergibt sich als Länge einer solchen Meridianminute

$$40\,000\,000 : 21\,600 = 1852 \text{ m.}$$

Eine Seemeile ist also 1852 m lang. Der zehnte Teil einer Seemeile, also 185,2 m, heißt *Kabellänge.*

Legt ein Schiff in einer Stunde 1 sm zurück, ist also seine Geschwindigkeit, die Fahrt, 1 sm pro Stunde, so läuft es 1 kn. In der Sekunde legt es dabei

$$\frac{1852}{60 \cdot 60} = 0{,}514 \text{ m}$$

zurück. Diese Länge heißt eine *Meridiantertie.* Eine Yacht legt in einer Stunde ebenso viele Seemeilen zurück wie in einer Sekunde Meridiantertien.

Die Fahrt des Schiffes messen heißt *loggen,* jede Vorrichtung dazu ein *Log* (auch

Logge). Gemessen wird aber immer nur die Fahrt durch das Wasser.
Es gibt verschiedene Logeinrichtungen: Relingslog, Patentlog, Speedometer, Propeller und Impeller mit elektrischer und mechanischer Übertragung u. a.

2. *Relingslog*

Ein Relingslog kann man sich leicht auf folgende Art herstellen: Eine möglichst lange, auf der Reling des Schiffes markierte Strecke wird abgemessen und in Meridiantertien verwandelt: Es ist

1 m = 1,94 (rund 2) Meridiantertien.

Zur Bestimmung der Fahrt wirft man möglichst weit vorn in Lee und gut frei vom Schiff einen schwimmenden Gegenstand, z. B. ein Stück Holz, über Bord und stellt mit einer Sekundenuhr die Zeit fest, die der Gegenstand – genau genommen das Schiff – zum Durchlaufen der abgemessenen Strecke gebraucht hat. Die in Meridiantertien ausgedrückte Strecke wird nun durch die Anzahl der ermittelten Zeitsekunden dividiert. Das Resultat ist die Fahrt in Seemeilen pro Stunde, also Knoten (kn).
Beispiel: Auf der Reling einer Ketsch hat man eine Strecke von 20 m, also 40 Meridiantertien, abgemessen und gemarkt. Die Ketsch braucht 10 Sekunden, um diese Strecke zu durchlaufen. Das Schiff läuft also

$$\frac{40}{10} = 4 \text{ kn.}$$

Das Verfahren ist nur bei geringer Fahrt des Schiffes, bis etwa 5 kn, anwendbar. Liegt das Schiff vor Anker, so kann man mit dem Relingslog gut die Stärke eines etwa setzenden Stromes bestimmen.

3. *Patentlog*

Das Patentlog mißt den vom Schiff zurückgelegten Weg durch die Anzahl der Umdrehungen eines Propellers, der an einer geflochtenen Leine vom Schiff

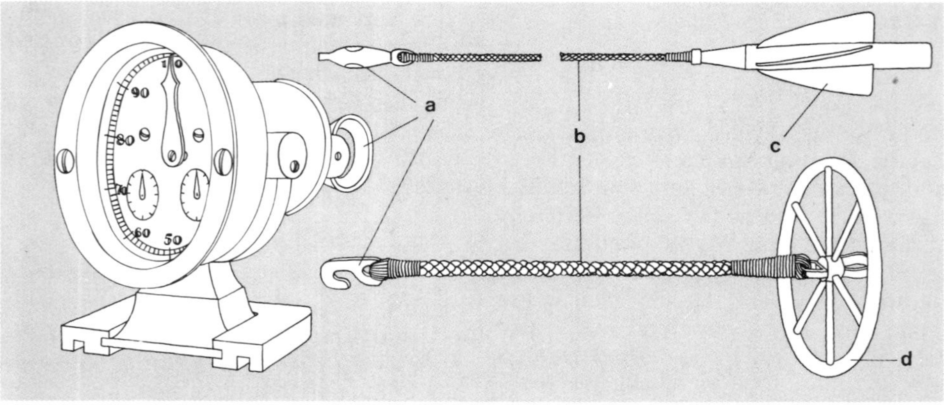

Abb. 15 Patentlog (Plath), bestehend aus Loguhr mit Halterung, Leine (b), Flügelschraube (Impeller) (c) und Regulator (Schwungrad) (d).

durch das Wasser nachgeschleppt wird. Ein Schwungrad auf der Leine sorgt für gleichmäßiges Drehen. Ein Zählwerk, das am Heck des Schiffes angebracht ist, zeigt die Anzahl der zurückgelegten Seemeilen an (Abb. 15). Das Patentlog gibt also nicht die augenblickliche Schiffsgeschwindigkeit an, sondern nur die in beliebigen Zeiträumen zurückgelegte Strecke. Hieraus kann man jedoch ohne Schwierigkeit die augenblickliche Geschwindigkeit errechnen, indem man beispielsweise die in einem Zeitraum von 6 Minuten (= $^1/_{10}$ Stunde) zurückgelegte Strecke auf dem Zehntel-Seemeilen-Zeiger der Loguhr abliest und den gefundenen Wert mit 10 multipliziert. Man kann auch die am Zählwerk ankommenden Umdrehungen zählen und aus Zeit und Anzahl der Umdrehungen in einer Tabelle die augenblickliche Geschwindigkeit ablesen.

Das Patentlog ist bei geringer und bei hoher Fahrt unzuverlässig. Sein Verwendungsbereich liegt zwischen 5 und 16 kn.

4. Yachtlogs

Für Yachten gibt es besondere Yachtlogs, die meist fest eingebaut sind und Geschwindigkeiten bis zu 2 kn herunter anzeigen. Sie messen die Fahrt entweder nach den Umdrehungen eines kleinen, durch den Fahrtstrom angetriebenen Impellers aus Kunststoff oder nichtrostendem Stahl an der Unterseite des Schiffes oder nach dem durch die Fahrt verursachten Strömungsdruck im Wasser.

Beim *Sum-Log* werden die Impellerumdrehungen mechanisch übertragen, beim *Elektro-Log* induziert ein von dem Impeller angetriebener Magnet in einer

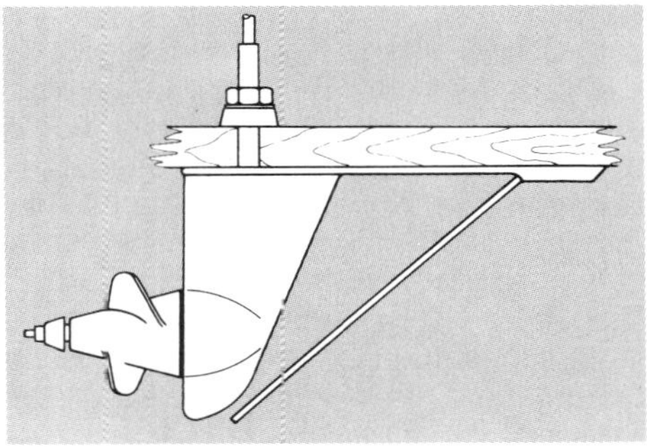

Abb. 16 Eingebautes Sum-Log mit Abweisbügel

festen Spule eine elektrische Spannung. Beide Typen verfügen meist über eine Addiereinrichtung, die die abgelaufenen Meilen zählt.

Logs, die den Strömungsdruck messen (*Speedometer*), haben entweder einen Meßfühler, dessen drehbarer Arm gegen einen Piezokristall arbeitet (Abb. 17), oder ein Staudruckrohr, das die Druckdifferenz zwischen Wassereintritt und Wasseraustritt durch eine ölgefüllte Leitung auf ein empfindliches Manometer überträgt.

Yachtlogs liefern wegen der bei jeder Yacht unterschiedlichen Strömungsver-

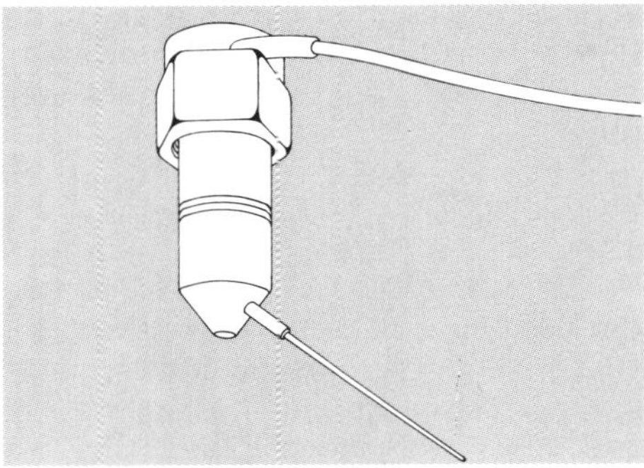

Abb. 17 Meßfühler eines Yachtlogs

hältnisse nur in begrenzten Bereichen zutreffende Werte; außerhalb dieser Grenzen können die Ungenauigkeiten durch ein »Trimmpotentiometer« beseitigt werden. Durch eine besondere Schaltung kann man bei einigen Typen die Anzeigen auseinanderziehen (»spreizen«), so daß Fahrtänderungen bis zu $^{1}/_{100}$ kn ablesbar sind. Diese »Deltaeinstellung« ermöglicht eine genaue Beurteilung jeder Änderung der Segelstellung, der Segelfläche oder im Trimm der Segel.

Beim *elektromagnetischen Log* wird die Tatsache ausgenutzt, daß das Wasser wie eine bewegte Leiterschleife wirkt, wenn es durch ein Magnetfeld strömt. Je schneller die Bewegung, um so stärker ist der induzierte Strom. Er läßt sich elektronisch verstärken und zeigt die jeweilige Fahrt an, nach Wunsch auch an mehreren Anzeigeinstrumenten gleichzeitig. Der größte Vorteil dieses Logs ist, daß die Knopfelektroden praktisch nicht aus der Bordwand herausragen.

Beim *Doppler-Log* wird die Frequenzverschiebung ausgenutzt, die ein Ultraschallstrahl erfährt, wenn er an Schwebestoffen oder Luftblasen im Wasser oder auch am Grund reflektiert wird. Theoretisch läßt sich also unabhängig von der Stromversetzung sogar die Fahrt über Grund direkt ablesen. In der Praxis geht das nur auf seichtem Wasser oder bei sehr hohem Energieverbrauch.

5. Prüfen des Logs

Um ein Log zu kontrollieren, läuft man eine bekannte Strecke ab und vergleicht die wirklich durchlaufene Distanz mit der vom Log angezeigten. Man bestimmt das Verhältnis

$$\frac{\text{richtige Entfernung}}{\text{geloggte Entfernung}}.$$

In dem gleichen Verhältnis sind alle geloggten Distanzen falsch. Die am Log abgelesenen Werte müssen mit diesem Verhältnis multipliziert werden, um die wahre Distanz zu erhalten. Durchliefen wir z. B. eine Strecke von 8 sm und das Log zeigte 6 sm, so ist diese

$$\text{Verhältniszahl } ^{8}/_{6} = 1{,}33.$$

Einer am Log abgelesenen Distanz von 30 sm entspricht also die wahre Distanz $30 \cdot 1{,}33 = 39{,}9 \sim 40$ sm. Dieser Verhältniswert gilt im allgemeinen nur für einen bestimmten Geschwindigkeitsbereich; es ist daher zweckmäßig, ihn für mindestens drei verschiedene Geschwindigkeitsbereiche zu ermitteln.

c) Das Lot

Das Lot dient zum Bestimmen der Wassertiefe, gegebenenfalls auch zum Feststellen der Beschaffenheit des Meeresgrundes.

1. Das Handlot

Auf jeder Yacht muß ein Handlot vorhanden sein, auch wenn die Yacht über ein Echolot verfügt. Das auf Yachten gebräuchliche Handlot ist ein 3–5 kg schwerer Bleikörper, der an einer 40 m langen ungeteerten Lotleine auf den Grund hinabgelassen wird. Wenn man in der Hand das Aufstoßen des Lotkörpers auf den Grund spürt, muß die Leine senkrecht stehen. In diesem Augenblick ist die Marke an der Wasseroberfläche abzulesen; sie gibt den senkrechten Abstand bis zum Grund an.

Der Lotkörper hat unten eine Vertiefung, die zur Aufnahme der *Lotspeise* dient. Als Lotspeise benutzt man Talg, in dem

sich bei der Grundberührung des Lotes Teile des Meeresbodens wie Steine, Muscheln, Schlick festsetzen. Die Lotspeise wird nach der Lotung herausgeschnitten und getrocknet, um die Bodenbeschaffenheit besser erkennen zu können, die uns einen wichtigen Anhalt für die Schiffsortbestimmung und für die Beurteilung des Ankergrundes gibt.
Die Lotleine wird mit farbigen Flaggentuchstreifen in folgender Weise gemarkt:

2, 12, 22, 32 m : schwarz
4, 14, 24, 34 m : weiß
6, 16, 26, 36 m : rot
8, 18, 28, 38 m : gelb.

Alle 10 m wird ein Lederstreifen mit einem bzw. mehreren Löchern eingefügt, die bedeuten:
1 Loch : 10 m
2 Löcher : 20 m
3 Löcher : 30 m
4 Löcher : 40 m.

Neue Lotleinen müssen vor der Markung naß gemacht und gereckt werden. Die Markung ist von Zeit zu Zeit nachzuprüfen. Handlotleinen dürfen nicht zu dünn sein, damit sie nicht in die Handfläche einschneiden.
Ein Handlot kann nur bei geringer Fahrt und geringer Wassertiefe verwendet werden. Macht das Schiff beim Loten Fahrt, muß das Lot geschwungen und so weit vorausgeworfen werden, daß es Grund hat, wenn die Leine senkrecht steht; sonst mißt man zu große Werte. Man lotet an der Luvseite; in Lee würde das Schiff über die Lotleine treiben. Bei größeren Tiefen und höherer Fahrt muß mindestens die Fahrt vermindert werden. Um das Lot nicht zu verlieren, belege man den inneren Tampen der Lotleine an Bord.

2. Peilstock

Bei Fahrten in flachen Gewässern benutzt man einen Peilstock, eine etwa 4 bis 5 m lange Stange, die durch verschiedenen Farbanstrich in Felder von je 1 m Länge geteilt ist. Man kann dafür auch den schon vorhandenen Bootshaken verwenden.

3. Indirekte Lotverfahren (Echolot)

Der Nachteil, daß man bei Verwendung des Handlots oder des Peilstocks oft die Fahrt des Schiffes mindern muß und überhaupt nur geringe Wassertiefen feststellen kann, hat zur Konstruktion indirekt arbeitender Lotanlagen geführt, bei denen aus dem gemessenen Wert die Wassertiefe erst bestimmt werden muß.
Mehr und mehr bürgert sich das *Echolot* in der Sportsegelei ein, das sich wegen seiner geringen Abmessungen, seines geringen Gewichtes und nicht zuletzt wegen des geringen Stromverbrauchs auch schon auf kleinen Yachten unterbringen läßt.
Beim Echolot wird die Zeit gemessen, in der ein vom Schiffsboden zum Meeresgrund gesandter Ultraschallimpuls als Echo zum Schiffsboden zurückkehrt (Abb. 18). Die mittlere Geschwindigkeit des Schalls im Seewasser beträgt 1500 m/sek. Braucht der Schallimpuls also $^1/_{10}$ sek, so hat er 150 m zurückgelegt; die Wassertiefe beträgt 75 m. Bei 7,5 m Wassertiefe muß er $2 \cdot 7{,}5 = 15$ m zurücklegen; dazu braucht er $^1/_{100}$ sek. Diese Zeit ist zu messen.
Die Anlage besteht aus einem *Schallsender,* der durch einen Kristallschwinger nicht hörbare Schallwellen (Ultraschall, Frequenz $>$ 20 kHz, meist 100

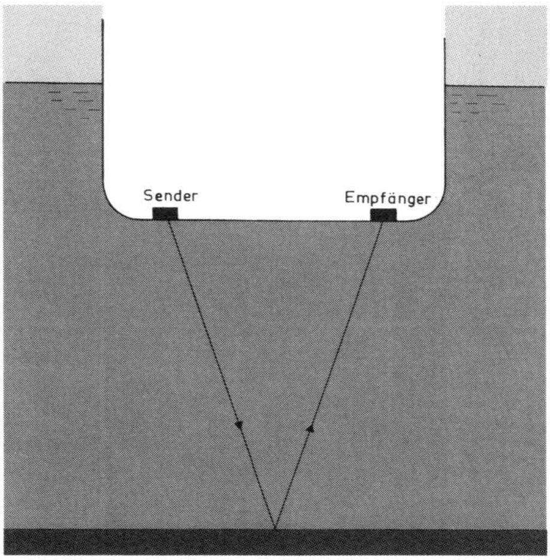

Abb. 18 Prinzip der Echolotung

bis 150 khz) aussendet und als *Empfänger* den Ultraschallimpuls aufnehmen kann, wenn er als Echo zurückkommt, nebst einem *Anzeigegerät,* das die verstrichene Zeit mißt und die sich daraus ergebende Wassertiefe anzeigt. Sender und Empfänger sind meist in einem Gerät vereint (Abb. 19).

Die Laufzeit des Echos wird durch eine mit konstanter Geschwindigkeit umlaufende Scheibe gemessen, die eine Anzeigeröhre trägt. Geht diese Röhre durch die Nullstellung, wird der Sender ausgelöst; bei Eintreffen des Echos leuchtet die Anzeigeröhre auf und zeigt auf einer geeichten Skala die Wassertiefe an. Der Meßbereich kann je nach dem Fahrtgebiet gewählt werden.

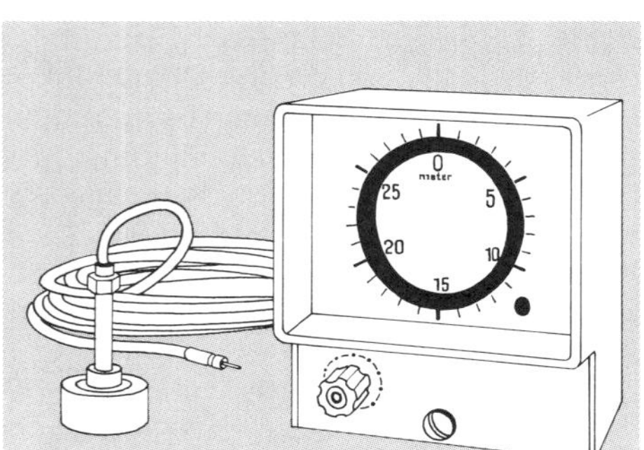

Abb. 19 Echolot

Es gibt auch elektronische Intervallmesser mit Zeiger- oder digitaler Anzeige, die einen noch geringeren Stromverbrauch haben.

Die Anzeigen können auch aufgeschrieben werden. Bei solchen *Echographen* gleitet ein dünner Griffel über ein ablaufendes Spezialpapier. Die Stromimpulse schwärzen das Papier; der Tiefenverlauf des Meeresbodens erscheint als Kurve. Es ist zu beachten, daß das Gerät sogar Fischschwärme anzeigt, die nicht mit der Bodenanzeige verwechselt werden können. Als Zusatz kann ein Alarmgerät eingebaut werden, das beim Unterschreiten einer vorher eingestellten Mindestwassertiefe ein akustisches Warnsignal auslöst.

Große Sorgfalt ist auf den Einbau des Schwingers zu verwenden. Da Luftblasen die Ausbreitung der Schallwellen stark dämpfen, wenn nicht gar ganz verhindern, muß der Schwinger so eingebaut werden, daß an der Einbaustelle kein mit Luft vermischtes Wasser vorbeiströmt. Der Schwinger darf auch bei starken Krängungen nicht aus dem Wasser heraustreten. Notfalls ist je ein Schwinger an Stb und an Bb einzubauen. Die eigentliche Schwingeroberfläche darf nicht übermalt werden! Bewuchs muß vorsichtig abgelöst werden.

Da die modernen Anlagen voll transistorisiert sind, haben sie einen sehr geringen Stromverbrauch und können häufig auch mit Trockenbatterien betrieben werden.

d) Der Sextant

1. Beschreibung

Wenn man Horizontal- oder Vertikal-(Höhen-)winkel messen will, muß als Winkelmeßinstrument ein Sextant oder Oktant an Bord sein. Dieser besteht aus dem Instrumentenkörper, der Alhidade, den beiden Spiegeln, den Blendgläsern und dem Fernrohrträger mit Fernrohr.

Der Instrumentenkörper ist ein Kreisausschnitt aus Metall, der etwa gleich dem sechsten (beim Oktant achten) Teil eines Kreises ist. In den Kreisbogen ist eine sorgfältig gearbeitete Teilung eingraviert, der *Gradbogen* oder *Limbus.* Die Teilung läuft von 0° bis 120°, bzw. 90°, ist aber nach rechts einige Grade über den Nullpunkt hinaus, nach links bis etwa 130° durchgeführt. Es sind also Winkelmessungen bis etwas über 120° möglich, beim Oktant 90°.

Ein beweglicher Arm, die *Alhidade,* ist um einen Zapfen drehbar, der genau im Mittelpunkt des Gradbogens liegt; er trägt die Ablesemarke, den *Index.* Eine endlose Schraube faßt in einen Zahnkranz am Gradbogen, dessen Zähne je 1° = 60' auseinanderliegen, so daß die Alhidade bei jeder ganzen Umdrehung der Trommel um 1° verschoben wird. Die Trommel ist gleichmäßig in 60 oder auch 120 Teile geteilt; man kann jedenfalls den gemessenen Winkel auf halbe Minuten genau ablesen. Für Grobeinstellung kann die Feinschraube durch einen Hebel vom Zahnkranz abgehoben werden. Die Alhidade trägt genau im Drehpunkt einen Spiegel, den *großen Spiegel;* er muß senkrecht auf der Instrumentenebene stehen. Ein weiterer Spiegel, *kleiner Spiegel* genannt, ist seitwärts vom großen auf der Instrumentenebene fest angebracht, und zwar so, daß er senkrecht zur Ebene steht und parallel zum großen Spiegel, wenn die Nullstriche der Alhidade und der Gradeinteilung zusammenfallen. Von diesem kleinen Spiegel ist eine Hälfte nicht belegt, so daß man durch diesen Teil den Gegenstand direkt sehen kann. Zwischen beiden Spiegeln und hinter dem kleinen Spiegel befinden sich farbige *Blendgläser,* die zum Dämpfen zu hellen Lichtes (Sonne!) dienen. Zu genauen Beobachtungen benutzt man ein *Fernrohr,* das drei- bis viermal vergrößert. Der Fernrohrträger, der sich dem kleinen Spiegel gegenüber befindet, muß senkrecht zur Instrumentenebene stehen.

2. Fehler und ihre Beseitigung

Eine gute Sextantenbeobachtung setzt voraus, daß der Sextant keine groben Fehler hat. Das heißt: Spiegel und Blendgläser müssen planparallel geschliffen, die Teilungen des Gradbogens und der Trommel einwandfrei ausgeführt sein, und der Drehpunkt der Alhidade muß genau mit dem Mittelpunkt des Gradbogens zusammenfallen. Sind die eingebauten Gläser nicht plan, d. h. nicht eben geschliffen, so erhält man verzerrte Bilder. Sind die Begrenzungsflächen nicht parallel, so erscheinen störende Nebenbilder, z. B. zwei oder mehr Sonnen. Ersetzt man zerbrochene Gläser, so darf man nur einwandfrei geschliffene einsetzen lassen; man erhält sie bei dem Fachhändler.

In dieser Hinsicht sei unser Sextant einwandfrei; denn wir haben ihn vor dem Ankauf bei einer Dienststelle des Deutschen Hydrographischen Instituts prüfen lassen; in dem Attest (Prüfschein) ist uns bescheinigt, daß Fehler nicht vor-

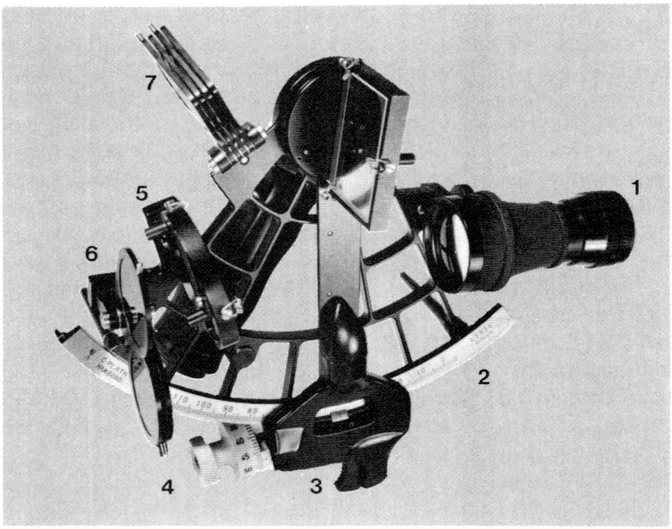

Abb. 20 Trommelsextant (Plath), 1: Fernrohr am Fernrohrträger, 2: Gradbogen, 3: Trommelschraube mit Klemmhebel, 4: Trommel, 5: Kleiner Spiegel, 6: Blendgläser für den kleinen Spiegel, 7: Blendgläser für den großen Spiegel, 8: Achse, um welche die Alhidade sich dreht, 9: Großer Spiegel

handen sind. Etwaige kleine Restfehler sind auf dem Prüfschein vermerkt. Aber die sogenannten *kleinen Fehler* muß der Beobachter selbst beseitigen können. Sie liegen vor, wenn die Spiegel nicht richtig stehen. Diese müssen senkrecht zur Instrumentenebene und bei Nullstellung der Alhidade zueinander parallel sein. Das wird auf folgende Art untersucht:

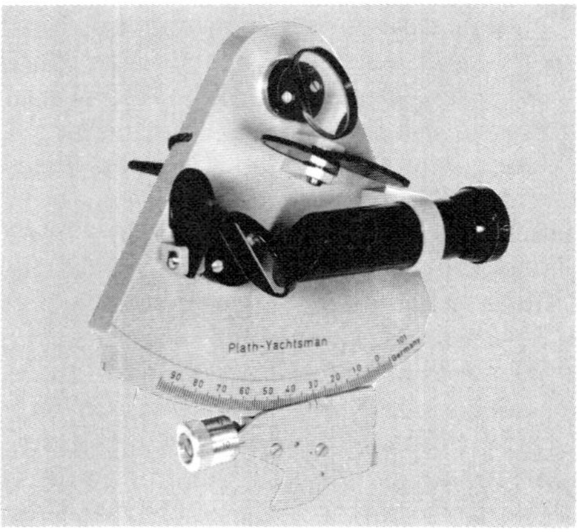

Abb. 21 Moderner (Yacht-)Oktant (Plath)

Stellung des großen Spiegels
Um festzustellen, ob der große Spiegel rechtwinklig auf der Ebene des Instruments steht, schiebt man die Alhidade auf die Mitte des Gradbogens, hält das Instrument horizontal, Gradbogen vom Auge weggewandt, und sieht nun schräg in den großen Spiegel, gleichzeitig aber an diesem vorbei nach dem linken Ende des Gradbogens. Bildet dann das im Spiegel gesehene rechte Ende des Gradbogens mit dem direkt gesehenen Ende des Gradbogens eine durchlaufende ungebrochene Linie, so steht der große Spiegel senkrecht; erscheint die Linie gebrochen, so steht der Spiegel geneigt. Steht aber der große Spiegel nicht senkrecht, so mißt man alle Winkel zu groß. Diesen Fehler beseitigt man, indem man mit einer in der Mitte

der oberen Kante von hinten auf den Spiegel drückenden Stellschraube die Spiegelstellung in die normale senkrechte Stellung zurückbringt.

Stellung des kleinen Spiegels
Zur Untersuchung der Stellung des kleinen Spiegels bringt man bei senkrechter Haltung des Instrumentes das Spiegelbild der Kimm mit dem direkt gesehenen Bild zur Deckung. Dann dreht man das Instrument langsam um die Sehlinie (Achse des Fernrohrs). Bleiben hierbei die beiden Kimmlinien in Dekkung, dann steht der kleine Spiegel gut. Erscheinen sie dagegen als eine gebrochene Linie, so steht der kleine Spiegel geneigt. Durch diesen Kippfehler mißt man aber alle Winkel zu klein. Die Neigung beseitigt man durch vorsichtiges Bedienen der hinter und unter dem Spiegel befindlichen Stellschrauben.

3. *Indexberichtigung*

Vor jeder Beobachtung ist zu prüfen, ob auch wirklich der Ablesestrich an der Alhidade, der Index, genau auf die Nullmarke des Limbus zeigt, wenn die beiden Instrumentenspiegel parallel zueinander stehen. In diesem Falle sieht man ein weit entferntes Objekt mit seinem Spiegelbild in Deckung. Zeigt dann der Nullstrich der Alhidade nicht auf den Nullpunkt der Gradeinteilung des Limbus, so werden alle Winkelmessungen um den Betrag falsch, um den der Index falsch zeigt. Wir müssen diesen Betrag, den *Indexfehler,* bestimmen und als Indexberichtigung (Ib) an jeder Messung anbringen, um den richtigen Wert zu erhalten. Die Indexberichtigung muß zum abgelesenen Winkel addiert werden, heißt daher +, wenn der Index rechts vom Nullstrich des Limbus liegt, heißt –, wenn er links davon liegt. Bei Trommelablesung ist sinngemäß die Indexberichtigung +, wenn der Indexstrich nach 55′ des Vorbogens zu steht, –, wenn er nach 5′ zu steht.
Die Indexberichtigung wird an der Kimm bestimmt, indem man diese mit ihrem Spiegelbild zur Deckung bringt. Die Ablesung gibt die Indexberichtigung.
Ist die Kimm nicht sichtbar, kann auch ein horizontales irdisches Objekt benutzt werden. Es muß aber zur Vermeidung der Spiegelparallaxe mindestens eine Seemeile entfernt sein. Weitere Verfahren sind bei der astronomischen Standortbestimmung gebräuchlich.
Den Indexfehler kann man selbst beseitigen durch Betätigen der Stellschraube, die sich bei liegendem Sextanten seitlich an dem kleinen Spiegel befindet. Man stellt die Alhidade auf Null, beobachtet die Kimm und bringt diese durch Drehen der Stellschraube mit dem Spiegelbild zur Deckung.
Der Indexfehler ist recht veränderlich; man sollte daher vor jeder Beobachtungsreihe die *Indexberichtigung neu bestimmen.* Kleine Werte der Indexberichtigung zu beseitigen ist nicht unbedingt zu empfehlen, damit die Stellschraube nicht »ausleiert«. Nach jeder Verstellung des kleinen Spiegels ist auf jeden Fall nachzuprüfen, ob der Spiegel noch senkrecht steht.

4. *Messungen mit dem Sextanten*

Messen von Horizontalwinkeln
Wenn man mit dem Sextanten den Winkel messen will, unter dem zwei terrestrische Objekte, die Punkte B und C, von einem Beobachter aus sichtbar sind, muß man das Instrument horizontal so

halten, daß seine Ebene durch das Auge A und die Punkte B und C hindurchgeht. Durch den unbelegten Teil des kleinen Spiegels sieht man nach dem linksgelegenen Objekt B hin, so daß die von B kommenden Lichtstrahlen gradlinig ins Auge gelangen. Dann verschiebt man die Alhidade und damit auch den auf dieser befestigten großen Spiegel, bis das doppelt gespiegelte Bild von C mit dem direkt gesehenen Bild von B zur Deckung kommt.

Messen von Höhenwinkeln
Entsprechend muß man zur Messung des Höhenwinkels, unter dem z. B. ein Leuchtturm erscheint, den Sextanten vertikal so halten, daß seine Ebene durch das Auge, den Fußpunkt und die Spitze des Turmes geht. Durch den unbelegten Teil des kleinen Spiegels sieht man nun zum Fußpunkt des Turmes und verschiebt dann die Alhidade und damit den großen Spiegel, bis man das doppelt gespiegelte Bild der Turmspitze und das direkt gesehene Bild des Fußpunktes in Deckung sieht.
Bei allen Messungen wird man zunächst die Alhidade vom Zahnkranz abheben. Erst wenn die beiden Bilder ungefähr in Deckung gebracht sind, setzt man die Alhidade wieder auf den Zahnkranz auf und macht nun die Feineinstellung mit der Feinschraube.

e) Uhren

Alle Yachten, auf denen astronomisch navigiert wird, müssen eine gutgehende Uhr an Bord haben. Diese sogenannte *Beobachtungsuhr,* kurz *B-Uhr* genannt, ist durch laufende Aufnahme von *Funkzeitzeichen* zu kontrollieren.
Die B-Uhr wird nicht täglich gestellt. Man vergleicht vielmehr täglich ihre Anzeige mit einem Zeitsignal und notiert den Unterschied in einem Uhren-Tagebuch. Der Unterschied zwischen den Angaben der B-Uhr und des Zeitsignals ist der *Stand* der B-Uhr. Die B-Uhr wird im allgemeinen auf Mittlere Greenwicher Zeit (MGZ) gestellt. Auch die Funk-Zeitzeichen geben MGZ-Signale. Ist die B-Uhr-Zeit der MGZ voraus, so geht die Uhr vor; der Stand muß dann von der B-Uhr-Zeit abgezogen werden, um diese auf MGZ zu verbessern: der Stand erhält das Vorzeichen –. Will man von der B-Uhr-Zeit zur MGZ übergehen, so ist der Stand mit diesem Vorzeichen anzubringen. Der Stand einer Uhr bleibt nicht immer der gleiche. Die durch zu schnelles oder zu langsames Laufen der Uhr entstehende Änderung des Standes ist der *Gang* der Uhr. Er wird für 24 Stunden angegeben.
Die B-Uhr soll an Bord an einem ruhigen, erschütterungsfreien Ort mit möglichst gleichmäßiger Temperatur aufbewahrt, regelmäßig zur gleichen Zeit aufgezogen und zur Beobachtung nicht von ihrem Platz genommen werden. Ein häufiges Nichtaufziehen der Uhr kann eine Gangänderung zur Folge haben.
Zeitsignale werden durch Funk und Radio (s. Nautischer Funkdienst, insbesondere die WWV-Zeitsender) gegeben. Stehen Zeitsignale nicht zur Verfügung, wird der Stand der B-Uhr dadurch bestimmt, daß man den Gang algebraisch addiert. In der Praxis wird außer der B-Uhr eine Stopp- oder Taschenuhr an Bord sein müssen. Den Stand dieser Uhr gegen die B-Uhr stellt man vor oder nach der Beobachtung fest (*Uhrenvergleich).* Moderne Quarzuhren – auch am Armband – erreichen außerordentlich hohe Ganggenauigkeit, oft nur einige Sekunden pro Monat.

f) Seekarte

1. Kartenprojektion

Die Seekarte gibt uns die Abbildung eines Ausschnittes der Erdoberfläche, die ja gekrümmt ist, auf einer ebenen Fläche, auf der man die gesegelten Kurse und Distanzen, Peilungen usw. mit Lineal, Zirkel und Kursdreieck eintragen kann. Die Seekarte muß folgende Anforderungen erfüllen:

1. Die Kurse und Peilungen müssen in der Karte als gerade Linien eingetragen werden können, die die Meridiane immer unter dem gleichen Winkel schneiden. Die Meridiane müssen daher in der Karte parallel laufen.
2. Der Kurswinkel in der Karte muß der gleiche sein wie auf der Oberfläche der Erde.
3. Die Entfernung muß leicht meßbar sein.
4. Die in der Karte dargestellten Gebiete müssen flächenähnlich sein.

Diese Bedingungen erfüllen unsere Seekarten, die nach *Mercatorkonstruktion* entworfen werden. Die Entstehung dieser Karte kann man sich in folgender Weise vorstellen: Man denke sich die Erdkugel mit einer dehnbaren Schicht überzogen und die einzelnen Meridiane, von den Polen beginnend, bis fast an den Äquator wie bei einer Apfelsine aufgeschnitten. Die vom Globus abgeschälte Schicht wird nun so in die Ebene gebreitet, daß immer von zwei nebeneinanderliegenden Meridianen Kugelzweiecke gebildet werden, die sich der Anzahl der Längengerade entsprechend in ununterbrochener Kette aneinanderreihen. Der Äquator teilt hierbei als eine von links nach rechts verlaufende gerade Linie diese Kugelzweiecke in Hälften (Abb. 22). Um nun ein zusammenhängendes

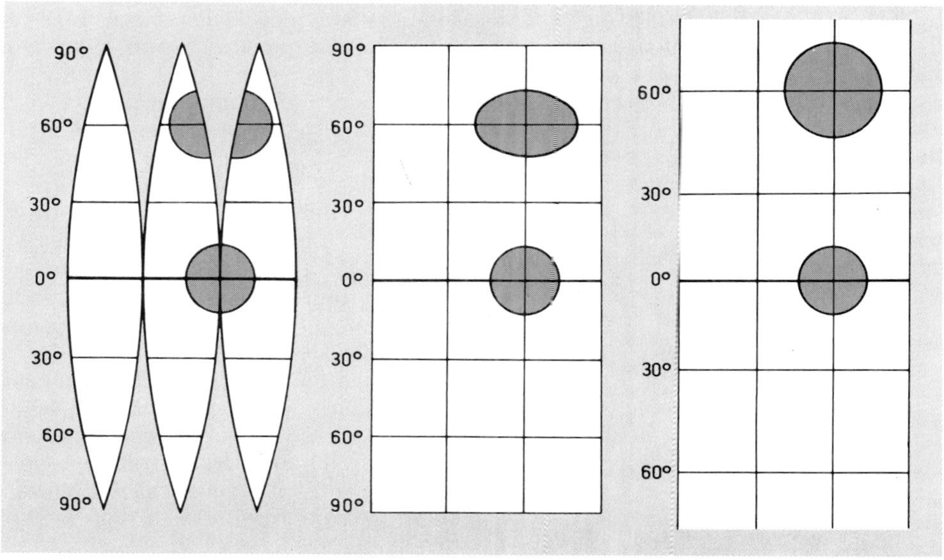

Abb. 22 Entstehen der Mercatorkarte

Kartennetz zu erhalten, müssen die einzelnen Kugelzweiecke oben und unten gleichmäßig nach beiden Seiten ausgedehnt werden, bis ihre Ränder – also die Meridiane – parallel laufen. Die auf diese Weise erhaltene Karte ergibt aber ein falsches Bild, das mit Ausnahme der Äquatorgegend in ost-westlicher Richtung verzerrt ist, und zwar um so mehr, je weiter wir uns den Polen nähern (Plattkarte). Eine kleine kreisrunde Insel würde auf dieser Karte nur auf dem Äquator als Kreis erscheinen, während sie um so mehr in Richtung Ost-West verzerrt sich darstellt, auf je höherer Breite sie liegt. Mercator hat nun diese Verzerrung im Kartenbild der Erdoberfläche dadurch wieder ausgeglichen, daß er die Abstände der Breitenparallele nach den Polen zu in dem der ost-westlichen Verzerrung entsprechenden Maße vergrößerte. Mit zunehmender Breite wächst daher bei gleichbleibender Längenminute die Breitenminute (wachsende Karte, Projektion der wachsenden Breite). Dadurch wird auch unsere zum Oval verzerrte Insel wieder zum Kreis, also ihrer Form auf der Erdoberfläche ähnlich.

Die Vergrößerung des Bildes nach den Polen zu erfordert, daß man die *Distanzen* auf der (ungefähren) Breite des *Schiffsortes an den seitlichen Kartenrändern abgreift.*

2. *Einteilung der Seekarten*

Die Seekarten teilt man ein in

- Ozeankarten
- Übersichtskarten (Übersegler)
- Segelkarten
- Küstenkarten
- Pläne

Ozeankarten dienen zum Entwurf größerer Reisen; ihre Küstenangaben sind so ungenau, daß man auf ihnen nicht navigieren kann. Beispiel: Karte des Atlantischen Ozeans, Maßstab 1 : 12 000 000.

Eine *Segelkarte* stellt einzelne Meeresteile dar und dient der eigentlichen Schiffsführung über See. Beispiel: Karte der Deutschen Bucht, Maßstab 1: 300 000.

Nähert man sich der Küste, braucht man Karten, die kleinere Teile der Küste genau darstellen, die *Küstenkarten.* Beispiel: Mündungen der Elbe, Weser, Jade, Maßstab 1: 100 000.

Pläne (1:30 000 und größer), die Häfen, Buchten oder enge Fahrwasserstrecken in größerem Maßstab abbilden, findet man in manchen Seekarten, deren Maßstab an den betreffenden Stellen nicht genügend Einzelheiten erkennen läßt. Von Plankarten spricht man, wenn ein Kartenblatt nur solche Pläne enthält.

Bei Auswahl der Seekarte bevorzuge man grundsätzlich die größten zur Verfügung stehenden *Maßstäbe,* da hier die Einzelheiten genauer dargestellt sind. Vor Benutzung der Karte mache man sich mit der *Einteilung der Längen- und Breitenskala* vertraut. Fehler im Abgreifen der Distanzen werden vom Anfänger immer wieder gemacht. *Bei Übergang auf eine andere Karte beachte man sorgfältig die mitunter abweichenden Maße im Koordinatensystem.* Je älter eine Karte und die ihr zugrundeliegende Vermessung ist, um so weniger zuverlässig wird sie sein.

Die Seekarten werden in Deutschland vom Deutschen Hydrographischen Institut (DHI) in Hamburg hergestellt und vertrieben. In den Häfen gibt es Vertriebsstellen, in denen man die Karten stets nach dem neuesten Stand erwerben kann.

Da sich vor allem die Tiefenangaben,

die Betonnung und die Befeuerung ändern können, muß die Seekarte bis zum Kauftag *berichtigt* sein. Später muß der Nautiker seine Seekarten selbst berichtigen. Die notwendigen Änderungen entnimmt er den *Nachrichten für Seefahrer,* die wöchentlich erscheinen. Neuere, schnell zu verbreitende Nachrichten werden durch Aushang in den Schifffahrtsbehörden, notfalls als *Warnnachrichten* durch den Rundfunk bzw. die Küstenfunkstellen verbreitet.
Man kann die mühselige Arbeit des Berichtigens einem *Seekartenberichtigungsinstitut* übertragen. Derartige Institute gibt es in Bremen, Hamburg und Kiel-Holtenau.
Es ist mehr als leichtsinnig, mit Seekarten und nautischen Büchern in See zu gehen, die nicht auf den neuesten Stand gebracht sind!

3. *Inhalt*

In einer Seekarte sind in der Hauptsache die das Meer darstellenden Flächen abgebildet, während man die Landflächen nur in dem Maße ausgeführt findet, wie sie für die Schiffahrt wichtig sind.
In die das Wasser darstellenden Flächen sind eingetragen: die Wassertiefen mit Tiefenlinien, Beschaffenheit des Grundes, Untiefen, Angaben über Strömungen besonderer Art wie Stromkabbelungen oder Stromwirbel, feste und schwimmende Seezeichen wie Feuerschiffe, Tonnen, Baken, funktechnische Seezeichen, Wracks u. ä.
Die das Land darstellende Fläche ist gelb, Küstenvorland, insbesondere Watt, grün getönt und zeigt im besonderen die Gestaltung der Küste und des von See aus einzusehenden Geländes. Besonders markiert sind alle Landmarken wie Leuchttürme, Baken, Funkmasten, Kirchtürme, Mühlen, wichtige Ortschaften, Eisenbahnen, Dünen, Hügel und Berge, Wald, Binnengewässer in Küstennähe. Für die Wiedergabe der Einzelheiten sind bestimmte Zeichen eingeführt. In der »Karte Nr. 1«, die in jeder Kartenvertriebsstelle billig abgegeben wird, sind alle Abkürzungen und Zeichen übersichtlich zusammengestellt, die in den Seekarten benutzt werden.
Feuerschiffe, Leuchttürme und Leuchttonnen sind durch farbige Tropfen auffällig kenntlich gemacht und mit Namen, Angaben über Sichtweite*, Art und Farbe des Feuers sowie abgekürzter Kennung versehen. Ein um die Leuchtfeuer gezogener Kreis zeigt die Kennung und die dazugehörigen Sektorengrenzen des betreffenden Feuers. Aus der Länge der Sektorenschenkel darf man aber keine Schlüsse auf die Sichtweite des Feuers ziehen. Die genaue geographische Lage der navigatorischen Objekte sowohl an Land wie auf See ist durch einen kleinen Kreis oder schwarzen Punkt bezeichnet.
Am linken unteren Kartenrand befinden sich Angaben über die Größe des Kartenbildes, so daß Kartenverzerrungen, die z. B. durch Feuchtigkeit entstanden sind, erkannt werden können. In der linken unteren und rechten oberen Ecke ist die Nummer der Karte eingedruckt. Am unteren Kartenrand stehen Angaben über kleine Berichtigungen, das Jahr der ersten Ausgabe der Karte, das Jahr der letzten neuen Ausgabe, Angaben über die herausgebende Dienststelle sowie die Druck- und Vertriebsstelle. Auf einem freien Platz der Karte sind angegeben: der Titel der Karte, ihr Maßstab, Höhen- und Tiefenangaben und Abkür-

* Nicht bei Tonnen und Feuerschiffen

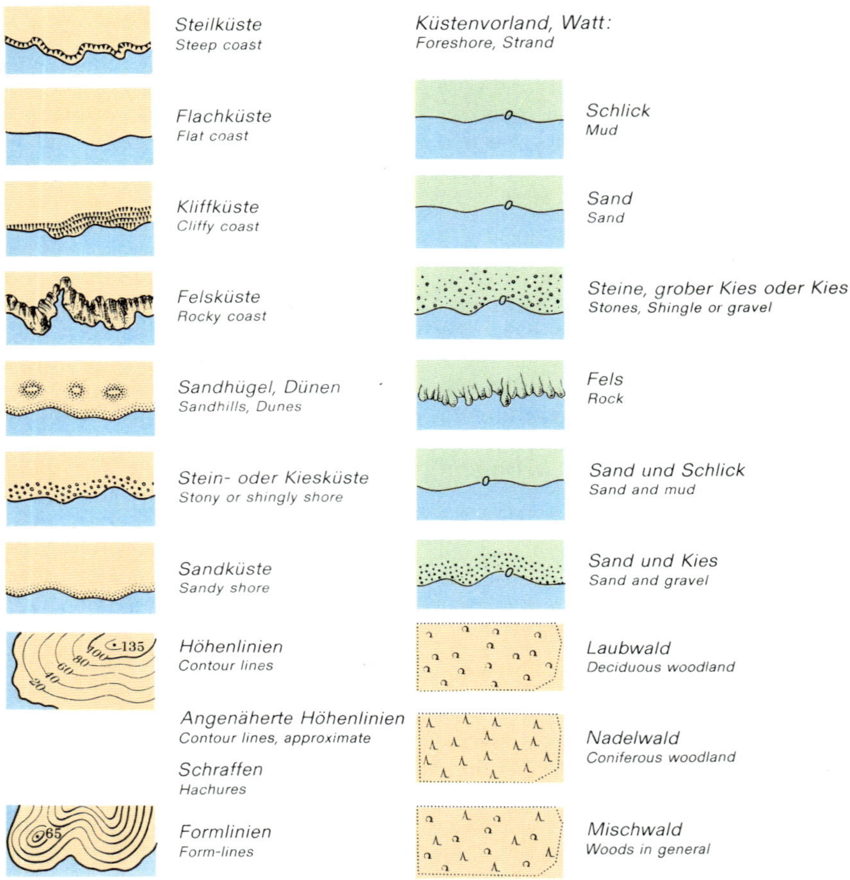

	Stromkabbelung Overfalls, Tide-rips		*Mgl.*	Mergel Marl		*gß.St.*	große Steine Boulders	
	Stromwirbel Eddies		*T.*	Ton Clay		*Stg.*	Seetang Fucus	
Gd.	Grund Ground		*K.*	Kies Gravel		*Grs.*	Seegras Mattes	
Rgd.	Riffgrund Sand reef		*gb.K.*	grober Kies Shingle		*f.*	fein fine	
Sd.	Sand Sand		*kl.St.*	kleine Steine Pebbles		*gb.*	grob coarse	
Sk.,sk.	Schlick, schlickig Mud, muddy		*St.*	Steine Stones		*wch.*	weich soft	
Schl.	Schlamm Ooze		*Fls.,fls.*	Felsen, felsig Rock, rocky		*ht.*	hart hard	

Abb. 23 Einige Symbole und Abkürzungen aus der Karte Nr. 1

zungen und besondere Hinweise. Ferner sind an mindestens einer Stelle, zumeist aber an drei oder vier Stellen, Kompaßrosen oder kleine Rechtecke mit der Angabe der örtlichen Mißweisung und ihrer jährlichen Änderung eingedruckt.
Eine Seekarte kann nicht alles enthalten, was für die Schiffsführung zu wissen notwendig und nützlich ist. Zur Ergänzung der Seekarten dienen deshalb Seehandbücher, Leuchtfeuerverzeichnisse, Nautischer Funkdienst, Gezeitentafeln (stets neueste Ausgaben!), ferner die regelmäßigen Veröffentlichungen wie die »Nachrichten für Seefahrer«.

4. Behandlung

Neben dem Kompaß sind die Seekarten das wichtigste Navigationshilfsmittel in der Schiffahrt. Sie sind deshalb mit größter Sorgfalt und Schonung zu behandeln. In den Kartenspinden sind sie trocken, flach liegend und gefaltet (nicht gerollt) aufzubewahren. Auf dem Kartentisch sollten Tinte oder Tintenstift niemals geduldet werden. Es ist zweckmäßig, den Teil der Karte, der der Beschmutzung besonders ausgesetzt ist, mit einem darübergelegten und mit Reißnägeln auf dem Kartentisch befestigten Schutzstreifen (von einer ausgemusterten Karte) zu bedecken. Spuren früherer Arbeiten sind aus der Karte zu entfernen. Man radiere jedoch nicht, wenn die Karte feucht ist, da ihr Druck dadurch zerstört wird. Aus diesem Grunde vermeide man es, wenn irgend möglich, in nassem Zeug an der Karte zu arbeiten, und nehme bei regnerischem Wetter bei Eintragungen stets die Mütze ab.
Für Karten, die im Cockpit gebraucht werden, gibt es Schutztaschen aus festem Plastikmaterial. Sie lassen sich mit Fettstiften beschreiben.

g) Nautische Bücher

Außer den Seekarten müssen die folgenden nautischen Bücher an Bord sein:

Leuchtfeuerverzeichnisse
Seehandbücher
Gezeitentafeln
D 1.

Sie werden ebenfalls vom Deutschen Hydrographischen Institut herausgegeben.
Die *Leuchtfeuerverzeichnisse* erscheinen in der Regel jährlich neu und geben uns alle notwendigen Angaben über die Leuchtfeuer und – in einem zweiten Teil – die Signalstellen des betreffenden Bereichs. Es behandeln

Teil I A	Ostsee, mittlerer Teil
Teil I B	Ostsee, NO-licher Teil
Teil II	Ostsee, SW-licher Teil und Gewässer zwischen Nord- und Ostsee
Teil III A	Nordsee, S-licher Teil einschließlich Orkney- und Shetland-Inseln.

Das Werk besteht im ganzen aus 14 Teilen. Für jedes Feuer finden wir Angaben über seinen Aufstellungsort, die Kennung, die Höhe des Feuers, die Sichtweite bzw. Tragweite, Gestalt und Farbe des Leuchtfeuerträgers, etwaige Nebelsignale u. ä.
Weitergehende Angaben über Fahrwasser, Ansteuerungen, aber auch über Wetterverhältnisse, Strömungen, Schifffahrtsbehörden, Lotsen und Ankerplätze geben uns die *Seehandbücher.* Sie werden nicht in jedem Jahr neu gedruckt, sondern durch Nachträge auf dem laufenden gehalten, die etwa alle zwei Jahre erscheinen.
Wo mit Gezeiten gerechnet werden muß,

sind die jährlich erscheinenden *Gezeitentafeln* zu beschaffen, deren Gebrauch in Abschnitt D beschrieben wird. Nützlich ist dann auch der *Gezeiten-Atlas.* Darüber hinaus sind außerordentlich wertvolle Hilfsmittel die von der Kreuzer-Abteilung des DSV für Nord-, Ostsee und Mittelmeer herausgegebenen *Hafenhandbücher,* die neben allgemeinen Angaben über das betreffende Seegebiet, Wetterverhältnisse u. ä. auch eine große Anzahl von Hafenplänen bringen und sich aus diesem Grunde an Bord jeder Fahrtenyacht befinden sollten.

B. LANDMARKEN UND SEEZEICHEN

a) Betonnung

Für den Schiffsführer stehen in den Küstengewässern zur Ortsbestimmung tags Landmarken und Seezeichen, nachts Feuer zur Verfügung. Diese sind in den Seekarten eingezeichnet und in den nautischen Büchern näher beschrieben, gegebenenfalls in Küstenansichten (Vertonnungen) zeichnerisch so dargestellt, wie sie dem Schiffer erscheinen, wenn er sich der Küste nähert. Die natürlichen Landmarken, z. B. Kirchtürme, alleinstehende Bäume, auffällige Hügel, reichen meistens nicht aus und werden daher durch Seezeichen ergänzt, die von staatlichen Stellen in Betrieb gehalten werden.

1. Feste Seezeichen

Als feste Seezeichen dienen (Abb. 24) Leuchttürme, Baken, Dalben, Stangen und Pricken.

2. Schwimmende Seezeichen

Als schwimmende Seezeichen werden Feuerschiffe und Tonnen ausgelegt.
Feuerschiffe, die an genau festgelegter Stelle vor Anker liegen, sind rot angestrichen und tragen in großer weißer Schrift ihren Namen. In der Seekarte sind sie wie alle Seezeichen verhältnismäßig viel zu groß gezeichnet (Abb. 25). Der kleine Kreis in der Wasserlinie ist die Stelle, an der nach geographischer Breite und Länge das Feuerschiff liegt, wo also der Zirkel einzusetzen ist.

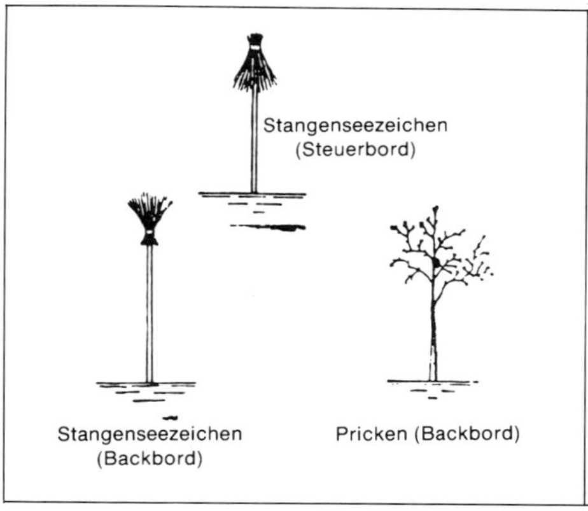

Abb. 24 Feste Seezeichen

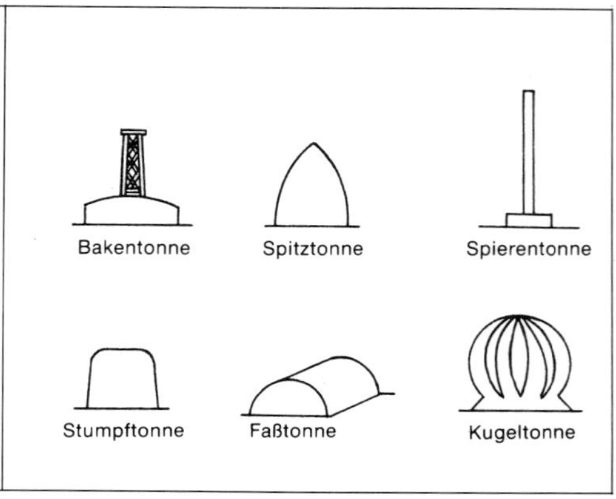

Abb. 26 Schwimmende Seezeichen

An *Tonnen* unterscheiden wir (Abb. 26)

- Bakentonnen
- Spierentonnen
- Spitztonnen
- Stumpftonnen
- Kugeltonnen
- Faßtonnen
- Kleintonnen

Die *Bakentonnen,* bei denen ein Aufbau über Wasser ragt, können auch für die Abgabe von Licht- und Schallsignalen ausgerüstet sein (Abb. 27). Man unterscheidet

- Leuchttonnen
- Heultonnen
- Glockentonnen

Als *Toppzeichen* verwendet man Kreuze, Bälle, Kegel, Doppelkegel, Zylinder, Fähnchen u. ä. (Abb. 28). Sie bestehen meist aus Korbgeflecht, dünnem Blech oder anderem leichten Material und müssen aus jeder Richtung gesehen die gleiche Form haben.

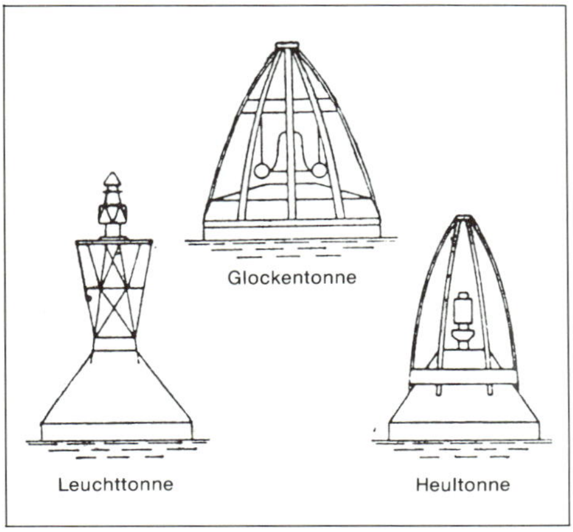

Abb. 27 Besondere Bakentonnen

3. Die Fahrwasserbezeichnung

Das seit dem Jahre 1936 bestehende Genfer System wurde seit 1978 durch das Betonnungssystem »A« abgelöst. Es brachte eine erhebliche Vereinfachung und Vereinheitlichung. Unterschieden werden zwei Bezeichnungssysteme:

a) das System der Seitenbezeichnung (Lateralsystem) zur Begrenzung eines Fahrwassers,

b) das System der Richtungsbezeichnung (Kardinalsystem) zur Bezeichnung der Lage einer Untiefe, eines Wracks oder ähnlichem.

4. Das Lateralsystem

Ein von See kommendes Schiff hat an seiner Steuerbordseite auch die Steuerbordseite des Fahrwassers und an seiner Backbordseite die Backbordseite des Fahrwassers.

Verbindet ein Fahrwasser zwei Meeresteile, gilt als Fahrwasser-Steuerbordseite diejenige, die ein aus westlicher Richtung (einschließlich Nord, aber ausschließlich Süd) kommendes Schiff an seiner Steuerbordseite hat.

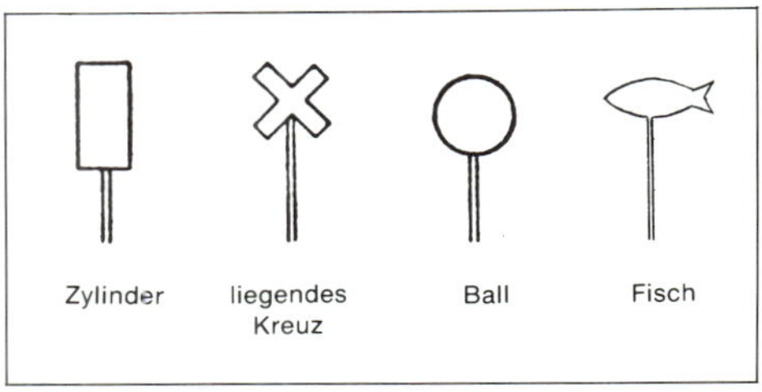

Abb. 28 Toppzeichen

An der Steuerbordseite eines Fahrwassers befinden sich: grüne Spitz-, Baken- oder Spierentonnen, eventuell mit einem grünen Kegel, Spitze nach oben, als Toppzeichen. Sie sind von See aus mit ungeraden Ziffern numeriert (1, 3, 5, etc.).
An der Backbordseite befinden sich: rote Stumpf-, Baken- oder Spierentonnen, eventuell mit einem roten Zylinder als Toppzeichen. Sie sind von See aus mit geraden Ziffern numeriert (2, 4, 6 etc.).
Beide Fahrwasserseiten können nachts auch befeuert sein. Und zwar an Steuerbord mit einem grünen Feuer beliebiger Kennung, an Backbord mit einem roten Feuer beliebiger Kennung.
Zur Kennzeichnung der Fahrwassermitte und auch als Ansteuerungszeichen eines Fahrwassers dienen rot-weiß senkrecht gestreifte Kugel-, Baken- oder Spierentonnen, eventuell mit einem roten Ball als Toppzeichen. Nachts können sie ein weißes Feuer tragen.

5. Das Kardinalsystem

Allgemeine Gefahrenstellen wie Untiefen, Wracks und andere Schiffahrtshindernisse werden mit kardinalen Zeichen gekennzeichnet, und zwar innerhalb und außerhalb des Fahrwassers. Sie geben an, an welcher Seite das Hindernis passiert werden kann. Das Gefahrengebiet wird in vier Quadranten aufgeteilt, einen Nord-, Ost-, Süd- und Westquadranten, in dem die Tonnen liegen. Häufig ist jedoch auch nur ein Quadrant gekennzeichnet. In der Form unterscheiden sich die Tonnen nicht. Es können in jedem Quadranten Leucht-, Baken-, Spierentonnen oder Stangen sein. Entscheidend sind die schwarzen Toppzeichen und der gelb-schwarze waagerechte Anstrich. Die Tonnen können zusätzlich auch mit dem Namen der Untiefe und dem Quadranten, in dem sie ausliegen, beschriftet sein. Bei Nacht kann eine Kombination von weißen Blitzen als Lichtkennung verwendet werden. Die Kennung ist grundsätzlich Funkel oder schnelles Funkel, mit und ohne Unterbrechung. Sie unterscheidet sich in den vier Quadranten von Ost über Süd durch die unterschiedliche Anzahl von Blitzen (3, 6, 9).
Und so werden die vier Quadranten gekennzeichnet:

Nordquadrant
Schwarz-gelbe Tonnen, zwei Kegel mit den Spitzen nach oben als Toppzeichen.

Ostquadrant
Schwarz-gelb-schwarze Tonnen, zwei Kegel mit den Spitzen auseinander als Toppzeichen.

Südquadrant
Gelb-schwarze Tonnen, zwei Kegel mit den Spitzen nach unten als Toppzeichen.

Westquadrant
Gelb-schwarz-gelbe Tonnen, zwei Kegel mit den Spitzen gegeneinander als Toppzeichen.

Merkregel: Die Spitzen der Toppzeichen weisen zum Schwarz.

6. Einzelgefahr- und Sonderzeichen

Einzelgefahrzeichen liegen auf Gefahrenstellen von geringer Ausdehnung, innerhalb und außerhalb des Fahrwassers, aus. Sie können an allen Seiten umfahren werden. Es sind schwarze Baken- oder Spierentonnen oder Stangen mit einem breiten waagerechten roten Band. Sie tragen immer als Toppzeichen zwei schwarze Bälle übereinander. Wenn sie befeuert sind, haben sie eine einheitlich festgelegte Kennung: »Blitzgruppe 2 weiß«.
Sonderzeichen dienen nicht der Naviga-

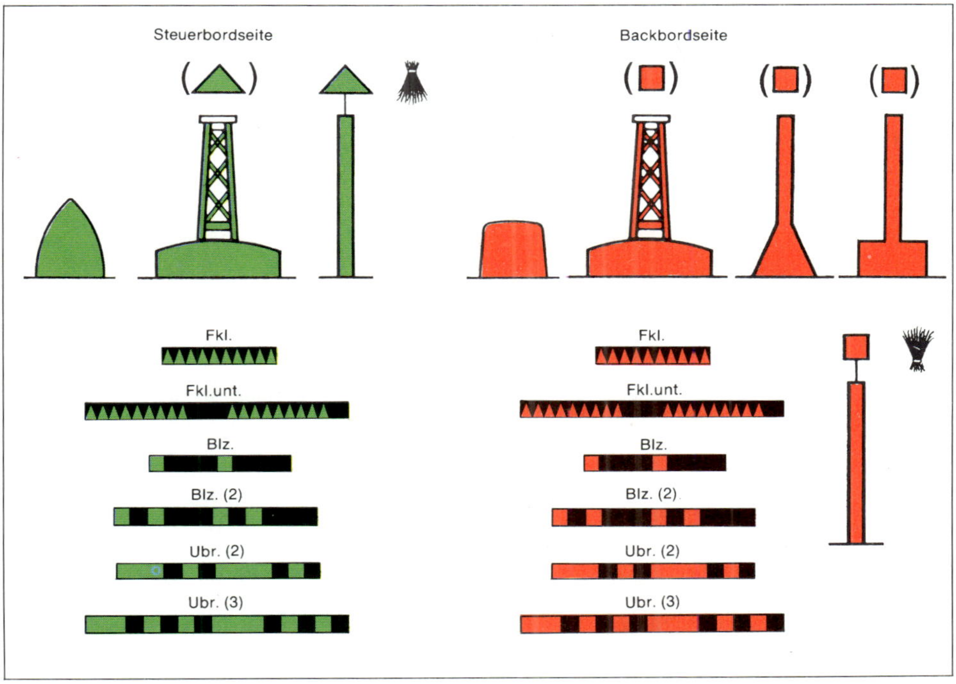

Abb. 29 Betonnung eines Fahrwassers nach dem Lateralsystem mit Beispielen für die Befeuerung (Kennung)

tion, sondern bezeichnen besondere Gebiete oder Punkte, deren Bedeutung den Seekarten oder anderen nautischen Veröffentlichungen zu entnehmen ist. Beispielsweise können es Baggerschüttstellen, militärische Übungsgebiete, Reeden, Kabel oder ähnliches sein. Die Tonnen sind gelb und können jede beliebige Form haben, außerdem ein liegendes gelbes Kreuz als Toppzeichen tragen und ein gelbes Feuer, dessen Kennung sich jedoch deutlich von benachbarten Navigationszeichen unterscheiden muß.

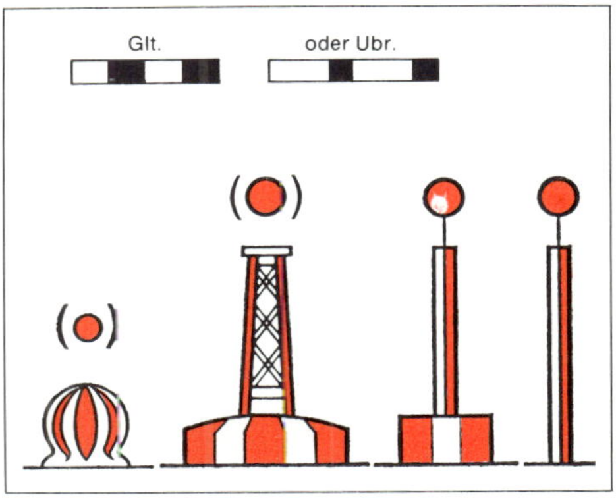

Abb. 30 Mitte-Fahrwasserzeichen mit Befeuerung (Kennung)

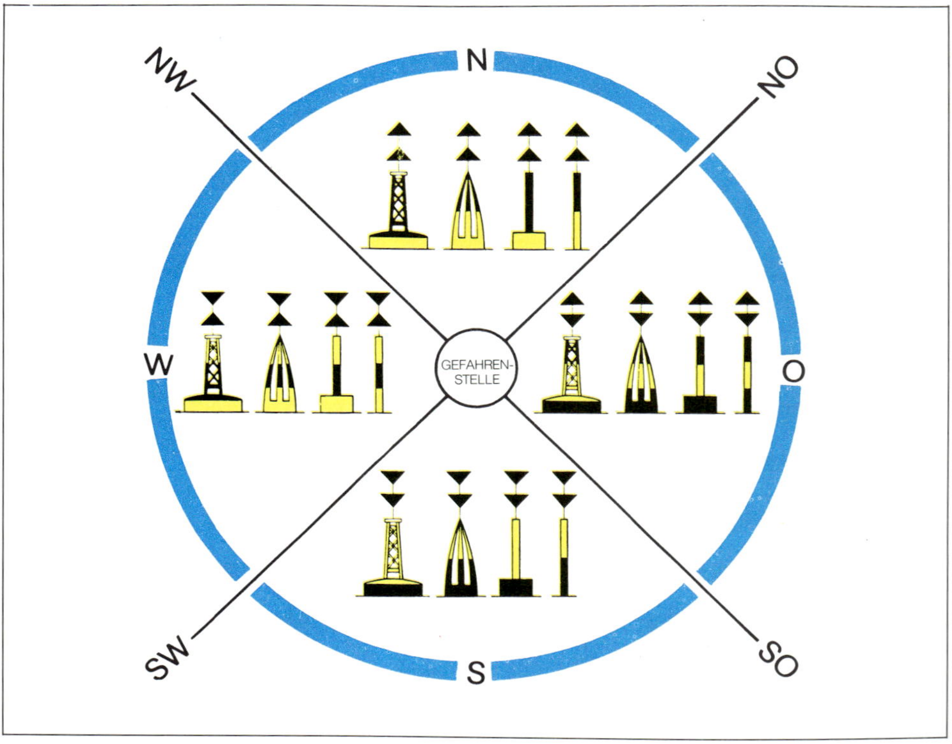

Abb. 31 *Kennzeichnung einer Gefahrenstelle nach dem Kardinalsystem. Merkregel: Die Spitzen der Toppzeichen zeigen zum Schwarz. Die Anzahl der Funkelblitze (3, 6, 9) entspricht den Ziffern einer Uhr.*

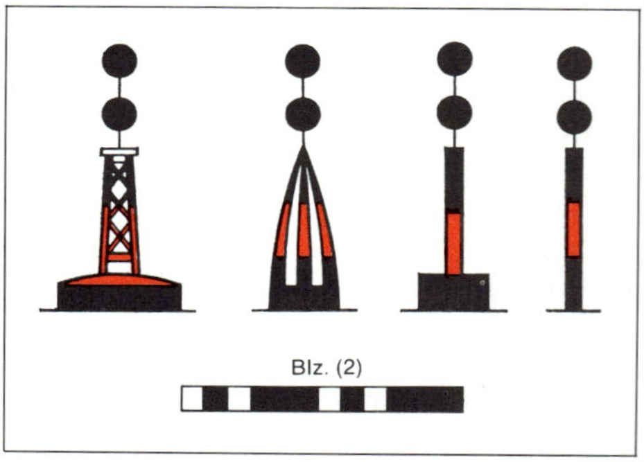

Abb. 32 *Einzelgefahr-Zeichen mit Befeuerung (Kennung)*

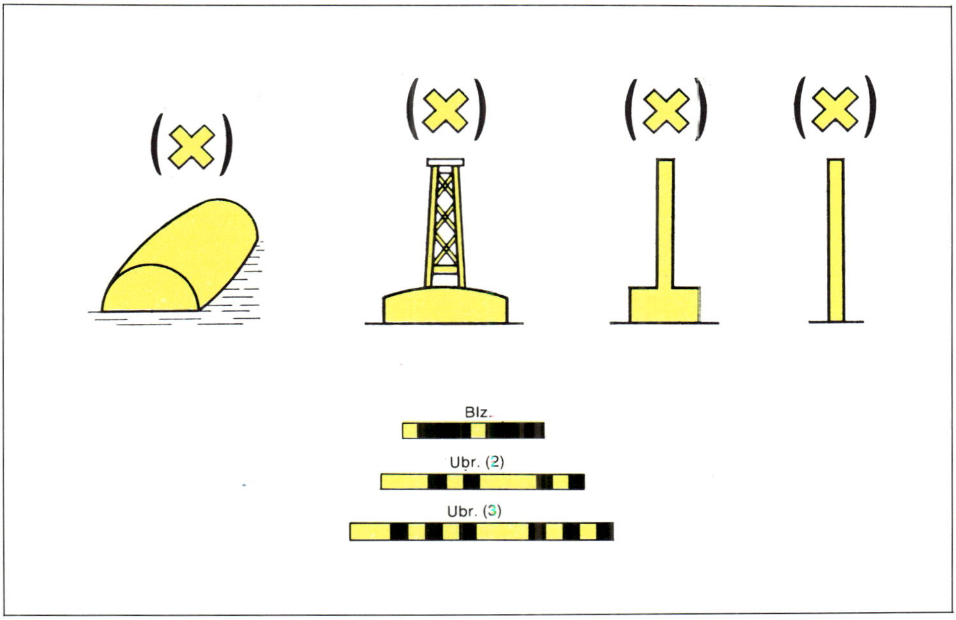

Abb. 33 Sonderzeichen mit Beispielen für die Befeuerung (Kennung)

7. Neue Gefahren

Neue Gefahren (Wracks oder andere Unterwasserhindernisse), die noch nicht in den nautischen Veröffentlichungen aufgeführt sind, werden mit (gelb-schwarzen) kardinalen Zeichen oder (schwarzroten) Einzelgefahrzeichen markiert. Im Fall einer sehr schwerwiegenden Gefahr sollen zwei identische Tonnen nebeneinander ausgelegt werden, die möglichst auch eine Radarbake (Racon) tragen sollen. Die zweite Tonne wird wieder eingezogen, sobald die zuständige Verwaltung der Ansicht ist, die Gefahrenstelle sei der Schiffahrt inzwischen hinlänglich bekannt. Als Lichtkennung werden weißes Funkel oder schnelles Funkel verwendet.

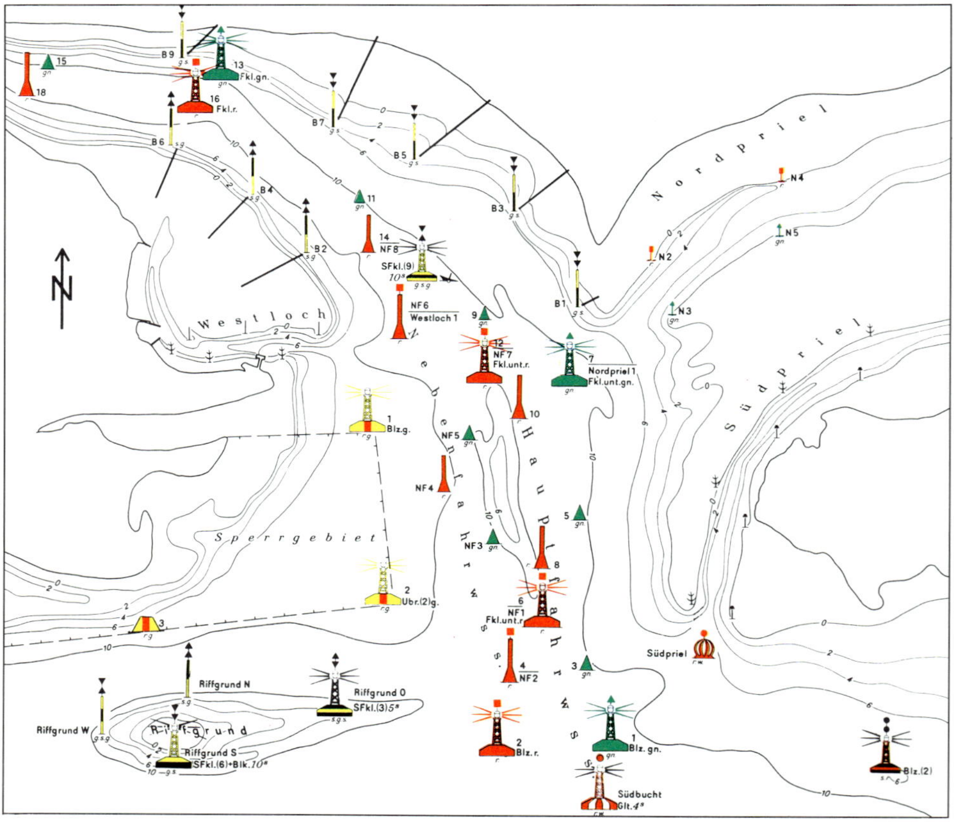

Abb. 34 Beispiel für die Betonnung eines Fahrwassers nach dem Lateralsystem (grüne und rote Tonnen), der Markierung von Gefahrenstellen (Untiefen) nach dem Kardinalsystem (schwarz-gelbe Tonnen) und eines Sperrgebietes (gelbe Tonnen mit rotem Streifen bzw. Kreuz).

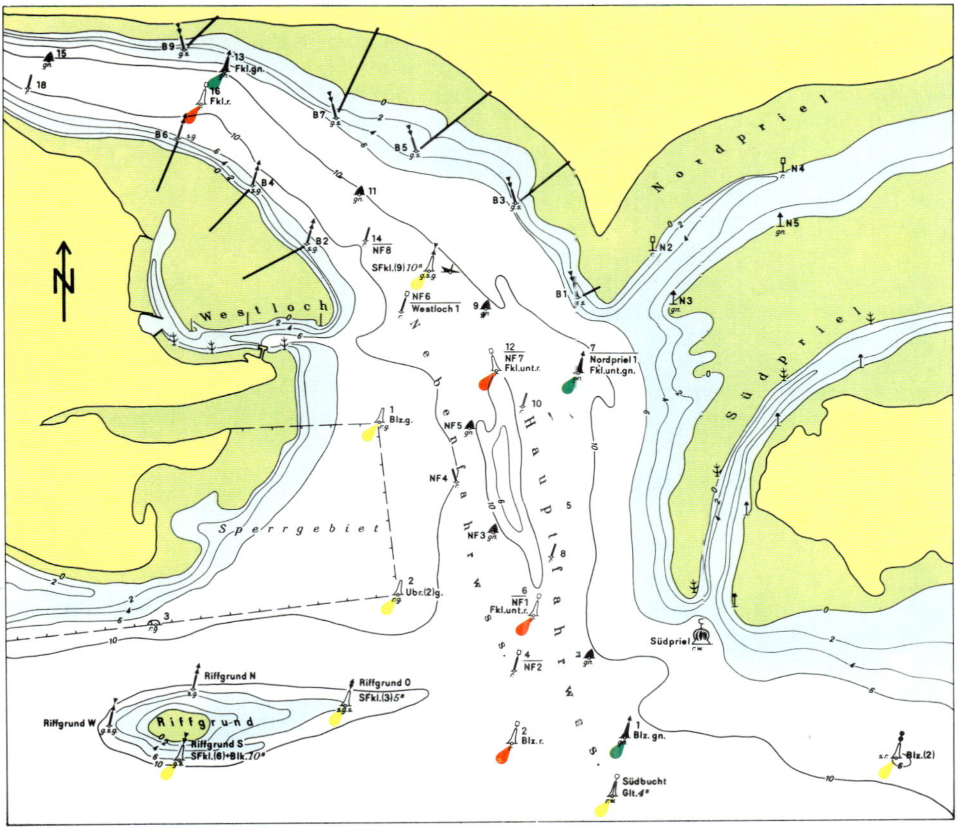

Abb. 35 Das gleiche Seegebiet wie gegenüber, aber so, wie es sich in der Seekarte zeigt. Die Tonnen werden schwarz-weiß dargestellt, aber mit Kürzeln für die Farbe versehen (gn = grün, r = rot, gsg = gelb-schwarz-gelb etc.). Die Farbtropfen bezeichnen die Farbe der befeuerten Tonnen. Allerdings nur in dreifarbigen Seekarten. In den (meist) einfarbigen werden alle Feuer einheitlich durch einen violetten »Tropfen« dargestellt.

8. Winterseezeichen

Bei Eisgefahr werden die Sommerseezeichen durch Winterseezeichen ersetzt. Die bei Eisgefahr ausgelegten Winterseezeichen, die kleiner sind, tragen die der Sommerbetonnung eigentümlichen Merkmale. Das Auswechseln der Sommerbetonnung gegen die Winterbetonnung oder umgekehrt wird in den »Nachrichten für Seefahrer« bekanntgemacht. Man muß deshalb diese Nachrichten regelmäßig einsehen und nach ihren Angaben Hinweise aufnehmen; Heft Winterbetonnung der deutschen Küstengewässer (jährlich neu) Bestell-Nr. 2010.

b) Befeuerung

Einem Schiff, das sich nachts einer Küste nähert, zeigen feste Leuchtfeuer an Land oder Feuerschiffe und Leuchttonnen den Weg.

1. Kennungen

Um innerhalb eines Seeraums eingerichtete Leuchtfeuer unterscheiden zu können, werden verschiedenartige Lichterscheinungen und Lichtfarben gewählt, aus denen die Kennung des Feuers gebildet wird. An Lichterscheinungen unterscheidet man Festfeuer, Scheine, Blinke und Blitze.
Ein *Schein* ist die Lichterscheinung zwischen zwei Verdunklungen oder Abschwächungen oder zwischen zwei Lichterscheinungen anderer Farbe. Die Verdunklungen haben höchstens die Dauer der Lichterscheinung.
Ein *Blink* ist das Aufleuchten von mindestens zwei Sekunden Dauer aus verhältnismäßig langer Dunkelheit oder aus schwachem Licht heraus.

Ein *Blitz* ist das Aufleuchten von weniger als zwei Sekunden Dauer aus verhältnismäßig langer Dunkelheit oder aus schwachem Licht heraus. (Bei deutschen Feuern hat der Blitz im allgemeinen eine Zeitdauer von höchstens einer Sekunde.)

Diese Lichterscheinungen werden einzeln oder in Gruppen angeordnet gegeben. Die Zeit vom Eintritt einer bestimmten Taktkennung bis zum Wiedereintritt der nächsten gleichen Taktkennung heißt *Wiederkehr.* Lichterscheinungen und Wiederkehr werden bei benachbarten Feuern sehr verschieden gewählt, um Verwechslungen zu vermeiden. Sicherheitshalber sollte man die Kennungen immer genau auszählen (mit der Uhr), um das Feuer eindeutig zu bestimmen.

Nach ihrer Kennung werden die Leuchtfeuer folgendermaßen unterschieden:

Festfeuer (F.)
Weißes oder farbiges Licht von gleichbleibender Stärke und Farbe. Beispiel: Festfeuer rot = F.r.

Unterbrochenes Feuer (Ubr.)
Weiße oder farbige Scheine zwischen Verdunklungen, und zwar: unterbrochenes Feuer mit Einzelunterbrechungen oder mit Gruppen von 2, 3, 4 Unterbrechungen. Beispiel: unterbrochenes Feuer mit 3 Unterbrechungen = Ubr.(3).

Gleichtaktfeuer (Glt.)
Weiße oder farbige Scheine abwechselnd mit Verdunklungen gleicher Zeitdauer.

Blinkfeuer (Blk.)
Weiße oder farbige Blinke, und zwar Blinkfeuer mit Einzelblinken oder mit Gruppen von 2, 3, 4 Blinken. Beispiel: Blinkfeuer mit Gruppen von 3 Blinken Blk.(3).

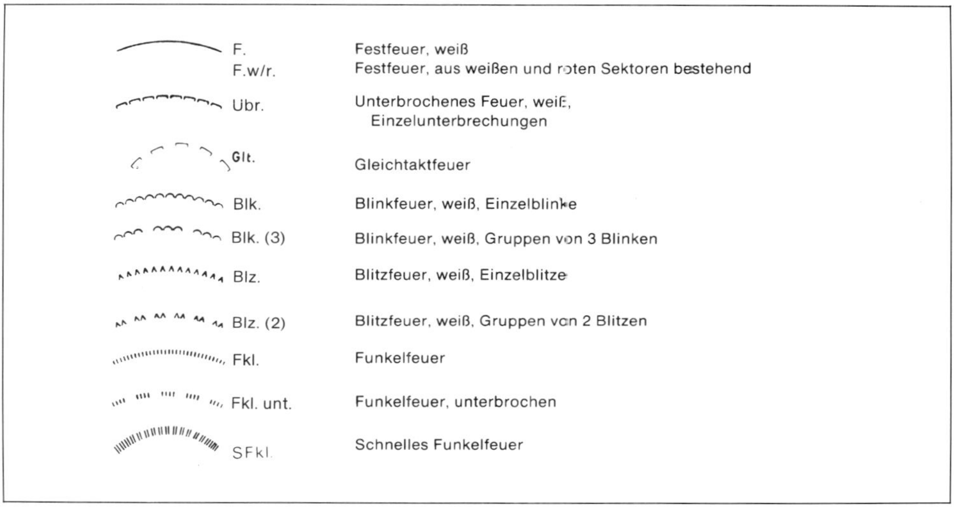

Abb. 36 Befeuerungsangaben in der Seekarte

Blitzfeuer (Blz.)
Weiße oder farbige Blitze, und zwar: Blitzfeuer mit Einzelblitzen oder mit Gruppen von 2, 3, 4 Blitzen. Beispiel: Blitzfeuer mit Gruppen von 2 Blitzen = Blz.(2).

Funkelfeuer (Fkl.)
Schnell aufeinanderfolgende weiße oder farbige Lichterscheinungen (60 in der Minute), und zwar: Funkelfeuer mit dauerndem Funkeln, mit Gruppen von 3 oder 9 Funkeln oder von 6 Funkeln mit 1 Blink, unterbrochenes Funkelfeuer (Fkl. unt.). Beispiel: Funkelfeuer mit Gruppen von 6 Funkeln und 1 Blink = Fkl.(6)+ Blk.

Schnelles Funkelfeuer (SFkl.)
Sehr schnell aufeinanderfolgende weiße oder farbige Lichterscheiunngen (100 bis 120 in der Minute), und zwar: schnelles Funkelfeuer mit dauerndem schnellem Funkeln, mit Gruppen von 3 oder 9 schnellen Funkeln oder von 6 schnellen Funkeln mit 1 Blink. Beispiel: schnelles Funkelfeuer mit Gruppen von 6 schnellen Funkeln und 1 Blink = SFkl.(6)+ Blk.

Wechselfeuer (Wchs.)
Weiße oder farbige Scheine, wechselnd mit Scheinen anderer Farbe, und zwar: Wechselfeuer mit Einzelwechseln, mit Gruppen von 2, 3, 4 Wechseln, unterbrochenes Wechselfeuer mit Einzelunterbrechungen, mit Gruppen von Unterbrechungen, Blink- oder Blitzwechselfeuer mit Einzelblinken oder -blitzen, mit Gruppen von Blinken oder Blitzen. Beispiel: Blinkwechselfeuer mit Gruppen von 2 Blinken = Wchs.Blk.(2).

Mischfeuer (Mi.)
Feuer, die aus den vorhergehenden Lichterscheinungen und Farben gebildete Kennungen haben. Beispiel: Festfeuer mit Gruppen von 2 Blitzen = Mi.
Wechselfeuer und Mischfeuer werden an den deutschen Küsten nicht verwendet.

2. Tragweite und Sichtweite

Im Leuchtfeuerverzeichnis wird in Seemeilen die Entfernung angegeben, in der man ein Feuer bei 5 m Augenhöhe noch einwandfrei ausmachen kann. Man unterscheidet die Tragweite und die Sichtweite eines Feuers.
Die *Tragweite* ist der Abstand, in dem ein Feuer einen eben noch deutlichen Lichteindruck am Auge des Beobachters hervorruft. Sie ist abhängig von der Lichtstärke des Feuers und dem Sichtwert (= Lichtdurchlässigkeit der Atmosphäre).

Die *Sichtweite* ist der Abstand, aus dem man ein in bestimmter Höhe über dem Meeresspiegel befindliches Ziel eben noch über die Kimm hinweg erblicken kann; sie ist abhängig von der Feuerhöhe und der Augenhöhe des Beobachters.
Für die Leuchtfeuer an der deutschen Küste gilt als *Feuerhöhe* in Gewässern mit Gezeiten die Höhe der Lichtquelle über mittlerem Hochwasser, in der Ostsee die über mittlerem Wasserstand.

3. Leit-, Richt-, Quermarken- und Torfeuer

Leitfeuer (Lt-F.) sind Einzelfeuer, die durch Sektoren verschiedener Kennung ein Fahrwasser, eine Hafeneinfahrt oder einen freien Seeraum zwischen Untiefen bezeichnen (Abb. 36). Der Sektor, der das Fahrwasser bezeichnet, der Leitsektor, führt ein weißes Festfeuer, die beiden Warnsektoren sind durch grünes (Stb.-Warnsektor) und rotes (Bb.-Warnsektor) Festfeuer oder durch weiße Blitz-

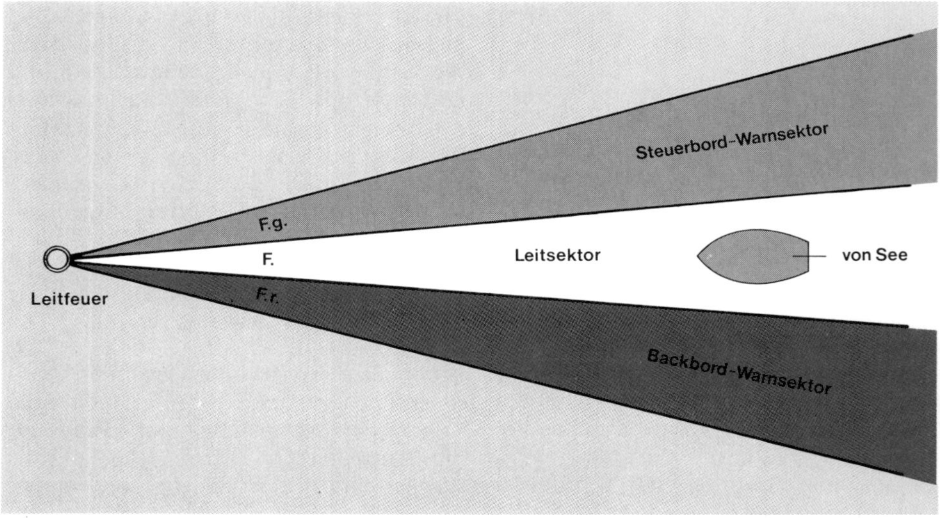

Abb. 37 Leitfeuer

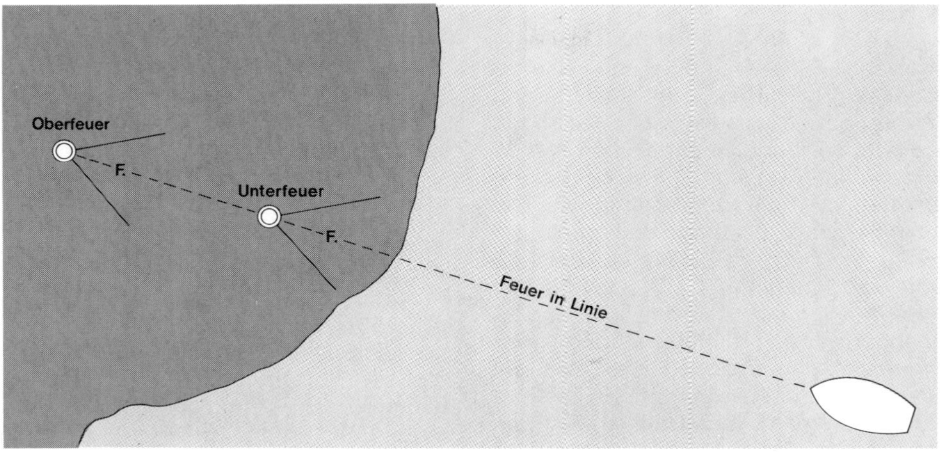

Abb. 37a Richtfeuer

feuer mit 1, 3, 5 bzw. 2, 4 Blitzen bezeichnet (von See kommend).

Richtfeuer (Rcht-F.) nennt man Feuer, die zu zweit durch Deckpeilung einen Kurs im Fahrwasser, durch eine Hafeneinfahrt oder einen freien Seeraum Zwischen Untiefen bezeichnen (Abb. 37). Ein Richtfeuer besteht aus einem Ober- und einem Unterfeuer. Man befindet sich in der Fahrwassermitte, wenn Ober- und Unterfeuer übereinanderstehen. Richtfeuer haben unterbrochenes Feuer mit Einzelunterbrechungen oder Gleichtaktfeuer.

Quermarkenfeuer (Qm-F.) sind Feuer, die durch Übergang von einer Kennung in eine andere in bestimmten, die Fahrtrichtung annähernd querenden Peilungen Anweisungen erteilen, insbesondere die Stelle bezeichnen, an der ein Fahrzeug in eine neue Leit- oder Richtfeuerlinie einzusteuern ist. Quermarkenfeuer sind Festfeuer oder unterbrochene Feuer mit Einzelunterbrechungen (weiß und rot, auch grün).

Torfeuer sind zwei Feuer gleicher Feuerhöhe, Lichtstärke und Kennung, die zu beiden Seiten der Fahrwasserachse einander genau gegenüber (rechtwinklig zur Fahrwasserachse) und von der Fahrwasserachse gleich weit angeordnet sind. Sie haben weißes Festfeuer.

Uferfeuer sind Feuer, die den Verlauf eines Ufers kenntlich machen.

Auch *Luftfahrtfeuer* können zur Navigation benutzt werden, wenn sie von See aus sichtbar sind.

Zur Bezeichnung von Baustellen oder als Ersatz für vorübergehend gelöschte Feuer können *zeitweilige Feuer* brennen.

Es gibt auch *zeitweise brennende Feuer,* die nur gelegentlich angezündet werden, z. B. wenn ein Schiff erwartet wird. Dazu gehören auch Fischerfeuer, die nur brennen, wenn gefischt wird.

c) Nebelsignale

Bei Nebel, Schneefall oder stark unsichtigem Wetter werden zur Erleichterung der Navigation von einzelnen wichtigen Leuchttürmen und Feuerschiffen *Nebelschallsignale* gegeben. Solche Schallsignale haben als Hilfsmittel für die Bestimmung des Schiffsortes jedoch nur bedingten Wert, weil Abstand und Peilung der Schallquelle nicht zuverlässig genug ausgemacht werden können; atmosphärische Verhältnisse üben meist einen unbestimmbaren Einfluß auf die Ausbreitung der Schallwellen aus. Daher täuscht man sich sehr leicht über die Richtung, in der man Schiffe zu hören glaubt.

Als *Luft-Nebelsignale* werden an den deutschen Küsten verwendet:

Kanonen (meist nur als Ersatz für ein anderes nicht betriebsklares Gerät)
Glocken
Heuler
Sirenen (Preßluft- oder elektrische Sirenen)
Membransender, die mit Preßluft, Dampf oder elektrischem Strom betrieben werden

Daneben können *Wasser-Nebelsignale* mit Glocken oder elektrischem Membransender gegeben werden, die wegen der größeren Dichtigkeit des Wassers und seiner gleichmäßigen Beschaffenheit von in Fahrt befindlichen und mit besonderen Empfangsgeräten ausgerüsteten Schiffen auf 5–10 sm Abstand deutlich wahrgenommen werden können; auch die Richtung, aus der der Schall kommt, läßt sich recht genau erkennen. Über Kennung und Art der Nebelsignale gibt das Leuchtfeuerverzeichnis Aufschluß.

C. TERRESTRISCHE STANDORTBESTIMMUNG

a) Das Koppeln

1. Erdkugel, Breite und Länge, Besteck

Für nautische Rechnungen kann die Erde ohne erhebliche Fehler als Kugel betrachtet werden.
Um einen Ort auf der Erde seiner Lage nach festlegen zu können, denkt man sich auf der Erde zwei Linienscharen gezogen. Durch die beiden Erdpole, die Enden der Erdachse, werden Großkreise gelegt. Deren Mittelpunkte liegen im Erdmittelpunkt. Die vom Nordpol zum Südpol gehende Hälfte eines solchen Großkreises heißt *Meridian.* Der Meridian, der durch die Sternwarte von Greenwich bei London geht, ist der Null-Meridian, auch Meridian von Greenwich genannt (Abb. 38). Senkrecht zu den Meridianen werden Parallelkreise gelegt, die *Breitenparallele.* Sie laufen parallel zum Erdäquator. Ihre Mittelpunkte

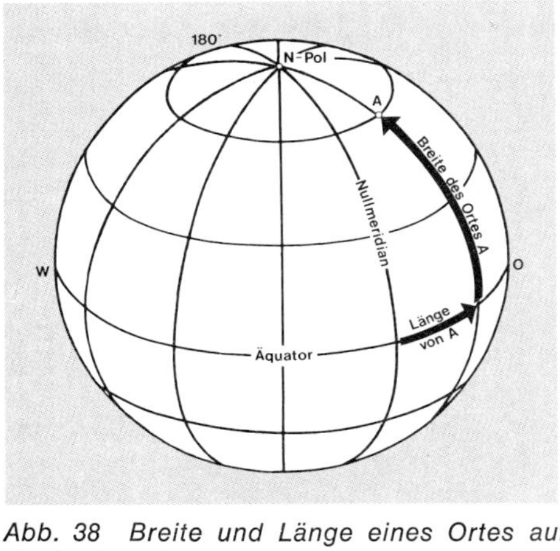

Abb. 38 Breite und Länge eines Ortes auf der Erdkugel

liegen auf der Erdachse. Der Erdäquator ist der Großkreis, dessen sämtliche Punkte gleichweit von den beiden Polen entfernt liegen. Die Äquatorebene steht senkrecht auf der Erdachse.
Teilt man den Äquator in 360 gleiche Teile und legt durch jeden Teilpunkt, mit dem Null-Meridian von Greenwich beginnend, einen Meridian, so erhält man 360 Meridiane, die man in Greenwich beginnend von 0° bis 180° Ost bzw. West benennt. Legt man zwischen Äquator und Pol in gleichen Abständen 90 Breitenkreise, so sind diese, am Äquator beginnend, von 0° bis 90° Nord bzw. Süd zu benennen.
Jeder Ort der Erde wird durch die zwei Koordinaten

Breite und Länge

festgelegt. Die (geographische) Breite ist der Abstand des Ortes vom Äquator, gemessen in Graden auf dem Meridian des Ortes von 0° bis 90° N bzw. S. Für die Breite verwendet man den kleinen griechischen Buchstaben φ (Phi). Die geographische Länge des Ortes ist der Winkel am Pol zwischen dem Meridian des Ortes und dem Null-Meridian oder, was dasselbe ist, der Bogen des Äquators vom Null-Meridian bis zum Meridian des Ortes, gemessen in Graden vom Null-Meridian von 0° bis 180° nach O (E) bzw. W. Für genauere Angaben wird jeder Grad in 60 Bogenminuten (′), jede Minute in 60 Bogensekunden (″) eingeteilt, z. B. 33° 12′ 16″. Für die Länge verwendet man den kleinen griechischen Buchstaben λ (Lambda).

Ein Punkt auf der Erde ist also z. B. bezeichnet durch die Angaben

$\varphi = 53° 16' \text{ N}$
$\lambda = 7° 10' \text{ W}$

Alle Orte derselben Breite liegen auf demselben Breitenparallel, alle Orte derselben Länge auf demselben Meridian.

Segelt eine Yacht ohne Landsicht, so bestimmt man ihren Schiffsort durch Koppeln, d. h. man trägt die versegelte Distanz an dem in der Seekarte eingetragenen Kurs ab. Ein Querstrich durch die Kurslinie bezeichnet den erreichten Schiffsort. Man nennt ihn das *gegißte Besteck.* Bei jeder Besteckeintragung wird auch die Uhrzeit – quer zur Kurslinie – vermerkt.

Da das gegißte Besteck wegen der vielen unkontrollierbaren Fehler von Kurs und Distanz sehr ungenau sein kann, muß man es – sofern hierfür Möglichkeiten vorhanden sind – häufig nachprüfen. Man macht solche Kontrollen in Sicht von Land mit terrestrischen, ohne Landsicht mit astronomischen oder mit Funkstandlinien.

2. Das Arbeiten in der Seekarte

In der Seekarte, die zur Orientierung über das zu befahrende Seegebiet und zur Eintragung des Schiffsweges dient, sind folgende Grundaufgaben zu lösen:

Entnahme der Breite und Länge eines Ortes

Um z. B. die Lage eines Feuerschiffes zu entnehmen, setzt man den Kartenzirkel so ein, daß er den Abstand des Feuerschiffes von dem nächstgelegenen Meridian mißt. Schiebt man dann den Zirkel zum unteren oder oberen Kartenrand, kann man dort die Länge des Feuerschiffsortes ablesen. Die Breite gibt uns die Teilung am seitlichen Kartenrand rechts oder links.

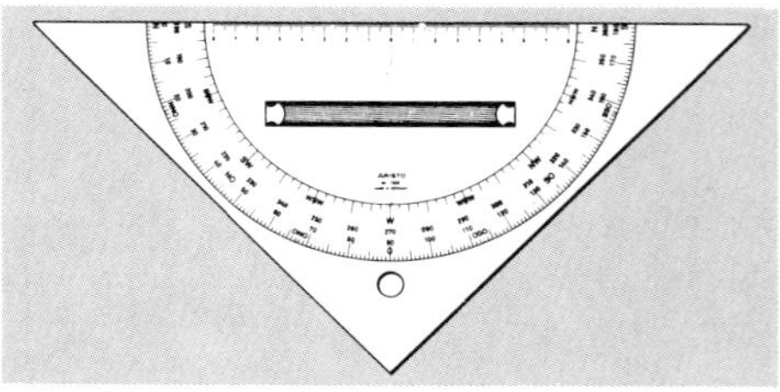

Abb. 39 Kursdreieck mit zweifarbiger Kompaßteilung (Aristo)

Eintragen eines Ortes, dessen Breite und Länge gegeben sind

Auf dem Kartenmeridian, der unserem Ort am nächsten liegt, trägt man die gegebene Breite ab und zeichnet durch den so erhaltenen Ort einen Breitenkreis, indem man das Kursdreieck, wie in Abb. 40 angedeutet, anlegt. Auf diesem Breitenkreis trägt man die Länge ab, die man vom unteren oder oberen Kartenrand mit dem Zirkel abnimmt.

Eintragen einer Versegelung oder Peilung

Hat man an einem in der Seekarte eingetragenen Ort eine Versegelung nach Kurs und Distanz anzutragen, so legt man das Kursdreieck so an den nächstgelegenen Meridian, daß die gewünsch-

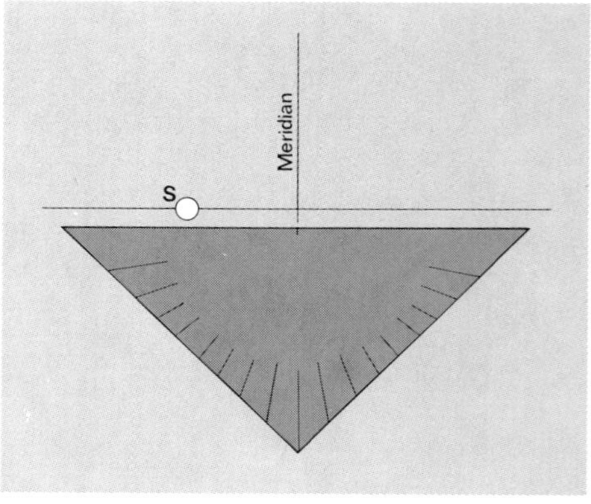

Abb. 40 Eintragung eines Schiffsortes.

te Gradzahl des Kurses und der Mittelpunkt auf dem Meridian liegen.
Dann verschiebt man das Dreieck unter Benutzung eines zweiten Dreiecks als Schiene so, daß die – lange – Grundlinie des Kursdreiecks durch den Schiffsort geht. Auf der nun gewonnenen Kurslinie trägt man die Distanz ab, die man an der Seitenskala der Karte (für diese Breite!) in den Zirkel nimmt. Je geschickter man die Ausgangslage am Meridian wählt, desto weniger braucht man das Dreieck zu verschieben. Entsprechend verfährt man bei der Einzeichnung einer rechtweisenden Peilung an einer Landmarke oder einem Seezeichen.

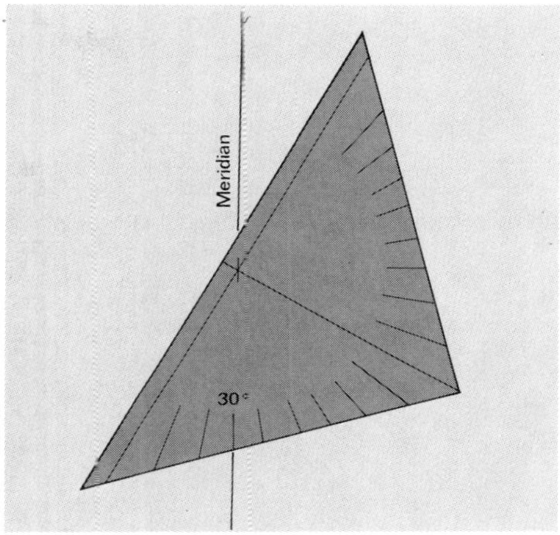

Abb. 41 Eintragen einer Versegelung
Bei älteren Dreiecken ist der Mittelpunkt der Gradteilung auf einer von der Kante zurückgesetzten Grundlinie angebracht. Bei manchen Dreiecken ist die Winkelteilung nicht mit Zahlen versehen. Das Arbeiten damit ist unbequem und erfordert mehr Aufmerksamkeit.

Entnehmen des Kurses und der Distanz von einem Ort A zu einem anderen Ort B

Man verbindet A mit B, legt an diese Kurslinie das Kursdreieck und verschiebt es dann an der Hypothenuse eines zweiten Kursdreiecks so weit nach rechts oder links, bis der Nullpunkt des Kursdreiecks auf dem nächstgelegenen Meridian liegt (Abb. 42) und liest Kurs (oder Peilung) auf dem entsprechenden Gradbogen ab, wobei bei zweifarbiger Kompaßteilung (die hier nicht gezeigt werden kann) der grüne Gradbogen die Kurse (Peilungen) von 0° bis 180°, der rote entsprechend von 180° bis 360° enthält. Das dunklere Dreieck zeigt die Endstellung. Bei Kursdreiecken älterer Art muß man darauf achten, daß der Schnittpunkt der Grundlinie mit dem Meridian nicht an der Kante des Dreiecks liegen darf.

Der Zirkel in Abb. 42 zeigt an, wo eine Distanz zu entnehmen ist – stets an der Seite, nie oben oder unten.

3. Kurs und Kursverwandlungen

Nennt man den Winkel zwischen der Richtung Nord und der Kielrichtung des Schiffs den Kurs, so muß man drei Kurs-Arten unterscheiden, je nachdem ob man ausgeht von

rechtweisend Nord (rwN)
mißweisend Nord (mwN)
Magnetkompaß-Nord (MgN)

Rechtweisend Nord ist die Richtung des Meridians unseres Ortes, also die Richtung zum geographischen Nordpol hin.
Mißweisend Nord ist die Richtung, die ein von Eisenteilen des Schiffes unbeeinflußter Magnetkompaß zeigt.
Magnetkompaß-Nord ist die Richtung, die der von Eisenteilen beeinflußte Kompaß auf einem Schiff anzeigt.

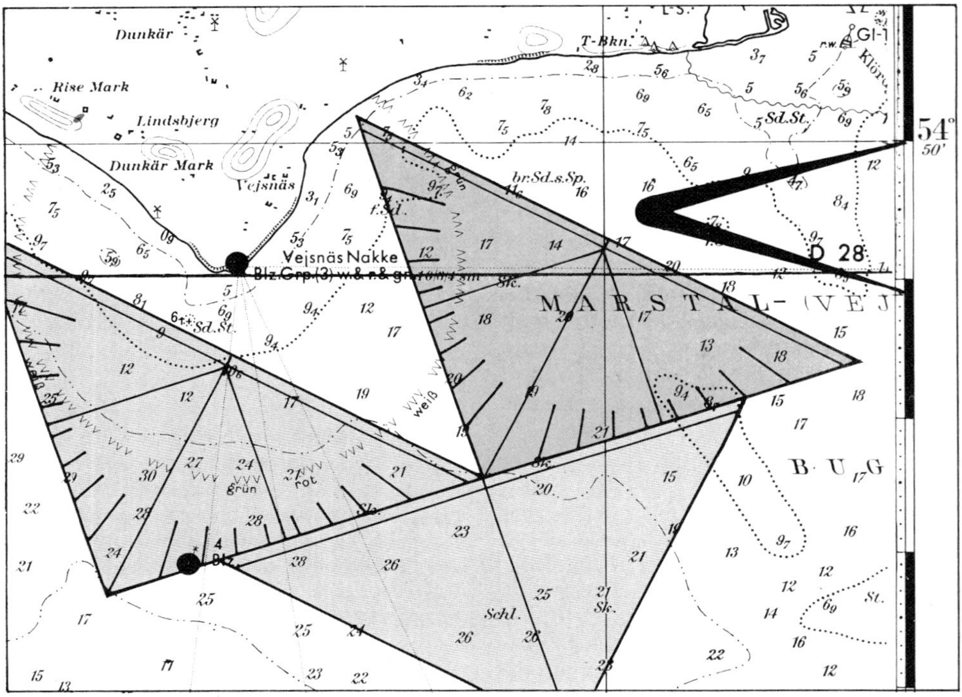

Abb. 42 Entnahme von Kurs und Distanz

Es ist also (Abb. 43)

Rechtweisender Kurs (rwK):
Der Winkel zwischen rwN und Kielrichtung des Schiffes

Mißweisender Kurs (mwK):
Der Winkel zwischen mwN und Kielrichtung des Schiffes

Magnetkompaß-Kurs (MgK):
Der Winkel zwischen MgN und Kielrichtung des Schiffes

Die Kielrichtung des Schiffes gibt uns der Steuerstrich im Kompaßkessel an. Hier lesen wir den Magnetkompaß-Kurs ab. Er muß für viele Aufgaben der Navigation in den rechtweisenden Kurs verwandelt werden. Umgekehrt ist ein aus der Seekarte entnommener rechtweisender Kurs in den Magnetkompaß-Kurs zu verwandeln, der am Kompaß anliegen muß, wenn man ein bestimmtes Ziel erreichen will.

Wenn man eine mit Hilfe des Magnetkompasses gewonnene Richtungsbestimmung in der Seekarte verwenden will, so muß man diese zunächst mit dem Betrag der Ablenkung zur mißweisenden Richtung und diese dann um den Betrag der Mißweisung zur rechtweisenden Richtung verbessern, die man dann in die Karte einträgt. Dabei werden die Vorzeichen von Ablenkung und Mißweisung in dem Sinne angewendet, wie sie in der Ablenkungstafel bzw. der Seekarte verzeichnet sind. Für die Praxis ist jedoch folgender Weg zu empfehlen: Man ent-

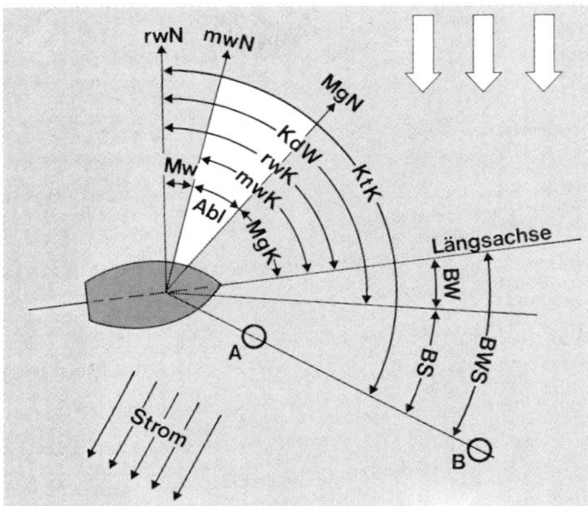

Abb. 43 Die Kursarten (vgl. S.614 ff.)
Ist kein Stromversatz vorhanden, so ist selbstverständlich der KdW der Kartenkurs (KtK); dementsprechend bei Fortfall von Wind- und Stromeinflüssen: rwK = KtK. Vom Kurs über Grund (KüG) spricht man genaugenommen erst dann, wenn man tatsächlich von A nach B versegelt hat, wobei diese Punkte natürlich auch auf der KdW- bzw. rwK-Linie liegen können (s. o.).

nimmt mit dem anliegenden Kompaßkurs (auch bei Peilungen) aus der Ablenkungstafel die Ablenkung und vereinigt sie mit der Mißweisung arithmetisch zur Magnetkompaß-Fehlweisung. Mit dieser Fehlweisung beschickt man dann die Kompaßangaben (Kurs oder Peilung) in einem Zuge zur rechtweisenden Angabe. Man hat so den Vorteil, daß man, *solange man auf diesem Kurse bleibt,* zur Beschickung aller späteren Peilungen die einmal errechnete Fehlweisung immer wieder verwenden kann. Vor allem aber wird man so vor dem schweren Fehler bewahrt, beim Umrechnen von Kompaßpeilungen einen Ablenkungswert mit der Gradzahl der Peilung statt mit dem *bei der Peilung anliegenden Kompaß-Kurs* aus der Ablenkungstafel zu entnehmen. Will man dagegen einen der Karte entnommenen rechtweisenden Kurs am Magnetkompaß steuern lassen, so muß man ihn zunächst mit dem Betrag der Mißweisung zum mißweisenden Kurs und dann unter Beschickung mit der Ablenkung (die erst an Hand des mißweisenden Kurses aus der Steuertafel entnommen werden kann) zum Magnetkompaß-Kurs umwandeln, also eigentlich »verfälschen«. Bei dieser »Verfälschung« werden die Beträge für Mißweisung und Ablenkung nacheinander und mit entgegengesetztem Vorzeichen angebracht.

Gedächtnisregel für Kursverwandlungen:

Nennt man den Magnetkompaß-Kurs »falsch«, den mißweisenden bzw. den rechtweisenden Kurs »richtig«, so ergibt sich die altbewährte seemännische Gedächtnisregel:

Vom Falschen zum Richtigen: mit dem richtigen Vorzeichen beschicken!
Vom Richtigen zum Falschen: mit dem falschen Vorzeichen beschicken!

Beispiele:

1. Umwandlung eines Magnetkompaß-Kurses in den rechtweisenden Kurs.

Eine Yacht steuert am Magnetkompaß 270° und hat in ihrem Seegebiet eine Mißweisung von −4° (W) und auf dem Kompaß-Kurs 270° eine Ablenkung von +2°. Der rechtweisende Kurs ist zu errechnen:

Ablenkung (Abl)	=	+2°
Mißweisung (Mw)	=	−4°
Magnetkompaß-Fehlweisung (MgFw)	=	−2°
Magnetkompaß-Kurs (MgK)	=	270°
Magnetkompaß-Fehlweisung (MgFw)	=	−2°
rw. Kurs (rwK)	=	268°

(Mißweisung und Ablenkung werden mit unverändertem [»richtigem«] Vorzeichen in die Rechnung eingesetzt.)

2. *Umwandlung einer rechtweisenden Richtung in die entsprechende Richtung am Kompaß*

Eine Motoryacht steuert am Magnetkompaß 130° und soll eine Kursänderung durchführen, wenn ein Leuchtturm rw. 160° peilt. Die Mißweisung im Seegebiet ist nach Karte −2° (W), die Ablenkung auf 130° laut Ablenkungstafel −3,5°. Was muß am Kompaß in dem Augenblick gepeilt werden, wenn angedreht werden soll?

Für den anliegenden Kurs 130° ergibt sich folgende Fehlweisung:

Ablenkung (Abl)	=	−3,5°
Mißweisung (Mw)	=	−2°
Magnetkompaß-Fehlweisung (MgFw)	=	−5,5°

Die Fehlweisung ist mit »falschem« Vorzeichen in die Rechnung einzusetzen.

Leuchtturm rwP*	=	160°
entg. MgFw	=	+5,5°
MgP	=	165,5°

4. *Berücksichtigung von Wind und Strom*

Abtrift

Unter Abtrift versteht man den Winkel, der durch die Kielrichtung des Schiffes und dessen Weg durch das Wasser (relativ zur Wasseroberfläche) unter dem Einfluß des Windes gebildet wird (Kap. Vb). Segelt eine Yacht vor dem Wind oder mit achterlichem Wind, so wird eine seitliche Versetzung durch Windeinfluß – eine Abtrift – nur ganz gering sein (siehe S. 116). Anders ist es bei Wind, der von der Seite oder aus einer *vorlichen Richtung kommt; dann erfährt* die Yacht eine Abtrift. Deren Größe hängt von der Stärke und Richtung des Windes, aber natürlich auch von der Bauart des Schiffes ab; sie läßt sich nicht leicht bestimmen. Man kann am Heck (über dem Ende der Wasserlinie) eine Peilscheibe aufstellen oder festhalten, den Diopter parallel zur Kielwasserlinie einrichten und dann den Winkel zwischen der recht Achteraus-Richtung und dem Kielwasser ablesen. Man bekommt hierbei sicherlich etwas genauere Werte, als wenn man die Abtrift als Winkel zwischen der recht Achteraus-Richtung und dem Kielwasser nur schätzt und hierbei bestenfalls auf 5° genaue Ergebnisse erhält.

Die Abtrift oder Beschickung für Wind (BW), wie man vielfach auch sagt, hat das Vorzeichen +, wenn der Wind von Bb. einfällt, das Schiff also nach Stb. abgetrieben wird. Fällt der Wind von Stb. ein, wird das Schiff nach Bb. versetzt, und die Abtrift bekommt das Vorzeichen −.

Die Richtung, in der sich unser Schiff unter dem Einfluß des Windes fortbewegen wird, heißt der Kurs durchs Wasser (KdW). Sofern nicht noch eine zusätzliche Strömung zu berücksichtigen ist, wird dieser KdW in die Seekarte eingetragen und ist dann der Kartenkurs (KtK). Wollen wir den Kartenkurs berechnen, so sind demnach Ablenkung, Mißweisung und Abtrift am Magnetkompaßkurs anzubringen.

Es entstehen nun zweierlei Aufgaben:

1. Aufgabe

Man steuert am Wind, hat Abtrift und sucht den Kartenkurs.

Der anliegende Magnetkompaßkurs ist

* Im Bordbetrieb wird vielfach das Symbol ↗ für Peilung verwendet.

im Mittel 223°. Die Ablenkung soll dafür −3°, die Mißweisung −3° sein. Die Abtrift schätzt man bei einem westl. Wind auf 7° ein. Er fällt von Steuerbord ein. Das algebraische Vorzeichen der Abtrift ist negativ.

Man rechnet:

MgK	=	223°
Abl	=	− 3°
mwK	=	220°
Mw	=	− 3°
rwK	=	217°
Abtrift (BW)	=	−7°
Kartenkurs (KtK)	=	210°

2. Aufgabe

Man will trotz Abtrift einen Kartenkurs einhalten. Um diese aufzuheben, muß man entsprechend vorhalten. Der Seekarte entnimmt man den Kartenkurs von 179°. Bei WSW-Wind schätzt man die Abtrift auf 10° ein. Ihr algebraisches Vorzeichen ist, da der Wind von Steuerbord einfällt, negativ. Die Mißweisung beträgt laut Karte −3°, die Ablenkung laut Tabelle +5°.

Man rechnet:

KtK	=	179°
entg. Abtrift (BW)	=	+10°
rwK	=	189°
entg. Mw	=	+3°
mwK	=	192°
entg. Abl	=	−5°
MgK	=	187°

Achtung!

Die Ablenkung muß für den mißweisenden Kurs der Steuertabelle entnommen werden.

Der ermittelte Magnetkompaßkurs muß gesteuert werden, um einen Kartenkurs von 179° einhalten zu können.

Versetzung durch Strom

In den beiden vorangegangenen Beispielen entsprach aufgrund der Tatsache, daß *keine* Strömung vorhanden war, der KdW dem KtK, und wenn wir davon ausgehen, daß sich die Yacht *tatsächlich* auf der Kartenkurslinie fortbewegt hat, auch dem Kurs über Grund (vgl. auch Abb. 43).

Ein Unterschied zwischen Kurs durchs Wasser und Kurs über Grund entsteht aber, wenn eine Strömung das Schiff versetzt. Vor allem in der Nordsee und im Englischen Kanal, aber auch in anderen Gewässern, ist mit Meeresströmungen zu rechnen.

Strom nennt man die horizontale Bewegung des Meereswassers. Die Stärke des Stromes wird in Knoten angegeben. Als Richtung gibt man die *Richtung* an, *in die der Strom setzt,* also umgekehrt wie beim Wind.

Angaben über die Stromverhältnisse an einer Küste erhält man aus den Handbüchern, in Gezeitengewässern aus dem Atlas der Gezeitenströme.

Fährt ein Schiff in einer Wassermasse, die sich selbst in fortschreitender horizontaler Bewegung befindet, so wird es außer seiner eigenen Fahrt auch diese Wasserbewegung mitmachen. Wir müssen also den Kurs durchs Wasser und die Fahrt durch das Wasser von dem Kurs über Grund und der Fahrt über Grund unterscheiden (Abb. 44). Der Unterschied zwischen dem Weg durch das Wasser und dem Weg über Grund ist die Stromversetzung; bei Kursberechnungen ist also noch eine Beschickung für Strom (BS) anzubringen.

Ist mit Strömungen zu rechnen, so gibt es die folgenden *drei Grundaufgaben:*

1. Man steuert einen bestimmten Kurs mit einer bestimmten Fahrt und möchte wissen, wohin man unter Mitwirkung

des Stromes kommt (*1. Stromaufgabe*). Gegeben sind also Kurs und Fahrt durchs Wasser sowie Richtung und Stärke des Stromes. Gesucht sind Kurs und Fahrt über Grund.

2. Oder man will ein bestimmtes Ziel erreichen und sucht den Kurs, den man bei Innehalten der Fahrt durch das Wasser steuern muß, um trotz Stromes das Ziel zu erreichen (*2. Stromaufgabe).*
Gegeben sind also Kartenkurs und Distanz zum Ziel, Richtung und Stärke des Stromes und die Fahrt durchs Wasser. Gesucht sind der Kurs durch das Wasser und die Fahrt über Grund.

3. Als *3. Stromaufgabe* bezeichnet man die Bestimmung eines Stromes nach Richtung und Stärke aus dem Weg durch das Wasser und dem Weg über Grund.

Die Stromaufgaben sind leicht zu lösen, wenn der Strom in Kursrichtung setzt; dann vergrößert man einfach die Fahrt des Schiffes durch das Wasser um den Betrag der Stärke des Stromes. Entsprechend wird bei einem Strom, der dem eigenen Kurs durch das Wasser entgegengesetzt ist, die Fahrt des Schiffes durch das Wasser um den Betrag der Stärke des Stromes verkleinert.

Bildet jedoch die Stromrichtung einen Winkel mit dem Kurs des Schiffes durch das Wasser, so findet man den Weg über Grund nach Richtung und Stärke als Diagonale eines Parallelogramms, dessen Seiten der Weg des Schiffes durch das Wasser und der gleichzeitige Weg des Stromes sind (Abb. 44). Weg durch das Wasser, Weg des Stromes und Weg über Grund bilden das *Stromdreieck.*

Die Stromaufgaben werden in der Küstenschiffahrt zeichnerisch in der Seekarte in folgender Weise gelöst:

Lösung der 1. Stromaufgabe

Man zeichnet den Weg durch das Wasser für eine Stunde = AB in die Karte ein und trägt im Endpunkt B den Strom nach Richtung und Stärke = BC gleichfalls für eine Stunde an. C ist dann der unter Einwirkung des Stromes erreichte Schiffsort nach einer Stunde; die Verbindungslinie zwischen dem Abgangsort A und dem erreichten Ort C gibt den Kurs und die Fahrt über Grund.

Lösung der 2. Stromaufgabe (Abb. 45)

Man trägt in die Karte den beabsichtigten Kurs über Grund AX ein und außer-

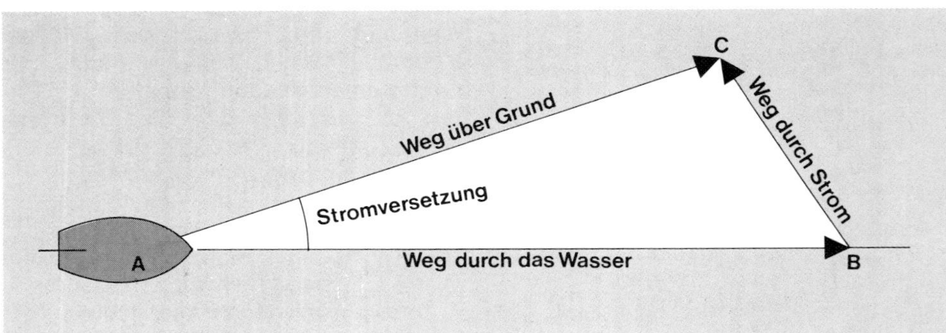

Abb. 44 Das Stromdreieck

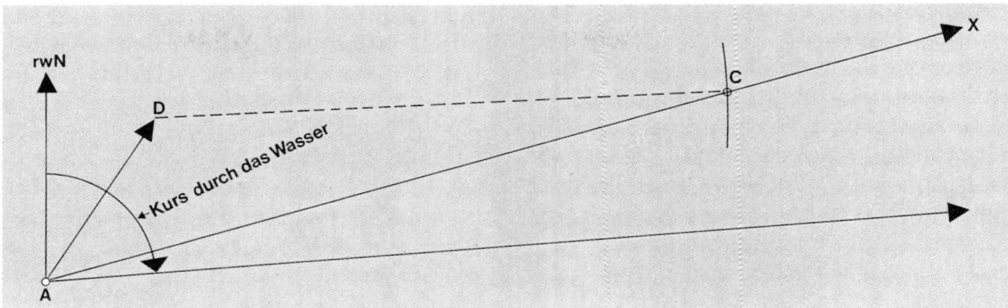

Abb. 45 Lösung der 2. Stromaufgabe

dem im Anfangspunkt A den Strom nach Richtung und Stärke = AD. Dann schlägt man um den Endpunkt des Strompfeiles D mit der Fahrt des Schiffes durch das Wasser einen Kreis, der AX in C schneidet. DC gibt den gesuchten Kurs durch das Wasser und AC den Weg des Schiffes über Grund (Fahrt über Grund).
Bei kleinem Kartenmaßstab werden diese Zeichnungen zweckmäßig nicht für 1 Stunde (»Stundendreieck«), sondern für 2 oder mehr Stunden gezeichnet.

Lösung der 3. Stromaufgabe

Diese Aufgabe tritt in der Navigation meist in der Form auf, daß die Besteckversetzung aus dem gekoppelten und dem terrestrisch oder astronomisch ermittelten wahren Schiffsort C in Abb. 44 bestimmt werden soll. Diese Aufgabe spielt bei der täglichen Besteckrechnung eine große Rolle. Die Verbindungslinie zwischen dem nach der Loggerechnung gefundenen gegißten Schiffsort B und dem wahren, durch genaue Beobachtung bestimmten Schiffsort C stellt den Strom nach Richtung und Stärke während der versegelten Zeit dar, wenn man annimmt, daß keine anderen Fehler oder Ungenauigkeiten, die den gegißten Schiffsort verfälschen, berücksichtigt zu werden brauchen.
Kursverwandlungen kann man in folgender Anordnung in sein Tagebuch eintragen:

Beschickungen werden mit unverändertem Vorzeichen eingetragen. Beim Rechnen von links nach rechts wird addiert (+). Beim Rechnen von rechts nach links subtrahiert (–).

Uhr-Zeit	Log	MgK	Abl	mwK	Mw	rwK	BW	KdW	BS	KtK
Aufgabe 5a		233°	+9°	242°	–4°	238°	– 8°	230°	–12°	218°
Aufgabe 5b		183°	– 7°	176°	–4°	172°	– 12°	160°	+ 5°	165°
Aufgabe 5b		277°	+4°	281°	–4°	277°	+13°	290°	–22°	268°

5. Aufgaben aus der Praxis

Für den Segler entstehen zwei verschiedene Aufgaben der Kursbestimmung, je nachdem, ob er nach dem Wind sein Ziel unmittelbar anliegen kann oder es durch Kreuzen erreichen muß. Er will von A nach B segeln. Die Distanz ist 10 sm, der aus der Karte entnommene Kurs ist 218°, Mw −4°. Es setzt Strom 180° mit 1,5 kn.

a) Wind NW 3

Die Yacht kann ihr Ziel B unmittelbar anliegen, also den Kartenkurs steuern. Kompaßkurs?

Die Abtrift sei nach Beobachtung des Kielwassers oder nach früher gemachten Erfahrungen bei dieser Windrichtung und -stärke −8°, die Ablenkung bei einem mwK von 240° +9°; die Fahrt durchs Wasser betrage 5 kn.

Zunächst ist der Vorhalt für den Strom nach Stromaufgabe zu ermitteln.

Es ergibt sich aus dem Stromdreieck: Vorhalt 12°, Fahrt über Grund 6,1 kn.

Kartenkurs (KtK)	= 218°
Umgekehrte Stromversetzung	= +12°
Umgekehrte Abtrift	= + 8°
rw. Kurs	= 238°
Umgekehrte Mißweisung	= + 4°
mw. Kurs	= 242°
Umgekehrte Ablenkung	= − 9°
Magnetkompaßkurs	= 233°

b) Wind SW 3

Die Yacht kann ihr Ziel B nicht anliegen, kann also den Kartenkurs nicht steuern. Der Rudergänger steuert statt dessen die Yacht mit ihrer optimalen Höhe am Wind. Den zugehörigen Kartenkurs findet man aus dem zugehörigen mittleren Magnetkompaßkurs. Er muß durch längeres Beobachten des Kompasses »ermittelt« werden, da die ständigen kleinen Änderungen der Windstärke und -richtung – auch bei »stetigem« Wind – ein laufendes Anpassen des Kurses an den Wind erfordern. Die Fahrt dieser Yacht sei 4 kn, die Ablenkung bei MgK 183° −7°, bei MgK 277° +4°.

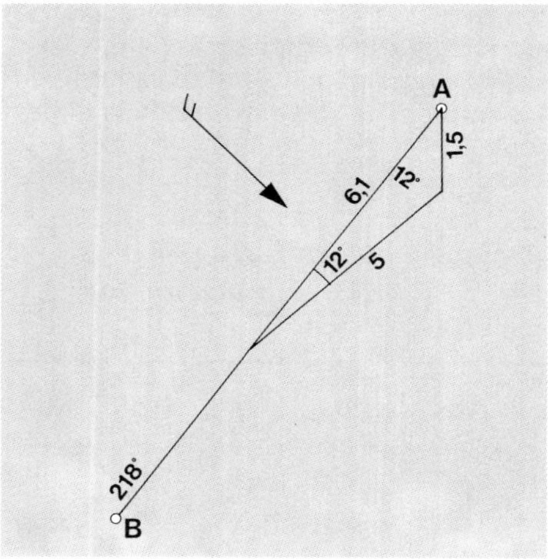

Abb. 46

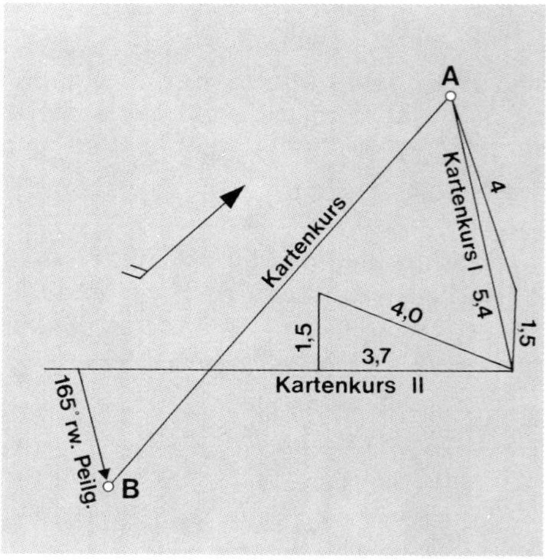

Abb. 47

Der ermittelte Magnetkompaßkurs, also der Kurs am Wind über Bb.-Bug	= 183°
Abl + Mw = MgFw (–7 –4)	= –11°
rwK	= 172°
beobacht. Abtrift (BW)	= –12°
KdW	= 160°
Stromversetzung (BS)	= +5°
KtK	= 165°

Nach einer Stunde wird auf Stb.-Bug gewendet
Es ergibt sich jetzt:

Ermittelt. Magnetkompaßkurs	= 277°
MgFw (+4 –4)	= ± 0°
rw. Kurs	= 277°
beobachtete Abtrift (BW)	= +13°
Kurs durchs Wasser	= 290°
Stromversetzung 1,5 sm (BS)	= –22°
KtK	= 268°

Wie muß schließlich B am Kompaß peilen, wenn es mit dem dritten Schlag erreicht werden soll? Vorausgesetzt, daß die Verhältnisse des 1. Schlages auch noch für den 3. Schlag gültig sind, muß die rw. Peilung beim Wenden auf B hin gleich dem Kartenkurs des 1. Schlages sein, also:

rw. Peilung	= 165°
Umgekehrte MgFw für MgK 277°	= 0°
MgP	= 165°

Da die Yacht auf dem 2. Schlag 3,7 kn über Grund macht, wird der Punkt zum Wenden auf den letzten Kurs etwa nach 2^h10^m erreicht werden. Der 3. Schlag mit 2,3 sm bis B wird dann etwa noch 25^m dauern.

In diesen Rechnungen sind »ideale« Verhältnisse angenommen. Die Praxis wird sich oft beträchtlich von diesen präzisen Annahmen und Ergebnissen unterscheiden. Doch Berechnungen sind immer anzustreben, weil man dadurch nicht nur den Forderungen der Sicherheit genügt, sondern auch ein Urteil darüber gewinnt, wo und warum Unterschiede zur Praxis auftreten, und man dadurch zu brauchbaren Erfahrungen kommt.

b) Terrestrische Standlinien

Um einen Schiffsort festzulegen, sind mindestens zwei Beobachtungen erforderlich. Aus jeder Beobachtung folgt eine *Standlinie* für das Schiff. Der Schnittpunkt zweier Standlinien ist der Schiffsort.
Werden die Beobachtungen an Objekten der Küste gewonnen, also an irdischen Objekten, so sprechen wir von *terrestrischen* Standlinien. Man erhält diese durch

Peilen
Abstandbestimmen
Loten
Messen von Horizontalwinkeln

Alle Schiffe, die ein Objekt der Küste in der gleichen Richtung sehen – peilen –, stehen auf einer Geraden durch dieses Objekt.
Alle Schiffe, die von einem Objekt den gleichen *Abstand* haben, stehen auf einem Kreis, der das Objekt als Mittelpunkt und den Abstand als Radius hat.
Eine *Lotung* liefert als Standlinie eine Linie gleicher Wassertiefe, die im allgemeinen unregelmäßig gekrümmt ist, also auch eine Gerade mehrfach schneiden kann.
Alle Schiffe, auf denen eine bestimmte Strecke *unter dem gleichen Horizontalwinkel* gesehen wird, stehen auf einem

Kreis, der die Strecke als Sehne und den gemessenen Winkel als Umfangswinkel hat.

1. Standlinien durch Peilen

Um zu peilen, d. h. die Richtung zu bestimmen, in der ein Objekt liegt, brauchen wir einen Kompaß mit Peilaufsatz (Peildiopter) oder eine Peilscheibe (Abb. s. S. 333 und 337).

Peilen am Magnetkompaß

Magnetkompaßpeilungen sind um den Betrag der Fehlweisung des Kompasses falsch. Wir müssen alle Magnetkompaßpeilungen erst *in rechtweisende Peilungen verwandeln,* ehe wir sie in die Seekarte eintragen können. Die Ablenkung entnehmen wir der Ablenkungstafel für den bei der Peilung anliegenden KURS!

Beispiel:

Eine Yacht steuert am Kompaß 130°. Als Mißweisung entnehmen wir der Seekarte −4°. Die Ablenkungstafel gibt für den Magnetkompaßkurs 130°, die Ablenkung +2°. Die Fehlweisung ist also auf dem gesteuerten Kurs:

$$-4^\circ + 2^\circ = -2^\circ$$

Der rechtweisende Kurs ist

$$130^\circ - 2^\circ = 128^\circ$$

Als 130° am Kompaß anliegen, peilt man eine Kirche (über den Kompaß) in 240° an. Die rechtweisende Peilung ist

$$240^\circ - 2^\circ = 238^\circ$$

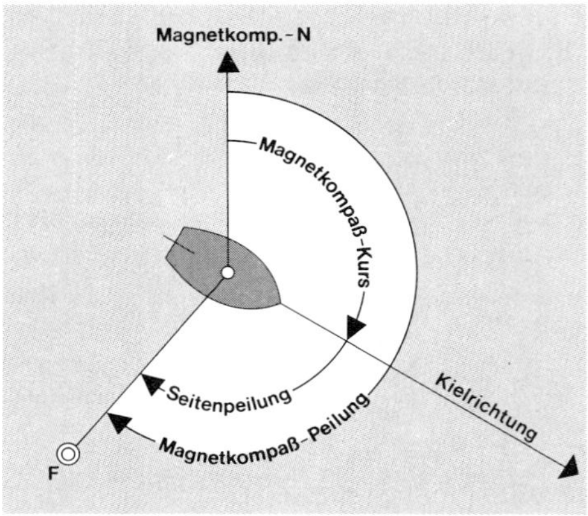

Abb. 48 Seitenpeilung + Kompaßkurs = Kompaßpeilung

Diese Peilung wird in die Seekarte übertragen.

Da auf kleineren Yachten das einwandfreie Peilen häufig mit großen Schwierigkeiten verbunden ist (Seegang, ungünstige Aufstellung des Kompasses), empfiehlt es sich in solchen Fällen, für die Dauer der Peilung auf das betreffende Objekt Kurs zu nehmen und den dann anliegenden Magnetkompaßkurs als Magnetkompaßpeilung zu benutzen. Wenn mehrere Objekte in Sicht sind, kann man auf diese Weise, selbst unter Inkaufnehmen eines Segelmanövers, einen brauchbaren Standort erzielen; man muß aber darauf achten, daß die Kompaßrose sich beruhigt hat. Ob bei dieser Peilung wegen Stromes oder Windes nach der einen oder anderen Seite vorgehalten wird oder nicht, ist gleichgültig: die über den Magnetkompaß gepeilte, im Raum also festliegende Richtung, ist in beiden Fällen die gleiche.

Peilen an der Peilscheibe
Muß man über eine Peilscheibe peilen,

so erhält man eine *Seitenpeilung.* Diese hängt mit dem Magnetkompaßkurs in folgender Weise zusammen (Abb. 48)

Seitenpeilung + Magnetkompaßkurs = Magnetkompaßpeilung

Beispiel:

Auf der Yacht, die am Kompaß 130° steuert, peilt man ein Feuer in der Seitenpeilung 115°. Wie groß ist die entsprechende rechtweisende Peilung? .

Seitenpeilung	= 115°
+ MgK	= 130°
MgP	= 245°
MgFw	= −2°
rw. Peilung	= 243°

a) Standlinien durch Bestimmen des Abstandes

Abstand durch Höhenwinkelmessung

Wer ein Winkelmeßgerät an Bord hat, kann seinen Abstand von einem Objekt der Küste recht genau durch Messen des Höhenwinkels bestimmen (Abb. 49). Aus der Höhe des Turmes über dem Wasser (H) in Metern und dem Höhenwinkel (n) in Minuten findet man den Abstand (e) in Seemeilen nach der Formel

$$\text{Abstand e} = \frac{13}{7} \cdot \frac{\text{Höhe H (Meter)}}{\text{Winkel n (Minuten)}}$$

Man mißt bei den Leuchttürmen die Höhe der Laterne über der Wasserlinie. Die Höhe ist im Leuchtfeuerverzeichnis angegeben. Man darf nicht die ebenfalls angegebene Höhe über dem Erdboden benutzen, da der Fußpunkt des Turmes oft nicht einwandfrei auszumachen ist!

b) Feuer in der Kimm

Es gibt eine Methode, die man nachts vielfach anwendet, wenn man den Augenblick erfaßt, in dem ein Feuer zum ersten Male klar in der Kimm ausgemacht werden kann (nicht etwa, wenn man den über die Kimm hinausreichenden Lichtschein sieht!).
Ist B ein Beobachter (Abb. 50), F ein Feuer, und erscheint dieses dem Beobachter in der Kimm, dann ist dieser BA + AF Seemeilen vom Feuer entfernt.

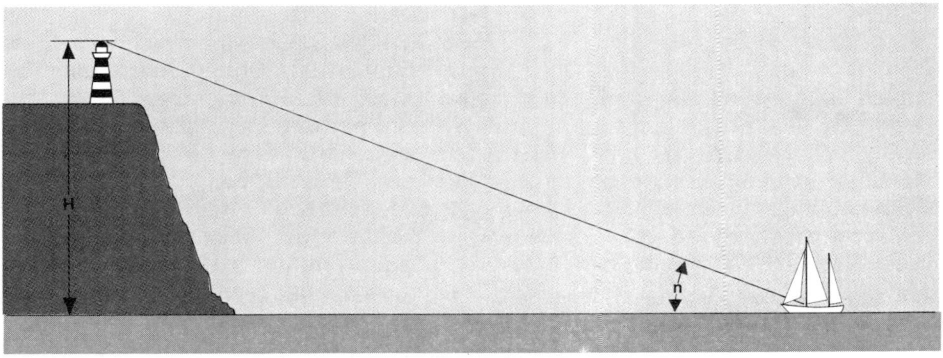

Abb. 49 Abstand durch Höhenwinkelmessung

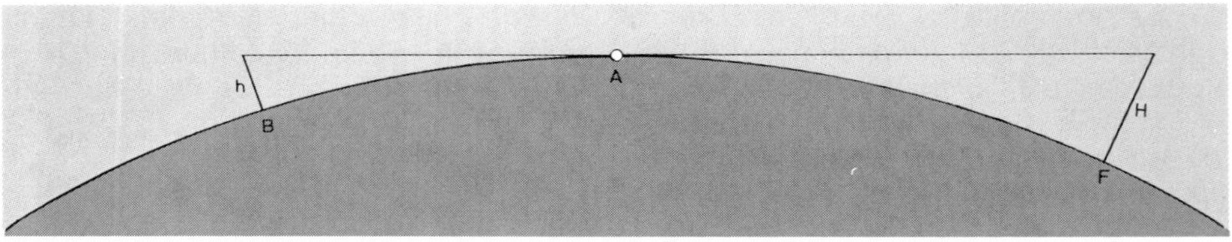

Abb. 50 Feuer in der Kimm

Diese Entfernung hängt ab von der Feuerhöhe H, die man dem Leuchtfeuerverzeichnis entnimmt, und der Augeshöhe h des Beobachters, die man kennt. Aus D (sm) = 2,075 ($\sqrt{H} + \sqrt{h}$) oder Tafeln des Leuchtfeuerverzeichnisses kann man die Entfernung entnehmen. Die Höhe des Feuers wird in Gezeitengewässern über Hochwasser, in gezeitenlosen (z. B. Ostsee) über Mittelwasser angegeben. Bei regnerischem oder diesigem Wetter muß man sich einem Feuer aber viel weiter nähern, ehe es durchkommt. Es steht dann schon *über* der Kimm, was man wegen der Unschärfe der Kimm nicht bemerkt.

Dringend zu warnen ist vor dem Schätzen des Abstandes! Auch erfahrene Navigatoren können sich bei ungewöhnlichen Sichtigkeitsverhältnissen dabei schwer irren.

c) Standlinien durch Loten

In vielen Fällen, besonders bei unsichtigem Wetter, bietet das Loten – sofern man keine Möglichkeit hat, seinen Schiffsort durch Funkpeilungen oder Radar zu bestimmen – die einzige Möglichkeit zur Feststellung des Schiffsortes. Da eine einzelne Lotung hierzu selten ausreicht, lotet man in bestimmten Zeitabständen (*Reihenlotung*) und trägt den Kurs und die zwischen den einzelnen Lotungen zurückgelegten Entfernungen mit Uhrzeit, dem Maßstabe der Karte entsprechend, auf ein Stück Pauspapier oder einen Papierstreifen auf. Die gefundene Wassertiefe, gegebenenfalls auch die Grundbeschaffenheit (Grundprobe), werden bei der dazugehörigen Uhrzeit eingetragen. Das Pauspapier mit den Kurs- und Tiefeneinzeichnungen wird dann in der Gegend des wahrscheinlichen Schiffsortes so lange auf der Karte verschoben, bis ihre Tiefenangaben und die Reihenlotung sich decken. Allerdings wird man nur bei dem Vorhandensein charakteristischer Tiefenunterschiede genaue Schiffsorte erhalten.

Auf Yachten wird sich die Anwendung des Lotes bei unsichtigem Wetter meistens darauf beschränken

1. die Annäherung an flaches Wasser rechtzeitig zu bemerken oder
2. eine Einfahrt oder Durchfahrt zu finden.

Im 2. Falle steuert man nicht die Mitte der Einfahrt an, sondern hält absichtlich weit nach der Seite, die für das Einlaufen die bessere ist. Hat man dann die für das Boot passende Tiefe mit dem Lot erreicht, z. B. bei 3 m Tiefgang die 6-m-Tiefe, so weiß man wenigstens mit größter Wahrscheinlichkeit, auf welcher Seite der Einfahrt man steht, und kann sich nun auf der 6-m-Tiefenlinie entlang in die Einfahrt hineinloten. Das ist besonders einfach, wenn sich ein Echolot an Bord befindet.

d) Standlinien durch Horizontalwinkelmessung

Sofern ein Sextant zur Verfügung steht, läßt sich auch durch Messen des Horizontalwinkels, unter dem zwei Objekte A und B erscheinen, eine Standlinie gewinnen. Diese ist ein Kreis, der A–B als Sehne hat und auf dessen Umfang alle Orte liegen, die A–B unter dem gemessenen Winkel – dem zugehörigen Umfangswinkel – sehen. Man findet den Mittelpunkt dieses Kreises, indem man in jedem der beiden Punkte A und B das Komplement des gemessenen Winkels, also dessen Ergänzung zu 90°, nach dem Schiffsort hin anträgt; der Schnittpunkt der freien Schenkel ist der Mittelpunkt des Kreises. Das Verfahren ist auf S. 389 durchgeführt (Abb. 52).

c) Terrestrische Ortsbestimmung

Ein Schiffsort ergibt sich aus zwei oder mehr Standlinien. Kompaßpeilungen werden vor dem Eintragen in die Seekarte in rechtweisende verwandelt. Der gefundene Schiffsort wird in der Karte mit einem kleinen Kreis und der Uhrzeit der Peilungen gekennzeichnet.

1. Gleichzeitige Peilungen

a) Kreuzpeilung (Abb. 51)
Peilt man gleichzeitig oder schnell hintereinander zwei Objekte, so kreuzen sich die damit gewonnenen Standlinien im Schiffsort. Dieser wird um so genauer, je näher der Winkel zwischen den beiden Peilungen bei 90° liegt und je nä-

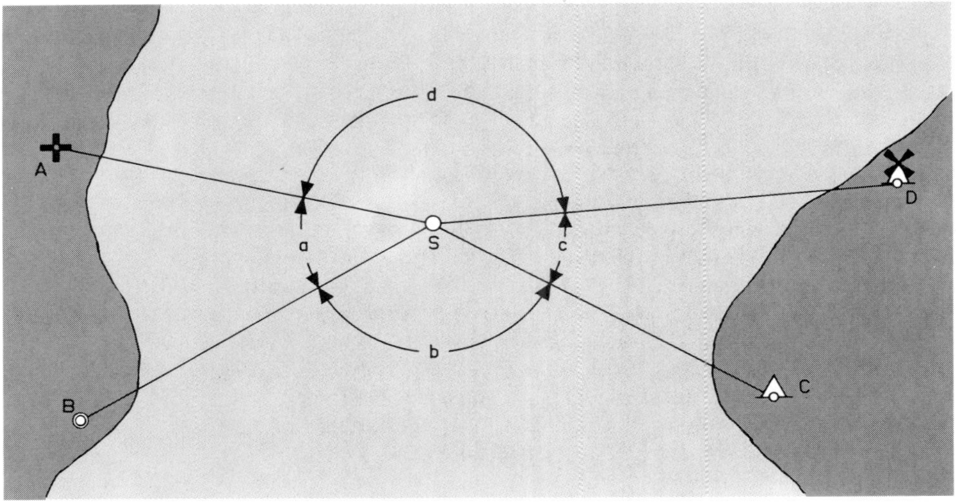

Abb. 51 Kreuzpeilung
Vom Schiffsort S aus peilen die Objekte A 282°, B 241°, C 118°, D 85° rechtweisend. Für eine Kreuzpeilung nach zwei Objekten sind günstig die Objekte A und B mit einem Schnittwinkel der Peilungslinien von 41° (a), bzw. B und C mit einem Schnittwinkel von 123° (b), bzw. C und D mit einem Schnittwinkel von 33° (c).

her die Peilobjekte dem Schiffsort sind. Ist der Winkel zwischen den Peilungen kleiner als 30° oder größer als 150°, so sind die Peilungen zur Ortsbestimmung nicht brauchbar, da sich die Peilungslinien beim Einzeichnen in die Karte nicht scharf genug schneiden.

Die Zuverlässigkeit des Schiffsorts kann man dadurch erhöhen, daß man mehr als zwei Objekte peilt. Es wird dann allerdings trotz aller Sorgfalt meist ein »Fehlerdreieck« entstehen, das einem ein Urteil über die Genauigkeit des gewonnenen Schiffsorts ermöglicht; man nimmt dann als Schiffsort den Schwerpunkt des Dreiecks an.

b) Peilung und Horizontalwinkel (Abb. 52)

Einen guten Schiffsort ergibt die Peilung eines Objektes und die gleichzeitige Messung des Horizontalwinkels zwischen dem gepeilten und einem zweiten geeigneten Objekt. Man benutzt dazu den Sextanten.

Man trägt die Peilung von A ein, trägt in einem beliebigen Punkt der Peilungslinie den gemessenen Horizontalwinkel an und zieht zu dem freien Schenkel des Winkels eine Parallele durch das zweite Objekt B. Der Schnittpunkt dieser Parallelen mit der Peilungslinie ist der gesuchte Schiffsort.

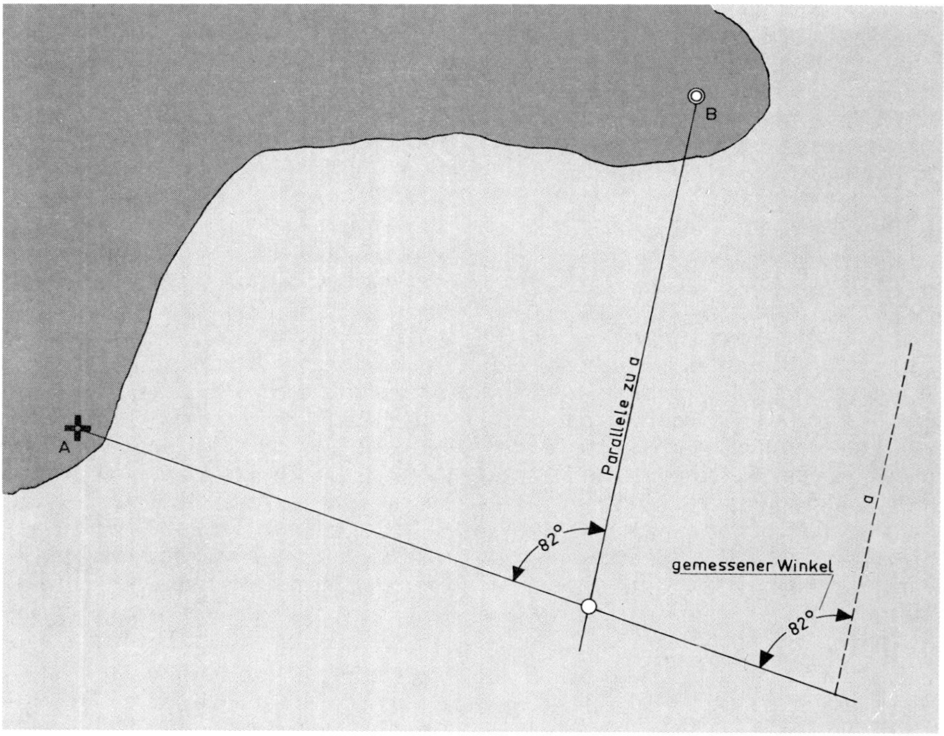

Abb. 52 Peilung und Horizontalwinkel

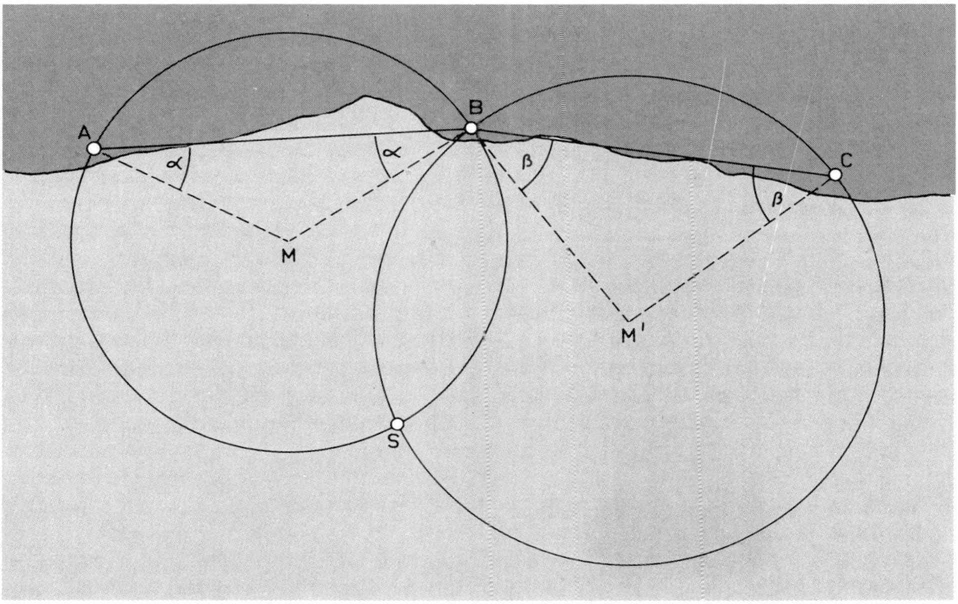

Abb. 53 Ort aus zwei Horizontalwinkeln

c) Ort aus zwei Horizontalwinkeln

Die *genaueste Schiffsortbestimmung* in der terrestrischen Navigation erhält man durch das gleichzeitige Messen zweier Horizontalwinkel zwischen drei Objekten (*Doppelwinkelmessung*).

Die mit dem Sextanten gemessenen Horizontalwinkel trägt man auf einem Stück Pauspapier in irgendeinem Punkt einer geraden Linie nach beiden Seiten hin mit einem Kursdreieck ab. Dieses durchsichtige Papier verschiebt man dann so lange auf der Karte, bis die Schenkel der beiden Winkel durch die entsprechenden drei Objekte gehen. Den gesuchten Schiffsort erhält man, indem man den gemeinsamen Schnittpunkt durch leichtes Durchdrücken der Bleistiftspitze auf der Karte markiert.

Man kann die Mittelpunkte der beiden Kreise, auf denen das Schiff steht, auch durch eine Konstruktion finden (Abb. 53):

A, B und C seien die drei Objekte, zwischen denen man die Winkel gemessen hat. Man mißt, südlich stehend, den Winkel zwischen A und B mit 57° und zwischen B und C mit 49°. A–B und B–C werden durch je eine Linie miteinander verbunden. Dann trägt man nach der Seite hin, auf der das Schiff steht (in diesem Falle nach Süden), den Komplementwinkel von 57°, also 33° $= \alpha$, an der Verbindungslinie A–B in A und B an. Der Schnittpunkt der freien Schenkel ist der Mittelpunkt M des gesuchten ersten Kreises. Entsprechend trägt man das Komplement des zweiten Winkels von 49°, also 41° $= \beta$, an B–C in B und C an. Der Schnittpunkt der beiden freien Schenkel ist der Mittelpunkt M′ des zweiten gesuchten Kreises. Der Schnitt-

punkt der beiden Kreise um M und M' ist der Schiffsort S.
Ist einer der gemessenen Winkel größer als 90°, so subtrahiert man von dem gemessenen Winkel 90°, zeichnet mit diesem Winkelwert ein Dreieck nach der entgegengesetzten Seite und schlägt dann um den Schnittpunkt der beiden freien Schenkel einen Kreisbogen.
Diese Art der Ortsbestimmung hat den Vorteil, daß sie *unabhängig vom Kompaß und seinen Fehlern* durchgeführt werden kann. Das Verfahren ist nicht anwendbar, wenn das Schiff und die drei Landmarken zufällig auf e i n e m Kreise liegen.

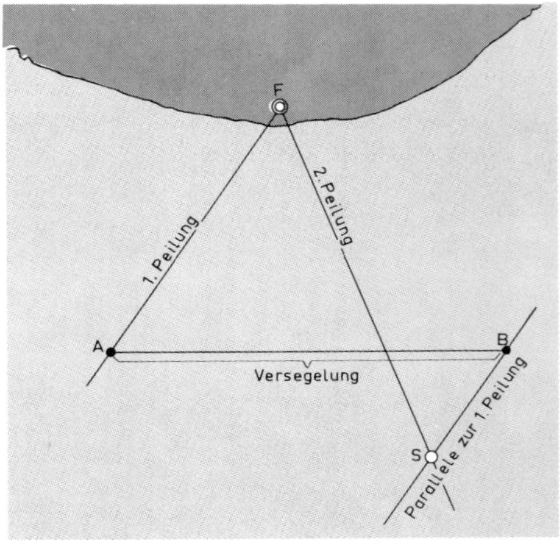

Abb. 54 Doppelpeilung

2. Doppelpeilungen

Als Doppelpeilung bezeichnet man das zweimalige Peilen des gleichen Objekts mit dazwischenliegender Versegelung. Die Doppelpeilung oder das mehrmalige Peilen des gleichen Objekts werden angewendet, wenn nur ein bekanntes Objekt vorhanden ist und dieses längere Zeit in Sicht bleibt. Die zweite Peilung darf erst gemacht werden, wenn das Objekt gut ausgewandert, der Winkel zwischen den Peilstrahlen also ausreichend groß geworden ist.
Den Schiffsort erhält man, indem man die erste Standlinie um den Betrag der Zwischensegelung in Richtung des Kurses verschiebt (Abb. 54). Der Schnittpunkt der verschobenen ersten mit der zweiten Peilung ist der Schiffsort zur Zeit der zweiten Peilung. Entsprechend verwertet man weitere Peilungen, die am besten in gleichen Zwischenzeiten genommen werden.
Allerdings sind Doppelpeilungen hinsichtlich ihrer Genauigkeit kaum mit gleichzeitigen Peilungen (Kreuzpeilungen u. ä.) zu vergleichen. Ein Bestandteil der Schiffsortbestimmung nach Doppelpeilungen ist ja der *Weg über Grund* zwischen den Peilungen. Die Versegelung enthält aber *Fehlermöglichkeiten* in Richtung und Länge: Steuerfehler, ungenaue Geschwindigkeit, Unsicherheiten der Abtrift und unbekannte Stromversetzung.
Bei den folgenden Verfahren a) und b) ist bei Benutzung einer *Peilscheibe* zu beachten: bei Abtrift und Stromversatz ist der Vorhaltewinkel bei der Einstellung der Peilvorrichtung für die beabsichtigte Peilung zu berücksichtigen; andernfalls mißt man den Winkel um die Größe des Vorhaltewinkels falsch. Maßgebend sind der Kartenkurs und die auf ihn zu beziehenden Winkel.
Ist die Peilscheibe vollkreisig von 0° bis 360° geteilt und nicht auf Kartenkurs, sondern auf Kiellinie ausgerichtet, gilt folgende Regel für das Anbringen des Vorhaltewinkels:

Der Vorhaltewinkel wird mit entsprechendem Vorzeichen (Bb.- oder Stb.-Abtrift) von der Seitenpeilung abgezogen, wenn man den Winkel zwischen KtK und Peilstandlinie ermitteln möchte; er wird zum Winkel zwischen KtK und Peilstandlinie mit seinem entsprechenden Vorzeichen addiert, wenn man die zu nehmende Seitenpeilung sucht.

a) Vierstrich-Peilung (Abb. 55)

Macht man die erste Peilung eines Objektes F, wenn es in 45° voraus, die zweite, wenn es querab ist, so ist nach den Gesetzen für rechtwinklige Dreiecke die Zwischensegelung gleich dem Abstand des Schiffes vom Objekt bei der zweiten Peilung.

Um den Schiffsort bei der Querpeilung zu erhalten, braucht man also nur die zwischen den beiden Peilungen zurückgelegte Strecke in den Zirkel zu nehmen und vom Objekt aus auf der letzten Peilungslinie abzutragen, die rechtwinklig auf der Kurslinie steht.

Man bedarf also keiner weiteren Zeichnung oder Rechnung. Zur Kontrolle peilt

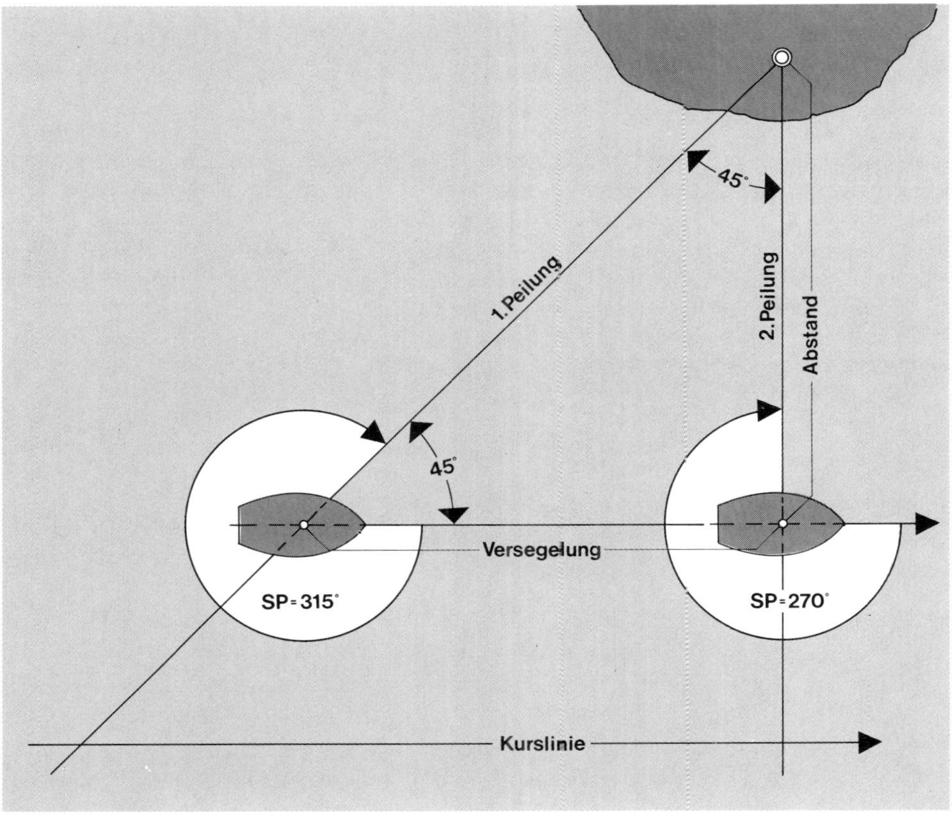

Abb. 55 Vierstrich-Peilung

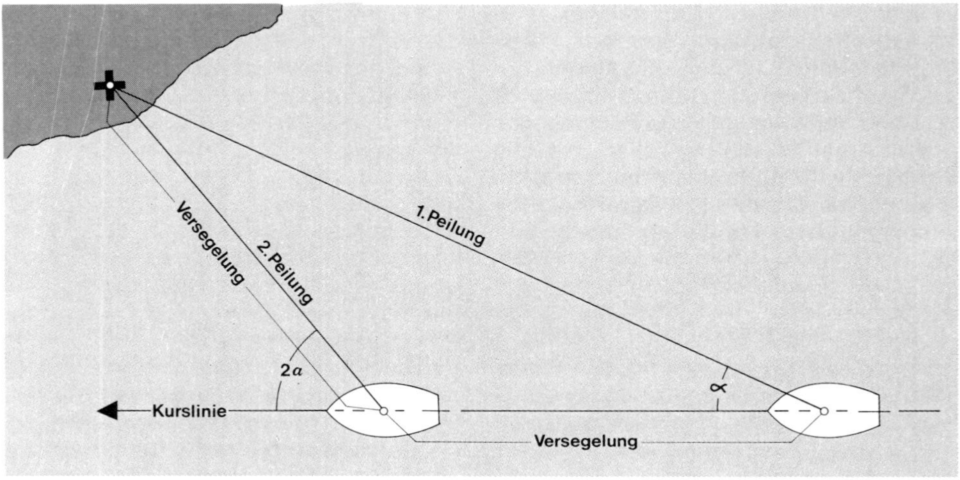

Abb. 56 Verdoppelung der Seitenpeilung

man nach Möglichkeit das Objekt noch einmal, wenn es 45° achteraus von der Kurslinie peilt.

b) Abstand als doppelte Versegelung
In einfacher Weise ergibt sich der Querabstand auch, wenn die erste Peilung 63,5°, die zweite 90° vom Kurs über Grund beträgt; der Querabstand bei der zweiten Peilung ist dann das Doppelte der zwischen beiden Peilungen abgelaufenen Strecke.

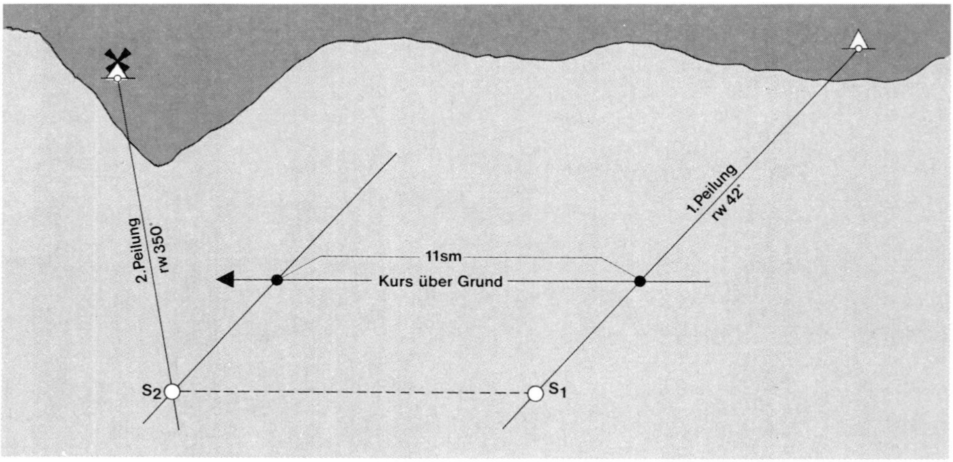

Abb. 57 Abgestumpfte Doppelpeilung

c) Verdoppelung der Seitenpeilung (Abb. 56)

Allgemeiner kann man das Objekt bei gleichbleibendem Kurs zum zweiten Mal in dem Augenblick peilen, wenn der Winkel zwischen Kurslinie und zweiter Peilung doppelt so groß geworden ist wie der Winkel bei der ersten Peilung. Der Abstand bei der zweiten Peilung ist dann gleich der zwischen den beiden Peilungen liegenden Versegelung. (Das Dreieck mit dem Außenwinkel 2 α ist gleichschenklig.)

d) Abgestumpfte Doppelpeilung (Abb. 57)

Kann aus irgendeinem Grunde das gleiche Objekt nicht zum zweiten Male gepeilt werden, steht dafür aber ein anderes Objekt zur Verfügung, so kann man seinen Schiffsort durch eine abgestumpfte Doppelpeilung bestimmen. Man peilt z. B. ein Objekt in rw. 42°, segelt rw. 270° 11 sm und peilt nun ein zweites Objekt, das vom ersten in rw. 265°, 22,5 sm entfernt liegt, in rw. 350°.

Von einem beliebigen Punkt der ersten Peilungslinie setzt man den Kartenkurs und die versegelte Strecke ab, trägt die zweite Peilungslinie ein und verschiebt die erste Peilungslinie parallel durch den Endpunkt der abgetragenen Distanz. Der Schnittpunkt beider Peilungslinien ist der Schiffsort zur Zeit der zweiten Peilung.

d) Einhalten von Mindestabständen

Oft liegen vor einer Küste gefährliche Untiefen, von denen ein Mindestabstand eingehalten werden muß. Ein Sextant ermöglicht eine sehr einfache und genaue Kontrolle dieses Abstandes.

Im einfachsten Fall stehen an Land zwei Peilobjekte A und B zur Verfügung. Man zeichnet auf der Karte jeweils eine Gerade von der Untiefe zu den beiden Peilmarken und mißt den von ihnen eingeschlossenen Winkel. Dieser Winkel ist der Gefahrenwinkel.

Auf der Yacht mißt man nun mit dem Sextanten den Horizontalwinkel zwischen A und B. Ist dieser Winkel größer als der Gefahrenwinkel, so ist man näher an Land als die Untiefe, ist er kleiner, so steht man weiter ab. Man kann gefahrlos außen oder innen passieren, solange sich die gemessenen Winkel deutlich vom Gefahrenwinkel unterscheiden.

Gibt es an Land nur ein Peilobjekt, so kann man den Gefahrenwinkel auch als Vertikalwinkel ableiten.

Man weiß z. B., daß eine Untiefe 1,3 sm vor einem Kap mit einem Leuchtturm liegt. Die Laterne dieses Leuchtturmes befindet sich z. B. 56 m über mittlerem Hochwasser (die Angabe findet sich im Leuchtfeuerverzeichnis). Dann ist nach der Abstandsformel $e = \frac{13}{7} \cdot \frac{\text{Höhe (m)}}{\text{Winkel (')}}$ von Seite 385:

$$\text{Gefahrenwinkel in Minuten} = \frac{13}{7} \cdot \frac{56}{1{,}3} = 80' = 1°20'$$

Solange der Vertikalwinkel zwischen der Laterne des Leuchtturmes und dem Wasserspiegel kleiner als 1° 20′ ist, ist man frei von der Untiefe. Bei Niedrigwasser wird man sogar noch weiter abstehen, denn wenn die Ebbe die Höhe des Objektes um 1/10 vergrößert, so ist auch die Distanz um etwa 1/10 größer. (Bei Messung von Bergen oder dgl. muß man die zugrundegelegte Bezugsfläche – Höhennull – berücksichtigen. Diese findet man in den »Bemerkungen« einer jeden Seekarte.)

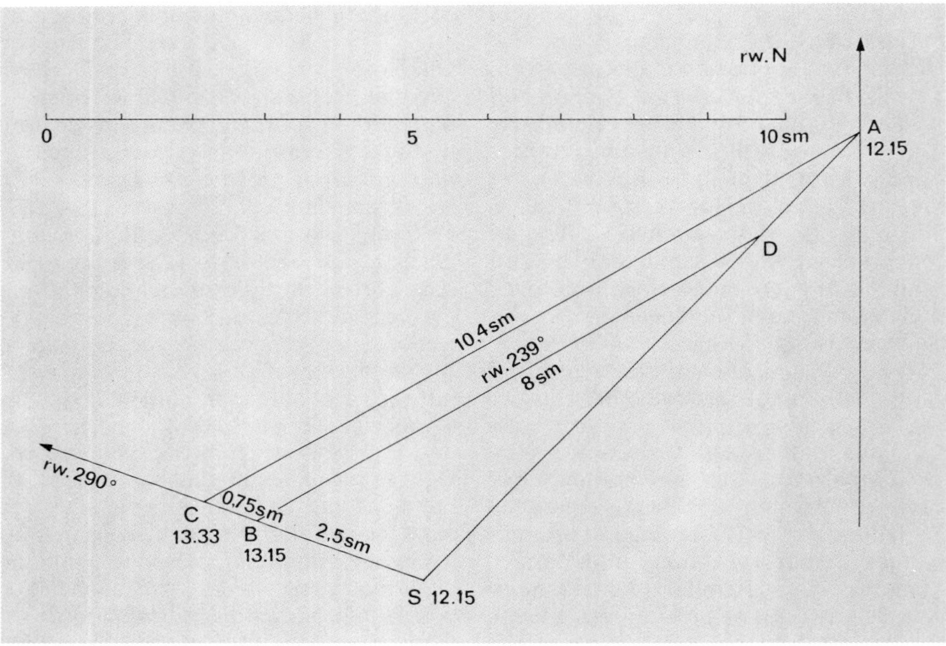

Abb. 58 Treffpunktaufgabe

e) Treffpunktaufgaben

In der Praxis, z. B. bei Havarien, kann es vorkommen, daß ein Schiff zu einem anderen geschickt oder ein Schiff einem anderen entgegengesandt werden soll. Bei der Lösung solcher Aufgaben ist für die Genauigkeit des Treffpunktes entscheidend, daß man Kurs und Fahrt bzw. Trift des anderen Fahrzeugs annähernd kennt. Sind diese Werte bekannt, so findet man den zu steuernden Kurs am besten zeichnerisch in der Seekarte (s. Übungskarte Mündungen der Jade und Weser).

Beispiel 1 (Abb. 58):
Eine Motoryacht hat um 12.10 Uhr über Sprechfunk an Norddeich Radio gemeldet, daß sie infolge Motorschadens in Not sei; um 12.15 Uhr gibt sie ihren Standort S bei Leucht-Heultonne 1 an ($\varphi = 53°\ 52{,}14'$ N und $\lambda = 7°\ 58{,}9'$ E). Sie teilt gleichzeitig mit, daß sie bei OSO-Windstärke 6 und ablaufendem Wasser mit 2,5 kn in Richtung rw. 290° treibe. – Welchen Kurs muß eine andere Motoryacht, die um 12.15 Uhr bei der Leuchttonne Scharhörnriff steht ($\varphi = 53°\ 58{,}55'$ N und $\lambda = 8°\ 8{,}83'$ E), bei einer Fahrt von 8 kn steuern, und wieviel Zeit wird sie benötigen, um die in Not befindliche Yacht zu treffen?
Lösung: Man verbindet den Standort S der in Not befindlichen Yacht für 12.15 Uhr (Leucht-Heultonne 1) mit dem Ausgangspunkt A der Hilfe bringenden Yacht (Leuchttonne Scharhörnriff). Dann

trägt man vom Standort S aus den Kurs der treibenden Yacht mit rw. 290° und deren Trift für 1 Stunde (2,5 sm) in die Karte ein. Man erhält den Punkt B. Um B schlägt man nun einen Kreis mit der ebenfalls in 1 Stunde von der Hilfe bringenden Yacht zurückgelegten Distanz (8 sm). Dieser Kreis schneidet die Verbindungslinie Leucht-Heultonne 1 – Leuchttonne Scharhörnriff in Punkt D; die Verbindungslinie B–D ist der Kurs, den die Hilfe leistende Yacht zu fahren hat. Er wird mit rw. 239° der Karte entnommen. Verschiebt man die Verbindungslinie D – B parallel durch den Punkt A, so schneidet diese Parallele den Kurs der in Not befindlichen Yacht im Punkt C, der 10,4 sm Abstand von der Leuchttonne Scharhörnriff (Punkt A) hat. Punkt C = Treffpunkt der beiden Yachten, ist vom Standort S der in Not befindlichen Yacht um 12.15 Uhr 3,25 sm entfernt. Bei 8 kn Fahrt benötigt die eine Yacht für die 10,4 sm lange Strecke von A nach C eine Fahrzeit von 1 Stunde 18 Minuten, die andere Yacht bei 2,5 sm Trift für die 3,25 sm lange Strecke die gleiche Zeit; beide Fahrzeuge werden sich also um 13.33 Uhr in C treffen, d. h. auf ungefähr 53° 52,25′ N, 7° 53,75 E.
Beide Yachten befinden sich in einem Gebiet der Nordsee, in dem mit Sicherheit Strom zu erwarten ist. So muß für die Berechnung des Kompaßkurses, den die Hilfe leistende Yacht zu steuern hat, wie auch der Fahrt über Grund (die von der Fahrt durchs Wasser erheblich abweichen kann) der Strom berücksichtigt werden (Zeichnen des Stromdreiecks, aus dem sich Kurs durchs Wasser und Fahrt über Grund ergeben).

Beispiel 2:
Um 10.00 Uhr legt vom Westanleger Wangerooge (etwa 1 sm SO vom Leuchtturm Wangerooge) ein Fahrzeug ab, um zwischen Wangerooge und Spiekeroog hindurch mit Kurs Feuerschiff Weser (φ = 53° 51,93′ N und λ = 7° 50′ E) weiter in die Nordsee zu fahren. Um 10.30 Uhr erhält ein zweites Fahrzeug in Wangerooge die Anweisung, das erste zu treffen und sich diesem anzuschließen. Wieviel Zeit braucht das zweite, 11 kn laufende Fahrzeug, um das erste, das 8 kn läuft, einzuholen?

Lösung: Für diese Aufgabe gebraucht man die Formel

$$\text{Einholzeit (T)} = \frac{v_1\,(t_2-t_1)}{v_2 - v_1}$$

In dieser Formel ist v_1 die Geschwindigkeit des ersten Fahrzeugs = 8 kn, v_2 die des zweiten = 11 kn, t_1 die Abfahrtszeit des ersten Fahrzeugs, t_2 die des zweiten. Das erste Fahrzeug hat eine halbe Stunde Vorsprung; t_2-t_1 = 0,5 Stunden. Die Formel liefert mit diesen Werten:

$$T = \frac{8 \cdot 0{,}5}{11-8} = \frac{4}{3} = 1^1/_3$$

Das zweite Fahrzeug holt das erste nach $1^1/_3$ Stunden = 1 Stunde 20 Minuten ein, d. h., um 11.50 Uhr.

D. GEZEITEN

In Tidegewässern wie in der Nordsee und im Englischen Kanal sind die Gezeiten zu berücksichtigen, und zwar sowohl das regelmäßige Steigen und Fallen des Wasserstandes wie auch die damit verbundenen horizontalen Wasserbewegungen, die Gezeitenströme.
Der zu einer bestimmten Zeit herrschen-

de Wasserstand über einer Barre, in einer Flußmündung oder in einem Hafen muß vom Navigator errechnet werden. Er muß auch ausrechnen, welcher Tiefenangabe auf der Seekarte eine Lotung entspricht und wieviel Wasser bei Niedrigwasser an einem bestimmten Punkt unter seinem Kiel bleibt.
Die Rechnungen sind sehr einfach und können schematisch vollzogen werden, sogar im Kopf; denn es kommt nie auf ein paar Zentimeter an, wenn man die gute alte Regel befolgt, immer einen Fußbreit, besser einen halben Meter unter dem Kiel zu haben.

a) Grundlagen

Gezeiten sind Niveauschwankungen der Meeresoberfläche. Sie werden verursacht durch die Anziehungskräfte des Mondes und der Sonne auf die Flüssigkeitsmoleküle im Meer. Die Anziehungskräfte wirken im Mondmeridian und im Sonnenmeridian vertikal und in jeweils einem ganzen Erdviertel mehr oder weniger horizontal. Es entsteht dadurch auf der den Gestirnen zugewandten Seite durch Anziehung ein Flutberg, und auf der abgewandten Seite ebenso, aber durch die Erhöhung der Zentrifugalkraft.
Die Wirkung des Mondes ist weitaus größer als die der Sonne. Stehen Mond und Sonne auf der gleichen Seite der Erde, verstärken sich die Anziehungskräfte. Dies ist besonders der Fall bei Voll- und Neumond, wenn die Sonne in der Verlängerung der Linie zum Mond steht. Die dadurch bewirkten stärkeren Tiden bezeichnet man als *Spring*tiden. Steht die Sonne etwa senkrecht zur Achse Erde-Mond, haben wir Halbmond und *Nipptiden.*

Da an einem gegebenen Ort die Anziehung am größten im Augenblick des Meridiandurchgangs des Himmelskörpers ist, haben wir an jedem Tag von 24 Stunden für die Sonne und 24 Stunden 50 Minuten für den Mond zwei Maxima und zwei Minima.

Wenn die Deklination des Himmelskörpers und die Ortsbreite entgegengesetzte Vorzeichen haben, wird ein Maximum größer sein als das andere. Jede Ungleichmäßigkeit in der Bewegung des Mondes um die Erde und der Erde mit ihrem Mond um die Sonne werden Ungleichmäßigkeiten in den Gezeitenkräften bewirken. Man hat also nicht nur die periodischen Ungleichheiten der Deklination der Himmelskörper zu berücksichtigen, wobei die Periode für den Mond 14 Tage und für die Sonne 6 Monate beträgt, sondern auch die Ungleichheiten der Paralaxe durch die elliptische Form der Umlaufbahnen. Die Anziehungskräfte werden daher am stärksten sein, wenn die Bahnentfernung am kleinsten ist, also im Perigäum.
Man kann auf diese Weise eine ganze Reihe von Komponenten herausschälen, die sich auf die Gezeiten auswirken, auch wenn ihre Wirkung sehr unterschiedlich ist. Die wichtigsten sind:
Die halbtägige Mondtide M 2, die am wichtigsten ist.
Die halbtägige Sonnentide S 2
Die mittlere elliptische Mondtide N 2, die durch die wechselnde Entfernung des Mondes von der Erde gesteuert wird.
Die halbtägige Mondsonnentide K 2, ausgelöst durch die unterschiedlichen Deklinationen von Mond und Sonne.
Dazu kommen noch Wellen langer Periode auf Grund der wechselnden Deklination und überlagerte Wellen.
Die Dauer zwischen zwei Flutbergen beträgt im allgemeinen rund 12½ Stunden; zwischen einem Hoch- und einem Niedrigwasser werden daher im Mittel 6¼ Stunden liegen.
In Wirklichkeit ist die Sache noch etwas komplizierter.

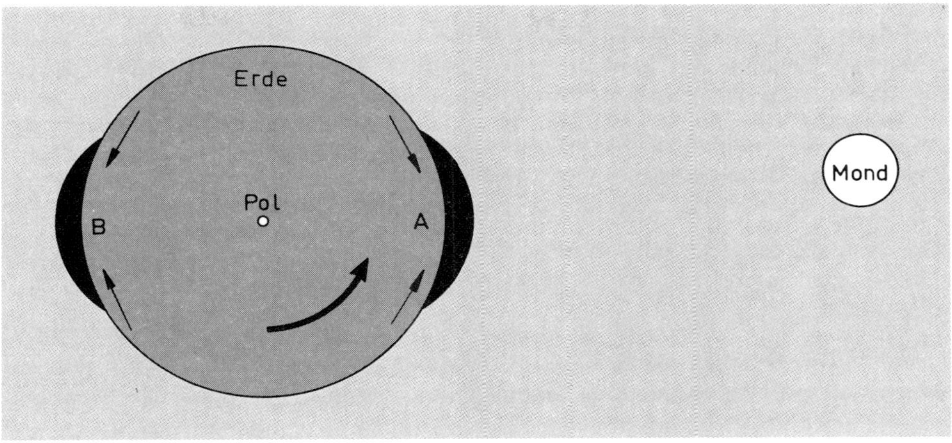

Abb. 59

Die mit der Erddrehung ständig in langgezogenen Bahnen hin und her schwingenden Wasserteilchen werden gehemmt durch Landmassen und beeinflußt durch verschiedene Tiefe der Meere und verschieden starke Beweglichkeit der Wassermoleküle (Viskosität). Die Gezeitenwellen werden dadurch phasenverschoben und durch Reflektion an den Küsten überlagert. Durch die Resonanzen zwischen den ozeanischen Bassins werden die Beziehungen noch weiter kompliziert. Sie lassen sich daher auch nicht vorausberechnen, sondern müssen aus Beobachtungen ermittelt werden.
An den Küsten des Atlantiks sind die Verhältnisse relativ einfach: Hier sehen wir die bekannten halbtägigen Gezeiten. Es gibt aber auch eintägige Gezeiten (im Golf von Tongking und in Kopenhagen) und halbtägige Gezeiten mit erheblichen täglichen Schwankungen (Stiller und Indischer Ozean), an einigen Stellen auch gemischte Gezeiten, bei denen die Höhen der beiden täglich auftretenden HW bzw. NW stark voneinander abweichen.

b) Die wichtigsten Begriffe der Gezeitenkunde

Die Abbildung 60 zeigt die wichtigsten Begriffe. Der Höhenunterschied zwischen Niedrigwasserhöhe und Hochwasserhöhe ist der *Tidenstieg,* der Höhenunterschied zwischen Hochwassserhöhe und der folgenden Niedrigwasserhöhe der *Tidenfall.* Da sich zwei aufeinanderfolgende Niedrigwasser in ihrer Höhe unterscheiden, hat man den Begriff des *Tidenhubs* geschaffen. Er ist das arithmetische Mittel aus Tidenstieg und Tidenfall.
Das Kartennull, auf das die Tiefenangaben der Seekarten bezogen sind, ist in den einzelnen Ländern verschieden festgelegt. In der Deutschen Bucht und ihren Flußgebieten liegt das Kartennull in der *Ebene des mittleren Springniedrigwassers.* In der Ostsee, in der Gezeiten keine Rolle spielen, stimmt das Kartennull mit dem mittleren Wasserstand in Swinemünde überein. Über die Festsetzungen in anderen Ländern findet man Angaben in den Gezeitentafeln.

Die Höhen, die man den Gezeitentafeln entnimmt, sind jeweils auf das Null der benutzten Seekarte bezogen, also auch auf das Null der Seekarten fremder Staaten oder der deutschen Seekarten von außerdeutschen Küsten.

In England und Frankreich ist das KN das niedrigste Springniedrigwasser. Manchmal aber gibt es Abweichungen innerhalb eines Landes, zum Beispiel in der Bretagne, wo das KN etwa 1,50 m unter dem mittleren Springniedrigwasser liegt.

Anlagen, die die Höhe des Wasserstandes messen, heißen *Pegel.* An den wichtigsten Plätzen findet man Pegel mit der Beschriftung »Schiffahrtspegel«. Sie zeigen den Wasserstand über Kartennull, also die Höhe der Gezeiten an. Nur sie dürfen für die Schiffsführung benutzt werden.

An vielen Küsten wird der Wasserstand über Kartennull durch Wasserstandssignale und Wasserstandsanzeiger angezeigt. Die nähere Beschreibung dieser Anlagen findet man im Anhang »Signalstellen« der Leuchtfeuerverzeichnisse, für die deutsche Nordseeküste also im Teil III A.

Die *Kartentiefe* läßt sich der Seekarte entnehmen. Die *Wassertiefe* ergibt sich aus der *Kartentiefe* und der *Höhe der Gezeit,* sie ist der jeweils vom Handlot gemessene Wert. Eine waagerecht unterstrichene Zahl besagt, daß diese Stelle mit der angegebenen Höhe über KN trockenfällt.

Die Höhe der Gezeit ist mit einigen Ausnahmen auf das Kartennull bezogen. Man muß daher die Tiefe nach Seekarte und die Höhe der Gezeit addieren, um die zur betreffenden Zeit vorzufindende Wassertiefe zu erhalten.

Springzeit, Nippzeit, Springverspätung

Die Höhen von Hoch- und Niedrigwasser nehmen im Laufe von 14 Tagen kontinuierlich zu bzw. ab. Die höchsten Hochwasser und niedrigsten Niedrigwasser finden sich bei Springzeitverhältnissen, wenn Erde, Mond und Sonne in einer Achse stehen, also bei Vollmond und bei Neumond. Zwischen Springhochwasser und Springniedrigwasser gibt es dann den größten Tidenhub, den *Springtidenhub.* Wenn der Mond im ersten oder letzten Viertel steht, entstehen besonders *schwache* Gezeiten, die *Nipptiden.* Die Hochwasserstände sind dann besonders niedrig, die Niedrigwasserstände besonders hoch.

Die Zeit zwischen Spring- und Nippzeit nennt man *Mittzeit.* Man rechnet

Springzeit:	2 Tage
Mittzeit:	3 Tage
Nippzeit:	4 Tage
Mittzeit:	3 Tage
Springzeit:	2 Tage
	14 Tage

Die Spring- und Nipptiden treten erst mit einer gewissen Verspätung auf, an unseren Küsten erst 3 Tage später. Diese *Springverspätung,* die zum Englischen Kanal hin kleinere Werte hat, entnimmt man der Tafel 1a im Teil IV der Gezeitentafeln.

Der Gezeitenunterschied

Es ist dies die Verbesserung, die man an die Zeiten für HW und NW und die Gezeitenhöhen eines Bezugsortes anzubringen hat, um die entsprechenden Werte für einen Anschlußort zu erhalten. (Siehe im folgenden Abschnitt.)

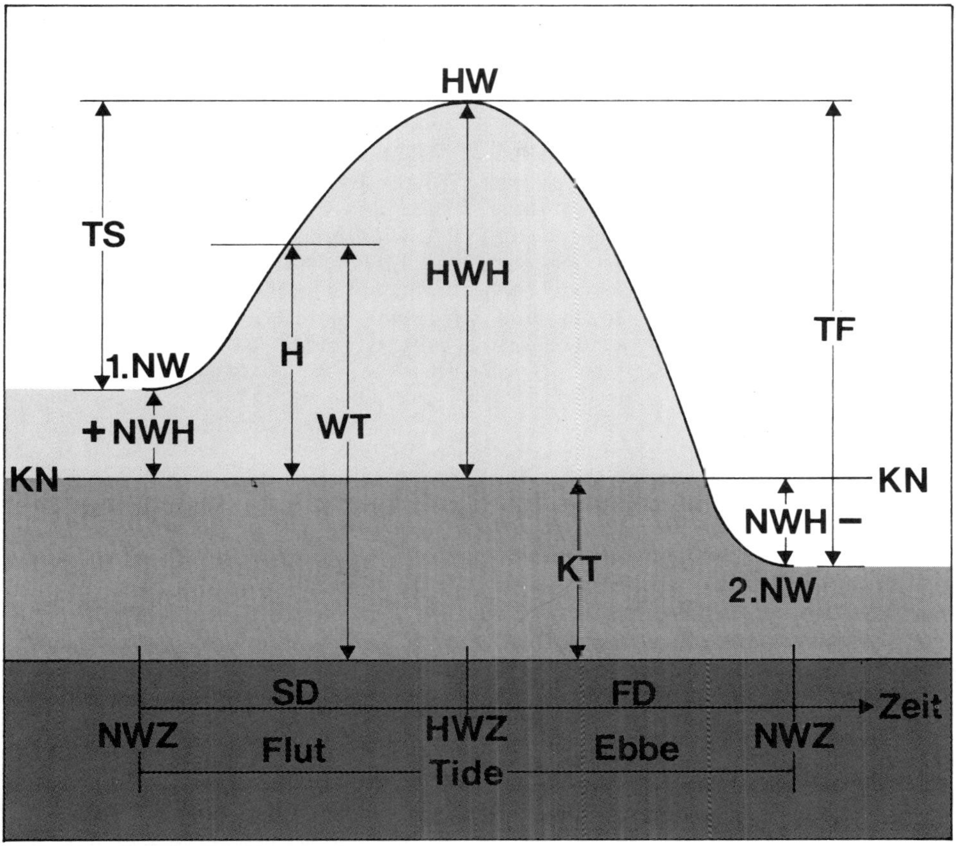

Abb. 60 Begriffe aus der Gezeitenlehre

KN = Kartennull	*NW = Niedrigwasser*	*HW = Hochwasser*
KT = Kartentiefe	*NWH = Niedrigwasserhöhe*	*HWH = Hochwasserhöhe*
	NWZ = Niedrigwasserzeit	*HWZ = Hochwasserzeit*
H = Höhe der Gezeit		
WT = Wassertiefe	*SD = Steigdauer*	*FD = Falldauer*
	TS = Tidenstieg	*TF = Tidenfall*

$$TH = \text{Tidenhub} = \frac{TS + TF}{2}$$

c) Die Gezeitentafeln

Band I der Gezeitentafeln behandelt die europäischen Gewässer. Der Teil I gibt die »ausführlichen Vorausberechnungen« der Hoch- und Niedrigwasserzeiten und der dazugehörigen Höhen für eine Reihe von ausgewählten *Bezugsorten,* der Teil II für eine große Anzahl von *Anschlußorten,* die in der Umgebung der Bezugsorte liegen, die *Gezeitenunterschiede.* Wenn man diese Gezeitenunterschiede an den Werten der Bezugsorte anbringt, erhält man die Gezeitenwerte der Anschlußorte. Mit diesen Werten sind die Küsten und Flußmündungen der europäischen Gewässer für die Zwecke der Navigation vollständig ausreichend erfaßt.

Für die Bezugsorte sind die an den betreffenden Tagen zu erwartenden Hoch- und Niedrigwasserzeiten und Hoch- und Niedrigwasserhöhen ausführlich vorausberechnet angegeben. Mondphase (Spring-, Mitt-, Nippzeit) und Springverspätung sind berücksichtigt. Diese

Wilhelmshaven 1973

Breite: 53° 31′ N, Länge: 8° 09′ O.

Mai

	Zeit h m	Höhe m		Zeit h m	Höhe m
1	0534	0.0	16	0018	4.1
	1154	3.9		0623	0.0
Di	1756	0.1	Mi	1243	4.0
				1846	0.0
2	0011	4.2	17	0101	4.0
	0623	-0.1		0705	0.0
Mi	1239	4.0	Do	1323	4.1
	1845	-0.1		1928	0.0
3	0058	4.2	18	0141	4.0
	0708	-0.2		0742	0.0
Do	1321	4.1	Fr	1358	4.1
	1930	-0.2		2005	-0.1
4	0143	4.2	19	0217	4.0
	0751	-0.2		0815	0.0
Fr	1403	4.1	Sa	1429	4.2
	2014	-0.3		2037	0.0
5	0231	4.2	20	0250	4.0
	0836	-0.1		0846	0.1
Sa	1448	4.2	So	1500	4.2
	2101	-0.3		2110	0.0
6	0320	4.1	21	0324	3.9
	0923	-0.1		0918	0.1
So	1535	4.2	Mo	1533	4.2
	2149	-0.3		2143	0.0
7	0410	4.1	22	0358	3.8
	1009	0.0		0950	0.1
Mo	1622	4.2	Di	1607	4.1
	2236	-0.2		2217	0.1
8	0500	3.9	23	0433	3.8
	1053	0.1		1022	0.2
Di	1710	4.1	Mi	1642	4.1
	2324	-0.1		2251	0.2

Juni

	Zeit h m	Höhe m		Zeit h m	Höhe m
1	0031	4.2	16	0118	4.0
	0640	0.0		0719	0.1
Fr	1254	4.2	Sa	1335	4.2
	1907	-0.1		1945	0.0
2	0124	4.2	17	0158	4.0
	0731	-0.1		0756	0.1
Sa	1344	4.2	So	1410	4.2
	1959	-0.2		2022	0.0
3	0218	4.2	18	0234	4.0
	0822	-0.1		0831	0.1
So	1435	4.3	Mo	1445	4.3
	2053	-0.2		2058	0.0
4	0312	4.1	19	0309	4.0
	0914	0.0		0906	0.1
Mo	1527	4.3	Di	1519	4.3
	2146	-0.2		2132	0.0
5	0405	4.1	20	0343	3.9
	1003	0.0		0938	0.1
Di	1615	4.3	Mi	1552	4.2
	2234	-0.2		2205	0.1
6	0454	4.0	21	0416	3.9
	1047	0.1		1010	0.2
Mi	1702	4.3	Do	1626	4.2
	2321	-0.1		2240	0.1
7	0543	3.9	22	0452	3.8
	1132	0.2		1044	0.3
Do	1752	4.2	Fr	1704	4.2
				2318	0.2
8	0010	0.0	23	0531	3.8
	0635	3.8		1122	0.3
Fr	1221	0.3	Sa	1745	4.1
	1847	4.1		2359	0.2

Juli

	Zeit h m	Höhe m		Zeit h m	Höhe m
1	0114	4.2	16	0141	4.0
	0720	0.1		0741	0.2
So	1332	4.3	Mo	1353	4.3
	1952	-0.2		2008	0.1
2	0210	4.2	17	0219	4.0
	0815	0.0		0819	0.1
Mo	1426	4.4	Di	1430	4.3
	2048	-0.2		2045	0.1
3	0304	4.2	18	0253	4.1
	0908	0.0		0854	0.1
Di	1517	4.4	Mi	1503	4.3
	2140	-0.2		2118	0.0
4	0354	4.1	19	0324	4.0
	0954	0.0		0923	0.1
Mi	1603	4.4	Do	1533	4.3
	2225	-0.2		2148	0.1
5	0438	4.0	20	0354	3.9
	1034	0.1		0952	0.1
Do	1645	4.4	Fr	1606	4.3
	2305	-0.1		2221	0.1
6	0520	3.9	21	0429	3.9
	1112	0.2		1027	0.2
Fr	1728	4.3	Sa	1643	4.2
	2346	0.1		2259	0.1
7	0602	3.9	22	0507	3.9
	1154	0.3		1104	0.2
Sa	1814	4.2	So	1722	4.2
				2336	0.1
8	0028	0.2	23	0545	3.9
	0647	3.8		1141	0.3
So	1240	0.4	Mo	1803	4.1
	1903	4.1			

August

	Zeit h m	Höhe m		Zeit h m	Höhe m
1	0250	4.2	16	0231	4.1
	0856	0.0		0835	0.1
Mi	1500	4.5	Do	1440	4.4
	2126	-0.1		2057	0.0
2	0333	4.1	17	0300	4.1
	0937	0.0		0904	0.1
Do	1543	4.5	Fr	1511	4.3
	2205	-0.1		2127	0.1
3	0412	4.1	18	0330	.4.0
	1012	0.0		0933	0.0
Fr	1620	4.4	Sa	1544	4.3
	2239	0.0		2159	0.1
4	0448	4.0	19	0403	4.0
	1045	0.1		1007	0.1
Sa	1657	4.3	So	1621	4.2
	2313	0.1		2236	0.1
5	0523	3.9	20	0441	4.0
	1120	0.2		1045	0.2
So	1735.	4.2	Mo	1701	4.2
	2348	0.3		2312	0.2
6	0559	3.9	21	0519	3.9
	1156	0.3		1121	0.3
Mo	1815	4.0	Di	1741	4.1
				2346	0.3
7	0024	0.4	22	0559	3.9
	0641	3.8		1203	0.4
Di	1239	0.5	Mi	1831	3.9
	1905	3.8			
8	0110	0.6	23	0035	0.5
	0737	3.7		0658	3.8
Mi	1339	0.6	Do	1308	0.5
	2011	3.7		1944	3.8

Abb. 61

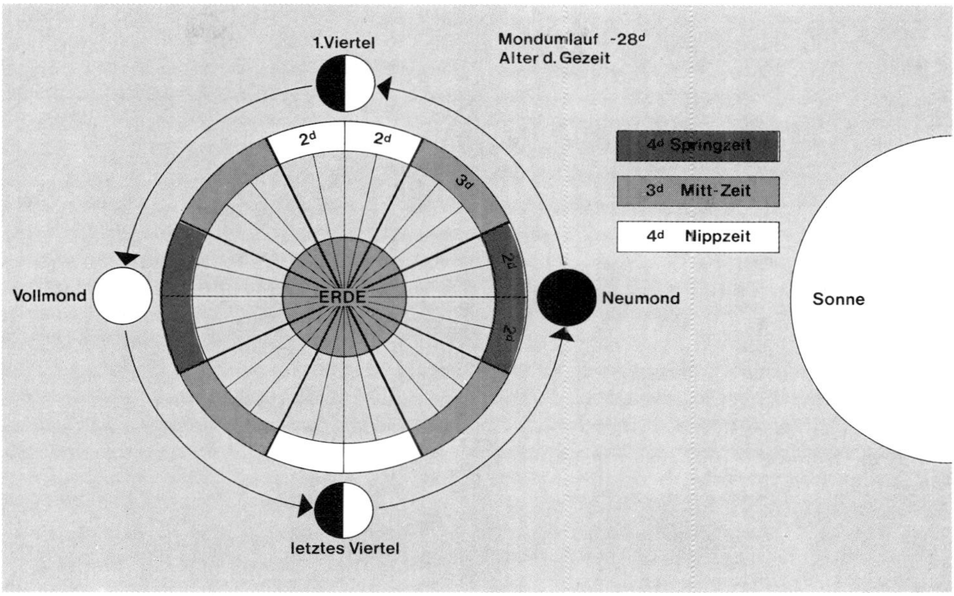

Abb. 62

Hoch- und Niedrigwasserzeiten und -höhen können also aus der Tafel ohne weiteres in die Praxis übernommen werden. Für die Berechnung einer Höhe über Kartennull zu einer anderen beliebigen Gebrauchszeit, z. B. zur Zeit einer Lotung oder des Befahrens eines Gewässers, muß man den in den Tafeln angegebenen Höhen noch den Wert hinzufügen, um den sich die Höhe in der Zwischenzeit des Steigens oder Fallens des Wassers vermehrt oder vermindert hat. Da die Schnelligkeit des Steigens oder Fallens des Wassers sowie die Höhen bei Spring-, Nipp- oder Mittzeit verschieden sind und nicht einfach durch rechnerische Zwischenschaltung ermittelt werden können, benutzt man die Tidenkurven der Bezugsorte. Diese Kurven sind für mittlere Springverhältnisse und für mittlere Nippverhältnisse gezeichnet und geben die Wasserhöhen für jede Gebrauchszeit an. Für Mittzeitverhältnisse müssen die Höhen aus beiden Kurven gemittelt werden.

In einigen Fällen sind die Gezeitenunterschiede für einen Anschlußort nicht vollständig gegeben; man arbeitet dann am besten mit einer mittleren Steig- oder Falldauer von 6^h12^m. Es kann sein, daß an einem Tag nicht zwei, sondern nur ein Hochwasser (HW) beziehungsweise Niedrigwasser (NW) angegeben sind; das zweite fällt dann auf

Tafel 3a

Mondphasen 1973. M.G.Z.

		d h m		d h m		d h m		d h m
Neumond	Januar	4 15 42	April	3 11 45	Juni	30 11 39	September	26 13 54
Erstes Viertel		12 05 27		10 04 28	Juli	7 08 26	Oktober	4 10 32
Vollmond		18 21 28		17 13 51		15 11 56		12 03 09
Letztes Viertel		26 06 05		25 17 59		23 03 58		18 22 33
Neumond	Februar	3 09 23	Mai	2 20 55		29 18 59		26 03 17
Erstes Viertel		10 14 05		9 12 07	August	5 22 27	November	3 06 29
Vollmond		17 10 07		17 04 58		14 02 17		10 14 27
Letztes Viertel		25 03 10		25 08 40		21 10 22		17 06 34
Neumond	März	5 00 07	Juni	1 04 34		28 03 25		24 19 55
Erstes Viertel		11 21 26		7 21 11	September	4 15 22	Dezember	3 01 29
Vollmond		18 23 33		15 20 35		12 15 16		10 01 34
Letztes Viertel		26 23 46		23 19 45		19 16 11		16 17 13
Neumond	April	3 11 45		30 11 39		26 13 54		24 15 07

Abb. 63

den nächsten beziehungsweise den vorhergehenden Tag.

Steht die Yacht im freien Seeraum, so können angenäherte Werte für die Hochwasserzeit und den Tidenhub aus zwei Karten entnommen werden, die der Gezeitentafel beigegeben sind. Sie bedecken das Gebiet der Nordsee und der Gewässer um England.

Gebrauchsanweisungen für alle Gezeitenaufgaben findet man in den einleitenden Kapiteln der Gezeitentafeln, deren Studium nicht genug empfohlen werden kann. Im folgenden sind nur Hinweise für die Lösung der wichtigsten Aufgaben gegeben.

Zur Lösung der nachstehenden Beispiele können die auf diesen Seiten wiedergegebenen Auszüge aus der Gezeitentafel des DHI für das Jahr 1973 verwendet werden.

d) Lösung von Gezeitenaufgaben

1. Bestimmung von Spring-, Nipp- und Mittzeit

Um festzustellen, ob an einem bestimmten Tage Spring-, Nipp- oder Mittzeit ist, stellt man zunächst in der Tafel 3a der Gezeitentafeln des Jahres fest, wann v o r dem betreffenden Tage Voll- oder Neumond, bzw. erstes oder letztes Viertel war. An unseren Küsten tritt erst drei Tage nach der betreffenden Mondphase die Spring- bzw. Nipptide ein.

Die zwischen Spring- und Nipptide liegende Zeit teilt man in der Praxis in der Weise auf, daß man noch je zwei Tage vor und nach dem Zeitpunkt als Spring- oder Nippzeit rechnet. Für die dazwischenliegenden Tage nimmt man mittlere Verhältnisse (Mittzeit) an.

Tafel 1a

Gezeitengrundwerte der europäischen Bezugsorte

Bezugsort	Spring-verspätung	Mittlere Steig- dauer	Mittlere Fall- dauer	M. Sp. H. W.	M. Np. H. W.	M. Sp. N. W.	M. Np. N. W.	Z_0	Art der Vorausberechnung	Vorausberechnet durch
	d h	h m	h m	m	m	m	m	m		
Ekaterininskaja	1 19	06 04	06 21	3.65	2.97	0.65	1.33	2.15	H. V.	D. H.
Narvik	2 02	06 10	06 15	3.23	2.38	0.49	1.22	1.80	H. V.	N. S.
Bergen	2 02	06 19	06 06	1.40	1.07	0.18	0.52	0.80	H. V.	N. S.
Helgoland	2 22	05 40	06 45	2.65	2.31	0.00	0.39	1.36	D. V.	D. H.
Husum	3 00	05 59	06 26	3.66	3.28	0.00	0.44	–	D. V.	D. H.
Büsum	3 01	06 24	06 01	3.57	3.16	0.00	0.48	–	H. U.	D. H.
Cuxhaven	3 00	05 36	06 49	3.19	2.79	– 0.03	0.34	1.64	H. U.	D. H.
Brunsbüttel	3 01	05 24	07 01	2.96	2.61	0.02	0.27	1.57	D. V.	D. H.
Hamburg	3 04	04 59	07 26	2.69	2.39	– 0.06	– 0.02	1.26	H. U.	D. H.
Bremerhaven	3 00	05 56	06 29	3.78	3.38	– 0.06	0.39	1.98	H. U.	D. H.
Bremen	3 03	05 06	07 19	3.62	3.20	– 0.08	0.06	–	H. U.	D. H.
Wilhelmshaven	3 00	06 16	06 09	4.13	3.68	0.00	0.57	2.12	H. U.	D. H.
Norderney	2 22	05 58	06 27	2.71	2.36	0.00	0.42	–	H. U.	D. H.
Borkum	2 21	06 01	06 24	2.52	2.23	0.00	0.37	–	H. U.	D. H.
Emden	2 23	06 01	06 24	3.30	2.97	0.00	0.39	1.88	H. U.	D. H.
Terschelling	2 14	06 23	06 02	2.22	1.96	0.22	0.53	1.29	N. V.	R. G.
Hoek van Holland	2 07	04 34	07 51	2.07	1.75	0.32	0.38	0.99	N. V.	R. G.

Abb. 64

Beispiel 1:
An welchen Tagen ist im Juli 1973 in Wilhelmshaven Springzeit und Nippzeit?

Nach Tafel 3a ist
Neumond am 30. Juni
Erstes Viertel am 7. Juli
Vollmond am 15. Juli
Letztes Viertel am 23. Juli

Da nach Tafel 1a für Wilhelmshaven (Abb. 64) eine Springverspätung von 3 Tagen anzusetzen ist, ist also
Springzeit am 3. Juli
Nippzeit am 10. Juli
Springzeit am 18. Juli
Nippzeit am 26. Juli

Praktisch rechnet man
Springzeit vom 1. bis 5. Juli und vom 16. bis 20. Juli
Nippzeit vom 8. bis 12. Juli und vom 24. bis 28. Juli
In den Zwischenzeiten ist Mittzeit.

Beispiel 2:

Ist am 17. September 1973 in Hoek van Holland Spring- oder Nippzeit?
Nach Tafel 1a beträgt die Springverspätung für Hoek van Holland 2 Tage 7 Stunden. Nach Tafel 3a ist am 19. September letztes Viertel, also in Hoek van Holland am 17. September Mittzeit.

2. Hoch- und Niedrigwasser an einem Bezugsort

Wann und wie hoch treten am 6. Juni 1973 in Wilhelmshaven Hochwasser und Niedrigwasser nach gesetzlicher Zeit ein? Gesetzliche Zeit = MEZ = MGZ + 1^h (Abb. 61).

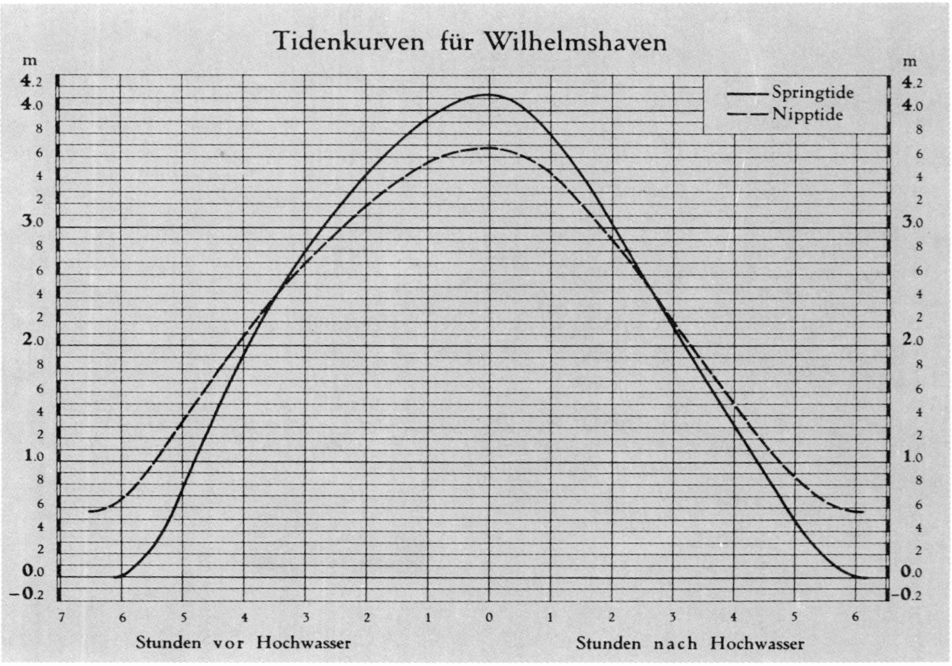

Abb. 65

1. HW	0454 (4,0 m)	
1. NW	1047 (0,1 m)	(Meter
2. HW	1702 (4,3 m)	über KN)
2. NW	2321 (–0,1 m)	

Man beachte: 2. NW-Höhe *unter* KN! Fehlt ein Vorzeichen, Höhe über KN.

3. Hoch- und Niedrigwasser an einem Anschlußort

Wann und wie hoch treten am 4. August 1973 bei Wangerooge Ost Hoch- und Niedrigwasser ein? Bezugsort: Wilhelmshaven

Gezeitenverhältnisse nach Tafel 3a und 1a:

29. 7. Neumond (3a)
Springverspätung 3 Tage (1a)
Also Springzeit am 1. August

Da zwei Tage davor und danach mit Springzeit gerechnet werden darf, ist am 4. August keine Springzeit mehr, sondern Mittzeit.

Die Gezeitenunterschiede (Zeitunterschied des HW und NW und Höhenunterschiede gegen HW und NW des Bezugsortes) finden wir im Teil II der Gezeitentafel unter Nr. 756, Abb. 66 und bringen sie an den Gezeitenwerten des

Nr.	Anschlußort	Geograph. Lage		Zeitunterschied des		Höhenunterschied des H. W.		Höhenunterschied des N. W.	
		Breite	Länge	H. W.	N. W.	Sp.Zt.	Np.Zt.	Sp.Zt.	Np.Zt.
		° ' N	° ' O	h m	h m	m	m	m	m
				M. G. Z. + 01^h00^m					
	Jadegebiet			Bezugsort: Wilhelmshaven. S. 41–43.					
754	Leuchtheultonne Jade (alte Lage)	53 50	7 51	– 01 16	–	–	–	–	–
755	Jadeplate	53 50	7 59	– 01 13	– 00 53	– 1.0	– 1.0	0.0	– 0.2
756	Wangerooge Ost	53 46	7 58	– 01 06	– 00 41	– 0.9	– 0.9	0.0	– 0.1
757	Mittelbalje	53 45	7 56	– 01 07	– 00 41	– 1.0	– 0.9	0.0	– 0.1
759	Minsener Oog, Buhne C	53 45	8 02	– 01 02	– 00 28	– 0.7	– 0.6	0.0	0.0
	Mellumplate								
760	Leuchtturm	53 46	8 06	– 00 55	– 00 25	– 0.8	– 0.8	0.0	– 0.1
761	Schillighörn	53 42	8 03	– 00 41	– 00 19	– 0.7	– 0.7	0.0	– 0.1
762	Alte Mellum	53 43	8 08	– 00 38	– 00 18	– 0.8	– 0.8	0.0	– 0.2
763	Wangersiel	53 41	8 02	– 00 44	–	–	–	–	–
765	Hooksiel	53 38	8 03	– 00 30	–	– 0.6	– 0.6	–	–
768	Sengwarder Balje	53 36	8 11	– 00 18	– 00 06	– 0.4	– 0.5	0.0	– 0.1
769	Rüstersiel	53 34	8 07	– 00 13	–	– 0.3	– 0.3	–	–
770	Wilhelmshaven, 4. Einfahrt	53 32	8 10	– 00 09	– 00 08	– 0.1	0.0	0.0	0.0

Abb. 66

Teils I für Wilhelmshaven mit den angegebenen Vorzeichen an.

Das ergibt:

Wilhelmshaven	1. HW	0448 (4.0)	2. HW	1657 (4.3)
GU Wangerooge Ost		–0106 (–0.9)		–0106 (–0.9)
Wangerooge Ost HW		0342 (3.1)		1521 (3.4)
Wilhelmshaven	1. NW	1045 (0.1)	2. NW	2313 (0.1)
GU Wangerooge Ost		–0041 (–0.05)		–0041 (–0.05)
Wangerooge Ost NW		1004 (0.05)		2232 (0.05)

Tafel 2
Angenäherter Höhenunterschied gegen die Niedrigwasserhöhe

Zeitunterschied gegen das nächstliegende Hochwasser bei einer Steig- oder Falldauer von					Tidenstieg oder Tidenfall											
h m 04 00	h m 05 00	h m 06 00	h m 07 00	h m 08 00	m 1.0	m 2.0	m 3.0	m 4.0	m 5.0	m 6.0	m 7.0	m 8.0	m 9.0	m 10.0	m 11.0	m 12.0
h m 00 00	h m 00 00	h m 00 00	h m 00 00	h m 00 00	m 1.0	m 2.0	m 3.0	m 4.0	m 5.0	m 6.0	m 7.0	m 8.0	m 9.0	m 10.0	m 11.0	m 12.0
00 07	00 08	00 10	00 12	00 13	1.0	2.0	3.0	4.0	5.0	6.0	7.0	8.0	9.0	10.0	11.0	12.0
00 13	00 17	00 20	00 23	00 27	1.0	2.0	3.0	4.0	5.0	6.0	6.9	7.9	8.9	9.9	10.9	11.9
00 20	00 25	00 30	00 35	00 40	1.0	2.0	2.9	3.9	4.9	5.9	6.9	7.9	8.8	9.8	10.8	11.8
00 27	00 33	00 40	00 47	00 53	1.0	1.9	2.9	3.9	4.8	5.8	6.8	7.8	8.7	9.7	10.7	11.6
00 33	00 42	00 50	00 58	01 07	1.0	1.9	2.9	3.8	4.8	5.7	6.7	7.6	8.6	9.5	10.5	11.4
00 40	00 50	01 00	01 10	01 20	0.9	1.9	2.8	3.7	4.7	5.6	6.5	7.5	8.4	9.3	10.3	11.2
00 47	00 58	01 10	01 22	01 33	0.9	1.8	2.7	3.6	4.5	5.5	6.4	7.3	8.2	9.1	10.0	10.9
00 53	01 07	01 20	01 33	01 47	0.9	1.8	2.6	3.5	4.4	5.3	6.2	7.1	7.9	8.8	9.7	10.6
01 00	01 15	01 30	01 45	02 00	0.9	1.7	2.6	3.4	4.3	5.1	6.0	6.8	7.7	8.5	9.4	10.2
01 07	01 23	01 40	01 57	02 13	0.8	1.6	2.5	3.3	4.1	4.9	5.7	6.6	7.4	8.2	9.0	9.9
01 13	01 32	01 50	02 08	02 27	0.8	1.6	2.4	3.1	3.9	4.7	5.5	6.3	7.1	7.9	8.7	9.4
01 20	01 40	02 00	02 20	02 40	0.8	1.5	2.3	3.0	3.8	4.5	5.3	6.0	6.8	7.5	8.3	9.0
01 27	01 48	02 10	02 32	02 53	0.7	1.4	2.1	2.8	3.6	4.3	5.0	5.7	6.4	7.1	7.8	8.5
01 33	01 57	02 20	02 43	03 07	0.7	1.3	2.0	2.7	3.4	4.0	4.7	5.4	6.0	6.7	7.4	8.1
01 40	02 05	02 30	02 55	03 20	0.6	1.3	1.9	2.5	3.2	3.8	4.4	5.0	5.7	6.3	6.9	7.6
01 47	02 13	02 40	03 07	03 33	0.6	1.2	1.8	2.3	2.9	3.5	4.1	4.7	5.3	5.9	6.5	7.0
01 53	02 22	02 50	03 18	03 47	0.5	1.1	1.6	2.2	2.7	3.3	3.8	4.3	4.9	5.4	6.0	6.5

Abb. 67

4. Höhen zu beliebigen Zeiten zwischen Hoch- und Niedrigwasser

Benutzung von Tidenkurven
Wie hoch ist in Wilhelmshaven am 20. August 1973, 18 Uhr, die verfügbare Wassertiefe an einer Stelle, die in der Seekarte eine Tiefe von 0,5 m aufweist?

Am 14. 8. 1973 ist Vollmond, die Springverspätung für den Bezugsort Wilhelmshaven beträgt ungefähr 3 Tage. Springzeit ist also am 17. 8. ± 2 Tage. Am 20. 8. ist also mit Mittzeit zu rechnen.

Für Wilhelmshaven gibt die Gezeitentafel im Nachmittag

2. HW 1701 (4,2) 2. NW 2312 (0,2)

Uns interessiert die Höhe der Gezeit um 18 Uhr, also 1 Stunde nach HW. Nach den Tidenkurven für Wilhelmshaven in der Gezeitentafel (wiedergegeben auf Seite 402) fällt das Wasser in dieser Stunde:

Zur Springzeit
von 4,15 m bei HW auf 3,80 m,
also um 0,35 m
Zur Nippzeit
von 3,70 m bei HW auf 3,45 m,
also um 0,25 m

Für Mittzeit nehmen wir einen mittleren Wert an:

$$\frac{0{,}35 + 0{,}25}{2} = 0{,}30$$

Dieser Betrag ist von der für Wilhelmshaven entnommenen Hochwasserhöhe

von 4,2 m abzuziehen, um die Höhe für 1 Stunde nach HW zu erhalten.
Man hat also um 18.00 Uhr zu rechnen mit

Kartentiefe	=	0,5 m
Höhe der Gezeit	=	3,9 m
Verfügb. Wassertiefe	=	4,4 m

Man kann auch in die gegebenen Tidenkurven eine dritte Tidenkurve für den 20. August einzeichnen: Man markiert bei 0 Stunden die Hochwasserhöhe 4,2 des Tages. Die Falldauer beträgt

$$2312 - 1701 = 6^h\,11^m$$

Nun markiert man bei $6^h\,11^m$ die Niedrigwasserhöhe 0,2 und zeichnet durch diese Punkte eine Kurve, die sich der Form der Spring- und Nippzeitkurven anlehnt. Aus dieser Mittzeittidenkurve ist für 1 Stunde nach HW die Höhe der Gezeit zu 3,9 m abzulesen.
Mit diesen Mitteln kann der Schiffsführer auch entscheiden, ob und wie lange eine Barre oder flache Stellen im Fahrwasser passiert werden können.

Liegt die zu passierende Stelle in der Nähe eines Bezugsortes, so verwendet man zweckmäßig die Tidenkurven dieses Bezugsortes, besonders wenn es sich um eine Flußmündung handelt, denn die Tafel 2 (Abb. 67) beruht auf einer theoretischen Tidenkurvenform, die das verhältnismäßig kurze und steile Ansteigen und das längere und flachere Fallen der Kurve eines Bezugsortes in einer Flußmündung nicht wiedergibt.

5. Die Lösung von Gezeitenaufgaben ohne Verwendung von Tidenkurven

1. Nach Gezeitentafel
Am 5. Mai 1973 um 1615 werden bei der Jadeplate* 5 m Wasser gelotet. Die Lotung soll auf Kartentiefe beschickt werden.
Bezugsort ist Wilhelmshaven. Da nach Tafel 3a (Abb. 63) am 2. Mai Neumond ist und die Springverspätung für Wilhelmshaven nach Tafel 1 3 Tage beträgt, ist am 5. Mai mit Springzeit zu rechnen und es sind die Gezeitenunterschiede für Springzeit zu entnehmen. Es ergibt sich:

Wilhelmshaven	2. HW	1448 (4,2)	2. NW	2101 (−0,3)
Gezeitenunterschied Jadeplate		−0113 (−1,0)		−0053 (−0,0)
Jadeplate	2. HW	1335 (3,2)	2. NW	2008 (−0,3)

Da für den Anschlußort Jadeplate keine Tidenkurve gegeben ist, muß die Tafel 2 (Abb. 67) benutzt werden. Als Eingänge berechnet man:

Falldauer 2008 − 1335 = $6^h\,33^m$
Tidenfall 3,2 − (−0,3) = 3,5
Zeitunterschied gegen nächstliegendes HW = 1615 − 1335 = $2^h\,40^m$

Man geht nun in den Spalten »Zeitunterschied gegen das nächstliegende HW« einmal unter 6^h und unter 7^h senkrecht nach unten und sucht den Tafelwert $2^h\,40^m$. In der entsprechenden interpolierten Reihe geht man nach rechts und liest

* Siehe Übungskarte D 2 im hinteren Umschlag.

oben zwischen den Spalten »Tidenfall 3,0 m« und »Tidenfall 4,0 m« den zu interpolierenden Wert $\frac{1,9 + 2,5}{2} = 2,2$ m

ab. Zu diesem Wert ist die NW-Höhe zu addieren, um die Höhe der Gezeit für 1615 zu erhalten:

$$2,2 + (-0,3) = 1,9 \text{ m}$$

Dieser Wert ist von der Lotung abzuziehen, um die Kartentiefe an der Lotstelle zu erhalten:

$$5 - 1,9 = 3,1 \text{ m}$$

2. Nach der Zwölftelregel
Im allgemeinen, jedenfalls immer dann, wenn die Mondtide überwiegt, wird die Gezeitenkurve mehr oder weniger einer Sinusfunktion gleichen. Das ist in unseren westeuropäischen Gewässern der Fall. Man kann dann eine vereinfachte Rechnung nach der sogenannten Zwölftelregel anwenden.
Eine Tide wird in der ersten und sechsten Stunde zwischen HW und NW um $^1/_{12}$ ihres Hubes steigen beziehungsweise fallen, in der zweiten und fünften Stunde um $^2/_{12}$ und in der dritten und vierten Stunde um $^3/_{12}$. Ein Beispiel:
Durch die Mittelbalje (siehe Übungskarte D2) will eine Yacht mit 1,4 m Tiefgang am 8. Mai 1973 in das Wangerooger Wattenfahrwasser einlaufen. Die geringste Tiefe ist hier mit 1_2 ausgewiesen. Wann ist das Einlaufen (nachmittags) möglich?

Für den Bezugsort Wilhelmshaven und den Nachmittag des 8. Mai gibt die Gezeitentafel

2. HW 1710 (4,1) 2. NW 2324 (−0,1)

Die Mittelbalje findet sich unter Nr. 757 im Teil II der Gezeitentafel (Abb. 66), und da Mittzeitverhältnisse herrschen, entnehmen wir die Gezeitenunterschiede von −0107 und −1,0 m Höhenunterschied gegen HW und für NW −0041 und −0,05.

	2. HW	1710 (4,1)	2. NW	2324 (−0,1)
Gezeitenunterschied		−0107 (−0,95)		−0041 (−0,05)
Mittelbalje	HW	1603 (3,15)	NW	2243 (−0,15)

Die Gezeitenstunde errechnet sich aus $2243 - 1603 = 6^h\,40^m : 6 = 1^h\,07^m$.
Aus dem Tidenfall von genau 3 m errechnen sich die Zwölftel:

$$3,0 : 12 = 0,25 \text{ m}$$

(Man könnte diesen Wert nach oben abrunden, wenn das Wasser abläuft und nach unten bei auflaufendem Wasser, in beiden Fällen erzielt man eine kleine Sicherheitsreserve.)

1603		3,1 m
1710	3,1 − (0,25)	2,85 m
1817	3,1 − (3 x 0,25)	2,35 m
1924	3,1 − (6 x 0,25)	1,60 m
2031	3,1 − (9 x 0,25)	0,85 m
2138	3,1 − (11 x 0,25)	0,35 m
2245	3,1 − (12 x 0,25)	0,1 m

Um in das Wangerooger Wattenfahrwasser einlaufen zu können, braucht die Yacht 1,2 + 1,4 + 0,3 = 2,9 m Wasser. (Unterstrichene Tiefe heißt: 1,2 m über

KN, 1,4 Tiefgang, 0,3 Sicherheitsreserve unter dem Kiel.) Bis wann findet die Yacht 2,90 m Wasser?

In 67 Minuten (Gezeitenstunde) fällt das Wasser um 25 cm. Um von 3,1 auf 2,90 zu fallen, also 20 cm, braucht es

$$\frac{67 \times 20}{25} = 53 \text{ Minuten.}$$

Die Yacht muß um 1656 die flache Stelle hinter sich haben.

(Am besten läuft sie 3/4 Stunde vor HW an und hat dann gut 1 1/2 Stunden für die rund 6 sm zwischen den Fahrwassern.

e) Gezeitenströme

Die Wasserstandsveränderungen sind verbunden mit horizontalen Wasserbewegungen, den Gezeitenströmen.
Der bei Fallen des Wasserstandes fließende Strom ist der *Ebbstrom,* der bei Steigen fließende ist der *Flutstrom.* Der Flutstrom beginnt während der Flut zu laufen und kann nach Eintritt des Hochwassers noch anhalten. Entsprechend beginnt der Ebbstrom während der Ebbe zu laufen und kann nach Eintritt des Niedrigwassers noch anhalten. Wenn der Strom zur Ruhe gekommen ist, herrscht *Stillwasser.* Man spricht vom *Kentern des Stromes,* wenn der Strom beim Übergang vom Flut- zum Ebbstrom oder umgekehrt nur für kurze Zeit nahezu aufhört zu laufen.
Im Gegensatz zu den eben beschriebenen hin- und hersetzenden Gezeitenströmen, wie wir sie an unseren Küsten und Flußmündungen beobachten, treten im freien Seeraum auch Drehströme auf, deren Richtung sich dauernd ändert und bei denen ein ausgesprochenes Kentern nicht zu beobachten ist.
Der Gezeiten-Atlas des DHI macht über Gezeitenströme nähere Angaben. Solche Angaben finden sich auch auf englischen Seekarten sowie im Almanach von Reed.

f) Besondere Gezeitenerscheinungen

1. Sprungwellen

In vielen Flußmündungen kennt man ein ganz besonderes Gezeitenphänomen, die Sprungwellen oder Boren (engl. bore, frz. mascaret). Oft laufen solche Flutwellen wie eine senkrechte Wassermauer von beachtlicher Höhe einen Fluß hinauf (am höchsten in einem Fluß in China, wo die Bore 4 m hoch ist). Kleine Fahrzeuge können in Gefahr geraten, während die Großschiffahrt meist keine Notiz von der Bore nimmt. Man lese in den Seehandbüchern nach, ob mit solcher Erscheinung zu rechnen ist und wo sich geschützte Ankerplätze befinden. In Europa gibt es zum Beispiel im Severn und im Solvay Firth Boren.

2. Stromkabbelungen

Vor zahlreichen Kaps und in engen Durchlässen zwischen vorgelagerten Inseln erzeugt der Strom über Bodenunebenheiten Stromkabbelungen (engl. overfalls), die auch großen Booten gefährlich werden können. Läuft der Strom gegen den Wind, bricht häufig die Stromsee so stark, daß beim Befahren solcher »races« (frz. raz) selbst kleine Frachtschiffe in Gefahr geraten. Besonders quer setzender Strom muß beachtet werden, an einigen Stellen in Frankreich und in schottischen Gewässern laufen Ströme bis zu 10 kn.

g) Der Tidenkalender

Neben den Gezeitentafeln gibt das DHI jährlich einen Tidenkalender für die Deutsche Bucht und deren Flußgebiete heraus. Das Büchlein ist wesentlich weniger umfangreich als die Gezeitentafeln, reicht aber für die Küstenfahrt vollkommen aus. Allerdings sucht man vergeblich nach den Höhen der Gezeiten und es gibt auch keine Tidenkurven. Dafür lassen sich die mittleren Tidenhübe einer eigenen Tafel entnehmen, wenn man aus den Symbolen für den jeweiligen Mond festgestellt hat, was für Gezeitenverhältnisse gerade herrschen.

h) Gezeitentafel in England und Frankreich

Die englischen Gezeitentafeln geben für die Bezugsorte (Standard Ports) nur die Hochwasserzeiten und Höhen der Gezeit im HW, nicht aber die Zeit und die Höhe für NW. Diese muß man aus beiden Angaben über Mittelwasser und mittlere Flutdauer selbst errechnen.
Reeds Almanach gibt zusätzlich zu den Gezeiten auch die Stromverhältnisse im Kanal und an anderen Stellen rund um die Britischen Inseln von Stunde zu Stunde nach HW in Dover nieder.
Die französischen Gezeitentafeln *(Annuaire)* geben für die Bezugsorte *(Ports principaux)* die Zeiten und Höhen für HW (PM) und NW (BM) und für die Anschlußorte *(Ports rattachés)* die gleichen Korrekturen wie die deutschen Gezeitentafeln. Die Gezeitenverhältnisse lassen sich aus den Tafeln der Koeffizienten ersehen.

Die wichtigsten Ausdrücke:

Deutsch	*Englisch*	*Französisch*
HW	HW	PM
NW	LW	BM
Spring	Spring	VE
Mittelwasser	ML	Niveau Moyen
KN	CD	Zéro des cartes

i) Einfluß von Wind und Luftdruck

Wind und Luftdruckschwankungen üben oft einen großen Einfluß auf die Gezeitenerscheinungen aus, der naturgemäß in den Gezeitentafeln nicht berücksichtigt werden kann. Daher können die Angaben der Gezeitentafeln im Einzelfalle stark von dem tatsächlichen Erscheinungsbild der Gezeiten abweichen.
Der Luftdruck hat auf die Gezeiten nur theoretisch einen Einfluß; die geringen durch eine Luftdruckveränderung hervorgerufenen Änderungen des Wasserstandes fallen gegenüber dem Einfluß der Winde nicht ins Gewicht.
Auflandige Winde erhöhen im allgemeinen den Wasserstand an der Küste und in den Flußmündungen, ablandige erniedrigen ihn. Dieser *Windstau* ist im allgemeinen auf flachem Wasser größer als auf tiefem Wasser. In der Deutschen Bucht kann ein gefährlicher Stau entstehen, eine *Sturmflut,* wenn z. B. bei

Durchgang eines Sturmtiefs die Winde allmählich von SW auf NW drehen. Das DHI gibt unter Berücksichtigung der meteorologischen Verhältnisse täglich über den Rundfunk Vorhersagen über das Abweichen des nächsten Hochwassers vom Mittleren Hochwasser heraus. Bei außergewöhnlich hohen Unterschieden wird *Sturmflutwarnung* gegeben.
Die Winde erzeugen *Meeresströmungen,* die sich den Gezeitenströmen überlagern und ihre Eintrittszeiten, Geschwindigkeit und Richtung stark verändern können. Man studiere die Seehandbücher der zu befahrenden Küsten! Sie geben genauere Einzelheiten über die Einflüsse von Wind und Wetter auf die Gezeitenerscheinungen.

E. GRUNDSÄTZE DER NAVIGATION

Vorsicht bei unreinem Grund und Steinen! Auch in gut ausgeloteten Gewässern bleiben mitunter einzelne Steine unentdeckt.
Je nach Tiefgang des Schiffes bestimmte Wassertiefe als Warnungs- und Gefahrengrenze nicht unterschreiten!
Man vermeide Annäherung an Untiefen, die nach Lage, Ausdehnung und Tiefe nicht genau bestimmt sind!
Man beachte, daß in den Mündungsgebieten großer Ströme, in Wattenmeeren, in denen starke Gezeitenströme setzen, und an den Küsten, die starken Stürmen ausgesetzt sind, die Wassertiefen sich oft schnell ändern können!
Man vermeide das dichte Herangehen an Küsten und Untiefen, um Weg zu sparen! Ungünstige, nicht genau bestimmbare Umstände, z. B. Stromversetzungen, können das Schiff in Gefahr bringen.
Man passiere zu rundende Bojen in einem Abstand von mindestens 20 m, in strömenden Gewässern immer in Stromlee! Bei der schweren Verankerung der Seezeichen können bei einer Kollision schwere Schäden am Fahrzeug, am Ruder und an der Schraube eintreten.
Bei Kursänderungen, z. B. beim Umsegeln eines Kaps, möglichst nur eine Kursänderung! Allmähliches Kursändern erschwert ein sicheres Eintragen des Schiffsorts.
Bei Peilungen wähle man, wenn möglich, gut sichtbare Landmarken! Schwimmende Seezeichen können vertrieben sein. Ferne Landvorsprünge (Huks) soll man nur peilen, um einen Anhalt zu bekommen.
Bei Unterschieden zwischen den Angaben der Seekarten und der nautischen Bücher rechne man mit den ungünstigeren Angaben!

F. FUNKNAVIGATION

Die technische Entwicklung der letzten Jahrzehnte brachte dem Schiffsführer wichtige neue Möglichkeiten zur Gewinnung von Standlinien, die auch bei Nacht, Unsichtigkeit oder Nebel eine Ortung ermöglichen. Diese Verfahren benutzen die elektromagnetischen Wellen; man spricht dann von Funknavigation *(Funkortung).*
Steht an Land oder auf See ein Sender, so kann der Schiffsführer von seinem Schiff aus den Sender »peilen«, d. h. die Richtung bestimmen, in der das Schiff zu diesem ortsfesten Sender steht. Er macht eine *Eigenpeilung.* Für diesen Zweck sind an Land Spezialsender, *die Funkfeuer,* aufgestellt. Das Schiff muß einen empfindlichen Empfänger mit Spezialantenne, den *Funkpeiler,* an Bord haben.

Steht der Funkpeiler in einer Landstation und das Schiff strahlt Wellen ab, so spricht man von einer *Fremdpeilung.* Eine Yacht, die eine solche Peilfunkstelle an Land um Einpeilung bittet, muß anrufen und Peilzeichen senden können. Da im allgemeinen keine derartige Station an Bord sein wird, wird dieses Verfahren hier nicht behandelt.
Andere Verfahren erfordern nur die Anschaffung eines guten Rundfunkempfängers, der Funkortungen nach dem *Leitstrahlverfahren* (Richtfunkfeuer) und dem *Consolverfahren* ermöglicht. Weitere Funknavigationsverfahren sind *Radar,* das Entfernung und Peilung eines Objektes gleichzeitig liefert, und die *Hyperbelverfahren* Decca und Loran. Decca-Geräte können nur ganzjährig gemietet werden und scheiden daher für Yachten aus. Loran-Geräte sind dank der modernen Elektronik auch auf Yachten leicht unterzubringen, und ihr Stromverbrauch ist relativ unbedeutend.

a) Grundbegriffe

Die Funknavigation bedient sich der *elektromagnetischen Wellen.* Diese werden von Antennen abgestrahlt und breiten sich mit einer Geschwindigkeit von 300 000 km in der Sekunde in den Raum aus.
Die Länge dieser elektromagnetischen Wellen, die *Wellenlänge* λ (Lambda), hängt von der *Frequenz* ab, mit der die Elektronen vom Sender in der Antenne hin- und hergejagt werden. Die Anzahl dieser Schwingungen wird in Hertz (Hz) angegeben.
Es ist

1 Hz	=	1 Schwingung in der Sekunde
1000 Hz = 1 Kilohertz (kHz)	=	1000 Schwingungen in der Sekunde
1 000 000 Hz = 1 Megahertz (MHz)	=	1 Million Schwingungen in der Sekunde
1000 MHz = 1 Gigahertz (GHz)	=	1 000 000 000 Schwingungen/Sekunde

Frequenz (f), Wellenlänge (λ) und Fortpflanzungsgeschwindigkeit (c) hängen zusammen. Es ist

$$c = f \cdot \lambda \text{ (Wellenformel)}$$

Beispiele:
Ein Funkfeuer arbeitet auf einer Frequenz von 300 kHz. Wie groß ist die Länge der abgestrahlten Wellen?

Die Wellenformel $c = f \cdot \lambda$ ergibt umgestellt $\lambda = \frac{c}{f}$

$$\text{Also ist } \lambda = \frac{300\,000\,000}{300\,000} = 1000 \text{ m}$$

Alle für die Funkortung benutzten Wellen sind hochfrequent, d. h. alle Frequenzen liegen über 10 kHz.
Die Wellenhöhe, auch *Amplitude* genannt, hängt von der Energie des Senders ab. Wenn die Antennen nach allen Seiten gleichförmig abstrahlen, spricht man von Rundstrahlern oder *ungerichteten Sendern.* Eine solche Antenne ist praktisch weiter nichts als ein senkrecht ausgespannter Draht; sie heißt auch Hochantenne.

Eine gerichtete Ausstrahlung erhält man durch eine Richtantenne, bei der mehrere Hochantennen zu einem *Richtstrahler zusammengesetzt* sind.
Man verwendet heute nur ungedämpfte Wellen, d. h. Wellen, deren Amplituden immer gleich groß sind; sie heißen A-Wellen.
Die hochfrequente Welle kann als Träger einer niederfrequenten Nachricht dienen: Man *moduliert* dann die Welle, indem man die Amplituden in einem niederfrequenten Rhythmus vergrößert und verkleinert (Abb. 68). Das kann durch einen Ton oder durch Sprache bzw. Musik geschehen.
Man unterscheidet als Sendearten:

- A0 Welle ohne jegliche Modulation zum Übertragen einer Nachricht.
- A1 Welle ohne jegliche Modulation, die jedoch taktförmig ein- und ausgeschaltet wird (z. B. Morsezeichen).
- A2 Welle mit einer oder mehreren Frequenzen moduliert, wobei entweder die Welle selbst ein- und ausgeschaltet wird oder aber die aufmodulierten Frequenzen ein- und ausgeschaltet werden. (Sonderfall: eine nicht getastete modulierte Aussendung).
- A3 Welle moduliert mit Sprache oder Musik, d. h. einem Gemisch verschiedener Frequenzen.

Bei der Sendeart A3 wird mit den inzwischen zur Mangelware gewordenen Frequenzen Verschwendung getrieben. Die Nachricht wird quasi doppelt übertragen, nämlich sowohl im sogenannten oberen Seitenband als auch im unteren Seitenband. Verzichtet man auf die Übertragung eines der beiden Seitenbänder, so ergibt sich die sogenannte Einseitenbandübertragung, die ab 1982 im Seefunkdienst nur noch verwandt werden darf. Mit dieser neuen Technik läßt sich die Zahl der gleichzeitig zu übertragenden Nachrichten verdoppeln.

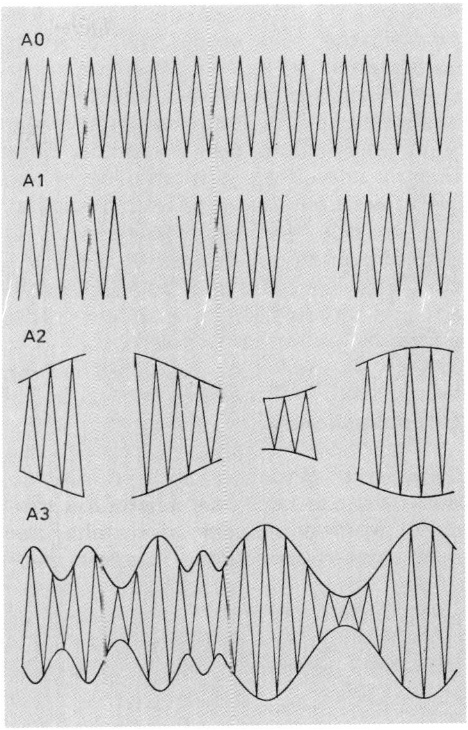

Abb. 68 Die verschiedenen Sendearten

Um diese Wellen an Bord empfangen zu können, spannt man eine Antenne auf, etwa einen senkrechten Draht (*Hochantenne).* Die Empfangslautstärke ist unabhängig von der Richtung, aus der die Sendung kommt (Rundempfang, ungerichteter Empfang). Stellt man jedoch eine vertikale Drahtschleife, eine *Rahmenantenne,* auf, so ist der Empfang verschieden stark, je nachdem, aus welcher Richtung die Wellen einfallen. Die ankommenden Wellen induzieren in den Antennen Spannungen, die einem Empfänger zugeleitet und hier zunächst verstärkt werden. *Demodulation* bedeutet: Der Ton bzw. die Musik, die auf die Trägerwelle aufmoduliert war, wird von dieser wieder getrennt und, gegebenenfalls nochmals verstärkt, im Kopfhörer oder Lautsprecher hörbar gemacht.

b) Funkpeilung

Daß man »funkpeilen« kann, beruht auf der Tatsache, daß die Lautstärke, mit der man einen Sender, z. B. ein Funkfeuer, mit einer Rahmenantenne empfängt, von der Stellung dieser Rahmenantenne zum Sender abhängt. Die vom Sender ausgehenden magnetischen Kraftlinien breiten sich in konzentrischen Kreisen aus. In Abb. 69 ist nur dieser magnetische Anteil der Ausstrahlung gezeichnet. Steht die Antennenebene senkrecht zu den ankommenden magnetischen Kraftlinien, also die Antennenebene in der Richtung des Senders, so wird eine große Anzahl dieser Kraftlinien durch den Rahmen fließen: die Lautstärke wird in dieser Antennenstellung am größten sein (»Maximum«). Steht die Antennenebene jedoch parallel zu den Kraftlinien, also die Antennenebene quer zur Richtung des Senders, so wird die Lautstärke sehr gering (»Minimum«).
Dreht man z. B. ein Kofferradio mit eingebauter Rahmenantenne, das auf einen

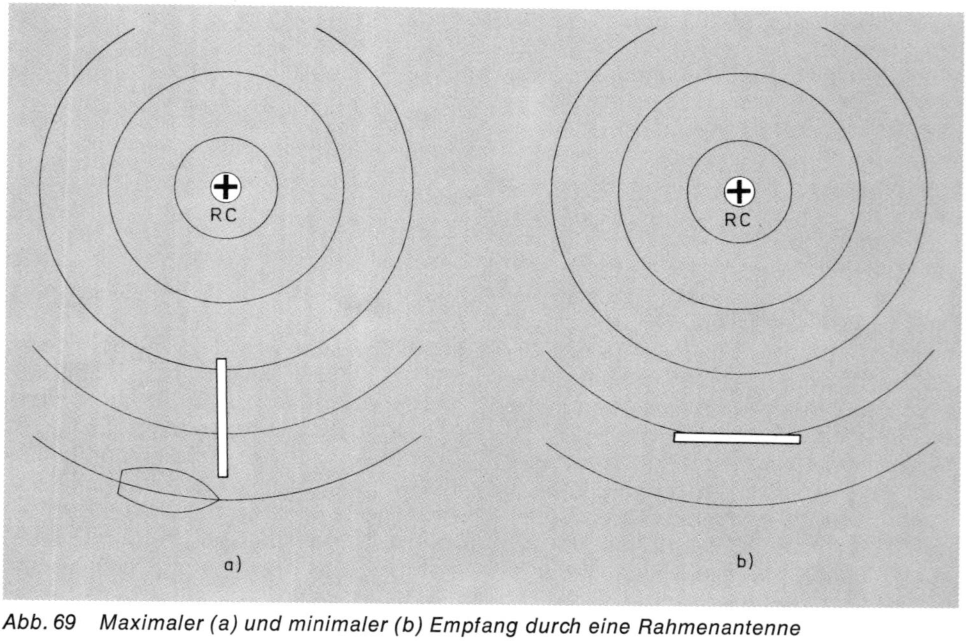

Abb. 69 Maximaler (a) und minimaler (b) Empfang durch eine Rahmenantenne

Sender abgestimmt ist, um seine Hochachse, so wird die Empfangslautstärke entweder zunehmen und ein Maximum erreichen oder immer geringer werden, bis der Ton fast völlig verschwindet, ein Minimum erreicht ist, je nachdem die Rahmenebene in Richtung des Senders oder quer steht. Denkt man sich an dem Apparat einen Zeiger senkrecht zum Gerät angebracht, der eine Skala von 0° bis 360° abzulesen gestattet, so hat man bereits ein einfaches Funkpeilgerät.
Die Peilung ist am besten nach dem Minimum einzustellen, da der Sender schon bei dem geringsten Herausdrehen aus dieser Richtung wieder hörbar wird.
Bei den Bordfunkpeilern dient eine Punktmarke zum Ablesen der Minimumsrichtung an einer fest angebrachten Vollkreisskala, die nach der Mittschiffsrichtung ausgerichtet ist, so daß man Seitenpeilungen erhält. Um diese Seitenpeilung ausnutzen zu können, muß im Augenblick der Peilung auch der Kompaß abgelesen werden, und zwar nicht der »Sollkurs«, sondern immer nur der im Augenblick der Peilung tatsächlich anliegende Kurs!
Allerdings findet man beim Peilen zwei, um 180° in der Richtung verschiedene Minimumstellungen des Peilrahmens: die Peilung ist zweideutig. Im allgemeinen wird aber keine Unklarheit über die richtige Peilung bestehen, besonders wenn das Funkfeuer an Land steht. Befindet sich das Funkfeuer jedoch auf einem Feuerschiff oder ist ein Fahrzeug anzupeilen, das SOS gibt, kann es zweifelhaft sein, an welcher Seite des peilenden Schiffes das eingepeilte Objekt liegt. Für die Seitenbestimmung wird eine Hochantenne, die *Hilfsantenne,* hinzugeschaltet und der Peilrahmen um 90° in die Maximumstellung gedreht. Man legt dann den Schalter, der die Hilfsantenne hinzuschaltet und zwei Stellungen mit den Farben Rot und Blau hat, abwechselnd auf Rot oder Blau und stellt fest, bei welcher Farbe der Empfang leiser wird. Die Farbe der geringsten Lautstärke gibt auf dem Peilrand die Richtung, in der der Sender liegt. Die Hilfsantenne dient auch dazu,

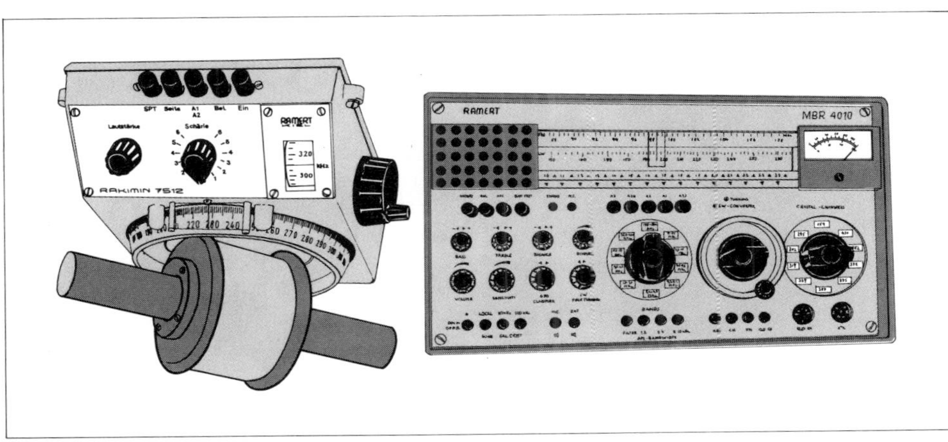

Abb. 70 Yachtpeilanlage Ramert mit drehbarem Ferritstab

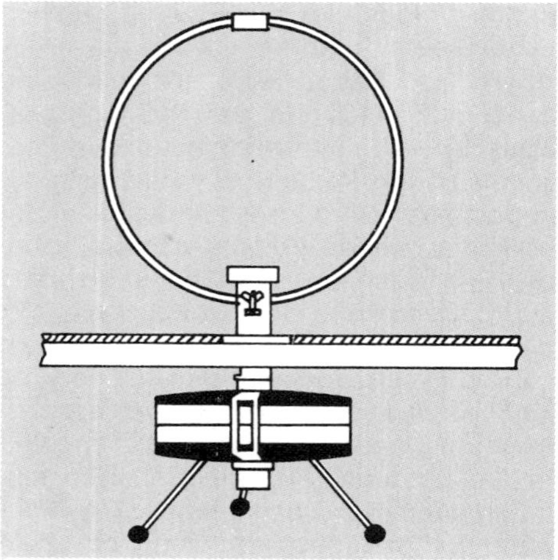

Abb. 71 Umlegbare Rahmenantenne mit Griffen zum Drehen und großer Rundskala zur Gradablesung. Der Rahmen kann am Empfänger auf die Peilfrequenz abgestimmt werden.

Trübungen des Minimums zu beseitigen. Eine solche Trübung kann dadurch entstehen, daß die ankommende Welle an Bord auch von anderen antennenähnlichen Gebilden wie Masten, Stagen u. ä. aufgenommen wird. Diese geben dann eine Rückstrahlung, die auch vom Peilempfänger empfangen wird. Man erhält dann kein einwandfreies Minimum. Durch geeignetes Ankoppeln der Hilfsantenne kann man diese Rückstrahler in ihrer Wirkung aufheben (kompensieren). An modernen automatischen Funkpeilern (z. B. »Radiokompassen«) peilt man nicht mehr nach Gehör durch Bestimmen des Minimums, sondern man kann an einem Leuchtzeiger laufend die Peilung des empfangenen Funkfeuers ablesen, sobald man den Empfänger einmal auf die aufzunehmende Frequenz dieses Funkfeuers abgestimmt hat.

1. Der Funkpeiler

Um funkpeilen zu können, braucht man eine Richtantenne. Diese kann eine drehbare Rahmenantenne sein (Abb. 71), die auf dem Kajütdach montiert ist und bei Nichtgebrauch umgelegt wird. Die modernen »Richtungssonden« haben einen Drahtrahmen sehr kleinen Durchmessers. Der magnetische Fluß darin wird durch einen *Ferritstab* erhöht. Ferrit ist eine eisenhaltige Sintermasse. Ein solcher Ferritstab kann ebenfalls oberhalb des Kajütdaches montiert werden.
Man empfängt mit einem Kopfhörer; denn Funkfeuer sind meist schwache Sender, und Richtantennen empfangen an sich schon nicht so laut wie Hochantennen. Es kommt aber darauf an, feinste Lautstärkenunterschiede zu beobachten. Noch genauer läßt sich peilen mit einer Anzeige für den Antennenstrom, also einer optischen Anzeige. In der Dämmerung und nachts sind Funkpeilungen nur mit Vorsicht zu verwenden; oft gibt es überhaupt kein gutes Minimum, oft wandert es (Dämmerungseffekt).

Daher: In der Dämmerung nicht peilen!

2. *Funkfeuer*

Für alle Seewege sind Funksender an den Küsten angelegt, die nur für die Schiffahrt ihre Zeichen aussenden, die *Funkfeuer.* Fast alle arbeiten ohne Unterbrechung, auch bei gutem Wetter. Man kann sie unterscheiden durch die Sendefrequenz und eine Kennung (langsam gegebene Morsebuchstaben). Die notwendigen Angaben findet man im *Nautischen Funkdienst* beziehungswei-

se im *Sprechfunk für Küstenschiffahrt* oder im *Jachtfunkdienst.*
Funkfeuer sind in der Seekarte bezeichnet mit

⊕ RC. (umgeben von einem gelben Kreis mit gelbem Kreuz)

Um schneller mehrere Standlinien für eine Schiffsortbestimmung bekommen zu können, sind vielfach die Funkfeuer in *Gruppen* zusammengefaßt, die auf der gleichen Frequenz, aber nach einem bestimmten Zeitplan nacheinander senden (Abb. 72). Es braucht dann zwischen den Peilungen nicht auf den nächsten Sender neu abgestimmt zu werden, nachdem der erste Sender gepeilt ist. Es gehört aber große Übung dazu, in der kurzen Sendezeit (eine Minute!) eine einwandfreie Peilung zu gewinnen. Deshalb ist zu empfehlen, bei gutem Wetter das Peilen zu üben und die Ergebnisse durch optische Peilungen zu kontrollieren.
Die Funkfeuer, die für die Luftfahrt arbeiten, können auch gepeilt werden; sie sind meistens sehr stark.

3. Funkstrahlablenkungen

Die Wellen suchen das Schiff auf dem kürzesten Wege, also auf dem Großkreis, zu erreichen. Sie werden jedoch auf ihrem Wege abgelenkt – zum Teil durch physikalische Einflüsse und die Bodengestaltung, vor allem aber durch die Metallmassen des Schiffes, auf dem der Funkpeiler steht.
Während die Ablenkungen der Wellen auf ihrem Wege zum Schiff nicht erfaßt werden können, sind die beim Einfall an Bord eintretenden Ablenkungen gut feststellbar. Sie können bestimmt und zur Beschickung an der abgelesenen Peilung angebracht werden. Ursachen sind die Metallteile der Yacht, die Aufbauten und die Takelage, weniger die kompakten Massen wie Motor, Anker, Kette. Bei Ganzstahlbooten hat auch der Rumpf einen starken Einfluß auf die Ablenkung des Funkstrahls, jedoch nur, soweit er oberhalb der Wasserlinie liegt.
Die Größe dieser Ablenkung ist abhängig von dem Winkel, unter dem der Funkstrahl das Schiff trifft. Sie kann durch Beobachtung festgestellt und als *Funkbeschickung* in Rechnung gestellt werden. Es muß ein *Funkbeschickungsdiagramm* oder eine *Funkbeschickungstabelle* an Bord sein, woraus man für jede Seitenpeilung von 5° zu 5° die Funkbeschickung entnehmen kann.
Die Aufnahme der Funkbeschickungen für die Aufstellung eines derartigen Diagramms läßt sich bei einer gewissen Erfahrung im Funkpeilen verhältnismäßig einfach durchführen, wenn man ruhiges Wetter, einen auf der Funkbeschickungsfrequenz 312,6 kHz sendenden Funkbeschickungssender – er sendet auf Anforderung – oder ein in Betrieb befindliches Funkfeuer in der Nähe hat. Man dreht dann in einem Abstand von mindestens 1 sm von dem in Sicht befindlichen Funkfeuer einen Vollkreis, peilt nach Möglichkeit von 5° zu 5° (mindestens aber von 10° zu 10°) optisch über eine in der Mittschiffsrichtung justierte Peilscheibe (wobei man eine Schiffsseitenpeilung erhält) und gleichzeitig mit dem Funkpeiler das Funkfeuer. Dann stellt man fest, ob und gegebenenfalls welche Differenzen zwischen der optischen Seitenpeilung und der Funkpeilung vorhanden sind. Der Kompaß bleibt hierbei völlig außer Betracht, weil beide Peilungen S e i t e n peilungen sind. Für die Auswertung gilt die alte nautische Regel: »Vom Falschen

zum Richtigen mit richtigem Vorzeichen!« Hat man z. B. eine Funkpeilung von 110° und gleichzeitig eine optische von 102° erhalten, ist der Wert der Funkbeschickung für die Funkseitenpeilung 110° = –8°.

Die Ablenkung, die ja vom Schiff und nicht vom Funkpeiler herrührt, kann nur dann erfaßt werden, wenn der Funkpeiler an Bord an einem bestimmten Platz fest angebracht ist. Die aufgenommenen Funkbeschickungswerte gelten nur für diesen Einbauort; in geringem Abstand davon kann die Funkbeschickung bereits erheblich andere Werte haben. Sie gilt auch für die gleiche Takelage und die gleiche Lage des Bootes. Bei starker Krängung kann die Funkbeschikkung sich ändern!

4. Auswertung der Funkpeilung

An die am Funkpeiler abgelesene Funk-

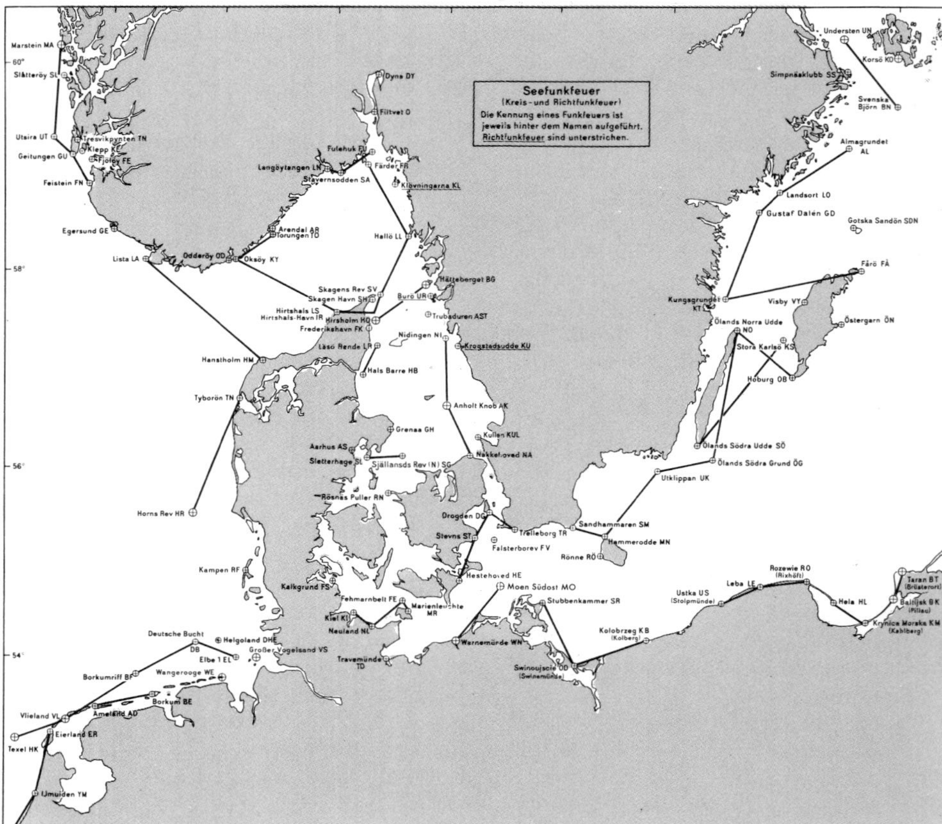

Abb. 72 Seefunkfeuer Deutsche Bucht, Skagerrak, Kattegat, Westlich Ostsee

seitenpeilung q bringt man die Funkbeschickung f an und erhält die beschickte Funkseitenpeilung p:

$$q + f = p$$

Addiert man – ebenso wie bei optischen Seitenpeilungen – zu der Seitenpeilung den rechtweisenden Kurs, so erhält man die rechtweisende Peilung, die als Standlinie benutzt werden kann (Abb. 73).

Beispiel einer Beschickung

Abgelesene Funkseitenpeilung q	= 072°	
Funkbeschickung für 072° f	= –6°	
Beschickte Funkseitenpeilung p	= 066°	
Magnetkompaßkurs während d. Peilung	= 067°	Magnetkompaß-
Mißweisung	= –3°	Fehlweisung = +1°
Ablenkung	= +4°	
Rechtweisender Kurs	068°	
Beschickte Funkseitenpeilung p	= 066°	
Rechtweisende Peilung (rechtweisendes Funkazimut)	= 134°	

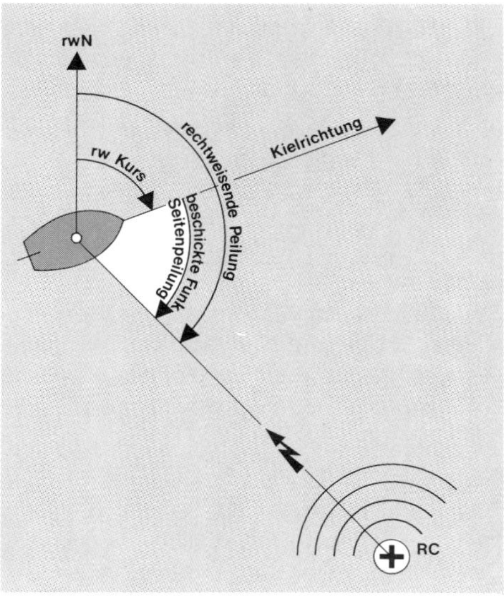

Abb. 73 Funkpeilung
Ebenso wie die optischen Peilungen und Magnetkompaßkurse müssen auch die Funkpeilungen korrigiert werden, um wahre Funkseitenpeilungen zu erhalten.

5. Loxodrombeschickung

Die Funkpeilungen können nicht ohne weiteres als gerade Linien in die Seekarte eingetragen werden. Unsere Seekarten sind Mercatorkarten. In diesen erscheint eine Linie gleichen Kurses, die Loxodrome, als gerade Linie, aber der Großkreis wird darin eine polwärts gekrümmte Linie, die mit der Loxodromen am Schiffsort einen Winkel u bildet (Abb. 74). Die Größe von u, die man als Beschickung an der Großkreispeilung anzubringen hat, um die Loxodrompeilung zu erhalten – man nennt diesen Wert die *Loxodrombeschickung* – entnimmt man Tafeln, wie sie im Nautischen Funkdienst und in den Nautischen Tafeln stehen. Sie hängt ab von der geographischen Breite und vom Längenunterschied zwischen Funkfeuer und Peiler. Die Loxodrombeschickung u ist stets äquatorwärts an der Großkreispeilung anzubringen, wenn man die Loxodrompeilung erhalten will.

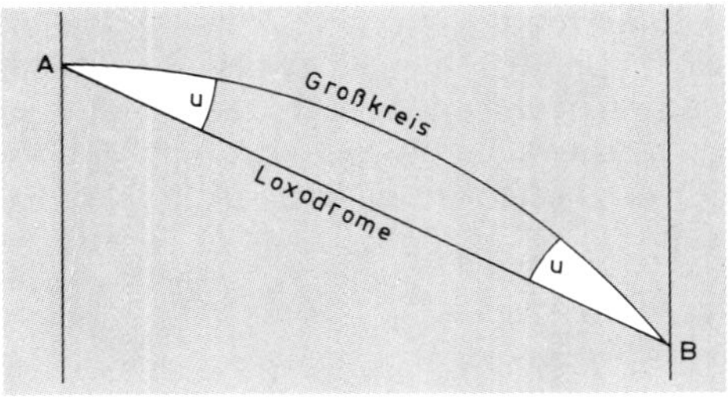

Abb. 74 Großkreis und Loxodrome

Die Werte für die Loxodrombeschickung sind in unseren Breiten kleiner als 0,8°, wenn der Längenunterschied zwischen Funkfeuer und Peiler kleiner als 2° ist. Da die Reichweite der in der Nord- und Ostsee befindlichen Funkfeuer im allgemeinen 20–50 sm beträgt, kann man die Schiffsortbestimmungen durch Eigenpeilungen ohne Berücksichtigung der Loxodrombeschickung vornehmen.
In den sogenannten *gnomonischen Karten* erscheinen Großkreise als gerade Linien. Funkpeilungen werden also ohne Loxodrombeschickung eingetragen. Die am Ende des Buches beigegebene Karte 2651 »Funkortungskarte Nordsee und Kanal« ist gnomonisch.

6. Schiffsort durch Funkeigenpeilungen

Mit derart gewonnenen und beschickten Funkeigenpeilungen bestimmt man seinen Schiffsort durch Kreuz- oder Doppelpeilungen wie in der terrestrischen Navigation. Alle dazu dort gegebenen Hinweise gelten sinngemäß für die Ortsbestimmung durch Funkeigenpeilungen.
Hat man für die Kompaßablenkung und die Funkbeschickung zuverlässige Werte, so kann man mit jedem Peilempfänger eine Peilgenauigkeit von ± 1° erzielen und – je nach Abstand von den gepeilten Funkfeuern – einen Schiffsort innerhalb eines Kreises von 1/2–1 sm bekommen. Voraussetzung hierfür ist allerdings, daß während des Peilens kein allzu starker Seegang herrscht; denn dieser würde die Bestimmung des Minimums erschweren und auch das Ablesen des Kompaßkurses ungenau werden lassen.

7. Zielfahrt

Man will eine Zielfahrt auf ein Kreisfunkfeuer (Kartensymbol  RC.) durchführen.

a) ohne Abtrift

Das RC. liegt dann recht voraus, d. h., die beschickte Funkseitenpeilung (p) ist 360°.
Da in der Funkbeschickungstafel die f-Werte für die abgelesenen Funkseitenpeilungen (q) gegeben sind, ergibt sich folgende Rechnung:

p = beschickte Funkseitenpeilung
– f = Funkbeschickung
= q = abgelesene Funkseitenpeilung

b) mit Abtrift

Soll ein RC. in einem strömenden Gewässer oder/und bei starker Wind*versetzung* angesteuert werden, so ist die BW bzw. BWS zu berücksichtigen.

Beispiel:
Gegeben: KtK = 270°
Strom = 360°–3 sm/h,
Fahrt d. d. Wasser = 6 kn.

Die Abtrift wird durch die Lösung der Stromaufgabe gefunden (Abb. 75). Aus dem Stromdreieck ergibt sich ein Kurs durchs Wasser = 241°.
Dann ist die beschickte Funkseitenpeilung (p):

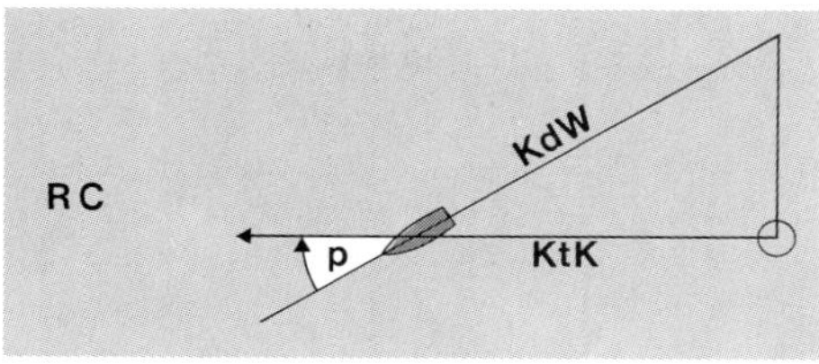

Abb. 75

	KtK	= 270°
–	KdW	= 241°
=	p	= 029°

Aufsuchen des Funkbeschickungswertes (f)

Man findet diesen am schnellsten, indem man für den erforderlichen p-Bereich einen Ausschnitt der Funkbeschickungskurve zeichnet.

Funkbeschickungstafel

q	f
350°	– 7,0°
000°	– 4,0°
010°	– 1,0°
020°	+ 1,5°
030°	+ 4,0°
040°	+ 7,5°

aa) für a) ohne Abtrift p = 360°

Auf der Abszisse (s. Abb. 76) werden die

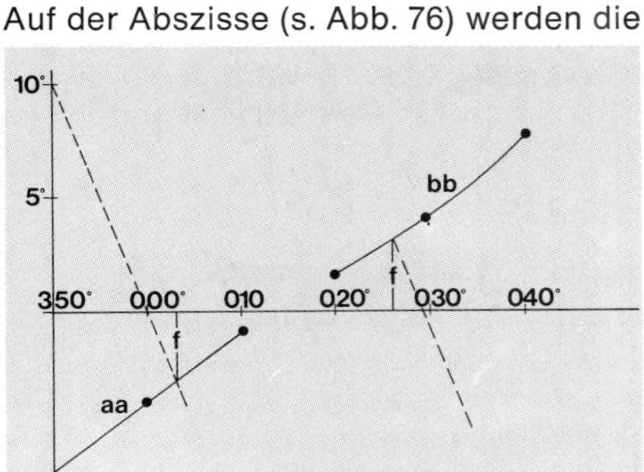

Abb. 76

q-Werte 350°, 000° und 010° eingezeichnet. Für diese Werte werden die f-Werte aus der Funkbeschickungstafel auf den Ordinaten fixiert. Nun wird der f-Wert + 10° auf der Senkrechten, die durch den q-Wert 350° geht, mit dem q-Wert 000° verbunden. Die Verlängerung dieser Linie schneidet die Funkbeschickungskurve. Die Senkrechte vom Schnittpunkt bis zur Abszisse gibt den f-Wert für p = 360° (im Beispiel – 3,1°). Auf der Abszisse kann man zugleich den dazugehörigen q-Wert = 003,1° ablesen.

Dieser gefundene q-Wert gilt nun für alle Zielfahrten ohne Abtrift, solange der elektromagnetische Zustand des Fahrzeuges nicht geändert wird.

Will man von einem RC. ablaufen, p = 180°, so wird der q-Wert in gleicher Weise gefunden.

bb) für b) mit Abtrift

Man muß eine Funkbeschickungskurve zeichnen, die den erforderlichen p-Wert (im Beispiel 029°) enthält (Abb. 76). Hierfür werden die q-Werte 020°, 030°, 040° mit den dazugehörigen f-Werten fixiert. Miteinander verbunden ergeben sie die Funkbeschickungskurve. Die unter aa) *beschriebene* Schräglinie wird nun durch den 029°-Wert der Abszisse gelegt. Die Senkrechte vom Schnittpunkt mit der Kurve bis zur Abszisse zeigt einen f-Wert von + 3°. Die weitere Rechnung ist:

	p	= 029,0°
–	f	= +3,0°
	q	= 026,0°

Diesen Wert kann man auch dem Diagramm entnehmen.

Um das RC. auf dem kürzesten Wege anzusteuern, muß es auf einem KdW = 241° am Funkpeiler in der abgelesenen Funkseitenpeilung q = 026° gehalten werden.

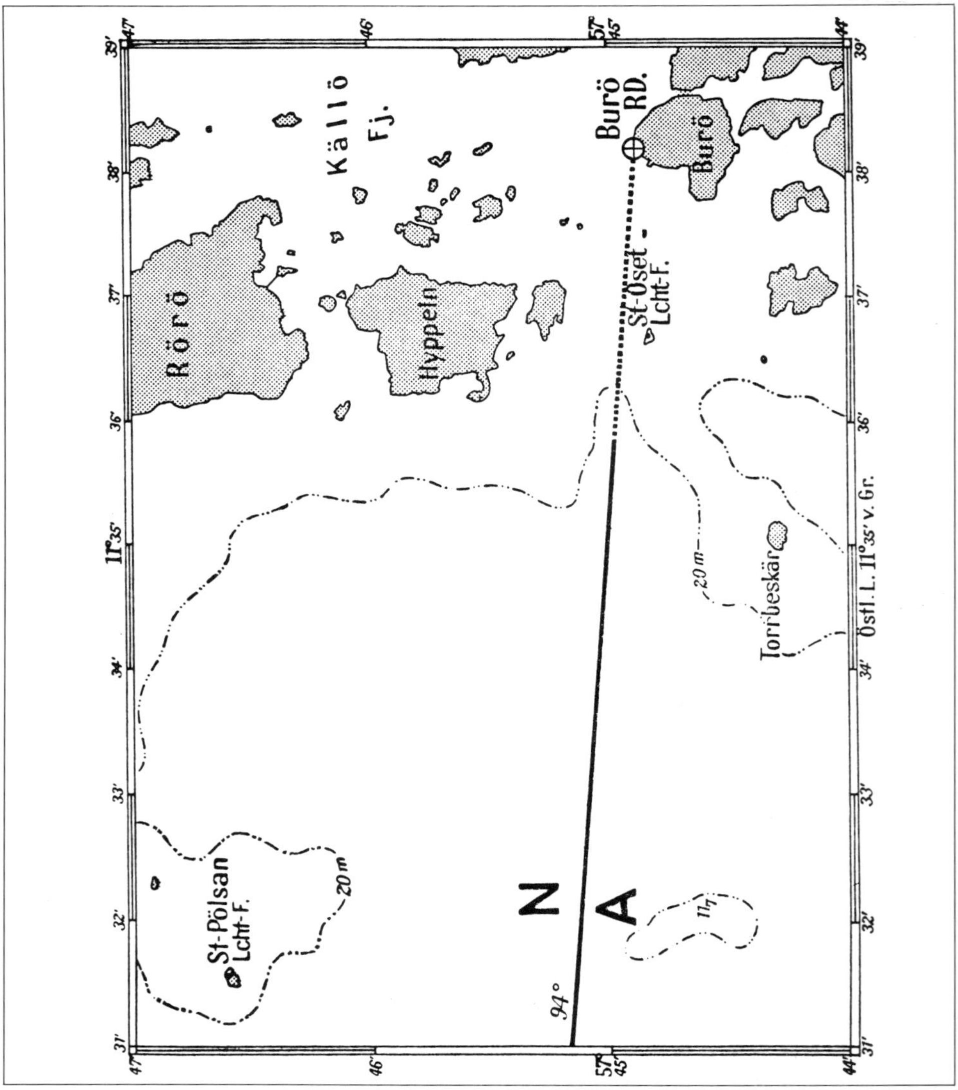

Abb. 77 Richtfunkfeuer Burö

c) Richtfunkfeuer

Richtfunkfeuer dienen ebenso wie (Licht-)Richtfeuer zur Bezeichnung einer Hafeneinfahrt oder eines engen Fahrwassers. Sie senden von zwei Richtsendern aus gerichtete Funksignale, die mit einem Empfänger aufgenommen werden können, der die Frequenzen der Richtfunkfeuer umfaßt und auf A2-Empfang (notfalls A1-Empfang) geschaltet werden kann. Beide Sender werden abwechselnd mit im Rhythmus verschiedenen Morsezeichen (A–N, E–T, D–U, L–F usw.) auf der gleichen Frequenz und mit der gleichen Energie derart gesteuert, daß die Sendungen des einen Senders die Sendepausen des anderen Senders lückenlos ausfüllen. Befindet man sich nicht auf der Kurslinie, sondern steht seitlich davon, so hört man nur einen Sender und somit nur einen Morsebuchstaben. Nähert man sich aber der Kurslinie, so fließen die beiden Morsebuchstaben ineinander, bis sie auf der Richtlinie in einen Dauerton übergehen.

Auf welcher Seite der Richtlinie man sich befindet, wenn man den Dauerton nicht hört, und nach welcher Seite man eine Kursverbesserung vornehmen muß, entnimmt man dem Nautischen Funkdienst, der neben einem Übersichtsplan für jedes Richtfunkfeuer Angaben über das Richtsignal (Morsebuchstabenpaar), die Kennung, die Richtlinie (angegeben in einer rechtweisenden Richtung), die Breite der Strichzone in Graden, die Frequenz, die Sendefolge und die Reichweite enthält. Wegen der stets geringen Reichweite der Richtfunkfeuer für die Schiffahrt können diese Peilungen wie optische Peilungen behandelt werden.
In der Seekarte werden Richtfunkfeuer mit

⊕ R D.

bezeichnet.
Richtfunkfeuer gibt es bei Göteborg, in Finnland und in der DDR, außerdem in Boulogne, Lorient und Ceuta.

d) Consolfunkfeuer

Consolfunkfeuer dienen zur Richtungsbestimmung auf große Entfernungen (Abb. 78). Da die Signale der Consolfunkfeuer mit einem einfachen Empfänger (ohne Schwundausgleich) mit Überlagerer (A1-Empfang), Frequenzbereich um 300 kHz, aufgenommen werden können, erhält man ohne großen technischen Aufwand und schnell Funkstandlinien zur Bestimmung des Schiffsortes.

1. Verfahren

Die Consolfunkfeuer-Anlage besitzt ein Richtantennensystem, das aus drei in einer geraden Linie angeordneten Antennenmasten besteht. Es werden zunächst vom Mittelsender allein ungerichtete Signale ausgesendet, die zur Grobpeilung durch den Bordfunkpeiler dienen können, und anschließend gerichtete Funksignale, die sich aus dem Zusammenwirken der von den drei Antennen mit gleicher Frequenz, aber wechselnder Phase ausgestrahlten Wellen ergeben. Diese gerichteten Signale werden zu beiden Seiten der Antennenmastenlinie abgestrahlt und teilen den Raum in 10° bis 15° breite *Sektoren.* Die Grenzen zwischen diesen Sektoren heißen *Leitstrahlen.* Der Leitstrahl, der senkrecht auf der Antennenlinie steht, ist der *Hauptleitstrahl.*
In den Sektoren hört man bei Sendebeginn entweder Striche oder Punkte, auf den Leitstrahlen einen Dauerton. Die Sektoren, in denen man bei Sendebeginn Punkte hört, heißen *A-Sektoren,* die Sektoren, in denen man zuerst Striche hört, *B-Sektoren.* Die Breite der Sektoren beträgt am Hauptleitstrahl etwa 10°. Sie wächst zur Antennenlinie hin an.

In der Sendezeit der gerichteten Funksignale werden jeweils 60 Punkte beziehungsweise Striche gegeben; die Sendezeit beträgt im allgemeinen 30 Sekunden. In dieser Zeit dreht sich das ganze Sektorensystem mit gleichmäßiger Geschwindigkeit um eine Sektorenbreite, so daß am Ende des Sendezeitraums in den A-Sektoren Striche und in den B-Sektoren Punkte gehört werden. Die Leitstrahlen überstreichen dabei die ganze Sektorenbreite. Wartet man den Durchgang des Leitstrahls, also den des Dauertons, ab, so erhält man eine Richtungsangabe innerhalb des Sektors, wenn man den Durchgang durch Auszählen der Punkte beziehungsweise Striche bis zum Durchgang festlegt. Nach

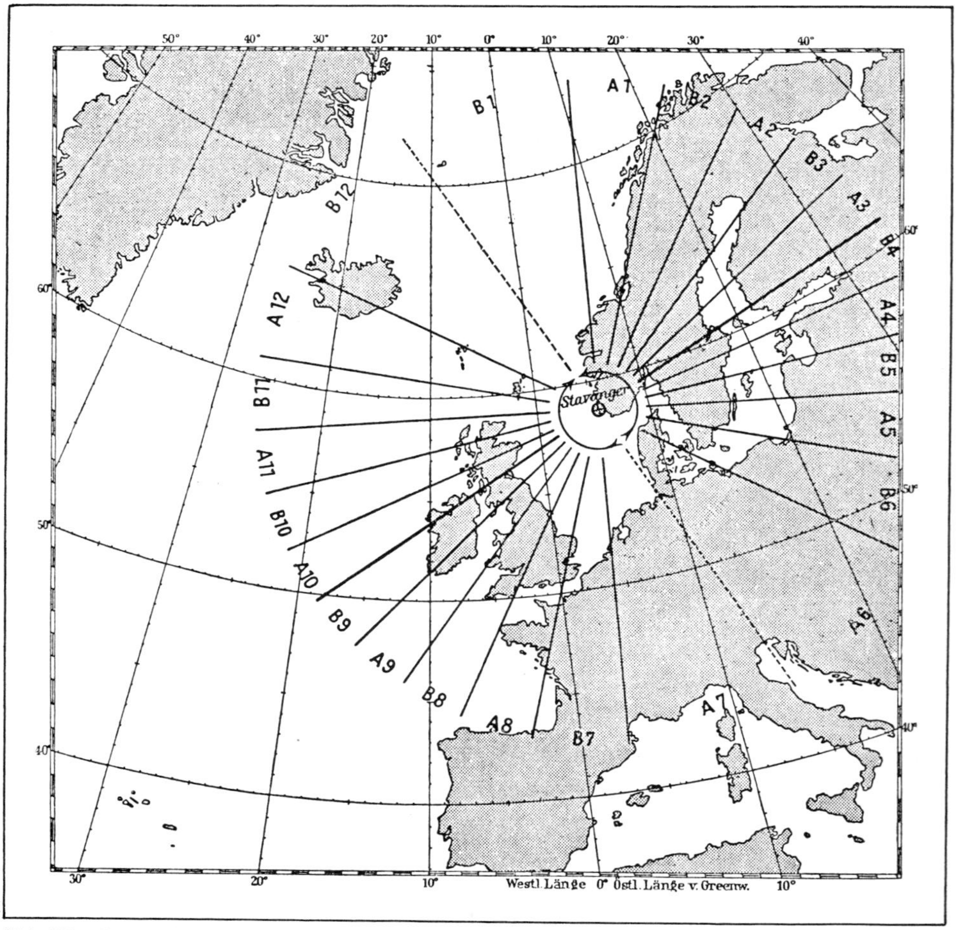

Abb. 78 Concolfunkfeuer Stavanger

Beendigung der Richtstrahlsendung werden die Außensender wieder zurückgeschaltet, während der Mittelsender als Funkfeuer seine ungerichteten Signale aussendet – im allgemeinen ebenfalls 30 Sekunden lang.
Praktisch kommt es also nun darauf an festzustellen, w a n n der Leitstrahl durch den Schiffsort geht, d. h. wann man den Dauerton hört. Die Punkte oder Striche, die man bei Sendebeginn hört, werden allmählich schwächer und gehen in einen mehrere Sekunden währenden Dauerton über, aus dem sich dann, allmählich deutlicher werdend, die andere Art von Zeichen (Striche beziehungsweise Punkte) herauslöst. Man hört also den Übergang vom Punkt- zum Strichsignal beziehungsweise umgekehrt vom Strich- zum Punktsignal nicht einwandfrei; er wird durch einen mehr oder weniger langen verwaschenen Zwischenton verdeckt. Das heißt: Man hört nicht alle 60 Zeichen, sondern 4–5 weniger. Für die Auswertung bestimmt man die Differenz der abgezählten Zeichen gegen 60, nimmt an, daß die Hälfte der verlorenen Zeichen Punkte, die andere Hälfte Striche waren, und schlägt diese Hälfte zu den vor dem Wechsel gehörten Zeichen hinzu. Ist die Differenz eine ungerade Zahl, so berücksichtigt man die bei der Halbierung entstehenden Bruchteile nicht.

Beispiele:
1. Man hörte 16 Punkte, einige Sekunden Dauerstrich, 40 Striche: Die Differenz der beobachteten Zeichen 16 + 40 = 56 gegen 60 ist 4. Annahme 16 + 2 Punkte, 40 + 2 Striche, d. h. Durchgang des Leitstrahls bei dem 18. Punkt.
2. Man hörte 23 Striche, kurzen Dauerton, 32 Punkte.
   Wahrgenommene Zeichen: 23 + 32 = 55 Differenz gegen 60 : 5 Zeichen Halbe Differenz: 2,5 Zeichen. Berücksichtigt werden 2 Zeichen.
   Wechsel also nach 23 + 2 = 25 Strichen.

Befindet man sich gerade a u f einem Leitstrahl oder in der unmittelbaren Nähe eines Leitstrahls, so hört man nur eine Art von Zeichen. Man achte darauf, ob die Punkte oder Striche anfangs klar sind und gegen Ende verschwimmen, oder ob sie zu Anfang kaum hörbar und zum Schluß scharf zu erkennen sind. Im ersten Fall liegt der Wechsel nach 55–59 Zeichen, im zweiten Fall nach 1–5, je nach der Zahl der gezählten Zeichen. Das Auszählen der Punkte beziehungsweise Striche kann sehr gut an einem elektrischen Zeigerinstrument erfolgen, dessen Zeiger der Lautstärke entsprechend mehr oder minder stark ausschlägt. Selbst bei Lautstärkeunterschieden, die man mit dem Ohr kaum wahrnehmen kann, bewegt sich der Zeiger noch deutlich erkennbar.

2. *Auswertung*

Die Auswertung beruht auf der ermittelten Punktzahl in den A-Sektoren beziehungsweise Strichzahl in den B-Sektoren. Zunächst muß man feststellen, in welchem der Sektoren man sich befindet. Das kann man leicht aus der Sektorenkarte, die im Nautischen Funkdienst für jedes Consolfunkfeuer gegeben wird (vgl. Abb. 78), durch Eintragen des gegißten Ortes feststellen.
Die zugehörige Funkstandlinie erhält man mit Hilfe der *Peiltafel,* die für jedes Consolfunkfeuer im Nautischen Funkdienst gegeben ist (Abb. 79). Aus ihr

entnimmt man für die Punktzahl beziehungsweise Strichzahl und Sektorennummern die rechtweisende Peilung (vom Consolfunkfeuer aus). Diese rechtweisende Peilung wird nach Anbringen der Loxodrombeschickung u in der Seekarte vom Consolfunkfeuer aus, das mit ⊕ R W gekennzeichnet ist, angetragen.

Beispiel
Ein Schiff steht auf etwa 62° N 9° 40′ W

Stavanger

Gezählte Punkte	A - Sektoren Richtsignal beginnt mit Punkten											
	1	2	3	4	5	*6*	*7*	8	9	10	11	12
0	023,0	046,7	067,0	087,3	111,0			203,0	226,7	247,0	267,3	291,0
2	022,5	046,3	066,7	087,0	110,6			203,4	227,0	247,3	267,7	291,5
4	022,0	045,9	066,3	086,6	110,1			203,9	227,4	247,7	268,1	292,0
6	021,5	045,6	066,0	086,3	109,7			204,3	227,7	248,0	268,4	292,5
8	021,0	045,2	065,7	085,9	109,2			204,8	228,1	248,3	268,8	293,0
10	020,6	044,9	065,3	085,6	108,8			205,2	228,4	248,7	269,1	293,4
12	020,1	044,5	065,0	085,2	108,3			205,7	228,8	249,0	269,5	293,9
14	019,6	044,1	064,7	084,9	107,9			206,1	229,1	249,3	269,9	294,4
16	019,1	043,8	064,3	084,5	107,4	*152,6*	*161,4*	206,6	229,5	249,7	270,2	294,9
18	018,6	043,4	064,0	084,2	107,0	*149,4*	*164,6*	207,0	229,8	250,0	270,6	295,4
20	018,1	043,1	063,7	083,8	106,6	*147,2*	*166,8*	207,4	230,2	250,3	270,9	295,9
22	017,6	042,7	063,3	083,5	106,2	*145,4*	*168,6*	207,8	230,5	250,7	271,3	296,4
24	017,1	042,3	063,0	083,2	105,7	*143,9*	*170,1*	208,3	230,8	251,0	271,7	296,9
26	016,6	042,0	062,7	082,8	105,3	*142,5*	*171,5*	208,7	231,2	251,3	272,0	297,4
28	016,0	041,6	062,3	082,5	104,9	*141,2*	*172,8*	209,1	231,5	251,7	272,4	298,0
30	015,5	041,2	062,0	082,1	104,5	*140,0*	*174,0*	209,5	231,9	252,0	272,8	298,5
32	015,0	040,9	061,7	081,8	104,1	*138,9*	*175,1*	209,9	232,2	252,4	273,1	299,0
34	014,4	040,5	061,3	081,4	103,6	*137,9*	*176,1*	210,4	232,6	252,7	273,5	299,6
36	013,9	040,1	061,0	081,1	103,2	*136,9*	*177,1*	210,8	232,9	253,1	273,9	300,1
38	013,3	039,8	060,7	080,8	102,8	*136,0*	*178,0*	211,2	233,2	253,3	274,2	300,7
40	012,8	039,4	060,3	080,4	102,4	*135,1*	*178,9*	211,6	233,6	253,6	274,6	301,2
42	012,2	039,0	060,0	080,1	102,0	*134,2*	*179,8*	212,0	233,9	254,0	275,0	301,8
44	011,6	038,6	059,7	079,7	101,6	*133,3*	*180,7*	212,4	234,3	254,3	275,4	302,4
46	011,0	038,2	059,3	079,4	101,2		*181,5*	212,8	234,6	254,7	275,8	303,0
48	010,4	037,9	059,0	079,0	100,8		*182,3*	213,2	235,0	255,0	276,1	303,6
50	009,8	037,5	058,7	078,7	100,4		*183,0*	213,6	235,3	255,3	276,5	304,2
52	009,2	037,1	058,3	078,4	100,0		*183,8*	214,0	235,6	255,7	276,9	304,8
54	008,6	036,7	058,0	078,0	099,6		*184,5*	214,4	236,0	256,0	277,3	305,4
56	007,9	036,3	057,7	077,7	099,2		*185,2*	214,8	236,3	256,3	277,7	306,1
58	007,3	036,0	057,3	077,3	098,8		*185,9*	215,2	236,7	256,7	278,0	306,7
60	006,6	035,6	057,0	077,0	098,4		*186,6*	215,6	237,0	257,0	278,4	307,4

Rechtweisende Peilung vom Consolfunkfeuer aus

Abb. 79 Peiltafel (Auszug) für die A-Sektoren des Consolfunkfeuers Stavanger

und zählt 10 Punkte und 46 Striche des Consolfunkfeuers Stavanger. Das Schiff steht im Sektor A 12 (vgl. Abb. 78).
Zu rechnen ist: 10 + 46 = 56
Differenz gegen 60 : 4 Zeichen
Dauerton bei 10 + 2 = 12 Punkten.
Nach der Peiltafel (Abb. 79) ist die rechtweisende Peilung 293,9°. Der Längenunterschied zwischen Schiffsort (9° 40′ W) und Stavanger (5° 38′ O) beträgt 15,3°. Nach der Tafel ist dann u = 6,7°.

Es ergibt sich

rw. Peilung	=	293,9°
u	=	6,7°
Loxodrompeilung	=	287,2°

Einfacher wird die Auswertung, wenn man Seekarten mit eingedrucktem Standliniennetz benutzt, wie die Karte FC 112 für die Nordsee. Die Karte enthält zweifarbig die Standlinien für die Consolfunkfeuer Stavanger (grün) und Bushmills (rot).
Die am Schluß beigefügte Karte 2651 für Nordsee und Kanal enthält diese Standliniennetze.

3. *Reichweite und Genauigkeit*

Das Consolverfahren liefert auch auf große Entfernungen noch brauchbare Ergebnisse. Die Reichweite beträgt bei Tage und über See 700–1200 sm, bei Nacht noch wesentlich mehr. In weniger als 25 sm vom Consolfunkfeuer sind die Zählwerte unbrauchbar.

In der Nähe des Hauptleitstrahls ist die Genauigkeit der Peilergebnisse am größten; hier ist mit nur etwa 0,2° Durchschnitts- oder 0,5° Höchstfehler zu rechnen. Zur Antennenlinie hin nimmt die Genauigkeit soweit ab, daß beiderseits dieser Linie ein Bereich von je etwa 10° zur Richtungsbestimmung unbrauchbar ist. Auch durch mehrfache Beobachtung gewonnene Zählwerte dürfen hier nicht zur Standlinienbestimmung benutzt werden.
Auf die Lage der Standlinie wirken sich Peilfehler in den verschiedenen Entfernungen verschieden aus. Die seitliche Versetzung in Seemeilen beträgt:

In einer Entfernung von sm	Bei einem Peilfehler von 0,1°	0,5°	1,0°	2,0°
100	0,2	0,9	1,7	3,5
200	0,3	1,7	3,5	7,0
400	0,4	3,5	5,7	11,3
1000	1,7	8,6	13,3	26,6

Es ist zweckmäßig, nachts mehrere Beobachtungen zu mitteln. Große Unterschiede in aufeinanderfolgenden Beobachtungen lassen auf unzuverlässige Peilungen schließen. Am größten sind die Winkelfehler in der Entfernung von 200–400 sm, weil hier die von der Ionosphäre reflektierte Raum- und die Bodenwelle ungefähr gleiche Amplituden haben (Nachteffekt). Die folgende Tabelle gibt eine Übersicht zur Beurteilung der Brauchbarkeit einer Peilung.

Abstand v. Sender	Ausbreitung	Nachteffekt	Güte der Peilung
Bis 200 sm	Bodenwelle	keiner	gut
200–400 sm	Boden- und Raumwelle	stark	unbrauchbar
Über 400 sm	überwiegend Raumwelle	keiner oder wenig	gut bzw. brauchbar

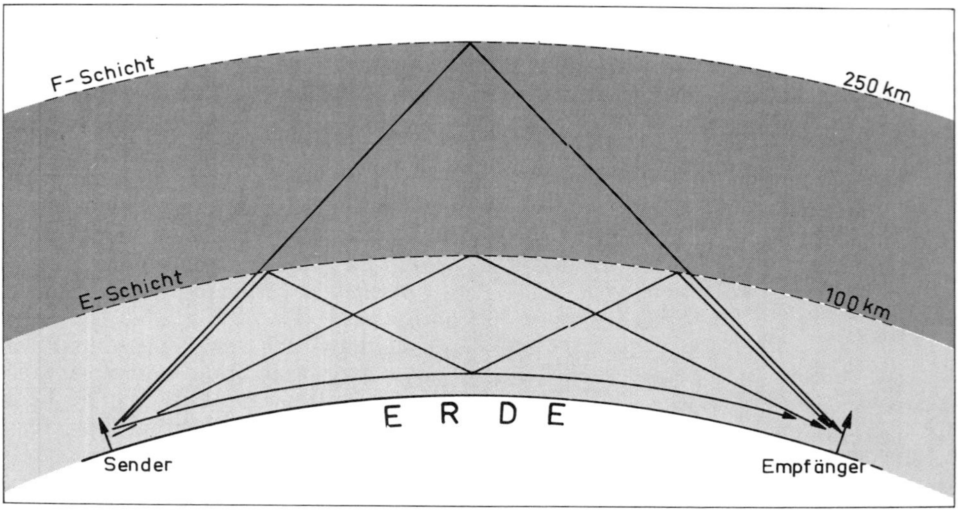

Abb. 80 Boden- und Raumwelle

Die angegebenen Entfernungen sind nur ein ungefährer Anhalt; sie sind von der geographischen Breite des Senders und der Jahreszeit abhängig. Die Übergänge zwischen den Bereichen sind nicht scharf ausgeprägt.
Dadurch, daß sich die Wellen über See u n d über Land ausbreiten, werden keine Peilfehler hervorgerufen, auch nicht in der Umgebung von Inseln.
Die Richtsignale dürfen nicht über eine Richtantenne (Peilrahmen oder Ferritantenne) empfangen werden. Das bedeutet, daß die Richtantenne abschaltbar sein muß und eine Hochantenne (z. B. Achterstag) zum Consolempfang zu benutzen ist; sonst können erhebliche Peilfehler entstehen.

e) Loran

Loran ist ein Weitbereichsnavigationsverfahren. Das ursprüngliche Loran-A arbeitete auf den vier Frequenzen 1750 kHz, 1850 kHz, 1900 kHz und 1950 kHz. Der Betrieb wird in den nächsten Jahren eingestellt. Für das Nachfolgeverfahren Loran-C wird nur noch eine Frequenz f = 100 kHz benötigt.

Verfahren

Bei dem Hyperbelverfahren Loran-C arbeiten jeweils ein Hauptsender (master, M) und 2 bis 4 Nebensender (slaves, W, X, Y, Z) in einer Kette zusammen. Die Abstände zwischen Haupt- und Nebensender betragen etwa 1000 sm. Der Hauptsender synchronisiert mit seiner Ausstrahlung die Nebensender. Die Entfernungsdifferenz wird sowohl aus der Laufzeitdifferenz der vom Haupt- und Nebensender abgestrahlten Impulse (Grobortung) als auch aus der Phasendifferenz der Trägerwelle (Feinmessung) abgeleitet. Die Signale von Haupt- und Nebensender sind Impulsgruppen von

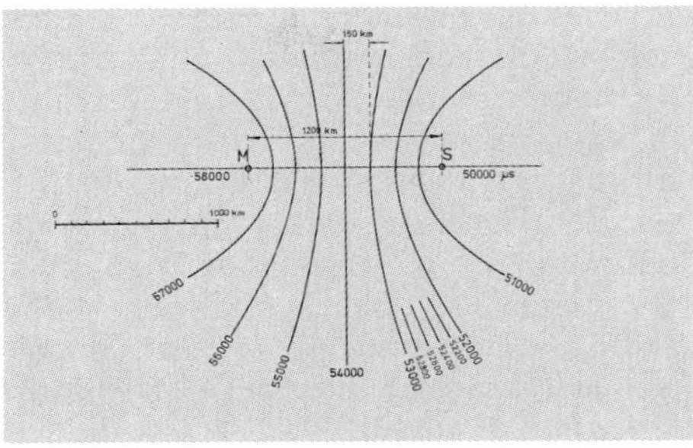

Abb. 81 Anzeige auf den beiden Zeitablenkungsspuren

jeweils 8 Impulsen bei den Nebensendern und 9 beim Hauptsender. Die Dauer der Impulse beträgt einheitlich 200 μs (200 millionstel Sekunde). Die Impulswiederholzeit liegt je nach Kette zwischen 40 000 und 99 990 μs (group repetition interval GRI). Dadurch, daß die Nebensender gegenüber dem Hauptsender ihre Impulsgruppen verzögert (coding delay) aussenden, wird folgendes erreicht:

a) Innerhalb des Versorgungsgebietes einer Loran-C-Kette treten keine Überlappungen beim Empfang der Impulsgruppen auf, was die Messung einer Laufzeitdifferenz verhindern würde.
b) Alle Standlinienmeßwerte sind eindeutig, d. h. jeder Meßwert tritt innerhalb einer Kette nur einmal auf, was bei anderen Hyperbelverfahren (Decca, Omega) nicht der Fall ist.

Die Auswirkung der Verzögerung auf die Meßwerte läßt sich dem Beispiel in der Abbildung 81 für einen Nebensender und 50 000 μs Verzögerungszeit entnehmen. An jeder Hyperbel ist die Laufzeitdifferenz (μs) der von Haupt- und Nebensender ankommenden Impulse verzeichnet. Neben der Laufzeitdifferenzmessung, der Grobortung, wird noch eine Phasendifferenzmessung als Feinortung durchgeführt. Der Impuls stellt lediglich die Modulation der Loran-Trägerwelle dar. Bei der Impulsdauer von 200 μs und der Frequenz von f = 100 kHz entfallen auf jeden Impuls 20 Schwingungen (Dauer 10 μs). Die Phasendifferenzmessung wird mit der 3. Schwingung durchgeführt, um sicherzustellen, daß bei der Messung nur die Bodenwelle vorhanden ist. Die Raumwelle fällt wegen des längeren Weges über die Ionosphäre mindestens mit einer Verzögerung von 35 μs ein (Abb. 80).

Empfänger

Der Weg, der zum Bestimmen des Standortes eines Schiffes zu durchlaufen ist, läßt sich in mehrere Schritte zerlegen. Als erstes ist anhand der Seekarte mit Loran-C-Überdruck die Kette, in deren Bedeckungsgebiet man sich befindet, einzustellen. Die Kettenbezeichnung ist identisch mit der Impulswiederholzeit geteilt durch 10. Früher waren nichtrechnergerechte Buchstaben/Ziffern-Bezeichnungen wie z. B. SL 3 üblich. Als nächstes sind sodann die beiden Nebensender am Gerät zu wählen. Zur Abkürzung des sich anschließenden Meßvorganges empfiehlt es sich, aus der Seekarte die Standlinienwerte des gegißten oder gekoppelten Schiffsortes zu entnehmen und die beiden Mikrosekundenzählwerke des Empfängers auf diese Werte voreinzustellen.

Die Empfängerentwicklung tendiert augenblicklich zu einer steigenden Automatisierung. Die Haupt- und Nebensendersignale werden dabei automatisch aufgefaßt, die Standlinienwerte automatisch bestimmt, und die Standlinienwerte bei Bewegung des Schiffes ständig erneuert. Der Einsatz von Mikroprozessoren als nächster Entwicklungsstufe führt dann zu rechnergestützten Loran-C-Anlagen, die den ermittelten Standort unmittelbar in geographischen Koordinaten anzeigen. Seekarten mit dem Loran-C-Überdruck sind dann nicht mehr erforderlich.

Reichweite und Genauigkeit

Das Loran-C-Verfahren ist primär ein Bodenwellenverfahren. Die Reichweiten betragen etwa 800 bis 1200 sm. Sie hängen ab von den Sendeleistungen, der Empfängerempfindlichkeit und den Energieverlusten auf dem Ausbreitungsweg vom Sender zum Empfänger.
Bei Verwendung der Bodenwelle liegt die Genauigkeit je nach Abstand vom Zentrum des Bedeckungsgebietes der Kette zwischen 50 m und 500 m. Bei Benutzung der Raumwelle vergrößert sich zwar die Reichweite; der Standort läßt sich jedoch, auch unter Berücksichtigung der Raumwellenkorrekturen, nur noch auf einige Seemeilen (6 sm bis 16 sm) genau bestimmen. Die Raumwellenkorrekturen sind meistens am Ort ihrer Gültigkeit in der Seekarte mit Loran-Netz ausgedruckt. Anderenfalls können sie den in den USA herausgegebenen Loran-C-Tafeln entnommen werden.
Da erzielbare Reichweite und Genauigkeit in starkem Maße von der Bedienung des Empfängers und eventuell vorhandener Filter zum Ausblenden von störenden Sendern abhängt, sollte man sich intensiv mit der Betriebsanleitung beschäftigen.

f) Omega

Das Omega-Navigationsverfahren arbeitet im Frequenzbereich 10 ... 14 kHz und wird bei Endausbau ca. 1981 mit nur 8 Sendern eine weltweite Standortbestimmung ermöglichen. Die angestrebte Genauigkeit für eine Ortsbestimmung beträgt für 95% aller Fälle 2 sm bei Tageslichtausbreitung und 4 sm bei Nachtausbreitung. Im Augenblick muß noch mit zeitlich und örtlich stark wechselnden Genauigkeiten gerechnet werden. Das Verfahren ist nicht für die Küstennavigation geeignet.

g) Der »Nautische Funkdienst« und andere Hilfsmittel

Seekarten enthalten zwar Angaben darüber, wo ein Seefunkfeuer, Consolfunkfeuer, Richtfunkfeuer usw. steht; über ihre Kennung, Sendezeiten, Sendefolge, Frequenz usw. kann man aber einer Seekarte nichts entnehmen. Um diese für die Erfassung und Auswertung eines Funkfeuers unbedingt notwendigen Unterlagen zur Hand zu haben, muß man ein dem Leuchtfeuerverzeichnis verwandtes Funkfeuerverzeichnis, den *Nautischen Funkdienst* Band II oder einen Auszug daraus, den *Sprechfunk für Küstenschiffahrt,* beziehungsweise den »Jachtfunkdienst« ebenso notwendig an Bord haben wie eine genau gehende Uhr, um diejenigen Funkfeuer, die nur zu bestimmten Zeiten senden, planmäßig erfassen zu können.
Seit 1964 gibt das DHI jährlich unter dem Titel *»Jachtfunkdienst«* eine Sonderausgabe für Yachten und nicht ausrüstungspflichtige Fahrzeuge heraus, in je einem Band für die Nord- und Ostsee (Abb. 83) und für das Mittelmeer. In diesem Buch sind die Funkfeuer geographisch entsprechend ihrer Lage längs der Küste geordnet. Es ist wichtig, vor jeder Peilung zu wissen, welche Funkfeuer zu dem jeweiligen Schiffsort günstig liegen

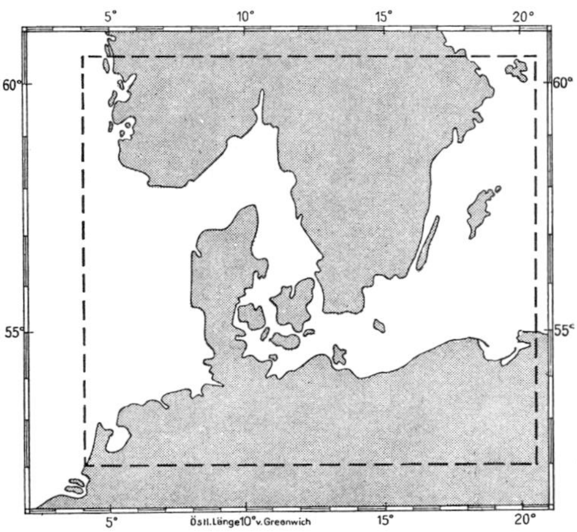

Abb. 83 *Bereich des »Jachtfunkdienstes«*

und zur Zeit gerade senden. Es empfiehlt sich daher, vor der Fahrt das Funkfeuerverzeichnis an Hand der geplanten Fahrstrecke einzusehen. Sehr gut bewährt hat sich ein *Funkpeilplan,* der auf einem einzigen Blatt in übersichtlicher Form alle notwendigen Angaben enthält. Der Peilplan Abb. 84 gilt für eine Reise von Kiel nach Visby. Er enthält die Funkfeuer in der Reihenfolge geordnet, wie man sie im Verlaufe der Reise in günstiger Lage zum Anpeilen vorfinden wird. Zu jedem Funkfeuer trägt man die Kennung in Buchstaben und bei mangelnder Übung im Lesen der Morsezeichen auch das Strich-Punkt-Bild der Morsezeichen ein. Daneben schreibt man die Frequenz und die Reichweite. Die folgenden 60-Minuten-Spalten füllt man entsprechend den Angaben über die Sendezeiten aus und erhält dadurch ein anschauliches Bild dieser Zeitangaben. Funkfeuer für Nebelsendungen kann man besonders kennzeichnen, indem man die Felder ankreuzt.

Man denke daran, daß die Angaben über die Funkfeuer sich ändern können! Eine Berichtigung der Verzeichnisse erfolgt laufend entweder durch Nachträge oder durch Neuherausgabe. Man stelle daher diesen Peilplan erst kurz vor der Reise nach den neuesten Unterlagen zusammen.

Neben den genannten Unterlagen gibt es für zahlreiche Seegebiete auch spezielle Funkfeuerkarten.

h) Gesetzliche Vorschriften

Das Betreiben von funktechnischen Einrichtungen ist grundsätzlich genehmigungspflichtig. Es ist dabei unerheblich, ob es sich um Funknavigations-, Funksende- oder Funkempfangsanlagen oder nur um einen Rundfunkempfänger handelt. Die Genehmigung wird auf Antrag von den Dienststellen der Deutschen Bundespost erteilt.

Eine wesentliche Voraussetzung für die Genehmigung ist, daß die betreffende Anlage eine Baumuster- oder Bauartzulassung besitzt. Diese Zulassung wird auf Antrag für den Anlagentyp nach erfolgreicher Prüfung erteilt, und zwar bei Sende- und Empfangsanlagen durch das Fernmeldetechnische Zentralamt (FTZ) und bei Navigationsanlagen durch das DHI. Mit der Zulassung wird auch eine Zulassungsnummer (FTZ- oder DHI-Nummer) erteilt, die an jeder Anlage als Nachweis der Übereinstimmung mit dem zugelassenen Typ angebracht sein muß. Mit der Zulassung hat der Benutzer nichts zu tun. Sie ist durch den Hersteller oder dessen Vertreter (z. B. Vertriebsfirma) zu erledigen. Als Käufer sollte man jedoch unbedingt darauf achten, nur Anlagen mit Zulassungsnummer zu erwerben. Es wird dadurch nicht nur eine Voraussetzung für die erforder-

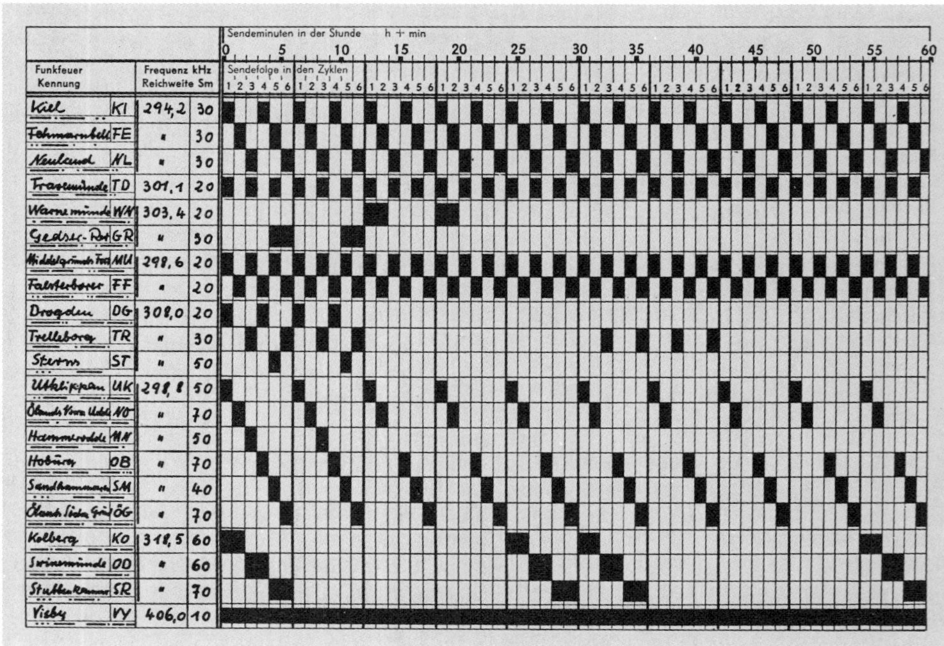

Abb. 84 Funkpeilplan (Ramert)

liche Betriebsgenehmigung geschaffen, sondern auch sichergestellt, daß die Anlage mindestens den bei der Zulassungsprüfung zugrundegelegten Minimalanforderungen genügt.

Bezüglich der Genehmigung zum Errichten und Betreiben einer Anlage wendet man sich an das Fernmeldeamt 6 Hamburg (Postfach 30 17 92, 2000 Hamburg 36), da die Behandlung von Rundfunkempfängern, Seefunkempfängern und -sendern, Peilfunkempfängern und Ortungsfunkanlagen unterschiedlich ist.

i) Radar

Das bislang klarste und eindeutigste Funkortungsverfahren ist Radar, das ähnlich wie ein Echolot arbeitet. Von einer ständig umlaufenden Richtantenne wird ein energiereicher, meist nur eine Zehntausendstelsekunde langer Funkimpuls mit einer Frequenz im 3- oder 9-Gigahertz-Band ausgeschickt, der von allen Gegenständen in seinem Wege, die größer sind als seine Wellenlänge, reflektiert wird. Sofort nach Aussendung dieses kurzen Impulses wird die Antenne auf Empfang umgeschaltet, denn Impuls und reflektiertes Echo haben eine Geschwindigkeit von fast 300 000 km/s.

Das Radar mißt elektronisch die Laufzeit zwischen Aussendung des Impulses und der Rückkunft aller Echos von diesem

Impuls, die für unseren trägen Begriff von Tempo alle »sofort« wieder da sind, auch wenn sie von Objekten in 20 sm und mehr Distanz zurückkommen. Die Elektronik des Radars aber setzt diese winzigen Zeitunterschiede maßstäblich in nach Zentimetern messende Ablenkungen eines Kathodenstrahls in einer Braunschen Röhre um, deren Sichtschirm dort zu fluoreszieren beginnt, wo der Kathodenstrahl ihn trifft. Die Technik ist ähnlich der Fernsehbildröhre. Während sich auf dem Radarbildschirm der Punkt des empfangenen Echos maßstäblich als Seitenpeilung und Entfernung des reflektierenden Objektes vom eigenen Schiff im Mittelpunkt des Bildschirms als Leuchtpunkt abzeichnet, hat die rotierende Radarantenne schon längst einen neuen Impuls ausgesandt, Echos empfangen und nach Distanz umgerechnet und beginnt gerade schon, das Ergebnis in der nur knapp weitergedrehten Peilung auf dem Bildschirm aufzuzeichnen. Und so geht das ständig rings um den ganzen Horizont etwa 20mal oder öfter in der Minute. Die Meßbereiche sind einstellbar vom Nahbereich bis 2 sm bis hinaus zu 16 oder gar 48 sm.

Radar ist nicht nur eine Navigationshilfe für Nacht und Nebel, sondern es wird auch sonst beinahe ständig in der terrestrischen Navigation zur Ortsbestimmung verwendet. Besonders einfach ist das Peilen eines auf dem Radarschirm abgebildeten Objektes: ein Gradkreis möglicht, die Schiffsseitenpeilung sofort abzulesen, und die Entfernung durch elektronisch auf dem Bildschirm erzeugte Abstandsringe.

Die Funkortung durch Radar spielt heute eine überragende Rolle als Hilfsmittel zur Vermeidung von Kollisionen. Es besteht jedoch die Gefahr, daß, im Vertrauen auf das Radar, bei unsichtigem Wetter zu schnell gefahren wird. Außerdem beträgt die Auffaßreichweite üblicher Handelsschiffsradaranlagen gegen mittlere (ca. 8 m) Sportboote nur etwa 2 . . . 5 sm. In diesem Abstand treten jedoch auch in starkem Maße die unerwünschten Echos vom Seegang auf. Ist ihre Stärke etwa gleich der Echostärke des Sportfahrzeuges, so kann es vom Radarbeobachter nicht mehr erkannt werden.

Das Reflexionsvermögen eines Sportfahrzeuges läßt sich durch das Führen eines Radarreflektors verbessern. Ein Boot mit Reflektor kann in etwa 5 sm Abstand mit dem Radar geortet werden. Nähern sich unter diesen Umständen Handelsschiff und Sportboot mit 25 kn (20 kn und 5 kn), so bleiben für das Erkennen einer Kollisionsgefahr sowie der Ausführung und der Beendigung des Ausweichmanövers nur 12 Minuten; diese Zeit vermindert sich auf 9,6 Minuten, wenn der Radarbeobachter das Sportfahrzeug erst bei Annäherung auf 4 sm erkennt. Der Radarreflektor erhöht zwar die Sicherheit, befreit aber nicht von der Notwendigkeit erhöhter Aufmerksamkeit bei Nacht und unsichtigem Wetter.

XIII. Astronomische Navigation

Von der Möglichkeit, astronomisch zu navigieren, kann jede Yacht Gebrauch machen, die längere Reisen auf See unternimmt; dies gilt selbstverständlich besonders für Reisen *über* See, aber auch für die lange Küstenfahrt von Kap zu Kap.
Ozeanüberquerungen wird man kaum ohne Kenntnisse in astronomischer Navigation unternehmen, weil man möglichst jeden Tag wissen will, wie und wohin man weitergekommen ist, weil man einen festen Punkt haben möchte, von dem aus man weiterkoppeln kann. Amerikaner und Engländer nennen jeden wahren, exakt festgestellten Schiffsort treffend kurz ein »Fix«.
Solange bei kleineren Seepassagen, etwa von Brest nach Coruña über die Biscaya oder von Marseille nach Mallorca, Wetter und Sicht gut sind und an Takelage und Maschine alles in Ordnung ist, kommt man über solche Distanzen auch mit der Koppelnavigation hinweg – nur gibt es keine Versicherung dafür, daß alles glatt abläuft. Doch selbst bei solchen Seepassagen ist es für den Navigator einer Yacht eine große Beruhigung, wenn ihm eine Standlinie nach der querab stehenden Sonne zeigt, daß sein Kurs noch so liegt, wie er ihn in die Karte gezeichnet hat; tut sie es nicht, wird er rechtzeitig gewarnt, was besonders wichtig ist, wenn man Inseln ansteuert. Mit einer Standlinie nach Sonne voraus oder achteraus kann er in kurzer Zeit prüfen, ob er seinem Ziel schon so nahe steht, wie gekoppelt.
Die astronomische Navigation ist heutzutage sehr einfach geworden, weil die Computer dem Nautiker die ganze komplizierte Mathematik abgenommen haben. Sie haben Tafelwerke für jeden vollen Breitengrad und jeden vollgradigen Meridian auf der Erde geschaffen, in denen ausgerechnet steht, in welcher Richtung und Höhe über dem Horizont man ein bestimmtes Gestirn sieht, wenn man auf dem Schnittpunkt eines solchen Breitengrads mit einem Meridian steht. Das genügt zur Feststellung des eigenen Standorts überall auf der Welt, Land oder Wasser, wenn man ein Gerät hat, die Höhe eines bekannten Gestirns über dem Horizont zu messen, wenn man ein Buch mit den Gestirnskoordinaten hat und ein solches Tafelwerk nebst einem genaugehenden Chronometer oder einer vor kurzem nach einem Funkzeichen genau gestellten Uhr.
An mathematischen Kenntnissen wird nur gefordert, daß man addieren und subtrahieren kann – oder einen Taschenrechner hat.

a) Notwendige Vorkenntnisse

Mathematische Kenntnisse der ebenen und sphärischen (kugeligen) Trigonometrie und ihrer Winkelfunktionen sind heute nicht mehr erforderlich. Notwendig

ist große Sicherheit im *sexagesimalen* Addieren und Subtrahieren, weil sowohl die Zeitrechnung nach Stunden, Minuten und Sekunden wie auch die Winkel- und Bogenrechnung nach Graden [°], Winkelminuten ['] und Winkelsekunden [''] so aufgebaut sind. Winkelsekunden werden in der nautischen Astronomie freilich nicht verwendet, sondern es wird nur auf Zehntelminuten genau gerechnet.
Sexagesimales Rechnen übe man gründlich, bis absolute Sicherheit erlangt ist, denn dabei werden die meisten Fehler gemacht. Es kommt hierbei darauf an, sich immer daran zu erinnern, daß die Minuten nur bis 60 reichen, daß man also bei 30 + 47 min = 77 min davon 60 auf die Stunden übernehmen muß, aber bei den Stunden nur 1 für die 60 min zuzählt. Reichen beim Subtrahieren die Minuten des Minuenden (der zu vermindernden Größe) nicht aus, dann muß man sich aus den Stunden eine »leihen«, also bei den Minuten 60 hinzuzählen.

Beispiel:		
	$17^h\ 34^m\ 16^s$	$334°\ 17.3'$
	$3^h\ 21^m\ 46^s +$	$15°\ 24.6'\ -$
	$20^h\ 56^m\ 02^s$	$318°\ 52.7'$

Einheiten und Schreibweisen

In der nautischen Literatur werden die Uhrzeiten – und normwidrig manchmal auch reine Zeitdimensionen – gerne mit hochgestellten Einheitszeichen geschrieben. Dies ist aber vor allem bei Seegang auf kleinen Schiffen unpraktisch, und wir empfehlen statt dieser Schreibweise eine solche mit Bindestrichen zwischen Stunden, Minuten und Sekunden, zumal dies auch bei »m« für Minuten nicht mit der genormten Kürzung für Meter verwechselt werden kann.

Statt GMT $04^h\ 44^m\ 13^s$ also besser GMT 04-44-13.

Eine analoge Schreibweise empfehlen wir für Winkel und Bogen: Statt GHA = 228° 44.3' besser GHA = 228-44.3.

Eine Verwechslung mit Uhrzeiten ist nicht möglich, weil diese in Kladden und Rechnungen prinzipiell immer zu dreimal zwei Ziffern zu schreiben sind, also nicht 1-5-33, sondern 01-05-33 oder 13-00-00. Bei Winkeln, die in Größen bis zu 360-00.0 vorkommen, kann man sich die dreistellige Schreibweise bei den Graden sparen.
Der Punkt als Dezimalzeichen ist in der ganzen einschlägigen Fachliteratur üblich, doch findet man in den Jahr- und Lehrbüchern durchweg noch die normwidrige Schreibweise bei den Winkelminuten mit Dezimalen, nämlich 0.00. Wir wenden hier dennoch die normgerechte Einheitsschreibweise an, zuerst den ganzen Zahlenwert und dann die Einheit eines Skalars zu nennen, also: 00.0'.
In älteren Rechenverfahren der astronomischen Navigation werden die Rechenoperationen logarithmisch ausgeführt, und um dabei den Wechsel von Additionen und Subtraktionen zu vermeiden, wurden Umstellungen trigonometrischer Funktionen vorgenommen. Eine solche Bezeichnung, der man heute noch in Lehrbüchern begegnet, ist »sem« für Semiversussinus (engl. »hav« für haversine).

b) Gestirnskoordinaten der Himmelskugel

Für die Zwecke der astronomischen Navigation genügt die wissenschaftlich zwar falsche Vorstellung, daß die Erde der Mittelpunkt des Alls ist, umgeben von einer konzentrischen, sehr viel größeren Hohlkugel, auf der alle Fixsterne (nahezu) fixiert, festgemacht sind (die geringe Bewegung spielt im Laufe eines Jahres für den Navigator kaum eine Rolle). Diese Himmelskugel dreht sich um eine durch die beiden geographischen Pole in Nord und Süd der Erde gesteckte Achse, womit gleichzeitig gesagt ist, daß Nord- und Südpol der Himmelskugel genau senkrecht über den entsprechenden der Erdkugel liegen. Die Himmelskugel dreht sich in westlicher Richtung, so daß man die auf ihr befestigten

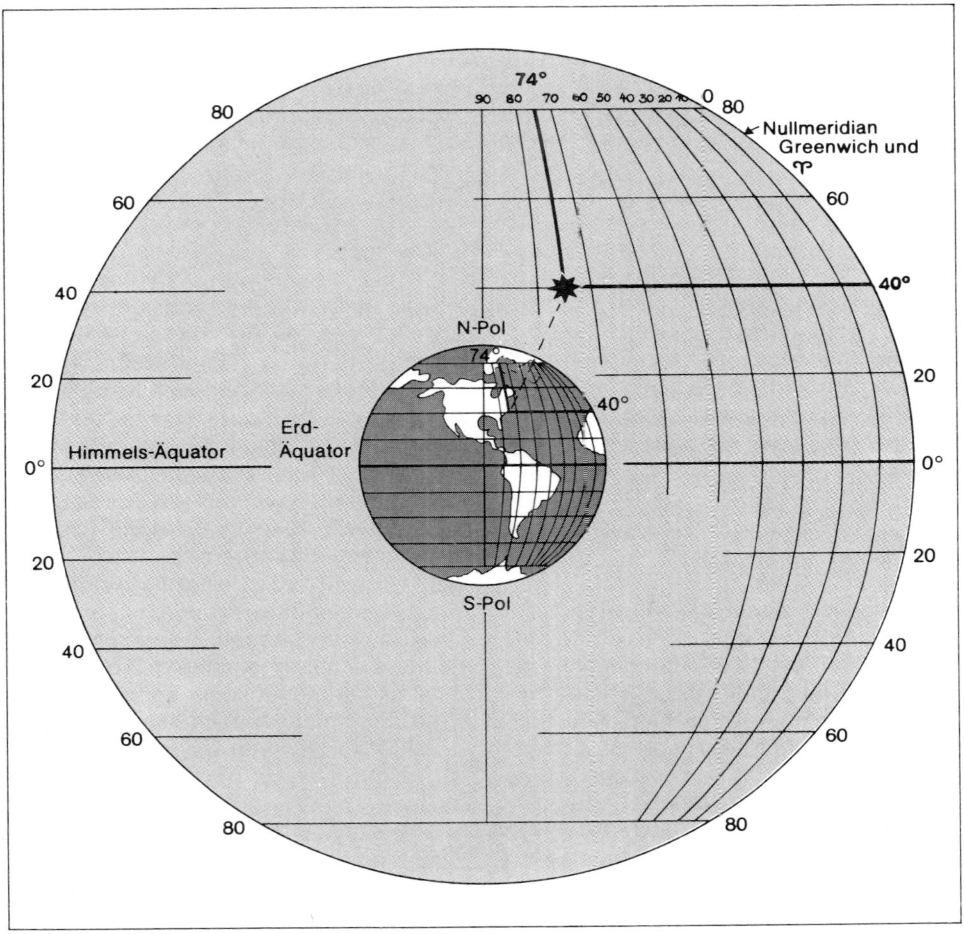

Abb. 1 Das Koordinatensystem des Himmelsäquators. Die Breite eines Gestirns heißt Deklination, seine Länge Stundenwinkel.

Sterne im Osten auf der Erde aufsteigen und im Westen untergehen sieht. Die Kugel dreht sich in 23 h 56 min 04.6 s (1974) einmal ganz herum. (Abb. 1)
Die Astronomen haben diese Kugel mit einem Koordinatennetz von Meridianen und Deklinationskreisen überzogen, das in seiner Art dem geographischen Koordinatennetz aus Längengradkreisen und Breitenkreisen entspricht. Der Nullmeridian ist, analog dem Nullmeridian der Erde durch die Greenwich-Sternwarte, willkürlich auf der Himmelskugel durch den Frühlingspunkt gelegt – das ist der Punkt, vor dem die Sonne von der Erde aus betrachtet steht, wenn sie im Frühling genau über dem Äquator der Erde steht; sie steht dann auch über dem Himmelsäquator. Der *Frühlingspunkt* wird von anderen Völkern mit seinem astronomischen Namen *Aries* (deutsch Widder) genannt und mit einem symbolischen Widdergehörn bezeichnet (♈), denn vor langer Zeit lag der Frühlingspunkt im Sternbild des Widders; heute liegt er etwa südlich des Sternbildes Pegasus.

1. Deklination

Sterne, die auf dem Himmelsäquator liegen, haben die *Deklination* 0°. Sterne nördlich des Äquators bekommen zur Gradzahl das Vorzeichen N, solche südlich des Himmelsäquators das Vorzeichen S – z. B. Capella N 45–58.4, Rigel S 08-13.8.

2. Sternwinkel

Das Analogon zu den irdischen Längengraden ist für den Sternort auf der Himmelskugel der *Sternwinkel,* der in Deutschland die wenig sinnfällige Bezeichnung *ß* (beta) bekommen hat; englisch wird er *SHA* (sidereal hour angle) bezeichnet, aber längst nicht mehr, wie früher einmal, in Stunden (hours) gemessen. Anders als irdische Längengrade wird der Sternwinkel nur in westlicher Richtung fortschreitend vom ♈-Meridian aus gemessen, also von 000...360 grd.

Die Sternkoordinaten sind also Sternwinkel und Deklination, beide in Graden und Minuten mit Zehntelminuten genannt, die Deklination außerdem mit dem Vorzeichen N (+) oder S (–).

3. Bildpunkt

Würde man in einem bestimmten Augenblick von einem bestimmten Stern eine Gerade zum gemeinsamen Mittelpunkt von Erd- und Himmelskugel ziehen, so würde diese Gerade die Erdoberfläche an einem Punkte durchstoßen, den wir den *Bildpunkt* des betreffenden Sterns nennen. Ein Beobachter, der in dieser Zeit in diesem Bildpunkt steht, hätte den Stern senkrecht über sich – im *Zenit.* Dieser Bildpunkt ist quasi das Fundament eines sehr hohen Leuchtturms, dessen Laterne der Stern ist.

4. Meridian des Aries

Die geographische Lage eines solchen Bildpunktes für einen Fixstern in einem bestimmten Zeitpunkt, eben der Beobachtungszeit, ist nach Länge und Breite zu bestimmen, wenn wir wissen, wo in diesem Zeitpunkt der Meridian des Aries (Frühlingspunkt) über der Erde schwebt – präzise gesagt: wie weit westlich vom irdischen Null-Längengrad von Greenwich bei London; vielleicht W 65–45.0 über den Bermudas? oder W 180-00.0 über den Ellice- und Fidji-Inseln im Pazifik? oder gar W 350-00.0 über Hamburg? Egal wo der ♈-Meridian gerade steht: wenn er nicht exakt über der alten Sternwarte von Greenwich steht, dann steht er *westlich* von Greenwich.

5. Der Greenwich-Winkel

Die Lokalisierung des Frühlingspunktes

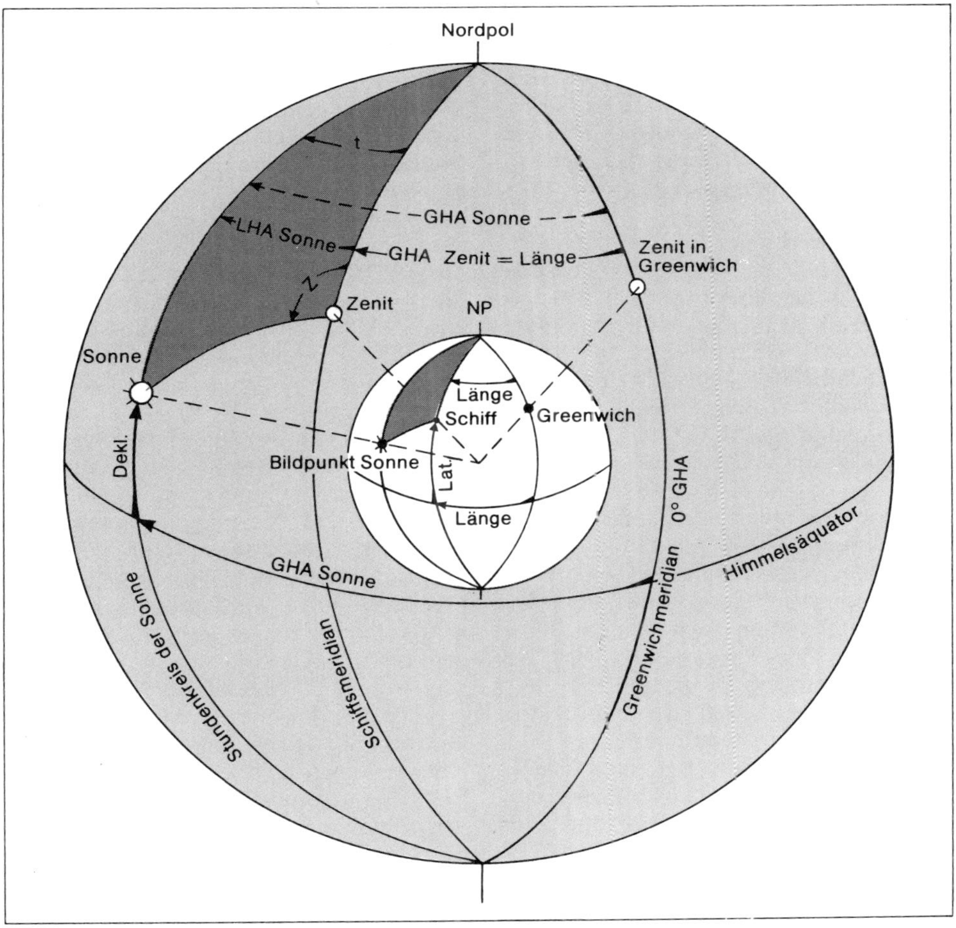

Abb. 2 Das Himmelsdreieck verbindet die Koordinatensysteme des Himmelsäquators und des Horizontes. Das Horizontsystem s. Abb. 4.

oder Aries als stets westlichen Winkelabstandes vom Greenwicher Nullmeridian nennt man heute den *Greenwich-Winkel,* sonst sagt man »Greenwich-Stundenwinkel« (GrwStw) oder englisch »Greenwich Hour Angle« (GHA) – er wurde früher im Zeitmaß gemessen, und die Astronomen tun es heute noch, denn tatsächlich richtet sich unser Zeitmaß ja danach, wann die Sonne den Längengrad von Greenwich überschreitet. So bleiben auch wir bei der Abkürzung, die auf Stundenwinkel hinweist; doch wählen wir, weil praktischer zu schreiben und konform mit den amerikanisch-englischen (auch holländischen) Tafeln, dafür die englische Abkürzung GHA (Abb. 2).

Der GHA wird immer in westlicher Richtung als Winkel gezählt, also von Greenwich-Länge aus über West von 000...360 grd, und er ist nicht nur für den Aries-Meridian eine wichtige Koordinate, sondern auch für die Bildpunkte der beweglichen Gestirne: Sonne, Mond und Planeten. In den Sternkalendern, *Ephemeriden* genannt, sind die GHA für alle beweglichen Gestirne und für den Aries-Meridian für mehr oder minder lange Zeitspannen von einmal täglich bis zu alle 10 min (Air Almanac) aufgeführt.

Den Greenwich-Winkel eines Fixsterns findet man, indem man seinen Sternwinkel zum GHA des Aries (Frühlp.) addiert – kommt dabei ein Wert $> 360°$ heraus, zieht man $360°$ ab (bei elektronischen Rechnern nicht nötig).

Anders als bei der einfach zu verstehenden Himmelskugel mit den Fixsternen, die sich gleichmäßig »um die Erde dreht«, so daß mit der Uhr auch der GHA gleichmäßig für ♈ und durch Sternwinkel »angeschlossene« Fixsterne größer wird, wachsen die GHA der beweglichen Sterne ungleichmäßig, weil eben die Erde doch nicht der Mittelpunkt des Alls ist. Die Ephemeriden (Jahrbücher) enthalten die entsprechenden Zahlen.

6. Deklination, Abweichung

Die internationale Bezeichnung für die dem irdischen Breitengrad entsprechende Koordinate eines Gestirns und seines Bildpunktes auf der Erde ist *Deklination* – abgeleitet aus dem lateinischen *declinatus* (geneigt, schräg sein) – Formelzeichen: δ.

Deutsche Jahrbücher benutzen den (falsch übersetzten) Ausdruck »Abweichung«. Wir halten uns an den internationalen, auch wissenschaftlich-astronomischen Ausdruck *Deklination* für diese Gestirnsgrundkoordinate, die ebenfalls in den Ephemeriden zu finden ist.

Bei den beweglichen Gestirnen ist auch die Deklination nicht annähernd konstant oder wenigstens gleichförmig in der Änderung. Am ungleichmäßigsten bewegt sich der Mond – daher der Spruch für eine erratisch laufende Uhr, sie gehe nach dem Mond. Praktische Sorgen brauchen uns diese Ungleichmäßigkeiten und Änderungen nicht zu machen, denn die Ephemeriden für Nautiker berücksichtigen sie schon. Bei der Sonne wandert der Bildpunkt im Laufe eines Jahres zwischen den Wendekreisen hin und her. Die Deklination ändert sich von N 23-26.5 im Nordsommer am 21. Juni (Sonnwendtag) bis S 23-26.5 im Südsommer (Nordwinter) in der (europäischen) Nacht vom 21. zum 22. Dezember. Das kommt daher, daß die Erdachse gegen die Ebene ihrer Umlaufbahn um die Sonne mit einem Winkel von 23° 26.5' geneigt ist.

Der Achsneigung wegen läuft die Sonne vor der Mercatorkarte des Sternhimmels auf einer Sinuskurve, der Ekliptik.

c) Die Zeit

Der warmen Sommertage für Neuseeländer und Australier sind weniger, der Wintertage mehr als für uns Bewohner der Nordhalbkugel. Das liegt daran, daß die Erde auf einer elliptischen Bahn um die Sonne läuft, wobei die Sonne in einem Brennpunkt der Bahnellipse steht, dem die Erde am nächsten kommt, wenn für Australien Sommer ist – auf diesem Bahnstück kurvt sie schneller um die Sonne. Das brauchen wir zwar rechnerisch nicht zu berücksichtigen, weil es in den Ephemeriden berücksichtigt ist; es erklärt aber, warum der Greenwich-Winkel ungleichmäßig wächst und warum die Sonne keineswegs immer pünktlich um 12-00-00 mittags genau im Süden der alten Sternwarte von Greenwich peilt – »durch den Meridian geht«, »den Meridian passiert«, »kulminiert« oder »transitiert«, was alles dasselbe meint.

1. Zeitgleichung

Nur viermal im Jahr peilt die Sonne pünktlich zu Mittag im Süden von Greenwich. Ende Januar, Anfang Februar kommt sie etwa 15 min zu spät, an der Grenze Juli/August erreicht sie einen weiteren Gipfel des Zuspätkommens mit etwa 6 min. Dafür ist sie April/Mai mit 3.5 min und Oktober/November sogar etwas mehr als 15 min zu früh. Mit diesen *Zeitgleichung* (engl. Equation of Time) genannten Schwankungen muß man rechnen, wenn man sich mit dem Sextanten darauf vorbereiten will, die Kulminationshöhe der Sonne, ihren größten Kimmabstand, zu messen, den sie erreicht, wenn sie durch den Ortsmeridian des Beobachters geht; für Greenwich steht diese Zeit täglich im Jahrbuch.

2. Mittlere Greenwich-Zeit

Für den zivilen Gebrauch ist diese »wahre Sonnenzeit« natürlich wenig geeignet, und deshalb hat man ermittelt, um welche Zeit sie durchschnittlich wieder über dem Ortsmeridian von Greenwich erscheint, und das ist alle 24 h. Doch fängt man die Zeitzählung der Uhr nicht am Mittag an, wenn die Sonne durch den oberen Meridian (Ortslängengrad) geht, sondern durch den unteren (die Fortsetzung des Längengrads auf der anderen Seite der Erde). 00-00-00 Uhr mittlere Greenwich-Zeit (MGZ) oder Greenwich Mean Time (GMT) beginnt also, wenn in Greenwich Mitternacht ist. (Das war nicht immer so.) Alle Gestirnskoordinaten werden für diese mittlere Greenwich-Zeit angegeben. Es ist deshalb üblich, das Chronometer, die Navigationsuhr, immer nur nach MGZ (GMT) laufen zu lassen. Für Ordnung im Tageslauf läßt man eine besondere Borduhr laufen, die gesetzliche oder Zonenzeit zeigt.

3. Zeitunterschied

Wenn die mittlere Sonne für einmal rund um die Erde von Greenwich bis Greenwich, also für 360°, 24 h braucht, dann legt sie auf ihrem westlichen Wege in einer Stunde 15° zurück. Deshalb heißt jeder 15. Längengrad *Zeitmeridian* und bestimmt die *Zonenzeit.* Die Zeitzone ist zu je 7.5° Länge nach Ost und nach West beidseits eines Zeitmeridians angeordnet. In dieser Zeitzone zeigen alle Uhren gleiche Zeit – die *Mittlere Zonenzeit* (ZMT, ZT). Wenn es in Greenwich 12-00-00 GMT ist, dann ist es auf Länge W 15-00.0 (Island, Kanarische Inseln) 11-00-00 ZT und auf Länge W 75-00.0

(Philadelphia, USA) 07-00-00 EST (Eastern Standard Time = ZT). In Deutschland, für das E 15-00.0 der Zeitmeridian ist, wie für die meisten europäischen Staaten wäre es dann 13-00-00 MEZ (mittlere europäische Zeit = ZT). (Abb. 3).

Diese schöne Ordnung wird freilich oft gestört – etwa durch Einführung von Sommerzeit, um Strom zu sparen, oder einheitliche Zeit für breite Kontinente zur Vereinfachung der Eisenbahnfahrpläne. So hat Spanien nicht Greenwich-Zeit, sondern mitteleuropäische, und selbst England richtet sich im Sommer nicht nach dem Mittag von Greenwich, sondern nach dem von Görlitz (MEZ). Solche Zeit nennt man allgemein »gesetzliche Zeit«. Hier und da muß man bei lokalen nautischen Angaben darauf achten, welche Zeit gemeint ist.

Merken wir uns also: 15° Längenunterschied entsprechen einer Stunde mittlerer Sonnenzeit; 1° Längenunterschied entspricht 4 min mittlerer Sonnenzeit; 1′ Längenunterschied entspricht 4 sek mittlerer Sonnenzeit.

4. *Mittlere Ortszeit (MOZ, LMT)*

Wenn in Hamburg (Länge E 10-00.0) die Uhren punkt zwölf zeigen, dann ist es in Hamburg nach mittlerer Sonne noch nicht Mittag, denn um diese Zeit macht jene mittlere Sonne gerade erst ihren Transit über den Längengrad E 15-00.0 hinweg – Mittelsonnenmittag für Görlitz und die italienische Stiefelspitze. Bis die mittlere Sonne über Hamburgs Längenkreis steht, der 5° westlicher als der Zeitmeridian Europas liegt, vergehen

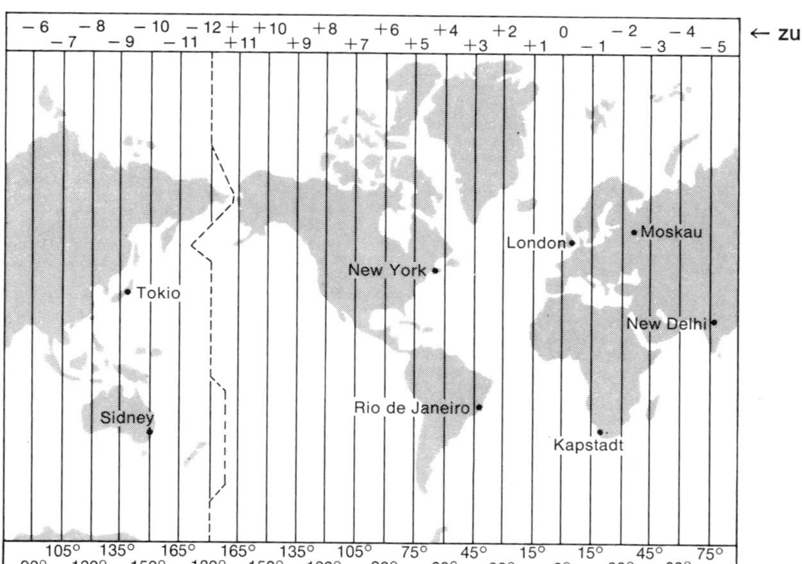

Abb. 3 Zeitzonen der Erde und Verlauf der politischen Datumsgrenze (nicht identisch mit der tatsächlichen, »gesetzlichen« Zeit in vielen Ländern)

noch 20 min – bis Blankensee (λ E 09-48.0), das noch zu Hamburg gehört, vergehen bis zum mittleren Ortsmittag noch 48 s mehr.

5. Wahre Ortszeit (WOZ)

Wir lasen schon, daß die wahre Sonne nur viermal im Jahr so pünktlich ist wie die mittlere Sonne. Wenn man aber von seinem Schiff aus den Transit, die Kulmination (den Gipfel ihres Tagesbogens über den Himmel) mit dem Sextanten beobachten will, weil man daraus den Breitengrad berechnen kann, auf dem man sich befindet, dann hat man es mit der wahren Sonne zu tun, die man nicht verpassen darf. Deshalb sind in den Ephemeriden bis auf die Zeitminute genau die Transitzeiten nach mittlerer Greenwichzeit für alle wichtigen Gestirne und für Aries angegeben. Es genügt, diese Zeitangabe nach Längenunterschied umzurechnen, wie bei MOZ vorgemacht, um rechtzeitig zur Kulminationsbeobachtung an Deck zu sein. Ansonsten ist die wahre Ortszeit navigatorisch uninteressant.

6. Datumsgrenze

Wenn die mittlere Sonne den 180. Längengrad, den unteren Meridian von Greenwich, überschreitet, beginnt in den Ephemeriden ein neuer Tag; es ist 00-00-00 GMT. Bis 12-00-00 GMT und nach 12-00-00 GMT ist die Welt in zwei Daten gespalten. Um 12-00-00 GMT hat die Welt ringsum dasselbe Datum. Deswegen heißt der 180. Längengrad *nautische Datumsgrenze.* Östlich von dieser Grenze gilt das Datum der amerikanischen Küste, westlich davon das der asiatischen Küste.

Beim Überschreiten der Datumsgrenze mit östlichem Kurse ist das Datum zweimal zu zählen *(von Ost auf West, halt Datum fest!);* beim Überschreiten mit westlichem Kurse ist das Datum des nächsten Tages zu überspringen *(von West auf Ost, spring getrost!).* Um Irrtümer auszuschließen: Hier stehen in den Merksprüchen »Ost« für Ostlänge und »West« für Westlänge; es sind also *nicht* Kurse gemeint. Von Ost auf West fährt man östlichen Kurs. Man ändert das Datum jedoch in der Praxis erst um Mitternacht nach Überschreiten der Datumsgrenze.

Die *politische* Datumsgrenze weicht stellenweise vom 180. Längengrad ab, was jedoch für die astronomische Zeitrechnung ohne Bedeutung ist. Siehe Abb. 3.

7. Greenwich-Datum

Der Zeitmeridian 180° hat eine positive Zeit-Halbzone E 172,5° . . . 180° und eine negative Zeit-Halbzone W 172,5° . . . 180°; erstere +12 h, letztere −12 h. Zwischen beiden liegen 24 h.

Es ist wichtig, fern vom Greenwich-Meridian das richtige Greenwich-Datum im Jahrbuch aufzuschlagen. Ein auf GMT eingestelltes Chronometer mit Datumsanzeige erleichtert dies. Sonst muß man von Zonenzeit mit umgekehrtem Vorzeichen der Zeitzone (ZU Zeitunterschied) auf die GMT rechnen.

Für W-Länge: ZT −(−ZU) = GMT. Wird dabei GMT > 24, hat Greenwich schon das neue Datum.

Beispiel: New York ZT 20-00-00 −(−5) = 25-00-00 GMT.

Für E-Länge: ZT −(+ZU) = GMT.

Ist ZT >ZU, hat Greenwich gleiches Datum wie das Schiff; müssen 24 h vom nächsten Tag geborgt werden, hat

Greenwich noch das Datum von gestern. Beispiel: Melbourne ZT 07-00-00 −(+10) + 24 = 21-00-00 GMT und Datum von gestern. Diese Rechnung unter Anwendung der Zeitunterschiede (ZU) der Zeit-Halbzonen beidseits 180° beseitigt auch eventuelle Zweifel an der Datumsgrenze.
Für das Schiff wechselt das Datum um Mitternacht Zonenzeit. Der Borddienst richtet sich nach der Zonenzeit.

d) Beobachtungskoordinaten eines Gestirns

Ein Beobachter an einem beliebigen Ort der Erde kann immer nur feststellen, wie hoch ein Gestirn über seinem Horizont steht und in welcher Richtung es peilt (Abb. 4).

1. Gestirnshöhe

Die Höhe eines Gestirns könnte man mit einem Kursdreieck beobachten, in dessen Hypothenusenmitte man einen Faden mit einem Gewicht als Lot festgemacht hat. Peilt man das Gestirn nun längs der Hypothenuse an, dann kann ein anderer, an der Gradteilung von 90° ausgehend, bis zum Pendel die Höhengrade ablesen. (Astrolabium nennt man solch ein Instrument.) Das hätte den Vorteil, daß die gemessene Höhe gleich auf den *wahren* Horizont durch den Erdmittelpunkt bezogen ist, aber es ist leider für unsere Zwecke nicht genau genug. Mittels Libellen genau horizontal ausgerichtete Theodoliten sind nur auf festem Boden geeignet und werden von Landmessern zur astronomischen Standortbestimmung gebraucht. Libellensextanten messen die Höhe auch auf den wahren Horizont bezogen; doch ist es alles andere als einfach, auf einem Schiff die Libellenblase genau in der Mitte zu halten.
So ist es seit gut zwei Jahrhunderten üblich, mit einem Sextanten oder Oktanten die Höhe eines Gestirns über der *Kimm,* dem sichtbaren Seehorizont, zu messen und diesen *Kimmabstand* dann rechnerisch so zu berichtigen, daß er zur Höhe über dem wahren Horizont wird – eigentlich müßten wir korrekt vom Höhen*winkel* sprechen. Berichtigt wird einmal die von der Augeshöhe abhängige *Kimmtiefe* (engl. Dip), und andererseits die vom Kimmabstand abhängige *Strahlenbrechung* in der irdischen Lufthülle (groß bei tiefstehenden Gestirnen, null bei Gestirnen nahe dem Zenit); sie läßt das Gestirn höher erscheinen als es wirklich steht. Berichtigt wird ferner für Halbmesser von Sonne und Mond, die man mit dem Rand auf den Horizont setzt, und berichtigt wird endlich beim Mond immer, bei den Planeten Mars und Venus manchmal eine Horizontalparallaxe. Solche Berichtigungen sind in Berichtigungstafeln der nautischen Almanache enthalten.
Dieser so berichtigte Kimmabstand heißt bei uns *beobachtete Höhe* (Hb).

2. Azimut und Azimutwinkel

Die Richtung, in der man ein Gestirn peilt, wird allgemein Azimut genannt, aber diese Bezeichnung steht streng genommen nur dem rechtweisenden Winkel zu, der von rwN aus wie die Kompaßrose von 000...360 über Ost, Süd, West gezählt wird. Die Rechenverfahren der astronomischen Navigation und auch die meisten Tafeln mit fertigen Rechenresultaten führen jedoch nicht direkt zum Azimut, sondern zu einem Azimutwinkel, der meist von Nord oder Süd entweder nach Ost oder nach West als Winkel zum Meridian angelegt werden muß. Typische Azimutwinkel wären N 25° E (= rw 025), S 80 E (= rw 100), S 140 W (= rw 320), N 42 W (= rw 318). In den Tafeln stehen immer Hinweise, wie der gewonnene Azimutwinkel in ein vollkreisiges Azimut zu verwandeln ist. Zweifel können dem Navigator, der Be-

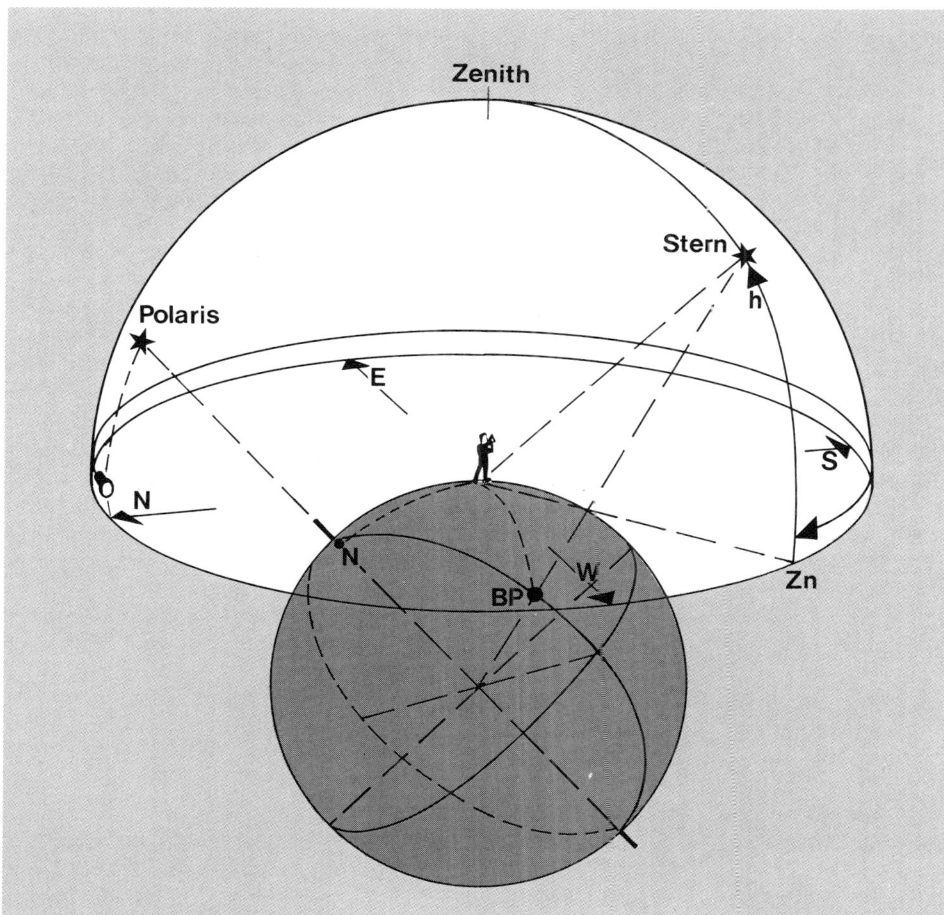

Abb. 4 Die Position eines Gestirns wird bestimmt durch seine Höhe (h) über dem Horizont und sein Azimut (Peilung) (Z, Zn).

obachtung und Berechnung selber ausführt, auch kaum kommen, denn er weiß ja, in welche Himmelsrichtung er ungefähr mit seinem Sextanten gezielt hat.
Es ist in Deutschland noch immer üblich, für Azimut und Azimutwinkel nur die eine Kurzbezeichnung Az zu nehmen. Wir halten uns hier aber an die amerikanisch-englischen Tafelzeichen »Z« für den Azimutwinkel und »Zn« für das von Nord gezählte Azimut. (Eine Verwechslung mit klein z für Zenitabstand dürfte kaum vorkommen, weil der Zenitabstand heute nur noch bei der Mittagshöhe gebraucht wird, in der der Azimutwinkel gleich null ist.

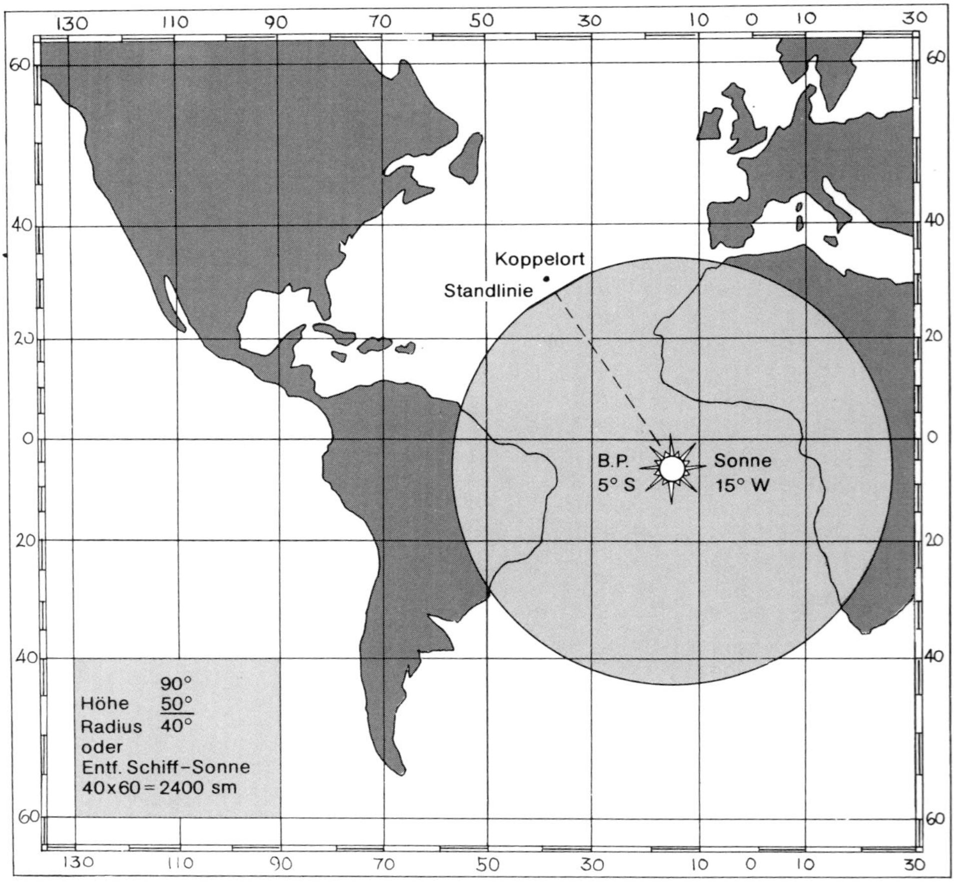

Abb. 5 Azimut und Höhengleiche. Das Azimut ist die Richtung zum Bildpunkt, gestrichelt gezeichnet. Alle Beobachter auf dem Kreis sehen die Sonne in diesem Augenblick in gleicher Höhe.

e) Zusammenhang der Koordinatensysteme

Wir haben nun das Koordinatensystem des Gestirns-Bildpunktes mit Greenwich-Winkel (GHA) und Deklination (Dec) kennengelernt und das Horizontkoordinatensystem des Gestirns vom Beobachtungsort aus mit beobachteter Höhe (Hb) und Azimut. Sehen wir nun, wie diese zusammengebracht werden können (Abb. 4).

Tragen wir den Bildpunkt eines Gestirns auf einer Mercator-Weltkarte ein, was ja möglich ist, so wird das Azimut des Beobachtungsorts als freier Strahl zwangsläufig zu diesem Bildpunkt führen müssen – das ist der erste Zusammenhang (Abb. 5).

Bei der Beschreibung des ersten Koordinatensystems bemerkten wir schon, daß man den Bildpunkt als das Fundament eines sehr hohen Leuchtturms ansehen könne, auf dessen Spitze das Gestirn leuchtet. Mißt man diese Höhe als Winkel, so kann man aus ihr auf einen bestimmten Abstand vom Fußpunkt dieses »Leuchtturms« schließen – und alle Leute auf dem Globus, die sein Licht mit dem gleichen Höhenwinkel im Sextanten haben, stehen gleich weit von diesem »Leuchtturm« und seinem Fußpunkt im Kreis um ihn herum – das ist der zweite Zusammenhang: der Kreis der *Abstandsgleiche* oder *Höhengleiche.*

Diese Zusammenhänge wurden relativ spät erst in dieser schlichten Einfachheit entdeckt: 1837 durch den amerikanischen Kapitän *Thomas H. Sumner* ein Stück der Abstandsgleiche; 1875 durch Commandant *Adolphe-Laurent-Anatole Marcq de Blonde de Saint-Hilaire* bei der französischen Marine das Höhendifferenzverfahren (und der Semiversussinus »sem«). Erst 1910 begann man, das

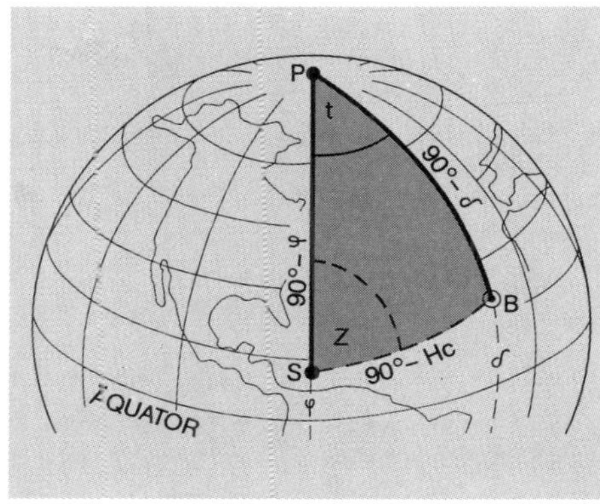

Abb. 6 Das sphärische Dreieck des Nautikers. Aus drei Größen lassen sich alle anderen berechnen.

bis dahin übliche Zeitbeobachtungsverfahren für die Länge und die Mittags- oder Nordsternhöhe für die Breite durch das modernere Verfahren zu ersetzen.

f) Das sphärische Dreieck des Nautikers

Abbildung 6 zeigt das sphärische Dreieck des Nautikers; dessen Ecken sind *P,* der obere Pol (auf der Südhalbkugel wäre es der Südpol); der (angenommene, gegißte) Schiffsort S (nach φ und λ bekannt) und *B,* der Gestirnsbildpunkt (nach *GHA* und δ aus den Ephemeriden bekannt).

Bekannt sind in diesem Dreieck die beiden Seiten (90° – φ) und (90° ± δ) und *t,* der Meridianwinkel*, der sich als Summe aus GHA und Länge λ ergibt, worauf gleich noch näher eingegangen wird. Mit diesen bekannten Größen des sphä-

* In alten Lehrbüchern wird t noch »Stundenwinkel« genannt; unsere ist die internationale Bezeichnung.

rischen Dreiecks lassen sich die beiden von uns gesuchten Größen berechnen. Gesucht sind die Seite (90° − *Hc*), d. h. eigentlich nur *Hc*, und der Azimutwinkel *Z*. (Die Größe des Winkels am Bildpunkt interessiert uns nicht.)
Die Grundformel zur Berechnung der Höhe *Hc* lautet:

$$\cos(90° - Hc) = \sin Hc = \pm (\sin\delta \sin\varphi) + \cos\delta \cos\varphi \cos t \qquad (1)$$

Die Grundformel für den Azimutwinkel lautet: $$\cos Z = \frac{\sin\delta - \sin h \sin\varphi}{\cos h \cos\varphi} \qquad (2)$$

Wo in der Formel (1) das Zeichen ± steht, muß »minus« genommen werden, wenn Breite φ und Deklination δ ungleichnamig sind. Das wird einem aus der Abb. 6 schon klar, wenn man sich vorstellt, der Bildpunkt läge auf derselben Länge, jedoch südlich des Äquators.
Es gibt heute kleine elektronische Taschenrechner, mit denen man nach den Grundformeln (1) und (2) außerordentlich schnell das sphärische Navigationsdreieck berechnen kann. Da diese Rechner die Winkelfunktionen vollkreisig und vorzeichenrichtig auf Tastendruck ausrechnen, soll man statt des Meridianwinkels *LHA* eingeben. Zn = Z, wenn *LHA* > 180°, und Zn = 360° −Z, wenn *LHA* < 180°
Die neueren amerikanisch-englischen Inspektionstafelverfahren brauchen als Eingangswert alle den *Ortsstundenwinkel* (engl. local hour angle) $LHA = GHA \pm \lambda$; W-Länge wird abgezogen (merke: W... weniger), E-Länge wird addiert. Der *LHA* wird wie der Greenwich-Winkel immer in westlicher Richtung gezählt und kann Größen von 000 ... 360 grd erreichen. (Vgl. Abb. 2)
Der Meridianwinkel *t* wird dagegen immer nur von der angenommenen Länge λ aus bis maximal 180° gemessen. Ist *LHA* > 180°, dann wird man also 180 abziehen, falls man den Meridianwinkel braucht. Steht das Gestirn östlich vom Beobachtermeridian λ, dann schreibt man t_e, sonst t_w – ob es in E oder W steht, ist gewöhnlich schon von der Beobachtung her bekannt oder durch kurzes Überlegen festzustellen; für die Rechnung ist es ohne Belang, doch für die Richtung des Azimutwinkels kann man es brauchen, denn der Azimutstrahl zeigt bei t_e jedenfalls nach Osten, bei t_w nach Westen hinüber.

g) Die Gestirnsbeobachtung

Zwei teure Anschaffungen von Instrumenten, die außerdem noch empfindlich sind, lassen sich nicht umgehen, wenn man ernsthaft astronomisch navigieren will oder muß: Sextant und Chronometer.

h) Der Sextant

Es werden Sportschiffern eine Anzahl billiger Sextanten aus Plastik angeboten, die aber bei einer Prüfung durch das DHI alle versagt haben; zwei waren so schlecht, daß man sie überhaupt nicht im Kollimator prüfen konnte.
Oktanten sind etwas billiger, haben aber nur einen Meßbereich von 90°, was jedoch für gut 90 Prozent aller Beobachtungsfälle ausreicht. Die vollen Meßbe-

reiche beider Instrumente sind ohnehin auf kleinen Schiffen in der Praxis nicht ausnutzbar, weil der Indexspiegel (Großspiegel, heute oft kleiner als der »kleine«) »zu schmal« wird, um bei unruhigem Schiff ein Gestirn in ihm halten zu können. Für Höhen $> 85^\circ$ darf zudem die Standlinie nicht mehr als Gerade gezeichnet werden; ein Problem, das man in der Praxis bei sehr unsicherem Gißort vermeidet.

1. Indexprüfung

Weil der Indexfehler infolge thermisch bedingter Verspannungen des Instruments nie gleichbleibend ist, muß er vor jeder Benützung festgestellt werden. Dies geschieht am besten, wie bei der Instrumentenbeschreibung erwähnt, mittels der Kimm, ist diese nicht klar, kann auch nicht beobachtet werden.
Man kann auch einen Planeten anvisieren und die beiden Bilder zur Deckung bringen, wobei man in beide Strahlengänge aber das schwächste Blendglas einlegen sollte, weil sonst die Überstrahlung die genaue Einstellung stört.
Indexberichtigungen nach der Sonne macht man auf großen Schiffen, wenn die Kimm bei hohem Seegang unruhig wird; auf kleinen Schiffen ist dann aber auch die Sonne »unruhig«, so daß man sich besser auch dann an die Kimm hält und nach guter Navigatorart berücksichtigt, daß das Besteck fehlerhaft sein könnte.

2. Handhabung

Ein Gestirn zielt man gewöhnlich mit Nullstellung der Alhidade (und Mikrometerschraube) an, weil man so das Gestirn in beiden Teilen des (»kleinen«) Horizontspiegels sieht. Man bringt das Gestirn in dessen verspiegelten Teil, klinkt mit der linken Hand den Schneckentrieb der Alhidade aus und fährt sie zügig nach vorn, wobei man gleichzeitig den Sextanten nach unten senkt – beide Bewegungen müssen so übereinstimmen, daß das Gestirn im Horizontspiegel sichtbar bleibt. Übung macht den Meister – man kann es daheim durch Herabholen von Gestirnen auf Dachkanten üben.
Unten angekommen, wird die Kimm im Horizontspiegel sichtbar, und wenn das Gestirn knapp darüber oder darunter steht, läßt man den Schneckentrieb einrasten und dreht das Gestirn mit der Feinschraube in die Kimm. Sonne und Mond setzt man immer mit ihrem Rand auf oder unter die Kimm; das heißt, man beobachtet Oberrand (upper limb) oder – vorzugsweise – Unterrand (lower limb). Bei den Mondphasen kann man sich das nicht frei aussuchen; es richtet sich danach, ob die »Hörner« nach oben oder nach unten zeigen. Diese Gestirne werden dann rechnerisch bei der Höhenberichtigung um ihren scheinbaren Halbmesser mit der Mitte in die Kimm gesetzt. Sterne und Planeten werden in die Kimm gesetzt.
Bei diesem Ein- oder Aufsetzen eines Gestirns an der Kimm pendelt man den Sextanten mit der rechten Hand leicht um seine Fernrohrachse, und das Gestirn scheint dabei vor, über oder unter der Kimm einen Pendelbogen zu schwingen. Man drehe die Feinschraube so, daß dieser Bogen im unteren Scheitel die Kimm berührt. Auf diese Weise wird ein Meßfehler durch schräg gehaltenes Instrument vermieden.
Oft ist es schwierig, einen Fixstern auf die beschriebene Weise herunterzuholen, wenn ähnlich helle Sterne in der Nä-

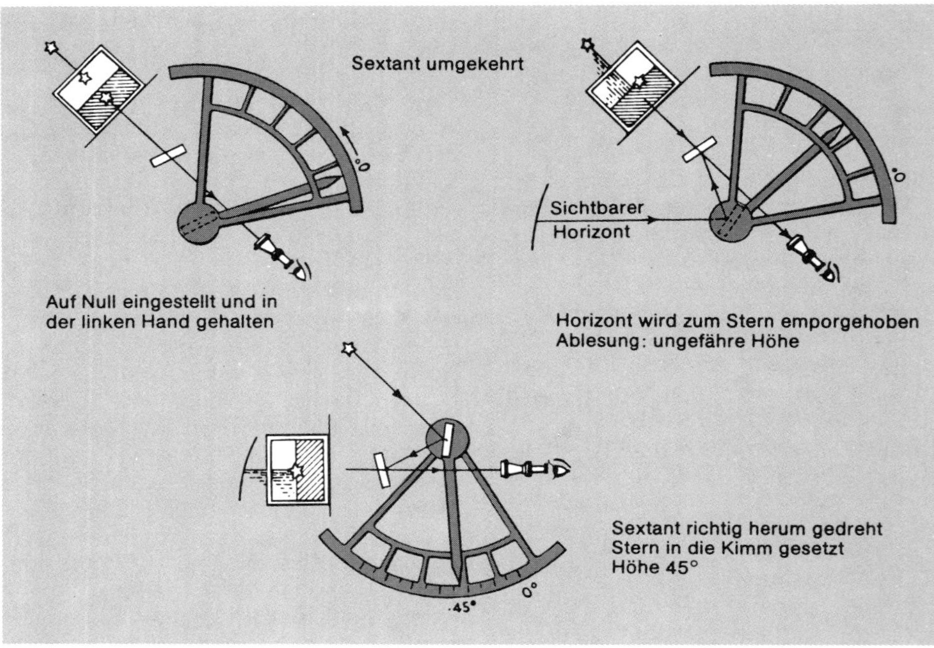

Abb. 7 Das Beobachten mit dem umgedreht gehaltenen Sextanten erleichtert die Höhenmessung bei den weniger hellen Sternen.

he stehen, die einem beim Herunterfahren in den Spiegel geraten. Man nimmt dann den Griff des Sextanten (Oktanten) in die linke Hand und hält das Gerät mit dem Gradbogen nach oben; Alhidade auf null. Jetzt visiert man in der Fernrohrachse das Gestirn an und fährt die Alhidade nach vorn mit der rechten Hand, wobei der Stern im unverspiegelten Teil des Horizontspiegels gehalten wird. Das bringt den Horizont herauf zum Stern. Nun dreht man das Instrument (am besten mit Auge am Fernrohr) in die normale Haltung um und pendelt den Stern korrekt in die Kimm (Abb. 7). Dieselbe Methode empfiehlt sich zur Beobachtung eines nur fahl sichtbaren Mondes am Tage.

In der Tafel I, H. O. 249, sind für jeden vollen Breitengrad und jeden vollen Ortsstundenwinkel (LHA) des Widderpunktes sieben Sterne nach Höhe und Zn-Azimut angegeben. Das ermöglicht eine dritte Art der Sternbeobachtung: Berechne LHA ♈ zur Dämmerungszeit, schlage die entsprechende Tafelseite auf und stelle die dort angegebene Höhe am Sextanten ein, ziele dann mit dem Sextanten in die angegebene Azimutrichtung, und der gesuchte Stern müßte dort in Nähe der Kimm zu sehen sein. Da es sich um ausgewählte helle Sterne handelt, ist die Methode ziemlich sicher. Die beste Zeit zur Beobachtung von Fixsternen ist die Morgendämmerung, weil in der vorausgehenden Dunkelheit die

Sternbilder zur Orientierung noch erkennbar sind.

i) Zeitnahme

Es gibt heute wasserdichte, quarzgesteuerte Armbandchronometer, die genauer und gleichmäßiger gehen als die besten Schiffschronometer mit Uhrwerk erst jüngst vergangener Zeiten, vorausgesetzt, der Träger behält die Armbanduhr dauernd an und läßt sie in der ersten Zeit nach dem Kauf vom Uhrmacher auf seine Person einregulieren. Es genügt, wenn der Beobachter mit einer solchen Armbanduhr den Sextanten absetzt und schnell die Zeit abliest – eine oder zwei Sekunden kann man nach Gefühl abziehen*. Als Schiffschronometer haben sich heute die elektrisch angetriebenen, quarzgesteuerten Geräte durchgesetzt, die kaum noch mehr kosten als Uhrwerkchronometer. Eine Prüfung durch das DHI erübrigt sich bei solchen Zeitmessern. Ihren Gang kann man nach Funkzeitzeichen gut selber kontrollieren.
Ob Chronometer am Handgelenk oder kardanisch aufgehängt im Kasten: Es soll prinzipiell mittlere Greenwichzeit (± Fehlgang) zeigen. Hat ein Chronometer Fehlgang, so läßt man ihm den auf einer Yacht jedenfalls für die Dauer der Reise, stellt also nicht jedesmal nach Zeitzeichen auf »richtig«. Man berichtigt es nach »Stand«.

Sind mehrere Personen an Bord, kann man bei der Sextantbeobachtung auch einen unter Deck vor die Beobachtungsuhr setzen und ihm von Deck aus »Achtung – Null« zurufen, wenn man seinen Stern auf der Kimm hat, damit der Chronometerbeobachter die GMT aufschreibt. Hat man nur ein Schiffschronometer unter Deck und ist allein an Bord, dann braucht man eine Stoppuhr, die man im Beobachtungszeitpunkt andrückt, damit sie die Sekunden zählt, die vergehen, bis man beim Chronometer ankommt.

j) Beobachter-Horizont und wahrer Horizont

Der vom Schiff aus sichtbare Horizont ist nicht der wahre, für die Gestirnsbeobachtung brauchbare Horizont. Der deutsche Seemann spricht deshalb auch von der *Kimm.* Der *wahre Horizont* geht durch den Erdmittelpunkt.

1. Kimmtiefe, Dip, Augeshöhe

Die sichtbare Welt des Navigators auf hoher See hat dort ihre Grenze, wo der Sehstrahl seines Auges die Erdkrümmung berührt. Diese Grenze heißt Kimm. Je höher das Auge ist – wir sprechen von Augeshöhe –, um so steiler ist das Gefälle des Sehstrahls zwischen Auge und Kimm. (Der Kimmkreis wird auch weiter, aber das ist nebensächlich.) Da wir die Sextanthöhe eines Sterns zwischen Kimm und Stern messen – *Kimmabstand* genannt –, ist der Winkel um den Gefällewinkel dieses Sehstrahls zu groß, denn wir brauchen den Winkel zur horizontalen Ebene des Beobachters. Das Sehstrahlgefälle nennen wir *Kimmtiefe,* englisch *Dip.* Dieser kleine Winkel ist die negative zweite Berichtigung

* Nehmen Sie nur eine Zeigeruhr, denn für eine Digitaluhr müßten Sie den Sextanten ablegen, um den Knopf drücken oder den Flüssigkeitskristall beschatten zu können.

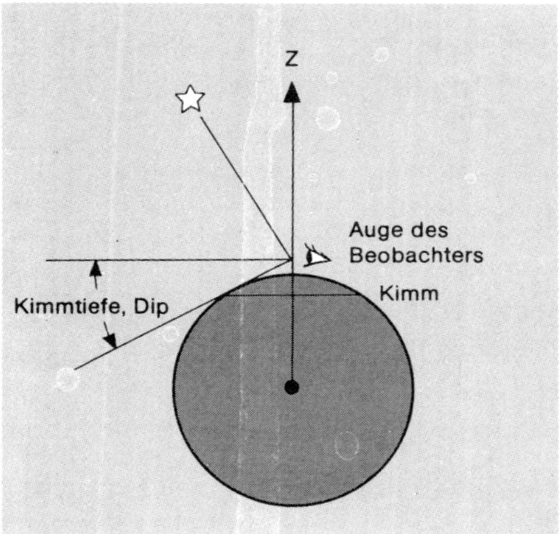

Abb. 8 Durch die Erdkrümmung entspricht der sichtbare Horizont, die Kimm, nicht dem wahren Horizont, der einer durch den Erdmittelpunkt gelegten Ebene entspricht. Eine dazu parallele waagerechte Ebene durch das Beobachterauge, der scheinbare Horizont, ist der Ausgang für die Höhenmessung. Die Kimmtiefe (Dip) muß stets von der gemessenen Höhe abgezogen werden.

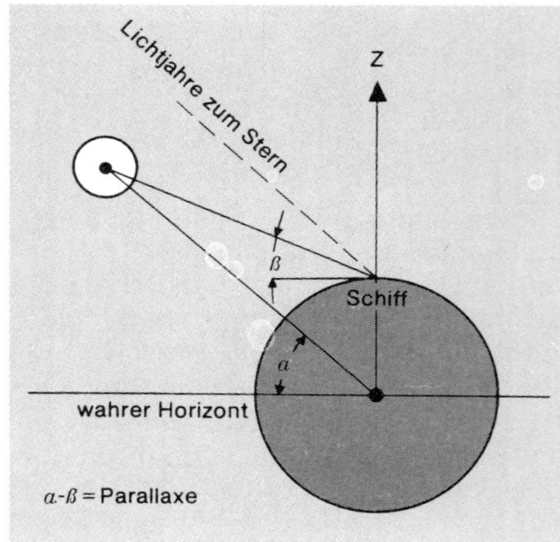

Abb. 9 Bei den viele Lichtjahre weit entfernten Fixsternen spielt der Winkelfehler keine Rolle, der durch den Abstand des Beobachters vom Erdmittelpunkt bewirkt wird. Bei näher stehenden Gestirnen ist der Höhenwinkel dagegen vom Erdmittelpunkt aus gemessen größer. Die Parallaxe muß daher stets zum Kimmabstand addiert werden.

nach der Indexberichtigung, die immer vom beobachteten Kimmabstand mit dem Sextanten abgezogen wird. Bei einer Augeshöhe von 3 m ist die Kimmtiefenberichtigung –3.0' und bei 4 m Augeshöhe = –3.6'. (Abb. 8).
In den Berichtigungstafeln des deutschen Nautischen Jahrbuchs (»Beschikkungstafeln«, auf Seite 40...43) ist die Berichtigung für Kimmtiefe gleich in die übrigen Berichtigungen für eine Anzahl geradzahliger Augeshöhen mit einbezogen. Das hat den Nachteil, daß man für ungeradzahlige Augeshöhen den Zwischenwert interpolieren muß. Im amerikanisch-englischen Nautical Almanac ist die Dip-Berichtigung extra angeführt.
Bei leicht dunstiger Sicht ist die Kimm aus größerer Augeshöhe oft unscharf, aber man kann sich manchmal helfen, indem man aus geringerer Höhe beobachtet, was die Kimm näher, aus dem Dunst hervor bringt.
Bei hohem Seegang, noch leichter aber bei einer langen und noch hohen Dünung nach einem Sturm oder vor einem heranziehenden Sturm, mißt der Anfänger nur zu gerne eine falsche Kimm, nämlich wenn das Boot in einem Wellental liegt und das Gestirn auf einen Wellenkamm gesetzt wird. Das führt zu riesigen Besteckfehlern. Richtig ist, das Gestirn an die Kimm zu bringen, wenn das Boot über den Kamm einer See geht; darin kann auch ein Fehler stekken, aber er ist jedenfalls klein.
Der Sehstrahl zwischen Auge und Kimm unterliegt – besonders bei kleinen Au-

geshöhen – auch einer gewissen Brechung durch die Luftschichtung. Der Fehler ist meist minimal, wird aber sehr beträchtlich bei flimmernder oder wabernder Kimm, die bei gewissen Wetterlagen auftreten kann – die Beobachtung ist dann als sehr unsicher zu betrachten; am besten streicht man sie.

Aus einem anderen Grund, wegen Überstrahlung, ist die Kimm nachts unter hellem Mond und in der Mondscheinbahn auf dem Wasser nie die wahre Kimm; eine Mondbeobachtung über ihr ist praktisch wertlos.

2. Horizontalparallaxe (HP)

(engl. horizontal parallax, HP) muß bei den relativ erdnahen Gestirnen Mond, Sonne und den Planeten Mars und Venus berücksichtigt werden. Wie Abbildung 9 zeigt, ist der Höhenwinkel eines nahestehenden Gestirns gegenüber dem Beobachterhorizont kleiner (β) als gegenüber dem wahren, durch den Erdmittelpunkt gehenden Horizont (α). Die Parallaxe hat die Größe HP $= \alpha - \beta$; zur Berichtigung wird sie immer addiert.
In den Berichtigungstabellen für die Sonne wird die Parallaxe durch eine für den jeweiligen Monat geltende Zusatzberichtigung (Naut. Jahrbuch) oder durch saisonale Aufteilung der Tabelle (Naut. Almanac) erfaßt. Die Planeten werden nach Sternberichtigungstafel höhenberichtigt und zusätzlich nach Tabellenhinweisen, die sich im Naut. Jahrbuch nach der HP-Angabe in den Ephemeriden richten und im Naut. Almanac für verschiedene Datenspannen aufgezeichnet sind.
Für den Mond ist die Parallaxe im Nautical Almanac für jede Stunde angegeben, und für ihn gelten besondere Berichtigungstafeln, auf die noch gesondert eingegangen werden soll; siehe Seite 458.

3. Strahlenbrechung

Durch die von außen zur Erdoberfläche hin infolge der Schwerkraft immer dichter werdende Lufthülle werden schräg in die Lufthülle eintretende Lichtstrahlen der Gestirne zum Beobachter hin abgelenkt (gebrochen). Da der Beobachter aber den Strahl mißt, der bei ihm ankommt, sieht und mißt er das Gestirn höher, als es tatsächlich steht: Abbildung 10.
Ein Durchschnittswert für diese Lichtbrechung ist in die Berichtigungstafeln eingearbeitet. Extreme atmosphärische Bedingungen kann man rechnerisch durch besondere Tafeln in den Nautischen Jahrbüchern berücksichtigen.

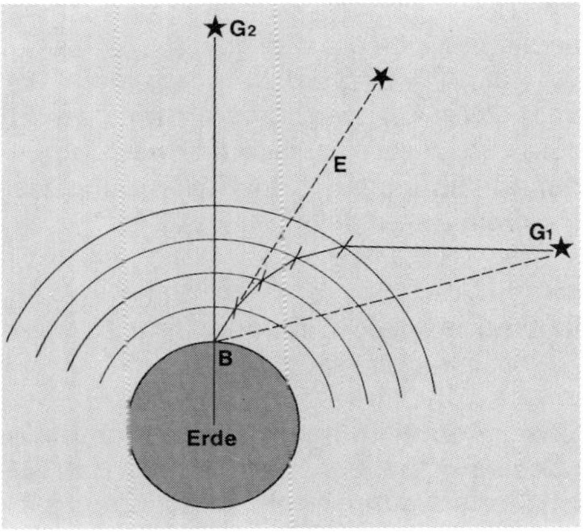

Abb. 10 Strahlenbrechung. Gestirn G_1 erscheint dem Beobachter B in E höher als es steht. Bei sehr steilem Einfall der Lichtstrahlen (G_2) kann die Strahlenbrechung vernachlässigt werden.

Weil die Strahlenbrechung am wirksamsten und wenigsten sicher bestimmbar bei niedrigstehenden Gestirnen ist, soll man möglichst nur solche beobachten, deren Kimmabstand $> 15°$ ist. Je größer der Kimmabstand, um so geringer die Strahlenbrechung.

4. Halbmesser von Sonne und Mond

Gewöhnlich setzt man Sonne und Mond mit dem Unterrand (lower limb) auf die Kimm. Der Kimmabstand ist dann um den scheinbaren Halbmesser dieser Himmelskörper zu klein. Das ist mit in die Berichtigungswerte der Tafeln aufgenommen. Wird der Oberrand in Kimmkontakt gebracht, dann muß der ganze Durchmesser von der Berichtigung für den Unterrand abgezogen werden. In der deutschen Berichtigungstafel Sonne sind die Durchmesser für jeden Monat genannt. In der Berichtigungstafel Mond steht unten am Fuß der HP-Spalten der zugehörige Monddurchmesser.
Da die Höhenberichtigungstafeln im Nautischen Jahrbuch ausreichend erklärt sind, beschränken sich die nachfolgenden Beispiele auf die Anwendung des Nautical Almanac.

k) Berichtigung Kimmabstand zu berichtigter Höhe

Zwei Berichtigungen der Sextantablesung müssen bei Verwendung der Höhenberichtigungstafeln des Nautical Almanac (Altitude Correction Tables, Abb. 11) vorweggenommen werden, ehe man in die Tafeln eingeht: Indexberichtigung (Ib) und Dip (Kimmtiefe). Das ergibt die scheinbare Höhe (Apparent Altitude, App. Alt.), mit der in die Tafeln eingegangen wird. Da es sich bei den Tafeln um sogenannte »kritische« handelt, wird nicht interpoliert – d. h. es werden keine Zwischenwerte errechnet. Die Berichtigung gilt, bis die neue App. Alt. erreicht ist. Im folgenden Beispiel gilt für Sonne Unterrand (lower limb) die Berichtigung + 12.6′ für App. Alt 15°19′ . . . 15°46′ unverändert.

Alle Beispiele gelten für *Augeshöhe = 3 m* (Dip –3.0′).

Fixstern

Sextantablesung	Hs	10° 58.0′
Indexberichtigung	Ib	1.5′ –
Kimmtiefe	Dip	3.0′ –
App. Alt.		10° 53.5′
Correction		4.9′ –
Berichtigte Höhe	Hb	10° 48.6′

Sonne
(Unterrand, Mai)

	Hs	15° 40.0′
	Ib	1.0′ –
	Dip	3.0′ –
App. Alt.		15° 36.0′
Corrn. Lower Limb		12.6′ +
Berichtigte Höhe	Hb	15° 48.6′

Venus
(1. 4.–15. 5.)

	Hs	35° 42.5′
	Ib	1.5′ +
	Dip	3.0′ –
App. Alt.		35° 41.0′
Corrn. Stars		1.3′ –
Add. Corrn. Venus		0.2′ +
Berichtigte Höhe	Hb	35° 39.9′

SUN

OCT.—MAR. App. Alt.	Lower Limb	Upper Limb	APR.—SEPT. App. Alt.	Lower Limb	Upper Limb
9 34	+10·8	−21·5	9 39	+10·6	−21·2
9 45	+10·9	−21·4	9 51	+10·7	−21·1
9 56	+11·0	−21·3	10 03	+10·8	−21·0
10 08	+11·1	−21·2	10 15	+10·9	−20·9
10 21	+11·2	−21·1	10 27	+11·0	−20·8
10 34	+11·3	−21·0	10 40	+11·1	−20·7
10 47	+11·4	−20·9	10 54	+11·2	−20·6
11 01	+11·5	−20·8	11 08	+11·3	−20·5
11 15	+11·6	−20·7	11 23	+11·4	−20·4
11 30	+11·7	−20·6	11 38	+11·5	−20·3
11 46	+11·8	−20·5	11 54	+11·6	−20·2
12 02	+11·9	−20·4	12 10	+11·7	−20·1
12 19	+12·0	−20·3	12 28	+11·8	−20·0
12 37	+12·1	−20·2	12 46	+11·9	−19·9
12 55	+12·2	−20·1	13 05	+12·0	−19·8
13 14	+12·3	−20·0	13 24	+12·1	−19·7
13 35	+12·4	−19·9	13 45	+12·2	−19·6
13 56	+12·5	−19·8	14 07	+12·3	−19·5
14 18	+12·6	−19·7	14 30	+12·4	−19·4
14 42	+12·7	−19·6	14 54	+12·5	−19·3
15 06	+12·8	−19·5	15 19	+12·6	−19·2
15 32	+12·9	−19·4	15 46	+12·7	−19·1
15 59	+13·0	−19·3	16 14	+12·8	−19·0
16 28	+13·1	−19·2	16 44	+12·9	−18·9
16 59	+13·2	−19·1	17 15	+13·0	−18·8
17 32	+13·3	−19·0	17 48	+13·1	−18·7
18 06	+13·4	−18·9	18 24	+13·2	−18·6
18 42	+13·5	−18·8	19 01	+13·3	−18·5
19 21	+13·6	−18·7	19 42	+13·4	−18·4
20 03	+13·7	−18·6	20 25	+13·5	−18·3
20 48	+13·8	−18·5	21 11	+13·6	−18·2
21 35	+13·9	−18·4	22 00	+13·7	−18·1
22 26	+14·0	−18·3	22 54	+13·8	−18·0
23 22	+14·1	−18·2	23 51	+13·9	−17·9
24 21	+14·2	−18·1	24 53	+14·0	−17·8
25 26	+14·3	−18·0	26 00	+14·1	−17·7
26 36	+14·4	−17·9	27 13	+14·2	−17·6
27 52	+14·5	−17·8	28 33	+14·3	−17·5
29 15	+14·6	−17·7	30 00	+14·4	−17·4
30 46	+14·7	−17·6	31 35	+14·5	−17·3
32 26	+14·8	−17·5	33 20	+14·6	−17·2
34 17	+14·9	−17·4	35 17	+14·7	−17·1
36 20	+15·0	−17·3	37 26	+14·8	−17·0
38 36	+15·1	−17·2	39 50	+14·9	−16·9
41 08	+15·2	−17·1	42 31	+15·0	−16·8
43 59	+15·3	−17·0	45 31	+15·1	−16·7
47 10	+15·4	−16·9	48 55	+15·2	−16·6
50 46	+15·5	−16·8	52 44	+15·3	−16·5
54 49	+15·6	−16·7	57 02	+15·4	−16·4
59 23	+15·7	−16·6	61 51	+15·5	−16·3
64 30	+15·8	−16·5	67 17	+15·6	−16·2
70 12	+15·9	−16·4	73 16	+15·7	−16·1
76 26	+16·0	−16·3	79 43	+15·8	−16·0
83 05	+16·1	−16·2	86 32	+15·9	−15·9
90 00			90 00		

STARS AND PLANETS

App. Alt.	Corrⁿ
9 56	−5·3
10 08	−5·2
10 20	−5·1
10 33	−5·0
10 46	−4·9
11 00	−4·8
11 14	−4·7
11 29	−4·6
11 45	−4·5
12 01	−4·4
12 18	−4·3
12 35	−4·2
12 54	−4·1
13 13	−4·0
13 33	−3·9
13 54	−3·8
14 16	−3·7
14 40	−3·6
15 04	−3·5
15 30	−3·4
15 57	−3·3
16 26	−3·2
16 56	−3·1
17 28	−3·0
18 02	−2·9
18 38	−2·8
19 17	−2·7
19 58	−2·6
20 42	−2·5
21 28	−2·4
22 19	−2·3
23 13	−2·2
24 11	−2·1
25 14	−2·0
26 22	−1·9
27 36	−1·8
28 56	−1·7
30 24	−1·6
32 00	−1·5
33 45	−1·4
35 40	−1·3
37 48	−1·2
40 08	−1·1
42 44	−1·0
45 36	−0·9
48 47	−0·8
52 18	−0·7
56 11	−0·6
60 28	−0·5
65 08	−0·4
70 11	−0·3
75 34	−0·2
81 13	−0·1
87 03	0·0
90 00	

App. Alt.	Additional Corrⁿ
1974	
VENUS	
Jan. 1-Jan. 5	
0°	
6	+0·5′
20	−0·6
31	−0·7
Jan. 6-Feb. 9	
0°	
4	−0·6′
12	−0·7
22	−0·8
Feb. 10-Feb. 17	
0°	
6	+0·5′
20	+0·6
31	+0·7
Feb. 18-Mar. 4	
0°	
11	+0·4′
41	+0·5
Mar. 5-Mar. 31	
0°	
46	+0·3′
Apr. 1-May 15	
0°	
47	+0·2′
May 16-Dec. 31	
0°	
42	+0·1′
MARS	
Jan. 1-Jan. 17	
0°	
41	+0·2′
75	+0·1
Jan. 18-Dec. 31	
0°	
60	+0·1′

DIP

Ht. of Eye (m)	Corrⁿ	Ht. of Eye (ft.)
2·4	−2·8	8·0
2·6	−2·9	8·6
2·8	−3·0	9·2
3·0	−3·1	9·8
3·2	−3·2	10·5
3·4	−3·3	11·2
3·6	−3·4	11·9
3·8	−3·5	12·6
4·0	−3·6	13·3
4·3	−3·7	14·1
4·5	−3·8	14·9
4·7	−3·9	15·7
5·0	−4·0	16·5
5·2	−4·1	17·4
5·5	−4·2	18·3
5·8	−4·3	19·1
6·1	−4·4	20·1
6·3	−4·5	21·0
6·6	−4·6	22·0
6·9	−4·7	22·9
7·2	−4·8	23·9
7·5	−4·9	24·9
7·9	−5·0	26·0
8·2	−5·1	27·1
8·5	−5·2	28·1
8·8	−5·3	29·2
9·2	−5·4	30·4
9·5	−5·5	31·5
9·9	−5·6	32·7
10·3	−5·7	33·9
10·6	−5·8	35·1
11·0	−5·9	36·3
11·4	−6·0	37·6
11·8	−6·1	38·9
12·2	−6·2	40·1
12·6	−6·3	41·5
13·0	−6·4	42·8
13·4	−6·5	44·2
13·8	−6·6	45·5
14·2	−6·7	46·9
14·7	−6·8	48·4
15·1	−6·9	49·8
15·5	−7·0	51·3
16·0	−7·1	52·8
16·5	−7·2	54·3
16·9	−7·3	55·8
17·4	−7·4	57·4
17·9	−7·5	58·9
18·4	−7·6	60·5
18·8	−7·7	62·1
19·3	−7·8	63·8
19·8	−7·9	65·4
20·4	−8·0	67·1
20·9	−8·1	68·8
21·4		70·5

Ht. of Eye	Corrⁿ
m	′
1·0	−1·8
1·5	−2·2
2·0	−2·5
2·5	−2·8
3·0	−3·0
See table ←	
m	′
20	−7·9
22	−8·3
24	−8·6
26	−9·0
28	−9·3
30	−9·6
32	−10·0
34	−10·3
36	−10·6
38	−10·8
40	−11·1
42	−11·4
44	−11·7
46	−11·9
48	−12·2
ft.	′
2	−1·4
4	−1·9
6	−2·4
8	−2·7
10	−3·1
See table ←	
ft.	′
70	−8·1
75	−8·4
80	−8·7
85	−8·9
90	−9·2
95	−9·5
100	−9·7
105	−9·9
110	−10·2
115	−10·4
120	−10·6
125	−10·8
130	−11·1
135	−11·3
140	−11·5
145	−11·7
150	−11·9
155	−12·1

Abb. 11 Die Höhenberichtigungstafeln des Nautical Almanac. Erklärung im Text.

App. Alt.	0°–4° Corrⁿ	5°–9° Corrⁿ	10°–14° Corrⁿ	15°–19° Corrⁿ	20°–24° Corrⁿ	25°–29° Corrⁿ	30°–34° Corrⁿ	App. Alt.
′	° ′	° ′	° ′	° ′	° ′	° ′	° ′	′
00	0 33·8	5 58·2	10 62·1	15 62·8	20 62·2	25 60·8	30 58·9	00
10	35·9	58·5	62·2	62·8	62·1	60·8	58·8	10
20	37·8	58·7	62·2	62·8	62·1	60·7	58·8	20
30	39·6	58·9	62·3	62·8	62·1	60·7	58·7	30
40	41·2	59·1	62·3	62·8	62·0	60·6	58·6	40
50	42·6	59·3	62·4	62·7	62·0	60·6	58·5	50
00	1 44·0	6 59·5	11 62·4	16 62·7	21 62·0	26 60·5	31 58·5	00
10	45·2	59·7	62·4	62·7	61·9	60·4	58·4	10
20	46·3	59·9	62·5	62·7	61·9	60·4	58·3	20
30	47·3	60·0	62·5	62·7	61·9	60·3	58·2	30
40	48·3	60·2	62·5	62·7	61·8	60·3	58·2	40
50	49·2	60·3	62·6	62·7	61·8	60·2	58·1	50
00	2 50·0	7 60·5	12 62·6	17 62·7	22 61·7	27 60·1	32 58·0	00
10	50·8	60·6	62·6	62·6	61·7	60·1	57·9	10
20	51·4	60·7	62·6	62·6	61·6	60·0	57·8	20
30	52·1	60·9	62·7	62·6	61·6	59·9	57·8	30
40	52·7	61·0	62·7	62·6	61·5	59·9	57·7	40
50	53·3	61·1	62·7	62·6	61·5	59·8	57·6	50
00	3 53·8	8 61·2	13 62·7	18 62·5	23 61·5	28 59·7	33 57·5	00
10	54·3	61·3	62·7	62·5	61·4	59·7	57·4	10
20	54·8	61·4	62·7	62·5	61·4	59·6	57·4	20
30	55·2	61·5	62·8	62·5	61·3	59·6	57·3	30
40	55·6	61·6	62·8	62·4	61·3	59·5	57·2	40
50	56·0	61·6	62·8	62·4	61·2	59·4	57·1	50
00	4 56·4	9 61·7	14 62·8	19 62·4	24 61·2	29 59·3	34 57·0	00
10	56·7	61·8	62·8	62·3	61·1	59·3	56·9	10
20	57·1	61·9	62·8	62·3	61·1	59·2	56·9	20
30	57·4	61·9	62·8	62·3	61·0	59·1	56·8	30
40	57·7	62·0	62·8	62·2	60·9	59·1	56·7	40
50	57·9	62·1	62·8	62·2	60·9	59·0	56·6	50

H.P.	L U	L U	L U	L U	L U	L U	L U	H.P.
′	′ ′	′ ′	′ ′	′ ′	′ ′	′ ′	′ ′	′
54·0	0·3 0·9	0·3 0·9	0·4 1·0	0·5 1·1	0·6 1·2	0·7 1·3	0·9 1·5	54·0
54·3	0·7 1·1	0·7 1·2	0·7 1·2	0·8 1·3	0·9 1·4	1·1 1·5	1·2 1·7	54·3
54·6	1·1 1·4	1·1 1·4	1·1 1·4	1·2 1·5	1·3 1·6	1·4 1·7	1·5 1·8	54·6
54·9	1·4 1·6	1·5 1·6	1·5 1·6	1·6 1·7	1·6 1·8	1·8 1·9	1·9 2·0	54·9
55·2	1·8 1·8	1·8 1·8	1·9 1·9	1·9 1·9	2·0 2·0	2·1 2·1	2·2 2·2	55·2
55·5	2·2 2·0	2·2 2·0	2·3 2·1	2·3 2·1	2·4 2·2	2·4 2·3	2·5 2·4	55·5
55·8	2·6 2·2	2·6 2·2	2·6 2·3	2·7 2·3	2·7 2·4	2·8 2·4	2·9 2·5	55·8
56·1	3·0 2·4	3·0 2·5	3·0 2·5	3·0 2·5	3·1 2·6	3·1 2·6	3·2 2·7	56·1
56·4	3·4 2·7	3·4 2·7	3·4 2·7	3·4 2·7	3·4 2·8	3·5 2·8	3·5 2·9	56·4
56·7	3·7 2·9	3·7 2·9	3·8 2·9	3·8 2·9	3·8 3·0	3·8 3·0	3·9 3·0	56·7
57·0	4·1 3·1	4·1 3·1	4·1 3·1	4·1 3·1	4·2 3·1	4·2 3·2	4·2 3·2	57·0
57·3	4·5 3·3	4·5 3·3	4·5 3·3	4·5 3·3	4·5 3·3	4·5 3·4	4·6 3·4	57·3
57·6	4·9 3·5	4·9 3·5	4·9 3·5	4·9 3·5	4·9 3·5	4·9 3·5	4·9 3·6	57·6
57·9	5·3 3·8	5·3 3·8	5·2 3·8	5·2 3·7	5·2 3·7	5·2 3·7	5·2 3·7	57·9
58·2	5·6 4·0	5·6 4·0	5·6 4·0	5·6 4·0	5·6 3·9	5·6 3·9	5·6 3·9	58·2
58·5	6·0 4·2	6·0 4·2	6·0 4·2	6·0 4·2	6·0 4·1	5·9 4·1	5·9 4·1	58·5
58·8	6·4 4·4	6·4 4·4	6·4 4·4	6·3 4·4	6·3 4·3	6·3 4·3	6·2 4·2	58·8
59·1	6·8 4·6	6·8 4·6	6·7 4·6	6·7 4·6	6·7 4·5	6·6 4·5	6·6 4·4	59·1
59·4	7·2 4·8	7·1 4·8	7·1 4·8	7·1 4·8	7·0 4·7	7·0 4·7	6·9 4·6	59·4
59·7	7·5 5·1	7·5 5·0	7·5 5·0	7·5 5·0	7·4 4·9	7·3 4·8	7·2 4·7	59·7
60·0	7·9 5·3	7·9 5·3	7·9 5·2	7·8 5·2	7·8 5·1	7·7 5·0	7·6 4·9	60·0
60·3	8·3 5·5	8·3 5·5	8·2 5·4	8·2 5·4	8·1 5·3	8·0 5·2	7·9 5·1	60·3
60·6	8·7 5·7	8·7 5·7	8·6 5·7	8·6 5·6	8·5 5·5	8·4 5·4	8·2 5·3	60·6
60·9	9·1 5·9	9·0 5·9	9·0 5·9	8·9 5·8	8·8 5·7	8·7 5·6	8·6 5·4	60·9
61·2	9·5 6·2	9·4 6·1	9·4 6·1	9·3 6·0	9·2 5·9	9·1 5·8	8·9 5·6	61·2
61·5	9·8 6·4	9·8 6·3	9·7 6·3	9·7 6·2	9·5 6·1	9·4 5·9	9·2 5·8	61·5

DIP

Ht. of Eye	Corrⁿ	Ht. of Eye	Ht. of Eye	Corrⁿ	Ht. of Eye
m		ft.	m		ft.
2·4		8·0	9·5		31·5
	−2·8			−5·5	
2·6		8·6	9·9		32·7
	−2·9			−5·6	
2·8		9·2	10·3		33·9
	−3·0			−5·7	
3·0		9·8	10·6		35·1
	−3·1			−5·8	
3·2		10·5	11·0		36·3
	−3·2			−5·9	
3·4		11·2	11·4		37·6
	−3·3			−6·0	
3·6		11·9	11·8		38·9
	−3·4			−6·1	
3·8		12·6	12·2		40·1
	−3·5			−6·2	
4·0		13·3	12·6		41·5
	−3·6			−6·3	
4·3		14·1	13·0		42·8
	−3·7			−6·4	
4·5		14·9	13·4		44·2
	−3·8			−6·5	
4·7		15·7	13·8		45·5
	−3·9			−6·6	
5·0		16·5	14·2		46·9
	−4·0			−6·7	
5·2		17·4	14·7		48·4
	−4·1			−6·8	
5·5		18·3	15·1		49·8
	−4·2			−6·9	
5·8		19·1	15·5		51·3
	−4·3			−7·0	
6·1		20·1	16·0		52·8
	−4·4			−7·1	
6·3		21·0	16·5		54·3
	−4·5			−7·2	
6·6		22·0	16·9		55·8
	−4·6			−7·3	
6·9		22·9	17·4		57·4
	−4·7			−7·4	
7·2		23·9	17·9		58·9
	−4·8			−7·5	
7·5		24·9	18·4		60·5
	−4·9			−7·6	
7·9		26·0	18·8		62·1
	−5·0			−7·7	
8·2		27·1	19·3		63·8
	−5·1			−7·8	
8·5		28·1	19·8		65·4
	−5·2			−7·9	
8·8		29·2	20·4		67·1
	−5·3			−8·0	
9·2		30·4	20·9		68·8
	−5·4			−8·1	
9·5		31·5	21·4		70·5

MOON CORRECTION TABLE

The correction is in two parts; the first correction is taken from the upper part of the table with argument apparent altitude, and the second from the lower part, with argument H.P., in the same column as that from which the first correction was taken. Separate corrections are given in the lower part for lower (L) and upper (U) limbs. All corrections are to be **added** to apparent altitude, *but 30′ is to be subtracted from the altitude of the upper limb.*

For corrections for pressure and temperature see page A4.

For bubble sextant observations ignore dip, take the mean of upper and lower limb corrections and subtract 15′ from the altitude.

App. Alt. = Apparent altitude = Sextant altitude corrected for index error and dip.

Abb. 12 Mondkorrekturtafel für scheinbare Höhen von 0 . . . 35 grd. Erläuterung im Text.

Mond
(Oberrand, HP 59.1)

	Hs	33° 08.8′
	Ib	0.5′+
	Dip	3.0′ –
App. Alt.		33° 06.3′
1. Corrn.		57.5+
2. Corrn. Upper Limb U		4.4′+
		34° 08.2′
Abzug für U limb		30.0′ –
Berichtigte Höhe	Hb	33° 38.2′

Die amerikanisch-englische Mondkorrekturtafel für scheinbare Höhen 0...35 grd siehe Abb. 12. Die Tafel für 35...90 grd ist entsprechend aufgemacht. Man findet sie im Nautical Almanac auf der letzten Seite und dem hinteren Umschlagdeckel innen.

Der Gebrauch sei hier kurz unter Auslassung der Besonderheit für Libellensextant geschildert:

Erst muß, wie geschildert, Apparent Altitude gebildet werden. Mit dieser Höhe geht man in die entsprechende Von-Bis-Spalte und in dieser hinunter bis zum richtigen, halbfetten Gradwert und noch weiter bis auf die nächstkleinere Minutenzeile und liest dort die mager gedruckte 1. Korrektur (Winkelminuten, Vorzeichen immer +) ab. In derselben Spalte darunter sucht man in der in Frage kommenden HP-Zeile die 2. Korrektur (Winkelminuten, +) auf, und zwar bei Unterrandkontakt mit der Kimm in der Spalte L (für lower limb) und bei Oberrandkontakt mit der Kimm in der Spalte U (upper limb).

Wurde der Oberrand beobachtet, dann müssen nach Anbringung der 1. und 2. Berichtigung noch 30' abgezogen werden, wie im Beispiel gezeigt.

I) Nautische Jahrbücher und Almanache

Das Ausland sagt Almanach, ein aus dem Arabischen entlehntes Wort für Kalender oder Jahrbuch. Die hydrographischen Institute oder Behörden aller Schiffahrtnationen geben Jahrbücher heraus, in denen für jeden Tag die Gestirnskoordinaten und -daten (Ephemeriden genannt) verzeichnet sind. Die Zahlen dieser Ephemeriden sind identisch, aber einige Jahrbücher sind praktischer für die Arbeit als andere. Die weiteste Verbreitung hat der amerikanisch-englische *Nautical Almanac* gefunden, dessen Aufmachung und Inhalt von mehreren Nationen in ihre Landessprache übernommen wird; die gemeinsamen Urheber, Nordamerikaner und Briten, geben die Druckvorlagen zum Selbstkostenpreis an hydrographische Behörden anderer Nationen ab. Große Verbreitung hat auch der *Air Almanac,* der jährlich in drei Bänden erscheint, die Gestirnskoordinaten für alle 10 min aufführt, und dessen Tagesblätter wie bei Abreißkalendern nach Ablauf des Tages herausgerissen werden; er ist auch bei amerikanischen Seefahrern sehr beliebt. Ferner gibt es Privatdrucke, die auch Ephemeriden enthalten, deren Inhalt aber weit über die rein astronavigatorischen Belange hinausgeht.

Wir wollen uns hier nur mit *Nautisches Jahrbuch* des Deutschen Hydrographischen Instituts und mit *Nautical Almanac* beschäftigen und Auszüge aus beiden für identische Tage des Jahres 1974 abbilden.

Nautisches Jahrbuch

Siehe Abb. 13, Seite 456, 457.

Jedem Tag wird eine Kalenderseite ge-

1974 JULI 15 Montag

FIXSTERNE Nr.	Sternwinkel ° ′	Abw. ° ′
44	172 33.6	S 56 58.6
45	168 26.4	S 59 33.4
49	159 2.0	S 11 1.8
50	153 21.7	N 49 26.6
51	149 29.3	S 60 15.4
53	146 22.2	N 19 18.9
54	140 31.3	S 60 44.1
56	137 37.6	S 15 56.3
57	137 18.2	N 74 15.8
60	124 14.4	N 6 30.3
61	113 1.8	S 26 22.7
62	108 29.4	S 68 59.2
64	97 1.1	S 37 5.2
65	96 33.2	N 12 34.8
66	96 6.9	S 42 59.0
67	90 59.2	N 51 29.6
68	84 22.0	S 34 23.9
69	80 58.3	N 38 45.7
71	62 36.3	N 8 48.1
72	54 4.4	S 56 48.9
73	49 50.9	N 45 11.4
75	34 15.4	N 9 45.6
76	28 19.8	S 47 4.8
77	19 42.1	S 47 0.8
78	15 55.8	S 29 45.2

196 MGZ	SONNE r = 15.8 Grw.Stw.	Abw.	MOND Alter = 24.8 Tage Grw.Stw.	Unt.	Abw.	Unt.	FRÜHLP. Grw.Stw.
h	° ′	° ′	° ′	′	° ′	′	° ′
0	178 32.7	N 21 37.3	244 43.6	7.7	N 20 21.0	6.4	292 28.0
1	193 32.6	21 36.9	259 10.3	7.5	20 27.4	6.4	307 30.4
2	208 32.6	21 36.5	273 36.8	7.4	20 33.8	6.2	322 32.9
3	223 32.5	21 36.2	288 3.2	7.4	20 40.0	6.0	337 35.3
4	238 32.4	21 35.8	302 29.6	7.2	20 46.0	6.0	352 37.8
5	253 32.4	N 21 35.4	316 55.8	7.1	N 20 52.0	5.8	7 40.3
6	268 32.3	21 35.0	331 21.9	7.0	20 57.8	5.8	22 42.7
7	283 32.2	21 34.6	345 47.9	7.0	21 3.6	5.6	37 45.2
8	298 32.2	21 34.2	0 13.9	6.8	21 9.2	5.5	52 47.7
9	313 32.1	21 33.8	14 39.7	6.7	21 14.7	5.3	67 50.1
10	328 32.0	N 21 33.4	29 5.4	6.7	N 21 20.0	5.2	82 52.6
11	343 32.0	21 33.0	43 31.1	6.5	21 25.2	5.1	97 55.1
12	358 31.9	21 32.6	57 56.6	6.5	21 30.3	5.0	112 57.5
13	13 31.9	21 32.3	72 22.1	6.3	21 35.3	4.9	128 0.0
14	28 31.8	21 31.9	86 47.4	6.3	21 40.2	4.7	143 2.5
15	43 31.7	N 21 31.5	101 12.7	6.2	N 21 44.9	4.6	158 4.9
16	58 31.7	21 31.1	115 37.9	6.0	21 49.5	4.4	173 7.4
17	73 31.6	21 30.7	130 2.9	6.0	21 53.9	4.3	188 9.8
18	88 31.5	21 30.3	144 27.9	5.9	21 58.2	4.2	203 12.3
19	103 31.5	21 29.9	158 52.8	5.8	22 2.4	4.1	218 14.8
20	118 31.4	N 21 29.5	173 17.6	5.8	N 22 6.5	3.9	233 17.2
21	133 31.3	21 29.1	187 42.4	5.6	22 10.4	3.7	248 19.7
22	148 31.3	21 28.7	202 7.0	5.5	22 14.1	3.6	263 22.2
23	163 31.2	21 28.3	216 31.5	5.5	22 17.7	3.5	278 24.6
	$T=12^h\ 6^m$	Unt.=0.4	$T=7^h 59^m$	MGZ 4^h HP 58.4	12^h 58.7	20^h 59.0	$T=4^h 29^m$

MGZ	VENUS Grw.Stw.	Abw.	MARS Grw.Stw.	Abw.	JUPITER Grw.Stw.	Abw.	SATURN Grw.Stw.	Abw.
h	° ′	° ′	° ′	° ′	° ′	° ′	° ′	° ′
0	210 28.6	N 22 9.9	147 33.5	N 15 14.1	303 12.4	S 6 0.0	191 24.6	N 22 29.2
1	225 27.9	22 10.2	162 34.5	15 13.6	318 14.9	6 0.0	206 26.8	22 29.1
2	240 27.1	22 10.4	177 35.4	15 13.0	333 17.4	6 0.1	221 28.9	22 29.1
3	255 26.4	22 10.7	192 36.4	15 12.5	348 19.9	6 0.1	236 31.0	22 29.1
4	270 25.6	22 11.0	207 37.3	15 12.0	3 22.4	6 0.1	251 33.1	22 29.1
5	285 24.9	N 22 11.2	222 38.3	N 15 11.5	18 24.9	S 6 0.2	266 35.2	N 22 29.1
6	300 24.1	22 11.5	237 39.2	15 11.0	33 27.5	6 0.2	281 37.3	22 29.0
7	315 23.4	22 11.8	252 40.2	15 10.4	48 30.0	6 0.2	296 39.5	22 29.0
8	330 22.6	22 12.0	267 41.1	15 9.9	63 32.5	6 0.3	311 41.6	22 29.0
9	345 21.9	22 12.3	282 42.1	15 9.4	78 35.0	6 0.3	326 43.7	22 29.0
10	0 21.1	N 22 12.6	297 43.0	N 15 8.9	93 37.5	S 6 0.3	341 45.8	N 22 28.9
11	15 20.4	22 12.8	312 44.0	15 8.4	108 40.0	6 0.4	356 47.9	22 28.9
12	30 19.6	22 13.1	327 44.9	15 7.8	123 42.6	6 0.4	11 50.1	22 28.9
13	45 18.8	22 13.3	342 45.8	15 7.3	138 45.1	6 0.4	26 52.2	22 28.9
14	60 18.1	22 13.6	357 46.8	15 6.8	153 47.6	6 0.5	41 54.3	22 28.9
15	75 17.3	N 22 13.9	12 47.7	N 15 6.3	168 50.1	S 6 0.5	56 56.4	N 22 28.8
16	90 16.6	22 14.1	27 48.7	15 5.8	183 52.6	6 0.6	71 58.5	22 28.8
17	105 15.8	22 14.4	42 49.6	15 5.2	198 55.2	6 0.6	87 0.6	22 28.8
18	120 15.1	22 14.6	57 50.6	15 4.7	213 57.7	6 0.6	102 2.8	22 28.8
19	135 14.3	22 14.9	72 51.5	15 4.2	229 0.2	6 0.7	117 4.9	22 28.8
20	150 13.5	N 22 15.1	87 52.5	N 15 3.7	244 2.7	S 6 0.7	132 7.0	N 22 28.7
21	165 12.8	22 15.4	102 53.4	15 3.1	259 5.2	6 0.7	147 9.1	22 28.7
22	180 12.0	22 15.6	117 54.4	15 2.6	274 7.8	6 0.8	162 11.2	22 28.7
23	195 11.3	22 15.9	132 55.3	15 2.1	289 10.3	6 0.8	177 13.4	22 28.7
Unt.	-0.8	0.3	0.9	0.5	2.5	0.0	2.1	0.0
	$T=9^h 59^m$	HP=0.1 Gr.=-3.4	$T=14^h\ 9^m$	HP=0.1 Gr.=+2.0	$T=3^h 47^m$	HP=0.0 Gr.=-2.2	$T=11^h 13^m$	HP=0.0 Gr.=+0.3

Abb. 13 Auszug aus dem Nautischen Jahrbuch für den 15. und 16. Juli 1974. Erklärung im Text.

197	SONNE r = 15.8		MOND Alter = 25.8 Tage				FRÜHLP.	FIXSTERNE		
MGZ h	Grw.Stw. ° ′	Abw. ° ′	Grw.Stw. ° ′	Unt. ′	Abw. ° ′	Unt. ′	Grw.Stw. ° ′	Nr.	Sternwinkel ° ′	Abw. °
0	178 31.1	N 21 27.9	230 56.0	5.4	N 22 21.2	3.4	293 27.1	1	358 13.6	N 28 57.0
1	193 31.1	21 27.5	245 20.4	5.3	22 24.6	3.1	308 29.6	3	353 44.2	S 42 26.3
2	208 31.0	21 27.1	259 44.7	5.2	22 27.7	3.1	323 32.0	5	349 25.0	S 18 7.3
3	223 31.0	21 26.7	274 8.9	5.1	22 30.8	2.9	338 34.5	7	342 55.1	N 35 29.1
4	238 30.9	21 26.3	288 33.0	5.1	22 33.7	2.7	353 37.0	8	335 48.4	S 57 21.5
5	253 30.8	N 21 25.9	302 57.1	5.0	N 22 36.4	2.7	8 39.4	11	328 33.7	N 23 20.6
6	268 30.8	21 25.5	317 21.1	4.9	22 39.1	2.4	23 41.9	12	314 45.7	N 3 59.5
7	283 30.7	21 25.1	331 45.0	4.8	22 41.5	2.3	38 44.3	13	313 22.2	N 40 51.4
8	298 30.7	21 24.7	346 8.8	4.8	22 43.8	2.2	53 46.8	14	309 22.4	N 49 46.2
9	313 30.6	21 24.3	0 32.6	4.7	22 46.0	2.0	68 49.3	15	303 30.4	N 24 1.6
10	328 30.5	N 21 23.9	14 56.3	4.6	N 22 48.0	1.8	83 51.7	16	291 23.1	N 16 27.6
11	343 30.5	21 23.5	29 19.9	4.5	22 49.8	1.7	98 54.2	17	281 40.3	S 8 13.7
12	358 30.4	21 23.0	43 43.4	4.5	22 51.5	1.5	113 56.7	18	281 17.9	N 45 58.3
13	13 30.3	21 22.6	58 6.9	4.5	22 53.0	1.4	128 59.1	19	279 3.5	N 6 19.7
14	28 30.3	21 22.2	72 30.4	4.3	22 54.4	1.2	144 1.6	25	270 35.1	N 44 56.7
15	43 30.2	N 21 21.8	86 53.7	4.3	N 22 55.6	1.1	159 4.1	27	264 9.6	S 52 40.8
16	58 30.2	21 21.4	101 17.0	4.3	22 56.7	0.9	174 6.5	29	258 59.8	S 16 40.8
17	73 30.1	21 21.0	115 40.3	4.2	22 57.6	0.7	189 9.0	30	255 35.8	S 28 56.2
18	88 30.1	21 20.6	130 3.5	4.1	22 58.3	0.6	204 11.4	35	234 30.6	S 59 25.8
19	103 30.0	21 20.2	144 26.6	4.1	22 58.9	0.4	219 13.9	37	221 46.8	S 69 37.0
20	118 29.9	N 21 19.8	158 49.7	4.0	N 22 59.3	0.3	234 16.4	38	218 25.0	S 8 32.9
21	133 29.9	21 19.3	173 12.7	4.0	22 59.6	0.1	249 18.8	39	208 14.7	N 12 5.5
22	148 29.8	21 18.9	187 35.7	3.9	22 59.7	0.1	264 21.3	41	194 27.6	N 61 53.5
23	163 29.8	21 18.5	201 58.6	3.9	22 59.6	0.2	279 23.3	42	183 3.5	N 14 42.9
								43	173 42.3	S 62 57.9
	$T=12^h\ 6^m$	Unt.=0.4	$T=\ 8^h58^m$	MGZ 4^h HP 59.3	12^h 59.6	20^h 59.9	$T=\ 4^h25^m$			

MGZ h	VENUS Grw.Stw. ° ′	Abw. ° ′	MARS Grw.Stw. ° ′	Abw. ° ′	JUPITER Grw.Stw. ° ′	Abw. ° ′	SATURN Grw.Stw. ° ′	Abw. ° ′
0	210 10.5	N 22 16.1	147 56.3	N 15 1.6	304 12.8	S 6 0.9	192 15.5	N 22 28.6
1	225 9.8	22 16.4	162 57.2	15 1.1	319 15.3	6 0.9	207 17.6	22 28.6
2	240 9.0	22 16.6	177 58.2	15 0.5	334 17.9	6 0.9	222 19.7	22 28.6
3	255 8.2	22 16.9	192 59.1	15 0.0	349 20.4	6 1.0	237 21.8	22 28.6
4	270 7.5	22 17.1	208 0.1	14 59.5	4 22.9	6 1.0	252 23.9	22 28.6
5	285 6.7	N 22 17.4	223 1.0	N 14 59.0	19 25.4	S 6 1.0	267 26.1	N 22 28.5
6	300 6.0	22 17.6	238 2.0	14 58.4	34 27.9	6 1.1	282 28.2	22 28.5
7	315 5.2	22 17.8	253 2.9	14 57.9	49 30.5	6 1.1	297 30.3	22 28.5
8	330 4.4	22 18.1	268 3.9	14 57.4	64 33.0	6 1.2	312 32.4	22 28.5
9	345 3.7	22 18.3	283 4.8	14 56.9	79 35.5	6 1.2	327 34.5	22 28.4
10	0 2.9	N 22 18.6	298 5.8	N 14 56.3	94 38.0	S 6 1.2	342 36.7	N 22 28.4
11	15 2.1	22 18.8	313 6.7	14 55.8	109 40.6	6 1.3	357 38.8	22 28.4
12	30 1.4	22 19.0	328 7.7	14 55.3	124 43.1	6 1.3	12 40.9	22 28.4
13	45 0.6	22 19.3	343 8.6	14 54.8	139 45.6	6 1.4	27 43.0	22 28.4
14	59 59.9	22 19.5	358 9.6	14 54.2	154 48.1	6 1.4	42 45.1	22 28.3
15	74 59.1	N 22 19.7	13 10.5	N 14 53.7	169 50.7	S 6 1.4	57 47.2	N 22 28.3
16	89 58.3	22 20.0	28 11.5	14 53.2	184 53.2	6 1.5	72 49.4	22 28.3
17	104 57.6	22 20.2	43 12.4	14 52.7	199 55.7	6 1.5	87 51.5	22 28.3
18	119 56.8	22 20.4	58 13.4	14 52.1	214 58.3	6 1.6	102 53.6	22 28.3
19	134 56.0	22 20.6	73 14.3	14 51.6	230 0.3	6 1.6	117 55.7	22 28.2
20	149 55.3	N 22 20.9	88 15.3	N 14 51.1	245 3.3	S 6 1.6	132 57.8	N 22 28.2
21	164 54.5	22 21.1	103 16.2	14 50.6	260 5.3	6 1.7	148 0.0	22 28.2
22	179 53.7	22 21.3	118 17.2	14 50.0	275 8.4	6 1.7	163 2.1	22 28.2
23	194 53.0	22 21.5	133 18.1	14 49.5	290 10.9	6 1.8	178 4.2	22 28.1
Unt.	-0.8 $T=10^h\ 0^m$	0.2 HP=0.1 Gr.=-3.4	0.9 $T=14^h\ 7^m$	0.5 HP=0.1 Gr.=+2.0	2.5 $T=\ 3^h43^m$	0.0 HP=0.0 Gr.=-2.2	2.1 $T=11^h\ 9^m$	0.0 HP=0.0 Gr.=+0.3

widmet, auf der für jede volle Stunde Mittlerer Greenwichzeit (MGZ) der Greenwich-Winkel (Grw. Stw.) und die Deklination (Abw.) in je gesonderten Spalten für Sonne, Mond und die Planeten Venus, Mars, Jupiter und Saturn aufgeführt sind; ferner der Grw. Stw. für den »Frühlp.« (Aries, ♈), den Frühlingspunkt.

Am Fuße der Spalten sind Meridiandurchgang (T) nach MGZ und für den Meridian von Greenwich aufgeführt, was ungefähr auch für mittlere Ortszeit stimmt. In der Mondspalte stehen am Fuß außerdem noch für alle 8 h die Horizontalparallaxen (HP), die bei den Planeten nur einmal je Tag genannt zu werden brauchen. Für die Planeten ist außerdem noch ihr Helligkeitswert (Gr) nach Astronomenbrauch angegeben (negatives Vorzeichen bedeutet heller als Wega, Gr = 0; der hellste Fixstern, Sirius, hat Gr = –1,6).

Für je zwei Tage sind 50 Fixsterne nach Ordnungsnummern mit Sternwinkel und Deklination aufgeführt, deren Namen man auf einem losen, farbigen Kartonblatt (Lesezeichen!) zu jeder Nummer findet – nebst Konstellation (Sternbild), der sie zugehören, Helligkeit und Jahresmittelwerten von Sternwinkel und Deklination (Abweichung).

In den Ephemeridenspalten findet man am Fuße noch mit »Unt.« bezeichnete Angaben. Sie geben die stündliche Änderung des Grw. Stw. (nur für Planeten) und der Deklination für Sonne und Planeten an; sie entsprechen den mittleren Änderungen, nach denen die Schalttafeln berechnet sind (Abb. 15 zeigt die Schalttafelseite für 56 und 57 min). Man sucht rechts in der betreffenden Minutentafel den Unt.-Wert auf und entnimmt den auf gleicher Zeile stehenden Verb.-Wert rechts daneben, und bringt ihn als zusätzliche Verbesserung an Grw. Stw. »plus« an (nur bei Venus kann auch mal –Unt. vorkommen) und als Deklinationsverbesserung entsprechend + oder –, je nachdem ob die Deklination mit den Stunden größer oder kleiner wird.

Nautical Almanac

Siehe Abb. 14, Seite 460, 461.

Der Nautical Almanac widmet jedem Kalendertag zwei Drittelseiten – eine aufgeschlagene Doppelseite enthält drei Tage. Auf den linken Seiten stehen für jede Stunde Greenwichzeit (GMT) die Koordinaten des Aries und der Planeten, deren Helligkeit gleich in der Kopfzeile neben dem Namen angegeben ist. In der Fußzeile der Aries-Spalte ist der Meridiandurchgang für den mittleren Tag genannt (Meridian Passage). Die Fußleisten der Planetenspalten enthalten die Unterschiede für die zusätzlichen Berichtigungen des GHA (v) und der Deklination (d), die in den Schalttafeln am Ende des Buchs ebenso gehandhabt werden, wie zum Nautischen Jahrbuch für »Unt.« beschrieben.

Weiter ist auf den linken Seiten eine Spalte mit 55...58 navigierbaren Fixsternen in namentlicher und alphabetischer Aufzählung mit Sternwinkel (SHA) und Deklination (Dec) zu finden. Das ist sinnvoller und leichter zu merken als die Nummern des Nautischen Jahrbuchs. Am Ende der Sternliste sind die Sternwinkel der Planeten zur fraglichen Zeit und deren Meridiandurchgang, bezogen auf den mittleren Tag der Seite, angegeben. Der Sternwinkel ist praktisch zum Einzeichnen der Planeten mit Bleistift in den Sternfinder der USA (H.O. 2102-D, Star Finder and Identifier).

Auf den rechten Seiten stehen die Koordinaten für Sonne (Sun) und Mond (Moon), doch ist die Horizontalparallaxe HP ebenso wie v und d (Unt. im N.J.) gleich in der Koordinatenzeile für jede Stunde genannt. Am Fuße der Sonnen- und Mondspalte ist der Halbmesser (SD für semi diameter) genannt; für die Sonne für den mittleren Tag der Seite, für den Mond für jeden der drei Tage. Unter der Sonnenspalte ist mit d die Deklinationsänderung vermerkt, die nach Schalttafel nur für die vollen Minuten berücksichtigt und berichtigt wird.

Die Handhabung der Schalttafeln beider Bücher ist identisch.

Ganz rechts auf den rechten Seiten des N.A. sind für die verschiedenen Breitengrade (Lat) oben die Anfangszeiten der nautischen und bürgerlichen (Civil) Morgendämmerung (Twilight), des Sonnenaufgangs am mittleren Tag und des Mondaufgangs u. a. für jedes Seitendatum angeführt. Wo lichte Rechtecke stehen, findet keine Dämmerung statt, steht das Gestirn die ganzen 24 h sichtbar am Himmel (Mitternachtssonne im Sommer des hohen Nordens). Schraffen bei der Dämmerung bedeuten, daß es nicht richtig dämmern will. Schwarze Rechtecke bedeuten keine Dämmerung, keinen Sonnenaufgang, keinen Mondaufgang – kurz: Polarnacht. Die der Antarktis wird nicht vermerkt, denn südliche Breiten sind nur bis 60° angeführt.

Unter der Morgendämmerung ist in analoger Weise die Abenddämmerung mit den Schlußzeiten und den Untergängen von Sonne und Mond aufgeführt. Ganz unten rechts findet man für jeden Tag der Doppelseite für die Sonne die Zeitgleichung (Equation of Time) für 0000 und 1200 GMT und die GMT ihres Meridiandurchgangs für Greenwich – kurz: die Verspätung oder Verfrühung der wahren Sonne gegenüber der Zeit nach Durchschnitts-Sonne. Das ist eine sehr brauchbare Hilfe für jeden, der eine Mittagshöhe zur Breitenbestimmung »schießen« will. Für den Mond ist ebenso die Passage durch den oberen (upper) sichtbaren Meridian von Greenwich wie durch den von Greenwich aus nicht sichtbaren unteren Meridian (lower) auf der anderen Seite der Welt (Länge 180°) vermerkt. Das Alter des Mondes in Tagen (d) ist vermerkt und als Bildchen seine Phase am mittleren Tag der drei verzeichneten.

1. Schalttafeln

Die Schalttafeln (engl. Increments and Corrections) sind bei beiden genannten Jahrbüchern praktisch gleich – außer in der Farbe: N.J. grün, N.A. gelb (Abb. 15 u. 16). Für jede volle Minute gibt es einen »Kasten« mit den drei Hauptspalten Sonne, Planet (Sun, Planets), Frühlp. (Aries) und Mond (Moon), und jeder dieser Minutenkästen hat von oben nach unten 60 Zeilen für die Sekunden von 00...60 über die Kastenminute hinaus.

Man muß darauf achten, mit dem Aries (für Fixsterne) und dem Mond in die *diesen zugedachte Spalte zu gehen, NICHT in die Sonnen/Planeten-Spalte!*

An Nebenspalten für die Zusatzkorrekturen zu »Unt.« im N.J. und »v oder d« im N.A. haben die Schalttafeln des N.A. mehr zu bieten, was das Interpolieren von Zwischenwerten erspart. In dieser Nebenspalte sucht man den Wert »Unt.« usw. auf und liest daneben die Verb. oder Corr. ab.

Alle aus den Schalttafeln entnommenen Werte sind *Zuwachs* und werden zum Grw. Stw. (GHA) für die volle Stunde GMT addiert – *nur nicht* die Zusatz-Verb. beziehungsweise Corrn für negati-

G.M.T. d	h	ARIES G.H.A. ° ′	VENUS −3·4 G.H.A. ° ′	VENUS Dec. ° ′	MARS +2·0 G.H.A. ° ′	MARS Dec. ° ′	JUPITER −2·2 G.H.A. ° ′	JUPITER Dec. ° ′	SATURN +0·3 G.H.A. ° ′	SATURN Dec. ° ′
15	00	292 28·0	210 28·6	N22 09·9	147 33·5	N15 14·1	303 12·4	S 6 00·0	191 24·6	N22 29·2
	01	307 30·4	225 27·9	10·2	162 34·5	13·6	318 14·9	00·0	206 26·8	29·1
	02	322 32·9	240 27·1	10·4	177 35·4	13·0	333 17·4	00·1	221 28·9	29·1
	03	337 35·3	255 26·4	· · 10·7	192 36·4	· · 12·5	348 19·9	· · 00·1	236 31·0	· · 29·1
	04	352 37·8	270 25·6	11·0	207 37·3	12·0	3 22·4	00·1	251 33·1	29·1
	05	7 40·3	285 24·9	11·2	222 38·3	11·5	18 24·9	00·2	266 35·2	29·1
	06	22 42·7	300 24·1	N22 11·5	237 39·2	N15 11·0	33 27·5	S 6 00·2	281 37·3	N22 29·0
	07	37 45·2	315 23·4	11·8	252 40·2	10·4	48 30·0	00·2	296 39·5	29·0
	08	52 47·7	330 22·6	12·0	267 41·1	09·9	63 32·5	00·3	311 41·6	29·0
MONDAY	09	67 50·1	345 21·9	· · 12·3	282 42·1	· · 09·4	78 35·0	· · 00·3	326 43·7	· · 29·0
	10	82 52·6	0 21·1	12·6	297 43·0	08·9	93 37·5	00·3	341 45·8	28·9
	11	97 55·1	15 20·4	12·8	312 43·9	08·4	108 40·0	00·4	356 47·9	28·9
	12	112 57·5	30 19·6	N22 13·1	327 44·9	N15 07·8	123 42·6	S 6 00·4	11 50·1	N22 28·9
	13	128 00·0	45 18·8	13·3	342 45·8	07·3	138 45·1	00·4	26 52·2	28·9
	14	143 02·5	60 18·1	13·6	357 46·8	06·8	153 47·6	00·5	41 54·3	28·9
	15	158 04·9	75 17·3	· · 13·9	12 47·7	· · 06·3	168 50·1	· · 00·5	56 56·4	· · 28·8
	16	173 07·4	90 16·6	14·1	27 48·7	05·8	183 52·6	00·6	71 58·5	28·8
	17	188 09·8	105 15·8	14·4	42 49·6	05·2	198 55·2	00·6	87 00·6	28·8
	18	203 12·3	120 15·1	N22 14·6	57 50·6	N15 04·7	213 57·7	S 6 00·6	102 02·8	N22 28·8
	19	218 14·8	135 14·3	14·9	72 51·5	04·2	229 00·2	00·7	117 04·9	28·8
	20	233 17·2	150 13·5	15·1	87 52·5	03·7	244 02·7	00·7	132 07·0	28·7
	21	248 19·7	165 12·8	· · 15·4	102 53·4	· · 03·1	259 05·2	· · 00·7	147 09·1	· · 28·7
	22	263 22·2	180 12·0	15·6	117 54·4	02·6	274 07·8	00·8	162 11·2	28·7
	23	278 24·6	195 11·3	15·9	132 55·3	02·1	289 10·3	00·8	177 13·4	28·7
16	00	293 27·1	210 10·5	N22 16·1	147 56·3	N15 01·6	304 12·8	S 6 00·9	192 15·5	N22 28·6
	01	308 29·6	225 09·8	16·4	162 57·2	01·1	319 15·3	00·9	207 17·6	28·6
	02	323 32·0	240 09·0	16·6	177 58·2	00·5	334 17·9	00·9	222 19·7	28·6
	03	338 34·5	255 08·2	· · 16·9	192 59·1	15 00·0	349 20·4	· · 01·0	237 21·8	· · 28·6
	04	353 37·0	270 07·5	17·1	208 00·1	14 59·5	4 22·9	01·0	252 23·9	28·6
	05	8 39·4	285 06·7	17·4	223 01·0	59·0	19 25·4	01·0	267 26·1	28·5
	06	23 41·9	300 06·0	N22 17·6	238 02·0	N14 58·4	34 27·9	S 6 01·1	282 28·2	N22 28·5
	07	38 44·3	315 05·2	17·8	253 02·9	57·9	49 30·5	01·1	297 30·3	28·5
	08	53 46·8	330 04·4	18·1	268 03·9	57·4	64 33·0	01·2	312 32·4	28·5
TUESDAY	09	68 49·3	345 03·7	· · 18·3	283 04·8	· · 56·9	79 35·5	· · 01·2	327 34·5	· · 28·4
	10	83 51·7	0 02·9	18·6	298 05·8	56·3	94 38·0	01·2	342 36·7	28·4
	11	98 54·2	15 02·1	18·8	313 06·7	55·8	109 40·6	01·3	357 38·8	28·4
	12	113 56·7	30 01·4	N22 19·0	328 07·7	N14 55·3	124 43·1	S 6 01·3	12 40·9	N22 28·4
	13	128 59·1	45 00·6	19·3	343 08·6	54·8	139 45·6	01·4	27 43·0	28·4
	14	144 01·6	59 59·9	19·5	358 09·6	54·2	154 48·1	01·4	42 45·1	28·3
	15	159 04·1	74 59·1	· · 19·7	13 10·5	· · 53·7	169 50·7	· · 01·4	57 47·2	· · 28·3
	16	174 06·5	89 58·3	20·0	28 11·5	53·2	184 53·2	01·5	72 49·4	28·3
	17	189 09·0	104 57·6	20·2	43 12·4	52·7	199 55·7	01·5	87 51·5	28·3
	18	204 11·4	119 56·8	N22 20·4	58 13·4	N14 52·1	214 58·3	S 6 01·6	102 53·6	N22 28·3
	19	219 13·9	134 56·0	20·6	73 14·3	51·6	230 00·8	01·6	117 55·7	28·2
	20	234 16·4	149 55·3	20·9	88 15·3	51·1	245 03·3	01·6	132 57·8	28·2
	21	249 18·8	164 54·5	· · 21·1	103 16·2	· · 50·6	260 05·8	· · 01·7	148 00·0	· · 28·2
	22	264 21·3	179 53·7	21·3	118 17·2	50·0	275 08·4	01·7	163 02·1	28·2
	23	279 23·8	194 53·0	21·5	133 18·1	49·5	290 10·9	01·8	178 04·2	28·1
17	00	294 26·2	209 52·2	N22 21·8	148 19·1	N14 49·0	305 13·4	S 6 01·8	193 06·3	N22 28·1
	01	309 28·7	224 51·5	22·0	163 20·0	48·5	320 16·0	01·8	208 08·4	28·1
	02	324 31·2	239 50·7	22·2	178 21·0	47·9	335 18·5	01·9	223 10·6	28·1
	03	339 33·6	254 49·9	· · 22·4	193 21·9	· · 47·4	350 21·0	· · 01·9	238 12·7	· · 28·1
	04	354 36·1	269 49·2	22·6	208 22·9	46·9	5 23·5	02·0	253 14·8	28·0
	05	9 38·6	284 48·4	22·9	223 23·8	46·3	20 26·1	02·0	268 16·9	28·0
	06	24 41·0	299 47·6	N22 23·1	238 24·8	N14 45·8	35 28·6	S 6 02·0	283 19·0	N22 28·0
	07	39 43·5	314 46·9	23·3	253 25·7	45·3	50 31·1	02·1	298 21·1	28·0
	08	54 45·9	329 46·1	23·5	268 26·7	44·8	65 33·7	02·1	313 23·3	27·9
	09	69 48·4	344 45·3	· · 23·7	283 27·6	· · 44·2	80 36·2	· · 02·2	328 25·4	· · 27·9
WEDNESDAY	10	84 50·9	359 44·5	23·9	298 28·6	43·7	95 38·7	02·2	343 27·5	27·9
	11	99 53·3	14 43·8	24·1	313 29·5	43·2	110 41·3	02·3	358 29·6	27·9
	12	114 55·8	29 43·0	N22 24·4	328 30·5	N14 42·6	125 43·8	S 6 02·3	13 31·7	N22 27·9
	13	129 58·3	44 42·2	24·6	343 31·4	42·1	140 46·3	02·3	28 33·9	27·8
	14	145 00·7	59 41·5	24·8	358 32·4	41·6	155 48·9	02·4	43 36·0	27·8
	15	160 03·2	74 40·7	· · 25·0	13 33·3	· · 41·1	170 51·4	· · 02·4	58 38·1	· · 27·8
	16	175 05·7	89 39·9	25·2	28 34·3	40·5	185 53·9	02·5	73 40·2	27·8
	17	190 08·1	104 39·2	25·4	43 35·2	40·0	200 56·5	02·5	88 42·3	27·7
	18	205 10·6	119 38·4	N22 25·6	58 36·2	N14 39·5	215 59·0	S 6 02·6	103 44·5	N22 27·7
	19	220 13·1	134 37·6	25·8	73 37·1	38·9	231 01·5	02·6	118 46·6	27·7
	20	235 15·5	149 36·9	26·0	88 38·1	38·4	246 04·1	02·6	133 48·7	27·7
	21	250 18·0	164 36·1	· · 26·2	103 39·1	· · 37·9	261 06·6	· · 02·7	148 50·8	· · 27·7
	22	265 20·4	179 35·3	26·4	118 40·0	37·4	276 09·1	02·7	163 52·9	27·6
	23	280 22·9	194 34·5	26·6	133 41·0	36·8	291 11·7	02·8	178 55·1	27·6
Mer. Pass.		h m 4 25·5	v −0·8	d 0·2	v 0·9	d 0·5	v 2·5	d 0·0	v 2·1	d 0·0

STARS

Name	S.H.A. ° ′	Dec. ° ′
Acamar	315 40·6	S 40 24·1
Achernar	335 48·4	S 57 21·5
Acrux	173 42·2	S 62 57·9
Adhara	255 35·8	S 28 56·2
Aldebaran	291 23·1	N 16 27·6
Alioth	166 46·2	N 56 06·1
Alkaid	153 21·7	N 49 26·6
Al Na'ir	28 19·8	S 47 04·8
Alnilam	276 16·2	S 1 13·0
Alphard	218 25·0	S 8 32·9
Alphecca	126 35·5	N 26 48·1
Alpheratz	358 13·6	N 28 57·0
Altair	62 36·3	N 8 48·1
Ankaa	353 44·2	S 42 26·3
Antares	113 01·8	S 26 22·7
Arcturus	146 22·2	N 19 18·9
Atria	108 29·4	S 68 59·2
Avior	234 30·6	S 59 25·8
Bellatrix	279 03·6	N 6 19·7
Betelgeuse	271 33·1	N 7 24·2
Canopus	264 09·6	S 52 40·8
Capella	281 17·9	N 45 58·3
Deneb	49 50·9	N 45 11·4
Denebola	183 03·5	N 14 42·9
Diphda	349 25·0	S 18 07·3
Dubhe	194 27·6	N 61 53·5
Elnath	278 49·8	N 28 35·2
Eltanin	90 59·2	N 51 29·7
Enif	34 15·4	N 9 45·6
Fomalhaut	15 55·8	S 29 45·2
Gacrux	172 33·7	S 56 58·6
Gienah	176 22·4	S 17 24·2
Hadar	149 29·3	S 60 15·4
Hamal	328 33·8	N 23 20·6
Kaus Aust.	84 22·0	S 34 23·9
Kochab	137 18·2	N 74 15·8
Markab	14 07·2	N 15 04·2
Menkar	314 45·7	N 3 59·5
Menkent	148 41·9	S 36 15·0
Miaplacidus	221 46·8	S 69 37·0
Mirfak	309 22·4	N 49 46·2
Nunki	76 34·0	S 26 19·7
Peacock	54 04·4	S 56 48·9
Pollux	244 03·7	N 28 05·3
Procyon	245 30·5	N 5 17·5
Rasalhague	96 33·2	N 12 34·8
Regulus	208 14·7	N 12 05·5
Rigel	281 40·3	S 8 13·7
Rigil Kent.	140 31·4	S 60 44·1
Sabik	102 45·7	S 15 41·7
Schedar	350 13·7	N 56 23·7
Shaula	97 01·1	S 37 05·2
Sirius	258 59·8	S 16 40·8
Spica	159 02·0	S 11 01·8
Suhail	223 14·3	S 43 19·9
Vega	80 58·3	N 38 45·7
Zuben'ubi	137 37·6	S 15 56·3

	S.H.A. ° ′	Mer. Pass. h m
Venus	276 43·4	10 00
Mars	214 29·2	14 07
Jupiter	10 45·7	3 43
Saturn	258 48·4	11 09

Abb. 14 Dieses sind die gleichen Kalenderseiten wie für das Nautische Jahrbuch, aber dem

G.M.T. d h	SUN G.H.A. ° ′	SUN Dec. ° ′	MOON G.H.A. ° ′	v ′	MOON Dec. ° ′	d ′	H.P. ′
15 00	178 32·7	N21 37·3	244 43·6	7·7	N20 21·0	6·4	58·2
01	193 32·6	36·9	259 10·3	7·5	20 27·4	6·3	58·3
02	208 32·6	36·5	273 36·8	7·4	20 33·7	6·2	58·3
03	223 32·5	· · 36·2	288 03·2	7·4	20 39·9	6·1	58·4
04	238 32·4	35·8	302 29·6	7·2	20 46·0	6·0	58·4
05	253 32·4	35·4	316 55·8	7·1	20 52·0	5·8	58·4
06	268 32·3	N21 35·0	331 21·9	7·0	N20 57·8	5·8	58·5
07	283 32·2	34·6	345 47·9	7·0	21 03·6	5·6	58·5
M 08	298 32·2	34·2	0 13·9	6·8	21 09·2	5·4	58·6
O 09	313 32·1	· · 33·8	14 39·7	6·7	21 14·6	5·4	58·6
N 10	328 32·0	33·4	29 05·4	6·7	21 20·0	5·2	58·6
D 11	343 32·0	33·0	43 31·1	6·5	21 25·2	5·1	58·7
A 12	358 31·9	N21 32·6	57 56·6	6·5	N21 30·3	5·0	58·7
Y 13	13 31·8	32·3	72 22·1	6·3	21 35·3	4·9	58·8
14	28 31·8	31·9	86 47·4	6·3	21 40·2	4·7	58·8
15	43 31·7	· · 31·5	101 12·7	6·2	21 44·9	4·6	58·8
16	58 31·7	31·1	115 37·9	6·0	21 49·5	4·4	58·9
17	73 31·6	30·7	130 02·9	6·0	21 53·9	4·3	58·9
18	88 31·5	N21 30·3	144 27·9	5·9	N21 58·2	4·2	59·0
19	103 31·5	29·9	158 52·8	5·8	22 02·4	4·0	59·0
20	118 31·4	29·5	173 17·6	5·8	22 06·4	3·9	59·0
21	133 31·3	· · 29·1	187 42·4	5·6	22 10·3	3·8	59·1
22	148 31·3	28·7	202 07·0	5·5	22 14·1	3·6	59·1
23	163 31·2	28·3	216 31·5	5·5	22 17·7	3·5	59·1
16 00	178 31·1	N21 27·9	230 56·0	5·4	N22 21·2	3·4	59·2
01	193 31·1	27·5	245 20·4	5·3	22 24·6	3·1	59·2
02	208 31·0	27·1	259 44·7	5·2	22 27·7	3·1	59·3
03	223 31·0	· · 26·7	274 08·9	5·1	22 30·8	2·9	59·3
04	238 30·9	26·3	288 33·0	5·1	22 33·7	2·7	59·3
05	253 30·8	25·9	302 57·1	5·0	22 36·4	2·6	59·4
06	268 30·8	N21 25·5	317 21·1	4·9	N22 39·0	2·5	59·4
07	283 30·7	25·1	331 45·0	4·8	22 41·5	2·3	59·4
T 08	298 30·6	24·7	346 08·8	4·8	22 43·8	2·2	59·5
U 09	313 30·6	· · 24·3	0 32·6	4·7	22 46·0	2·0	59·5
E 10	328 30·5	23·9	14 56·3	4·6	22 48·0	1·8	59·6
S 11	343 30·5	23·5	29 19·9	4·5	22 49·8	1·7	59·6
D 12	358 30·4	N21 23·0	43 43·4	4·5	N22 51·5	1·5	59·6
A 13	13 30·3	22·6	58 06·9	4·5	22 53·0	1·4	59·7
Y 14	28 30·3	22·2	72 30·4	4·3	22 54·4	1·2	59·7
15	43 30·2	· · 21·8	86 53·7	4·3	22 55·6	1·1	59·7
16	58 30·2	21·4	101 17·0	4·3	22 56·7	0·9	59·8
17	73 30·1	21·0	115 40·3	4·2	22 57·6	0·7	59·8
18	88 30·0	N21 20·6	130 03·5	4·1	N22 58·3	0·6	59·8
19	103 30·0	20·2	144 26·6	4·1	22 58·9	0·4	59·9
20	118 29·9	19·8	158 49·7	4·0	22 59·3	0·3	59·9
21	133 29·9	· · 19·3	173 12·7	4·0	22 59·6	0·1	60·0
22	148 29·8	18·9	187 35·7	3·9	22 59·7	0·1	60·0
23	163 29·8	18·5	201 58·6	3·9	22 59·6	0·2	60·0
17 00	178 29·7	N21 18·1	216 21·5	3·8	N22 59·4	0·4	60·1
01	193 29·6	17·7	230 44·3	3·8	22 59·0	0·5	60·1
02	208 29·6	17·3	245 07·1	3·8	22 58·5	0·8	60·1
03	223 29·5	· · 16·9	259 29·9	3·7	22 57·7	0·9	60·2
04	238 29·5	16·4	273 52·6	3·7	22 56·8	1·0	60·2
05	253 29·4	16·0	288 15·3	3·7	22 55·8	1·2	60·2
06	268 29·4	N21 15·6	302 38·0	3·6	N22 54·6	1·4	60·2
W 07	283 29·3	15·2	317 00·6	3·6	22 53·2	1·6	60·3
E 08	298 29·2	14·8	331 23·2	3·5	22 51·6	1·7	60·3
D 09	313 29·2	· · 14·3	345 45·7	3·6	22 49·9	1·9	60·3
N 10	328 29·1	13·9	0 08·3	3·5	22 48·0	2·0	60·4
E 11	343 29·1	13·5	14 30·8	3·5	22 46·0	2·3	60·4
S 12	358 29·0	N21 13·1	28 53·3	3·5	N22 43·7	2·4	60·4
D 13	13 29·0	12·7	43 15·8	3·5	22 41·3	2·5	60·5
A 14	28 28·9	12·2	57 38·3	3·4	22 38·8	2·7	60·5
Y 15	43 28·9	· · 11·8	72 00·7	3·4	22 36·1	2·9	60·5
16	58 28·8	11·4	86 23·1	3·5	22 33·2	3·1	60·5
17	73 28·8	11·0	100 45·6	3·4	22 30·1	3·2	60·6
18	88 28·7	N21 10·5	115 08·0	3·4	N22 26·9	3·4	60·6
19	103 28·6	10·1	129 30·4	3·4	22 23·5	3·6	60·6
20	118 28·6	09·7	143 52·8	3·4	22 19·9	3·7	60·7
21	133 28·5	· · 09·2	158 15·2	3·4	22 16·2	3·9	60·7
22	148 28·5	08·8	172 37·6	3·4	22 12·3	4·1	60·7
23	163 28·4	08·4	187 00·0	3·4	22 08·2	4·2	60·7
	S.D. 15·8	*d* 0·4	S.D. 16·0		16·2		16·5

Lat. °	Twilight Naut. h m	Twilight Civil h m	Sunrise h m	Moonrise 15 h m	Moonrise 16 h m	Moonrise 17 h m	Moonrise 18 h m
N 72	▭	▭	▭	▭	▭	▭	▭
N 70	▭	▭	▭	▭	▭	▭	▭
68	▭	▭	▭	▭	▭	▭	▭
66	////	////	01 37	22 09	22 48	24 18	00 18
64	////	////	02 17	22 47	23 35	24 56	00 56
62	////	00 53	02 44	23 15	24 06	00 06	01 23
60	////	01 46	03 04	23 36	24 29	00 29	01 44
N 58	////	02 17	03 21	23 53	24 47	00 47	02 01
56	00 49	02 39	03 35	24 08	00 08	01 03	02 15
54	01 37	02 58	03 48	24 20	00 20	01 16	02 28
52	02 06	03 13	03 58	24 32	00 32	01 28	02 39
50	02 27	03 26	04 08	24 41	00 41	01 38	02 49
45	03 05	03 52	04 28	00 15	01 02	02 00	03 09
N 40	03 32	04 12	04 44	00 30	01 19	02 18	03 26
35	03 53	04 29	04 57	00 43	01 34	02 33	03 40
30	04 10	04 42	05 09	00 54	01 46	02 46	03 52
20	04 36	05 05	05 29	01 13	02 07	03 08	04 12
N 10	04 57	05 24	05 46	01 30	02 26	03 27	04 30
0	05 14	05 40	06 02	01 46	02 43	03 45	04 47
S 10	05 30	05 56	06 18	02 01	03 01	04 02	05 04
20	05 44	06 11	06 35	02 18	03 20	04 22	05 22
30	05 59	06 28	06 54	02 38	03 41	04 44	05 43
35	06 06	06 38	07 05	02 49	03 54	04 57	05 55
40	06 15	06 48	07 18	03 03	04 09	05 12	06 08
45	06 24	07 00	07 33	03 18	04 26	05 29	06 25
S 50	06 34	07 14	07 51	03 37	04 48	05 51	06 45
52	06 38	07 21	08 00	03 47	04 58	06 02	06 54
54	06 43	07 28	08 09	03 57	05 10	06 14	07 05
56	06 48	07 36	08 20	04 09	05 23	06 27	07 17
58	06 54	07 44	08 33	04 22	05 39	06 43	07 31
S 60	07 00	07 54	08 48	04 38	05 58	07 02	07 47

Lat. °	Sunset h m	Twilight Civil h m	Twilight Naut. h m	Moonset 15 h m	Moonset 16 h m	Moonset 17 h m	Moonset 18 h m
N 72	▭	▭	▭	▭	▭	▭	▭
N 70	▭	▭	▭	▭	▭	▭	22 41
68	▭	▭	▭	▭	▭	▭	21 38
66	22 31	////	////	18 41	20 09	20 50	21 02
64	21 53	////	////	18 03	19 22	20 11	20 37
62	21 27	23 12	////	17 36	18 51	19 44	20 16
60	21 06	22 23	////	17 15	18 28	19 23	20 00
N 58	20 50	21 53	////	16 58	18 09	19 05	19 46
56	20 36	21 31	23 17	16 44	17 54	18 51	19 33
54	20 23	21 13	22 32	16 31	17 40	18 38	19 23
52	20 13	20 58	22 04	16 21	17 29	18 27	19 13
50	20 03	20 45	21 43	16 11	17 18	18 17	19 05
45	19 43	20 19	21 06	15 50	16 56	17 56	18 47
N 40	19 27	19 59	20 39	15 34	16 39	17 39	18 32
35	19 14	19 43	20 18	15 20	16 24	17 24	18 19
30	19 02	19 29	20 02	15 08	16 11	17 12	18 08
20	18 43	19 07	19 35	14 47	15 49	16 50	17 49
N 10	18 26	18 48	19 15	14 29	15 30	16 32	17 33
0	18 10	18 32	18 58	14 13	15 12	16 14	17 17
S 10	17 54	18 16	18 42	13 56	14 54	15 57	17 01
20	17 37	18 01	18 28	13 38	14 35	15 38	16 44
30	17 18	17 44	18 13	13 18	14 13	15 16	16 25
35	17 07	17 35	18 06	13 06	14 00	15 03	16 13
40	16 54	17 24	17 58	12 52	13 45	14 49	16 00
45	16 39	17 12	17 49	12 36	13 28	14 31	15 44
S 50	16 21	16 58	17 39	12 16	13 06	14 09	15 25
52	16 12	16 52	17 34	12 06	12 55	13 59	15 16
54	16 03	16 45	17 29	11 55	12 43	13 47	15 06
56	15 52	16 37	17 24	11 43	12 30	13 34	14 54
58	15 39	16 28	17 19	11 30	12 14	13 18	14 40
S 60	15 25	16 18	17 13	11 13	11 55	12 59	14 24

Day	SUN Eqn. of Time 00ʰ m s	SUN Eqn. of Time 12ʰ m s	SUN Mer. Pass. h m	MOON Mer. Pass. Upper h m	MOON Mer. Pass. Lower h m	MOON Age d	MOON Phase
15	05 49	05 52	12 06	07 59	20 28	25	
16	05 55	05 58	12 06	08 58	21 28	26	
17	06 01	06 04	12 06	09 59	22 31	27	

Nautical Almanac entnommen.

56m	Zuwachs Grw. Stw. Sonne Planet	Frühl.p.	Mond	Unt.	Verb.	57m	Zuwachs Grw. Stw. Sonne Planet	Frühl.p.	Mond	Unt.	Verb.
s	° ′	° ′	° ′	′	′	s	° ′	° ′	° ′	′	′
0	14 0,0	14 2,3	13 21,7	0,0	0,0	0	14 15,0	14 17,3	13 36,0	0,0	0,0
1	0,3	2,5	22,0	0,3	0,3	1	15,3	17,6	36,3	0,3	0,3
2	0,5	2,8	22,2	0,6	0,6	2	15,5	17,8	36,5	0,6	0,6
3	0,8	3,0	22,4	0,9	0,8	3	15,8	18,1	36,8	0,9	0,9
4	1,0	3,3	22,7	1,2	1,1	4	16,0	18,3	37,0	1,2	1,2
5	14 1,3	14 3,5	13 22,9	1,5	1,4	5	14 16,3	14 18,6	13 37,2	1,5	1,4
6	1,5	3,8	23,2	1,8	1,7	6	16,5	18,8	37,5	1,8	1,7
7	1,8	4,1	23,4	2,1	2,0	7	16,8	19,1	37,7	2,1	2,0
8	2,0	4,3	23,6	2,4	2,3	8	17,0	19,3	38,0	2,4	2,3
9	2,3	4,6	23,9	2,7	2,5	9	17,3	19,6	38,2	2,7	2,6
10	14 2,5	14 4,8	13 24,1	3,0	2,8	10	14 17,5	14 19,8	13 38,4	3,0	2,9
11	2,8	5,1	24,4	3,3	3,1	11	17,8	20,1	38,7	3,3	3,2
12	3,0	5,3	24,6	3,6	3,4	12	18,0	20,3	38,9	3,6	3,4
13	3,3	5,6	24,8	3,9	3,7	13	18,3	20,6	39,2	3,9	3,7
14	3,5	5,8	25,1	4,2	4,0	14	18,5	20,8	39,4	4,2	4,0
15	14 3,8	14 6,1	13 25,3	4,5	4,2	15	14 18,8	14 21,1	13 39,6	4,5	4,3
16	4,0	6,3	25,6	4,8	4,5	16	19,0	21,3	39,9	4,8	4,6
17	4,3	6,6	25,8	5,1	4,8	17	19,3	21,6	40,1	5,1	4,9
18	4,5	6,8	26,0	5,4	5,1	18	19,5	21,8	40,3	5,4	5,2
19	4,8	7,1	26,3	5,7	5,4	19	19,8	22,1	40,6	5,7	5,5
20	14 5,0	14 7,3	13 26,5	6,0	5,7	20	14 20,0	14 22,4	13 40,8	6,0	5,8
21	5,3	7,6	26,7	6,3	5,9	21	20,3	22,6	41,1	6,3	6,0
22	5,5	7,8	27,0	6,6	6,2	22	20,5	22,9	41,3	6,6	6,3
23	5,8	8,1	27,2	6,9	6,5	23	20,8	23,1	41,5	6,9	6,6
24	6,0	8,3	27,5	7,2	6,8	24	21,0	23,4	41,8	7,2	6,9
25	14 6,3	14 8,6	13 27,7	7,5	7,1	25	14 21,3	14 23,6	13 42,0	7,5	7,2
26	6,5	8,8	27,9	7,8	7,3	26	21,5	23,9	42,3	7,8	7,5
27	6,8	9,1	28,2	8,1	7,6	27	21,8	24,1	42,5	8,1	7,8
28	7,0	9,3	28,4	8,4	7,9	28	22,0	24,4	42,7	8,4	8,0
29	7,3	9,6	28,7	8,7	8,2	29	22,3	24,6	43,0	8,7	8,3
30	14 7,5	14 9,8	13 28,9	9,0	8,5	30	14 22,5	14 24,9	13 43,2	9,0	8,6
31	7,8	10,1	29,1	9,3	8,8	31	22,8	25,1	43,4	9,3	8,9
32	8,0	10,3	29,4	9,6	9,0	32	23,0	25,4	43,7	9,6	9,2
33	8,3	10,6	29,6	9,9	9,3	33	23,3	25,6	43,9	9,9	9,5
34	8,5	10,8	29,8	10,2	9,6	34	23,5	25,9	44,2	10,2	9,8
35	14 8,8	14 11,1	13 30,1	10,5	9,9	35	14 23,8	14 26,1	13 44,4	10,5	10,1
36	9,0	11,3	30,3	10,8	10,2	36	24,0	26,4	44,6	10,8	10,4
37	9,3	11,6	30,6	11,1	10,5	37	24,3	26,6	44,9	11,1	10,6
38	9,5	11,8	30,8	11,4	10,7	38	24,5	26,9	45,1	11,4	10,9
39	9,8	12,1	31,0	11,7	11,0	39	24,8	27,1	45,4	11,7	11,2
40	14 10,0	14 12,3	13 31,3	12,0	11,3	40	14 25,0	14 27,4	13 45,6	12,0	11,5
41	10,3	12,6	31,5	12,3	11,6	41	25,3	27,6	45,8	12,3	11,8
42	10,5	12,8	31,8	12,6	11,9	42	25,5	27,9	46,1	12,6	12,1
43	10,8	13,1	32,0	12,9	12,1	43	25,8	28,1	46,3	12,9	12,4
44	11,0	13,3	32,2	13,2	12,4	44	26,0	28,4	46,5	13,2	12,6
45	14 11,3	14 13,6	13 32,5	13,5	12,7	45	14 26,3	14 28,6	13 46,8	13,5	12,9
46	11,5	13,8	32,7	13,8	13,0	46	26,5	28,9	47,0	13,8	13,2
47	11,8	14,1	32,9	14,1	13,3	47	26,8	29,1	47,3	14,1	13,5
48	12,0	14,3	33,2	14,4	13,6	48	27,0	29,4	47,5	14,4	13,8
49	12,3	14,6	33,4	14,7	13,8	49	27,3	29,6	47,7	14,7	14,1
50	14 12,5	14 14,8	13 33,7	15,0	14,1	50	14 27,5	14 29,9	13 48,0	15,0	14,4
51	12,8	15,1	33,9	15,3	14,4	51	27,8	30,1	48,2	15,3	14,7
52	13,0	15,3	34,1	15,6	14,7	52	28,0	30,4	48,5	15,6	15,0
53	13,3	15,6	34,4	15,9	15,0	53	28,3	30,6	48,7	15,9	15,2
54	13,5	15,8	34,6	16,2	15,3	54	28,5	30,9	48,9	16,2	15,5
55	14 13,8	14 16,1	13 34,9	16,5	15,5	55	14 28,8	14 31,1	13 49,2	16,5	15,8
56	14,0	16,3	35,1	16,8	15,8	56	29,0	31,4	49,4	16,8	16,1
57	14,3	16,6	35,3	17,1	16,1	57	29,3	31,6	49,7	17,1	16,4
58	14,5	16,8	35,6	17,4	16,4	58	29,5	31,9	49,9	17,4	16,7
59	14,8	17,1	35,8	17,7	16,7	59	29,8	32,1	50,1	17,7	17,0

Abb. 15 Schalttafel zur Berichtigung des Greenwichstundenwinkels und zur Entnahme der Verbesserung der Deklination aus dem Nautischen Jahrbuch.

56m	SUN PLANETS	ARIES	MOON	v or d	Corrⁿ	v or d	Corrⁿ	v or d	Corrⁿ
s	° ′	° ′	° ′	′	′	′	′	′	′
00	14 00·0	14 02·3	13 21·7	0·0	0·0	6·0	5·7	12·0	11·3
01	14 00·3	14 02·6	13 22·0	0·1	0·1	6·1	5·7	12·1	11·4
02	14 00·5	14 02·8	13 22·2	0·2	0·2	6·2	5·8	12·2	11·5
03	14 00·8	14 03·1	13 22·4	0·3	0·3	6·3	5·9	12·3	11·6
04	14 01·0	14 03·3	13 22·7	0·4	0·4	6·4	6·0	12·4	11·7
05	14 01·3	14 03·6	13 22·9	0·5	0·5	6·5	6·1	12·5	11·8
06	14 01·5	14 03·8	13 23·2	0·6	0·6	6·6	6·2	12·6	11·9
07	14 01·8	14 04·1	13 23·4	0·7	0·7	6·7	6·3	12·7	12·0
08	14 02·0	14 04·3	13 23·6	0·8	0·8	6·8	6·4	12·8	12·1
09	14 02·3	14 04·6	13 23·9	0·9	0·8	6·9	6·5	12·9	12·1
10	14 02·5	14 04·8	13 24·1	1·0	0·9	7·0	6·6	13·0	12·2
11	14 02·8	14 05·1	13 24·4	1·1	1·0	7·1	6·7	13·1	12·3
12	14 03·0	14 05·3	13 24·6	1·2	1·1	7·2	6·8	13·2	12·4
13	14 03·3	14 05·6	13 24·8	1·3	1·2	7·3	6·9	13·3	12·5
14	14 03·5	14 05·8	13 25·1	1·4	1·3	7·4	7·0	13·4	12·6
15	14 03·8	14 06·1	13 25·3	1·5	1·4	7·5	7·1	13·5	12·7
16	14 04·0	14 06·3	13 25·6	1·6	1·5	7·6	7·2	13·6	12·8
17	14 04·3	14 06·6	13 25·8	1·7	1·6	7·7	7·3	13·7	12·9
18	14 04·5	14 06·8	13 26·0	1·8	1·7	7·8	7·3	13·8	13·0
19	14 04·8	14 07·1	13 26·3	1·9	1·8	7·9	7·4	13·9	13·1
20	14 05·0	14 07·3	13 26·5	2·0	1·9	8·0	7·5	14·0	13·2
21	14 05·3	14 07·6	13 26·7	2·1	2·0	8·1	7·6	14·1	13·3
22	14 05·5	14 07·8	13 27·0	2·2	2·1	8·2	7·7	14·2	13·4
23	14 05·8	14 08·1	13 27·2	2·3	2·2	8·3	7·8	14·3	13·5
24	14 06·0	14 08·3	13 27·5	2·4	2·3	8·4	7·9	14·4	13·6
25	14 06·3	14 08·6	13 27·7	2·5	2·4	8·5	8·0	14·5	13·7
26	14 06·5	14 08·8	13 27·9	2·6	2·4	8·6	8·1	14·6	13·7
27	14 06·8	14 09·1	13 28·2	2·7	2·5	8·7	8·2	14·7	13·8
28	14 07·0	14 09·3	13 28·4	2·8	2·6	8·8	8·3	14·8	13·9
29	14 07·3	14 09·6	13 28·7	2·9	2·7	8·9	8·4	14·9	14·0
30	14 07·5	14 09·8	13 28·9	3·0	2·8	9·0	8·5	15·0	14·1
31	14 07·8	14 10·1	13 29·1	3·1	2·9	9·1	8·6	15·1	14·2
32	14 08·0	14 10·3	13 29·4	3·2	3·0	9·2	8·7	15·2	14·3
33	14 08·3	14 10·6	13 29·6	3·3	3·1	9·3	8·8	15·3	14·4
34	14 08·5	14 10·8	13 29·8	3·4	3·2	9·4	8·9	15·4	14·5
35	14 08·8	14 11·1	13 30·1	3·5	3·3	9·5	8·9	15·5	14·6
36	14 09·0	14 11·3	13 30·3	3·6	3·4	9·6	9·0	15·6	14·7
37	14 09·3	14 11·6	13 30·6	3·7	3·5	9·7	9·1	15·7	14·8
38	14 09·5	14 11·8	13 30·8	3·8	3·6	9·8	9·2	15·8	14·9
39	14 09·8	14 12·1	13 31·0	3·9	3·7	9·9	9·3	15·9	15·0
40	14 10·0	14 12·3	13 31·3	4·0	3·8	10·0	9·4	16·0	15·1
41	14 10·3	14 12·6	13 31·5	4·1	3·9	10·1	9·5	16·1	15·2
42	14 10·5	14 12·8	13 31·8	4·2	4·0	10·2	9·6	16·2	15·3
43	14 10·8	14 13·1	13 32·0	4·3	4·0	10·3	9·7	16·3	15·3
44	14 11·0	14 13·3	13 32·2	4·4	4·1	10·4	9·8	16·4	15·4
45	14 11·3	14 13·6	13 32·5	4·5	4·2	10·5	9·9	16·5	15·5
46	14 11·5	14 13·8	13 32·7	4·6	4·3	10·6	10·0	16·6	15·6
47	14 11·8	14 14·1	13 32·9	4·7	4·4	10·7	10·1	16·7	15·7
48	14 12·0	14 14·3	13 33·2	4·8	4·5	10·8	10·2	16·8	15·8
49	14 12·3	14 14·6	13 33·4	4·9	4·6	10·9	10·3	16·9	15·9
50	14 12·5	14 14·8	13 33·7	5·0	4·7	11·0	10·4	17·0	16·0
51	14 12·8	14 15·1	13 33·9	5·1	4·8	11·1	10·5	17·1	16·1
52	14 13·0	14 15·3	13 34·1	5·2	4·9	11·2	10·5	17·2	16·2
53	14 13·3	14 15·6	13 34·4	5·3	5·0	11·3	10·6	17·3	16·3
54	14 13·5	14 15·8	13 34·6	5·4	5·1	11·4	10·7	17·4	16·4
55	14 13·8	14 16·1	13 34·9	5·5	5·2	11·5	10·8	17·5	16·5
56	14 14·0	14 16·3	13 35·1	5·6	5·3	11·6	10·9	17·6	16·6
57	14 14·3	14 16·6	13 35·3	5·7	5·4	11·7	11·0	17·7	16·7
58	14 14·5	14 16·8	13 35·6	5·8	5·5	11·8	11·1	17·8	16·8
59	14 14·8	14 17·1	13 35·8	5·9	5·6	11·9	11·2	17·9	16·9
60	14 15·0	14 17·3	13 36·1	6·0	5·7	12·0	11·3	18·0	17·0

57m	SUN PLANETS	ARIES	MOON	v or d	Corrⁿ	v or d	Corrⁿ	v or d	Corrⁿ
s	° ′	° ′	° ′	′	′	′	′	′	′
00	14 15·0	14 17·3	13 36·1	0·0	0·0	6·0	5·8	12·0	11·5
01	14 15·3	14 17·6	13 36·3	0·1	0·1	6·1	5·8	12·1	11·6
02	14 15·5	14 17·8	13 36·5	0·2	0·2	6·2	5·9	12·2	11·7
03	14 15·8	14 18·1	13 36·8	0·3	0·3	6·3	6·0	12·3	11·8
04	14 16·0	14 18·3	13 37·0	0·4	0·4	6·4	6·1	12·4	11·9
05	14 16·3	14 18·6	13 37·2	0·5	0·5	6·5	6·2	12·5	12·0
06	14 16·5	14 18·8	13 37·5	0·6	0·6	6·6	6·3	12·6	12·1
07	14 16·8	14 19·1	13 37·7	0·7	0·7	6·7	6·4	12·7	12·2
08	14 17·0	14 19·3	13 38·0	0·8	0·8	6·8	6·5	12·8	12·3
09	14 17·3	14 19·6	13 38·2	0·9	0·9	6·9	6·6	12·9	12·4
10	14 17·5	14 19·8	13 38·4	1·0	1·0	7·0	6·7	13·0	12·5
11	14 17·8	14 20·1	13 38·7	1·1	1·1	7·1	6·8	13·1	12·6
12	14 18·0	14 20·3	13 38·9	1·2	1·2	7·2	6·9	13·2	12·7
13	14 18·3	14 20·6	13 39·2	1·3	1·2	7·3	7·0	13·3	12·7
14	14 18·5	14 20·9	13 39·4	1·4	1·3	7·4	7·1	13·4	12·8
15	14 18·8	14 21·1	13 39·6	1·5	1·4	7·5	7·2	13·5	12·9
16	14 19·0	14 21·4	13 39·9	1·6	1·5	7·6	7·3	13·6	13·0
17	14 19·3	14 21·6	13 40·1	1·7	1·6	7·7	7·4	13·7	13·1
18	14 19·5	14 21·9	13 40·3	1·8	1·7	7·8	7·5	13·8	13·2
19	14 19·8	14 22·1	13 40·6	1·9	1·8	7·9	7·6	13·9	13·3
20	14 20·0	14 22·4	13 40·8	2·0	1·9	8·0	7·7	14·0	13·4
21	14 20·3	14 22·6	13 41·1	2·1	2·0	8·1	7·8	14·1	13·5
22	14 20·5	14 22·9	13 41·3	2·2	2·1	8·2	7·9	14·2	13·6
23	14 20·8	14 23·1	13 41·5	2·3	2·2	8·3	8·0	14·3	13·7
24	14 21·0	14 23·4	13 41·8	2·4	2·3	8·4	8·1	14·4	13·8
25	14 21·3	14 23·6	13 42·0	2·5	2·4	8·5	8·1	14·5	13·9
26	14 21·5	14 23·9	13 42·3	2·6	2·5	8·6	8·2	14·6	14·0
27	14 21·8	14 24·1	13 42·5	2·7	2·6	8·7	8·3	14·7	14·1
28	14 22·0	14 24·4	13 42·7	2·8	2·7	8·8	8·4	14·8	14·2
29	14 22·3	14 24·6	13 43·0	2·9	2·8	8·9	8·5	14·9	14·3
30	14 22·5	14 24·9	13 43·2	3·0	2·9	9·0	8·6	15·0	14·4
31	14 22·8	14 25·1	13 43·4	3·1	3·0	9·1	8·7	15·1	14·5
32	14 23·0	14 25·4	13 43·7	3·2	3·1	9·2	8·8	15·2	14·6
33	14 23·3	14 25·6	13 43·9	3·3	3·2	9·3	8·9	15·3	14·7
34	14 23·5	14 25·9	13 44·2	3·4	3·3	9·4	9·0	15·4	14·8
35	14 23·8	14 26·1	13 44·4	3·5	3·4	9·5	9·1	15·5	14·9
36	14 24·0	14 26·4	13 44·6	3·6	3·5	9·6	9·2	15·6	15·0
37	14 24·3	14 26·6	13 44·9	3·7	3·5	9·7	9·3	15·7	15·0
38	14 24·5	14 26·9	13 45·1	3·8	3·6	9·8	9·4	15·8	15·1
39	14 24·8	14 27·1	13 45·4	3·9	3·7	9·9	9·5	15·9	15·2
40	14 25·0	14 27·4	13 45·6	4·0	3·8	10·0	9·6	16·0	15·3
41	14 25·3	14 27·6	13 45·8	4·1	3·9	10·1	9·7	16·1	15·4
42	14 25·5	14 27·9	13 46·1	4·2	4·0	10·2	9·8	16·2	15·5
43	14 25·8	14 28·1	13 46·3	4·3	4·1	10·3	9·9	16·3	15·6
44	14 26·0	14 28·4	13 46·5	4·4	4·2	10·4	10·0	16·4	15·7
45	14 26·3	14 28·6	13 46·8	4·5	4·3	10·5	10·1	16·5	15·8
46	14 26·5	14 28·9	13 47·0	4·6	4·4	10·6	10·2	16·6	15·9
47	14 26·8	14 29·1	13 47·3	4·7	4·5	10·7	10·3	16·7	16·0
48	14 27·0	14 29·4	13 47·5	4·8	4·6	10·8	10·4	16·8	16·1
49	14 27·3	14 29·6	13 47·7	4·9	4·7	10·9	10·4	16·9	16·2
50	14 27·5	14 29·9	13 48·0	5·0	4·8	11·0	10·5	17·0	16·3
51	14 27·8	14 30·1	13 48·2	5·1	4·9	11·1	10·6	17·1	16·4
52	14 28·0	14 30·4	13 48·5	5·2	5·0	11·2	10·7	17·2	16·5
53	14 28·3	14 30·6	13 48·7	5·3	5·1	11·3	10·8	17·3	16·6
54	14 28·5	14 30·9	13 48·9	5·4	5·2	11·4	10·9	17·4	16·7
55	14 28·8	14 31·1	13 49·2	5·5	5·3	11·5	11·0	17·5	16·8
56	14 29·0	14 31·4	13 49·4	5·6	5·4	11·6	11·1	17·6	16·9
57	14 29·3	14 31·6	13 49·7	5·7	5·5	11·7	11·2	17·7	17·0
58	14 29·5	14 31·9	13 49·9	5·8	5·6	11·8	11·3	17·8	17·1
59	14 29·8	14 32·1	13 50·1	5·9	5·7	11·9	11·4	17·9	17·2
60	14 30·0	14 32·4	13 50·4	6·0	5·8	12·0	11·5	18·0	17·3

Abb. 16 Die gleichen Schalttafeln aus dem Nautical Almanac.

ves »Unt.« oder »v« bei Venus, die abgezogen werden muß.

2. *Beispiele: Heraussuchen von Gestirnskoordinaten*

Alle Beispiele können mit den hier nachgebildeten Auszügen aus Nautical Almanac (NA) und Nautischem Jahrbuch (NJ) für 1974 und deren Schalttafelauszügen für 56 und 57 min nachvollzogen werden.
Die Schreibweise ist hier der Praxis mit Bindestrichen entsprechend: Uhrzeit h-min-sek; Winkel: Grad-Winkelminuten. Zehntelwinkelminuten.

Sonne – 15. Juli 1974, GMT 16-57-14 (NA):

GMT 16-00-00:	GHA	= 058-31.7	Dec	= N 21-31.1 (d0.4–
57-14:	Incr	= 14-18.5+	Corr	= 0.4–
GMT 16-57-14:	GHA	= 072-50.2	Dec	= N 21-30.7

Venus – 16. Juli 1974, GMT 23-56-54 (NJ)

MGZ 23-00-00:	GHA	= 194-53.0 (–0.8	Dec	= N 22-21.5 (+0.2
56-54:	Zuw	= 14-13.5+		
	Unt	= 0.7 –	Verb	= 0.2+
MGZ 23-56-54:	GHA	= 209-05.8	Dec	= N 22-21.7

Vollziehen Sie dieses Beispiel besonders sorgfältig nach wegen (a) der arithmetischen Addition beim Greenwich-Winkel und (b) wegen der Zwischenwertbildung in der grünen Schalttafel für Deklination und Greenwichwinkel. Vergleichen Sie, was der NA dort in der Schalttafel als Corrn für v und d angibt.

Capella – 15. Juli 1974, GMT 16-56-00 (NA)

GMT 16-00-00:	GHA ♈	= 173-07.4	Dec	= N 45-58.3
56-00:	Incr ♈	= 14-02.3+		
Capella	SHA	= 281-17.9+		
Capella	GHA	= 468-27.6	Dec	= N 45-58.3
		360-00.0–		
Capella	GHA	= 108-27.6	Dec	= N 45-58.3

Mond – 15. Juli 1974, MGZ 04-56-33 (NJ)

MGZ 04-00-00:	GNA	= 302-29.6 (+7.2	Dec	= N 20-46.0 (6.0+
56-33:	Zw	= 13-29.6	Verb	= 5.7+
	Verb	= 6.8+		
GMT 04-56-33:	GHA	= 316-06.0	Dec	= N 20-51.7

m) Die Methode Marcq Saint-Hilaire: der Höhenvergleich

1. Allgemeine Hinweise

Alle heutigen Methoden der astronomischen Navigation gehen auf die Methode des Höhenvergleichs zurück, die der französische Kommandant Marcq St.-Hilaire einführte; er war es, der die eigentliche Methode der Berechnung der Gestirnshöhe für den Koppelort mit dem Semiversussinus einführte, die noch heute an den Seefahrtschulen Deutschlands gelehrt wird. In der Praxis arbeitet niemand mehr damit.

Verglichen wird die rechnerische Höhe Hr (engl. Hc) mit der berichtigten Beobachtungshöhe Hb (engl. Ho). Ist die beobachtete Höhe größer als die für den Koppelort berechnete, dann steht das Schiff näher zum Bildpunkt hin als der Koppelort – umgekehrt, wenn die beobachtete Höhe kleiner als die berechnete ist.

Es leuchtet ein, daß näher hin oder weiter ab vom Bildpunkt des Gestirns längs des Azimutstrahls zum Bildpunkt zu erfolgen hat. Das Azimut ist mit der sem-Formel nicht zu berechnen, sondern muß extra berechnet oder mit einer (großen, unhandlichen) Azimuttafel gefunden werden. Der Azimutstrahl ist auch ein Radiusstrahl des schon geschilderten Höhengleichekreises um den Bildpunkt. Bei der meist sehr großen Entfernung vom Bildpunkt kann man das Stück dieses Kreises, auf dem man selber stehen muß, als nach rechts und links für ein ziemlich großes Stück gerade betrachten – eine *Standlinie,* die senkrecht zum Azimut verläuft, denn ein Kreisbogenstückchen steht ja auch senkrecht auf dem Radius.

Das Azimut ist jedoch als Standlinie nicht zu gebrauchen, weil es zu grob und ungenau ist – man kann eine ganze Weile auf einer Höhenstandlinie mit einem Rennboot entlangfahren, ohne daß sich das Azimut merklich ändert. Das Azimut taugt nur als Richtlot für die Höhenstandlinie. Dieser Umstand aber machte es möglich, Tafeln mit fertig ausgerechneten Höhen und Azimuten oder Azimutwinkeln herzustellen – nachdem man den Umstand richtig erkannt hatte. Erkannt hatte man, daß es nicht nötig ist, von jedem nur denkbaren Koppelort, deren es unendlich viele gibt, aus zu rechnen, sondern daß sich die Fehler in absolut tolerierbaren Grenzen halten, wenn man als rechnerische Vergleichshöhe die für volle Breitengrade und vollgradige Ortsstundenwinkel nimmt und sich bei den Deklinationen auf nur volle und halbe Grad (H.O. 214 als ältere Ausgabe, H.O. 229 die neuere) oder auf nur volle Grad beschränkt, wie bei H.O. 249 bzw. A.P. 3270, die identisch sind.

Selbstverständlich sind die genaueren Tafelwerke sehr umfangreich – 6 Bände von je knapp 300 Seiten. Aber Yachtskipper brauchen solche Genauigkeit nicht; eine um rund eine Seemeile falsche Position, wie sie beim hier beschriebenen Tafelverfahren vorkommen kann, ist nicht schlimm, denn sie liegt innerhalb der Sichtweite.

Auf dem verkürzten St.-Hilaire-Verfahren beruhen auch einige Rechentafeln, die den Vorteil haben, einbändig, dünn und klein zu sein – navigatorisch vollwertige Hilfsmittel, falls man in die Rettungsinsel muß. Solche Tafeln sind: H. O. 211 (normales Buchformat 36 Seiten); Ageton, »Manual of Celestial Navigation« (USA, 1942) und die ähnlichen »Record Tables« von J. C. Lieuwen, die in Holland erscheinen. Es lohnt, sich mit einem dieser Verfahren vertraut zu machen, um es in Reserve zu haben. Doch der Anfänger soll sich erst absolute Sicherheit mit einem einzigen Verfahren aneignen – um so leichter fällt es ihm dann, sich in jedes andere schnell hineinzufinden, selbst in das ursprüngliche des Marcq Saint-Hilaire.

2. Die Tafeln H.O. 249 oder A.P. 3270 (Abb. 17 u. 18)

Mit H.O. (Hydrographic Office) und einer Nummer sind alle Publikationen des U.S. Navy Oceanographic Office in Washington, D.C., versehen. A.P. steht für »Air Publication« des britischen Luftfahrtministeriums. Beide Tafeln sind inhaltlich identisch, doch die britische Ausgabe ist besser gebunden. Es sind Tafeln, die für die astronomische Flugzeugnavigation entwickelt wurden, bei der es auf Schnelligkeit der Positionsbestimmung mehr ankommt als auf *die* Genauigkeit, die ein Kabelleger braucht, um einen Kabelspleiß wiederzufinden.

Diese *Sight Reduction Tables for Air Navigation,* drei Bände vom Format 26 x 30 cm und 2 x 250 Seiten und einmal 324 Seiten sind jedoch auch für die Seenavigation geeignet. Daß sie auch für Zenitabstände $> 90°$ eingerichtet sind, können wir allerdings nicht so gut ausnutzen wie sehr hoch fliegende Flugzeuge.

Der Band I – »Selected Stars« – gibt die berechneten Höhen von jeweils sieben ausgewählten Sternen und deren Azimut für jeden vollen Breitengrad Nord und Süd von 0...89 grd und jeden vollen Grad Ortsstundenwinkel des Aries (LHA ♈); bei Breiten $> 69°$ werden nur noch alle 2° LHA aufgeführt. Die Sterne sind so ausgewählt, daß sie gut sichtbar und im Azimut so verteilt sind, daß sich günstige Schnitte der Höhenstandlinien ergeben. Um einem Irrtum gleich zu wehren: Es sind sieben am jeweiligen Ort zur jeweiligen Zeit sichtbare Sterne, ausgewählt aus 58 Sternen. Bei der Benutzung dieser Tafel braucht man sich um den Sternwinkel (SHA) nicht zu kümmern, denn man geht mit Breite und LHA ♈ in sie ein. Alle fünf Jahre muß man Band I neu kaufen.

Band II und III geben die berechneten Höhen (Hc) und Azimutwinkel (Z) für alle Gestirne mit Deklinationen von 0...29 grd N oder S und für volle Breitengrade N oder S von 0...39 grd (II) und 40...89 grd (III). Diese beiden Bände sind vor allem für die Bearbeitung von Beobachtungen von Sonne, Mond und Planeten gedacht, aber selbstverständlich kann man auch jeden Stern, dessen Deklination nicht größer als N oder S 29° ist, »bearbeiten«, nur muß hierbei aus GHA ♈, SHA und der Länge λ der LHA des Sterns gebildet werden.

Zu beachten ist bei den Bänden II und III, daß man die Seite mit der angenommenen, dem Koppelort gewöhnlich am nächsten liegenden Breite (Lat, Latitude) aufschlägt, auf der die Deklination des Gestirns vermerkt ist. Dabei ist außerdem noch zu beachten, ob Deklination und Latitude gleichnamig (same name) sind – also etwa Latitude N und Declination N – oder ungleichnamig (contrary name). Für eine Breite (Lat) gibt es gewöhnlich in den Tafeln vier Seiten; zwei davon für Declination *Same* Name to Latitude und zwei Seiten *Contrary* Name und nach diesem Unterschied wieder je eine Seite für Deklinationen 0...14 grd und eine 15...29 grd. Wir zeigen hier eine verkleinerte Tafelseite (Abb. 17) für Lat 52° und Dec 15...29 grd, mit der die Beispiele durchgeführt sind. Es wird immer die Deklinationsspalte mit der

Gradzahl genommen, die der Dec-Gradzahl des Gestirns entspricht. Hat die Sonne beispielsweise die Dec 20-58.0, dann *muß* man in die Spalte 20° eingehen und *darf auf keinen Fall* aufrundend die Spalte 21° nehmen.

Beim genaueren Ansehen des Tafelauszugs sieht man in jeder Deklinationsspalte drei Zahlenkolonnen, die Hc [° '] – d ['] – Z [°] überschrieben sind. Hc ist die berechnete (calculated) Höhe; d ist ein Interpolationswert, mit dem man in Table 4 eingeht, um die Winkelminuten der Deklination über die vollen Grade hinaus zu berücksichtigen; und Z ist der Azimutwinkel. Links und rechts am Rande der Tafel(n) sind Spalten mit der Überschrift LHA zu sehen – Ortsstundenwinkel (local hour angle), der für den angenommenen Standort ausgerechnet worden ist, um damit in die Tafel einzugehen. Bei LHA = 121 (links) oder 239 (rechts) und Deklination 15° streikt die Tafel anscheinend; für Deklination 16° tut sie es bei LHA 122/238 usw. Das bedeutet lediglich, daß da auch aus größten Höhen nichts nach Koordinaten eines solchen Gestirns mehr zu sehen ist. Für Navigatoren auf See hört es schon früher auf, denn ab LHA 110 bzw. 250 werden die Höhen für Deklination 15° negativ – das Gestirn stünde unter dem astronomischen (wahren) Horizont.

Oben links und unten links außerhalb der Tafeln stehen Hinweise für die Umrechnung des Azimutwinkels zum rechtweisenden Azimut: Auf Nordbreite (N. Lat) ist Zn = Z, wenn LHA > 180° ist; sonst ist Zn = 360 – Z. Auf Südbreiten (S.Lat) ist bei LHA > 180° Zn = 180 – Z, sonst ist Zn = 180 + Z.

Den schon erwähnten Interpolationswert d für die Minuten der Deklination über volle Grad hinaus sucht man in der hier ebenfalls verkleinert abgebildeten Interpolationstafel Table 4 (Abb. 19) am Schluß des Bandes in der Kopfleiste auf und geht in dieser Spalte hinunter bis auf die Minutenzeile ['], die den Deklinationsminuten entspricht (links und rechts der Tabelle von 0...59' vermerkt). Der gefundene Wert wird dem Tafelwert Hc zugezählt, wenn das d-Vorzeichen + ist, sonst abgezogen. »Table 4« liegt den Bänden II und III auch noch als vierseitiges Loseblatt mit anderen Tabellen bei. Außer Table 4 interessiert den Oberflächennautiker nichts davon, und dasselbe gilt für die Tables 1, 2, 5 und 6, die man in diesen Bänden findet, denn sie sind nur für fliegende Nautiker.

3. Praktische Beispiele zu H. O. 249 bzw. A. F. 3270

Alle Beispiele sind so gewählt, daß sie mit den abgebildeten Auszügen aus Jahrbuch oder Almanac und den Tafeln (nebst Table 4) nachvollzogen werden können.

4. Der Bezugsort

Die Bezugsbreite (aLat) wird als dem Koppelort nächste vollgradige Breite genommen.

Die Bezugslänge (aLon) wird ebenfalls nahe der Koppellänge gewählt, aber so, daß sie mit dem GHA einen vollgradigen Ortsstundenwinkel (LHA) ergibt. W-Länge wird abgezogen (*W wie weniger!).* E-Länge muß addiert werden (das fällt leichter, wenn man die Minuten des GHA mal eben von 60 abzieht und den Rest als angenommene Minuten einsetzt). Beispiel: S. 473.

N. Lat. {LHA greater than 180°……… Zn=Z; LHA less than 180°……… Zn=360−Z}

DECLINATION (15°-29°) SAME NAME AS LATITUDE

LAT 52°

LHA	15° Hc	d	Z	16° Hc	d	Z	17° Hc	d	Z	18° Hc	d	Z	19° Hc	d	Z
	° ′	′	°	° ′	′	°	° ′	′	°	° ′	′	°	° ′	′	°
0	53 00	+60	180	54 00	+60	180	55 00	+60	180	56 00	+60	180	57 00	+60	180
1	53 00	60	178	54 00	60	178	55 00	60	178	56 00	59	178	56 59	60	178
2	52 58	60	177	53 58	60	177	54 58	60	177	55 58	60	177	56 58	60	177
3	52 55	60	175	53 55	60	175	54 55	60	175	55 55	60	175	56 55	60	175
4	52 52	60	174	53 52	59	174	54 51	60	173	55 51	60	173	56 51	60	173
5	52 47	+60	172	53 47	+60	172	54 47	+59	172	55 46	+60	172	56 46	+60	171
6	52 42	59	170	53 41	60	170	54 41	59	170	55 40	60	170	56 40	60	170
7	52 35	59	169	53 34	60	169	54 34	59	168	55 33	60	168	56 33	59	168
8	52 27	60	167	53 27	59	167	54 26	59	167	55 25	60	167	56 25	59	166
9	52 19	59	166	53 18	59	165	54 17	59	165	55 16	59	165	56 15	59	165
10	52 09	+59	164	53 08	+59	164	54 07	+59	164	55 06	+59	163	56 05	+59	163
11	51 58	59	163	52 57	59	162	53 56	59	162	54 55	59	162	55 54	58	161
12	51 47	59	161	52 46	58	161	53 44	59	160	54 43	58	160	55 41	59	160
13	51 34	59	160	52 33	58	159	53 31	59	159	54 30	58	158	55 28	58	158
14	51 21	58	158	52 19	58	158	53 17	58	157	54 15	58	157	55 13	58	156
15	51 07	+58	157	52 05	+58	156	53 03	+57	156	54 00	+58	155	54 58	+58	155
16	50 52	57	155	51 49	58	155	52 47	58	154	53 45	57	154	54 42	57	153
17	50 36	57	154	51 33	57	153	52 30	58	153	53 28	57	152	54 25	57	152
18	50 19	57	152	51 16	57	152	52 13	57	151	53 10	57	151	54 07	57	150
19	50 01	57	151	50 58	57	150	51 55	57	150	52 52	56	149	53 48	56	149
20	49 43	+56	149	50 39	+57	149	51 36	+56	148	52 32	+56	148	53 28	+56	147
21	49 23	57	148	50 20	56	147	51 16	56	147	52 12	56	146	53 08	56	146
22	49 03	56	147	49 59	56	146	50 55	56	145	51 51	56	145	52 47	55	144
23	48 43	55	145	49 38	56	145	50 34	55	144	51 29	56	143	52 25	55	143
24	48 21	56	144	49 17	55	143	50 12	55	143	51 07	55	142	52 02	55	141
25	47 59	+55	142	48 54	+55	142	49 49	+55	141	50 44	+54	141	51 38	+55	140
26	47 36	55	141	48 31	55	141	49 26	54	140	50 20	54	139	51 14	54	139
27	47 13	54	140	48 07	54	139	49 01	55	139	49 56	54	138	50 50	53	137
28	46 48	55	139	47 43	54	138	48 37	54	137	49 31	53	137	50 24	53	136
29	46 24	54	137	47 18	53	137	48 11	54	136	49 05	53	135	49 58	53	135
30	45 58	+54	136	46 52	+53	135	47 45	+54	135	48 39	+53	134	49 32	+52	133
31	45 32	54	135	46 26	53	134	47 19	53	133	48 12	52	133	49 04	53	132
32	45 06	53	134	45 59	53	133	46 52	52	132	47 44	53	132	48 37	52	131
33	44 39	52	132	45 31	53	132	46 24	52	131	47 16	52	130	48 08	52	130
34	44 11	53	131	45 04	52	131	45 56	52	130	46 48	52	129	47 40	51	128
35	43 43	+52	130	44 35	+52	129	45 27	+52	129	46 19	+51	128	47 10	+51	127
36	43 14	52	129	44 06	52	128	44 58	52	127	45 50	51	127	46 41	50	126
37	42 45	52	128	43 37	52	127	44 29	51	126	45 20	51	126	46 11	50	125
38	42 16	51	127	43 07	52	126	43 59	50	125	44 49	51	124	45 40	50	124
39	41 46	51	125	42 37	51	125	43 28	51	124	44 19	50	123	45 09	50	123
40	41 16	+51	124	42 07	+50	124	42 57	+51	123	43 48	+50	122	44 38	+49	121
41	40 45	51	123	41 36	50	123	42 26	50	122	43 16	50	121	44 06	49	120
42	40 14	50	122	41 04	50	121	41 54	50	121	42 44	50	120	43 34	49	119
43	39 43	50	121	40 33	50	120	41 23	49	120	42 12	49	119	43 01	49	118
44	39 11	50	120	40 01	49	119	40 50	50	119	41 40	49	118	42 29	48	117
45	38 39	+49	119	39 28	+50	118	40 18	+49	118	41 07	+49	117	41 56	+48	116
46	38 06	50	118	38 56	49	117	39 45	49	117	40 34	48	116	41 22	49	115
47	37 33	50	117	38 23	49	116	39 12	48	116	40 00	49	115	40 49	48	114
48	37 00	49	116	37 49	49	115	38 38	49	115	39 27	48	114	40 15	48	113
49	36 27	49	115	37 16	48	114	38 04	49	114	38 53	48	113	39 41	47	112
50	35 53	+49	114	36 42	+48	113	37 30	+48	113	38 18	+48	112	39 06	+48	111
51	35 19	49	113	36 08	48	112	36 56	48	112	37 44	48	111	38 32	47	110
52	34 45	49	112	35 34	48	111	36 22	47	111	37 09	48	110	37 57	47	109
53	34 11	48	111	34 59	48	110	35 47	48	110	36 35	47	109	37 22	47	108
54	33 36	48	110	34 24	48	110	35 12	48	109	36 00	47	108	36 47	47	107
55	33 02	+48	109	33 50	+47	109	34 37	+47	108	35 24	+47	107	36 11	+47	106
56	32 27	47	108	33 14	48	108	34 02	47	107	34 49	47	106	35 36	46	105
57	31 52	47	108	32 39	47	107	33 26	47	106	34 13	47	105	35 00	47	105
58	31 16	48	107	32 04	47	106	32 51	47	105	33 38	46	104	34 24	47	104
59	30 41	47	106	31 28	47	105	32 15	47	104	33 02	46	104	33 48	47	103
60	30 05	+47	105	30 52	+47	104	31 39	+47	103	32 26	+46	103	33 12	+46	102
61	29 29	47	104	30 16	47	103	31 03	47	103	31 50	46	102	32 36	46	101
62	28 53	47	103	29 40	47	102	30 27	47	102	31 14	46	101	32 00	46	100
63	28 17	47	102	29 04	47	102	29 51	46	101	30 37	46	100	31 23	46	99
64	27 41	47	101	28 28	47	101	29 15	46	100	30 01	46	99	30 47	46	98
65	27 05	+47	101	27 52	+46	100	28 38	+46	99	29 24	+46	98	30 10	+46	98
66	26 29	46	100	27 15	47	99	28 02	46	98	28 48	46	98	29 34	45	97
67	25 52	47	99	26 39	46	98	27 25	46	97	28 11	46	97	28 57	45	96
68	25 16	46	98	26 02	46	97	26 48	46	97	27 34	46	96	28 20	46	95
69	24 39	46	97	25 25	47	97	26 12	46	96	26 58	45	95	27 43	46	94

LHA	20° Hc	d	Z	21° Hc	d	Z	22° Hc	d	Z	23° Hc	d	Z	24° Hc	d	Z
	° ′	′	°	° ′	′	°	° ′	′	°	° ′	′	°	° ′	′	°
0	58 00	+60	180	59 00	+60	180	60 00	+60	180	61 00	+60	180	62 00	+60	180
1	57 59	60	178	58 59	60	178	59 59	60	178	60 59	60	178	61 59	60	178
2	57 58	60	177	58 58	60	176	59 58	60	176	60 58	60	176	61 58	59	176
3	57 55	60	175	58 55	60	175	59 55	60	174	60 55	59	174	61 54	60	174
4	57 51	60	173	58 51	60	173	59 51	59	173	60 50	60	172	61 50	60	172
5	57 46	+60	171	58 46	+59	171	59 45	+60	171	60 45	+59	171	61 44	+60	170
6	57 40	59	170	58 39	60	169	59 39	59	169	60 38	60	169	61 38	59	168
7	57 32	60	168	58 32	59	167	59 31	59	167	60 30	60	167	61 30	59	167
8	57 24	59	166	58 23	59	166	59 22	59	165	60 21	59	165	61 20	59	165
9	57 14	59	164	58 13	59	164	59 12	59	164	60 11	59	163	61 10	59	163
10	57 04	+59	163	58 03	+58	162	59 01	+59	162	60 00	+59	161	60 59	+58	161
11	56 52	59	161	57 51	58	160	58 49	59	160	59 48	58	160	60 46	58	159
12	56 40	58	159	57 38	58	159	58 36	58	158	59 34	58	158	60 32	58	157
13	56 26	58	158	57 24	58	157	58 22	58	157	59 20	57	156	60 17	58	156
14	56 11	58	156	57 09	58	155	58 07	57	155	59 04	58	154	60 02	57	154
15	55 56	+57	154	56 53	+58	154	57 51	+57	153	58 48	+57	153	59 45	+57	152
16	55 39	57	153	56 36	57	152	57 33	57	152	58 30	57	151	59 27	56	150
17	55 22	57	151	56 19	56	151	57 15	57	150	58 12	56	149	59 08	56	149
18	55 04	56	150	56 00	56	149	56 56	57	148	57 53	55	148	58 48	56	147
19	54 44	57	148	55 41	56	147	56 37	55	147	57 32	56	146	58 28	55	145
20	54 24	+56	147	55 20	+56	146	56 16	+55	145	57 11	+55	145	58 06	+55	144
21	54 04	55	145	54 59	55	144	55 54	55	144	56 49	55	143	57 44	55	142
22	53 42	55	144	54 37	55	143	55 32	55	142	56 27	54	141	57 21	54	141
23	53 20	54	142	54 14	55	141	55 09	54	141	56 03	54	140	56 57	54	139
24	52 57	54	141	53 51	54	140	54 45	54	139	55 39	54	138	56 33	53	138
25	52 33	+54	139	53 27	+54	139	54 21	+53	138	55 14	+54	137	56 08	+52	136
26	52 08	54	138	53 02	54	137	53 56	53	136	54 49	53	136	55 42	52	135
27	51 43	54	137	52 37	53	136	53 30	53	135	54 23	52	134	55 15	52	133
28	51 17	54	135	52 11	52	134	53 03	53	134	53 56	52	133	54 48	52	132
29	50 51	53	134	51 44	52	133	52 36	52	132	53 28	52	131	54 20	51	131
30	50 24	+53	133	51 17	+52	132	52 09	+51	131	53 00	+52	130	53 52	+51	129
31	49 57	52	131	50 49	51	131	51 40	52	130	52 32	51	129	53 23	50	128
32	49 29	51	130	50 20	52	129	51 12	51	128	52 03	50	128	52 53	51	127
33	49 00	51	129	49 51	52	128	50 43	50	127	51 33	51	126	52 24	50	125
34	48 31	51	128	49 22	51	127	50 13	50	126	51 03	50	125	51 53	50	124
35	48 01	+51	126	48 52	+51	126	49 43	+50	125	50 33	+49	124	51 22	+50	123
36	47 31	51	125	48 22	50	124	49 12	50	124	50 02	49	123	50 51	49	122
37	47 01	50	124	47 51	50	123	48 41	50	122	49 31	49	121	50 20	48	121
38	46 30	50	123	47 20	50	122	48 10	49	121	48 59	49	120	49 48	48	119
39	45 59	50	122	46 49	49	121	47 38	49	120	48 27	48	119	49 15	48	118
40	45 27	+50	121	46 17	+49	120	47 06	+48	119	47 54	+49	118	48 43	+47	117
41	44 55	49	120	45 44	49	119	46 33	49	118	47 22	48	117	48 10	47	116
42	44 23	49	118	45 12	48	118	46 00	48	117	46 48	48	116	47 36	47	115
43	43 50	49	117	44 39	48	117	45 27	48	116	46 15	48	115	47 03	47	114
44	43 17	49	116	44 06	48	115	44 54	47	115	45 41	48	114	46 29	46	113
45	42 44	+48	115	43 32	+48	114	44 20	+47	114	45 07	+47	113	45 54	+47	112
46	42 11	47	114	42 58	48	113	43 46	47	113	44 33	47	112	45 20	46	111
47	41 37	47	113	42 24	48	112	43 12	47	112	43 59	46	111	44 45	47	110
48	41 03	47	112	41 50	47	111	42 37	47	111	43 24	47	110	44 11	46	109
49	40 28	48	111	41 16	47	110	42 03	46	110	42 49	46	109	43 35	46	108
50	39 54	+47	110	40 41	+47	109	41 28	+46	109	42 14	+46	108	43 00	+46	107
51	39 19	47	109	40 06	47	109	40 53	46	108	41 39	46	107	42 25	45	106
52	38 44	47	108	39 31	46	108	40 17	46	107	41 03	46	106	41 49	46	105
53	38 09	47	107	38 56	46	107	39 42	46	106	40 28	45	105	41 13	46	104
54	37 34	46	106	38 20	46	106	39 06	46	105	39 52	46	104	40 38	45	103
55	36 58	+46	106	37 44	+46	105	38 30	+46	104	39 16	+46	103	40 02	+44	102
56	36 22	47	105	37 09	46	104	37 55	45	103	38 40	45	102	39 25	45	101
57	35 47	46	104	36 33	45	103	37 18	46	102	38 04	45	101	38 49	45	101
58	35 11	46	103	35 57	45	102	36 42	46	101	37 28	45	100	38 13	44	100
59	34 35	46	102	35 20	46	101	36 06	45	100	36 51	45	100	37 36	45	99
60	33 58	+46	101	34 44	+46	100	35 30	+45	100	36 15	+45	99	37 00	+44	98
61	33 22	46	100	34 08	45	100	34 53	45	99	35 38	45	98	36 23	44	97
62	32 46	45	99	33 31	46	99	34 17	45	98	35 02	44	97	35 46	45	96
63	32 09	46	99	32 55	45	98	33 40	45	97	34 25	45	96	35 10	44	95
64	31 33	45	98	32 18	45	97	33 03	45	96	33 48	45	95	34 33	44	95
65	30 56	+45	97	31 41	+46	96	32 27	+44	95	33 11	+45	95	33 56	+44	94
66	30 19	46	96	31 05	45	95	31 50	45	95	32 35	44	94	33 19	44	93
67	29 42	46	95	30 28	45	94	31 13	45	94	31 58	44	93	32 42	44	92
68	29 06	45	95	29 51	45	94	30 36	45	93	31 21	44	92	32 05	44	91
69	28 29	45	94	29 14	45	93	29 59	45	92	30 44	44	91	31 28	45	91

LHA	25° Hc	d	Z	26° Hc	d	Z	27° Hc	d	Z	28° Hc	d	Z	29° Hc	d	Z	LHA
	° ′	′	°	° ′	′	°	° ′	′	°	° ′	′	°	° ′	′	°	
0	63 00	+60	180	64 00	+60	180	65 00	+60	180	66 00	+60	180	67 00	+60	180	360
1	62 59	60	178	63 59	60	178	64 59	60	178	65 59	60	178	66 59	60	178	359
2	62 57	60	176	63 57	60	176	64 57	60	176	65 57	60	176	66 57	60	176	358
3	62 54	60	174	63 54	60	174	64 54	60	174	65 54	60	174	66 54	59	173	357
4	62 50	60	172	63 50	59	172	64 49	60	172	65 49	60	171	66 49	59	171	356
5	62 44	+60	170	63 44	+59	170	64 43	+60	170	65 43	+59	169	66 42	+60	169	355
6	62 37	59	168	63 36	60	168	64 36	59	168	65 35	59	167	66 34	59	167	354
7	62 29	59	166	63 28	59	166	64 27	59	165	65 26	59	165	66 25	59	165	353
8	62 19	59	164	63 18	59	164	64 17	59	163	65 16	59	163	66 15	58	162	352
9	62 09	58	162	63 07	59	162	64 06	58	161	65 04	59	161	66 03	58	160	351
10	61 57	+58	160	62 55	+59	160	63 54	+58	159	64 52	+58	159	65 50	+58	158	350
11	61 44	58	159	62 42	58	158	63 40	58	158	64 38	57	157	65 35	58	156	349
12	61 30	58	157	62 28	57	156	63 25	58	156	64 23	57	155	65 20	57	154	348
13	61 15	57	155	62 12	57	154	63 09	57	154	64 06	57	153	65 03	57	152	347
14	60 59	57	153	61 56	57	153	62 53	56	152	63 49	56	151	64 45	57	150	346
15	60 42	+56	151	61 38	+57	151	62 35	+56	150	63 31	+56	149	64 27	+55	148	345
16	60 23	57	150	61 20	56	149	62 16	55	148	63 11	56	147	64 07	55	147	344
17	60 04	56	148	61 00	56	147	61 56	55	146	62 51	55	146	63 46	54	145	343
18	59 44	56	146	60 40	55	146	61 35	55	145	62 30	54	144	63 24	54	143	342
19	59 23	55	145	60 18	55	144	61 13	54	143	62 07	54	142	63 01	54	141	341
20	59 01	+55	143	59 56	+54	142	60 50	+54	141	61 44	+54	140	62 38	+53	139	340
21	58 39	54	141	59 33	54	141	60 27	53	140	61 20	53	139	62 13	53	138	339
22	58 15	54	140	59 09	53	139	60 02	53	138	60 55	53	137	61 48	52	136	338
23	57 51	53	138	58 44	53	137	59 37	53	137	60 30	52	136	61 22	52	135	337
24	57 26	53	137	58 19	53	136	59 12	52	135	60 04	51	134	60 55	51	133	336
25	57 00	+53	135	57 53	+52	134	58 45	+52	134	59 37	+51	133	60 28	+51	131	335
26	56 34	52	134	57 26	52	133	58 18	51	132	59 09	51	131	60 00	50	130	334
27	56 07	52	132	56 59	51	132	57 50	51	131	58 41	50	130	59 31	50	129	333
28	55 40	51	131	56 31	51	130	57 22	50	129	58 12	50	128	59 02	49	127	332
29	55 11	51	130	56 02	51	129	56 53	50	128	57 43	49	127	58 32	49	126	331
30	54 43	+50	128	55 33	+50	127	56 23	+50	126	57 13	+49	125	58 02	+49	124	330
31	54 13	51	127	55 04	49	126	55 53	50	125	56 43	48	124	57 31	48	123	329
32	53 44	50	126	54 34	49	125	55 23	49	124	56 12	48	123	57 00	48	122	328
33	53 14	49	125	54 03	49	124	54 52	49	123	55 41	47	122	56 28	48	120	327
34	52 43	49	123	53 32	49	122	54 21	48	121	55 09	47	120	55 56	47	119	326
35	52 12	+49	122	53 01	+48	121	53 49	+48	120	54 37	+47	119	55 24	+47	118	325
36	51 40	49	121	52 29	48	120	53 17	47	119	54 04	47	118	54 51	47	117	324
37	51 08	48	120	51 56	48	119	52 44	47	118	53 31	47	117	54 18	46	116	323
38	50 36	48	119	51 24	47	118	52 11	47	117	52 58	47	116	53 45	45	114	322
39	50 03	48	117	50 51	47	116	51 38	47	115	52 25	46	114	53 11	45	113	321
40	49 30	+48	116	50 18	+47	115	51 05	+46	114	51 51	+46	113	52 37	+45	112	320
41	48 57	47	115	49 44	47	114	50 31	46	113	51 17	45	112	52 02	45	111	319
42	48 23	47	114	49 10	47	113	49 57	45	112	50 42	46	111	51 28	44	110	318
43	47 50	46	113	48 36	46	112	49 22	46	111	50 08	45	110	50 53	44	109	317
44	47 15	47	112	48 02	46	111	48 48	45	110	49 33	45	109	50 18	44	108	316
45	46 41	+46	111	47 27	+46	110	48 13	+45	109	48 58	+45	108	49 43	+44	107	315
46	46 06	46	110	46 52	46	109	47 38	45	108	48 23	44	107	49 07	44	106	314
47	45 32	45	109	46 17	46	108	47 03	44	107	47 47	45	106	48 32	43	105	313
48	44 57	45	108	45 42	45	107	46 27	45	106	47 12	44	105	47 56	43	104	312
49	44 21	45	107	45 07	45	106	45 52	44	105	46 36	44	104	47 20	43	103	311
50	43 46	+45	106	44 31	+45	105	45 16	+44	104	46 00	+44	103	46 44	+43	102	310
51	43 10	45	105	43 55	45	104	44 40	44	103	45 24	44	102	46 08	43	101	309
52	42 35	44	104	43 19	45	103	44 04	44	102	44 48	44	101	45 32	43	100	308
53	41 59	44	103	42 43	45	102	43 28	44	101	44 12	43	100	44 55	43	100	307
54	41 23	44	102	42 07	45	101	42 52	43	101	43 35	44	100	44 19	42	99	306
55	40 46	+45	101	41 31	+44	101	42 15	+44	100	42 59	+43	99	43 42	+43	98	305
56	40 10	45	101	40 55	44	100	41 39	43	99	42 22	43	98	43 05	43	97	304
57	39 34	44	100	40 18	44	99	41 02	44	98	41 46	43	97	42 29	42	96	303
58	38 57	45	99	39 42	43	98	40 25	44	97	41 09	43	96	41 52	43	95	302
59	38 21	44	98	39 05	44	97	39 49	43	96	40 32	43	95	41 15	43	94	301
60	37 44	+44	97	38 28	+44	96	39 12	+43	95	39 55	+43	94	40 38	+43	94	300
61	37 07	45	96	37 52	43	95	38 35	44	95	39 19	42	94	40 01	43	93	299
62	36 31	44	95	37 15	43	95	37 58	44	94	38 42	42	93	39 24	43	92	298
63	35 54	44	95	36 38	44	94	37 22	43	93	38 05	43	92	38 48	42	91	297
64	35 17	44	94	36 01	44	93	36 45	43	92	37 28	43	91	38 11	42	90	296
65	34 40	+44	93	35 24	+44	92	36 08	+43	91	36 51	+43	90	37 34	+42	90	295
66	34 03	44	92	34 47	44	91	35 31	43	90	36 14	43	90	36 57	42	89	294
67	33 26	44	91	34 10	44	91	34 54	43	90	35 37	43	89	36 20	42	88	293
68	32 49	44	91	33 33	44	90	34 17	43	89	35 00	43	88	35 43	42	87	292
69	32 13	43	90	32 56	44	89	33 40	43	88	34 23	43	87	35 06	43	86	291

Abb. 17 Die beiden Seiten aus der H. O. 249, Bd. III, für die Breite 52° und Deklination mit

LHA	15° Hc	d	Z	16° Hc	d	Z	17° Hc	d	Z	18° Hc	d	Z	19° Hc	d	Z
	° ′	′	°	° ′	′	°	° ′	′	°	° ′	′	°	° ′	′	°
70	24 02	+47	96	24 49	+46	96	25 35	+46	95	26 21	+45	94	27 06	+46	94
71	23 26	46	96	24 12	46	95	24 58	46	94	25 44	46	93	26 30	45	93
72	22 49	46	95	23 35	46	94	24 21	46	93	25 07	46	93	25 53	45	92
73	22 12	46	94	22 58	46	93	23 44	46	93	24 30	46	92	25 16	45	91
74	21 35	46	93	22 21	46	92	23 07	46	92	23 53	46	91	24 39	45	90
75	20 58	+46	92	21 44	+46	92	22 30	+46	91	23 16	+46	90	24 02	+45	90
76	20 21	46	92	21 07	46	91	21 53	46	90	22 39	46	89	23 25	45	89
77	19 44	47	91	20 31	46	90	21 17	45	89	22 02	46	89	22 48	45	88
78	19 07	47	90	19 54	46	89	20 40	45	89	21 25	46	88	22 11	46	87
79	18 30	47	89	19 17	46	89	20 03	46	88	20 49	45	87	21 34	46	86
80	17 54	+46	88	18 40	+46	88	19 26	+46	87	20 12	+45	86	20 57	+46	86
81	17 17	46	88	18 03	46	87	18 49	46	86	19 35	46	86	20 21	45	85
82	16 40	46	87	17 26	46	86	18 12	46	86	18 58	46	85	19 44	45	84
83	16 03	46	86	16 49	46	85	17 35	46	85	18 21	46	84	19 07	46	83
84	15 26	46	85	16 12	46	85	16 58	47	84	17 45	45	83	18 30	46	83
85	14 49	+47	85	15 36	+46	84	16 22	+46	83	17 08	+46	83	17 54	+46	82
86	14 13	46	84	14 59	46	83	15 45	46	82	16 31	46	82	17 17	46	81
87	13 36	46	83	14 22	47	82	15 09	46	82	15 55	46	81	16 41	46	80
88	12 59	47	82	13 46	46	82	14 32	46	81	15 18	46	80	16 04	46	80
89	12 23	46	81	13 09	47	81	13 56	46	80	14 42	46	79	15 28	46	79
90	11 46	+47	81	12 33	+46	80	13 19	+47	79	14 06	+46	79	14 52	+46	78
91	11 10	46	80	11 56	47	79	12 43	47	79	13 30	46	78	14 16	46	77
92	10 33	47	79	11 20	47	79	12 07	46	78	12 53	47	77	13 40	46	77
93	09 57	47	78	10 44	47	78	11 31	46	77	12 17	47	76	13 04	47	76
94	09 21	47	78	10 08	47	77	10 55	47	76	11 42	46	76	12 28	47	75
95	08 45	+47	77	09 32	+47	76	10 19	+47	76	11 06	+47	75	11 53	+46	74
96	08 09	47	76	08 56	47	75	09 43	47	75	10 30	47	74	11 17	47	74
97	07 33	48	75	08 21	47	75	09 08	47	74	09 55	47	73	10 42	47	73
98	06 58	47	75	07 45	47	74	08 32	47	73	09 19	48	73	10 07	47	72
99	06 22	48	74	07 10	47	73	07 57	47	73	08 44	48	72	09 32	47	71
100	05 47	+47	73	06 34	+48	72	07 22	+47	72	08 09	+48	71	08 57	+47	71
101	05 12	47	72	05 59	48	72	06 47	47	71	07 34	48	70	08 22	47	70
102	04 36	48	71	05 24	48	71	06 12	48	70	07 00	47	70	07 47	48	69
103	04 01	48	71	04 49	48	70	05 37	48	69	06 25	48	69	07 13	48	68
104	03 27	48	70	04 15	48	69	05 03	48	69	05 51	48	68	06 39	48	68
105	02 52	+48	69	03 40	+48	69	04 28	+49	68	05 17	+48	67	06 05	+48	67
106	02 18	48	68	03 06	48	68	03 54	49	67	04 43	48	67	05 31	48	66
107	01 43	49	68	02 32	48	67	03 20	49	66	04 09	48	66	04 57	49	65
108	01 09	49	67	01 58	49	66	02 47	48	66	03 35	49	65	04 24	48	64
109	00 36	48	66	01 24	49	65	02 13	49	65	03 02	49	64	03 51	48	64
110	00 02	+49	65	00 51	+49	65	01 40	+49	64	02 29	+49	63	03 18	+49	63
111	−0 32	50	64	00 18	49	64	01 07	49	63	01 56	49	63	02 45	49	62
112	−1 05	50	64	−0 15	49	63	00 34	49	62	01 23	49	62	02 12	50	61
113	−1 38	50	63	−0 48	49	62	00 01	50	62	00 51	49	61	01 40	49	61
114	−2 10	49	62	−1 21	50	61	−0 31	49	61	00 18	50	60	01 08	50	60
115	−2 43	+50	61	−1 53	+50	61	−1 03	+49	60	−0 14	+50	60	00 36	+50	59
116	−3 15	50	60	−2 25	50	60	−1 35	50	59	−0 45	50	59	00 05	50	58
117	−3 47	50	60	−2 57	50	59	−2 07	50	59	−1 17	50	58	−0 27	51	57
118	−4 19	50	59	−3 29	51	58	−2 38	50	58	−1 48	50	57	−0 58	51	57
119	−4 50	50	58	−4 00	51	57	−3 09	50	57	−2 19	51	56	−1 28	50	56
120	−5 22	+51	57	−4 31	+51	57	−3 40	+51	56	−2 49	+50	56	−1 59	+51	55
121	−5 52	50	56	−5 02	51	56	−4 11	51	55	−3 20	51	55	−2 29	51	54
122				−5 32	51	55	−4 41	51	54	−3 50	51	54	−2 59	52	53
123							−5 11	52	54	−4 19	51	53	−3 28	51	53
124							−5 40	51	53	−4 49	52	52	−3 57	51	52
125										−5 18	+52	51	−4 26	+52	51
126										−5 47	52	51	−4 55	52	50
127													−5 23	52	49
128													−5 51	53	48

LHA	20° Hc	d	Z	21° Hc	d	Z	22° Hc	d	Z	23° Hc	d	Z	24° Hc	d	Z
	° ′	′	°	° ′	′	°	° ′	′	°	° ′	′	°	° ′	′	°
70	27 52	+45	93	28 37	+45	92	29 22	+45	91	30 07	+44	91	30 51	+45	90
71	27 15	45	92	28 00	45	91	28 45	45	91	29 30	44	90	30 14	45	89
72	26 38	45	91	27 23	45	90	28 08	45	90	28 53	45	89	29 38	44	88
73	26 01	45	90	26 46	45	90	27 31	45	89	28 16	45	88	29 01	44	87
74	25 24	45	90	26 09	45	89	26 54	45	88	27 39	45	87	28 24	44	87
75	24 47	+46	89	25 33	+45	88	26 18	+44	87	27 02	+45	87	27 47	+44	86
76	24 10	46	88	24 56	45	87	25 41	44	87	26 25	45	86	27 10	44	85
77	23 33	46	87	24 19	45	87	25 04	45	86	25 49	44	85	26 33	45	84
78	22 57	45	87	23 42	45	86	24 27	45	85	25 12	45	84	25 57	44	84
79	22 20	45	86	23 05	45	85	23 50	45	84	24 35	45	84	25 20	44	83
80	21 43	+45	85	22 28	+45	84	23 13	+45	84	23 58	+45	83	24 43	+45	82
81	21 06	46	84	21 52	45	84	22 37	45	83	23 22	45	82	24 07	44	81
82	20 29	46	83	21 15	45	83	22 00	45	82	22 45	45	81	23 30	45	81
83	19 53	45	83	20 38	46	82	21 24	45	81	22 09	45	81	22 54	45	80
84	19 16	46	82	20 02	45	81	20 47	45	81	21 32	45	80	22 17	45	79
85	18 40	+45	81	19 25	+46	80	20 11	+45	80	20 56	+45	79	21 41	+45	78
86	18 03	46	80	18 49	45	80	19 34	46	79	20 20	45	78	21 05	45	78
87	17 27	46	80	18 13	45	79	18 58	46	78	19 44	45	78	20 29	45	77
88	16 50	46	79	17 36	46	78	18 22	46	78	19 08	45	77	19 53	45	76
89	16 14	46	78	17 00	46	77	17 46	46	77	18 32	45	76	19 17	46	75
90	15 38	+46	77	16 24	+46	77	17 10	+46	76	17 56	+46	75	18 42	+45	75
91	15 02	46	77	15 48	46	76	16 34	46	75	17 20	46	75	18 06	46	74
92	14 26	47	76	15 13	46	75	15 59	46	75	16 45	46	74	17 31	45	73
93	13 51	46	75	14 37	46	75	15 23	46	74	16 09	46	73	16 55	46	73
94	13 15	46	74	14 01	47	74	14 48	46	73	15 34	46	72	16 20	46	72
95	12 39	+47	74	13 26	+47	73	14 13	+46	72	14 59	+46	72	15 45	+46	71
96	12 04	47	73	12 51	46	72	13 37	47	72	14 24	46	71	15 10	47	70
97	11 29	47	72	12 16	46	72	13 02	47	71	13 49	47	70	14 36	46	70
98	10 54	47	71	11 41	47	71	12 28	46	70	13 14	47	70	14 01	47	69
99	10 19	47	71	11 06	47	70	11 53	47	69	12 40	47	69	13 27	47	68
100	09 44	+47	70	10 31	+47	69	11 18	+48	69	12 06	+47	68	12 53	+47	67
101	09 09	48	69	09 57	47	69	10 44	47	68	11 31	48	67	12 19	47	67
102	08 35	48	68	09 23	47	68	10 10	47	67	10 57	48	67	11 45	47	66
103	08 01	47	68	08 48	48	67	09 36	48	66	10 24	47	66	11 11	48	65
104	07 27	48	67	08 15	47	66	09 02	48	66	09 50	48	65	10 38	47	64
105	06 53	+48	66	07 41	+48	66	08 29	+48	65	09 17	+48	64	10 05	+47	64
106	06 19	48	65	07 07	48	65	07 55	49	64	08 44	48	64	09 32	48	63
107	05 46	48	65	06 34	48	64	07 22	49	63	08 11	48	63	08 59	48	62
108	05 12	49	64	06 01	48	63	06 49	49	63	07 38	48	62	08 26	49	61
109	04 39	49	63	05 28	49	63	06 17	48	62	07 05	49	61	07 54	48	61
110	04 07	+48	62	04 55	+49	62	05 44	+49	61	06 33	+49	61	07 22	+49	60
111	03 34	49	62	04 23	49	61	05 12	49	60	06 01	49	60	06 50	49	59
112	03 02	49	61	03 51	49	60	04 40	49	60	05 29	49	59	06 18	49	58
113	02 29	50	60	03 19	49	59	04 08	50	59	04 58	49	58	05 47	49	58
114	01 58	49	59	02 47	50	59	03 37	49	58	04 26	50	58	05 16	49	57
115	01 26	+50	58	02 16	+50	58	03 06	+49	57	03 55	+50	57	04 45	+50	56
116	00 55	50	58	01 45	50	57	02 35	50	57	03 25	49	56	04 14	50	55
117	00 24	50	57	01 14	50	56	02 04	50	56	02 54	50	55	03 44	50	55
118	−0 07	50	56	00 43	51	56	01 34	50	55	02 24	50	54	03 14	51	54
119	−0 38	51	55	00 13	50	55	01 03	51	54	01 54	51	54	02 45	50	53
120	−1 08	+51	54	−0 17	+51	54	00 34	+50	53	01 24	+51	53	02 15	+51	52
121	−1 38	51	54	−0 47	51	53	00 04	51	53	00 55	51	52	01 46	51	52
122	−2 07	51	53	−1 16	51	52	−0 25	51	52	00 26	51	51	01 17	51	51
123	−2 37	52	52	−1 45	51	52	−0 54	51	51	−0 03	52	51	00 49	51	50
124	−3 06	52	51	−2 14	51	51	−1 23	52	50	−0 31	52	50	00 21	51	49
125	−3 34	+51	50	−2 43	+52	50	−1 51	+52	49	−0 59	+52	49	−0 07	+52	48
126	−4 03	52	50	−3 11	52	49	−2 19	52	49	−1 27	52	48	−0 35	52	48
127	−4 31	53	49	−3 38	52	48	−2 46	52	48	−1 54	52	47	−1 02	52	47
128	−4 58	52	48	−4 06	53	48	−3 13	52	47	−2 21	52	47	−1 29	53	46
129	−5 26	53	47	−4 33	53	47	−3 40	52	46	−2 48	53	46	−1 55	53	45
130	−5 53	+53	46	−5 00	+53	46	−4 07	+53	45	−3 14	+53	45	−2 21	+53	44
131				−5 26	53	45	−4 33	53	45	−3 40	53	44	−2 47	53	44
132				−5 52	53	44	−4 59	54	44	−4 05	53	43	−3 12	53	43
133							−5 24	54	43	−4 30	53	42	−3 37	54	42
134							−5 49	54	42	−4 55	54	42	−4 01	53	41
135										−5 20	+54	41	−4 26	+54	40
136										−5 44	55	40	−4 49	54	40
137													−5 13	55	39
138													−5 36	55	38

LHA	25° Hc	d	Z	26° Hc	d	Z	27° Hc	d	Z	28° Hc	d	Z	29° Hc	d	Z	LHA
	° ′	′	°	° ′	′	°	° ′	′	°	° ′	′	°	° ′	′	°	
70	31 36	+43	89	32 19	+44	88	33 03	+43	87	33 46	+43	87	34 29	+43	86	290
71	30 59	44	88	31 43	43	87	32 26	43	87	33 09	43	86	33 52	43	85	289
72	30 22	44	87	31 06	43	87	31 49	44	86	32 33	43	85	33 16	42	84	288
73	29 45	44	87	30 29	43	86	31 12	44	85	31 56	43	84	32 39	43	83	287
74	29 08	44	86	29 52	44	85	30 36	43	84	31 19	43	84	32 02	43	83	286
75	28 31	+44	85	29 15	+44	84	29 59	+43	84	30 42	+44	83	31 26	+42	82	285
76	27 54	44	84	28 38	44	84	29 22	44	83	30 06	43	82	30 49	43	81	284
77	27 18	44	84	28 02	44	83	28 46	43	82	29 29	44	81	30 13	43	80	283
78	26 41	44	83	27 25	44	82	28 09	44	81	28 53	43	81	29 36	43	80	282
79	26 04	45	82	26 49	44	81	27 33	43	81	28 16	44	80	29 00	43	79	281
80	25 28	+44	81	26 12	+44	81	26 56	+44	80	27 40	+44	79	28 24	+43	78	280
81	24 51	45	81	25 36	44	80	26 20	44	79	27 04	44	78	27 48	43	78	279
82	24 15	44	80	24 59	45	79	25 44	44	78	26 28	44	78	27 12	43	77	278
83	23 39	44	79	24 23	45	78	25 08	44	78	25 52	44	77	26 36	43	76	277
84	23 02	45	78	23 47	45	78	24 32	44	77	25 16	44	76	26 00	44	75	276
85	22 26	+45	78	23 11	+45	77	23 56	+44	76	24 40	+44	75	25 24	+44	75	275
86	21 50	45	77	22 35	45	76	23 20	44	76	24 04	45	75	24 49	44	74	274
87	21 14	45	76	21 59	45	76	22 44	45	75	23 29	44	74	24 13	44	73	273
88	20 38	46	75	21 24	45	75	22 09	44	74	22 53	45	73	23 38	44	73	272
89	20 03	45	75	20 48	45	74	21 33	45	73	22 18	45	73	23 03	44	72	271
90	19 27	+46	74	20 13	+45	73	20 58	+45	73	21 43	+45	72	22 28	+44	71	270
91	18 52	45	73	19 37	46	73	20 23	45	72	21 08	45	71	21 53	45	71	269
92	18 16	46	73	19 02	46	72	19 48	45	71	20 33	45	71	21 18	45	70	268
93	17 41	46	72	18 27	46	71	19 13	45	70	19 58	45	70	20 43	46	69	267
94	17 06	46	71	17 52	46	70	18 38	46	70	19 24	45	69	20 09	45	68	266
95	16 31	+46	70	17 17	+46	70	18 03	+46	69	18 49	+46	68	19 35	+45	68	265
96	15 57	46	70	16 43	46	69	17 29	46	68	18 15	46	68	19 01	45	67	264
97	15 22	47	69	16 09	46	68	16 55	46	68	17 41	46	67	18 27	46	66	263
98	14 48	46	68	15 34	47	68	16 21	46	67	17 07	46	66	17 53	46	66	262
99	14 14	46	67	15 00	47	67	15 47	46	66	16 33	47	66	17 20	46	65	261
100	13 40	+46	67	14 26	+47	66	15 13	+47	65	16 00	+46	65	16 46	+47	64	260
101	13 06	47	66	13 53	47	65	14 40	46	65	15 26	47	64	16 13	47	63	259
102	12 32	47	65	13 19	47	65	14 06	47	64	14 53	47	63	15 40	47	63	258
103	11 59	47	65	12 46	47	64	13 33	47	63	14 20	47	63	15 07	47	62	257
104	11 25	48	64	12 13	47	63	13 00	48	63	13 48	47	62	14 35	47	61	256
105	10 52	+48	63	11 40	+48	62	12 28	+47	62	13 15	+48	61	14 03	+47	61	255
106	10 20	47	62	11 07	48	62	11 55	48	61	12 43	48	61	13 31	47	60	254
107	09 47	48	62	10 35	48	61	11 23	48	60	12 11	48	60	12 59	48	59	253
108	09 15	48	61	10 03	48	60	10 51	48	60	11 39	48	59	12 27	48	58	252
109	08 42	49	60	09 31	48	60	10 19	49	59	11 08	48	58	11 56	48	58	251
110	08 11	+48	59	08 59	+49	59	09 48	+48	58	10 36	+49	58	11 25	+48	57	250
111	07 39	49	59	08 28	49	58	09 17	48	57	10 05	49	57	10 54	49	56	249
112	07 07	50	58	07 57	49	57	08 46	48	57	09 34	49	56	10 23	49	56	248
113	06 36	50	57	07 26	49	57	08 15	49	56	09 04	49	55	09 53	49	55	247
114	06 05	50	56	06 55	49	56	07 44	50	55	08 34	49	55	09 23	49	54	246
115	05 35	+49	56	06 24	+50	55	07 14	+50	55	08 04	+49	54	08 53	+50	53	245
116	05 04	50	55	05 54	50	54	06 44	50	54	07 34	50	53	08 24	49	53	244
117	04 34	50	54	05 24	51	54	06 15	50	53	07 05	50	52	07 55	49	52	243
118	04 05	50	53	04 55	50	53	05 45	50	52	06 35	51	52	07 26	50	51	242
119	03 35	51	53	04 26	50	52	05 16	51	52	06 07	50	51	06 57	50	50	241
120	03 06	+51	52	03 57	+50	51	04 47	+51	51	05 38	+51	50	06 29	+50	50	240
121	02 37	51	51	03 28	51	51	04 19	51	50	05 10	51	50	06 01	50	49	239
122	02 08	52	50	03 00	51	50	03 51	51	49	04 42	51	49	05 33	51	48	238
123	01 40	52	49	02 32	51	49	03 23	51	48	04 14	52	48	05 06	51	47	237
124	01 12	52	49	02 04	51	48	02 55	52	48	03 47	52	47	04 39	51	47	236
125	00 45	+51	48	01 36	+52	47	02 28	+52	47	03 20	+52	46	04 12	+52	46	235
126	00 17	52	47	01 09	52	47	02 01	52	46	02 53	52	46	03 45	52	45	234
127	−0 10	53	46	00 43	52	46	01 35	52	45	02 27	52	45	03 19	52	44	233
128	−0 36	52	46	00 16	53	45	01 09	52	45	02 01	53	44	02 54	52	44	232
129	−1 02	52	45	−0 10	53	44	00 43	53	44	01 36	52	43	02 28	53	43	231
130	−1 28	+53	44	−0 35	+53	44	00 18	+53	43	01 11	+52	43	02 03	+53	42	230
131	−1 54	54	43	−1 00	53	43	−0 07	53	42	00 46	53	42	01 39	53	41	229
132	−2 19	54	42	−1 25	53	42	−0 32	53	41	00 21	54	41	01 15	53	41	228
133	−2 43	53	42	−1 50	54	41	−0 56	53	41	−0 03	54	40	00 51	53	40	227
134	−3 08	54	41	−2 14	54	40	−1 20	54	40	−0 26	53	39	00 27	54	39	226
135	−3 32	+54	40	−2 38	+54	40	−1 44	+54	39	−0 50	+54	39	00 04	+54	38	225
136	−3 55	54	39	−3 01	54	39	−2 07	55	38	−1 12	54	38	−0 18	54	37	224
137	−4 18	54	38	−3 24	55	38	−2 29	54	37	−1 35	55	37	−0 40	54	37	223
138	−4 41	55	37	−3 46	54	37	−2 52	55	37	−1 57	55	36	−1 02	54	36	222
139	−5 03	55	37	−4 08	55	36	−3 13	54	36	−2 19	55	35	−1 24	55	35	221

S. Lat. {LHA greater than 180°……Zn=180−Z; LHA less than 180°……Zn=180+Z}

DECLINATION (15°-29°) SAME NAME AS LATITUDE

LAT 52°

gleichem Vorzeichen wie Breite.

LHA ♈	Hc Zn	Hc Zn	Hc Zn	Hc Zn	Hc Zn	Hc Zn	Hc Zn
	DENEB	*VEGA	ARCTURUS	*SPICA	REGULUS	POLLUX	*CAPELLA
180	16 13 034	24 44 058	48 09 129	24 28 157	44 03 220	37 27 269	28 49 309
181	16 34 035	25 15 059	48 38 130	24 42 158	43 39 221	36 50 270	28 21 310
182	16 55 035	25 47 059	49 06 131	24 55 159	43 14 223	36 13 271	27 52 310
183	17 17 036	26 19 060	49 34 132	25 08 161	42 49 224	35 36 271	27 24 311
184	17 39 037	26 51 061	50 01 134	25 20 162	42 23 225	35 00 272	26 56 311
185	18 01 037	27 23 061	50 27 135	25 31 163	41 57 226	34 23 273	26 29 312
186	18 24 038	27 56 062	50 53 136	25 42 164	41 30 227	33 46 274	26 01 312
187	18 46 039	28 28 062	51 18 138	25 52 165	41 03 229	33 09 274	25 34 313
188	19 10 039	29 01 063	51 43 139	26 01 166	40 35 230	32 32 275	25 07 314
189	19 33 040	29 34 064	52 07 140	26 10 167	40 06 231	31 55 276	24 41 314
190	19 57 040	30 07 064	52 30 142	26 18 168	39 37 232	31 19 277	24 14 315
191	20 21 041	30 41 065	52 53 143	26 25 169	39 08 233	30 42 277	23 48 315
192	20 46 042	31 14 066	53 15 145	26 32 170	38 38 234	30 05 278	23 22 316
193	21 10 042	31 48 066	53 36 146	26 38 171	38 08 235	29 29 279	22 57 317
194	21 35 043	32 22 067	53 56 148	26 43 172	37 38 236	28 52 280	22 32 317
	*DENEB	VEGA	Rasalhague	*ARCTURUS	REGULUS	*POLLUX	CAPELLA
195	22 01 044	32 56 068	23 08 099	54 15 149	37 07 237	28 16 280	22 07 318
196	22 26 044	33 30 068	23 45 100	54 34 151	36 36 238	27 40 281	21 42 318
197	22 52 045	34 04 069	24 21 101	54 52 152	36 04 239	27 04 282	21 18 319
198	23 18 045	34 39 069	24 57 102	55 08 154	35 32 240	26 27 283	20 54 320
199	23 45 046	35 14 070	25 33 103	55 24 155	35 00 241	25 51 283	20 30 320
200	24 11 047	35 48 071	26 09 104	55 39 157	34 27 242	25 16 284	20 06 321
201	24 38 047	36 23 071	26 45 104	55 53 159	33 54 243	24 40 285	19 43 321
202	25 05 048	36 58 072	27 21 105	56 06 160	33 21 244	24 04 285	19 20 322
203	25 33 048	37 34 073	27 57 106	56 18 162	32 48 245	23 29 286	18 58 323
204	26 01 049	38 09 073	28 32 107	56 29 163	32 14 246	22 53 287	18 35 323
205	26 28 049	38 44 074	29 07 108	56 39 165	31 40 247	22 18 288	18 13 324
206	26 57 050	39 20 075	29 42 109	56 48 167	31 06 248	21 43 288	17 52 325
207	27 25 051	39 56 075	30 17 110	56 56 169	30 32 249	21 08 289	17 31 325
208	27 54 051	40 31 076	30 52 111	57 03 170	29 57 250	20 33 290	17 10 326
209	28 23 052	41 07 077	31 26 112	57 09 172	29 22 251	19 58 290	16 49 326
	*DENEB	VEGA	Rasalhague	*ARCTURUS	REGULUS	*POLLUX	CAPELLA
210	28 52 052	41 43 077	32 00 113	57 13 174	28 48 252	19 24 291	16 29 327
211	29 21 053	42 19 078	32 34 113	57 17 176	28 12 253	18 49 292	16 09 328
212	29 51 054	42 55 079	33 08 114	57 19 177	27 37 253	18 15 293	15 49 328
213	30 21 054	43 32 079	33 42 115	57 20 179	27 02 254	17 41 293	15 30 329
214	30 51 055	44 08 080	34 15 116	57 20 181	26 26 255	17 07 294	15 11 330
215	31 21 055	44 44 081	34 48 117	57 19 182	25 50 256	16 34 295	14 53 330
216	31 52 056	45 21 081	35 21 118	57 17 184	25 14 257	16 00 295	14 35 331
217	32 22 056	45 57 082	35 53 119	57 14 186	24 38 258	15 27 296	14 17 332
218	32 53 057	46 34 083	36 25 120	57 09 188	24 02 259	14 54 297	13 59 332
219	33 24 058	47 11 083	36 57 121	57 04 189	23 26 259	14 21 298	13 42 333
220	33 56 058	47 47 084	37 28 122	56 57 191	22 49 260	13 48 298	13 26 334
221	34 27 059	48 24 085	37 59 123	56 49 193	22 13 261	13 16 299	13 09 334
222	34 59 059	49 01 086	38 30 124	56 41 195	21 36 262	12 44 300	12 53 335
223	35 31 060	49 38 086	39 00 126	56 31 196	21 00 263	12 12 300	12 38 335
224	36 03 060	50 15 087	39 30 127	56 20 198	20 23 264	11 40 301	12 23 336
	Schedar	*DENEB	VEGA	Rasalhague	*ARCTURUS	Denebola	*Dubhe
225	22 12 020	36 35 061	50 52 088	39 59 128	56 08 200	36 44 244	57 22 311
226	22 25 021	37 07 062	51 29 089	40 28 129	55 55 201	36 10 245	56 55 311
227	22 38 021	37 40 062	52 06 089	40 57 130	55 41 203	35 37 246	56 27 312
228	22 52 022	38 13 063	52 42 090	41 25 131	55 26 204	35 03 247	55 59 312
229	23 06 022	38 45 063	53 19 091	41 53 132	55 11 206	34 29 248	55 32 312
230	23 20 023	39 18 064	53 56 092	42 20 133	54 54 208	33 54 249	55 04 312
231	23 35 024	39 52 064	54 33 093	42 46 135	54 36 209	33 20 250	54 37 312
232	23 50 024	40 25 065	55 10 093	43 12 136	54 18 211	32 45 251	54 10 312
233	24 05 025	40 59 066	55 47 094	43 38 137	53 59 212	32 10 252	53 42 313
234	24 20 025	41 32 066	56 24 095	44 03 138	53 39 214	31 35 252	53 15 313
235	24 36 026	42 06 067	57 01 096	44 27 139	53 18 215	31 00 253	52 48 313
236	24 52 026	42 40 067	57 37 097	44 51 141	52 56 217	30 24 254	52 21 313
237	25 09 027	43 14 068	58 14 098	45 14 142	52 34 218	29 49 255	51 55 314
238	25 26 027	43 49 068	58 50 099	45 36 143	52 10 220	29 13 256	51 28 314
239	25 43 028	44 23 069	59 27 100	45 58 145	51 47 221	28 37 257	51 01 314
	*Schedar	DENEB	VEGA	*Rasalhague	ARCTURUS	*Denebola	Dubhe
240	26 00 028	44 58 070	60 03 101	46 19 146	51 22 222	28 01 258	50 35 314
241	26 18 029	45 32 070	60 40 102	46 39 147	50 57 224	27 25 259	50 09 315
242	26 36 029	46 07 071	61 16 103	46 59 149	50 31 225	26 49 259	49 42 315
243	26 54 030	46 42 071	61 52 104	47 18 150	50 05 226	26 12 260	49 16 315
244	27 12 030	47 17 072	62 27 105	47 36 151	49 38 228	25 36 261	48 50 315
245	27 31 031	47 52 072	63 03 106	47 53 153	49 10 229	24 59 262	48 25 316
246	27 50 031	48 27 073	63 38 107	48 10 154	48 42 230	24 23 263	47 59 316
247	28 10 032	49 03 074	64 14 108	48 26 155	48 14 231	23 46 264	47 33 316
248	28 29 032	49 38 074	64 49 109	48 41 157	47 44 232	23 09 264	47 08 317
249	28 49 033	50 14 075	65 23 111	48 55 158	47 15 234	22 32 265	46 43 317
250	29 10 033	50 50 075	65 58 112	49 08 160	46 45 235	21 56 266	46 17 317
251	29 30 034	51 25 076	66 32 113	49 20 161	46 15 236	21 19 267	45 52 318
252	29 51 034	52 01 077	67 06 115	49 32 163	45 44 237	20 42 268	45 28 318
253	30 12 035	52 37 077	67 39 116	49 42 164	45 12 238	20 05 268	45 03 318
254	30 33 035	53 13 078	68 12 118	49 52 166	44 41 239	19 28 269	44 38 319
	*Schedar	DENEB	ALTAIR	*Rasalhague	ARCTURUS	*Alkaid	Kochab
255	30 55 036	53 49 078	34 46 126	50 00 167	44 09 240	59 49 285	64 06 341
256	31 16 036	54 26 079	35 16 127	50 08 169	43 37 242	59 14 285	63 53 340
257	31 38 037	55 02 080	35 45 128	50 15 170	43 04 243	58 38 286	63 41 340
258	32 01 037	55 38 080	36 14 129	50 21 172	42 31 244	58 03 286	63 28 339
259	32 23 038	56 15 081	36 42 130	50 25 173	41 58 245	57 27 287	63 15 339
260	32 46 038	56 51 082	37 10 131	50 29 175	41 24 246	56 52 287	63 02 339
261	33 09 039	57 28 082	37 38 132	50 32 176	40 50 247	56 17 288	62 48 338
262	33 32 039	58 04 083	38 05 133	50 34 178	40 16 248	55 42 288	62 34 338
263	33 56 040	58 41 084	38 31 135	50 35 179	39 42 249	55 07 289	62 21 338
264	34 20 040	59 18 084	38 57 136	50 35 181	39 08 250	54 32 289	62 07 338
265	34 44 041	59 55 085	39 23 137	50 34 182	38 33 251	53 57 290	61 52 337
266	35 08 041	60 31 086	39 48 138	50 31 184	37 58 252	53 22 290	61 38 337
267	35 32 042	61 08 086	40 12 139	50 28 186	37 23 252	52 48 291	61 23 337
268	35 57 042	61 45 087	40 36 140	50 24 187	36 47 253	52 13 291	61 09 336
269	36 22 043	62 22 088	41 00 142	50 19 189	36 12 254	51 39 292	60 54 336

LHA ♈	Hc Zn	Hc Zn	Hc Zn	Hc Zn	Hc Zn	Hc Zn	Hc Zn
	*Mirfak	Alpheratz	*ALTAIR	Rasalhague	*ARCTURUS	Alkaid	Kochab
270	17 07 025	21 25 070	41 22 143	50 13 190	35 36 255	51 05 292	60 39 336
271	17 23 026	21 59 071	41 44 144	50 06 192	35 00 256	50 30 293	60 24 336
272	17 40 027	22 34 071	42 06 145	49 58 193	34 25 257	49 56 293	60 09 336
273	17 56 027	23 10 072	42 26 147	49 49 195	33 49 258	49 23 294	59 53 335
274	18 14 028	23 45 073	42 46 148	49 40 196	33 12 259	48 49 294	59 38 335
275	18 31 029	24 20 074	43 06 149	49 29 198	32 36 260	48 15 295	59 23 335
276	18 49 029	24 56 074	43 24 150	49 17 199	32 00 260	47 42 295	59 07 335
277	19 07 030	25 31 075	43 42 152	49 05 201	31 23 261	47 08 296	58 51 335
278	19 25 030	26 07 076	43 59 153	48 51 202	30 47 262	46 35 296	58 36 335
279	19 44 031	26 43 076	44 16 154	48 37 203	30 10 263	46 02 297	58 20 335
280	20 03 032	27 19 077	44 31 156	48 22 205	29 33 264	45 29 297	58 04 334
281	20 23 032	27 55 078	44 46 157	48 06 206	28 57 265	44 57 298	57 48 334
282	20 43 033	28 31 079	45 00 158	47 49 208	28 20 265	44 24 298	57 32 334
283	21 03 033	29 07 079	45 14 160	47 32 209	27 43 266	43 52 299	57 16 334
284	21 23 034	29 44 080	45 26 161	47 14 210	27 06 267	43 19 299	57 00 334
	*Mirfak	Alpheratz	*ALTAIR	Rasalhague	*ARCTURUS	Alkaid	Kochab
285	21 44 034	30 20 081	45 38 162	46 55 212	26 29 268	42 47 300	56 44 334
286	22 05 035	30 56 081	45 48 164	46 35 213	25 52 269	42 15 300	56 27 334
287	22 26 036	31 33 082	45 58 165	46 14 214	25 15 269	41 43 301	56 11 334
288	22 48 036	32 10 083	46 07 167	45 53 216	24 38 270	41 12 301	55 55 334
289	23 10 037	32 46 084	46 15 168	45 31 217	24 01 271	40 40 302	55 39 334
290	23 32 037	33 23 084	46 22 169	45 08 218	23 24 272	40 09 302	55 23 334
291	23 55 038	34 00 085	46 29 171	44 45 220	22 48 273	39 38 303	55 06 334
292	24 18 039	34 37 086	46 34 172	44 21 221	22 11 273	39 07 303	54 50 334
293	24 41 039	35 14 087	46 39 174	43 57 222	21 34 274	38 36 304	54 34 334
294	25 04 040	35 50 087	46 42 175	43 32 223	20 57 275	38 06 304	54 18 334
295	25 28 040	36 27 088	46 45 177	43 06 224	20 20 276	37 35 305	54 01 334
296	25 52 041	37 04 089	46 46 178	42 40 226	19 43 276	37 05 305	53 45 334
297	26 16 041	37 41 090	46 47 180	42 13 227	19 07 277	36 35 306	53 29 334
298	26 41 042	38 18 091	46 47 181	41 46 228	18 30 278	36 05 306	53 13 334
299	27 06 042	38 55 091	46 46 182	41 19 229	17 54 279	35 36 307	52 57 334
	*CAPELLA	Alpheratz	*Enif	ALTAIR	Rasalhague	*Alphecca	Alioth
300	14 13 028	39 32 092	42 51 144	46 44 184	40 50 230	34 59 270	33 42 320
301	14 30 029	40 09 093	43 12 146	46 41 185	40 22 231	34 22 271	33 19 321
302	14 48 030	40 46 094	43 33 147	46 37 187	39 53 233	33 45 271	32 55 321
303	15 07 030	41 23 095	43 53 148	46 32 188	39 23 234	33 08 272	32 32 322
304	15 26 031	41 59 095	44 12 149	46 27 190	38 53 235	32 31 273	32 09 322
305	15 45 032	42 36 096	44 30 151	46 20 191	38 23 236	31 54 274	31 47 323
306	16 04 032	43 13 097	44 48 152	46 13 192	37 52 237	31 17 275	31 24 323
307	16 24 033	43 49 098	45 05 153	46 04 194	37 21 238	30 41 275	31 02 323
308	16 44 033	44 26 099	45 21 155	45 55 195	36 49 239	30 04 276	30 40 324
309	17 05 034	45 02 100	45 36 156	45 45 197	36 18 240	29 27 277	30 19 324
310	17 26 035	45 39 101	45 51 158	45 34 198	35 46 241	28 50 278	29 58 325
311	17 47 035	46 15 102	46 05 159	45 22 199	35 13 242	28 14 278	29 36 325
312	18 08 036	46 51 103	46 17 160	45 09 201	34 40 243	27 37 279	29 16 326
313	18 30 037	47 27 103	46 29 162	44 56 202	34 07 244	27 01 280	28 55 326
314	18 52 037	48 03 104	46 41 163	44 41 204	33 34 245	26 25 281	28 35 327
	CAPELLA	*Hamal	Alpheratz	Enif	*ALTAIR	VEGA	*Alioth
315	19 15 038	26 26 085	48 39 105	46 51 165	44 26 205	61 50 256	28 15 327
316	19 38 038	27 03 086	49 14 106	47 00 166	44 10 206	61 14 257	27 55 328
317	20 01 039	27 40 087	49 50 107	47 09 167	43 54 207	60 38 258	27 36 328
318	20 24 040	28 17 088	50 25 108	47 17 169	43 36 209	60 02 259	27 17 329
319	20 48 040	28 54 088	51 00 109	47 23 170	43 18 210	59 26 260	26 58 330
320	21 12 041	29 31 089	51 34 110	47 29 172	42 59 211	58 49 261	26 39 330
321	21 36 041	30 08 090	52 09 112	47 34 173	42 40 213	58 12 262	26 21 331
322	22 01 042	30 44 091	52 43 113	47 38 175	42 19 214	57 36 263	26 03 331
323	22 26 043	31 21 092	53 17 114	47 41 176	41 58 215	56 59 264	25 45 332
324	22 51 043	31 58 092	53 51 115	47 43 178	41 37 216	56 22 265	25 28 332
325	23 16 044	32 35 093	54 24 116	47 44 179	41 15 218	55 46 266	25 11 333
326	23 42 044	33 12 094	54 57 117	47 44 180	40 52 219	55 09 267	24 54 333
327	24 08 045	33 49 095	55 30 118	47 43 182	40 28 220	54 32 267	24 37 334
328	24 34 046	34 26 096	56 02 120	47 42 183	40 04 221	53 55 268	24 21 334
329	25 01 046	35 02 096	56 34 121	47 39 185	39 40 222	53 18 269	24 05 335
	CAPELLA	*Hamal	Alpheratz	Enif	*ALTAIR	VEGA	*Alioth
330	25 28 047	35 39 097	57 06 122	47 35 186	39 14 224	52 41 270	23 50 335
331	25 55 047	36 16 098	57 37 123	47 31 188	38 49 225	52 04 271	23 34 336
332	26 22 048	36 52 099	58 07 125	47 25 189	38 22 226	51 27 271	23 19 336
333	26 50 049	37 29 100	58 37 126	47 19 191	37 56 227	50 50 272	23 05 33
334	27 18 049	38 05 101	59 07 128	47 12 192	37 28 228	50 13 273	22 51 33
335	27 46 050	38 41 102	59 36 129	47 04 194	37 01 229	49 36 274	22 37 33
336	28 14 050	39 17 102	60 04 130	46 54 195	36 33 230	49 00 274	22 23 33
337	28 43 051	39 53 103	60 32 132	46 44 196	36 04 231	48 23 275	22 10 33
338	29 11 051	40 29 104	60 59 133	46 34 198	35 35 232	47 46 276	21 57 34
339	29 40 052	41 05 105	61 26 135	46 22 199	35 05 233	47 09 277	21 44 34
340	30 10 053	41 41 106	61 51 137	46 09 201	34 36 234	46 33 277	21 32 34
341	30 39 053	42 16 107	62 16 138	45 56 202	34 05 235	45 56 278	21 20 34
342	31 09 054	42 51 108	62 41 140	45 42 203	33 35 237	45 19 279	21 08 34
343	31 39 054	43 26 109	63 04 142	45 27 205	33 04 238	44 43 279	20 57 34
344	32 09 055	44 01 110	63 26 143	45 11 206	32 32 239	44 07 280	20 46 34
	*CAPELLA	ALDEBARAN	*Diphda	Enif	ALTAIR	*VEGA	Alioth
345	32 39 055	16 50 085	16 24 155	44 54 207	32 01 240	43 30 281	20 36 34
346	33 10 056	17 26 085	16 40 156	44 37 209	31 29 240	42 54 281	20 25 34
347	33 40 057	18 03 086	16 55 157	44 19 210	30 56 241	42 18 282	20 15 34
348	34 11 057	18 40 087	17 09 158	44 00 211	30 24 242	41 42 283	20 06 34
349	34 43 058	19 17 088	17 23 159	43 40 213	29 51 243	41 06 283	19 57 34
350	35 14 058	19 54 089	17 36 160	43 20 214	29 18 244	40 30 284	19 48 34
351	35 45 059	20 31 089	17 49 161	42 59 215	28 44 245	39 54 285	19 40 34
352	36 17 059	21 08 090	18 01 161	42 37 216	28 11 246	39 19 285	19 32 34
353	36 49 060	21 45 091	18 12 162	42 15 218	27 37 247	38 43 286	19 24 34
354	37 21 061	22 22 092	18 23 163	41 52 219	27 03 248	38 08 287	19 16 34
355	37 53 061	22 59 092	18 33 164	41 29 220	26 28 249	37 32 287	19 09 34
356	38 26 062	23 36 093	18 43 165	41 05 221	25 54 250	36 57 288	19 03 35
357	38 58 062	24 12 094	18 52 166	40 40 222	25 19 251	36 22 289	18 57 35
358	39 31 063	24 49 095	19 00 167	40 15 224	24 44 252	35 47 289	18 51 35
359	40 04 063	25 26 096	19 08 168	39 49 225	24 09 252	35 12 290	18 45 35

Abb. 18 Seite aus H. O. 249, Bd. I, zur Lösung des Beispiels für die Beobachtung des Sternes Schedar.

TABLE 4.—Correction to Tabulated Altitude for Minutes of Declination

d / ′	1	2	3	4	5	6	7	8	9	10	11	12	13	14	15	16	17	18	19	20	21	22	23	24	25	26	27	28	29	30	31	32	33	34	35	36	37	38	39	40	41	42	43	44	45	46	47	48	49	50	51	52	53	54	55	56	57	58	59	60	d / ′
0	0	0	0	0	0	0	0	0	0	0	0	0	0	0	0	0	0	0	0	0	0	0	0	0	0	0	0	0	0	0	0	0	0	0	0	0	0	0	0	0	0	0	0	0	0	0	0	0	0	0	0	0	0	0	0	0	0	0	0	0	0
1	0	0	0	0	0	0	0	0	0	0	0	0	0	0	0	0	0	0	0	0	0	0	0	0	0	0	0	0	0	0	1	1	1	1	1	1	1	1	1	1	1	1	1	1	1	1	1	1	1	1	1	1	1	1	1	1	1	1	1	1	1
2	0	0	0	0	0	0	0	0	0	0	0	0	0	0	0	1	1	1	1	1	1	1	1	1	1	1	1	1	1	1	1	1	1	1	1	1	1	1	1	1	1	1	1	1	2	2	2	2	2	2	2	2	2	2	2	2	2	2	2	2	2
3	0	0	0	0	0	0	0	0	0	0	1	1	1	1	1	1	1	1	1	1	1	1	1	1	1	1	1	1	1	2	2	2	2	2	2	2	2	2	2	2	2	2	2	2	2	2	2	2	2	2	3	3	3	3	3	3	3	3	3	3	3
4	0	0	0	0	0	0	0	1	1	1	1	1	1	1	1	1	1	1	1	1	1	1	2	2	2	2	2	2	2	2	2	2	2	2	2	2	2	3	3	3	3	3	3	3	3	3	3	3	3	3	3	3	4	4	4	4	4	4	4	4	4
5	0	0	0	0	0	0	1	1	1	1	1	1	1	1	1	1	1	2	2	2	2	2	2	2	2	2	2	2	2	2	3	3	3	3	3	3	3	3	3	3	3	4	4	4	4	4	4	4	4	4	4	4	4	4	5	5	5	5	5	5	5
6	0	0	0	0	0	1	1	1	1	1	1	1	1	1	2	2	2	2	2	2	2	2	2	2	2	3	3	3	3	3	3	3	3	3	4	4	4	4	4	4	4	4	4	4	4	5	5	5	5	5	5	5	5	5	6	6	6	6	6	6	6
7	0	0	0	0	1	1	1	1	1	1	1	1	2	2	2	2	2	2	2	2	2	3	3	3	3	3	3	3	3	4	4	4	4	4	4	4	4	4	5	5	5	5	5	5	5	5	5	6	6	6	6	6	6	6	6	7	7	7	7	7	7
8	0	0	0	1	1	1	1	1	1	1	1	2	2	2	2	2	2	2	3	3	3	3	3	3	3	3	4	4	4	4	4	4	4	5	5	5	5	5	5	5	5	6	6	6	6	6	6	6	7	7	7	7	7	7	7	7	8	8	8	8	8
9	0	0	0	1	1	1	1	1	1	2	2	2	2	2	2	2	3	3	3	3	3	3	3	4	4	4	4	4	4	4	5	5	5	5	5	5	6	6	6	6	6	6	6	7	7	7	7	7	7	8	8	8	8	8	8	8	9	9	9	9	9
10	0	0	0	1	1	1	1	1	2	2	2	2	2	2	2	3	3	3	3	3	4	4	4	4	4	4	4	5	5	5	5	5	6	6	6	6	6	6	6	7	7	7	7	7	8	8	8	8	8	8	8	9	9	9	9	9	10	10	10	10	10
11	0	0	1	1	1	1	1	1	2	2	2	2	2	3	3	3	3	3	3	4	4	4	4	4	5	5	5	5	5	6	6	6	6	6	6	7	7	7	7	7	8	8	8	8	8	8	9	9	9	9	9	10	10	10	10	10	10	11	11	11	11
12	0	0	1	1	1	1	1	2	2	2	2	2	3	3	3	3	3	4	4	4	4	4	5	5	5	5	5	6	6	6	6	6	7	7	7	7	7	8	8	8	8	8	9	9	9	9	9	10	10	10	10	10	11	11	11	11	11	12	12	12	12
13	0	0	1	1	1	1	2	2	2	2	2	3	3	3	3	3	4	4	4	4	5	5	5	5	5	6	6	6	6	6	7	7	7	7	8	8	8	8	8	9	9	9	9	10	10	10	10	10	11	11	11	11	11	12	12	12	12	13	13	13	13
14	0	0	1	1	1	1	2	2	2	2	3	3	3	3	4	4	4	4	4	5	5	5	5	6	6	6	6	7	7	7	7	7	8	8	8	8	9	9	9	9	10	10	10	10	10	11	11	11	11	12	12	12	12	13	13	13	13	14	14	14	14
15	0	0	1	1	1	2	2	2	2	2	3	3	3	4	4	4	4	4	5	5	5	6	6	6	6	6	7	7	7	8	8	8	8	8	9	9	9	10	10	10	10	10	11	11	11	12	12	12	12	12	13	13	13	14	14	14	14	14	15	15	15
16	0	1	1	1	1	2	2	2	2	3	3	3	3	4	4	4	5	5	5	5	6	6	6	6	7	7	7	7	8	8	8	9	9	9	9	10	10	10	10	11	11	11	11	12	12	12	13	13	13	13	14	14	14	14	15	15	15	15	16	16	16
17	0	1	1	1	1	2	2	2	3	3	3	3	4	4	4	5	5	5	5	6	6	6	7	7	7	7	8	8	8	8	9	9	9	10	10	10	10	11	11	11	12	12	12	12	13	13	13	14	14	14	14	15	15	15	16	16	16	16	17	17	17
18	0	1	1	1	2	2	2	2	3	3	3	4	4	4	4	5	5	5	6	6	6	7	7	7	8	8	8	8	9	9	9	10	10	10	10	11	11	11	12	12	12	13	13	13	14	14	14	14	15	15	15	16	16	16	16	17	17	17	18	18	18
19	0	1	1	1	2	2	2	3	3	3	3	4	4	4	5	5	5	6	6	6	7	7	7	8	8	8	9	9	9	10	10	10	10	11	11	11	12	12	12	13	13	13	14	14	14	15	15	15	16	16	16	16	17	17	17	18	18	18	19	19	19
20	0	1	1	1	2	2	2	3	3	3	4	4	4	5	5	5	6	6	6	7	7	7	8	8	8	9	9	9	10	10	10	11	11	11	12	12	12	13	13	13	14	14	14	15	15	15	16	16	16	17	17	17	18	18	18	19	19	19	20	20	20
21	0	1	1	1	2	2	2	3	3	4	4	4	5	5	5	6	6	6	7	7	7	8	8	8	9	9	9	10	10	10	11	11	12	12	12	13	13	13	14	14	14	15	15	15	16	16	16	17	17	18	18	18	19	19	19	20	20	20	21	21	21
22	0	1	1	1	2	2	3	3	3	4	4	4	5	5	6	6	6	7	7	7	8	8	8	9	9	10	10	10	11	11	11	12	12	12	13	13	14	14	14	15	15	15	16	16	16	17	17	18	18	18	19	19	19	20	20	21	21	21	22	22	22
23	0	1	1	2	2	2	3	3	3	4	4	5	5	5	6	6	7	7	7	8	8	8	9	9	10	10	10	11	11	12	12	12	13	13	13	14	14	15	15	15	16	16	16	17	17	18	18	18	19	19	20	20	20	21	21	21	22	22	23	23	23
24	0	1	1	2	2	2	3	3	4	4	4	5	5	6	6	6	7	7	8	8	8	9	9	10	10	10	11	11	12	12	12	13	13	14	14	14	15	15	16	16	16	17	17	18	18	18	19	19	20	20	20	21	21	22	22	22	23	23	24	24	24
25	0	1	1	2	2	2	3	3	4	4	5	5	5	6	6	7	7	8	8	8	9	9	10	10	10	11	11	12	12	12	13	13	14	14	15	15	15	16	16	17	17	18	18	18	19	19	20	20	20	21	21	22	22	22	23	23	24	24	25	25	25
26	0	1	1	2	2	3	3	3	4	4	5	5	6	6	6	7	7	8	8	9	9	10	10	10	11	11	12	12	13	13	13	14	14	15	15	16	16	16	17	17	18	18	19	19	20	20	20	21	21	22	22	23	23	23	24	24	25	25	26	26	26
27	0	1	1	2	2	3	3	4	4	4	5	5	6	6	7	7	8	8	9	9	9	10	10	11	11	12	12	13	13	14	14	14	15	15	16	16	17	17	18	18	18	19	19	20	20	21	21	22	22	22	23	23	24	24	25	25	26	26	27	27	27
28	0	1	1	2	2	3	3	4	4	5	5	6	6	7	7	7	8	8	9	9	10	10	11	11	12	12	13	13	14	14	14	15	15	16	16	17	17	18	18	19	19	20	20	21	21	21	22	22	23	23	24	24	25	25	26	26	27	27	28	28	28
29	0	1	1	2	2	3	3	4	4	5	5	6	6	7	7	8	8	9	9	10	10	11	11	12	12	13	13	14	14	14	15	15	16	16	17	17	18	18	19	19	20	20	21	21	22	22	23	23	24	24	25	25	26	26	27	27	28	28	29	29	29
30	0	1	2	2	2	3	4	4	4	5	6	6	6	7	8	8	8	9	10	10	10	11	12	12	12	13	14	14	14	15	16	16	16	17	18	18	18	19	20	20	20	21	22	22	22	23	24	24	24	25	26	26	26	27	28	28	28	29	30	30	30
31	1	1	2	2	3	3	4	4	5	5	6	6	7	7	8	8	9	9	10	10	11	11	12	12	13	13	14	14	15	16	16	17	17	18	18	19	19	20	20	21	21	22	22	23	23	24	24	25	25	26	26	27	27	28	28	29	29	30	30	31	31
32	1	1	2	2	3	3	4	4	5	5	6	6	7	7	8	9	9	10	10	11	11	12	12	13	13	14	14	15	15	16	17	17	18	18	19	19	20	20	21	21	22	22	23	23	24	25	25	26	26	27	27	28	28	29	29	30	30	31	31	32	32
33	1	1	2	2	3	3	4	4	5	6	6	7	7	8	8	9	9	10	10	11	12	12	13	13	14	14	15	15	16	16	17	18	18	19	19	20	20	21	21	22	23	23	24	24	25	25	26	26	27	28	28	29	29	30	30	31	31	32	32	33	33
34	1	1	2	2	3	3	4	5	5	6	6	7	7	8	8	9	10	10	11	11	12	12	13	14	14	15	15	16	16	17	18	18	19	19	20	20	21	22	22	23	23	24	24	25	26	26	27	27	28	28	29	29	30	31	31	32	32	33	33	34	34
35	1	1	2	2	3	4	4	5	5	6	6	7	8	8	9	9	10	10	11	12	12	13	13	14	15	15	16	16	17	18	18	19	19	20	20	21	22	22	23	23	24	24	25	26	26	27	27	28	29	29	30	30	31	32	32	33	33	34	34	35	35
36	1	1	2	2	3	4	4	5	5	6	7	7	8	8	9	10	10	11	11	12	13	13	14	14	15	16	16	17	17	18	19	19	20	20	21	22	22	23	23	24	25	25	26	26	27	28	28	29	29	30	31	31	32	32	33	34	34	35	35	36	36
37	1	1	2	2	3	4	4	5	6	6	7	7	8	9	9	10	10	11	12	12	13	14	14	15	15	16	17	17	18	18	19	20	20	21	22	22	23	23	24	25	25	26	27	27	28	28	29	30	30	31	31	32	33	33	34	35	35	36	36	37	37
38	1	1	2	3	3	4	4	5	6	6	7	8	8	9	10	10	11	11	12	13	13	14	15	15	16	16	17	18	18	19	20	20	21	22	22	23	23	24	25	25	26	27	27	28	28	29	30	30	31	32	32	33	34	34	35	35	36	37	37	38	38
39	1	1	2	3	3	4	5	5	6	6	7	8	8	9	10	10	11	12	12	13	14	14	15	16	16	17	18	18	19	20	20	21	21	22	23	23	24	25	25	26	27	27	28	29	29	30	31	31	32	32	33	34	34	35	36	36	37	38	38	39	39
40	1	1	2	3	3	4	5	5	6	7	7	8	9	9	10	11	11	12	13	13	14	15	15	16	17	17	18	19	19	20	21	21	22	23	23	24	25	25	26	27	27	28	29	29	30	31	31	32	33	33	34	35	35	36	37	37	38	39	39	40	40
41	1	1	2	3	3	4	5	5	6	7	8	8	9	10	10	11	12	12	13	14	14	15	16	16	17	18	18	19	20	20	21	22	23	23	24	25	25	26	27	27	28	29	29	30	31	31	32	33	33	34	35	36	36	37	38	38	39	40	40	41	41
42	1	1	2	3	4	4	5	6	6	7	8	8	9	10	10	11	12	13	13	14	15	15	16	17	18	18	19	20	20	21	22	22	23	24	24	25	26	27	27	28	29	29	30	31	32	32	33	34	34	35	36	36	37	38	38	39	40	41	41	42	42
43	1	1	2	3	4	4	5	6	6	7	8	9	9	10	11	11	12	13	14	14	15	16	16	17	18	19	19	20	21	22	22	23	24	24	25	26	27	27	28	29	29	30	31	32	32	33	34	34	35	36	37	37	38	39	39	40	41	42	42	43	43
44	1	1	2	3	4	4	5	6	7	7	8	9	10	10	11	12	12	13	14	15	15	16	17	18	18	19	20	21	21	22	23	23	24	25	26	26	27	28	29	29	30	31	32	32	33	34	34	35	36	37	37	38	39	40	40	41	42	43	43	44	44
45	1	2	2	3	4	4	5	6	7	8	8	9	10	10	11	12	13	14	14	15	16	16	17	18	19	20	20	21	22	22	23	24	25	26	26	27	28	28	29	30	31	32	32	33	34	34	35	36	37	38	38	39	40	40	41	42	43	44	44	45	45
46	1	2	2	3	4	5	5	6	7	8	8	9	10	11	12	12	13	14	15	15	16	17	18	18	19	20	21	21	22	23	24	25	25	26	27	28	28	29	30	31	31	32	33	34	34	35	36	37	38	38	39	40	41	41	42	43	44	44	45	46	46
47	1	2	2	3	4	5	5	6	7	8	9	9	10	11	12	13	13	14	15	16	16	17	18	19	20	20	21	22	23	24	24	25	26	27	27	28	29	30	31	31	32	33	34	34	35	36	37	38	38	39	40	41	42	42	43	44	45	45	46	47	47
48	1	2	2	3	4	5	6	6	7	8	9	10	10	11	12	13	14	14	15	16	17	18	18	19	20	21	22	22	23	24	25	26	26	27	28	29	30	30	31	32	33	34	34	35	36	37	38	38	39	40	41	42	42	43	44	45	46	46	47	48	48
49	1	2	2	3	4	5	6	7	7	8	9	10	11	11	12	13	14	15	16	16	17	18	19	20	20	21	22	23	24	24	25	26	27	28	29	29	30	31	32	33	33	34	35	36	37	38	38	39	40	41	42	42	43	44	45	46	47	47	48	49	49
50	1	2	2	3	4	5	6	7	8	8	9	10	11	12	12	13	14	15	16	17	18	18	19	20	21	22	22	23	24	25	26	27	28	28	29	30	31	32	32	33	34	35	36	37	38	38	39	40	41	42	42	43	44	45	46	47	48	48	49	50	50
51	1	2	3	3	4	5	6	7	8	8	9	10	11	12	13	14	14	15	16	17	18	19	20	20	21	22	23	24	25	26	26	27	28	29	30	31	31	32	33	34	35	36	37	37	38	39	40	41	42	42	43	44	45	46	47	48	48	49	50	51	51
52	1	2	3	3	4	5	6	7	8	9	10	10	11	12	13	14	15	16	16	17	18	19	20	21	22	23	23	24	25	26	27	28	29	29	30	31	32	33	34	35	36	36	37	38	39	40	41	42	42	43	44	45	46	47	48	49	49	50	51	52	52
53	1	2	3	4	4	5	6	7	8	9	10	11	11	12	13	14	15	16	17	18	19	19	20	21	22	23	24	25	26	26	27	28	29	30	31	32	33	34	34	35	36	37	38	39	40	41	42	42	43	44	45	46	47	48	49	49	50	51	52	53	53
54	1	2	3	4	4	5	6	7	8	9	10	11	12	13	14	14	15	16	17	18	19	20	21	22	22	23	24	25	26	27	28	29	30	31	32	32	33	34	35	36	37	38	39	40	40	41	42	43	44	45	46	47	48	49	50	50	51	52	53	54	54
55	1	2	3	4	5	6	6	7	8	9	10	11	12	13	14	15	16	16	17	18	19	20	21	22	23	24	25	26	27	28	28	29	30	31	32	33	34	35	36	37	38	38	39	40	41	42	43	44	45	46	47	48	49	50	50	51	52	53	54	55	55
56	1	2	3	4	5	6	7	7	8	9	10	11	12	13	14	15	16	17	18	19	20	21	21	22	23	24	25	26	27	28	29	30	31	32	33	34	35	35	36	37	38	39	40	41	42	43	44	45	46	47	48	49	49	50	51	52	53	54	55	56	56
57	1	2	3	4	5	6	7	8	9	10	10	11	12	13	14	15	16	17	18	19	20	21	22	23	24	25	26	27	28	28	29	30	31	32	33	34	35	36	37	38	39	40	41	42	43	44	45	46	47	48	48	49	50	51	52	53	54	55	56	57	57
58	1	2	3	4	5	6	7	8	9	10	11	12	13	14	14	15	16	17	18	19	20	21	22	23	24	25	26	27	28	29	30	31	32	33	34	35	36	37	38	39	40	41	42	43	44	44	45	46	47	48	49	50	51	52	53	54	55	56	57	58	58
59	1	2	3	4	5	6	7	8	9	10	11	12	13	14	15	16	17	18	19	20	21	22	23	24	25	26	27	28	29	30	30	31	32	33	34	35	36	37	38	39	40	41	42	43	44	45	46	47	48	49	50	51	52	53	54	55	56	57	58	59	59

Abb. 19 Korrektur der Höhe nach den vernachlässigten Minuten der Deklination aus H. O. 249.

App. Alt.	OCT.–MAR. SUN Lower Limb	Upper Limb	APR.–SEPT. SUN Lower Limb	Upper Limb	STARS PLANETS
° ′	′	′	′	′	′
0 00	−18·2	−50·5	−18·4	−50·2	−34·5
03	17·5	49·8	17·8	49·6	33·8
06	16·9	49·2	17·1	48·9	33·2
09	16·3	48·6	16·5	48·3	32·6
12	15·7	48·0	15·9	47·7	32·0
15	15·1	47·4	15·3	47·1	31·4
0 18	−14·5	−46·8	−14·8	−46·6	−30·8
21	14·0	46·3	14·2	46·0	30·3
24	13·5	45·8	13·7	45·5	29·8
27	12·9	45·2	13·2	45·0	29·2
30	12·4	44·7	12·7	44·5	28·7
33	11·9	44·2	12·2	44·0	28·2
0 36	−11·5	−43·8	−11·7	−43·5	−27·8
39	11·0	43·3	11·2	43·0	27·3
42	10·5	42·8	10·8	42·6	26·8
45	10·1	42·4	10·3	42·1	26·4
48	9·6	41·9	9·9	41·7	25·9
51	9·2	41·5	9·5	41·3	25·5
0 54	− 8·8	−41·1	− 9·1	−40·9	−25·1
0 57	8·4	40·7	8·7	40·5	24·7
1 00	8·0	40·3	8·3	40·1	24·3
03	7·7	40·0	7·9	39·7	24·0
06	7·3	39·6	7·5	39·3	23·6
09	6·9	39·2	7·2	39·0	23·2
1 12	− 6·6	−38·9	− 6·8	−38·6	−22·9
15	6·2	38·5	6·5	38·3	22·5
18	5·9	38·2	6·2	38·0	22·2
21	5·6	37·9	5·8	37·6	21·9
24	5·3	37·6	5·5	37·3	21·6
27	4·9	37·2	5·2	37·0	21·2
1 30	− 4·6	−36·9	− 4·9	−36·7	−20·9
35	4·2	36·5	4·4	36·2	20·5
40	3·7	36·0	4·0	35·8	20·0
45	3·2	35·5	3·5	35·3	19·5
50	2·8	35·1	3·1	34·9	19·1
1 55	2·4	34·7	2·6	34·4	18·7
2 00	− 2·0	−34·3	− 2·2	−34·0	−18·3
05	1·6	33·9	1·8	33·6	17·9
10	1·2	33·5	1·5	33·3	17·5
15	0·9	33·2	1·1	32·9	17·2
20	0·5	32·8	0·8	32·6	16·8
25	− 0·2	32·5	0·4	32·2	16·5
2 30	+ 0·2	−32·1	− 0·1	−31·9	−16·1
35	0·5	31·8	+ 0·2	31·6	15·8
40	0·8	31·5	0·5	31·3	15·5
45	1·1	31·2	0·8	31·0	15·2
50	1·4	30·9	1·1	30·7	14·9
2 55	1·6	30·7	1·4	30·4	14·7
3 00	+ 1·9	−30·4	+ 1·7	−30·1	−14·4
05	2·2	30·1	1·9	29·9	14·1
10	2·4	29·9	2·1	29·7	13·9
15	2·6	29·7	2·4	29·4	13·7
20	2·9	29·4	2·6	29·2	13·4
25	3·1	29·2	2·9	28·9	13·2
3 30	+ 3·3	−29·0	+ 3·1	−28·7	−13·0

App. Alt.	OCT.–MAR. SUN Lower Limb	Upper Limb	APR.–SEPT. SUN Lower Limb	Upper Limb	STARS PLANETS
° ′	′	′	′	′	′
3 30	+ 3·3	−29·0	+ 3·1	−28·7	−13·0
35	3·6	28·7	3·3	28·5	12·7
40	3·8	28·5	3·5	28·3	12·5
45	4·0	28·3	3·7	28·1	12·3
50	4·2	28·1	3·9	27·9	12·1
3 55	4·4	27·9	4·1	27·7	11·9
4 00	+ 4·5	−27·8	+ 4·3	−27·5	−11·8
05	4·7	27·6	4·5	27·3	11·6
10	4·9	27·4	4·6	27·2	11·4
15	5·1	27·2	4·8	27·0	11·2
20	5·2	27·1	5·0	26·8	11·1
25	5·4	26·9	5·1	26·7	10·9
4 30	+ 5·6	−26·7	+ 5·3	−26·5	−10·7
35	5·7	26·6	5·5	26·3	10·6
40	5·9	26·4	5·6	26·2	10·4
45	6·0	26·3	5·8	26·0	10·3
50	6·2	26·1	5·9	25·9	10·1
4 55	6·3	26·0	6·0	25·8	10·0
5 00	+ 6·4	−25·9	+ 6·2	−25·6	− 9·9
05	6·6	25·7	6·3	25·5	9·7
10	6·7	25·6	6·4	25·4	9·6
15	6·8	25·5	6·6	25·2	9·5
20	6·9	25·4	6·7	25·1	9·4
25	7·1	25·2	6·8	25·0	9·2
5 30	+ 7·2	−25·1	+ 6·9	−24·9	− 9·1
35	7·3	25·0	7·0	24·8	9·0
40	7·4	24·9	7·2	24·6	8·9
45	7·5	24·8	7·3	24·5	8·8
50	7·6	24·7	7·4	24·4	8·7
5 55	7·7	24·6	7·5	24·3	8·6
6 00	+ 7·8	−24·5	+ 7·6	−24·2	− 8·5
10	8·0	24·3	7·8	24·0	8·3
20	8·2	24·1	8·0	23·8	8·1
30	8·4	23·9	8·1	23·7	7·9
40	8·6	23·7	8·3	23·5	7·7
6 50	8·7	23·6	8·5	23·3	7·6
7 00	+ 8·9	−23·4	+ 8·6	−23·2	− 7·4
10	9·1	23·2	8·8	23·0	7·2
20	9·2	23·1	9·0	22·8	7·1
30	9·3	23·0	9·1	22·7	7·0
40	9·5	22·8	9·2	22·6	6·8
7 50	9·6	22·7	9·4	22·4	6·7
8 00	+ 9·7	−22·6	+ 9·5	−22·3	− 6·6
10	9·9	22·4	9·6	22·2	6·4
20	10·0	22·3	9·7	22·1	6·3
30	10·1	22·2	9·8	22·0	6·2
40	10·2	22·1	10·0	21·8	6·1
8 50	10·3	22·0	10·1	21·7	6·0
9 00	+10·4	−21·9	+10·2	−21·6	− 5·9
10	10·5	21·8	10·3	21·5	5·8
20	10·6	21·7	10·4	21·4	5·7
30	10·7	21·6	10·5	21·3	5·6
40	10·8	21·5	10·6	21·2	5·5
9 50	10·9	21·4	10·6	21·2	5·4
10 00	+11·0	−21·3	+10·7	−21·1	− 5·3

Additional corrections for temperature and pressure are given on the following page.
For bubble sextant observations ignore dip and use the star corrections for Sun, planets, and stars.

Gekoppelt	Lon = W 17-44.0	Lon = E 10-22.0
GHA	344-36.0	077-16.8
aLon	W 16-36.0–	E 10-43.2+
LHA	327-00.0	088-00.0

5. Die zeichnerische Auswertung (»plotten«)

Alle Höhendifferenz-Navigationsverfahren müssen zeichnerisch ausgewertet werden. Zu den ausgeführten Beispielen ist jedesmal die Standlinie konstruiert worden: Vom vollen Breitengrad und der angenommenen Länge (aLon, aλ) des angenommenen Schiffsortes (angenommene Position, AP) wurde rechtweisend mit dem Kursdreieck der Azimutstrahl abgetragen und mit einem kleinen Pfeil zum Bildpunkt des Gestirns hin versehen, damit man weiß, in welcher Richtung er liegt.

Von aλ wurde die Höhendifferenz $\triangle$H maßstäblich in Seemeilen auf dem Azimutstrahl abgetragen (1.0' $\triangleq$ 1 sm):

wenn Hb $>$ Hc, zum Bildpunkt HIN in Pfeilrichtung,
wenn Hb $<$ Hc, vom Bildpunkt WEG entgegen Pfeilrichtung.
Markiere die Abtragung mit einem kurzen Strich und zeichne durch diesen hindurch senkrecht zum Azimutstrahl die Standlinie, bei der man etwas kräftiger auf den Bleistift drücken sollte, damit sie sich hervorhebt. Die Standlinie bezeichnet man mit dem Gestirn, auf das sie sich bezieht, und mit der Uhrzeit ohne Sekunden.

Plotten kann man in der Seekarte, was man aber nur bei den Ozeanüberseglern tun sollte, wo höchstens dreimal am Tage etwas gezeichnet wird; man kann Mercator-Leerkarten (Plotting-Blätter) des DHI nehmen, die zwar nur für bestimmte Breitenzonen gelten und zu groß sind; aber bei großräumigen Unternehmungen sind sie der Seekarte vorzuziehen, weil man auf ihnen die ganze Besteckentwicklung mit graphischer Koppelei und mit Versegelung von Höhenstandlinien zu einem »Fix« festhalten kann, wogegen man in die Seekarte punktförmig nur die Fixe einträgt – hat man keine wegen schlechten Wetters, nimmt man die Koppelörter.

6. Mercatorskizze

Zum Plotten von Einzelbeobachtungen oder »einer Runde Sterne« genügt die Eigenanfertigung einer Merkatorskizze, was ganz einfach ist. Für große Genauigkeit genügt ein Blatt DIN A 4 (Briefbogen), für den üblichen Bedarf tut es die Hälfte, DIN A 5. Ein Maßstab 1: 25 oder 1: 30 für das große Format und 1: 50 für das kleine Format erleichtern das Einteilen der Längengrade, das Abtragen der Höhenunterschiede und das Abgreifen der Schiffsortkoordinaten.
Zum Abtragen der Längengrade (Abb. 20) zeichnet man zum waagerechten Strich, der die (volle) Bezugsbreite darstellt, eine Senkrechte als Meridian mit der vollen Gradzahl, die auch die Be-

Beim Maßstab 1: 25 mißt ein Breitengrad	(≙ 60 sm)	24 cm
Beim Maßstab 1: 30 mißt ein Breitengrad		20 cm
Beim Maßstab 1: 50 mißt ein Breitengrad		12 cm

zugslänge hat; ist aλ = W 72-33, dann bekommt der Meridian die Bezeichnung W 72. Im Schnittpunkt von Breite und Meridian zeichnet man nun mit dem Winkel des Breitengrades vom Breitenparallel nach oben gemessen eine nicht zu dick ausgezogene Schräggerade, und auf dieser trägt man *im Seemeilen-Maßstab* die Längenminuten ab – im Falle aλ = W 72-33 also 33 Teilstriche des gewählten Maßstabs vom Kreuzungspunkt aus nach schräg links oben. Von diesem Markierungspunkt aus fällt man das Lot auf den Breitenparallel, und dieser Punkt AP ist der angenommene Schiffsort, von dem aus Azimut und $\triangle$H abgetragen werden.

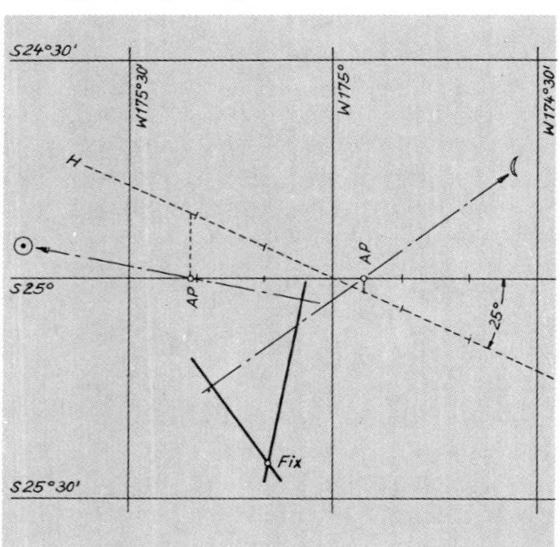

Abb. 20 H = Hilfsgerade mit maßstäblicher Seemeilenteilung entsprechend Breitenmaßstab, Neigung 25°. AP Bezugsörter für Sonnen- und Mondberechnung (etwa gleichzeitig beobachtet) für 16–30 MOZ.

Eine andere Beobachtung, die zu einer auch nur wenig anderen Zeit von einem anderen Gestirn gemacht worden ist, wird eine andere AP haben, kann aber in derselben Skizze mit dieser neuen Bezugslänge geplottet werden, soweit die Bezugsbreite dieselbe ist oder nicht mehr als 1° abweicht (und noch aufs Papier paßt).

Die mit dem Breitengrad als Winkel vom Breitenparallel ansteigende Gerade, auf der die Längengrade als Seemeilen im Maßstab abgetragen werden, ist nichts anderes als die graphische Darstellung der *Abweitungsformel* $\triangle\lambda = a/\cos\varphi$. Nur am Äquator ist ein Längengrad 60 sm lang. Auf dem hier so viel strapazierten Breitengrad $\varphi = 52°$ ergibt eine Abweitung a = 60 sm mehr als einen Längengrad, nämlich $\triangle\lambda = 60/\cos 52° = 97.46' = 1°\ 37.5'$. Die Schräge genügt indessen.

7. Einige Beispiele

1. Beispiel: Sonne Unterrand – Datum: 16. Juli 1974, ChrZ 09-53-10, Aug-h. 3m

Loggeort: N 51-32/W 7-12

Sextanthöhe	Hs	=	46-18.5
Indexbericht.	Ib	=	2.0–
Dip			3.0–
App. Alt. (scheinb. Höhe)		=	46-13.5
Corrn (NA)			15.1+
beob. Höhe	Hb	=	46-28.6

ChrZ = 09-53-10
Stand = 00-03-06+

GMT = 09-56-16

Aus Nautical Almanac:

GMT 09-00-00:	GHA Sun	=	313-30.6
56-16:	Incr	=	14-04.0+
GMT 09-56-16:	GHA Sun	=	327-34.6
aLon	W	=	7-34.6–
LHA		=	320-00.0

Dec = N 21-24.3 (d -0.4
Incr = 0.4–

Dec = N 21-23.9

aLat = N 52

Aus H.O. 249, Vol. III (Lat 52°, SAME Name):

Hc = 46-17 (d +49 Z = 120 = Zn
corr 20+

Hc = 46-37.0
Hb = 46-28.6

△H = 8.4 sm *weg* vom Bildpunkt

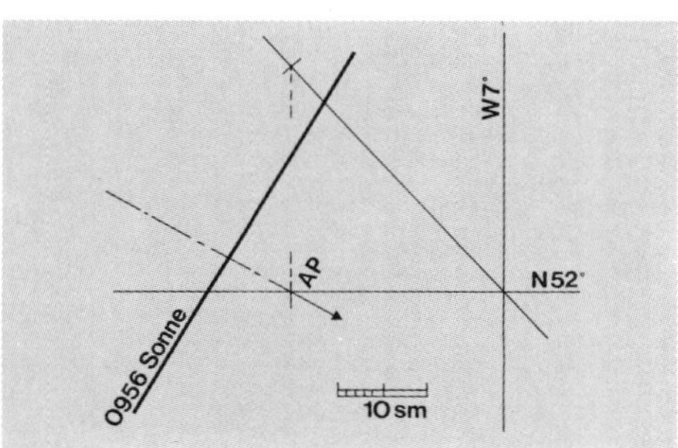

Abb. 19 a

2. Beispiel: Mars – Datum: 15. Juli 1974, MEZ 20-57-30

Loggeort: Bielefeld, N 52-06/E 8-32. Einer unserer Verlagsangestellten beobachtet aus einem Westfenster Mars in der Abenddämmerung mit dem Libellensextanten (Augeshöhe = 0).

MEZ	20-57-30	
Std	00-00-00	(Stand)
ZU	01-00-00–	(Zeit-Unterschied)
GMT	19-57-30	

Sextanthöhe*	Hs	=	08-21.0
	Ib	=	0
Ber (NA)			6.3–
beob. Höhe	Hb	=	08-14.7

Aus dem Nautical Almanac:

GMT 19-00-00:	GHA	=	072-51.5 (0.9+
57-30	Incr	=	14-22.5+
	v-corr	=	0.9+
GMT 19-57-30:	GHA	=	087-14.9
aLon	E	=	8-45.1+
LHA Mars		=	096-00.0

Dec = N 15-04.2 (0.5–
d-corr 0.5–

Dec = N 15-03.7 ~ 15-04

aLat = N 52

Aus H. O. 249, Vol. III (Lat 52, SAME Name):

Hc = 08-09 (+47			360
corr 2+	Z	=	076
Hc = 08-11	Zn	=	284
Hb = 08-14.7			

△H = 3.7 ≈ 4 sm näher am Mars-Bildpunkt.

* In der Bordpraxis vermeidet man gewöhnlich die Beobachtung eines derart niedrig stehenden Gestirns (vgl. hierzu S. 451, 452).

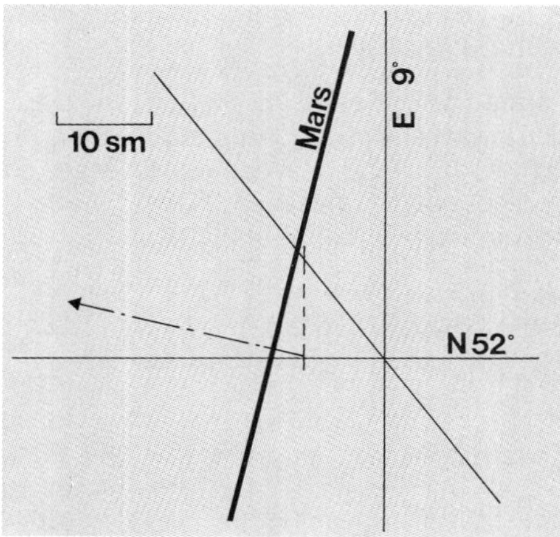

Abb. 19 b: Marsstandlinie zu Beispiel 2

3. Beispiel: Mond (Unterrand) – Datum: 17. Juli 1974, MGZ 04-56-06

Loggeort: N 51-50/W 14-55/Augeshöhe 4 m

Nach Nautical Almanac:

Sextantablesung	Hs	= 18-00.0
Indexbericht.	Ib	= 0.5+
	Dip	= 3.5–
App. Alt.		= 17-57.0
Ges-Berichtig.		= 1-10.6+
Beob. Höhe	Hb	= 19-07.6

HP = 60.2

1. Berichtig.	62.6+	
2. Berichtig.	8.0+	
Ges-Berichtig.	70.6+	= 1-10.6

GMT 04-00-00:	GHA Mond	= 273-52.6 (3.7
56-06	Incr	= 13-23.2+
v-corr		= 3.5+
GMT 04-56-06:	GHA Mond	= 287-19.3
aLon	W	15-19.3–
	LHA Mond	= 272-00.0

Dec = N 22-56.8 (1.0–
corr 0.9–

Dec = N 22-55.9

aLat = N 52

Aus H.O. 249, Vol. III (Lat 52, SAME Name):

Hc = 18-22.0 (+46 Z = Zn = 078
corr = 43.0+

Hc = 19-05.0
Hb = 19-07.6

△H = 2.6 sm *hin* zum Bildpunkt.

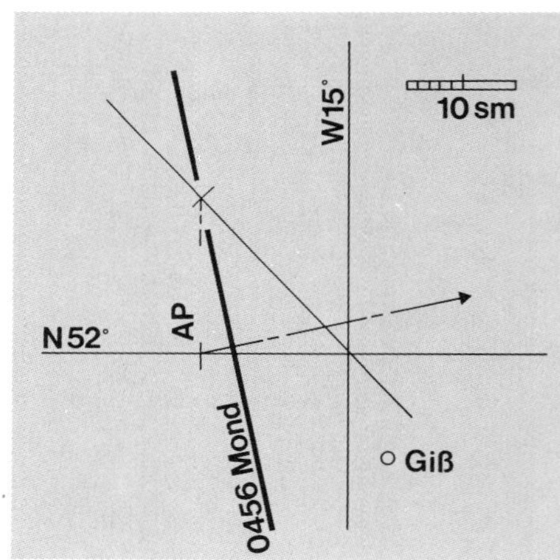

Abb. 19 c

4. Beispiel: Stern Schedar (Schedir), 17. Juli 1974, GMT 21-57-57

Loggeort: N 52-10/E 3-14 – Beob. Höhe Hb = 35-58.5
Nach Nautical Almanac:

GMT 21-00-00:	GHA ♈	= 250-18.0
57-57	Incr	= 14-31.6+
GMT 21-57-57:	GHA ♈	= 264-49.6
	aLon E	= 3-10.4+
	LHA ♈	= 268-00.0

Nach H.O. 249, Vol. I, N 52° Abb. 18:

Schedar Hc = 35-57.0		Zn = 042
Schedar Hb = 35-58.5		
Hin	1.5 sm	

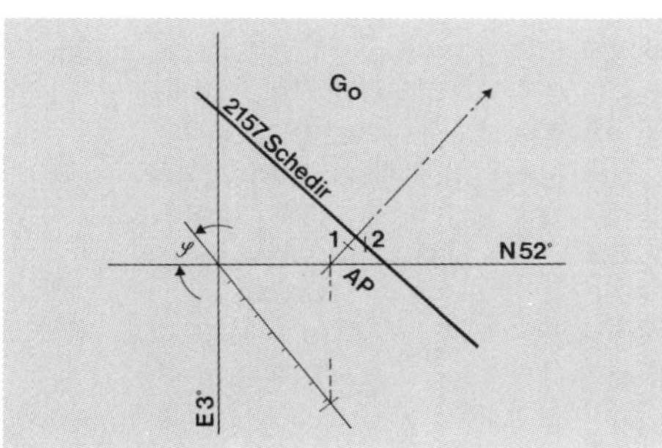

Abb. 19 d

Die Standlinie, die sich so ergibt, muß wegen Präzession und Nutation der Erde* für andere als das Ausgabejahr des Vol. I noch berichtigt werden. Dazu dient Table 5 am Ende des Bandes (hier nicht abgebildet), in die man für das laufende Jahr mit der ungefähren Breite (senkrechte Spalten) und dem ungefähren LHA ♈ eingeht. In den Breitenspalten steht links eine einstellige, »mi.« bezeichnete Zahl, die die Seemeilen angibt, um die die Standlinie oder die Position aus einem Schnitt mehrerer Sternstandlinien nachträglich noch versegelt werden muß; die in derselben Zeile rechts danebenstehende dreistellige Zahl, »°« überschrieben, gibt die Richtung an, in der versegelt werden muß. Für obiges Beispiel muß um 1 sm in Richtung 090 versegelt werden – dies ist im Plot (1 → 2) geschehen.
Mit H.O. 249, Vol. I, Selected Stars, lassen sich auch Polarsternhöhen sehr einfach berichtigen: Man bildet LHA ♈ ungerundet – für obiges Beispiel also GHA + Lon

GHA = 264-50	Vol. I, Table 6 gibt für
Lon = 3-14+	LHA 266-55 . . .
LHA 268-04	268-14: Q = +29′

Q wird zur beobachteten Höhe Hb addiert (bei negativem Q subtrahiert).

Table 7 auf derselben Seite gibt das Nordsternazimut zu verschiedenen Breiten und LHA ♈. Wenn Cassiopeia am Nordhimmel links steht, steht auch der Nordstern links von rw Nord. Steht Cassiopeia rechts, ist das Polaris-Azimut auch östlich.

* Eine Taumelbewegung der Erdachse und das langsame Wandern des Frühlingspunktes entgegengesetzt der scheinbaren Sonnenbewegung um jährlich 50.371″.

8. Unterschiedliche Sternnamen

Über einige Sternnamen sind sich angelsächsische und deutsche Astronomen nicht einig. Diese sind:

Nr.	USA/GB	Nr.	Deutschland
1	Alpheraz	1	Sirrah (α Andromeda)
2	Schedar	4	Schedir (α Cassiopeia)
4	Diphda	5	Deneb Kaitos (β Cetus)
6	Hamal	11	Hamel (α Aries)
16	Betelgeuse	24	Beteigeuze
23	Suhail	36	λ Vela
30	Acrux	43	α Crux
34	Alkaid	50	Benetnasch
38	Rigil Kent	54	α Centaur
41	Alphecca	59	Gemma (Corona Borealis)
45	Shaula	64	λ Scorpio
51	Altair	71	Atair (α Aquila)
52	Peacock	72	α Pavo (Pfau)

Hier noch die Übersetzung nicht geläufiger Konstellationsnamen aus dem Latein ins Deutsch (Nautisches Jahrbuch); im Nautical Almanac stehen nur die lateinischen.

Nördlicher Sternhimmel

Großer Bär	*Ursa maior*
Kleiner Bär	*Ursa minor*
Fuhrmann	*Auriga*
Schwan	*Cygnus*
Leier	*Lyra*
Drache	*Draco*
Schütze	*Sagittarius*
Skorpion	*Scorpio*
Schlange	*Serpens*
Waage	*Libra*
Krone	*Corona Borealis*
Jungfrau	*Virgo*
Rabe	*Corvus*
Löwe	*Leo*
Wasserschlange	*Hydra*
Kl. Hund	*Canis minor*
Zwillinge	*Gemini*
Gr. Hund	*Canis maior*
Hase	*Lepus*
Stier	*Taurus*
Widder	*Aries*
Walfisch	*Cetus*

Südlicher Sternhimmel:

Kiel	*Carina*
Segel	*Vela*
Kreuz	*Crux*
Dreieck	*Triangulum (australis)*
Pfau	*Pavo*
Kranich	*Grus*

Äquatorialkonstellationen:

Wassermann	*Aquarius*
Steinbock	*Capricornus*
Adler	*Aquila*

n) Besondere Verfahren

Polarstern-Breite

Wenn man die wahre Höhe (die berichtigte beobachtete) des Polarsterns (Nordstern) kennt, dann weiß man auch, auf welcher nördlichen Breite man steht. Da der Polarstern immer bei gut sichtbarer Kimm leicht zu finden ist, weil beinahe jeder weiß, wo er zu suchen hat, ist die Polarstern-Breite sehr beliebt, denn man kann sie sofort mit dem Sextant schießen, sobald Polaris und Kimm im Sextant zu sehen sind. Polaris auf die Kimm, Greenwichzeit dazu – und schon mit der ersten Berichtigung von dreien weiß man genau genug den eigenen Breitengrad.

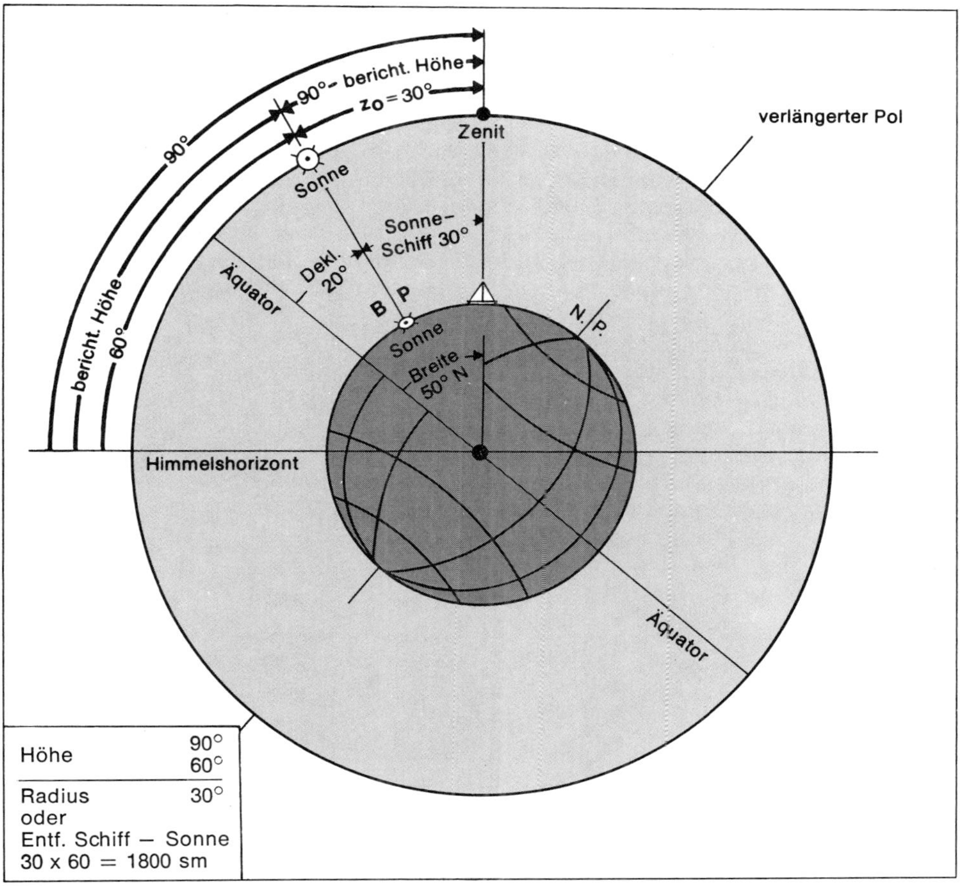

Abb. 21 Zeichnerische Darstellung der Mittagsbreite (Breite aus der Beobachtung eines Gestirns in der Kulmination). Die Breite ergibt sich aus der Zeichnung, die Formel lautet $\varphi = z_o \pm \delta$

Der »Schuß« mit Sextant oder Oktant geht wie üblich, und was dann noch zu tun ist, steht sowohl im Nautischen Jahrbuch wie im Nautical Almanac und (bereits erwähnt) in H.O. 249, Vol. 1, Table 6.

Die Mittagsbreite

Es handelt sich um die Beobachtung der Sonnenkulmination am örtlichen Mittag nach wahrer (ungenau gehender) Sonnenzeit. Es ist ein theoretisch einfaches Verfahren zur Bestimmung des Breitengrads am wahren Ortsmittag, wenn die Sonne im Ortsmeridian kulminiert, weil man nur die Deklination der Sonne zu diesem Zeitpunkt zu wissen braucht. Für diese Auskunft braucht man eins der Jahrbücher. Aber darin steht mehr, mit dem sich auch mehr machen läßt.
Aus Deklination, beobachteter Kulminationshöhe (dafür sind mindestens 15 min zu veranschlagen) und von Hb abgeleitetem Zenitabstand läßt sich der Breitengrad ganz einfach ausrechnen, wie Abb. 21 ohne weitere Worte erklärt.
Eine Zeitnahme kann man sich dabei sparen, denn die Chronometerlänge wäre ohnehin dubios, wenn der Zeitmesser nur eine gewöhnliche Uhr ist.
Kann man sich auf seinen Chronometer verlassen, und tut es der Funkempfänger noch, so daß man per Funkzeitzeichen auch ganz klar den Fehlgang des Chronometers kennt, dann gibt es eigentlich keinen Grund mehr, als Navigator die Mittagssuppe kalt werden zu lassen, damit die Sonne im Sextanten kulminieren kann. Eine Sonnenstandlinie von 08-00 MOZ, die zu einer weiteren Sonnenstandlinie von 10-30 MOZ versegelt wird, ist mehr wert als eine Mittagsbreite, denn man kann das laufende Fix von 1030 MOZ auch noch zur Mittagsbreite hin versegeln.
Oft bietet sich die bessere Gelegenheit, am frühen oder späten Tag eine Sonnenstandlinie mit einer Mondstandlinie zu einem Fix zu kreuzen.

Beispiel für eine Mittagsbreite:

Am 16. Juli 1974 wird die Yacht gegen Mittag voraussichtlich bei λ = E 11-35 stehen. Es soll eine Mittagsbreite genommen werden. Die Borduhr zeigt MEZ. Nach dem Nautical Almanac kulminiert die Sonne in Greenwich um GMT 12-06.

Mer-Pass. Greenw. GMT	= 12-06-00
11-35.0 Länge in Zeit E	= 00-46-20
Ortskulmination GMT	≈ 11-20 ≙ 12-20 MEZ
GMT 11-00-00: Sonne Dec	= N 21-23.5 (–0.4
20-00: Verb.	0.1–
GMT 11-20-00: Sonne Dec	= N 21-23.4

Zenit	*N 90-00.0
Hb	S 57-05.0–
Zenitabstand z	N 32-55.0
Dec	N 21-23.4+
Lat	N 54-18.4

* Vorzeichen müssen beachtet werden, steht Sonne nördlich, sind die Vorzeichen umgekehrt

Andere Gestirnskulminationen

Die Kulmination anderer Gestirne ist ebenso zur Breitenbestimmung brauchbar, doch das hat seit St. Hilaire kaum mehr Bedeutung.

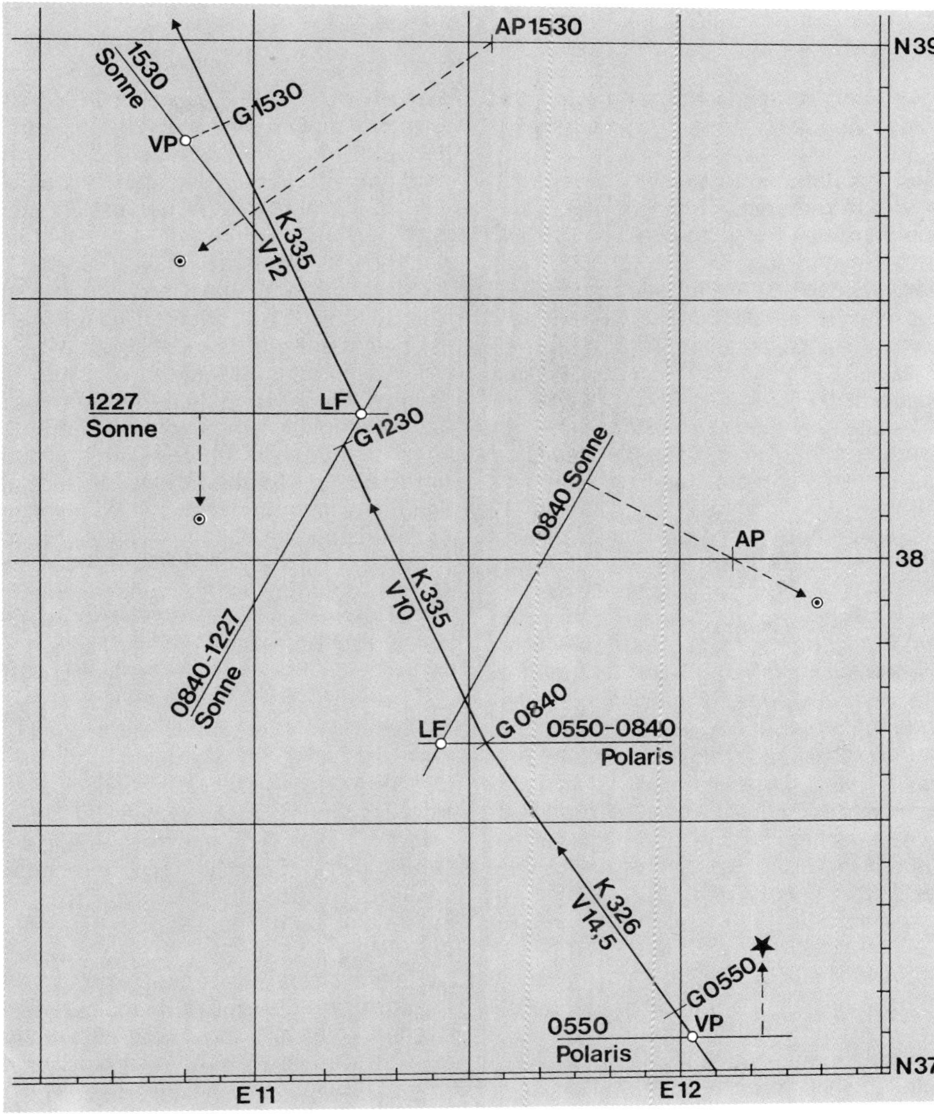

Abb. 22 Beispiel für das Plotten. Die Polarisstandlinie von 0550 ergab gegen die gegißte Position (G) eine Versetzung nach Süd auf die vermutliche Position (VP), von der weiter gekoppelt wurde. Um 0840 wurde die Sonne gemessen und die Polarisstandlinie auf die Sonnenstandlinie versegelt, der Schnittpunkt ist das laufende Fix (LF). Die Sonnenstandlinie von 0840 wird auf die Mittagsbreite um 1227 versegelt und ergibt wiederum ein laufendes Fix. Die Sonnenstandlinie um 1530 ist besonders geeignet, eine seitliche Kursversetzung festzustellen: sie zeigt eine Versetzung nach Backbord vom gegißten Ort G zur vermutlichen Position VP an.

o) Sonnentag eines Navigators auf See
(Siehe Abb. 22)

Eine aus dem östlichen Mittelmeer kommende Motoryacht steht in der Frühdämmerung in der Straße von Sizilien mit Bestimmung Bonifacio (Corsica). Das Funkfeuer von Pantelleria peilt 195, das nördliche Leuchtfeuer der Insel ist ab und an zu sehen. Der Loggeort ist für 0550 MEZ mit N 37-07.5/E 11-59.0 vorausberechnet. Die Yacht läuft 14,5 kn mit Kurs 326. Um 0550 MEZ müßte die Kimm deutlich genug sein, um eine Höhe von Polaris zu nehmen, denn es ist der 1. März.
Die Polarisbreite ergibt, daß die Yacht noch etwas südlicher steht: 2,8 sm.
Um 0840 MEZ steht die Sonne etwa 20° hoch; Zeit sie zu schießen, zumal der Wind zugenommen hat und die Yacht zwingt, auf 10 kn Fahrt herunterzugehen. Die Sonnenstandlinie gibt mit der versegelten Polarislinie zwar einen westlicheren Ort, doch der Navigator entschließt sich, vom Giß aus weiterzukoppeln und ermahnt den Rudergänger, nicht soviel nach Bb abgieren zu lassen. Außerdem ordnet er neuen Kurs 335 an. 1212 GMT kulminiert die Sonne in Greenwich. Da der Zeitunterschied für die Position etwa 45 min (–) gegen Greenwich beträgt, setzt sich der Navigator 1120 GMT (≙ 1220 MEZ) aufs Achterdeck und beobachtet mit dem Sextant die Kulmination – 1227 MEZ ist es soweit; die Breite ist N 38-16.7. Der Navigator versegelt nun doch die Standlinie von 0840 und macht mit ihr und der Mittagsbreite ein »laufendes Fix« (LF), von dem aus er weiterkoppelt. Der Kurs bleibt weiter 335, die Fahrt wird auf 12 kn erhöht.
Offenbar hatte der Rudergänger nach der Ermahnung, besser Kurs zu halten, nun zuviel nach Stb gehalten. Es hätte sich aber auch um eine Stromversetzung handeln können. Dies macht den Navigator nervös genug, um den Sextanten um 1530 schon wieder hervorzukramen und nochmal die Sonne zu schießen, denn es ziehen Wolken auf. Um GMT 14-30-14 hat er seine Beobachtung auf dem Limbus. Zwei Minuten später weiß er, daß der Rudergänger offenbar wieder in sein altes Bb-Leiden verfallen ist. Er malt eine vermutliche Position (VP) als Schnittpunkt eines Lots auf den Kurs vom Loggeort aus mit der Sonnenstandlinie. Dies wird ihn dann an die vermutliche Ursache erinnern, wenn er statt des Feuers von Capo Comino in der Nacht die Kennung des Feuers Bellavista voraus über der Kimm hochkommen sieht. Lieber wäre ihm, Bellavista würde er in 20 sm Bb querab passieren.

p) Lösung mit Elektronenrechnern

Mit technisch-wissenschaftlichen Elektronenrechnern lassen sich rechnerische Höhe *Hc* und Azimutwinkel Z für den Gißort schnell und einfach berechnen, wenn der Rechner gewissen Kriterien entspricht, auf die später noch hingewiesen wird.
Anders als beim zuvor geschilderten Tafelverfahren berechnet man mit dem Rechner gleich vom Gißort aus, bildet also keinen dem Giß nahegelegenen »angenommenen Ort« mit voller Breite und ganzzahligem Ortsstundenwinkel oder Meridianwinkel. Das hat den Vorteil, beim Plotten nicht für jedes Gestirn von einem anderen angenommenen Längengrad (auf gleicher angenommener Breite) das Azimut abtragen zu müssen.
Die Formeln, mit denen gerechnet wird,

sind folgende Beziehungen:

Für die rechnerische Höhe (Hc)

$$\sin Hc = \sin\delta \sin\varphi + \cos\delta \cos\varphi \cos LHA \tag{1}$$

Für den Azimutwinkel (Z, Z')

$$\cos Z = \frac{\sin\delta - \sin Hc \sin\varphi}{\cos Hc \cos\varphi} \tag{2a}$$

oder die Tangensformel, mit der man den Azimutwinkel Z' ohne Kenntnis der Höhe ausrechnen kann; er zählt zwar, anders als Z, mal von Nord, mal von Süd

$$\tan Z' = -\left(\frac{\sin LHA}{\tan\delta \cos\varphi - \sin\varphi \cos LHA}\right) \tag{2b}$$

In diese Formeln sind südliche Werte der Breite φ und der Deklination δ *negativ* einzusetzen; nördliche positiv.
Es ist beim Rechnen mit Computern nicht nötig und *nicht ratsam,* mit dem Meridianwinkel t anstelle des LHA zu rechnen.*

Das vollkreisige Azimut (Zn) wird für die Formel (2a) so gefunden:

Wenn $LHA > 180$, ist $Zn = Z$
Wenn $LHA < 180$, ist $Zn = 360 - Z$

Für die Formel (2b) gilt:

$LHA < 180$ und Z' pos: $Zn = Z' + 180$
und Z' neg: $Zn = -Z' + 360$
$LHA > 180$ und Z' pos: $Zn = Z'$
und Z' neg: $Zn = -Z' + 180$

Amplitude

Ein Grenzfall der Formel (2a) ist die Amplitudenformel, mit der das Auf- und Untergangsazimut eines Gestirns berechnet wird:

$$\cos Za = \sin\delta / \cos\varphi$$

Za ergibt sich quadrantal gleichnamig mit δ. Der Winkel liegt bei N-Deklination also im N-E-Quadranten für Aufgang und im N-W-Quadranten für Untergang; für S-Deklination gilt entsprechend der S-E-Quadrant für Aufgang und der S-W-Quadrant für Untergang. Za ist sehr nützlich zur Kompaßkontrolle, weil das Gestirn dann im Himmelshorizont steht.

Position aus zwei Beobachtungen

Sind aus (praktisch fast gleichzeitigen) Beobachtungen zweier Gestirne von einem Gißort aus die Höhendifferenzen h_1 und h_2 und die Azimute Zn_1 und Zn_2 bekannt, so kann man das Fix auch rechnerisch ohne Zeichnen finden, wozu sich die Computer geradezu anbieten. Dies sind die Formeln:

$$\tan B = \frac{h_2 - h_1 \cos A}{h_1 \sin A} \tag{3a}$$

$$h = \frac{h_1}{\cos B} \tag{3b}$$

A ist die Differenz der beiden Azimute; ist sie $> 90°$, dann muß das Minuszei-

* Wird doch mit Meridianwinkel t gerechnet, dann muß der eingeklammerte Term in Formel (2b) rechts positiv gesetzt werden und tw ist negativ einzugeben, te positiv.

chen im Zähler von (3a) in + gewandelt werden. *B* ist die Differenz zwischen dem Azimut des ersten Gestirns und dem Richtstrahl, der vom Gißort auf das Fix (wahrer Schiffsort) peilt; *h'* schneidet auf ihm die Entfernung vom Giß- zum wahren Ort ab.

Da B immer zwischen den Azimutstrahlen zu den beiden Gestirnen liegen muß, wird *B* zum Azimut des 1. Gestirns addiert, wenn man sich angewöhnt, das Gestirn linker Hand immer als erstes anzusehen. Abb. 23 verdeutlicht dies.

Gewöhnlich wird man das Fix nach Art »Peilung und Distanz« zeichnerisch vom Gißort aus in der Karte festlegen. Es geht aber auch rechnerisch nach Art der ebenen Besteckrechnung (Koppelrechnung), wobei man für die Verwandlung der Abweitung in Längenunterschied einfach den Cosinus der Gißbreite φ_G verwenden darf, weil die Höhendifferenzen gewöhnlich $<$ 40 sm sind.

Breitenänderung:

$$\triangle\varphi/\text{sm} = h' \cos(Zn_1 + B) \qquad (4a)$$

Abweitung, Längenänderung:

$$\triangle\lambda/' = \frac{h' \sin(Zn_1 + B)}{\cos \varphi_G} \qquad (4b)$$

Gibt der Rechner (übrigens automatisch richtig) zu den beiden Formeln (4a, b) ein negatives Resultat, so bedeutet dies für $\triangle\varphi$ südliche Richtung und für $\triangle\lambda$ westliche Richtung. Der Zähler des Terms auf der rechten Seite der Gleichung (4b) ist übrigens die sogenannte Abweitung; rechnet man nur sie aus, so hat das Ergebnis die Dimension Seemeilen, wie man sie zum Plotten in einer Plattkarte und auf kurze Entfernungen auch in der Mercatorkarte aus praktischen Gründen in Ost-West-Richtung meist vorzieht.

Manche Taschen- und Kleincomputer haben eine Automatik, mit der man Polarkoordinaten (z. B. Peilung, Distanz oder Kurs, Distanz) in cartesische Koordinaten verwandeln kann; und umgekehrt. Eine solche Automatik besorgt die Lösung der Formeln (4a) und (4b) auf Tastendruck; zwar für (4b) nur für den Zähler der rechten Seite, rechnet also nur die Abweitung aus. Wie das im einzelnen zu handhaben ist, muß man der Gebrauchsanweisung des Rechners entnehmen.

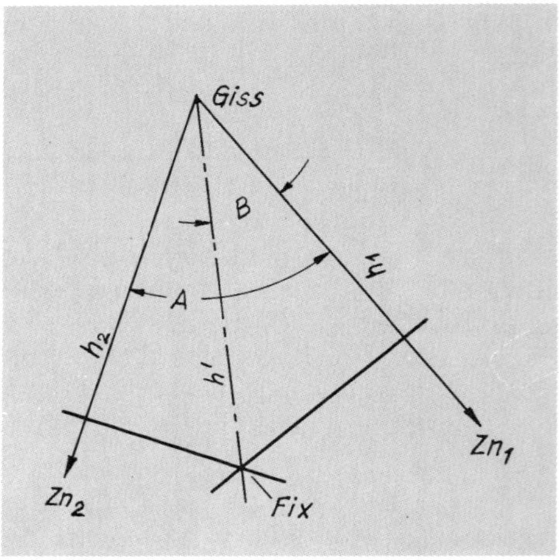

Abb. 23

Besteckrechnung nach Mittelbreite

Das Versegeln über größere Distanzen gehört nicht eigentlich zur astronomischen Navigation; es ist aber üblich, den nächsten Gißort mittels der Besteckrechnung nach mittlerer Breite zu bestimmen. Das Verfahren ist für die von Yachten benützten Breitengrade 0...60 grd N oder S und die von diesen Booten erreichbaren Etmale nach einer Untersuchung von Albrecht* genau (Kursfehler $< 1°$). Eine Rechnung mit vergrößerter Breite würde erst auf Breiten $> 60°$ auf 1000 sm Distanz bei Kursen 20...30 bzw. 330...340 nötig.

Bezeichnen *K* den rw Kurs, *D*/sm die Distanz, $\triangle\varphi/'$ den Breitenunterschied und $\triangle\lambda/'$ den Längenunterschied, so gilt:

$$\triangle\varphi/' = D \cos K \qquad (5a)$$

$$\triangle\lambda/' = \frac{D \sin K}{\cos(\varphi_1 + \triangle\varphi/2)} \qquad (5b)$$

Bezeichnen φ_1, λ_1 die Koordinaten des Ablaufortes, dann sind die Koordinaten des Bestimmungsortes (Index 2):

$$\varphi_2 = \varphi_1 + \triangle\varphi \text{ und } \lambda_2 = \lambda_1 + \triangle\lambda.$$

In diesen beiden Gleichungen werden die Unterschiede ($\triangle$) mit den in den Formeln (5a,b) errechneten Vorzeichen übernommen; bekanntlich ist $\lambda_1 + (-\triangle\lambda) = \lambda_1 - \triangle\lambda$. Negativer Breitenunterschied ist immer südlich anzubringen; auf der Südhalbkugel also zu höherer südlicher Breite. Beispiel für S 50° und $\triangle\varphi = -4°30'$:

$$-50° + (-4°30') = -54°30' \triangleq \text{S } 54°30'.$$

Entsprechendes gilt für die Länge bei negativ: West oder westliche Richtung. Bei vorzeichenrichtigem Rechnen macht auch die Überschreitung der Nullgrenzen am Äquator und am Greenwich-Meridian keine Schwierigkeiten – ausgenommen an der Datumsgrenze. Ist z. B. $\lambda_1 + \triangle\lambda = \text{E } 179{,}5° + 2{,}6° = 182{,}1°$, dann ist der Rechengang wohl richtig, aber der Längengrad des Zielortes ist westlich und < 180; zum richtigen Ergebnis kommt man durch Subtrahieren von 360°; $182{,}1 - 360 = -177{,}9°$. Auf dem entgegengesetzten Marsch kehren sich alle Vorzeichen des eben Gesagten um.

Anmerkung: Die Formeln (5a,b) ergeben die Unterschiede in Winkelminuten. Es ist beim Besteckrechnen vorteilhafter, bei Ergebnissen $> 60'$ so oft $60'$ zu subtrahieren, bis der Minutenrest $< 60'$ geworden ist; die Zahl der Abzüge ist gleich der Zahl der vollen Grade. Dividiert man das Minutenergebnis durch 60, bekommt man die Gradzahl mit Dezimalen, was nach Abzug der Grade und Multiplikation des Dezimalrestes mit 60 wieder in Winkelminuten ausgerechnet und den Graden zugefügt werden muß, weil die Gradteilungen am Kartenrand die Grade in Minuten unterteilen.

Die Rechner rechnen Winkel und Bogen alle nach dem Dezimalbruchsystem. Wie die Umwandlung der sexagesimalen Winkel- und Zeitordnung in die für den Rechner »verdauliche« Dezimalordnung zu erfolgen hat, muß man der Gebrauchsanweisung für den Rechner entnehmen. Bessere Rechner haben fest verdrahtete Umrechnungsprogramme.

Technische Hinweise zum Computer

Warnung: Es ist extrem fehlerträchtig, nicht programmierbaren Computern sehr lange Rechengänge (Algorithmen) anzuvertrauen. Es ist theoretisch möglich, jedem technisch-wissenschaftlichen Rechner den ganzen Algorithmus von einer oder mehreren Gestirnsbeobachtungen von der Indexberichtigung und Höhenbeschickung bis zur Ausrechnung des Fix nach Länge und Breite einzutippen, aber Tippfehler sind bei den dazu nötigen 400...600 Tippungen unvermeidlich.

* »Der Seewart« Band 37, Heft 4 (1976)

Den Rechnern mit auswechselbaren Programmträgern (Magnetkärtchen und kleine Tonbandkassetten) kann man mit Vorteil lange Algorithmen »eintrichtern«. Jedoch soll man diese Rechner nicht an Deck oder in die Plicht von Segelbooten mitnehmen, weil der magnetische Lesekopf (ähnlich dem Tonkopf eines Tonbandgeräts) nicht gegen salzigen Wasserstaub und gröberes Wasser geschützt ist. Solche Rechner verwahrt man wassergeschützt beim Kartentisch unter Deck. Salzkristalle auf den Magnetträgern wischt man vor dem Einfüttern der Kärtchen sanft mit den Fingern ab. Leichte Korrosion des Lesekopfes wird durch eine Reinigungskarte beseitigt. Starke elektromagnetische Impulse zerstören die Programmierung auf dem Träger.

Programmierbare Rechner – dauerhaft oder vorübergehend – sind anderen vorzuziehen, weil in der astronomischen Navigation fast immer mehrmals nach derselben Formel zu rechnen ist.

Um die Elektronenrechner mit Netzanschlußteil auch von der Bordbatterie speisen zu können, installiert man am besten einen Wechselrichter, wie er zum Betreiben elektrischer Rasierapparate im Auto oder Boot zu haben ist. Auf richtige Ausgangsspannung des Wechselrichters bzw. richtige Spannungseinstellung des Netzanschlußgeräts für den Rechner ist zu achten.

In diesem Kapitel verwendete Formelzeichen

♈	Aries, Frühlingspunkt ♈
GHA	Greenwich(stunden)winkel
SHA	Stern(stunden)winkel
LHA	Orts(stunden)winkel
Dec	Deklination (δ)
t	Meridianwinkel
GMT	Mittlere Greenwichzeit (MGZ)
MEZ	Mittlere europäische Zeit
MOZ	Mittlere Ortszeit
WOZ	Wahre Ortszeit
ZU	Zeitunterschied
φ	Geographische Breite (Lat, L)
aφ	angenommene geogr. Breite (aLat, aL)
λ	Geographische Länge (Lon, Lo)
aλ	angenommene geogr. Länge (aLon)
Hs	Sextanthöhe, Kimmabstand
Ib	Indexberichtigung (Ic)
Dip	Kimmtiefe (amer, brit)
App Alt	(scheinbare Höhe, dh Hs mit Ib und Dip berichtigt, Eingang für die amer und brit. Höhenberichtigung; in deutscher „Gesamtbeschickung“ nicht besonders ausgewiesen)
HP	Horizontalparallaxe
Hb	Beobachtete Gestirnhöhe (b auch wie „berichtigt“ – amer, engl Ho)
Hc	Rechnerische Höhe für Gißort oder Bezugsort (aφ, aλ); c wie calculiert.
aP	angenommene Position, Bezugsort (AP)
Z	Azimutwinkel (halb- oder viertelkreisig)
Zn	Azimut von Nord (n!) vollkreisig zählend in Grad
$\triangle$	(groß Delta) allgemein für Differenz
$\triangle\lambda$	Längendifferenz
$\triangle$H	Höhendifferenz (usw.)
Giss	Geschätzter oder gekoppelter Schiffsort (G)
Fix	Fixierter (wahrer) Schiffsort (F)
LF	Laufendes Fix (runnig fix) eine per Versegelung vorher gewonnener Standlinie(n) mit der zuletzt gewonnenen Standlinie gewonnene Schiffsposition (Fehlermöglichkeit durch Koppelfehler nicht ausgeschlossen!)
VP	Vermutliche Position, die jedoch der Bestätigung durch weitere Prüfung bedarf

Weitere Formelzeichen und Abkürzungen erklären sich aus dem Text oder jeweils geschilderten Problem. Es gab in der Navigation zur See weder national noch international verbindliche Formelzeichen.

In der Bundesrepublik werden in absehbarer Zeit allerdings die von den Dozenten der nautischen Lehranstalten erarbeiteten Vereinheitlichungen der Ausdrucksweise und Abkürzungen eingeführt, die während der Drucklegung dieses Buches dem Deutschen Institut für Normung (DIN) vorgelegt wurden. Einen entsprechenden Auszug finden Sie auf Seite 614 im Anhang.

XIV. Fahrkunde unter Motor

a) Fahrt- und Drehmoment, Derivation und Drehkreis

Man muß mit jedem Boot erst seine Erfahrungen sammeln, um es in den Manövern richtig zu beherrschen. Jeder Bootstyp übersetzt die gültigen Manöverregeln auf seine Art.

Grundsätzlich laufen alle Boote schlecht und manövrieren träge, wenn sie zu wenig Wasser unter dem Kiel haben. Ein Propeller liefert nicht nur Vorschub, sondern hat auch noch eine andere Wirkung, den sogenannten *Radeffekt.* Ein Propeller läuft immer etwas zur Seite weg, so als liefe er wie ein Rad auf dem Grunde, und er nimmt das Heck über sich spürbar in dieser Richtung mit. Ein rechtsdrehender Propeller versetzt also das Heck dauernd etwas nach Steuerbord, ein linksdrehender entsprechend nach Backbord. Bei Rückwärtsfahrt ist der Radeffekt immer viel stärker als bei Vorausfahrt und läßt sich oft nur durch harte Ruderlage in die Gegenrichtung so weit ausgleichen, daß das Boot noch eben geradeaus rückwärts fährt. Ruderlage bei schneller Rückwärtsfahrt ist nicht unproblematisch, weil das Ruder dabei von selbst in Hartlage gehen will und brechen kann. Rückwärtsmanöver sollen deshalb langsam gefahren werden.

Boote, die mit Propeller gesteuert werden – Außenborder oder Z-Triebe –, haben diese Probleme nicht so sehr. Sie fahren etwa dahin, wohin der Propeller zieht oder schiebt. Ein Ruderlagezeiger trägt bei Booten mit Z-Trieb viel zur Sicherheit der Manöver bei, weil man die Stellung der Propellerachse nicht wie beim Außenborder vom Ruderstand aus erkennen kann.

Bei Zweipropellerschiffen, deren Schrauben gegengängig sind – Backbord linksgängig, Steuerbord rechtsgängig – heben sich die Radeffekte beider Propeller gegenseitig auf. Gleichläufige Propeller kommen so selten vor, daß man sie hier unberücksichtigt lassen kann.

Setzt man den Propeller still, dann läuft das Schiff weiter. Dessen Masse und Ausgangsgeschwindigkeit sowie der Wasserwiderstand bestimmen, wie weit der freie Auslauf bis zum Stillstand ist. Schwere und leichtlaufende Schiffe wie Kielsegelyachten haben eine lange Auslaufstrecke.

Geht man bei einem Einschraubenschiff bei Ruder in Mittellage mit der Schraube rückwärts, um Vorausfahrt aus dem Schiff zu nehmen, dann dreht das Schiff mit dem Heck seitlich weg – bei Rechtspropeller nach Backbord, bei Linkspropeller nach Steuerbord als Auswirkung des Radeffekts. Man kann diesem Ausscheren des Hecks begegnen, indem man kurz hart Ruder nach der Seite legt, zu der das Heck bei rückwärtsgehender

Schraube ausschlagen würde. Bei Rechtsschraube wären die Kommandos für Ruder und Maschine: Hart BB, stopp! Wenn das Boot etwas nach BB angedreht hat: Mittschiffs, volle Fahrt zurück! Wenn das Schiff keine Fahrt mehr macht: Stopp! (Stopp heißt hier nicht »bremsen« – also mit der Schraube rückwärtsgehen –, sondern Ganghebel auf »neutral«.)

Bei Zweischraubenschiffen geht man einfach mit beiden Maschinen gleichmäßig zurück, um die Fahrt aus dem Schiff zu bringen.

Bei schnellen Booten, wie Gleitbooten und Expreßkreuzern, ist es nicht möglich, aus hoher Fahrt gleich in den Rückwärtsgang zu schalten. Man muß abwarten, bis das Boot aus Gleitfahrt in Verdrängerfahrt zurückgesackt ist – schon das bremst beträchtlich –, weil sonst leicht Getriebe oder Propwelle brechen können.

Ein in Drehung versetztes Schiff dreht weiter, bis der Wasserwiderstand die Drehung allmählich zum Stillstand bringt, ganz gleich, ob das Ruder mittschiffs gelegt oder die Schraube gestoppt wird. Das Drehmoment währt bei schweren Schiffen mit kurzem Lateralplan (Rennkielyachten) oder geringem Tiefgang (Expreßkreuzer) am längsten. Um ein solches Drehmoment auf einem Punkt aufzuheben, muß man einen kurzen Augenblick Gegenruder legen, man bezeichnet das als *stützen.* Bei langsamen Manöverfahrten unterstützt man die Ruderwirkung dabei noch durch ein kurzes, kräftiges Vorausgehen mit der Schraube.

Wenn man bei einem Schiff in Geradeausfahrt Ruder legt, um eine Kurve zu fahren, so stellt das Ruder das Schiff nur schräg zu seinem Ausgangskurs. Das bewirkt zuerst einmal, daß das Schiff seitlich aus seinem Kurs herausrutscht, und zwar entgegengesetzt dem Ruderausschlag. Erst durch dieses seitliche Wegrutschen des Schiffes kann sich ein Wasserwiderstand gegen die kurvenäußere Seite des Schiffes bilden, an dem sich die Kräfte der Massenträgheit abstemmen können.

Zentrum der Kräfte der Massenträgheit, die das Schiff in der ursprünglichen Richtung oder in der Tangente der späterhin aufgenommenen Kreisfahrt bewegen wollen, und des entgegenwirkenden Wasserwiderstandes ist der Lateraldruckpunkt. Er liegt meistens zwischen $^1/_4$ und $^1/_3$ Schiffslänge in der Wasserlinienebene vom Bug aus. Dieser Punkt, *Drehpunkt* genannt, bewegt sich auf der Kreiskurslinie. Das Heck beschreibt einen weiteren Bogen, der Bug einen engeren. Den Winkel der Schiffslängsachse zur Tangente an den Wendekreis bezeichnet man als *Derivationswinkel.* Er ist nichts anderes als ein dynamischer Anstellwinkel in der Horizontalen, der bewirkt, daß das Schiff eine Kurve »gleitet«. Ähnlich bewirkt der Gleitwinkel eines Gleitbootes, daß der Boden des Bootes sich auf das Wasser hebt.

Die Lage des Drehpunktes und der Derivationswinkel sind weitgehend von der Form des Längsschnitts (Laterals) des Schiffs abhängig. Bei tiefem Vorfuß und flachem Achterschiff unter der Wasserlinie liegt der Drehpunkt weiter vorn, und der Derivationswinkel ist größer. Relativ gleiche Auswirkung hat ein buglastiger Trimm des Schiffes. Umgekehrt ist es bei tiefem Achterschiff und flachem Vorfuß oder hecklastigem Trimm (Abb. 1).

Drehkreisradius und Derivation unterscheiden sich bei kleiner oder großer Fahrt kaum. Doch muß man bei Verdrängerschiffen bedenken, daß sie infolge

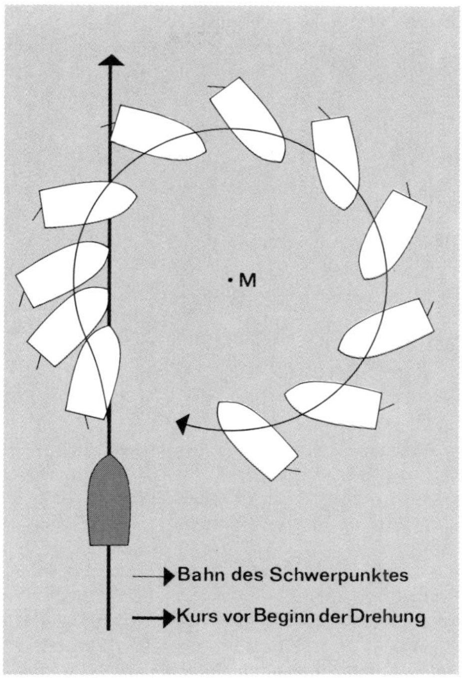

Abb. 1 Drehkreisradius und Derivation
So sieht die Kurve von der Einleitung bis zu ihrem Ende bei einem Schiff aus.

des größeren Lateraldrucks bei hoher Fahrt gefährlich nach kurvenaußen krängen können. Gleitboote krängen durch die Querströmungskomponente in schneller Kurve immer nach innen, solange nicht eine Welle ihre seitliche Bordwand erreicht und das Boot so bremst, daß es plötzlich zur Kurvenaußenseite überlegt, was sehr gefährlich werden kann. Der Drehpunkt von Gleitbooten bei hoher Fahrt liegt in der Schiffsmitte oder knapp dahinter, weil nur noch die Hälfte oder das hintere Drittel des Schiffes Wasserkontakt hat.
Einschraubenschiffe mit Rechts-(R-)propellern laufen wegen des Radeffekts engere Links- als Rechtskurven. Die meisten Schiffe haben R-Propeller. Langsame Wendemanöver in engen Gewässern fährt man mit R-Propellern rechtsherum, mit L-Propellern linksherum.

b) Manöver

1. Einschraubenmanöver

Alle folgenden Manöver sind für ein Schiff mit rechtsgängigem Propeller beschrieben. Erstens haben die meisten Boote R-Propeller, außerdem würde die ständige Gegenüberstellung des Manövers mit L-Propeller nur verwirren. Es genügt zu wissen, daß mit L-Propellern die Manöver spiegelbildlich ausgeführt werden.
Abb. 2 zeigt das Wenden in einem engen Fahrwasser. Dieses Manöver offenbart zugleich einige grundsätzliche Verhaltensweisen, die für alle weiteren Manöver einkalkuliert und richtig genutzt werden müssen: Auf kräftiges und kurzes Vorausgehen mit der Schraube bei Ruderlage reagiert das Boot schnell mit einer Drehung entsprechend der Ruderlage, nimmt aber kaum Fahrt auf. Kräftiges und kurzes Rückwärtsgehen mit der Schraube bringt das Schiff zunächst zum Stillstand, ohne daß dann nennenswerte Rückwärtsfahrt aufgenommen wird, verursacht aber einen kräftigen Heckausschlag nach Backbord, wobei das Ruder überhaupt keine Wirkung zeigt, weil es vom Schraubenstrom jetzt nicht getroffen wird.
Bei Rückwärtsfahrt zeigt die Ruderlage erst dann Wirkung, wenn das Schiff merklich Fahrt über den Achtersteven macht. Bei flachgehenden Booten mit stark geneigter Propellerwelle (10° oder mehr) reicht die Ruderlage gegen die

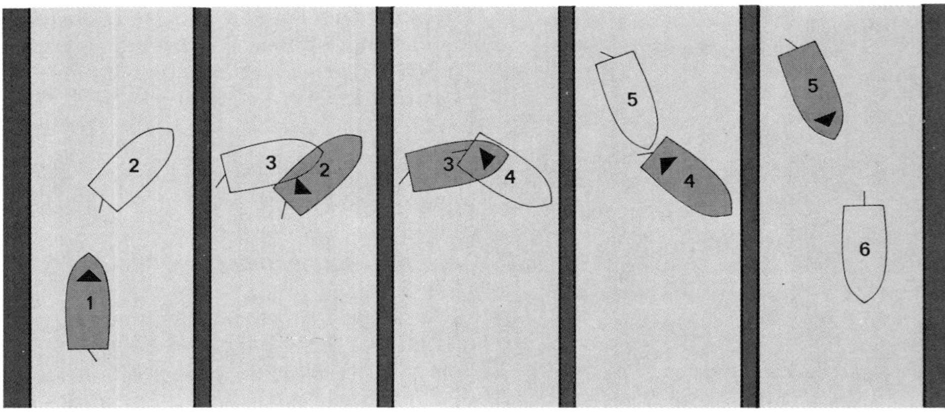

Abb. 2 Wenden auf engem Raum
Der Kanal ist etwas breiter als Schiffslänge. Das Manöver beginnt mit langsamer Fahrt auf der linken Kanalseite mit genügend Abstand vom Ufer (Fahrwasserrand), damit das Heck frei ausschwingen kann (1). Ruder hart StB, eventuell mit kurzem Gasstoß voraus. Boot dreht in Position 2. Voll zurück, bis Fahrt aus dem Boot ist und es beginnt, achteraus zu gehen. Ruder bleibt auf hart StB liegen. Es hat jetzt ohnehin keine Wirkung. Boot dreht dabei durch den Radeffekt der rückwärtsgehenden Schraube etwa in Position 3. Stopp, voll voraus, um Rückwärtsfahrt wegzunehmen und Boot auf Position 4 zu bringen. Dabei dreht das Boot durch den Druck des Schraubenstromes gegen das StB gelegte Ruder weiter nach StB. Stopp, voll zurück, wieder um die Fahrt aus dem Boot zu nehmen und es in Position 5 zu bringen, die es durch den Radeffekt der rückwärtsgehenden Schraube (Heck geht nach BB) von selber anläuft. Stopp, halbe Fahrt voraus, Ruder mittschiffs, Boot auf Kurs bringen (6). Das Manöver ist beendet.

Wirkung des Radeffektes allenfalls aus, das Schiff auf geradem Kurs zu halten, jedoch auch nicht immer. Folglich läßt sich ein Schiff mit R-Schraube bei Fahrt über den Achtersteven kaum nach Steuerbord drehen. Zudem droht bei zu hoher Achterausfahrt eine Havarie der Ruderanlage oder gar Ruderbruch, wenn man mit Gewalt versucht, das Ruder aus harter Seitenlage in Mittellage zu bringen. Übrigens bleiben Steuerbord und Backbord bei Achterausfahrt dieselben Seiten wie bei Vorausfahrt.

Abb. 3 zeigt das Manöver, mit dem man rückwärts in eine schmale Box geht. Dieses Manöver von der ungünstigsten Seite soll die bei vorhergehenden Manövern gewonnenen Erkenntnisse über das Verhalten von Einschraubenschiffen mit R-Propellern vertiefen. Man merke sich: Bei allen Manövern ist immer erst Ruder zu legen und dann mit der Maschine zu fahren.

Die günstigere Seite zum Anlegen ist bei R-Propellern an Backbord, weil das Heck beim Rückwärtsgehen mit der Schraube – um die Fahrt aus dem Schiff zu bremsen – zum Land schwingt.

Zu dem in Abb. 6 dargestellten freilaufenden Manöver gehört jedoch eine ausreichende Praxis mit jedem einzelnen Bootstyp. Folgendes Manöver ist für den

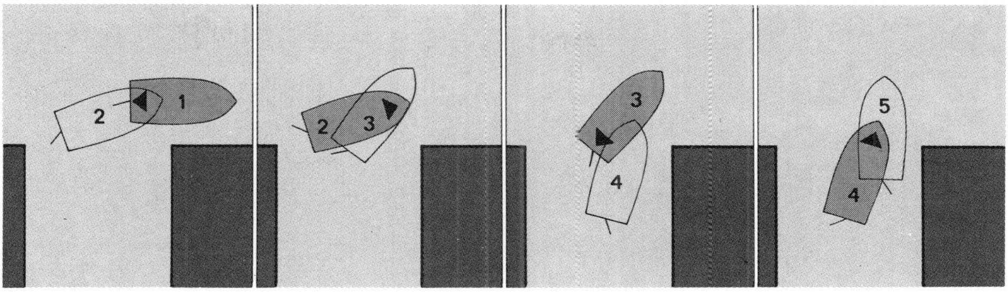

Abb. 3 Rückwärts in eine schmale Box
Ruder hart StB, viertel Kraft zurück. Stopp (1–2). Ruder hart BB, kurz voll voraus. Stopp (2–3). Ruder hart StB, viertel Kraft zurück. Stopp (3–4). Ruder hart BB, kurz voll voraus. Stopp (4–5). Nun kann man das Boot parallel zur Pier rückwärtsziehen. Läuft das Heck dabei nach BB trotz StB-Ruderlage, muß man es durch kräftiges, kurzes Vorausgehen mit der Schraube bei BB-Ruderlage wieder parallel zur Pier bringen.

Anfang sicherer: Steg unter 30° bis 40° langsam anlaufen, zuletzt mit gestoppter Schraube. Mit rückwärtsgehender Schraube Fahrt wegnehmen, so daß der Bug dicht bei Land liegt – eventuell voraus noch etwas nachschieben. Vorleine mit reichlich Lose an Land belegen, am Schiffspoller jedoch nur gestoppt, um fieren oder holen zu können. Langsam mit ablandiger Ruderlage voraus in die Vorleine einfahren. Die Leine wird dabei back an Land führen wie eine Bugspring. Beim Anlegen an Backbord kann die Vorleine auch kurz gehalten werden,

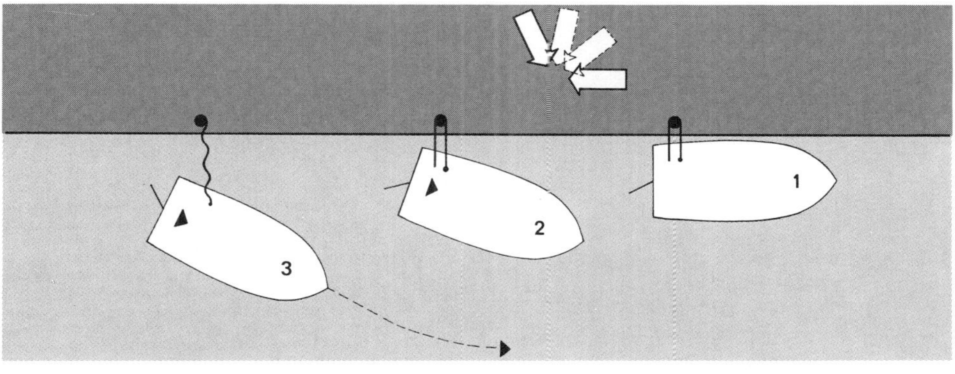

Abb. 4 Ablegen mit Wind ablandig bis voraus
Alle Leinen bis auf eine Achterleine – auf Slip an Land geführt – los (1). Warten bis Wind (oder Strom von vorne) den Bug 10° bis 20° abgedrückt hat (2). Eventuell mit dem Bootshaken oder mit den Beinen nachhelfen. (Abdrücken mit den Händen ist gefährlich, weil dabei leicht der Körperschwerpunkt außenbords kommt – Überbordfallen!) Leine los (schnell einholen, damit sie nicht in den Propeller kommen kann), Ruder zum Land (3), viertel bis halbe Kraft voraus, um das Heck vom Land freizubekommen, auf Kurs gehen. Alle Fender einholen.

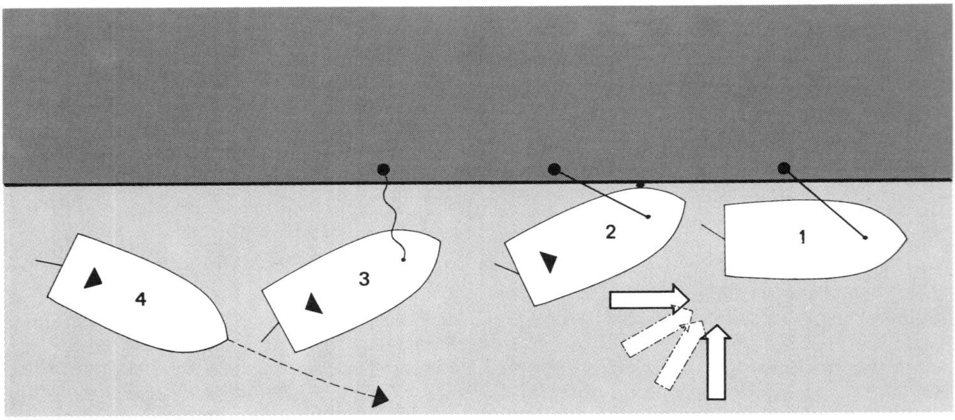

Abb. 5 Ablegen mit Wind auflandig bis achteraus
Alle Leinen los bis auf eine auf Slip gefahrene Bugspring (1); besser noch durch vorderste Lippe. Ruder hart zum Land, kurz halbe Kraft voraus (Bug abfendern), bis Heck 15° bis 20° ausgeschwungen ist. Stopp (2). Ruder zum Fahrwasser, viertel bis halbe Kraft zurück (3). Leinen ein. Wenn das Boot genügend frei von der Pier ist: Stopp, viertel Kraft voraus, auf Kurs (4).

wobei dann mit Ruder hart BB und rückwärtsgehender Schraube das Heck an Land kommt. Am Schiffspoller allmählich Leine geben, damit der Bug ausdrehen kann. Festmachen. Bei allen hier im einzelnen dargestellten Manövern kann

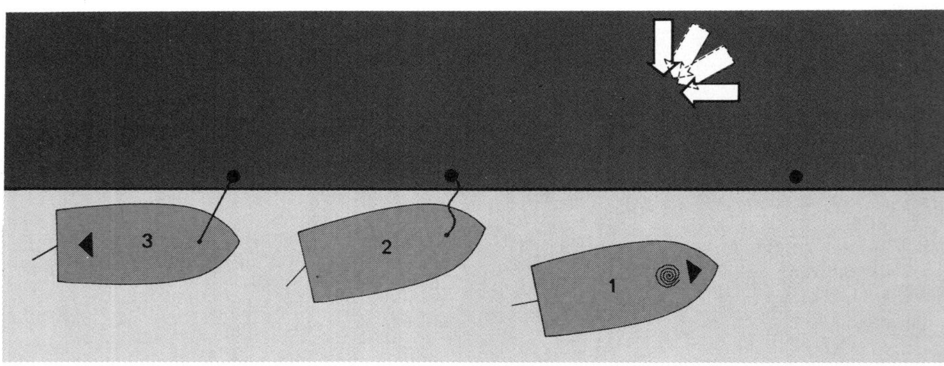

Abb. 6 Anlegen mit Wind ablandig bis voraus
Man fährt langsam an den Steg in einem spitzen Winkel von etwa 10° heran. Die letzten Meter mit gestoppter Schraube (1). Wenn der Bug bis ungefähr ½ m an den Steg herangekommen ist, geht man kurz und kräftig mit der Maschine rückwärts, um die Fahrt aus dem Boot zu bekommen. Vorleine mit reichlich Lose an Land belegen, am Schiffspoller jedoch nur gestoppt, um fieren und holen zu können (2). Nun langsam mit ablandiger Ruderlage rückwärts gehen, wobei der Radeffekt das Heck an die Pier bringt (3). Die Leine wird zunächst festgehalten und nach Stoppen der Maschine so bedient, daß das Boot parallel zur Pier liegt.

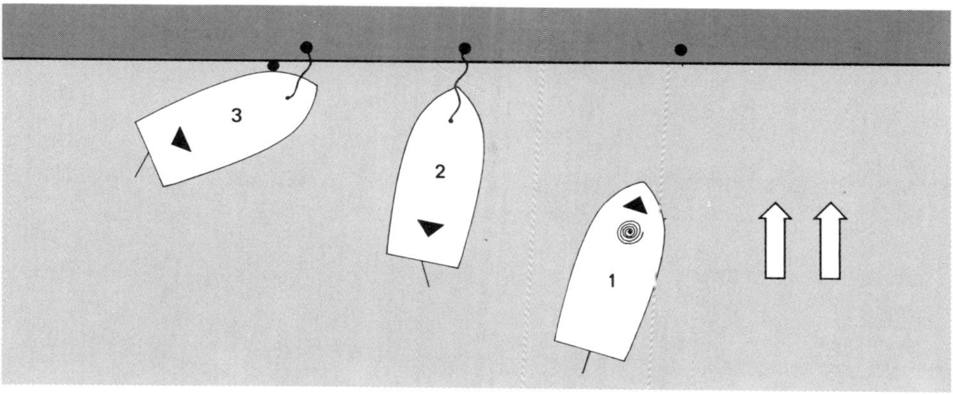

Abb. 7 Anlegen bei starkem auflandigem Wind
In steilem Winkel von 60° bis 70° den Steg anlaufen, um mit »voll zurück« bremsen zu können (1). Bei einem spitzen Anlaufwinkel kann das Heck vom Winddruck gegen die Pier geschlagen werden. Den Bug auf etwa 1/2 m Abstand von der Pier bringen und gegebenenfalls mit langsam rückwärtsgehender Schraube halten. Vorleine an Land bringen (2). Nun Ruder hart ablandig und – bei starkem Wind – Schraube langsam bis kräftig rückwärts gehen lassen (3). Der Wind drückt das Heck an die Pier heran. Schraube und Ruderlage sollen dabei das Tempo bremsen und regulieren. Bei starkem auflandigem Wind ist es günstiger, an Steuerbord anzulegen, weil der Radeffekt des rückwärtsgehenden Propellers dann dem Winddruck auf das Achterschiff entgegenwirkt.

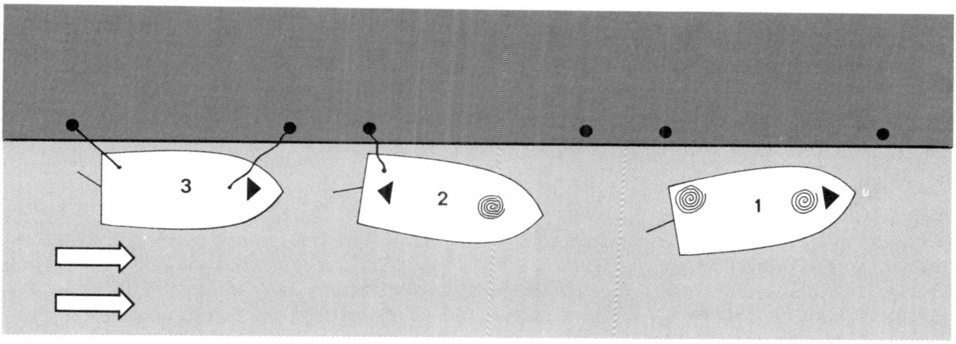

Abb. 8 Anlegen mit achterlichem Wind
Man nähert sich im spitzen Winkel von 10° bis 15° mit kleiner Fahrt dem Steg. Die Achterleine liegt klar (1). Etwa 1/2 m vom Steg entfernt – möglichst sogar noch näher: Maschine stopp, voll zurück, Achterleine an Land und fest (2). Der Bug wird dabei etwa 5° zum Wasser weisen. Wenn der Wind ihn nicht an den Steg drückt, mit hart Ruder zum Land mit der Maschine kurz und kräftig vorausgehen. Dann die Vorleine an Land bringen und festmachen (3). Bei Anlegen an Steuerbord bringt das Rückwärtsgehen mit der Schraube das Heck nicht zum Land. Das Boot muß in Position 1 stilliegen und dann mit Ruder hart ablandig und einem kurzen und kräftigen Fahrtstoß voraus mit dem Heck zum Land gebracht werden.

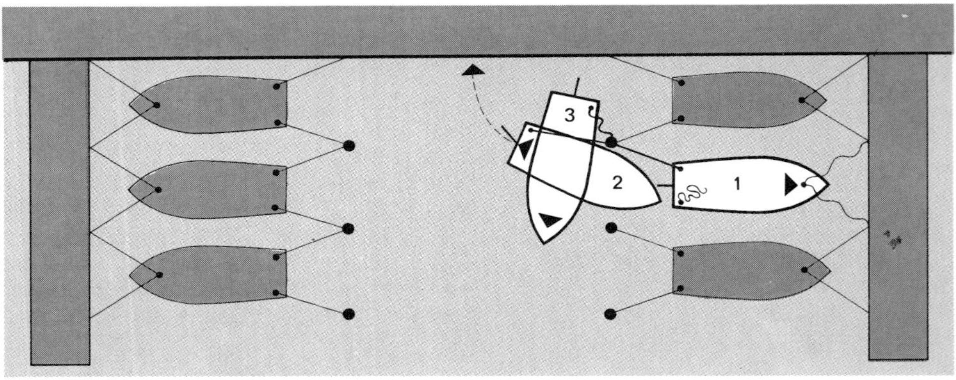

Abb. 9 Verlassen der Box
Alle Leinen los bis auf eine Achterleine zu dem Pfahl, um den man herausfahren will (1). Langsam zurück. Achterleine bis auf ²/₃ Bootslänge an Heckpoller oder -klampe gestoppt ausfieren und steifkommen lassen. Ruder hart zum Pfahl, viertel Kraft zurück (2). Stopp. Ruder ab vom Pfahl, kleine Fahrt voraus. Stopp (3), Leine einholen. Fahrt voraus und auf Kurs gehen. Dieses an der Leine kontrollierte Ausscheren aus der Box ist bei allen Wind- und Stromverhältnissen möglich und sicher. Es ist auch bei Stegboxen (Docks) anwendbar. Man fährt dann die Leine lose um die Kopfklampe des Stegs wie um einen Pfahl.

man statt »Wind« auch »Strom« setzen. Es hängt jeweils davon ab, wer von beiden sich stärker auswirkt.
Es ist üblich, am ständigen Boxliegeplatz die Festmacher an Land beziehungsweise auf den Pfählen zurückzulassen. Das ist weder praktisch noch sonderlich sicher, wenn man bei der Rückkehr widrige Wind- oder Strömungsverhältnisse antrifft. Man sollte es sich zum Grundsatz machen, seine Festmacher mitzunehmen. Es ist beim Anlegen einfacher, eine Bucht über einen Pfahl zu werfen, als eine Leine von einem Pfahl zu an-

Abb. 10 In die Box einfahren
Wind aus allen Richtungen, außer achterlich: Man nähert sich spitzwinkelig dem Pfahl, Vorleine klar. Stopp (eventuell zurück), Leine um den Pfahl (1). Ruder leicht ab vom Pfahl, langsam voraus, Leine fieren, bis sie auf ¹/₂ Bootslänge oder etwas mehr back steht (2). Leine fest, Ruder hart zum Pfahl, kurz volle Fahrt voraus (3). Stopp, Ruder mittschiffs. Achterleine am »Drehpunktpfahl« belegen und ihr vorerst genug Lose geben, damit das Heck des Bootes zum anderen Pfahl geschwojt werden kann. Etwas zurückfahren, Vorspring zusätzlich Lose geben (aber noch nicht loswerfen). Ruder hart zum Drehpfahl, kurz und kräftig mit der Maschine voraus, was das Heck zum anderen Pfahl dreht, so daß auch zu diesem eine Achterleine ohne Jonglieren und Lassowerfen gebracht werden kann. Ist auch die zweite Leine am Pfahl belegt, Vorspring loswerfen und vorsichtig in die Box hineinfahren. Der Abstand des Bugs vom Steg kann mit den beiden Achterleinen leicht reguliert werden; vor allem mit der StB-Achterleine entgegen dem Radeffekt beim Abbremsen des Boots mit rückdrehender Schraube. Vorleinen an Land und festmachen. Will man über Heck in die Box einfahren, dann geschieht dies sinngemäß über eine Achterspring.

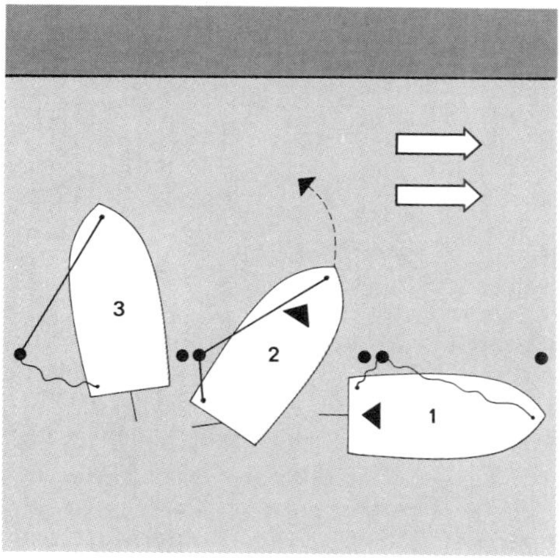

Abb. 11 In die Box bei starkem achterlichem Wind oder Strom.
Man bringt zum Drehpfahl eine längere Vorleine und gleich eine kürzere Achterleine aus (1). Dann fährt man an beiden mit Ruderlage zum Pfahl (2) in die Box hinein. Das Boot kann so durch Fieren und Holen an den Leinen und eventuell zusätzliche Maschinen- und Rudermanöver sicher geführt und vor dem Schieftreiben bewahrt werden (3). Die Vorleine wird erst dann vom Pfahl losgeworfen, wenn eine luvwärtige Vorleine zum Steg den Bug hält.

geln. Übrigens: das so häufig bei Anlegemanövern zu beobachtende Durcheinander an Deck mit Bootshaken, Fendern und Lassowerfern ist höchst unseemännisch.

2. Manöver mit Z-Trieben und Außenbordern

Die Bootsbewegungen sind prinzipiell die gleichen wie bei den bisher beschriebenen Manövern. Da der Propeller in die Richtung schiebt oder zieht, in die man »Ruder« legt, ist ohne weitere Erklärung aus dem Dargestellten ersichtlich, wie man zu manövrieren hat. Allerdings ist auch hier der Radeffekt des Propellers deutlich in einer Unterschiedlichkeit der Reaktionen nach der einen und der anderen Seite fühlbar. Die Schäfte sind zudem gute Ruder bei ausgekuppeltem Propeller.

3. Manöver mit Zweischraubenschiffen

Abb. 12 a–d zeigt, welche Bewegungen das Schiff beim Vor- und Zurückfahren mit nur einer Schraube ausführt. Läßt man eine Schraube voraus- und die an-

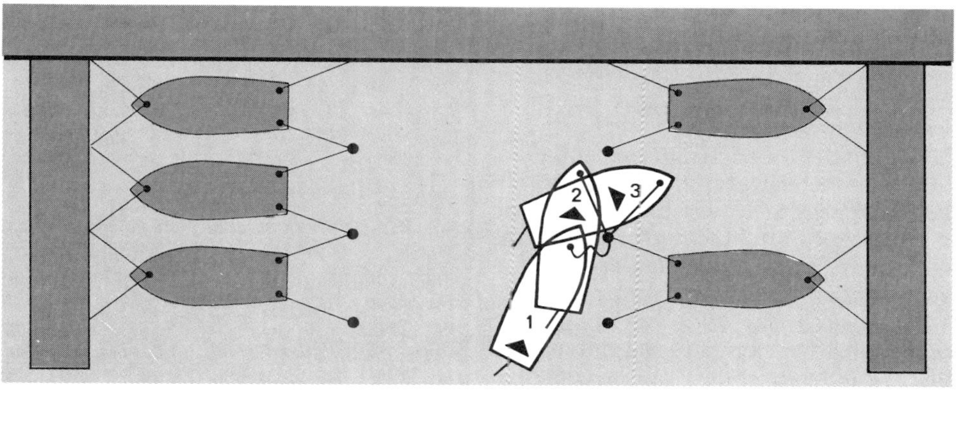

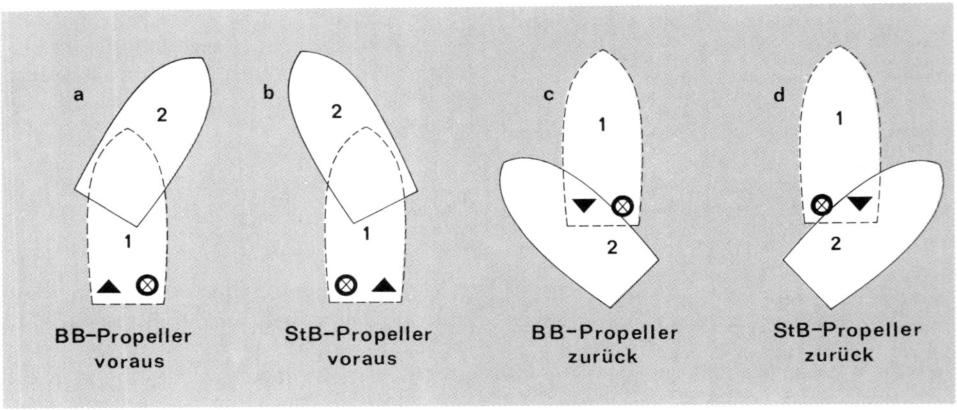

Abb. 12 Schiffsbewegungen mit zwei Schrauben
Vorausgehen mit einer Maschine (a–b) führt zu einer weicheren Drehung als Rückwärtsgehen mit der anderen Maschine (c–d), um das Schiff im gleichen Sinne zu drehen. Dies muß man wissen, wenn man das Schiff beidrehen will.

dere zurückgehen, dann dreht das Schiff fast auf der Stelle, und zwar in dem Sinne, in dem man die Schalthebel bewegt hat. Hat man den StB-Hebel vorgeschoben und den BB-Hebel zurückgenommen, dann fährt sozusagen die StB-Wand des Schiffs voraus und die BB-Seite zurück. Das Schiff dreht sich links herum.

Es ist nicht gesagt, daß das Schiff bei gleicher Drehzahl von BB- und StB-Maschine und bei gleichzeitig voraus- und rückwärtsgehenden Propellern auf der Stelle dreht. Es wird dabei wahrscheinlich auch eine geringe Fahrt über den Vor- oder Achtersteven machen. Das muß man bei jedem Schiff herausfinden. Man kann aber fast jedes Zweischraubenschiff dazu bringen, auf der Stelle zu drehen (Abb. 13), indem man der entgegen der Fahrtrichtung laufenden Maschine etwas mehr Gas gibt. Die Geschwindigkeit der Drehung wächst mit der Kraft, die man den Maschinen zuteilt. Entgegen einer weitverbreiteten Ansicht ist der Abstand der Propellerwellen von der Schiffsmitte ohne Einfluß auf die Manövriereigenschaften des Schiffes. Wichtig ist jedoch die Zonentrennung zwischen Backbord- und Steuerbordboden des Schiffes durch Kiel,

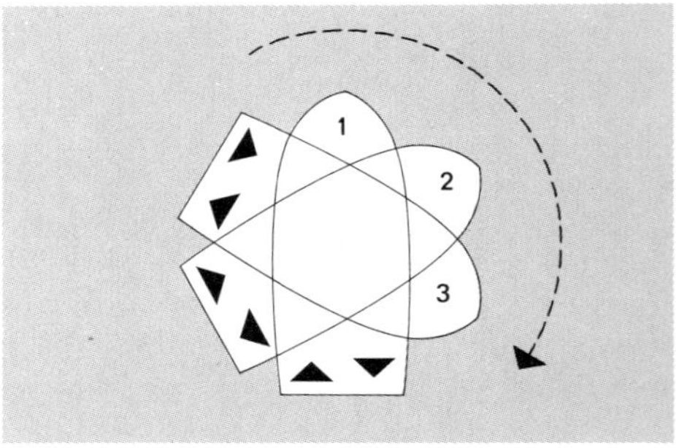

Abb. 13 Drehen mit zwei Schrauben
BB-Maschine voraus, StB-Maschine zurück. Man kann fast jedes Zweischraubenschiff dazu bringen, auf der Stelle zu drehen, wenn man gegebenenfalls der der Fahrtrichtung entgegenlaufenden Maschine etwas mehr Gas gibt.

Totholz und Aufkimmung, damit sich die durch die Propeller hervorgerufenen Druckunterschiede am Bootsboden kräftig ausbilden können. Je kräftiger, um so manövrierfähiger ist das Boot.
Doppelinstallationen von Z-Trieben und Außenbordern bieten bei weitem nicht die Manövrierfähigkeit wie Zweischraubenschiffe mit Propellern unter ihrem Boden.
Die Schiffsbewegungen bei Manövern mit Zweischraubenschiffen gleichen denen mit Einschraubenschiffen, nur werden alle diese langsamen Manöver bei Zweischraubenschiffen fast ausschließlich mit den Maschinen gefahren. Das Ruder steht dann am besten mittschiffs.
Will man mit dem Schiff aus Vorausfahrt längsseit gehen, dann fährt man am besten mit Ruder und nur der Außenmaschine (der von der Anlegeseite abgewandten) heran. Wird der Bogen zu flach, kann man mit kurzem, kräftigem Angehen der Innenmaschine den Bogen enger machen. Ansonsten beendet man das Manöver mit Stoppen und anschließendem Rückwärtsgehen der Außenmaschine wie beim Einschraubenschiff, wobei der Radeffekt des Außenpropellers das Heck an die Anlegestelle bringt. Die Anlegestelle spielt keine Rolle dabei, es sei denn, das Schiff hätte gegenläufig einwärtsdrehende Propeller (kommt nur bei Amateurbauten vor).
Beim Ablegen von einer Kaimauer fährt man am besten eine Bugleine nach vorn und geht mit der kaiseitigen Schraube rückwärts. Dabei kommt die Vorleine steif, und das Schraubenwasser des Propellers schiebt sich als Polster zwischen Kai und Bordwand und drückt das Schiff ab. Sodann kann man, wenn nötig, mit der Außenmaschine kurz vorausgehen, um das Heck noch weiter vom Kai abzudrehen, die Vorleine einholen und mit beiden Maschinen rückwärts das Schiff hinaus ins Fahrwasser ziehen. Gesteuert wird dabei durch Gasgeben auf der einen oder anderen Maschine.
Bei Ruderschaden bringt man Zweischraubenschiffe durch Steuern mit einem Gashebel nach Hause. Man stellt die luvseitige Maschine auf die gewünschte Drehzahl und steuert mit dem leeseitigen Gashebel durch mehr oder weniger Gasgeben. Es läßt sich so recht gut Kompaßkurs fahren. Man wähle jedoch einen näheren Hafen, weil das »Wedeln« mit dem Gashebel die Reichweite kürzt. Vor grober achterlicher See kann man sich meist nur mit beiden Gashebeln steuernd halten. Man sucht besser einen Hafen, der mit Gegenanfahrt zu erreichen ist.
Bei Ausfall einer Maschine manövriert man wie mit Einschraubenschiffen, muß sich aber über die Besonderheiten des asymmetrischen Antriebs im klaren sein.

4. Besondere Hinweise:

Beim Ablegen von einer Boje gehe man mit der Maschine so weit rückwärts, bis man die Boje vom Ruderstand aus gut sehen kann, und passiere sie in sicherem Abstand, damit nicht der Propeller die Muring überfährt und unklar kommt.
Zum Aufnehmen einer Boje oder eines über Bord Gefallenen bringe man ein Motorboot stets in Lee des Treibenden. Motoryachten und Motorboote haben nur einen geringen Tiefgang und ein sehr hohes Überwasserprofil und machen deshalb bei Wind beträchtlichen Leeweg. Eine in Lee längsseits genommene Person oder Boje würde dwars überlaufen werden.
Fällt jemand bei Maschinenfahrt über

Bord, so dreht man sofort nach der Seite, an der er über Bord gefallen ist, um ihn frei vom Propeller zu halten. Die Kursänderung muß mindestens 45° betragen. Dann erst dreht man zur anderen Seite auf Gegenkurs ein. Beim Kompaßfahren erfassen Anfänger nicht immer gleich, daß die Kompaßrose steht und das Gehäuse sich um sie herumdreht. Es erscheint ihnen vielmehr umgekehrt, und sie versuchen, mit dem Rad oder der Pinne die Rose zurückzudrehen. Das aber vergrößert die Kursabweichung nur noch. Man steuere so, wie sich die Rose (scheinbar) vom Kurs wegdreht. Dreht sie links – Ruder links, dreht sie rechts – Ruder rechts. Das ist leicht zu merken.

»RADEFFEKT«

Das seitliche Weglaufen des Propellers, hier auch »Radeffekt« genannt, wird oft so erklärt, daß der im Drehkreis unten »im dichteren Wasser« durchgehende Flügel mehr Widerstand findet als der oben durchgehende Flügel. Die Erklärung ist absoluter Unsinn, denn das Wasser ist praktisch nicht kompressibel, so daß seine Dichte nicht vom (mit der Tiefe zunehmenden statischen Druck) abhängt. Der Druck hat aber keinen Einfluß auf den Drehwiderstand der Flügel – noch auf sonst einen Wasserwiderstand. Der Radeffekt ist beim rumpffrei laufenden Propeller – etwa in Vorausfahrt – lediglich eine Reaktion auf den Drall, den der Propeller dem Wasser aus der Beschleunigung nach achtern erteilt. Der Effekt ist bei Fahrt über den Achtersteven oder bei rückwärtsgehendem Propeller im Manöver nur deshalb stärker spürbar, weil das nun spiralig gedrallte Wasser gegen den Rumpf geschickt wird und so auf der einen Seite gegen den Bootsboden und die Bordwand drückt, auf der anderen Seite aber suckelt.

c) Verhalten im Sturm

Verdränger sind etwas topplastig, also rank. Sie verlangen, daß man dem Tieferstauen von beweglichen Lasten vor dem Sturm besondere Aufmerksamkeit widmet, um auf diese Weise ihre Stabilität zu erhöhen, sie also etwas steifer zu machen.

Man kann diese Boote nicht so lange vor Sturm und See fahren wie eine Kielyacht. Wenn sie schon vor dem Sturm lenzen, dürfen sie nicht mehr als etwa 3 Knoten Fahrt laufen. Meistens jedoch wird es nicht möglich sein, die Fahrt so weit zu drosseln. Auch hat es sich wenig bewährt, vor der See zu laufen und Leinen achteraus zu stecken, um das Boot spitz zur See zu halten oder die Fahrt abzustoppen. Die Leinen geraten zu leicht in den Propeller. Ferner können bei den meistens völligen Achterschiffen Leinen kaum etwas gegenüber der breiten »Stirn« ausrichten, die solch ein Heck der anrollenden See bietet. Nur ein guter Steuermann mit schnellem Reaktionsvermögen wird solche Schiffe noch einige Zeit fahren können, jedoch wird auch ihm spätestens bei Windstärke 9 das Boot wiederholt querlaufen. Dann muß sofort das Gas zurückgenommen werden. Wahrscheinlich wird dann die nachfolgende See harmlos unter dem Boot durchlaufen.

Gleiter sind vor achterlicher See auch von den erfahrensten Steuerleuten kaum zu halten. In einer See von eineinhalb bis zwei Bootslängen schießen sie immer wieder quer.

Treibanker eignen sich für schnelle Verdränger und Gleiter auch nicht, weil diese Bootstypen wenig Tiefgang und hohe Überwasserflächen – Freibord und Aufbauten – haben, die dem Sturm eine große Angriffsfläche zum Querblasen bieten.

Am sichersten ist es, mit einer Motoryacht langsam gegen die See anzufahren. Ob ein Motorsegler beiliegen kann wie eine Segelyacht, hängt von seiner Rumpfform ab. Ist der Rumpf (mit Ballastkiel) mehr zur Segel- als zur Motoryacht hin ausgelegt, wird es möglich sein. Hat der Motorsegler eine entsprechend starke Maschine, ist es auch für ihn das sicherste, durch Fahrt gegenan einen Sturm abzureiten. Die richtige Gashebelstellung ist jene, bei der der Bug ohne Schwierigkeit über die See steigen kann. Wenn das Boot aber rechtwinkelig gegenan zu schwer stampft und Neigung zeigt, grünes Wasser über den Bug zu nehmen, muß man versuchen, etwas schräg gegen die See anzufahren.

Es kann geschehen, daß Motoryachten bei gewissen Seegangsperioden bedenkliche Schlinger- und Stampfbewegungen machen, deren Grund darin liegt, daß die Periode der Schiffsbewegungen, die ja auch Schwingungen sind, der Periode des Seegangs entspricht. Das läßt sich in gewissen Grenzen verhindern. Trimmt man bewegliche Lasten von der Drehachse der Schiffsschwin-

Abb. 14 Kentern über den Bug
Das passiert, wenn man auf dem Rücken einer Grundsee reitet, aber zu schnell fährt und die See überholt. Es passiert aber auch, wenn man vor achterlicher See mit zu viel Fahrt lenzt. Auf dem Vorderhang der See nimmt das Boot durch die Schwerkraft (bergab) erhöhte Fahrt auf, und der Bug kann die Wucht dieser Schußfahrt nicht mehr auffangen. Es schneidet unter, das Heck wird durch die See hochgeschoben, und das Boot überschlägt sich. Da flachgehende Motoryachten durch den hochliegenden Schwerpunkt überwiegend topplastig sind, ist für sie in dieser Situation die Gefahr des Überschlagens viel größer als für Segelyachten.

gungen weiter nach außen zu den Enden, dann wird die Periode der Schiffseigenschwingung länger. Sie wird kürzer, wenn man die Lasten mehr nach mittschiffs zu trimmt. Mit anderen Worten: Schaukelt der Seegang das Boot so auf, daß es immer heftiger zu stampfen beginnt, so trimmt man Gewichte nach vorn und nach achtern. Fängt das Boot gefährlich an zu schlingern, bringt man Gewicht beidseits vom Kiel weg nach außen. Ist das Schlingern zu hart, muß man einige Lasten wieder höher stauen. Fällt die Maschine aus, dann benehmen sich Motorboote meist erstaunlich ruhig und problemlos. Dies gilt besonders für die hochbordigen Gleiter und Halbgleiter, die den größten Luftlateralplan mehr vorlich haben; denn sie legen sich mit dem Heck schräg gegen Wind und See, womit sie letzterer eine sehr große Reserveverdrängung anbieten, die das Boot sicher auch über die schaumigen Sturzbäche schwerer Sturmbrecher hinwegheben kann. Die Methode, im schweren Sturm die Maschine mit ausgekuppelter Schraube nur in Bereitschaft laufen zu lassen oder auch anlaßbereit abzustellen, ist auch von niedrigbordigen Schleppern mit Erfolg im Orkan auf dem Atlantik angewendet worden. Wenn die Stabilität des Bootes (und eines jeden Schiffes überhaupt) nur bis zu Rollwinkeln von 45° oder 50° (die selten erreicht werden) gegeben ist, und das ist die Regel, dann ist es am besten, dem Schiff gegenüber dem Wasser keinen oder so wenig Zwang wie möglich anzutun. Man soll es nicht antreiben, es aber auch nicht so übermäßig durch achtern ausgestreckte Leinen und/oder Treibanker bremsen, daß jeder Brecher nicht anders kann, als an ihm zu branden.

Anders als eine Segelyacht können die hochbordigen und kräftig motorisierten Motoryachten auch bei kräftigem Sturm gegenan Raum gewinnen, wobei sie nicht selten noch mit vier oder sogar sechs Knoten über Grund vorankommen, ohne viel Wasser auf Deck zu nehmen. Dampft man mit einem Motorschiff langsam gegenan, was für schwere See eine relativ sichere und bewährte Praxis ist, dann könnte man sagen, eine Motoryacht brauche im Gegensatz zu einer Segelyacht in der gleichen Lage Seeraum nach Luv. Eine Motoryacht sollte auch in diesen Seeraum hineinfahren, denn je näher sie der Luvküste kommt, um so geringer wird der Seegang.

Die große Gefahr im Sturm für alle Schiffe ist jedoch die Leeküste, der Legerwall — noch bevor er erreicht wird, wenn man von hoher See her darauf zutreibt. An irgendeiner Tiefenlinie auf der Seekarte beginnt die Grundsee und die Gefahr für Schiffe und Boote, die einen Hafen an einer Küste aufsuchen wollen, auf die Wind und See zulaufen. Selbst eine harmlos und draußen auf dem Atlantik sanft wiegende Dünung von etwa drei Meter Höhe wird tückisch, wenn sie an der 40-m-Linie der Seekarte ankommt. Sie wird steilflankig und beginnt damit zu branden. Dies nennt man brechende Grundsee, und jeder befahrene Seemann fürchtet diese See zu Recht.

Der befahrene Seemann weiß ohnehin um den weisen Spruch, die Küste sei der Feind des Seemanns; er kommt ihr nie näher als nötig. Aber er kann überdies die Länge einer See von Kamm zu Kamm schätzen, sei dies nun eine vom Sturm gepeitschte oder eine noch hochgehende, aber »runde« und langsam fauler werdende Dünung danach, und er wird diese Länge von Kamm zu Kamm mit den Lotungsangaben in der Seekarte vergleichen. Zeigt die Lotung nur noch die Hälfte der herrschenden Wellenlänge an, dann beginnt die Grundsee in den Kämmen überzubrechen, und sind die Lotungen nur noch 40...35% der Länge der See draußen im Tiefwasser, dann brandet es – und zwar ganz gewaltig, wenn die betreffende Lotungslinie etwa 50 oder 40 m zu 100 m nennt.

Es gibt freilich eine Klasse von Booten, die sich in solch gefährlicher See über die Barre in den rettenden Hafen an einer Leeküste unter kundiger und mutiger Führung retten können: die kräftig motorisierten Gleit- und Deep-Vee-Boote, die auf dem Rücken einer Grundsee eine Geschwindigkeit von mindestens 17 kn durch das Wasser (bergauf) halten können. Solche Boote kann man auf den luvwärtigen Rücken einer solchen Brandungssee hängen und auf ihm über die Barre reiten, wobei man nur sorgen muß, nicht über dem Kamm voraus in den Wasserfall zu geraten, noch unter den achteraus hinter einem herstürmender zu geraten. Kleinere, schnellere Motorboote durchreiten so auch normale Brandungen bis zum Strand.

Wovor jeder Skipper größerer Motoryachten zu warnen ist: Wenn die See höher wird als der Freibord und weniger als drei Bootslängen von Kamm zu Kamm mißt, dann fahre er auf keinen Fall mehr mit dem automatischen Steuermann; mit achterlicher See dieser oder schwererer Art würde er überhaupt nicht fertig, sondern er würde lebensgefährdend, weil er nicht schnell und kräftig genug reagiert, um ein Querschlagen zu vermeiden.

XV. Das Verkehrsrecht in der Schiffahrt

Der Schiffahrtsverkehr wird im wesentlichen durch folgende Bestimmungen geregelt:

- Die Seestraßenordnung (SeeStrO)
- die Seeschiffahrtstraßen-Ordnung (SeeSchStrO) vom 3. 5. 1971
- Hafengesetze und -ordnungen der deutschen Küstenländer und ihrer Häfen.
- die Binnenschiffahrtstraßen-Ordnung (BinSchStrO) vom 3. 3. 1971

Die folgenden Ausführungen geben einen Überblick, zugeschnitten auf die Bedürfnisse des Sportschiffers. Wer insbesondere staatliche Prüfungen (z. B. zum Erwerb des Sporthochsee- oder des Sportseeschifferzeugnisses) ablegen oder seine Yacht mit den vorgeschriebenen Lampen oder Signalkörpern ausrüsten will, ist gut beraten, wenn er sich mit dem genauen Gesetzestext gerade der beiden erstgenannten Ordnungen vertraut macht.

a) Die Seestraßenordnung (SeeStrO)

Die Seestraßenordnung[1] hat internationalen Charakter und wird im jeweiligen Hoheitsbereich von nationalen Vorschriften ergänzt oder abgeändert, in der Bundesrepublik von der Seeschiffahrtstraßen-Ordnung.
Im folgenden wird der wesentliche Inhalt der Seestraßenordnung erläutert. Sie gliedert sich in 5 Teile und 4 Anlagen.

---

[1] Die im Oktober 1972 von der IMCO (Inter-Governmental Maritime Consultative Organization) beschlossene Seestraßenordnung 1972 trat am 15. 7. 1977 in Kraft.

Zu Teil A: Allgemeines [1–3][1]

Auf hoher See und den mit ihr zusammenhängenden Gewässern, die von Seeschiffen befahren werden, unterliegen alle Fahrzeuge ungeachtet ihrer Art und Größe den Regeln der SeeStrO [1]. Doch darf man sich nicht mit der bloßen Befolgung dieser Regeln begnügen, wenn gute Seemannschaft oder besondere Umstände eines Falles weitere Maßnahmen notwendig oder zweckmäßig erscheinen lassen (wie z. B. nachts die Erregung der Aufmerksamkeit des ausweichpflichtigen Fahrzeuges durch Anstrahlen der Segel). Darüber hinaus muß man mit der Möglichkeit rechnen, daß ein Fahrzeug wegen besonderer Umstände (wie z. B. durch schlechtes Wetter, durch Einhalten der Kurshaltepflicht einem Dritten gegenüber u. ä.) nicht in der Lage ist, den Vorschriften der SeeStrO in der gebotenen Weise nachzukommen, sondern von ihnen abweichen muß [2].

Einige allgemeine Begriffsbestimmungen [3]:

Es wird unterschieden zwischen von Maschinenkraft getriebenen »Maschinenfahrzeugen« und »Segelfahrzeugen«; ein Fahrzeug, das gleichzeitig unter Segel und mit Maschinenkraft fährt, gilt als Maschinenfahrzeug. Ein Fahrzeug ist »manövrierunfähig«, wenn es durch besondere Umstände nicht in der Lage ist, so zu manövrieren, wie es die SeeStrO verlangt, und deshalb anderen Fahrzeugen nicht ausweichen kann.

Ein Fahrzeug ist »manövrierbehindert«, wenn es die Art seines Einsatzes nicht erlaubt, so zu manövrieren, wie es die SeeStrO verlangt, und deshalb anderen Fahrzeugen nicht ausweichen kann.

»Ein tiefgangbehindertes Fahrzeug« kann auf Grund der vorhandenen Wassertiefe nur erschwert von seinem Kurs abweichen.

Ein Fahrzeug ist »in Fahrt«[2], wenn es weder an Land festgemacht oder geankert hat, noch am Grunde festgekommen ist.

Fahrzeuge haben einander »in Sicht«, wenn sie sich optisch wahrnehmen; eine Radarortung reicht also dazu nicht aus.

Ein »kurzer Ton« soll etwa eine Sekunde, ein »langer Ton« etwa vier bis sechs Sekunden andauern [32].

Zu Teil B: Ausweich- und Fahrregeln [4–19]

Sie gelten, wenn zwischen zwei oder mehreren Fahrzeugen die Gefahr eines Zusammenstoßes besteht. Das ist der Fall, wenn sich die Peilung des möglichen Kollisionsgegners nicht oder nicht merklich mit der Zeit ändert und der Abstand geringer wird [7d]. Die vorgeschriebenen Ausweichmanöver sind

[1] In eckigen Klammern werden die Nummern der Regeln angegeben.

[2] Davon verschieden ist der Begriff »Fahrt durchs Wasser«. Er trifft nur für ein Fahrzeug in Fahrt zu, das sich relativ zum Wasser bewegt und außerdem seine Maschine nicht gestoppt hat, also im üblichen Sinne nicht treibt.

dann rechtzeitig, entschlossen und möglichst so auszuführen, daß der Bug des anderen Fahrzeuges nicht gekreuzt wird [15]. Eine Folge von geringen Kursänderungen ist zu vermeiden [8b]. Gegebenenfalls müssen Maschinenfahrzeuge ihre Fahrt mindern, stoppen oder rückwärts gehen [8e].

Im einzelnen gelten folgende Regeln:

Gefahrenlage:	ausweichpflichtig ist . . .
zwei Segelfahrzeuge untereinander [12], beide haben den Wind nicht von derselben Seite:	das Fahrzeug mit Wind von Backbord
von derselben Seite:	das luvwärtige Fahrzeug (Luvseite liegt dem gesetzten Großsegel gegenüber!)
Sichtet ein Segelfahrzeug mit Wind von Bb ein anderes in Luv und ist nicht klar, ob dieses den Wind von Bb oder von Stb	hat (z. B. wenn nachts ein grünes Seitenlicht wahrgenommen wird), so muß es dem anderen ausweichen.
zwei Maschinenfahrzeuge auf Gegenkurs [14]:	jedes Fahrzeug nach Steuerbord
zwei Maschinenfahrzeuge auf sich kreuzenden Kursen [15]:	das Fahrzeug, welches das andere an seiner Steuerbordseite hat
verschiedene Fahrzeuge untereinander [18]:	ein Maschinenfahrzeug gegenüber einem Segler, Fischer und manövrierbehinderten oder -unfähigen Fahrzeug.
	ein Segelfahrzeug gegenüber einem Fischer und manövrierbehinderten oder -unfähigen Fahrzeug.

Darüber hinaus sollte die sichere Durchfahrt eines tiefgangbehinderten Fahrzeuges beachtet werden.
Ungeachtet dieser Regeln müssen alle *überholenden Fahrzeuge,* auch manövrierbehinderte und fischende, den zu überholenden ausweichen [13]. Ein Fahrzeug ist Überholer, wenn es sich einem anderen aus dem Sektor nähert, der von dessen Hecklicht überdeckt wird, also wenn es sich aus einer Richtung von mehr als 22,5° achterlicher als querab nähert. Kann nicht klar erkannt werden, ob man sich dem anderen noch aus diesem Sektor oder schon von außerhalb nähert (wie z. B. am Tage), muß man sich als Überholer betrachten und danach handeln. Und man bleibt so lan-

ge Überholer, bis man klar passiert hat, das heißt durch etwaige Manöver, z. B. um wieder auf den alten Kurs vor dem Überholen zu gehen, den soeben Überholten nicht mehr behindert.
Grundsätzlich muß das Fahrzeug, das nicht zum Ausweichen verpflichtet ist, vom ersten Sichtkontakt an Kurs und Fahrt beibehalten. Man nennt dieses Fahrzeug deshalb auch den *Kurshalter.* Doch darf der Kurshalter durch eigene Manöver ausweichen, falls klar ist, daß das ausweichpflichtige Fahrzeug den Regeln der SeeStrO nicht folgt. Und ist aus irgendeinem Grund der Abstand zwischen beiden so gering geworden, daß ein Zusammenstoß durch ein Manöver des ausweichpflichtigen Fahrzeuges allein nicht mehr vermieden werden kann, muß auch der bisherige Kurshalter durch eigene Manöver den Zusammenstoß zu vermeiden suchen [17]. Dieses Manöver nennt man »Manöver des letzten Augenblicks«.
In *engen Fahrwassern*[1] [9] und in *Verkehrstrennungsgebieten* [10] sind besondere Regeln zu beachten. Jedes Fahrzeug hat sich in Fahrtrichtung äußerst rechts bzw. möglichst weit von der Trennzone entfernt zu halten. Das Queren von Verkehrstrennungsgebieten ist soweit wie möglich zu vermeiden; falls aber erforderlich, soll in einem möglichst rechten Winkel zur allgemeinen Verkehrsrichtung gequert werden. Ein Fahrzeug von weniger als 20 m Länge und jedes Segelfahrzeug dürfen die sichere Durchfahrt eines auf das Fahrwasser angewiesenen Fahrzeuges bzw. eines dem Einbahnweg folgenden Maschinenfahrzeuges nicht behindern. Beim Überholen in engen Fahrwassern muß das vorausfahrende Fahrzeug durch entsprechende Schallsignale mitwirken. Ebenso sind Schallsignale vor schlecht einsehbaren Krümmungen zu geben.

Es gelten folgende Schallsignale [34]:

Signal:	Bedeutung:
▬ ▬ •	Ich beabsichtige, Sie an Ihrer Stb-Seite zu überholen.
▬ ▬ • •	Ich beabsichtige, Sie an Ihrer Bb-Seite zu überholen.
▬ • ▬ •	Ich bin mit dem Überholen einverstanden. (Zustimmung des Vorausfahrers)
▬	Ich nähere mich einer unübersichtlichen Krümmung. oder: Ich habe Ihr Zeichen verstanden.

[1] Hierzu zählen alle Fahrwasser im Bereich der Seeschiffahrtstraßen-Ordnung und die abgesuchten minenfreien Wege.

Ergänzende Darstellung der Ausweichregeln

Zeichenerklärung:

Maschinenfahrzeug ändert Kurs nach Steuerbord und gibt das entsprechende Signal: einen kurzen Ton

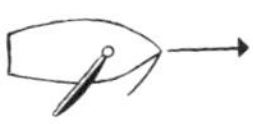

Segelfahrzeug mit Wind von Backbord, das Kurs und Geschwindigkeit beibehält

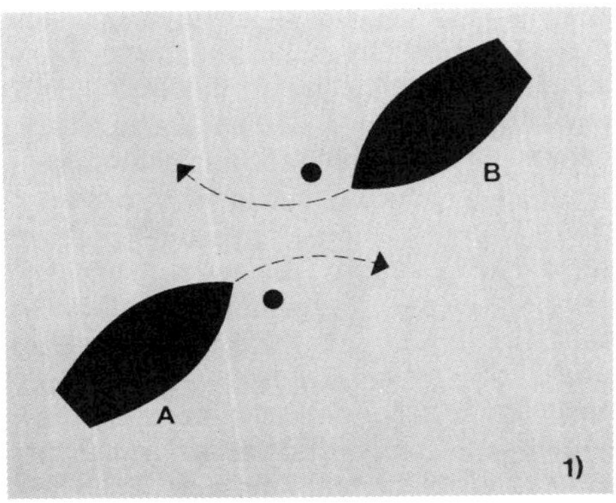

Zu 1.: Beide Fahrzeuge müssen ihren Kurs nach Steuerbord ändern unter Abgabe des entsprechenden Kursänderungssignals, weil es sich um Maschinenfahrzeuge auf entgegengesetztem Kurs handelt [14].

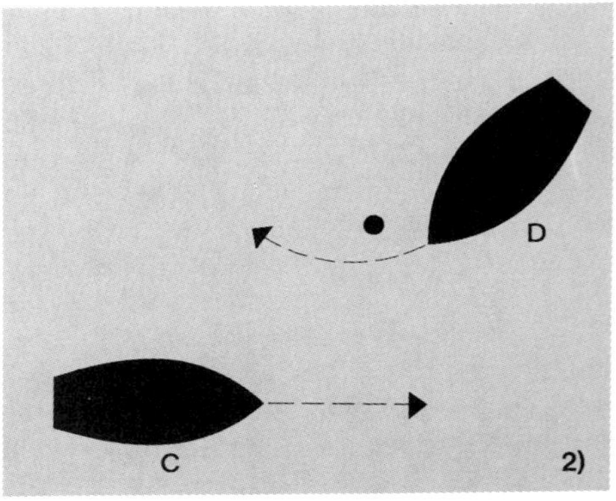

Zu 2.: D weicht aus nach Steuerbord unter Abgabe des entsprechenden Signals, weil er als Maschinenfahrzeug das andere Maschinenfahrzeug C an seiner Steuerbordseite hat [15].

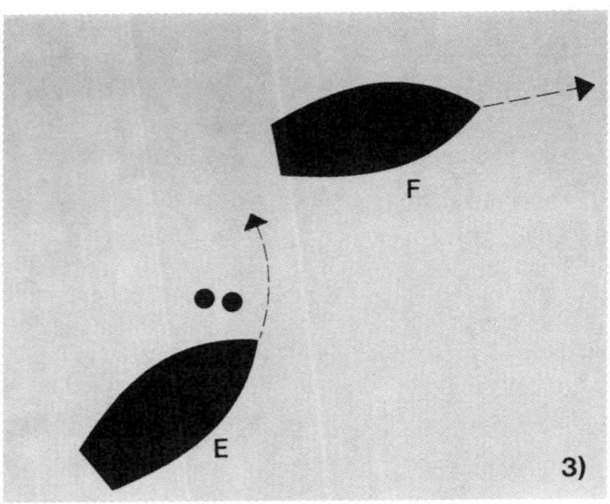

Zu 3.: E weicht aus nach Backbord (hinten herum!) unter Abgabe des entsprechenden Signals, weil er F gegenüber Überholer ist [13].

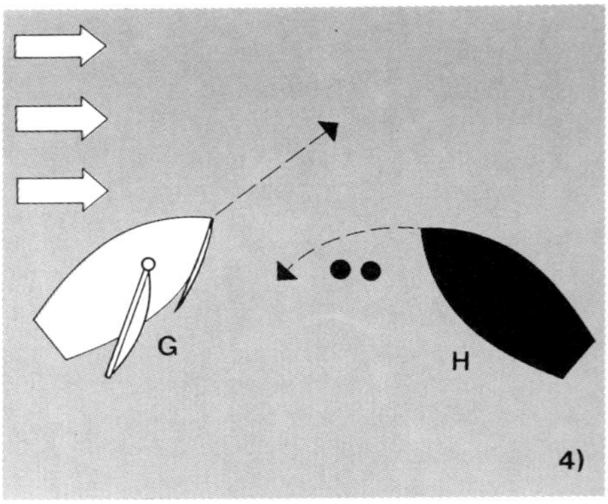

Zu 4.: H weicht aus nach Backbord unter Abgabe des entsprechenden Signals, weil er als Maschinenfahrzeug dem Segelfahrzeug gegenüber zum Ausweichen verpflichtet ist [18].

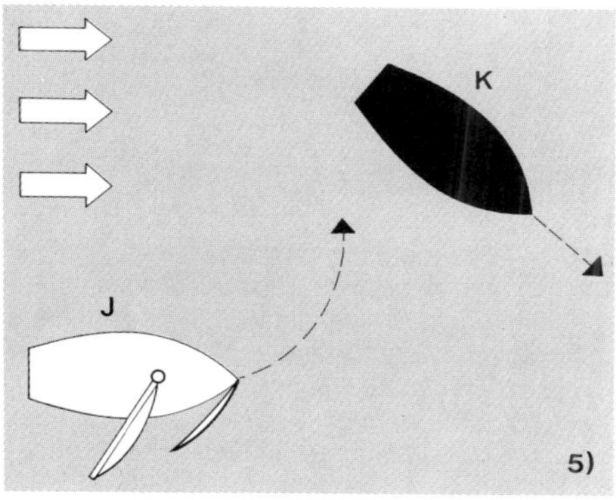

Zu 5.: J weicht ohne Signalabgabe nach Backbord aus, obwohl er selbst Segelfahrzeug, K jedoch Maschinenfahrzeug ist. Aber J ist gegenüber K Überholer [13].

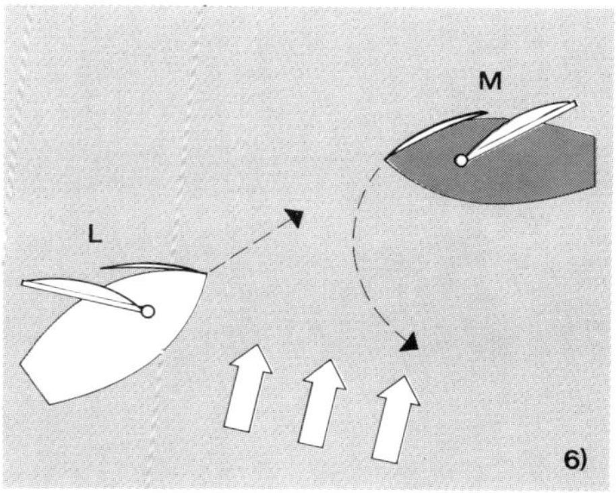

Zu 6.: M weicht aus nach Backbord durch ein Wendemanöver, weil er als Segelfahrzeug den Wind von Backbord, das Segelfahrzeug L jedoch den Wind von Steuerbord hat [12]. Keine Signalabgabe.

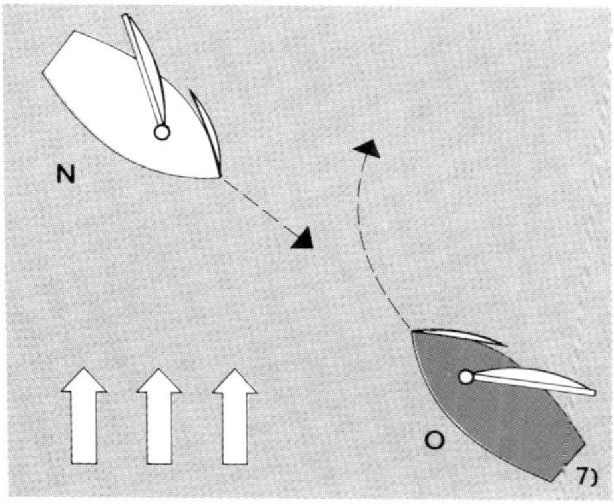

Zu 7.: Ganz entsprechend der vorigen Situation weicht O aus durch Abfallen nach Steuerbord ohne Signalabgabe [12].

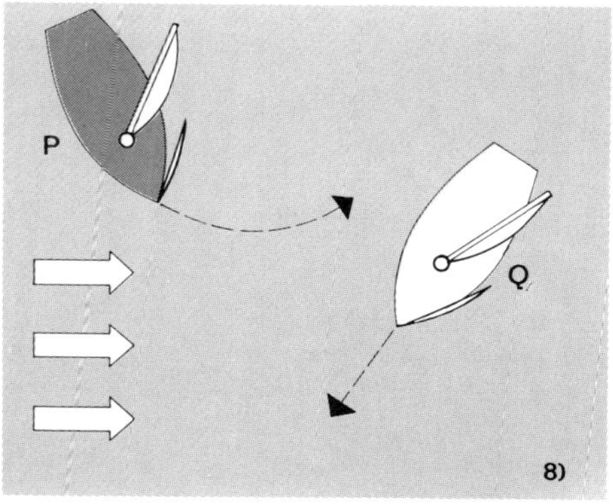

Zu 8.: P weicht aus durch Abfallen nach Backbord ohne Signalabgabe, weil beide Segelfahrzeuge den Wind von Steuerbord haben und dabei P in Luv von Q steht [12].

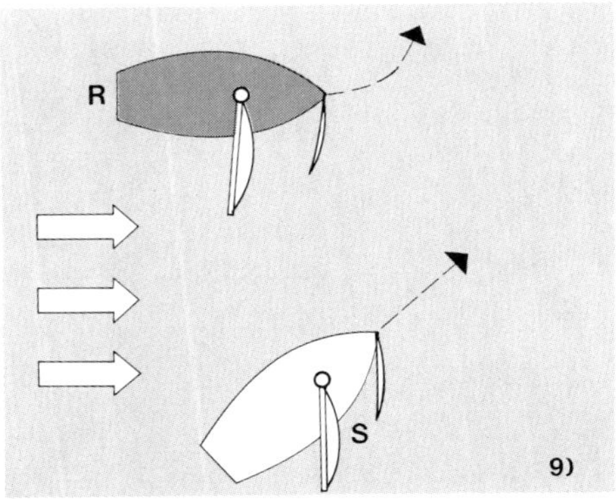

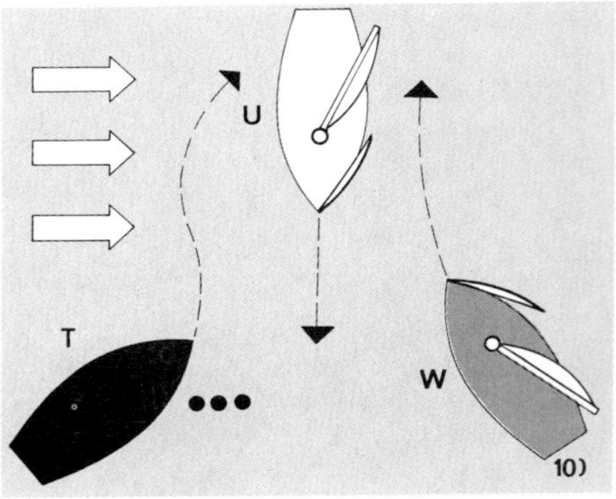

Zu 9.: R weicht aus durch Anluven nach Backbord ohne Signalabgabe, weil beide Segler den Wind von Backbord haben (dem Gesetz nach!) und dabei R in Luv von S steht [12].

Zu 10.: T ist als Maschinenfahrzeug den beiden Segelfahrzeugen U und W gegenüber ausweichpflichtig; deshalb läßt er seine Maschine unter Aufnahme eines Drehs nach Backbord rückwärts gehen und gibt entsprechendes Signal. Hat U seine Kurslinie gekreuzt, dreht er nach Steuerbord auf, um hinter W zu passieren [18].
W ist U gegenüber zum Ausweichen verpflichtet und dreht nach Steuerbord, obwohl er T gegenüber Kurs und Fahrt beibehalten müßte. Da er aber beiden Verpflichtungen nicht gleichzeitig nachkommen kann, genügt er zunächst der Ausweichpflicht [2b].
U behält Kurs und Fahrt bei, weil sowohl T als auch W ihm gegenüber zum Ausweichen verpflichtet sind [17].

Zu 11.: Kann das Segelfahrzeug X mit Wind von Bb nicht mit Sicherheit feststellen, ob ein Segelfahrzeug in Luv den Wind von Stb (wie Y) oder von Bb (wie Z) hat, so muß es ausweichen [12].

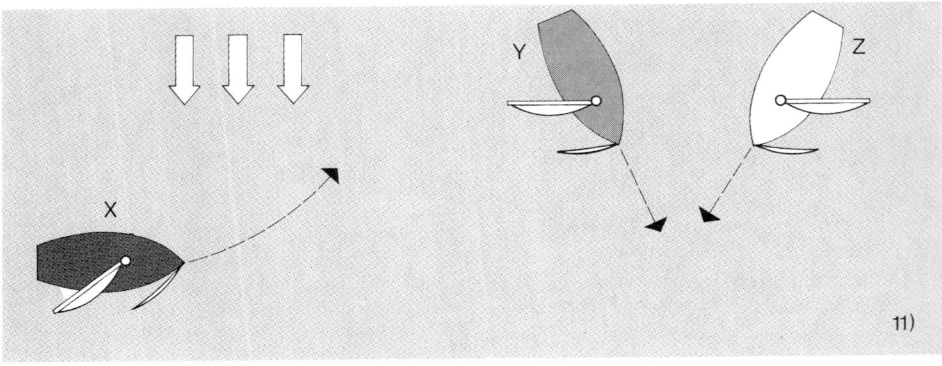

Bei *verminderter Sicht* [19] wie Nebel, starkem Regen oder Schneefall sind erhöhte Vorsicht, mäßige Geschwindigkeit und die Abgabe von Nebelschallsignalen geboten. Die vorgeschriebenen Schallsignale sind in die Übersicht auf den Seiten 511 eingearbeitet.

Wegen ihrer außerordentlichen Wichtigkeit wird aus der Regel 19 zitiert und kurz kommentiert:

»Ein Fahrzeug muß mit einer den gegebenen Umständen und Bedingungen der verminderten Sicht angepaßten sicheren Geschwindigkeit fahren. Ein Maschinenfahrzeug muß seine Maschinen für ein sofortiges Manöver klarhalten.«

Unter »sicherer Geschwindigkeit« ist im Normalfall zu verstehen, daß das Fahrzeug auf halbe Sichtweite zum Stehen gebracht werden kann.

»Ein Fahrzeug, das anscheinend vorlicher als querab das Nebelsignal eines anderen Fahrzeuges hört . . ., muß seine Geschwindigkeit auf das für die Erhaltung der Steuerfähigkeit geringstmögliche Maß verringern. Falls erforderlich, muß es jegliche Fahrt aus dem Schiff nehmen und in jedem Falle mit äußerster Vorsicht fahren, bis die Gefahr eines Zusammenstoßes vorüber ist.«

Es darf also kein Ausweichmanöver auf Grund gehörter Schallsignale, sondern nur bei erkannter Lage und Verhaltensweise des Kollisionsgegners durchgeführt werden. Die Gefahr des Zusammenstoßes ist vorüber, wenn sie entweder nach erkannter Lage des anderen Fahrzeuges ausgeschlossen oder dessen Schallsignal achterlicher als querab ausgewandert ist.

Im übrigen finden sich in Regel 19 Anweisungen für Fahrzeuge, die mit Radar ausgerüstet sind. Im Nahbereich eines möglichen Kollisionsgegners müssen sie sich allerdings ebenso verhalten wie Fahrzeuge ohne Radarhilfe.

Zu Teil C: Lichter und Signalkörper [20—31] und Teil D: Schallsignale bei verminderter Sicht [35]:

Die wesentlichen Bestimmungen über den Gebrauch von Lichtern und Signalkörpern sowie von Schallsignalen bei verminderter Sicht (= Nebelsignale) sind in der folgenden Übersicht zusammengestellt. Alle dort aufgeführten Lichter fallen unter den Begriff »Positionslichter«. Im einzelnen unterscheidet man [21]:

Topplicht: Es scheint unbehindert über einen Horizontbogen von 225°, und zwar nach jeder Seite von recht voraus bis 22,5° achterlicher als querab. Es ist in aller Regel weiß.

Bei Fahrzeugen unter 20 m Länge muß es mind. 2,50 m über dem Schandeck angebracht sein; bei Fahrzeugen unter 12 m Länge darf es tiefer, muß aber min. 1 m über den Seitenlichtern angebracht sein.

Seitenlichter: Sie strahlen jeweils unbehindert über einen Horizontbogen von 112,5°, und zwar entweder nach Stb oder nach Bb von recht voraus bis 22,5° achterlicher als querab. Das Stb-Seitenlicht ist immer grün, das Bb-Seitenlicht immer rot.

Hecklicht: Es ist ein so nah wie möglich am Heck angebrachtes Licht, das unbehindert über einen Horizontbogen von

135° scheint, und zwar 67,5° von recht achteraus nach jeder Seite. Das Hecklicht ist immer weiß.
Schlepplicht: Es entspricht dem Hecklicht, doch ist es gelb.
Rundumlicht: Es ist über den ganzen Horizontbogen sichtbar, d. h. es überstrahlt einen Vollkreis von 360°.
Funkellicht: Dies ist ein in regelmäßigen Zeitabständen blitzendes Licht. Es ist immer über den ganzen Horizontbogen sichtbar.
Die vorgeschriebenen Lichter sind bei jedem Wetter von Sonnenuntergang bis Sonnenaufgang zu führen bzw. zu zeigen; ebenso bei verminderter Sicht [20]. Grundsätzlich werden diese Lichter geführt, das heißt sie brennen ständig fest angebracht. Auf kleinen Segelfahrzeugen von weniger als 7 m Länge ist es aber zulässig, eine Laterne nur gebrauchsfertig zur Hand zu halten und gegebenenfalls nur zu »zeigen«, wenn sich ein anderes Fahrzeug nähert (abweichend von der SeeSchStrO!).

Für die Lichter sind bestimmte *Mindesttragweiten* vorgeschrieben [22], und zwar:

Für Fahrzeuge von 50 m Länge und mehr:
- Topplicht: 6 sm
- alle übrigen Lichter: 3 sm.

Für Fahrzeuge zwischen 20 und 50 m Länge:
- Topplicht: 5 sm
- alle übrigen Lichter: 2 sm.

Für Fahrzeuge zwischen 12 und 20 m Länge:
- Topplicht: 3 sm
- alle übrigen Lichter: 2 sm.

Für Fahrzeuge von weniger als 12 m Länge:
- Seitenlicht: 1 sm (*anders die SeeSchStrO, die auch hier 2 sm verlangt!)*
- alle übrigen Lichter: 2 sm.

Die Signalkörper sollten von allen Richtungen her erkennbar sein.

Darstellung der Lichter und Tagzeichen sowie der Nebelsignale

Zeichenerklärung:

Weißes Rundumlicht

Licht sichtbar innerhalb des angegebenen Sektors

zwei Rundumlichter übereinander, weiß über rot

langer Pfeifton, gefolgt von zwei kurzen

5 Sekunden langes Läuten mit der Glocke, gefolgt von 3 Einzelschlägen

Zu den nachstehenden Abbildungen:
In der zweiten Spalte »bei Nacht« ist die Lichterführung des betreffenden Fahrzeugs angegeben einmal in der Aufsicht, darunter in Ansichten von verschiedenen Seiten in der Reihenfolge: von Steuerbord, genau von vorn, von Backbord, genau von achtern.

Fahrzeug	bei Nacht	bei Tage	bei Nebel	Bemerkungen
I **Maschinen-fahrzeug in Fahrt . . .** **unter 50 m Länge**	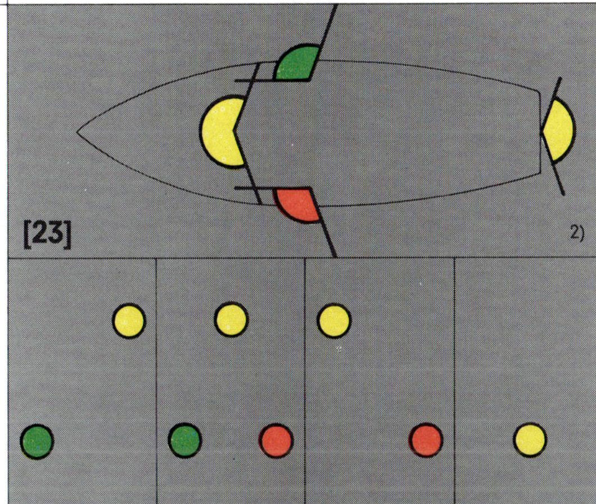 [23] 2)	 1) [25]	mindestens alle zwei Minuten bei Fahrt durchs Wasser 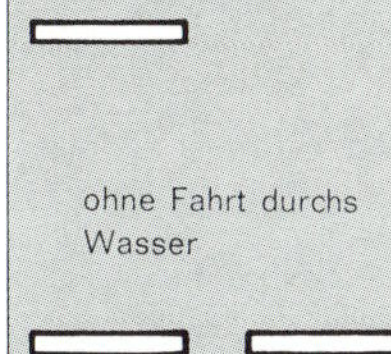 ohne Fahrt durchs Wasser Ein Fahrzeug unter 12 m Länge darf statt dessen alle 2 min ein anderes kräftiges Schallsignal geben. [35]	1) nur, falls gleichzeitig unter Segel [23] 2) Sondervorschriften für kleine Fahrzeuge: a) unter 20 m Länge: Seitenlichter können in einer doppelfarbigen Laterne geführt werden [21 b]. b) unter 7 m Länge mit einer Höchstgeschwindigkeit bis zu 7 kn: Anstelle aller Lichter genügt ein weißes Rundumlicht; soweit möglich, sind auch Seitenlichter zu führen [23].
über 50 m Länge	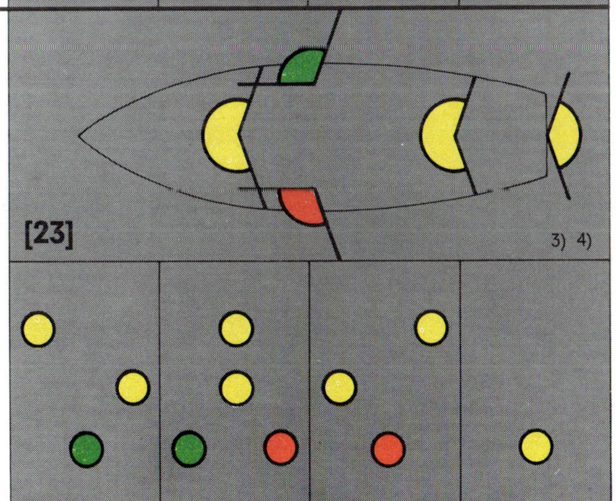 [23] 3) 4)			3) diese Lichterführung ist auch für Maschinenfahrzeuge unter 50 m Länge zulässig [23]. 4). Ein Luftkissenfahrzeug führt zusätzlich ein gelbes Funkellicht [23].

Fahrzeug	bei Nacht	bei Tage	bei Nebel	Bemerkungen
II **Schleppendes oder schiebendes Maschinenfahrzeug in Fahrt, Gesamtlänge des Anhangs einschließlich Schleppleine . . .** **unter 200 m**	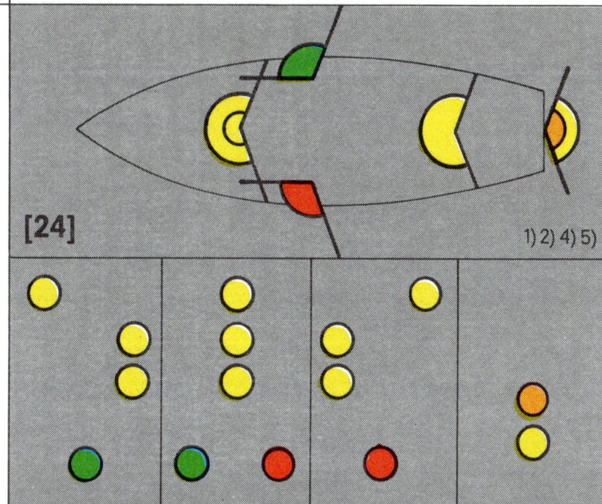		mindestens alle zwei Minuten  3) [35]	1) Kein gelbes Schlepplicht für schiebendes oder längsseits schleppendes Fahrzeug [24]. 2) Schlepper oder Schubschiffe über 50 m Länge führen auch das 2. Topplicht, wie in I [24, 23]. 3) Im Anschluß an das Signal des Schleppers gibt das letzte bemannte Fahrzeug: [35]  4) Sind schiebendes und geschobenes Fahrzeug starr miteinander verbunden, führen sie zusammen Lichter wie *ein* Maschinenfahrzeug [24]. 5) Ist das Fahrzeug durch den Schleppvorgang manövrierbehindert, so führt es neben den Schleppersignalen zusätzlich Fahrtstörungssignale (vgl. VII, S. 516) [27].
über 200 m	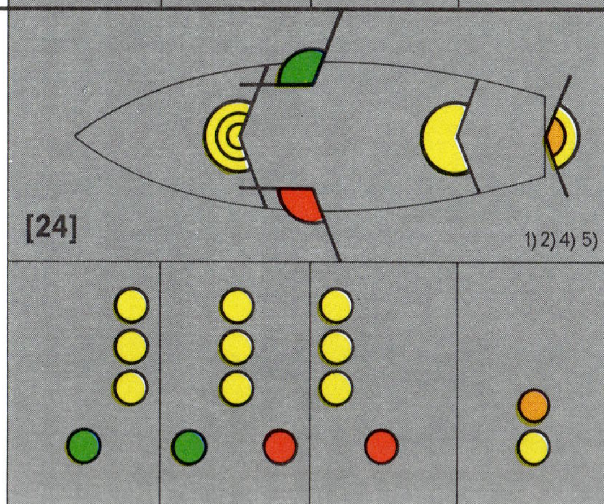	 [24]		

Fahrzeug	bei Nacht	bei Tage	bei Nebel	Bemerkungen
III **Geschlepptes bzw. geschobenes Fahrzeug in Fahrt**	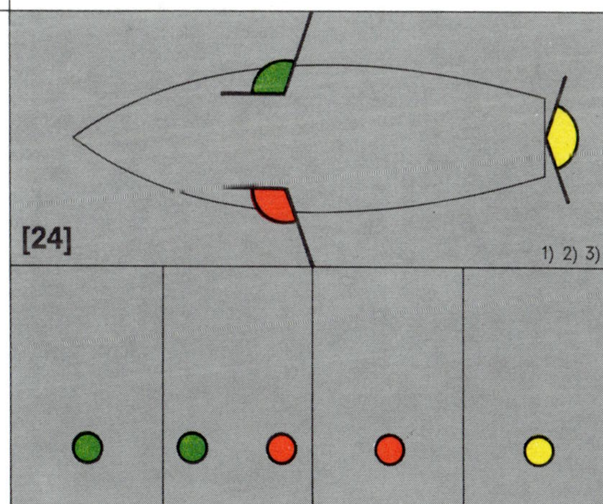 [24] 1) 2) 3)	 4) [24]	Im Anschluß an das Signal des Schleppers gibt das letzte bemannte Fahrzeug:  [35]	1) Kein Hecklicht, falls Fahrzeug geschoben wird [24]. 2) Hecklicht und Seitenlichter auch für längsseits geschleppte Fahrzeuge. Mehrere starr miteinander verbundene geschleppte oder geschobene Fahrzeuge führen Lichter wie *ein* Fahrzeug [24]. 3) Können auf geschlepptem Gegenstand die vorgeschriebenen Lichter nicht geführt werden, so muß er irgendwie beleuchtet oder geeignet auf ihn hingewiesen werden [24]. 4) Nur für geschleppte Fahrzeuge im Schleppzug über 200 m Gesamtlänge [24].

Fahrzeug	bei Nacht	bei Tage	bei Nebel	Bemerkungen
IV **Segelfahrzeug in Fahrt**	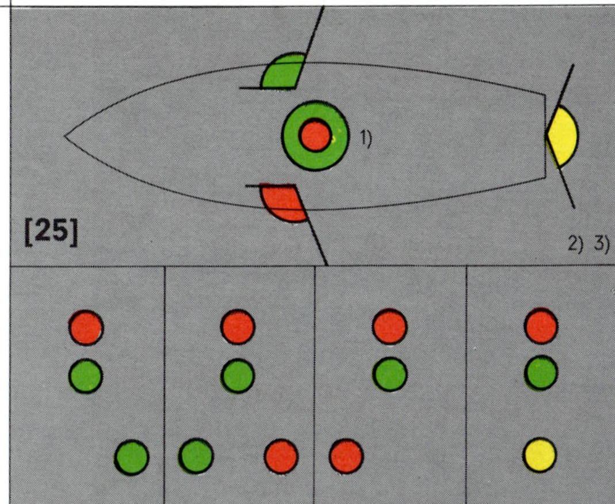	 [25]	mindestens alle zwei Minuten  Ein Fahrzeug unter 12 m Länge braucht dieses Signal nicht zu geben, muß aber dann alle zwei Minuten ein anderes kräftiges Schallsignal geben. [35]	1) Die beiden Rundumlichter können zusätzlich geführt werden [25]. 2) a) Ein Segelfahrzeug unter 20 m Länge darf die Seitenlichter in einer doppelfarbigen Laterne führen [21b]. b) Ein Segelfahrzeug unter 12 m Länge darf die Seitenlichter und das Hecklicht in einer dreifarbigen Laterne am Masttopp führen. Dann aber keine Rundumlichter mehr zusätzlich [25]. 3) Falls ein Segler unter 7 m Länge die vorgeschriebenen Lichter nicht führen kann, muß statt dessen ein weißes Licht gebrauchsfertig zur Hand sein und rechtzeitig gezeigt werden, um einen Zusammenstoß zu verhüten. Das gleiche gilt für Ruderboote [25]. **Anders die SeeSchStrO!** 4) Falls gleichzeitig unter Motor [25].
Segelfahrzeug unter 12 m Länge	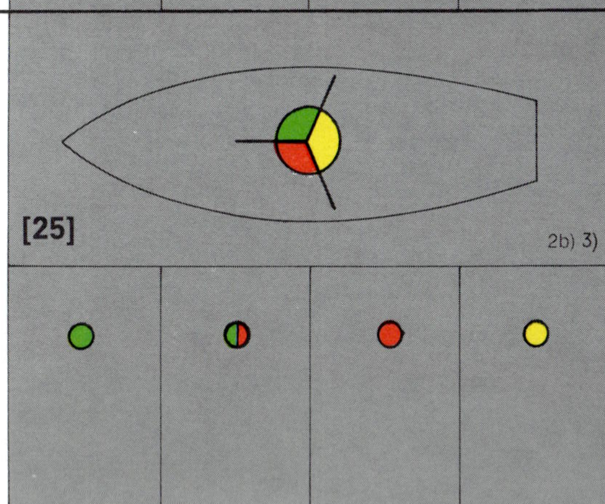	 [25]		

Fahrzeug	bei Nacht	bei Tage	bei Nebel	Bemerkungen
V Trawler **Fischendes Fahrzeug mit Fahrt durchs Wasser oder vor Anker** Nicht-Trawler	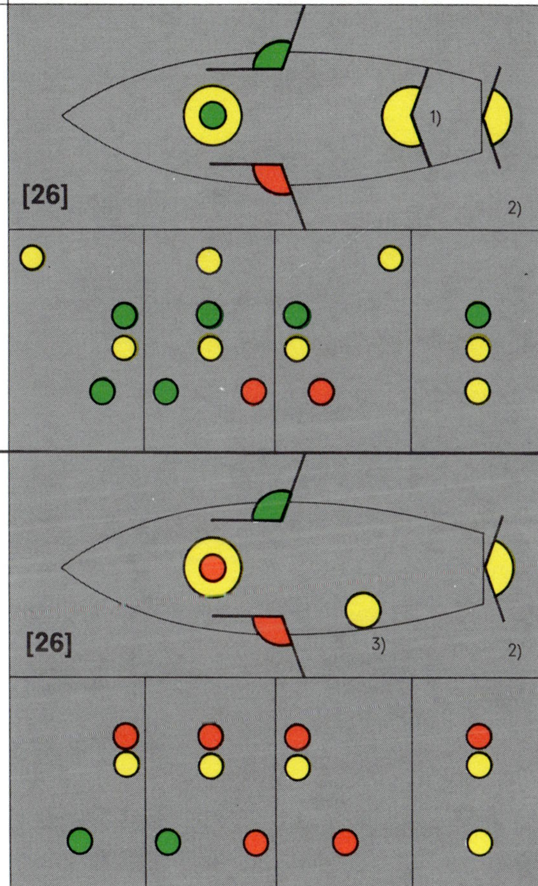	 oder (falls kürzer als 20 m): ggf. dazu für Nichttrawler: 3) [26]	mindestens alle zwei Minuten  [35]	1) Falls Trawler länger als 50 m, *muß* Topplicht hinter und über dem grünen Rundumlicht geführt werden. Falls Trawler kürzer ist, *darf* es geführt werden [26]. 2) Seitenlichter und Hecklicht nur, falls Fahrzeug Fahrt durchs Wasser macht [26]. 3) zeigt die Richtung an, in die ein Fanggerät des Nichtrawlers weiter als 150 m ausgebracht ist [26].

Fahrzeug	bei Nacht	bei Tage	bei Nebel	Bemerkungen
VI **Manövrierunfähiges Fahrzeug mit Fahrt durchs Wasser**	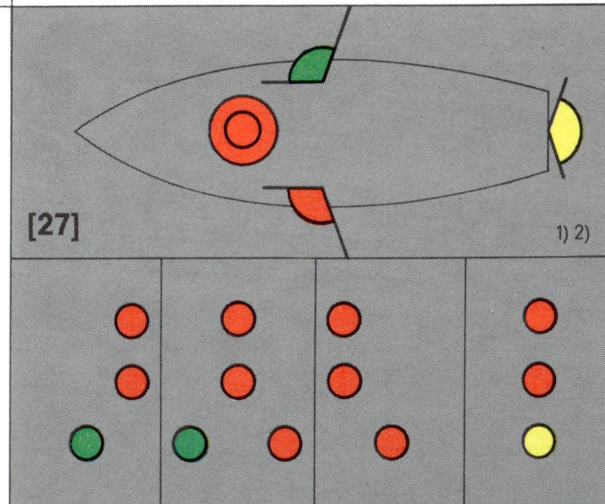 [27] 1) 2)	 [27]	mindestens alle zwei Minuten  [35]	1) Seitenlichter und Hecklicht nur, falls Fahrzeug Fahrt durchs Wasser macht, also nicht treibt [27]. 2) Fahrzeuge unter 7 m Länge brauchen die Rundumlichter nicht zu führen [27].
VII **Manövrierbehindertes Fahrzeug mit Fahrt durchs Wasser**	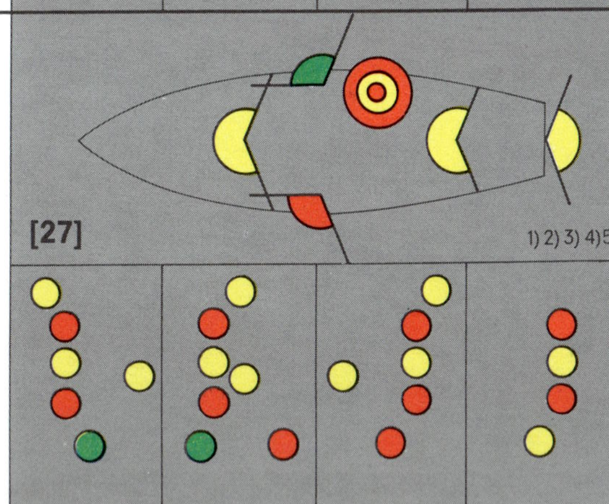 [27] 1) 2) 3) 4) 5)	 3) 4) [27]	mindestens alle zwei Minuten  [35]	1) Topplichter sowie Seitenlichter und Hecklicht nur, falls Fahrzeug Fahrt durchs Wasser macht, also nicht treibt [27]. 2) Wie Bemerkung VI, 2 3) Ist das Fahrzeug durch Schleppvorgang manövrierbehindert, so führt es neben den Rundumlichtern bzw. Tagzeichen zusätzlich Schleppersignale (vgl. II, S. 512) [27]. 4) Vor Anker werden neben den Rundumlichtern bzw. Tagzeichen auch Ankerzeichen geführt (vgl. XII, S. 519) [27]. 5) Unter 50 m in der Regel kein zweites Topplicht [23].

Fahrzeug	bei Nacht	bei Tage	bei Nebel	Bemerkungen
VIII **Manövrierbehindertes Fahrzeug, das baggert oder Unterwasserarbeiten ausführt mit Fahrt durchs Wasser**	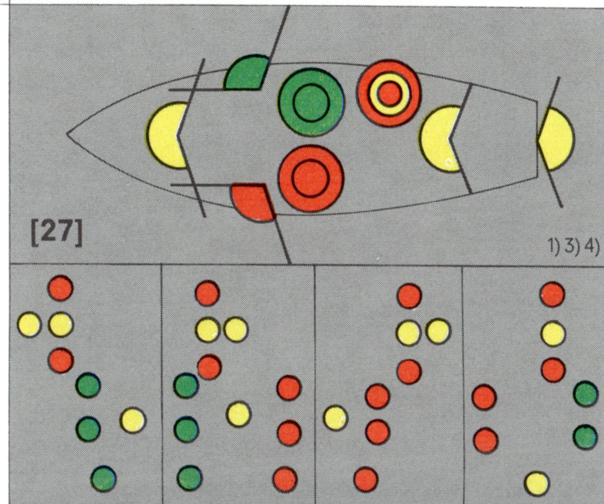 [27] 1) 3) 4)	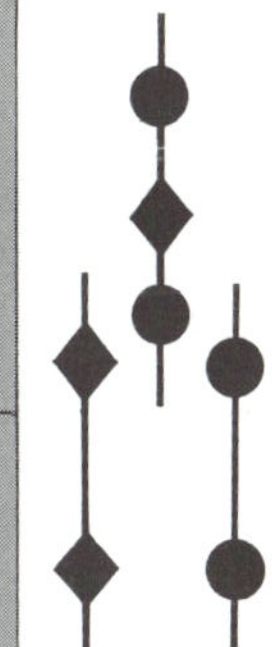 2) 3) [27]	mindesten alle zwei Minuten  [35]	1) Ohne Fahrt durchs Wasser kein Hecklicht sowie keine Topp- und Seitenlichter [27]. 2) Vor Anker keine Ankerzeichen zusätzlich [27]. 3) Kann ein Taucherarbeiten ausführendes Fahrzeug die vorgeschriebenen Signalkörper nicht führen, so muß die Flagge „A" des Internationalen Signalbuches geführt werden [27].  4) Wie Bemerkung VI, 2
IX **Fahrzeug beim Minensuchen in Fahrt**	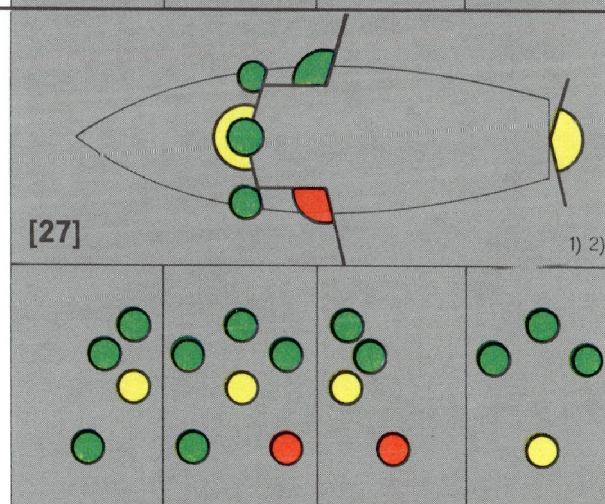 [27] 1) 2)	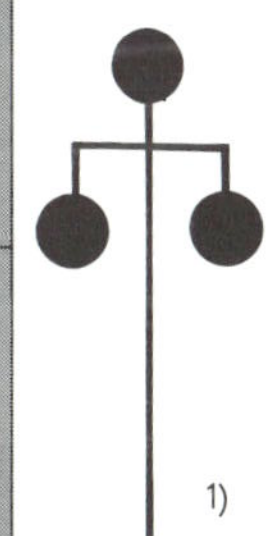 1) [27]	mindestens alle zwei Minuten  [35]	1) Annäherung auf weniger als 1000 m von achtern oder weniger als 500 m von beiden Seiten gefährlich [27]. 2) Wie Bemerkung VI, 2

Fahrzeug	bei Nacht	bei Tage	bei Nebel	Bemerkungen
X **Tiefgangbehindertes Fahrzeug**	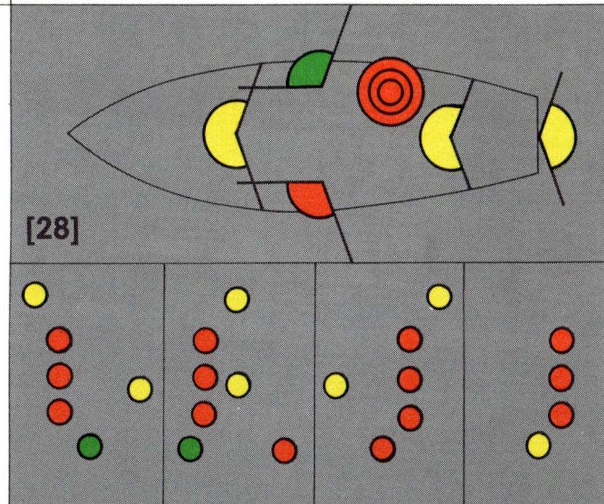 [28]	 [28]	mindestens alle zwei Minuten  [35]	
XI **Lotsenfahrzeug in Fahrt**	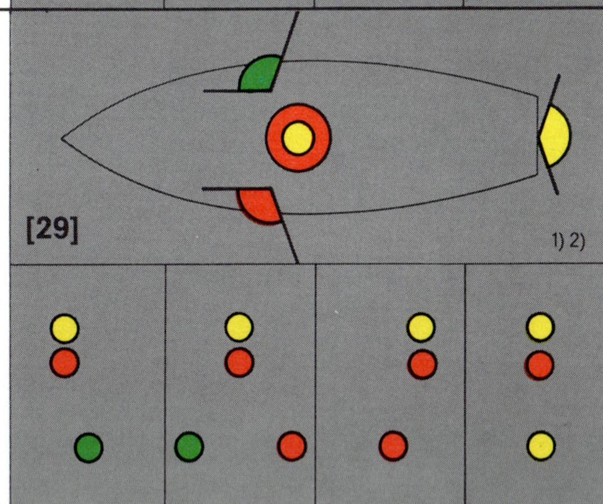 [29] 1) 2)		entweder Signal unter I oder XII. zusätzlich:  [35]	1) Seitenlichter und Hecklicht nur, falls in Fahrt [29]. 2) Vor Anker und im Dienst zusätzlich zu den Rundumlichtern Ankerzeichen (vgl. XII) [29].

Fahrzeug	bei Nacht	bei Tage	bei Nebel	Bemerkungen
XII **Ankerlieger**	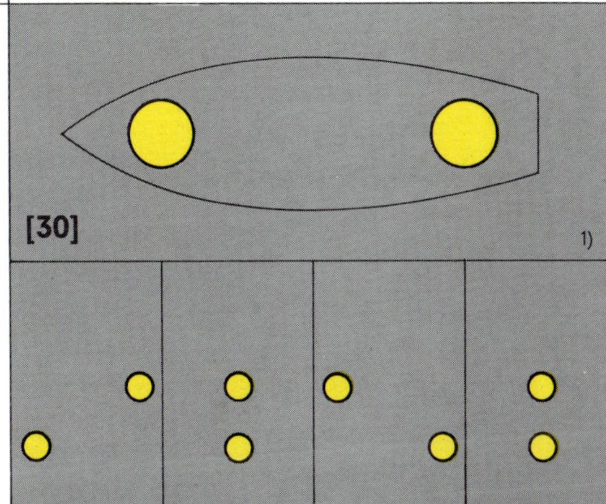 [30] 1)	 3) [30]	mindestens jede Minute 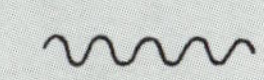 2) 5 sec Evtl. zusätzlich zur Standortanzeige  [35]	1) a) falls über 100 m lang: zusätzlich Arbeits- und Deckslichter erforderlich; sie dürfen auch von kleineren Fahrzeugen eingeschaltet werden [30]. b) falls unter 50 m lang: nur ein weißes Rundumlicht erforderlich [30]. c) falls unter 7 m lang: außerhalb von (engen) Fahrwassern oder Reeden keine Lichter oder Signale erforderlich [30]. 2) falls über 100 m lang: anschließend an Glockenläuten ertönt ein Gong auf dem Achterschiff [35]. 3) im vorderen Teil des Fahrzeugs
XIII **Fahrzeug, das (in oder nahe einem Fahrwasser) am Grunde festsitzt**	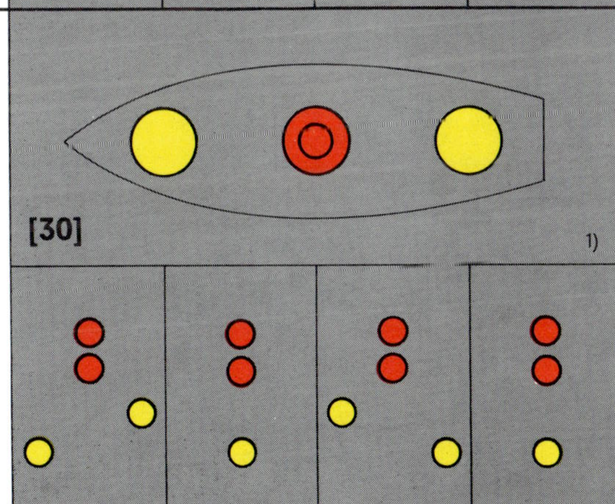 [30] 1)	 [30]	mindestens jede Minute  5 sec [35] 2)	1) wie XII, 1b) und 1c) 2) Wie Bemerkung XII, 2

Zu Teil D: Schall- und Lichtsignale für Fahrzeuge in Sicht [34]:

Maschinenfahrzeuge müssen Kursänderungen nach den zuvor aufgeführten Ausweichregeln – also nicht solche aus navigatorischen Gründen – durch folgende Pfeifensignale, evtl. zusätzlich durch entsprechende weiße Rundum-Lichtsignale, anzeigen [34]:

Signal:	Bedeutung:
o	ich ändere meinen Kurs nach Steuerbord
o o	ich ändere meinen Kurs nach Backbord
o o o	meine Maschine geht rückwärts
o o o o o und mehr	ich mache auf Ihre Ausweichpflicht aufmerksam

Diese Schallsignale sind ebenso wie die Nebelsignale, die im einzelnen auf den Seiten 511 ff. zusammengestellt sind, mit einer Pfeife zu geben. Fahrzeuge von weniger als 12 m Länge dürfen auch andere Möglichkeiten zum Geben eines kräftigen Schallsignals nutzen [33]. In Regel 37 schließlich wird auf die im Anhang IV zusammengestellten **Notzeichen** verwiesen, bei deren Wahrnehmung die Verpflichtung zum Beistand besteht. Im einzelnen sind dort aufgeführt:

- Knallsignale mit etwa einer Minute Abstand,
- anhaltendes Ertönen eines Nebelsignalgerätes,
- das internationale Flaggensignal NC,
- eine viereckige Flagge, darüber oder darunter ein ballähnlicher Körper,
- Flammensignale,
- ein orangefarbenes Rauchsignal,
- wiederholtes langsames Heben und Senken der seitlich ausgestreckten Arme,
- Raketen oder Leuchtkugeln mit roten Sternen einzeln in kurzen Zwischenräumen oder rote Handfackeln,
- das Morsesignal . . . – – – . . . (SOS),
- im Sprechfunk das Wort „Mayday", dreimal hintereinander,
- das Telegraphiefunk-Alarmsignal,
- das Sprechfunk-Alarmsignal,
- von einer Seenotfunkboje ausgestrahlte Funksignale.

In England ist eine Nationalflagge mit einem Knoten darin als Notsignal gebräuchlich.

Als Bestätigung, daß ein Notsignal gesehen wurde, kann eine weiße Leuchtkugel geschossen werden.

Diese Signale dürfen nur gegeben werden, wenn Not oder die Notwendigkeit zur Hilfe besteht.

Jede Abgabe von Zeichen, die mit Notsignalen verwechselt werden könnten, ist verboten.

b) Seeschiffahrtstraßen-Ordnung (SeeSchStrO)[1]

Allgemeines

Geltungsbereich (§ 1)

Die Seeschiffahrtstraßen-Ordnung ergänzt im deutschen Küstenbereich die Vorschriften der Seestraßenordnung, indem sie die besonderen örtlichen Verhältnisse auf den dicht befahrenen, weniger tiefen und teilweise künstlich ausgebauten, sich über 1200 sm erstreckenden bundesdeutschen Seeschiffahrtstraßen berücksichtigt. Dort gelten also die Seestraßenordnung und die Seeschiffahrtstraßen-Ordnung nebeneinander. Im Falle eines Widerspruches zwischen beiden Verkehrsordnungen ist die speziellere Regelung der SeeSchStrO anzuwenden.

In manchen Häfen sind außerdem örtliche Hafenvorschriften zu beachten, die ihrerseits Regelungen der SeeSchStrO abändern oder verdrängen können.

Zu den **Seeschiffahrtstraßen** gehören die Wasserflächen zwischen

- der Küstenlinie bei mittlerem Hochwasser oder der seewärtigen Begrenzung der Binnenwasserstraßen und
- der seewärtigen Begrenzung des Küstenmeeres,

also die Hoheitsgewässer (Dreiseemeilenzone). Zu den Seeschiffahrtstraßen gehören außerdem folgende Teile der angrenzenden Binnenwasserstraßen:

1. Die Ems bis zur Hafeneinfahrt nach Papenburg
2. die Leda bis zur Seeschleuse nach Leer
3. die Weser bis zur Eisenbahnbrücke in Bremen
4. die Lesum und Wümme bis zur Franzosenbrücke in Borgfeld
5. die Hunte bis Oldenburg
6. die Elbe bis zur hamburgischen Hafengrenze
7. die Oste bis Bremervörde
8. der Freiburger Hafenpriel
9. die Schwinge bis Stade
10. die Lühe bis Horneburg
11. die Este bis Buxtehude
12. die Stör bis Rensing
13. die Krückau bis Elmshorn
14. die Pinnau bis zur Eisenbahnbrücke in Pinneberg
15. die Eider bis zum Giselaukanal
16. Der Nord-Ostsee-Kanal mit den unmittelbar anhängenden Gewässern
17. die Trave bis zur Holstenbrücke in Lübeck.

Manche Vorschriften der SeeSchStrO gelten nur innerhalb der **Fahrwasser.** Hierzu zählen die Teile der Wasserflächen, die durch Fahrwassertonnen gekennzeichnet bzw. für die durchgehende Schiffahrt bestimmt sind (§ 2).

---

[1] Die SeeSchStrO vom 3. 5. 1971 trat am 1. 11. 1971 in Kraft und wurde 1972, 1976 und 1977 geändert. Die letzte Änderung berücksichtigt die neugefaßte SeeStrO und trat am 1. 4. 1978 in Kraft.

Drei Grundregeln für das Verhalten im Verkehr (§ 3)

1. *Jeder Verkehrsteilnehmer hat sich so zu verhalten, daß die Sicherheit und Leichtigkeit des Verkehrs gewährleistet ist und daß kein anderer geschädigt, gefährdet oder mehr als nach den Umständen unvermeidbar, behindert oder belästigt wird. Er hat insbesondere die Vorsichtsmaßregeln zu beachten, die Seemannsbrauch oder besondere Umstände des Falles erfordern.*
2. *Zur Abwehr einer unmittelbar drohenden Gefahr müssen unter Berücksichtigung der besonderen Umstände auch dann alle erforderlichen Maßnahmen ergriffen werden, wenn diese ein Abweichen von den Vorschriften notwendig machen.*
3. *Wer infolge körperlicher oder geistiger Mängel oder des Genusses alkoholischer Getränke oder anderer berauschender Mittel in der sicheren Führung des Fahrzeugs behindert ist,* darf ein Fahrzeug *nicht führen.*

Verantwortlichkeit des Fahrzeugführers

Der Fahrzeugführer ist dafür verantwortlich, daß die Verkehrsvorschriften befolgt werden und sein Fahrzeug mit den vorgeschriebenen Sichtzeiten ausgerüstet ist.

Anders als beim Kraftfahrzeug muß der Schiffsführer nicht selbst das Ruder bedienen, doch ist er dafür verantwortlich, daß der Rudergänger das Fahrzeug verkehrsgerecht führt.

Sind mehrere Personen zur Führung des Bootes berechtigt, so haben sie vor Antritt der Reise zu bestimmen, wer verantwortlicher Fahrzeugführer ist (§ 4).

Sichtzeichen und Schallsignale der Fahrzeuge

Unter Sichtzeichen versteht die Seeschiffahrtstraßen-Ordnung

- Lichter
- Signalkörper (Bälle, Kegel, Rhomben, Zylinder)
- Flaggen
- Tafeln
- Tonnen.

Die allgemeinen Ausführungen zum Führen der Lichter und Signalkörper nach der Seestraßenordnung (vgl. S. 509 f.) gelten auch hier, soweit sie nicht im folgenden ergänzt oder abgeändert werden.

Die von der SeeSchStrO zusätzlich vorgeschriebenen Sichtzeichen sind auf den folgenden Seiten zusammengestellt. Neben der Zeichenerklärung von S. 510 bedeutet:

weißes Rundumlicht nach der SeeSchStrO

weißes Licht, das ohnehin nach der SeeStrO vorgeschrieben ist.

Die einzelnen Fahrzeuge sind jeweils von ihrer Steuerbord-Seite dargestellt.

Fahrzeuge der Bundeswehr und des Bundesgrenzschutzes bei Manövern schießen Leuchtkugeln mit weißen Sternen und geben als Schallsignal einen langen Ton, wenn sie ihre Sichtzeichen nicht vorschriftsgemäß führen. Dann ist ausreichend Abstand von ihnen zu halten (§ 7).

Fahrzeug	bei Nacht	bei Tage	bei Nebel	Bemerkungen
Polizeifahrzeug in Fahrt	 [§ 7] 1)	Tagsüber führt es die Dienstflagge	wie SeeStrO	1) Das blaue Funkellicht im Topp nur, falls im Einsatz der Verkehr gefährdet wird. 2) Geben Polizei- oder Zollfahrzeuge das Licht- oder Schallsignal L (. - . .) oder zeigen sie die Flagge L des Intern. Signalbuches, so ist unverzüglich anzuhalten.
Zollfahrzeug in Fahrt	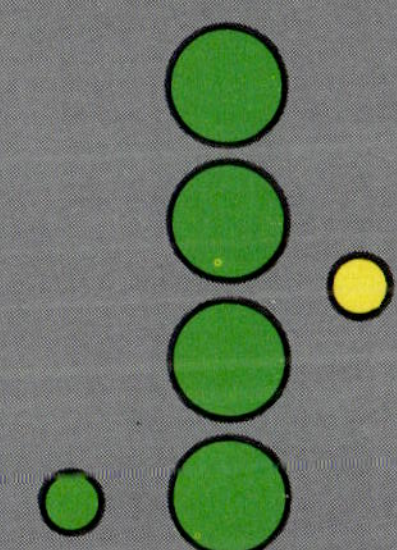	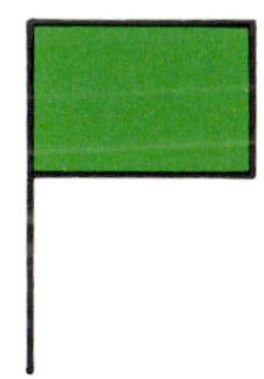 1)	wie SeeStrO	1) Tags führt es eine grüne Flagge an beliebiger Stelle und die Dienstflagge. 2) vgl. Anmerkung 2 beim Polizeifahrzeug.
Fahrzeug mit bestimmten gefährlichen Gütern	 [§ 14]	 1)	wie SeeStrO	1) Tagsüber die Flagge „B" des Intern. Signalbuches

Fahrzeug	bei Nacht	bei Tage	bei Nebel	Bemerkungen
Nicht frei-fahrende Fähre (Ketten- oder Seilfähre)	 [§ 13]		dauernde Einzelschläge  [§ 21]	
Im Fahrwasser schräg oder quer liegendes Fahrzeug	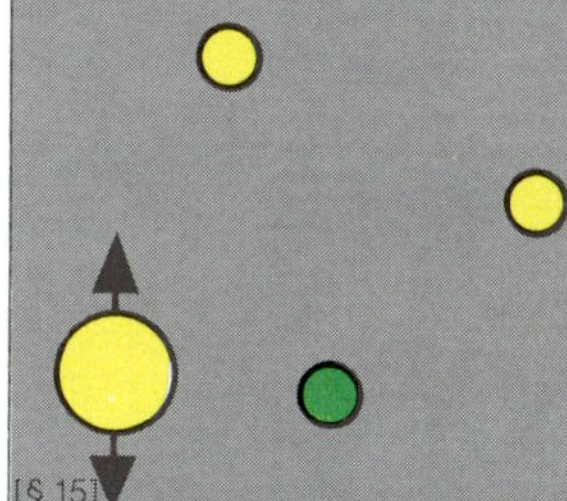 [§ 15] 1)	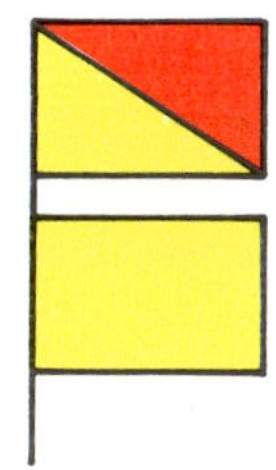 2)	wie SeeStrO	1) am Heck ein auf und nieder bewegtes weißes Licht 2) Flaggen „O" über „Q" des Intern. Signal-buches nur, falls das Fahrzeug zur Regulierung nautischer Instrumente dreht.
Geschleppter außergewöhn-licher Schwimm-körper 1) **Schwimmendes Zubehör 2)**	 [§ 16] 1a) 2)	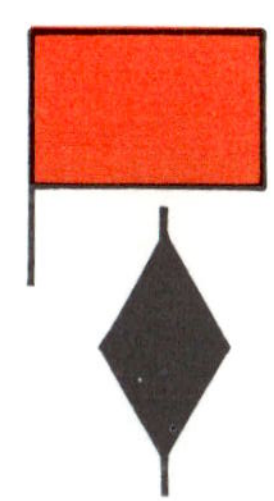 2) 1b)	wie SeeStrO	1a) Nachts irgendeine Beleuchtung, falls die von der SeeStrO (vgl. S. 513) vorgeschriebenen Lichter nicht geführt werden können. 1b) Schwarzer Rhombus auch, falls Schleppanhang kürzer als 200 m 2) Schwimmendes Zubehör von Baggern etc. führen nachts ein weißes Rundumlicht, tags eine rote Tafel.

Positionslaternen (§ 9)
Unter Positionslaternen versteht man alle Laternen, für die eine bestimmte Mindesttragweite vorgeschrieben ist. Alle vorgeschriebenen Lichter sind ständig mitzuführen und während der Zeit, in der sie zu führen sind, fest anzubringen. Es ist auf keinen Fall zulässig, die Positionslaternen bei Nacht oder unsichtigem Wetter nur zur Hand zu halten und zu zeigen. Als einzige Ausnahme sieht die SeeSchStrO den Fall eines Notstandes vor. Tagsüber und bei normalen Sichtverhältnissen dürfen die Laternen aus ihrer mechanischen Halterung entfernt werden.

Auf deutschen Sportbooten dürfen nur solche Positionslaternen verwendet werden, deren Baumuster vom Deutschen Hydrographischen Institut (DHI) zugelassen sind. Zugelassene Laternen entsprechen den verlangten Mindesttragweiten, Farbwerten und Sichtwinkeln. Schiffsführer und Eigentümer sind dafür verantwortlich, daß die Wirksamkeit und Betriebssicherheit der Positionslaternen jederzeit gewährleistet sind. Ist die Wirksamkeit oder Betriebssicherheit erkennbar beeinträchtigt, so haben sie unverzüglich für die sachgemäße Instandsetzung zu sorgen. Eine Reparatur darf nur in einem vom DHI anerkannten Reparaturbetrieb erfolgen, wo sie auch bescheinigt werden muß.

Wer sein Schiff nicht mit zugelassenen Positionslaternen ausrüstet, sie falsch angebracht oder falsch abgeschirmt führt oder nicht für eine sofortige Instandsetzung in einem anerkannten Reparaturbetrieb sorgt, begeht eine Ordnungswidrigkeit, die mit Geldbuße geahndet werden kann.

Kleine Fahrzeuge (§ 10)
Die SeeSchStrO schreibt für Fahrzeuge unter 12 m Länge folgende Abweichungen vor:
Die Tragweite aller Lichter, also auch der Seitenlichter für Fahrzeuge unter 12 m Länge (vgl. S. 510), muß mindestens zwei Seemeilen betragen.
Segelfahrzeuge unter 12 m Länge dürfen im Topp ein weißes Rundumlicht (fest angebracht) führen, wenn sie die von der SeeStrO vorgeschriebenen Lichter (Seitenlichter und Hecklicht bzw. Dreifarbenlaterne – vgl. S. 514) auf Grund ihrer Bauart nicht führen können.
Kann das Segelfahrzeug auch dieses Licht nicht führen, so darf es nachts und bei verminderter Sicht nicht fahren – es sei denn, es liegt ein Notstand vor. Für diesen Fall ist eine elektrische Leuchte oder eine Laterne mit weißem Licht ständig mitzuführen; sie ist bei einem Notstand gebrauchsfertig zur Hand zu halten und rechtzeitig zu zeigen, um einen Zusammenstoß zu verhüten. Das gleiche gilt für Maschinenfahrzeuge unter 7 m Länge und mit einer Höchstgeschwindigkeit unter 7 kn, wenn sie das von der SeeStrO vorgeschriebene weiße Rundumlicht (vgl. S. 511) auf Grund ihrer Bauart nicht führen können.
Fahrzeuge unter 12 m Länge brauchen die von der SeeStrO vorgeschriebenen Lichter und Signalkörper für manövrierunfähige und -behinderte Fahrzeuge sowie für Grundsitzer nicht zu führen. Ebensowenig brauchen sie auf den als Anker- und Liegestellen bekanntgemachten Wasserflächen Ankerlichter oder einen Ankerball zu führen.
Im übrigen gelten Motorsportfahrzeuge, die andere Sportfahrzeuge schleppen, nicht als schleppende Fahrzeuge im

Sinn der SeeStrO; sie dürfen also keine Lichter für schleppende Maschinenfahrzeuge führen (§ 2 Abs. 1).

Segelboote unter Motor

Segelboote unter 12 m Länge dürfen zwar die energiesparende Dreifarbenlaterne bzw. die weiße Rundumlaterne im Topp führen – doch nur, solange sie segeln, nicht aber beim Motoren. Denn dann müssen sie ein Topplicht führen, das mindestens 1 m höher als die Seitenlichter angebracht ist (vgl. S. 509). Auf einer Segelyacht unter 12 m Länge müssen also neben der Dreifarbenlaterne im Topp zusätzlich Seitenlichter, ein Topplicht und ein Hecklicht montiert sein, die beim Motoren an Stelle der Dreifarbenlaterne brennen.
Einfacher haben es nur Segelfahrzeuge unter 7 m Länge. Für sie genügt ein weißes Rundumlicht im Topp beim Segeln und beim Motoren.

Schallsignale der Fahrzeuge

Die SeeSchStrO unterscheidet Schallsignale der Fahrzeuge bei jeder Sicht (§§ 19, 20) und bei verminderter Sicht (§ 21). Die vorgeschriebenen Schallsignale dürfen nur mit einer Pfeife, einer Glocke oder einem Gong gegeben werden, die den Anforderungen der SeeStrO genügen (§ 6). Fahrzeuge unter 12 m Länge brauchen diese Geräte nicht mitzuführen, müssen dann aber mit einem anderen Gerät (z. B. Nebelhorn) zur Abgabe eines kräftigen Schallsignals ausgerüstet sein.
Ein kurzer Ton hat etwa 1 Sekunde Dauer, ein langer Ton etwa 4 bis 6 Sekunden. Im übrigen wird auf die Zeichenerklärung auf S. 510 verwiesen.

Schallsignale bei jeder Sicht

Signal	Bedeutung	SeeSchStrO
▭	Das **Achtungssignal** ist zu geben, wenn die Verkehrslage es erfordert, insbesondere – beim Einlaufen in andere Fahrwasser und Häfen, – beim Auslaufen aus ihnen und aus Schleusen, – beim Verlassen von Anker- und Liegeplätzen.	§ 19
▭ ○ ○ ○ ○ ▭ ○ ○ ○ ○	Das **Allgemeine Gefahr- und Warnsignal** ist zu geben, wenn – ein Fahrzeug ein anderes gefährdet oder – durch ein anderes selbst gefährdet wird.	§ 20
○ ▭	Das **Bleib-weg-Signal** wird gegeben, wenn bei Unfällen gefährliche Güter oder radioaktive Stoffe frei werden oder frei zu werden drohen oder Explosionsgefahr besteht.	§ 20
▭ ▭	**Anforderungssignal:** »Brücke oder Schleuse öffnen!«	

Schallsignale bei verminderter Sicht

Signal	Bedeutung	SeeSchStrO
	Im Fahrwasser schräg oder quer vor Anker liegende oder auf Grund sitzende Fahrzeuge:	§ 21
∿∿∿∿ ⌒ ⌒ ⌒ ⌒ ⌒ jede Minute	– unter 100 m Länge: Rasches Läuten der Glocke (5 sec) mit darauffolgenden 5 Einzelschlägen.	
∿∿∿∿ ⌒ ⌒ ⌒ ⌒ ⌒ + Gong jede Minute	– von 100 m Länge oder mehr: Rasches Läuten der Glocke (5 sec) mit darauffolgenden 5 Einzelschlägen und zusätzlich am Heck einen Gong.	
	Fahrzeuge, die an nicht zum Festmachen bestimmten Stellen oder **an Schiffahrthindernissen liegen,** oder schwimmende Geräte im Einsatz:	§ 21
∿∿∿∿ ⌒⌒⌒ ⌒⌒⌒ jede Minute	– an der Stb-Seite des Fahrwassers, Rasches Läuten der Glocke (5 sec) mit darauffolgenden 2 Gruppen von **3** Einzelschlägen.	
∿∿∿∿ ⌒⌒ ⌒⌒ jede Minute	– an der Bb-Seite des Fahrwassers: Rasches Läuten der Glocke (5 sec) mit darauffolgenden 2 Gruppen von **2** Einzelschlägen.	
∿∿∿∿ ⌒⌒⌒⌒ ⌒⌒⌒⌒ jede Minute	– in der Fahrwassermitte: Rasches Läuten der Glocke (5 sec) mit darauffolgenden 2 Gruppen von **4** Einzelschlägen.	
▭ ○○ ○○ jede Minute	Fahrzeuge, die auf bekanntgemachten Fahrwasserabschnitten **links fahren.**	§ 21
	Fähren während der Überfahrt	
⌒ ⌒ ⌒ ⌒ ⌒	– nicht freifahrend: dauernde Einzelschläge der Glocke.	§ 21
○ ▭ ▭	– freifahrend.	
▭ ○ ▭ ▭ alle 2 Minuten	**Bugsierte Maschinenfahrzeuge** in Fahrt.	§ 21

Fahrzeuge unter 12 m Länge brauchen diese Signale nicht zu geben, müssen dann aber alle 2 Minuten ein anderes kräftiges Schallsignal geben, das mit den vorgeschriebenen Schallsignalen nicht verwechselt werden kann (§ 21 Abs. 2).

Fahrregeln

Die Fahrregeln der SeeSchStrO unterscheiden die Fahrzeuge nicht nach ihrer Antriebsart, so daß Segelfahrzeuge und Maschinenfahrzeuge grundsätzlich gleichgestellt sind. Sie gelten im wesentlichen nur innerhalb der Fahrwasser, für die Regel 9 SeeStrO bereits grundlegende Verkehrsvorschriften enthält (vgl. S. 505). So dürfen Fahrzeuge unter 20 m Länge und Segelfahrzeuge die Durchfahrt der auf die Fahrrinne angewiesenen Fahrzeuge nicht behindern.
Im Fahrwasserbereich gelten folgende Fahrregeln:

Rechts fahren (§ 22):
Im Fahrwasser muß so weit wie möglich rechts gefahren werden[1]. Nur beim Überholen darf links gefahren werden. Außerhalb des Fahrwassers ist so zu fahren, daß klar erkennbar ist, daß das Fahrwasser nicht benutzt wird; eine bestimmte Seite oder Fahrtrichtung braucht nicht eingehalten zu werden.
Ein Segelfahrzeug darf allerdings vom Rechtsfahrgebot abweichen, wenn es durch die Windrichtung gezwungen ist, möglichst hoch am Wind gegenan zu kreuzen, und deshalb einen längeren Schlag auf der linken Fahrwasserseite machen muß. Doch darf hierbei die durchgehende Schiffahrt nicht behindert werden.

Links überholen (§ 23):
Grundsätzlich muß links überholt werden. Soweit besondere Umstände es erfordern, darf rechts überholt werden.
Die Umstände auf dicht befahrenen Wasserstraßen erfordern es vielfach, daß Sportfahrzeuge aus Sicherheitsgründen rechts überholen müssen.
Durch das Überholmanöver darf der Gegenverkehr nicht gefährdet werden. Ist das Überholen nur durch die Mitwirkung des vorausfahrenden Fahrzeuges möglich, so sind die in der SeeStrO aufgeführten Überholsignale (vgl. S. 505) zu geben.
Das Überholen ist verboten

- wenn das vorausfahrende Fahrzeug, das beim Überholen mitwirken muß, nicht das Schallsignal *»Ich bin mit dem Überholen einverstanden!«* (— . — .) gegeben hat,
- in der Nähe von in Fahrt befindlichen, nicht freifahrenden Fähren,
- an engen Stellen und in unübersichtlichen Krümmungen,
- vor und innerhalb von Schleusen sowie innerhalb der Schleusenvorhäfen und Zufahrten des Nord-Ostsee-Kanals mit Ausnahme von schwimmenden Geräten im Einsatz, sowie
- an den durch die Tafel *»Übervolverbot«* gekennzeichneten Stellen.

Nach Steuerbord ausweichen (§ 24):
Beim Begegnen auf entgegengesetzten oder fast entgegengesetzten Kursen im Fahrwasser ist nach Stb auszuweichen.
Einem Wegerechtschiff (= tiefgangbehindertes Fahrzeug i. S. der SeeStrO, das den tiefsten Teil des Fahrwassers in Anspruch nehmen muß) haben alle Fahrzeuge mit Ausnahme von manövrierunfähigen Fahrzeugen auszuweichen.

---

[1] Auslaufende Segelfahrzeuge müssen auf der Elbe von Tinsdal bis zum Wedeler Hafen soweit wie möglich auf der Südseite fahren.

Vorfahrt (§ 25)
Die SeeSchStrO enthält keine Ausweich- oder Vorfahrtregeln, die **außerhalb des Fahrwassers** gelten. Dort kommen also allein die bekannten Ausweichregeln der SeeStrO (vgl. S. 503 ff.) zur Anwendung. Doch ergänzt die SeeSchStrO diese Ausweichregeln **innerhalb des Fahrwassers** durch eigene Vorfahrtregeln.
Im Fahrwasser fahrende Fahrzeuge haben Vorfahrt gegenüber Fahrzeugen, die

- in das Fahrwasser einlaufen,
- das Fahrwasser queren,
- im Fahrwasser drehen oder
- ihre Anker- und Liegeplätze verlassen.

Nähern sich zwei Fahrzeuge einer Engstelle, die nicht mit Sicherheit genügend Raum für die gleichzeitige Durchfahrt gibt, oder einer durch die Tafel *»Begegnungsverbot an Engstellen«* gekennzeichneten Stelle des Fahrwassers, so hat Vorfahrt

- in Tidengewässern und Gewässern mit Strömung: das mit dem Strom fahrende Fahrzeug; bei Stromstillstand das Fahrzeug, das vorher gegen den Strom gefahren ist.
- in tidenfreien Gewässern ohne Strömung: das Fahrzeug, das grundsätzlich die Stb-Seite des Fahrwassers zu benutzen hat, also in aller Regel das einlaufende Fahrzeug.

Diese Vorfahrtregeln verdrängen aber auch innerhalb des Fahrwassers nicht die bekannten Ausweichregeln der SeeStrO, denn sie erfassen nicht alle denkbaren Kollisionsfälle im Fahrwasser. So schweigt die SeeSchStrO, wenn sich zwei nicht vorfahrtberechtigte Fahrzeuge, etwa zwei das Fahrwasser querende Fahrzeuge, auf Kollisionskurs begegnen. In allen diesen Fällen kommen also die Ausweichregeln der SeeStrO auch innerhalb des Fahrwassers zur Anwendung.

Fahrgeschwindigkeit (§ 26)
Die Fahrgeschwindigkeit ist so einzurichten, daß das Fahrzeug jederzeit der Verkehrslage und der Beschaffenheit der Seeschiffahrtstraße genügt und nötigenfalls **rechtzeitig** gestoppt werden kann.
Wird der Verkehr durch Sichtzeichen und bei verminderter Sicht zusätzlich durch Schallsignale geregelt, so ist die Geschwindigkeit so einzurichten, daß bei einer kurzfristigen Änderung der gezeigten Sichtzeichen oder des gegebenen Schallsignals das Fahzeug **sofort** gestoppt werden kann.
Die Fahrgeschwindigkeit ist rechtzeitig so weit zu **vermindern,** daß eine Gefährdung durch Sog oder Wellenschlag vermieden wird, insbesondere beim Vorbeifahren an

- Häfen, Schleusen, Sperrwerken,
- festliegenden Fähren,
- manövrierunfähigen und festgekommenen Fahrzeugen sowie an manövrierbehinderten Fahrzeugen im Sinn der SeeStrO,
- schwimmenden Geräten und Anlagen,
- außergewöhnlichen Schwimmkörpern, die geschleppt werden, und
- an Stellen, die durch die Sichtzeichen *»Geschwindigkeitsbeschränkung wegen Gefährdung durch Sog und Wellenschlag«* oder die Flagge A des Internationalen Signalbuches *(»Ich habe Taucher unten; halten Sie bei langsamer Fahrt gut frei von mir!«)* gekennzeichnet sind.

Eine bestimmte Geschwindigkeit darf **nicht überschritten** werden

- an den durch die Tafel *»Geschwindigkeitsbeschränkung«* gekennzeichneten Strecken; die angegebene Zahl setzt die zulässige Höchstgeschwindigkeit in km/h fest;
- vor Stellen mit erkennbarem Badebetrieb außerhalb des Fahrwassers in einem Abstand von weniger als 300 m vom Ufer; hier darf eine Höchstgeschwindigkeit von 8 km/h nicht überschritten werden. Diese Strecken sind vielfach durch das Zeichen *»Geschwindigkeitsbeschränkung vor Strandstrecken«* gekennzeichnet,
- innerhalb von Strecken, die von der Strom- und Schiffahrtpolizeibehörde bekanntgemacht worden sind.

Wasserski und Segelsurfen (§ 31)

Das Wasserskilaufen ist innerhalb des Fahrwassers verboten – es sei denn, eine Strecke ist durch die Tafel *»Ski«* besonders gekennzeichnet. Außerhalb des Fahrwassers darf nur auf den von der Strom- und Schiffahrtpolizei bekanntgemachten Flächen Wasserski gelaufen werden. Wasserskiläufer und ihre Zugboote haben allen anderen Fahrzeugen auszuweichen.

Segelsurfer dürfen innerhalb und außerhalb des Fahrwassers nur auf den bekanntgemachten Wasserflächen segeln. Sie haben die allgemeinen Vorfahrt- und Ausweichregeln zu beachten.

Ruhender Verkehr und sonstige Bestimmungen

Ankern (§ 32)

Der Ankerplatz ist so zu wählen, daß die Schiffahrt im Fahrwasser nicht beeinträchtig wird.

Das Ankern ist verboten

- im Fahrwasser, ausgenommen auf Reeden und den von der Strom- und Schiffahrtpolizeibehörde bekanntgemachten Wasserflächen,
- an engen Stellen und in unübersichtlichen Krümmungen,
- in einem Umkreis von 300 m von schwimmenden Geräten, Wracks und sonstigen Schiffahrtshindernissen und Leitungsstraßen sowie an Stellen, die durch die Sichtzeichen *»Stelle für zivile Zwecke«* oder *»Stelle für militärische Zwecke«* gekennzeichnet sind (diese Tonnen dienen der Markierung von Forschungs- und Vermessungsarbeiten, hydrographischen Untersuchungen und ähnlichen Arbeiten bzw. der Markierung militärischer Belange),
- bei verminderter Sicht in einem Abstand von weniger als 300 m von Hochspannungsleitungen,
- in einem Abstand von 100 m vor und hinter Sperrwerken,
- vor Hafeneinfahrten, Anlegestellen, Schleusen und Sielen sowie in den Zufahrten zum Nord-Ostsee-Kanal,
- innerhalb von Fähr- und Brückenstrecken,
- an Stellen und innerhalb von Wasserflächen, die von der Strom- und Schiffahrtpolizeibehörde bekanntgemacht worden sind.

Auf allen Fahrzeugen, die in der Nähe des Fahrwassers oder auf einer Reede vor Anker liegen, muß ständig Ankerwache gegangen werden. Dies gilt nicht für Fahrzeuge unter 12 m Länge auf besonders bezeichneten Anker- und Liegeplätzen.

Anlegen und Festmachen (§ 33)
Die Schiffahrt darf durch das Anlegen und Festmachen nicht beeinträchtigt werden. Doch hat die Schiffahrt Rücksicht zu nehmen und vorsichtig zu navigieren, sobald ein Fahrzeug mit dem Anlegemanöver begonnen hat.
Das Anlegen und Festmachen ist verboten

- an Sperrwerken, Strombauwerken, Leitwerken, Pegeln, festen und schwimmenden Schiffahrtzeichen,
- an abbrüchigen Stellen am Ufer,
- an engen Stellen und in unübersichtlichen Krümmungen,
- vor Hafeneinfahrten, Anlegestellen von Fahrgastschiffen und Fähren, Schleusen und Sielen sowie den Zufahrten zum Nord-Ostsee-Kanal,
- innerhalb von Fähr- und Brückenstrecken,
- an Stellen, die durch die Tafel *»Festmacheverbot«* oder die Tafel *»Liegeverbot«* gekennzeichnet sind. Das Liegeverbot gilt vom Ufer aus oder, mit einem Zusatz verbunden, erst in einem bestimmten Abstand vom Ufer.

Schiffsunfälle im Fahrwasser (§ 37)
Wird unser Fahrzeug im Fahrwasser manövrierunfähig, so sind wir verpflichtet, mit allen Mitteln das Fahrwasser zu räumen, damit die Schiffahrt nicht beeinträchtigt wird.
Ebenso müssen wir versuchen, das Fahrwasser möglichst schnell zu räumen, wenn die Gefahr des Sinkens besteht. Nach einer Kollision muß hierbei auch der Führer eines beteiligten schwimmfähig gebliebenen Fahrzeuges helfen. Der Platz eines gesunkenen Bootes muß sofort behelfsmäßig gekennzeichnet werden. Außerdem ist die zuständige Wasser- und Schiffahrtsdirektion sofort zu verständigen.

Schiffahrtzeichen

Unter Schiffahrtzeichen versteht die SeeSchStrO Sichtzeichen und Schallsignale, die Gebote, Verbote, Warnungen oder Hinweise enthalten. Die für die Sportschiffahrt wichtigsten sind in der Zusammenstellung auf den folgenden Seiten wiedergegeben.

Schiffahrtzeichen

Sichtzeichen bei Tage / Nacht		Bedeutung	§ der SeeSchStrO
		Überholverbot für alle Fahrzeuge (links), Überholverbot für Schleppverbände	23
		Verbot des Begegnens an Engstellen	25
		Verbot, in der nachfolgenden Strecke die in km/Std. angegebene Geschwindigkeit zu überschreiten	26
		Mindestabstand vom Ufer (hier 40 m)	
		Haltegebot, bis Durchfahrt freigegeben wird	
		Ankerverbot	32

Schiffahrtzeichen

Sichtzeichen bei Tage / Nacht	Bedeutung	§ der SeeSchStrO
	Festmacheverbot auf der Seite der Wasserstraße, auf der das Zeichen steht	33
	Liegeverbot auf der betr. Seite	33
	Gebot für die einzuschlagende Fahrtrichtung	
	Verpflichtung zur Abgabe eines Schallsignals	
	Verbot, die Stelle oder Strecke durch zu hohe Fahrt (Sog oder Wellenschlag) zu gefährden	26
	Verbot der Durchfahrt (Sperrung einer Teilstrecke der Seeschiffahrtstraße)	
	Ende einer Gebots- oder Verbotsstrecke in einer Richtung	

Schiffahrtzeichen

Sichtzeichen bei Tage / Nacht	Bedeutung	§ der SeeSchStrO
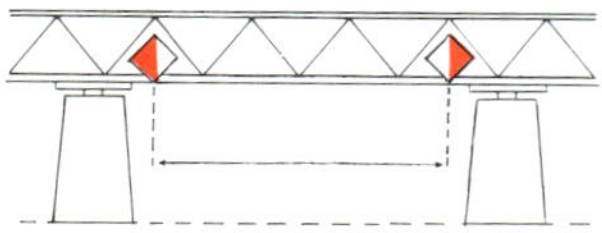	Durchfahrt nur zwischen diesen Tafeln (Kleinfahrzeuge ausgenommen)	28
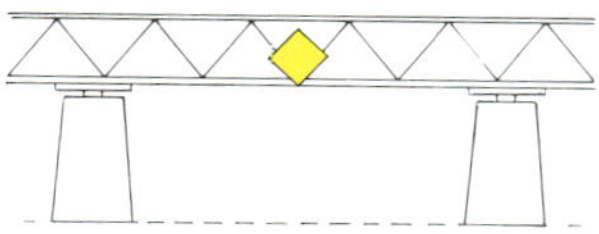	Durchfahrt in beiden Richtungen	28
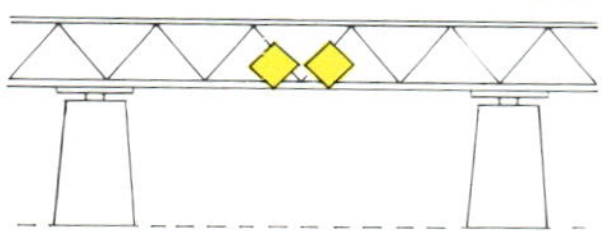	Durchfahrt in einer Richtung (für Gegenverkehr gesperrt)	
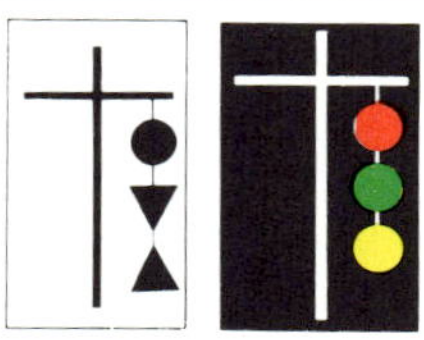	Dauernde Sperrung einer Seeschiffahrtstraße	
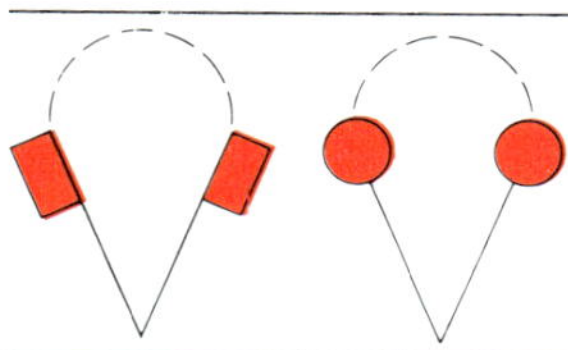	Rote Flagge oder rotes Licht geschwenkt: vorübergehende Sperrung	
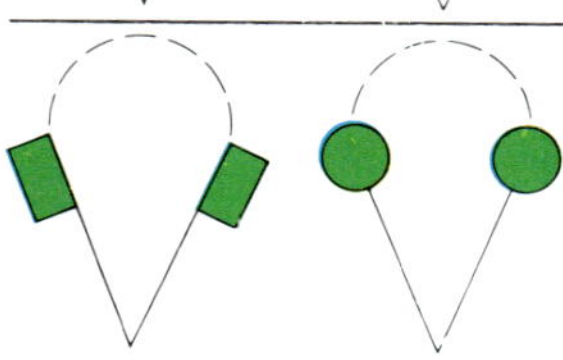	Grüne Flagge oder grünes Licht geschwenkt: Sperrung aufgehoben	
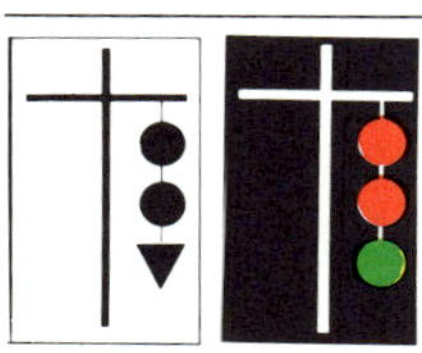	Außergewöhnliche Schiffahrtbehinderung	

Schiffahrtzeichen

Sichtzeichen bei Tage / Nacht	Bedeutung	§ der SeeSchStrO
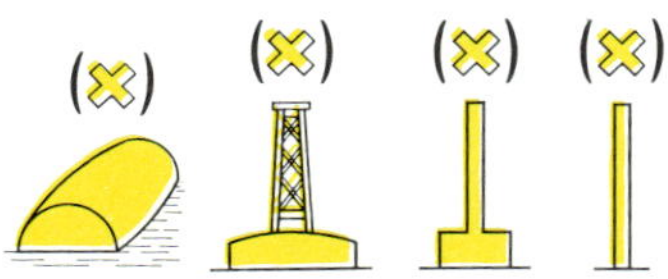	Kennzeichnung besonderer Gebiete und Stellen: Ohne Beschriftung = Reede. P = Pulverreede. Q = Schiffe unter Quarantäne. Warn-G = Warngebiet, vor dem wegen militärischer Übungen, Forschungs-, Vermessungs- oder anderer Arbeiten gewarnt wird. Schütt-St = Baggerschüttstelle. K = Kabel. Pipe = Pipeline. Meile = Bezeichnung für eine vermessene Seemeile	
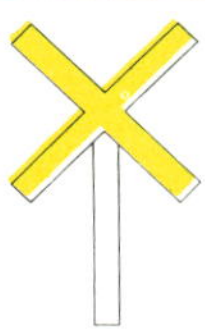	Verbot der Annäherung an Strandstrecken unter 300 m mit mehr als 8 km/Std. Fahrt	26
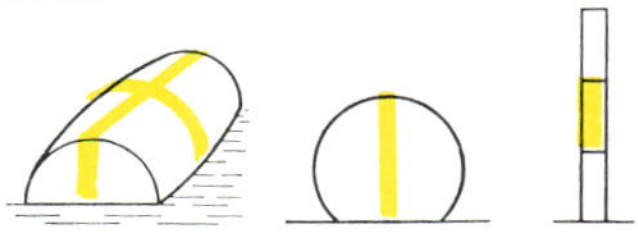	Für Maschinenfahrzeuge wegen Badebetriebs gesperrtes Gebiet	
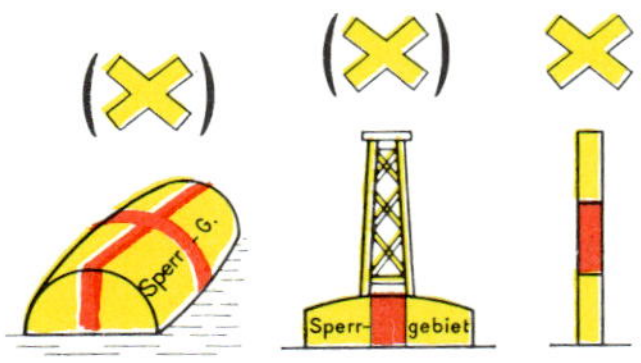	Verbot, die gesperrte Wasserfläche zu befahren	
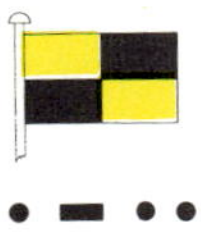	Flagge »L« oder Licht- oder Schallsignal durch Dienstfahrzeug: »Anhalten!«	
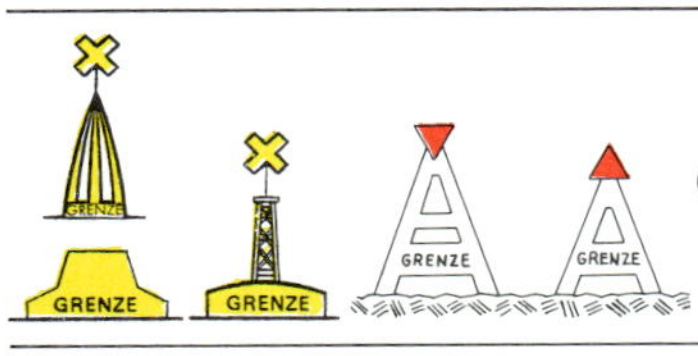	Grenze zur DDR in der Lübecker Bucht.	

Schiffahrtzeichen

Sichtzeichen bei Tage / Nacht	Bedeutung	§ der SeeSchStrO
	Ausfahrt aus Schleusen: keine Ausfahrt	29
	Ausfahren	
	Die Anlage ist für die Schiffahrt gesperrt.	29
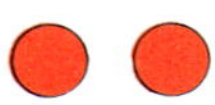	Durchfahrt und Einfahrt gesperrt	29
	Freigabe wird vorbereitet	29
	Anlage kann durchfahren werden; Gegenverkehr hat aber Vorfahrt	29
	Durchfahrt frei; Gegenverkehr gesperrt	29
	Durchfahrt gestattet; Gegenverkehr möglich. Vorfahrt beachten	29

Schiffahrtzeichen

Schallsignale

Schallsignal	Bedeutung
○ ▭ ○ ○	Aufforderung durch ein Dienstfahrzeug: »Anhalten!«
	Aufforderung zum Durchfahren einer Brücke/Einfahren in eine Schleuse
▭ ▭ ○ ▭	für seewärts fahrende Fahrzeuge
▭ ▭ ○ ○ ▭	für binnenwärts fahrende Fahrzeuge
○ ○ ○ ○	Durchfahren/Einfahren verboten
▭ ▭ ▭ ▭ ▭ ▭	Sperrung der Seeschiffahrtstraße

Ergänzende Vorschriften für den Nord-Ostsee-Kanal
Hierzu die Übersicht »Besondere Signale für den Nord-Ostsee-Kanal« auf S. 539

Ein Merkblatt der Kanalverwaltung, das alle wesentlichen Bestimmungen enthält, kann von der Kreuzer-Abteilung des Deutschen Segler-Verbandes angefordert werden; spätestens sollte man es beim Einschleusen in den Kanal besorgen.
Sportfahrzeuge dürfen den Kanal und seine Zufahrten nur zur Durchfahrt und ohne Lotsen nur während der Tagfahrzeiten (vom Hellwerden bis zum Eintritt der Dunkelheit) und bei sichtigem Wetter benutzen – mit Ausnahme der zugelassenen Liegestellen im Schleusenvorhafen Kiel-Holtenau sowie im Binnenhafen und Alten Hafen Brunsbüttel (§ 51). Sie werden im allgemeinen durch die alten Schleusen geschleust. Die Kanalgebühr wird in der Eingangsschleuse bezahlt.
Sportfahrzeuge halten sich auf der rechten Seite in etwa 15 m Abstand von der Böschung und dürfen den übrigen Kanalverkehr nicht behindern. Ein das Sportfahrzeug überholendes Fahrzeug gibt normalerweise kein Signal. Von Sportfahrzeugen ist beim Überholen, wenn erforderlich, nur das Achtungssignal zu geben; sie sind an die sonst vorgeschriebenen Mindestabstände zwi-

schen den Fahrzeugen im Kanal nicht gebunden (§ 48). Die Höchstgeschwindigkeiten betragen

- allgemein: 15 km/Std. (8,1 kn)
- auf dem Gieselau-Kanal: 10 km/Std. (5,4 kn) (größter Tiefgang: 2,70 m)
- auf dem Achterwehr-Schiffahrtskanal: 8 km/Std. (4,3 kn) (größter Tiefgang: 2,00 m).

Bei plötzlich eintretender verminderter Sicht dürfen Sportfahrzeuge in den Weichen hinter den Dalben, notfalls auch an einer anderen geeigneten Stelle festmachen. Liegeplätze für Sportfahrzeuge, an denen keine Lichter gesetzt zu werden brauchen (§ 18), sind
Yachthafen Brunsbüttel
Borgstedter Enge
Obereidersee
vor der Gieselau-Schleuse
Burgerauhafen
Seglerbrücke Holtenau.

Das Segeln auf dem Kanal ist verboten außer auf den Seen außerhalb des Fahrwassers und auf dem Vorhafen vor den alten Schleusen in Holtenau. Sportfahrzeuge unter Maschinenantrieb dürfen zusätzlich Segel setzen. Nötigenfalls müssen sich Segelfahrzeuge schleppen lassen. Freifahrer (Fahrzeuge ohne Lotsen) der Verkehrsgruppe 1 dürfen nicht mehr als ein Sportfahrzeug bis 20 m Länge während der Tagfahrzeiten schleppen (§ 50). Die Mindestgeschwindigkeit eines Schleppverbandes muß 9 km/Std. (4,9 kn) betragen (§ 42). Bei verminderter Sicht und bei Sturm haben Schleppverbände in einer Weiche festzumachen (§ 50). Ein am Ufer festgekommenes Fahrzeug führt nachts außer den zwei Rot und Ankerlichtern nach SeeStrO ein weißes Licht an dem am weitesten ins Fahrwasser reichenden Teil (§ 44). Frei fahrende **Fähren** in Fahrt führen nachts außer den Seitenlichtern je ein gelbes Gleichtaktlicht im Topp sowie vorn und hinten an jeder Seite. Sportfahrzeuge mit ständigem Liegeplatz innerhalb des Kanals benötigen einen vom Kanalamt Holtenau ausgestellten Fahrtausweis (§ 51).
Das Einlaufen in die Zufahrten, die Schleusenvorhäfen sowie in die Schleusen des Nord-Ostsee-Kanals in Brunsbüttel und Kiel-Holtenau ist Sportfahrzeugen nur gestattet, wenn an den Signalmasten auf den Schleuseninseln für die jeweilige Schleuse ein unterbrochenes weißes Licht gezeigt wird.

Weichensignale haben im allgemeinen keine Bedeutung für die Sportschiffahrt. Wird jedoch das Signal – 3 rote Lichter übereinander – gezeigt, so ist die Weiterfahrt auch für Sportfahrzeuge verboten.
Werden im Ölhafen Brunsbüttel an der westlichen bzw. östlichen Einfahrt 2 rote Lichter nebeneinander gezeigt, so ist die Weiterfahrt so lange verboten, bis an gleicher Stelle 2 grüne Lichter nebeneinander oder zwei grüne Lichter nebeneinander und ein weißes Licht darüber gezeigt werden.

Besondere Signale für den Nord-Ostsee-Kanal

Signal	Bedeutung	§§ der SeeSchStrO
 ▭ ▭ ▭	**Achtungssignal** für westwärts fahrende, ostwärts fahrende Schiffe bei Annäherung an schwimmende Geräte und an Sichtzeichen für Geschwindigkeitsbeschränkung. Bei Nebel ist das Signal mindestens jede Minute zu geben.	19 21
▭ o o o o ▭ o o o o ▭ (▭)	**Gefahr- und Warnsignal,** anschließend Achtungssignal für westwärts bzw. ostwärts fahrende Schiffe	20
▭ o o ▭ ▭	**Überholsignal** für Fahrzeuge der Verkehrsgruppen 3 bis 6 Es darf nur überholt werden, wenn ein Signalaustausch stattgefunden hat	23
  ▭ o o o 2 x ▭ ▭ o o o 2 x ▭ o o o ▭ ▭ o o o o o o o o	**Warnsignal** »Ich vermindere meine Geschwindigkeit« für westwärts fahrende Schiffe für ostwärts fahrende Schiffe »Ich will anlegen« für westwärts fahrende Schiffe für ostwärts fahrende Schiffe »Ein Passieren an Steuerbord (gegen die Regel) ist nicht möglich«	 20 20 24
  ∿∿∿∿ (5 sec) ⌒⌒⌒ ⌒⌒⌒ ∿∿∿∿ (5 sec) ⌒⌒ ⌒⌒ ∿∿∿∿ (5 sec) ⌒⌒⌒⌒ ⌒⌒⌒⌒	**Bei Nebel** (abweichend von der SeeStrO) (jede Minute) An der Steuerbordseite (Südseite) des Kanals festgekommen An der Backbordseite (Nordseite) des Kanals festgekommen In der Mitte des Fahrwassers liegend	21

c) Binnenschiffahrtstraßen-Ordnung (BinSchStrO)

Geltungsbereich
Auf den Binnenwasserstraßen des Bundes gelten die
- Binnenschiffahrtsstraßen-Ordnung vom 3. 3. 1971
- Rheinschiffahrtspolizeiverordnung vom 5. 8. 1970
- Moselschiffahrtspolizeiverordnung vom 8. 6. 1971
- Donauschiffahrtspolizeiverordnung vom 18. 3. 1970.

Diese nahezu inhaltsgleichen Verordnungen weichen nur in wenigen, regional bedingten Punkten voneinander ab. Sie folgen den Bestrebungen zur Vereinheitlichung der europäischen Schiffahrtspolizeiverordnungen.
Die BinSchStrO gilt auf den Binnenschiffahrtstraßen, die im 2. Teil der Verordnung genau aufgeführt sind. Ihr Geltungsbereich und der Geltungsbereich der übrigen Verordnungen sind in der nebenstehenden Skizze (Abb. 1) dargestellt.
Auf anderen Binnengewässern, die nicht zu diesen Wasserstraßen gehören, gelten verschiedene Landesverordnungen (vgl. S. 556 ff.), die neben Verkehrsregelungen vor allem auch Bestimmungen zur Abgrenzung des Gemeingebrauchs enthalten.
Im folgenden wird nur auf die für den Sportschiffer wichtigsten Bestimmungen dieser Verordnungen eingegangen.

Verkehrsvorschriften der Binnenwasserstraßen
Die Binnenwasserstraßen darf jeder befahren. Doch dürfen viele Binnenhäfen auf Grund hafenpolizeilicher Bestimmungen von Sportbooten nur mit einer Genehmigung befahren werden.

Allgemeine Bestimmungen
Sportboote fallen im allgemeinen unter »Kleinfahrzeuge unter 15 t Wasserverdrängung« [§ 1.01], zu denen auch Amphibienfahrzeuge, Luftkissen- und Tragflügelboote gehören. Sportboote müssen so gebaut sein, daß jede Gefahr für die an Bord befindlichen Personen und die Schiffahrt vermieden wird und alle Verpflichtungen aus der Verkehrsordnung erfüllt werden können. Auf bestimmten Wasserstraßen wird eine Fahrtauglichkeitsbescheinigung verlangt, die aber auch von anerkannten Wassersportvereinen ausgegeben werden kann. Bei den Lichtern, die bei Dunkelheit oder schlechter Sicht gesetzt werden müssen, sind zu unterscheiden

- *starke* mit einer Reichweite von 3 km,
- *helle* mit einer Reichweite von 2 km,
- *gewöhnliche* mit einer Reichweite von 1 km.

Ein Funkellicht hat 40–60 Blitze in der Minute.
Jedes Fahrzeug muß einen geeigneten *Schiffsführer* haben [§ 1.02], der während der Fahrt an Bord sein muß. Für den Nachweis der geforderten »Eignung« als Bootsführer ist der Besitz eines Führerscheins des Deutschen Segler-Verbandes ratsam, für Boote mit mehr als 3,68-kW-Motoren ist der amtliche A-Schein vorgeschrieben, auf dem Rhein für Boote von mehr als 15 t Wasserverdrängung das Sportschifferpatent, auf dem Bodensee das Bodenseeschifferpatent. Der Schiffsführer ist für alle Vorsichtsmaßregeln verantwortlich, die die allgemeine Sorgfaltspflicht und Seemannschaft gebieten, um die Gefährdung von Menschenleben, Beschädigungen von Fahr-

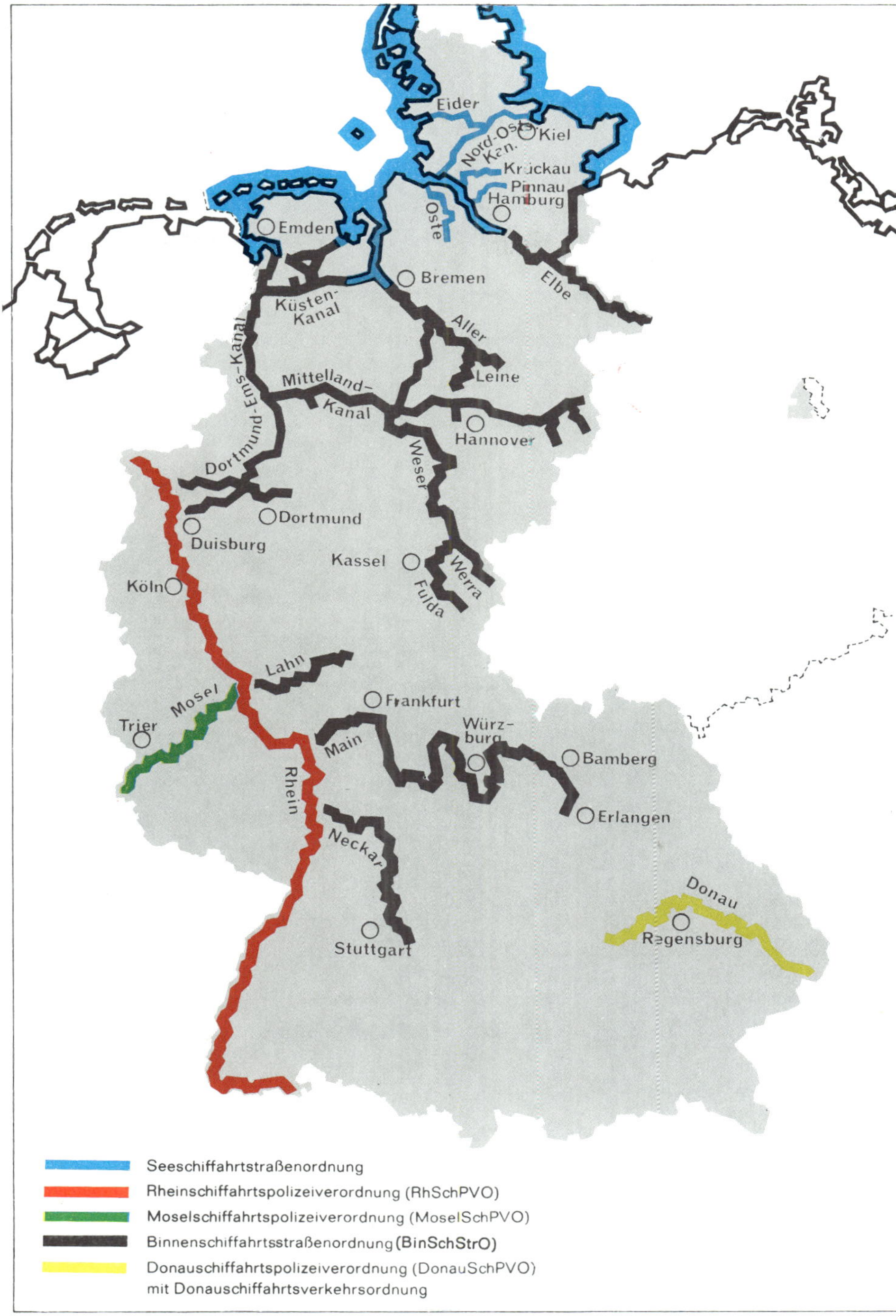

Abb. 1 Die Geltungsbereiche der Binnenschiffahrtstraßen- und der Seeschiffahrtstraßen-Ordnung

Geltungsbereich

Die BinSchStrO gilt für folgende westdeutsche Binnenwasserstraßen:

	Höchstgeschwindigkeit für Kleinfahrzeuge in km/Std.	Durchfahrtshöhe bei normalem Wasserstand m
Elbe		5,5
Ilmenau	7	
Elbe-Lübeck-Kanal	10	Bei Brückendurchfahrthöhen unter 6,0 m sind Masten über 4,2 m Höhe zu legen
Stromgebiet der Weser	35 gegenüber dem Ufer (»über Grund«) mit Ausnahme einiger Stadtstrecken	
Werra, Fulda, Aller Werra, Fulda oberhalb von Kassel, Leine: Nur für Kleinfahrzeuge. Jeweiligen Wasserstand beachten!	12 zu Berg, 18 zu Tal	
Rhein-Herne-Kanal	12	4,5
Ruhrwasserstraße		6,5 oberhalb km 11,65: 4,75
Wesel-Datteln-Kanal	12	4,5
Datteln-Hamm-Kanal	10	4,0
Mittellandkanal mit Zweigkanälen	10	4,0
Dortmund-Ems-Kanal	12	4,5
Küstenkanal	10	4,5
Ems	7	

	Höchstgeschwindigkeit für Kleinfahrzeuge in km/Std.	Durchfahrtshöhe bei normalem Wasserstand m
Leda	7	
Elisabethfehn-Kanal	7	4,0
Emsseitenkanal Oldersum-Emden	7	4,0
Schiffahrtsweg Rhein-Kleve	5	
Main	18 in Schleusenkanälen: 14	
Main-Donau-Kanal	11	
Lahn	12	

zeugen, von Schiffahrtzeichen, von Ufer- und Strombauwerken und Behinderungen der Schiffahrt zu vermeiden [§ 1.04]. Auf größeren Booten hat der Schiffsführer dafür zu sorgen, daß die Zahl der Besatzungsangehörigen für die sichere Handhabung des Fahrzeugs ausreicht [§ 1.08]. Auf Fahrzeugen unter Maschinenantrieb muß der Rudergänger mindestens 16 Jahre alt sein [§ 1.09]. Stellt der Bootsführer Veränderungen an Schiffahrtzeichen (Erlöschen von Lichtern, veränderte Lage oder Beschädigung) fest oder hat er selbst solche verursacht, so hat er umgehend Meldung an die nächste Dienststelle der Wasserschutzpolizei oder der Strom- und Schiffahrtpolizeibehörde zu machen [§ 1.13]. Keinesfalls dürfen flüssige Brennstoffe und Ölrückstände ins Wasser gelangen [§ 1.15]. Die Außenhaut des Fahrzeugs darf nicht mit Öl angestrichen werden.

Das Festkommen oder Sinken des Bootes ist der Behörde sofort anzuzeigen [§ 1.17]. Die Stelle ist notfalls zu markieren und zu bewachen. Mit allen Mitteln muß versucht werden, eine Sperrung des Fahrwassers zu verhüten.

Sportliche und ähnliche Veranstaltungen, die durch Ansammlungen die Schiffahrt behindern können, bedürfen einer besonderen Genehmigung [§ 1.23].

Boote von mehr als 20 t Tragfähigkeit und mehr als 74 kW m ü s s e n im Binnenschiffahrtsregister eingetragen sein, kleinere k ö n n e n es.

Zur *Kennzeichnung* haben Sportfahrzeuge auf der Außenseite in 10 cm hohen lateinischen Buchstaben hell auf Dunkel oder dunkel auf Hell ihr amtliches Kennzeichen beziehungsweise, wenn sie zu einem Club oder Verein, der einem der anerkannten Segelsportverbände angeschlossen ist, gehören, ihren Namen anzubringen oder den Namen der Organisation, der sie angehören oder dessen gebräuchliche Abkürzung,

erforderlichenfalls mit einer Nummer dahinter, ferner Namen und Anschrift des Eigentümers an auffallender Stelle innen oder außen. Beiboote brauchen nur innen oder außen ein Kennzeichen zu tragen, durch das der Eigentümer festgestellt werden kann [§ 2.02].
Sportboote auf Binnengewässern brauchen keine Flagge zu führen, da das Flaggenrechtsgesetz auf sie keine Anwendung findet, sofern sie nicht zur Seefahrt bestimmt sind.

Lichterführung
Maschinengetriebene Kleinfahrzeuge führen nachts: ein weißes helles Licht vorn, doch in gleicher Höhe wie die Seitenlichter – es können »gewöhnliche« sein – und mindestens 1 m vor diesen sowie das Hecklicht oder ein weißes helles Topplicht 1 m höher als die Seitenlichter. Die Seitenlichter können auch am Bug unmittelbar nebeneinander oder auch in einer Laterne vereinigt gesetzt werden. Schließlich kann das Hecklicht fortfallen, wenn das Topplicht ein Rundumlicht ist. Die gleichen Lichter führt auch ein Kleinfahrzeug, das andere Kleinfahrzeuge schleppt oder längsseit hat. Diese führen ein weißes gewöhnliches Rundumlicht. Beiboote brauchen kein Licht [§ 3.13].
Eine Yacht unter Segel führt ein weißes gewöhnliches Rundumlicht und zeigt bei der Annäherung anderer Fahrzeuge außerdem noch ein weißes gewöhnliches Licht. Ruder- und Paddelboote müssen ein weißes gewöhnliches Rundumlicht führen; Beiboote zeigen ein solches nur bei Annäherung anderer Fahrzeuge [§ 3.13].
Ein schleppendes Maschinenfahrzeug, das kein Kleinfahrzeug ist, führt neben den Seitenlichtern zwei weiße Topplichter übereinander und ein *gelbes* Hecklicht. Ein geschlepptes Fahrzeug führt ein weißes Rundumlicht bzw. zwei weiße Rundumlichter hintereinander, falls es länger als 110 m ist. Das letzte geschleppte Fahrzeug führt außerdem ein weißes Hecklicht [§ 3.09].
Schubverbände führen vorn drei weiße starke Lichter als Dreieck mit Spitze oben angeordnet, dazu Seitenlichter und drei weiße gewöhnliche Hecklichter nebeneinander, ferner gewöhnliche weiße Lichter zum Kennzeichen der Begrenzungen [§ 3.10]. Längsseit gekuppelte Fahrzeuge fahren vorn zwei weiße starke bzw. helle Lichter nebeneinander [§ 3.11]. Fahrzeuge mit feuergefährlichen Ladungen haben zusätzlich blaue Lichter [§ 3.14], bei explosiblen Ladungen rote Lichter [§ 3.15].
Beim Gebrauch von Scheinwerfern ist darauf zu achten, daß nicht durch Blenden die Schiffahrt oder der Verkehr am Ufer gestört werden.
Die *Nachtfahrt* ist für Sportwasserfahrzeuge gestattet:

1. auf dem Rhein zwischen Bingen und St. Goar mit Ausnahme der Talfahrt;
2. auf der Lahn und dem Elbe-Lübeck-Kanal, sofern Fahrwasser und Ufer ausreichend durch Scheinwerfer beleuchtet werden können;
3. auf den westdeutschen Kanälen:
   a) bei klarer Luft und guter Sicht bis 1 Stunde nach Sonnenuntergang bzw. ab 1 Stunde vor Sonnenaufgang,
   b) nach einer Schleusung bis zum Liegeplatz,
   c) auf dem Dortmund-Ems-Kanal zwischen Herbrunn und Papenburg,
   d) auf dem Emsseitenkanal Oldersum-Emden in heller Nacht,
   e) mit schriftlicher Erlaubnis der Strom- und Schiffahrtsbehörde.

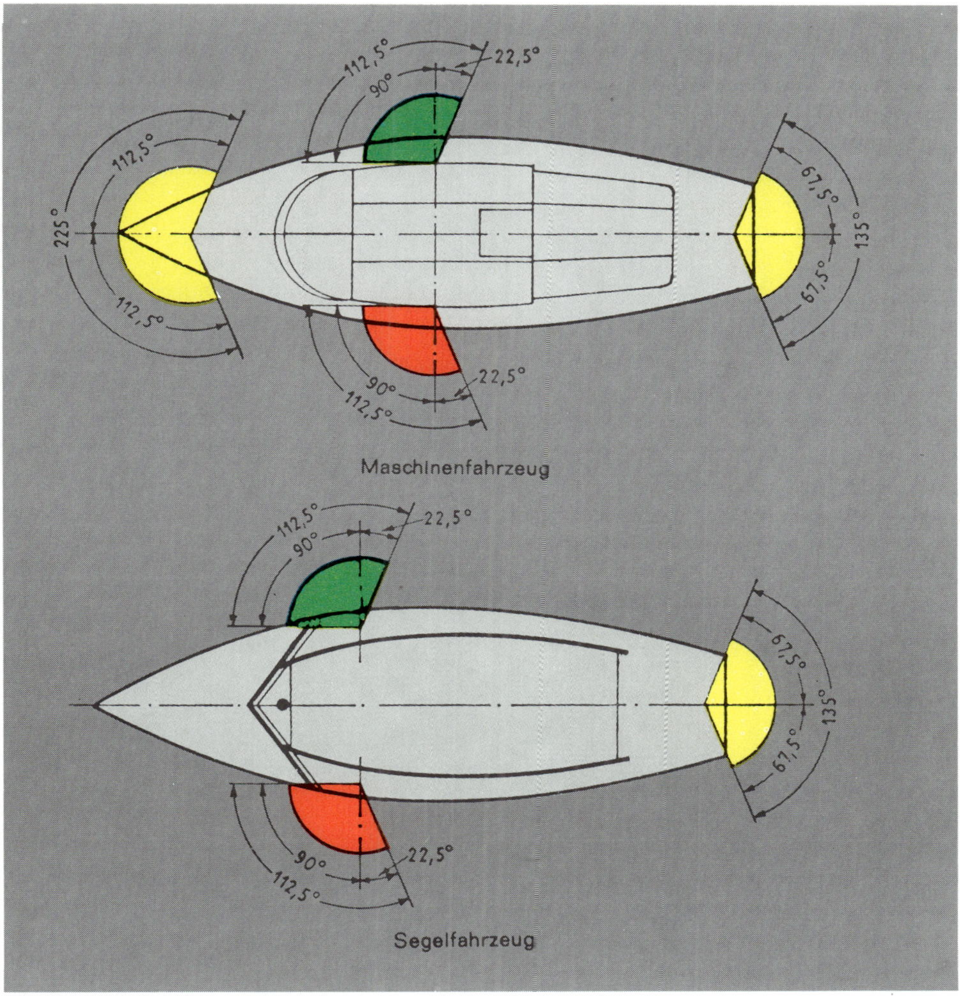

Abb. 2 Lichterführung gemäß Binnenschiffahrtstraßen-Ordnung
a) Fahrzeug mit Maschinenantrieb
Helles weißes Topplicht, mindestens 1 m vor den Seitenlichtern, wenn mit diesen in gleicher Höhe, sonst mindestens 1 m höher. Ferner ein grünes und ein rotes helles Licht an Steuerbord bzw. Backbord; sofern die beiden Seitenlichter mittschiffs am Bug unmittelbar nebeneinander stehen oder in einer Lampe vereinigt sind, muß das Topplicht mindestens 1 m darüber stehen. Sportboote mit Hilfsmotor können mit Ausnahme von Rhein und Mosel eine Dreifarbenlaterne (grün-weiß-rot) oder ein Zweifarbenlicht (grün-rot) mit einem weißen Licht darüber führen, dazu ein Hecklicht. Führen des Hecklichts ist freigestellt; wird es nicht geführt, muß das Topplicht rundum scheinen.
b) Segelfahrzeug
Seitenlichter und Hecklicht wie a). Auf Rhein und Mosel nur ein rundum sichtbares weißes gewöhnliches Licht.

Tafeln oder Flaggen bzw. Lichter auf Fahrzeugen

bei Nacht	bei Tage	Bedeutung	§ der BinSchStrO
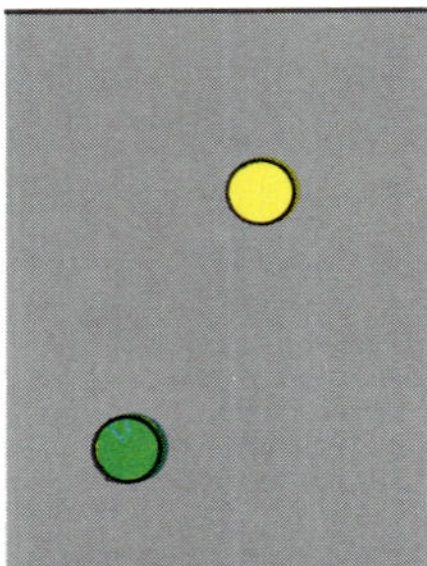	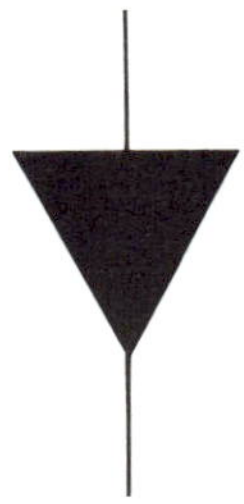	Motorsegler hier von Stb. vorn (gilt nicht für Kleinfahrzeuge)	3.30
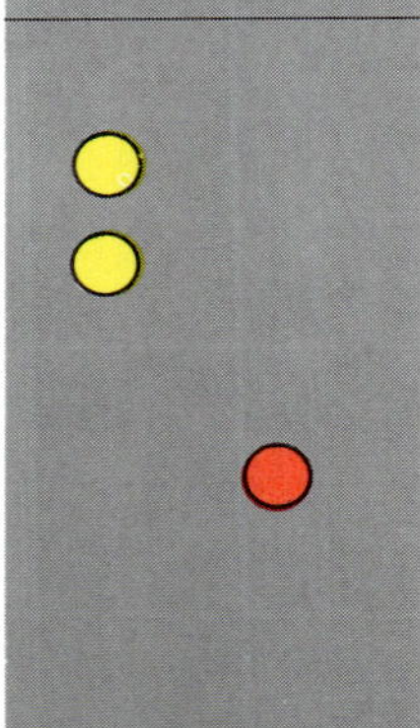		Schleppender Selbstfahrer, hier von Bb. vorn. Gelbes Hecklicht. Mehrere Schlepper nebeneinander für einen Schleppverband: 3 weiße starke Lichter übereinander. Jedes geschleppte Fahrzeug nachts ein weißes Rundum-Topplicht, das letzte Fahrzeug zusätzlich Hecklicht. Kleinfahrzeuge am Schluß des Verbandes bleiben unberücksichtigt	3.09
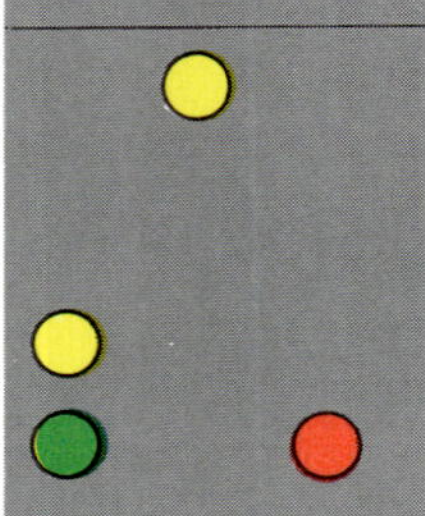	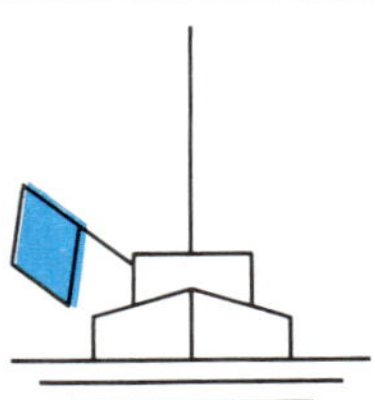	Steuerbord an Steuerbord passieren, dazu also nach Backbord gehen (von vorn)	
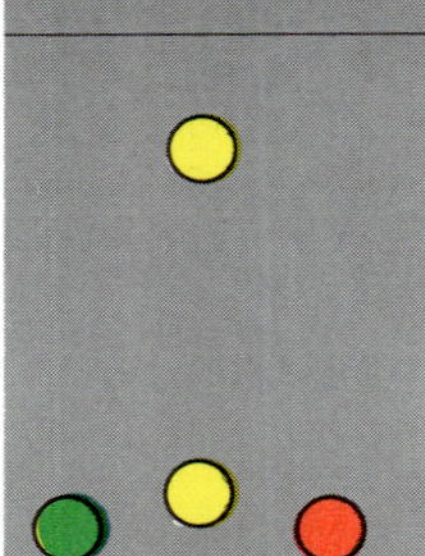	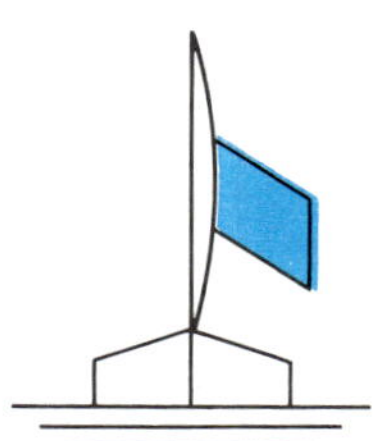	Ich will überholen (von vorn)	

bei Nacht	bei Tage	Bedeutung	§ der BinSchStrO
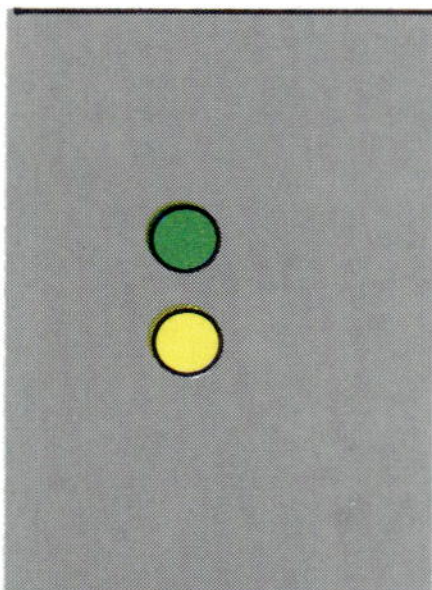		Nicht freifahrende Fähre (Gierfähren am Längsseil nur ein weißes gewöhnliches Licht)	3.16
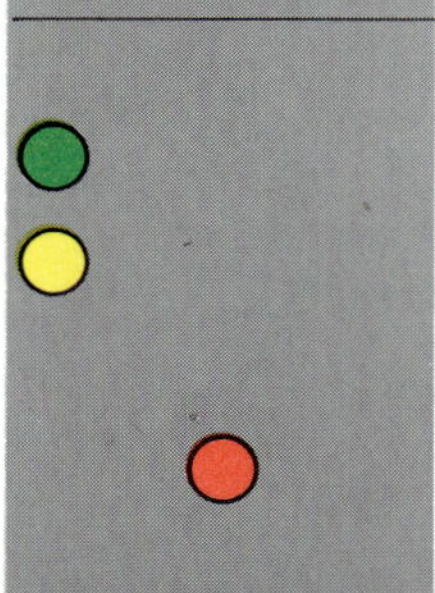		Freifahrende Fähre, hier von Backbord vorn	3.16
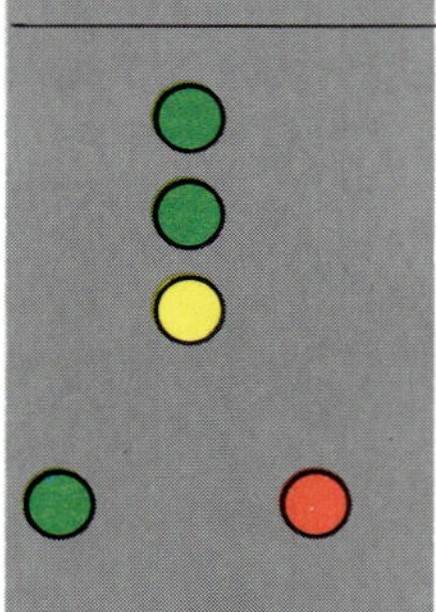	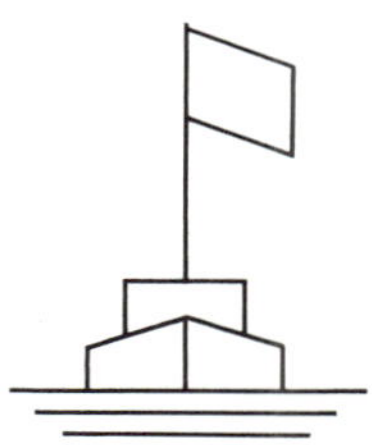	Freifahrende Großfähre beansprucht Vorfahrt gegenüber Schleppzug, hier von vorn	
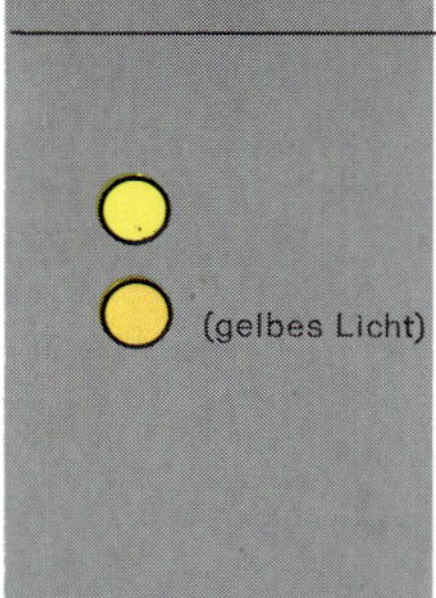	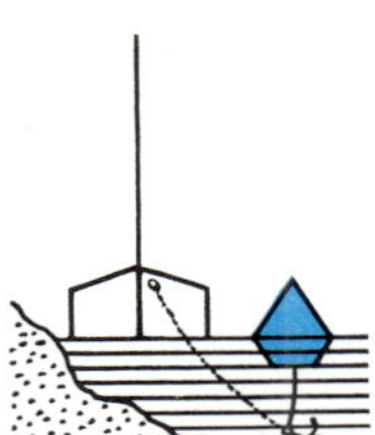	Kennzeichnung eines ausliegenden Ankers	

bei Nacht	bei Tage	Bedeutung	§ der BinSchStrO
	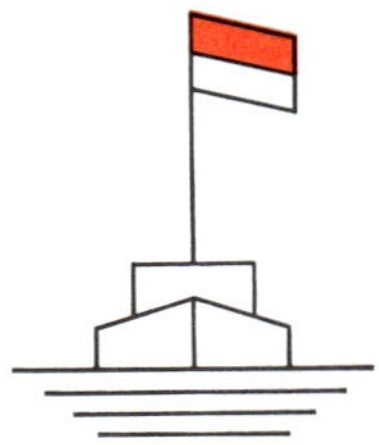	Schutzbedürftiges, auch mamövrierunfähiges Fahrzeug o. ä., Geschwindigkeit vermindern	3.05
	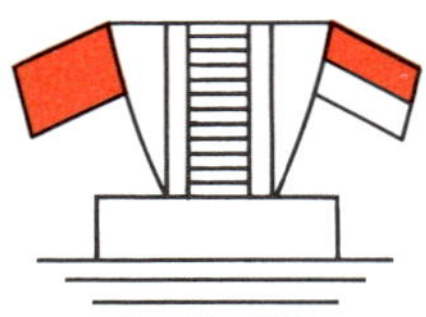	Schwimmendes, festgefahrenes od. gesunkenes Fahrzeug: Vorbeifahrt nur an der »rot-weißen« Seite	3.27 3.41
	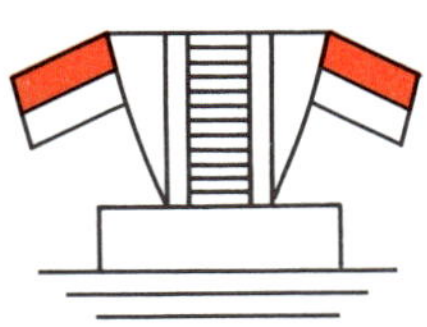	Fahrwasser an beiden Seiten frei	

Ausweichregeln

Im allgemeinen wird rechts gefahren und nach rechts ausgewichen; bei sich kreuzenden Kursen ist ausweichpflichtig, wer den anderen an Steuerbord hat. Auf Flüssen haben notfalls Talfahrer die Vorfahrt.

Kleinfahrzeuge müssen allen anderen, auch Flößen, den für deren Kurs und Manövrieren notwendigen Raum lassen und können nicht verlangen, daß diese ihnen ausweichen. Diese Vorschrift zwingt den Sportbootfahrer zu genauer Beobachtung der Verkehrslage auch auf dem hinter ihm liegenden Revier, weil er *auch auflaufenden Fahrzeugen gegenüber ausweichpflichtig ist.* Doch dürfen die anderen Fahrzeuge bei ihrer Pflicht zu gegenseitiger Rücksichtnahme und seemännischer Vorsicht ihr Vorfahrt- oder Wegerecht nicht erzwingen, sondern müssen durch Zurufe oder Signale säumige Kleinfahrzeuge an ihre Ausweichpflicht erinnern.

Sportboote untereinander haben folgende Fahrregeln anzuwenden:
1. *Begegnen und Überholen* sind nur gestattet, wenn das Fahrwasser unzweifelhaft hinreichend Raum für die Vorbeifahrt läßt. Auch Kursänderungen während der Vorbeifahrt müssen jede Gefahr eines Zusammenstoßes ausschließen. Insbesondere beim Überholen ist sorgfältig zu prüfen, ob das Manöver ohne Gefahr durchgeführt werden kann. Die Wahl der Überholseite steht dem Überholenden frei; der Vorausfahrende hat das Überholen nach Möglichkeit zu erleichtern.

2. Ruderboote müssen Segelbooten ausweichen [§ 6.02].

3. Für das *Ausweichen zwischen Segelfahrzeugen* gilt Abb. 2 – bis auf die Mosel, wo aber die Beachtung dieser Regeln dringend empfohlen wird:

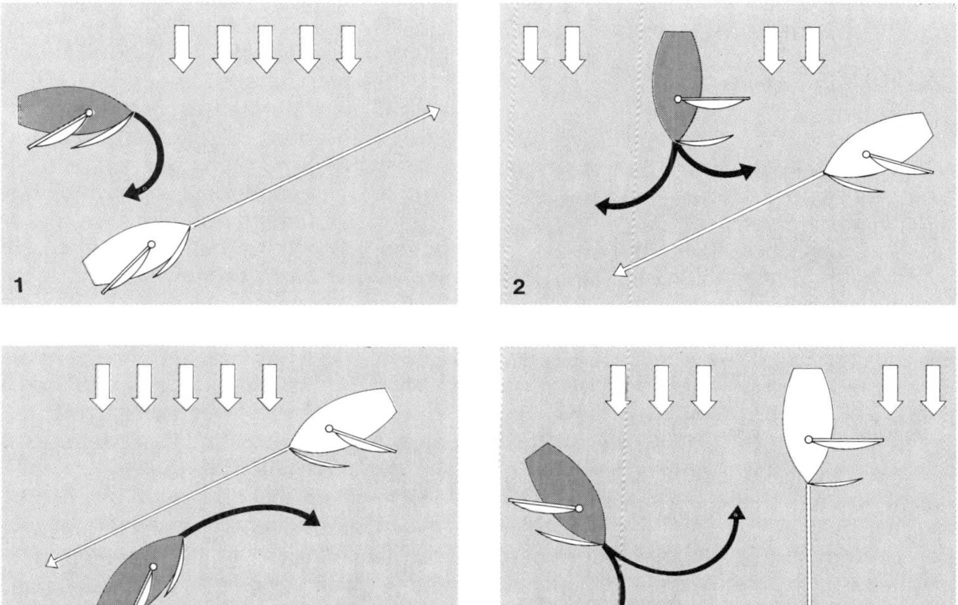

Abb. 2 Ausweichregeln zwischen Segelschiffen
1,2: Bei Wind von der gleichen Seite weicht der Luvwärtige aus. 3,4: Bei Wind von verschiedenen Seiten weicht der über Steuerbord-Bug-Liegende aus.

Haben beide Segelfahrzeuge den Wind von der gleichen Seite, so muß das in Luv stehende ausweichen; haben sie Wind von verschiedenen Seiten, muß dasjenige ausweichen, das den Wind von Backbord hat (über Steuerbord-Bug segelt).

Überholt ein Segelfahrzeug ein anderes, so tut es dies in Luv.

4. Auf einem Fluß ist das *Wenden zu Berg* nur gestattet, wenn der übrige Verkehr es zuläßt. Sportboote *können* ihre Absicht durch das entsprechende Schallsignal anzeigen, worauf kleinere Boote nötigenfalls Raum zu geben haben. Ein *Wenden zu Tal* ist nur erlaubt, wenn andere Boote dadurch nicht behindert werden; das Manöver *muß* durch Schallsignal angekündigt werden.

Weitere Fahrregeln

Es ist verboten, in die Abstände zwischen den Teilen eines Schleppzuges hineinzufahren. Fahrzeuge dürfen nicht auf gleicher Höhe fahren.

Das Anlegen oder Anhängen an ein in Fahrt befindliches Fahrzeug und das Mitfahren im Sog sind ohne Erlaubnis seines Schiffsführers verboten. Die hiermit verbundenen Gefahren sollten nicht unterschätzt werden; auch kann der erlaubnisgebende Schiffsführer bei einem Unfall mitverantwortlich werden. Damit ist allerdings ein Anhängen größerer Sportboote an größere Fahrzeuge nicht ausgeschlossen; nur sollte es nicht in Fahrt erfolgen. Für kleinere Sportboote empfiehlt sich allerdings aus Sicherheitsgründen ein Verladen auf das große Fahrzeug.

Verboten ist das Heranschwimmen an in Fahrt befindliche Fahrzeuge einschließlich Sportbooten.

In der Nähe von Fähren dürfen Sportboote nur passieren, wenn keine Behinderung eintritt und ausreichend Raum zur Vorbeifahrt vorhanden ist.

Unter Brücken ist ein Begegnen oder Überholen nur gestattet, wenn der befahrbare Raum unzweifelhaft ausreicht. Auf Rhein und Mosel ist sorgfältig auf die Signale für Brückendurchfahrten zu achten. Auf allen anderen Wasserstraßen können Sportboote alle nicht ausdrücklich gesperrten Durchfahrten benutzen; doch sollten ortsfremde Bootsführer sich an die gekennzeichneten Durchfahrten halten, um etwaige Grundberührungen zu vermeiden.

Bei *schlechter Sicht oder Nebel* ist erhöhte Aufmerksamkeit geboten. Es sind Lichter wie bei Nacht zu führen. Möglichst sollte man einlaufen oder außerhalb des Verkehrs stilliegen. Auf Flüssen müssen Bergfahrer anhalten, Talfahrer aufdrehen und anhalten, wenn die Weiterfahrt nicht mehr ausreichend sicher ist; das Fahrwasser ist soweit möglich freizumachen. Solange sich Fahrzeuge noch in Fahrt befinden, geben sie jede Minute einen langen Ton. Fahrzeuge, die im Fahrwasser oder in dessen nähe stilliegen, können jede Minute, wenn sie sich auf der linken Fahrwasserseite (in Stromrichtung) befinden, 3 Gruppen, wenn sie sich auf der rechten Fahrwasserseite befinden, 2 Gruppen von Glockenschlägen (oder Schlägen von Metall auf Metall) geben. Sie müssen diese Zeichen geben, wenn sie das Schallzeichen eines herankommenden Fahrzeugs hören.

Signal-Tafel zur BinSchStrO

A. Tafeln am Ufer

(Nur die Zeichen und Signale, die nicht mit den Zeichen der SeeSchStrO übereinstimmen oder allein im Bereich der BinSchStrO zu finden sind.)

Tafel	Bedeutung	§ der BinSchStrO
	Gebot, die Fahrrinne nach Backbord bzw. Steuerbord anzusteuern	6.12.1
	Gebot, die Backbord- bzw. Steuerbordseite der Fahrrinne beizubehalten	6.12.1
	Gebot, die Fahrrinne nach Backbord bzw. Steuerbord zu überqueren	6.12.1 und 2
	Gebot zu besonderer Vorsicht	6.08
	Wendeverbot bzw. Wendeplatz	6.13 7.03
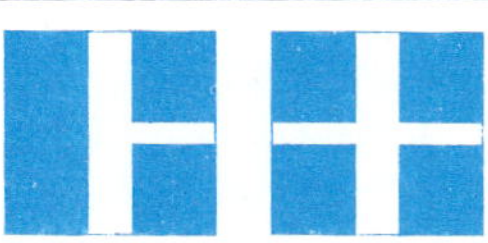	Einmündung einer Nebenwasserstraße (hier von rechts) in eine durchgehende bzw. Kreuzung einer durchgehenden mit einer Nebenwasserstraße	6.16
	Gebot, die Vorfahrt zu beachten bei Einmündung in ein durchgehendes Fahrwasser bzw. bei dessen Kreuzung	6.16.7

Tafel	Bedeutung	§ der BinSchStrO
	Gebot, durch Geschwindigkeitsverminderung Wellenschlag zu vermeiden	6.20
	Hinweis auf beschränkte Wassertiefe (hier 2 m) bzw. beschränkte Durchfahrtshöhe (hier 6 m)	
	Hinweis auf beschränkte Durchfahrtsbreite (hier 9 m)	
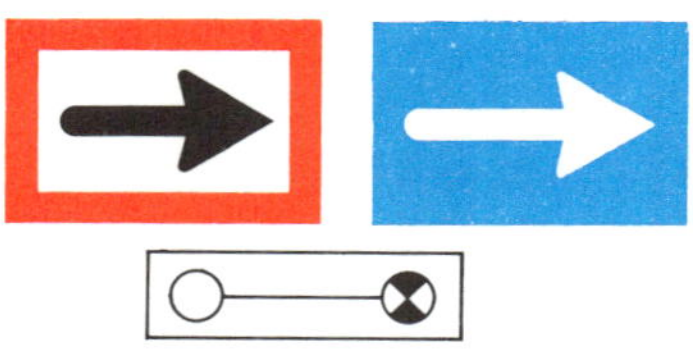	Gebot bzw. Empfehlung, in Richtung des Pfeils bzw. vom festen zum Gleichtaktlicht zu fahren	
	Hinweis auf die Erlaubnis zum Stilliegen bzw. Liegeverbot	7.03
	Hinweis auf die Erlaubnis zum Ankern bzw. Ankerverbot innerhalb 100 m in jeder Richtung	7.03 7.04 6.18
	Hinweis auf die Erlaubnis zum Festmachen bzw. Festmachverbot	7.03 7.05
	Wasserski-Strecke	

B. Tafeln und Flaggen bzw. Lichter am Ufer u. ä.

bei Nacht	bei Tage	Bedeutung	§ der BinSchStrO
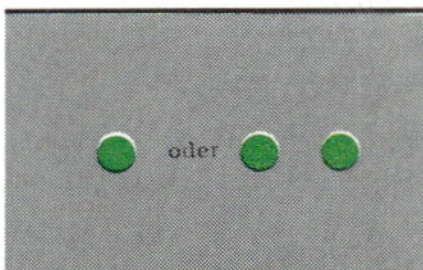		Durchfahrt durch eine Fahrwasserenge gestattet	6.08 6.27 6.28
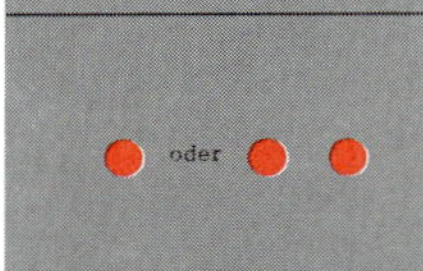		Durchfahrt durch eine Fahrwasserenge verboten	6.08 6.22 6.25 6.28
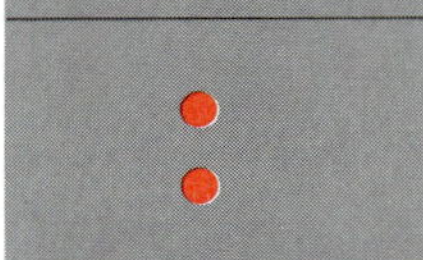		Schiffahrt gesperrt (auch Zuruf und Schwenken einer roten Flagge bzw. eines roten Lichtes)	6.22 6.25 6.28
		Befahren der Wasserfläche nicht erlaubt (mit Ausnahme von Kleinfahrzeugen ohne Maschinenantrieb)	6.22

C. Lichtsignale für bewegliche Brücken und Schleusen

bei Nacht und bei Tage		Bedeutung	§ der BinSchStrO
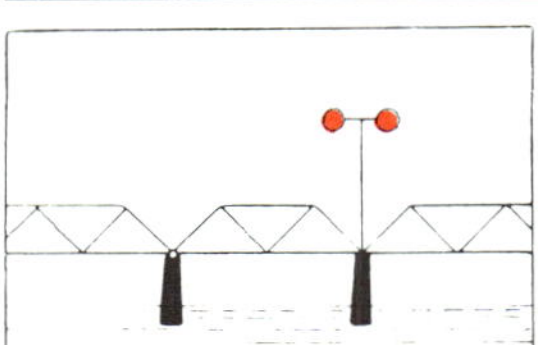	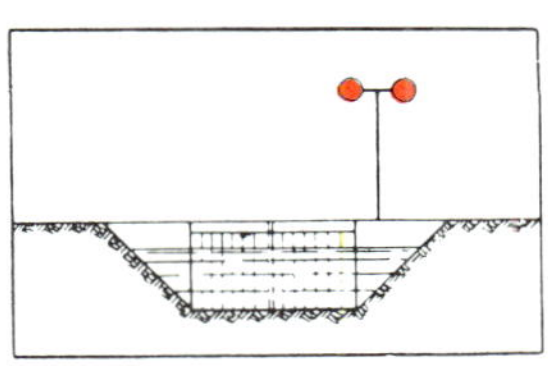	Keine Durch- bzw. Einfahrt	6.25 6.26 6.28
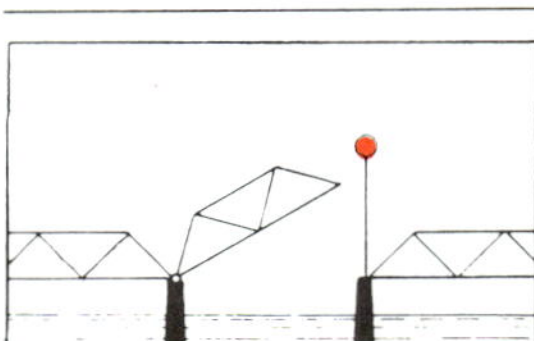	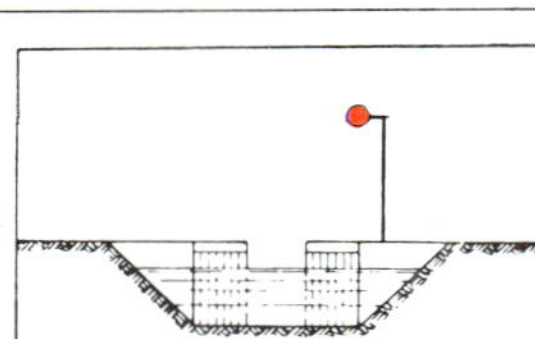	Keine Durch- bzw. Einfahrt, Brücke bzw. Schleuse wird geöffnet	6.25 6.26 6.28

bei Nacht und bei Tage		Bedeutung	§ der BinSchStrO
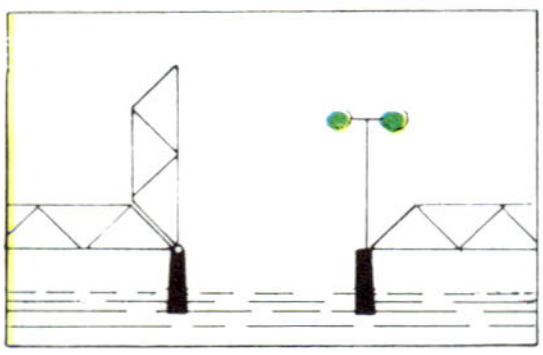	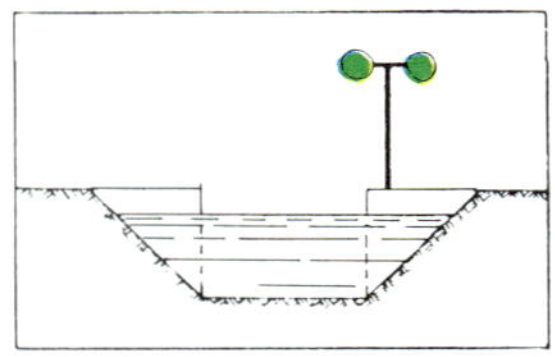	Durch- bzw. Einfahrt frei	6.26 6.27 6.28
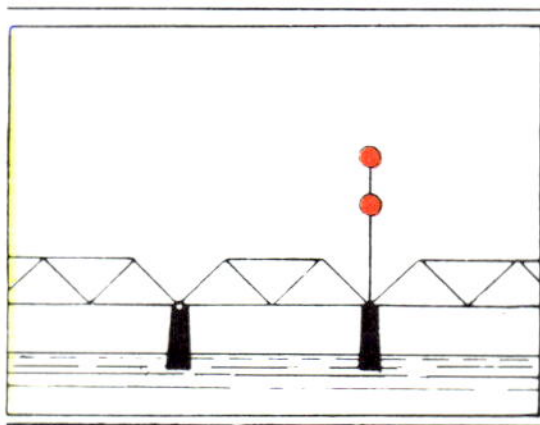	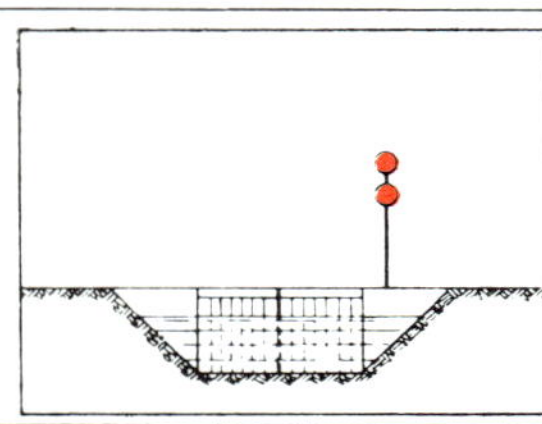	Keine Durchfahrt, Schiffahrt gesperrt	6.25 6.26 6.28
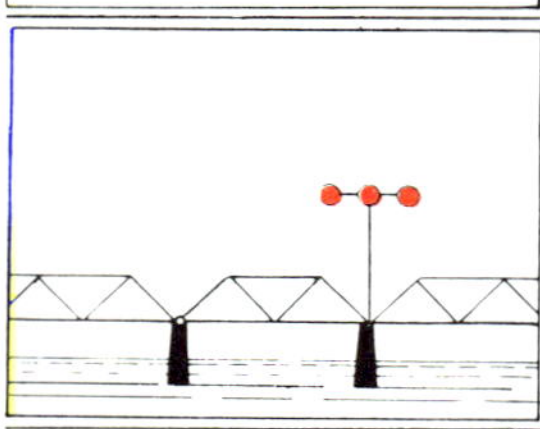		Keine Durchfahrt, Brücke kann vorübergehend nicht geöffnet werden	6.26
		Auslaufen aus der Schleuse nicht erlaubt	6.28.10 und 14
		Auslaufen aus der Schleuse erlaubt	6.28.10 und 14

Stilliegen (Ankern und Festmachen)

Alle Fahrzeuge haben ihre Liegeplätze so nahe am Ufer zu wählen, wie es die örtlichen Verhältnisse und ihr Tiefgang gestatten; die Schiffahrt darf nicht behindert werden. Ein Liegen in Kanälen und Schleusenkanälen, Fahrwasserengen, an Fluß-, Kanal- und Hafenmündungen und auf den Kursen von Fahrgastschiffen und Fähren zu und von ihren Landestellen sowie unter Hochspannungsleitungen und Brücken und an Wendeplätzen ist verboten. Stilliegende Fahrzeuge müssen so gesichert sein, daß sie den Schwankungen des Wasserstandes folgen können und durch Sogwirkungen und Wellenschlag nicht gefährdet werden. Man beachte besonders, daß die *übrige Schiffahrt nicht verpflichtet ist, mit ihrer Fahrt auf stilliegende Sportboote Rücksicht zu nehmen.*
Auf einem stilliegenden Sportboot muß an der Fahrwasserseite ein von allen Seiten sichtbares weißes Licht geführt werden, es sei denn, das Boot liegt völlig zwischen zwei nicht überfluteten Buhnen oder hinter einem aus dem Wasser ragenden Längswerk, oder es liegt am Ufer und ist von diesem aus ausreichend beleuchtet [§ 3.20]. Im Fahrwasser liegende, mit Arbeiten beschäftigte Fahrzeuge zeigen an der Passierseite eine rot-weiße Flagge. Doch müssen Sportboote darauf achten, daß diese Seite tatsächlich frei und nicht durch Kabel, Ketten oder Leinen eingeengt ist, da sie als Sportboote nicht verlangen können, daß ihnen durch Losegeben der Hindernisse die Vorbeifahrt erleichtert wird.
Das Festmachen oder Verholen an Schiffahrtszeichen wie Bojen und Tonnen oder an Bäumen, Geländern, Markierungsseiten u. ä. ist verboten.

Verhalten bei Unfällen

Der Bootsführer ist für die Sicherheit seiner eigenen Besatzung verantwortlich. Bei Gefährdung von Menschenleben in seiner Nähe ist er – soweit mit der Sicherheit seines eigenen Fahrzeugs vereinbar – zur Hilfeleistung verpflichtet. Ebenso hat er sein möglichstes zu tun, bei einem Unfall eine Sperrung des Fahrwassers zu verhindern. Ein *Fahrzeug in Not,* das Hilfe braucht, gibt gleichzeitig oder einzeln folgende Zeichen:

- kreisförmiges Schwenken einer Flagge oder eines anderen Gegenstandes bzw. eines Lichtes,
- wiederholte lange Töne oder mehrere Gruppen von Glockenschlägen,
- Flammenzeichen, wenn ohne Gefahr möglich.

Manövrierunfähige Fahrzeuge müssen eine rote Flagge bzw. ein rotes Licht schwenken oder Schallsignale geben, gegebenenfalls auch beides [3.35, 3.18].
Ist ein Fahrzeug gesunken, festgefahren oder hat es eine unerklärliche Grundberührung gehabt oder selbst einen Gegenstand, der die Schiffahrt behindern kann, verloren, so muß sein Führer für eine schnelle Benachrichtigung der Wasserschutzpolizei oder der Wasser- und Schiffahrtsverwaltung sorgen.

Schleusen

Vor dem Einlaufen in eine Schleuse ist die Einweisung durch das Schleusenpersonal vor dem Haltezeichen abzuwarten. Vor geschlossenen Toren ist ein Mindestabstand von 100 m zu halten.
Sportboote werden, soweit sie nicht die

Bootsschleusen oder Bootsschleppen benutzen können, nur in größeren Gruppen oder zusammen mit anderen Fahrzeugen oder Flößen geschleust; nur ausnahmsweise werden nach bestimmten Wartezeiten einzelne Sportboote geschleust.
Den für die Schiffahrt gesperrten Teil der Elbe bei der Schleuse Geesthacht von der Abzweigung des Schleusenoberkanals (km 583,9) bis zum Wehr dürfen bei Tage Kleinfahrzeuge bis 900 m oberhalb des Wehres (km 585) befahren.
Auf die Schleusenbetriebszeiten ist zu achten. Betriebseinrichtungen der Schleusen und Wehre dürfen – soweit für Bootsschleusen nicht ausdrücklich zugelassen – nicht eigenmächtig betreten oder bedient werden. Ein Liegenbleiben im Schleusenbereich ist nur mit Genehmigung der Aufsicht gestattet. Während des Liegens in einer Schleuse müssen die Boote mit ausreichend starken und langen Leinen festgemacht und die Leinen seemännisch bedient werden. Die Freigabe der Ausfahrt ist abzuwarten.
Auf dem Neckar dürfen Sportboote, die eine Bootsschleppe benutzen wollen, das Gebiet oberhalb der Wehre und Kraftwerke befahren.

Besondere Vorschriften für einzelne Reviere

Die deutsche Donaustrecke

Sportboote brauchen – einschließlich der österreichischen Strecke – keine besondere Erlaubnis. Für die Kennzeichnung gelten die für die deutschen Binnenschiffahrtstraßen erlassenen Bestimmungen.
Nachts müssen einzelne weder mit Maschine noch unter Segel fahrende Boote bei Annäherung anderer Fahrzeuge ein weißes gewöhnliches Licht zeigen. Fahrzeuge unter Segel führen ein weißes gewöhnliches Licht und zeigen bei Annäherung anderer Fahrzeuge am Bug ein zweites weißes gewöhnliches Licht. Fahren sie zusätzlich mit Motor, so führen sie Lichter wie Kleinfahrzeuge mit Maschinenantrieb, d. h. über 7 m Länge oder mit einer Geschwindigkeit von mehr als 10 km/Std., wie in Abb. 2a; sonst brauchen sie nur bei Annäherung anderer Fahrzeuge ein weißes gewöhnliches Licht zu zeigen.

Sportmotorboote mit Kleinfahrzeugen im Schlepp oder längsseit müssen Bug-, Seiten- und Hecklichter führen und das letzte Fahrzeug des Schleppzugs ein Hecklicht.

Stilliegende Kleinfahrzeuge, die nicht am Ufer festgemacht sind, müssen ein rundum sichtbares weißes gewöhnliches Licht setzen.

Als Ausweichregeln zwischen Kleinfahrzeugen sind festgelegt:
1. Kleinfahrzeuge mit Maschinenantrieb weichen anderen Kleinfahrzeugen aus.
2. Den unter Segel fahrenden Kleinfahrzeugen weichen alle anderen aus.
3. Ausweichpflichtige Kleinfahrzeuge ändern ihren Kurs rechtzeitig nach Steuerbord. Falls dies aus nautischen Gründen nicht geht, muß der Ausweichpflichtige rechtzeitig und deutlich zeigen, wie er ausweichen will; er kann außerdem das entsprechende Schallsignal geben.

4. Zwischen Segelbooten gelten die Vorschriften der Abb. 2, vgl. S. 549.
5. Zu fischenden Fahrzeugen ist beim Begegnen oder Überholen mindestens 30 m Abstand und gerader Kurs zu halten.
Sportboote ohne Maschinenantrieb dürfen die Altwässer und die Wasserfläche hinter Leitwerken befahren. An Schleusen haben diese Boote, wenn sie von der Besatzung über Land getragen werden können, die Umsetzanlagen zu benutzen. Kleinfahrzeuge, die nicht geschleust werden wollen, dürfen nicht in die Vorhäfen einlaufen.
Ober- und unterhalb der Staustufe Kachlet dürfen Kleinfahrzeuge nur die Liegeplätze von km 2226,00 bis 2225,81 und von km 2225,55 bis 2225,44 benutzen.

Der Bodensee

Seit dem 1. April 1976 gilt die »Verordnung über die Schiffahrt auf dem Bodensee (Bodensee-Schiffahrtsordnung — BodenseeSchO)«.

Patentpflicht. Zur Führung eines Segelfahrzeuges mit mehr als 12 m² Segelfläche ist ein Schifferpatent (Kategorie D), für ein maschinengetriebenes Fahrzeug mit mehr als 4,4 kW (DIN) ein Schifferpatent der Kategorie A, für ein Segelfahrzeug mit Motor, dessen Maschinenleistung 4,4 kW übersteigt, sind beide Patente erforderlich. Wer die Rheinstrecke zwischen Stein am Rhein und der Straßenbrücke Schaffhausen-Feuerthalen befahren will, muß in der Schiffsführerprüfung eingehende Kenntnisse dieser Fahrwasserstrecke nachweisen und im praktischen Teil zeigen, daß er sich auf dieser Strecke nautisch richtig verhalten kann. Alle Patente können in einem Zug erworben werden.
Der Besitz eines nach den Richtlinien des Deutschen Segler-Verbandes erteilten Führerscheines befreit n i c h t von der Patentpflicht, jedoch erspart die Vorlage eines A-Scheines des DSV den praktischen Teil der Schiffsführerprüfung. Der amtliche Sportbootführerschein und der amtliche A-Schein des DSV und des DMYV werden befristet als Schifferpatent anerkannt. Die Anerkennung ist durch eine Bescheinigung der drei Landratsämter am Bodensee nachzuweisen; sie darf jedoch höchstens für die Dauer eines Monats innerhalb eines Jahres ausgesprochen werden.
Nicht am Bodensee ansässige Teilnehmer sportlicher Veranstaltungen sind für deren Dauer und eine angemessene Trainingszeit von der Patentpflicht befreit. Sie werden von den ausrichtenden Vereinen den zuständigen Behörden namentlich gemeldet.

Zulassung. Fahrzeuge mit Maschinenantrieb und Segelfahrzeuge, die mit Wohn-, Koch- oder sanitären Einrichtungen ausgerüstet sind, dürfen nur in Betrieb genommen werden, wenn sie zugelassen sind (Zulassungsurkunde). Die der Zulassung vorhergehende Untersuchung kann entfallen, wenn durch die Bescheinigung einer amtlich anerkannten Untersuchungsstelle nachgewiesen wird, daß Bau und Ausrüstung des Fahrzeuges den Anforderungen der BodenseeSchO genügen.

Maschinenfahrzeuge untereinander:

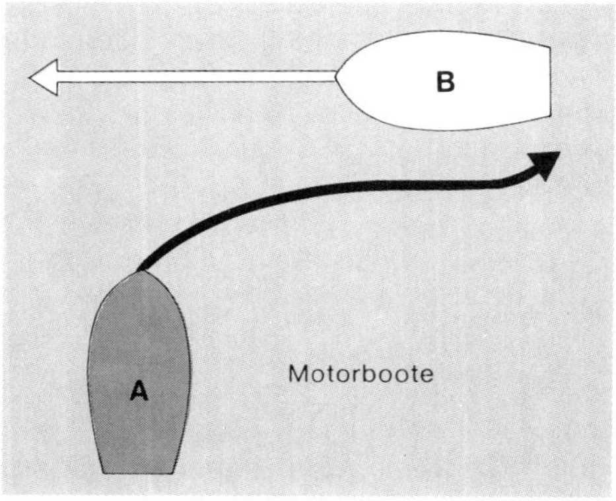

Abb. 1 A muß ausweichen, da B von der Steuerbordseite kommt

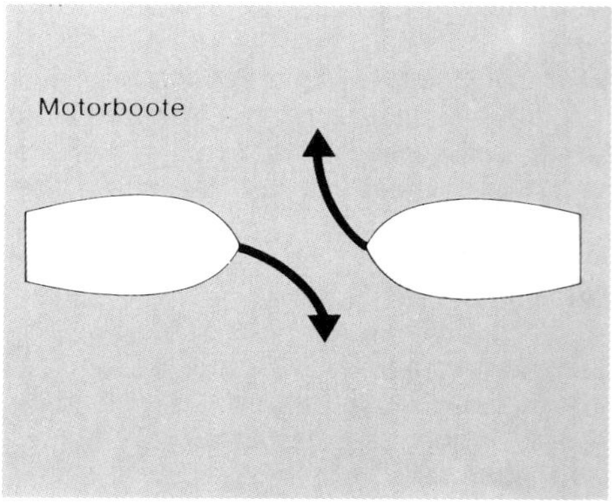

Abb. 2 Bei entgegengesetzten Kursen muß jedes Fahrzeug nach Steuerbord halten

Segelfahrzeuge untereinander:

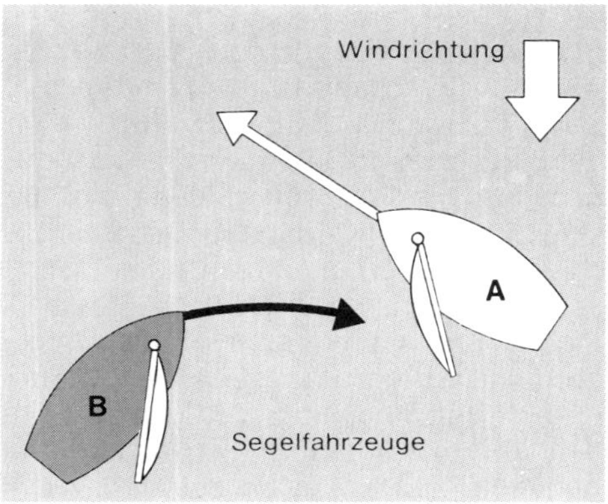

Abb. 3 A hat Wegerecht: Steuerbordbug weicht Backbord-Bug aus

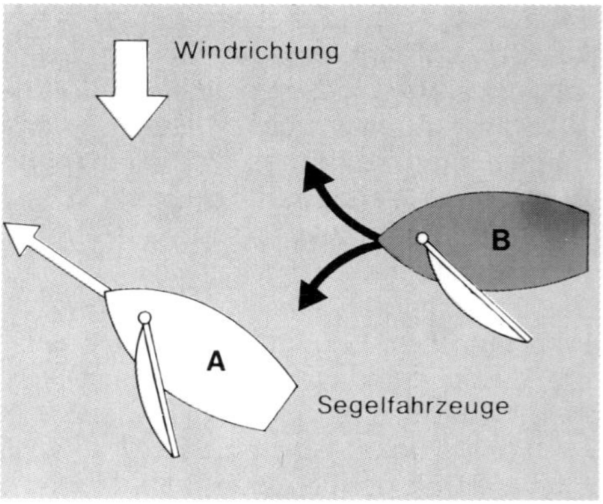

Abb. 4 A hat Wegerecht: Luvboot weicht Leeboot

Maschinenfahrzeug und Segelfahrzeug:

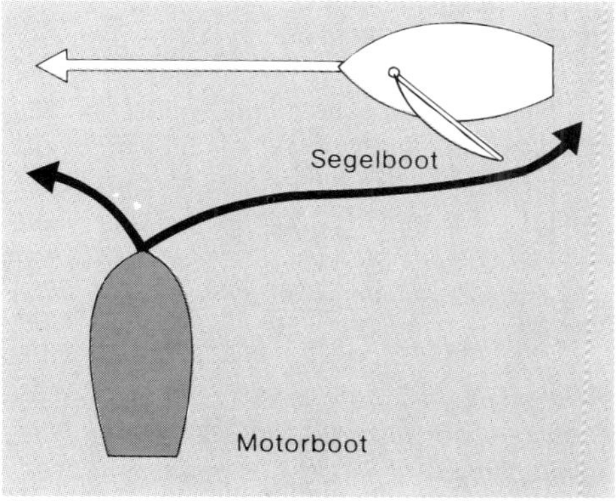

Abb. 5 Gegenüber Segelfahrzeugen müssen alle Fahrzeuge ausweichen; ausgenommen Vorrangfahrzeuge, Schleppverbände und besonders gekennzeichnete Fahrzeuge der Berufsfischer

Hafeneinfahrt:

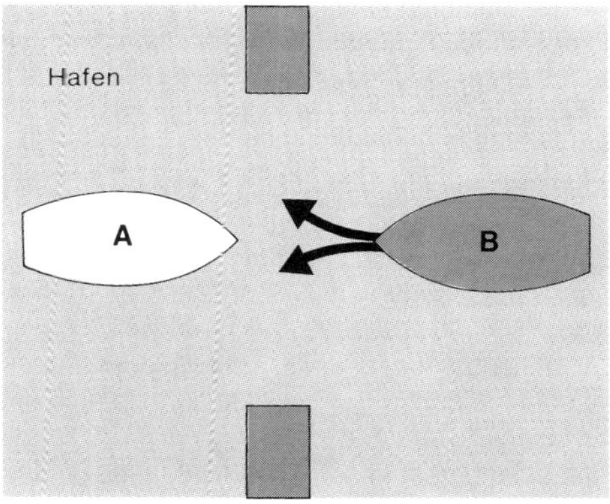

Abb. 6 A hat Vorrang; Fahrzeuge, die aus einem Hafen ausfahren, haben gegenüber einfahrenden den Vorrang, Ausnahme: Vorrangfahrzeuge, Schleppverbände und Fahrzeuge in Not

Fahrregeln. Beim Begegnen oder Überholen dürfen Fahrzeuge, deren Kurse die Gefahr eines Zusammenstoßes ausschließen, weder Fahrt noch Kurs derart ändern, daß Kollisionsgefahr entsteht.

Liegen zwei Fahrzeuge so auf sich kreuzenden Kursen, daß die Gefahr eines Zusammenstoßes besteht, muß das Fahrzeug ausweichen, welches das andere auf seiner Steuerbordseite hat. Bei entgegengesetzten Kursen muß jedes Fahrzeug nach Steuerbord halten, damit die Fahrzeuge einander Backbord an Backbord passieren können. Ausnahmsweise kann das Aneinandervorbeifahren Steuerbord an Steuerbord erfolgen (z. B. Landemanöver); in diesem Fall sind zwei kurze Töne zu geben — der Gegenkommer antwortet mit zwei kurzen Tönen und gibt Raum.

Ausweichpflicht. Beim Ausweichen ist ein Abstand von 50 m zu wahren; soweit örtliche Verhältnisse das nicht zulassen, ist der größtmögliche Abstand einzuhalten.

Alle Fahrzeuge sind gegenüber Vorrangfahrzeugen — kenntlich an der grün-weißen Flagge (von oben nach unten) —, Schleppverbänden und Fahrzeugen der Berufsfischer, die einen weißen Ball führen, ausweichpflichtig.

Segler haben Wegerecht gegenüber anderen Wasserfahrzeugen; ausgenommen Vorrangfahrzeuge, Schleppverbände und Berufsfischer. Für Segler untereinander gilt: 1. Backbordbug hat Wegerecht, 2. Wer zu Luv steht, der muß weichen.

Kennzeichen. Jedes Fahrzeug muß mit einem von der zuständigen Behörde zugeteilten Kennzeichen versehen sein. Ausgenommen sind lediglich Fahrzeuge ohne Maschinenantrieb, deren Länge unter 2,50 m liegt. Das Kennzeichen ist auf beiden Seiten des Bootes gut sichtbar anzubringen. Schriftzeichen (lateinisch) und Ziffern (arabisch) müssen mindestens 8 cm hoch und entsprechend breit und stark sein. Der Kennzeichenpflicht ist genügt, wenn das Fahrzeug ein von einer anderen Behörde, die für ein anderes deutsches, österreichisches oder schweizerisches schiffbares Gewässer zuständig ist, erteiltes Kennzeichen trägt.
Zuständig für Untersuchung und Zulassung der Fahrzeuge, Zuteilung der Kennzeichen, Abnahme der Schiffsführerprüfung und Erteilung der Bodensee-Schifferpatente sind die Landratsämter
Konstanz (Schiffahrtsamt),
Bodenseekreis, Außenstelle Tettnang,
und Lindau.
Einzelheiten über Zulassung, Patente, Gebühren usw. sind aus einem bei diesen Landratsämtern erhältlichen Merkblatt zu entnehmen. Wer sein Boot vorübergehend an den Bodensee bringen will, sollte das Merkblatt frühzeitig anfordern.

Schiffahrtszeichen. Mit dem Inkrafttreten der BodenseeSchO setzte auch die Umgestaltung der Schiffahrtszeichen ein. Die Verbots-, Gebots-, Hinweis- und Empfehlenden Zeichen sind quadratisch und nur in einzelnen Fällen rechteckig (Seitenlänge mindestens 80 cm); sie tragen Symbole oder arabische Ziffern in Schwarz, Rot oder Blau auf weißem Grund. Empfehlende Zeichen für Brückendurchfahrten oder Fahrwasserseiten sind gelb oder grün (auf der Spitze stehendes Quadrat). Ein rotes gleichseitiges Dreieck bezeichnet Untiefen und Schiffahrtshindernisse. Gelbe Bojen markieren Wasserflächen, für die besondere Anordnungen bestehen (z. B. Wasserski, Windsurfing).

Uferzone. Fahrzeuge mit Maschinenantrieb dürfen nicht näher als 300 m an das Ufer oder den ihm vorgelagerten Schilfgürtel heranfahren, ausgenommen beim An- oder Ablegen (es ist dabei der kürzeste Weg einzuhalten) oder zum Stillliegen.

Höchstgeschwindigkeit. Bodensee (Ober- und Untersee): 40 km/h, Alter Rhein (von der Brücke Rheineck-Gaißau bis zur Mündung Bodensee): 10 km/h, Hochrhein (Landestelle Öhningen/Haus Löffler oberhalb der Stiegener Enge bis zur Straßenbrücke Schaffhausen-Feuerthalen): 30 km/h, Seerhein (vom Frauenpfahl in der Konstanzer Bucht bis zum ersten Fahrwasserzeichen oberhalb von Ermatingen-Staad): 10 km/h, Uferzone (300 m): 10 km/h.

Schallzeichen müssen in Tönen gleichbleibender Höhe gegeben werden. Kurzer Ton etwa eine Sekunde, langer etwa vier Sekunden, Pause zwischen den Tönen etwa eine Sekunde.

Die wichtigsten Schallzeichen bedeuten:

•	Ich ändere meinen Kurs nach Steuerbord
••	Ich ändere meinen Kurs nach Backbord
•••	Meine Maschine geht rückwärts

● ● ● ●	Ich bin manövrierunfähig	▬ ▬	Nebelsignal der Vorrangfahrzeuge *(dreimal in der Minute)* Nebelsignal der Häfen
▬	Achtung / Ich behalte meinen Kurs bei / Hafenausfahrtsignal / Nebelsignal der Fahrzeuge (ausgenommen Vorrangfahrzeuge) / Brückendurchfahrtsignal	*Folge langer Töne*	Notsignal der Fahrzeuge

Vorsichtsmeldung
Aufleuchten von orangefarbigen Blinkscheinwerfern mit ca. 40 Intervallen in der Minute.
Die Vorsichtsmeldung ist eine Orientierung über das wahrscheinliche Aufkommen von jäh einsetzenden Sturmwinden ohne nähere Zeitangabe. Sie wird gegeben in der Absicht, die Teilnehmer am Wasserverkehr auf die eventuell auftretende Gefahr aufmerksam zu machen und sie zu veranlassen, die Wetterentwicklung selbst zu verfolgen. Auf die Vorsichtsmeldung folgt in der Regel keine Sturmwarnung.

Sturmwarnung
Aufleuchten von orangefarbigen Blinkscheinwerfern mit ca. 90 Intervallen in der Minute.
Die Sturmwarnung kündet immer eine unmittelbare Sturmgefahr an. Alle Sportboote sollen Sicherheitsmaßnahmen treffen (Rettungsgeräte bereithalten usw.) und unverzüglich den nächsten Hafen oder das windgeschützte Ufer anlaufen.

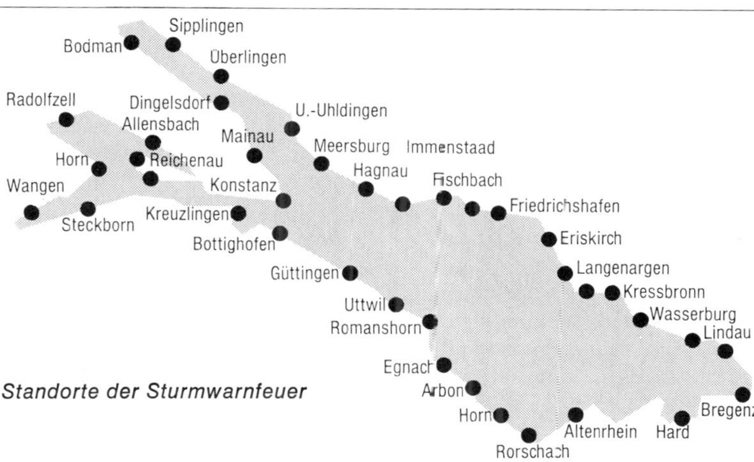

Standorte der Sturmwarnfeuer

Diese Schallzeichen sind von Maschinenfahrzeugen zu geben, wenn es die Sicherheit der Schiffahrt erforderlich macht. Das Schallzeichen „Achtung“ müssen erforderlichenfalls auch Segelfahrzeuge geben. Alle Fahrzeuge dürfen die Schallzeichen im Fall der Gefahr geben.

Lichter. Die Sichtweite muß in dunkler Nacht bei klarer Luft etwa 4 km für ein helles weißes Licht und 2 km für ein gewöhnliches betragen; für ein rotes oder grünes Licht gelten 3 km (hell) bzw. 1,5 (gewöhnlich).
Maschinengetriebene Fahrzeuge in Fahrt führen ein weißes helles Licht als Topplicht (Buglicht), an Steuerbord ein grünes helles und an Backbord ein rotes helles Licht sowie ein weißes gewöhnliches als Hecklicht. Sportboote können anstelle der hellen Lichter gewöhnliche führen.
Für Sportboote oder Fahrzeuge der Fischerei, deren Maschinenleistung 4,4 kW nicht übersteigt, genügt ein weißes gewöhnliches Rundumlicht. Segler oder geschleppte Fahrzeuge führen in Fahrt bei Nacht ein weißes gewöhnliches Rundumlicht.
Vorrangfahrzeuge führen ein grünes helles Licht über dem Topplicht.
Fahrzeuge der Wasserschutzpolizei im dringenden Einsatz kennzeichnet ein blaues Blinklicht.

Nebel- und Notsignale. Bei unsichtigem Wetter (z. B. Nebel, Schneetreiben) dürfen Fahrzeuge, welche keine Schallzeichen geben können, nicht auslaufen. Werden solche Fahrzeuge auf der Fahrt von unsichtigem Wetter überrascht, haben sie schnellstens das Ufer anzulaufen.
Bei unsichtigem Wetter müssen die Fahrzeuge auch die für die Nacht vorgeschriebenen Lichter führen und fortlaufend einen langen Ton in Abständen von längstens einer Minute geben. Vorrangfahrzeuge geben jeweils zwei lange Töne. Ein in Not geratenes Fahrzeug ruft Hilfe herbei durch kreisförmiges Schwenken einer roten Flagge, eines Lichtes oder eines anderen geeigneten Gegenstandes. Ebensolche Zeichen sind eine Folge langer Töne und das Abfeuern einer rotbrennenden Rakete oder Zeigen sonstiger roter Leuchtsignale.
Schiffsführerprüfung. Der Bewerber um ein Schifferpatent für Segler (Kategorie D) und/oder Motorboote mit mehr als 6 PS Maschinenleistung (Kategorie A) hat sich einer theoretischen und praktischen Prüfung zu unterziehen. Schifffahrtspolizeiliche Vorschriften, Verhalten unter besonderen Umständen und Fertigkeit in der Führung des Fahrzeuges sind Prüfungsgegenstände; auch Belange des Umweltschutzes werden miteinbezogen.
Mindestalter für den Erwerb des Schifferpatentes: 16 Jahre (Kategorie D), 18 Jahre (Kategorie A).
Der Bewerber muß ausreichendes Hör-, Seh- und Farbunterscheidungsvermögen besitzen und erwarten lassen, daß er als Schiffsführer die Vorschriften beachten und Rücksicht auf andere nehmen wird.

Die bayerischen Gewässer

Auf den bayerischen Gewässern mit Ausnahme des Bodensees (dort gilt die Bodensee-Schiffahrts-Ordnung, vgl. S. 557), der Donau ab Kelheim (dort gilt die DonauSchPVO, vgl. S. 556) und des Main-Donau-Kanals (dort gilt die BinSchStrO, vgl. S. 540) gelten die Vorschriften der *Bayerischen Landesverordnung für die Schiffahrt auf den bayerischen Gewässern* (Schiffahrtsordnung – *SchO*), die am 1. 11. 1977 in Kraft getreten ist. Die Führerscheinpflicht gilt allerdings erst ab einem noch zu bestimmenden Zeitpunkt, voraussichtlich ab 1979.

Genehmigung: Auf Gewässern, die nicht allgemein zur Schiffahrt zugelassen sind, benötigen Motorboote sowie Segelboote mit Hilfsmotor oder mit eingebauten Wohn-, Koch- oder sanitären Einrichtungen eine Genehmigung. Fahrzeuge unter 9,20 m Länge ohne eigene Triebkraft und ohne die genannten Einrichtungen sind genehmigungsfrei. Diese persönliche Genehmigung ist nicht übertragbar und wird vom örtlich zuständigen Landratsamt erteilt.

Zulassung: Darüber hinaus benötigen genehmigungspflichtige Fahrzeuge eine Zulassung, die auf Grund einer Untersuchung erteilt wird. Sie gilt 5 Jahre. Jedes zugelassene Fahrzeug muß mit einem vom Landratsamt zugeteilten Kennzeichen versehen sein, das auf beiden Fahrzeugseiten an gut sichtbarer Stelle anzubringen ist. Bisher nicht zulassungspflichtige Fahrzeuge müssen spätestens bis zum 1. 11. 1980 untersucht und zugelassen werden.

Führerscheine: Fahrzeuge, deren Maschinenleistung 4 kW (5,44 PS) übersteigt, dürfen nur mit dem *Schiffsführerschein A* geführt werden (Mindestalter 16 Jahre). Hierzu zählen auch Segelboote mit einem Hilfsmotor über 4 kW Maschinenleistung. Segelfahrzeuge ohne Hilfsmotor, die länger als 9,20 m sind, dürfen nur mit dem *Schiffsführerschein D* geführt werden (Mindestalter 14 Jahre). Zum Führen kürzerer Segelfahrzeuge ohne Hilfsmotor ist kein Führerschein erforderlich.

Die vorgeschriebenen Führerscheine benötigt nicht, wer ein vergleichbares Befähigungszeugnis des Bundes (insbesondere den Sportbootführerschein) bzw. eines anderen Bundeslandes besitzt. Von der Prüfung kann ganz oder teilweise abgesehen werden, wenn ein Führerschein des DSV vorgelegt wird.

Mindestausrüstung: Es ist folgende Mindestausrüstung vorgeschrieben:

- optische und akustische Geräte, die zur Abgabe der vorgeschriebenen Zeichen erforderlich sind (gilt nicht für Fahrzeuge ohne eigene Triebkraft unter 9,20 m Länge).
- Feuerlöschgeräte (für maschinengetriebene Fahrzeuge mit einer Mindestleistung von 4 kW).
- Lenzeinrichtung, für Kleinfahrzeuge genügt ein Schöpfgefäß.
- geeignetes Rettungsmittel für jede an Bord befindliche Person.

Verkehrsvorschriften:

Allgemeines: Der Schiffsführer ist für die Fahrzeugführung verantwortlich, er hat insbesondere darauf zu achten, daß die Vorschriften der Schiffahrtsordnung befolgt werden. Die Schiffsmannschaft muß die Anweisungen des Schiffsführers befolgen, die er im Rahmen seiner Verantwortlichkeit erteilt. Auf Verlangen der Polizei ist das Fahrzeug anzuhalten; den Beamten ist u. U. das Betreten des Fahrzeuges zu gestatten.

Sichtzeichen: Fahrzeuge mit Maschinenantrieb, deren *Maschinenleistung* 4 kW *übersteigt,* führen von Sonnenuntergang bis Sonnenaufgang und bei unsichtigem Wetter:

- Seitenlichter (Bb rot, Stb grün), deren überstrahlter Bogen jeweils 112,5° von rechts voraus beträgt. Beide Seitenlichter können in einer doppelfarbigen Laterne zusammengefaßt sein.

- Buglicht (Topplicht), das die Sektoren beider Seitenlichter überstrahlt. Es ist weiß und ist im vorderen Teil des Fahrzeuges zu führen. Auf Segelfahrzeugen kann es auch im Mast geführt werden.
- Hecklicht, das über einen Horizontbogen von 135° scheint, und zwar in dem vom Buglicht nicht überstrahlten Sektor. Es ist ebenfalls weiß.

Auf Segelfahrzeugen und maschinengetriebenen Fahrzeugen, deren Höchstgeschwindigkeit geringer als 10 km/h ist, dürfen Bug-, Heck- und Seitenlichter in einer Leuchte zusammengefaßt sein. Auf maschinengetriebenen Fahrzeugen, deren Maschinenleistung 4 kW übersteigt, dürfen ab 1. 11. 1982 nur vom Deutschen Hydrographischen Institut (DHI) typgeprüfte Laternen verwendet werden, deren Mindesttragweite 1 km beträgt.

Alle übrigen Fahrzeuge haben ein weißes Rundumlicht zu führen.

Fahrgast- und Güterschiffe führen nachts ein grünes Rundumlicht über dem Buglicht. Tagsüber führen sie eine orangefarbene Flagge.

Berufsfischer beim Fang führen tagsüber eine weiße Flagge oder weiße Tafel.

Fahrzeuge des öffentlichen Dienstes (Polizei, Katastrophenschutz etc.) im Einsatz führen ein blaues Blinklicht. Ihnen müssen alle anderen Fahrzeuge ausweichen. Rettungsfahrzeuge führen ein gelbes Blinklicht.

Schallzeichen: Sobald es die Sicherheit der Schiffahrt erfordert, sind folgende Schallzeichen zu geben:

–	»Achtung« oder »Ich behalte meinen Kurs bei«
.	»Ich richte meinen Kurs nach Stb«
..	»Ich richte meinen Kurs nach Bb«
...	»Meine Maschine geht rückwärts«
....	»Ich bin manövrierunfähig«
– – – –	(lange Töne, fortlaufend gegeben) »Ich bin in Not«

Ein kurzer Ton dauert etwa eine Sekunde, ein langer Ton etwa vier Sekunden.

Sturmwarnung: An den Ufern der Seen sind gelbe Blinklichter montiert, die eine »Vorwarnung« (40 Blitze pro Minute) oder eine »Sturmwarnung« (90 Blitze pro Minute) geben können. Die Vorwarnung macht auf die mögliche Gefahr eines Sturmes aufmerksam, die Sturmwarnung kündigt eine unmittelbare Sturmgefahr an. Der Schiffsführer hat dann unverzüglich alle Vorsichtsmaßnahmen zu treffen und nötigenfalls das Ufer oder windgeschützte Stellen anzulaufen.

Fahrregeln: Nähern sich zwei maschinengetriebene Fahrzeuge auf (fast) entgegengesetzten Kursen so, daß die Möglichkeit einer Kollision nicht auszuschließen ist, muß jedes seinen Kurs so nach Stb ändern, daß sie einander an Bb passieren. Begegnen sich zwei Maschinenfahrzeuge auf kreuzenden Kursen, so muß dasjenige ausweichen, welches das andere an seiner Stb-Seite hat.

Ist die Gefahr eines Zusammenstoßes zwischen zwei Segelfahrzeugen nicht auszuschließen, so gilt: Haben sie den Wind von verschiedenen Seiten, so muß das Fahrzeug, das den Wind von links hat, ausweichen. Haben sie den Wind von derselben Seite, so muß das luvwärtige dem leewärtigen ausweichen.

Ein überholendes Fahrzeug muß sich auf jeden Fall vergewissern, daß das Überholmanöver ohne Gefährdung oder Behinderung anderer Fahrzeuge ausge-

führt werden kann. Der Vorausfahrende hat das Überholen soweit notwendig und möglich zu erleichtern.
Darüber hinaus haben maschinengetriebene Fahrzeuge (mit Ausnahme von Fahrgastschiffen im Liniendienst und Berufsfischern) allen Segel- und Ruderbooten auszuweichen. Und Segelfahrzeuge haben Fahrgastschiffen im Liniendienst und Berufsfischern, die die vorgeschriebenen Sichtzeichen führen, auszuweichen. Bei Flaute müssen jedoch alle Fahrzeuge den Segelfahrzeugen ausweichen. Fahrzeugen des öffentlichen Dienstes im Einsatz, die das blaue Blinklicht zeigen, ist auszuweichen.
Segelfahrzeuge dürfen ihren Hilfsmotor nur benutzen, um sich bei auftretender Gefahr in Sicherheit zu bringen. Soweit erforderlich, darf er auch bei Manövern in einem Hafenbereich oder Bojenfeld benutzt werden.
Maschinengetriebene Fahrzeuge dürfen eine Fahrgeschwindigkeit von 40 km/h nicht überschreiten.
Bei unsichtigem Wetter (Nebel, Schneetreiben, starker Regen) dürfen Fahrzeuge nicht auslaufen. Befinden sie sich beim Einsetzen unsichtigen Wetters bereits auf dem Gewässer, so müssen sie sich so rasch wie möglich in Sicherheit bringen. Die Fahrgeschwindigkeit ist der verminderten Sicht anzupassen.
Das Fahren mit Wasserski oder ähnlichen Geräten ist nur bei Tag und klarer Sicht und nur auf den dafür freigegebenen Gebieten gestattet.
Ganze Gewässer oder Gewässerteile können für bestimmte Fahrzeugarten gesperrt werden. Diese Sperrgebiete sind entweder durch gelbe Bojen begrenzt oder durch am Ufer stehende weiße Tafeln mit rotem Rand und rotem Querstrich gekennzeichnet, auf denen eine schwarze Wasserschraube oder ein entsprechendes Symbol dargestellt ist.
Maschinengetriebene Fahrzeuge haben 300 m, Segelfahrzeuge 100 m Mindestabstand vom Ufer oder von vorgelagerten Schilfzonen einzuhalten. Bestände von Wasserpflanzen dürfen nicht befahren werden.
An Anlegestellen von Fahrgastschiffen sowie im Umkreis von 100 m von diesen dürfen andere Fahrzeuge nicht festmachen oder ankern. Hier müssen sich andere Fahrzeuge vom Kurs der Fahrgastschiffe fernhalten.

Die schleswig-holsteinischen Binnengewässer

Nur ein Teil der Gewässer in Schleswig-Holstein gehört zum deutschen Binnenschiffahrtstraßennetz. Nach See hin gelten die SeeStrO und die SeeSchStrO. Für den Binnensegler sind noch wichtig die »Hafenordnung für die Häfen in Schleswig-Holstein«. Sonst gilt das »Landes-Wassergesetz«.
Auf der Alster (bis zur hamburgischen Grenze), der unteren Schwentine, der unteren Trave, der unteren Treene und der Wilsterau auf den ersten 4 km ist der Verkehr mit Wasserfahrzeugen aller Art ohne Genehmigung möglich. Verkehrsvorschriften sind nicht erlassen; nur auf der unteren Schwentine gelten SeeStrO und SeeSchStrO.
Die Bille, Bramau, mittlere Trave und mittlere Treene dürfen ohne Genehmigung nur von kleineren Fahrzeugen ohne Motor befahren werden, ebenso die etwa 300 »Gewässer 2. Ordnung«.
Die rund 70 Binnenseen — »Gewässer 3. Ordnung« — sind Landes- oder Privateigentum; das Befahren ist nur nach vorheriger Genehmigung durch den See-Eigentümer möglich; sie wird im allgemeinen nur für Segel-, Ruder- und Paddelboote erteilt.

Sichtzeichen für Kleinfahrzeuge nach der SeeStrO und SeeSchStrO

	< 20 m	< 12 m	< 7 m
unter Segel	Seitenlichter in 2-Farben-Laterne Hecklicht evtl. rotes über grünem Rundumlicht (alle 2 sm)	Seitenlichter in 2-Farben-Laterne (1 sm) (2 sm) Hecklicht (2 sm) oder: Dreifarbenlaterne	Falls Laternen nicht fest montierbar: Weiße Leuchte zur Hand halten
		Falls Laternen nicht fest montierbar: weißes Rundumlicht (2 sm) Falls auch diese Laterne nicht fest montierbar: Fahrverbot bei Nacht und schlechter Sicht. Dann weiße Leuchte ständig an Bord mitführen.	
unter Motor	Topplicht (3 sm), min. 2,50 m über dem Schandeck Seitenlichter (2 sm) Hecklicht (2 sm) Motorkegel	Topplicht (2 sm), min. 1 m über den Seitenlichtern Seitenlichter (1 sm) (2 sm) Hecklicht (2 sm) Motorkegel	Rundumlicht (2 sm) evtl. Seitenlichter (1 sm) (2 sm) Motorkegel Falls Lichter nicht fest montierbar: Fahrverbot bei Nacht und schlechter Sicht. Dann weiße Leuchte ständig an Bord mitführen
manövrierunfähig oder -behindert	Fahrtstörungslichter (2 sm) Fahrtstörungstagzeichen	Fahrtstörungslichter (2 sm) Fahrstörungstagzeichen	Keine Fahrtstörungslichter, aber -tagzeichen nötig
		Keine Fahrtstörungslichter und -tagzeichen nötig	
vor Anker	Ankerlicht (2 sm) Ankerball	Ankerlicht (2 sm) Ankerball	Ankerball und -licht nur in engem Fahrwasser etc. nötig
		Kein Ankerball und -licht auf bekanntgemachten Anker- und Liegestellen	
auf Grund	Grundsitzerlichter (2 sm) Grundsitzerbälle	Grundsitzerlichter (2 sm) Grundsitzerbälle	Grundsitzerbälle und -lichter nur in engem Fahrwasser etc. nötig
		Grundsitzerbälle und -lichter nur in engem Fahrwasser etc. nötig.	

Der rot gesetzte Text gibt die Abweichungen der SeeSchStrO gegenüber der SeeStrO wieder, die Zahlen in Klammern die Mindesttragweiten der Laternen.

Die für Segelboote wichtigsten Bestimmungen auf den deutschen Binnengewässern

Gewässer	Vorschrift	Genehmigungspflicht für		Kennzeichnungspflicht	Bemerkungen
		Ruder- und Paddelboote	Segelboote		
Binnenschiffahrtstraßennetz (ohne Rhein, Mosel, Donau)	BinSchStrO 1971	keine	keine (unter 15 t)	unterschiedlich	
Rhein Mosel	Rhein- bzw. Moselschiffahrts-Pol.-VO	keine	keine	ja	
Donau	Donauschiffahrts-Pol.-VO	keine	keine	Fahrzeuge mit Maschinenantrieb	
Westberliner Wasserstraßen	BinSchStrO 1971, Sonderbestimmungen für die Berliner	keine	keine	keine	
Bayerische Gewässer (ohne Bodensee und Bundeswasserstraßen)	Landes-VO für die Schiffahrt auf den bayer. Gewässern	keine	falls länger als 9,20 m oder falls mit Hilfsmotor oder Wohn-, Koch- oder sanitären Einrichtungen versehen.	für zulassungspflichtige Fahrzeuge	Mindestalter 14 Jahre, falls Maschinenleistung 6 PS übersteigt 16 Jahre.
Bodensee*	Bodensee-Schiffahrtsordnung	keine	Zulassungspflicht f. Boote mit mehr als 12 m²	ja	Paten- und Untersuchungspflicht, Mindestalter 18 Jahre

Gewässer	Vorschrift	Genehmigungspflicht für Ruder- und Paddelboote	Genehmigungspflicht für Segelboote	Kennzeichnungspflicht amtliches Kennzeichen	Kennzeichnungspflicht Befreiung f. Mitglieder v. Sportschiffer-Verbänden	Bemerkungen
Schluchsee	Pol.-VO über den Gemeingebrauch am Schluchsee	keine	keine	ja	–	Keine Motorboote
Titisee	Pol.VO über den Gemeingebrauch am Titisee	keine	keine	ja	–	
Eder- und Diemelsee	VO über den Verkehr v. Sportbooten	keine	über 12 m² Erlaubnispflicht	ja	nein	Gästekarten für Besucher
Möhne-, Henne-, Bigge-, Lister- und Sorpe-Talsperren	VO über den Gemeingebrauch	Erlaubnispflicht	Erlaubnispflicht	keine	–	Keine Motorboote
Harkort- und Hengsteysee, untere Lenne	VO über den Gemeingebrauch	Einwilligungspflicht	Einwilligungspflicht, keine Boote über 25 m²	keine	–	Keine Motorboote
Ruhr und ihre Stauseen im Reg.-Bez. Düsseldorf	Ruhrschiffahrts-VO mit Änderungs-VO	keine	keine	ja	ja	
Rurtalsperre Schwammenauel*	VO über d. Verkehr m. Schiffen u. Booten	Erlaubnispflicht	Erlaubnispflicht	ja, Plakette	nein	Segelbootführerschein, keine Motorboote

Gewässer	Vorschrift	Genehmigungspflicht für		Kennzeichnungspflicht		Bemerkungen
		Ruder- und Paddelboote	Segelboote	amtliches Kennzeichen	Befreiung f. Mitglieder v. Sportschiffer-Verbänden	
Halterner Stausee	VO über den Gemeingebrauch	Erlaubnis-pflicht	Erlaubnis-pflicht	ja, Zulas-sungsmarke	nein	Mindestalter 13 Jahre keine Motorboote
Dümmer See	VO über d. Verkehr auf d. Dümmer See	Genehmi-gungspflicht	Genehmi-gungspflicht	ja	nein	Keine Motorboote
Zwischenahner Meer*	VO zur Regelung des Verkehrs	keine	Fahrerlaub-nis erforder-lich. DSV-Führer-scheininh.: keine	keine	–	»Eignungsnachweis« für Führer von Segelbooten
Steinhuder Meer	VO über d. Verkehr auf d. Steinhuder Meer v. 5. 7. 1974	keine	Erlaubnis-pflicht	ja	nein	»Befähigungsnach-weis« f. Führer von Segelbooten, sofern nicht amtliches od. Verbandspatent. »Zulassungsschein« f. Segelboote; Min-destalter 14 Jahre
Selenter See	VO über öffentl. Ordnung	keine	keine	ja	–	keine Motorboote
Wakenitz*	Verkehrs-VO	keine	keine	keine	–	
Ratzeburger und Küchensee*	Verkehrs-VO sowie Kreis-VO Hzgt. Lauenburg vom 22. 4. 70	keine	Benutzungs-erlaubnis	ja	ja	keine Katamarane nur Elektroboote

* Auf diesen Revieren gilt für das Ausweichen von Segelbooten untereinander Abb. 2, S. 549.

d) Schiffahrtsbehörden und -institutionen

Von den zahlreichen Behörden und sonstigen Institutionen, die den Interessen der Schiffahrt dienen, sollen hier nur die erwähnt werden, die für die Sportschiffahrt von Bedeutung sind bzw. sein können:

1. die Schiffsregisterbehörden (bei Amtsgerichten bestimmter Städte),
2. die Klassifikationsgesellschaft »Germanischer Lloyd«,
3. die Seeberufsgenossenschaft,
4. die Seeämter und das Bundesoberseeamt,
5. die Seemannsämter,
6. die Strandämter
7. das Deutsche Hydrographische Institut,
8. die Wasser- und Schiffahrtsdirektionen und die Wasser- und Schiffahrtsämter der Länder.

1. Die Schiffsregisterbehörden

Jedes Seeschiff über 50 cbm Bruttoraumgehalt (17,65 BRT), das nach dem Flaggenrechtsgesetz die Bundesflagge zu führen hat, muß auf Antrag des Eigentümers in das Schiffsregister eingetragen werden. Die Pflicht oder das Recht, die Bundesflagge zu führen, ist davon abhängig, daß der Eigner Deutscher ist und im ersten Fall seinen Wohnsitz im Geltungsbereich des Grundgesetzes hat.
Yachten, die das Seegebiet fremder Staaten befahren, sollten stets im Schiffsregister eingetragen sein. Das Schiffszertifikat wird von ausländischen Behörden als Eigentumsnachweis anerkannt (nicht der »Standerschein«).* Nur der Eigner eines eingetragenen Schiffes kann mit dem Schutz der diplomatischen Vertretungen der BRD rechnen, soweit hinsichtlich des Schiffes Schwierigkeiten auftreten. Darüber hinaus hat eine Eintragung auch versicherungsrechtliche Folgen. In vielen Staaten wird ein Schiffszertifikat von einer bestimmten Größe an verlangt (in den Vereinigten Staaten z. B. bei Größen über LxBxT x 0,177 = für Segelyachten und LxBxT x 0,236 bei Motoryachten).
Der Antrag, der bestimmte Angaben wie Name des Fahrzeugs, Heimathafen, Bauart und -jahr, amtliche Vermessungsergebnisse, Name des Eigentümers sowie die das Recht zur Führung der Bundesflagge begründenden Tatsachen enthalten muß, ist bei dem zuständigen, das Schiffsregister führenden Amtsgericht, Registergericht genannt, zu stellen. Mit der Eintragung wird dem Schiff, soweit es über 50 cbm groß ist, ein Unterscheidungssignal, bestehend aus vier Buchstaben, zugeteilt. Mit dem Unterscheidungssignal wird es dann in den offiziellen Rufzeichenlisten geführt. Kleineren Schiffen wird das Unterscheidungssignal auf Antrag und dann zugestellt, wenn sich eine Funk- oder Sprechfunkanlage an Bord befindet.
Eine Vermessung wird in Deutschland vom Bundesamt für Schiffsvermessung in Hamburg und im Ausland von jeder amtlichen Vermessungsbehörde eines fremden Staates vorgenommen und für die Eintragung in das Schiffsregister anerkannt. Jedem ist Einsicht in das Schiffsregister gestattet, in die Registerakten jedoch nur unter bestimmten Voraussetzungen.

* Daneben auch das »Internationale Verbands-Zertifikat« des DSV und der DMYV.

2. Die Klassifikationsgesellschaft »Germanischer Lloyd«

Der Germanische Lloyd, abgekürzt GL, ist die deutsche Klassifikationsgesellschaft. Sitz der Hauptverwaltung ist Hamburg. Wie auch alle ausländischen Klassifikationsgesellschaften ist er keine Versicherungsgesellschaft, sondern seine Tätigkeit erstreckt sich im wesentlichen auf

a) die Herausgabe von Bauvorschriften für Schiffe und deren Antriebsanlagen, z. B. hinsichtlich der Baustoffe, der Art, Stärke, Verlegung elektrischer Leitungen, der Stärke, Gewichte und Belastbarkeiten von Ankern und Ketten,
b) Beaufsichtigung der Neubauten auf den Werften und des Baus der Antriebsanlagen und bestimmten Zubehörs in den entsprechenden Fabriken sowie deren Umbauten,
c) periodische Kontrolle des Zustandes des fertigen Schiffes und seiner Antriebsanlage,
d) Ausstellung entsprechender Zertifikate und
e) Herausgabe von Schiffslisten unter Angabe der Klassenzugehörigkeit.

Jedes unter Aufsicht gebaute Schiff erhält ein auf vier oder auch drei Jahre befristetes Klassenzertifikat, das nach Verfall auf Grund einer Besichtigung erneuert werden kann. Dieses Zertifikat gilt für bestimmte Fahrtgebiete und ist ein Zeugnis für die Güte des Schiffes hinsichtlich Festigkeit und Erhaltungszustand, bei Sportfahrzeugen insbesondere gegenüber Versicherungsgesellschaften. Bei internationalen Seeregatten kann es vorkommen, daß eine entsprechende Klassifizierung Voraussetzung für eine Teilnahme ist.

Der GL ist außerdem der technische Berater der Seeberufsgenossenschaft.

3. Die Seeberufsgenossenschaft

Die Seeberufsgenossenschaft — abgekürzt SBG, Sitz der Hauptverwaltung in Hamburg — ist eine von den schiffahrttreibenden und damit verwandten Betrieben getragene Gesellschaft, die u. a. auf der Grundlage der Bundesversicherungsordnung den Arbeitnehmern Versicherungsschutz bei Betriebsunfällen gewährt. Um Unfälle einzuschränken, hat sie unter Aufsicht des Bundesministeriums für Arbeit und beraten vom Germanischen Lloyd Unfallverhütungsvorschriften herausgegeben, die von ihr in Zusammenarbeit mit dem GL überwacht werden. Ein Teil dieser Vorschriften wird auch für Eigner von Sportfahrzeugen zwingend, sobald sie bezahlte Kräfte, z. B. Bootsleute, beschäftigen.

Diese Vorschriften beziehen sich auf die Seetüchtigkeit des Schiffes, auf die Brauchbarkeit und einwandfreie Beschaffenheit seemännischer und navigatorischer Hilfsmittel und auf die Durchführung bestimmter Maßnahmen, um Leben und Gesundheit der an Bord befindlichen Personen zu schützen. Dazu muß sichergestellt sein, daß

a) sich das Schiff vor Antritt einer Reise in seetüchtigem Zustand befindet, entsprechend ausgerüstet und ausreichend verproviantiert und mit genügend Frischwasser und eisernem Proviant versehen ist,
b) die Ankereinrichtung und ausreichende Rettungsmittel auf ihre Brauchbarkeit geprüft sind,
c) vorschriftsmäßige, geprüfte Laternen an Bord sind,
d) Vorrichtungen zur Abgabe von Lotsen- und insbesondere der vorgeschriebenen Notsignale an Bord sind,
e) Feuerlöscheinrichtungen vorhanden und in bestimmten Räumen Schutz-

maßnahmen gegen giftige Gase getroffen sind,

f) bei Arbeiten in der Takelage, in der Maschine oder bei schwerem Wetter an Deck bestimmte Sicherungsmaßnahmen getroffen werden (z. B. Bootsmannsstuhl, Sicherungsleinen) und

g) Rudergänger und Ausguckposten ausreichendes Sehvermögen besitzen, z. B. nicht farbenblind sind.

4. Die Seeämter und das Bundesoberseeamt

Es ist Aufgabe der in den wichtigsten deutschen Seehäfen ansässigen Seeämter und des in Hamburg eingerichteten Bundesoberseeamtes, »in einem in Anlehnung an die Strafprozeßordnung geordneten Verfahren die Ursachen von Seeunfällen deutscher Schiffe zu ermitteln und dabei die Gefahrenquellen aufzudecken, die aus ungenügenden Vorschriften und Einrichtungen sowie aus dem Versagen von verantwortlichen Personen der deutschen Seeschiffahrt entstehen können, um der Verwaltung die Möglichkeit zur Abstellung der erkannten Mängel zu geben«. Soweit die amtliche Begründung zur Einrichtung dieser Behörden.

Seeunfälle deutscher Schiffe müssen untersucht werden, wenn ein Fahrzeug dabei gesunken oder aufgegeben worden oder verschollen ist, wenn jemand bei einem Schiffsunfall den Tod gefunden oder wenn die oberste Bundesbehörde es angeordnet hat. Eine Untersuchung kann eingeleitet werden, wenn sonst ein öffentliches Interesse daran besteht. Unfälle ausländischer Schiffe werden nur untersucht, wenn sie sich in deutschen Hoheitsgewässern zugetragen haben oder ein deutscher Lotse beratend an Bord war.

In der Untersuchung ist festzustellen, ob der Unfall durch Fehler im Schiffsbetrieb verschuldet wurde, auf Mängel in der Bauart, Einrichtung, Ausrüstung oder Bemannung des Schiffes zurückzuführen war oder auf Mängeln des Fahrwassers, der Seezeichen oder der benutzten nautischen Hilfsmittel beruhte, und schließlich, ob gegen das Seeverkehrsrecht verstoßen wurde. Das Untersuchungsergebnis wird am Schluß der Hauptverhandlung in einem Spruch verkündet, der später schriftlich begründet wird.

Im Spruch kann Patentinhabern die Gewerbebefugnis entzogen werden. Bei Führerscheininhabern für Sportfahrzeuge kann den ausstellenden Institutionen die Einziehung empfohlen werden.

Gegen den Spruch des Seeamtes kann Berufung beim Bundesoberseeamt eingelegt werden. Seeämter und Bundesoberseeamt verhängen auch bei Schuldfeststellung keine Strafen. Das ist Sache der ordentlichen Gerichte, für die Seeamtssprüche den Wert von Gutachten haben, an die sie aber nicht gebunden sind.

5. Die Seemannsämter

Seemannsämter gibt es heute nur noch in großen Häfen; in kleineren Häfen werden die Aufgaben von den Hafenämtern wahrgenommen.

Die Seemannsämter, eingerichtet von den Länderregierungen der deutschen Küstenländer, spielen für die Sportschiffahrt nur dann eine Rolle, wenn bezahlte Kräfte an Bord sind. Zu ihren Aufgaben zählen:

a) Ausstellen und Schließung von Seefahrtsbüchern, Vornahme von Musterungen und Ausstellen der Musterrolle,

b) Entgegennahme von Vermißtenanzeigen von Besatzungsgliedern sowie Sorge für deren Nachlaß,
c) Entgegennahme von Beschwerden eines Besatzungsmitgliedes über Seeuntauglichkeit des Fahrzeugs oder mangelnde Verpflegungsvorräte,
d) Ahndung von Ordnungswidrigkeiten im Sinne des Seemannsgesetzes,
e) Untersuchung von Personenunfällen auf Grund der Reichsversicherungsordnung,
f) Kontrolle auf Befolgung der Unfallverhütungsvorschriften der Seeberufsgenossenschaft und
g) Anzeige von Seeunfällen an das zuständige Seeamt.

Die Aufgaben der Seemannsämter werden im Ausland von den deutschen diplomatischen oder konsularischen Vertretungen wahrgenommen.

6. *Die Strandämter*

An der ganzen deutschen Küste sind der Aufsicht des Bundesministers für Verkehr, Abteilung Seeverkehr, unterstellte Strandämter eingerichtet. Ihnen unterstehen Strandvögte. Eine »Strandungsordnung« regelt die Befugnisse.

Es ist Aufgabe der Strandvögte, bei Seenot- oder Strandungsfällen in ihrem Bereich alle Maßnahmen zur Hilfeleistung und Bergung zu ergreifen und zu leiten und für die Rettung von Menschenleben zu sorgen. Darüber hinaus nehmen nur sie am Strand oder auf See geborgene Gegenstände in Verwahrung und versuchen, deren Eigentümer zu ermitteln. Deshalb sind alle von irgend jemand am Strand oder auf See geborgenen Gegenstände oder Boote beim nächsten Strandvogt oder Strandamt abzuliefern. Beim Strandamt kann ein Bergelohn beantragt werden; zu seiner Begründung sind Aufzeichnungen über den Umfang der Hilfeleistung und der Bergung zu machen, falls möglich im Schiffstagebuch. Bei Verlust von Gegenständen auf See, beispielsweise einem Beiboot, wendet man sich deshalb zweckmäßigerweise an das Strandamt.

7. *Das Deutsche Hydrographische Institut*

Das Deutsche Hydrographische Institut, abgekürzt DHI, ist eine Bundesoberbehörde im Bereich des Bundesministers für Verkehr mit Sitz in Hamburg; Zweigstellen befinden sich in allen größeren Hafenstädten. Das DHI führt u. a. die Vermessung der deutschen Küstengewässer und zum Teil auch der Ozeane durch, gibt nautische Hilfsmittel wie Seekarten, Seehandbücher, Leuchtfeuerverzeichnisse, den Nautischen Funkdienst, das Nautische Jahrbuch, Gezeitentafeln und Gezeitenstromatlanten sowie Monatskarten heraus und sorgt für laufende Berichtigungsmöglichkeiten dieser Drucksachen durch die Nachrichten für Seefahrer. Dringende nautische Mitteilungen, Sturmflutwarnungen und Zeitzeichen werden durch Funk bzw. Rundfunk verbreitet. Außerdem prüft und testiert es nautische Instrumente und Positionslaternen und führt Baumusterprüfungen durch.

Das DHI und seine Zweigstellen beraten in allen nautischen Fragen; andererseits nehmen sie zur Vervollständigung der Unterlagen gern Mitteilungen, Wünsche und Anregungen von Schiffsführungen entgegen.

8. Die Wasser- und Schiffahrtsdirektionen und die Wasser- und Schiffahrtsämter

Die Wasser- und Schiffahrtsdirektionen (WSD) als Bundesbehörden und die Wasser- und Schiffahrtsämter als Länderbehörden nehmen die Schiffahrts- und strompolizeilichen Aufgaben des Bundes und der Länder wahr. Sie erteilen auf Grund dieser Ermächtigung schiffahrtspolizeiliche Anordnungen, z. B. Sperrungen, Fahranweisungen usw.

e) Sonstige Bestimmungen der Seeschiffahrt

Neben den rein verkehrsrechtlichen Bestimmungen gibt es im Bereich der Seeschiffahrt noch weitere, die der Sportschiffer wenigstens zum Teil kennen sollte. Dazu gehören solche über
1. das Schiffstagebuch und die Verklarung,
2. die Schiffspapiere,
3. die Havarie und deren Folgen,
4. das Verhalten in Seenotfällen und nach Zusammenstößen,
5. Betrieb von Funkanlagen,
6. Zulassungsbedingungen für Positionslaternen,
7. das Zollwesen,
8. das Lotsenwesen.

1. Das Schiffstagebuch und die Verklarung

Das Handelsgesetzbuch schreibt für seegehende Schiffe vor, daß ein Schiffstagebuch geführt wird. Wenn auch Sportfahrzeuge (unter 400 cbm Bruttoraumgehalt) davon befreit sind, ist es doch vor allem auf längeren Reisen zweckmäßig, ein solches Schiffstage- oder Logbuch zu führen; denn abgesehen von seinem ideellen Wert kann es als Unterlage für den Beweis einer sachgemäßen Schiffsführung und damit gegebenenfalls als Beweismittel vor einem Seeamt (s. S. 572), einem Gericht oder auch Versicherungsgesellschaften gegenüber dienen. Dazu ist nicht erforderlich, daß es nach einem bestimmten Muster geführt wird; doch gibt es auch für Sportfahrzeuge vorgedruckte Exemplare, z. B. herausgegeben von der Kreuzer-Abteilung des Deutschen Segler-Verbandes für die Zuerkennung von Langfahrtpreisen in den jährlichen Wettbewerben, deren Benutzung empfehlenswert, für die Teilnahme am Wettbewerb sogar notwendig ist.

In das Tagebuch sollen eingetragen werden:
- Angaben über Wind und Wetter, navigatorische Angaben wie Kurs, Fahrt, Abtrift, Strom, Schiffsortbestimmungen, aus denen nachträglich der Schiffsort für jeden Zeitpunkt ermittelt werden kann,
- Angaben über Segelführung und Benutzung der Maschine, Führen oder Zeigen von Lichtern und Signalkörpern, Abgabe von Nebel- oder sonstigen Signalen, Verhalten bei Nebel oder unsichtigem Wetter, Ankern und Ankerlichten, Schleppen oder Geschlepptwerden u. a.,
- die Namen der an Bord befindlichen Personen und jede Veränderung dazu,
- alle Unfälle, die dem Fahrzeug und/oder den an Bord befindlichen Personen zustoßen,
- alle Beobachtungen, die von allgemeinem Interesse für die Schiffahrt sein könnten.

Damit ein Schiffstagebuch als Beweismittel benutzt werden kann, sollten seine Seiten vorweg laufend durchnumeriert werden; die wahrheitsgetreuen Eintragungen müssen in Tinte erfolgen; es darf nicht radiert, und einzelne Blätter dürfen nicht entfernt werden. Bei Streichungen muß das Durchstrichene leserlich bleiben; nachträgliche Eintragungen sind eindeutig als solche zu kennzeichnen. Das Tagebuch wird vom Führer des Bootes oder einer von ihm bestimmten Person geführt, muß aber täglich von ihm selbst abgezeichnet werden.

Nach einem Unfall oder Eintritt eines Schadensfalls insbesondere dann, wenn mit Ansprüchen Dritter gerechnet werden muß, ist es zweckmäßig, eine Verklarung abzulegen. Die Verklarung wird abgelegt nach Anlaufen des nächsten – nicht unbedingt des nächstgelegenen – Hafens vor dem dort zuständigen Amtsgericht, im Ausland vor dem deutschen Konsul oder auch vor entsprechenden örtlichen Behörden. Letzteres ist zu empfehlen, wenn mit Ansprüchen von Staatsbürgern, Organisationen oder Institutionen jenes Landes gerechnet werden muß. Zur Verklarung sind ein Verklarungsbericht, der eine Schilderung aller Umstände enthält, die zum Unfall oder Schadensfall führten, und aller danach getroffenen Maßnahmen zusammen mit einer Aufstellung aller an Bord gewesenen Personen vom Schiffsführer einzureichen. Eine beglaubigte Abschrift der entsprechenden Eintragungen im Schiffstagebuch ist beizufügen. Der Verklarungsbericht muß dann beeidet werden. Der Richter beziehungsweise der Konsul kann zur Aufklärung des Falles den Schiffsführer und an Bord befindlich gewesene Zeugen vernehmen. Alle Beteiligten können von dem Verklarungsbericht sowie den Vernehmungsprotokollen beglaubigte Abschriften verlangen.

2. *Die Schiffspapiere*

Folgende Papiere müssen oder sollten auf einer seegehenden Yacht mitgeführt werden:

a) das Internationale Verbands-Zertifikat des Deutschen Segler-Verbandes beziehungsweise Deutschen Motoryachtverbandes,
b) das Schiffszertifikat, falls die Yacht im Schiffsregister eingetragen ist, wozu im allgemeinen keine Verpflichtung besteht (s. S. 570),
c) das Klassenzertifikat, falls die Yacht von einer Klassifikationsgesellschaft eine bestimmte Klasse erhalten hat, wozu im allgemeinen ebenfalls keine Verpflichtung besteht (s. S. 571),
d) der Meßbrief, falls die Yacht zur Teilnahme an Regatten vermessen ist,
e) Prüfungszeugnisse, soweit vorhanden, für nautische Geräte wie Kompaß, Sextant und Chronometer, sämtlich ausgestellt vom Deutschen Hydrographischen Institut (s. S. 573),
f) die Genehmigungsurkunde der Deutschen Bundespost zur Errichtung und zum Betrieb einer Seefunkstelle, sofern solche Einrichtungen an Bord sind. Dazu gehören jegliche Sende- und Empfangs-, Funkortungs- und Rundfunkanlagen einschließlich Kofferempfänger (s. S. 577),
g) mindestens für den Führer der Yacht der für das Boot und das zu befahrende Seegebiet gültige Führerschein des Deutschen Segler-Verbandes beziehungsweise Deutschen Motoryachtverbandes oder der amtli-

che Sportbootführerschein, das von einer deutschen Fachhochschule (Seefahrt) ausgestellte Sportsee- oder Sporthochseeschifferzeugnis oder ein Befähigungszeugnis der Gruppe A oder B nach der deutschen Schiffsbesetzungsordnung.
Es empfiehlt sich, beglaubigte Abschriften oder Fotokopien dieser Papiere zu Hause aufzubewahren, um bei möglichem Verlust der Originalpapiere an Bord abgesichert zu sein.

3. *Die Havarie und deren Folgen*

Unter Havarie versteht man einen Schaden, der entweder durch höhere Gewalt wie etwa schweres Wetter oder durch eigenes Verschulden der Schiffsführung am Schiff oder dessen Zubehör entstanden ist. Dabei kann es notwendig werden, fremde Hilfe in Anspruch nehmen zu müssen, beispielsweise beim Abschleppen nach einer Strandung. Es ist üblich, möglichst schriftlich den Umfang der zu leistenden Hilfe und die Vereinbarung festzulegen, daß von beiden Seiten später zu benennende Sachverständige die Höhe des Hilfslohns festsetzen sollen unter Berücksichtigung des Grundsatzes: Kein Erfolg – keine Zahlung.
Lediglich in überschaubaren, einfachen Fällen ist es zweckmäßig, den Betrag des Hilflohns vorher abzusprechen, um weitere Verfahrenskosten zu sparen. Solche Absprache gilt nach erfolgter Rettung als verbindlich.
Über jede Havarie, die zu irgendwelchen Schadensersatzansprüchen führt, sind schriftliche Aufzeichnungen zu machen, und zwar über ihre Ursache, den Hergang, den Umfang des Schadens sowie über alle Maßnahmen, die getroffen wurden, sie zu vermeiden oder zu begrenzen. Wird ein Schiffstagebuch geführt, so gehören solche Aufzeichnungen da hinein; andernfalls ist eine besondere Niederschrift anzufertigen. Unter Umständen werden diese schriftlichen Aussagen durch eine Verklarung bestätigt (s. S. 575).
Auf diesen Unterlagen basieren Ersatzforderungen an Versicherungen, wobei davon ausgegangen wird, daß jeder Yachteigner sein Fahrzeug und dessen Zubehör bei einer Versicherungsgesellschaft gegen etwaige Schäden versichert hat. In welchem Umfang und unter welchen Bedingungen der Versicherer im Schadensfall dann den Eigner schadlos hält, ist in der Police festgelegt.

4. *Das Verhalten bei Seenotfällen und nach Zusammenstößen*

Die »Verordnung über die Sicherung der Seefahrt« (BGBl 1956 II. S. 1579) enthält unter anderem Vorschriften über das Verhalten bei Seenotfällen [§ 5] und nach Zusammenstößen [§ 6]. Sie verpflichten jeden Schiffsführer, dem auf See bekannt wird, daß sich Menschen in Seenot befinden, ihnen mit größter Geschwindigkeit zu Hilfe zu eilen und ihnen nach Möglichkeit hiervon Kenntnis zu geben. Die Pflicht zur Hilfeleistung erlischt, wenn der Schiffsführer dazu nicht imstande ist oder sie sich auf Grund besonderer Umstände als unzweckmäßig oder nicht mehr erforderlich erweist. Nach einem Zusammenstoß haben die beteiligten Schiffsführer allen von dem Unfall Betroffenen Beistand zu leisten, soweit sie ohne erhebliche Gefahr für ihr Schiff und die an Bord befindlichen Personen dazu imstande sind. Sie müssen deshalb mit ihren Schiffen solange beieinander bleiben, bis sie sich Gewißheit darüber verschafft haben, daß weiterer Beistand nicht mehr erforderlich ist. Bevor sie dann ihre Fahrt fortsetzen, müssen sie untereinander Fahrzeugnamen, Heimat-, Abgangs- und Bestimmungshafen austauschen. Kann ein Schiffsführer dieser Verpflichtung nicht nachkommen, so muß er die Hafenverwaltung des nächsten Anlaufhafens sowie das für seinen Heimathafen zuständige Seeamt von dem Unfall unterrichten.

5. Betrieb von Funkanlagen

Auch an Bord von Sportfahrzeugen muß die Einrichtung und der Betrieb von Funkanlagen jeglicher Art, das heißt von Funksende- und -empfangsgeräten, Peilfunk-, Radar- und Rundfunkgeräten von der Bundepost genehmigt sein. Nur Rundfunkempfänger ohne Grenzwellenempfang sind genehmigungsfrei. Voraussetzung dafür ist, daß die benutzten Geräte typenmäßig zugelassen sind. Anträge auf Genehmigung sind zu stellen beim Fernmeldeamt 6, Hamburg (Postfach 301 792, 2000 Hamburg 36).
Das Funkamt stellt daraufhin eine Genehmigungsurkunde aus; ein Doppel dieser Urkunde muß sich an Bord befinden.
Wird ein Radiogerät, das keinen Grenzwellenempfang ermöglicht, ständig an Bord betrieben, muß es bei der Gebühreneinzugszentrale der Rundfunkanstalten in Köln angemeldet werden. Die monatliche Gebühr beträgt 3,60 DM. Eine Anmeldung ist nicht erforderlich, wenn es sich um ein auch zu Hause betriebenes Zweitgerät handelt.
Eine Funksprechanlage darf nur von dem Inhaber eines Seefunkzeugnisses, und zwar mindestens des allgemeinen Seefunksprechzeugnisses (Mindestalter 18 Jahre, Prüfung durch zuständige Oberpostdirektion, Vorbereitung nach eigenem Ermessen), betrieben werden. Er unterliegt dem Fernmeldegeheimnis ebenso wie alle Personen, die etwa bei Abhören des einseitigen Funkdienstes der deutschen Küstenfunkstellen Kiel-Radio und Norddeich-Radio über Lautsprecher auch für andere Fahrzeuge oder Empfänger bestimmte Nachrichten unvermeidbar mithören. Über diese Nachrichten haben sie unbedingtes Stillschweigen zu bewahren (GG Art. 10).
Wegen der Ausnutzung der Funkanlagen wird auf den »Nautischen Funkdienst« und einen Auszug daraus, den »Jachtfunkdienst«, beide herausgegeben vom Deutschen Hydrographischen Institut, hingewiesen.

6. Zulassungsbedingungen für Positionslaternen

Die von Sportbooten zu führenden Positionslaternen müssen den vom Bundesminister für Verkehr – Deutsches Hydrographisches Institut – erlassenen Zulassungsbedingungen entsprechen, die im Bundesanzeiger veröffentlicht worden sind. Die Bestimmungen legen im wesentlichen die Abmessungen und Bauart der Laternen, der Linsen und der Lichtquellen sowie ihre Tragweite fest. Positionslaternen werden vom Deutschen Hydrographischen Institut geprüft und erhalten, wenn sie den Vorschriften entsprechen, ein Prüfungszeugnis (Attest).
Alle Schiffe, die den Ausrüstungsvor-

schriften der Seeberufsgenossenschaft unterliegen, also auch Yachten mit bezahltem Personal, müssen individuelle Prüfungszeugnisse der Laternen an Bord mitführen; auf deutschen Sportbooten ohne solches Personal genügen vom DHI baumustergeprüfte und zugelassene Positionslaternen. Die sonst vorgeschriebene Nachprüfung entfällt, sofern die Lampen keine Beschädigung erlitten haben.

Sportfahrzeuge müssen ggfls. ausgerüstet sein mit je einer grünen und roten Seitenlaterne bzw. einer doppelfarbigen grün/roten Laterne,
einer weißen Hecklaterne,
einer weißen Topplaterne, falls das Boot mit Maschinenkraft fahren kann,
einer weißen Rundumlaterne,
einem schwarzen Kegel,
einem schwarzen Ankerball.

7. *Das Zollwesen*

Die in Deutschland maßgeblichen Zollvorschriften sind enthalten im »Zollgesetz« (BGBl 1961 I S. 737 u. 1937), in der »Allgemeinen Zollordnung« und in der »Dienstanweisung zum Zollgesetz und zur Allgemeinen Zollordnung«. Es ist geboten, nicht gegen diese Bestimmungen zu verstoßen, weil harte Strafen darauf stehen, und seinen Unmut darüber nicht an den Zollbeamten auszulassen. Für die Sportschiffahrt sind von Bedeutung: Auf Sportfahrzeugen, die nachweisbar die Gewässer des deutschen Küstengebiets verlassen, dürfen unverzollte und unversteuerte Lebens-, Genuß- und Zündmittel nach Verlassen des letzten deutschen Hafens verbraucht werden. Diese Waren können von einem Schiffshändler im Zollinland in solchen Mengen gekauft werden, wie sie voraussichtlich während der Dauer der Reise verbraucht werden. Sie werden verschlossen und verplombt mit einem Zollbegleitpapier angeliefert. Dieses Begleitpapier ist eine »Lagerabmeldung«, wenn die Yacht, für die die Ware geliefert wurde, im Amtsbereich des auch für den Schiffshändler zuständigen Lagerzollamtes liegt. Andernfalls ist es ein »Versandschein«; denn nun muß während der Dienstzeit ein Zollbeamter des Liegeortes gebeten werden, die im Bereich eines anderen Zollamtes eingekauften Waren auf Vollständigkeit zu überprüfen. Es ist deshalb ratsam, am Liegeort der Yacht einzukaufen. Dann muß mindestens eine Stunde vor dem beabsichtigten Auslauftermin das zuständige Zollamt schriftlich vom Auslaufen und damit von der Ausfuhr zollfreier Ware unterrichtet werden; diese Mitteilung enthält den Namen und Liegeplatz der Yacht sowie den beabsichtigten Auslauftermin, vom Führer des Fahrzeugs unterschrieben. Beigefügt wird die vom Schiffshändler erhaltene Lagerabmeldung. Es genügt, diese Papiere zu jeder Zeit beim Zollamt selbst oder, falls vorhanden, in einen Zollbriefkasten zu stecken. Erscheint bis zum angegebenen Auslauftermin kein Zollbeamter, wird offensichtlich auf eine Überprüfung verzichtet, und die Yacht kann auslaufen. Erst jetzt darf der Zollverschluß entfernt und die Ware verbraucht werden.

Von jetzt ab haben alle Personen auf der Yacht Verkehrsverbot mit dem deutschen Zollinland. Das bedeutet, daß das Boot außer in Notfällen oder zum etwaigen Passieren des Nord-Ostsee-Kanals keinen deutschen Hafen mehr anlaufen darf, bis es von der Reise zurückkommt. Ist die Seezollgrenze (s. o. u. S. 574) noch

Seezollgrenzen

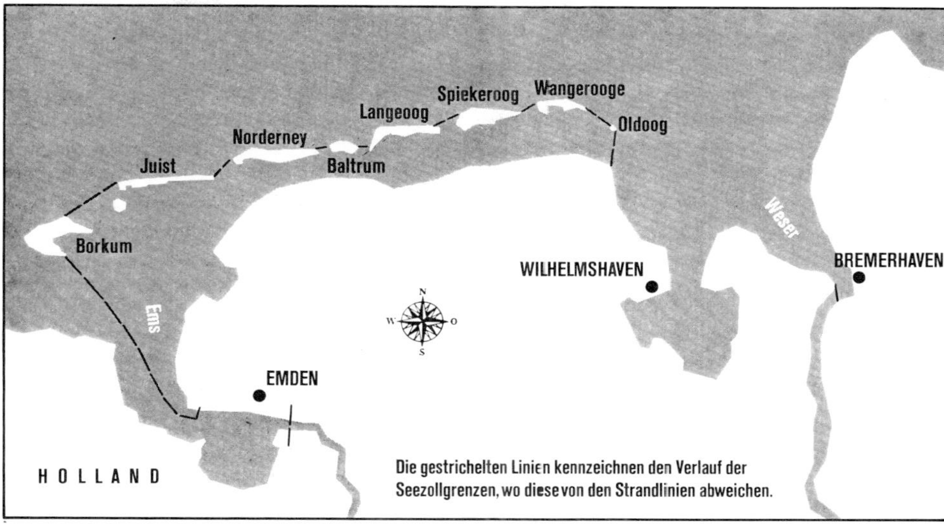

Oben: Die Ostfriesischen Inseln mit Ems- und Wesermündung.

Unten: Die Ostseeküste.

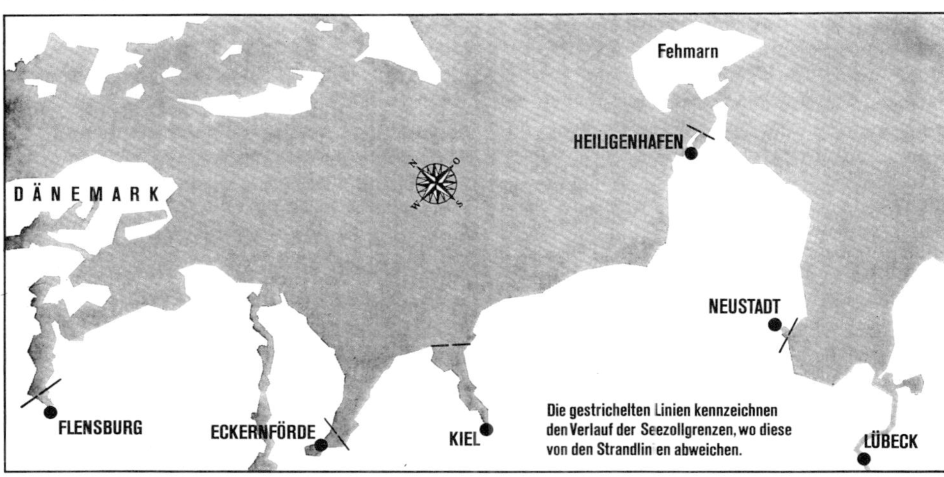

nicht passiert, beispielsweise beim Auslaufen auf der Unterelbe oder Unterweser oder bei der Durchfahrt durch den Nord-Ostsee-Kanal, muß dieses Verkehrsverbot angezeigt werden, indem bei Tage unter der Nationalflagge der

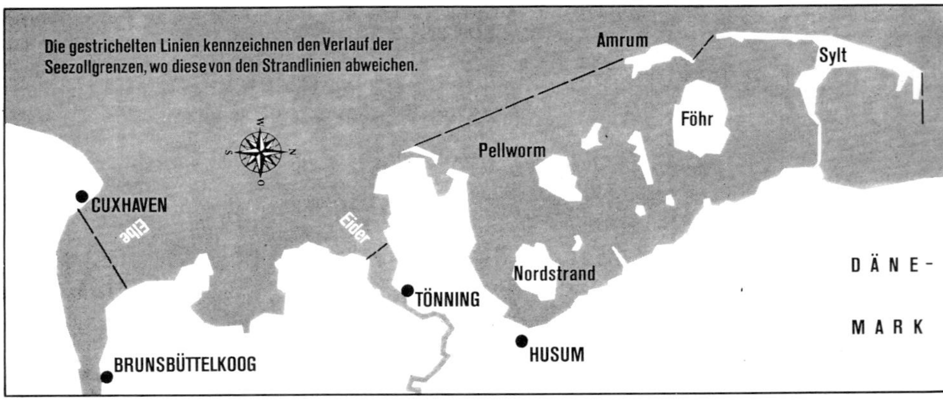

Die Nordfriesischen Inseln mit Elbe- und Eidermündung. Die deutsche Seezollgrenze ist im allgemeinen die Strandlinie; wo sie davon abweicht, ist das durch gestrichelte Linien angegeben.

dritte Hilfsstander des Internationalen Signalbuchs, bei Nacht ein grünes Licht unter dem Hecklicht gesetzt wird. Entsprechendes gilt, wenn vor dem Auslaufen ein Zollbeamter kam, den Zollverschluß öffnete und die Yacht nicht sofort ausläuft.

Kommt das Boot von der Reise zurück, müssen die nicht verbrauchten zollfreien und sämtliche im Ausland eingekauften Waren beim Zoll einklariert werden. Um dabei keine Schwierigkeiten mit Geräten ausländischer Herkunft und nicht unverzollt eingekauften Waren zu bekommen, die schon beim Auslaufen an Bord waren, ist es zweckmäßig, diese Dinge listenmäßig zusammenzustellen und sich das beim Auslaufen vom Zoll bestätigen zu lassen. Zum Einklarieren ist es nun am einfachsten, kurz vor Überschreiten der Seezollgrenze Hilfsstander Drei (s. S. 574) bzw. ein grünes Licht (s. o.) zu setzen und beim ersten Zollansageposten anzugeben, welchen ersten deutschen Hafen man anlaufen will. Dann kann man unter Zollzeichen auf den Zollstraßen Unterweser, Unterelbe, Kieler Förde oder Nord-Ostsee-Kanal bis zum Zielhafen weiterlaufen, um dort einzuklarieren. Dazu trägt man in einer »Gestellungsliste« alle zollpflichtigen Waren mit Mengenangaben ein, benachrichtigt das zuständige Zollamt (Zollstelle) persönlich oder telefonisch und wartet das Erscheinen eines Zollbeamten ab; so lange besteht wieder Verkehrsverbot mit dem Land. Durch den Beamten kann man entweder die zollpflichtigen Waren ordnungsgemäß verzollen oder für den Fall, daß man innerhalb dieser Frist wieder ins Zollausland ausreisen will, für einen Zeitraum bis zu sieben Tagen unter Verschluß nehmen lassen. Dazu ist es gut, wenn ein verschließbares Spind an Bord vorhanden ist, in dem das Zollgut verschlossen und verplombt werden kann. Beim Wiederauslaufen klariert man dann, wie schon beschrieben, aus; anstelle der »Lagerabmeldung« ist nun die »Gestellungsliste« einzureichen.

Auch wenn man nicht aus dem Zollausland kommt, aber einen Zollansageposten passiert, kann man dort mitteilen, daß man keine zollpflichtige Ware an Bord hat, um sich mögliche Kontrollen zu ersparen. Beim Passieren von Cuxhaven ist das vorgeschrieben. Allerdings muß jedes Boot sich auf Anruf durch einen Zollkreuzer oder Zollbeamten kontrollieren lassen.
Schließlich sei erwähnt, daß Gas-, Heiz-, Diesel- und Schmieröl unter gewissen Voraussetzungen zum Verbrauch im Zollausland zoll- und steuerfrei eingekauft und verbraucht werden dürfen. Das gilt bei Fahrten ins Zollausland auch für Benzin.
Wer zoll- und steuerfreie Waren an Bord verbrauchen will, kann sich bei jedem Zollamt nach allen dafür geltenden Bestimmungen erkundigen.

8. Das Lotsenwesen

In Küstengewässern, auf Kanälen oder anderen besonders schwierigen Fahrwassern können oder müssen Lotsen die Schiffsführung beraten. Keinesfalls übernehmen sie dabei die volle Verantwortlichkeit. Der Rat des Lotsen bezieht sich unter anderem auch auf örtliche Sondervorschriften, die einer Schiffsführung selbst gar nicht immer bekannt sind.
Die Seehandbücher geben Auskunft, für welche Gewässer Lotsenpflicht besteht, welche Fahrzeuge ihrer geringen Größe wegen eventuell davon befreit sind und wie man einen Lotsen anfordert. Die früher in der Allgemeinen Lotsordnung festgehaltenen Lotsenrufsignale sind heute mit in der SeeSchStrO aufgenommen worden.
Zur Anforderung eines Seelotsen am Tage findet auf den deutschen Seelotsrevieren im allgemeinen die Flagge G (auf der Weser in Verbindung mit Wimpel 1) des Internationalen Signalbuches Verwendung, bzw. das Schall- oder Lichtsignal G (——.).
Daneben können von der zuständigen Schiffahrtspolizeibehörde besondere Lotsensignale vorgeschrieben werden, wenn von einer Lotsenstelle für mehrere Fahrwasserbezirke Lotsen bereitgehalten werden.

f) Yachtzertifikat und Internationales Verbands-Zertifikat

Um beim Ein- und Ausklarieren in ausländischen Häfen ein Ausweispapier für das Schiff zu schaffen, wurde von der Kreuzer-Abteilung des Deutschen Segler-Verbandes das sogenannte Yachtzertifikat herausgegeben. Es ist siebensprachig und enthält alle Einzelheiten der Yacht einschließlich ihrer technischen Ausrüstung. Es hat eine Gültigkeitsdauer von zwei Jahren und muß dann von der Kreuzer-Abteilung verlängert werden. Voraussetzung für die Ausstellung ist die Kenntnis der »Richtlinien für die Ausrüstung und Sicherheit seegehender Segelyachten« der Kreuzer-Abteilung. Dieses Yachtzertifikat ist jedoch kein amtliches Papier.
Amtlich dagegen ist als Ausweispapier das Internationale Verbands-Zertifikat, das ebenfalls alle zwei Jahre erneuert werden muß. Grundlage dafür ist die UNO-Resolution Nr. 13 der Wirtschaftskommission für Europa (ECE) vom 7. April 1976. Im Sprachgebrauch hat sich fälschlicherweise auch die Bezeichnung Sportboot-Zertifikat eingebürgert. Ausgegeben wird es vom Deutschen Segler-Verband und vom Deutschen Motoryachtverband.

BUNDESREPUBLIK DEUTSCHLAND

Internationales Verbands-Zertifikat

für Wassersportfahrzeuge

International card for pleasure craft

Carte international pour les bâtiments de plaisance

DEUTSCHER SEGLER-VERBAND

Adolfstraße 56, D 2000 Hamburg 76

In Zusammenarbeit mit:
In cooperation with/En colaboration du
Pleasure Navigation International Joint Committee (PNIC)
Alliance Internationale de Tourisme (AIT)
International Yacht Racing Union (IYRU)
International Canoe Federation (ICF)
Federation Internationale de Sociétés d'Aviron (FISA)

, Ausgestellt entsprechend
Resolution No. 13 Economic Commission for Europe (ECE)

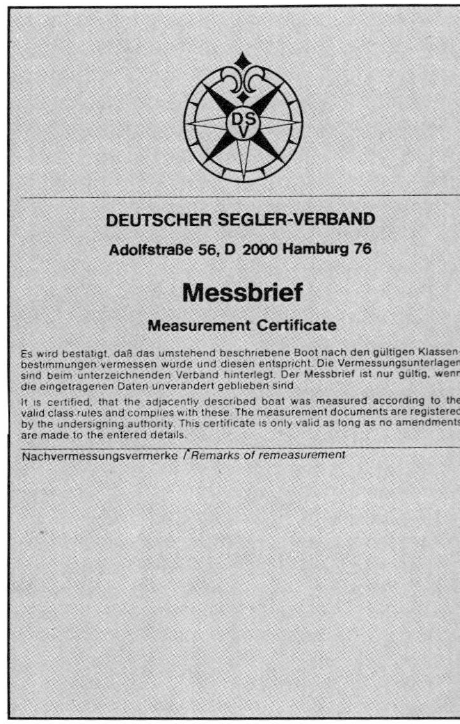

DEUTSCHER SEGLER-VERBAND

Adolfstraße 56, D 2000 Hamburg 76

Messbrief

Measurement Certificate

Es wird bestätigt, daß das umstehend beschriebene Boot nach den gültigen Klassenbestimmungen vermessen wurde und diesen entspricht. Die Vermessungsunterlagen sind beim unterzeichnenden Verband hinterlegt. Der Messbrief ist nur gültig, wenn die eingetragenen Daten unverandert geblieben sind.

It is certified, that the adjacently described boat was measured according to the valid class rules and complies with these. The measurement documents are registered by the undersigning authority. This certificate is only valid as long as no amendments are made to the entered details.

Nachvermessungsvermerke / Remarks of remeasurement

Das Verbands-Zertifikat

g) Führerscheinvorschriften

Es gibt für Sportschiffer verschiedene Führerscheine, verbandseigene der Dachverbände der Wassersportvereine und gesetzlich vorgeschriebene amtliche Führerscheine. Die übrigen Führerscheine bzw. Zeugnisse können in Schadensfällen versicherungsrechtlich und auch verkehrsrechtlich (Seeamtsverhandlung) Bedeutung erlangen; ihr Besitz wird zum Teil von Sportverbänden für ihre Mitglieder als Führer von Sportfahrzeugen vorgeschrieben. Über nachstehende Führerscheine wird berichtet:

1. die Führerscheine des Deutschen Segler-Verbandes,
2. die Führerscheine des Deutschen Motoryachtverbandes,
3. das Sportsee- und das Sporthochseeschifferzeugnis,
4. den amtlichen Sportbootführerschein,
5. das Bodensee-Schifferpatent,
6. Führerscheine im Ausland.

1. Die Führerscheine des Deutschen Segler-Verbandes

Yachten, die im Register eines dem Deutschen Segler-Verband angehörenden Vereins eingetragen sind, dürfen unter seinem Stander nur von einem DSV-Führerschein-Inhaber verantwortlich geführt werden, dessen Führerschein für den jeweiligen Fahrtbereich gültig ist. Es gibt fünf solcher Führerscheine:

1. *Der Jüngstensegelschein,* er berechtigt zur Teilnahme an Regatten mit Jollen bis zu 10 m² Segelfläche auf den jeweiligen Jüngstenrevieren der Vereine.

2. *Führerschein für Binnenfahrt (A),* gültig auf allen Binnengewässern, soweit dort nicht die Seeschiffahrtstraßen-Ordnung gilt. Mit dem Vermerk »und unter Motor« ist dieser Schein zugleich der vom Bundesverkehrsministerium vorgeschriebene Befähigungsnachweis (Binnen-Führerschein) für das Befahren der Binnenschiffahrtsstraßen mit Booten unter Motor von mehr als 3,68 kW an der Propellerwelle.
   Führerschein für Binnenfahrt (A1), gültig zusätzlich für ortsnahe Bereiche der Seeschiffahrtsstraßen wie die Regattabahnen vor der Kieler Förde und in der Lübecker Bucht oder die Unterelbe bis zur Kugelbake. Auch dieser Schein gilt mit dem Vermerk »und unter Motor« als amtlicher Binnen-Führerschein.

3. *Führerschein für Revierfahrt (BR),* gültig auf allen Gewässern innerhalb des jeweiligen völkerrechtlichen 3-sm-Bereichs, soweit sie von Seeschiffen befahren werden.

4. *Führerschein für Küstenfahrt (BK),* gültig innerhalb der Gewässer der Ostsee, der Gewässer zwischen Nord- und Ostsee, der Nordsee bis 61 Grad nördlicher Breite (Linie Sognefjord-Shetlandinseln) einschließlich der englischen Ostküste und des Kanals bis zur Linie Lizard-Point/Isle d'Ouessant, sowie im Mittelmeer, außerhalb dieser Grenzen in allen Küstengewässern innerhalb eines 12-sm-Bereichs.

5. *Führerschein für Seefahrt (C),* sein Gültigkeitsbereich ist unbegrenzt.

Diese Führerscheine können von Mitgliedern der dem DSV angeschlossenen Vereine ebenso wie von Nichtmitgliedern erworben werden; dazu ist eine Prüfung vor einer Prüfungskommission des DSV abzulegen. Die Art der Vorbereitung auf solche Prüfungen bleibt den Bewerbern überlassen; Vorbereitungskurse werden u. a. von den Yachtschulen des Deutschen Hochseeverbandes »Hansa« e. V. oder einzelnen Vereinen durchgeführt. Über alle Einzelheiten der in diesen Prüfungen nachzuweisenden Kenntnisse, die Zulassungsbedingungen sowie das Prüfungsverfahren unterrichtet die »Führerscheinvorschrift des DSV«, die beim Deutschen Segler-Verband, Adolfstr. 56, 2 Hamburg 76, angefordert werden kann.

In der folgenden Übersicht (S. 584) sind die für einen Bewerber, der ausreichendes Hör-, Seh- und Farbenunterscheidungsvermögen nachweisen muß, wesentlichen Bestimmungen dem Inhalte nach angegeben:

Führerschein- Mindestalter	Notwendige Kenntnisse und Erfahrungen
Jüngstensegelschein 7 Jahre	Behandlung der Segel, Pflege einer Jolle im Sommer und im Winterlager, Achtknoten, Kreuzknoten, Rundtörn mit zwei halben Schlägen, einfacher und doppelter Schotstek, Slipstek, einfacher Palstek, Stopperstek, Takling – die wichtigsten Segelkommandos, Segelklarmachen, -setzen, -bergen, An- und Ablegen, An die Boje gehen, Verhalten beim Schleppen, Ankern, Kentern, Boje-über-Bord-Manöver, Abfallen und Anluven, Wenden und Halsen. Kenntnis der Verkehrvorschriften des heimischen Gewässers, Grundkenntnisse der Wettsegelbestimmungen bzw. des Verhaltens bei einer Regatta, Grundkenntnisse der Yachtgebräuche.
Binnenschiffahrt (A/A1) (A-Schein) 14 Jahre (mit Motor 16 Jahre)	Fähigkeit zu seemännischen und Instandhaltungsarbeiten sowie Kenntnisse in der Bedienung und Führung von Segelyachten auf Binnengewässern einschließlich der üblichen Manöver. – Praktische Fahrwasserkunde unter besonderer Berücksichtigung der heimatlichen Gewässer. – Praktische Beherrschung der auf Binnengewässern in Frage kommenden schiffahrtpolizeilichen und sonstigen gesetzlichen Vorschriften, insbesondere hinsichtlich Ausweichregeln, Lichterführung, Schiffahrts- und Nebelsignale. – Kenntnisse über Sicherheit an Bord und Rettungswesen, der Yachtgebräuche und Erster Hilfe bei Unglücksfällen. Motorenkenntnis und Motorenbehandlung, Fahren unter Motor. Freiwillige Zusatzprüfung: Handhabung der Notsignale.
Revierfahrt (BR) (BR-Schein) 16 Jahre in Ausnahmefällen 14 Jahre	Wie vor (A-Schein muß vorhanden sein), dazu praktische Beherrschung der für Sportfahrzeuge in Frage kommenden entsprechenden Vorschriften der Seestraßen- und Seeschiffahrtstraßenordnung sowie sonstiger für das Revier geltender Vorschriften. – Kenntnis der Methoden der terrestrischen Navigation, soweit sie in der Sportschiffahrt Anwendung finden. Arbeiten in der Seekarte, Bestimmung von Kurs und Fahrt eines Schiffes, Stromnavigation. – Einfache Kenntnisse der Wetterkunde, Wind- und Sturmwarnsignale. – Erfahrungsnachweis: mindestens 300 sm außerhalb des Bereichs der Binnenfahrt. Freiwillig: Handhabung der Notsignale.
Küstenfahrt (BK) (BK-Schein) 18 Jahre	Wie vor, dazu Kenntnisse in der Durchführung und Auswertung von einfachen Funk- und Consolpeilungen und der Deviationsbestimmung bzw. -kontrolle nach terrestrischen Objekten – Auswerten eines Wetterberichtes. Handhabung der Notsignale. Erfahrungsnachweis: Mehrjähriger Besitz des Führerscheins Revierfahrt und Segelnachweis über mindestens 1000 sm außerhalb des Bereichs der Binnenfahrt.
Seefahrt (C) (C-Schein) 21 Jahre	Wie vor, dazu Kenntnisse in der astronomischen Navigation bis zur Berechnung einer Höhenstandlinie; Umgang mit Sextant und Beobachtungsuhr. Astronomische Kompaßkontrolle. Erfahrungsnachweis: Mehrjähriger Besitz des Führerscheins Küstenfahrt und Segelnachweis über weitere 2000 sm außerhalb des Bereichs der Binnenfahrt.

2. Die Führerscheine des Deutschen Motoryachtverbandes

Der Deutsche Motoryachtverband hatte, genau wie der DSV, ursprünglich verbandseigene A-, B- und C-Führerscheine. Der A-Schein wurde auf Grund der Sportbootführerscheinverordnung – Binnen – vom 21. 3. 1978 aber zum amtlich vorgeschriebenen Binnen-Führerschein. In der Sportbootführerscheinverordnung heißt es: »Wer auf Bundeswasserstraßen ein Sportboot von weniger als 15 m³ Wasserverdrängung, das mit Motorantrieb ausgerüstet ist und dessen Leistung mehr als 3,68 kW (5 PS) beträgt, führen will, bedarf einer Fahrerlaubnis ... Die amtliche Befähigung wird durch den Motorbootführerschein A des Deutschen Motoryachtverbandes nachgewiesen.« Mindestalter 16 Jahre. Der Führerschein kann auch von Nichtmitgliedern erworben werden. Grundlage für die schriftliche Prüfung ist ein Katalog mit 168 Fragen, aus denen 30 ausgewählt werden. Die Beantwortung wird nach einem Punktsystem bewertet. In der praktischen Prüfung ist nachzuweisen, daß man »ein Motorboot fahrtechnisch ausreichend führen kann«.
Der B-Schein des Motoryachtverbandes wurde auf Grund der Motorbootführerscheinverordnung vom 17. Januar 1967 zum amtlichen Motorbootführerschein Küste. Er wiederum wurde durch Verordnung vom 20. 12. 1973 zum amtlichen Sportbootführerschein (s. dort).
Übrig geblieben als verbandsinterner Schein ist nur noch der Motorbootführerschein C (Seefahrt). Sein Geltungsbereich ist die offene See außerhalb der Küstengewässer. Voraussetzung ist der amtliche Sportbootführerschein, der zum Durchfahren der Küstengewässer erforderlich ist. Abweichend vom Segel-C-Schein werden Kenntnisse der astronomischen Navigation in der Prüfung nicht verlangt. Auch ist kein Seemeilennachweis notwendig.

3. Das Sportsee- und das Sporthochseeschifferzeugnis

Von den deutschen Seefahrtschulen (Fachhochschulen Seefahrt)* werden nach Prüfungen Sportsee- und Sporthochseeschifferzeugnisse ausgestellt, irrtümlich oft mit Patent bezeichnet (Patente sind auf Grund von Prüfungszeugnissen der Seefahrtschulen von Hafen- bzw. Oberhafenämtern ausgestellte Befähigungszeugnisse, die eine Gewerbebefugnis beinhalten wie z. B. die des Kapitäns auf Großer Fahrt). Über die Vorbereitung auf diese Prüfungen gilt entsprechend das über DSV-Führerscheine Gesagte.
In der nachfolgenden Übersicht sind die für einen Bewerber wesentlichsten Bestimmungen inhaltlich angegeben; Einzelheiten enthalten Merkblätter, die von den einzelnen Seefahrtschulen angefordert werden können.
Sportseeschifferzeugnis:
Voraussetzungen: der Bewerber muß das 18. Lebensjahr vollendet haben, genügendes Hör-, Seh- und Farbenunterscheidungsvermögen besitzen und den Nachweis erbringen, daß er mit der Führung eines Sportfahrzeuges vertraut ist (das kann z. B. durch Vorlage eines DSV-Führerscheins erfolgen).
Prüfungsanforderungen: sie decken sich im wesentlichen mit denen zum Erwerb des Führerscheins für Küstenfahrt des DSV.

* Seefahrtschulen gibt es in Hamburg, Bremen mit Zweigstelle Bremerhaven, Lübeck, Elsfleth, Leer und Cuxhaven.

Sporthochseeschifferzeugnis:

Vorausetzungen: der Bewerber muß das 21. Lebensjahr vollendet haben, genügendes Hör-, Seh- und Farbenunterscheidungsvermögen besitzen und den Nachweis erbringen, daß er mit der Führung eines Sportfahrzeugs vertraut ist und auf Sportfahrzeugen mindestens 300 Seemeilen auf See zurückgelegt hat.
Prüfungsanforderungen: Sie decken sich im wesentlichen mit denen zum Erwerb des Führerscheins für Seefahrt des DSV, wozu noch die besonderen Methoden der Meridian- und der Nordsternbreite sowie die Koppelrechnung kommen.

4. Der amtliche Sportbootführerschein

Der amtliche Sportbootführerschein ist mit Wirkung vom 1. 4. 1974 an die Stelle des »Motorbootführerscheins der Bundesrepublik Deutschland« getreten. Er ist gesetzlich vorgeschrieben für die Seeschiffahrtsstraßen, die Küstengewässer der Nord- und Ostsee bis zur 3-sm-Grenze und auf dem Nord-Ostsee-Kanal für alle Boote, Motor- und Segelboote, sofern sie über eine Maschine mit mehr als 3,68 kW Leistung an der Propellerwelle verfügen.
Die Bewerber müssen mindestens 16 Jahre alt sein, über ausreichendes Hör-, Seh- und Farbenunterscheidungsvermögen verfügen und voll befähigt sein, ein Sportfahrzeug zu führen. Diese Befähigung muß im allgemeinen durch eine theoretische (Fragenkatalog mit 362 Fragen) und praktische (einfache Motormanöver) Prüfung nachgewiesen werden. Die Prüfungskommissionen werden gemeinsam vom DSV und DMYV aufgestellt.

5. Führerscheine im Ausland

Die Handhabung ist in allen Ländern verschieden. In einigen Staaten werden von ausländischen Staatsangehörigen keine Führerscheine verlangt, in anderen unterliegen deutsche Staatsangehörige den gleichen Vorschriften wie Inländer. Vielfach ist auch das Fahrtgebiet genau festgelegt. In Spanien, Italien und Jugoslawien ist für Yachten und Motorboote der deutsche amtliche Sportbootführerschein (bzw. der gleichwertige Motorbootführerschein) vorgeschrieben. Vielfach wird für das entsprechende Revier ein Führerschein des DSV anerkannt. In Jugoslawien besteht teilweise die Möglichkeit, vor den dortigen Hafenkommandanturen eine Prüfung abzulegen und einen für kurze Zeit befristeten Führerschein zu erhalten.

Anhang

Kommandotafel

Manöver	Kommando	Meldung
Segelsetzen	Fock / Großsegel / Alle Segel klar zum Setzen! Heiß Fock / Großsegel / die Segel!	Fock / Großsegel / Alle Segel ist/sind klar zum Setzen
Segelbergen	Fock / Großsegel / Alle Segel klar zum Bergen! Klar bei Fockfall / Großfall / Fallen! Nieder Fock / Großsegel / alle Segel! Klar Deck überall!	Fock / Großsegel / Segel ist/sind klar zum Bergen
Segelbedienung		
Anluven	Hol an die Schoten / Großschot / Fockschot! Neuer Kurs: Halber Wind! / Beim Wind! Schoten fest!	
Abfallen	Fier auf die Schoten / Großschot / Fockschot! Neuer Kurs: Halber Wind! / Vor dem Wind – Fock an Bb. / Stb.!	
Aufschießen	Klar zum Aufschießen! Schoten los!	
Wenden	(Hol an die Schoten!) Klar zum Wenden! Rhe! Über die Segel! Beim Wind/ . . .	 Fock ist klar

Manöver	Kommando	Meldung
Halsen	Klar zum Halsen! (Fier auf die Schoten!) Hol dicht Großschot! Rund achtern! Über vorn! – Fier auf Großschot! Hol an die Schoten! Neuer Kurs: Beim Wind/ . . .	
Dirken	Klar bei Dirk! An- / Ab-Dirken!	Dirk ist klar
Reffen	Klar zum Reffen! Ein / Zwei / Drei Törns reffen!	Ist klar zum Reffen
Ruderführung	Bb-Ruder! Hart Bb.! Komm auf! Mittschiffs! Stütz! Recht so! Kurs NO! Neuer Kurs: NO! Nach Bb. auf NO! Ruder für Fahrt achteraus!	
Ablegen *Vom Steg*	Klar zum Loswerfen! Klar zum Ablegen über Bb. / Stb.-Bug!	
	Klar bei Leinen / Vorleine / Achterleine!	Vorleine / Achterleine ist klar zum Loswerfen
	Vorleine / Achterleine / Leinen los!	Vorleine / Achterleine ist los
	Vorleine an Bord achteraus geben, um Fahrt voraus zu holen – Vorleine los! Fock back an Stb./Bb.! – Über die Fock!	
Von der Boje	Klar zum Loswerfen!	Ist klar zum Loswerfen
	Fock back an Bb./Stb.! – Los!	Leine (Kette) ist los und ein
	Über die Fock!	

Manöver	Kommando	Meldung
Anlegen	Klar zum Anlegen an Bb./Stb.!	
Am Steg	Klar bei Vorleine/Achterleine, Bootshaken, Fender!	
	Fock klar zum Bergen!	Fock ist klar
	Nieder Fock!	
	Vorleine / Achterleine an Land!	
	Vorleine / Achterleine fest!	Vorleine / Achterleine ist fest
	Boot noch ... m voraus/achteraus!	
	Boot so festmachen!	
An der Boje	Klar zum An-die-Boje-Gehen!	Abstand ... m Mehr Bb./Stb. Boje ist gefaßt Boot ist fest
Ankern	Klarmachen zum Ankern!	Anker ist klar
	Wassertiefe ... m	
	Klar zum Ankern!	Anker ist klar zum Fallen
	Aus der Kette! – Fallen Anker!	
	Wie zeigt die Kette?	Kette zeigt voraus/ achteraus / auf und nieder
	Stecken auf ... m!	... m sind aus. – Anker trägt
	Belegen!	
Ankerlichten	Klar zum Ankerlichten!	Ist klar zum Ankerlichten
	Kurzstag holen!	Ist kurzstag
	Ankerlichten!	Auf und nieder- Anker ist los – Anker ist aus dem Wasser – Anker ist klar / unklar – Anker ist fest / verstaut
Boje/Mann über Bord	Boje/Mann über Bord!	
	Boje/Mann fischen an Bb./Stb.	Boje / Mann ist gefischt

Internationale Buchstabiertafel und Morsealphabet

Buchstabe	Morsezeichen	Benennung	Aussprache*
A	· —	Alfa	älfah
B	— · · ·	Bravo	brawoh
C	— · — ·	Charlie	tschahli
D	— · ·	Delta	delta
E	·	Echo	ekko
F	· · — ·	Foxtrott	foxtrott
G	— — ·	Golf	golf
H	· · · ·	Hotel	hotell
I	· ·	India	indja
J	· — — —	Juliett	dschuhljett
K	— · —	Kilo	kilo
L	· — · ·	Lima	lima
M	— —	Mike	maik
N	— ·	November	nowember
O	— — —	Oscar	osker
P	· — — ·	Papa	papah
Q	— — · —	Quebec	kwiebeck
R	· — ·	Romeo	romio
S	· · ·	Sierra	sjerah
T	—	Tango	tängoh
U	· · —	Uniform	junifohm
V	· · · —	Victor	wickter
W	· — —	Whiskey	uisskee
X	— · · —	X-Ray	ecksree
Y	— · — —	Yankee	jänkie
Z	— — · ·	Zulu	suluh
Ä	· — · —		
Ö	— — — ·		
Ü	· · — —		

* Betonte Silbe unterstrichen

Morsezeichen

Ziff. u. Zeichen		Morsezeichen	Schlüsselwort
1		• — — — —	una – one
2		• • — — —	bisso – two
3		• • • — —	terra – three
4		• • • • —	karte – four
5		• • • • •	panta – five
6		— • • • •	soxi – six
7		— — • • •	sette – seven
8		— — — • •	okto – eight
9		— — — — •	nove – nine
0		— — — — —	nada – zero
Anruf	AAA	• — • — • —	
Irrungszeichen	EEEE	• • • •	
Verstanden	T	—	
Wiederholen	RPT	• — • • — — • —	
Ende	AR	• — • — •	
Ende, Verstanden	R	• — •	

Eine Buchstabenverdopplung wird durch Vorsatz von »double« (sprich dabbl) gegeben, z. B. tt = double Tango (sprich dabbl tängoh).

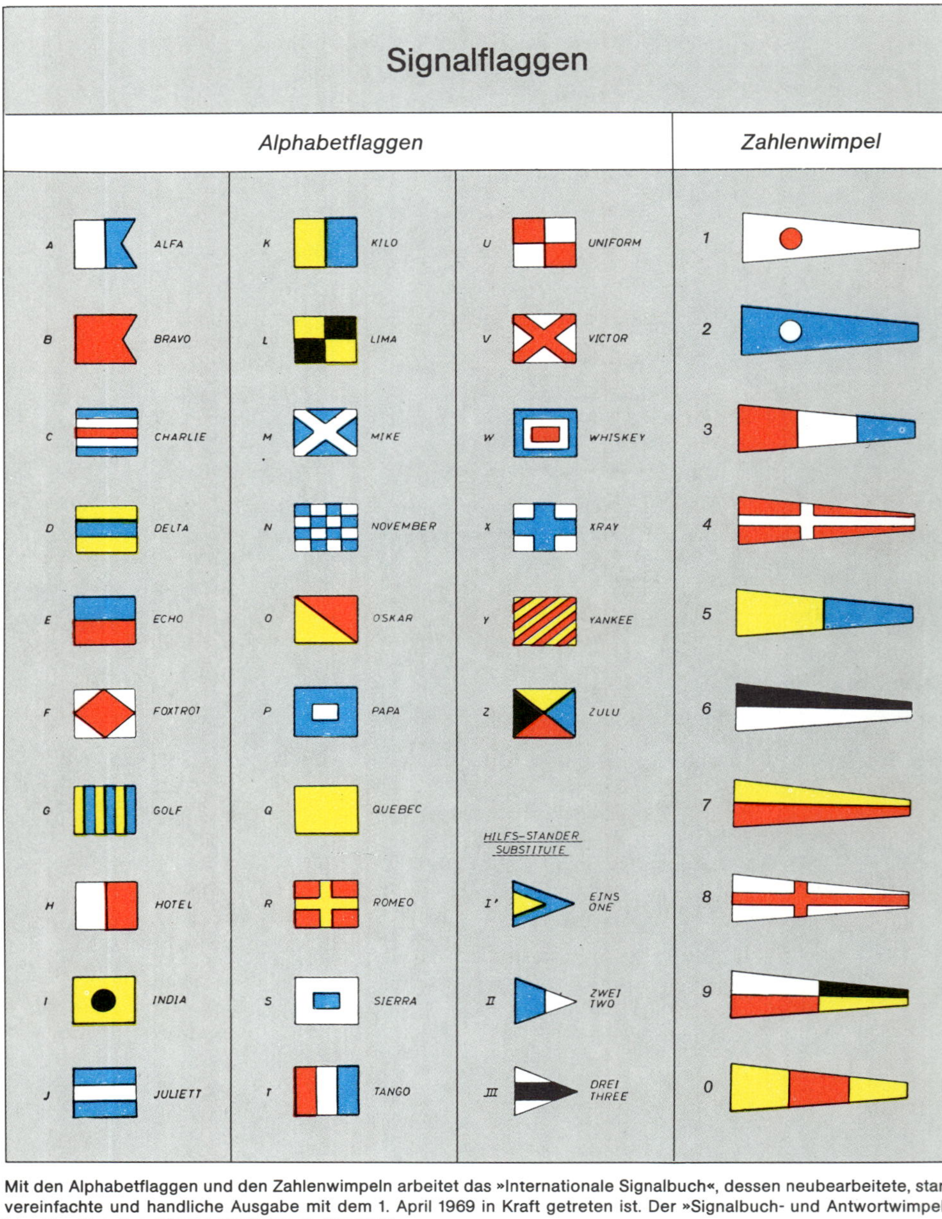

Mit den Alphabetflaggen und den Zahlenwimpeln arbeitet das »Internationale Signalbuch«, dessen neubearbeitete, stark vereinfachte und handliche Ausgabe mit dem 1. April 1969 in Kraft getreten ist. Der »Signalbuch- und Antwortwimpel« ist rot/weiß senkrecht gestreift (Wimpel »Answer«).

Ein-Buchstaben-Signale

Sie dürfen bei jeder Übermittlungsart verwendet werden.

A		ALFA	Ich habe Taucher unten; halten Sie bei langsamer Fahrt gut frei von mir.
B		BRAVO	Ich lade, lösche oder befördere gefährliche Güter.
C		CHARLIE	Ja (Bejahend oder »Die Bedeutung der vorangegangenen Gruppe ist als Bejahung zu verstehen«).
D		DELTA	Halten Sie frei von mir; ich manövriere unter Schwierigkeiten.
E		ECHO	Ich ändere meinen Kurs nach Steuerbord.
F		FOXTROT	Ich bin manövrierunfähig; treten Sie mit mir in Verbindung.
G		GOLF	Ich benötige einen Lotsen. Wenn dieses Signal von Fischereifahrzeugen, die auf Fangplätzen einander sehr nahe sind, gegeben wird, bedeutet es: »Ich hole Netze ein«.
H		HOTEL	Ich habe einen Lotsen an Bord.
I	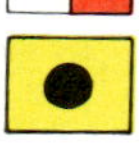	INDIA	Ich ändere meinen Kurs nach Backbord.
J		JULIETT	Ich habe Feuer im Schiff und gefährliche Ladung an Bord; halten Sie gut frei von mir.
K		KILO	Ich möchte mit Ihnen in Verbindung treten oder Aufforderung zur Übermittlung.
L		LIMA	Bringen Sie Ihr Fahrzeug sofort zum Stehen.
M		MIKE	Meine Maschine ist gestoppt, und ich mache keine Fahrt durchs Wasser.
N		NOVEMBER	Nein (Verneinend oder »Die Bedeutung der vorangegangenen Gruppe ist als Verneinung zu verstehen«). Dieses Signal darf nur als akusti-

sches oder Schallsignal gegeben werden. Bei Sprech-Übertragung oder im Funkverkehr darf das Signal »NO« sein.

O  OSKAR

Mann über Bord.

P  PAPA

Im Hafen. Alle Mann an Bord, da Fahrzeug auslaufen will.
Auf See. Es darf von Fischereifahrzeugen für die Bedeutung verwendet werden: »Meine Netze sind an einem Hindernis festgekommen.«

Q 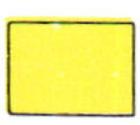 QUEBEC

An Bord ist alles gesund, und ich bitte um freie Verkehrserlaubnis.

R  ROMEO

Entfernung in Seemeilen (mit einer oder mehreren Ziffern)

S  SIERRA

Meine Maschine geht rückwärts.

T  TANGO

Halten Sie frei von mir; ich bin beim Gespannfischen.
(Nur als Flaggensignal erlaubt).

U  UNIFORM

Sie begeben sich in Gefahr.

V  VICTOR

Ich benötige Hilfe.

W 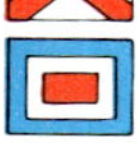 WHISKEY

Ich benötige ärztliche Hilfe.

X  XRAY

Unterbrechen Sie Ihr gegenwärtiges Vorhaben (Manöver) und achten Sie auf meine Signale.

Y  YANKEE

Ich treibe vor Anker.

Z  ZULU

Ich benötige einen Schlepper.
Wenn dieses Signal von Fischereifahrzeugen, die auf Fangplätzen einander sehr nahe sind, gegeben wird, bedeutet es: »Ich setze Netze aus.

Seemännisches Wörterbuch

G = Gegensatz

A

abbringen ein festgekommenes Schiff flottmachen.

abfallen vom Winde wegdrehen. G: anluven.

abflauen das Nachlassen des Windes. G: auffrischen, aufbrisen.

abhalten den Kurs von einem Hindernis weg ändern, auch »abfallen«. G: zuhalten.

abladen ein Schiff beladen, wodurch sich dessen Tiefgang vergrößert. G: entladen, löschen.

ablandig Wind, der von der Küste fort nach See hin weht. G: auflandig.

ablegen die Festmacheleinen, durch die ein Schiff an seinem Liegeplatz (Kai, Pier, Landungsbrücke, längsseit eines anderen Schiffes) festgehalten wird, losmachen und auf Fahrt gehen. G: anlegen.

Ablenkung des Kompasses an Bord aus der magnetischen Richtung, auch »Deviation« (δ) genannt, verursacht durch den Einfluß des Eisens an Bord.

abreiten einen Sturm vor Anker oder Treibanker durchstehen.

abscheren 1) ein geschlepptes Fahrzeug durch Ruderlegen seitlich ablenken; G: heranscheren; »vorbeischeren« = kurz anlegen und gleich weiterfahren. 2) das Brechen eines Bolzens o. ä. infolge Überlastung in der Querrichtung.

abschlagen losmachen, insbes. ein an einem Rundholz befestigtes Segel. G: anschlagen, unterschlagen.

absegeln gemeinsames Abschiedssegeln im Herbst. G: Ansegeln.

absetzen 1) ein Fahrzeug mit der Hand oder einem Bootshaken von der Brücke oder einem anderen Fahrzeug abschieben oder freihalten. 2) den Kurs in der Seekarte eintragen oder bestimmen. 3) beim Bootsanstrich die Farbkante genau ziehen.

abstecken eine Leine von einer anderen oder einem Gegenstand abmachen. G: anstecken.

abtakeln die Takelage eines Fahrzeugs vollständig abnehmen, z. B. für Grundinstandsetzung, Winterlager. G: auftakeln, aufriggen. (Nicht verwechseln mit »Segel bergen und festmachen«!)

Abtrift die, auch Abdrift, das seitliche Abtreiben eines fahrenden Schiffes durch den Wind. (Nicht verwechseln mit »Stromversetzung«!)

abwettern einen Sturm seemännisch gut durchstehen.

Achterholer ein Ende zum Achterausholen, z. B. des Spinnakerbaums.

Achterleine bei einem festgemachten Schiff die vom Heck schräg achteraus zeigende Leine.

achtern bei einem Schiff »hinten«; achteraus, Richtung nach hinten; achterlich, allgemeine Richtung von hinten bis ausschließlich querab, z. B. im achterlichen Sektor, achterlicher Wind. Vgl. raum.

Achterschiff der hintere Teil des Schiffes. G: Vorschiff.

ahoi! Anruf an ein Schiff, z. B. »Boot ahoi!« Kein Gruß!

Altersklassen Yachtklassen, die nicht mehr gebaut werden.

andirken die Dirk soweit durchsetzen, daß der Baum nicht mehr durch das Segel getragen wird.

anholen durchsetzen, ziehen. G: fieren.

Ankerboje wird durch die Bojenleine, das »Bojenreep«, mit dem Anker verbunden, um dessen Lage erkennen und bei einem Bruch der Ankerkette ihn wiederfinden zu können.

Ankergeschirr zum Handhaben des Ankers dienendes Gerät wie Kette, Spill, Stopper.

anlegen s. ablegen.

anliegen 1) der Steuerstrich am Kompaß deckt sich mit dem zu steuernden Kurs, z. B. »130° liegen an!« 2) »eine Boje anliegen« = man kann die Boje erreichen, ohne kreuzen oder einem Hindernis ausweichen zu müssen.

anloten vorsichtig, z. B. bei Nebel, eine Untiefe oder die Küste unter ständigem Loten ansteuern.

anluven höher an den Wind gehen. G: abfallen.

anreihen ein Segel mit der »Reihleine« an Baum oder Gaffel befestigen (»an-, unterschlagen«). Vgl. anschlagen.

anschlagen befestigen, insbes. ein Segel an einem Rundholz. G: abschlagen.

ansegeln erstes gemeinsames Segeln im Frühling. G: Absegeln.

anstecken s. abstecken.

aufbrisen leichter Wind verstärkt sich.

auffieren in eine Leine etwas »Lose« geben.

aufgeien das Zusammenraffen eines Lugger- oder Rahsegels an den Mast oder an die Rah durch das Geitau. G: fallen.

Aufkimmung die, der Winkel, um den der Bootsboden nach der Bordwand zu aus der Waagerechten abweicht. Er spielt bei der Konstruktion von Gleitbooten eine entscheidende Rolle.

aufklaren 1) aufräumen. 2) vom Wetter: Verschwinden von Wolken, Dunst oder Nebel.

aufkommen 1) die Ruderlage verringern. 2) einem in etwa gleicher Richtung fahrenden Schiff näherkommen, aufholen. 3) das Herannahen von schlechtem Wetter.

auflandig s. ablandig

auflegen das Außerdienststellen eines Schiffes, das geschützte Anlandstellen eines Bootes für einige Zeit.

aufpicken das Anbordnehmen eines treibenden Gegenstandes.

aufriggen auftakeln, s. abtakeln.

aufschießen 1) mit einem Schiff in den Wind gehen und es dadurch zum Stehen bringen. 2) eine Hanf- oder Kunststoffleine in etwa gleichen »Buchten« (Kreisen) geordnet an Deck aufrollen oder eine Stahlleine in Achtform übereinanderlegen.

auftakeln aufriggen, s. abtakeln.

auftoppen einen Baum, z. B. Ladebaum, aus waagerechter Lage mit einem Jollentau oder einer Talje schräg nach oben aufrichten.

auftuchen eine Flagge oder ein Segel zusammenlegen.

auf und nieder senkrecht.

Auge Ring, Öse, Loch, Schlinge.

ausfahren mit einem Beiboot eine Leine zum Festmachen oder einen Anker zum Auslegen befördern.

ausflaggen siehe Flaggengala

Ausgleicher eine Yacht, die keiner bestimmten Klasse angehört und deshalb in einer Regatta mit ähnlichen Yachten eine Vergütung (Ausgleich) geben muß oder erhält. G: Klassenboot. Vgl. »Formeln« (X g).

ausklarieren ein Schiff vor dem Auslaufen aus einem Hafen bei der Hafen- und der Zollbehörde abfertigen.

ausreffen ein Reff aus dem Segel nehmen und damit die Segelfläche vergrößern. G: reffen.

ausscheren 1) absichtlich oder unabsichtlich vom Kurs abweichen. 2) einen Verband von Fahrzeugen verlassen. 3) ein durch ein Auge oder einen Block laufendes (»geschorenes«, »fahrendes«) Ende (Läufer) herausziehen. G: (ein-)scheren.

Ausscherwinkel s. Derivationswinkel.

ausschießen vom Wind: plötzliches Rechtsdrehen (auf der nördlichen Halbkugel).

aussingen eine Beobachtung, z. B. eine Lotung, vornehmlich ausrufen.

austörnen in eine Leine gekommene Törns ausdrehen.

außenbords außerhalb des Fahrzeugs. G: binnenbords.

auswehen das Entfalten einer Flagge im Wind.

B

Back die, 1) (erhöhter) vorderster Teil des Vorschiffes. 2) Tisch. 3) große Schüssel für Essen.

back zurück, rückwärts. Wird ein Segel »back geholt«, so bekommt es den Wind von der falschen Seite, das Fahrzeug dreht dann besser oder vermindert seine Fahrt.

Backbord (Bb.), links, linke Seite. Zugehörige Farbe: Rot. G: Steuerbord.

Backschafter der zum Auf- und Abbacken (Auftragen der Speisen und Abräumen) abgeteilte Mann.

Backskiste als Sitzbank eingerichteter Kasten zum Aufbewahren von Gegenständen.

Backstag Preventer, losnehmbares Ende zum Abstützen des Mastes schräg nach achtern.

Backstagsbrise Wind schräg von achtern.

Bake die, an Land als Seezeichen aufgestelltes Gerüst von auffälliger Form.

Balje die, 1) runde, hölzerne Wanne zum Waschen. 2) Fahrwasser im Wattengebiet.

Balkenbucht leichte Wölbung des Decks querschiffs zur Erleichterung des Wasserablaufs und zur Erhöhung der Festigkeit des Fahrzeugs. Vgl. Sprung.

Balkweger der, beiderseits längsschiffs an den Oberkanten der Spanten laufender Balken, auf dem die Decksbalken ruhen.

Ballast der, totes Gewicht (Sand, Eisen, Blei, Wasser) zur Regulierung von Tiefgang, Stabilität und Trimm.

Bark die, dreimastiges Segelschiff, Vor- und Großmast »voll getakelt« (Rahsegel), Besanmast »schonergetakelt« (Schratsegel). »Vier-« bzw. »Fünfmastbark« entsprechend jeweils der achterste Mast schonergetakelt.

Barkasse die, größtes Beiboot eines Schiffes.

Barre die, Sandbank quer in einer Flußmündung oder Einfahrt

Bauch Wölbung eines Segels. G: Flachgeschnittenes Segel.

Baum allgemein: starke Spiere, z. B. Ladebaum, insbesondere: Rundholz, das die Unterkante (das »Unterliek«) eines Gaffel- oder eines Hochsegels hält.

beidrehen ein Segelfahrzeug durch ein Segelmanöver fast zum Stehen bringen.

beifangen loses Tauwerk vorübergehend durch Bändsel festhalten.

beiliegen mit einem Schiff im Sturm so beidrehen, daß es günstig zu Wind und See liegt und möglichst keine Seeschäden erleidet.

Beisegel Zusatzsegel zur Grundbesegelung.

bekalmen den Wind wegnehmen.

bekleeden, bekleiden stärkeres Tauwerk und Spleiße durch Umwickeln gegen äußere Einflüsse schützen.

bekneifen eine Leine so führen, daß bei Belastung ein Teil den anderen festklemmt.

belegen 1) eine Leine: an einem Poller, einer Klampe o. ä. durch (kreuzweises) Führen festmachen. 2) Kommando: widerrufen.

Belegnagel Koffeinagel, hölzerner oder eiserner Bolzen mit Griff, der durch ein Loch in der »Nagelbank« gesteckt wird und an dem Leinen »belegt« werden können.

bergen 1) ein Segel: herunternehmen. 2) einen Gegenstand: in Sicherheit bringen. 3) ein wrackes Fahrzeug einbringen.

Besan der, auf mehrmastigen Schiffen außer Schoner der achterste Mast, und zwar mit Gaffel- oder Hochtakelung; auch das Segel selbst.

Beschickung das Anbringen einer notwendigen Berichtigung bei nautischen Beobachtungen oder Berechnungen.

Beschlag verbindende oder verstärkende Stücke der Bauteile, auch Zubehör wie Klampen, Augbolzen, Schienen u. ä.

Besteck das, der nach geographischer Breite und Länge festgelegte Schiffsort. »Aufmachen des Bestecks« = die Rechnung, durch die der Schiffsort gefunden wird.

Beting die, feste Haltevorrichtung, die den Zug der Ankerleine aufzunehmen hat.

Betonnung schwimmende Seezeichen zur Kennzeichnung eines Fahrwassers.

Bilge (Aussprache: bilsch), die, unterster Raum im Schiff, in dem sich Wasser und Öl sammeln.

Bindereff das, Einrichtung, bei der die Segelfläche durch Zusammenraffen vermittels Bändseln oder Leinen verringert wird. G: Patentreff. Vgl. Reff.

binnenbords s. außenbords.

Block hölzernes oder eisernes Gehäuse mit einer oder mehreren Rollen (»Scheiben«) zur Führung einer Leine.

Blockwerk alle Arten von Blöcken mit Zubehör.

Bö die, plötzlicher Windstoß.

Boje 1) verankerter hölzerner oder eiserner Schwimmkörper zum Festmachen von Fahrzeugen oder zur Bezeichnung bestimmter Stellen, z. B. Seezeichen. 2) Rettungsboje, mit greller Farbe bemalter Rettungsring aus Kork o. ä.

Bojereep das, kräftiges Ende, das den geworfenen Anker mit dessen Bezeichnungsboje (Ankerboje) verbindet und an dem der Anker bei einem etwaigen Bruch der Ankerkette wiedererlangt (»geborgen«) werden kann.

Bollwerk hölzerne Uferbefestigung, oft als Liegeplatz für Schiffe geeignet. Vgl. Kai.

Bootsmannsstuhl zum Heißen eingerichtetes Sitzbrett für Arbeiten in der Takelage.

Bord der, eigentlich die Schiffsseite, im besonderen deren Oberkante, daher »über Bord gehen (fallen)« = das Ins-Wasser-Fallen; »an Bord«: auf dem Schiff selbst; aber »an Deck«: auf dem Oberdeck.

Brackwasser mit Seewasser (Salzwasser) gemischtes Flußwasser.

Bram -rah, -segel, -stenge, auf Rahschiffen über dem Mars.

Brasse laufendes Gut zum waagerechten Schwenken einer Rah.

brechen 1) das Reißen von Leinen und Ketten (ein Segel aber »reißt«). 2) das Überkämmen und (in der Nähe des Strandes) das Branden der Wellen (»der See«).

Brigg die, Segelschiff mit zwei vollgetakelten Masten, heute ausgestorben.

Brise die, leichter bis mittlerer Wind.

Brook ein starker Haltegurt.

Brückendeck das, auf Großschiffen dasjenige Deck, das in gleicher Höhe der Brükke liegt und sich an sie anschließt. Auf Yachten die meist als Sitzbank ausgebildete feste Abschottung der Plicht gegen den Kajütsniedergang.

Bucht 1) zurückspringendes (konkaves), daher meist etwas Schutz bietendes Küstenstück. 2) das Stück einer Leine »aus der Mitte heraus« (also nicht von den Enden her), auch in mehreren Teilen (»in Buchten«); s. aufschießen. 3) s. Balkenbucht.

Bug der, das vordere, spitz zulaufende Ende eines Schiffes. Man segelt »über Steuerbord-Bug«, wenn der Wind von Backbord kommt, die Segel also nach Steuerbord stehen (»Schoten Steuerbord«) und die Yacht nach Steuerbord überliegt.

bugsieren schleppen.

Bugspriet der, die Verstärkung des Vorstevens von Segelschiffen über den Vorsteven hinaus als Unterlage für den Klüverbaum.

Bullauge (engl. bulleye = Ochsenauge), rundes, wasserdicht verschließbares Seitenfenster.

Bullentalje (Bullentalje) von der Baumnock nach vorn führende Talje, die beim Segeln bei Seegang und achterlichem Wind ein Schlagen oder gar »Übergehen« des Baumes verhindert.

Bumboot Händlerboot.

C

CCA-Formel Vermessungsformel des amerikanischen Cruising Club of Amerika für Hochseeyachten.

Cockpit s. Plicht

Crew die, Besatzung eines Schiffes.

D

Dalben der, (Dukdalben), in den Grund gerammte Gruppe von mindestens drei starken Pfählen zum Festmachen von Schiffen oder zum Schutz von Brücken, Kaimauern u. ä.

Davit der, kleiner drehbarer Kran für Anker oder – meist paarweise – für Beiboote (Bootsdavits).

Deck der obere Abschluß eines Schiffes, auf größeren Schiffen auch die einzelnen Stockwerke, z. B. Zwischendeck, A(usw.)-Deck. Vgl. »Bord«.

Deplacement das, s. Verdrängung.

Derivationswinkel Ausscherwinkel, der Winkel, um den ein mit gelegtem Ruder drehendes Schiff über die an den Drehkreis gelegte Tangente hinaus nach innen dreht, so daß das Heck stark nach außen schlägt.

Deviation (δ), beobachtete und in eine »Steuertafel« eingetragene, durch den Schiffsmagnetismus bewirkte Ablenkung des Kompasses an Bord.

Diagonal-Bauweise für hochbeanspruchte Boote übliche doppelte Außenhaut, deren Beplankung sich in einem Winkel schneidet. Vgl. karweel.

dicht 1) zu, geschlossen. 2) Vorbedingung für ein Wasserfahrzeug, d. h. wasserdicht. 3) »dicht am Wind« = »hart am Wind«, eine Schot »dicht holen« = ganz anholen.

Dingi das, die kleinste Art eines Bootes (Beibootes), durch einen einzelnen Mann zu bedienen.

Diopter das, Visiereinrichtung, z. B. am Kompaß zum Peilen.

dippen Flaggengruß durch langsames Niederholen der Nationalflagge auf halbe Höhe und Wiedervorheißen.

Dirk die, Leine zum Halten oder Auftoppen des Baumes, die von der Baumnock oben zum Mast und an Deck zurück fährt. Vgl. andirken.

Dollbord der, oberer Rand eines Bootes, in dem die Riemen beim Rudern in Dollen oder Rundseln lagern.

Dolle die, gerundete, drehbare Gabel aus Messing oder Eisen, in der der Riemen beim Pullen liegt.

Draggen der, kleinerer, vierarmiger, stockloser Anker zum Fischen von Gegenständen.

Drift auch Trift, 1) der Weg eines ohne eigenen Antrieb treibenden Schiffes. 2) Meeresströmung.

Ducht die, Sitzbank eines offenen Bootes.

dümpeln unregelmäßiges Schaukeln eines Bootes.

Dünung vor oder nach einem Sturm über große Strecken vor- bzw. nachlaufende Wellen.

durchholen die »Lose« aus einer Leine nehmen, eine Leine anziehen (»anholen«).

durchsetzen auch »strecken«, eine Leine kräftig anholen und belegen.

dwars quer, querab, querein, senkrecht zur Fahrzeugrichtung.

E

Ebbe das Ablaufen des Wassers vom Hoch- bis zum Niedrigwasser und das Sinken des Wasserstandes infolge der Gezeiten (Tiden). G: Flut.

einfallen 1) Handhaben eines steifzusetzenden Endes, indem man dessen Tampen mit der einen Hand an der Klampe festhält, mit der anderen quer zur Richtung der Leine – ggf. mit dem ganzen Körpergewicht – holt und die gewonnene Lose zur Klampe »beibringt«. 2) vom Wind: das Auftreffen des Windes auf das Segel aus einer bestimmten Richtung.

Einheitsklassen Boote, die innerhalb ihrer Klasse übereinstimmend gebaut werden und daher für eine Regatta gleiche Wettbewerbsbedingungen geben. G: Konstruktionsklassen.

einscheren s. ausscheren.

eintörnen das Einschwingen eines Schiffes auf Wind und Strom nach dem Ankern.

Elmsfeuer bei Gewitter die elektrische Entladung an den Toppen der Masten in Form kleiner Flämmchen.

Ende gebräuchlicher Ausdruck für »Leine« (Tau), nicht aber für die beiden Endstücke, die »Tampen« heißen.

entern Ersteigen des Mastes, auch ein fremdes Schiff durch Übersteigen nehmen.

Eselshaupt das brillenartige Verbindungsstück für Mast und Stenge bei geteilten Masten.

Etmal das, die vom Schiff von einem Mittag bis zum nächsten Mittag zurückgelegte Strecke.

F

Faden englisches, vorwiegend für Tiefenangaben gebrauchtes Längenmaß = 6 Fuß = 1,83 m.

Fahrwasser der für Schiffe mit größerem Tiefgang vorgesehene und besonders bezeichnete Weg in Küstengewässern und Flußmündungen.

Fall 1) das, Mehrzahl: Fallen, Ende zum Heißen eines Segels, z. B. Fockfall. 2) der, eines Mastes oder Schornsteins: deren Neigung nach achtern oder vorn.

fallen das Wiederentfalten eines Segels nach dem Aufgeien, z. B. »Fallen Großsegel!«.

Fallreep das, Treppe zum An- und Von-Bord-Gehen in Schiffsrichtung. »Seefallreep«, eine über die Bordwand ausgebrachte Leiter mit Holztritten. Vgl. Jakobsleiter.

Fallwind meist von hohen, steilen Küsten plötzlich von oben einfallender Wind.

Fangleine die einem längsseitkommenden Beiboot zum Festmachen zugeworfene Leine (Vorleine).

Fender der, elastisches Polster, um Beschädigungen des Fahrzeugs beim Längsseitkommen und Liegen an Brücken oder anderen Fahrzeugen zu vermeiden. Sehr geeignet, wenn auch unschön, sind alte Autoreifen (In Segeltuch einnähen!). Vgl. Wieling.

fest! Kommando für »halt!«, z. B. »fest heißen!« = Aufhören mit Heißen.

festmachen 1) ein Fahrzeug mit Leinen am Liegeplatz sicher hinlegen. 2) Segel nach dem Bergen fest zusammenlegen und einrollen und durch »Beschlagzeisinge« sichern.

Festmacher stärkere Leine zum Festmachen des Fahrzeugs.

Feuer das nächtliche Kennzeichen eines Leuchtturms, Feuerschiffs, einer Leuchttonne oder Leuchtbake.

Feuerschiff ein an wichtigen Stellen ausliegendes Schiff mit rotem Anstrich, auffallender Kennzeichnung und für die Nacht mit einem Leuchtfeuer, häufig gleichzeitig Lotsenstation und Funkfeuer.

fieren herunterlassen (wegfieren), der Kraft auf einer Leine nachgeben. Vgl. auffieren. G: heißen.

Fingerling Ruderzapfen zum Einhängen des Ruderblattes.

Finnkiel kleine senkrechte Leitfläche unter Wasser zur Verbesserung der Kursstetigkeit eines Bootes.

Fitt hölzerner Marlspieker.

Flackerfeuer Signalmittel, behelfsmäßig aus ölgetränktem Twist hergestellte Fackel.

Flagge rechteckiges Tuch, das durch verschiedene Muster und Farben ein nationales Kennzeichen oder ein Signalmittel (entsprechend dem Internationalen Signalbuch) darstellt; sie wird an einer Leine »gesetzt« (geheißt) oder »nieder-(ein)-geholt«. Vgl. dippen. Nationalflagge als Zeichen der Trauer s. Halbmast. Vgl. Stander 2), Wimpel.

Flaggengala »Ausflaggen«, das »Flaggen über die Toppen« als Schmuck bei festlichen Gelegenheiten, wobei man Signalflaggen längsschiffs aneinanderreiht.

Flaggenparade das feierliche Setzen oder Einnehmen der Nationalflagge morgens (meist um 8 Uhr) und abends (bei Sonnenuntergang).

Flaggleine dünne geflochtene Leine zum Setzen von Flaggen.

Flaute ganz schwache Luftbewegung oder Windstille.

Flieger das oberste Vorsegel (dreieckig).

Flossenkiel die schwere, etwa trapezförmige Verlängerung des Kiels einer Yacht nach unten zum Erreichen von Gewichtsstabilität und zur Verminderung der Abtrift.

flott frei schwimmend. G: auf Grund, d. h. festsitzend.

Flut das »Auflaufen« des Wassers und das Steigen des Wasserstandes vom Niedrig- bis Hochwasser infolge der Gezeiten (Tiden). G: Ebbe.

fluten das absichtliche Füllen oder Vollaufenlassen von Räumen im Schiff. G: lenzen.

Fock die, auf Yachten das achterste Vorsegel, auch »Stagfock« genannt.

Freibord der, Höhe der Bordwand über der Wasserlinie, maßgebend für den Stabilitätsumfang.

Freihafen ein abgetrenntes, als »Zollausland« geltendes Hafengebiet.

freikreuzen bei auflandigem Wind von der Küste fort kreuzen, um der Gefahr einer Strandung zu entgehen. Vgl. Legerwall.

Frühstart bei der Regatta zu frühes Passieren der Startlinie, worauf dieses Boot den Start wiederholen muß.

G

Gaffel die, Spiere mit einer Gabel (Klau) an einem Ende, an der das Oberliek des Segels befestigt ist. Das obere Ende heißt Piek.

Galion Vorbau am Vorsteven. -sfigur, unter dem Bugspriet angebrachte Skulptur.

Garn 1) Segelgarn, ungeteerter, zwei- oder dreischäftiger, fester Faden, vorwiegend zum Segelnähen. 2) Schiemannsgarn, etwas dickerer, weicher geteerter Bindfaden zum Bekleeden und als Bändsel. 3) s. Kabelgarn. 4) »ein Garn spinnen«, scherzhafter Ausdruck für lange Seemannserzählungen.

Gast (Mehrzahl: Gasten), Mann an Bord mit besonderer Ausbildung oder Dienstverrichtung, z. B. Kuttergast, Pieksgast.

Gat das, 1) Heck eines Schiffes, z. B. Spitzgat, Rundgat. 2) »Gatchen«, kleines umnähtes Loch im Segel, z. B. zum Reffen. 3) »Speigat«, Wasserablauf nach außenbords. 4) »Hellegat«, Vorratsraum. 5) Enge Durchfahrt in Küstengewässern.

Geer die, paarweise (Vor- und Achtergeer) angebrachte Enden oder Taljen zum seitlichen Bewegen von Davits, Ladebäumen u. ä.

Gegenkurs ein um 180° verschiedener Kurs.

Gegensegler ein auf etwa Gegenkurs kommendes anderes Fahrzeug.

Geitau s. aufgeien.

Genua große, den Mast überlappende Fock, die eine nicht angerechnete Vergrößerung des Vorsegeldreiecks darstellt.

Geschirr das, zur Takelage gehöriges Gerät.

Germanischer Lloyd der, deutsche Klassifikationsgesellschaft für Schiffe, 1867 in Hamburg gegründet. Der Bau nach Vorschriften des GL erfolgt freiwillig. Die Klassifikation bezieht sich auf Baumaterialien und die Bauausführung selbst sowie Sicherheitseinrichtungen. Ein entsprechendes GL-Zertifikat ist für die meisten Seerennen Vorschrift und wirkt sich auch auf die Höhe der Versicherungsprämie günstig aus.

Gezeit die, s. Tide.

gieren ungewolltes beiderseitiges Abgehen vom Kurs infolge von Seegang, auch das Hin- und Herschwojen vor Anker.

gissen schätzen, vermuten, z. B. »gegißtes« Besteck im Gegensatz zum »beobachteten«.

glasen das Anschlagen jeder halben Stunde mit der Schiffsglocke innerhalb der vierstündigen Wache. (Früher mußte das »Stundenglas« [Sanduhr] jede halbe Stunde gedreht werden.)

Gording Ende, mit dem das lose Segel zur Rah aufgeholt wird.

Gräting Gitter oder Rost aus Holz oder Metall zum Schutz von Luken, gegen Ausgleiten und zum Trockenstellen.

Größter Kreis kürzeste Verbindung zweier Punkte auf der Erdkugel im Gegensatz zur Loxodrome.

Grummet das, ringförmiger Stropp aus Tauwerk.

Grundprobe eine Probe des Meeresbodens, die beim Lotwurf am Talg (»Lotspeise«) des Lotgewichtes hängen bleibt und einen Anhalt für den Schiffsort liefert.

Grundsee steile, brechende, den Grund aufrührende See, die auf flacheren Stellen entsteht und Schiffen gefährlich werden kann.

Gut Tauwerk der Takelage; »stehendes« Gut: fest angebrachte Wanten und Stagen; »laufendes« Gut: die zu bedienenden Fallen, Schoten, Backstagen u. ä.

H

Hahnepot die, (Hahnenfuß, Verteilung einer Kraft auf zwei (oder mehrere) an der Last angreifende Punkte durch zwei (oder mehrere) sich spreizende Enden.

Halbmast Setzen der Nationale in halber Höhe als Zeichen der Trauer, am Stock »halbstocks«.

Hals die vordere untere Ecke eines Segels.

halsen den Kurs eines Segelschiffes ändern, indem man mit dem Heck durch den Wind geht. G: wenden.

Hand über Hand zügiges Holen eines Endes, indem man abwechselnd die eine Hand vor die andere setzt. (Unterschied gegenüber »pullweise«, wobei man mit b e i d e n Händen ruckweise holt.)

hart soweit wie möglich, z. B. »hart am Wind«, »Hart-Ruder«.

häsig vom Wetter: feucht und unsichtig.

Hauptspant das, das breiteste Spant eines Schiffes; die »Hauptspantzeichnung« zeigt den Querschnitt durch das Schiff.

Havarie die, durch Kollision, Grundberührung, Sturm o. ä. entstandener Schaden.

Heck der hinterste Teil eines Schiffes.

heißen »hissen«, hochziehen, hochholen. G: fieren, bei Flaggen niederholen.

Hellegat Vorratsraum unter Deck.

Helling die zum Wasser geneigte feste Ebene, auf der ein Schiff »auf Stapel gelegt« und gebaut wird.

hieven das Heißen einer schweren Last, z. B. des Ankers.

hissen z. B. eine Flagge, s. heißen.

Hochtakelung für Segelyachten zur Zeit verbreitetste Takelage mit dreieckigem Hochsegel, das nur durch einen Baum ausgespannt wird und bei dem die Gaffel entfällt.

Hochwasser (HW), der in einer Tide erreichte höchste Wasserstand, auch infolge eines Sturms.

Holebug beim Kreuzen nicht genau gegen den Wind der Kurs, auf dem man sich weniger dem Ziel nähert, als vor allem Höhe gewinnt. G: Streckbug.

holen ziehen (an-, auf-, durch-, einholen). G: fieren.

Holepunkt die Stelle für die günstigste Zugrichtung einer Leine, z. B. der Fockschot, um ein gutes Stehen der Fock zu erreichen.

Hosenboje Rettungsboje mit eingenähter Hose zur Rettung Schiffbrüchiger.

Huk die, Küstenvorsprung.

Hulk altes, stilliegendes Schiff (oft zu Wohnzwecken).

Hundekoje auf Yachten eine enge, neben Niedergang und Plicht eingebaute, meist nur vom Kopfende aus zugängliche Schlafgelegenheit.

Hüsing die, ein aus zwei bis drei geteerten Garnen gedrehtes Bändsel.

Hütte Aufbau auf dem Achterschiff.

I

Inklination der Neigungswinkel einer frei in Nord-Süd-Richtung aufgehängten Magnetnadel gegen die Horizontale.

Internationale Klassen die von der IYRU anerkannten Yachtklassen.

IYRU »International Yacht Racing Union«, internationaler Wettsegelverband.

J

Jackstag Gleitschiene oder dünne eiserne Stange zum Festmachen (»Anschlagen«) von Segeln, Sonnensegeln u. ä.

Jakobsleiter Strickleiter, meist mit Rundhölzern als Sprossen. Vgl. Fallreep.

Jolle 1) allgemein: kleines Beiboot, insbes. das nach dem Dingi nächst größere Boot. 2) Segeljolle, s. Schwertboot. 3) auch »Jolltau«, einfachste Art einer Verbindung von Tauwerk und Blockwerk, ein durch einen Block geschorenes Ende zum Bewegen von Lasten ohne Kraftersparnis.

Jollenkreuzer Schwertboot mit Kajüte, nur für Binnen- und Küstengewässer geeignet.

Jumpstag an der Vorkante des Mastes laufendes Stag, das den Druck der Gaffel oder den Zug des Achterstags über eine waagerechte Stütze aufnimmt und auf Topp und Fuß des Mastes verteilt.

Jungfer anstelle eines »mehrscheibigen Blocks« früher gebrauchte Holzscheibe mit Löchern. Vgl. Taljereep.

K

kabbelig unregelmäßige, durcheinanderlaufende, kurze See.

Kabbelung »Stromkabbelung«, das Aufeinanderstoßen zweier Strömungen, also verschiedenartigen Wassers, erkennbar an der unterschiedlichen Wellenbildung.

Kabel 1) stark isolierte, auf dem Grund verlegte elektrische Fernleitung (Warnschilder gegen Ankergebrauch!) 2) schwere Trosse, auch Ankertrosse.

Kabelgarn der aus Hanffasern gesponnene starke Faden, von dem mehrere zu »Kardeelen« (Litzen) gedreht werden, aus denen man eine Leine (Tau, »Ende«) schlägt.

Kabellänge Längenmaß in der Seefahrt = 185,2 m = $^1/_{10}$ Seemeile.

Kalb am Mast oder Baum befestigte Verdickung (Holzknaggen) zum Halten von stehendem Gut.

kalfatern die Decks- und Außenhautnähte dichten.

kappen durchschneiden, durchhauen.

Kardeel das, s. Kabelgarn.

Kartennull nicht immer gleicher Bezugspunkt für die Tiefenangaben der Seekarten.

karweel auch kraweel, Bauweise bei Holzschiffen, bei der die einzelnen Planken so gegeneinandergesetzt werden, daß eine glatte Außenhaut entsteht; daher im Yachtbau üblich. Vgl. Diagonal-Bauweise, Klinker.

Kat 1) Takelung für einmastige Boote mit nur einem (Gaffel- oder Hoch-)Segel. 2) Abkürzung für Katamaran.

Katamaran der, Doppelrumpfboot für Fahrten- wie Regattasegeln.

katten Festlegen des gelichteten Ankers durch Vorheißen von der Klüse zum Ankerdavit. Siehe auch verkatten.

Kausch die, ring- oder herzförmige Metalleinlage in einem »Auge«.

Kavitation das Entstehen luftleerer Räume an der Vorderseite schnellaufender Propeller, wodurch Anfressungen entstehen.

Keep die, Rille, Kerbe, zumal der Zwischenraum zwischen den Kardeelen von Leinen.

Kennung Kenntlichmachen eines Leuchtfeuers durch verschiedene Lichterscheinungen (Unterbrechungen, Blinke, Blitze, Farben).

kentern 1) Umkippen eines Schiffes infolge zu starker Neigung (»Krängung«). 2) Strom: der Wechsel von Ebbe zu Flut und umgekehrt (»Stauwasser«).

Ketsch die, Yacht mit Großmast und innerhalb der Konstruktionswasserlinie stehendem Besanmast. Nach veralteter Definition Lage des Ruders hinter dem achteren Mast. Vgl. Yawl.

Kiel der, das Vor- und Achtersteven verbindende »Rückgrat« eines Schiffes, an dem nach oben die Spanten (»Rippen«) ansetzen.

Kielschwein auf dem Kiel liegende, meist hochkant stehende Verstärkung (»Binnenkiel«).

Kielschwertboot hat einen niedrigeren Ballastkiel als das Kielboot, daher geringere Gewichtsstabilität (kann aber nicht kentern), dazu ein Schwert zur Verringerung der Abtrift.

killen Flattern des Segels, wenn dieses nicht »voll« steht.

Kimm die, 1) die stärkste Krümmung auf jeder Seite des Schiffsquerschnitts. 2) der sichtbare Horizont auf See, die scheinbare Berührungslinie von Himmel und Wasser.

Kink der, in einer Leine ein »zum Tragen gekommener« (belasteter) Törn, der – vor allem bei einer Stahlleine – das innere Gefüge schädigt und die Tragfähigkeit vermindert.

Klampe 1) doppelarmige Knagge aus Holz, Metall oder Kunststoff zum (kreuzweisen) Belegen von Leinen (»Belegklampe«). 2) passend geformte Stütze für an Deck zu setzende Beiboote, meist ein spiegelgleiches Paar (»Bootsklampe«).

Klappläufer »einfache Talje« (ein loser Block); die aufzuwendende Kraft entspricht der halben Last. Vgl. Mantel.

klarieren 1) etwas Unklares klar machen. 2) ein Schiff beim Ein- oder Auslaufen zoll- und behördenmäßig abfertigen (ein- bzw. ausklarieren).

Klassenboot ein zum Segeln von Regatten nach bestimmten »Klassenvorschriften« gebautes Boot. G: Ausgleicher. Vgl. Einheits-, Konstruktions-, Rennklassen.

Klau die, 1) Gabel, mit der die Gaffel um den Mast greift. 2) Ecke des Gaffelsegels an der Klau.

Kleedkeule holzhammerartiges Werkzeug zum Bekleeden.

Klinker Bauweise bei Holzschiffen, bei der die Planken dachziegelartig übereinandergreifen. Vgl. karweel.

Klotje das, Hartholzring zur Führung eines Endes.

Klüse Loch im Deck oder Schanzkleid zum Durchführen von Leinen, insbes. der Ankerkette (»Ankerklüse«).

Klüver der, ein Stagsegel, das vor der Fock gefahren wird.

Klüverbaum über den Vorsteven hinausragendes Rundholz zum Befestigen von Vorsegeln.

kneifen vorübergehend höher am Wind segeln als »am Wind«, wobei die Segel anfangen zu »killen«.

Knickspant das, für Bootskörper-Bauweise mit geraden, eckigen Spanten. G: Rundspant. Vgl. Scharpie.

Knoten (kn), Geschwindigkeitsbezeichnung für Schiffe, = Seemeilen je Stunde.

Koffeinagel s. Belegnagel.

Koker der, wasserdichte Durchführung für den Ruderschaft (»Ruderkoker«).

kompensieren den Einfluß des Eisens an Bord auf den Kompaß durch Anbringen von Magneten in der Nähe des Kompasses ausgleichen.

Kompositbau Bau eines Schiffes aus Holz und Eisen oder Holz und Kunststoff.

Konstruktionsklassen innerhalb von Grenzbestimmungen für Abmessungen und Formen gebaute Yachtklassen. G: Einheitsklassen. Vgl. Klassenboot.

koppeln die gesegelten Kurse und Strecken (Distanzen) in der Seekarte aneinanderfügen; der erreichte Punkt ist der »Schiffsort nach Kopplung«.

Krängung die kurzzeitige seitliche Neigung eines Schiffes. Vgl. kentern 1)

kraweel s. karweel.

kreuzen auf Zickzackkursen »am Wind« gegen den Wind fahren. Vgl. Streckbug.

Kreuzer vorwiegend für Fahrtensegeln, auch auf See, gebaute Yacht. G: Rennyacht.

KR-Formel Kreuzer-Renn-Formel, die für jede Nicht-Klassenyacht (»Ausgleicher«) einen »Rennwert« errechnet und nach diesem ein Wettsegeln mit Vergütungen ermöglicht.

krimpen Linksdrehen (»Rückdrehen«) des Windes (auf der nördlichen Halbkugel).

kurzstag das Einhieven der Ankerkette auf etwa doppelte Wassertiefe, so daß der Anker eben noch hält.

Kutter 1) zum Pullen (10–14 Riemen) und Segeln (2 Masten) geeignetes Kriegsschiffbeiboot, auch mit Motor. 2) Yacht mit Kuttertakelage (1 Mast, Großsegel, 2–3 Vorsegel).

L

längsseit an der Seite des Schiffes längsseitgehen, -liegen.

Last 1) Gewicht. G: Kraft. 2) Aufbewahrungsraum, z. B. Proviant-, Taulast.

Lastigkeit Abweichung von der Horizontallage in der Schiffsrichtung; Vor- oder Kopflastigkeit, Achter- oder Hecklastigkeit: je nachdem das Schiff vorn oder achtern tiefer liegt. Vgl. Trimm.

Lateinsegel an einer schräg nach hinten-oben gesetzten Rah befestigtes dreieckiges Segel. Die Rah reicht weit nach vorn über den Mast hinaus.

Lateralplan Projektion des Unterwasserschiffes auf die Mittschiffsebene.

Läufer das durch einen Block oder eine Talje »fahrende« Ende.

Lecksegel ein drei- oder viereckiges Stück starken Segeltuchs, das von außen vor ein Leck gesetzt wird.

Lee die vom Wind, auch dem Strom (»Stromlee«), abgekehrte Seite. G: Luv.

leegierig Eigenschaft eines Schiffes, vom Winde abzufallen. G: luvgierig.

Legel der, 1) am Mast gleitender hölzerner Ring, der das Segel am Mast hält. 2) Auge aus Hanf- oder Drahttauwerk, das ein Stagsegel am Stag hält (»Stagreiter«).

Legerwall »auf Legerwall«: gefährliche Lage eines Schiffes vor einer Küste, auf die Wind und See stehen. Vgl. freikreuzen.

lehnig von Tauwerk: biegsam, weich. G: steif

leichtern den Tiefgang des Schiffes durch Ausladen vermindern.

Leitwagen Leuwagen, querschiffs an Deck befestigter eiserner Bügel, auf dem ein Schotblock gleitet, der beim Wendemanöver von selbst übergeht.

lenz frei von Wasser, leer.

lenzen 1) einen Raum leer (»lenz«) pumpen. 2. vor einem Sturm herlaufen (Segelschiffe unter kleinster Besegelung).

Lenzsack s. Treibanker.

Leuwagen s. Leitwagen.

lichten hieven, zumal den Anker.

Lichterführung die für die Schiffe bei Dunkelheit und Unsichtigkeit durch die Seestraßenordnung o. ä. vorgeschriebenen Laternen. (Demgegenüber die »Feuer« der Seezeichen.)

Liek das (Mehrzahl Lieken), verstärkte Kante eines Segels (Vor-, Achter-, Ober-, Unterliek).

Lippe oben offene, innen abgerundete Durchführung für eine Leine nach außenbords.

Log das, Meßeinrichtung für die Schiffsgeschwindigkeit (Hand-, Relings-, Patentlog, Speedometer).

Logbuch Schiffstagebuch, »Journal«.

loggen die Schiffsgeschwindigkeit messen.

löschen ein Schiff entladen. G: abladen.

Lose eine nicht durchgesetzte Leine hat »Lose«; die »Lose durchholen« = den Durchhang der Leine beseitigen; »Lose geben« = die steife Leine etwas auffieren und nicht wieder steifkommen lassen.

Lot das, Bleigewicht mit gemarkter Leine zur Feststellung der Wassertiefe. Vgl. Grundprobe.

loten die Wassertiefe feststellen.

Loxodrome die, die gerade Linie auf der Seekarte, z. B. der Kurs, in Wirklichkeit auf der Erdoberfläche eine Kurve, die die Meridiane in gleichem Winkel schneidet.

Luggersegel viereckiges, an einer etwa längsschiffs ziemlich steil stehenden Rah gesetztes Segel, ähnlich dem Lateinsegel.

Luk das, verschließbare, durch ein »Süll« gedichtete Öffnung im Deck.

Luv die dem Wind, auch dem Strom (»Stromluv«) zugekehrte Seite. G: Lee.

luvgierig s. leegierig.

M

Mahlsand s. Treibsand.

Mall das (Mehrzahl Mallen), Schablone eines Spants.

Mannloch wasserdicht verschraubbarer ovaler Zugang in einen normalerweise abgeschlossenen Raum oder Tank. Die Größe des Loches ermöglicht ein Einsteigen zum Konservieren u. ä.

Mantel ein »Klappläufer«, dessen holende Part an dem Block einer Talje befestigt ist, so daß sich die aufzuwendende Kraft nochmals halbiert (»Takel und Mantel«).

Marina die, aus den USA stammende Bezeichnung eines Yachthafens mit Versorgungseinrichtungen.

marlen ein anzuschlagendes Segel oder beim Bekleeden von Tauwerk die »Schmarting« durch »Marlschläge« mit einer »Marlleine« befestigen.

Marlspieker spitzer, stählerner Dorn, wichtiges seemännisches Werkzeug, zumal zum Spleißen. Vgl. Pricker, Fitt.

Mars Plattform auf der Saling eines Untermastes.

Mastspur Ausnehmung im Kiel zum Einsetzen des Mastfußes, oft auch Spurbeschläge, die ein geringes Versetzen des Mastes in Kielrichtung ermöglichen.

Mausing Musing, auf einen Haken aufgesetztes Bändsel, das ein nicht beabsichtigtes Aushaken verhindert.

Mißweisung der örtlich verschiedene Winkel zwischen der geographischen (rechtweisenden) und der erdmagnetischen (mißweisenden) Nordrichtung.

mittschiffs die Mitte des Schiffes in Längsrichtung gesehen, z. B. »Ruder mittschiffs«. Demgegenüber das »Mittelschiff« in bezug auf das Vor- und Achterschiff.

Moses scherzhafte Bezeichnung 1) des Jüngsten an Bord, 2) des kleinsten Beibootes einer Yacht.

Muring siehe vermuren.

musen eine »Musing« aufsetzen; insbes. werden »Teufelsklauen« gemust, s. a. Mausing.

N

Nagelbank meist am Mast, auch am Schanzkleid oder den Wanten angebrachtes dickes Holzbrett mit Löchern für die einzusteckenden »Belegnägel«.

Nationale Klassen nur in ihrem Entstehungsland anerkannte Yachtklassen. Vgl. Internationale Klassen.

Neerstrom in strömenden Gewässern zwischen Buhnen und Molen, auch oft unter Land vorkommender gegenläufiger Strom.

Niedergang Treppe an Bord.

Niedrigwasser (NW), der in einer Tide erreichte niedrigste Wasserstand.

Nock die, das Ende von langen Gegenständen an Bord, z. B. einer Spier, eines Baumes (»Baumnock«), der Brücke (»Brückennock«), nicht aber des Mastes oder der Stenge (»Topp«).

O

Oberlicht englisch skylight, eine in das Oberdeck eingebaute, wasserdicht verschließbare Fensterklappe für Tageslicht und Lüftung.

Oktant Winkelmeßinstrument mit einem Achtelkreis-Bogen für Messungen von Winkeln bis 90°.

Olympia-Klassen internationale Klassen, die zu den Olympischen Spielen zugelassen werden.

ösen Wasser im Boot mit einer Wasserschaufel (»Ösfaß«) ausschöpfen.

P

Pageie die, kurzes Paddel mit nur einem Blatt, das an einer Seite von dem in Fahrtrichtung sitzenden oder knienden Mann mit beiden Händen etwas senkrecht gehalten und ohne Auflegen auf den Dollbord bedient wird – für eine Yacht ohne Motor ein wichtiger Hilfsantrieb für Hafenmanöver und bei Flaute.

Pall das (Mehrzahl Pallen), Sperrklinke an einem Spill oder einer Winde, die »eingelegt« ein Zurückschlagen verhindert.

Pardune die (Mehrzahl Pardunen), achterlich der Wanten befestigtes Stag zum seitlichen Abstützen des Mastes.

Part die, Teilstück einer Leine: ein durch einen Block geschorenes Ende (»Läufer«) trägt an der »festen (stehenden) Part« die Last, während an der »holenden Part« die Kraft angreift. Das innerhalb einer Talje befindliche Stück zwischen fester und holender Part heißt »laufende Part«.

Patentreff Reffeinrichtung, bei der der Baum gedreht wird, so daß sich das Segel um ihn aufrollt. G: Bindereff. Vgl. Reff.

peilen 1) Navigation: die Richtung eines Objekts feststellen. 2) die Wassertiefe mit einem »Peilstock«, z. B. Bootshaken, messen. 3) den Stand einer Flüssigkeit in einem Tank, des Wassers in einem Raum ermitteln.

Persenning passend zugeschnittenes starkes Segeltuch als Schutzkleid oder Bezug gegen Wind, Wasser und Verschmutzung.

picken einhaken, klopfen (z. B. Rost). Vgl. aufpicken.

Piek die, Ecke, Spitze, z. B. die Räume an den Schiffsenden (Vor-, Achterpiek) oder das obere Ende der Gaffel, das durch das »Piekfall« gehalten wird.

Pinne 1) Ruderpinne, ein waagerechter Hebel zum Betätigen des Ruders, als »Segelpinne« besonders lang. 2) Kompaßpinne, die spitze Auflage für die Kompaßrose.

Plicht die, auch Cockpit, das, kastenförmiger, vertiefter, mit einem »Süll« (»Waschbord«) umgebener Sitzraum einer Yacht mit umlaufenden Sitzbänken, von wo Ruder und Segel bedient werden.

Poller der, Festmachevorrichtung für Leinen an Bord und an Land entweder als einfacher, kurzer, senkrechter Pfahl oder als Pfahlpaar (»Doppelpoller«) zum kreuzweisen Belegen, oben meist verdickt, um ein Abgleiten der Leine zu verhindern. »Kreuzpoller«, mit einem Querarm versehen.

preien ein Schiff anrufen. Vgl. ahoi.

pressen mehr Segel führen, als der Windstärke normalerweise entspricht.

Preventer s. Backstag.

Pricke bäumchenartiges Seezeichen für Wattenfahrwasser.

Pricker ein zum Einstechen und Erweitern von Löchern in Segeltuch geeigneter kleiner Marlspieker mit Holzgriff.

Priel der, Wasserlauf im Wattengebiet, bei Niedrigwasser oft trocken.

pullen rudern. Vgl. Riemen.

purren Aufwecken eines Schläfers bei Wachablösung oder Allemannmanöver.

Pütz kleiner Eimer mit Griff aus Tauwerk.

Q

querab s. dwars.

Quermarkenfeuer ortsfestes Seezeichen mit Befeuerung, das beim Querabkommen den Zeitpunkt für eine Kursänderung angibt.

R

Rack das, (gleitende) Aufhängevorrichtung einer Rah oder Gaffel am Mast.

Rah die, in seiner Mitte waagerecht am Mast aufgehängtes Rundholz, an das die Oberkante des Rahsegels angeschlagen ist. Vgl. Lateinsegel, Luggersegel, voll getakelt.

rank vom Schiff: wegen geringer Anfangsstabilität schon bei wenig Querwind oder kleinen seitlichen Gewichtsverschiebungen oder wenig Ruder krängend. G: steif.

Rating (engl.), Rennwert, der sich aus Anwendung der Vermessungsformel ergibt.

raum weit; vom Winde: »raumen«, die zur Fahrtrichtung günstige, d. h. achterliche Änderung der Windrichtung. G: schralen, Bei »raumem Wind« sind Kursänderungen beiderseits, also sowohl abfallen wie anluven, möglich. »Raumschots« segelt das Fahrzeug, wenn es mit achterlichem Wind segelt. Vgl. achtern.

recht genau; z. B. ist ein genau vorausliegender Gegenstand »recht voraus«, oder der Befehl an den Rudergänger »recht so« bedeutet, daß der gerade »anliegende« oder »durchgehende« Kurs weiter gesteuert werden soll.

Reck der, das Längerwerden von neuem Tauwerk bei Belastung (»recken«).

Ree! Rhe! Kommando beim Manöver »Wenden«, wobei die Ruder p i n n e nach Lee gelegt wird.

Reep das, allgemein: Leine, insbes. ein abgemessenes Ende für bestimmte Zwecke, z. B. Bojereep.

Reff das, Verkleinerung des Segels durch Zusammenschnüren (Bindereff) oder durch Einrollen (Patentreff).

reffen ein Reff »einstecken«. G: ausreffen.

Reffknoten Kreuzknoten mit Schleife, bei dem eine Schlaufe in die andere gesteckt wird.

Reibholz hölzerner Fender, insbes. an Kaimauern die schwimmenden Balken.

Reitbalken eine quer über das Cockpit von Jollen laufende Strebe, hinter die man beim Ausreiten des Bootes die Füße haken und auf der die Großschot gefahren werden kann.

Reihleine s. anreihen.

Reling die, Geländer, bestehend aus »Relingstützen«, »Durchzügen« und »Handläufern«.

Rennklassen Yachten, die zu einer bestimmten Klasse (Einheits- oder Konstruktionsklasse) gehören und daher bei einer Regatta ohne gegenseitige Vergütungen starten. Vgl. Klassenboot.

Rennwert s. KR-Formel, Rating

R-Formel internationale Vermessungsformel für Renn-Kielyachten.

Riemen binnenländisch »Ruder«, Rundholz mit Blatt und Handgriff zum Fortbewegen eines Ruderbootes. Vgl. pullen, wriggen.

Rigg das, Takelage, die für das Segelfahrzeug charakteristische Takelungsart.

rollen die Bewegung eines Schiffes um die Längsachse, in weiterem Sinne die aus Schlingern und Stampfen im Seegang zusammengesetzte Bewegung im Seegang

RORC-Formel Vermessungsformel des englischen Royal Ocean Racing Club für Hochseeyachten.

Roring großer Schraubschäkel, auch Ring, am Oberende des Ankerschaftes zum Handhaben des Ankers.

Ruder Einrichtung am Heck zum Steuern des Schiffes durch das im Wasser befindliche »Ruderblatt«. »Aus dem Ruder laufen« = dem Ruder nicht mehr folgen (entweder infolge eines »Ruderschadens« oder wegen zu geringer Fahrt oder infolge stärkerer Kräfte von Wind oder Wasserwirbeln).

Rudergänger der Mann, der das Ruder bedient (»legt«).

rudern s. Riemen.

Rundsel die, runder, mit Messing ausgelegter Einschnitt im Dollbord eines Ruderbootes zum Einlegen eines Riemens.

Rundtörn das Herumnehmen einer Leine um 360° durch einen Ring, um einen Pfahl, Poller o. ä.

Rutscher Gleitschuh am Vor- und Unterliek eines Hochsegels, der in der Gleitschiene an der Hinterkante des Mastes oder an der Oberkante des Baumes fährt. Auch Schlitten.

S

Saling querschiffs beiderseits am Mast angebrachte kurze Strebe, die die vom Topp herabführenden Wanten abspreizt und dadurch dem Mast besseren Halt gibt. Vgl. Stampfstock, Jumpstag.

Schake die, Kettenglied.

Schäkel der, durch Schraub- oder Steckbolzen verschließbarer Metallbügel verschiedener Größe für stark beanspruchte Verbindungen zwischen Leinen, Ketten, Takelageteilen u. ä.

schamfilen scheuern, reiben.

Schandeckel äußerste, über den Spanten abschließende, starke Decksplanke.

Scheibe die mit einer »Keep« (Rille) versehene Rolle in einem Block.

scheren ein Ende durch einen Block, eine Talje oder ein Auge führen, »einfädeln«. G: ausscheren. Vgl. abscheren.

Scheuerleiste am breitesten Teil der Außenhaut um das Schiff laufende schmale Wulst, die Beschädigungen der Außenhaut durch Stöße oder Reibungen verhindern soll. Vgl. Wieling.

Yacht, den Eigentümer, die Vereinszugehörigkeit u. a.

stauen sachgemäß und ordentlich lagern, z. B. unhandliche oder zerbrechliche Gegenstände; »verstauen = wegpacken, z. B. Proviant, Segel.

Stauwasser auch Stillwasser, Zeit ohne Strom zwischen Ebbe und Flut oder umgekehrt. Vgl. kentern 2).

stecken ausgeben, auslassen, z. B. Kette oder Leine stecken; »auf-, abstecken« = ein Ende durch ein anderes verlängern bzw. beide wieder auseinandernehmen; »anstecken« = anbinden, z. B. einen Gegenstand, eine Pütz« »einstecken« s. reffen.

Steert kurzer Tampen; »Steertblock« = mit einem Tampen versehener Block; »Steerttalje« = mit einem Tampen zum Aufhängen eingerichtete Talje.

steif 1) von Leinen: kräftig durchgesetzt. 2) vom Schiff: G von »rank«. 3) vom Wind: von etwa Windstärke 6 ab (»steife Brise«). 4) von Tauwerk: G von »lehnig«.

Stek von »stecken«, seemännischer Knoten.

Stell das, Serie, Satz zusammengehöriger Gegenstände, z. B. »ein Stell Segel« = eine vollständige Ausrüstung mit Segeln.

Stelling Holzgerüst, an Leinen hängende Planke für Außenbordsarbeiten, Schiff und Land verbindender Laufsteg.

Stenge (abnehmbare) Verlängerung des Mastes nach oben zum Anbringen eines Toppsegels.

Steuerbord (Stb.), rechts, rechte Seite. Zugehörige Farbe: Grün. G: Backbord.

Steven Vor-, Achtersteven, Verlängerung des Kiels nach oben und Begrenzung des Schiffes vorn und achtern.

Stillwasser s. Stauwasser.

Stopper Einrichtung zum Bremsen (»Abstoppen«) und Festhalten von belasteten Ketten und Leinen, insbes. der Ankerkette.

Streckbug beim Kreuzen n i c h t genau gegen den Wind der Bug, über den man den längeren »Schlag« machen kann, weil auf diesem Kurs die Windrichtung zum Ziel gesehen günstiger ist.

Strecktau an Deck bei schlechtem Wetter aus Sicherheitsgründen geschorenes Ende zum Festhalten.

streichen 1) im Ruderboot: rückwärts pullen. 2) von der Stenge: niederholen.

Stromversetzung die oft schwer erkennbare Beeinflussung des Schiffsweges durch Strömungen.

Stropp kurzes, für bestimmte Zwecke (z. B. Übernahme von Fässern) zu einer Schlinge (»Auge«) oder ringförmig gebundenes oder gespleißtes Ende.

Sturmsegel kleinere, besonders feste Segel, die bei Sturm anstelle der üblichen gesetzt werden. Vgl. Trysegel.

stützen nach dem Ruderlegen zum Aufheben des Drehens Ruder nach der anderen Seite (»Gegenruder«) legen.

Stützsegel Segel, die bei seitlich einkommender Dünung zum Dämpfen des Schlingerns gesetzt werden.

Süll das, erhöhte Türschwelle an Bord, auch Umrahmung von Luken, verhindert das Einlaufen von Wasser.

T

Takel das, schwere Talje.

Takelage Sammelbegriff für das stehende und laufende Gut, zumal auch die für Segelfahrzeuge charakteristische Anordnung von Masten, Segeln, Rundhölzern (»Takelung«).

Takelgarn dünner, geteerter Faden für Takelarbeiten.

takeln 1) auftakeln: das Rigg, die Takelage »aufbringen« (nicht verwechseln mit »Segel setzen«!). 2) eine »Takeling aufsetzen«: einen Tampen mit Takel- oder Segelgarn umwickeln (»umnähen«), um ein Aufdrehen (»Auftörnen«) der Kardeele und Garne zu verhindern.

Talje Flaschenzug, Verbindung von Tauwerk und Blockwerk zur Kraftersparnis. Vgl. Läufer.

Taljereep das, Verbindung von Tauwerk und zwei »Jungfern« oder Kauschen zum Steifsetzen von stehendem Gut, z. B. von Wanten.

Tamp(en) die beiden Endstücke einer Leine (»eines Endes«).

Terminal (engl.), aufgepreßtes Endstück bei Drahttauwerk.

Teufelsklaue doppelter Takelhaken, zwei miteinander verbundene gegeneinanderstehende Haken.

Tide Gezeit, die vor allem durch die Anziehungskraft des Mondes verursachte, durch Ebbe und Flut bestimmte Strömung und Änderung des Wasserstandes. Vgl. Hoch-, Niedrigwasser.

Tidenhub der Unterschied zwischen den Wasserständen eines Hoch- und des nachfolgenden Niedrigwassers an einem bestimmten Ort.

Tidenstrom die mit dem in Tidegewässern (z. B. Nordsee, Atlantik) regelmäßigen Steigen und Fallen des Wasserstandes verbundene Strömung (Ebbe und Flut).

Tonne 1) allgemeine Bezeichnung für ein schwimmendes Seezeichen. 2) Festmachetonne (Boje). 3) Gewichtsmaß: 1 Tonne (t) = 1000 kp. 4) Raummaß für Schiffe: 1 Registertonne (RT) = 100 Kubikfuß = 2,83 m^3.

Topp der, das obere Ende, zumal eines Mastes oder einer Stenge.

Toppnant die, das vom Topp des Mastes oder der Stenge zur Nock einer Rah oder eines Baumes, z. B. des Spinnakerbaumes, laufende Ende. Vgl. Dirk.

Toppsegel das meist dreieckige Segel zwischen Masttopp (Stenge) und Gaffel (»Gaffeltoppsegel«).

Topp und Takel ein Segelschiff treibt oder lenzt vor Topp und Takel, wenn im Sturm kein Segel mehr geführt werden kann.

Törn 1) in eine Leine ungewollt eingedrehtes Auge. 2) s. Rundtörn. 3) regelmäßige Folge, z. B. »Wachtörn«; »Seetörn« = eine Anzahl von Seetagen.

Totholz Aufklotzungen zwischen Kiel und Steven zur Vergrößerung des »Lateralplans«. Vgl. Finnkiel.

Trapez ein auf Rennjollen möglichst hoch im Mast befestigter Draht mit Gurt, in dem sich der Vorschotmann nach Luv außenbords lehnt, damit das Boot möglichst aufrecht gesegelt werden kann.

Traveller der, quer über das Cockpit verlaufende Schiene (oder Rohr), auf der der Großschotfußblock mit einem Schlitten selbsttätig gleiten und arretiert werden kann. Auf Jollen auf dem Reitbalken.

Treibanker Seeanker, trichterförmiger Segeltuchsack, der bei schlechtem Wetter vorn an einer kräftigen Leine über Bord gegeben wird und vor dem das Fahrzeug auftörnt, so daß es gegen die See liegt und nur wenig treibt. (Achtern über Bord gegeben: »Lenzsack«, vor dem das Fahrzeug vor dem Winde läuft, »lenzt«.)

Treiber das Segel (»Besansegel«) am achteren (kleinen) Mast einer Yawl.

Treibsand Mahlsand, loser, vielfach wandernder Sand vor Flußmündungen, in dem aufgelaufene Schiffe tief einsinken und schnell eingespült werden, so daß sie nicht mehr abgeschleppt werden können.

treideln ein Schiff an einer Leine an einem Fluß- oder Kanalufer längsschleppen.

trensen die Keepen einer zu bekleedenden Leine mit Bändselwerk ausfüllen.

Trift s. Drift.

Trimaran Dreirumpfboot, im Gegensatz zum Katamaran praktisch unkenterbar.

Trimm Schwimmlage eines Schiffes in der Längsrichtung. Vgl. Lastigkeit.

trimmen 1) Gewichte in der Längsrichtung des Schiffes verschieben, um eine gute Schwimmlage zu erreichen. 2) Segel so herrichten, daß sie »gut stehen«. 3) eine Besatzung planmäßig einüben. 4) die Segel so fahren, daß Segelschwerpunkt und Lateralschwerpunkt in richtigem Verhältnis zueinander stehen und die Yacht weder luv- noch leegierig ist.

Trosse schwere Leine.

Trysegel kleines, schweres dreieckiges Segel, das bei Sturm ohne Baum anstelle des Großsegels gefahren wird.

U

überfällig im Hafen erwartet, aber nicht eingetroffen.

übergehen 1) beim Wenden das selbsttätige Herüberschwingen der Bäume und Segel auf die neue Leeseite. 2) das unbeabsichtigte Verrutschen schlecht gestauter Ladung infolge Schlagseite (Kentergefahr!).

Überhang das über die Länge in der Wasserlinie hinausragende Stück von Bug oder Heck.

überholen 1) gründlich nachsehen und instandsetzen. 2) an einem Mitsegler vorbeilaufen. 3) die beiden Blöcke einer Talje durch Losegeben des Läufers auseinanderziehen.

Überholen eine plötzliche starke Schlingerbewegung.

übertakelt für Größe und Stabilität des Fahrzeugs zu schwere Takelage. G: untertakelt.

unrein vom Grund: mit verschiedenen, im einzelnen in der Seekarte nicht eingetragenen Hindernissen (Steinen, Wrackstükken, verlorenen Ankern, geschlippten Ketten und Leinen) bestreuter Meeresboden, daher auch zum Ankern ungeeignet.

unterschlagen anreihen, anschlagen.

unterschneiden das ungewollte Untertauchen von Gegenständen, z. B. eines Riemens bei Fahrt oder Strömung infolge falscher Einstellung oder Handhabung. (Scherzweise übertragen: »verloren gehen«, »in Vergessenheit geraten«.)

Untiefe flache Stelle im Wasser.

V

Verdrängung Deplacement, Gewichtsangabe für ein Schiff in Tonnen (t). Gewicht des Schiffes = Gewicht des verdrängten Wassers.

verholen den Liegeplatz eines Schiffes ohne Maschinenkraft nur mit Leinen und Spill verändern.

verkatten einen Anker: die Haltefähigkeit eines Ankers durch Ausbringen eines zweiten an diesem verbessern, also zwei Anker hintereinander auslegen.

Verklarung eidliche Aussage einer Besatzung vor einer Behörde über einen Seeunfall oder eine Havarie.

Verklicker Windrichtungsanzeiger auf dem Großtopp.

vermuren in engen Tidegewässern ein Schiff mit je einem Anker stromauf und stromab so verankern, daß es nur einen kleinen Schwojungskreis beschreibt.

verschalken Öffnungen im Deck, z. B. Luken, mit Persenningen, Leisten und Keilen wasserdicht verschließen.

vertäuen ein Schiff mit Leinen festmachen, zumal unter Verwendung von Dalben und Bojen.

Vollschiff Segelschiff mit mindestens drei »voll getakelten« Masten.

voll und bei so hoch am Wind segeln, daß die Segel eben voll stehen, ohne zu killen.

voraus vorwärts, vorlicher als dwars (querab).

vorheißen ganz bis oben (»zu Blocks«) heißen.

Vorholer Ende, das etwas nach vorn holen soll.

Vorleine vom Vorschiff schräg nach vorn führende Leine. Vgl. Fangleine.

vorlich an Bord allgemeine Richtung von vorn bis ausschließlich querab. G: achterlich.

Vorschiff der vordere Teil des Schiffes. G: Achterschiff.

Vorsegel die Stagsegel vor dem vordersten Mast.

W

Wache Dauer je 4 oder 6 Stunden; dazu ist die Besatzung meist in Stb.- und Bb.-Wache eingeteilt; die eine hat »Wache«, die andere »Freiwache«. (Der Koch bleibt meist »wachfrei«.)

wahrnehmen entgegennehmen, vorläufig behalten.

Wahrschau! Warnruf: Vorsicht!

wahrschauen warnen, benachrichtigen, rechtzeitig erinnern.

Want das, stehendes Gut zum seitlichen Abstützen des Mastes.

warpen mit einem Boot einen kleineren Anker (Warpanker) ausfahren, den Buganker lichten, das Schiff am Warpanker verholen, den Buganker wieder fallen lassen und ggf. das Ganze mehrfach wiederholen, um bei Windstille aus dem Hafen zu kommen.

Waschbord s. Setzbord.

Wasserstag s. Stampfstock.

Wegerung innere Bekleidung der Außenhaut eines Schiffes.

wenden den Kurs eines Segelschiffes ändern, indem man mit dem Bug durch den Wind geht; auch »über Stag gehen«, »auf den anderen Bug gehen«. G: halsen.

Wieling die, mit weichem Material gefüllter, kleiner Fender aus Tauwerk, Segeltuch oder Leder, bei kleineren Booten oft fest angebracht und (wie eine Scheuerleiste) rundum laufend (vgl. Fender).

Windsee durch Wind erzeugte und in Windrichtung laufende Wellen.

Winsch Winde mit waagerechter Achse. Vgl. Spill.

Wirbelschäkel in sich drehbare Schäkelverbindung, die Törns in Leinen und Ketten selbständig ausdreht (»austörnt«).

wriggen, wricken ein kleines Boot durch einen über das Heck gelegten Riemen fortbewegen und steuern, der von einem im Boot stehenden Mann mit einer Hand seitlich hin- und herbewegt und dabei gedreht wird.

Wuling die, Gedränge, Durcheinander.

Wurfleine am Tampen mit einem dicken Knoten oder einem Sandsack beschwerte dünne Leine zum Herstellen der ersten Verbindung zwischen Schiff und Land; an ihr wird eine schwere Leine zum Festmachen übergeben.

Y

Yawl anderthalbmastige Yacht; der Treibermast (Besanmast) steht außerhalb der Konstruktionswasserlinie. Nach veralteter Definition Lage des Ruders vor dem achteren Mast. Vgl. Ketsch.

Z

Zeising die, auch Zeiser, der, kurzes, aus Segeltuch genähtes Band, auch kurzes, dünnes Tauwerk (Bändsel), zum Zusammenbinden (»Zeisen«, »Beschlagen«), aufgetuchter Segel (»Beschlagzeisinge«).

zu Blocks das Heißen oder Holen eines Gegenstandes soweit wie möglich (bis an den Block), das Zusammenholen einer Talje (bis beide Blöcke aneinanderstoßen).

zuhalten auf ein Objekt hinsteuern. G: abhalten.

Zurrbrook die, flaches Gurtband, z. B. zum Festhalten eines in Davits hängenden Bootes.

zurren einen schweren Gegenstand mit starken Enden, Ketten u. ä. festbinden, eine »Zurring« machen, z. B. »seefest zurren«.

Z-Schlag Lauf der Kardeele bei rechtsgeschlagenem Tauwerk, in Anlehnung an den Schrägstrich in einem Z.

Z-Trieb Motoranordnung, bei der der Motor am Heck eingebaut ist und der tiefer gelegene Propeller sich über ein Getriebe dreht. Der Propeller ist dabei z-förmig gegen die Motorwelle versetzt. Der Antrieb ist horizontal und vertikal schwenkbar. Der Z-Trieb ist eine Zwischenstufe zwischen Außenborder und Einbaumotor.

Stichwortverzeichnis

S